Lexikon der Redensarten

Lexikon der Redensarten

Herausgegeben
von Klaus Müller

Bertelsmann Lexikon Verlag

Zusammengestellt und erläutert
von Klaus Müller
Redaktion: Dr. Alex Klubertanz

Lizenzausgabe der Bertelsmann Lexikon Verlag GmbH
Gütersloh 1994
mit Genehmigung des Lexikographischen Instituts, München

Satz: Wolfgang Lehner, München
Druck und Bindung: Wiener Verlag, Himberg bei Wien
ISBN 3-570-10553-9

Inhalt

Vorwort

Redewendungen gebrauchen wir täglich, normalerweise, ohne uns Gedanken zu machen, nach welchen Regeln ihre Entstehung und Anwendung funktionieren. Dabei erleichtern sie uns die Verständigung untereinander enorm – was man allerdings erst merkt, wenn man sie nicht zur Verfügung hat. Jeder, der einmal eine Fremdsprache gelernt hat, weiß, daß es mit der Beherrschung einzelner Wörter und der grammatikalischen Regeln zu ihrer Kombination nicht getan ist. Immer wieder wird man mit Formulierungen konfrontiert, die nicht als die Summe ihrer Einzelteile verstehbar sind, die man schlicht und einfach auswendig lernen muß.

Redensarten sind bildhaft, oft bis zur Unverständlichkeit. Ein Hörer, der den Satz *Peter hat ins Gras gebissen* wörtlich nimmt, könnte wohl nur den Kopf schütteln. Gras essen – im Falle einer Hungersnot von biblischen Dimensionen würde er Peter das vielleicht noch zutrauen. Aber ins Gras beißen? Verfügt er jedoch über die gleiche Sprachkompetenz wie sein Gegenüber, ist ihm sofort klar, daß Peter gestorben ist – und daß der Sprecher, aus welchen Gründen auch immer, eine Formulierung verwendet, die als respektlos gilt. Er kann nun seinerseits fragen, ob Peter um die Ecke gebracht wurde, oder ob er das Zeitliche gesegnet hat, weil er schwach auf der Brust war. Bei all diesen Sätzen müßte ein wörtlich übersetzender Zuhörer passen.

Diese sprachlichen Fertigbauteile müssen verstanden werden, wenn eine solche Unterhaltung problemlos vorangehen soll. Dem Deutschlernenden muß ihre Bedeutung erklärt werden; der Muttersprachler wird sich manchmal fragen, woher eine Redewendung stammt, wie sie aufgebaut ist, ob es ähnliche gibt. Beide Leserkreise werden in diesem Lexikon fündig werden.

Was nun genau eine Redensart ist, läßt sich am einfachsten beschreiben, wenn man sie von anderen sprachlichen Fertigteilen abgrenzt. Gemeinplätze (wie: *Genug ist genug*) und Wahrwörter (wie: *So jung kommen wir nicht mehr zusammen*) sind ebensowenig zu finden wie Sprichwörter, die im Unterschied zu Redensarten immer die Form eines geschlossenen Satzes haben (z. B.: *Wer andern eine Grube gräbt, fällt selbst hinein*). Allen diesen Beispielen ist eines gemeinsam: Sie sind verständlich. Die Redensart dagegen ist nicht ohne weiteres deutbar. Hier sind grammatikalische Verstöße hoffähig geworden, hier haben sich Wortruinen und kontextuelle Zusammenhänge verfestigt, die in der Normalsprache völlig nichtssagend wären. Was bedeutet beispielsweise das Wort *Fug* in *mit Fug und Recht*? Was für eine *Stange* halten wir jemandem? Diese Erklärungen sollen hier geliefert werden – für einen aus Gründen der Benutzerfreundlichkeit recht weit gefaßten Bereich von Redensarten.

Das Wort *Redensart* ist dem französischen Ausdruck *façon de parler* nachgebildet und seit dem Jahre 1605 lexikographisch erfaßt. Wörtlich genommen bezieht es sich nur auf die gesprochene Sprache, die von der Schriftsprache mehr oder weniger deutlich unterschieden ist. Früher wurde die Schrift fast ausschließlich zu amtlichen Zwecken genutzt, wobei eine Ausdrucksform entstand, die gelehrt wirken sollte und geschraubt klang. Aus dem Kanzleistil entstand schließlich eine überregional verständliche Verkehrssprache, die Vorform unserer heutigen Hoch- oder Standardsprache. Die im mündlichen Verkehr des Alltags gebräuchlichere dialektale Umgangssprache älterer Zeiten ist dagegen nur bruchstückhaft überliefert, etwa in (später gedruckten) volkstümlichen Schwänken, Satiren, Volksbüchern und Anekdoten, aber auch in Gebetbüchern und Flugschriften. Redensarten – fester Bestandteil dieser Volkssprache – sind also zumeist älter als ihre erste schriftliche Fixierung, die uns heute als Quelle zur Verfügung steht. Daß Martin Luther hier so oft zitiert wird, liegt nicht daran, daß von ihm oder seiner Generation so viele Redensarten geprägt wurden, sondern nur, daß er dem Volk genauer aufs Maul geschaut hat als andere.

Benutzerhinweise

Das Lexikon ist alphabetisch geordnet, Suchwort ist das jeweils fettgedrukte Wort. In den meisten Fällen ist das vorkommende Substantiv das Suchwort, bei mehreren Hauptwörtern in der Regel das erste.
Gibt es kein Substantiv in der Redensart, ist das Verb das Suchwort, bei zusammengesetzten Verben häufig die Normalform (*da legst dich nieder* unter *niederlegen*). In einigen Fällen ist die nähere Bestimmung des Verbs entscheidend (*übel vermerken* steht unter *übel*).
Enthält die Redensart weder ein Substantiv noch ein Verb, ist das erste Wort das Suchwort (*dann und wann* unter *dann*).
Die Beispiele – Dialogauszüge in Anführungszeichen – sollen typische Szenen des Alltags wiedergeben und so den Sinn der Redensart eingängig verdeutlichen. Meist wird zudem noch eine sinngleiche Formulierung angeführt (kursiv gesetzt). Auf Beispiele aus authentischen Texten (Literatur, Zeitschriften u. ä.) wurde bewußt verzichtet, weil sie in aller Regel nur durch die Bereitstellung größerer Textzusammenhänge verständlich wären.
Herkunftserklärungen geben einen Einblick in die deutsche Wort- und Kulturgeschichte. Deren enge Sprachkontakte mit Nachbarvölkern hinterließen zahlreiche redensartliche Spuren, die auf fremdsprachliche Wurzeln verweisen. In Fällen, in denen ein einziges Wort in vielen redensartlichen Varianten vorkommt, findet sich im ersten Eintrag ein ausführlicher Leitartikel, der einen Großteil der auftretenden Nuancen erklärend abdeckt. Ein Leitbegriff (in eckigen Klammern) ordnet jeder Redensart ein Schlagwort oder einen semantischen Oberbegriff zu, mit dessen Hilfe sich redensartliche Synonyme (im Anhang 1) erkennen und vergleichen lassen. So führt der Oberbegriff *Geiz* beispielsweise zu acht redensartlichen Abformungen. Deutlich reicher besetzt ist das Bedeutungsfeld *Widerstand* mit seinen Teilsynonymen *Ablehnung*, *Abneigung*, *Abweisung*, *Weigerung* und *Zurückweisung*. Auch *Tod*, *Alkoholgenuß* oder *Überraschung* sind vielfach umschreibbar. Viele Redensarten stehen zudem in einem übergeordneten Bildzusammenhang (Bildfeld). Dieser wird durch geschweifte Klammern angezeigt und in Anhang 2 erfaßt.
In den folgenden Abschnitten werden einige fachsprachliche Begriffe erläutert, die immer wieder zur Erklärung herangezogen werden.

Begriffserläuterungen

Aberglaube

Der Begriff *Aberglaube* (= Gegenglaube) ist seit dem 12. Jahrhundert belegt. Weil er ein negatives Werturteil beinhaltet, wurde er seit dem 19. Jahrhundert vielfach durch die Bezeichnung *Volksglaube* ersetzt. Der Volksglaube setzte sich zusammen aus einer Mischung von Volksmedizin, Wahrsagerei und vorchristlicher germanischer Mythologie, aus Elementen keltischer Herkunft und späteren lateinisch-griechischen Einflüssen. In der Praxis äußert er sich in Zukunftsdeutung, Nutzen- und Schadenszauber, Naturdeutung und Naturmedizin sowie in dem Glauben an übernatürliche Kräfte und Wesen. Sage und Brauchtum, Märchen und Lied sowie die oft rituell gebrauchten Redensarten waren die Träger dieses alten Deutungs- und Wissensschemas.
Während die frühe Kirche in Europa eher in einer Art Symbiose mit dem Volksglauben lebte und sogar vieles von ihm übernahm (Reliquienkult, Wallfahrten usw.), wurde erst durch die mittelalterliche Scholastik die Vielfalt magischer Volksbräuche als einheitliches Teufelswerk umgedeutet und der Verfolgung preisgegeben. Der entscheidende Schlag gegen den Aberglauben gelang indessen erst der Aufklärung im 18. Jahrhundert, die durch zunehmende Volksbildung und Alphabetisierung ein rationales Weltbild durchzusetzen begann.

Anthropologische Semantik

In allen Sprachen gibt es eine große Anzahl von Wörtern und Redensarten, die ihrem Grundsinn nach Teile des menschlichen Körpers oder körperliche Tätigkeiten bezeichnen, diesen Zusammenhang jedoch erst auf den zweiten Blick offenbaren. So steckt etwa der konkrete Begriff *Hand* in ganz abstrakt wirkenden Ausdrücken wie *Handeln*, *Verhandlung* und *Behandlung*; noch verdeckter tritt er in Ausdrücken wie z.B. *begreifen* auf. Hier wird eine rein geistige Tätigkeit mit dem Griff der tastenden Hand umschrieben.
Unsere gesamte Ratio ist in hohem Maße solcherart nach der Gestalt des Menschen (also anthropomorph) strukturiert. Dieses Lexikon nimmt folglich – wie jede anthropologische Semantik (Bedeutungslehre) – Bezug auf anthropomorphe Abbildungsvorgänge. Es zeigt die Wichtigkeit unserer Körperteile für die Lebenspraxis anhand der Häufigkeit, mit der sie in Redensarten und abgeleiteten Wörtern auftauchen – allen voran die Hand, die in über 170 Wendungen vorkommt, danach Herz, Kopf und Auge (je 100), der Mund (90), das Ohr (60) und der Hals (50) (Verben der Sinneswahrnehmung jeweils mitgezählt).

Bildfelder als Topoi der Alltagssprache

Zum Verständnis vieler Metaphern trägt bei, daß sie in einem wechselseitigen Bezug zueinander stehen, einem systematischen Zusammenhang, den man literarisch als Topos, linguistisch als Bildfeld bezeichnet. Eine bildhafte Ausdrucksweise wie *in Geld schwimmen* bezieht sich zusammen mit anderen Metaphern wie *Geldquelle*, *Aktienstrom*, oder *Kapitalfluß* auf die Gleichsetzung von Geld und Flüssigkeit im Bildfeld *Geld ist eine Art Flüssigkeit*. Weitere redensartlich

reich genutzte Bildfelder sind etwa: *Welttheater*, *Lebensreise*, *Lebenskampf* u.a.; einige der wichtigsten sind diesem Lexikon als Anhang beigegeben.
Viele dieser Bildfelder entstehen (wahrscheinlich universell) aus bestimmten anthropomorphen Bedeutungszuordnungen, während andere kulturspezifisch sind – das Erbe bestimmter Literaturtraditionen, Mythen und Lebensformen. Die abendländische Welt bildet aufgrund ihrer engen Bezüge zur klassischen Antike sprachübergreifend eine relativ geschlossene Bildfeldgemeinschaft.

Euphemismus
Der Begriff leitet sich ab von griechisch *euphemein* (= gute Worte gebrauchen) und bezeichnet die Vermeidung eines eigentlich angemessenen Ausdrucks durch die Verwendung beschönigender Begriffe. Ziel euphemistischer Beschönigung ist die unanstößige Thematisierung von Tabus, von unangenehmen Sachen und gesellschaftlich diskriminierten Vorgängen. Eine weitere Quelle euphemistischer Rede ist der → **Aberglaube**. Hier galt unbedachte Wortwahl als gefährlich, weil sie als Beschwörungsformel wirksam werden konnte.

Fachsprache/Gruppensprache
Fachsprachen beruhen auf der Arbeitsteilung, die es bereits auf frühen Gesellschaftsstufen gab. Auch wenn diese alten Handwerkssprachen teilweise ausgestorben sind, haben sich doch viele ihrer Ausdrücke in Redensarten erhalten. Sobald sich ihre Bedeutung so verselbständigte, daß der ursprüngliche Bezug zur Fachkommunikation nicht mehr notwendig und erkennbar war, waren die Bedingungen für ein Weiterleben ohne semantische Durchsichtigkeit gegeben. Die wichtigsten solcher Quellen waren die Berufssprachen der See- und Bergleute, der Winzer, Schuhmacher, Militärs und Gauner (→ **Rotwelsch**). Besonders reichhaltig war auch der Einfluß der Jägersprache, die von alters her aus magischen Gründen deutlich von der Alltagssprache verschieden war. So mußten für viele Lebewesen eigene Namen (Isegrimm, Meister Petz usw.) erdacht werden, um die Aufmerksamkeit von (in frühester Zeit vergöttlichten oder gefürchteten) Tieren nicht auf den Sprecher zu ziehen (→ **Euphemismus**).

Geflügelte Worte
Die bei Homer häufig vorkommende Formel „geflügelte Worte" ist seit der gleichnamigen Zitatensammlung Georg Büchmanns (1864) selbst volkstümlich. Sie bezeichnet heute geläufige Zitate bekannter Dichter und Philosophen, Bibelstellen, antike Sentenzen u.ä. Wendungen, die im Alltag wie Redensarten gebraucht werden. Geflügelte Worte, die so geläufig geworden sind, daß ihr Zitatcharakter dem Benutzer nicht unbedingt mehr bekannt ist, sind daher in diesem Lexikon aufgeführt. Hierzu zählen Formeln wie *Morgenluft wittern*, *seine Pappenheimer kennen* oder *Krokodilstränen weinen*.

Gesprächsfloskeln
Gesprächsfloskeln stellen eine besondere Gruppe von Redensarten dar. Sie haben die Form eines vollständigen Satzes und gleichen damit eher Sprichwörtern und

Allgemeinplätzen des Typs *Was sein muß; muß sein.* Ähnlich diesen sind Gesprächsfloskeln auch weitgehend unveränderlich, das heißt, sie können nur unwesentlich oder gar nicht flektiert werden. Als Floskeln in diesem Sinn gelten feste Wendungen wie *Das läßt ja tief blicken* oder *Das will ich meinen* – in der für Floskeln oft typischen Verknüpfung mit *das.*

Hüllformel

Die Grenze zwischen Hüllformel und → **Euphemismus** ist fließend. Beide verwenden beispielsweise verallgemeinernde Passepartoutwörter wie *tun, machen, Sache* und *Ding.* Als redensartliche Hüllformeln im engeren Sinn werden Ausdrücke aufgefaßt, die sich direkt auf Bereiche des → **Aberglaubens** zurückführen lassen. Ein Passepartoutwort wie *fahren* gibt beispielsweise in der redensartlichen Frage *was ist bloß in dich gefahren?* einen Hinweis auf ursprüngliche Dämonenfurcht. Ein weiteres Merkmal von Hüllformeln ist der Ersatz prekärer Namen durch Tiernamen: *Weiß der Teufel* ist ohne weiteres durch *weiß der Kuckuck* oder *weiß der Geier* austauschbar.

Ironie

Von griechisch *eironeia* (= Verstellung) abgeleitet, hat der Begriff *Ironie* in seiner langen Geschichte so starke Wandlungen und Erweiterungen erfahren, daß er heute kaum noch präzise eingegrenzt werden kann. Hier genügt die relativ weitverbreitete Definition, daß mit einer ironischen Wendung das Gegenteil von dem gesagt wird, was gemeint ist. Ein Standardbeispiel ist die Kommentierung eines Unglücks durch die Formel *das ist ja eine schöne Bescherung.* Stilmittel der Emphase (Nachdrücklichkeit), der Über- oder Untertreibung zeigen häufig eine ironisierende Haltung an. Jeder Katalog von Ironiesignalen muß jedoch unvollständig bleiben, weil stets das Zusammenspiel von Kontext, gestischen und sprachlichen Mitteln die Haltung des Sprechers zum Gesagten verdeutlicht, nicht jedoch allein der formelhafte Gebrauch einer bestimmten Wendung.

Jiddisch

Wahrscheinlich seit der Römerzeit lebten Juden in Mitteleuropa und Deutschland. Neben der Kultsprache Hebräisch sprachen sie Deutsch – genauer Mittelhochdeutsch – wie ihre Umgebung. Als im Gefolge der einsetzenden Judenverfolgungen viele nach Osteuropa auswanderten, bildete sich dort durch die isolationsbedingte Konservierung des Mittelhochdeutschen und die Übernahme hebräischer und slawischer Wörter ein spezifisch jüdischer Dialekt, das Jiddische. Obwohl in hebräischer Schrift geschrieben, blieb Jiddisch eine Tochtersprache des Deutschen mit über zwei Dritteln deutschstämmiger Wörter. Von den etwa zwölf Millionen Jiddischsprechenden der Vorkriegszeit haben ungefähr sechs Millionen den Holocaust überlebt. Heute schätzt man die Anzahl jiddischer Muttersprachler auf vier Millionen.
Viele Wörter hebräischen Ursprungs sind über das Jiddische und die Gaunersprache → **Rotwelsch** in die deutsche Umgangssprache eingegangen, wo sie wegen ihrer etymologischen (wortgeschichtlichen) Undurchsichtigkeit auffallen. Aus-

drücke wie *Massel, Schlamassel, Stuß, flötengehen* etc. sind daher als redensartlich in diesem Lexikon berücksichtigt und erläutert.

Lautmalerei

Als Lautmalerei oder Onomatopöie bezeichnet man die Wiedergabe von akustischen Eindrücken durch Nachahmung. Wörter wie *Kikeriki* oder *Kuckuck* sind jedoch keinesfalls exakte Imitationen, sondern abhängig vom Artikulations- und Lautsystem der jeweiligen Sprache. Deshalb sind Lautmalereien nicht universell gleich; dem deutschen *Kikeriki* entspricht z.B. das französische *cocorico.* Die alte Hypothese, die menschliche Ursprache beruhe auf lautmalerischer Imitation, ist daher leicht als unzutreffend erkennbar.
Allerdings gibt es universelle Tendenzen der Laut-Bedeutungs-Relation, die Formen einer Lautsymbolik als wahrscheinlich erscheinen lassen. So wird der Vokal *i* weitverbreitet zum Ausdruck von Helligkeit, Freude, Höhe und Kleinheit genutzt, das *u* dagegen, um Dunkelheit, Trauer, Tiefe und Größe zu verdeutlichen.
Lautsymbolische Qualitäten im Bereich der Redensarten sind insbesondere bei →**Paar- und Zwillingsformeln** erkennbar. Häufig ist das zweite Glied länger und vokalisch dunkler als das erste, so daß sich hier ein gestaltpsychologisches Muster wiederfindet.

Lehnübersetzung

Manche Redensarten gehen auf wortwörtliche Übersetzungen fremdsprachlicher Wendungen zurück. Dies gilt z.B. für die Formel *jemandem die Schau stehlen,* die auf der englischen Wendung *to steal someone's show* basiert. In Lehnübertragungen kann sogar fremdes Wortgut erhalten bleiben, wie etwa das ungarische Wort *kantár* (= Zaum) in der Redensart *jemanden an die Kandare nehmen.*

Metapher

Das von griechisch *metaphora* (= Übertragung) abgeleitete Wort bezeichnet in der antiken Rhetorik ursprünglich die Ersetzung eines abstrakten Begriffs durch ein bildhaft vorstellbares Konkretum. Dem Redner wurde beispielsweise empfohlen, sich einen Begriff wie *Mut* durch die Vorstellung eines Löwen einzuprägen. Eine sich etwa ausbildende Metapher wie *Löwenmut* wurde als verkürzter Vergleich aufgefaßt *(mutig wie ein Löwe).* Heute geht man davon aus, daß die Metapher kein rhetorisch-stilistisches Beiwerk zur „wahren" abstrakten Natur der Sprache ist, sondern daß die Sprache von ihrem Ursprung her von konkreten Analogien geprägt ist. Mit der Zeit jedoch verdunkelte sich das Bewußtsein des konkreten Ursprungs weitgehend, so daß die meisten Wörter als abstrakte Begriffe ohne die Zuordnung eines anschaulichen Hintergrunds aufgefaßt werden. Offensichtlich metaphorisch sind alltagssprachliche Begriffe wie *Stuhlbein* oder *Flußarm*; aber auch das ganz abstrakt scheinende Verb *lesen* entstand aus der Analogsetzung dieses Vorgangs mit dem Sammeln, dem Auflesen von Feldfrüchten, später mit dem Aufheben der Runenstäbe beim germanischen Losorakel. Redensarten sind also nicht notwendig metaphorischer als normalsprachliche

Begriffe, allenfalls ist ihr Bildgehalt zuweilen etwas rätselhafter und deshalb auffälliger. Zwar funktioniert unsere Sprache und unser Verstand auch ohne bewußtes Erkennen dieser konkreten Bezüge, als unbewußt wirkendes Sprachgefühl sind derartige Verknüpfungen jedoch latent wirksam und prägen unseren Sprachgebrauch und unser Stilempfinden. Derartige Zusammenhänge bedingen auch die Verwandtschaft ganzer Metaphernfamilien, einheitlicher → **Bildfelder**, die eine wichtige Rolle bei der Neubildung von Metaphern spielen.

Paar- und Zwillingsformeln

Der Ursprung der Paar- und Zwillingsformeln liegt in der Rechtssprache, die früher ausschließlich mündlich manifestiert war. Dieser Mündlichkeit verdanken sie ihre einprägsame Reimstruktur. Man findet hier sowohl den germanischen Stabreim (wie etwa: *mit Kind und Kegel*) als auch den neueren Endreim (*mit Sack und Pack*). Bei Paarformeln sind die verknüpften Begriffe semantisch ungleich (*Haus und Hof*), bei Zwillingsformeln dagegen bedeutungsgleich (*Grund und Boden*). Diese Zuordnung ist nicht immer eindeutig möglich, da ursprünglich synonyme Begriffe sich sprachhistorisch verändern können. Die Reihenfolge bei Paarformeln entspricht bestimmten Bedeutungsprinzipien wie Nähe vor Ferne (*hie und da*), oben vor unten (*von Kopf bis Fuß*), Mensch vor Tier (*mit Mann und Maus*). Verstöße gegen diese Prinzipien sind meist durch die Regel erklärbar, daß das längere Glied nach dem kürzeren zu stehen hat; so folgen zweisilbige Wörter meist auf einsilbige (*Roß und Reiter, Land und Leute*).

Rhetorik und Stilistik

Der von griechisch *rhetorike techne* (= Kunst des Redens) abgeleitete Begriff *Rhetorik* bezeichnet die seit der Antike entwickelte Lehre von der Fähigkeit, als Redner seine Zuhörer zu überzeugen. Der Redner hatte seinen Redeinhalt nach einem genau definierten Repertoire von Anweisungen und Regeln zu gliedern und vorzutragen. Besonders wichtig war die Bildhaftigkeit der Darstellung.
In diesem Sinn rhetorische Komponenten des Redensartlichen finden sich in der Lautmalerei und Ironie, in Euphemismus und Vergleich sowie in der rhetorischen Frage (*was sind denn das für Sachen?*). Dazu kommen Erscheinungen wie der Ausruf (*um Himmels willen!*), die ungewöhnliche Wortfolge (*auf Teufel komm raus*), der Parallelismus (*Auge um Auge, Zahn um Zahn*), die Litotes (= Untertreibung durch Negation des Gegenteils: *kein Unmensch sein*), die Hyperbel (= Übertreibung: *ich sterbe vor Hunger*), das Wortspiel (*aus diesem kühlen Grunde*) usw.

Rotwelsch

Das Rotwelsch war die Geheimsprache der nichtseßhaften Bevölkerung, des „fahrenden Volks“. Es entwickelte keine eigene Grammatik, sondern bestand vielmehr aus entlehnten Fremdwörtern, inbesondere aus dem Jiddischen, den slawischen Sprachen und aus der Sprache der Sinti und Roma, dem Romani, einem alten indischen Dialekt. Zudem wurden viele Begriffe des Deutschen zu Tarnungszwecken mit neuen Sonderbedeutungen versehen. Diese sich seit dem

13. Jahrhundert ausbildende Gruppensprache diente vor allem dem Schutz der Fahrenden vor Ausforschung und Bespitzelung. Gleichzeitig wies ihre Kenntnis auch Fremde einander als „Mitwisser" aus. Besonders reich entfaltet ist die Terminologie des Rotwelsch im Bereich des Geldes (*Kies*, *Moos*, *Zaster*), des Verbrechens (*Schmiere stehen*, *ausbaldowern*) und der Polizei (*Grüne Minna*, *Polyp*). Herkunft und Thematik rotwelscher Ausdrücke und Wendungen sind noch heute dafür verantwortlich, daß ihnen meist ein derber Stileffekt beigemessen wird.
Der Begriff *Rotwelsch* leitet sich ab von *welsch* oder *walsch*, einer Sammelbezeichnung für die romanischen Sprachen, die gleichzeitig die Bedeutung *unverständliche Sprache/Redeweise* angenommen hat (Kauderwelsch). Der Bestandteil *rot* wird unterschiedlich gedeutet; manche stellen ihn zu *Rotte* (= Gruppe, Bande), andere zu französisch *la route* (= Landstraße), oder aber zu einer (selbst rotwelschen) Bedeutung der Farbe Rot, nämlich *falsch, untreu.*

Undurchsichtigkeit als Merkmal des Idiomatischen
Als durchsichtig gelten Wörter wie *Tischbein*, die sich aus leicht erkennbaren Begriffen zusammensetzen. Undurchsichtig – **idiomatisch** – sind vor allem entlehnte Fremdwörter und veraltete Begriffe, weil sie keine Zerlegung in sinntragende Einzelkomponenten erlauben. In diesen Fällen treten oft → **volksetymologische** Erklärungen auf, die auch einen Lautwandel herbeiführen können, bis ein Wort oder eine Wendung dem naiven Bedürfnis nach Durchsichtigkeit (wieder) entspricht. Die meisten Redewendungen sind in diesem Sinn undurchsichtig, ihre Gesamtbedeutung läßt sich nicht als Summe aus den einzelnen Elementen erschließen.

Volksetymologie
Als Volksetymologie bezeichnet man den naiven Versuch, fremdes und entlehntes Wortgut der Muttersprache anzugleichen und es damit verständlich zu machen. So wurde beispielsweise aus dem ursprünglich karibischen Wort *hamaca* über spanisch *hamaca*, französisch *hamac* und niederländisch *hangmat* um 1627 das deutsche *Hängematte*. Erreicht die volksetymologische Umformung das Ziel der semantischen Durchsichtigkeit nicht ganz, so bleiben fremdsprachliche Reste erhalten, die spontan den Eindruck des Redensartlichen hervorrufen und daher in diesem Lexikon berücksichtigt sind. Hauptquelle solchen Sprachguts ist im Deutschen der hebräische Anteil im Jiddischen und Rotwelschen.

Abkürzungen
ahd. = althochdeutsch
idg. = indogermanisch
Jh. = Jahrhundert
jmd., jmds., jmdm., jmdn. = jemand, jemandes, jemandem, jemanden
mhd. = mittelhochdeutsch
Mz. = Mehrzahl
umg. = umgangssprachlich

das A und O
das Wichtigste, die Hauptsache
[Hauptsache]
„Die richtige Einstellung ist das A und O. Wenn man eine Arbeit nicht mag, wird man sie auch nicht ordentlich verrichten!“
A (Alpha) ist der Anfangsbuchstabe, O (Omega) der Endbuchstabe des griechischen Alphabets. Seit der Antike gilt die Vorstellung: Wer Anfang und Ende einer Sache überblickt, der beherrscht das Ganze. Der Verfasser der Offenbarung des Johannes kannte diese Sinnfigur und benutzte sie (Kapitel 1, Vers 8), um die Allmacht und Allwissenheit Gottes auszudrücken. Wie aber sind gerade diese beiden Buchstaben an diese prägnante Stelle des griechischen Alphabets geraten? Darüber gibt uns die Geschichte der Schriftentwicklung (zumindest der abendländischen Schriften) Auskunft: Die Griechen übernahmen ihre Buchstaben von den Phöniziern, einem Handelsvolk aus dem östlichen Mittelmeerraum, das viele Kolonien gründete. Die Kolonie Karthago beispielsweise (im heutigen Tunesien) machte in den drei Punischen Kriegen (die Römer nannten die Phönizier Punier) den Römern in den Jahren 264–146 v. Chr. die Vorherrschaft im westlichen Mittelmeerraum streitig, wobei sie schließlich unterlag und zerstört wurde. Das phönizische Alphabet ist entweder eine Weiterbildung der ägyptischen Hieroglyphenschrift oder aber eine genuine Neuschaffung – ganz genau weiß man das nicht. Es bestand jedenfalls – und dies war die entscheidende Leistung – bereits wie unser heutiges Alphabet aus Lautzeichen (und nicht aus Bild- oder Silbenzeichen). Die Lautzeichen der Phönizier berücksichtigen allerdings nur die Konsonanten, nicht jedoch die Vokale, die aus dem Sinnzusammenhang zu ergänzen waren. Auch wir verfahren gelegentlich so, wenn wir etwa einen Städtenamen abkürzen und Mnchn. statt München schreiben. Die Griechen übernahmen im 9. Jh. v. Chr. die phönizischen Schriftzeichen mitsamt der Reihenfolge, die sich noch heute in unserem Wort Alphabet ausdrückt: Phönizisch *aleph* wurde zu griechisch *alpha*, phönizisch *beth* zu griechisch *beta*, phönizisch *gimel* zu griechisch *gamma* usw. Freilich mußte diese Schrift, die ja für eine ganz andere Sprache entwickelt worden war, von den Griechen der eigenen Sprache etwas angepaßt werden: Im Griechischen spielen beispielsweise die Vokale eine ganz tragende Rolle, so daß dafür Zeichen vorzusehen waren. Da das phönizische Alphabet aber auch Lautzeichen für Laute enthielt, die im Griechischen gar nicht vorkommen, konnten diese unbesetzten Lautzeichen zu Vokalzeichen umfunktioniert werden: Aus den überflüssigen Konsonantenzeichen wurden Vokalzeichen, die allerdings ihren Reihenfolgenplatz im alten Alphabet behielten. Noch heute sind daher unsere Vokalzeichen ganz willkürlich im Alphabet verteilt. Zusätzlich benötigten die Griechen für die Laute *f, ch* und *ps* neue Zeichen und erfanden dafür die Buchstaben *Phi, Chi* und *Psi,* die sie dem alten Alphabet, das mit Ypsilon endete, einfach anhängten. Als letzte Neuerung erfanden sie ein Zeichen für ein langes O, das sie zusätzlich zu einem bereits vorhandenen kurzen O (*Omikron* = kleines o) benötigten, und gaben ihm den Namen *Omega* (= großes O). Es bildete den Abschluß des griechischen Alphabets und hat sich als Zitat der Bibelstelle bis heute erhalten, obwohl unser letzter Buchstabe eigentlich das Z ist. Auch dieser Umstand hat sich in einer Redensart niedergeschlagen. Vergleiche: von **A** bis Z. Das griechische Omega verdankt also seine Endstelle im (griechischen) Alphabet seiner späten Erfindung. Wie aber kam das A zu seinem privilegierten ersten Platz? Um diese Frage beantworten zu können, müssen wir uns die Rolle der Schrift in den alten Kulturen vergegenwärtigen. Die Schrift war ursprünglich stets und ausschließlich ein Mittel der Dokumentation und Aufzeichnung „prosaischer“ Dinge. Die Schriftentwicklung hat ihren Ursprung im verwaltungstechnischen und rechtlichen Bereich. Die ägyptische Schrift und die Keilschriften Mesopotamiens sind entstanden, um die Höhe der Jahres-

ernte zu dokumentieren und die Größe der Viehherden festzuhalten, um das rechte Steuermaß festzusetzen und fiskalische Buchhaltung zu ermöglichen. Erst allmählich wurden dann Gesetzestexte, Grabinschriften und Verträge schriftlich fixiert, die dem schnellen Vergessen entzogen werden sollten. Religiöse Mythen, historisches Wissen und epische Texte wurden noch Jahrtausende nach Erfindung der ersten Schriftsysteme dagegen ausschließlich mündlich weitergegeben (vgl.: den **Faden** verlieren). Bekanntlich sind auch unsere Volksmärchen erst im 19. Jh. (beispielsweise von den Brüdern Grimm) systematisch gesammelt und aufgezeichnet worden.
Wenn Alphabete sich (so weit wir sehen) aus verwaltungstechnischen Gegebenheiten zu entwickeln pflegen, sollte das auch Spuren in ihren Schriftzeichen (und in ihrer Systematik in Form von *Alphabeten*) hinterlassen. Man hat beispielsweise behauptet, daß das phönizische *aleph* die (allerdings nur für das Hebräische belegte) Bedeutung *Kuh, Vieh* getragen habe. Noch die heutige Schreibweise A spiegele insofern ein (freilich mittlerweile auf dem Kopf stehendes) Abbild eines Rinderkopfes wider: Das wichtige Steuerzeichen *Rind* (aleph) wäre also demnach nicht zufällig an die erste Stelle einer alphabetischen Systematisierung gerückt, und noch heute würde unser Alphabet (das über die Römer vom griechisch-phönizischen abstammt) die archaischen Prinzipien der Steuereintreibung und Schriftentwicklung durch die Erststellung des A *abbilden.* Diese Argumentation wird von einem analogen Fall gestützt: Das germanische Runenalphabet, das sich (vermutlich) formal aus bestehenden (südlichen) Alphabetschriften entwickelt hat, hat Namen und Reihenfolge seiner Runenzeichen ganz abweichend vom lateinischen Alphabet festgelegt. Aber auch hier sind die Buchstaben (wie möglicherweise im phönizischen Alphabet) *akrophonisch,* das heißt, die Lautbezeichnungen beziehen sich jeweils auf den Lautwert der ersten Silbe eines ursprünglichen Bilderworts, eines Namens usw. Die Reihenfolge des Runenalphabets bestimmt die Bezeichnung, die man ihm gewöhnlich gibt: Nach den ersten sechs Runen wird es Futhark genannt (F+U+Th+A+R+K). Und wie im phönizischen „alephbeth" ist der erste Buchstabe (diesmal eindeutig) von germanisch *fe* (= Vieh) abgeleitet. Der zweite Buchstabe *u* bezieht sich zudem auf das wichtigste Wildrind Ur (= Auerochse). Es ist also nicht ganz unplausibel, die Entwicklung und Reihung von Buchstaben in *Alphabeten* mit den Bedeutungen in Zusammenhang zu bringen, die diese Buchstaben (ursprünglich) einmal trugen, bevor sie zu reinen Lautzeichen (ohne eigene Bedeutung) weiterentwickelt wurden. Die Redensart *das A und O* wäre dann ein alltagssprachlicher Nachklang der Bedingungen und des Verlaufs der Schriftentwicklung. Überhaupt ist die deutsche Sprache reich an Redensarten, die sich auf Merkmale der Schrift beziehen und sie in den Rederaum „zitierend" einbringen. Derartige Redensarten sind Kennzeichen einer Kultur, die einen hohen Grad an Alphabetisierung erreicht hat.

von **A** bis Z
von Anfang bis Ende, ganz [Gesamtheit]
„Was Peter dir da erzählt hat, ist von A bis Z erlogen. Er wollte dir damit sicher einen Streich spielen!"
Vgl.: das **A** und O.

jmd. ist glatt wie ein **Aal** (umg.)
raffiniert sein [Raffinesse]
„Der Angeklagte ist glatt wie ein Aal. Zu jedem Vorwurf hat er eine Ausrede."
Die Beweglichkeit des sich windenden Aales wird seit der Antike (Plautus) als Bild für eine negative menschliche Charaktereigenschaft verwendet. Der Aal teilt diese Bewertung in den Redensarten mit Wurm und Schlange.

sich winden wie ein **Aal**
→ **Wurm**

kein **Aas** (umg.)
→ keine **Menschenseele** [Niemand]

ab und zu (umg.)
gelegentlich, manchmal [Zeit]

„Ab und zu kommt einer mal zu spät, aber meistens sind alle pünktlich!"

nichts **abbekommen** haben (umg.)
→ **leer** ausgehen [Benachteiligung]

jmdm. **Abbitte** leisten/tun [Verzeihung]

jmdn. **abblitzen** lassen (umg.)
jmds. Anliegen schroff zurückweisen [Zurückweisung]
„Der Karl hat gestern versucht, Ulrike den Hof zu machen. Du hättest mal sehen müssen, wie die ihn hat abblitzen lassen!"
Bei alten Gewehren kam es oft zu einer blitzartigen Verpuffung des Pulvers, ohne daß sich ein Schuß löste. Daraus hat sich das Bedeutungsmerkmal der Wirkungslosigkeit abgeleitet. Häufig wird das Bild für vergebliche amouröse Annäherungsversuche verwendet.

abbrechen: brich dir nur keinen ab! (umg., ironisch)
1) *stell dich nicht so an, ziere dich nicht so, tu nicht so gekünstelt!* [Getue]
2) *überanstrenge dich nicht bei der Arbeit!* [Tadel]
1) „Es ist mir überaus peinlich, daß ich deinen Geburtstag vergessen habe." „Nun brich dir bloß keinen ab! Das ist doch nicht weiter schlimm!"
2) „Du arbeitest so langsam, daß man schon vom Zusehen müde wird! Brich dir bloß keinen ab!"
Die Vollform dieser Redensart lautet: „brich dir nur keinen **Zacken**/Stein aus der Krone" bzw. „brich dir nur keine **Verzierung** ab". Darin liegt natürlich die spöttische Unterstellung, daß der andere sich als hochgestellte und hochdekorierte Persönlichkeit ansieht, die er aber in Wirklichkeit nicht ist.

abbrennen: abgebrannt sein (umg.)
mittellos sein [Geldmangel]
„Kannst du mir mal zehn Mark leihen? Ich bin völlig abgebrannt."
Seit dem 16. Jh. wird das Partizip, das sich zunächst auf die durch Feuer vernichtete Habe bezog, auch auf Menschen angewandt, die alles verloren haben. In der Satire *Wunderliche und wahrhaftige Geschichten Philanders von Sittewald* des Johann Michael Moscherosch aus dem Jahre 1643 heißt es dazu: „Ein gut Gesell beklagte sich, daß er abgebrannt sei. Das sei nach Feldsprach soviel, daß er umb alles kommen und verarmt sei." Die Redensart ist Ende des 18. Jh. in Studentenkreisen aufgegriffen worden.

es ist noch nicht aller Tage **Abend**
→ es ist noch nicht aller **Tage** Abend

jmdm. eine **Abfuhr** erteilen
jmdn. schroff zurückweisen oder tadeln [Zurückweisung]
„Gestern hat der Meier aus Abteilung 7 um eine Gehaltserhöhung gebeten. Du hättest mal erleben müssen, welche Abfuhr ihm der Chef erteilt hat!"
Diese Redensart stammt aus dem Bereich des studentischen Fechtkampfs, der sogenannten Mensur. Ein Teilnehmer, der verletzt war, wurde von seinem Sekundanten „abgeführt". Der Sieger hatte ihm also eine „Abfuhr erteilt".

sich einen guten **Abgang** verschaffen (umg.)
beim Abschluß einer Sache einen guten Eindruck hinterlassen [Erfolg] [Beendigung]
„Kurz vor seiner Pensionierung konnte er noch das neue Zweigwerk einweihen. Damit hat er sich als Generaldirektor einen guten Abgang verschafft!"
Der gute Abgang gehört zur Bühnensprache und bezeichnet das Abtreten des Schauspielers von der Bühne nach erfolgreich gespielter Rolle, aber auch sein Ausscheiden aus dem Ensemble. Daraus hat sich die allgemeinere redensartliche Bedeutung entwickelt, die der Theatermetapher verpflichtet ist. {Welttheater}

abgedroschen
→ **Stroh**

ein **abgekartetes** Spiel sein (umg.)
eine vorherige Vereinbarung zum Schaden eines anderen [Vereinbarung]
„Die Firma X hat den Auftrag für den Bau des Sportzentrums erhalten. Dabei gehört die doch dem Bruder des Bürgermeisters.

Für mich ist das ein abgekartetes Spiel gewesen!"
Der Begriff *abkarten* bezieht sich auf das vorherige Präparieren der Reihenfolge der Spielkarten im Kartenspiel. Diese Manipulation dient natürlich dem Falschspiel, so daß eine „abgekartete Sache" dem naiven Beteiligten keine Chance läßt, sie zu seinen Gunsten zu beeinflussen. {das Leben ist ein Kartenspiel}

abgetakelt sein [Niedergang]
→ **aufgedonnert**

ablaufen: an jmdm. läuft alles ab
bei jmdm. sind alle Ermahnungen und Ratschläge sinnlos [Uneinsichtigkeit]
„Bodo hört auf keinen Rat. An ihm läuft alles ab!"
Die Wendung *etwas läuft gut ab* stammt aus der Sprache des Fechtens. *Ablaufen* bezeichnet dort das Abgleiten des feindlichen Hiebes oder Stoßes.

etwas rundweg **ablehnen**
→ **rundweg**

in **Abrahams** Schoß sitzen/sein/eingehen (gehoben)
1) *sicher, geborgen sein* [Sicherheit]
2) *materiell gesichert sein* [Wohlstand]
3) *gestorben sein* [Sterben]
1) „Ich habe in Flugzeugen keine Angst und fühle mich dort sicher wie in Abrahams Schoß."
2) „Seit der Martin die reiche Witwe geheiratet hat, braucht er sich keine Sorgen mehr zu machen. Der sitzt dort wie in Abrahams Schoß."
3) „Den Herrn Lukas habe ich schon lange nicht mehr gesehen." „Weißt du denn nicht, daß der schon seit letztem Jahr in Abrahams Schoß eingegangen ist?"
In der Bibel gilt Abraham als Stammvater. Er ist Garant für Sicherheit und Symbolik vergangener paradiesischer Zustände. Der arme Lazarus (Lukas 16, 22) wird von Engeln in Abrahams Schoß geleitet. Spätestens seit dem Mittelalter ist dieses Bild als Euphemismus für das Sterben weit verbreitet. Vgl.: im **Schoß** der Familie sitzen.

etwas in **Abrede** stellen [Leugnung]

der **Abschaum** der Menschheit
→ **Schaum** schlagen

sich etwas **abschminken** müssen/können (umg.)
eine Idee aufgeben müssen, einen Plan aufgeben müssen [Aufgeben]
„Du willst im Sommer nach Korsika? Das kannst du dir abschminken! Durch den Autounfall ist unsere Reisekasse für dieses Jahr schon völlig aufgebraucht!"
Die Schminke ist ein wesentliches Attribut des Schauspielers. Er schminkt sich ab, um von seiner auf der Bühne gespielten Rolle wieder in die Alltagswelt zurückzukehren. Wenn wir redensartlich sagen, jemand solle sich *etwas abschminken,* so tun wir so, als trage man auch im normalen Leben eine Maske, die mit einer bestimmten Rolle verknüpft ist. Die Vorstellung, daß die Welt eine Bühne ist, auf welcher der Mensch nach Plan und Vorstellung eines anderen bloß agiert, ist so alt wie das abendländische Denken. Schon in Platons unvollendetem Alterswerk, den *Gesetzen* (I, 644) können wir lesen: „Jeder von uns Vertretern lebender Geschöpfe werde von uns betrachtet als eine Marionette göttlichen Ursprungs, sei es, daß sie von den Göttern bloß zu ihrem Spielzeug angefertigt worden ist oder in irgendeiner ernsthaften Absicht." Die damit geborene Schauspielmetapher wird auch von Horaz (Sat. II 7, 82) und Seneca (Ep. 80, 7) aufgegriffen und gelangt so in den Rang eines Topos, ja beinahe schon eines Klischees, als das es Cervantes im 12. Kapitel des zweiten Teils seines *Don Quijote* verspottet. Auch dem christlichen Denken ist diese Metapher nicht fremd (Paulus I, Kor. 4, 9; Augustinus, Enarr. ad ps 127), obwohl eigentlich damit ein Widerspruch zur Idee der Willens- und Entscheidungsfreiheit entsteht. Aber die Theatermetapher ist zu weit, als daß dieser Konflikt zu ihrer Preisgabe führen müßte: Jeder Autor, der sie bemüht, betont (je nach individueller Auffassung) entweder den Zwang oder die Improvisationsfreiheit, die der einzelne genießt. Für Luther beispielsweise ist die Welt-

geschichte ein „Puppenspiel Gottes“, während Shakespeare in *As You Like It* (II,7: „All the world is a stage“) die spielerische Freiheit des Komödianten in den Vordergrund stellt. Eine zentrale Gestaltung erfährt das Motiv schließlich in Calderón de la Barcas Stück *Das große Welttheater (El gran teatro del mundo,* um 1645). Die hier entwickelte allegorische Typologie („Frau Welt“, „Weisheit“, „Schönheit“), die mit Ständevertretern vom Bettler bis zum König kombiniert wird, ist im 20. Jh. in Hugo von Hofmannsthals *Das große Salzburger Welttheater,* (1921) aufgegriffen und erneuert worden. Hofmannsthal steht damit in einer bewußt empfundenen habsburgischen Tradition, die im 17. Jh. sowohl Wien als auch Madrid umfaßte.

bei etwas gut **abschneiden** (umg.)
→ sich eine **Scheibe** von etwas abschneiden können [Erfolg]

etwas **abschreiben** können (umg.)
etwas als verloren ansehen müssen [Verlust]
„Den Schirm, den du in der U-Bahn vergessen hast, kannst du abschreiben! Den bringt sicher niemand zum Fundbüro.“
Als Abschreibung bezeichnet man steuertechnisch den Nachweis eines Verlustes oder einer besonderen Belastung.

auf der **Abschußliste** stehen (umg.)
gefährdet zu sein, aus seiner beruflichen Stellung entlassen/entfernt zu werden [Bedrohung]
„Ärgere dich nicht über den Abteilungsleiter, der bleibt nicht mehr lange. Man sagt, daß er längst auf der Abschußliste steht.“
Der Begriff stammt aus der Jägersprache. Die Abschußliste enthält jenes Wild, das zum Erlegen während der Jagdsaison freigegeben ist.

absehen: es auf etwas/jemanden abgesehen haben
1) *etwas erreichen/gewinnen wollen* [Wunsch]
2) *jmdn. verführen/heiraten wollen* [Verführung]
3) *jmdn. attackieren/verletzen wollen* [Aggression]
1) „Ich glaube, er hat es auf den Posten des Abteilungsleiters abgesehen.“
2) „Peter kommt mich neuerdings so oft besuchen. Ich glaube, er hat es auf meine Schwester abgesehen.“
3) „Der Chef hat wieder Mißlaune. Gottlob hat er es aber auf die Planungsabteilung abgesehen!“
Absehen oder Absicht hieß früher die Kimme, eine kleine Kerbe auf dem Lauf des Gewehres, die für den zielenden Schützen mit dem Korn (am Ende des Gewehrlaufs) und dem anvisierten Zielpunkt in einer Linie liegen muß.

ernste **Absichten** haben
heiraten wollen [Heiratspläne]
„Klaus hat mir jetzt einen Ring geschenkt. Ich glaube, er hat tatsächlich ernste Absichten!“

jmdm. etwas/jmdn. **abspenstig** machen
jmdn. dazu überreden, eine Sache oder Person aufzugeben/zu verlassen [Aufgeben]
„Johanna versucht schon lange, mir dieses Bild abspenstig zu machen. Aber ich verkaufe es nicht!“
Das germanische Verb *spanen/spenen* trug die Bedeutung *locken, reizen. Abspenstig machen* bedeutet somit: Erreichen, daß etwas jemanden nicht mehr lockt/reizt. Verwandt sind die Begriffe *widerspenstig* und *Gespenst* (= das lockende Wesen).

Abstand nehmen von etwas
etwas nicht tun [Unterlassung]
„Von Beileidsbezeugungen am Grab bitten wir Abstand zu nehmen.“
Das mhd. *abstán* bedeutet *auf etwas verzichten* und *von einem Amt zurücktreten.* Die erste Bedeutung lebt in der Redensart fort. 1648 wurde *Abstand* von Philipp von Zesen als Lehnübersetzung für *Distanz* vorgeschlagen und schließlich auch durchgesetzt.

jmdn. auf ein **Abstellgleis** schieben (umg.)
→ jmdn. auf ein **Nebengleis** schieben

etwas **abstottern** (umg.)
→ auf **Stottern** kaufen

es geht **abwärts** mit jmdm./einer Sache
→ vom **Regen** in die Traufe kommen
[Verschlechterung]

das ist ein **Abwasch** (umg.)
→ das ist ein **Aufwasch**

durch **Abwesenheit** glänzen (umg.)
nicht anwesend sein und deshalb auffallen [Abwesenheit]
„Wer in der Klasse glänzt denn heute wieder durch Abwesenheit? Natürlich Müller zwei!"
Im alten Rom pflegte man bei Begräbnissen dem Toten Bilder seiner Vorfahren voranzutragen. In den *Annalen* (3,76) berichtet Tacitus vom Begräbnis Junias, der Frau des Cassius und Schwester des Brutus. In der Kaiserzeit durften die Bilder dieser Mörder Cäsars nicht gezeigt werden, die Erinnerung an sie war jedoch natürlich so stark, daß gerade ihr Fehlen bei Junias Begräbnis besondere Aufmerksamkeit erregte. Der französische Dramatiker Joseph de Chenier (1764–1811) hat in seinem Drama *Tiberius* dann genau den Satz geprägt, auf den unsere Redensart zurückgeht: „Brutus et Cassius brillaient par leur absence."

mit **Ach** und Krach (umg., Zwillingsformel)
noch gerade eben, mit viel Mühe [Mühe]
„Wie ist denn die Prüfung von Peter verlaufen?" „Ja weißt du, er hat sie mit Ach und Krach bestanden."
Abgeleitet von den lautmalenden Wörtern Ächzen und Krächzen wurde die Formel seit dem 16. Jh. insbesondere in der Studentensprache gebraucht. Dort auch in der scherzhaft latinisierten Form *acho crachoque.*

jmds. **Achillesferse**
jmds. Schwachstelle [Schwachstelle]
„Meine Achillesferse war während der Schulzeit stets die Mathematik."
Der griechische Held Achilles wurde als Kind von seiner Mutter Thetis in den Unterweltfluß Styx getaucht und dadurch unverwundbar. Nur die Ferse, an der Achilles gehalten wurde, wurde vom Wasser nicht benetzt und blieb dadurch ungeschützt. Vor Troja war Achilles der schnellste und stärkste Held der Griechen. Erst Paris gelang es, Achilles durch einen Pfeilschuß in die Ferse zu töten.

(ständig) auf **Achse** sein (umg.)
viel/ständig unterwegs sein [Reisen]
„Vertreter? Nee, das ist kein Beruf für mich! Da ist man ja ständig auf Achse und hat nie Zeit für die Familie!"
Achse stammt von der idg. Wurzel *ag-*, die auch in lat. *agere* (treiben, handeln) und damit in Fremdwörtern wie *Aktion* oder *Agent* enthalten ist. Diese Wurzel bedeutet ursprünglich *mit geschwungenen Armen treiben,* so daß auch *Achsel* wurzelverwandt ist. Die Redensart *auf Achse sein* ist erst im 20. Jh. aufgekommen.

jmdn. über die **Achsel** ansehen
jmdn. geringschätzen/verächtlich behandeln [Verachtung]
„Seitdem der Schulz befördert worden ist, sieht er seine früheren Kollegen nur noch über die Achsel an!"
Alle diese Wendungen beziehen sich auf den „schiefen Blick", der dem Betrachteten eine gleichberechtigte frontale Orientierung verweigert. Im Rahmen der anthropologischen Grammatik stellt die frontale (Face-to-face) Orientierung die normale dialogische Position dar. Abweichungen von dieser Grundhaltung sind relativ negativ bewertet.
Herkunft → jmdn. (nur) von **hinten** ansehen

etwas auf die leichte **Achsel** nehmen
→ etwas auf die leichte **Schulter** nehmen

mit den **Achseln** zucken
Geste der Ratlosigkeit und des Bedauerns [Ratlosigkeit]
„Als die Zeugen gefragt wurden, welcher der Verkehrsteilnehmer wohl den Unfall verursacht habe, haben sie nur mit den Achseln gezuckt."
Aus einer Reflexbewegung, mit der die

Schultern zur körperlichen Abwehr vorbereitet werden, hat sich ein kulturspezifisches körperliches Zeichen mit der o. g. Bedeutung entwickelt. Vgl. auch **Achse**.

in **Acht** und Bann tun/stoßen (veraltet)
1) bei Sachen: *etwas verbieten* [Verbot]
2) bei Personen: *jmdn. verstoßen* [Verstoßung]
1) „Nach dem neuen Gesetz sind die pornographischen Schriften endlich in Acht und Bann getan."
2) „Es war höchste Zeit, daß dieser rücksichtslose Diktator in Acht und Bann gestoßen wurde und ins Exil gehen mußte."
Diese Wendung geht zurück auf eine alte Form eines Rechtsurteils, das für besonders schwere Vergehen vorgesehen war. Ein entsprechend Verurteilter war von der weltlichen Herrschaft (Reichsacht) *geächtet* und von der kirchlichen Herrschaft (Kirchenbann) *gebannt.* Vgl.: in jmds. **Bann** geraten.

sich in **acht** nehmen (umg.)
vorsichtig sein [Vorsicht]
„Nimm dich nur in acht, wenn du die Straße überquerst!"
Diese Wendung gehört zu *auf etwas achten* mit der Grundbedeutung *aufmerksam sein.* Dazu stellen sich vielfältige Ableitungen wie *Beachtung, Achtung* oder *beachtlich,* die zum Begriffsfeld des sozialen Standes oder Ranges überleiten *(eine achtbare Persönlichkeit).*

jmdn. **achtkantig** hinauswerfen [Rauswurf]
→ jmdn. **hochkantig** hinauswerfen

ad calendas graecas
→ wenn **Ostern** und Pfingsten zusammenfallen [Niemals]

etwas **ad acta** legen
→ etwas zu den **Akten** legen

der alte **Adam**
alte Fehler und Laster
[Unverbesserlichkeit]
„Kaum hat Konrad mit etwas Fleiß die Prüfung geschafft, da läßt er schon wieder den alten Adam raus."
Der Apostel Paulus stellt in seinen Briefen (Röm. 6,6; Eph. 4,22; Kol. 3,9) den alten sündigen Menschen (hebr. *adam* = Mensch) dem neuen christlichen Menschen gegenüber. Diese rhetorisch-emblematische Figur wird durch Luther, der den hebräischen Begriff *adam* teilweise unübersetzt läßt, im deutschen Sprachraum eingebürgert. Sie hat verschiedene Formen: *den alten Adam ausziehen, der alte Adam regt sich wieder* u. ä.

bei **Adam** und Eva anfangen (umg.)
ganz von Anfang an erzählen und daher umständlich sein/langweilen
[Weitschweifigkeit]
„Es wäre gut, wenn Sie Ihren Vortrag etwas kürzen würden. Wir brauchen nicht jedesmal bei Adam und Eva anzufangen."
Die Redensart bezieht sich auf den im Alten Testament überlieferten Mythos von der Schöpfung des ersten Menschenpaares, seinem Sündenfall und seiner Vertreibung aus dem Paradies. Daneben gibt es weiterreichende Legenden, die auf ein vorchristliches jüdisches Adamsbuch zurückgehen, das in zahlreichen Bearbeitungen im Orient und in Europa verbreitet war. Danach starb Adam im 930. Lebensjahr, nachdem Eva und Adams Sohn Seth vergebens versucht hatten, das Öl der Barmherzigkeit aus dem Paradies zu holen. Sie erhielten jedoch die Versicherung, daß Gottes Sohn kommen und sie erlösen würde, indem er ihre Sünden tilgt. Bevor Eva starb, riet sie ihren Kindern, die Geschichte des ersten Menschenpaares in Stein zu meißeln.

nach **Adam** Riese
→ nach Adam **Riese**

im **Adamskostüm** (umg.)
unbekleidet, nackt [Nacktheit]
„Dieser Bikini ist so knapp, daß du genausogut im Adamskostüm gehen kannst!"
Nach dem Bericht der Bibel lebten Adam und Eva, die ersten Menschen, nackt im Paradies: „Und sie waren beide nackt, der Mensch und sein Weib, und schämten sich nicht" (Moses 2,25). Nachdem sie von dem Baum der Erkenntnis gegessen hatten, entdeckten sie ihre Nacktheit und bedeckten

sich. Der Schildknorpel des Menschen (*adam* = Mann, Mensch) wird deshalb als Adamsapfel bezeichnet, weil er nach volkstümlicher Meinung ein Stück des von Eva gereichten Apfels ist, der Adam im Halse stecken blieb.

eine **Ader** für etwas haben
für etwas begabt sein [Begabung]
„Johanna hat leider keine Ader für das Sparen. Sie gibt alles gleich aus, was sie verdient."

an jmdm. keine gute **Ader** lassen (umg.)
jmdn. ganz und gar negativ bewerten [Verunglimpfung]
„Jetzt hör aber mal auf! So ungeschickt, wie du es darstellst, ist der Erich ja doch nicht. Du läßt ja keine gute Ader an ihm!"
In der antiken und mittelalterlichen Medizin galten die Adern als Sitz des Gemütes und Charakters, weil sie gute und schlechte Säfte (lat. *humores*, daher: Humor) enthalten. Der jeweilige Säfteanteil bestimmte den menschlichen Charakter. Jemand, der keine *gute Ader* besaß, war demnach ein übler Kerl.

jmdn. zur **Ader** lassen (umg.)
jmdn. ausbeuten [Ausbeutung]
„Ich kann dir in diesem Monat kein Geld mehr geben. Du hast mich schon genug zur Ader gelassen."
Im Mittelalter war der Aderlaß eine häufig angewandte medizinische Therapie. Da Blut eine wertvolle Flüssigkeit ist, steht diese Wendung in Zusammenhang mit Geld. {Geld ist eine Art Flüssigkeit}

ein wahrer **Adonis** (meist ironisch)
ein besonders schöner Mann
[Schönheit/Mann]
„Wenn du als Mann für die Werbung fotografiert werden willst, mußt du aussehen wie ein Adonis."
Aus einem ursprünglich orientalischen Vegetationsgott bildete die griechische Mythologie die Sage vom schönen Jüngling Adonis, der von einem Myrrhenbaum geboren und zum Liebling der Aphrodite wird. Als Adonis auf der Jagd von einem wilden Eber zerrissen wird, erwirkt Aphrodite, daß er nur den Winter in der Unterwelt verbringen muß. Adonis ist somit ein personifiziertes Sinnbild für das Werden und Vergehen in der Natur.

an die falsche **Adresse** geraten (umg.)
eine schroffe Ablehnung erfahren, eine unerwartete Reaktion erfahren, sich irren
[Irrtum]
„Wenn du glaubst, daß du mich reinlegen kannst, bist du aber an die falsche Adresse geraten."
Das ursprünglich französische Wort *adresse* wurde schon während des Dreißigjährigen Krieges entlehnt und ist seit 1695 in Fremdwörterbüchern verzeichnet. Die Verdeutschung *Anschrift* stammt von Philipp von Zesen.

sich aus der **Affäre** ziehen
sich geschickt aus einer unangenehmen Lage heraushalten/herausmanövrieren
[Entlastung]
„Er glaubte, er könne sich durch die Zahlung eines Schweigegeldes aus der Affäre ziehen. Aber da hat er sich geirrt! Dieses kriminelle Vorgehen muß öffentlich bekannt gemacht und bestraft werden!"
Dieser Ausdruck geht zurück auf (franz.) *affaire,* ein Wort, das am besten mit dem vagen Begriff *Angelegenheit* zu übersetzen ist. Im Deutschen hat es freilich immer den Beiklang des Negativen und Illegalen (wohl auch des Aufgebauschten) und findet sich in Wortbildungen wie Liebesaffäre und Staatsaffäre.

(ich denke) mich laust der **Affe** (umg.)
außerordentlich überrascht sein
[Überraschung]
„Als ich heute morgen zu meinem Auto kam, dachte ich, mich laust der Affe. Hatte doch jemand die ganze Seite eingefahren und sich dann einfach aus dem Staub gemacht!"
Auf Jahrmärkten gab es früher oftmals Gaukler, die einen Affen mit sich führten. Dieser sprang gelegentlich blitzschnell auf Zuschauer und begann diese zu lausen, was zu einem entsprechenden Überraschungs-

effekt führte. Die Wendung ist in vielen mundartlichen Versionen bekannt und wahrscheinlich im 19. Jh. in Berlin in die Hochsprache eingedrungen.

seinem/jmds. **Affen** Zucker geben (umg.)
1) *übermütig sein* [Übermut]
2) *jmdn. in seinen Neigungen unterstützen* [Unterstützung]
1) „Gestern hat Peter wieder die ganze Party mit Witzen unterhalten." „Ja, der ist dafür bekannt, daß er gelegentlich seinem Affen Zucker gibt."
2) „Du glaubst doch wohl nicht, daß ich deinem Affen auch noch Zucker gebe und dir eine weitere Schallplatte kaufe. Zum Geburtstag bekommst du jetzt einmal ein Buch!"
Der Affe gilt allgemein als triebhafte Karikatur des Menschen. Daraus leiten sich mehrere negativ bewertende Redensarten ab, wie beispielsweise *ein eitler/eingebildeter/dämlicher Affe* oder *ein Modeaffe sein. Affe* hat sich sogar zu einer Art Vorsilbe mit der Bedeutung einer negativ zu bewertenden Steigerung entwickelt: *Affenhitze, einen Affenzahn draufhaben, ein Affentempo, zu jmdm. eine Affenliebe hegen, ein Affentheater aufführen, etwas ist ein wahrer Affentanz, etwas ist eine Affenschande* (wahrscheinlich abgeleitet aus offener Schande).

wie vom wilden **Affen** gebissen (umg.)
verrückte Dinge tun/vorhaben [Verrücktheit]
„Du bist wohl vom wilden Affen gebissen! Drei Monate vor dem Examen willst du das Studium hinschmeißen?"
Herkunft → seinem/jmds. **Affen** Zucker geben

einen **Affen** an jmdm. gefressen haben
→ einen **Narren** an jmdm. gefressen haben [Vorliebe]

einen (schweren) **Affen** (sitzen) haben (umg.)
betrunken sein [Trunkenheit]
„Schau mal dort drüben, wie der Mann schwankt. Der hat einen schweren Affen sitzen!"
Es gibt verschiedene Deutungen. So soll der Affe angeblich zur Trunksucht neigen. Nach einer anderen Vorstellung ist der Berauschte von Dämonen in Tiergestalt besessen. Schließlich gelten Soldaten, die den Affen (Tornister) auf der Schulter tragen, und Gaukler, die lebende Affen mit sich führen, als Personen, die zur Trunksucht neigen. Andere weisen darauf hin, daß das Wort *Affe* wohl aus altrussisch *opica* abgeleitet ist und zusammen mit dem Tier auf unbekannten Handelswegen zu den Germanen kam. Dabei könnte durch ein Mißverständnis eine Vermischung mit tschechisch *opice* (sich betrinken) zur Bedeutung *Rausch* geführt haben, die weitergegeben wurde.

einen **Affenzahn** draufhaben (umg.)
[Schnelligkeit]
→ einen tollen **Zahn** draufhaben
→ seinem **Affen** Zucker geben

die Fleischtöpfe **Ägyptens** (veraltend)
üppiges Wohlleben
[Wohlergehen]
Herkunft → eine **ägyptische** Finsternis

eine **ägyptische** Finsternis (veraltend)
eine totale Finsternis [Dunkelheit]
„Als der Strom in der U-Bahn ausfiel, herrschte dort eine geradezu ägyptische Finsternis. Gleich darauf aber sprangen die Notsicherungen an, und es wurde wieder hell."
Da der Pharao Moses und sein Volk nicht ziehen ließ, verhängte Gott zehn Plagen über Ägypten. Eine der Plagen war eine dreitägige Finsternis, von der es im zweiten Buch Moses (10,21–23) heißt: „Der Herr sprach zu Mose: Recke deine Hand gen Himmel, daß es so finster werde in Ägypten, daß man's greifen mag. Und Mose reckte seine Hand gen Himmel; da ward eine dicke Finsternis in ganz Ägyptenland drei Tage, daß niemand den anderen sah noch aufstand von dem Ort, da er war..." Als der Pharao die Israeliten endlich ziehen ließ, sehnten sie sich in der Wüste bald nach den → Fleischtöpfen **Ägyptens**. Noch heute wird mit dieser Wendung ein ersehntes üppiges Wohlleben ausgedrückt.

das sieht dir **ähnlich** (umg.)
das ist typisch für dich! [Charakterisierung]
„Du hast deine Badehose vergessen? Das sieht dir ähnlich!"
Redensarten mit *ähneln* oder *ähnlich,* die sich auf erwartbare (= typische) Merkmale und Eigenschaften einer Person beziehen, meinen im Grunde: Das entspricht dem Bild, das ich mir von dir gemacht habe/dem Eindruck, den ich von dir gewonnen habe.

das sieht ihm (aber gar) nicht **ähnlich**! (umg.)
das ist nicht typisch für ihn!
[Unerwartbarkeit]
„Herr Müller ist heute zu spät gekommen? Das sieht ihm aber eigentlich gar nicht ähnlich – sonst ist er doch die Pünktlichkeit in Person!"

keine blasse **Ahnung** haben (umg.)
von etwas nichts wissen und verstehen
[Nichtwissen] [Unfähigkeit]

etwas zu den **Akten**/etwas ad acta legen
etwas (vorläufig oder endgültig) als erledigt ansehen [Abschluß]
„Ich glaube, in dieser Sache kommen wir nicht weiter. Wir sollten sie zu den Akten legen und mit dem nächsten Punkt beginnen."
In der lateinischen Amtssprache wurden erledigte Fälle sowie unerledigte Fälle, die im Augenblick nicht weiter behandelt wurden, mit dem Vermerk *ad acta*! versehen.

wie stehen die **Aktien**? (umg.)
→ wie **geht** es? [Befinden]

die **Aktien** steigen
Verbesserung einer Lage [Verbesserung]
„Ich glaube, meine Aktien bei Berta sind gestiegen. Sie hat sich für morgen Abend mit mir verabredet."
Lat. *actio* (Klage, Anspruch, Anteilsrecht) war ein Begriff des römischen Rechts. Mit diesem gelangte es im 15. Jh. in die Niederlande und nach Norddeutschland. Der erste aktienrechtliche Beleg betraf 1606 die Ostindische Companie, die Anteilsrechte verkaufte, um Schiffe, Mannschaften und Ware bezahlen zu können.

jmd. hat sie nicht **alle** (umg.)
→ er hat sie nicht alle auf dem **Christbaum**
[Verrücktheit]

alles in allem
wenn man alles im Zusammenhang bewertet
[Resümee]
„Obwohl nicht sehr häufig die Sonne schien, war der Urlaub alles in allem auch nicht gerade verregnet."
Die Wendung hat ein Vorbild in der lateinischen Summationsformel *summa summarum.* Summationsschemata waren Teil der antiken rhetorischen und stilistischen Tradition. In ihnen wurden abschließende Folgerungen aus vorerwähnten Beispielen (sog. Priameltechnik) oder Aussagen gezogen. *Summa summarum* findet sich zum ersten mal in einer Komödie des Plautus (*Truculentus* 1,1).

alles oder nichts
→ aufs **Ganze** gehen

der graue **Alltag**
das tägliche Einerlei [Alltag]
„Morgen beginnt wieder der graue Alltag! Könnte denn nicht immer Urlaub sein?"
Herkunft → der blaue **Montag**

alt aussehen (umg.)
1) *unterliegen* [Unterlegenheit]
2) *in Gefahr geraten, in Schwierigkeit geraten* [Gefährdung]
1) „Gegen den Meier habe ich gestern ganz schön alt ausgesehen. Der hatte doch glatt doppelt soviel Umsatz wie ich gemacht!"
2) „Wenn sich der Felsen da oben lockert, werden wir beide hier ganz schön alt aussehen!"
Diese Wendung gehört zur Jugendsprache.

sich aufs **Altenteil** zurückziehen
aus Altersgründen Verantwortung abgeben, mit der Arbeit aufhören [Pensionierung]
„Mein Vater will sich trotz seiner 70 Jahre noch nicht aufs Altenteil zurückziehen."
Nach der Übergabe seines Hofes an den Erben behielt früher ein Bauer noch einige Verfügungsbereiche oder -rechte, die als *Altenteil* bezeichnet wurden.

ein biblisches **Alter**
→ alt wie **Methusalem**
[Alter]

auf **altfränkische** Art (veraltend)
altmodisch/engstirnig/veraltet
[Engstirnigkeit]
„In seiner altfränkischen Art konnte sich der Vermieter nicht damit abfinden, daß in sein Haus eine Wohngemeinschaft einziehen sollte."
Der in mehrere Gruppen zerfallende germanische Stamm der Franken bildete Ende des 9. Jh. ein Herzogtum, das Gebiete an Rhein, Main und Neckar umfaßte. Unter Kaiser Konrad II. wurde es in verschiedene Territorien unterteilt. Der Name blieb für Ostfranken, wobei Titel und Rechte an das Bistum Würzburg fielen. Die alten Franken standen im ganzen Mittelalter in hohem Ansehen und galten als ältester und edelster deutscher Volksstamm. Hugo von Trimberg erinnert sich um 1300 lobend der alten fränkischen Tugend: „man sprichet gerne, swen man lobet hiute, er si der alten frenkischen liute, die waren einveltic, getriu, gewaere, wolte got, daz ich alsam waere."
Bereits im 14. Jh. kennt man jedoch den Begriff *altfrensch* (altfränkisch) im Sinne von *altmodisch, veraltet,* der im 16. Jh. eine Art Modewort wird. So schimpft Hans Sachs: „Du danzt nach deiner alten geigen, altfrenkisch sind dein werk und daiding (Gerede), gleich also sind auch all dein klaiding (Kleidung)."

so sicher wie das **Amen** in der Kirche
ganz bestimmt (wird es geschehen)
[Gewißheit]
„Auch demnächst werden die Benzinpreise wieder steigen – das ist so sicher wie das Amen in der Kirche." Das hebräische Wort *amen* bedeutet *wahrlich, gewiß, so geschehe es* und drückt die Zustimmung der versammelten Gemeinde zu Gebet und Segen aus.

zu etwas ja und **amen** sagen (umg.)
→ seinen **Segen** zu etwas geben
[Zustimmung]

seines **Amtes** walten (veraltend)
seine Aufgabe erfüllen, seine Pflicht tun
[Aufgabe]
„Dieser glatzköpfige Kerl da drüben hat den Stein auf den Redner geworfen! Herr Wachtmeister, walten Sie Ihres Amtes!"
Der Genitiv *seines Amtes* folgt dem Vorbild *hoc mei officii est.* Die alte Vorsilbe *amb-* (um-) verrät die Grundbedeutung von Amt: diejenigen, die sich um den Herrn bewegen (germ. *ambahtja* = Gefolgsmann). Über mhd. *ambet/ammet* hat dies nhd. *Amt* ergeben. Verwandt ist auch das provenzalische *ambaisada* (Gesandtschaft), das zu frz. *ambassade* (Botschaft) und *ambassadeur* (Botschafter) entlehnt ist. Vgl.: **schalten** und walten.

den **Amtsschimmel** reiten (umg.)
bürokratisch sein, nur nach Vorschrift handeln und deswegen kleinlich sein
[Bürokratie]
„Gestern hat der Postbote den Amtsschimmel geritten. Obwohl er mich genau kennt, mußte ich ihm meinen Ausweis zeigen, um den Einschreibebrief ausgehändigt zu bekommen!"
Das Wort *Schimmel* hängt wohl mit *schimmern* zusammen. Davon haben sowohl der weißlich glänzende Schimmelpilz als auch das weiße Pferd ihren Namen erhalten. Der Begriff *Amtsschimmel* weist sowohl auf die Schimmelbildung auf vergilbten Akten als auch auf die früher häufig berittenen Amtsboten hin. Vermutlich handelt es sich aber um eine volksetymologische Umdeutung des lateinischen Wortes *simile* (ähnlich), das den vorgedruckten Musterformularen im alten Österreich ihren Namen gab. Einen Beamten, der stets nach diesem Schema arbeitete, ohne die Besonderheiten eines Falles zu beachten, nannte man scherzhaft einen *Schimmelreiter* (Similereiter). Vgl.: keinen blassen **Schimmer** haben.

er hat (so) etwas **an** sich (umg.)
eine besondere Art (positiv oder negativ) *haben* [Charisma] [Widerwärtigkeit]
Positiv: „Dieser Arzt hat so etwas an sich, was den Patienten Vertrauen einflößt."
Negativ: „Eigentlich ist sie immer sehr

freundlich, aber sie hat doch so etwas an sich, das die meisten Leute abstößt."

(ein Mädchen) **anbaggern** [Flirt]
→ eine **Schnecke** angraben

ein **Anblick** für Götter (umg.)
ein komischer Anblick [Komik]
„Der Vater hatte sich als Weihnachtsmann verkleidet: ein Anblick für Götter!"
Die Vorstellung, daß der Mensch mit seinen Handlungen ein Schauspiel für die Götter liefert, stammt bereits aus der Antike (*Odyssee* VIII, 266 ff; Seneca *De providentia* 2,7 ff). Dieser Metapher hat sich durch die Kirchenväter (Augustinus) auch im christlichen Gedankengut erhalten und ist sogar in besonderen geistlichen Schauspielen („auto sacramental", spanisches Jesuitentheater des 17. Jh.) gepflegt und verbreitet worden. In Calderóns Stück *Das große Welttheater* (um 1645) wird das Rollenspiel der weltlichen Stände (vom König bis zum Bettler) vor den Augen Gottes inszeniert. Der Tod holt die Personen von der Weltbühne und führt sie vor Gott, der die Improvisation der Rollen bewertet und sein göttliches Urteil fällt. {Welttheater}

nichts **anbrennen** lassen (umg.)
jede (erotische) Chance nutzen [Sexualität]
„Der Michael läßt wirklich nichts anbrennen. Den sieht man doch jede Woche mit einem anderen Mädchen."
Die Redensart bezieht sich auf den Vorgang des Rührens beim Kochen und überträgt diesen in den Bereich der sexuellen Aktivitäten.

jmdm. etwas **andrehen** (umg.)
→ den richtigen **Dreh** rauskriegen [Verkauf]

zum **Anfassen** (umg.)
bürgernah, in Kontakt mit Menschen [Nähe]
„Ein Kommunalpolitiker muß Politik zum Anfassen betreiben, sonst wird er nicht gewählt."

sich jmdn. **angeln** (umg.)
sich ein Mädchen/einen jungen Mann suchen [Verführung]
„In dieser Diskothek kann man sich immer ein paar dufte Bienen angeln."
Der Angler ist Jäger, also jemand, der einem Tier nachstellt, der Angelsport also Teil des Jagdsports. Die Ähnlichkeit des Jagens mit der Verführung einer geliebten Person ist schon in der Antike gesehen worden. In den *Satiren* (I,2, Vers 107 f) schreibt schon Horaz: „Meus est amor huic (scil. venatori) similis, nam Transvolat in medio posita et fugientia captat."
Wir finden Beiträge zu diesem Bildfeld in der gesamten antiken Bukolik, bei Theokrit und Vergil, Catull und Sappho, sowie in der daran anknüpfenden europäischen Schäferdichtung des 16. und 18. Jh. Bestandteile des Bildfeldes sind der Pfeil des Liebesgottes Amor und Diana, die römische Göttin der Jagd. {Liebesjagd} Vgl.: sich einen **Goldfisch** angeln. Vgl.: ein **Schürzenjäger** sein.

etwas aus den **Angeln** heben
→ die **Welt** aus den Angeln heben

bei jmdm. gut/schlecht **angeschrieben** sein (umg.)
beliebt/unbeliebt sein [Ruf]
„Du mußt ja beim Chef gut angeschrieben sein, wenn er dir jetzt schon wieder eine Gehaltserhöhung bewilligt hat."
Die Redensart kommt aus dem Bereich des Handels. Der Kaufmann schreibt Schulden und Guthaben an. Vgl.: **Kreide**. {Lebenskonto}

etwas ist **Anglerlatein** (umg.)
etwas ist ein stark übertreibender Bericht (meist über angebliches Anglerglück) [Übertreibung]
„Der Hecht war mindestens einen Meter lang!" „Ach, hör doch auf mit dem Anglerlatein! In diesem Tümpel schwimmt ja nicht einmal ein Stichling!"
Herkunft → **Jägerlatein**

etwas in **Angriff** nehmen
etwas anfangen [Beginn]
„Jetzt müssen wir den nächsten Punkt der Tagesordnung in Angriff nehmen! Schließlich ist die Zeit schon weit fortgeschritten!"

Angriff gehört zu den militärischen Fachbegriffen. Vgl.: das **Feuer** eröffnen. Vgl.: **losschießen**.

die **Angst** sitzt jmdm. im Nacken
→ die Angst sitzt jmdm. im **Nacken**

ein **Angsthase** sein (umg.)
sehr ängstlich sein [Ängstlichkeit]
„Sei doch kein Angsthase und spring endlich vom Fünfmeterbrett! Sonst wirst du doch von der ganzen Klasse ausgelacht."
Herkunft → **Hasenfuß**

jmdm. etwas **anhängen** (umg.)
einen Unschuldigen aus böser Absicht beschuldigen [Beschuldigung]
„Die können mir nichts anhängen. Mit dem Diebstahl habe ich nichts zu tun!"
Im Mittelalter wurden überführte Verbrecher an den Pranger gestellt, der meist aus einem Pfahl bestand, der mitten auf dem Marktplatz stand. Damit nun jeder wußte, warum der Betreffende so bestraft wurde, erhielt dieser einen Zettel angehängt, auf dem seine Untat vermerkt war. Der Verbrecher war somit öffentlich angeprangert.

jmdn. um etwas **anhauen** (umg.) [Bitte]
→ **hauen**

sich **anheischig** machen (gehoben)
sich bereit erklären [Bereitschaft]
„Unser Nachbar hat sich anheischig gemacht, während unserer Abwesenheit unsere Blumen zu gießen."
Das alte Verb *(er)heischen* bedeutet *anstreben, anziehen.* Es kommt sonst nur noch in der Form „**Beifall** heischen" [Aufbauschung] vor, die bedeutet: *auf Beifall dringend warten, ein Lob provozieren.*

auf **Anhieb**
sofort, ohne Probleme [Unmittelbarkeit]
„Alexander hat das Examen auf Anhieb bestanden."
Anhieb ist der erste Schlag beim Fällen eines Baumes.

vor **Anker** gehen (umg.)
1) *ein Lokal besuchen* [Einkehr]
2) *heiraten* [Heirat]
1) „Ich hab' riesigen Durst. Laß uns mal in der nächsten Kneipe kurz vor Anker gehen."
2) „Mit vierzig wird es doch langsam Zeit für mich, vor Anker zu gehen und eine Familie zu gründen."
Im wörtlichen Sinne bezeichnet die Wendung das Anlegen eines Schiffes im Hafen. Wort und Sache haben die Germanen von den römischen Flotten an Niederrhein und Nordsee übernommen. Sie selbst befestigten ihre Schiffe noch mit großen Steinen. Vgl.: **Hafen** der Ehe.

jmdn. **anmachen** (umg.) [Flirt]
→ einen (steilen) **Zahn** aufreißen

anschaffen gehen (umg.) [Prostitution]

den **Anschein** wahren
→ **Schein**

den **Anschluß** verpassen (umg.)
beruflich oder im privaten Bereich stagnieren bzw. sich verspäten
[Stagnation] [Verspätung]
„Die Ira wird jetzt schon 50 und ist immer noch unverheiratet. Irgendwie hat die total den Anschluß verpaßt."
„Wenn du mit 30 Jahren immer noch kein Examen hast, mußt du irgendwann einmal gebummelt haben. Dadurch hast du jetzt völlig den Anschluß verpaßt."
Die Redensart stellt sich zu einer Reihe anderer Begriffe aus dem Bereich des Eisenbahnwesens. Obwohl erst im 19. Jh. aufgekommen, hat dieser Bildbereich eine große Wirkung entfaltet. {Lebensweg} {Lebensreise}

jmdn. **anschwärzen** [Beschuldigung]
→ jmdm. den **Schwarzen** Peter zuschieben

Stein des **Anstoßes** sein
1) von Personen: *ein Ärgernis sein* [Ärgernis]
2) von Sachen: *ein (vorgeschobenes) Hindernis sein* [Hindernis]
1) „Jetzt bist du schon wieder durch dein grobes Verhalten unangenehm aufgefallen.

Es macht dir wohl Spaß, ein ewiger Stein des Anstoßes zu sein?"
2) „Dieser Vertragsabschluß kommt nie zustande. Die Gegenseite wird sich immer neue Steine des Anstoßes ausdenken, um eine Verbesserung zu ihren Gunsten zu erreichen."
Die Wendung wird mehrfach in der Bibel gebraucht (Röm. 9,32;1. Brief Petri 2,8). In Jesaja 8,13–15 heißt es in der Lutherübersetzung: „Heiliget den Herrn Zebaoth. Den lasset eure Furcht und Schrecken sein, so wird er ein Heiligtum sein, aber ein Stein des Anstoßes und ein Fels des Ärgernisses den beiden Häusern Israel, zum Strick und Fall den Bürgern zu Jerusalem, daß ihrer viele sich daran stoßen, fallen, zerbrechen, verstrickt und gefangen werden..."

einer Sache einen neuen/anderen **Anstrich** geben
etwas verändern, eine neuer Sichtweise bieten [Veränderung]
„Ich dachte, du wolltest mich bewußt warten lassen. Die Tatsache, daß deine Uhr defekt ist, gibt der Sache natürlich einen anderen Anstrich."

antun: er/sie hat es mir angetan (umg.) [Verliebtheit]
→ jmdn. **becircen**

eine Sache **anzetteln** [Beginn]
→ sich **verzetteln**

für einen **Apfel** und ein Ei (umg.)
für wenig Geld [Preiswürdigkeit]
„Die Werkstatt hat mir den Schaden für einen Apfel und ein Ei repariert. Die will mich wohl als Dauerkunden gewinnen."
Apfel und Ei gelten in der Redensart als billige Naturprodukte.

in den sauren **Apfel** beißen (müssen) (umg.)
etwas Unangenehmes tun (müssen) [Zwang]
„Wenn die Schmerzen zunehmen, werde ich wohl in den sauren Apfel beißen müssen und statt mit dir ins Kino lieber zum Zahnarzt gehen."
Das Bild vom sauren Apfel findet sich erstmals bei Luther, ist aber sicher älter.

per pedes **apostolorum** [Gehen]
→ auf **Schusters** Rappen

einen gesegneten **Appetit** haben (umg.)
großen Hunger haben und viel essen [Hunger]
„Der Junge ist jetzt in der Wachstumsphase und hat einen gesegneten Appetit."
Das lat. *appetitio* (= Streben, Trachten, Verlangen) ist im franz. *appétit* auf die Eßlust eingeschränkt worden. Seit 1404 finden wir das Wort im Deutschen, zunächst häufig noch umschrieben mit Formeln wie *Appetit zu der Speis. Gesegnet* hat hier die Bedeutung *prächtig, groß* (vom Herrn gefördert).

jmdn. in den **April** schicken (umg.)
jmdn. zum Narren halten [Neckerei]
„Ich freue mich zwar über dein Geschenk, aber ich habe heute gar nicht Geburtstag. Da hat dich jemand in den April geschickt."
Der 1. April gilt in ganz Europa als ein Tag, an dem man unbedarfte Personen mit scherzhaften Aufträgen zum Narren hält. Dieser Brauch geht vielleicht auf die Verlegung des Neujahrstags vom 1. April auf den 1. Januar zurück (1564). Der am Neujahrstag übliche Austausch von Geschenken erhielt sich nach dieser Deutung in Scheingeschenken und unsinnigen Bestellungen. Es gibt aber noch viele andere Erklärungen. Zunächst einmal hat der Monat April nach Ovid seinen Namen von lat. *aperire* (= öffnen), und zwar mit der Erklärung, daß der Frühling alles „öffne". Man kann so im 1. April Reste alter Frühlingsbräuche vermuten, die sich zu den Narrenbräuchen der Fastnachtszeit stellen. Auch das alte indische Hulifest und die Quirinalia, das Narrenfest der Römer, lagen am Frühlingsanfang und bestanden aus Verkleidungen und Täuschungen. Der Getäuschte, so vermutet man, symbolisiert den nunmehr machtlosen Winter, mit dem der aufkommende Sommer machen kann, was er will. Es gibt auch biblisch-religiöse Erklärungsversuche. So wird behauptet, der 1. April sei eine Erinnerung an das Herumschicken des Herrn *von Pontius zu Pilatus*. Dazu paßt schlecht, daß man meist einfältige Leute und Kinder in den April schickt. Auch spricht die weite

Verbreitung des Brauchs in der gesamten idg. Welt für einen sehr alten (vorchristlichen) Ursprung. Ungeklärt ist die romanische Redeweise von *Aprilfisch* (frz.: *poisson d'avril,* ital.: *pesce d'aprile*). Typische Aufträge an den Gefoppten bestehen darin, ihn zum Einkaufen (meist in die Apotheke) zu schicken, wo er folgendes bestellen soll: für 20 Pfennige Ipitum (Ich bin dumm), ein Pfund gedörrten Schnees, schwarze Kreide, ein gerades Häkchen oder für einen Pfennig Owiedumm.

alle Wohlgerüche **Arabiens** (ironisch)
alle möglichen Düfte [Duft]
„Sie schwebte in einer Wolke aus allen Wohlgerüchen Arabiens vorbei. Peter wandte sich ab; er war gegen Parfüm allergisch."
Diese Redensart ist ein geflügeltes Wort aus Shakespeares *Macbeth* (5,1): „All the perfumes of Arabia". Die deutsche Formulierung stammt aus der Übersetzung Dorothea Tiecks (1825–33).

ein (durch)schlagendes **Argument**
ein überzeugendes Argument
[Argumentation]
„Die Diskussion verlief ziemlich ausgewogen, bis Georg ein schlagendes Argument brachte, das die Angelegenheit zu seinen Gunsten entschied."
„Mit einem durchschlagenden Argument gelang es dem Physiker, die Gegner von der Richtigkeit seiner Theorie zu überzeugen."
In unserem Kulturkreis ist es üblich, Argumentation und Diskussion weitgehend in Bildern eines Kampfes oder Wettkampfes auszudrücken. Argumente kann man beispielsweise *ins Feld* oder gar *ins Gefecht führen.* Bei derartigen Wortgefechten sollte man sich *auf sicherem Boden bewegen,* damit man auch dann überlebt, wenn der *Gegner* einmal *ein schweres Geschütz auffährt.* Eine wissenschaftliche Theorie ist unangreifbar, falls nicht ein *durchschlagendes Argument* die Verteidigung (einer Doktorarbeit beispielsweise) unmöglich macht.

ein stichhaltiges **Argument**
ein unangreifbares Argument
[Argumentation]
„Diese Statistik enthält kein einziges stichhaltiges Argument, das politische Maßnahmen rechtfertigen würde!"
Herkunft → **hieb**- und stichfest

(wie) mit **Argusaugen** beobachten/hüten (gehoben)
1) *wachsam sein, aufmerksam beobachten* [Beobachtung]
2) *hüten, schützen* [Wachsamkeit]
1) „Der junge Mann da drüben beobachtet dich schon die ganze Zeit wie mit Argusaugen. Dem gefällst du offenbar sehr."
2) „An seinen Wagen läßt Peter keinen anderen ran. Er hütet ihn mit Argusaugen."
Argos Panoptes (der „Vielsehende", daher auch: Panoptikum) war nach der griechischen Mythologie ein Hirte, der mit unzähligen Augen ausgestattet war. Natürlich war er besonders scharfsichtig, zudem aber auch wachsam, weil er immer nur mit der Hälfte seiner Augen schlief. Weil er alles sehen konnte, beauftragte ihn Hera, die Priesterin Io zu beobachten. Diese war eine Geliebte des Zeus, der sie – um sie vor Hera zu verbergen – in eine Kuh verwandelt hatte. Zeus war über die Detektivarbeit des Argos so wütend, daß er ihn von Hermes töten ließ.

jmdm. in den **Arm** fallen
etwas gerade noch verhindern [Vereitelung]
„Der Betriebsrat konnte dem Personalchef gerade noch in den Arm fallen und die Entlassung des Kollegen verhindern."

einen langen **Arm** haben
mächtig sein, einflußreich sein [Einfluß]
„Ich würde an deiner Stelle den Personalchef nicht verärgern. Du kannst dir doch vorstellen, daß der einen langen Arm hat."
Bereits in der Bibel und der antiken Literatur ist der starke, gewaltige und lange Arm ein bekanntes Bild für Macht und Einfluß, große Reichweite und Eingreifen. Alle Redensarten mit Begriffen der Leiblichkeit orientieren sich an der anthropologischen Grammatik und stellen somit eine allgemeinverständliche Symbolik bereit, die keiner Erläuterung bedarf. {Staatsorganismus}

jmdn. auf den **Arm** nehmen (umg.)
sich über jmdn. lustig machen [Neckerei]
„Dieses Auto soll 50 000 Mark gekostet haben? Du willst mich wohl auf den Arm nehmen!"
Das erst im 20. Jh. aufgekommene Bild meint, daß man eine erwachsene Person wie ein Kind behandelt, das man auf den Arm nehmen kann.

die Beine unter den **Arm** nehmen (umg.)
→ die **Beine** in die Hand nehmen

jmds. rechter **Arm** sein
→ jmds. rechte **Hand** sein

den Kopf unter dem **Arm** tragen (umg.)
sehr krank sein [Krankheit]
„Der Karl ist ein zuverlässiger Mitarbeiter. Der holt sich erst einen Krankenschein, wenn er den Kopf unter dem Arm trägt!"
Der abgeschlagene Kopf gilt schon seit jeher als Sinnbild des sicheren Todes. In der Sage tragen häufig Gespenster ihren eigenen Kopf unter dem Arm. Es gibt auch Märtyrerdarstellungen und Heiligenbilder dieser Art, die auf das Weiterleben nach dem körperlichen Tod verweisen.

jmdm. unter die **Arme** greifen (umg.)
jmdn. unterstützen/jmdm. helfen [Unterstützung]

jmdm. in die **Arme** laufen (umg.)
jmdm. zufällig begegnen [Begegnung]
„Rat mal, wem ich gestern in die Arme gelaufen bin: meinem alten Freund Karl, der vor 15 Jahren nach Amerika ausgewandert ist!"

bis über beide **Arme** verschuldet sein
hoch verschuldet sein [Schulden]
„Wenn der Umfang des Neubaus so bleibt, müssen wir uns bis über beide Arme verschulden, um die Rechnung zu bezahlen."
Verschuldung wird gern durch Ertrinken oder Versinken im Sumpf ausgedrückt.

sich jmdm. in die **Arme** werfen (umg.)
sich leichtfertig verlieben und hingeben [Sexualität]

sich die **Ärmel** hochkrempeln (umg.)
eine Arbeit beginnen, energisch zupacken [Arbeit]
„Wenn wir jetzt nicht die Ärmel hochkrempeln, werden wir mit der Arbeit nie fertig!"
Das Bild bezieht sich auf die scheinbare Unmöglichkeit, mit den als vornehm geltenden langen Hemdsärmeln eine grobe Arbeit zu verrichten.

etwas (nicht) aus dem **Ärmel** schütteln (umg.)
1) *etwas mühelos tun* [Mühelosigkeit]
2) *etwas Unzumutbares nicht tun können* [Unmöglichkeit]
1) „Klaus hat das Abitur bestanden, ohne sich besonders darauf vorzubereiten. Es ist toll, wie der scheinbar alles aus dem Ärmel schüttelt."
2) „Ich weiß nicht, woher ich das Geld für dich auftreiben soll. Ich kann es mir ja schließlich nicht aus dem Ärmel schütteln!"
Im Mittelalter waren weite Ärmel Mode, aus denen man verborgene Dinge überraschend in die Hände gleiten lassen konnte. Diese Technik wird auch von Zauberern und Gauklern genutzt. Die Redensart bezog sich wahrscheinlich zunächst auf Geistliche, die scheinbar mühelos lange Predigten hielten.

sich/jmdm. ein **Armutszeugnis** ausstellen
Unfähigkeit preisgeben, sich als unfähig erweisen [Unfähigkeit]
„Jetzt hast du dich wieder nicht gegen diese Zumutung gewehrt. Allmählich stellst du dir aber selbst ein Armutszeugnis aus!"
Ursprünglich war das Armutszeugnis der amtliche Nachweis materieller Bedürftigkeit. Die Redensart bezieht sich nur noch auf geistige und charakterliche Schwächen und Blößen.

am **Arsch** der Welt (derb)
sehr abgelegen sein [Abgelegenheit]
„Über diese Versetzung kann ich mich wirklich nicht freuen. Schließlich liegt Kleinblittersdorf am Arsch der Welt."

ein ganzer **Arsch** voll (derb)
→ jede **Menge** [Menge]

mit dem **Arsch** auf Grundeis gehen (derb)
große Angst haben, feige sein [Angst]
„Als der Bankräuber die Pistole auf mich gerichtet hat, ist mir wirklich der Arsch auf Grundeis gegangen."
Als *Grundeis* bezeichnet man das Bodeneis eines Gewässers. Das Tauen des Grundeises führt zu seinem Auftauchen, was mit ziemlichem Getöse verbunden sein kann. Diese polternden Geräusche werden in der Redensart mit Bauchgrimmen und Blähungen verglichen, aber auch mit Durchfall, der bei starker Angst einsetzen kann.

jmdm. in den **Arsch** kriechen (derb)
sehr unterwürfig sein [Unterwürfigkeit]
„Wenn du dem Chef weiter so in den Arsch kriechst, bekommst du Ärger mit den Kollegen!"
In Umgangssprache und Mundarten hat sich ein Ausdrucksstil erhalten, der uns heute oft anstößig vorkommt, der seinen Ursprung aber in Zeiten hatte, als man hierin kein Tabu sah (bzw. andere Tabuisierungen vornahm). Das öffentliche Praktizieren von Ausscheidungen und das Reden darüber war bis weit in die Neuzeit hinein völlig normal. Erst allmählich hat sich unser heutiges Schamgefühl entwickelt, das an Konzepte wie Privatheit und Intimsphäre gekoppelt ist. Daneben ist an die dämonenverscheuchende (apotropäische) Wirkung des entblößten Körpers – insbesondere des Hinterns – zu erinnern, die auch dem bekannten Götz-Zitat (III,4) zugrunde liegt, auch wenn sie bereits dort als beleidigende Geste zu verstehen ist. Derartige Umdeutungen sind nicht selten und gehen häufig auf die Renaissance zurück, die sich – zwischen Mittelalter und Neuzeit stehend – des alten Kulturguts bediente und es in Schwank, Zote und Narrenspiegel grobianisch zum Zweck der Belustigung und der Belehrung überformte. Einschlägige Belege finden sich bei Luther, Hans Sachs, Sebastian Brant oder im Volksbuch vom Eulenspiegel. Die hier aufgeführten, heute als derb, anstößig oder unanständig empfundenen Wendungen sollen an diese kulturelle Kontinuität erinnern und die starke Bildhaftigkeit vor Augen führen.

im **Arsch** sein (derb)
→ im **Eimer** sein [Defekt]

jmdm. in den **Arsch** treten/ jmdm. den **Arsch** aufreißen (derb)
→ jmdm. aufs **Dach** steigen [Tadel]

Art und Weise (Paarformel)
Form der Durchführung [Form]
„Ich kann die Art und Weise, wie der Chef mich behandelt, nicht länger ertragen. Ich kündige!"

keine **Art** und Weise sein/nicht die feine (englische) **Art** sein
nicht ehrenhaft sein/unfair sein [Fehlverhalten]
„Einer so alten Frau die Wohnung zu kündigen: Das ist doch nicht die feine englische Art!"
Die Redensart bezieht sich auf die früher sprichwörtliche Fairneß im Bereich des englischen Sports.

aus der **Art** schlagen
1) *unerwartet gute Eigenschaften zeigen* (ironisch) [Unerwartbarkeit]
2) *anders sein als der Rest der Familie* [Sonderling]
1) „Der Karl ist der erste in seiner Familie, der ein Universitätsstudium absolviert. Damit schlägt er völlig aus der Art."
2) „Die Familie ist so anständig, und plötzlich wird der jüngste Sohn wegen Diebstahls verhaftet. Der ist ganz und gar aus der Art geschlagen."
Art im Sinne von *Familie* ist heute ungebräuchlich und hat sich nur in Redewendungen erhalten. *Schlagen* hängt mit dem Begriff *Geschlecht* (*Menschenschlag, ungeschlacht* u. a.) zusammen. Die Redensart ist seit dem Mittelalter bekannt.

sich **Asche** aufs Haupt streuen
etwas bereuen [Reue]
„Sei doch nicht so nachtragend! Soll ich mir vielleicht Asche aufs Haupt streuen, damit du mir verzeihst?"
Im Altertum gab es den Brauch, sich zum Zeichen tiefster Trauer die Asche verbrannter Verstorbener auf Haupt und Gewänder

zu streuen. Im Aschermittwochkreuz hat sich ein Rest davon erhalten. Schon im Buch Hiob des Alten Testaments wird die Redensart jedoch allgemein mit der Bedeutung *Reue zeigen* gebraucht.

bis ins **Aschgraue** gehen (veraltend)
etwas führt zu weit [Weitschweifigkeit]
„Jetzt mach endlich mal 'nen Punkt! Diese langweilige Geschichte geht ja wirklich ins Aschgraue."
Im Deutschen werden häufig Wortbildungen wie *feuerrot, pechschwarz* oder *grasgrün* verwendet, um die Intensität einer Farbe zu bezeichnen. In diesem steigernden Sinn ist wohl die Bildung *aschgrau* in die feste Wendung *in grauer Vorzeit/in grauer Ferne* eingedrungen, die schließlich wieder zur jetzigen Redensart verkürzt worden ist. Das verwendete Bild entspricht dem *in grauer Ferne verschwimmenden Horizont.*

(selber) den **Ast** absägen, auf dem man sitzt (umg.)
sich selbst schaden [Selbstschädigung]
„Mit seinem Verhalten untergräbt Peter die eigene Vertrauenswürdigkeit. Gerade als Bankbeamter sollte er wissen, daß er sich damit selbst den Ast absägt, auf dem er sitzt."
Bereits im Altertum sind ähnliche Bilder bekannt, um sich selbst zugefügten Schaden zu versinnbildlichen: *das eigene Schiff durchlöchern, die eigene Ernte verbrennen* u. ä.

einen **Ast** durchsägen (umg.)
→ **Holz** sägen
[Schnarchen]

auf keinen grünen **Ast** kommen (umg.)
→ auf keinen grünen **Zweig** kommen
[Erfolglosigkeit]

sich einen **Ast** lachen (umg.)
sehr stark lachen [Lachen]
„Wir haben uns einen Ast gelacht, als der alte Angeber in die Pfütze gefallen ist!"
Der Begriff *Ast* bezeichnet auch den menschlichen Buckel (daher auch: *etwas auf den Ast nehmen*). Das dahinterstehende Bild bezeichnet eine Person, die sich vor Lachen krümmt.

auf dem absteigenden **Ast** sein (umg.)
den Höhepunkt hinter sich haben, dem Untergang entgegentreiben [Niedergang]
„Der Krüger hat früher große Erfolge gehabt. Seit ihn seine Frau verlassen hat, ist er privat und beruflich auf dem absteigenden Ast."
In der Mathematik und Physik wird fachsprachlich vom *auf-* bzw. *absteigenden Ast* von Hyperbeln gesprochen.

nicht ganz **astrein** sein (umg.)
nicht zuverlässig sein in charakterlicher, politischer oder anderer Hinsicht
[Unzuverlässigkeit]
Bau- und Möbelholz ist um so wertvoller und stabiler, je weniger es von Astlöchern durchzogen ist. Vgl.: aus gutem **Holz** geschnitzt sein.

einen langen **Atem** brauchen
Ausdauer benötigen [Ausdauer]
„Für ein Medizinstudium braucht man einen langen Atem. Da muß man mit mindestens zwölf Semestern rechnen!"
Der *lange Atem* ist in mehreren Redensarten das Sinnbild der Ausdauer, wobei häufig eine Übertragung in den finanziellen Bereich vorgenommen wird. Vgl.: schwach auf der **Brust** sein. Vgl.: jmdm. geht die **Puste** aus.

jmdn. in **Atem** halten
1) *jmdn. stark beschäftigen* [Überforderung]
2) *spannend sein* [Spannung]
1) „Mit deinen ewigen Sonderwünschen hältst du mich ganz schön in Atem."
2) „Das Länderspiel gestern abend hat die halbe Nation in Atem gehalten."

in einem **Atemzug** (*einem* betont)
1) *etwas ohne Unterbrechung schnell tun* [Gleichzeitigkeit]
2) *etwas ohne Unterbrechung schnell sagen* [Schnelligkeit]
1) „Als sie die Glücksbotschaft begriffen hatte, lachte und weinte sie in einem Atemzug."

2) „Peppino kann das ganze Gedicht in einem Atemzug aufsagen."

im gleichen **Atemzug**
→ in einem **Atemzug** [Gleichzeitigkeit]

Eulen nach **Athen** tragen
→ **Eulen** nach Athen tragen [Bekanntheit]

etwas **auf** sich haben (umg.)
wichtig/sicher sein
[Gewißheit] [Wichtigkeit]
„Ich glaube, mit dem Gerücht um die Verlobung deiner Tochter hat es doch etwas auf sich! Gestern habe ich sie mit einem jungen Mann im Park gesehen!"

aufgedonnert sein (umg.)
übertrieben/geschmacklos/auffällig gekleidet sein [Kleidung]
„Schau mal, da kommt Beate!" „Mensch, ist die wieder aufgedonnert! Die sieht ja aus, als wollte sie zu einem Kostümball gehen!"
Die Wendung bezieht sich nicht auf das Wetterereignis *Donner,* sondern leitet sich von ital. *donna* (Herrin, Dame) ab. Die ursprüngliche Bedeutung ist also: *wie eine Dame gekleidet sein.* Die Wendung ist seit dem 19. Jh. belegt. Daneben finden wir häufig mit derselben Bedeutung die Redensart *aufgetakelt sein.* Sie kommt aus der Segelschiffahrt, wo mit Takelage die gesamte Segeleinrichtung gemeint ist und wo *auftakeln* bedeutet: *alle Segel setzen.* Man vergleicht also eine übertrieben gekleidete und geschminkte Frau mit einem Segelschiff unter vollen Segeln, spricht spöttisch gar gelegentlich von einer *alten Fregatte.* Das Gegenteil ist *abtakeln* und *abgetakelt* nennt man jemanden, der alle Zeichen guten Aussehens und alle positiven Eigenschaften verloren hat.

viel **Aufhebens** von etwas machen
etwas übertreiben, prahlen [Aufbauschung]
„Glaubst du nicht, daß du etwas viel Aufhebens davon machst? Schließlich haben auch schon andere Leute die Führerscheinprüfung bestanden!"
In der Fechtkunst wird die zeremonielle Vorbereitung des Kampfes mit einem umständlichen *Aufheben* des Degens durchgeführt. Als das Fechten außer Mode kam, bekam die Redewendung ihre abwertende Bedeutung.

jmdn. **auflaufen** lassen (umg.)
→ jmdn. **aufsitzen** lassen

es mit jmdm. **aufnehmen** (können)
sich jmdm. (im Kampf) stellen und ihm gewachsen sein [Ebenbürtigkeit]
„Vor dem Meier brauchst du keine Angst zu haben. Mit dem kannst du es allemal aufnehmen!"
Vor dem Duell lagen die Waffen der Kämpfer so auf dem Boden, daß sie von keiner der Parteien berührt werden konnten. Das Aufnehmen der Waffen geschah ritualisiert und dokumentierte den Willen, sich dem Gegner zu stellen.

jmdn. **aufreißen** (umg.)
→ einen (steilen) **Zahn** aufreißen
[Flirt]

ein **Aufschneider** sein (umg.)
prahlen und dabei weit übertreiben
[Angeberei]
„Der Rosa mußt du nicht alles glauben. Neulich hat sie mich ganz schön reingelegt. Die ist ein richtiger Aufschneider!"
Die Redensart bezieht sich auf das große Messer, das jemand bei Tisch verwendet, um große Stücke aufzuschneiden. Redensartlich seit dem 17. Jh. gesichert, aber wahrscheinlich älter. Es gibt auch die Variante: *das große Messer gebrauchen,* die aber heute nur noch selten benützt wird.

jmdn. **aufsitzen** lassen (umg.)
jmdn. in seinen Erwartungen enttäuschen
[Vertrauensbruch]
„Deine Freunde haben dich ganz schön aufsitzen lassen: Nicht einer ist gekommen, um dir beim Umzug zu helfen."
Das Verb *aufsitzen* bezieht sich hier auf den Wagen, der auf einem schlechten Weg am Boden hängenbleibt, während *auflaufen* das Scheitern des Schiffs an einem Riff meint.
{Lebensweg}

da mußt du früher **aufstehen**! (umg.)
das ist dir mißlungen!, du kannst mich nicht reinlegen! [Gewitztheit]
„Das soll ich dir glauben? Da mußt du früher aufstehen, damit du mir solche Lügen auftischen kannst!“

jmdm. übel/sauer **aufstoßen**
→ sein **Fett** kriegen [Strafe]

dick **auftragen**
→ **dick** auftragen [Übertreibung]

das ist ein **Aufwasch** (umg.)
das läßt sich zusammen/gleichzeitig erledigen [Gleichzeitigkeit]
„Wenn du sowieso in die Stadt fährst, kannst du auch gleich den Mantel in der Reinigung abgeben. Das ist dann ein Aufwasch.“
Die Redensart bezieht sich auf das Geschirrspülen und ist seit 1778 belegt.

im **Aufwind** sein
→ **Wind** in den Segeln haben [Erfolg]

jmds. **Augapfel** sein
1) von Sachen: *jmds. wertvollster Besitz sein* [Schutz]
2) von Personen: *jmds. Liebste(r) sein* [Verliebtheit]
1) „Diese Uhr dort drüben ist die schönste meiner Sammlung. Sie ist mein Augapfel.“
2) „Du bist mein Augapfel. Laß uns doch endlich heiraten!“
Der Augapfel gilt als wichtigstes und gleichzeitig verletzbarstes Sinnesorgan. Die bildliche Übertragung ist seit der Antike bekannt und international verbreitet. Wir finden entsprechende Belege beispielsweise in der Bibel (Psalm 17,8) und bei dem römischen Dichter Catull.

etwas im **Auge** haben
etwas (als festes Ziel) planen/in Rechnung stellen, an etwas Bestimmtes denken, was man sich wünscht, tun will etc. [Plan]
„Morgen fahre ich in die Stadt, um mir neue Schuhe zu kaufen.“ „Hast du schon etwas Bestimmtes im Auge?“ „Nein, ich werde mich erst mal in meinen Lieblingsgeschäften umschauen.“

Kein Sinnesorgan ist dem Menschen wichtiger als das Auge. Durch es erfährt er die Welt in allen wesentlichen Aspekten. Stets vertraut er zunächst einmal der primären visuellen Orientierung und lernt nur mühsam, daß es auch Vorgänge hinter den Erscheinungen gibt, die ebenfalls in Rechnung gestellt werden müssen. Die visuelle Erfahrung ist so stark, daß andere Erscheinungen ihr untergeordnet und – zumal wenn sie abstrakt und nicht direkt sinnlich faßbar sind – in Begriffen des Sehens ausgedrückt werden. Ein Beispiel dafür ist die Zeit, die wir weitgehend mit Begriffen des Raums – einer sinnlich wahrnehmbaren Kategorie – auszudrücken gewohnt sind. Auch direkt wird der Blick der Augen, der bei Walther von der Vogelweide noch im wörtlichen Sinne gebraucht wird (ir vil minneclichen ougenblicke rüerent mich), als *Augenblick* zu einer zeitlichen Kategorie mit der Bedeutung *jetzt* (im Augenblick regnet es). Das Auge sieht redensartlich auch in die Zukunft, und daher sagen wir, daß wir *etwas im Auge* haben, wenn wir etwas planen. Wir bündeln unser Interesse, indem wir unser *Hauptaugenmerk* auf etwas richten. Wir bewerten die Welt, indem wir sie mit*Augenmaß* abschätzen. Der Dichter Hartmann von Aue verglich den Anblick der Schönheit mit der Freude der Herde über sommerliche Weide, und so sprechen auch wir heute noch von einer *wahren Augenweide* – dieser kleine Katalog von Metaphern mag genügen, weil die folgenden Redensarten ihn ergänzen. Die Wendungen, die sich mit dem Auge, dem Blick oder dem Sehen befassen, um damit übertragene Bedeutungen auszudrücken, sind kaum zählbar, zumal wenn man die Verben bedenkt, in denen sich die visuelle Wahrnehmung ausdrückt. Wenn wir somit sehen, wie sehr die Sprache durchdrungen ist von der Sphäre des Visuellen, so erkennen wir auch hier die Dimension der Leiblichkeit. Zur Leiblichkeit in diesem Sinne gehört auch die sozusagen soziale Leiblichkeit, d. h., die Ausrichtung der Körper zueinander im Prozeß der Kommunikation. Hier ist die Grundausrichtung frontal (Face-to-face) und *Auge in Auge. Sich jemandem* *zu stellen* bedeutet, ihm ins Auge zu sehen, und die Redensart überträgt dies weiter zu einer Wendung wie *der Gefahr ins Auge sehen.* Der gerade Blick ist der Normalfall, so daß der schiefe Blick oder das Ansehen über die Schulter eine darauf bezogene (negative) redensartliche Bedeutung erhalten kann. Ein letzter, hier in aller Kürze anzudeutender Gesichtspunkt ist der, daß wir gewöhnlich alle Formen des geistigen Verstehens in Termini des Erblickens ausdrükken. Wir sprechen also von *Erkenntnis* und davon, daß es einem *wie Schuppen von den Augen fällt.* Auch die Begriffe *Wissen* und *Weisheit* selbst stammen ab von der idg. Wurzel *uid* mit der Bedeutung *sehen, erkennen.*

Auge um Auge, Zahn um Zahn
→ **Gleiches** mit Gleichem vergelten
[Vergeltung]

das **Auge** des Gesetzes (scherzhaft)
die Polizei [Polizei]
„In Eichstätt wacht das Auge des Gesetzes insbesondere über die Falschparker, weil es sonst wenig zu tun gibt."
Die Wendung vom strafenden Auge der Gerechtigkeit ist seit der Antike bekannt. Populär wurde sie durch Schillers *Lied von der Glocke:* „... denn das Auge des Gesetzes wacht."

eine Beleidigung fürs **Auge** sein
überaus häßlich sein, unpassend sein
[Häßlichkeit]
„Dieses Hochhaus mitten in der historischen Altstadt ist wirklich eine Beleidigung fürs Auge!"

das paßt dazu wie die Faust aufs **Auge** (umg.)
→ das paßt dazu wie die **Faust** aufs Auge

jmdm. ein Dorn im **Auge** sein
→ jmdm. ein **Dorn** im Auge sein
[Ärgernis]

mit einem lachenden und einem weinenden **Auge**
zwiespältig sein [Zwiespalt]
„Diesem Umzug nach München sehe ich mit einem lachenden und mit einem weinenden Auge entgegen."
Diese Redensart ist ein Zitat aus Shakespeares *Hamlet,* wo es (I,2) heißt: „With one auspicious and one dropping eye". In der deutschen Übersetzung von Schlegel und Tieck steht allerdings: „mit einem heiteren, einem nassen Auge", so daß die Redensart auch davon unabhängig entstanden sein kann. Vgl.: mit gemischten **Gefühlen.**

das **Auge** beleidigen
abstoßend häßlich sein [Unansehnlichkeit]
„Das neue Kleid von Frau Meier ist so häßlich, daß es das Auge beleidigt!"

da bleibt kein **Auge** trocken (umg.)
1) *alle weinen vor Rührung* [Rührung]
2) *alle weinen vor Freude über eine spaßige Szene* [Spaß]
1) „In dem Film *Love Story* habe sogar ich geweint. Da blieb kein Auge trocken!"
2) „Der Film mit den Marx Brothers hat den ganzen Saal in ein Tollhaus verwandelt. Da blieb kein Auge trocken."
Die Wendung ist ein Zitat aus dem Gedicht *Paul. Eine Handzeichnung* (1799) von Johann Daniel Falk (1768–1826).

mit einem blauen **Auge** davonkommen (umg.)
→ das hätte ins **Auge** gehen können
[Glück im Unglück]

jmdm. etwas aufs **Auge** drücken (umg.)
jmdm. etwas aufzwingen; Druck auf jmdn. ausüben, etwas Bestimmtes zu tun [Zwang]
„Der Chef hat gemeint, ich solle diesmal die Inventur doch allein machen. Aber diese schreckliche Arbeit lasse ich mir nicht einfach aufs Auge drücken! Entweder alle arbeiten mit oder ich kündige!"
Herkunft → das paßt dazu wie die **Faust** aufs Auge

etwas fällt/springt/sticht ins **Auge**
etwas ist auffällig [Auffälligkeit]
„Dein neuer Pullover ist schrecklich bunt. Der sticht jedem sofort ins Auge!"

das hätte ins **Auge** gehen können
Glück im Unglück haben
[Glück im Unglück]
„Beinahe hättest du eben mit deinem Wagen ein Schild gerammt. Das hätte ins Auge gehen können!"

das geht ins **Auge** (umg.)
das geht schlecht aus, das mißlingt
[Mißerfolg]
„Deine Raserei mit dem Auto wird irgendwann ins Auge gehen!"

ein scharfes/wachsames **Auge** auf etwas haben
wachsam sein [Wachsamkeit]
„In Italien mußt du ein scharfes Auge auf deinen Mercedes haben!"

kein **Auge** für jmdn./etwas haben
1) *nicht beachten* [Vernachlässigung]
2) *nicht das nötige Urteilsvermögen haben* [Unverständnis]
1) „Ich weiß nicht, was ich noch tun soll. Für mich hat noch keiner ein Auge gehabt!"
2) „Für diese Art von moderner Kunst habe ich nun aber wirklich kein Auge."

ein **Auge** voll Schlaf nehmen (umg.)
etwas schlummern [Schlaf]
„In zwei Stunden geht schon wieder der Wecker. Vorher will ich aber noch ein Auge voll Schlaf nehmen."

ein **Auge** riskieren (umg.)
unbemerkt hinschauen [Beobachtung]
„Das Mädchen im Bikini ist gerade in sein Buch vertieft. Du kannst jetzt ruhig mal ein Auge riskieren!"

einer Gefahr ins **Auge** sehen
einer Gefahr entgegentreten [Mut]
„Ein Dompteur muß ständig der Gefahr ins Auge sehen."

jmdn. aus dem **Auge** verlieren/sich aus den **Augen** verlieren
den Kontakt verlieren [Kontaktverlust]
„So ein Zufall, daß wir uns hier treffen! Wir haben uns doch schon mindestens seit zehn Jahren aus den Augen verloren!"

auf jmdn./etwas ein **Auge** werfen (umg.)
jmdn./etwas begehren [Wunsch]
„Mir ist klar, daß du auf diesen Nerzmantel ein Auge geworfen hast. Du weißt doch daß wir uns den nicht leisten können!"

ein **Auge** zudrücken (umg.)
nachsichtig sein [Nachsicht]
„Da der Angeklagte nicht vorbestraft war, hat der Richter noch mal ein Auge zugedrückt und die Strafe zur Bewährung ausgesetzt."
Ein zugedrücktes Auge übersieht natürlich manches, so daß wohl einmal Gnade vor Recht ergehen mag. Im altdeutschen Recht gab es gar die Übung, in bestimmten, milde zu beurteilenden Fällen dem Angeklagten einen einäugigen Büttel mit einem einäugigen Pferd zu schicken, um die Nachsicht des *Auges des Gesetzes* anzudeuten. Justitia, die allegorische Darstellung der Gerechtigkeit, verhüllt sogar beide Augen mit einer Binde. Sie deutet damit an, daß sie ohne Ansehen der Person und damit gerecht urteilt.

die **Augen** sind größer als der Magen (umg.)
größere Eßlust als Appetit haben, beim Zulangen übertreiben und Reste lassen [Gier]
„Na, hast du deinen Teller wieder nicht leergegessen? Deine Augen waren wohl wieder größer als der Magen?"

in jmds. **Augen**
nach jmds. Ansicht/Meinung [Meinung]
„Hast du schon von der Heirat von Dieter und Sieglinde gehört? In meinen Augen wird das niemals gutgehen!"

jmdm. wird schwarz vor **Augen**
→ jmdm. wird **schwarz** vor Augen

vor aller **Augen**
in aller Öffentlichkeit [Öffentlichkeit]
„Seid ihr denn noch zu retten? Ihr könnt euch doch nicht vor aller Augen küssen!"

etwas nicht nur schöner **Augen** wegen tun (umg.)
etwas nicht aus Zuneigung tun, etwas für Geld tun [Lohn]

„Na, das wird eine Schinderei! Ich hoffe, du weißt, daß ich das nicht nur deiner schönen Augen wegen tun kann!"
Die Redensart bezieht sich darauf, daß junge Männer für Mädchen alles mögliche zu unternehmen bereit sind.

einem die **Augen** auswischen (umg.)
jmdn. täuschen [Täuschung]
„Dich hab' ich längst durchschaut! Du kannst mir nicht die Augen auswischen!"

jmdm. wie Schuppen von den **Augen** fallen
→ jmdm. wie **Schuppen** von den Augen fallen
[Erkenntnis]

jmdm. etwas vor **Augen** führen/halten
jmdm. etwas klar machen [Verdeutlichung]
„Du solltest dir schon vor Augen führen, daß eine Hochzeit ein großer Einschnitt ist."

mit offenen **Augen** durch die Welt gehen
aufmerksam sein, Dinge klarsehen
[Aufmerksamkeit]
„Der Bernd ist ein gescheiter Kerl. Der weiß, was er will, und geht mit offenen Augen durch die Welt."

hast du denn keine **Augen** im Kopf?
[Unaufmerksamkeit]
→ mit offenen **Augen** schlafen (umg.)

Tomaten auf den **Augen** haben
[Unaufmerksamkeit]
→ mit offenen **Augen** schlafen

seine **Augen** überall haben
wachsam sein [Wachsamkeit]
„Wir können völlig unbesorgt in Urlaub fahren. Unserem Haus wird nichts passieren. Die Polizei von unserem Revier hat ihre Augen überall!"

jmdn./etwas nicht aus den **Augen** lassen
1) *jmdn./etwas scharf beobachten oder bewachen* [Wachsamkeit]
2) *jmdn. bewundernd anschauen*
[Beobachtung]
1) „Die Polizei läßt den Gefangenen nicht aus den Augen."
2) „Jetzt reiß dich mal zusammen! Du läßt diese Person ja nicht mehr aus den Augen."

große **Augen** machen (umg.)
erstaunt sein [Erstaunen]
„Na, jetzt machst du wohl große Augen? Du hast doch nicht geglaubt, daß ich eine so gute Note erhalten würde!"
Das weit geöffnete Auge nimmt natürlich an den Rändern mehr wahr als das normal geöffnete oder halb geschlossene Auge. Da das Erstaunen auf unerwartete Informationen oder Beobachtungen zurückführbar ist, öffnen sich die Augen unwillkürlich, um mehr davon einzufangen. Darauf bezieht sich diese Wendung. Ungewöhnlich große Augen mancher Personen waren früher das Objekt abergläubischer Vorstellungen. In Bayern, Franken und Böhmen glaubte man etwa, daß Kinder, die erst lange nach der Geburt getauft werden, große und schöne Augen bekommen. Warum? In Böhmen behauptete man: aus Sehnsucht nach der Taufe.

jmdm. schöne **Augen** machen (umg.)
flirten, jmdn. verliebt ansehen [Flirt]
„Wenn du nicht aufhörst, diesem Gigolo schöne Augen zu machen, verlassen wir sofort die Diskothek!"
Die Augen sind wichtige Kommunikationsmittel, und zwar nicht nur unter Verliebten. Sie drücken Zustimmung oder Ablehnung, Überraschung oder Langeweile aus – um nur einiges zu nennen. Der unverwandte Blick kann einerseits als Bedrohung, andererseits aber auch als Interesse interpretiert werden. Hier kommt alles auf die näheren Umstände an.

jmdm. die **Augen** öffnen
→ jmdm. den **Star** stechen
[Enthüllung]

jmdm. etwas unter vier **Augen** sagen
ohne Zeugen [Vertraulichkeit]
„Die Nebenabsprachen müssen wir wohl unter vier Augen treffen!"

jmdm. zu tief in die **Augen** schauen (umg.)
sich in jmdn. verlieben [Verliebtheit]

„Du strahlst immer so, wenn die neue Kollegin ins Zimmer kommt. Du hast ihr wohl zu tief in die Augen geschaut?"
Herkunft → jmdn. **becircen**

mit offenen **Augen** schlafen
unaufmerksam sein [Unaufmerksamkeit]
„Karl, du kommst jetzt sofort nach vorne an die Tafel! Ich bemerke doch, daß du da hinten mit offenen Augen schläfst."
Nach der Sage ist der Hase so vorsichtig, daß er mit offenen Augen schläft. Die Redensart hat also einen Bedeutungswandel durchgemacht. Die *Augen* werden redensartlich überhaupt in besonderem Maß zur Vermittlung der Bedeutung *Aufmerksamkeit* und *Unaufmerksamkeit* gebraucht.

die **Augen** (für immer) schließen
→ **sanft** und selig entschlafen
[Sterben]

jmdm. vor **Augen** schweben
planen [Plan]
„Was hast du denn beruflich vor?" „Ja, eigentlich schwebt mir vor Augen, daß ich Architektur studiere."
Das reale Auge besitzt im geistigen Auge ein irreales Gegenstück, auf das sich das Bild vom schwerelosen Schweben bezieht.

der Schalk sieht ihm aus den **Augen**
→ er hat den Schelm im **Nacken**

jmdm. nicht (gerade) in die **Augen** sehen können
ein schlechtes Gewissen haben, dem ehrlichen Blick ausweichen [Ausweichen]
„Ich bin sicher, daß du mich betrügst. Du kannst mir ja nicht einmal mehr gerade in die Augen sehen!"
Herkunft → etwas im **Auge** haben

die Hand vor den **Augen** nicht sehen können
dunkel sein, neblig sein [Dunkelheit]
„Man merkt doch, daß es langsam Herbst wird. Draußen sieht man nicht die Hand vor Augen!"

etwas mit (ganz) anderen **Augen** sehen
seine Ansicht ändern [Meinungsänderung]
„Bis vor kurzem wolltest du doch nach dem Abitur gleich studieren. Wieso siehst du das denn jetzt mit anderen Augen?"

jmdm. Sand in die **Augen** streuen
→ jmdm. **Sand** in die Augen streuen
[Täuschung]

vor einer Gefahr die **Augen** verschließen
→ den Kopf in den **Sand** stecken
[Verdrängen]

Augenmerk/Augenschein
→ etwas im **Auge** haben

eine (wahre) **Augenweide** sein
schön anzusehen sein [Schönheit]
„Dieser Blick aus dem Fenster auf das Gebirge: Das ist doch sommers wie winters eine wahre Augenweide!" Vgl. auch: eine wahre **Pracht** sein.
Herkunft → etwas im **Auge** haben

sehenden **Auges** [Unbelehrbarkeit]

den **Augiasstall** ausmisten (gehoben)
mühevoll Ordnung schaffen, vernachlässigte Dinge aufarbeiten [Arbeit]
„Kaum zu glauben, welche Unordnung meine Urlaubsvertretung hinterlassen hat. Wenn ich diesen Augiasstall ausgemistet habe, bin ich schon wieder urlaubsreif!"
Eine der Taten des Herkules bestand darin, den riesigen Stall des Königs Augias von Elis zu reinigen. Der Stall enthielt 3000 Rinder und war 30 Jahre lang nicht mehr ausgemistet worden. Herkules löste die Aufgabe dadurch, daß er zwei Flüsse vereinigte und durch den Stall hindurchleitete. Die übertragene Bedeutung der Redensart ist seit der Antike geläufig und in allen europäischen Sprachen bekannt.

der dumme **August** sein (umg.)
derjenige sein, der die schlechteren Aufgaben übernimmt/ungerecht behandelt wird [Benachteiligung]
„Aha, die ganze Familie schaut Fernsehen und ich bin mal wieder der dumme August, der das Geschirr spült!"
Der dumme August ist eine Clownrolle im

Zirkus. Er stellt sich dümmer, als er in Wahrheit ist.

nicht/weder **aus** noch ein wissen (umg.)
ratlos sein, verwirrt sein, hilflos sein
[Ratlosigkeit]
„Komm, wir helfen dem blinden Mann über die Straße! Die Verwaltung hat die Ampeln versetzt, und jetzt weiß er weder aus noch ein."

etwas **ausbaden** müssen (umg.)
1) *die Folgen für etwas tragen müssen, für das man selbst* [Erduldung]
2) *ein anderer verantwortlich ist*
[Sündenbock]
1) „Du hast den Ball in die Fensterscheibe geschossen – jetzt mußt du die Sache auch ausbaden und Ersatz leisten!"
2) „Du warst es, der den Vertrag mit der Konkursfirma abgeschlossen hast, jetzt sagst du dem Chef auch, daß die nicht zahlen! Ich habe keine Lust, die Folgen deines Fehlverhaltens auszubaden!"
Die Herkunft dieser Redensart ist nicht gesichert. Eine naheliegende Erklärung besteht im Hinweis auf die früher übliche Praxis, daß mehrere Personen hintereinander das kostbare warme Badewasser verwendeten. Am unbeliebtesten war dabei natürlich die Rolle des letzten Badegastes, der – gegen geringes Salär – in den öffentlichen Badehäusern einen Bottich „ausbaden" durfte. Überhaupt spielten öffentliche Badestuben im Mittelalter eine große Rolle. So gab es etwa in Wien 29, in Frankfurt 15 und in Nürnberg 12 Badehäuser, die allerdings teilweise auch die Rolle von Bordellen spielten. Zur Badeerotik gehörte auch das sogenannte Hochzeitsbad, ein Brauch, der auf ein gemeinsames Bad des Brautpaares und der Hochzeitsgäste hinauslief. Aus Erfurt liegt eine Quelle vor, daß dieses Bad *ußbade* (Ausbaden) hieß. Da es dabei auch ein Gelage gab, ein ordentliches *geseuffe*, könnte *ausbaden* auch die Bedeutung übernommen haben: *die Folgen/Kosten dieses Gelages übernehmen müssen.* Die Badekultur des Mittelalters, die stets von der katholischen Kirche mißbilligt wurde, ging unter mit dem Aufkommen der großen Seuchen Pest und Syphilis. Die Badehäuser galten – wohl nicht ganz zu Unrecht – als Brutstätten venerischer Krankheiten und wurden nach und nach geschlossen. Damit kam schnell das Baden überhaupt außer Mode, und es begannen Jahrhunderte der Unhygiene und des Gestanks, der durch Parfüm überdeckt wurde.

sich an etwas die Zähne **ausbeißen**
→ **Zahn** [Scheitern]

ein **Ausbund** von Tugend/Schönheit/Häßlichkeit sein
extrem tugendhaft/schön/häßlich sein
[Muster]
„Die Dame dort drüben ist ja wirklich ein Ausbund von Schönheit!"
Die Redensart bezieht sich auf den früheren Kaufmannsbrauch, das schönste Exemplar der Ware außen an der Verpackung als Muster anzubinden. Dieser Ausbund war also ein Muster oder Prototyp der Ware im Warenballen.

sich im **Ausdruck** vergreifen
→ sich im **Ton** vergreifen [Fauxpas]

etwas zum **Ausdruck** bringen [Sprechen]

das ist gar kein **Ausdruck**! (umg.)
das ist viel zu schwach ausgedrückt
[Untertreibung]
„Wir sind beide durch die Klausur gefallen und müssen sie wiederholen. Ist das nicht ärgerlich?" „Ärgerlich ist gar kein Ausdruck, das ist eine Katastrophe!"
Diese Redensart gehört zu den metakommunikativen Gesprächsfloskeln. Mit dem Wort *Ausdruck* wird gewöhnlich auf die stilistische Adäquatheit (das ist kein schöner Ausdruck) oder generelle Angemessenheit (das ist ein falscher Ausdruck) eines Wortes oder einer Redensart Bezug genommen. Das seit 1716 in Wörterbüchern belegte Wort *Ausdruck* selbst ist als Ersatz für franz. *expression* geprägt worden, daneben *ausdrucksvoll* in Anlehnung an franz. *expressif.* In diese Wortfamilie gehört auch die Ausdruckskunst des Expressionismus.
Vgl.: das kann ich dir **sagen**

ausflippen: ich flipp' aus! (Jugendsprache, umg.)
ich bin sehr überrascht! [Überraschung]
„Ich flipp' aus! Der Erwin hat sich ein neues Supermotorrad gekauft!"
Die jugendsprachliche Wendung bezieht sich auf das Flipperspiel, bei dem eine Kugel, die eine schiefe Ebene herunterrollt, mittels verschiedener Hebel daran gehindert werden soll, nach unten (ins Aus) auszuflippen. Das Wort kann aber auch bedeuten, daß man völlig die Nerven und die Selbstkontrolle verliert. Den Betreffenden nennt man in der Jugendsprache einen *ausgeflippten* Typ. Vgl.: auf dem **Spiel** stehen.

ausfragen: so fragt man Leute aus! (umg.)
Floskel, um aufdringliche Frager zurechtzuweisen [Ausweichen]
„Kaufen Sie Gold oder Aktien als Wertanlage?" „So fragt man Leute aus! Woher wollen Sie denn wissen, ob ich überhaupt Vermögen habe?"

etwas **ausgefressen** haben (umg.)
heimlich etwas Schlechtes getan haben [Vergehen]
„Ich sehe dir doch an der Nasenspitze an, daß du wieder etwas ausgefressen hast. Nun rück schon mit der Sprache raus!"
Es gab einen mittelalterlichen Rechtsbrauch, einen Schuldner durch die Einquartierung von fremden Fressern zu bestrafen. Diese waren dazu angehalten, die Vorräte des Betreffenden auszufressen, um ihn dadurch mittellos zu machen. Vgl.: den habe ich **gefressen**!

die Suppe **auslöffeln**, die man sich selber eingebrockt hat
→ die **Suppe** auslöffeln, die man sich selber eingebrockt hat

den **Ausschlag** geben
entscheidend sein [Entscheidung]
„Bei dem Strafmaß hat nicht zuletzt die einschlägige Vorstrafe des Angeklagten den Ausschlag gegeben."
Seit dem 15. Jh. wird das Bild der ausschlagenden Waage im Sinne einer Entscheidung gebraucht. Vgl.: Zünglein an der **Waage**

ausschlagen: das schlägt dem Faß den Boden aus
→ **Faß** [Übertreibung]

etwas **ausschlagen**
etwas ablehnen [Ablehnung]
„Diese kleine Bitte wirst du mir nicht ausschlagen können!"
Die Redensart könnte aus der Fechtersprache kommen, wo *etwas ausschlagen* bedeutet: *durch einen Gegenschlag ausgleichen* (parieren).

sich **ausschütten** wollen vor Lachen (umg.)
ungewöhnlich stark lachen [Lachen]
„Gestern hatte Fritz wieder einen großen Abend. Er hat einen Witz nach dem anderen erzählt. Wir haben uns fast ausgeschüttet vor Lachen!"
In einigen Redensarten werden das Herz oder der ganze Körper als Hohlräume gesehen, die mit Wasser gefüllt sind. Vgl.: jmdm. sein **Herz** ausschütten.

nach etwas **aussehen**
→ einen tiefen **Eindruck** hinterlassen [Eindruck]

nach nichts **aussehen** (umg.)
1) *unscheinbar aussehen* [Unscheinbarkeit]
2) *unterschätzt werden* [Unterschätzung]
1) „Das Grundmodell dieser Automarke sieht ja wirklich nach nichts aus. Das muß man erst mit Zubehör attraktiv machen!"
2) „Wenn das Buch erst fertig ist, sieht es nach nichts aus. Dabei steckt eine Menge Arbeit darin."

verboten **aussehen**
grotesk wirken, weil man unpassende Kleidung trägt oder irgendeine momentane Besonderheit aufweist [Häßlichkeit]
„Mit ihren komischen Hüten sieht Johanna manchmal richtig verboten aus. Aber sie läßt sich ja nichts sagen!"

aussein auf etwas (umg.)
etwas begehren, etwas anstreben [Ziel]
„In der Schule war ich immer darauf aus, eine gute Note in Mathematik zu erhalten."
Die Wendung hat sich vermutlich aus der

Variante *aussein nach etwas* mit der Bedeutung *außer Haus sein um etwas zu suchen* entwickelt. Die ersten Belege finden sich schon im 18. Jh.

außen hui, innen pfui (umg.)
äußerlich schön, innerlich schlecht/trügerisch [Gegensatz]
„Bei diesem Gebrauchtwagen würde ich mich vorsehen. Der ist außen hui und innen pfui."
Hui ist eine Interjektion, die anerkennende Bewunderung ausdrückt, *pfui* eine Interjektion des Ekels.

jmdn. **ausstechen** [Erfolg]
→ die **Karte** sticht

etwas/jmdn. nicht **ausstehen** können (umg.)
etwas/jmdn. nicht leiden können, etwas/jmdn. nicht ertragen [Abneigung]
„Der Meier ist ein widerlicher Angeber. Deshalb kann ihn keiner so richtig ausstehen."
Die Redensart bezieht sich auf das im Vergleich zum Sitzen oder Liegen mühsamere Stehen, das man nur kurze Zeit erträgt. Ursprünglich konkret auf das „Ausstehen" langer Gottesdienste bezogen, seit Luther in übertragener Bedeutung nachgewiesen.

etwas **auswendig** lernen [Lernen]
→ **inwendig**

jmdm. eins **auswischen**
jmdm. (oft aus Rache) einen Streich spielen, jmdm. schaden [Rache] [Schaden]
„Dem neuen Kollegen will ich jetzt doch eins auswischen, weil er sich beim Chef über meine privaten Telefonate beschwert hat. Ich lasse heimlich seine Post verschwinden!"
Die schnelle, wischende Bewegung des Säbels hat zu dieser Redensart geführt und könnte über die Studentensprache Allgemeingut geworden sein.

es kommt zu **Auswüchsen**
etwas wird übertrieben, eine gute Sache wird durch Übertreibung schlecht
[Unangemessenheit]
„Der Fußballsport ist an sich eine feine Sache. Wenn es bloß nicht immer zu diesen Auswüchsen kommen würde, etwa wenn die Fans anfangen, ihre Mannschaft mit Wurfgeschossen anzufeuern!"
Mit *Auswüchsen* bezeichnet man in der Botanik die Verwilderung der sorgfältig überformten Nutzpflanze. Vgl.: ins **Kraut** schießen.

es nicht zu **Auswüchsen** kommen lassen [Schadensbegrenzung]
→ es kommt zu **Auswüchsen**

sich benehmen wie die **Axt** im Wald (umg.)
grob sein, rücksichtslos vorgehen, roh sein
[Grobheit]
„Du könntest ruhig etwas höflicher zu den anderen Gästen sein. Wenn du dich weiter benimmst wie die Axt im Wald, werden wir sicher nicht mehr eingeladen."

die **Axt** an die Wurzel legen
gründlich beseitigen, ein Übel ausrotten
[Vernichtung]
„Bei diesem Altbau nützt eine Sanierung nichts mehr. Da müssen wir die Axt an die Wurzel legen!"
Ein Holzfäller, der die Axt nicht nur an den Stamm, sondern auch an die Wurzel legt, beseitigt den Baum total (oder: radikal, von lat. *radix* die Wurzel). Redensarten mit Begriffen wie *Auswüchse, Wurzel, Stamm, Blüte, Frucht* usw. liegt eine (botanische) Organismus-Metaphorik zugrunde. Die Redensart selbst findet sich bereits bei Matthäus 3,10: „Es ist schon die Axt den Bäumen an die Wurzel gelegt. Darum, welcher Baum nicht gute Frucht bringt, wird abgehauen…" Vgl.: **Wurzeln** schlagen.

B

eine **babylonische** Verwirrung
großes Durcheinander (insbesondere wegen sprachlicher Probleme) [Durcheinander]
„Auf der internationalen Konferenz herrschte eine geradezu babylonische Verwirrung, als die Übersetzer streikten."
Im Alten Testament bestraft der Herr die Anmaßung der Menschen, einen Turm bauen zu wollen, der bis in den Himmel reicht, dadurch, daß er sie mit verschiedenen Sprachen versieht. Dieser Turmbau zu Babel (Babylon) ist seither ein Symbol für Anmaßung und darauffolgende Bestrafung durch Trennung und Verwirrung.

mit jmdm./etwas geht es den **Bach** runter (umg.)
jmd./etwas ist im Niedergang begriffen [Niedergang]
„Seit seiner Scheidung geht es mit dem Schmidt den Bach runter. Er sieht jetzt richtig verwahrlost aus."

au **Backe** (mein Zahn)! (umg.)
→ mir bleibt die **Spucke** weg
[Überraschung]

backen: frisch gebacken sein (umg.)
1) *gerade eine Prüfung oder Ausbildung beendet haben* [Unerfahrenheit]
2) *jung verheiratet sein* [Heirat]
1) „Herr Schulz hat schon als frischgebackener Meister diese große Bäckerei übernommen."
2) „Das frischgebackene Ehepaar reiste sofort in die Flitterwochen ab."

backen: nicht ganz gebacken sein (umg.)
nicht ganz bei Verstand sein [Dummheit]
„Jetzt ist dir schon wieder ein Glas hingefallen! Du bist heute wohl nicht ganz gebacken?"
Die Redensart bezieht sich auf Backware, die zu früh aus dem Backofen genommen wurde und dadurch unfertig und ungenießbar ist.

baden gehen (umg.)
scheitern, keinen Erfolg haben [Mißerfolg]
„Na, wie war die Prüfung?" „Ich bin ganz schön baden gegangen! Ich konnte kaum die Hälfte der Fragen beantworten."
Das Ertrinken und das Versinken im Sumpf spielen redensartlich eine große Rolle als Sinnbilder des Scheiterns und Untergehens. Vgl.: den **Kopf** über Wasser halten.

baff sein (umg.)
völlig erstaunt sein [Erstaunen]
„Hast du schon gehört? Die Erika hat im Lotto gewonnen." „Da bin ich aber baff!"
Baff ist eine Lautmalerei für den Knall des Schusses. Die Redensart bezieht sich auf den Jagdhund, der unmittelbar nach dem Schuß vor Schreck auf Befehle nicht reagiert.

einer Sache **Bahn** brechen (gehoben)
eine neue Sache/Ansicht/Theorie durchsetzen [Durchsetzung]
„Picasso erst ist es gelungen, der modernen Kunst in breiten Kreisen der Bevölkerung Bahn zu brechen."
Die Redensart bezieht sich auf die Grundbedeutung von *Bahn: Einschlagfläche im Wald* (auch: Windbahn). *Bahn* im Sinne von *geebneter Weg* findet sich in zahlreichen deutschen Wortbildungen wie *Wildbahn, Rennbahn, Eisbahn,* und *Eisenbahn.* Als *Bahn* gilt schließlich auch die *(Kampf-) Bahn* der Ritter, d. h. der Turnierplatz. {Lebensweg}

jmdn. aus der **Bahn** bringen
jmds. berufliche Laufbahn stören [Störung]
„Sandra will nun einmal Modejournalistin werden. Ich glaube nicht, daß es sinnvoll ist, sie aus der Bahn zu bringen."
Herkunft → **Bahn** brechen

jmdn. (wieder) auf die rechte **Bahn** bringen
jmds. berufliche Irrwege klären, einen Straffälligen resozialisieren [Resozialisierung]
„Es wird nicht leicht sein, diesen einschlägig vorbestraften Jugendlichen wieder auf die rechte Bahn zu bringen. Dafür ist ein guter Bewährungshelfer notwendig."
Herkunft → **Bahn** brechen

jmdm. auf die schiefe **Bahn** bringen
→ auf die schiefe **Bahn** geraten
[Verleiten]

jmdm. die **Bahn** ebnen
Hindernisse beseitigen [Unterstützung]
„Deine Eltern haben dich wirklich großzügig unterstützt und dir damit freie Bahn geebnet. Wenn du jetzt scheiterst, bis du selber schuld!"
Herkunft → **Bahn** brechen

auf die schiefe **Bahn** geraten (umg.)
kriminell werden [Verbrechen]
„Du hattest doch gute Möglichkeiten. Durch welchen Umgang bist du nur auf die schiefe Bahn geraten?"
Herkunft → **Bahn** brechen

für jmdn./etwas freie **Bahn** schaffen
→ jmdm. die **Bahn** ebnen

jmdn. aus der **Bahn** werfen/schleudern
an äußeren Umständen scheitern
[Scheitern]
„Der Tod seiner Ehefrau hat Herrn Meier total aus der Bahn geworfen. Er geht nur noch ganz unregelmäßig zur Arbeit."
Ursprünglich ist derjenige, der vom Gegner von der Turnierbahn geworfen wird, der Verlierer. Vgl.: **Bahn** brechen.

sich in neuen **Bahnen** bewegen
neue Dimensionen erreichen; neue Mittel einsetzen [Neuartigkeit]
„Die Außenpolitik dieser Regierung bewegt sich endlich einmal in neuen Bahnen."
Herkunft → **Bahn** brechen

in die gewohnten **Bahnen** zurückkehren
wieder normal werden, wieder alltäglich werden [Normalität]
„Nach der Urlaubsreise dauert es meist einige Tage, bevor das Leben wieder in seine gewohnten Bahnen zurückkehrt."
Herkunft → **Bahn** brechen

großer **Bahnhof** (umg.)
aufwendiger Empfang; feierlicher Empfang
[Empfang] [Feier]
„Wenn der Bundespräsident unseren Ort besuchen sollte, werden wir ihm einen großen Bahnhof bereiten."
Im 19. Jh. war die Eisenbahn das fortschrittlichste Verkehrsmittel, und die Bahnhöfe waren geradezu Tempel der Zivilisation. Dementsprechend feierlich wurden Staatsbesuche und die Ankunft von Kaisern und Königen dort begangen. Für den Zaren von Rußland wurden an bestimmten Streckenabschnitten sogar eigens Bahnhöfe errichtet, von denen aus er die Umgebung besuchte.

(nur) **Bahnhof** verstehen (umg.)
nichts verstehen können/wollen
[Nichtverstehen]
„Im Mathematikunterricht verstehe ich immer nur Bahnhof."
Im Ersten Weltkrieg wurde der Bahnhof zu einem Symbol der kriegsmüden Soldaten, das die baldige Heimkehr bedeutete. Alle Gespräche, die ein anderes Thema zum Inhalt hatten, wurden mit dem Satz „Ich verstehe nur Bahnhof" abgebrochen.

lügen, daß sich die **Balken** biegen (umg.)
außerordentlich lügen [Lüge]
„Wenn der Herbert von seiner Zeit als Fallschirmspringer erzählt, lügt er, daß sich die Balken biegen!"
Der Bereich des Lügens wird seit der Antike gern mit bildhaften Vergleichen verstärkt. In vielen sprachlichen Bildern wird die Lüge mit einer Last verglichen. Die Redensart bezieht sich als spaßhafte Warnung auf die Deckenbalken, die unter der Last der angehäuften Lügen zusammenzubrechen drohen. Sie ist seit dem Jahr 1500 schriftlich belegt, wahrscheinlich aber älter.

am **Ball** bleiben (umg.)
etwas weiter verfolgen, sich weiter mit etwas beschäftigen [Hartnäckigkeit]
„Vor Gericht haben wir jetzt zwar eine Niederlage erlitten. Dennoch werden wir am Ball bleiben und Einspruch gegen das Urteil erheben."

am **Ball** sein
momentane Vorteile haben [Vorteil]
„Diesmal ist eine Wahlprognose besonders

schwer. Nach den ersten Hochrechnungen sind mal die Rechten und mal die Linken am Ball."
Die Redensart stammt aus der Fußballersprache und bezieht sich auf den momentanen Vorteil der Mannschaft in Ballbesitz.

ballaballa sein (umg.)
leicht verrückt sein [Verrücktheit]
„Du bist wohl ballaballa? Auf so einen Vorschlag werde ich sicher niemals eingehen!"
Zweisilbige Wörter, bei denen sich die Konsonanten und Vokale abwechseln und wiederholen, gehören beim kindlichen Spracherwerb zu den frühesten Formen (vgl. *Mama, Papa* etc.). *Balla* ist die entsprechende Form von *Ball* und verweist in die Sphäre der Kindersprache. Auf Erwachsene bezogen bedeutet dies, daß man nicht voll zurechnungsfähig ist. Vgl. auch franz. *gaga, nono, tata* für deutsch *blöd.*

sich gegenseitig die **Bälle** zuwerfen/zuspielen
sich im Gespräch wechselseitig geschickt (zum Nachteil anderer) unterstützen [Zusammenarbeit]
„Gegen euch beide kommt man in einer Diskussion ja nicht an. Es ist wirklich bemerkenswert, wir ihr euch wechselseitig die Bälle zuspielt."
Alle Formen des Spiels eignen sich als Metapher für partnerschaftliches Handeln, aber natürlich auch für Glück und Pech. Das Ballspiel ist für eine Gesprächsmetapher geeignet, weil seine Spielzüge sehr deutlich dem Austausch von Gedanken und Argumenten analog gesehen werden können.

einen **Ballon** haben/kriegen (umg.)
ein rotes Gesicht bekommen, stark erröten [Erröten]
„Du brauchst jetzt nicht gleich einen Ballon zu kriegen, nur weil du bei dieser Notlüge ertappt worden bist!"
Ballon nannten die Soldaten des Ersten Weltkriegs scherzhaft den Kopf. Das Wort selbst ist vom ital. *pallone* entlehnt und über das Französische um 1780 im Zuge mit der beginnenden Ballonluftfahrt ins Deutsche übernommen worden.

(großen) **Bammel** haben (umg.)
(große) Angst haben [Angst]
„Ich habe einen fürchterlichen Bammel vor der Mathearbeit!"
Im Jiddischen bedeutet *baalemoh* soviel wie *Furchtsamer, Angsthase.* Das Rotwelsch veränderte das Wort zu *Bammel.*

außer Rand und **Band**
→ außer **Rand** und Band

am laufenden **Band** (umg.)
ständig, ununterbrochen [Stetigkeit]
„Mußt du mir eigentlich am laufenden Band Vorwürfe machen?"
Mit dem *laufenden Band* ist das endlose Fließband gemeint, an dem eintönige Arbeiten verrichtet werden. Vgl.: wie am **Fließband.**

zarte **Bande** knüpfen
Liebesbeziehungen anfangen [Flirt]
„Es ist ganz normal, daß die ersten zarten Bande in der Tanzschule geknüpft werden."

das spricht **Bände**
das sagt viel über etwas aus, das ist aussagekräftig für etwas [Information]
„Sein Verhalten ist doch ganz eindeutig. Ich finde, seine letzten Aktivitäten sprechen Bände. Wir müssen daraus endlich Konsequenzen ziehen!"
Das redensartliche Bild bezieht sich auf die Information, die in einer Reihe von Bücherbänden enthalten ist. Vgl.: ein offenes **Buch** sein.

jmdn./etwas am **Bändel** haben (umg.)
1) *über jmdn. bestimmen* [Bevormundung]
2) *mit etwas belastet sein* [Belastung]
1) „Frau Meier-Schulze hat ihren Gemahl ganz schön am Bändel. Der traut sich nicht einmal, allein ein Bier trinken zu gehen!"
2) „Diese lästige Verwaltungsarbeit habe ich jetzt schon drei Jahre am Bändel!"

durch die **Bank** (umg.)
alle, ohne Ausnahme, ohne Unterschied [Ausnahmslosigkeit]
„Die Polizei hat bei der Razzia durch die Bank alle Anwesenden vorläufig festgenom-

men. Nach einer Ausweiskontrolle konnten wir dann nach Hause gehen."
Bei mittelalterlichen Mahlzeiten wurden alle Teilnehmer ohne Berücksichtigung ihres Ranges gemäß der Reihenfolge auf der Sitzbank bedient.

etwas auf die lange **Bank** schieben
etwas immer wieder verschieben/hinauszögern [Verzögerung]
„Du solltest dein Examen nicht auf die lange Bank schieben. Schließlich werden deine Berufsaussichten mit zunehmenden Alter nicht besser!"
Die Redensart wurzelt im alten Rechtswesen und verweist in die Zeit nach der Einführung des römischen Rechts. Die alte deutsche Gerichtsbarkeit kannte kein Aktenwesen, das sich redensartlich niedergeschlagen hätte. Seit dem 15. Jh. jedoch begegnen wir der Wendung *etwas auf die lange Truhe legen,* die auf eine schwerfällige Gerichtspraxis mit differenzierter Aktenbehandlung verweist. Die Truhe war der Vorläufer der heutigen Aktenschränke und konnte natürlich im gleichen Maß wie diese zum Aktenfriedhof werden. Insbesondere Prozesse vor dem Reichskammergericht hatten eine geradezu sprichwörtliche Länge, die mehrere Jahrzehnte umfassen konnte. Im Jahr 1499 mahnte Bischof Johann III. an diesem Gericht an, daß er befürchte, daß seine Sache „alsdann gantz uff die lange Bahn gesetzet würde". Offenbar trat im Sprachgebrauch später eine Vermischung von *Bahn* (Weg durch die Instanzen) und *Bank* ein, weil man sich die Richter- und Schöffenbänke besser bildlich vorstellen konnte. Seit dem 17. Jh. schließlich hat die Redensart sich in ihrer heutigen Form endgültig gegenüber den älteren Varianten durchgesetzt.

in jmds. **Bann** geraten/stehen
in jmds. Einfluß geraten/sein
[Unselbständigkeit]
„Heute versteht niemand mehr, wieso so viele Leute in den Bann dieses Mannes geraten konnten."
Das alte Rechtswort *Bann* hat in erstaunlich vielen Zusammenhängen seine Präsenz bewahrt. Vom Ursprung her bezeichnet es die Gerichtsbarkeit, aber auch den Bezirk, auf den diese sich bezieht. Noch heute sprechen wir in diesem räumlichen Sinne von der Bannmeile. Dann war *Bann* auch das ausgesprochene Ge- und Verbot, aber auch der Aufruf des Heeres (*Heerbann*). Von *Verbot* leitete sich die Bedeutung *Strafe* ab, die Verbannung eines Schuldigen aus dem Herrschaftsgebiet. Im Mittelalter schieden sich Bann und Acht, und auf den Kirchenbann folgte gewöhnlich die weltliche Ächtung. Der mit dem Bann getroffene ist ein Bandit – ein Wort, das über altfränkisch *bannjan* ins Romanische entlehnt wurde, sich mit der Sippe des gotischen *bandwa* (= Zeichen) vermischt und über ital. *bandire* (verbannen) und dessen Partizip *bandito* mit der Bedeutung *Straßenräuber* im 16. Jh. über die Schweiz ins Deutsche zurückentlehnt wurde. Zu *bandwa* (Zeichen) gehört auch *Banner* (Heereszeichen), das über altfranz. *bannière* zunächst zu *Panier* wurde, das wir noch im Hasenpanier erkennen. Als Urteilswort des Richters nahm *Bann* schließlich noch die Bedeutungen *Fluch, Zauber, Macht* im magischen Sinne an, und es entwickelten sich die gewöhnlichen Assoziationen der Verzauberung: Liebeszauber und Faszination („gebannt starrte er auf die Mattscheibe"). Zur gesamten Wortfamilie gehört schließlich noch *Bande*, das ist im Grunde die Schar, die demselben Zeichen (Banner) folgt. Im romanischen Bereich wird über die Nähe zu *Bandit* aus der *Bande* die Schar vereinigter Krimineller, zu denen am Rande auch die fahrenden Musikanten und Schauspieler gezählt werden. So erhält ital. *banda* die Bedeutung *Schar, Musikkapelle, Orchester.* Das Wort gelangt ins Französische und Englische, aus dem das Deutsche es als *Musik-Band* zurückentlehnt. Als *Bande* seine Bedeutungsverschlechterung erlebte, begannen die fahrenden Schauspieler, sich selbst lieber als *Truppe* zu bezeichnen, ein Wort, das auf galloromanisch *troppus* (Herde) zurückgeht und (über die Bedeutung *Ansammlung*) mit Dorf und franz. *trop de* (= viele) verwandt ist. Zu *Bann* gehört schließlich sogar das Fremdwort *banal*, das um 1830 von Goethe eingedeutscht wurde. Die Form *ban-* leitet

sich von der germanischen Wurzel ab und bezeichnete im Altfranzösischen alles das, was zu einem Gerichtsbezirk gehörte. Noch heute ähneln die Bedeutungen von franz. *le ban* denjenigen des deutschen *Bann* in seinen verschiedenen Komponenten. *Banal* war zunächst allen, was allgemein gebräuchlich war in einem Bezirk: die gemeinsame Mühle, der gemeinsame Backofen usw. Daraus ergab sich die Bedeutung *allgemein, ohne besonderen Wert,* die sich zu *unoriginell* weiterentwickelte. So übernahm es Goethe und so verstehen wir es heute, wenn wir von *Banalitäten* sprechen.

jmdm. einen (schönen) **Bären** aufbinden (umg.)
jmdm. etwas vorlügen/ihn täuschen
[Lüge] [Täuschung]
„Stell dir vor, ich habe im Lotto gewonnen!" „Du willst mir wohl einen Bären aufbinden?"
Die Redensart hat viele unterschiedliche Deutungen erfahren, von denen wir nur einige herausgreifen. Am wahrscheinlichsten ist eine (fälschliche) Herleitung des Wortes *Bär* von der alten germanischen Wurzel *bar-* mit der Bedeutung *tragen.* Wir finden diese alte Wurzel noch in den Wörtern *Bahre, Bürde, entbehren, gebären* und im Suffix *-bar* der Begriffe *fruchtbar* oder *dankbar.* Als man den Bezug zu *bar* (Last) nicht mehr verstand, deutete man *bar = Bär* volksetymologisch um und erhielt eine neue, aber ebenfalls „undurchsichtige" Lesart. Wie soll man jemandem einen Bären aufbinden und warum soll das damit ausgedrückte Bild die Bedeutung *Lüge* vermitteln? Der Volksmund wußte sich zu helfen und hat eine Reihe sekundär erklärender Anekdoten und Geschichten erfunden, die der Redensart Durchsichtigkeit verleihen sollen. Eine davon handelt von einem Trupp von Jägern, die in einem Wirtshaus essen und trinken, ohne den Wirt bezahlen zu können. Sie überreden ihn schließlich, einen soeben eingefangenen Bären als Pfand zu akzeptieren, das sie bald einzulösen versprechen. Erst als die Jäger verschwunden sind, bemerkt der Wirt, auf welch schlechten Handel er sich da eingelassen hat. Denn: Was in aller Welt soll er mit einem lebendigen Bären anfangen?

jmdm. einen **Bärendienst** erweisen
jmdm. einen schlechten Dienst erweisen, jmdm. durch seinen Dienst schaden
[Schädigung]
„Durch dein Eingreifen hast du mir eine Bärendienst erwiesen. Jetzt ist das Finanzamt erst recht aufmerksam geworden und wird meine Einkünfte genau überprüfen."
In der Fabel *Der Bär und der Gärtner* von La Fontaine tötet ein hilfsbereiter Bär eine Fliege auf der Nasenspitze seines Herrn, gleichzeitig jedoch auch diesen selbst.

Bärendreck [Lakritze]
→ **Süßholz** raspeln

auf der **Bärenhaut** liegen (umg.)
faulenzen, nichts tun, ausruhen [Faulheit]
„Nach dieser anstrengenden Arbeit werde ich mich sofort auf die Bärenhaut legen und ein paar Stunden schlafen."
Nach Tacitus pflegten die Germanen neben dem Krieg und der Jagd vor allem das Nichtstun. Dabei ruhten sie sich angeblich auf Bärenhäuten aus. Die Redensart entstand im Humanismus, als die *Germania* des Tacitus wiederentdeckt wurde. Sie ist meist spaßhaft gemeint und soll Assoziationen an alte paradiesische Zustände erwecken.

einen **Bärenhunger** haben (umg.)
sehr großen Hunger haben [Hunger]
„Nach dem Tennisspiel muß ich sofort etwas essen. Ich habe einfach einen Bärenhunger."
Die Wortbildung mit *Bär* bedeutet oft eine Verstärkung oder Steigerung. Dies entspricht den dem Bären auch mythologisch zukommenden Kräften und Fähigkeiten. Vergleichbare Bildungen siehe auch: *eine Bärennatur haben* (mit der Bedeutung: *eine gute, robuste Gesundheit haben*) und *Bärenkräfte haben* (mit der Bedeutung: *sehr stark sein*).

das **Barometer** steht auf Sturm (umg.)
es herrscht Gereiztheit und Spannung
[Gereiztheit]

„Ich gehe heute früher als sonst nach Hause. Gestern abend stand bei meinen Eltern das Barometer auf Sturm, als ich erst um Mitternacht heimkam."
Das redensartliche Bild bezieht sich auf das meteorologische Barometer, das den Luftdruck mißt und der Wettervorhersage dient.

auf die **Barrikaden** steigen (umg.)
einen Aufstand machen, sich wehren [Aufstand]
„Wenn es nicht bald eine Gehaltserhöhung gibt, wird der Chef sich noch wundern. Die meisten Kollegen sind bereit, dafür auf die Barrikaden zu steigen."
Das Wort *Barrikade* geht auf die gallorömische Wurzel *barra* (absperrender Balken) zurück, die in den romanischen Sprachen weiterlebt und im 16. Jh. als franz. *barricade* erscheint. Meist bezieht sich das Wort auf bewegliche, schnell aufzubauende Straßensperren, im Kriegsfall auch auf „Stachelwehren und spanische Reiter" (Zesen 1667). Volkstümlich wird der Begriff in Deutschland erst durch die revolutionären Ereignisse des Jahres 1848. Von hier geht auch die Redensart mit ihrer heutigen Bedeutung aus.

jmdm. um den **Bart** gehen
jmdm. schmeicheln [Schmeichelei]
„Es ist unerträglich, wie der Neue dem Chef um den Bart geht. Ich glaube, den knöpfen wir uns einmal vor!"
Das redensartliche Bild des schmeichelnden Bartkraulens ist seit der Antike bekannt. Es wird zum Beispiel in Homers *Ilias* (I,501 ff.) erwähnt.

einen **Bart** haben (umg.)
altbekannt sein, langweilig sein [Bekanntheit]
„Diese Geschichte kennst du nicht? Die hat doch schon einen Bart!"
Die Redensart bezieht sich hauptsächlich auf alte Witze und andere längst bekannte Erzählungen, die ein unbedarfter Mensch als Sensation verkaufen will. Der Bart gilt dabei als Zeichen des Alten und Verbrauchten.

der **Bart** ist ab (umg.)
jetzt reicht es, es ist alles aus, eine Sache ist gescheitert [Beendigung]
„Ich habe lange gewartet, aber jetzt ist der Bart ab. Gib mir sofort mein Geld zurück!"
Die Redensart entstand um 1890, als Kaiser Wilhelm II. im Gegensatz zu seinen Vorgängern keinen Vollbart, sondern nur noch einen Schnurrbart trug.

um des Kaisers **Bart** streiten (umg.)
um Nebensächliches streiten, um Unentscheidbares streiten [Streit] [Unwichtigkeit]
„Ihr seid doch wirklich zwei Besserwisser. Bei jeder sich bietenden Gelegenheit streitet ihr euch um des Kaisers Bart."
Eine der gängigen Interpretationen dieser Redensart bezieht sich auf eine legendäre wissenschaftliche Diskussion darüber, ob die römischen Kaiser oder Karl der Große einen Bart trugen. Eine andere Deutung bezieht sich auf die Horazische Wendung „um Ziegenwolle (lana caprina) streiten". Diese bezeichnet die unsinnige Kontroverse darüber, ob Ziegenhaare als *Wolle* bezeichnet werden dürfen. Aus *Geißenwolle* oder *Geißenbart* hätte sich volksetymologisch *Kaisers Bart* entwickeln können. Da wir Redensarten mit *Geißenbart/-wolle* auch in anderen Sprachen finden (etwa engl.: *to contend about a goat's wool*), dürfte die Herleitung der Redensart von Horaz zutreffend sein.

beim **Barte** des Propheten (scherzhaft)
wirklich, tatsächlich [Verstärkung]
„Ich schwöre beim Barte des Propheten, daß ich dir die zehn Mark morgen wieder zurückgebe."
Der Bart gilt als Symbol der Männlichkeit und der männlichen Ehre. Im Mittelalter war deshalb die Schwurformel *bei meinem Barte* üblich. Die Mohammedaner kennen die verstärkte Schwurformel *beim Barte des Propheten,* die in christlichen Ländern als scherzhafte Bekräftigung Verwendung findet. Alte heidnische Schwüre wurden durch die Berührung des Schwertes, des Stabs des Richters, von Erde, Bäumen oder Gras, von heiligen Quellen, Felsen oder eben von Haar und Bart bekräftigt.

wissen, wo (der) **Barthel** den Most holt (umg.)
gewitzt sein, schlau sein, Erfahrung haben [Erfahrung]
„Es ist kaum zu glauben, daß Rainer diesmal schon wieder an Karten für die Premiere herangekommen ist.“ „Ja, der weiß halt, wo Barthel den Most holt!“
Die Wendung ist seit dem 17. Jh. literarisch belegt (Simplicissimus), wahrscheinlich aber älter. Es gibt verschiedene Deutungen ihrer Herkunft: Im Niederdeutschen ist Batheld (Bartholomäus, Barthold) der Name des Storches. Jemand der weiß, woher der Storch die Mäuse (Kinder) holt, weiß woher die Kinder kommen. Er ist also aufgeklärt und besitzt einige Erfahrung. Eine andere Deutung bezieht sich auf die Lautgestalt der hebräischen Wörter *barsel* (Eisen) und *ma'oth* (Münze, Geld; siehe auch: *Moos haben*). Die Wendung bedeutet dann, daß jemand weiß, wie er mit dem Brecheisen an Geld herankommt. (Volksetymologie: *barsel* = Barthel, *ma'oth* = Most)

baß erstaunt sein (scherzhaft)
sehr verwundert sein [Überraschung]
„Ich war baß erstaunt, als plötzlich Viktor vor der Tür stand. Er wohnt doch 500 Kilometer von uns entfernt.“
Das Wort *baß* ist eine alte Steigerungsform zu *gut* und *wohl*. Heute hat sich die Bedeutung zu *sehr* weiterentwickelt.

in den **Bau** kommen (umg.)
ins Gefängnis kommen/im Gefängnis sein [Gefängnis]
„Das wundert mich nicht, daß du den Heini schon lang nicht mehr gesehen hast. Der ist vor neun Monaten in den Bau gekommen!“
Bau als Synonym für *Gefängnis* hat sich in der Soldatensprache des Ersten Weltkriegs entwickelt.

vom **Bau** sein (umg.)
sich auskennen, beruflich Ahnung haben [Erfahrung]
„Dem Peter kannst du diese Arbeit ruhig anvertrauen. Der ist schließlich vom Bau.“
Zunächst wörtlich auf das Bauhandwerk bezogen, wird die Redensart seit Anfang des 20. Jh. vor allem im Bereich des Theaters als Anerkennung unter Kollegen gebraucht.

im **Bau** sitzen
→ in den **Bau** kommen

aus dem hohlen **Bauch** (heraus) (umg.)
ohne Vorbereitung, spontan
[Reden] [Improvisation]
„Wie lange die persischen Kriege dauerten? Daß kann ich dir aus dem hohlen Bauch heraus nicht sagen!“
Der hohle Bauch steht in dieser Redensart für den hohlen (leeren) Kopf oder den leeren Gedächtnisspeicher.

mit etwas auf den **Bauch** fallen (umg.)
mit etwas scheitern, erfolglos sein
[Scheitern]
„Mit ihren Beziehungen ist Marianne schon so oft auf den Bauch gefallen, daß sie jetzt gar keine mehr eingehen und allein bleiben will.“

einem ein Loch in den **Bauch** fragen
→ einem ein **Loch** in den Bauch fragen

eine Wut im **Bauch** haben
→ eine **Wut** im Bauch haben

sich den **Bauch** halten müssen (vor Lachen) (umg.)
sehr stark lachen (müssen) [Lachen]
„Wenn der Markus anfängt, seine Faxen zu machen, muß ich mir immer den Bauch halten vor Lachen!“
Die Redensart bezieht sich auf die Erschütterungen des Zwerchfells, die sich bei starkem Lachen unangenehm bemerkbar machen können.

vor jmdm. auf dem **Bauch** liegen
sehr unterwürfig sein [Unterwürfigkeit]
„Du sollst zwar höflich zu anderen Leuten sein, brauchst andererseits aber auch vor niemandem auf dem Bauch zu liegen!“
Die Redensart bezieht sich auf eine uralte und heute in unserer Kultur ungebräuchliche Demutsgeste gegenüber sehr hoch gestellten Persönlichkeiten. Rudimente haben

sich in leichten Verbeugungen, dem Knicks oder dem Abnehmen des Hutes beim Grüßen erhalten. Besonders reich entwickelt waren äußerliche Zeichen der Selbsterniedrigung an den Herrscherhöfen des alten Perserreichs, im chinesischen Kaiserreich und am Hof von Byzanz.

sich den **Bauch** vollschlagen
→ etwas zwischen die **Rippen** kriegen [Essen]

auf **Bauernfang** ausgehen
auf leicht erkennbare Art versuchen, (dumme) Mitmenschen zu betrügen [Betrug]
„Zeitungsvertreter, die an die Haustür kommen, gehen in aller Regel auf Bauernfang aus. Sie verkaufen Abonnements und stekken die Prämie selber ein!"
In der Berliner Gaunersprache galten die Bauern, die ihre Produkte auf den Märkten verkauften, als leichtgläubige Opfer für Betrügereien aller Art. Einen derartigen Betrüger nannte man denn auch einen *Bauernfänger.*

Bauklötze staunen (umg.)
sehr erstaunt sein [Erstaunen]
„Ich bin zwar sonst sehr skeptisch gegenüber Zauberern, aber gestern abend im Varieté habe sogar ich Bauklötze gestaunt!"
Diese Redensart ist um 1920 in Berlin entstanden und kann nur aus der Lust an spaßigen Formulierungen und Wendungen erklärt werden.

Bäume ausreißen können (umg.)
sehr stark sein, tatendurstig sein [Stärke]
„Du bist ein ziemlich wehleidiger Kerl. Als ich in deinem Alter war, konnte ich noch Bäume ausreißen!"

es ist zum Auf-die-**Bäume**-Klettern (umg.)
etwas ist unerträglich [Unerträglichkeit]
„Jetzt habe ich in dieser Woche schon zwei Verkehrsunfälle gehabt. Es ist wirklich zum Auf-die-Bäume-Klettern!"
Die Wendung bezieht sich scherzhaft auf die Situation des Frustrierten, der eine sinnlose Übersprungshandlung erwägt. Vgl. auch: auf die **Palme** gehen.

den Wald vor lauter **Bäumen** nicht sehen (umg.)
Naheliegendes nicht erkennen [Verwirrtheit]
„Bei meinen Examensvorbereitungen war ich so konfus, daß ich den Wald vor lauter Bäumen nicht gesehen habe!"
Diese Wendung und ähnliche gehören bereits ins aphoristische Repertoire der Antike. Sie finden sich beispielsweise bei Ovid (*Tristia* V. 4,9f.) und Properz (I,961). Wieland hat die Wendung im deutschen Sprachraum bekannt gemacht (*Musarion* Buch 2 V. 142). Goethe hat in seiner *Farbenlehre* die Wendung als Vergleich dafür gebracht, daß in reinem Licht (ohne Schatten) nichts wahrgenommen werden kann.

in **Bausch** und Bogen (Zwillingsformel/ Stabreim)
total, ganz und gar, ohne Ausnahme [Gleichsetzung]
„Es ist ungerecht, ein ganzes Volk in Bausch und Bogen zu verurteilen."
Die stabreimende Zwillingsformel hat sich, aus der mittelalterlichen Rechts- und Kanzleisprache kommend, auch in der Umgangssprache durchgesetzt. Im *Deutschen Wörterbuch* der Brüder Grimm (I, 1198) heißt es zur Wortbedeutung: „Bei Grenzen heißt Bausch die auswärts, Boge die einwärts gehende Fläche, Bausch das Schwellende, Boge das Einbiegende, daher die Redensart in Bausch und Bogen, eins gegen das andere, im ganzen." Im rechtlichen Sinne bedeutete die Redensart, daß bei einem Handel oder Kauf nicht jede Einzelheit berücksichtigt werden mußte, weil leichte Vorteile gewöhnlich durch leichte Nachteile aufgewogen werden. Von *Bausch* hat sich über *Pausch* und volkslat. *pauschalis* die Form *pauschal* abgeleitet, die noch heute als Adjektiv oder in Wortbildungen (Pauschalangebot u. ä.) gebräuchlich ist.

jmdn. **becircen** (umg.)
jmdn. (mit Charme) zu etwas verführen, jmdn. charmant verzaubern [Verführung]
„Na, hat dich die Nachbarin wieder becirct, oder warum hast du ihr die Einkaufstüten bis in die Wohnung getragen?"
Die Nähe von Verliebtheit zu Verzaube-

rung oder gar (Geistes-)Krankheit ist schon in der Antike gesehen worden. Auch den meisten Weltkulturen ist dieser Zusammenhang nicht fremd. Dies liegt daran, daß die Liebe die Betroffenen zu mehr oder weniger „abweichendem“ Verhalten und zu sonderbaren Umwertungen veranlaßt, die man sich nur durch Alltagsweisheiten wie *Liebe macht blind* erklären kann. Das Bildfeld {Liebeszauber} beginnt historisch mit der Zauberin Circe, die durch ihre Fähigkeiten die Heimfahrt des Odysseus um ein Jahr verzögert. Besonderer Zauber kommt dem Blick zu. Schon den Platonikern gilt der Liebesblick als Ursprung des Liebeszaubers. Hafis und Walther von der Vogelweide sprechen von den Pfeilen des liebenden Auges. Der größte Raum gilt allerdings den Zaubertränken (amatoria). Nach Seneca erließen schon Lykurg und Solon Bestimmungen, nach denen die Herstellung von Zaubertränken verboten war. Von der Mittelmeerwelt und vor allem aus dem Orient gelangt die Vorstellung vom Liebeszauber in die gallisch-fränkische Mischzivilisation. Den Germanen ist sie ursprünglich fremd, weil die Frau (als bevorzugte Zauberin) eine andere soziale und sittliche Stellung hat. Die germanische Frau ist dem Mann ebenbürtig an Stellung und Stärke; das Werben gestaltet sich in Saga und Epos häufig geradezu als Brechung und Zähmung der jungfräulichen Kraft, so etwa im Kampf Gunthers mit Brünhild im Nibelungenlied. Schon bei *Tristan und Isolde* des Gottfried von Straßburg allerdings wandelt sich die Sehweise, und die Naturgewalt der Liebe wird (gemäß der keltischen Herkunft des Stoffes) mit einem Zaubertrank erklärt (um 1210). Als Versuch, auf übernatürliche Weise aktive Gewalt über einen fremden Willen zu erhalten, verstößt der Liebeszauber gegen weltliches und religiöses Recht. Der vom Zaubertrank erzeugte Bann symbolisiert die durch Verführung erzeugte Willenslähmung des Opfers. Die als Hexe angesehene Produzentin des Liebestranks unterliegt den üblichen Verfolgungen und Bestrafungen. Große Prozesse von welthistorischer Bedeutung ranken sich zu bestimmten Zeiten um Liebestränke, so der Prozeß zwischen Ludwig dem Frommen und Judith oder zwischen Lothar II. und Treutberga. Mathilde von Artois soll den Tod König Ludwigs X. durch einen Trank aus Kröten- und Schlangenpulver herbeigeführt haben. Prozesse dieses Genres ziehen sich bis ins 19. Jh. hinein. Noch heutige Liebesbriefe und -formeln oder das (gezeichnete) Liebessymbol Herz gehen auf alte magische Rituale zurück, die jahrhundertelang tradiert und geglaubt wurden. Auch die Magie von Vers und Reim im Liebesgedicht spielt eine Rolle, das Übersenden einer Locke, das Betrachten von Bildern der/des Geliebten usw. Durch die Jahrtausende erhält sich der Brauch, über Wachsbilder einen Einfluß zu gewinnen. Uralt sind auch die Bestandteile der Zaubertränke selbst, wobei ein gleitender Übergang zu Narkotika und echten Aphrodisiaka besteht: Alraune und Liebstöckel, Knabenkraut und Eisenkraut, vierblättriger Klee und Sonnenblume, Baldrian, Efeu, Malve und Zypresse. Dazu kommen allerlei tierische Produkte wie Eidechse und Katzenherz, Frosch und Kröte, Geier, Eule und Schlange. Besonders nützlich ist es, sich Teile der Kleidung des zu Bezaubernden zu beschaffen: Leibwäsche und Hemd sowie Socke und Schuh sind hier die Favoriten. Auch hilft es, Teile des eigenen Körpers – also Blut, Haare, Nägel usw. – in die Speise des Opfers zu mischen. Erwähnt sei schließlich noch, daß es auch Möglichkeiten des Gegenzaubers gab, so daß man Mißerfolge bei der Bezauberung erklären konnte, ohne die Vorstellung als solche aufgeben zu müssen, die natürlich auch allerlei wohlfeile Ausreden für Ehebruch u. ä. bereitstellte. Wenige hatten so viel klaren Verstand wie Luther, der – bei allem eigenen Aberglauben – keineswegs gelten ließ, daß sich jemand seinem Eheversprechen mit dem Argument entzog, Opfer eines Liebeszaubers geworden zu sein. Noch die heutige Art und Weise, wie wir über Liebe sprechen, wie man uns „bezaubert“, uns „den Kopf verdreht“, zeigt, wie tief diese Vorstellungen und heute absurd wirkenden Handlungen einmal im Volksglauben verwurzelt waren. {Liebe ist eine Geisteskrankheit} {Liebesjagd}

jmds. **Bedarf** ist gedeckt (umg.)
jmd. hat aufgrund schlechter Erfahrungen gelernt, auf jmdn./etwas zu verzichten [Überdruß]
„Ich war zweimal im Urlaub auf Mallorca. Mein Bedarf ist gedeckt. Dort ist es mir zu laut und zu hektisch."
Der Redensart liegt die Vorstellung zugrunde, daß ein ursprünglicher Mangelzustand befriedigt wurde.
Herkunft → **bedient** sein

sich **bedeckt** halten/**bedeckt** bleiben
im Hintergrund bleiben, sich zu einer Sache nicht äußern [Zurückhaltung] [Schweigen]
„Obwohl Herr Vogel zu den Entlassungsplänen eine dezidierte Meinung hat, hielt er sich in der Betriebsversammlung ganz schön bedeckt. Sogar bei der Abstimmung hat er sich enthalten."
Der Ausdruck stammt aus der Sprache des Sports (Fechten, Boxen) und bezeichnet Abwehrstellungen der Kämpfer.

etwas zu **bedenken** geben
etwas einwenden, Gegenargumente liefern [Einwand]
„Der Plan ist gut, ich gebe aber zu bedenken, daß wir nicht so viel Zeit haben, wie wir zu seiner Durchführung benötigen würden."

Bedenken tragen (gehoben)
unentschlossen sein, zögern [Zögern]
„Ich trage Bedenken, ob der Kandidat wirklich für dieses Amt qualifiziert genug ist."

das hat nichts zu **bedeuten**
→ das hat nichts zu **sagen**
[Unwichtigkeit]

(restlos) **bedient** sein (umg.)
einer Sache müde und überdrüssig sein [Überdruß] [Erschöpfung]
„Wenn wir mit dieser Arbeit fertig sind, lege ich mich eine halbe Stunde aufs Ohr. Ich bin nämlich restlos bedient!"

den Teufel mit dem **Beelzebub** austreiben
→ den **Teufel** mit dem Beelzebub austreiben

da liegt der Hund **begraben**
→ da liegt der **Hund** begraben

das Kriegsbeil **begraben**
→ das **Kriegsbeil** ausgraben

jmd. kann sich **begraben** lassen (umg.)
1) *jmd. ist unfähig* [Unfähigkeit]
2) *jmd. verfügt über eine unbrauchbare Sache oder Idee* [Wertlosigkeit]
1) „In Physik kann ich mich glatt begraben lassen. Davon verstehe ich leider überhaupt nichts!"
2) „Mit deinem Motorrad kannst du dich glatt begraben lassen! Das fährt ja kaum mehr schneller als 80 Stundenkilometer. Kauf dir endlich mal ein neues!"
Diese redensartliche Kritik an einer schlechten Leistung ist seit Mitte des 19. Jh. belegt. Sie bezieht sich auf die Nutzlosigkeit von Leichen.

da möchte ich nicht **begraben** sein (umg.)
da möchte ich niemals leben [Abscheu]
„In dem Nest, in das ihr jetzt ziehen wollt, möchte ich nicht mal begraben sein!"

das **begreife**, wer will
das ist völlig unsinnig und nicht verstehbar [Unverständnis]
„Petra und Karl wollen sich trennen? Das begreife, wer will! Die waren doch immer wie zwei Turteltauben."

jmdm. ein **Begriff** sein
jmdm. bekannt sein, vertraut sein [Bekanntheit]
„Die Firma Röchling ist im Saarland jedermann ein Begriff. Dort haben viele Menschen gearbeitet."

im **Begriff** sein/stehen, etwas zu tun
gerade mit einer Sache anfangen/beschäftigt sein [Unmittelbarkeit]
„Kannst du mal die Haustür öffnen? Es hat geklingelt, und ich bin gerade im Begriff zu telefonieren."

langsam/schwer von **Begriff** sein
eine langsame Auffassungsgabe haben, begriffsstutzig sein [Dummheit]

„Kannst du das Motiv des Mörders in diesem Film immer noch nicht verstehen? Na, du bist heute aber wieder schwer von Begriff!"
Das *Begreifen* ist ursprünglich das tastende Berühren eines Gegenstandes. Metaphorisch steht es für das Erkennen und Verstehen im geistigen Sinne.

nicht alle **beieinanderhaben** (umg.)
schwer von Begriff sein, leicht verrückt sein [Verrücktheit]
„Was denkst du dir eigentlich bei diesem Quatsch? Du hast sie wohl nicht mehr alle beieinander?"

gut **beieinandersein** (umg.)
1) *gesund sein* [Gesundheit]
2) *dick sein* [Fettleibigkeit]
1) „Wer so gute Leistungen im Tennis erzielt, muß einfach gut beieinandersein!"
2) „Ich bin richtig erschrocken, als ich neulich Lore wiedergetroffen habe. Die ist ja wirklich mittlerweile gut beieinander. Dabei war sie als junges Mädchen so schlank."

mit dem linken **Bein** zuerst aufgestanden sein (umg.)
mürrisch sein [Verärgerung]
„Du siehst heute wieder aus, als ob du mit dem linken Bein zuerst aufgestanden wärst!"
Herkunft → jmdn. **links** liegenlassen

sich kein **Bein** ausreißen (umg.)
sich nicht besonders anstrengen [Faulheit]
„Mit dem neuen Mitarbeiter hat unser Chef wirklich einen Mißgriff getan. Bisher hat er sich jedenfalls noch kein Bein ausgerissen."

etwas/jmdn. am **Bein** haben (umg.)
1) *etwas bezahlen/erledigen/tun müssen* [Belastung]
2) *sich um jmdn. kümmern müssen* [Belastung]
1) „Solange wir noch die Abzahlung des Hauses am Bein haben, können wir finanziell keine großen Sprünge machen."
2) „Es ist wirklich schlimm mit meinem Bruder. Obwohl er schon 30 Jahre alt ist, hat ihn meine Mutter immer noch am Bein!"
Die Redensart bezieht sich auf den früheren Brauch, Gefangenen eine eiserne Kugel ans Bein zu schmieden, um sie an der Flucht zu hindern. Noch heute ist es üblich, Weidevieh ein Gewicht ans Bein zu binden, um ihr Weglaufen zu verhindern.

mit einem **Bein** im Grab stehen (umg.)
todkrank sein [Krankheit]
„Seine Genesung ist ein wahres Wunder. Sogar der Arzt hat gesagt, daß er mit einem Bein im Grab gestanden hat."

mit einem **Bein** im Gefängnis stehen (umg.)
ein kriminelles Risiko eingehen [Risiko]
„Wenn du in diesem Zustand mit dem Auto fährst, stehst du mit einem Bein schon im Gefängnis."

jmdm. ein **Bein** stellen (umg.)
jmdm. absichtlich schaden [Schädigung]
„Wenn dir niemand ein Bein stellt, kannst du in diesem Betrieb eine gute Karriere machen."

etwas ist kein **Beinbruch** (umg.)
etwas ist nicht besonders schlimm, ein Schaden ohne Nachwirkung [Folgenlosigkeit]
„Du bist bei der Prüfung durchgefallen? Das ist wirklich kein Beinbruch! Schließlich kannst du sie ja wiederholen!"
Der Beinbruch beim Pferd, dem früher allgemein üblichen Reit- und Arbeitstier, konnte gewöhnlich nicht geheilt werden und kam somit einem Totalverlust gleich, demgegenüber alle anderen Schäden als vergleichsweise harmlos angesehen wurden.

Hals- und **Beinbruch**
→ **Hals**- und Bein**bruch**

jmdm. in die **Beine** fahren/gehen (umg.)
1) *jmdn. lähmen/schwächen* [Lähmung]
2) *jmdn. unruhig machen* [Unruhe]
1) „Dieser Schock ist mir gewaltig in die Beine gefahren!"
2) „Diese Musik fährt mir immer sofort in die Beine. Komm, laß uns tanzen!"

immer wieder auf die **Beine** fallen
→ immer wieder auf die **Füße** fallen

alles, was **Beine** hat (umg.)
jeder, alle Leute [Jedermann]
„Bei dem Brand in unserem Nachbarhaus kam alles, was Beine hatte, um bei den Löscharbeiten zuzusehen."

jmdm. (wieder) auf die **Beine** helfen
1) *einem Kranken oder Schwachen helfen* [Hilfe]
2) *jmdn. finanziell unterstützen* [Unterstützung]
1) „Das neue Medikament hat dem Todkranken wieder auf die Beine geholfen."
2) „Diesem Unternehmen konnte mit einem Kredit auf die Beine geholfen werden."

Beine kriegen (umg.)
gestohlen werden [Verschwinden]
„Laß deinen Taschenrechner nicht so offen rumliegen, sonst kriegt er noch Beine!"
Die Redensart verwendet eine anthropomorphe Metapher, d. h. ein Gegenstand wird mit menschlichen Attributen verknüpft.

jmdm. **Beine** machen (umg.)
1) *jmdn. vertreiben* [Vertreibung]
2) *jmdn. antreiben* [Ansporn]
1) „Wenn ihr nicht sofort von meinem Grundstück verschwindet, wird mein Schäferhund euch Beine machen!"
2) „Mein Wagen sollte schon gestern repariert sein. Jetzt werde ich dem Werkstattleiter mal Beine machen!"

sich auf die **Beine** machen
→ sich auf die **Socken** machen

die **Beine** in die Hand nehmen (umg.)
überstürzt flüchten [Flucht]
„Als die Diebe bemerkt wurden, nahmen sie die Beine in die Hand und entkamen."

sich die **Beine** in den Bauch stehen (umg.)
lang (stehend) warten [Warten]
„Für diese Konzertkarten mußte ich mir zwei Stunden lang die Beine in den Bauch stehen!"

etwas auf die **Beine** stellen
etwas aufbauen, etwas Neues schaffen [Aufbau]
„Mit dieser Firma hat der Seniorchef wirklich etwas Großes auf die Beine gestellt!"
Die Redensarten mit dem Wort *Bein* beziehen sich weitgehend auf das Stehen und auf den aufrechten Gang. Die vertikale (aufrechte) Körperhaltung wird im Sinne der anthropologischen Grammatik verstanden als Eigenständigkeit, Macht, Einfluß, Gesundheit, ja sogar als Stolz. Diejenigen Redensarten, die das Umfallen oder allgemeiner die Schwächung des aufrechten Stehens und Gehens betreffen, sind folglich allgemein als Unterlegenheit, Behinderung, Krankheit usw. zu deuten. Die horizontale Körperlage des Kranken und Schwachen wird allgemein in vielen Redensarten als Sinnbild des Negativen gebraucht (so z. B., um das soziale Stigma der Prostitution zu bezeichnen). Vgl.: horizontales **Gewerbe**.

die **Beine** unter jmds. Tisch st(r)ecken
von jmd. anderem ernährt werden [Abhängigkeit]
„Mein Vater hat immer gesagt: Solange ihr die Beine unter meinen Tisch steckt, bin ich auch für euch verantwortlich."
Herkunft → zu **Tisch** gehen

sich die **Beine** vertreten (umg.)
spazierengehen [Spaziergang]
„Nach dieser opulenten Mahlzeit muß ich mir etwas die Beine vertreten!"

auf den **Beinen** sein
1) *auf der Straße sein* [Versammlung]
2) *arbeiten* [Arbeit]
1) „Beim Besuch des Präsidenten war die ganze Stadt auf den Beinen."
2) „Als Mutter ist man Tag und Nacht auf den Beinen, weil die Kinder soviel Arbeit machen."

wieder auf den **Beinen** sein
1) *wieder gesund sein* [Genesung]
2) *geschäftlich wieder Erfolg haben* [Verbesserung]
1) „Ich war fast drei Wochen krank, aber jetzt bin ich wieder auf den Beinen."
2) „Nach dieser Rezession wird die Wirtschaft bald wieder auf die Beine kommen."

auf eigenen **Beinen** stehen
→ auf eigenen **Füßen** stehen

mit beiden **Beinen** im Leben stehen
realitätsnah sein, praktisch veranlagt sein, lebenstüchtig sein [Realismus]
„Obwohl er Philosophieprofessor ist, steht er doch mit beiden Beinen im Leben und kann einen tropfenden Wasserhahn selbst reparieren."

nichts zu **beißen** haben (umg.)
(aus Armut) nichts zu essen haben
[Hunger]
„Nach dem Krieg hatten die Deutschen einige Jahre lang nichts zu beißen."

beleibt sein
→ gut bei **Leibe** sein
[Fettleibigkeit]

eine **Beleidigung** fürs Auge sein
→ das **Auge** beleidigen

berappen
→ **Geld** berappen

mit etwas hinter dem **Berg** halten (umg.)
etwas verschweigen [Verschweigen]
„Ich merke an deinem ganzen Verhalten, daß du mit etwas hinter dem Berg hältst. Sag mir endlich, was wirklich los ist!"
Zur Erklärung dieser Redensart gibt es mehrere Deutungen. Eine bezieht sich auf das Militärwesen, da früher bei Schlachten gern Teile der Truppe vor dem Feind hinter Hügeln oder Bergen verborgen gehalten wurden, um einen Überraschungseffekt zu erzielen. Die Wendung könnte aber auch von *verbergen* kommen und sich über *die Berge* (das Verbergende) entwickelt haben.

über den **Berg** sein (umg.)
das Schlimmste hinter sich haben, eine Krankheit überwunden haben
[Verbesserung] [Genesung]
„Ich glaube, wir können beruhigt sein. Der Arzt hat gesagt, daß Peter über den Berg ist. Jetzt kann es nur noch besser werden."
Auf dem Lebensweg ist der *Berg* ein Hindernis in der Lebenslandschaft. Der Aufstieg wird bildlich als mühsame Belastung gesehen, aber auch als Gefährdung (etwa der Gesundheit). Wer also *über den Berg* ist, hat eine Schwierigkeit gemeistert.
{Lebensweg}

es geht mit jmdm. **bergauf**
1) *jmd. erzielt Fortschritte im Leben*
[Verbesserung]
2) *jmd. erzielt Fortschritte in der Gesundheit* [Genesung]
1) „Ich bin ganz zuversichtlich, daß Michael doch noch sein Examen machen wird. Seit einigen Monaten geht es mit ihm ständig bergauf."
2) „Nach den letzten schlimmen Wochen geht es mit dem Patienten jetzt langsam wieder bergauf."
Herkunft → über den **Berg** sein

über alle **Berge** sein
längst verschwunden sein, entkommen sein
[Flucht]
„Als die Polizei am Tatort eintraf, waren die Bankräuber längst über alle Berge."
Diese Wendung finden wir zuerst bei Luther: „denn sie fürchteten sich und wären lieber über alle Berge gewesen."

Berge versetzen
(fast) Unmögliches erreichen [Realisierung]
„Der Kollege Meier ist seit seiner Beförderung von einem Eifer, der Berge versetzen könnte."
Die Wendung taucht an verschiedenen Bibelstellen auf, an denen sie sich stets darauf bezieht, daß der Glaube Berge versetzen kann (Hiob 9,5; Matth. 17,20; Mark. 11,23 u.a.) In Deutschland als Redensart erst durch Luthers Bibelübersetzung geläufig.

goldene **Berge** versprechen (umg.)
unrealistisch große Versprechungen machen [Versprechen]
„Selbst wenn man mir dafür goldene Berge verspricht, werde ich diese Arbeit nicht annehmen. Sie ist mir einfach zu gefährlich!"
Das Bild der *goldenen Berge* taucht bereits in der Antike auf (Terenz, Aristophanes) und gelangt über die Kirchenväter (Hiero-

nymus) in den mittelalterlichen Sprachschatz (Kudrun-Epos). Das Original bei Terenz lautet: „montes aures pollicens“ (goldene Berge versprechend).

toben wie ein **Berserker**
sehr wütend sein, wild herumtoben [Wut]
„Vor August muß man sich in acht nehmen. Wenn der ein paar Bier getrunken hat, ist er sehr reizbar. Dann tobt er wie ein Berserker.“
Die altnordischen Krieger pflegten in Bärenfellen gekleidet in den Kampf zu gehen, da sich in ihrer Vorstellung die Kraft des Tieres auf sie übertrug. Die Bezeichnung für das Kleidungsstück (*ber = Bär, serkr = Hemd*) wurde schließlich auf seine Träger angewendet, die für ihre wilde und grausame Kampfesweise berühmt und gefürchtet waren.

aus **berufenem** Mund
→ aus berufenem **Mund**

jmdm. **Bescheid** stoßen (umg.)
jmdn. tadeln, jmdm. die Meinung sagen [Tadel]
„Ich kann es kaum glauben: Schon wieder hat der Nachbar einen Stein nach unserer Katze geworfen. Na, dem werde ich mal Bescheid stoßen!“
Diese Redensart ist eine Variante des gebräuchlicheren *jmdm. Bescheid sagen* (= jmdm. eine Mitteilung machen).

das ist ja eine schöne **Bescherung**!/da haben wir die **Bescherung**! (ironische Ausrufe)
so ein Unglück! so eine böse Überraschung! [Unannehmlichkeit]
„So, jetzt haben wir die Bescherung: Deine Eltern wollen uns über das Wochenende besuchen!“
„Der Hund hat das Fleisch gefressen, das für uns bestimmt war. Dabei hat er das Geschirr auf die Erde geworfen. Das ist ja eine schöne Bescherung!“
Die *Bescherung* ist eigentlich die Verteilung von Geschenken am Heiligabend. Die ironische Verkehrung ins Gegenteil ist bereits seit Schillers *Kabale und Liebe* (II,5) aus dem Jahr 1784 belegt.

(gut) **beschlagen** sein (in etwas/auf einem Gebiet)
sehr viel wissen, sich gut auskennen [Wissen]
„Er ist für diese Stelle gut geeignet. In Sprachwissenschaft scheint er jedenfalls gut beschlagen zu sein!“
Die übertragene Bedeutung dieser Redensart, die erst im 17. Jh. belegt ist, leitet sich sicherlich vom Pferd ab, dessen Hufe vom Schmied mit den Hufeisen beschlagen wurden. Daraus leitete sich die Bedeutung der guten Qualität und Leistungsfähigkeit ab, die der Redensart heute zugrunde liegt.

das spottet jeder **Beschreibung** (umg.)
etwas ist schlimmer, als man es ausdrücken kann [Unbeschreiblichkeit]
„Du hättest das Auto mal nach dem Unfall sehen sollen. Man hat nicht einmal mehr die Marke erkannt. Das spottete wirklich jeder Beschreibung!“
Die Redensart bedeutet, daß alles, was man mit Worten über eine Sache sagen kann, eine Verharmlosung (Scherz, Spott) gegenüber den wahren (schlimmen) Eigenschaften oder Folgen dieser Sache ist.

man darf es nicht **beschreien** (umg.)
man soll ein Unglück nicht herbeireden [Schweigen]
„Was soll ich nur machen, falls ich durch diese Prüfung falle?“ „Du darfst es aber auch nicht beschreien! Durch deine ständigen Klagen machst du dich noch selbst ganz verrückt.“
In der mittelalterlichen Magie spielte das *Besprechen* oder *Beschreien* eines persönlichen Gegners eine große Rolle. Dieser Wortzauber konnte bewußt (durch Beschwörung) oder unbewußt (durch Nachrede) erfolgen. Auch das eigene Schicksal konnte nach dieser Auffassung durch das Aussprechen zukünftiger Ereignisse negativ beeinflußt werden. Positive Pläne konnten zu Neid und Mißgunst führen, negative Befürchtungen von Dämonen aufgegriffen und realisiert werden. Reste dieses dämonischen Aberglaubens haben sich in der Redensart erhalten. Vgl. dazu auch: **unberufen**; **toi**, toi, toi; **Hals**- und Beinbruch.

mit eisernem **Besen** auskehren
→ mit eiserner **Rute** auskehren
[Strenge]

ich fresse einen **Besen/Besenstiel** (umg.)
ich glaube nicht daran, daß eine bestimmte Sache eintreten wird bzw. wahr sein soll
[Ungläubigkeit]
„Du hast ein Los in der Lotterie gekauft? Ich fresse einen Besen, wenn du damit gewinnst. Die Chance ist doch äußerst gering!"
Der Besen gilt in dieser Redensart als Inbegriff des Unreinen und Unappetitlichen. Die Wirkung der Redensart beruht auf dem Kontrast zwischen dieser Unreinheit und dem Aspekt des Essens. Da die Wendung erst seit dem 20. Jh. belegt ist, hat sie wohl nichts mit den alten magischen Vorstellungen zu tun, die sich um den Besen ranken.

einen **Besenstiel** verschluckt haben (umg.)
sehr steif und gerade gehen [Steifheit]
„Der Gerd macht immer eine Figur, als ob er einen Besenstiel verschluckt hätte."

das wird ja immer **besser**! (umg.)
→ das wird ja immer **schöner**!

etwas zum **besten** geben (umg.)
etwas Unterhaltsames vortragen, improvisieren [Unterhaltung]
„Der Abend war ziemlich langweilig, bis Georg anfing, seine Witze zum besten zu geben."
Das *Beste* nannte man früher den Preis bei Wettkämpfen, Preisschießen u. ä. Fischart schreibt beispielsweise von einem „Hauptschießen", bei dem „das best hundert Gulden" war. *Zum besten geben* bedeutet daher zunächst: einen ersten Preis stiften. Daraus entwickelte sich die heutige redensartliche Bedeutung: *etwas zur Unterhaltung beitragen.* Da *das Beste* allgemein beachtet wurde, weil es das Ziel des Preisschießens war, entwickelte sich die Nebenbedeutung *Mittelpunkt* bzw. *Zielscheibe des Spotts*.

jmdn. zum **besten** halten (umg.)
jmdn. necken, sich über jmdn. lustig machen [Neckerei]
„Ich kann dir nicht mehr glauben. Erst neulich hast du mich vor allen Leuten mit deinem Heiratsversprechen zum besten gehalten, das du nicht einzulösen gedenkst!"
Herkunft → etwas zum **besten** geben

nicht viel/nichts zu **bestellen** haben (umg.)
keine Rolle spielen, keinen Einfluß haben
[Einflußlosigkeit]
„Der Charly spielt sich heute wieder auf, als sei er hier der Chef. Dabei hat der hier doch überhaupt nichts zu bestellen!"
Die ursprüngliche Bedeutung von *bestellen* war *ordnen, organisieren, verantworten.* Sie hat sich in Wendungen wie *das Feld bestellen* oder *sein Haus bestellen* erhalten.

etwas (Kleines) **bestellt** haben
ein Kind erwarten [Schwangerschaft]
„Frau Meier hat mir vertraulich mitgeteilt, daß sie etwas Kleines bestellt hat."
Der Zweck vieler Redensarten ist die Umschreibung von sogenannten Tabuthemen wie Krankheit, Tod oder eben Schwangerschaft (Euphemismus, Hüll- und Tabuformeln).

es ist gut/schlecht um jmdn./etwas **bestellt**
1) *jmd. /etwas ist in besorgniserregendem Zustand* [Schwäche]
2) *jmd./etwas ist gutem Zustand* [Stärke]
1) „Der Karl wird sicher nicht so bald wieder zur Arbeit kommen. Seine Frau hat mir erzählt, daß es immer noch schlecht um ihn bestellt ist."
2) „Bayern München wird sicher wieder Deutscher Meister. Noch selten war es um die Mannschaft so gut bestellt wie in diesem Jahr!"
Herkunft → nicht viel zu **bestellen** haben

wie **bestellt** und nicht abgeholt (umg.)
gelangweilt warten, nichts tun [Warten]
[Nichtstun]
„Der neue Lehrling macht keinen guten Eindruck. Der steht immer nur im Hof rum wie bestellt und nicht abgeholt."
Die neuzeitliche Redensart bezieht sich auf das bekannte Klischee des Verehrers, der am vereinbarten Treffpunkt geduldig und vergeblich auf seine Angebetete wartet.

jmdn. **bestricken** [Verführung]
→ jmdn. um den kleinen **Finger** wickeln

jmdn. **betören** [Verführung]
→ jmdn. um den kleinen **Finger** wickeln

betreten schweigen
beschämt schweigen [Schweigen]
„Als der Angeklagte auf die Differenzen in seiner Aussagen hingewiesen wurde, schwieg er betreten."
Außerhalb der Redensart bedeutet *betreten* nur noch: *ein Zimmer betreten*. Die frühere Bedeutung umfaßte auch die Komponente *an einen herantreten, jmdn. betreffen*: „Und wenn sie dann viel Unglück und Angst treffen wird, werden sie sagen: Hat mich nicht dies Übel alles betreten, weil mein Gott nicht bei mir ist?" (Mose, 31,17).

eine **Betriebsnudel** sein
→ eine ulkige **Nudel**

das **Bett** hüten/ans **Bett** gefesselt sein
krank im Bett liegen [Krankheit]
„Martina kann einige Tage nicht in die Schule kommen, weil sie das Bett hütet."
Das scherzhafte Bild des Hüters eines Bettes beinhaltet den Vergleich mit dem Hüter einer Herde, der seinen Posten nicht aufgeben darf.

sich in ein gemachtes **Bett** legen (umg.)
ohne eigene Leistung versorgt sein [Nutznießung]
„Der Manfred hat es ja mit seiner Heirat gut getroffen. Seine Frau besitzt Mietshäuser. Da hat er sich ins gemachte Bett gelegt."
Die Redensart bezieht sich auf die reiche Mitgift, die ein Ehegatte durch seine Heirat („im Bett") erlangt.

jmdm. den ganzen **Bettel** hinschmeißen
eine Arbeit vorzeitig und frustriert beenden [Kündigung]
Das veraltete Wort *Bettel* bedeutet *das Erbettelte*. So wie durch die Wörter *Kram* und *Plunder* wird damit etwas Wertloses bezeichnet, von dem man sich gern trennt. Vgl.: jmdm. den ganzen **Kram** vor die Füße werfen.

sich weich **betten**
ein sorgenfreies Leben führen [Wohlstand]
„Wir waren nicht immer so weich gebettet wie heute. Für unseren Wohlstand haben wir hart gearbeitet!"
In alter Zeit waren harte Strohbetten bei der ärmeren Bevölkerung üblich, und weiche Federbetten galten dagegen als Inbegriff des Luxus.

durch viele **Betten** gehen [Promiskuität]
→ durch viele **Hände** gehen

die nötige **Bettschwere** haben
sehr müde sein, betrunken sein [Müdigkeit] [Trunkenheit]
„Nach diesem letzten Glas Rotwein habe ich endlich die nötige Bettschwere nach diesem aufregenden Tag."
Die Redensart bezieht sich auf die vor Müdigkeit oder Trunkenheit schweren Glieder. Sie ist erst seit Ende des 19. Jh. gebräuchlich.

jmdn. an den **Bettelstab** bringen
→ an den **Bettelstab** kommen
[Verarmung]

an den **Bettelstab** kommen
arm werden, jmdn. arm machen
[Verarmung]
„Der Meier hat durch seine Spielsucht die ganze Familie an den Bettelstab gebracht."
Der Stab war früher ein wesentliches Requisit aller, die weit zu gehen hatten. Der Wanderstab diente dabei nicht nur der Stütze, sondern gelegentlich wohl auch der Verteidigung gegen Mensch und Tier. Der Bettelstab stützte hingegen den schwächlichen Körper des Bettlers und wurde schon im Mittelalter zu seinem Sinnbild. So heißt es etwa bei Heinrich dem Teichner: „So tuo dich niur der êren abe und gé beteln mit dem stabe."

das geht an den **Beutel**/das reißt ein Loch in den **Beutel** (umg.)
das kostet viel Geld [Ausgaben]
„Diese Autoreparatur wird wieder ein großes Loch in meinen Beutel reißen."
Der Geldbeutel war früher ein wirklicher

Beutel, der an einem Lederriemen getragen wurde. Viele Redensarten beziehen sich auf dieses wichtige Attribut.

ein **Beutelschneider** sein (umg.)
übertriebene Preise verlangen [Geldgier]
„In dieses Lokal gehe ich nicht mehr. Der Wirt ist ja ein richtiger Beutelschneider."
Beutelschneider waren früher Diebe, die statt des Geldes gleich den gesamten Geldbeutel abschnitten und damit verschwanden.

es bei/mit etwas **bewenden** lassen (gehoben)
etwas nicht bis zur letzten Konsequenz verfolgen, eine Sache nicht weiter betreiben [Beendigung]
„Weil Sie sich bei mir entschuldigt haben, lasse ich es dabei bewenden. Ich werde die Anzeige zurückziehen."

eine **Beziehungskiste** beginnen (umg.)
eine erotische Beziehung eingehen [Flirt]
In Wörtern wie *Beziehungs-* oder *Zweierkiste* wird mit dem Wortbestandteil *-kiste* auf die Beengtheit der Partnerbeziehung angespielt. *Kiste* steht jugendsprachlich auch für *Gefängnis*. Damit sind derartige Ausdrücke negativ bewertet. Vgl.: einen (steilen) **Zahn** aufreißen.

es geht auf **Biegen** und Brechen (Paarformel/Stabreim)
es geht ums Ganze, mit aller Kraft und Härte [Rücksichtslosigkeit]
„Beim Endspiel der Fußballweltmeisterschaft geht es wieder auf Biegen und Brechen. Schließlich kann nur eine Mannschaft gewinnen."
Ursprünglich bezog sich die Redensart auf das sanfte Hinbiegen junger Obstbäume in eine gewünschte Form und wurde beispielsweise von Luther als Metapher für die Erziehung junger Menschen benutzt. Das *Brechen* ist das Ergebnis eines rücksichtslosen Biegens. Wer es in Kauf nimmt, geht unnachgiebig und ohne Rücksicht auf Verluste vor.

eine dufte **Biene** (umg.)
ein hübsches Mädchen [Mädchen]
„Schau mal, dort drüben! Ist das nicht eine dufte Biene? Und ganz allein!"
Herkunft → ein netter **Käfer**

das ist nicht mein **Bier**! (umg.)
1) *das gefällt mir nicht!* [Mißfallen]
2) *das tue ich nicht!* [Weigerung]
1) „Immer nur am Fließband stehen! Das ist nicht mein Bier! Ich werde lieber Automechaniker!"
2) „Ich soll hier den Dreck wegmachen? Das ist nicht mein Bier! Schließlich haben wir jetzt eine neue Hilfskraft, die extra für derartige Arbeiten eingestellt worden ist!"
Das Bier spielte im Studentenleben früher eine große Rolle. Mit dem Begriff *Biereifer* wurde ironisch der entsprechende „Fleiß" eines Studenten an lockeren Vergnügungen bezeichnet. Wenn etwas *nicht jmds. Bier* war, so bedeutete dies in der Studentensprache des 19. Jh., daß etwas nicht mit Eifer akzeptiert bzw. abgelehnt wurde.

etwas wie saures **Bier** (**Sauerbier**) anbieten (umg.)
etwas verkaufen wollen, das keiner haben will; etwas vergeblich anpreisen [Unverkäuflichkeit]
„Es ist seltsam, daß keiner diese Wohnung mieten will. Der Makler bietet sie schon seit Monaten wie Sauerbier an."
In früheren Zeiten kam es bei der Bierproduktion häufiger zu Mißerfolgen, so daß anstelle des gewünschten Produkts „saures" Bier entstand. Um den Schaden zu begrenzen, wurde dieses minderwertige Produkt mit marktschreierischen Methoden (meist erfolglos) angepriesen. Die Redensart kommt schon bei Hans Sachs und bei Grimmelshausen vor.

ein **Bild** für Götter
→ ein **Anblick** für Götter

jmdn. ins **Bild** setzen/im **Bilde** sein
jmdn. informieren/informiert sein [Informiertheit]
„Haben Sie schon von der Affäre Meier gehört?" „Ja, danke. Ich bin im Bilde!"
Diese Wendung entstand erst um die Jahrhundertwende in militärischen Kreisen.

Wenn ein Offizier auf der Militärakademie aus einer Kriegslage nicht die richtigen Schlüsse zog und sich von der taktischen Lage keine klare Vorstellung machen konnte, so war er *nicht im richtigen Bilde*. Schon bald wurde die Wendung zur heutigen Form verkürzt und sehr populär.

sich ein **Bild** von etwas machen können
etwas (nunmehr) verstehen [Verstehen]
„Nachdem ich dieses Land bereist habe, kann ich mir ein Bild von den dort herrschenden Zuständen machen. Mir war vorher die dort betriebene Politik völlig schleierhaft!“

sich kein **Bild** von etwas machen können
[Nichtverstehen]
→ sich ein **Bild** von etwas machen können

ein **Bild** von einem Mann/Mädchen
ein besonders gelungenes Exemplar [Ideal]
„Die Marika ist wirklich ein Bild von einem Mädchen! Kein Wunder, daß sie vom Fleck weg geheiratet worden ist!“
Bild wird häufig auch als *Sinnbild* oder *Vorbild* verstanden.

ein schwaches **Bild** (umg.)
etwas ist schlecht, unbefriedigend, enttäuschend [Enttäuschung]
„Trotz des Sieges bot unsere Mannschaft ein schwaches Bild.“
„Du bist noch immer nicht fertig mit den Hausaufgaben? Schwaches Bild! Wir wollten doch noch in die Stadt gehen!“

wie aus dem **Bilderbuch**
sehr schön, über alle Maßen vollkommen
[Vollkommenheit]
„In den Ferien hatten wir ein Wetter wie aus dem Bilderbuch: immer Sonne, nie Regen!“
„Er ist ein Mann wie aus dem Bilderbuch: groß und kräftig, sportlich und gesund, klug und reich. Leider ist er schon verheiratet!“

auf der **Bildfläche** erscheinen (umg.)
plötzlich und unvermutet auftauchen
[Erscheinen]
„Hallo Karl! Höchste Zeit, daß du mal wieder auf der Bildfläche erscheinst!“
Die Redensart hängt wohl mit der Entwicklung der Fotografie im späten 19. Jh. zusammen und bezieht sich ursprünglich auf das Erscheinen des Fotobildes im Fixierbad.

von der **Bildfläche** verschwinden
[Verschwinden]
→ auf der **Bildfläche** erscheinen

heiliger **Bimbam**! (umg.)
Ausruf der ärgerlichen Überraschung
[Überraschung]
„Heiliger Bimbam, wann wirst du endlich lernen, deine Schuhe auszuziehen, wenn du die Wohnung betrittst? Schau dir nur diesen Dreck an!“
Mit *Bimbam* wird das Geläute der Kirchenglocken lautmalend nachgeahmt. Die Redensart ist eine ironisierende und scherzhafte Version der in früheren Jahrhunderten üblichen Anrufungen von Heiligen.

sich einen hinter die **Binde** gießen (umg.)
Alkohol trinken [Alkoholgenuß]
„Der Zug fährt erst in einer Stunde. Komm, wir gehen uns noch einen hinter die Binde gießen!“
Als *Binde* bezeichnete man noch im 19. Jh. die Krawatte des Mannes. Deren Name geht wiederum zurück auf das südslawische Volk der Kroaten. Die Kroaten spielten als Grenzvolk gegen die osmanischen Türken eine hervorragende kriegerische Rolle im Habsburgerreich. Im kaiserlichen Heer stellten sie Reiterverbände, die zur Feindaufklärung verwendet wurden und sich zur *leichten Kavallerie* weiterentwickelten. Ein Kennzeichen der kroatischen Reiter war ein leinenes Halstuch, das vorn zusammengesteckt wurde. Als man im 17. Jh. in Frankreich ähnliche Kavallerieverbände aufstellte, übernahm man diese Tracht. Die Verbände selbst nannte man *cravattes royaux* (königliche Kroaten) und der Namensteil *cravatte* wurde auf ihre Halsbinde übertragen. Seit dem 18. Jh. kopierte die Mode diese Binde, und mit ihr zusammen gelangte das Wort nach Deutschland, wo es sich gegenüber *Binde* seit dem 19. Jh. durchsetzte.

es regnet **Bindfäden** (umg.)
es regnet ununterbrochen [Regen]
„Du mußt unbedingt den Regenschirm mitnehmen! Draußen regnet es Bindfäden.“
Das redensartliche Bild meint, daß zwischen den einzelnen Regentropfen kein Zwischenraum mehr ist, so daß der Eindruck eines zusammenhängenden *Regenfadens* entsteht. In Salzburg wird dieses Phänomen auch *Schnürlregen* (von *Schnur*) genannt.

in die **Binsen** gehen (umg.)
1) *nicht zustande kommen, mißlingen* [Mißerfolg]
2) *kaputtgehen* [Defekt]
1) „Obwohl wir uns bei den Verhandlungen sehr bemüht haben, ist das Geschäft schließlich doch in die Binsen gegangen.“
2) „Bei diesem Gewaltmarsch sind sogar meine festen Wanderschuhe in die Binsen gegangen!“
Binsen sind grasartige Pflanzen, die in Sümpfen und an Seeufern wachsen. Da sie sehr dicht stehen, bieten sie dem Wild gute Verstecke. Vogelwild, das *in die Binsen geht,* entkommt leicht dem Jäger, weil es nicht mehr gesehen werden kann. Der Ausdruck entstand in der Jägersprache. Verbreitet wurde er wohl auch dadurch, daß sich mit *Binsen* sowieso die Vorstellung der Wertlosigkeit verknüpft.

etwas ist eine **Binsenwahrheit/Binsenweisheit**
etwas ist ganz selbstverständlich und allgemein bekannt [Selbstverständlichkeit]
„Du bist vom Verhalten dieses Politikers enttäuscht? Aber es ist doch eine Binsenwahrheit, daß man den Wahlversprechen nicht glauben darf! Wahlreden enthalten doch nur Lug und Trug!“
Es gibt verschiedene Deutungen dieser Wendung. Man hat beispielsweise auf eine bei Plautus und Terenz nachgewiesene römische Redensart „nodum in scirpo quaerere“ (den Knoten an der Binse suchen) hingewiesen. Die Binse hat keine Knoten, die den Stengel – wie bei anderen Grasarten – unterteilen würden. Man kann sich davon leicht durch eigene Beobachtung überzeugen, und von diesem Aspekt der leichten Überprüfbarkeit hat die lateinisch-deutsche Redensart ihre Bedeutung. Bei Terenz heißt eine entsprechende Stelle, welche die Bedeutung der Redensart in der Antike erläutert: „Du wirst mir ganz fatal mit deinen Skrupeln – an Binsen suchst nach Knoten du!“ Die von Humanisten wiederentdeckte Wendung wurde seit dem 16. Jh. immer gebräuchlicher. Eine andere Deutung bezieht sich auf eine volksetymologische Umdeutung von jiddisch *bienemes* (die Wahrheit begreifen). Vielleicht haben auch beide Quellen der Redensart zusammen eine Rolle gespielt.

eine weiche **Birne** haben (umg.)
leicht beschränkt sein [Verrücktheit]
„Du kannst doch nicht einfach ohne mich zu fragen mein Moped ausleihen! Du hast wohl eine weiche Birne?“
Der Begriff *Birne* für *Kopf* ist weit verbreitet. Die Redensart *weiche Birne* bezieht sich wohl auf die Unbrauchbarkeit des faulen Obstes.

(ach) du liebes **bißchen**! (umg.)
Ausruf des Erstaunens und der leichten Verärgerung [Erstaunen]
„Ach du liebes bißchen! Jetzt ist der Braten angebrannt!“
Bißchen war ursprünglich die Verkleinerung von *Biß* oder *Bissen*. Dasjenige, wovon der Bissen genommen wurde, stand oft im Genitiv: *ein Bißchen Brotes*. Dann verallgemeinerte sich die Bedeutung zu *wenig* (*ein bißchen müde sein, ein bißchen viel getrunken haben* usw.) Die Redensart *du liebes bißchen* ist, da sie meist bei unliebsamen Überraschungen gebraucht wird, zu den ironisierenden Floskeln zu rechnen. Vgl.: eine schöne **Bescherung**.

jmdm. die **Bissen** in den Mund zählen (umg.)
geizig sein, jmdm. etwas nicht recht gönnen [Geiz]
„Hast du bemerkt, wie uns die Gastgeberin jeden Bissen Kaviar in den Mund gezählt hat? Sie hatte natürlich viel zuwenig davon eingekauft, bei den vielen Gästen, die sie eingeladen hatte.“

jmdm. keinen/nicht den **Bissen** Brot gönnen [Mißgunst]
→ jmdm. nicht das **Schwarze** unter den Nägeln gönnen

sich keinen **Bissen** gönnen/sich den letzten **Bissen** vom Mund absparen (umg.)
→ sich etwas vom **Mund** absparen [Sparsamkeit]
→ den **Gürtel/Riemen** enger schnallen [Einschränkung]

keinen **Bissen** anrühren (umg.) [Desinteresse]
→ von **Luft** und Liebe leben [Fasten]

sich jeden/den letzten **Bissen** vom Munde absparen
→ sich etwas vom **Mund** absparen

der **Bissen** bleibt jmdm. (vor Schreck, Überraschung usw.) im Hals stecken (umg.) [Schreck]
→ der Bissen bleibt jmdm. im **Hals** stecken

einen **Blackout** haben
→ einen **Kurzschluß** haben [Unbeherrschtheit] [Begriffsstutzigkeit]

blank sein (umg.)
kein Geld mehr haben [Geldmangel]
„Am Monatsende bin ich immer blank."
Das mit dem Verb *blinken* verwandte Wort *blank* bedeutete ursprünglich nur *weiß, glänzend*. Mit ersterer Bedeutung ist es in einige romanische Sprachen übernommen worden, wo es das lat. *albus* (weiß) verdrängt hat: franz. *blanc* (Mont Blanc), ital. *bianco* (vino bianco). Die Bedeutung *weiß-glänzend* hat sich in der Redeweise vom *blanken Eis* erhalten. Das Ziehen der Waffe aus der Scheide bezeichnete man als *blankziehen*. *Blank* nimmt später auch die Bedeutung des Reinen und Ungeschmälerten an; hierher gehört beispielsweise das *blanke Entsetzen*. Die Bedeutung *frei von, entblößt* hat dann zum redensartlichen Gebrauch geführt: *blank sein*.

ich werd' dir was **blasen** (umg.)
jmds. Bitte abschlagen [Zurückweisung]
„Kannst du mir etwas Geld fürs Kino leihen?" „Ich werd' dir was blasen! Du hast mir noch nicht einmal das Geld von neulich zurückgegeben."
Nach altem Aberglauben ist es möglich, bestimmte Krankheiten, Warzen u. ä. „wegzublasen". Noch heute Kindern gegenüber als erste Tröstung bei kleinen Verletzungen üblich, bezieht sich die Redensart darauf, daß diese Art der Hilfeleistung einerseits nichts kostet, andererseits aber auch von zweifelhaftem Nutzen ist. Eine andere Deutung bezieht sich auf das Ausblasen von Luft als Zeichen der Verachtung.

das **Blatt** wendet sich
Umstände ändern sich [Veränderung]
„Zunächst schien die Schlacht verloren. Aber plötzlich wendete sich das Blatt."
Es gibt verschiedene Deutungen. So kann an das wechselnde Glück beim Kartenspiel gedacht werden. Andere Erklärungen zielen auf das Umschlagen der Blätter beim Lesen. Da die Redensart sehr alt ist (seit dem 16. Jh. belegt), kann auch an eine Naturbeobachtung gedacht werden: Manche Bäume drehen nach der Sommersonnenwende die Blätter zur Seite. Diese bereits von Plinius gemachte Beobachtung könnte die Bedeutung des *Wechsels* (im Sinne der abnehmenden Tageslänge) nach der Blattwende in der Redensart erklären.

ein unbeschriebenes **Blatt** sein
1) *unbekannt sein* [Unbekanntheit]
2) *keine Kenntnisse haben* [Unerfahrenheit]
1) „Der Pianist gibt heute sein erstes Konzert in Europa. Er ist hier ein völlig unbeschriebenes Blatt!"
2) „Sie können die Verantwortung für diese Entscheidung nicht übernehmen. Sie sind ja doch noch ein völlig unbeschriebenes Blatt!"
Die Wendung vom *leeren Blatt* (bzw. von der leeren Schreibtafel) geht bis auf die Antike zurück (Aristoteles, *De anima*,III,4). Auch das lateinische *tabula rasa* kann in diesem Sinn gedeutet werden.

kein **Blatt** vor den Mund nehmen (umg.)
die unverblümte Wahrheit sagen, sich rück-

sichtslos äußern [Offenheit].
„Vor der Frau Marx muß man sich in acht nehmen. Die nimmt kein Blatt vor den Mund und ist häufig sehr verletzend."
Ursprung der Redensart ist wohl ein alter Theaterbrauch, nach dem Schauspieler obszöne und anstößige Partien ihrer Rollen durch ein Blatt Papier hindurch (mit verdecktem Mund) sprechen mußten. Seit dem 16. Jh. wird *Blatt* aber auch häufig als *Rebenblatt* gedeutet, so daß zusätzlich an die vom Wein gelöste Zunge gedacht werden kann.

das steht auf einem (ganz) anderen **Blatt**
etwas gehört nicht in diesen Zusammenhang [Getrenntheit]
„Über diese Angelegenheit wird das Gericht heute nicht entscheiden. Die steht auf einem ganz anderen Blatt."
Im Unterschied zu anderen Redensarten mit *Blatt* bezieht sich diese Redensart zweifellos auf das Blatt im Buch. Als Gesprächsfloskel dient diese Redensart häufig der Themenausblendung und signalisiert: Darüber will ich hier und jetzt nicht sprechen!
Vgl.: das ist ein **Kapitel** für sich.

blau sein (umg.)
betrunken sein [Trunkenheit]
„Laß den Toni ruhig ausschlafen. Der war gestern ja wieder blau wie ein Veilchen!"
Angeblich bezieht sich diese Redensart auf die Farbe der Trinkernase.

eine Fahrt ins **Blaue**
ein Ausflug mit unbekanntem Ziel
[Planlosigkeit] [Reisen]
„Am Wochenende wollen wir einfach einmal eine Fahrt ins Blaue machen und sehen, was dabei herauskommt. Wir lassen uns überraschen!"
Herkunft → das **Blaue** vom Himmel lügen

das **Blaue** vom Himmel lügen/versprechen/(herunter)reden
1) *unverschämt lügen* [Lüge]
2) *endlos reden* [Weitschweifigkeit]
1) „Ich glaube dir kein Wort! Du lügst doch schon wieder das Blaue vom Himmel!"
2) „Dieser Festredner ist dafür berüchtigt, daß er das Blaue vom Himmel herunterredet, während das kalte Büffett wartet!"
Das Blau des Himmels ist das sprichwörtlich Unerreichbare und Weitentfernte, das auch Überraschungen bietet.

blaumachen
→ der blaue **Montag** [Müßiggang]

Blech reden (umg.)
Unsinn reden [Geschwätz]
„Der Redner auf der Gewerkschaftsversammlung war einfach unerträglich. Zwei Stunden lang hat er bloß Blech geredet!"
Das dünne Eisenblech dient zwar der Verfertigung vieler Haushaltswaren, gilt aber gleichwohl nicht als solides Material. Da Blechgefäße zudem einen unschönen Klang aufweisen, konnte sich der redensartliche Gebrauch dieser Wendung durchsetzen.

aufs **Blech** hauen (umg.)
angeben, prahlen [Angeberei]
„Laß ihn einfach reden – er haut halt gern aufs Blech!"

(Geld) **blechen** (umg.)
Geld ausgeben, zahlen [Zahlung]
„Für diesen Sportwagen mußt du aber ganz schön blechen! Was soll er denn kosten?"
Münzen geringen Wertes wurden früher aus Eisenblech hergestellt. Die Geheimsprache der Gauner, das Rotwelsch, erfand die Redensart, die in der Dichtung des Sturm und Drang literarisch geworden ist.

aus dem **Blechnapf** fressen (grob)
Häftling sein [Gefängnis]
„Hör doch endlich damit auf, Autos aufzubrechen! Wenn du erwischt wirst, kannst du aus dem Blechnapf fressen!"
Der Blechnapf als Symbol für die erniedrigende und entbehrungsreiche Lebenssituation im Gefängnis oder (damals noch) im Zuchthaus ist insbesondere durch den Roman *Wer einmal aus dem Blechnapf frißt* von Hans Fallada (1934) allgemein bekannt geworden.

das **bleibt** unter uns
→ **sagen**: unter uns gesagt [Vertraulichkeit]

sehen, wo man **bleibt** [Selbsthilfe]
→ **sehen**, wo man bleibt

auf den ersten **Blick**
zunächst, ohne genauere Prüfung (mit dem Risiko der Täuschung) [Täuschung]
„Auf den ersten Blick sieht der Wagen ja ganz ordentlich aus. Bei genauerem Hinsehen kann man jedoch die Spuren eines früheren Unfalls erkennen."

Liebe auf den ersten **Blick**
spontane Verliebtheit [Verliebtheit]
„Wie wir uns kennenlernten? Nun, es war Liebe auf den ersten Blick. Meine Frau betrat mein Büro, und ich wußte: Das ist sie!"

den (richtigen) **Blick** für etwas haben
sich auskennen, sensibel für etwas sein [Erfahrung]
„Auf unseren Personalchef kann man sich verlassen. Er hat den richtigen Blick für fähige Leute!"

einen **Blick** hinter die Kulissen werfen
→ hinter die Kulissen **sehen**

sich **blicken** lassen
→ sich **sehen** lassen

sich nicht mehr **blicken** lassen können
→ sich nicht mehr **sehen** lassen können

das läßt tief **blicken** (umg.)
das ist sehr aufschlußreich [Erkenntnis]
„Klaus-Dieter hat dir einen Strauß roter Rosen geschickt? Das läßt ja tief blicken ..."

von etwas reden wie der **Blinde** von der Farbe
sich unqualifiziert äußern [Wichtigtuerei]
„Du redest doch wie der Blinde von der Farbe! Mach erst mal selbst den Führerschein, bevor du an meinem Fahrstil herumnörgelst!"

wie ein **Blinder** im Dunkeln
→ im **Dunkeln** tappen

das sieht doch ein **Blinder** mit dem Krückstock (umg.)
etwas ist offensichtlich, etwas ist eindeutig [Eindeutigkeit]
„Du bist doch bloß neidisch auf seinen Erfolg. Das sieht doch ein Blinder mit dem Krückstock."

wie ein geölter **Blitz** (umg.)
sehr schnell [Schnelligkeit]
„Der überraschte Dieb rannte wie ein geölter Blitz davon."

wie ein **Blitz** aus heiterem Himmel
völlig überraschend [Unerwartbarkeit]
„Die Nachricht vom Tod des Großvaters kam wie ein Blitz aus heiterem Himmel."

wie ein **Blitz** einschlagen
→ **durch** und durch gehen [Wirkung]

wie vom **Blitz** getroffen
starr vor Schrecken/Überraschung [Erstarrung]
„Als Petra die Tür öffnete, blieb sie wie vom Blitz getroffen stehen. Vor ihr stand ein Unbekannter und lächelte sie an."

jmds. **Blitzableiter** sein (umg.)
jmds. Verärgerung ertragen [Sündenbock]
„Beschwer dich doch in der Personalabteilung. Ich bin schließlich nicht dein Blitzableiter!"

rangehen wie **Blücher** (umg.)
etwas energisch angehen [Aktivität]
„Der Michael macht nie lang Umstände. Der geht an die Weiber ran wie Blücher!" Blücher war ein preußischer General, der in den Napoleonischen Befreiungskriegen durch sein Draufgängertum wichtige Schlachten gewann. Die Redensart wird meist im Sinne erotischen Eroberungswillens gebraucht. {Liebesjagd}

wissen, was einem **blüht**
→ **wissen**, was einem blüht

etwas durch die **Blume** sagen
etwas vorsichtig sagen, freundliche Kritik üben [Andeutung]
„Vor zwei Tagen hat mir der Abteilungsleiter durch die Blume gesagt, daß ich dieses

Jahr keinesfalls mit einer Gehaltserhöhung rechnen kann."
Wahrscheinlich bezieht sich die Redensart auf die sogenannte *Blumensprache*, nach der jeder Blume eine bestimmte Bedeutung zukommt – allerdings verschlüsselt, so daß eine Absage *durch die Blume* in eine Verhüllung gekleidet ist, die den Empfänger schont. Schon die antike Rhetorik kennt den Begriff *flosculus* (Blümchen) für eine verhüllende (verblümte) Rede. Daraus wurde später der deutsche Begriff *Floskel*. Vgl. auch: *etwas unverblümt aussprechen* mit der Bedeutung: *etwas offen und ohne Rücksicht aussprechen*. Gelegentlich findet man auch die ironische Erwiderung: „Vielen Dank für die Blumen" mit der Bedeutung *ich habe die versteckte Kritik verstanden*.

mit etwas keinen **Blumentopf** gewinnen können (umg.)
nichts erreichen [Vergeblichkeit]
„Bei mir kannst du mit deinem Gerede keinen Blumentopf gewinnen. Ich habe dich längst durchschaut!"
Die Redensart bezieht sich wahrscheinlich auf die Schießbuden auf Jahrmärkten, in denen als Trostpreis häufig ein armseliger Blumentopf zu gewinnen ist.

jmdm. ist **blümerant** zumute (umg.)
jmdm. ist flau, unwohl, schwindlig [Unwohlsein]
„Ich glaube, daß ich diese Achterbahn nicht mehr betreten werde! Mir ist schon nach einer einzigen Fahrt ganz blümerant zumute!"
Eine im 17. Jh. in Frankreich sehr beliebte Modefarbe *bleu mourant* (blaßblau, wörtlich *sterbendblau*) verbreitete sich sehr weit in Europa. Vermutlich wurde die Bevölkerung ihrer allmählich so überdrüssig, daß sie ein Symbol des Unerträglichen wurde. Eine andere Spur führt zu dem englischen Ausdruck: *feeling blue* mit der Bedeutung *schwermütig sein*, dem die Liedform des *Blues* ihren Namen verdankt.

nur immer ruhig **Blut**!
keine Aufregung! [Beruhigung]
„Nur immer ruhig Blut! Hier kommt jeder dran. Stellen Sie sich mal schön am Ende der Reihe an!"

junges **Blut**
Nachwuchs, junge Menschen [Jugend]
„Diese Regierung besteht nur aus Greisen. Da wird dringend junges Blut benötigt."

jmdn. bis aufs **Blut** aussaugen (umg.)
jmdn. hemmungslos ausnutzen/ausbeuten [Ausbeutung]
„Es macht keinen Spaß zu arbeiten, wenn einen das Finanzamt bis aufs Blut aussaugt."

wie Milch und **Blut** aussehen (poetisch)
schön und gesund aussehen [Gesundheit] [Schönheit]
„Ein Mädchen wie Milch und Blut betrat den Raum."
Ein weißes Gesicht und rote Wangen und Lippen galten im Mittelalter als Zeichen der weiblichen Schönheit und Gesundheit. Daher rührt auch das häufige Bild von Lilie und Rose als Symbol weiblicher Schönheit in der höfischen Minnelyrik (beispielsweise bei Walther von der Vogelweide). Parzival (282,20) wird an seine Geliebte erinnert, als er drei Blutstropfen im Schnee sieht, und erstarrt wie gelähmt in melancholischer Teilnahmslosigkeit, so wie es sein Name verkündet (arabisch: *Geschöpf des Saturn;* der Saturn ist das Gestirn des Melancholikers).

blaues **Blut** haben
adlig sein [Adel]
„Der Verlobte von Susi soll ja blaues Blut haben. Wenn er sie heiratet, kann sie sich „von" schreiben!"
Die Redensart ist wohl eine scherzhafte Übertragung aus dem Spanischen. Der spanische Adel gehörte früher einer helleren Rasse an oder hatte eine hellere Haut als die übrige Bevölkerung, weil er keine Feldarbeit leistete. Dadurch schimmerte das Blut dunkel durch die Adern, und es entstand der Eindruck (und die Redensart) vom dunkleren (blauen) Blut (sangre azul).

an jmds. Händen klebt **Blut**
jmd. ist ein Mörder [Mörder]

„An den Händen dieses Mannes klebt Blut! Ich beantrage daher die Verhängung der Höchststrafe!"

Blut lecken (umg.)
plötzlich Geschmack an etwas finden [Begeisterung]
„Zuerst hat ihm der Job als Vertreter ja nicht gefallen. Nachdem er jetzt seine erste Provision erhalten hat, hat er jedoch Blut geleckt."
Die Redensart bezieht sich auf Jagdhunde oder Raubtiere, die durch das Blut der Beute besonders gierig werden und ihren Verfolgungseifer steigern.

das liegt jmdm. im **Blut**
das ist jmdm. charakterlich eigen [Charakter]
„Man kann nur Musiker werden, wenn einem die Musik wirklich im Blut liegt!"

böses **Blut** machen (umg.)
Zwietracht säen; Feindschaft erregen [Verfeindung]
„Die Klara ist bei allen Leuten unbeliebt, weil sie immer nur böses Blut macht. Trotzdem wundert sie sich, warum keiner mit ihr etwas zu tun haben will."
Nach der antiken Medizinlehre ist das *böse* (venöse) *Blut* verantwortlich für Haß und Schlechtigkeit. Die Redensart bezieht sich auf die Möglichkeit, daß *gutes Blut* zu *bösem Blut* werden kann.

jmdn. bis aufs **Blut** peinigen/quälen/reizen (umg.)
jmdn. rücksichtslos peinigen/quälen/reizen [Erbarmungslosigkeit]
„Du brauchst dich über diese Reaktion nicht zu wundern. Schließlich hast du ihn bis aufs Blut gereizt, bevor er dir ein blaues Auge geschlagen hat. Das geschieht dir nur recht!"

Blut (und Wasser) schwitzen (umg.)
1) *sehr große Angst haben* [Angst]
2) *sich sehr anstrengen* [Anstrengung]
1) „Vor seinem ersten Fallschirmabsprung hat Markus ja Blut und Wasser geschwitzt. Heute ist es für ihn reine Routine."
2) „Wir haben Blut und Wasser geschwitzt, bis wir das Klavier im vierten Stock hatten."
Das redensartliche Bild vom Blutschwitzen stellt eine Steigerung des normalen Schwitzens dar. In der mittelalterlichen Dichtung ist auch das Bild vom „Weinen blutiger Tränen" bekannt (*Nibelungenlied,* Strophe 1069).

in voller **Blüte**
auf dem Höhepunkt [Höhepunkt]
„Unter seiner Leitung stand das Unternehmen in voller Blüte. Sein Nachfolger hat es leider heruntergewirtschaftet."

etwas im **Blute** ertränken/ersticken
etwas gewaltsam (durch Mord) unterdrükken/niederschlagen [Gewaltanwendung]
„Der Aufstand der Indianer gegen die Weißen wurde im Blute erstickt."

in der **Blüte** des Lebens stehen/sterben (gehoben)
in den besten Lebensjahren, im Vollbesitz der Kräfte [Höhepunkt]
„Es ist tragisch, daß Klaus in der Blüte seines Lebens so plötzlich sterben mußte."

wunderliche/sonderbare/üppige **Blüten** treiben
sonderbare und phantastische Dinge hervorbringen [Ungewöhnlichkeit]
„Die Phantasie von Edgar Allan Poe hat sonderbare Blüten getrieben."
Redensarten, die sich der Begriffe *Keim* und *Samen, Stamm* und *Zweig, Frucht* und *Kern, Ast* und *Blüte* bedienen, stehen im Zusammenhang einer übergeordneten Pflanzenmetaphorik. Alles, was wächst und gedeiht, nach einem Höhepunkt aber wieder vergeht und verschwindet, eignet sich grundsätzlich, in Termini des Pflanzenlebens ausgedrückt zu werden. In dieser Begrifflichkeit reden wir vom *Aufblühen* und *Verwelken* von Menschen, vom *Sprießen* neuer Hoffnungen, vom *Stammbaum* der Familie und von *Zweigstellen* einer Bank. Angelehnt an diese botanischen Metaphern sind diejenigen Bilder, die das Leben als Säen und Ernten verstehen.

stur wie ein **Bock** (umg.)
besonders stur [Sturheit]
„Der Meier ist wirklich ein sturer Bock. Er nimmt keinen einzigen Ratschlag an – dabei will ich ihm doch nur helfen!"
Esel, Ochse und Bock gelten redensartlich als Sinnbilder der Sturheit oder Bockigkeit.

keinen **Bock** auf etwas haben/null **Bock**! (umg.)
(ich habe) keine Lust (dazu)! [Unlust]
„Gehst du mit uns in die Diskothek? Dort spielt heute abend eine Superband!" „Nee, null Bock! Ich hab' noch von dem Lärm gestern abend genug!"
Der Bock ist ein altes Symbol der Sturheit und der sexuellen Gier oder Lust. Daher bedeutet *null* (keinen) *Bock* soviel wie *keine Lust* (etwas Bestimmtes zu tun). Der Ausdruck entstand in der Jugendsprache der achtziger Jahre im Rahmen eines zeitweiligen Modetrends der Unmotiviertheit, sich um Fragen der Zukunftssicherung zu bemühen (man sprach von der „No-future-Generation"). Entsprechend bedeutet *Bock haben*: Lust zu etwas haben.

einen (groben) **Bock** schießen (umg.)
einen schweren, aber vermeidbaren Fehler begehen [Fehler]
„Mit deiner Wahlprognose hast du aber einen groben Bock geschossen! Du liegst ja meilenweit neben dem Endergebnis!"
Bei Schützenfesten wurde (nachweislich bereits im 15. Jh.) dem schlechtesten Schützen als Trostpreis ein Bock überlassen. Die Redensart ist seit dem 17. Jh. schriftlich belegt, mündlich allerdings (im Gefolge des Schützenbrauchs) wesentlich älter.

den **Bock** zum Gärtner machen (umg.)
jmdm. eine Aufgabe geben, für die er besonders ungeeignet ist [Mißgriff]
„Mit der Wahl Hubers zum Projektleiter habt ihr aber den Bock zum Gärtner gemacht. Der wird sich niemals durchsetzen, weil er stets den Kompromiß sucht!"
Der Bock wird schon in barocken Emblemen dargestellt, wie er in Parkanlagen die jungen Triebe nascht. Ein Bock als Gärtner ist somit ein Widerspruch in sich selbst.

jmdn. stößt der **Bock** (umg.)
jmd. ist trotzig [Trotz]
„Dich stößt wohl wieder der Bock? Gib doch endlich zu, daß du dich geirrt hast!"

die **Böcke** von den Schafen sondern/trennen
→ die **Schafe** von den Böcken sondern [Unterscheidung]

Bockmist machen (umg.)
→ einen **Bock** schießen [Fehler]

jmdn. ins **Bockshorn** jagen (umg.)
jmdn. einschüchtern, jmdn. entmutigen [Einschüchterung]
„Bei der letzten Prüfung ist über die Hälfte der Kandidaten durchgefallen!" „Damit kannst du mich nicht ins Bockshorn jagen. Ich bin nämlich gut vorbereitet!"
Die Herkunft dieser Redensart ist umstritten. Folgende Deutungen sind möglich:
a) Angeblich gab es früher ein Gestell namens Bockshorn, in dem die Böcke kastriert wurden. Daraus soll sich auch ein Folterwerkzeug gleichen Namens entwikkelt haben.
b) Im alten Bayern gab es ein volkstümliches Rügegericht gegen Sünder, die gegen die Volksmoral und die Sittenbegriffe des bayerischen Oberlandes verstoßen hatten. Dieses sogenannte Haberfeldtreiben bestand in einer nächtlichen Versammlung, in der die Beteiligten dem Beschuldigten vor dessen Haus öffentlich dessen Vergehen vorhielten. Schmeller schreibt genauer: „Es war an vielen Orten Bayerns die Gewohnheit, daß wenn ein Mädchen zum Fall kam, sie des Abends von den jungen Burschen des Dorfes unter unzähligen Geißelhieben in ein Haberfeld (Haferfeld) und von da wieder nach Hause getrieben wurde. Der Verführer mußte selbst mitmachen" (Bd.1/2, 1033f). Das Stroh war in Form des Strohkranzes bekanntlich das Sinnbild der verlorenen Jungfräulichkeit, angeblich deshalb, weil die Gebärende auf dem Strohlager niederkam. Der im Haberfeldtreiben Gedemütigte mußte ein Bocksfell, das Zeichen der sündigen Geilheit, überziehen. Der ahd. Name dieses Bocksfells war *bokkes hamo*. Aus *hamo*

(Hülle, Hemd) könnte sich in volksethymologischer Umdeutung *Horn* ergeben haben, so daß sich ein Wandel von *bokkes hamo* zu *Bockshorn* ergab. Übrigens verweist auch die alte Form *Haber* für Hafer etymologisch auf das germanische Wort *hafr* (Bock), so daß das Getreide auch als Speise des *Hapar* (Bockes) gedeutet worden ist. Die Wendung ist seit dem Jahre 1500 schriftlich belegt. Ein Lutherzitat hat wahrscheinlich ihre Verbreitung begünstigt: „Alle Welt ist erschreckt und überpoltert, bis sie endlich in ein Bockshorn ist gejagt."

Grund und **Boden**
→ **Grund** und Boden

sich auf schwankendem/unsicherem **Boden** bewegen
ungesicherte Meinungen vertreten [Unfundiertheit]
„Mit seiner neuen Theorie bewegt sich Professor. Meier auf äußerst unsicherem Boden."

sich auf sicherem **Boden** bewegen
gesicherte Meinungen vertreten [Fundiertheit]
„Mit dieser Theorie der genetischen Mutation befinden wir uns auf sicherem Boden. Immerhin sind alle Aussagen das Ergebnis empirischer Befunde!"

jmdn. zu **Boden** drücken
jmdn. stark belasten [Belastung]
„Das neue Haus ist zwar schön, aber die Schulden drücken ihn zu Boden."

jmdm. den **Boden** ebnen
→ jmdm. die **Bahn**/den **Weg** ebnen [Unterstützung]

einem Gerücht den **Boden** entziehen
ein Gerücht eindämmen, den Wahrheitsgehalt eines Gerüchts klarstellen [Aufklärung]
„Mit der Veröffentlichung dieser Unterlagen ist jeglichem Bestechungsgerücht der Boden entzogen."

auf fruchtbaren **Boden** fallen
Ideen werden akzeptiert und bewähren sich [Akzeptanz]
„Ihre Vorschläge zur Sanierung der Firma sind bei mir auf fruchtbaren Boden gefallen. Jetzt müssen Sie nur noch den Aufsichtsrat überzeugen."

festen **Boden** unter den Füßen haben
→ sich auf sicherem **Boden** bewegen [Fundiertheit]

das schlägt dem Faß den **Boden** aus (umg.)
→ das schlägt dem **Faß** den Boden aus

etwas (nicht) aus dem **Boden** stampfen können
etwas (nicht) plötzlich vorweisen oder schaffen können [Realisierung]
„Wie stellst du dir das eigentlich vor? Soll ich diese beträchtliche Summe einfach aus dem Boden stampfen? Du bist völlig unrealistisch!
Das Aufstampfen auf dem Boden ist ein uralter magischer Brauch, der noch heute bei bestimmten Ritualen üblich ist. Die dabei angeblich bestehende Möglichkeit, Dinge herbeizaubern zu können, hat schon in der Antike zu Redensarten wie der obigen geführt (vgl. Plutarch, *Pompeius* Kap. 57). Die Denkschablone beruht wohl auf dem „wunderbaren" Eindruck, den die aus dem Boden sprießenden Pflanzen erzeugen.

auf dem **Boden** der Tatsachen stehen
→ sich auf sicherem **Boden** bewegen [Fundiertheit]

auf festem **Boden** stehen
→ sich auf sicherem **Boden** bewegen [Fundiertheit]

den **Boden** unter den Füßen verlieren
verunsichert werden [Unsicherheit]
„Durch die herbe Kritik meines Doktorvaters habe ich völlig den Boden unter den Füßen verloren. Ich werde die Dissertation sicher nicht zu Ende bringen."

am **Boden** zerstört sein
völlig vernichtet sein, sehr verzweifelt sein, sehr enttäuscht sein
[Verzweiflung] [Niederlage]

„Peter ist am Boden zerstört, weil er durch das Examen gefallen ist. Wir müssen versuchen, ihn aufzumuntern!"
Die Redensart bezieht sich auf Aspekte des Luftkriegs im Zweiten Weltkrieg. Wenn die eigenen Flugzeuge durch feindliche Bombenangriffe „am Boden zerstört" wurden, war dies mit einer völlig überraschenden vollständigen Niederlage gleichzusetzen.

jmdm. wird der **Boden** zu heiß (umg.)
jmdm. droht Gefahr, einem Straftäter droht Verhaftung [Gefährdung]
„Nach den Fahndungserfolgen der Polizei wurde den Terroristen der Boden zu heiß und sie setzten sich ins Ausland ab."
Der „heiße" Boden bedeutet, daß der Betreffende keinen sicheren Stand mehr hat und sich einen Ausweg überlegen muß.

in Bausch und **Bogen**
→ in **Bausch** und Bogen

um jmdn./etwas einen (großen) **Bogen** machen
jmdn./etwas meiden [Kontaktvermeidung]
„Wenn ich mit meiner Frau in der Stadt bin, mache ich um jedes Pelzgeschäft einen großen Bogen."

den **Bogen** raushaben (umg.)
eine Sache gut beherrschen [Können]
„Der Karl hat neulich beim Glücksspiel 2000 Mark gewonnen. Der hat einfach den Bogen raus!"
Die Herkunft der Redensart ist unklar. Da *Bogen* auch *das Krumme* bedeutet, könnte an die Geschicklichkeit bei der Herstellung „gerader" Dinge (etwa aus Eisen) gedacht werden. Das *Krumme rausmachen* würde dann bedeuten: *geschickt sein.*

den **Bogen** überspannen
etwas übertreiben [Übertreibung]
„Mit deinen Wünschen hast du jetzt den Bogen langsam überspannt. Ich bin nicht bereit, weiter darauf einzugehen!"
Die Redensart taucht schon in der Antike auf (Plutarch, Phädrus). Im wörtlichen Sinn bezieht sie sich auf die bekannte Waffe, deren Holzteil bei allzu starker Zugkraft brechen kann.

böhmische Dörfer
→ **Dörfer**

nicht die **Bohne** (umg.)
überhaupt nicht, keineswegs [Verneinung]
„Du bist wohl betrunken?" „Nicht die Bohne! Mir ist bloß schwindlig, weil ich heute noch nichts gegessen habe!"
Die Bohne wird schon im 13. Jh. als Symbol des Unbedeutenden verwendet. Die Redensart taucht bereits bei Gottfried von Straßburg (*Tristan* V. 16 875 f) und bei Walther von der Vogelweide auf.

dumm wie **Bohnenstroh** (umg.)
besonders dumm [Dummheit]
„Er ist zwar sehr stark, aber dumm wie Bohnenstroh."
(Bohnen-)Stroh diente früher armen Leuten als Matratze, weil es nichts kostete. Dieser Aspekt der Wertlosigkeit hat sich dann in der Redensart auf geistige Eigenschaften übertragen.

die **Bombe** ist geplatzt (umg.)
das Ereignis ist eingetreten/bekanntgeworden [Offenlegung]
„Lange wurde die Schmiergeldaffäre im Ministerium vertuscht, aber heute ist die Bombe geplatzt: Ein Zeuge hat alles ausgeplaudert!"
Das aus ital. *bomba* abgeleitete Wort Bombe erscheint seit 1616 im Deutschen. Grundwort ist lat. *bombus* (dumpfer Schall). Die überragende Wirkung der platzenden Bombe vermittelt in Wortbildungen die Bedeutung *groß*, *außerordentlich.* So spricht man seit dem 19. Jh. von *Bombenerfolg* oder einem *Bombengedächtnis.*

wir sitzen alle im selben **Boot**
wir teilen das gleiche Schicksal/Interesse [Gemeinsamkeit]
„Niemand darf den Bestand der Firma durch sein Verhalten gefährden, denn wir sitzen alle im selben Boot." {Staatsschiff}
Herkunft → ans **Ruder** kommen

etwas über **Bord** werfen
sich von einer Sache/Ansicht trennen (müssen) [Trennung]

„Wir müssen diese gesamte Abteilung über Bord werfen. Sie hat in den letzten Geschäftsjahren nur Verluste gebracht."
Bord ist eine fränkisch-germanische Ablautvariante zu *Brett* und in dieser Bedeutung noch in dem Begriff *Wandbord* erhalten. Da die Schiffswand aus Brettern bestand, wurde daraus ein Fachwort der Schiffahrt (*Backbord* und *Steuerbord*).

jmdm. den **Brandbrief** schicken (umg.)
jmdm. ein Hilfegesuch (meist wegen Geld) schicken [Gesuch]
„Wir sind im Urlaub völlig ausgeraubt worden. Nachdem wir einen Brandbrief nach Hause geschickt hatten, ist uns dann aber schnell geholfen worden!"
Ein Brandbrief war ursprünglich – ähnlich wie der Fehdebrief – eine Drohung, jemandes Haus und Hof niederzubrennen. Im 17. Jh. wurde daraus eine behördliche Erlaubnis, in der Bevölkerung Geld für die Opfer von Brandkatastrophen einzusammeln. In der Studentensprache nahm der Begriff schließlich die Bedeutung *Bettelbrief* (an die Eltern) an, wobei die Dringlichkeit durch die Nähe zu *brandeilig* (sehr eilig) noch verstärkt wurde.

den **Braten** riechen (umg.)
etwas Verdächtiges bemerken, etwas Negatives ahnen [Verdacht]
„Mit diesem Vorschlag kannst du mich nicht reinlegen. Ich habe den Braten nämlich schon längst gerochen!"
Die Redensart ist schon in vergleichbarer Form in der Antike nachweisbar (Horaz, *Satiren* 2,7,37). Es handelt sich um eine Sinnesmetapher, die später zu verschiedenen Anekdoten Anlaß gab. Die negative Bedeutung *Verdacht* wird in ihnen etwa damit erklärt, daß man dem fertigen Braten nicht mehr ansieht, von welchem Tier er stammt, während der Geruchssinn hier noch zu differenzieren vermag.

in der **Bredouille** sein/sitzen (umg.)
in einer unangenehmen Lage sein [Zwangslage]
„Du mußt mir unbedingt helfen. Ich sitze nämlich ganz schön in der Bredouille!"
Das franz. Adjektiv *bredouille* bezeichnet die Erfolglosigkeit eines Jägers oder Anglers: *rentrer bredouille = ohne Beute heimkommen*. Die deutsche Redensart ist mit großer Wahrscheinlichkeit im 19. Jahrhundert in Berlin entstanden, als viele französische Ausdrücke (mit teils abgewandelter Bedeutung) in die Umgangssprache aufgenommen wurden.

wie die Katze um den heißen **Brei** herumgehen/herumschleichen/herumreden (umg.)
1) *nicht wagen, eine schwierige Sache anzupacken* [Unentschlossenheit]
2) *nicht wagen, über eine unangenehme Sache zu reden* [Umständlichkeit]
1) „Der Georg hat sich noch immer nicht zum Examen angemeldet. Er drückt sich davor herum wie die Katze um den heißen Brei. Hoffentlich wagt er es überhaupt einmal, sich ein Herz zu fassen und einfach den Versuch zu wagen!"
2) „Nun red' nicht um den Brei herum, und sag' mir endlich, was du wirklich von mir willst!"

jmdn. zu **Brei** hauen
→ **Hackfleisch** aus jmdm. machen

jmdm. **Brei** um den Mund schmieren (umg.)
jmdm. schmeicheln, um etwas zu erreichen [Schmeichelei]
„Du brauchst mir keinen Brei um den Mund zu schmieren. Ich werde dir meinen Wagen keinesfalls leihen!"
Dem satten Säugling pflegt man Brei um den Mund zu schmieren, um ihn zu weiterer Nahrungsaufnahme zu überlisten. Eine grobe Version der Redensart ist *jmdm. Brei ums Maul schmieren*. Vgl.: jmdm. **Honig** ums Maul schmieren.

jmdn. **breitschlagen**, etwas zu tun (umg.)
jmdn. zu etwas überreden, was er eigentlich nicht will [Überredung]
„Na gut, ich lass' mich breitschlagen. Hier hast du 20 Mark. Aber morgen will ich sie zurückhaben!"
Die Redensart bezieht sich auf Metall, das vom Schmied in beliebige Formen gebracht werden kann.

etwas **breittreten** (umg.)
etwas Unangenehmes ausführlich erörtern [Weitschweifigkeit]
„In einer bestimmten Art von Presse werden die intimsten Dinge von sogenannten Prominenten breitgetreten."
Schon Goethe schreibt im *Westöstlichen Diwan* (1819): „Getretner Quark wird breit, nicht stark."

ich kann mich **bremsen**! (umg.)
ich kann mich beherrschen, das werde ich nicht tun! [Weigerung]
„Ich soll mich für zwölf Jahre beim Militär verpflichten? Ich kann mich bremsen!"

brennen: wo brennt's denn? (umg.)
was ist denn los?, wobei kann ich helfen? [Hilfsangebot]
„Ich bin auf deinen Anruf hin sofort gekommen. Na, wo brennt's denn?"

es wird **brenzlig** [Gefahr]
→ **Lunte** riechen

in die **Bresche** springen/treten (umg.)
jmdn. ersetzen, aushelfen [Hilfe]
„Natürlich werde ich in die Bresche springen und Ihre Blumen gießen, wenn Sie in Urlaub sind!"
Ursprünglich bezeichnet *Bresche* den Riß in der Festungsmauer, der gegen den eindringenden Feind verteidigt werden muß (Militärwesen). Basis des Wortes ist das fränkische Wort *breka* (Bruch), das mit *brechen* verwandt ist. Ins Deutsche gelangte es rückentlehnt über franz. *brèche* und ital. *breccia* Ende des 16. Jh.

das **Brett** bohren, wo es am dünnsten ist (umg.)
es sich besonders leicht machen [Faulheit]
„In der Schule kann man heute so viele Fächer abwählen, daß die Gefahr naheliegt, daß alle Schüler das Brett dort bohren, wo es am dünnsten ist."
Die Redensart ist schon bei Grimmelshausen nachweisbar (*Simplicissimus* II, 267). Daraus wurde in der Schülersprache der verächtliche Begriff *Dünnbrettbohrer* abgeleitet.

ein **Brett** vor dem Kopf haben (umg.)
dumm sein, begriffsstutzig sein [Borniertheit]
„Wenn du das nicht kapierst, hast du wirklich ein Brett vor dem Kopf!"
Störrischen Ochsen wurde früher ein Brett vor die Augen gehängt, um ihr Blickfeld einzuengen.

hier ist die Welt mit **Brettern** vernagelt (umg.)
hier ist das Ende, hier geht es nicht weiter [Abgelegenheit]
„Am Ende der Bahnlinie ist die Welt mit Brettern vernagelt. Es gibt einfach keine Möglichkeit, aus diesem Talkessel hinauszukommen."
Johann Sommer (1559–1622) verfaßte unter dem Pseudonym Johannes Olorinus Variscus eine Sammlung von Lügengeschichten, die er unter dem Titel *Ethnographia Mundi* im Jahr 1609 herausgab. In einer der Geschichten wird erzählt, daß einer ans Ende der Welt kam und es mit Brettern verschlagen fand.

den blauen **Brief** erhalten (umg.)
1) *Mahnbrief der Schule* [Mahnung]
2) *Kündigung* [Entlassung]
1) „Ich traue mich heute gar nicht nach Hause. Wenn ich einen blauen Brief gekriegt habe, macht mein Vater einen fürchterlichen Krach!"
2) „Die Firma ist endgültig bankrott. Gestern haben alle Mitarbeiter den blauen Brief bekommen."

jmdm. **Brief** und Siegel geben (Paarformel)
jmdm. etwas als unbezweifelbare Wahrheit sagen/versprechen [Versprechen]
Brief kommt von lat. *brevis* (kurz) und bezeichnete ursprünglich kürzere Schriftstükke, Urkunden oder Befehle, die zur Rechtskräftigkeit eines Siegels bedurften. Diese alte Bedeutung hat sich in Wendungen wie *verbrieftes Recht, Frachtbrief* oder *Meisterbrief* erhalten. Die heutige Bedeutung wird im frühen Neuhochdeutschen durch das genauere *Sendbrief* umschrieben. Daher leitet sich auch der Titel von Luthers *Sendbrief vom Dolmetschen* (1530) ab. Der *Briefka-*

sten war demnach zunächst eine Urkundentruhe. Die heutige Bedeutung ist erst mit dem Aufbau des Postwesens im Jahr 1824 eingeführt worden. Der Briefträger war im 14. Jh. ein Bote, der gerichtliche Schreiben überbrachte. In England wurde 1840 die Briefmarke erfunden, die in Deutschland zunächst als *Freimarke* bezeichnet wurde, weil die Briefe damit „freigemacht" (zur Sendung bestimmt) waren.

etwas durch eine rosarote **Brille** sehen
etwas zu optimistisch beurteilen
[Optimismus]
„Du siehst deine Zukunft wirklich durch eine rosarote Brille. Dabei ist ein Studium heute keine Garantie mehr für einen entsprechenden Arbeitsplatz!"
In der volkstümlichen Farbenmetaphorik gilt Rosa als die Farbe der heiteren Verspieltheit. Eine entsprechende Weltsicht ist aber unrealistisch.

viel/großes **Brimborium** um etwas machen (umg.)
etwas übertrieben aufwerten
[Aufbauschung]
„Du machst ja ein ganz schönes Brimborium um deinen Führerschein. Dabei hat den heute fast jeder!"
Franz. *brimborion* meint unwichtige Kleinigkeit oder Bagatelle. Es könnte von lat. *brevis* (kurz, klein) abstammen oder aber eine Lautmalerei sein. Der deutsche Begriff taucht beispielsweise in Goethes *Faust* auf (I, 2650).

es weit **bringen**
→ es **weit** bringen [Karriere]

eine steife **Brise**
→ **steif** und fest [Wind]

die (dicksten) **Brocken** aus der Suppe fischen (umg.)
sich Vorteile verschaffen, andere benachteiligen, eine Sache ungleich verteilen
[Vorteil]
„Wir müssen etwas dagegen unternehmen, daß der Meyer immer die dicksten Brocken aus der Suppe fischt. Schließlich wollen wir auch mal eine hohe Provision erhalten!"

ein harter **Brocken**
→ eine harte **Nuß**

jmd. ist ein schwerer **Brocken** (umg.)
jmd. ist sehr dick [Fettleibigkeit]
„Der Egon bringt so seine 100 Kilo auf die Waage. Er ist ein schwerer Brocken!"

jmdn. mit ein paar **Brocken** abspeisen (umg.) [Vertröstung]
→ ein paar **Brocken** (Französisch usw.) sprechen

an einem harten **Brocken** zu kauen haben (umg.) [Schwierigkeit]
→ eine harte **Nuß** zu beißen/zu knacken haben

ein paar **Brocken** (Französisch usw.) sprechen (umg.)
etwas (von einer Sprache) beherrschen
[Sprachkenntnisse]
„In Paris kommt man auch dann gut zurecht, wenn man nur ein paar Brocken Französisch spricht."
Eine ältere Bedeutung von *Brocken* ist: *der ausgespuckte Bissen*. Von daher hat sich die Bedeutung *Wort* oder *Ausdruck* ausgebildet.

mit gelehrten **Brocken** um sich werfen (umg.) [Angeberei]
→ ein paar **Brocken** (Französisch usw.) sprechen

nach **Brot** gehen/arbeiten müssen [Lohn]
→ fremder Leute **Brot** essen

fremder Leute **Brot** essen
unselbständig sein [Unselbständigkeit]
„Sein ganzes Leben lang aß er fremder Leute Brot."
Brot gilt als Inbegriff der Nahrung und ist Symbol des Lebens. Seinen Namen verdankt das Brot dem Gärprozeß des mit Sauerteig hergestellten Backwerks. *Brot* gehört nämlich zur Familie *brauen* und *brodeln*. Das ungesäuerte Brot hieß ursprünglich

Laib, ein Wort, das in engl. *Lord* (Brotwart) und *Lady* (Brotherrin) seine Spuren erhalten hat, sowie in der eigentlich unlogischen Zusammensetzung *Brotlaib*. Auch *Lebkuchen* gehört zur Familie *Laib*, deren Schreibweise im 17./18. Jh. von Grammatikern durchgesetzt wurde, um eine Verwechslung mit *Leib* (Körper) zu verhindern.

trockenes **Brot** essen müssen [Armut]
→ fremder Leute **Brot** essen

sein eigenes **Brot** essen [Selbständigkeit]
→ fremder Leute **Brot** essen

überall sein **Brot** finden [Fleiß]
→ fremder Leute **Brot** essen

jmdm. etwas aufs **Brot** schmieren (umg.)
1) *jmdm. etwas ständig vorwerfen* [Vorhaltung]
2) *mit etwas ständig angeben* [Angeberei]
1) „Mußt du mir eigentlich immer wieder aufs Brot schmieren, daß ich mal eine Beule in deinen Wagen gefahren habe?"
2) „Die Frau Müller schmiert allen Leuten aufs Brot, daß ihr Bernd das beste Abiturzeugnis erhalten hat."
Das Schmieren des Brotes mit Butter umfaßt eine mehrfach wiederholte Bewegung, die sich in der Redensart im Aspekt des ständigen Wiederkehrens einer Sprachhandlung niederschlägt.

sich sein **Brot** verdienen [Arbeit]
→ fremder Leute **Brot** essen

sich sein **Brot** sauer verdienen [Mühe]
→ fremder Leute **Brot** essen

kleine **Brötchen** backen (umg.)
geplante Ziele nicht erreichen, versagen [Erfolglosigkeit]
„Weißt du nicht, wie der Karl damals gemeint hat, in weniger als fünf Jahren sei sein Geschäft das größte in der Stadt? Der backt heute immer noch kleine Brötchen!"
So wie Brot das Symbol für Lohn, Arbeit und Leben ist, ist das kleinere Brötchen ein Zeichen für wenig Erfolg geworden (Analogiebildung).

jmdm. den **Brotkorb** höher hängen (umg.)
jmdn. durch Entzug einer Sache bestrafen [Entzug]
„Wenn du weiter so wenig arbeitest, werde ich dir mal den Brotkorb höher hängen. Du bekommst dann einfach weniger Taschengeld!"
Der Brotkorb ist ein Behälter, in dem das Brot aufbewahrt wird. Wenn er höher gehängt wird, ist das Brot nicht mehr so einfach zu erreichen. Das Bild leitet sich vermutlich von dem Futterkorb der Pferde ab, der hochgezogen wurde, wenn das Tier satt war.

alle **Brücken** hinter sich abbrechen
sein bisheriges Leben radikal ändern, alle Verbindungen zu anderen Menschen lösen [Trennung] [Endgültigkeit]
„Hans ist nach Australien ausgewandert. Er hat alle Brücken hinter sich abgebrochen."
Eine ähnliche Redensart ist seit der Antike nachweisbar: „pons a tergo abruptus est".

jmdm. goldene **Brücken** bauen
jmdm. einen Ausweg zeigen, jmdn. unterstützen [Hilfe]
„Man hat dir in der Firma wirklich goldene Brücken gebaut. Wenn du jetzt keinen Erfolg hast, muß der Fehler bei dir liegen!"
Die Deutung ist unklar. Vielleicht war mit der „goldenen Brücke" einst Geld oder Bestechung gemeint, mit denen man den Feind zur Aufgabe einer Belagerung veranlassen konnte. In diesem Sinne wird die Redensart jedenfalls in Johann Fischarts *Geschichtsklitterung* (1575) verwendet. Natürlich sprechen wir im übertragenen Sinn häufig von einer „Kluft" zwischen zwei Personen oder unterschiedlichen Meinungen, sagten auch: „uns trennen Welten" oder hält Meinungsunterschiede für „unüberbrückbar".
{Geistesregion}

Bruder Leichtfuß (scherzhaft)
ein lebenslustiger, unbekümmerter Mensch [Unbekümmertheit]

ein warmer **Bruder** (umg.)
[Homosexualität]
→ **warm**

unter **Brüdern** wert sein (umg.)
etwas wirklich wert sein, wenn keiner den anderen übervorteilt [Ehrlichkeit]
„Dieses Haus ist unter Brüdern eine halbe Million wert. Wenn der Makler weniger verlangt, solltest du es kaufen!"
Die Redensart bezieht sich auf den familiären Ehrenkodex, bei dem davon ausgegangen wird, daß nahe Verwandte einander nicht übervorteilen. Daher auch: *brüderlich teilen* (= gerecht teilen).

es ist zum **Brüllen** (umg.)
etwas ist sehr komisch, etwas reizt zum Lachen [Komik]
„Der Clown im Zirkus gestern war wirklich zum Brüllen! Die Kinder haben noch lange nach der Vorstellung über ihn gelacht."

das Kind ist in den **Brunnen** gefallen/den **Brunnen** zudecken, wenn das Kind hineingefallen ist
Maßnahmen zu spät treffen [Verlust]
„Wir haben versucht, ihm den Alkohol auszureden, aber er wollte nicht hören. Jetzt ist das Kind in den Brunnen gefallen: Er hat Leberschmerzen."
Die Redensart über den vorhersehbaren Verlust ist seit der Antike in Varianten bekannt, zum Beispiel: *Den Stall erst abschließen, wenn die Kuh gestohlen ist.*

einen zur **Brust** nehmen (umg.)
Alkohol trinken [Alkoholgenuß]
„Wir haben noch ein bißchen Zeit. Komm, laß uns noch einen zur Brust nehmen, bevor wir nach Hause gehen!"
Die Redensart bezieht sich auf einen Trinkbrauch, bei dem das Schnapsglas kurz vor die Brust gehalten wird, bevor es geleert wird.

sich an die **Brust** schlagen (ironisch)
etwas bereuen [Reue]
„Du wirst sitzenbleiben, wenn du weiter so wenig für die Schule tust!" „Ja, ich weiß. Ich schlage mir ja schon an die Brust und gelobe Besserung!"
Die Wendung geht auf Lukas 18,13 zurück: „... sondern schlug an seine Brust und sagte: ‚O Gott, sei gnädig mir, dem Sünder!'

schwach auf der **Brust** sein (umg.)
1) *lungenkrank sein* [Krankheit]
2) *ohne Geld sein* [Geldmangel]
1) „Peter ist vom Schulsport befreit, weil er etwas schwach auf der Brust ist."
2) „Leih mir mal bitte 20 Mark. Ich bin gerade etwas schwach auf der Brust."
Die zweite Bedeutung bezieht sich darauf, daß Männer meist ihre Brieftasche in der Brusttasche des Anzugs tragen.

etwas in seiner **Brust** verwahren (gehoben)
ein Geheimnis bewahren [Geheimnis]
„Du brauchst nichts zu befürchten. Ich werde diese Angelegenheit in meiner Brust verwahren."
Die Brust gilt als Sitz des Herzens, in dem nach altem Glauben auch Erinnerungen bewahrt werden. Vgl.: in **petto**.

sich in die **Brust** werfen (umg.)
stolz tun, prahlen, angeben [Angeberei]
„Michael warf sich stolz in die Brust und verkündete, daß er Vater eines Sohnes geworden sei."
Die Redensart bezieht sich auf die Pose desjenigen, der sich hoch aufrichtet, so daß die Brust anschwillt.

im **Brustton** der (tiefsten) Überzeugung
mit einer Stimme, die Gewißheit ausdrückt [Bekräftigung]
„Der Bräutigam antwortete auf die Frage des Standesbeamten im Brustton der Überzeugung mit Ja!"
Diese Redensart geht auf eine Wendung des Historikers Heinrich Treitschke (1834–96) zurück, die er in dem Aufsatz *Fichte und die nationale Idee* gebraucht.

ein **Buch** mit sieben Siegeln
unbekannt sein, unverständlich sein [Nichtverstehen]
„Die Kernphysik ist für die meisten Menschen ein Buch mit sieben Siegeln."
An die Magie der Zahl *sieben* ist in allen alten Hochkulturen geglaubt worden, im Vorderen Orient (Babylonier, Sumerer), in Griechenland (Zahlenspekulationen der Pythagoreer) und in Rom (die Sieben Hügel). Eine beherrschende Stellung nimmt

sie im Alten Testament ein. Gleich zu Anfang stehen die sieben Tage der Schöpfung. Fristen von sieben Tagen oder sieben Jahren haben davon abgeleitet vielfache rituelle und spirituelle Bedeutung: Sieben Tage wird geopfert, gefeiert oder getrauert, sieben ist die Anzahl der Opfertiere (aber auch der Söhne), sieben Erzengel umgeben Gott – eine Übernahme der persischen Lehre von sieben heiligen Unsterblichen, die Ahuramazda, den Hochgott in der Lehre Zarathustras, umrahmen. Aus dem Judentum ist die Siebenzahl ins Christentum übernommen worden, wo sie allerdings nicht so prägnant hervorgehoben ist. Allerdings gibt es auch hier sieben Sakramente, sieben Todsünden, sieben Gaben des Heiligen Geistes und sieben letzte Worte Jesu am Kreuz. Unter kirchlichem Einfluß werden auch aus den ursprünglichen neun antiken Wissenschaften die Sieben Freien Künste. Aus der Offenbarung des Johannes stammt die Wendung vom *Buch mit den sieben Siegeln* Offenb. 5,1). Sie hat sich als deutsche Redensart vor allem deshalb durchgesetzt, weil die Sieben im deutschen Recht eine besondere Rolle spielt. Vgl. auch: seine sieben **Sachen** packen.

reden wie ein **Buch** (umg.)
ununterbrochen reden [Geschwätzigkeit]
„Die Frau Schmidt redet wie ein Buch. Wenn du die zur Party einlädst, brauchst du dich um die Unterhaltung der Gäste nicht weiter zu kümmern.“
Die Redensart bezieht sich darauf, daß man aus einem Buch ununterbrochen (d. h. ohne zu überlegen) vorlesen kann.

zu **Buch** schlagen
Gewinn bringen [Gewinn]
„In diesem Jahr haben wir einen Überschuß erwirtschaftet. Allerdings hat dabei auch der Verkauf des Grundstücks zu Buch geschlagen.“
Schriftstücke wurden meist nach dem Stoff benannt, aus dem sie bestanden: das Papier nach der Papyrusstaude, lat. *liber* (Buch) bedeutet ursprünglich *Bast* (abgeschälte Baumrinde) und lat. *codex* gehört zum Verb *cudere* (schlagen) und bezeichnet das vom Stamm abgeschlagene Holzbrett. Das *Buch* schließlich trägt seinen Namen vom Buchenholz, aus dem die ersten Schreibtafeln gefertigt wurden. Diese Tafeln (lat. *tabellae/tabulae*) wurden mit Lederschnüren zu *Büchern* (got. *bokos*) zusammengeheftet. Der Ausdruck *Buch* findet sich in allen germanischen Sprachen, so daß bereits sehr früh auf Holztafeln geschrieben worden sein muß. Aus engl. *book* hat sich das Verb *to book* entwickelt, das im 18. Jh. als *buchen* (in die Rechnungsbücher eintragen) verdeutscht wurde. Noch älter ist der *Buchhalter*, der eine Lehnübersetzung aus dem Italienischen darstellt (tenere i libri) und mit anderen Begriffen des Handels und des Bankwesens schon im 15. Jh. ins Deutsche kam. Der Gebrauch der Präpositionen erinnert immer noch an das Schreiben auf Holztafeln: *zu Buche schlagen* oder mhd. *an den buochen lesen*.

ein offenes **Buch** sein
von Personen und Sachverhalten: *durchschaubar sein, leicht verständlich sein* [Durchschaubarkeit]
„Du kannst mich nicht belügen. Du bist für mich ein offenes Buch.“
Redensarten mit Begriffen wie *Buch, Blatt, Seite, Kapitel* oder *Abschnitt* beziehen sich ganz allgemein auf die Buchmetaphorik. Im Rahmen dieser Metaphorik gibt es verschiedene Bildfelder, wie beispielsweise das *Buch des Lebens*. Auf das frühe Mittelalter geht das Bildfeld von der *Welt als Buch* und insbesondere der *Natur als Buch* zurück. Diese „Bücher“ stellen in theologischer Hinsicht eine Möglichkeit dar, das Wesen ihres „Verfassers“, also Gottes, zu rekonstruieren. Für Paracelsus ist die Natur dasjenige „Buch“, das Gott selbst „gegeben, geschrieben, diktiert und gesetzt hat“. Das „Buch des Arztes“ sind daneben die Kranken. Sie reagieren auf die Heilungsversuche und auf die Arznei, die vom Firmament, dem (neben der Natur) „anderen Buch der Arznei“, abgelesen werden kann. Die Stärke dieser Metaphorik sicherte ihr Überleben bis in die Neuzeit. Einer ihrer Schwerpunkte liegt in der Dichtungstheorie. Edward Young (1683–1765), der englische

Vorbereiter des deutschen Sturm und Drang, deutete das „Genie Shakespeare" so, daß diesem – obgleich nicht gelehrt – doch „das Buch der Natur und des Menschen" vertraut gewesen sei. Auch Goethe und die Romantik haben diese Metaphorik reichlich genutzt. Sie ist aber auch im arabisch-orientalischen Raum zu finden und hat vielleicht einen universellen Charakter. So gibt es in allen Weltregionen astrologische Deutungen, die letztlich der Buchmetaphorik verpflichtet sind, weil die Sterne als „Schrift" aufgefaßt werden. Das, was wir noch heute „das große Buch der Natur" nennen, wurde im Mittelalter durch einzelne, in Buchform zusammengefaßte Natursammlungen erfaßt. Derartige Bestiarien (Tiersammlungen), Herbarien (Pflanzensammlungen) und Lapidarien (Steinsammlungen) sind die Vorläufer der modernen Lexika.

wie er (sie/es) im **Buche** steht
ein Muster, ein Prototyp, ein typisches Exemplar [Muster]
„Einstein war ein Gelehrter, wie er im Buche steht."
Mit dem *Buche* ist die Bibel gemeint, in der typische und musterhafte Verhaltensweisen geschildert werden. Siehe bereits David (Psalm 40,8).

Bücher wälzen (umg.)
viele Bücher lesen [Lesen)
„Gute Einfälle kommen nicht nur dann, wenn man Bücher wälzt. Manchmal sollte man sich auch auf die eigene Eingebung verlassen."
Herkunft → auf der **Walz** sein

den **Buchstaben** des Gesetzes erfüllen [Formalismus]
→ sich an den **Buchstaben** halten

sich an den **Buchstaben** halten
rein formal handeln, den Wortlaut beachten und den wahren Sinn vernachlässigen [Formalismus]
„Beim Übersetzen darf man sich nicht nur an den Buchstaben halten. Gerade bei idiomatischen Wendungen kommt dann oft etwas völlig Unverständliches heraus."
Die Redensart trägt der Tatsache Rechnung, daß schriftliche Zeugnisse immer interpretiert werden müssen, da jeder Text in gewisser Weise „verschlüsselt" ist. Dies gilt auch für scheinbar ganz eindeutige Texte wie beispielsweise Gesetzestexte. Vgl.: *den Geist des Gesetzes beachten* (den Wortlaut dem Sinn nach auslegen). In derartigen Wendungen zeigte sich ein uraltes Mißtrauen gegenüber der Schrift, die nicht die „Wahrheit" oder „Weisheit" der mündlichen Rede ersetzen kann.

am **Buchstaben** kleben [Formalismus]
→ sich an den **Buchstaben** halten

sich auf seine vier **Buchstaben** setzen (umg.)
sich bemühen, eine (geistige) Arbeit ordentlich zu erledigen, fleißig sein [Fleiß]
„Wenn du dich nicht endlich auf deine vier Buchstaben setzt, wirst du am Ende des Schuljahres sitzenbleiben!"
Die *vier Buchstaben* bezeichnen das Wort *Popo*. In Süddeutschland daher auch: *setz dich auf deine fünf Buchstaben* (den Arsch).

Jahre auf dem **Buckel** haben (umg.)
gealtert sein, jahrelang Belastungen ausgesetzt gewesen sein [Alter]
„Der Kumpel Anton wird jetzt pensioniert. Schließlich hat er schon 30 Jahre Grubenarbeit auf dem Buckel!"

seinen **Buckel** (für jmdn.) hinhalten (umg.)
für jmdn. die Strafe auf sich nehmen [Sündenbock]
„Ich werde für deine Frechheiten nicht meinen Buckel hinhalten!"

es läuft jmdm. (eis)kalt (oder: heiß und kalt) den **Buckel** hinunter
von Angst und Entsetzen gepackt sein [Angst]
„In dem Horrorfilm *Das Grauen* läuft es einem abwechselnd heiß und kalt den Buckel hinunter. Der ist wirklich nichts für ängstliche Gemüter!"
Die Redensart bezieht sich auf die physiologische Reaktion, die bei starken Span-

nungszuständen auftritt. *Buckel* kann hier auch durch *Rücken* ersetzt werden.

einen krummen **Buckel** machen (umg.)
widerspruchslos dienen; unterwürfig sein [Unterwürfigkeit]
„Vor den Kollegen regst du dich über den Chef auf, aber wenn er mit dir spricht, machst du einen krummen Buckel!"
Die Redensart erinnert an die gebückte Haltung des Dieners.

rutsch mir den **Buckel** runter! (derb)
laß mich in Ruhe! [Zurückweisung]
„Deine ewigen Vorwürfe reichen mir jetzt. Du kannst mir mal den Buckel runterrutschen!"
Der Buckel (Rücken) wird demjenigen gezeigt, von dem man sich abwendet. Wer diesen Rücken (bildlich) „runterrutscht", gelangt ans Hinterteil, das als Symbol tiefer Verachtung gilt (vgl. die Redensarten mit *Arsch*). Das Wort *Buckel* selbst ist ein Lehnwort aus dem lat. *buccula = Bäckchen, Schildbuckel* und ist über das Altfranzösische als *Schildbuckel* ins Deutsche gekommen. Erst im 16. Jh. wird daraus in der derberen Volkssprache das Synonym für *Rücken*, aus dem sich das Adjektiv bucklig gebildet hat.

sich **bucklig** lachen (umg.)
→ sich einen **Ast** lachen

eine sturmfreie **Bude** (umg.)
ein eigenes Zimmer, das nicht überwacht wird [Zuhause]
„Ich bleibe während der Studienzeit im Elternhaus. Schließlich habe ich dort auch eine sturmfreie Bude und muß keine Miete bezahlen."
Diese Wendung aus der Studentensprache besagt, daß nächtlicher Besuch mitgenommen werden kann, ohne daß ein „Sturm der Entrüstung" zu befürchten ist. Alle Redensarten mit *Bude* stammen aus der Studentensprache, weil der Ausdruck selbst mit der Bedeutung *Studentenwohnung* seit 1850 in Leipzig das ältere *Kneipe* ablöste und dieses die Bedeutung *Wirtshaus* übernahm.

Leben in die **Bude** bringen (umg.)
etwas Unterhaltsames tun, für Stimmung sorgen [Unterhaltung]
„Gregor ist ein richtiger Alleinunterhalter. Der bringt bei jeder langweiligen Party Leben in die Bude!"

die **Bude** dichtmachen/zumachen (umg.)
ein Geschäft/eine Wirtschaft schließen (vorübergehend oder endgültig) [Bankrott]
„Wenn da drüben das Kaufhaus eröffnet wird, können die ganzen Einzelhandelsgeschäfte die Bude dichtmachen. Die Konkurrenz ist dann zu groß."

jmdm. die **Bude** einrennen (umg.)
immer wieder zu Besuch kommen, ohne erwünscht zu sein [Belästigung]
„Ich habe jetzt die Klingel abgestellt, weil mir die Vertreter die Bude eingerannt haben. Dabei habe ich noch nie etwas an der Tür gekauft."

einem fällt die **Bude** auf den Kopf (umg.)
jmd. kann nicht mehr länger allein sein, jmd. hält es im Zimmer nicht mehr aus [Unerträglichkeit]
„Nachher muß ich unbedingt einen Spaziergang machen. Ich sitze jetzt schon fünf Stunden an der Schreibmaschine, und mir fällt langsam die Bude auf den Kopf."
Diese Redensart ist zusammen mit dem Begriff *Budenangst* im Leipzig des 19. Jh. geprägt worden, um den Gemütszustand des einsam auf seiner Bude hockenden Studenten auszudrücken.

jmdm. auf die **Bude** rücken (umg.)
Forderungen eintreiben [Bedrängung]
„Wenn ich mein Geld nicht bis heute abend zurückerhalten habe, werde ich dem Kerl mal auf die Bude rücken!"

die **Bude** auf den Kopf stellen (umg.)
1) *Unordnung machen* [Unordnung]
2) *ein turbulentes Fest feiern* [Feier]
1) „Ich habe die ganze Bude auf den Kopf gestellt. Deine Brille habe ich aber trotzdem nicht gefunden. Die mußt du irgendwo anders verloren haben."
2) „Als meine Eltern im Urlaub waren, ha-

ben wir eine Riesenparty gemacht. Du kannst dir denken, wie wir die Bude auf den Kopf gestellt haben!"

jmdm. eine vor den **Bug** knallen (umg.)
jmdn. nachdrücklich warnen [Warnung]
„Mit der Anzeige habe ich dem Kerl jetzt erst einmal eine vor den Bug geknallt. Vielleicht ersetzt er ja jetzt den Schaden."
Der Schuß vor den Bug gilt in der Seefahrt als letzte Warnung eines verfolgten Schiffes durch den Verfolger. Wenn es dann nicht beidreht, wird es versenkt. Die Redensart ist die saloppe Variante von *jmdm. einen Schuß vor den Bug geben*. Der *Bug* selbst bezeichnete ursprünglich den vorderen Oberschenkel des Reittieres und ist mit *Ellenbogen* verwandt. Die Übertragung vom Reittier auf das Schiff ist typisch für die (nord)germanischen Sprachen.

von der **Bühne** abtreten (gehoben)
1) *den Schauspielerberuf aufgeben* [Pensionierung]
2) *den Beruf/ein Amt aufgeben* [Weggang]
3) *sterben* [Tod]
1) „Als Schauspieler ist er von der Bühne abgetreten. Er will aber weiterhin noch manchmal Regie führen."
2) „Seit dem Vorwurf der Bestechlichkeit ist der ehrgeizige Politiker von der Bühne abgetreten."
3) „Mit Picassos Tod ist ein wahres Genie von der Bühne abgetreten". {Welttheater}
Vgl.: ein **Anblick** für Götter.

(glatt) über die **Bühne** gehen
ohne Probleme durchgeführt werden [Realisierung]
„Die Wahl des Kassierers im Verein ging gestern glatt über die Bühne. Außer Walter hatte sich dafür sowieso keiner beworben. Er ist es dann auch geworden."
Das Wort Bühne bezeichnete ursprünglich jede Art von Gestell, das sich über den Boden erhob. Das Podium der Schauspieler hieß bis ins 18. Jh. daher genauer *Schaubühne*.

immer ran an die **Buletten**! (umg.)
keine Hemmungen!, unbesorgt zugreifen!, nicht zögern! [Aktivität]
„Steh nicht so rum! Immer ran an die Buletten! Die Arbeit macht sich nicht von allein!"
Als *Bulette* bezeichnet der Berliner die Frikadelle, das Kügelchen (franz.: *boulette*) aus Hackfleisch, Brot und Gewürzen.

(Kohle/Geld) **bunkern** (umg.)
→ die **Kohlen** stimmen

es wird mir zu **bunt** (umg.)
ich werde ungeduldig, ich kann etwas nicht länger ertragen [Unerträglichkeit]
„Jetzt wird's mir aber endgültig zu bunt! Hör endlich mit deinen ewigen Vorwürfen auf!"
Bunt hat nicht nur eine positive Bedeutung, sondern auch eine Reihe negativer Komponenten. So kann es auch *unüberschaubar* und *durcheinander* bedeuten. An diese Aspekte ist auch in der Redensart zu denken. Daher auch: *es bunt treiben* (etwas zügellos übertreiben) sowie: *es geht bunt zu* (es herrscht reges Treiben). Ähnlich auch: *ein bunter Abend* (ein Abend mit gemischtem Programm) und *ein bunter Teller* (ein Teller mit vielerlei Inhalt). *Bunte Reihe machen* bedeutet: abwechselnd Damen und Herren an einem Tisch plazieren.

ein bemooster **Bursche** [Alter]
→ **Moos** haben

ein windiger **Bursche** sein (umg.)
ein unzuverlässiger, listiger, verschlagener Bursche sein [Durchtriebenheit]
„Mit Wolfgang gehst du mir nicht mehr ins Kino, Bärbel! Das ist ein zu windiger Bursche."
Das Wort *Bursche* geht auf mlat. *bursa* (der Geldbeutel) zurück, das auch der *Börse* ihren Namen gegeben hat. Im frühen Neuhochdeutschen war *bursch* ein Haus, das von einer Gruppe von Studenten bewohnt wurde, die aus einer gemeinsamen Kasse lebten. Der einzelne Kommilitone war der *burschgesell* oder *mitbursche*. Da *burse* ein Femininum war (wie heute noch die Börse), hielt man es irgendwann fälschlich für einen Plural, so daß die Form *der Bursch(e)* gebildet wurde, der eine erweiterte Bedeutung erhielt: *junger Mann, Jüngling*. Seit

1791 finden wir dazu die Bildung *Burschenschaft* (Gesamtheit der Studenten) und seit 1713 schon das zunächst scherzhaft mit einer griechischen Endung versehene *burschikos*. Aus *bursa* entwickelte sich auch das Verb *bürsten* mit der Bedeutung *trinken*. In einem Witz des 16. Jh. wurde jemand, der gut zu zechen verstand, scherzhaft als *Bürstenbinder* bezeichnet. Dadurch geriet der betreffende Berufsstand noch weiter in Verruf. Vgl.: ein **Windhund** sein.

ein sauberes **Bürschlein** (ironisch)
[Verbrecher]
→ mit allen **Wassern** gewaschen

saufen wie ein **Bürstenbinder** (derb)
[Alkoholgenuß]
→ ein windiger **Bursche** sein

mit etwas hinter dem **Busch** halten
→ mit etwas hinter dem **Berg** halten

bei jmdm. auf den **Busch** klopfen (umg.)
vorsichtig anfragen; versuchen, durch indirekte Fragen etwas herauszubekommen
[Anfrage]
„Wir sollten bei Egon mal ganz vorsichtig auf den Busch klopfen. Vielleicht kann er uns ja doch mit seinem Wagen zum Fußballstadion fahren."
Die Redensart stammt aus der Jägersprache. Die Treiber schlagen mit Stöcken auf Stämme und Büsche, um das Wild aufzuscheuchen.

sich seitwärts in die **Büsche** schlagen (umg.)
heimlich verschwinden (um nichts arbeiten zu müssen) [Weggang] [Drückebergerei]
„Typisch Berta! Als es ans Putzen ging, schlug sie sich seitwärts in die Büsche!"
Diese Wendung ist ein Zitat aus dem Gedicht *Der Wilde* (1793) von Johann Gottfried Seume (1763–1810), worin ein müder Krieger vom Stamm der Huronen zuerst von einem Weißen mit Waffengewalt verjagt wird („Traurig schritt der ehrliche Hurone/fort von dieser unwirtbaren Schwelle"). Als der Weiße Wochen später selbst in Not gerät und bei einem Wilden gastlich aufgenommen wird, erkennt er beim Abschied im Wirt jenen Indianer wieder, den er unlängst selbst vertrieben hatte. Das Gedicht endet mit zwei sprichwörtlich gewordenen Redensarten: „Seht, ihr fremden, klugen, weißen Leute, seht, wir Wilden sind doch bessre Menschen!" „Und er schlug sich seitwärts in die Büsche."

jmds. **Busenfreund** sein (umg.)
[Freundschaft]
Herkunft → seine **Hand** auf etwas legen

es ist alles in **Butter** (umg.)
alles ist in Ordnung, alles klar!, alles o. k.!
[Gelingen]
„Es ist alles in Butter! Meine Mutter leiht uns ihr Auto für den Ausflug."
Angeblich geht diese Redensart auf einen Berliner Gastwirt zurück, der in seinem Fenster ein Schild mit dieser Aufschrift aufstellte. Gemeint ist natürlich: Hier wird alles mit Butter (und nicht mit Margarine) gekocht. Da die Butter als wertvolles Fett gilt, konnte sich die erweiterte redensartliche Bedeutung entwickeln.

sich nicht die **Butter** vom Brot nehmen lassen (umg.)
sich nicht übervorteilen lassen, sich nichts gefallen lassen [Selbstbehauptung]
„Um dich brauche ich mir keine Sorgen zu machen, du läßt dir sicher nicht die Butter vom Brot nehmen. Aber dein Bruder ist so vertrauensselig. Hoffentlich kommt er damit durchs Leben!"
Die auf das Brot geschmierte Butter stellt in der Redensart das Wertvollste der Speise dar, das es gegen mögliche Konkurrenten zu verteidigen gilt. Vgl.: sich nicht **unterbuttern** lassen.

jmdm. etwas aufs **Butterbrot** schmieren
→ jmdm. etwas aufs **Brot** schmieren

C

ad **calendas** graecas
→ wenn **Ostern** und Pfingsten zusammenfallen [Niemals]

den Gang nach **Canossa** antreten
sich demütig unterwerfen, Fehler eingestehen [Unterwerfung]
„Der Meier hat das ganze Geschäft mit der Stahlfirma vermasselt. Ich bin gespannt, wie er das wieder dem Chef erklärt. Diesen Canossagang möchte ich nicht antreten müssen!"
Im Jahr 1077 begab sich König Heinrich IV. zu Papst Gregor VII. in die italienische Stadt Canossa, um von dem über ihn verhängten Kirchenbann befreit zu werden. Diese historische Selbstdemütigung wird seither als Zeichen persönlicher Unterwerfung und als öffentliches Eingeständnis eigener Fehler bewertet.

nach **Canossa** gehen
→ den Gang nach **Canossa** antreten

ein richtiger **Casanova** sein (umg.)
erotische Abenteuer suchen, ein Frauenverführer sein [Frauenheld]
„Der Michael ist ein richtiger Casanova. Jetzt hat er schon die dritte Freundin!"
Giacomo Casanova (1725–1798), ein italienischer Abenteurer, erzählt in seinen Memoiren von seinen zahllosen Liebschaften, die er auf seinen Reisen durch Europa erlebte.

ein wahres **Chamäleon** sein
wechselnde Ansichten vertreten, unzuverlässig sein [Unzuverlässigkeit]
„Deine politische Meinung wechselst du doch wie dein Hemd. Du bist ein wahres Chamäleon. Wie soll man da wissen, ob du es gerade ernst meinst?"
Das Chamäleon ist eine Echsenart, die sich farblich (zur Tarnung) an verschiedene Umgebungen anpassen kann. Daher auch die Redensart *wie ein Chamäleon die Farbe wechseln*. Beide Redensarten werden meist als negative Bewertung verstanden. Die Redensarten beziehen sich niemals auf Äußerlichkeiten, sondern stets auf (wechselnde) politische, religiöse oder moralische Ansichten einer Person.

Charivari machen (umg.)
lärmen, lauten Unfug treiben
[Unfug] [Lärm]
„Macht nicht ein solches Charivari und geht endlich nach Hause! Ihr weckt sonst noch die ganze Nachbarschaft auf!"
Die Etymologie des Begriffs *Charivari* ist unklar. Die Redensart selbst geht auf eine alte Form der Volksgerichtsbarkeit zurück. Bei bestimmten Vergehen wurde der Täter durch gemeinschaftliche Verwüstung seines Eigentums bestraft. So wurde etwa das Hausdach abgedeckt, Möbel zerschlagen, Fruchtbäume umgesägt u. ä., um den Wegzug des Täters zu erzwingen. Mildere Formen wurden für nicht-gerichtsfähige Vergehen (wie die Auflösung eines Verlöbnisses) gewählt, so daß sich allmählich eine scherzhafte Form des Charivaris entwickelte, die sich im Polterabend erhalten hat.

zwischen Scylla und **Charybdis**
→ zwischen **Scylla** und Charybdis

das ist **Chinesisch** für mich (umg.)
das verstehe ich nicht [Nichtverstehen]
„Dieser Gesetzestext ist Chinesisch für mich. Ich muß mich jetzt an einen Fachmann wenden, der ihn mir erklärt."
Die chinesische Sprache gilt gemeinhin als besonders kompliziert und unverständlich. In der Redensart steht sie für alles Unverständliche. Daneben gibt es die ähnliche Redensart *das ist Fachchinesisch*. Alle diese Redensarten stellen negative Bewertungen dar. Vgl.: etwas kommt mir **spanisch** vor.

mit jmdm. im **Clinch** liegen (umg.)
sich mit jmdm. streiten [Streit]
„In dieser Abteilung herrscht kein gutes Betriebsklima, weil alle Mitarbeiter ständig miteinander im Clinch liegen!"
Die Redensart stammt aus der Fachsprache des Boxens. Taktisches Ziel dieses Kampf-

sports ist es, den Gegner durch gezielte Schläge kampfunfähig zu machen und durch geschicktes Ausweichen und Verteidigen die gegnerischen Schläge unwirksam werden zu lassen. Dabei werden verschiedene Distanzen unterschieden: volle Distanz, Halbdistanz und Nahkampf. Verboten ist jedoch die Umklammerung des Gegners unterhalb der Gürtellinie, die als *Clinch* bezeichnet wird. Der Ringrichter hat natürlich auch die Aufgabe, jeden Clinch sofort aufzulösen.

er hat sie nicht alle auf dem **Christbaum** (umg.)
verrückt sein, närrisch sein [Verrücktheit]
„Der Karl hat sie nicht alle auf dem Christbaum! Gestern ist er schon wieder betrunken Auto gefahren und hat auch glatt einen Unfall gebaut. Gott sei Dank ist niemand verletzt worden."
Christbaum ist eine andere Bezeichnung für den mit Lichtern geschmückten Weihnachtsbaum. Das Licht wiederum gilt als Symbol des wachen Verstandes. Vgl. franz. *le siècle des lumières* = das Zeitalter der Aufklärung. Diese Wendung bezieht sich auf das Fehlen eines derartigen, klaren Verstand signalisierenden Lichts „im Kopf" eines Menschen. *Christbaum* ist erst seit der Mitte des 18.Jh. belegt, während *Weihnachtsbaum*, der wohl gegen Mitte des 16. Jh. im Elsaß als Weihnachtsbrauch aufkam, seit 1642 namentlich erwähnt ist.

Christbaumschmuck tragen (umg.)
→ **Lametta** tragen
[Dekorierung]

einen (großen) **Coup** landen (umg.)
1) *einen Betrug ausführen* [Betrug]
2) *geschäftlichen Erfolg haben* [Erfolg]
1) „Bei dem Postraub neulich haben die Gangster einen sehr großen Coup gelandet."
2) „Bei der Auktion ist mir ein großer Coup geglückt. Ich habe gleich bemerkt, daß es sich bei der Zeichnung um einen echten Picasso handelt und sofort zugeschlagen!"
Le coup bedeutet im Französischen u. a. *die entscheidende Handlung*, wobei meist eine negative Komponente (Kriminalität u. ä.) mitschwingt.

die **Cour** machen (veraltet)
→ einer Frau den **Hof** machen [Flirt]

die **Creme** der Gesellschaft
die angesehensten Personen, die obere Gesellschaftsschicht [Ranghöhe]
„Bei dem Empfang des Ministerpräsidenten war natürlich nur die Creme der Gesellschaft eingeladen."
Die Redensart vergleicht die gesellschaftliche Schichtung mit dem Prozeß der Milchverarbeitung, bei der die oberste Rahmschicht (franz.: *la crème*) die wertvollste ist. Üblich ist auch die Steigerung der Redensart in der Form: *die Crème de la crème sein*, die aber meist ironisch gebraucht wird.

unter **Dach** und Fach (Paarformel)
1) *in Sicherheit, in Geborgenheit*
[Sicherheit]
2) *Abschluß/Beendigung einer Sache*
[Abschluß]
1) „Der Bauer versucht, seine Ernte vor dem Gewitter unter Dach und Fach zu bekommen."
2) „Nach zähen Verhandlungen ist es endlich gelungen, den Vertrag unter Dach und Fach zu bekommen."
Das alte Wort *Fach* hat u. a. die Bedeutungen *Mauer, Wand* und *Abteilung, Zimmer*. Die architektonische Bedeutung ist noch in dem Begriff *Fachwerk* erhalten, während sonst heute eher an abgeteilte Sparten (etwa *Schulfächer*) oder an Mobiliar (Schrankfächer) gedacht wird. In der Paarformel *unter Dach und Fach* sind zweifellos die obere (Dach) und die seitlichen (Fach) Begrenzung eines Raumes gemeint, der Sicherheit bieten soll. Aus den Komponenten der vollständigen Umschlossenheit hat sich dann die zweite Bedeutung entwickelt, die heute vielleicht sogar die häufigere ist.

jmdm. eins aufs **Dach** geben (umg.)
→ eins aufs **Dach** kriegen

eins aufs **Dach** kriegen (umg.)
bestraft werden
„Als der Chef die Telefonrechnung sah, hat Müller aber eine aufs Dach gekriegt!"
[Strafe]
In dieser Redensart steht *Dach/Deckel* für das Schädeldach, den Kopf.

jmdm. aufs **Dach** steigen (umg.)
jmdn. zurechtweisen, jmdn. ernsthaft tadeln
[Tadel]
„Ich werde dir gleich mal aufs Dach steigen, wenn du nicht mich zu ärgern!"
Das Abdecken eines Daches war im Mittelalter Teil des Strafrepertoires der Volksgerichtsbarkeit. Es wurde lange Zeit als echte Bestrafung für Geächtete ausgeführt, verlor dann aber mit der Durchsetzung des schriftlich fixierten Römischen Rechts seinen ernsthaften Hintergrund.

das kannst du halten wie ein **Dachdecker** (umg.)
das kannst du machen wie du willst
[Ermessen]
„Soll ich das Auto morgen oder übermorgen in die Werkstatt bringen?" „Das kannst du halten wie ein Dachdecker. Es sollte nur irgendwann in dieser Woche repariert werden!"
Diese Gesprächsfloskel stellt eine bestimmte Handlung oder Absicht in das Ermessen einer anderen Person. Diese soll demnach selbst entscheiden, wie sie verfahren will. Die Wendung ist seit dem 19. Jahrhundert belegt. Ihre Herkunft wird damit begründet, daß dem Dachdecker niemand von der Straße aus bei der Arbeit zusehen kann, so daß ihm auch niemand Vorschriften machen oder Empfehlungen geben kann. Der Zentralverband des Deutschen Dachdeckerhandwerks e.V. in Köln vertritt demgegenüber die Meinung, daß die Redensart sich auf das mittelalterliche Zunftwesen bezieht: „Insbesondere im grauen Mittelalter, als Deutschland noch nicht so bevölkert war wie heute, gab es naturgemäß in den einzelnen Berufen auch noch relativ wenige Handwerksbetriebe in den einzelnen Regionen. Daher gab es auch bei den Dachdeckern noch keine Zusammenschlüsse wie die heutigen Innungen, seinerzeit Zünfte, Gilden oder Gaffeln genannt. Der Dachdeckermeister konnte sich daher der einen oder anderen Handwerkervereinigung ihm nahestehender Berufe anschließen" (*Playboy*, Nov. 1987, S. 8).

ein frecher **Dachs** (umg.)
leicht unverschämt sein [Unverschämtheit]
„Dieser freche Dachs doch tatsächlich kein Stück Kuchen mehr übriggelassen."
Der Dachs kommt in diversen Redensarten vor, wobei er verschiedene Eigenschaften verkörpert. Er ist angeblich frech (Frechdachs), faul (schlafen wie ein Dachs) und schlau (schlau wie ein Dachs).

ein junger **Dachs** (umg.) [Unerfahrenheit]
→ ein frecher **Dachs**

einen **Dachschaden** haben (umg.)
verrückt sein, seltsame Ansichten vertreten [Verrücktheit]
„Ich glaube, der Emil hat jetzt endgültig einen Dachschaden. Gestern hat er seine Lehrstelle bloß deshalb gekündigt, weil sein Meister ihn gebeten hat, am Arbeitsplatz nicht zu rauchen. So leicht kriegt der keine andere Stelle mehr!"
Die Redensart benutzt eine Merkmalsübertragung aus dem Bereich der Architektur auf den menschlichen Körper. Das Dach als oberster Teil des Hauses wird hier mit dem Kopf gleichgesetzt, dessen Beschädigung auf geistige Verwirrung schließen läßt.

aus **Daffke** (umg., berlinerisch)
aus Trotz, zum Spaß [Trotz] [Übermut]
„Die beiden haben sich aus Daffke verlobt, weil ihnen gerade danach war."

dalli, dalli! (umg.)
rascher! schneller! [Anfeuern]
„Jetzt aber dalli, dalli! Da hinten kommt der Bus!"
Dalli machen (rascher) und *dalli dalli* stammen vom polnischen Wort *dallej* (= vorwärts) ab und gelangten im 19. Jh. mit polnischen Wanderarbeitern ins Ruhrgebiet.

sein **Damaskuserlebnis** haben (gehoben)
→ vom Saulus zum **Paulus** werden [Wandlung]

(wieder) auf dem **Damm** sein (umg.)
wieder gesund sein [Gesundheit]
„Nach dieser schweren Grippe wird es eine Weile dauern, bis ich wieder auf dem Damm bin. Solange muß ich mich noch schonen."
Der Begriff *Damm* ist heute mit *Deich* gleichzusetzen. Auf dem Damm oder Deich ist man sicher vor drohender Überflutung. Früher bezeichnete *Damm* auch den befestigten und gepflasterten Weg, die ausgebaute Straße (Fahrdamm). Sie stellte den Idealzustand gegenüber Feldwegen oder anderen unbefestigten Wegen dar. {Lebensweg}

ein **Damoklesschwert** über sich hängen haben (gehoben)
in ständiger Bedrohung leben, in großer Gefahr schweben [Bedrohung]
„Seit ich mich zum Examen angemeldet habe, kann ich gar nicht mehr ruhig schlafen. Die Anforderungen hängen wie ein Damoklesschwert über mir."
Die Redensart geht auf eine Fabel Ciceros zurück. Damokles war demnach ein Höfling des Tyrannen Dionys von Syrakus (405–367 v. Chr.). Damokles beneidete seinen Herrn um das Glück der Macht. Dionys bot ihm an, die Plätze an der königlichen Tafel zu tauschen. Heimlich ließ er über dem Haupt des Damokles ein Schwert an einem Roßhaar befestigen, dessen Spitze auf diesen zeigte. Diese stete Bedrohung überzeugte Damokles vom brüchigen Glück des Mächtigen, so daß er um seine vorherige Stellung bat.

Dampf ablassen (umg.)
seinem Ärger Luft machen [Offenheit]
Herkunft → **Dampf** hinter etwas machen

Dampf hinter etwas machen/setzen (umg.)
etwas beschleunigen, eine Sache verstärkt betreiben [Beschleunigung]
„Du mußt endlich mal etwas Dampf hinter dein Studium machen. Schließlich bist du schon im 15. Semester und erfüllst immer noch nicht alle Voraussetzungen für das Examen!"
Die Redensart bezieht sich auf die Dampfmaschine, mit der vor der Entwicklung anderer Antriebsarten Maschinen und Fahrzeuge angetrieben wurden.

jmdm. **Dampf** machen (umg.)
jmdn. antreiben, der zu langsam arbeitet [Ansporn]
„Der Vorarbeiter mußte den Arbeitern ständig Dampf machen."
Herkunft → **Dampf** hinter etwas machen

jmdm. einen **Dämpfer** aufsetzen (umg.)
jmdn. nachdrücklich zur Zurückhaltung veranlassen [Zurechtweisung]
„Dieses Protokoll für zu schnelles Fahren wird dir wohl endlich einen Dämpfer aufsetzen. Hoffentlich lernst du daraus!"
Die Redensart stammt aus dem Bereich der

Musik. Der Dämpfer ist eine je nach Instrument verschieden gestaltete Vorrichtung zur Minderung der Klangstärke.

auf dem falschen **Dampfer** sitzen/sein (umg.)
sich irren, falsche Ansichten vertreten [Irrtum]
„Mit diesem Programm sitzt die Partei aber auf dem falschen Dampfer. Damit wird sie nie eine Stimmenmehrheit bei den Wahlen erreichen."
Herkunft → **Schiffbruch** erleiden

aufgehen wie eine **Dampfnudel** (umg.)
schnell dick werden, zunehmen [Fettleibigkeit]
„In der Weihnachtszeit gibt es so viele Lekkereien, daß ich aufgehe wie eine Dampfnudel. Deshalb muß ich im Januar immer fasten."
Die Dampfnudel ist ein Backwerk, das beim Erhitzen sichtbar anschwillt.

etwas ist ein **Danaergeschenk** (gehoben)
etwas ist ein belastendes/gefährliches Geschenk [Gefahr]
„Peter hat mir mit dem kleinen Hund zwar eine Freude bereiten wollen, aber eigentlich handelt es sich um ein Danaergeschenk. Er weiß schließlich genau, daß ich bald für ein Jahr nach Amerika gehen werde und den Hund dorthin nicht mitnehmen kann!"
Danaer ist bei Homer der Name für Griechen. Die Redensart bezieht sich auf eine Episode aus dem Trojanischen Krieg. Nach der vergeblichen Belagerung Trojas zogen sich die Griechen auf ihre Schiffe zurück und entfernten sich. Am Strand ließen sie ein hölzernes Pferd zurück, in welchem sich einige Krieger verbargen. Die Trojaner wollten dieses Pferd in die Stadt ziehen, wurden jedoch von dem Priester Laokoon davor gewarnt. Dabei soll er gesagt haben: „Ich fürchte die Danaer auch dann, wenn sie Geschenke bringen." (Vergil: „Timeo Danaos et dona ferentes.") Tatsächlich wurde Troja, das sich über die Warnungen Laokoons hinwegsetzte, mit Hilfe der im gefährlichen „Danaergeschenk" verborgenen Krieger erobert.

daneben hauen (umg.) [Irrtum]
→ daneben **hauen**

dann und wann (Paarformel)
manchmal, gelegentlich [Zeit]
„Dann und wann kriege ich einen Heißhunger auf Spaghetti."
Diese Paarformel ist im 17. Jh. an die Stelle eines heute ungebräuchlichen *nun und dann* (jetzt und in Zukunft) getreten.

Däumchen drehen (umg.)
untätig sein, nichts tun [Untätigkeit]
„Komm endlich her, und hilf uns, anstatt nur rumzusitzen und Däumchen zu drehen!"
Die Redensart bezieht sich auf eine Geste, bei der mit leeren gefalteten Händen die Daumen umeinander bewegt werden. Diese sinnlose Tätigkeit gilt als Symbol der Langeweile bzw. Faulheit.

jmdm. den/die **Daumen** drücken/halten
jmdm. Glück wünschen, jmdm. innerlich beistehen [Glückwunsch]
„Drück mir die Daumen, daß meine Bewerbung diesmal klappt!"
Die beiden Verben *drücken* und *halten* weisen auf zwei Quellen dieser Redensart hin. Der gedrückte Daumen war im alten Rom das Begnadigungszeichen des Publikums beim Gladiatorenkampf. Ein Gladiator, der den Kampf verloren hatte, konnte durch einen gehobenen Zeigefinger das Volk um Gnade bitten. Wollte das Volk den Tod des Gladiators, so streckte es den Daumen aus. Eine Begnadigung dagegen wurde durch die geballte Faust mit eingezogenem Daumen signalisiert. Diese Geste nannte man *pollicem premere* (den Daumen drücken). Der gehaltene Daumen verweist dagegen (mit gleicher Bedeutung) in den deutschen Volks- und Aberglauben. Dort galten die Finger als eigenständige alpartige Geister. Die meiste magische Kraft besaß der Daumen. Es bildete sich daher die Geste aus, den (eigenen) Daumen festzuhalten, um ihn daran zu hindern, die Vorhaben eines anderen Menschen negativ zu beeinflussen.

den **Daumen** auf etwas halten (umg.)
mit etwas sparsam umgehen [Sparsamkeit]

„Auf den Wein muß ich in Zukunft etwas mehr den Daumen halten, sonst ist der Weinkeller im Nu leer getrunken!“
In der Redensart steht der Daumen stellvertretend für die ganze Hand, mit der man ein knappes Gut schützt.

über den **Daumen** schätzen/peilen (umg.)
grob geschätzt, ungefähr [Schätzung]
„Das Grundstück ist über den Daumen gepeilt tausend Quadratmeter groß.“
Der Daumen kann als grobes Hilfsmittel bei der Schätzung von Entfernungen gebraucht werden. Oft wird scherzhaft die Kreiszahl Pi zu dieser Redensart gestellt: *Pi mal Daumen.*

jmdm. die **Daumenschraube** anlegen
jmdn. zwingen, etwas zu tun/zu sagen [Zwang]
„Erst als ich ihm die Daumenschrauben anlegte, hat Peter verraten, wer die Fensterscheibe eingeschlagen hatte.“
Die Daumenschraube war ein mittelalterliches Folterinstrument, welches der Erzwingung von Geständnissen diente.

ei der **Daus**! (umg., veraltet)
hoppla!, was für eine Überraschung! [Überraschung]
„Ei der Daus, wer kommt denn da zu Besuch? Die lieben Schwiegereltern!“
Daus ist ein altes Wort für die Zahl *zwei* und verwandt mit lat. *duos*, franz. *deux* und dem aus dem Tennisspiel bekannten englischen Wort *deuce* (Einstand; beide Spieler haben dieselbe Punktzahl). Mit *Daus* bezeichnete man die zwei Augen im Würfelspiel, also eine geringe Punktzahl, die zu der Bedeutung *verschlagener Mensch* führte, die heute unbekannt ist. Im deutschen Kartenspiel dagegen war *Daus* eine dem französischen *As* entsprechende hohe Karte, so daß *ei der Daus* sowohl eine negative als auch eine positive Überraschung ausdrücken kann. Vielleicht handelt es sich auch um eine euphemistische Umschreibung des Teufels, ähnlich wie im englischen Ausruf *the deuce!* (zum Teufel!). In *Daus* und *deuce* können aber auch Reste keltischen Wortgutes angenommen werden, da gallisch *dusii* (wörtlich: *die zweideutigen Wesen*) Wesen mit einmal guten und dann wieder bösen Eigenschaften und Taten bezeichnete (bretonisch: *duz*).
Ei als Ausruf der Verwunderung, der Freude und des Spottes geht auf einen indogermanischen Ausruf *ei* zurück, der sich im Altindischen als Anruf und Anrede fand und im Griechischen bei Verwunderung, Staunen und Scherz erhalten hat. Auch im Französischen äußert man die Interjektion *aie!* statt des deutschen *au/aua!* bei Schmerzempfindungen.

es ist zum **Davonlaufen** (umg.)
etwas ist unerträglich [Unerträglichkeit]
„Die Predigt war heute wieder zum Davonlaufen, weil sie so langatmig war.“

jmdm. fällt die **Decke** auf den Kopf (umg.)
→ jmdm. fällt die **Bude** auf den Kopf [Unerträglichkeit]

an die **Decke** gehen (umg.)
zornig werden [Zorn]
„Du brauchst wegen dieser blöden Bemerkung von Alfred nicht gleich an die Decke zu gehen. Du mußt viel gelassener reagieren!“
Die junge Redensart (20. Jh.) bezieht sich auf das Aufspringen des zornig Erregten. Ein verwandter Ausdruck ist *hochgehen.*

mit jmdm. unter einer **Decke** stecken (umg.)
jmds. Komplize sein, mit jmdm. verbündet sein [Komplizenschaft]
„Die Polizei vermutet, daß du mit dem Einbrecher unter einer Decke steckst. Hoffentlich kannst du diesen Verdacht entkräften!“
Im Mittelalter war die Eheschließung mit einem öffentlichen Zudecken der Jungvermählten *unter einer Decke* verknüpft. Aus der Bedeutung *verheiratet sein* entwickelte sich später die Bedeutung *sich einig sein, zusammenarbeiten.*

sich nach der **Decke** strecken (umg.)
sich den Verhältnissen anpassen, sich in der Not sparsam verhalten [Sparsamkeit]
„Seit mein Mann arbeitslos ist, müssen wir uns ganz schön nach der Decke strecken.

Hoffentlich haben seine vielen Stellenbewerbungen bald Erfolg!"
Die Redensart bezieht sich auf die Bettdecke. Der Schläfer muß sich deren Größe durch seine Lage anpassen, wenn er nicht frieren will. In der Bedeutung *Sparsamkeit* ist die Redensart seit dem 13. Jh. belegt. Und Goethe schreibt in *Sprichwörtlich* (1812): „Wer sich nicht nach der Decke streckt, dem bleiben die Füße unbedeckt."

eins auf den **Deckel** kriegen (umg.)
gerügt werden, für Aufmüpfigkeit bestraft werden [Strafe]
„Der Egon hat heute in der Schule ganz schön eins auf den Deckel gekriegt. Er mußte zwei Stunden nachsitzen!"
Herkunft → eins aufs **Dach** kriegen

etwas zum **Deckmantel** machen/gebrauchen
etwas zur Tarnung verwenden [Vorwand]
„Dieses Bauunternehmen diente nur als Deckmantel für große Waffenschiebereien!"
Der Begriff *Deckmantel* wird schon seit dem 13. Jh. in der Bedeutung *Tarnung*, *Heuchelei* verwendet. Danach hat auch das Verb *(etwas) bemänteln* die Bedeutung *etwas beschönigen* angenommen. Vgl.: einer Sache ein **Mäntelchen** umhängen.

denken: das hast du dir gedacht!/denkste! (umg.)
damit irrst du dich! [Irrtum]
„Du willst um zwölf Uhr nach Hause gehen? Das hast du dir gedacht! Erst muß der ganze Laden ausgefegt werden!"
Herkunft → typischer **Fall** von denkste

denken: ich denke nicht daran, das zu tun! (umg.)
das kommt nicht in Frage!, das werde ich niemals tun! [Weigerung]
„Ich denke gar nicht daran, hinter dir herzuräumen. Bring dein Zimmer gefälligst selbst in Ordnung!"

jmdm. einen **Denkzettel** verpassen/geben (umg.)
jmdn. bestrafen [Strafe]
„Die Klasse hat heute dem fiesen Lateinlehrer mal einen Denkzettel verpaßt: Wir haben nämlich sein Notenbuch mit Kleister zugeklebt. Jetzt kann er sich seine Noten an den Hut stecken!"
Bereits im Mittelniederdeutschen gab es das Wort *Denkcedel* mit der Bedeutung *Urkunde*. Luther wählte dieses Wort als Übersetzung für *Phylakterion*, den Gebetsriemen der Juden. Dieser Gebetsriemen war mit Gesetzessprüchen gefüllt und wurde gemäß 4. Mose 15,38 bei gewissen Gebeten an Haupt und Arm getragen. Luther schreibt in seiner Übersetzung des Matthäusevangeliums: „Alle ihre Werke tun sie (die Schriftgelehrten und Pharisäer) so, daß sie von den Leuten gesehen werden. Sie machen ihre Denkzettel breit und die Säume an ihren Kleidern groß." Luther gebrauchte das Wort aber auch bereits in der Bedeutung einer Liste von Dingen, die man nicht vergessen will. Auch die mittelalterlichen Boten trugen bei sich derartige *Denkzettel*, die auch lateinisch *Memorandum* genannt wurden. In den Lateinschulen der Jesuiten schließlich wurden die Vergehen der Schüler auf *Denkzetteln* notiert. Die Schüler mußten sie immer bei sich tragen, um stets an ihre Untaten erinnert zu werden. Heute versteht man unter *Denkzettel* nicht mehr eine schriftliche Mahnung. Man denkt eher an eine körperliche Züchtigung oder an einen bösen Streich. Dabei schwingt immer noch mit, daß die so getroffene Maßnahme nur so weit geht, daß der davon Betroffene es als Warnung auffaßt, ohne jedoch wirklich dauerhaft geschädigt zu sein.

Deus ex machina [Erscheinen] [Rettung]
→ in der **Versenkung** verschwinden

keinen/nicht einen **Deut** besser sein (umg.)
in keiner Weise besser sein [Ebenbürtigkeit]
„Du brauchst niemanden zu verpetzen. Schließlich bist du keinen Deut besser als die anderen!"
Der Deut (duit) war seit dem 16. Jh. in den Niederlanden eine Kupfermünze von geringem Wert. Das Wort drang redensartlich schnell ins Mittelniederdeutsche. Allgemein läßt sich sagen, daß in vielen Sprachen die Bedeutung *nichts* durch geringe Geldwerte

ausgedrückt wird. Etwas ist beispielsweise *keinen Pfennig wert* oder *keine müde Mark* bzw. *keinen Heller.*

keinen **Deut** wert sein (umg.)
[Wertlosigkeit]
→ keinen/nicht einen **Deut** besser sein (umg.)

sich keinen **Deut** aus etwas machen (umg.)
[Desinteresse]
→ keinen/nicht einen **Deut** besser sein (umg.)

sich keinen **Deut** um etwas kümmern (umg.)
[Unbesorgtheit]
→ keinen/nicht einen **Deut** besser sein (umg.)

keinen **Deut** von etwas verstehen (umg.)
[Nichtverstehen]
→ keinen/nicht einen **Deut** besser sein (umg.)

mit jmdm. **deutsch** reden/sprechen
sich offen/frei/ohne Umschweife ausdrükken, jmdm. klar und offen die Meinung sagen
[Offenheit]
„Nachdem Sie meine Andeutungen über ihre ständigen Ausreden wegen Ihres Zuspätkommens wohl nicht verstehen wollen, muß ich jetzt doch mal deutsch mit Ihnen sprechen, Herr Meier: Wenn Sie morgen wieder erst um halb zehn zur Arbeit kommen, können Sie sich gleich Ihre Kündigung bei mir abholen! Haben Sie das jetzt kapiert?"
Die Redensart ist seit dem 15. Jh. belegt und enthält noch den ursprünglichen Sinngehalt des Begriffes *deutsch*, nämlich *verständlich* (auch im Sinne von *volkstümlich*). Damit war ursprünglich (etwa bei Karl dem Großen) eine Abgrenzung gegenüber allen romanischen Sprachen, besonders aber gegenüber dem Latein verknüpft. Dies gilt auch für das späte Mittelalter und die frühe Neuzeit, in der Latein als Gelehrtensprache weiterlebt und dem Volk unverständlich ist. Diese Abgrenzung zwischen (lateinischer) Fachsprache und deutscher Allgemeinsprache lebt auch in den Ausdrücken *Angler-* und *Jägerlatein* weiter.

du verstehst wohl kein **Deutsch** mehr?
du willst wohl nicht verstehen? du willst wohl nicht gehorchen?[Widerspenstigkeit]
„Ich habe dir doch gesagt, du sollst dein Zimmer aufräumen? Warum hast du es nicht getan? Du verstehst wohl kein Deutsch mehr?"

eins auf den **Dez** kriegen (umg.)
→ eins auf den **Deckel** kriegen [Strafe]

nicht ganz **dicht** sein (umg.)
nicht bei klarem Verstand sein
[Verrücktheit]
„Du bist wohl nicht ganz dicht, hier mitten in der Nacht so einen Krach zu veranstalten?"
Der Redensart liegt ein Vergleich des Kopfes mit einem undichten Dach zugrunde. {Körperhöhle}

dichthalten (umg.)
verschwiegen sein, etwas nicht verraten
[Schweigen]
„Wenn alle dichthalten, können wir für diesen Schabernack nicht bestraft werden!"
Herkunft → reden wie ein **Wasserfall**

durch **dick** und dünn (Paarformel, Stabreim) (umg.)
1) *unaufhaltsam* [Unaufhaltsamkeit]
2) *unzertrennlich* [Gemeinsamkeit]
1) „Im Krieg sind wir durch dick und dünn marschiert!"
2) „Wenn man miteinander verheiratet ist, muß man bereit sein, zusammen durch dick und dünn zu gehen."
Die Bedeutung *Unaufhaltsamkeit* wird in vielen Sprachen durch Reihenbildungen ausgedrückt. Vgl. lat. *per saxa per ignes ambulare* oder engl. *through thick and thin*, wobei die letztere idiomatische Wendung wie die deutsche Redensart den germanischen Stabreim bewahrt hat. Nach Grimms *Deutschem Wörterbuch* kann auch analog zu franz. *passer au travers de la boue* an „Schlamm und Wasser" des unbefestigten Weges gedacht werden.

dick auftragen (umg.)
übertreiben, lügen [Übertreibung]

„Trag nur nicht so dick auf! Schließlich war es nicht dein Verdienst, daß unsere Mannschaft so hoch gewonnen hat."
Die Redensart bezieht sich auf das übertriebene Auftragen von Farben beim Malen eines Bildes.

etwas/jmdn. **dick** haben (umg.)
etwas/jmdn. nicht mehr leiden können, von etwas/jmdm. genug haben [Überdruß]
„Den Vetter Erwin habe ich langsam wirklich dick! Jeden Tag langweilt er mich mit seinen Erlebnissen bei der Bundeswehr. Ich kann ihm nicht mehr länger zuhören!"
Im Mittelhochdeutschen hatte *dick* auch die Bedeutung *häufig*, so daß *etwas dick haben* bedeutet: *etwas so häufig erleben, daß es einen abstößt.*

sich mit etwas **dick** machen (umg.)
→ **dick** auftragen [Angeberei]

mit jmdm. **dick** sein (umg.)
eng befreundet sein [Freundschaft]
„Peter und Paul sind jetzt miteinander dick. Dabei hatten die früher immer Streit!"
Aus mhd. *dick* mit der Bedeutung *häufig* hat sich über die Komponente *einander häufig treffen* die Redensart *dicke Freunde sein* entwickelt, von der *mit jmdm. dick sein* eine Verkürzung darstellt, die erst neueren Datums ist.

sich **dicketun** (umg.)
→ **dick** auftragen [Angeberei]

einen **Dickkopf** haben/aufsetzen (umg.)
starrsinnig sein/werden [Starrsinnigkeit]
„Warum antwortest du mir nicht? Es nützt dir gar nichts, wenn du jetzt wieder deinen Dickkopf aufsetzt!"
Die Dicke des Kopfes wird in der Redensart mit seiner Undurchdringlichkeit für Argumente gleichgesetzt.

ein **Dickschädel** sein
→ einen **Dickkopf** haben/aufsetzen [Starrsinnigkeit]

sich **diebisch** freuen (umg.)
sich sehr freuen, daß Unrecht wiedergutgemacht wird oder ein gemeiner Mensch Schaden erleidet [Schadenfreude]
„Wir haben uns diebisch gefreut, als der Hagel ausgerechnet dem unfreundlichen Nachbarn die Obsternte zerstört hat. Der hat uns schließlich nicht einmal einen einzigen Apfel gönnen wollen, als wir ihn darum gebeten haben!"
Diebisch bedeutet ursprünglich *heimlich*, d. h. *nach Art der Diebe* und wird nur in dieser Redensart ohne die negative Komponente des „unrechten Tuns" bewahrt.

den **Dienst** quittieren
→ die **Quittung** für etwas bekommen

ein junges (hübsches usw.) **Ding** (umg.)
ein junges (usw.) Mädchen [Mädchen]
„Du brauchst nicht mit dem Gedanken an eine Heirat zu spielen. Schließlich bist du noch ein junges Ding!"
Nach Grimms *Deutschem Wörterbuch* wird *Ding* mit der Bedeutung *Person* „oft mit Geringschätzung, doch auch in mitleidiger und gutmütiger Stimmung, immer aber herabblickend" gebraucht. Meist bezieht *Ding* in dieser Bedeutung sich auf Kinder, oder – wie in der Redensart – auf junge Mädchen oder Frauen. Besonders häufig ist die Form: „diese jungen Dinger (heutzutage)".

ist das ein **Ding**!/(Mensch,) das ist ja 'n **Ding** (umg.)
das überrascht mich sehr! das ist ja unglaublich! [Überraschung]
Der Chef will seine Sekretärin heiraten? Mensch, das ist ja 'n Ding!"
Ding ist wie *Sache* ursprünglich ein juristischer Begriff und bezeichnete die Fälle, die vor das Thing(-Gericht) gebracht wurden. Daher ist es heute ein Passepartoutwort. Vgl.: jmdn. **dingfest** machen. Vgl.: das ist so eine **Sache.**

das ist ein **Ding** der Unmöglichkeit
das ist völlig unmöglich/ausgeschlossen
„Du willst allein das Matterhorn besteigen? Das ist ein Ding der Unmöglichkeit! Dafür braucht man doch eine erfahrene Seilschaft."

ein (krummes) **Ding** drehen (umg.)
ein Verbrechen begehen [Verbrechen]
„Immer wenn diese Kerle kein Geld mehr hatten, haben sie ein Ding gedreht. Gut, daß sie jetzt hinter Gittern stecken!"
In der Gaunersprache werden häufig bekannte Wörter mit neuen Bedeutungen versehen oder (wie in dieser Redensart) vage Begriffe verwendet, um die normalen Bürger zu täuschen. *Ding* ist deshalb ein gut geeigneter vager Begriff, weil er auf sämtliche Gegenstände angewendet werden kann (Passepartoutwort). Vgl.: etwas **rundweg** ablehnen. Vgl.: **krumm**.

jmdm. ein **Ding** verpassen (umg.)
→ jmdm. eins auf die **Klappe** geben

unverrichteter **Dinge** (umg.)
→ im **Sande** verlaufen [Ergebnislosigkeit] [Scheitern]

guter **Dinge** sein
1) *froh sein, lustig sein* [Freude]
2) *optimistisch sein* [Optimismus]
1) „Gestern abend beim Stammtisch waren wir alle guter Dinge."
2) „Ich bin guter Dinge, daß ich diese Prüfung bestehen werde. Schließlich habe ich genug dafür gelernt!"
Die Redensart ist seit dem 15. Jh. nachgewiesen.

über den **Dingen** stehen (meist ironisch)
in einer Phantasiewelt leben und sich nicht um Alltagsbelange kümmern [Weltfremdheit]
„Mein Bruder käme nie auf die Idee, einmal den Rasen zu mähen oder das Auto zu waschen. Er studiert schließlich Philosophie und steht über den Dingen."
Herkunft → über den **Wolken** schweben

nicht mit rechten **Dingen** zugehen
1) *mit übernatürlichen Kräften verknüpft sein* [Magie]
2) *auf unrechte Weise passieren* [Unrecht]
1) „Diese Zaubereien sind so eindrucksvoll, daß sie nicht mit rechten Dingen zugehen können."
2) „Bei diesem Geschäft kann nicht alles mit rechten Dingen zugegangen sein! Das Grundstück ist schließlich weit unter Wert verkauft worden!"
Die *rechten* oder *richtigen* Dinge dieser Redensart sind die sichtbaren oder natürlichen Gegebenheiten, die man berücksichtigen und begreifen kann. Die magische Umschreibung der Hexerei mit *Dingen* stellt eine übliche Tabuisierung dar.

mach keine **Dinger** (umg.)
das ist ja unglaublich!, das habe ich nicht gewußt! [Überraschung]
„Das Auto ist bereits sechs Jahre alt? Mach keine Dinger! Ich hätte es höchsten auf zwei Jahre geschätzt, weil es so ordentlich aussieht."
Herkunft → ist das ein **Ding**!

jmdn. **dingfest** machen
jmdn. verhaften [Festnahme]
„Der Polizei ist es sehr schnell gelungen, die Täter dingfest zu machen."
Eine alte Bedeutung von *Ding* ist *Gericht* oder *Volksversammlung* (Thing). Noch heute heißt das dänische Parlament *Folketing*. Im Deutschen hat sich die Bedeutung außer in der Redensart noch in dem Verb *sich verdingen* erhalten.

jmdm. den **Dolch** auf die Brust setzen
jmdn. gewaltsam zu etwas veranlassen [Zwang]
„Ich werde meine Freunde auch dann nicht verraten, wenn man mir den Dolch an die Brust setzt!"

ein **Don** Juan
→ ein Don **Juan**

zum **Donnerwetter** (noch einmal)! (umg.)
jetzt reicht es mir! [Ausruf]
„Zum Donnerwetter, wo sind bloß die Autoschlüssel?"
Donnerwetter ist natürlich das Gewitter, dessen Gewalten mit einem (göttlichen) Zornesausbruch gleichgesetzt werden.

ein **Donnerwetter** loslassen (umg.)
lautstark schimpfen [Beschimpfung]
„Du hättest Vater mal hören sollen, als ich

ihm die Beule im Auto gebeichtet habe. Der hat vielleicht ein Donnerwetter losgelassen! Gott sei Dank hat er sich dann doch schnell wieder beruhigt."

doppelt und dreifach
mehrfach, oft, sorgfältig [Sorgfalt]
„Diesen Schritt solltest du dir doppelt und dreifach überlegen."

doppelt gemoppelt (umg.)
unnötig verdoppelt, überängstlich Vorsorge treffen [Unnötigkeit]
„Wenn du die Garage verschließt, brauchst du das Auto nicht auch noch abzusperren. Das ist doch doppelt gemoppelt!"

alles **doppelt** sehen (umg.)
betrunken sein [Trunkenheit]
„Dieser Schnaps ist hochprozentig. Wenn man da ein Glas zuviel trinkt, sieht man alles doppelt!"

das sind böhmische **Dörfer** (umg.)
das verstehe ich nicht [Nichtverstehen]
„Physik und Chemie waren in der Schule für mich immer böhmische Dörfer."
Im ehemals auch von Deutschen besiedelten Böhmen gab es viele Dörfer mit tschechischen Namen, die für die Deutschen unverständlich waren. Die Redensart ist bereits bei Grimmelshausen nachweisbar, wo sie sich auf unverständliche Sprache bezieht. Vgl.: das kommt mir **spanisch** vor.

Potemkinsche **Dörfer**
→ **Potemkinsche** Dörfer

jmdm. ein **Dorn** im Auge sein
jmdm. ein Ärgernis sein [Ärgernis]
„Der Meier ist dem Chef schon lang ein Dorn im Auge, weil er fast jeden Morgen zu spät zum Dienst erscheint."
Dornen werden in vielen Bereichen als Bild für Schwierigkeit und Schmerz verwendet. So kann ein Weg *dornenreich* sein, womit die Bedeutung einer hindernisreichen Karriere verknüpft ist. Der *Dorn im Auge* der Redensart ist schon als biblische Wendung bekannt: „den Balken im eigenen Auge nicht sehen, aber den Splitter im fremden". Luther verwendet die Redensart mehrfach in seiner Bibelübersetzung, sie ist aber bereits bei den Minnesängern (etwa bei Konrad von Würzburg) verbreitet.

sie ist ein wahrer **Drache/Hausdrachen** (umg.)
eine böse und dominante Frau [Weib]
„Der Egon hat ja wirklich Pech gehabt. Seine Renate hat sich allmählich zu einem richtigen Drachen entwickelt. Jetzt hat sie ihm auch noch verboten, weiter zum Stammtisch zu kommen. Wenn das mal gutgeht!"
Der *Drache* gilt im europäischen Raum als Symbol des Bösen, teilweise sogar des Teufels. Ein *Hausdrachen* ist demnach das Böse im eigenen Haus. Scherzhaft werden heute gelegentlich kleine eßbare Geschenke (Pralinen u. ä.) als *Drachenfutter* bezeichnet.

die **Drachensaat** geht auf (gehoben)
Unfrieden/Streit stiften, der Streit beginnt, das Unheil beginnt/nimmt seinen Lauf [Streit]
„Nach dem Überfall auf Polen ging die Drachensaat auf, und der Zweite Weltkrieg begann."
Drachensaat als Bild für entstehenden Streit und Kampf geht auf die griechische Mythologie zurück. Im Epos von der Argonautenfahrt des Appollonius Rhodios (3. Jh. v. Chr.) wird berichtet, daß Jason das Goldene Vlies bekommen soll, wenn er ein Stück Land umpflügt und Drachenzähne aussät. Aus dieser Drachensaat entstehen Krieger, die so wild sind, daß sie sich gegenseitig erschlagen. Ovid erzählt diese Geschichte in den *Metamorphosen* wieder und bezieht sie auf Kadmos, den mythischen Gründer Thebens.

zu jmdm. einen (guten) **Draht** haben (umg.)
zu jmdm. gute Beziehungen unterhalten [Beziehungen]
„Der Franz hat einen guten Draht zum Ministerium. Das sollten wir in dieser Angelegenheit einmal ausnutzen!"

auf **Draht** sein (umg.)
1) *eine rasche Auffassungsgabe besitzen* [Intelligenz]

2) *gut informiert sein (und deshalb tüchtig sein)* [Informiertheit]
1) „Der Kuno ist schwer auf Draht. Den kannst du nicht so leicht reinlegen wie die anderen!"
2) „Im Bereich der Computer bin ich schwer auf Draht. Ich lese beispielsweise regelmäßig mehrere Fachzeitschriften!"
Draht meint ursprünglich *das Gedrehte.* In der Redensart ist der Draht das Sinnbild der Verbindung, der Schnelligkeit und der Informationsübertragung.

Nerven wie **Drahtseile** haben
→ **Nerven** wie Drahtseile haben

der **Drahtzieher** sein (umg.)
der Leiter im Hintergrund sein [Macht]
„Der eigentliche Drahtzieher bei diesem Geschäft war natürlich der Öffentlichkeit nicht bekannt. Das ist in vielen Bereichen des öffentlichen Lebens so!"
Die Redensart bezieht sich auf das Marionettentheater, bei dem die scheinbar Agierenden vom *Drahtzieher* im Hintergrund gelenkt werden. {Welttheater}

es ist ein **Drama** mit jmdm. [Mißstand]
→ es ist ein **Trauerspiel** mit jmdm.

dran sein (umg.)
1) *an der Reihe sein* [Reihenfolge]
2) *zur Rechenschaft gezogen werden* [Rechenschaft]
1) „Bitte drängeln Sie sich nicht vor. Als nächster bin schließlich ich dran!"
2) „Gut, daß sie diesen Verbrecher endlich geschnappt haben. Der ist jetzt dran!"

dumm **dran** sein (umg.)
in einer Notlage sein [Notlage]
„Vielleicht kannst du mir helfen? Ich bin momentan nämlich ganz schön dumm dran, weil mein Konto überzogen ist."

nicht wissen, wie man mit jmdm. **dran** ist (umg.)
jmdn. nicht einschätzen können [Unsicherheit]
„Bei Hans weiß man nie, wie man mit ihm dran ist. Einerseits tut er sehr freundlich. Andererseits verbreitet er hintenrum lauter Unwahrheiten. Ich glaube, den werde ich mal zur Rede stellen!"

drauf und **dran** sein
1) *im Begriff sein, etwas zu tun* [Unmittelbarkeit]
2) *kurz vor einem Ereignis stehen* [Plan]
1) „Du bist drauf und dran, deine Gesundheit zu ruinieren. Hör' endlich mit dem Rauchen auf, bevor es zu spät ist!"
2) „Herr Meier war drauf und dran, sich ein Haus zu bauen, als seine Firma bankrott ging. Gut, daß er sich noch nicht verschuldet hatte!"

dran glauben müssen (umg.)
→ dran **glauben** müssen

jmdn. **drankriegen** (umg.)
1) *jmdn. zwingen* [Zwang]
2) *jmdn. reinlegen* [Neckerei]
1) „Deine Ausflüchte nutzen dir gar nichts. Ich werde dich irgendwann schon drankriegen, und dann mußt du die ganze Arbeit auf einmal machen!"
2) „Haha, jetzt haben wir dich aber drangekriegt! Dein Moped ist gar nicht gestohlen worden, wir haben es bloß versteckt!"

alles **dransetzen**
alles versuchen, alles hergeben für eine Sache [Versuch]
„Ich würde alles dransetzen, wenn ich mit dir tauschen könnte."

gut **drauf** sein (umg.)
aktiv und leistungsfähig sein [Leistungsfähigkeit]
„Glaubst du, daß du die Abrechnung heute noch abschließen kannst?" „Na klar, ich bin heute ziemlich gut drauf, und die Arbeit läuft wie geschmiert! In einer Stunde bin ich fertig!"

draufgehen (umg.)
1) *sterben* [Tod]
2) *kaputtgehen* [Defekt]
3) *verbraucht werden* [Verbrauch]
1) „Du wirst noch einmal draufgehen, wenn du weiter so rast! Beachte doch bitte die

Geschwindigkeitsbeschränkungen!"
2) „Bei der Gebirgswanderung sind meine Halbschuhe total draufgegangen!"
3) „Wenn du etwas langsamer fährst, geht nicht soviel Benzin drauf. Da kannst du eine Menge sparen!"

(viel/allerhand) **draufhaben** (umg.)
1) *viel wissen* [Wissen]
2) *schnell fahren* [Schnelligkeit]
1) „Der Harry hat wirklich viel drauf. Der ist in allen Fächern der Beste in der Klasse."
2) „Der Wagen hatte mindestens 70 Sachen drauf, als er sich dem Fußgängerüberweg näherte."

eins **draufkriegen** (umg.)
1) *getadelt werden* [Strafe]
2) *einen Schicksalsschlag/eine Niederlage erleiden* [Niederlage]
1) „Der Hermann hat wegen seiner Schwätzerei heute vom Lehrer ganz schön eins draufgekriegt!"
2) „Die Römer haben im Teutoburger Wald von den Germanen ganz schön eins draufgekriegt."

einen **draufmachen** (umg.)
→ einen auf die **Lampe** gießen
[Alkoholgenuß]

noch eins **draufsetzen** (umg.)
1) im negativen Sinn: *eine Strafe erhöhen, jmdn. noch mehr verhöhnen* [Überbietung]
2) im positiven Sinn: *eine Belohnung verstärken* [Überbietung]
1) „Wenn es mir schlechtgeht, muß Klaus immer noch eins draufsetzen und mich beschimpfen."
2) „Jetzt wollen wir auf die Beförderung noch eins draufsetzen: Sie erhalten auch ein größeres und schöneres Büro!"

mit **Dreck** und Speck/**dreckig** und speckig (umg.; Paarformel)
ungesäubert, so wie es kommt [Schmutz]
„Nach dem Spielen im Regen müßt ihr euch erst waschen, bevor ihr fernsehen dürft! Ihr könnt doch nicht mit Dreck und Speck hier rumsitzen!"
Dreck und *Speck* der Redensart stellen zwei Gegensätze dar, die eine ähnliche Lautstruktur aufweisen. Diese Analogie hat wohl die Bildung dieser endreimenden Paarformel begünstigt.

einen **Dreck** wert sein (grob)
völlig wertlos sein [Wertlosigkeit]
„Dieses Bild soll 5000 Mark kosten? Da kann ich ja nur lachen! Das ist nämlich einen Dreck wert!"

Dreck am Stecken haben (umg.)
etwas Schlimmes begangen haben
[Verbrechen]
„Du solltest dich nicht so oft mit dem Peter treffen. Du weißt doch, daß der Dreck am Stecken hat!"
Dreck am Wanderstab verrät, ob jemand sich beschmutzt hat, auch dann noch, wenn er sich die Schuhe bereits gesäubert hat. Der Dreck ist also ein Indikator verschwiegener schlechter Wege, metaphorisch ein Zeugnis alter Schuld. {Lebensweg}

das geht dich einen feuchten **Dreck** an! (grob)
das geht dich gar nichts an! [Abweisung]
„Es geht dich einen feuchten Dreck an, ob ich den Rasen mähe oder ob ich ihn wachsen lasse! Kümmere dich gefälligst um deine eigenen Dinge!"

den alten **Dreck** aufwühlen/aufrühren (umg.)
alte, unangenehme Dinge erwähnen
[Verunglimpfung]
„Den Erwin können wir zu der Party nicht einladen. Wenn der die Meiers sieht, wird er wieder den ganzen alten Dreck aufrühren, und dann gibt es wieder Streit!"
Herkunft → schmutzige **Wäsche** waschen

jmdn. wie (den letzten) **Dreck** behandeln (umg.)
jmdn. sehr schlecht behandeln [Mißachtung]
„Kein Wunder, daß dem Schmidt die Frau weggelaufen ist! Der hat sie schließlich immer wie den letzten Dreck behandelt!"
Dreck wird in vielen Redensarten als Symbol des Wertlosen, Unangenehmen, Schmutzigen und Nichtigen verwendet. Wer eine

Person *wie Dreck* behandelt, entbehrt diesbezüglich also jeder sozialen Regung.

kümmere dich um deinen eigenen **Dreck**! (grob)
kümmere dich um deine eigenen Angelegenheiten, dein Rat/Eingreifen ist unerwünscht! [Nichteinmischung]

sich einen **Dreck** um etwas/jmdn. kümmern (grob)
sich gar nicht um etwas/jmdn. kümmern [Vernachlässigung]
„Warum sollte ich dich bemitleiden? Als ich vor drei Jahren so schwer krank war, hast du dich doch auch einen Dreck um mich gekümmert!"

sich um jeden **Dreck** kümmern (grob)
sich um Kleinigkeiten kümmern, pedantisch sein [Pedanterie]
„Unser Chef hat überhaupt keine Führungsqualitäten. Der glaubt wirklich, er muß sich um jeden Dreck selbst kümmern, damit nichts schiefgeht."

macht euren **Dreck** (gefälligst) allein! (grob)
ich beteilige mich nicht (mehr)! [Nichtbeteiligung]
„Ich habe keine Lust mehr, weiter hier das Mädchen für alles zu sein. Ab jetzt könnt ihr euren Dreck allein machen!"

stehen vor **Dreck** (umg.)
sehr schmutzig sein [Schmutz]
„Zieh die Hose aus, die steht ja vor Dreck!"

davon verstehst du einen **Dreck**! (grob)
davon verstehst du überhaupt nichts! [Nichtwissen]
„An meinen Automotor lasse ich dich nicht mehr ran. Dieser neue Schaden zeigt doch, daß du von Autos einen Dreck verstehst!"

jmdn./etwas in den **Dreck** ziehen, mit **Dreck** bewerfen (umg.)
etwas Wertvolles/Erhabenes mit Worten erniedrigen [Erniedrigung]
„Dem Kerl brauchst du mit Begriffen wie Treue oder Fleiß gar nicht erst zu kommen. Der kann doch nur alles in den Dreck ziehen, was wie eine Verpflichtung aussieht!"

die Karre (den Karren) wieder aus dem **Dreck** ziehen (umg.)
in einer schwierigen Situation helfen [Hilfe]
„Ist ja wieder mal typisch! Erst hört keiner auf meinen Rat, und wenn es schiefgeht, kann ich die Karre aus dem Dreck ziehen. Mit mir nicht, meine Herren!"

um den **Dreh** rum (umg.)
ungefähr, etwa [Schätzung]
„Wie alt warst du denn, als ihr nach München gezogen seid?" „Damals war ich zwölf oder so um den Dreh rum."
Da *drehen* eigentlich heißt: *sich im Kreis bewegen* bedeutet die Redensart: *im Umkreis eines näher bestimmten Termins.*

im (richtigen) **Dreh** sein (umg.)
bei der Arbeit gut vorankommen [Erfolg]
„Ich verzichte heute auf das Mittagessen. Ich bin gerade so schön im richtigen Dreh, daß ich das ausnützen will!"

hinter den richtigen **Dreh** kommen
→ den richtigen **Dreh** rauskriegen

den richtigen **Dreh** rauskriegen (umg.)
begreifen, wie man etwas macht [Können]
„Der Michael hat den richtigen Dreh rausgekriegt, den Motor dieses Autos richtig einzustellen. Der Meister läßt ihn immer rufen, sobald dieser Exote in unserer Werkstatt auftaucht!"
Dreh ist eine Täuschungshandlung des Händlers, der seine unvollkommene Ware in den Händen so geschickt dreht, daß immer nur die gute Seite zu sehen ist.

man kann es **drehen** und wenden, wie man will
etwas bleibt aus jeder Perspektive unverständlich [Nichtverstehen]
„Man kann es drehen und wenden, wie man will: Ich verstehe nicht, warum Karl-Heinz seinen guten Posten bei der Bank aufgegeben hat."
Beim Drehen und Wenden eines Gegen-

standes in der Hand kann man normalerweise alle seine Eigenschaften beurteilen. Gelingt dies nicht, so ist an diesem Gegenstand etwas Rätselhaftes.

drehen: da muß doch jemand dran gedreht haben! (umg.)
1) *etwas klappt nicht mehr, etwas ist nicht mehr in Ordnung* [Mißerfolg]
2) *etwas klappt unerwartet, eine Sache gelingt auf überraschende Weise* [Unterstützung]
1) „Gestern lief der Motor noch einwandfrei, und heute morgen springt das Auto einfach nicht mehr an. Da muß doch einer dran gedreht haben!"
2) „Bei der schnellen Karriere von dem Schulze kann doch etwas nicht stimmen. Der ist doch erst ein Jahr im Betrieb und schon Abteilungsleiter. Da muß doch jemand dran gedreht haben!"
Die Redensart ist eine der wenigen, deren Bedeutung sich ausschließlich aus der Verwendungsbedingung ergibt. Sie kann in gleicher Form also einmal eine negative und eine positive Bedeutung haben.

drehen: einen Tatbestand verdrehen
etwas verfälschen [Verfälschung]
„Diese Zeugenaussage verdreht doch völlig den Tatbestand. Ich beantrage, den Zeugen wegen Befangenheit abzulehnen!"
Herkunft → den richtigen **Dreh** rauskriegen

der **Dreh**- und Angel**punkt**
der entscheidende/wichtigste Punkt [Hauptsache]
„Platons Ideenlehre ist der Dreh- und Angelpunkt seiner Erkenntnistheorie."
Der *Angelpunkt* ist jener Teil an Tür und Fenster, aus dem heraus die Drehung vollzogen wird. Er ist also die Hauptsache beweglicher Inventare.

den **Drehwurm** kriegen/haben (umg.)
jmdm. wird schwindlig/jmd. ist schwindlig und benommen [Benommenheit]
„Bei der Karussellfahrt habe ich fast den Drehwurm gekriegt. Ich verzichte auf eine Wiederholung!"
Herkunft → da ist der **Wurm** drin

für **drei** essen (umg.)
sehr viel essen [Übertreibung] [Essen]
„Du arbeitest nur für einen, aber essen kannst du für drei!"

nicht bis **drei** zählen können (grob)
sehr dumm sein [Dummheit]
„Der neue Freund von Birgit sieht aus, als ob er nicht bis drei zählen kann. Da hat sie einen Fang gemacht!"

so tun, als ob man nicht bis **drei** zählen könne (umg.)
sich dumm stellen [Verstellung]
„Du schaust mich wieder an, als ob du nicht bis drei zählen könntest. Dabei weiß ich genau, daß du meine Anweisung verstanden hast!"

ehe man/ich bis **drei** zählen konnte
sehr plötzlich, sehr rasch [Schnelligkeit]
„Ich sah gerade noch, wie der Wagen um die Ecke kam. Aber ehe man bis drei zählen konnte, hat es schon gekracht!"

ein **Dreikäsehoch** sein
→ drei **Käse** hoch sein [Körpergröße]

dreimal darfst du raten! (umg.)
das weißt du doch selbst! [Selbstverständlichkeit]
„War dein Porsche sehr teuer?" „Dreimal darfst du raten!"

jetzt schlägt's aber **dreizehn** (umg.)
jetzt reicht es aber!, so eine Frechheit! [Verärgerung]
„Jetzt schlägt's aber dreizehn! Behauptet der Kerl doch tatsächlich, daß bei dieser Wahl nicht alles mit rechten Dingen zugegangen sei, ohne Beweise dafür zu haben!"
Dreizehn gilt als Unglückszahl bzw. als „des Teufels Dutzend". Die Uhr schlägt niemals dreizehn, so daß die Redensart etwas Ungewöhnliches bzw. Unmögliches thematisiert.

da ist noch alles **drin** (umg.)
etwas ist noch offen für Entwicklungen [Unabgeschlossenheit]
„Ich wäre an Ihrer Stelle nicht so pessimistisch! Ich glaube, bei den Verhandlungen

ist noch alles drin! Lassen wir uns doch überraschen!“

das ist nicht **drin** (umg.)
das kann man nicht verlangen, das ist unmöglich [Unmöglichkeit]
„Ich soll heute noch den Bericht fertigstellen? Das ist nicht drin! Dazu brauche ich sicher noch zwei Tage!“

ganz **drin** sein in etwas (umg.)
sich in einer Sache gut auskennen [Kenntnis]
„Bitte übertragen Sie diese Aufgabe doch einem Kollegen. Wie Sie wissen, bin ich erst ein halbes Jahr in der Firma und in diesem Spezialbereich noch nicht ganz drin.“

da steckt man nicht **drin** (umg.)
darauf hat man keinen Einfluß! das ist unvorhersehbar! [Einflußlosigkeit]
„Ob wir uns einen Jungen oder ein Mädchen wünschen? Da steckt man ja nicht drin! Uns ist beides recht!“

der **Dritte** im Bunde
zu zwei (bekannten) Personen tritt eine dritte hinzu [Komplizenschaft]
„Ihr geht in die Sauna? Da bin ich der Dritte im Bunde! Wir können auch mit meinem Wagen fahren.“
In Schillers Ballade *Die Bürgschaft* ist der Tyrann Dionys so gerührt über die herzliche Männerfreundschaft zwischen dem Attentäter Damon und dem für ihn bürgenden Freund, daß er die Schlußverse spricht: „Ich sei, gewährt mir die Bitte/in eurem Bunde der Dritte.“

der lachende **Dritte** sein (umg.)
Nutznießer eines Streits anderer sein [Nutznießung]
„Weißt du, wer bei diesem Streit zwischen den Erben der lachende Dritte war? Das Finanzamt. Es hat die ganzen Kunstwerke versteigern lassen!“
Die Redensart liegt das Sprichwort zugrunde: *Wenn zwei sich streiten, freut sich der Dritte.* Die Redensart gibt es in ähnlicher Form in vielen Sprachen. So heißt sie im Französischen: *le troisième larron*, d. h.: *der dritte Gauner zieht den Nutzen daraus*, und im Englischen: *the third man lucky*, d. h.: *der Dritte ist glücklich.*

in **Druck** kommen/sein
in Bedrängnis geraten/sein [Zwangslage]
„Ich kann unsere heutige Verabredung leider nicht einhalten. Der Chef hat mir eine Menge Arbeit aufgehalst, und jetzt bin ich ganz schön in Druck. Ich muß sogar heute Überstunden machen.“

hinter etwas/jmdn. **Druck** machen
→ **Dampf** machen

jmdn. unter **Druck** setzen
jmdn. zwingen/erpressen usw., etwas gegen seinen Willen zu tun [Zwang]
„Ich lasse mich von Ihnen nicht unter Druck setzen! Lieber kündige ich und suche mir eine andere Arbeit!“

drucken: lügen wie gedruckt (umg.)
frech und stark lügen [Lüge]
„Der Konrad lügt wie gedruckt. Du brauchst nicht zu glauben, daß seine Vorfahren einmal Herzöge waren. Dieses Märchen versucht er allen zu erzählen, um damit Eindruck zu schinden!“
Lüge wird in vielen Wendungen durch Zusätze verstärkt. Die Redensart bezieht sich auf das alte Mißtrauen gegenüber Druckerzeugnissen, bei denen der Verfasser ja nicht leibhaftig anwesend ist, um für die Wahrheit seiner Worte zu bürgen. In vielen Kulturen mit mündlicher Tradition wird der schriftlichen Überlieferung stark mißtraut, weil sie für Verfälschungen und Propaganda anfällig ist. Die Redensart bewahrt noch etwas von dieser Einstellung der „Gedächtniskultur“ gegenüber der modernen „Schrift-“ oder „Buchkultur“.

sich (vor der Arbeit) **drücken**
faul sein, andere die Arbeit machen lassen [Faulheit]
„Mit unserem neuen Angestellten haben wir ja einen schönen Fang gemacht! Der drückt sich doch vor der Arbeit, wo er nur kann!“

Der Ausdruck geht auf die Jägersprache zurück, wo er sich auf Wild bezieht, das sich in Erdmulden duckt und somit vor den Augen des Jägers verbirgt.

am **Drücker** sein (umg.)
Entscheidungsgewalt haben, momentan die Macht haben [Macht]
„Nach 1933 waren die Nationalsozialisten am Drücker. Die anderen Parteien hatten nun keinen Einfluß mehr."
Die Redensart bezieht sich auf den Drücker am Gewehr, d. h. auf den Teil der Flinte, mit dem man den Schuß löst (abdrückt). Wer *am Drücker* ist, beherrscht diejenigen, auf die das Gewehr gerichtet ist, mit Mitteln der Gewalt.

etwas auf den letzten **Drücker** tun (umg.)
etwas im letzten Moment hastig tun [spät]
„Es ist jedes Jahr dasselbe: Die Weihnachtsgeschenke werden immer auf den letzten Drücker gekauft, obwohl wir es uns immer anders vornehmen!"
Drücker nannte man an alten Uhren jenen Zapfen, mit dem man den Uhrdeckel öffnete. Es ist wahrscheinlich, daß die Redensart von daher die Bedeutungskomponente der vergehenden Zeit erhalten hat. Es kann aber auch an Verschmelzungen mit dem Begriff *Zeitdruck* u. ä. gedacht werden.

das ganze **Drum** und Dran (umg.)
die ganzen lästigen Begleiterscheinungen einer Sache [Umstände]
„Weihnachten ist ja ein schönes Fest, aber die Vorbereitungen und das ganze Drum und Dran machen mich doch immer auch nervös."

mit allem **Drum** und Dran (umg.)
insgesamt, mit allen Einzelheiten [Vollständigkeit]
„Der Grundpreis des Wagens ist ja relativ niedrig, aber mit allem Drum und Dran kostet er schließlich doch über 20 000 Mark. Das muß ich mir noch mal gründlich überlegen!"

es geht alles **drunter** und drüber (umg., Paarformel, Stabreim)
es geht alles durcheinander [Durcheinander]
„Bei dieser Veranstaltung ging schließlich alles drunter und drüber. Ein Glück nur, daß es keine Verletzten gab!"
Das Durcheinander wird in dieser Redensart durch zwei gegensätzliche Bewegungen im Raum symbolisiert, wobei sich beide bezüglich eines (ungenannten) räumlichen Fixpunktes definieren. Bei Goethe steht: „Wo es aber drunter und drüber geht, ein Heiliger wird angefleht."

drunter durchsein bei jmdm. (umg.)
es mit jmdm. verdorben haben und von ihm verachtet werden [Mißachtung]
„Nach dieser Aufführung brauchst du dich bei uns nicht mehr blicken zu lassen. Jetzt bist du endgültig bei der ganzen Familie drunter durch!"

auf **du** und du stehen mit jmdm./etwas (umg.)
1) *jmdn. duzen* [Duzen]
2) *mit etwas gut vertraut sein* [Können]
1) „Seit dem letzten Betriebsausflug stehe ich mit dem Chef auf du und du."
2) „Mit der Mathematik stehe ich nicht gerade auf du und du. In der letzten Mathearbeit habe ich schon wieder eine Fünf gekriegt!"

dumm wie Bohnenstroh
→ dumm wie **Bohnenstroh**

jmdm. zu **dumm** werden (umg.)
jmdm. nicht mehr gefallen, jmds. Geduld strapazieren [Mißfallen]
„Das wird mir jetzt aber doch zu dumm! Seit drei Spielen habe ich nichts mehr gewonnen!"

jmdm. **dumm** kommen (umg.)
jmdm. frech und aggressiv begegnen [Aggression]
„Neulich wollte mir in der Kneipe jemand dumm kommen. Dem habe ich vielleicht heimgeleuchtet! Der Kerl hat sich seither nicht mehr blicken lassen!"
Die germanische Grundbedeutung von *dumm* (ahd. *tumb*) war eigentlich *stumm*.

Bereits das Althochdeutsche kennt aber die weitergehenden Bedeutungen *jung und unerfahren, töricht.* Die Redensart bedeutet also eigentlich: sich unverständlich verhalten und damit Streit provozieren.

jmdn. **dumm** und dämlich reden (umg.)
jmdn. mit einem Wortschwall eindecken [Beredsamkeit]
„Die Frau Müller hat mich heute wieder dumm und dämlich geredet. Am Schluß wußte ich gar nicht mehr, weshalb ich überhaupt einkaufen gegangen war!"

jmdn. für **dumm** verkaufen (umg.)
jmdn. betrügen [Betrügerei]
„Du kannst mich nicht für dumm verkaufen. Ich weiß genau, wieviel mein Wagen noch wert ist! Wenn du diesen Preis nicht zahlen willst, lassen wir die ganze Angelegenheit!"

der **dumme** August sein
→ der dumme **August** sein

der **Dumme** sein (umg.)
der Betrogene sein [Unrecht]
„Der Anwalt hat sich so ungeschickt angestellt, daß ich am Schluß der Dumme war, weil die Gegenpartei bessere Argumente geltend machen konnte."

einen **Dummen** finden (umg.)
jmdn. finden, den man reinlegen kann bzw. der die ganze Arbeit macht [Ausnutzung]
„Mich könnt ihr nicht mit zehn Mark abspeisen. Da müßt ihr erst einen Dummen finden, der sich dafür das Wochenende verderben läßt!"

jmdn. im **dunkeln** lassen
jmdn. bewußt nicht informieren [Uninformiertheit]
„Die Politiker lassen die Bevölkerung doch über viele wichtige Dinge völlig im dunkeln. Das nährt doch gerade die Staatsverdrossenheit vieler Bürger!"

im **dunkeln** tappen (umg.)
nichts Genaues wissen [Nichtwissen]
„Die Polizei tappt bei ihren Ermittlungen noch völlig im dunkeln. Sie weiß nicht einmal, welcher Täterkreis für diese Verbrechen in Frage kommen könnte."
Die Wendung geht auf das alte Testament (Moses 5,28) zurück: „Die nicht auf die Stimme Gottes hören, tappen am hellen Mittag wie ein Blinder im Dunkeln."

dünn gesät sein
selten sein [Seltenheit]
„Gute Mitarbeiter gibt es viele, aber wirkliche Spitzenkräfte sind ja doch nur dünn gesät!"

sich **dünn(e)** machen (umg.)
unauffällig verschwinden [Weggang]
„Ich glaube, wir sollten uns dünnemachen! Da drüben kommen drei Kerle, mit denen nicht zu spaßen ist!"
Die Redensart taucht schriftlich schon bei Jean Paul im späten 18. Jh. auf. Heute wird sie häufig in der Variante *sich verdünnisieren* gebraucht.

keinen blassen **Dunst** von etwas haben (umg.)
von einer Sache nichts verstehen [Nichtwissen]
„Gib doch endlich zu, daß du von Autos keinen blassen Dunst hast! Wenn du weitermachst, ist am Schluß noch der ganze Motor im Eimer!"
Herkunft → keinen blassen **Schimmer** haben

jmdm. blauen **Dunst** vormachen (umg.)
jmdm. etwas vortäuschen [Täuschung]
„Nachdem ich jetzt dein Zeugnis gesehen habe, kannst du mir keinen blauen Dunst mehr vormachen! Deine Leistungen sind wirklich miserabel!"
Die Redensart bezieht sich auf den alten Trick, bei Zauberkunststücken die entscheidenden Momente durch künstlich erzeugten *blauen Dunst* den Blicken der Zuschauer zu entziehen.

durch und durch
völlig, ganz und gar [Vollständigkeit]
„Das Obst ist durch und durch verfault."

durch und durch gehen
jmds. Gefühle stark erregen [Wirkung]
„Dieses traurige Schauspiel ging mir durch und durch. Im letzten Akt mußte ich sogar weinen!"

wir müssen **durch**!
wir müssen die Schwierigkeiten durchstehen/ertragen/überwinden [Starkbleiben]
„Da hilft nichts, wir dürfen uns durch diese Rückschläge nicht entmutigen lassen! Wir müssen einfach durch und auf bessere Zeiten vertrauen!"

jmdn. **durchbleuen** (umg.) [Prügel]
Herkunft → blauer **Montag**

nicht (mehr) **durchblicken**/keinen **Durchblick** (mehr) haben (umg.)
etwas nicht (mehr) verstehen, völlig ratlos sein [Nichtverstehen]
„Da drüben gehen Johanna und Bodo Hand in Hand. Jetzt habe ich aber überhaupt keinen Durchblick mehr! Die wollen sich doch scheiden lassen!"
Die Wendungen stehen im Zusammenhang des Bildfeldes [Geisteslicht] (vgl.: eine **Leuchte** der Wissenschaft), das von der Analogie *sehen* = verstehen getragen wird.

etwas **durchblicken** lassen (umg.)
etwas andeuten, aber nicht offen sagen [Andeutung]
„Der Chef ließ heute durchblicken, daß ich bald mit einer Gehaltserhöhung rechnen kann."

(miteinander) **durchbrennen** (umg.)
(zwei Verliebte) verreisen heimlich zusammen [Flucht]
„Hast du gehört? Kollege Auer ist mit der Chefsekretärin durchgebrannt. Dabei sind beide in festen Händen!"
Herkunft → jmdm. brennt die **Sicherung** durch

einer Sache/jmdm. zum **Durchbruch** verhelfen
entscheidende Unterstützung liefern [Unterstützung]
„Dieses großartige Konzert wird der Karriere dieser Sängerin entscheidende Impulse geben. Dabei hat ihr auch das Orchester durch seine Leistung zum Durchbruch verholfen."

durchdrehen (umg.)
verrückt spielen, überfordert sein und deshalb kein normales Verhalten zeigen [Haltungsverlust]
„Als der Chef den Meier verwarnt hat, hat der völlig durchgedreht und einen Aschenbecher an die Wand gefeuert!"
Herkunft → auf **Hochtouren** bringen

unten **durchsein** bei jmdm.
→ **unten** durchsein bei jmdm.

einen über den **Durst** trinken (umg.)
sich betrinken, zu viel Alkohol trinken [Trunkenheit]
„Gestern abend hast du ganz schön einen über den Durst getrunken! Drei Mann mußten dich schließlich nach Hause bringen, sonst würdest du immer noch in der Kneipe hocken!"

wie eine kalte **Dusche** wirken (umg.)
ernüchternd wirken, enttäuschend sein [Ernüchterung]
„Zunächst war ich über diese Beförderung ja sehr stolz, aber die näheren Umstände haben jetzt wie eine kalte Dusche gewirkt. Ich will ja nicht, daß meinetwegen Kollegen übergangen werden!"

mit jmdm./etwas auf (dem) **Duzfuß** stehen (umg.)
sich mit jmdm. duzen, sehr vertraut sein mit etwas
[Duzen] [Vertrautheit]
„Kollege Becker steht mit dem Präsidenten auf Duzfuß."
„Man konnte gleich sehen, daß er mit dem Alkohol auf Duzfuß stand. Seine Augen waren gerötet, und sein Blick war glasig."

E

Ebbe im Geldbeutel/in der Kasse (umg.)
momentaner Geldmangel [Geldmangel]
„Kannst du mir mal 20 Mark leihen? Bei mir ist wieder Ebbe im Geldbeutel."
Das regelmäßige Wechselspiel von Ebbe und Flut ist schon früh als Sinnbild für verschiedene Bereiche angesehen worden. In der Bedeutung *Geldmangel* ist diese Redensart spätestens seit dem späten 18. Jh. nachgewiesen, so etwa bei Schiller, *Jungfrau von Orleans* I,2: „Die hohe Flut des Reichtums ist zerflossen, / und tiefe Ebbe ist in deinem Schatz." {Geld ist eine Art Flüssigkeit}

ein (starkes/lebhaftes) **Echo** finden
eine (starke) Reaktion auslösen [Reaktion]
„Die neue Inszenierung von Goethes *Faust* hat wirklich ein starkes Echo gefunden. Es gibt keine Zeitung, die nicht einen längeren Artikel gebracht hätte!"
Der Widerhall der Stimme an manchen Felswänden ist in dieser Redensart zum Symbol der Reaktion der sozialen Umgebung auf eigenes Verhalten geworden.

es geht bunt über **Eck**
es geht durcheinander, es geht stürmisch und wild zu [Durcheinander]
„Bei der Party gestern ging es wirklich bunt über Eck. In dem Trubel ist fast das ganze Geschirr zerschlagen worden!"
Die Redensart ist seit dem 17. Jh vor allem im mitteldeutschen Raum belegt.

das ist mal wieder **echt** (Hans) (umg.)
das ist wieder typisch für (Hans) [Charakterisierung]
„Das ist wieder mal echt Hans! Erst kommt er abends nicht ins Bett, und dann verschläft er morgens!"

ein getreuer **Eckart** (gehoben)
ein zuverlässig helfender Mann [Uneigennützigkeit]
„Der Manfred ist wirklich ein getreuer Eckart! Erst hat er mir beim Umzug geholfen, und jetzt repariert er noch mein Auto. Es ist gut, daß es heute noch solche Menschen gibt."
Der „getreue Eckart" tritt in verschiedenen Sagenkreisen (etwa bei Dietrich von Bern und im *Nibelungenlied*) auf, wobei er stets die Rolle eines uneigennützigen Helfers und Warners spielt. Auch Goethe verwendet das Motiv bzw. die Redensart im Epigramm *Vergebliche Müh':* „Willst Du der getreue Eckart sein / und jedermann vor Schaden warnen, / S' ist eine Rolle, sie trägt nichts ein: / Sie laufen dennoch nach den Garnen."
Historisches Vorbild des Mythos ist wahrscheinlich der thüringische Markgraf Eckart von Meißen, der durch seine erfolgreichen Grenzkriege und sein ritterliches Verhalten gegenüber Kaiser Otto III. (980–1002) zu einem der ersten Reichsvasallen geworden war.

eine schöne **Ecke**
eine schöne Landschaft [Landschaft]
„Das Salzkammergut ist wirklich eine besonders schöne Ecke Österreichs."

eine ganze/ganz schöne **Ecke** (umg.)
eine größere Entfernung [Entfernung]
„Von Hamburg nach Venedig ist es eine ganz schöne Ecke! Das können wir unmöglich an einem Tag fahren."
Die geographische Bedeutung von *Ecke* hat sich aus der gängigen räumlichen Bedeutung (Ecke des Hauses usw.) entwickelt.

jmdn. um die **Ecke** bringen (umg.)
jmdn. ermorden, jmdn. umbringen [Mord]
„In diesem Krimi ist jeder verdächtig, das Opfer um die Ecke gebracht zu haben!"
Grimms *Deutsches Wörterbuch* gibt als erste Bedeutung von *Ecke* „Schneide der Waffe" an. Diese Bedeutung ist heute ungebräuchlich, könnte sich jedoch in der Redensart erhalten haben. Andere Erklärungen, wie etwa: *lautloses Verschwinden des Opfers* (wie um eine Straßenecke) besitzen keine weitergehende Plausibilität als die erwähnte etymologische Version. *Jemanden umbringen* ist eine verkürzende (tabuisieren-

de, verschleiernde) Verbalisierung der Redensart.

an allen **Ecken** und Enden (umg.)
überall [Überall]
„Im Sommer sieht man in der Stadt an allen Ecken und Enden Touristen und kaum noch Einheimische. Ich bin richtig froh, wenn die Reisesaison wieder vorüber ist!"

um ein paar (sechs/sieben) **Ecken** miteinander verwandt sein (umg.)
mit jmdm. entfernt verwandt sein [Verwandtschaft]
„Da drüben kommt meine Kusine Christine. Eigentlich ist sie eher eine Großkusine oder so; wir sind halt um sieben Ecken miteinander verwandt. So genau weiß ich das nicht."
Die *Ecken* der Redensart können sowohl eine räumliche Komponente haben, oder sich auf die „Ecken" des Familienstammbaums beziehen. Je mehr „Ecken" Mitglieder voneinander trennen, desto weiter ist ihre Blutsverwandtschaft.

ein Garten **Eden**
→ ein wahres **Eden**

ein wahres **Eden** (gehoben)
ein paradiesisches Land, paradiesische Zustände [Paradies]
„Ostafrika ist wirklich ein wahres Eden. Hier findet man noch so viel Wild vor wie an keinem anderen Platz der Erde!"

etwas aus dem **Effeff** beherrschen (umg.)
etwas schnell und gründlich beherrschen [Können]
„Marika beherrscht das Klavier wirklich aus dem Effeff!"
Die genaue Herkunft ist ungewiß, da die Abkürzung *ff* verschiedene Bedeutungen hat, die herangezogen werden können: In der Kaufmannssprache werden seit dem 17. Jh. Waren mit den Gütezeichen f (*fino*, fein) und ff (*finissimo*, sehr fein) gekennzeichnet. Ware *aus dem Bereich ff* hat also eine besonders gute Qualität, was sich in der Redensart wiedererkennen läßt. In der Musik bedeutet f *forte* (stark) und ff *fortissimo* (sehr stark). Auch hier könnte eine Bedeutungsübertragung in die Redensart stattgefunden haben.

seit **eh** und je (Paarformel)
so lange man weiß, immer schon [Stetigkeit]
„Seit eh und je trägt Gerd diese braunen Schuhe. Es wird Zeit, daß er sich mal neue kauft!"
Die Redensart kürzt die Begriffe *ehemals* (= einst in der Vergangenheit) und *jemals* (= einst in der Vergangenheit oder Zukunft) ab. Damit werden Vergangenheit und Zukunft in einer Paarformel gleichgesetzt, es ergibt sich die Bedeutung des Immerwährenden.

die **Ehe** brechen
den Ehepartner betrügen [Untreue]
„Früher wurden Frauen, die die Ehe gebrochen hatten, mit dem Tode bestraft."
Ehe ist westgermanischen Ursprungs und hatte die allgemeine Bedeutung *Gesetz*. Nahe verwandt ist das Adjektiv *ewig*. Die *Ehe* als gesetzlicher Akt kann in einer bildlichen Übertragung ebenso wie jedes andere Gesetz gebrochen und damit ungültig gemacht werden. Das Verb *ehebrechen* und die Substantive *Ehebrecher* bzw. *Ehebrecherin* (lat. *adultera*) sind alte Begriffe, die sich schon zusammen mit der Ausbildung des heutigen Wortes *Ehe* (etwa bei Notker Teutonicus um das Jahr 1000) nachweisen lassen.

in wilder **Ehe** leben (veraltend)
als Paar zusammenleben, ohne verheiratet zu sein [Zusammenleben]
„Früher war das völlig undenkbar, aber heute wird es immer moderner, in wilder Ehe zusammenzuleben."
Wild hat im Bereich des Geschlechtlichen die Bedeutungen *außerehelich*, *ungesetzmäßig*, *illegitim*. Die Redensart hat erst im 18. Jh. die älteren Begriffe *Kebsehe* und *Unehe* ersetzt. Vielleicht ist sie in Analogie zu älteren Formen wie *Wildling* (uneheliches Kind) oder *wilder Trieb* (= nicht den Zuchtvorstellungen entsprechender Auswuchs) entstanden.

das **Ehejoch** abschütteln [Scheidung]
→ sich unter das **Joch** beugen

auf **Ehre** und Gewissen (gehoben)
hoch und heilig, ich schwöre [Schwur]
„Ich versichere auf Ehre und Gewissen, daß ich mit dieser Tat nichts zu tun habe. Die weiteren Ermittlungen werden meine Unschuld beweisen."
Diese Formel vereinigt die weltliche *Ehre* mit dem religiösen *Gewissen*. Beides sind sittliche Instanzen, denen gegenüber der Mensch verantwortlich ist. Beide Begriffe tauchen in ihrer modernen Bedeutung erstmals bei Notker (um 1000) auf. Das mhd. *êre* wird unter dem Einfluß von Ciceros „honestas" der beherrschende ritterliche Wert. *Gewissen* ist eine Nachbildung des lat. *conscientia*.

jmdm. die **Ehre** abschneiden (gehoben)
jmdn. in einen schlechten Ruf bringen, jmdn. verleumden [Verleumdung]
„Mit dieser Behauptung wollen Sie meine Ehre abschneiden! Ich fordere Sie hiermit zur Unterlassung derartiger Aussagen auf, sonst sehen wir uns vor Gericht wieder!"
Herkunft → jmdn. bei seiner **Ehre** packen

einer Sache/jmdm. zuviel **Ehre** antun [Übertreibung]

Ehre einlegen mit etwas (gehoben)
durch eine besondere Leistung seine Befähigung erweisen [Leistungsnachweis]
„Mit dieser Arbeit haben Sie wirklich Ehre eingelegt. Jetzt wird man um eine Beförderung nicht herumkommen!"

jmdm. die letzte **Ehre** erweisen
jmdn. zu Grabe tragen, sich am Trauerzug beteiligen [Kondolenz]
„Der gesamte Betrieb wird dem verstorbenen Seniorchef die letzte Ehre erweisen."

der Wahrheit die **Ehre** geben
aufrichtig sein, die Wahrheit sagen [Wahrheit]
„Um der Wahrheit die Ehre zu geben: Auf Ihre Mitarbeit können wir in Zukunft gut verzichten. Ihre Leistungen sind alles andere als überzeugend!"
In der Redensart wird *Wahrheit* personifiziert und damit als ein Mensch dargestellt, dem man durch eine personenbezogene Handlung huldigen (die Ehre erbieten) kann.

Ehre im Leib haben [Ehre]
→ (keine) **Ehre** im Leib haben

(keine) **Ehre** im Leib haben
ohne Ehre sein, keinen Anstand besitzen [Ehrlosigkeit]
„Der Fritz hat wirklich keine Ehre im Leib! Seine Mutter liegt todkrank im Krankenhaus und er geht sie nicht einmal besuchen!"
Leib ist ein altes Synonym für *Leben*. Die Redensart bedeutet also: *ein ehrloses Leben führen*.

jmdn. bei seiner **Ehre** packen (gehoben
an jmds. Ehrgefühl oder Stolz appellieren [Appell]
„Eigentlich hat der Kollege Meier ja gemeint, daß er seinen Arbeitsanteil nicht fristgemäß erledigen kann. Aber wenn wir ihn bei seiner Ehre packen, wird er sicher doch fertig werden!"
Die persönliche Ehre des Ehrenmannes ist ein Oberbegriff für Pflichtbewußtsein, Stolz und andere Tugenden des mittelalterlichen Ritterkodex. Die Berufung auf dieses Ideal lebt in der Redensart weiter. Andere Relikte sind Redensarten wie *das Ehrenwort geben, auf Ehre und Gewissen* u. a. m. die heute meist ihres eigentlichen Sinnes entkleidet und damit profanisiert sind bzw. als bloße Bekräftigungsformel dienen.

(dein Wort, deine Meinung usw.) in **Ehren**, aber…
ich bin anderer Meinung, will dich aber nicht verletzen [Meinungsverschiedenheit]
„Dein Wort in Ehren, aber ich glaube einfach nicht mehr daran, daß Bernhard sich noch ändern wird. Aber man soll die Hoffnung ja nie aufgeben!"

in **Ehren** ergraut sein (gehoben)
ein Leben ohne schlechten Ruf geführt haben [Integrität]

„Da Sie nun in Ehren ergraut sind, stellen Sie für die Jugend ein großes Vorbild dar!" Die Redensart bezieht sich auf das äußerliche Merkmal des Alters: die grauen Haare.

wieder zu **Ehren** kommen
wieder geachtet/genutzt werden
[Wiederherstellung]
„Siehst du, jetzt kommt unser altes Fahrrad wieder zu Ehren. Vor 20 Jahren hätte keiner gedacht, daß Fahrradfahren einmal wieder modern werden könnte!"

ein sauberer **Ehrenmann** (ironisch)
ein Betrüger [Betrüger]
„Der Kerl war ja ein sauberer Ehrenmann! Erst verführt er unsere Tochter, und dann macht er sich mit ihrer Mitgift davon. Dem werden wir die Polizei hinterherschicken!" Das eigentlich positiv bewertende Adjektiv *sauber* wird in verschiedenen Verwendungsweisen mit einer ironischen negativen Bedeutung gebraucht. So kann man etwa sagen: „Das ist ja ein sauberer Blechschaden!" mit der Bedeutung: *Das ist ein großer Blechschaden* oder gar *das ist ein Totalschaden.*

eine **Ehrenrunde** drehen
→ **hängenbleiben** [Nichtversetzung]

großes **Ehrenwort** (umg.) [Schwur]
Herkunft → jmdn. bei seiner **Ehre** packen

das **Ei** des Kolumbus
eine Patentlösung, eine einfache Lösung eines scheinbar schwierigen Problems
[Lösung]
„Jetzt hab' ich das Ei des Kolumbus: Wenn du nachher in die Stadt fährst, holst du gleich die Wäsche in der Reinigung ab. Dann erspare ich mir diesen Gang!"
In seiner *Geschichte der Neuen Welt* (Venedig 1565) berichtet der Italiener Benzoni „vom Hörensagen" folgende Anekdote: Kardinal Mendoza gab dem Entdecker Amerikas ein Festmahl, bei dem er die Leistung des Kolumbus durch die Behauptung schmälerte, diese Tat hätte auch jeder andere vollbringen können. Kolumbus nahm daraufhin ein Ei und bat die Anwesenden, dieses auf eine seiner Spitzen zu stellen. Als dies niemandem gelang, drückte Kolumbus das Ei so fest auf den Tisch, daß eine breite Grundfläche entstand und das nunmehr beschädigte Ei stehen blieb. Diese Anekdote wird allerdings 1550 schon von Vasari in seinen Künstlerbiographien auf Brunelleschi bezogen, den Planer und Erbauer der Kuppel des Domes Santa Maria del Fiore in Florenz. Brunelleschi weigerte sich angeblich, den Zweiflern an der Standfestigkeit der Kuppel seine Modelle zu zeigen, bevor er den Auftrag bekam. Er begründete dies – nachdem ein Vorgang wie in der Kolumbus-Anekdote abgelaufen – war damit, daß jeder die Kuppel nachbauen könne, der sein Modell gesehen habe.

ach du dickes **Ei**! (umg., Ausruf)
[Überraschung]

das ist nicht das Gelbe vom **Ei** (umg.)
etwas ist unvollkommen
[Unvollkommenheit]
„Der Konzertabend war auch nicht das Gelbe vom Ei. Man merkt deutlich, daß Dirigent und Orchester zerstritten sind!"
Das *Gelbe vom Ei* ist der Eidotter, der als das Wertvollste am Ei angesehen wird.

die sehen sich ähnlich wie ein **Ei** dem anderen
→ die gleichen sich wie ein **Ei** dem anderen

die gleichen sich wie ein **Ei** dem anderen
zwei Personen oder Sachen sind äußerlich völlig gleich [Ähnlichkeit]
„Also, es ist wirklich frappierend: Die beiden ähneln einander wie ein Ei dem anderen. Dabei sind sie nicht einmal miteinander verwandt!"

das **Ei** will (wieder mal) klüger sein als die Henne (umg., scherzhaft)
ein junger Mensch will einen älteren belehren [Selbstüberschätzung]
„Nun sieh' mal an: Das Ei will wieder mal klüger sein als die Henne! Du brauchst deinem alten Vater wirklich nicht zu erklären, wie man Auto fährt! Schließlich habe ich

meinen Führerschein schon gemacht, als du noch nicht einmal das Licht der Welt erblickt hattest!"

jmdn. wie ein rohes **Ei** behandeln (umg.)
jmdn. sehr vorsichtig behandeln
[Schonung]
„Den Bernd muß man wirklich wie ein rohes Ei behandeln, sonst ist er gleich eingeschnappt!"

wie aus dem **Ei** gepellt/geschält (umg.)
ungewöhnlich fein und sauber angezogen sein [Sauberkeit]
„Der Jan sieht heute wieder aus wie aus dem Ei gepellt. Damit versucht er, bei den Mädchen Eindruck zu schinden!"

kaum aus dem **Ei** gekrochen sein (umg.)
noch unerfahren sein [Unerfahrenheit]
„Immer versuchst du, mir irgendwelche Vorschriften zu machen. Dabei weiß ich doch besser als du, was ich zu tun habe. Du bist doch kaum aus dem Ei gekrochen!"

eichen: auf etwas geeicht sein (umg.)
etwas gut beherrschen [Können]
„Mit diesem Problem müßt ihr zum Kollegen Müller gehen. Der ist auf diese Spezialfälle geeicht!"
Das *Eichen* von Maßen und Gewichten ist Voraussetzung zu ihrem einwandfreien Funktionieren. Diese Bedeutungskomponente der geprüften Güte hat sich in der Redensart auf Personen übertragen. Das Wort selbst geht zurück auf lat. *aequare* (vergleichen).

mühsam nährt sich das **Eichhörnchen** (umg.)
nur langsam geht eine Sache voran
[Langsamkeit]
„Na, was macht denn deine Examensarbeit?" „Du weißt doch: Mühsam nährt sich das Eichhörnchen! Ich habe gerade erst die Einleitung fertig!"
Die Redensart wurde zunächst nur im Bereich des Kartenspiels für das langsame Sammeln von Punkten gebraucht. Es gibt von dieser Redensart auch die Variante: *mühsam baut das Eichhörnchen sein Nest* mit derselben Bedeutung. Seinen Namen verdankt das Tier der germanischen Wurzel *aik* (Eiche). Der zweite Wortbestandteil ergab sich aus *waik wernan* (das auf Eichen lebende Tier) und altnordisch *ikorni*. Als man um das 11. Jh. diesen Zusammenhang nicht mehr spürte, trat eine Anlehnung an *Horn* ein, die einer ganzen Gattung von „Hörnchen" ihren Namen gab: Backenhörnchen, Erdhörnchen usw. Da die Bildungen auf *Horn* in diesem Zusammenhang natürlich undurchsichtig sind (Eichhörnchen tragen ja keine Hörner), hat sich regional das verständlichere Wort *Eichkatze* durchgesetzt.

sich um ungelegte **Eier** kümmern (umg.)
voreilig sein; sich um Dinge kümmern, die noch keineswegs aktuell sind [Voreiligkeit]
„Kümmere dich doch nicht um ungelegte Eier! Bevor du kein Abitur in der Tasche hast, brauchst du dich über die Akademikerarbeitslosigkeit nicht aufzuregen!"

wie auf **Eiern** gehen (umg.)
beim Gehen sehr vorsichtig auftreten
[Vorsicht] [Gehen]
„Ich glaube, diese Schuhe sind mir eine Nummer zu klein. Ich muß darin wie auf Eiern gehen, damit ich keine Schmerzen empfinde!"

noch die **Eierschalen** hinter den Ohren haben
→ kaum aus dem **Ei** gekrochen sein
[Unerfahrenheit]

einen **Eiertanz** aufführen (umg.)
sich umständlich um ein bestimmtes Thema herumdrücken, etwas nur verschleiert ausdrücken [Ausflüchte]
„Führ doch nicht so einen Eiertanz auf und rück endlich mit der Sprache raus: Wo bist du gestern abend gewesen?"
Den Eiertanz gab es früher tatsächlich. Die Tänzer mußten dabei mit verbundenen Augen zwischen auf dem Boden liegenden rohen Eiern umher tanzen, ohne diese zu zerbrechen. Dabei kam es zu Verrenkungen und gekünstelten Schritten, die sich im übertragenen Sinn redensartlich erhalten haben.

ein **Eigenbrötler** sein
Vgl.: im eigenen **Saft** schmoren.
[Sonderling]

alles im **Eimer**! (umg.)
→ im **Eimer** sein [Scheitern]

im **Eimer** sein (umg.)
kaputt sein, verdorben sein [Defekt]
„Wieso hast du dir denn einen neuen Wagen gekauft? Du hast an dem alten doch so sehr gehangen?" „Ja weißt du, der war nach all' den Jahren nun doch im Eimer. Die Reparatur hätte mich schließlich mehr gekostet als dieser Neuwagen!"
Mit dem *Eimer* der Redensart ist wohl der *Abfalleimer* gemeint, in welchen unbrauchbare Gegenstände geworfen werden. *Eimer* geht auf griech./lat. *amphora* (Gefäß mit Henkeln) zurück und ist mit der Sache von den Germanen übernommen worden.

jmds. **ein** und alles sein
jmds. liebster Mensch/liebste Sache/Tätigkeit sein [Favorit]
„Die Marika ist wirklich mein ein und alles! Ich wäre glücklich, wenn sie mich heiraten würde!"
Das *ein* der Redensart ist eine Abkürzung für *einzig* im Sinne von *einziges Ziel und Streben.*

ein für allemal
endgültig [Endgültigkeit]
„Ich sage es dir jetzt ein für allemal: Wenn du Geld brauchst, dann geh arbeiten. Ich werde dir jedenfalls keines mehr geben!"

Einbildung ist auch eine Bildung! (umg.)
du bist ziemlich eingebildet
[Eingebildetheit]
„Und du glaubst, daß du als einziger von allen Bewerbern eine Chance hast, diese Stelle zu kriegen? Na ja, Einbildung ist auch eine Bildung!"

sich selbst etwas (Schönes) **einbrocken** (umg.)
jmndn./sich selbst in eine unangenehme Lage bringen [Selbstschädigung]
„Na, da hast du mir ja was Schönes eingebrockt! Du hast den Unfall verursacht, und ich soll bezeugen, daß der andere schuld war. In diesem Fall werde ich dir nicht helfen können!"
Die Redensart stammt von der längeren Form *eine schöne Suppe einbrocken*, d. h. Brot in die Suppe brocken, um sie gehaltvoller zu machen. In der Redensart ist diese ursprünglich positive Bewertung ironisch ins Negative gewendet.

einen tiefen/nachhaltigen **Eindruck** hinterlassen
stark imponieren und nachhaltig im Gedächtnis bleiben [Eindruck]
„Das Konzert mit dem großen Operntenor hat bei mir einen nachhaltigen Eindruck hinterlassen. Noch nie habe ich so gelungene Interpretationen der Meisterarien gehört! Das bleibt mir unvergeßlich!"
Ein „Eindruck" ist eigentlich ein in eine weiche Masse eingedrücktes Zeichen eines vergangenen Ereignisses (beispielsweise die Spur eines Tieres). Im übertragenen Sinn sprechen wir auch von *Gedächtniseindrücken* und *Gedächtnisspuren*. Das Gedächtnis wird also mit einer weichen Unterlage verglichen, in die sich die Erinnerungen einprägen. Diese Metapher ist sehr alt und geht auf die antike Vorstellung vom Gedächtnis als einer Wachstafel zurück. {Gedächtnistafel}

Eindruck schinden wollen (umg.)
mit übertriebenen Mitteln auf andere positiv wirken wollen [Auffälligkeit]
„Warum hast du denn deinen besten Anzug angezogen? Du willst wohl wieder bei den Damen Eindruck schinden! Na ja, wer's nötig hat..."
Das alte Verb *schinden* hat neben der Bedeutung *martern* und *quälen* als Reflexivum auch die Bedeutung *sich abmühen*. Diese Komponente der starken (quälenden) Anstrengung ist in die Redensart eingeflossen, die meist ein scherzhaft abwertendes Urteil ausdrückt.

in **einem** fort
ununterbrochen, ständig [Kontinuität]
„Mußt du eigentlich in einem fort gähnen?

Du machst den Redner damit doch ganz nervös!"
Der Partikel *fort* drückt häufig eine anhaltende, dauernde Bewegung bzw. einen kontinuierlichen Vorgang aus: *fortwährend, fortdauernd, immerfort* u. a. m. In der Redensart ist *einem* ein inhaltsleerer Platzhalter, der die jeweilige Verbbedeutung wiederaufnimmt.

du bist mir **einer**! (umg.)
du bist unverschämt, du bist ein Gauner, du willst mich wohl reinlegen! [Empörung]
„Du bist mir einer! Gestern hast du mir eine Beule ins Auto gefahren, und heute kommst du scheinheilig an und willst es dir wieder ausleihen! So geht's nicht!"
Der unbestimmte Artikel *ein* steht häufig aus Gründen der Tabuisierung, Verschleierung oder Scham ohne ein entsprechendes Substantiv. Vgl. etwa: *sich einen genehmigen, einen fahren lassen, sich eine* (Zigarette) *ins Gesicht stecken* u. ä. Teilweise spielt auch das sprachliche Ökonomieprinzip eine Rolle, nach dem als bekannt vorauszusetzende oder leicht rekonstruierbare Substantive oder Verben weggelassen werden können.

einfallen: was fällt dir ein?
was erlaubst du dir?, so eine Unverschämtheit! [Tadel]
„Was fällt dir eigentlich ein, mich nach unseren Nachbarn auszufragen? Geh doch selbst hin und erkundige dich danach!"

edle **Einfalt**, stille Größe
Vgl.: **groß** herauskommen.

die **Einfalt** vom Lande
ein naives Mädchen aus dem Dorf [Naivität]
„Du mußt nicht glauben, ich sei die Einfalt vom Lande! Ich falle jedenfalls auf dein angeberisches Verhalten nicht herein!"
Die Rolle der „Einfalt vom Lande" ist eine Standardrolle der Boulevardstücke des 19. und 20. Jh. Sie meint ein Mädchen, das in der Großstadt allerlei unbekannten Gefahren und Versuchungen ausgesetzt ist, bzw. dessen Unschuld ständig gefährdet ist. Die Rolle geht auf antike Vorbilder bzw. barocke Allegorien (Simplicitas) zurück. Zu ihrer literarischen Ausgestaltung, ihren psychologischen und sozialkritischen Dimensionen und dem Motivbereich Verführer/Verführte vgl.: die Unschuld vom **Lande**.

heilige **Einfalt**! (umg.)
du bist sehr naiv [Naivität]
„Heilige Einfalt, du glaubst tatsächlich das Märchen, daß die an der Haustür verkauften Postkarten aus Behindertenwerkstätten stammen!"
Diese Redensart ist die Übersetzung von lat. *sancta simplicitas* und stellt die scherzhafte Anrufung einer nicht existenten Heiligen dar.

jmnd. Angst **einflößen**
jemanden in Furcht versetzen [Bedrohung]
„Du kannst mir mit deinen Drohungen keine Angst einflößen. Wenn du sie wahrmachst, gehe ich zur Polizei!"
Einflößen hat die Bedeutung: *jmdm. Nahrung/Flüssigkeit zuführen, der dagegen* (aus Schwäche/Widerwillen) *Widerstand leistet*. Diese Bedeutung hat sich in der Redensart auf nichtmaterielle Dinge übertragen. Das Einflößen ekelerregender oder verbrühender Flüssigkeiten war daneben ein Instrument der mittelalterlichen Folter und ist als Verhörmethode aus dem Dreißigjährigen Krieg im *Simplicissimus* mehrfach beschrieben. Vgl.: jmdm. etwas **eintränken**.

ein **eingefleischter** Junggeselle
→ ein eingefleischter **Junggeselle**

ans **Eingemachte** gehen (umg.)
an die Substanz gehen [Gefährdung]
„Die Firma ist fast bankrott. Jetzt geht es ans Eingemachte!"
Das „Eingemachte" sind die für den Winter eingelagerten Nahrungsmittelvorräte.

jmdm./etwas **Einhalt** gebieten
jmdn./etwas energisch in seiner Absicht/Entwicklung hindern [Behinderung]
„Der drohenden Gefahr für die Nordsee muß von den Anrainerstaaten dringend Einhalt geboten werden!"

jmdm. tüchtig **einheizen** (umg.)
jmdm. nachdrücklich die Meinung sagen, jmdn. bedrängen [Bedrängung]
„Kollege Paule hat schon wieder das Arbeitssoll nicht erfüllt. Jetzt wird der Chef ihm wohl mal ordentlich einheizen!"
Herkunft → jmdm. die **Hölle** heiß machen

bei sich **Einkehr** halten (gehoben)
in sich gehen, bereuen, über seine schlechten Taten nachdenken [Besinnung]
„Du wirst irgendwann auch Einkehr bei dir halten und dann bereuen, was du deiner alten Mutter angetan hast!"
Seit der mittelalterlichen Mystik wird das Bild des bei sich selbst innehaltenden und sich in das eigene „Körperhaus" versenkenden Menschen in dieser Bedeutung gebraucht. {Körperhöhle}

einleuchten: etwas leuchtet jmdm. ein (umg.)
jmd. versteht/akzeptiert etwas
[Verstehen] [Akzeptieren]
„Man hat mir auf dem Finanzamt gesagt, daß ich für jede Ausgabe, die ich steuermindernd einsetzen möchte, einen Beleg beibringen muß. Das leuchtet mir auch ein – schließlich könnte man sonst den Staat leicht betrügen!"
{Geisteslicht}

jmdn. **einlochen** [Verhaftung]
→ im **Loch** sitzen

einpacken können mit etwas (umg.)
1) *vergleichsweise schlechter sein als andere* [Niederlage]
2) *mit etwas aufhören/etwas beiseite legen, weil es unbrauchbar ist* [Unbrauchbarkeit]
1) „Wenn der Trainer nicht den Harry ins Tor stellt, können wir bei dem Spiel morgen einpacken!"
2) „Mit dieser Idee kannst du gleich einpacken! Ich bin nicht bereit, die Schulden eures Vereins zu stunden!"
Bei dieser Redensart muß wohl an die nicht am dem Kunden gebrachte Ware des Hausierers gedacht werden, die er nach erfolglos beendetem Verkaufsgespräch wieder einpackt.

mir ist alles **eins**
mir ist alles gleichermaßen recht, mir ist alles gleichgültig, ich sehe keinen Unterschied [Gleichgültigkeit]
„Ob wir jetzt nach Tirol fahren oder an die Adria: Mir ist alles eins! Hauptsache, ich kann mich gut erholen!"
Schon im *Parzival* wird *eins* in der Bedeutung dieser Redensart gebraucht.

(A und B) sind/waren **eins**
A und B passieren/passierten gleichzeitig [Gleichzeitigkeit]
„Das Gewitter war so nahe bei uns, daß Blitz und Donner eins waren!"

auf **eins** hinauslaufen/herauskommen [Gleichheit]

tüchtig **einsacken** (umg.) [Verdienen]
→ tief in den **Säckel** greifen

ein **Einsehen** haben
nachgeben, sich einsichtig zeigen, Verständnis haben [Verständnis]
„Nach drei Tagen hatte der Wettergott endlich ein Einsehen, und der Dauerregen hörte auf."
Das Verb *einsehen* ist eine Parallelbildung zu lat. *inspicere*. Wie *Einsicht* gehörte es zunächst zum religiös-pietistischen Sprachgebrauch, bevor es von Goethe und Kant ins Weltliche gewendet wurde.

jmdn. **einseifen** (umg.)
jmdn. mit vielen Worten für eine Sache gewinnen wollen [Überredung]
„Mich könnt ihr mit eurem Geschwätz nicht einseifen. Den Wagenschlüssel überlasse ich euch auf keinen Fall!"
Die Redensart bezieht sich auf den Friseur, der den Kunden beim Rasieren mit seinem Geschwätz belästigt.

etwas **einstecken** können/müssen
1) *harte Kritik ertragen können/müssen* [Kritik]
2) *Belastungen/Schläge ertragen können/müssen* [Belastbarkeit]
1) „Für meinen letzten Vortrag mußte ich ganz schön was einstecken! Nächstes Mal

werde ich mich besser vorbereiten!“ {Argumentation ist ein Kampf}
2) „Dieser Boxer kann ganz schön was einstecken! Jeder andere wäre längst k. o. gegangen!“

jmdm. etwas **einträhken**
1) *jmdm. etwas einschärfen* [Belehrung]
2) *jmdm. etwas vergelten, sich an jmdm. rächen* [Vergeltung]
1) „Dir muß man wohl einträhken, daß du deine Schuhe vor der Tür abputzen sollst? Sieh dir jetzt mal diesen Dreck an!“
2) „Dem werde ich es einträhken, mich so zu betrügen!“
Die Redensart bezieht sich auf den belebenden oder vergifteten *Trank*, der seit alter Zeit als Symbol des Weges in den menschlichen Körper hinein gilt. Seit dem Dreißigjährigen Krieg ist dabei auch der Aspekt des grausamen Einflößens verbrühender Flüssigkeiten enthalten. Vgl.: jmdm. Angst **einflößen**.

jmdm. etwas **eintrichtern** [Lehren]
→ der Nürnberger **Trichter**

sich mit jmdm. ins **Einvernehmen** setzen [Einigung]
→ mit jmdm. ins **reine** kommen

jmdn. **einwickeln** (umg.)
jmndn. mit Schmeicheleien und List für sich oder eine Sache gewinnen
[Überredung]
„Mich kannst du mit deinen Geschichten nicht einwickeln! Ich weiß, daß das meiste davon erlogen ist.“
Seit dem 15. Jh. wird die Redensart im abstrakten Sinn gebraucht, die materiell das Verhüllen eines Gegenstandes durch Umwickeln mit Stoff oder Papier bedeutet.

sich auf dünnem **Eis** bewegen
in gefährdeter und unsicherer Lage sein
[Gefährdung]
„Mit dieser Theorie bewegst du dich aber auf dünnem Eis! An deiner Stelle würde ich diese Prognose erst empirisch absichern!“
Varianten der Redensart sind seit dem Mittelalter geläufig. Ein Spruch aus dem 13. Jh. lautet: „Qui currit glaciem, se non monstrat sapientem.“

das **Eis** brechen
bestehende Vorbehalte und Hemmungen überwinden [Kontakt]
„Dieser Aperitif wird das Eis zwischen den verschiedenen Gästen brechen!“

jmdn. aufs **Eis** führen
→ jmdn. aufs **Glatteis** führen [Täuschung]

etwas auf **Eis** legen (umg.)
etwas vorläufig verschieben/ruhen lassen
[Verschieben]
„Den Vertrag mit Müller und Co. legen wir erst einmal auf Eis, bis der Vorstand sich über die Modalitäten geeinigt hat.“
Eis und Salz haben sich wegen ihrer konservierenden Wirkung als Metaphern für Aufschub, Gedächtnis usw. angeboten.

ein heißes **Eisen**
1) *eine gefährliche Angelegenheit* [Gefahr]
2) *eine aktuelle und interessante Angelegenheit* [Aktualität]
1) „Dompteur könnte ich niemals werden. Das wäre mir ein zu heißes Eisen!“
2) „Um diese Story müssen wir uns sofort kümmern! Das ist ein heißes Eisen und interessiert alle unsere Leser!“
Die Redensart bezieht sich auf einen frühmittelalterlichen Rechtsbrauch, die sogenannte Eisenprobe. Bei dieser mußte der Verdächtige ein glühendes Eisen umfassen. Der allwissende Gott ließ die Hand dann verbrennen, wenn die Beschuldigung zu Recht bestand. Außer dieser Erinnerung an das „Gottesgericht“ kann natürlich auch einfach an die von glühendem Metall ausgehende Gefahr und das schnelle Erkalten derartiger Stoffe gedacht werden.

noch nicht zum alten **Eisen** gehören (umg.)
noch etwas wert, nützlich sein, Gebrauchswert besitzen [Belastbarkeit]
„Unser Seniorchef ist ganz schön rüstig. Der gehört noch lang nicht zum alten Eisen!“

mehrere (viele/zwei) **Eisen** im Feuer haben
mehrere Pläne oder Angebote gleichzeitig

besitzen/verfolgen [Alternative]
„Wenn diese Bewerbung schiefgeht, bricht mir das nicht den Hals! Schließlich habe ich mehrere Eisen im Feuer!"
Der Schmied kann das Eisen nur bearbeiten, solange es glüht, weil es dann gebogen und gehämmert werden kann. Während er an einem Werkstück arbeitet, liegen bereits andere Rohstücke im Feuer, damit es keine Arbeitsunterbrechung gibt. Im Sinne der Redensart kann man also auch dann weiterarbeiten und weiterkommen, wenn ein bestimmter (Arbeits-)Vorgang gescheitert ist, weil man „mehrere Eisen im Feuer" hat.

jmdn. in **Eisen** legen (veraltend)
jmdn. verhaften [Verhaftung]
„Es war ja wirklich höchste Zeit, daß diese Bande in Eisen gelegt wurde! Man war ja seines Lebens nicht mehr sicher!"
Die Redensart erinnert an die mittelalterlichen Fesseln und Ketten, mit denen die Gefangenen an der Flucht gehindert worden sind.

jmdn./etwas zum alten **Eisen** werfen/legen
jmdn./etwas so behandeln als sei er/es unbrauchbar [Ausmusterung]
„Eine Zeitlang hat man geglaubt, man könne auf das Fahrrad als Verkehrsmittel verzichten und es zum alten Eisen werfen. Heute ist da ein Umdenkprozeß im Gange, weil die Innenstädte im Autoverkehr zu ersticken drohen."
Das *alten Eisen* ist der Schrott, der keinen Gebrauchswert mehr besitzt und auf einem Sammelplatz vor sich hin rostet.

pünktlich wie die **Eisenbahn**
→ jetzt ist es aber höchste **Eisenbahn**
[Pünktlichkeit]

jetzt ist es aber höchste **Eisenbahn** (umg.)
es ist höchste Zeit!, die Zeit wird knapp!
[Spät]
„Ach Gott, es ist schon nach Mitternacht! Jetzt ist es aber höchste Eisenbahn! Ich muß gleich schlafen gehen, weil ich früh aufstehen muß!"
Die Redensart stammt aus einem Lustspiel des Berliner Humoristen Adolf Glaßbrenner (1810–1876). In *Ein Heiratsantrag in der Niederwallstraße* ist der Held des Stücks ein zerstreuter Briefträger, der ständig zwei Dinge beim Sprechen verwechselt. Mitten in einem Dialog verabschiedet er sich überstürzt, weil er die Briefe austragen muß, die soeben mit der Eisenbahn angekommen sind. Er will eigentlich sagen: Es ist höchste Zeit, die Eisenbahn ist schon angekommen. Statt dessen greift er zu der Formulierung: „Es ist höchste Eisenbahn, die Zeit ist schon angekommen." Diese Wendung wurde populär, weil die Ankunfts und Abfahrtszeit der Eisenbahn eine sprichwörtliche Pünktlichkeit aufwies.

aber **eisern**! (umg.)
ganz bestimmt! [Bekräftigung]
„Versprichst du mir, auch ganz bestimmt deine Hausaufgaben zu machen?" „Aber eisern!"
Das Adjektiv *eisern* (eigentlich *aus Eisen bestehend*) hat in mehreren Verbindungen mit Substantiven die Bedeutung: *unerbittlich, rücksichtslos* (der eiserne Kanzler), *undurchlässig* (der Eiserne Vorhang), *notwendig* (die eiserne Ration). Die allgemeine Komponente der Verstärkung ist in diese saloppe/scherzhafte Bekräftigungsformel eingegangen.

eine **Eiterbeule** aufstechen (veraltend)
Mißstände bloßlegen [Offenlegung]
„In dieser Partei herrscht eine unglaubliche Klüngelei. Es wird höchste Zeit, diese Eiterbeule einmal aufzustechen und in der Zeitung darüber zu berichten!"
Eiter leitet sich vom griech. *oidos* (Geschwulst) her, wie auch das Fremdwort *Ödem.* {Staatsorganismus}

sich benehmen wie ein **Elefant** im Porzellanladen (umg.)
sich plump und ungeschickt verhalten, durch unangepaßtes und grobes Verhalten stören
[Grobheit]
„Hans-Dieter hat sich gestern wieder benommen wie ein Elefant im Porzellanladen! Am gemeinsten war der Scherz, den er über die Glatze des Konsuls gemacht hat. Der ist dann auch sofort gegangen!"

ganz in seinem **Element** sein
1) *sich auskennen* [Kenntnis]
2) *sich wohl fühlen* [Wohlergehen]
1) „Nach dem Lehrgang bin ich bei diesen komplizierten Computerprogrammen ganz in meinem Element!"
2) „Sonne, Sand und Meer: Da bin ich ganz in meinem Element! Jetzt kann der Urlaub beginnen!"
Nach der antiken Elementenlehre des Empedokles besitzt jedes Lebewesen eine besondere Affinität oder Verwandtschaft zu einem der vier Grundelemente Feuer, Wasser, Luft und Erde. Diese Grundstoffe wurden bei den Griechen *stoicheia* (von *stoichos* = Reihe) genannt. Erst Lukrez bildet das Wort *elementa*, das mit *Elefant* verwandt ist. Der Kirchenvater Hieronymus berichtet, daß man den Kindern der Reichen in Rom elfenbeinerne Schriftzeichen gab, mit denen sie spielend das Lesen lernen sollten. Diese Buchstaben wurden *elepanta* genannt. Wohl in Anlehnung an *rudimenta* wurde daraus *elementa*, das dann naturphilosophisch zu den „Buchstaben des Weltaufbaus" umgedeutet wurde. Noch heute verwendet die Fachsprache der Chemie das Wort *Element* in diesem Sinne, obwohl es darüber hinaus auch ein jargonhafter Alltagsbegriff geworden ist, wie der redensartliche Gebrauch zeigt.

wie ein Häufchen **Elend**
→ nur noch ein Häufchen **Elend**

aussehen wie das leibhaftige **Elend**
→ nur noch ein Häufchen **Elend**

nur noch ein Häufchen **Elend**
krank und/oder deprimiert aussehen
[Notlage]
„Nach dieser Ermahnung brauchst du nicht wie ein Häufchen Elend in der Ecke zu stehen! So schlimm war es jetzt auch wieder nicht!"
Elend bedeutet eigentlich *Ausland, Fremde* (ahd. *eli lenti*). Der Verlust der Heimat galt im Mittelalter als großes Unglück, so daß sich allmählich eine Generalisierung herausgebildet hat, bei der keine räumliche Komponente (Land) mehr zu erkennen ist. Die Wurzel *eli* (fremd/anders) findet sich auch im Wort Elsaß wieder, das eigentlich bedeutet: *Eli sazzo* = Bewohner des anderen Rheinufers.

das heulende **Elend** kriegen (umg.)
[Leiden]

im **Elfenbeinturm** sitzen (gehoben)
ohne Realitätsbezug sein [Realitätsverlust]
„Der Wissenschaft wird heute immer mehr der Vorwurf gemacht, daß sie im Elfenbeinturm sitzt und zur Lösung der wichtigen sozialen Fragen nichts beiträgt."
Bereits in der Bibel existiert der Begriff *Elfenbeinturm* als Vergleich. Im *Hohen Lied* (7,5) wird der Hals der Geliebten so bezeichnet. Im Sinn der Redensart wird *Elfenbeinturm* erst Mitte des 19. Jh. in Frankreich (Sainte Beuve, 1804–1869) als *tour d'ivoire* erwähnt, taucht dann aber auch als *ivory tower* bei Oscar Wilde und Henry James auf. Heute gilt er als kritisches Symbol der Weltfremdheit und Selbstbezogenheit, wobei meistens an Dichter und Literaten sowie an Wissenschaftler gedacht wird. Das Wort *Elfenbein* selbst müßte eigentlich *Elefantenbein* (Elefantenknochen) heißen. Der Elefant hieß im Altägyptischen *jebu* und im Koptischen *ebon*. Daraus wurde lat. *ebur* mit der Variante *elephantus*, das die Germanen um das Jahr 600 übernahmen. Die Angelsachsen machten aus *ebur* über romanisch *ivoir* das englische *ivory*. Das alte *Olifant* scheint eine keltische Variante gewesen zu sein.

mit gleicher **Elle** messen [Gerechtigkeit]
→ alles nach seiner **Elle** messen

alles nach seiner **Elle** messen (veraltend)
alles vom eigenen Standpunkt aus bewerten
[Einseitigkeit]
„Du darfst nicht ungerecht sein und alles nach deiner Elle messen! Schließlich hat der neue Kollege noch nicht soviel Erfahrung wie du und kommt deshalb nicht so schnell mit der Arbeit voran!"
Die Elle ist als altes Naturmaß die Länge des Unterarms. Dieses Maß schwankt naturgemäß. Jemand, der nur *seine Elle* gelten

läßt, ist folglich eigensinnig und ungerecht gegenüber anderen.

bis über die **Ellenbogen**
sehr tief in etwas verstrickt sein [Verstrickung]
„Ich bin momentan bis über die Ellenbogen verschuldet, weil ich mir ein neues Auto gekauft habe!"

die **Ellenbogen** frei haben müssen
Bewegungsfreiheit brauchen, Bindungslosigkeit anstreben [Ungebundenheit]
„Bei einer Karriere im Ausland ist eine Familie nur hinderlich. Da muß man die Ellenbogen frei haben, um sich schnell entscheiden zu können und flexibel zu sein!"

die **Ellenbogen** gebrauchen
sich rücksichtslos durchsetzen [Rücksichtslosigkeit]
„Der Hermann hat eine ziemlich steile Karriere hinter sich. Der schämt sich aber auch nicht, bei jeder sich bietenden Gelegenheit seine Ellenbogen zu gebrauchen. Das hat ihm schon viele Feinde eingebracht!"
Der Ellenbogen kann im Gedränge von rücksichtslosen Menschen als schmerzhafte „Waffe" eingesetzt werden. Seine Verwendung wird in der Redensart als Zeichen eines rücksichtslosen Charakters bewertet.

keine **Ellenbogen** haben [Nachgeben]
→ die **Ellenbogen** gebrauchen

eine diebische **Elster** (umg.)
eine weibliche Person, die zum Diebstahl neigt [Diebstahl]
„In der Wohnung dieser diebischen Elster fand die Polizei ein ganzes Warenlager gestohlener Gegenstände."
Die Elster ist ein Vogel, dem das Sammeln glänzender Gegenstände nachgesagt wird. Dabei kommt es gelegentlich auch zum „Diebstahl" von Wertgegenständen, die Menschen achtlos herumliegen lassen.

seinen **Eltern** über den Kopf gewachsen sein
von den Eltern nicht mehr beeinflußbar sein, in jungen Jahren ein schlechtes Verhalten zeigen [Ungehorsam]
„Der Fritz ist seinen Eltern völlig über den Kopf gewachsen. Jetzt war schon zum zweiten Mal die Kriminalpolizei seinetwegen im Haus!"

nicht von schlechten **Eltern** sein (umg.)
1) *von guter Qualität sein* [Qualität]
2) *kräftig sein* [Beachtlichkeit]
1) „Dieser Wein ist wahrhaftig nicht von schlechten Eltern!"
2) „Die Ohrfeige, die Gustav vom Lehrer erhalten hat, war wirklich nicht von schlechten Eltern!"
In der Redensart gelten die Eltern als ursächlich Verantwortliche für die Eigenschaften ihrer Kinder. Dieses Bild hat sich allmählich von Menschen auf die Qualität von Handlungen, Sachverhalten und Objekten verlagert.

in der Wahl der **Eltern** vorsichtig gewesen sein (scherzhaft)
reiche Eltern haben [Reichtum]
„Wenn wir in der Wahl unserer Eltern vorsichtiger gewesen wären, bräuchten wir heute nicht so mühsam unser tägliches Brot zu verdienen!"
Die Redensart stellt die Verwandtschaftsverhältnisse scherzhaft so dar, als seien sie das Ergebnis sorgfältiger Planung. Seit Mitte des 19. Jh. belegt.

wenn ..., dann will ich **Emil** heißen
→ wenn ..., dann will ich **Meier** heißen

graue **Eminenz**
einflußreiche (politische) Persönlichkeit, die als solche kaum in Erscheinung tritt [Einfluß] [Heimlichkeit]
„Die graue Eminenz der Stadtverordnetenversammlung war nach wie vor der ehemalige Oberbürgermeister."
Die Wendung ist die Übersetzung des franz. *l'Eminence grise*, des Beinamens des Kapuziners Père Joseph, der als engster Berater Kardinal Richelieus galt.

am **Ende** der Welt (umg.)
sehr weit weg von der Zivilisation [Abgelegenheit]

„Ihr wohnt ja wirklich am Ende der Welt! Kein Wunder, daß ihr euch nur noch so selten bei uns sehen laßt!"

ein **Ende** mit Schrecken
eine Katastrophe, die am Ende einer schlimmen Zeit liegt [Ende]
„Nachdem beide die Scheidung eingereicht haben, zeichnet sich jetzt wenigstens ein Ende mit Schrecken ab! Die letzten Jahre ihrer Ehe müssen ja die reinste Hölle gewesen sein!"
Die Redensart ist die verkürzte Version des Sprichworts: *Besser ein Ende mit Schrekken/als ein Schrecken ohne Ende!* Angeblich geht es auf den Freiheitskämpfer Schill zurück, der es am 12. 5. 1808 auf dem Marktplatz von Arneburg an der Elbe denjenigen zurief, die sich mit ihm gegen Napoleons Herrschaft erheben sollten. Das *Ende mit Schrecken* ist ein Bibelzitat und geht auf Psalm 73,19 zurück.

etwas am falschen **Ende** anpacken/anfassen
sich ungeschickt anstellen, die Reihenfolge vertauschen [Ungeschicklichkeit]
„Du hast wirklich ein Talent, alles am falschen Ende anzupacken! Gib mir mal den Schraubenschlüssel, ich zeige dir, wie man es macht!"

kein **Ende** finden mit etwas
(bei einer Erzählung/Rede) weitschweifig sein, eine Tätigkeit über Gebühr ausdehnen [Weitschweifigkeit]
„Wenn der Vater vom Krieg erzählt, kann er einfach kein Ende finden!"

es geht mit jmdm. zu **Ende**
jmnd. stirbt [Sterben]
„In dem Telegramm steht, daß es mit Vater jetzt zu Ende geht. Wir müssen ihn sofort aufsuchen!"

das ist das **Ende** vom Lied
das ist der unerfreuliche Ausgang dieser Angelegenheit [Scheitern]
„Der Peter ist jetzt zum dritten Mal durch das Examen gefallen. Das ist das Ende vom Lied. Er wird sich nach einer anderen Beschäftigung umsehen müssen!"

Die Redensart bezieht sich auf die Schlußformel mancher alten Epen, Sagen und Volkslieder (vgl. *Parzival* 475,18).

das dicke **Ende** kommt noch (umg.)
eine böse Überraschung wird noch folgen [Überraschung]
„Bei dem Unfall hat Herbert sein Auto zu Schrott gefahren. Und das dicke Ende kommt noch: Weil er betrunken war, wird die Versicherung keinen Pfennig zahlen!"
In dem 1763 erschienenen Buch *Schulmeister und dero Sitten* heißt es: „Sie flechten Draht in die Ruten oder kehren die Ruten um und gebrauchen das dicke Ende". Das *dicke Ende* der Rute ist also der noch drohende schlimmere Teil der Strafe.

etwas nicht so **eng** sehen (umg.)
tolerant und großzügig sein [Toleranz]
„Herr Müller will ein größeres Dienstzimmer? Da dürfen wir die Vorschriften nicht so eng sehen. Schließlich braucht er mehr Platz für den Computer!"

jmdn. in die **Enge** treiben
jmdn. einschüchtern, jmdn. in eine wehrlose Lage bringen [Einschüchterung]
„Laß' dich nicht von deinem Bruder so in die Enge treiben! Schließlich habt ihr beide Anspruch auf diese Erbschaft!"
Die „Enge" ist eine Falle, in die das Wild bei der Jagd getrieben wurde, um es leichter zu erlegen. Vgl.: jmdn. ins **Bockshorn** jagen.

der rettende **Engel**
ein unerwarteter Helfer [Hilfe]
„Du kommst wie ein rettender Engel! Ich brauche unbedingt jemanden, der während meiner Abwesenheit auf das Baby aufpaßt!"

ein wahrer **Engel**
ein guter und hilfsbereiter Mensch sein [Hilfsbereitschaft]
„Isolde ist wirklich ein wahrer Engel! Sie wird während unseres Urlaubs die Blumen gießen und die Katze versorgen."

ein **Engel** mit einem B davor (umg., scherzhaft)
ein freches Kind, ein Bengel [Unartigkeit]

„Du bist wirklich ein Engel mit einem B davor! Sieh dir mal an, was du jetzt wieder angerichtet hast!"
Aus *B* plus *Engel* wird das Wort *Bengel.*

das hat dir (d)ein guter **Engel** eingegeben
das ist eine gute Idee [Idee]
„Gut, daß du deine Stelle jetzt doch nicht gekündigt hast. Das hat dir dein guter Engel eingegeben!"
Der gute Engel oder Schutzengel begleitet nach der Aussage der Bibel jeden Gläubigen zu dessen Schutz und Rat.

ein **Engel** fliegt durch die Stube
→ ein **Engel** geht durchs Zimmer

ein **Engel** geht durchs Zimmer
in einer Gesellschaft, die sich vorher laut unterhält, tritt plötzlich ein Schweigen ein [Schweigen]
„Plötzlich war es, als ob ein Engel durchs Zimmer gehen würde. Nur das nervöse Kichern von Tante Erna war noch zu hören. Das war vielleicht peinlich!"
Schon in der Antike gibt es die Vorstellung, daß plötzliches Schweigen durch das Erscheinen des Götterboten Hermes hervorgerufen wird. Vielleicht hat sich diese Vorstellung auf die Redensart – nunmehr mit christlichem Symbolgehalt – übertragen. In dieser oder leicht veränderter Form ist sie jedenfalls in vielen europäischen Sprachen nachweisbar, wobei gelegentlich deutliche Bezüge zum „Todesengel" bzw. zu anderen Vorboten kommenden Unglücks bestehen. Im Englischen wird auf die *gestohlene Zunge* verwiesen („the cat has stolen your tongue"), womit ebenfalls eine Verbindung zu Hermes, dem als Herold der Götter die Zungen der Opfertiere gehörten, bestehen könnte.

einen guten **Engel** haben
knapp an einer Katastrophe vorbeigehen, unverdientes Glück haben [Glück]
„Josef ist schon öfters bei Rot über die Ampel gefahren, und nie ist was passiert. Er hat halt einen guten Engel."

die **Engel** im Himmel singen hören (umg.)
starke Schmerzen haben [Schmerzen]
„Der Zahnarzt hat mir zwar eine Spritze gegeben, aber ich habe trotzdem die Engel im Himmel singen gehört, als er den Zahn aufgebohrt hat!"
Die Redensart bezieht sich scherzhaft auf die himmlischen Engelschöre, die der vor Schmerz beinahe Ohnmächtige als Ohrenrauschen wahrnimmt.

(wie) mit **Engelszungen** reden (umg.)
eindringlich und betörend sprechen [Eindringlichkeit]
„Ich glaube dir auch dann nicht mehr, wenn du mit Engelszungen redest! Zu oft hast du mich belogen!"
In der Bibelübersetzung Luthers heißt es im 1. Korintherbrief (13,1): „Und wenn ich mit Menschen und Engelszungen redete und hätte der Liebe nicht, so wäre ich ein tönend Erz oder eine klingende Schelle."

sich nicht **entblöden**, etwas zu tun
sich nicht schämen, etwas zu tun [Schamlosigkeit]
„Die Mitarbeiter entblödeten sich nicht, der häßlichen Frau ihres Chefs artige Komplimente zu machen!"
Sich nicht entblöden bedeutet, sich nicht zu dumm oder zu schade zu sein, eine bestimmte unwürdige Handlung zu begehen.

eine lahme **Ente** (umg.)
ein langsamer Mensch, ein langsames Fahrzeug [Langsamkeit]
„Komm endlich her, du lahme Ente. Bis du am kalten Büfett bist, ist das Beste schon verschwunden!"

schwimmen wie eine bleierne **Ente** (umg.)
nicht/schlecht schwimmen können [Nichtschwimmer]
„Ich schwimme wie eine bleierne Ente! Ihr dürft im Wasser keinen Unfug mit mir anstellen!"

ein häßliches **Entlein** (umg.)
ein junges Mädchen, das nicht besonders hübsch ist [Unansehnlichkeit]
„Anna ist ja wirklich ein häßliches Entlein! Hoffentlich entwickelt sie sich noch so, daß sie reelle Heiratschancen hat!"

Die Redensart geht auf ein Märchen von Hans Christian Andersen zurück, in dem ein häßliches Entlein sich zu einem wunderbaren Schwan entwickelt.

sich als etwas **entpuppen** (von Personen und Sachverhalten) (umg.)
eine unvorhergesehene schlechte Eigenschaft zeigen [Unerwartbarkeit]
„Dein Sonderangebot hat sich jetzt ja als schöner Reinfall entpuppt! Die Waschmaschine ist schon nach drei Tagen kaputt, und du hast keine Garantieleistung!"
Die Redensart bezieht sich auf das Puppenstadium des Schmetterlings, in dem er seine Gestalt so extrem wandelt, daß zwischen den Erscheinungsformen der verschiedenen Stadien keinerlei Ähnlichkeit mehr besteht.

jmdm. die **Epistel** lesen
→ jmdm. die **Leviten** lesen

erbauen: nicht gerade erbaut sein von/über etwas/jemanden
nicht erfreut sein über etwas/jmdn., mißgestimmt sein wegen etwas/jmdm.
[Mißfallen]
„Über deine Leistungen in der Schule bin ich nicht gerade erbaut! Hoffentlich strengst du dich in Zukunft etwas mehr an!"
In der Redensart ist die eigentliche Bedeutung von *bauen* in einen innerlichen Zustand der Zufriedenheit erweitert. Die ursprünglich leicht pietistische Nuance der *frommen Erbaulichkeit* wird bereits bei Goethe und Schiller im Sinne allgemeiner Zufriedenheit gebraucht.

dabei ist nichts zu **erben** (umg.)
1) *es ist kein Geld zu holen* [Geiz]
2) *eine Sache rentiert sich nicht*
[Unrentabilität]
1) „Bei dem alten Geizkragen ist keine müde Mark zu erben!"
2) „Diesen Plan kannst du vergessen! Mit Altpapier kannst du heute doch nichts mehr erben!"

die lachenden **Erben**
→ die **lachenden** Erben

erblich belastet sein (umg., scherzhaft)
die gleichen guten/schlechten Eigenschaften haben wie ein Vorfahre [Vererbung]
„Der Martin spielt großartig Geige. Aber der ist auch erblich belastet: Sein Großvater hat schon im Kirchenchor gesungen!"

Erbsen zählen (umg.)
kleinlich sein, pingelig sein, pedantisch sein [Pedanterie]
„Wenn wir hier weiter Erbsen zählen, kommen wir nie zum Ende! Ich beantrage daher, daß für die Klärung dieser Frage ein Sonderausschuß eingesetzt wird und wir in der Tagesordnung weitergehen!"
Die *Erbsen* sind in der Redensart das Sinnbild des Kleinen und wenig Wertvollen. Wer also ein *Erbsenzähler* ist, widmet seine Zeit einer Sache, die dies eigentl. nicht wert ist.

etwas dem **Erdboden** gleichmachen
etwas vollständig zerstören [Zerstörung]
„Durch die gewaltige Explosion wurde die gesamte Siedlung dem Erdboden gleichgemacht."

vom **Erdboden** verschwinden
1) *sich entfernen* [Weggang]
2) *aufhören zu existieren* [Ende]
3) *ausgerottet werden* [Ausrottung]
1) „Als ich mich umdrehte, war mein Begleiter wie vom Erdboden verschwunden."
2) „Die alten Kramläden von früher sind wie vom Erdboden verschwunden. Heute gibt es nur noch Supermärkte."
3) „In jedem Jahr verschwinden 200 Tierarten vom Erdboden. Bald wird es nur noch eine geringe Artenzahl geben."

in den **Erdboden** versinken mögen
es war mir etwas sehr peinlich, ich habe mich sehr geschämt [Scham]
„Als ich während des Vortrags plötzlich niesen mußte, wäre ich am liebsten im Erdboden versunken!"

auf der **Erde** bleiben
realistisch bleiben [Realitätsbezug]
„Jetzt bleib mal auf der Erde! Ein einziges Führungstor sichert unserer Mannschaft noch lang nicht den Sieg!"

jmdn. unter die **Erde** bringen
jmdm. so viel Kummer bereiten, daß er daran stirbt [Quälerei]
„Mit deinen ewigen Gemeinheiten wirst du mich noch einmal unter die Erde bringen! Der Arzt sagt auch, daß meine Leiden psychisch bedingt sind!"

unter der **Erde** liegen
im Grab liegen [Grab]
„Mein Vater liegt jetzt auch schon seit 17 Jahren unter der Erde."

etwas aus der **Erde** stampfen [Beginn]

ein freudiges **Ereignis**
die Geburt eines Kindes [Geburt]
„Wir werden euch in Kürze über ein freudiges Ereignis informieren können!"
Um nicht böse Geister auf die Geburt eines Kindes hinzuweisen, bildeten sich viele Tabuisierungsformen aus, die nur vage auf das „Ereignis" verweisen. Vgl.: etwas **Kleines** erwarten.

etwas über sich **ergehen** lassen
Kritik/Vorwürfe ertragen müssen [Erduldung]
„Wenn man im öffentlichen Leben steht, muß man so mancherlei über sich ergehen lassen. Wer da kein dickes Fell hat, kann keinen großen Erfolg haben!"

(noch recht) gut **erhalten** sein (umg.)
für sein Alter noch gut aussehen [Alter]
„Diese Filmdiva ist für ihre 70 Jahre noch erstaunlich gut erhalten. Sicherlich läßt sie sich ständig Frischzellen spritzen!"
Die Redensart vergleicht despektierlich den Zustand des menschlichen Körpers mit demjenigen von Bauten bzw. Ruinen.

(na,) **erlauben** Sie mal!
das ist unverschämt von Ihnen! [Tadel]
„Na, erlauben Sie mal! Das ist natürlich nicht meine Tochter, sondern meine Gattin! Sie ist allerdings 30 Jahre jünger als ich."

dann kannst du was **erleben**! (umg.)
dann wirst du bestraft! [Drohung]
„Wenn du in diesem Jahr noch einmal eine schlechte Note nach Hause bringst, dann kannst du was erleben!"

erleben: hat man so etwas schon erlebt? (umg.)
das ist unglaublich! so eine Frechheit! [Bestürzung]
„Hat man so etwas schon erlebt? Erst klaut der Kerl mir mein Fahrrad, und jetzt bittet er mich noch um Flickzeug dafür! Na warte, wenn ich den erwische!"

erledigt sein (umg.)
völlig erschöpft sein [Erschöpfung]
„Nach dem Tennisspiel war ich total erledigt! Auf dem Platz war es nämlich viel zu heiß, und der Gegner hat mich ganz schön gehetzt!"
Jemanden erledigen bedeutet in der Umgangssprache *jemanden besiegen*, *jemandem überlegen sein*, *jemanden töten*. Vgl.: **fix** und fertig sein.

bei jmdm. **erledigt** sein (umg.)
verachtet werden [Verachtung]

der **Ernst** des Lebens
die ernsthaften Schwierigkeiten des Lebens [Ernst]
„Mach dir nur nichts vor: Der Ernst des Lebens beginnt erst im Beruf. Dagegen sind die Erlebnisse an der Schule geradezu harmlos!"
In Grimms *Deutschem Wörterbuch* steht zu *Ernst:* „Ernst bezeichnet immer das wirklich Gemeinte, Wahre, Feste und Eifrige, den Gegensatz von Scherz und Spaß." In diesem Sinne wird häufig die sorglose Kinderzeit dem *Ernst des Lebens* der Erwachsenenwelt gegenübergestellt.

tierischer **Ernst**
Verbissenheit, Humorlosigkeit, übertriebener Ernst [Ernst]
„Der Vortrag wäre interessanter gewesen, wenn der Redner nicht alles mit seinem tierischen Ernst verdorben hätte. Dabei hätte sich vom Thema her manche überraschende Pointe ergeben."
Die Redensart bezieht sich auf die Ansicht, daß Tiere (im Gegensatz zum Menschen)

keine spaßige oder spielerische Distanz zur eigenen Existenz oder zu Vorgängen und Sachverhalten entwickeln können. Dem Tier fehlt demnach auch die äußerliche Fähigkeit zum Lachen oder zum (bekümmerten) Weinen. Untersuchungen zum Spielverhalten von Tieren (beispielsweise von Fischottern) zeigen jedoch, daß hier durchaus Spaßsignale existieren, die Aktivitäten als Ernst und Spaß voneinander abgrenzen, so daß hier Vorformen des „typisch Menschlichen“ existieren.

der Tod hält reiche **Ernte** (gehoben)
es gibt viele Todesfälle [Tod]
„In diesem Sommer hat der Verkehrstod wieder reiche Ernte gehalten. Trotzdem fahren immer mehr Leute mit dem eigenen Wagen in Urlaub.“

ernten, wo man nicht gesät hat
die Ergebnisse der Arbeit anderer ausnützen [Ausnutzung]
„Der Meier ist im ganzen Betrieb unbeliebt, weil er es so trefflich versteht zu ernten, wo er nicht gesät hat. Neulich hat er beispielsweise mein Konzept dem Abteilungsleiter als eigene Idee verkauft!“
Die Redensart geht auf das biblische Gleichnis von den Vögeln des Himmels zurück, die ernten, obwohl sie nicht gesät haben.

Eroberungen machen (umg.)
Liebesabenteuer suchen/erleben
[Sexualität]
„Egon brüstet sich immer damit, daß er schon viele Eroberungen gemacht hat. Aber das glaube ich ihm nicht so recht, weil er doch so dick und häßlich ist!“
{Liebesjagd}

erschießen: wie erschossen sein (umg.)
sehr erschöpft sein [Erschöpfung]
„Nach dem Marathonlauf war ich wie erschossen. Ich habe mich dann aber sehr rasch wieder erholt.“

(wie) **erschlagen** sein (umg.)
1) *völlig erschöpft sein* [Erschöpfung]
2) *sehr erstaunt sein* [Überraschung]
1) „Nach dem Waldlauf war ich wie erschlagen. Ich hätte öfter mal rasten sollen!“
2) „Als er mir von seiner baldigen Hochzeit erzählte, war ich zunächst wie erschlagen. Gerade Georg galt doch immer als eingefleischter Junggeselle!“

erstunken und erlogen sein (umg.)
völlig unwahr sein, eine gemeine Lüge sein [Lüge]
„Das mit meinem angeblichen Gefängnisaufenthalt ist erstunken und erlogen. Ich war nachweislich drei Jahre in Afrika!“
Erstunken ist das Partizip des heute ungebräuchlichen Verbs *erstinken*, welches die Bedeutung *stark stinken* hatte. In der Bedeutung *Lüge* wird die Redensart schon bei Luther gebraucht, wenn er schreibt: „Also daß es erlogen und erstunken ist (...), wer da sagt, daß die Christenheit zu Rom oder an Rom gebunden sei.“

hochgespannte **Erwartungen**
sehr viel/zu viel erwarten [Hoffnung]
„Bei diesem Länderspiel sind die Erwartungen der Zuschauer hoch gespannt. Hoffentlich können die Mannschaften dem gerecht werden!“
Spannen hat nicht nur die Bedeutung *etwas aufspannen*, sondern auch die Komponente *etwas verlangend beobachten* (der Spanner) und *die Aufmerksamkeit fesseln* (eine spannende Geschichte). In diesem Sinn ist *hochgespannte Erwartungen* zu verstehen.

erwischen: jmdn. hat's erwischt (umg.)
1) *jmd. ist krank geworden* [Krankheit]
2) *jmd. ist verunglückt* [Unfall]
3) *jmd. ist gestorben* [Sterben]
4) *jmd. ist geschnappt worden* [Festnahme]
5) *jmd. hat sich verliebt* [Verliebtheit]
1) „Der Karl-Heinz liegt mit einer Grippe im Bett. Den hat's ganz schön erwischt!“
2) „Auf dem Gletscher hat's ihn dann erwischt, und er ist fast in eine Spalte gerutscht. Gott sei Dank war er durch ein Seil gesichert.“
3) „Im letzten Weltkrieg hat es fast jeden zweiten Kameraden erwischt!“
4) „Den Kerl, der bei uns eingebrochen hatte, hat jetzt die Polizei erwischt.“
5) „Den Schmidt hat's jetzt erwischt. Er ist

unheimlich hinter der neuen Sekretärin her!" Die verschiedenen Bedeutungen haben sich als Erweiterungen einer Grundbedeutung *plötzliches Ereignis* herausgebildet. Die dabei entstehende Vagheit und Kontextabhängigkeit ist ein häufiges Resultat der mit Sprache verknüpften Verschleierung und Tabuisierung.

mir kannst du viel **erzählen** (umg.)
das glaube ich nicht! [Argwohn]
„Du willst also im Lotto gewonnen haben? Mir kannst du viel erzählen! Das will ich erst einmal sehen!"

dem werd' ich was **erzählen** (umg.)
dem werde ich meine Meinung sagen! [Klarstellung]
„Dieser Kerl hat behauptet, ich hätte gestern krankgefeiert? Na, dem werd' ich was erzählen! Ich habe doch ein Attest vom Arzt dabei!"

ein (dummer) **Esel** (grob)
ein dummer Mensch [Dummheit]
„Du Esel! Jetzt hast du die Zeitung mit dem Börsenbericht weggeworfen, bevor ich ihn gelesen habe! Nächstens erkundigst du dich gefälligst, bevor du aufräumst!"
Der Esel gilt in unserer Kultur als Träger verschiedener negativer Eigenschaften. So ist er angeblich dumm, störrisch und ungeschickt. Diese Auffassung geht bis in die Antike zurück, und auch die entsprechende Übertragung auf den Menschen findet sich schon in den Lustspielen des Plautus und des Terenz.

jmdm. eine **Eselsbrücke** bauen (umg.)
jmd. mit Hilfsmitteln eine Aufgabe erleichtern [Unterstützung]
„Ich werde euch jetzt mal eine Eselsbrücke bauen, damit ihr dieses Datum nicht immer vergeßt: ‚Drei drei drei – bei Issos Keilerei'!"
Der Begriff *Eselsbrücke* (pons asini) geht auf die *Naturgeschichte* des Plinius zurück, in welcher er schreibt, daß kein Esel über eine Brücke geht, durch deren Belag dieser das Wasser sehen kann (*Naturalis historia* 8,68). Der Esel läßt sich in seiner Dummheit durch vermeintliche Gefahren abschrecken. So kam es wohl zu der Bedeutung, daß der besonders dumme Schüler zur Bewältigung der schulischen Anforderungen bestimmter Hilfen, eben der „Eselsbrücke" bedürfe (vgl. insbesondere den Ausdruck *pons* – als Abkürzung von *pons asini* – für unerlaubte Übersetzungen fremdsprachlicher Texte im Unterricht).

das haut den stärksten **Eskimo** vom Schlitten (umg., scherzhaft)
das ist völlig unfaßbar und überraschend [Überraschung]
„Johanna ist verliebt? Das haut den stärksten Eskimo vom Schlitten! Sie hatte von Männern doch angeblich die Nase voll!"

zittern wie **Espenlaub**
heftig (vor Angst oder Kälte) zittern [Zittern]
„Zieh' dir schnell etwas Warmes an! Du zitterst ja wie Espenlaub!"
Das Laub der Espe oder Zitterpappel ist an langen Stielchen befestigt, so daß es beim leichtesten Luftzug in Bewegung gerät. Der Vergleich mit menschlichem Zittern ist seit dem Mittelalter (so in *Meier Helmbrecht)* schriftlich belegt. Diese biologische Eigenart hat zu verschiedenen sekundären Deutungen im Bereich der Legende angeregt. So soll die Espe etwa zittern, weil sie das Holz zum Kreuz Christi geliefert hat, oder auch deshalb, weil Judas sich an einer Espe erhängte.

damit ist (es) jetzt **Essig** (umg.)
diesen Plan können wir aufgeben!, diese Sache ist gescheitert!, dieses Ereignis findet nicht statt! [Scheitern]
„Bis gestern haben wir noch mit dem Auftritt des Stars in unserer Stadt gerechnet. Damit ist es jetzt Essig! Heute morgen hat er sich ein Bein gebrochen und liegt nun im Krankenhaus."
Die Redensart bezieht sich auf den Vorgang der Weingärung. Bei zu langer Gärung wird der Wein zu Essig, so daß er seinen Wert verliert. Wie alle Begriffe aus dem Umkreis des Weinbaus stammt auch dieses Wort aus dem Lateinischen und gehört zu *acidus* (sauer).

Eulen nach Athen tragen
Überflüssiges tun [Überflüssigkeit]
„Den Meiers eine Flasche Wein als Gastgeschenk mitbringen hieße doch wirklich Eulen nach Athen tragen. Schließlich haben die ein eigenes Weingut. Ich glaube, mit einem Buch machen wir mehr Freude!"
Die Eule war als Sinnbild der Weisheit das Symboltier Athens. In dieser Funktion wurde sie auch auf den Münzen der Stadt abgebildet, zusammen mit der Göttin Athena. Die Redensart rührt von Aristophanes her, der in seiner Komödie *Die Vögel* sagt, die Athener seien deshalb so reich, weil in ihren Geldbeuteln „Eulen" nisten, die dort Junge ausbrüten. Folglich brauche man nicht zusätzlich noch Geld nach Athen zu bringen. Die Redensart ist schon in der Antike – etwa in den Briefen Ciceros – öfters erwähnt.

im **Evaskostüm** (umg.)
unbekleidet [Nacktheit]
„Wenn du unbedingt im Evaskostüm baden willst, mußt du an den FKK-Strand gehen. Hier ist es leider nicht erlaubt."
Herkunft → im **Adamskostüm**

ewig und drei Tage dauern/warten (umg.)
sehr lange dauern/warten ect. [Dauer]
„Ich habe keine Lust, zum Zahnarzt zu gehen. Das Wartezimmer ist immer so voller Leute, daß man ewig und drei Tage warten muß."
Auf die unanfechtbare Gültigkeit eines Rechtsgeschäfts (Kauf, Erbschaft usw.) mußte man im Mittelalter ewig (ein Jahr und sechs Wochen) und drei Tage (die Dauer der Tagung des Landgerichts) warten, weil erst danach die Einspruchsfrist verjährt war.
Vgl.: nach **Jahr** und Tag.

bis in alle **Ewigkeit**
für immer, unendlich lang [Dauer]
„Bei der Hochzeitszeremonie schwört das Brautpaar einander, bis in alle Ewigkeit zueinanderzustehen."

jmdn. seit einer **Ewigkeit** nicht mehr gesehen haben (umg.)
jmdn. sehr lang nicht mehr gesehen haben [Kontaktverlust]
„Mensch, dich hab' ich ja seit einer Ewigkeit nicht mehr gesehen! Wo warst du denn die letzten Jahre?"

ein **Exempel** statuieren
eine abschreckende Strafe verhängen [Abschreckung]
„Deine Entlassung war eigentlich völlig unbegründet. Ich glaube, die Betriebsleitung wollte an dir einfach ein Exempel statuieren, damit der Betriebsrat abgeschreckt ist!"
Der lateinische Begriff *exemplum* bedeutet *Beispiel*. Die Redensart dürfte aus der lateinisch/deutschen Fachsprache der älteren Jurisprudenz stammen.

eine verkrachte **Existenz** (umg.)
ein beruflich und privat gescheiteter Mensch [Scheitern]
„Viele große Künstler waren nach bürgerlichen Maßstäben verkrachte Existenzen."
Krachen ist ein lautmalender Ausdruck, der Ende des 19. Jh. in der Bedeutung *Niedergang*, *Untergang* in der Bildung *Börsenkrach* eine Erweiterung erhielt, von der die Redensart abgeleitet sein dürfte. *Scheitern* bedeutet eigentlich *zerbrechen, in Stücke gehen*; *Scheiterhaufen* ist im Grunde ein Haufen zerstückeltes und leicht brennbares Holz. Im eigentlichen Sinn wird *scheitern* nur in Verbindung mit dem Zerbrechen und Untergehen von Schiffen gebraucht. Noch im 18. Jh. wird es auch im übertragenen Sinne meist in Verbindung mit Begriffen wie *Klippe*, *Untiefe* usw. gebraucht, um die metaphorische Verwendung anzuzeigen.
{Lebensreise}

keine **Experimente** machen
sich nicht auf ein Risiko einlassen [Sicherheit]
„In diesem besonderen Fall dürfen wir keine Experimente machen, weil die Existenz des gesamten Unternehmens auf dem Spiel steht!"

jmdm. eine **Extrawurst** braten (umg.)
jmdm. durch eine Ausnahme bevorzugen [Bevorzugung]
„Stell dich in der Schlange gefälligst hinten

an! Du kriegst hier keine Extrawurst gebraten!"
Die Wurst war im Mittelalter eine besondere Delikatesse für arme Leute, so daß die Gewährung einer zusätzlichen „Extrawurst" einer besonderen Bevorzugung gleichkam. So taucht die Redensart auch in gleicher Bedeutung bereits bei Abraham a Santa Clara (1644–1709), dem berühmten Augustinerprediger der Barockzeit, auf.

von einem **Extrem** ins andere fallen
nach einer extremen Tat/einem extremen Vorsatz etwas völlig entgegengesetztes tun/planen [Unbeständigkeit]
„Vor drei Minuten wolltest du noch unbedingt ans Meer fahren, und jetzt schwärmst du vom Hochgebirge. Du fällst wirklich von einem Extrem ins andere!"
Extreme sind die äußersten Punkte einer Linie oder die voneinander entferntesten Punkte eines Körpers. Mathematisch sind es die Werte einer Funktion, in deren Umgebung alle Werte entweder kleiner (Maximum) oder größer sind (Minimum). Zu *Extrem* gibt es viele Wortbildungen, die von den *Extremitäten* (Gliedmaßen) bis zum *Extremistenerlaß* reichen. Die Redensart leitet sich aus diesen Bedeutungskomponenten ab.

nach Schema **F**
→ nach **Schema** F

nicht lang **fackeln** (umg.)
nicht zögern, rasch und entschlossen handeln [Entschlossenheit]
„Bei diesem Angebot darfst du nicht lang fackeln! So günstig kommst du nicht mehr an ein Grundstück in dieser Lage."
Der Ursprung der Redensart liegt im unruhigen Licht des flackernden Feuers der Fackel, welches hin und her zu schwanken scheint. Die Verwendung ist seit Mitte des 18. Jh. schriftlich gesichert und erscheint etwa in Goethes Ballade *Die wandelnde Glocke* (1813).

keinen trockenen **Faden** mehr am Leib haben (umg.)
völlig durchnäßt sein [Durchnässung]
„Komm endlich rein, es regnet doch! Du hast ja keinen trockenen Faden mehr am Leib und wirst dich erkälten!"

an einem seidenen **Faden** hängen
sehr bedroht sein [Gefährdung]
„Das Leben dieses Patienten hängt an einem seidenen Faden."
Herkunft → ein **Damoklesschwert** über sich hängen haben

sich wie ein roter **Faden** durch etwas hindurchziehen
ein leitender und immer wiederkehrender Gesichtspunkt sein [Leitmotiv]
„Durch das Programm dieser Partei zieht sich wie ein roter Faden die Idee von der sozialen Gerechtigkeit."
Goethe gebraucht die Wendung in den *Wahlverwandtschaften* (2,2) zum ersten Mal: „Wir hören von einer besonderen Einrichtung bei der englischen Marine. Sämtliche Tauwerke der königlichen Flotte, vom stärksten bis zum schwächsten, sind dergestalt gesponnen, daß ein roter Faden durch das Ganze durchgeht, den man nicht herauswinden kann, ohne alles aufzulösen, und woran auch die kleinsten Stücke kenntlich sind, daß sie der Krone gehören. Ebenso zieht sich durch Ottiliens Tagebuch ein Faden, der alles verbindet ..." {Textgewebe}

keinen guten **Faden** an jmdm./etwas lassen
jmdn./etwas rücksichtslos kritisieren, von jmdm./etwas nur Schlechtes sagen [Verunglimpfung]
„Du läßt ja wirklich keinen guten Faden an Erich. So verdorben, wie du ihn hinstellst, ist er nun aber auch wieder nicht!"
Die Redensart stammt aus der Zunftsprache der Weber. Der Meister mußte die Gesellenstücke *nach Strich und Faden* prüfen, d. h. die Stoffqualität begutachten. Wenn er *keinen guten Faden* an dem Stoff fand, war dieser minderwertig, und das Gesellenstück taugte nichts. Vgl.: kein gutes **Haar** an jmdm./etwas lassen.

den **Faden** verlieren
den logischen Zusammenhang seiner Rede vergessen; vergessen, was man eigentlich sagen wollte [Zerstreutheit]
„Auf der Rückreise von Italien sind wir dann in einen Stau geraten – ich sage euch, der war mindestens 20 Kilometer lang. Die Autos krochen nur so dahin, manche hatten schließlich kein Benzin mehr und blieben liegen, die Kinder schrien, die Erwachsenen fluchten, und zu alledem herrschte eine unglaubliche Hitze. Nun ..., ich glaube, ich habe gerade den Faden verloren ... Was ich eigentlich sagen wollte: Plötzlich erkenne ich in dem Auto neben uns meinen alten Schulkameraden Konrad! 30 Jahre lang hatten wir uns nicht mehr gesehen, und nun begegnen wir uns in einem Stau."
Seit alter Zeit wird das Erzählen mit dem Bereich der Textilherstellung und -bearbeitung assoziiert, wohl weil das Spinnen von Garn und das Weben Zeit zum episch breiten Darstellen und Wiedergeben von Sachverhalten boten. Auch ist das textile Endprodukt mit seinen oft bildhaften Motiven, die sich aus dem strikten Nacheinander der Verflechtung einzelner Fäden ergeben, nicht ohne offenkundige Analogie zum *Erzählfaden*, der zu einer plastischen Gegenwartssprache führt, wenn man ihn nicht *verliert*

und damit Unordnung erzeugt. Schon in der Antike wird der Erzähltext als Begriff metaphorisch von lat. *texere* (flechten, weben, zusammenfügen) abgeleitet. Im Deutschen hat sich daraus ein ganzes Bildfeld {Textgewebe} mit einigen zusammenhängenden Metaphern ausgebildet, in denen Begriffe aus der Textilbearbeitung Aspekte des sprachlichen Darstellens konkretisieren.

alle/die **Fäden** (fest) in der Hand haben/halten
die Entscheidungsgewalt besitzen, mit Energie und Tatkraft ein Unternehmen leiten [Macht]
„Der Seniorchef war am Schluß nicht mehr ganz auf der Höhe, aber der Junior hat jetzt die Fäden um so fester in der Hand!"
Beim Spinnen und Weben hat der geschickte Arbeiter alle Fäden fest in der Hand, um den *Faden nicht zu verlieren*, d. h., um nicht das Werkstück zu verderben. Die Redensart kann aber auch aus dem Bereich des Marionettentheaters kommen, in dem der Schausteller die Fäden der Puppen *fest in der Hand* halten muß. Vgl.: **Drahtzieher**.

zarte **Fäden** spinnen (gehoben)
eine Liebesbeziehung beginnen [Flirt]
„Schau mal Ernst und Luise an! Zwischen den beiden spinnen sich zarte Fäden."
Die *zarten Fäden* beziehen sich ursprünglich auf das Spinnennetz, in dem die Spinne ihr Opfer *umgarnt*. Im Sinne der Redensart versuchen die beiden frisch Verliebten, einander ebenso geschickt zu fesseln.
Herkunft → jmdn. **becircen**

ein billiges **Fähnchen** (umg.)
ein billiges und schäbiges Kleid [Kleidung]
„Für 20 Mark kann man sich vielleicht ein billiges Fähnchen kaufen, aber niemals ein Kleid, das ich tragen würde!"
Die ursprüngliche Bedeutung von *Fahne* ist *Tuch, Gewebe*. Nur in dieser Redensart ist die allgemeinere Komponente noch gegenüber der des Signals oder Obrigkeitszeichens gut erkennbar.

das **Fähnchen** nach dem Wind drehen
→ die **Fahne** nach dem Wind drehen

die **Fahne** nach dem Wind drehen
opportunistisch sein, wankelmütig in seinen Entscheidungen sein [Opportunismus]
„Wenn man immer nur die Fahne nach dem Wind dreht, wird man mit der Zeit von niemandem mehr ernst genommen!"
Vorläufer der seit dem 16. Jh. belegten Redensart ist die Wendung *den Mantel nach dem Winde kehren*. Sie taucht bereits in der mittelalterlichen Spruchsammlung auf, die unter dem Namen Spervogels überliefert ist (um 1200): „Man sol den mantel keren als das weter gat." In Gottfrieds *Tristan und Isolde* (um 1210) heißt es ganz ähnlich: „Man sol den mantel kehren als die winde sint gewant."

eine **Fahne** haben (umg.)
(stark) nach Alkohol riechen
[Alkoholgenuß]
„Der Autofahrer mußte sich einer Blutprobe unterziehen, weil die Polizeibeamten bemerkten, daß er eine Fahne hatte."
Die Redensart ist wohl in Analogie zur Rauchfahne gebildet. Eine andere Erklärung liefert Grimms *Deutsches Wörterbuch*. Danach wurde die vom Wirt mit Strichen „angekreidete" Zeche in ihrer Gesamtheit als *Fahne* bezeichnet.

die **Fahne** hochhalten
1) *einer Sache treu bleiben* [Beständigkeit]
2) *als letzter übrigbleiben* [Ausdauer]
1) „Unsere Universität wird in einer Zeit nachlassender Anforderungen die Fahne der alten Qualitätsmerkmale weiter hochhalten!"
2) „Wo ist denn der Rest vom Verein geblieben? Hältst du als einziger hier noch an der Theke die Fahne hoch?"
Ähnlich wie bei der Redensart *bei der Stange bleiben* ist hier an einen militärischen Ursprung zu denken.

unter der **Fahne** stehen
→ zu den **Fahnen** rufen/eilen [Militär]

die weiße **Fahne** zeigen
kapitulieren, sich ergeben [Kapitulation]
„Als die belagerten Truppenteile die weiße Fahne zeigten, war deutlich, wer diese seit

Wochen tobende Schlacht gewonnen hatte.“ Die weiße Fahne gilt seit alter Zeit als Aufgabe eines politischen oder militärischen Anspruchs und damit als Zeichen der Niederlage und Kapitulation.

etwas auf seine **Fahne(n)** schreiben
etwas als Ziel proklamieren [Zielsetzung]
„Diese Partei hat ganz besonders den Kampf gegen die Arbeitslosigkeit auf ihre Fahne geschrieben!“
Fahne ist im eigentlichen Wortsinn das weithin sichtbare Zeichen der Identität ihres Trägers. Diese Wendung gibt es auch in Varianten mit den Begriffen *Banner* und *Panier*.

zu den **Fahnen** rufen/eilen
zum Militär einziehen/gehen
[Militär] [Krieg]
„Zu Beginn des Ersten Weltkriegs sind viele junge Männer voller Patriotismus zu den Fahnen geeilt.“
Fahne steht redensartlich für Militärwesen und Krieg. *Fahne* kann in vielen Redensarten daher durch *Waffe* ersetzt werden.

mit fliegenden **Fahnen** zum Gegner/ins gegnerische Lager überlaufen/wechseln
ohne Zögern und öffentlich zum vorherigen Gegner überlaufen/die Meinung des gegnerischen Lagers akzeptieren
[Opportunismus]
„Das schlimme an manchen Politikern ist, daß sie mit fliegenden Fahnen zum politischen Gegner überlaufen, wenn ihnen dort bessere Karrierechancen geboten werden!“

fahren: was ist bloß in dich gefahren? (umg.)
was ist bloß mit dir los? warum verhältst du dich so merkwürdig? [Verhalten]
„Seit gestern abend bist du einfach unausstehlich! Was ist denn bloß in dich gefahren?“
In früheren Zeiten glaubte man, daß Krankheiten des Körpers und des Geistes durch Dämonen verursacht würden, welche in den Menschen einfahren. Die Redensart bezieht sich also auf eine nur durch dämonisches Eingreifen erklärbare Verhaltensänderung.

eine **Fahrt** ins Blaue
→ eine Fahrt ins **Blaue**
[Planlosigkeit] [Reisen]

in **Fahrt** sein (umg.)
1) *aufgeregt und wütend sein*
[Aufgeregtheit]
2) *gut gelaunt und gesprächig sein*
[Angeregtheit]
1) „Wenn der Chef so richtig in Fahrt ist, beschimpft er oft die ganze Abteilung. Das muß man aber nicht so ernst nehmen.“
2) „Nach einigen Glas Wein ist Willi immer in Fahrt. Er unterhält dann stets den ganzen Tisch!“
In Fahrt sein bezeichnet eigentlich die Fortbewegung von großen Fahrzeugen wie Waggons oder Schiffen. In der Redensart steckt ein impliziter Vergleich zwischen Maschine und Mensch.

jmdn. auf die falsche **Fährte** bringen/locken
jmdn. in die Irre führen [Täuschung]
„Der Zeuge erkannte angeblich den Beschuldigten nicht wieder. Damit brachte er die Polizei auf eine völlig falsche Fährte.“

jmdn. auf die richtige **Fährte** bringen
→ einer **Fährte** folgen [Hinweis]

eine **Fährte** finden
→ auf eine **Fährte** stoßen

einer **Fährte** folgen
1) *einen bestimmten Plan zu realisieren versuchen* [Plan]
2) *eine bestimmte Vermutung überprüfen* [Überprüfung]
1) „Die Fährte, der wir mit diesem Projekt gefolgt sind, ist leider im Sand verlaufen. Wir müssen uns jetzt nach anderen Möglichkeiten umsehen!“
2) „Der Detektiv folgte in diesem Fall einer ganzen Reihe von Fährten, aber keine brachte ihn wirklich weiter.“
Als *Fährte* bezeichnet man in der Jägersprache die Spur, die das Wild hinterläßt. Das Wort gehört zum Verb *fahren*, das ursprünglich auch das Gehen von Mensch und Tier einschloß.

auf eine **Fährte** stoßen
einen Anhaltspunkt finden [Anhaltspunkt]
„Ich wünschte, ich würde in diesem komplizierten Fall endlich einmal auf eine Fährte stoßen, die mich zu dem wirklich Verantwortlichen für diesen Skandal führt!"

die falsche **Fährte** verfolgen [Irrtum]
→ einer **Fährte** folgen

jmdn. wieder ins rechte **Fahrwasser** bringen
→ etwas wieder ins (rechte) **Lot** bringen [Unterstützung]

in jmds. **Fahrwasser** geraten
jmds. Ansichten übernehmen [Abhängigkeit]
„Unser Sohn ist leider in das Fahrwasser eines Kerls geraten, der nur einen schlechten Einfluß auf ihn ausübt."
Fahrwasser ist eigentlich die oft recht schmale Fahrrinne im Strom, in der die Schiffe hintereinander fahren müssen. {Lebensreise}

wieder ins rechte **Fahrwasser** geraten
→ wieder ins rechte **Gleis** kommen [Ordnung]

von der anderen **Fakultät** sein (umg., scherzhaft)
homosexuell sein [Homosexualität]
„Viele der bekannten Hollywoodstars sind von der anderen Fakultät. Aber wegen der weiblichen Fans wird das geheimgehalten."

klarer **Fall**! (umg.)
ich stimme zu!, so wird's gemacht! [Zustimmung]
„Ich soll dich mit in die Stadt nehmen, weil dein Auto kaputt ist? Klarer Fall! Komm, steig ein!"

typischer **Fall** von denkste! (umg.)
du irrst dich! [Irrtum]
„Ich soll für dich dieses schwere Paket zur Post bringen? Typischer Fall von denkste! Mach das mal schön selber!"
Denkste ist die berlinerische Aussprache von *Denkst du,* welches wiederum eine Abkürzung darstellt von *das denkst du dir* (wohl) *so, aber du irrst dich.*

der/die/das ist ganz mein **Fall** (umg.)
der/die/das ist gerade, was ich mir vorgestellt/gewünscht habe [Ideal]
„Ich habe großes Glück gehabt! Diese Stellung ist ganz mein Fall, nämlich das, was ich mir für den Anfang gewünscht habe. Hier habe ich viele Aufstiegsmöglichkeiten!"

ein klarer **Fall** sein
eindeutig sein, leicht verstehbar und nachvollziehbar sein [Eindeutigkeit]
„Das ist ein klarer Fall von Bestechung. Die Zeugenaussagen haben das eindeutig ergeben!"
Fall hat neben der Bedeutung *Sturz* auch die Bedeutung des Falls der Würfel. Der Fall der Würfel im Glücksspiel hat sich zu den übertragenen Bedeutungen der eintretenden Möglichkeiten, *Glücks-, Unglücks-* und *Zufälle* entfaltet. Die Stoiker wählten das Bild von der Mannigfaltigkeit des Würfelspiels dazu, die einzelnen Bildungsformen der Deklination als *Fälle* (griech. *ptoseis*) zu bezeichnen. Die lateinischen Grammatiker haben dies mit *casus* übersetzt, das wir noch in franz. *le cas* und engl. *case* erkennen. In der juristischen Fachsprache hat man das Fremdwort im Deutschen noch beibehalten und beispielsweise das Adjektiv *kasuistisch* (nach dem Einzelfall zu entscheiden) geprägt. Als *Kasuistik* bezeichnet man in der Moralphilosophie die Lehre von der Anwendung sittlicher und religiöser Normen auf den Einzelfall. Gelegentlich findet man die übertragene Bedeutung *Wortverdreherei* oder *Haarspalterei.*

zu **Fall** bringen
1) *jmdn. aus dem Amt drängen, stürzen* [Absetzung]
2) *eine Sache vereiteln* [Vereitelung]
3) *(ein Mädchen) verführen* [Verführung]
1) „Es war höchste Zeit, daß dieser Diktator durch eine Revolution zu Fall gebracht wurde!"
2) „Mit vereinten Kräften ist es den Bürgerinitiativen gelungen, die Pläne für ein weiteres Atomkraftwerk zu Fall zu bringen."
3) „Dieser junge Casanova hat schon so manches Mädchen zu Fall gebracht!"

jmdm. in die **Falle** gehen [Reinfall]
→ jmdm. eine **Falle** stellen

sich in die **Falle** legen/hauen (umg.)
zu Bett gehen [Schlaf]
„Ich haue mich jetzt in die Falle! Morgen muß ich früh aufstehen!"
Herkunft → sich in die **Klappe** hauen

jmdm. eine **Falle** stellen
jmdn. zu überlisten versuchen [Überlistung]
„Die Polizei hat dem Einbrecher eine Falle gestellt. Wenn er sich dem Haus nähert, springen zwei Beamte aus dem Gebüsch und nehmen ihn fest!"
Falle (ursprünglich *Fallgrube*) bezeichnet in der Jägersprache eine große Anzahl verschiedener Mittel, des Jagdwilds habhaft zu werden. Diese Bedeutung ist in der Umgangssprache in vielen Redensarten im übertragenen Sinn (d. h.: auf Menschen bezogen) wiederzufinden. Stets sind mit derartigen Wendungen negative Pläne bzw. das Erleiden negativer Auswirkungen derartiger Pläne gemeint.

fallenlassen
etwas nicht weiterverfolgen [Mißerfolg]
„Den Gedanken an eine Fusion mit der Deutschen Bank mußten wir jetzt fallenlassen, weil kartellrechtliche Bedenken bestanden."

jmdn. **fallenlassen**
eine vorher gewährte Unterstützung beenden [Gunstentzug]
„Diese Rabenmutter hat ihre Söhne völlig fallengelassen, als sie sich Berufe ihrer eigenen Wahl ausgesucht hatten."

die **Fallstricke** des Gesetzes
die Unberechenbarkeiten des Gesetzes [Gesetz]
„Manch einer hat sich durch irgendeine, scheinbar harmlose Gefälligkeit in den Fallstricken der Gesetze verstrickt."
Die Sprache der Jagd, des Fischfangs und der Vogelstellerei hat besonders viele Redensarten hervorgebracht. Im Rahmen eines eigenständigen Bildfelds werden insbesondere Recht und Gesetz gerne mit Fallen verglichen, die dem arglosen Bürger (oder dem Verbrecher) gestellt sind.
{Gesetze sind Fallen}

an den **Falschen** geraten
eine unerwartete Reaktion erleben [Fehleinschätzung]
„Mit diesem unverschämten Vorschlag sind Sie bei mir an den Falschen geraten! Verlassen Sie sofort mein Büro!"

das bleibt in der **Familie** (umg.)
etwas soll nicht an die Öffentlichkeit gelangen [Vertraulichkeit]
„Ich möchte nicht, daß ihr dieses Geheimnis ausplaudert! Das bleibt zunächst einmal in der Familie!"

das kommt in den besten **Familien** vor! (umg.)
das passiert auch in besseren Kreisen, dafür braucht man sich nicht besonders zu schämen [Normalität]
„Außer dir sind schon ganz andere Leute durch eine Prüfung gerasselt. Das kommt in den besten Familien vor!"

einen guten **Fang** machen/gemacht haben (umg.)
1) *einen guten Kauf tätigen* [Kauf] [Zufriedenheit]
2) *eine überraschende Festnahme durchführen/vorgenommen haben* [Verhaftung]
1) „Mit diesem neuen Rasenmäher haben wir wirklich einen guten Fang gemacht. Er hat einen starken Motor und verursacht trotzdem keinen Lärm!"
2) „Mit der Verhaftung dieses Serieneinbrechers hat die Polizei einen guten Fang gemacht."

in jmds. **Fänge** geraten
→ in jmds. **Klauen** geraten

Farbe bekennen (müssen)
seine Ansichten preisgeben (müssen) [Offenlegung]
„Du mußt jetzt endlich Farbe bekennen! Bist du für oder gegen die Todesstrafe?"
Die Redensart stammt aus dem Bereich des Kartenspiels, wo man die vom Mitspieler

geforderte Kartenart (Farbe) ausspielen (bekennen) muß, um nicht gegen die Spielregeln zu verstoßen. {das Leben ist ein Kartenspiel}

Farbe bekommen (umg.)
1) *von der Sonne leicht gebräunt werden, erholt aussehen* [Erholung]
2) *anschaulich werden* [Prägnanz]
1) „Nach dieser Krankheit bist du richtig bleich gewesen, aber mittlerweile hast du endlich wieder etwas Farbe bekommen!"
2) „Diese Figur hat erst im dritten Akt etwas Farbe bekommen! Erst danach konnte ich die Motive ihrer Handlungen verstehen."

die **Farbe** wechseln
plötzlich erbleichen [Symptom]
„Als ich dem Kerl unerwartet entgegentrat, hat er vor Schreck die Farbe gewechselt."

etwas in schwarzen/den schwärzesten **Farben** schildern
→ mit etwas sieht es **schwarz** aus

mit allen **Fasern** des Herzens an jmdm./etwas hängen (gehoben)
jmdn./etwas sehr lieben [Liebe]
„Obwohl wir mit allen Fasern des Herzens an der Heimat hängen, sehen wir hier keine Zukunft mehr für uns und werden auswandern."
Die poetische Redeweise von den *Fasern des Herzens* geht auf Lessing zurück.

das schlägt dem **Faß** den Boden aus
→ das bringt das **Faß** zum Überlaufen [Übertreibung]

das bringt das **Faß** zum Überlaufen!
jetzt wird es unerträglich! [Übertreibung]
„Erst leihst du meinen Wagen aus, ohne daß ich etwas davon weiß, und dann fährst du mir noch eine Beule rein! Das bringt das Faß zum Überlaufen!"

ein **Faß** ohne Boden sein (umg.)
unaufhörlich Geldmittel verschlingen [Unbezahlbarkeit]
„Dieses Bauprojekt ist ein Faß ohne Boden. Das verdanken wir dem Architekten!"

sich nicht **fassen** können
→ aus der **Fassung** geraten [Erstaunen]

nach seiner eigenen **Fasson** selig werden
tun, was man will; das Leben nach eigenen Vorstellungen einrichten [Selbstbestimmung]
„Ich billige deine Entscheidung keinesfalls, aber jeder muß nach seiner eigenen Fasson selig werden!"
Die Redensart ist das Zitat einer Bemerkung Friedrichs des Großen, mit der er die Zulassung des katholischen Glaubens im protestantischen Preußen kommentierte. Das französische Wort *Façon* (Art, Weise, Eigentümlichkeit) ist in diesem Zitat in einer für die damalige Zeit typische Weise in den (durch Schreibfehler entstellten) deutschen Satzbau integriert: „Die Religionen Müsen alle Tolleriret werden und Mus der Fiscal nuhr das Auge darauf haben, das keine der anderen abtrug Tuhe, den hier mus ein jeder nach seiner Fasson Selich werden." Das von lat. *facere* (tun, machen) abgeleitete Substantiv war allerdings auch im Deutschen nie ganz unüblich gewesen und findet sich in verschiedenen Schreibweisen (*faitson, fatzon* usw.) in Texten des 12. bis 16. Jh., bevor es im 17. Jh. als Lehnwort verstärkt wiederkehrt.

aus der **Fasson** geraten (umg.)
dick werden [Fettleibigkeit]
„Wenn du weiter so viel Bier trinkst, wirst du noch völlig aus der Fasson geraten!"
Franz. *façon* (Art, Weise, Verarbeitung) wird in der Redensart zum Zweck der Vermeidung einer Brüskierung verwendet (Sprachtabu). Die Entlehnung dieses Begriffs könnte durch die Lautähnlichkeit zwischen *Fasson* und *Fassung* begünstigt worden sein, wobei *Fassung* hier im Sinne der äußeren Körperkonturen verstanden worden wäre. Vgl.: aus der **Fassung** geraten.

die gehörige **Fassung** bewahren
[Ausgeglichenheit]
→ aus der **Fassung** geraten

jmdn. aus der **Fassung** bringen
→ aus der **Fassung** geraten [Aufreizung]

aus der **Fassung** geraten
sehr erstaunt/entsetzt sein [Schock]
„Als meiner Mutter mitgeteilt wurde, daß unser Vater bei einem Unfall schwer verunglückt ist, ist sie völlig aus der Fassung geraten."
Fassung bezeichnet allgemein eine Umgrenzung, Umhüllung. Daraus hat sich im Sinne einer „Gemütsverfassung" auch das Bild eines geordneten geistig-seelischen Zustands entwickelt, den man bewahren kann (gefaßt sein), aber auch *verlieren* oder *aufgeben* kann.

seine Fassung verlieren
→ aus der **Fassung** geraten [Schock]

hier ist etwas **faul** (umg.)
hier stimmt etwas nicht, hier ist es gefährlich [Gefahr]
„Komm, laß uns verschwinden! Hier ist etwas faul!"
Herkunft → vor **Faulheit** stinken

vor **Faulheit** stinken (grob)
sehr faul sein [Faulheit]
„Unser Lehrer hat immer gesagt: ‚Ihr stinkt vor Faulheit!' Dabei haben es alle seine Schüler im Leben später viel weiter gebracht als er!"
Der Sinneseindruck des Stinkens wird in vielen Sprachen zum Ausdruck des Negativen gebraucht. So galt etwa in China zur Zeit der Kulturrevolution der Stand der Intellektuellen als *stinkende Nummer neun*, wobei die Neun das Symbol der untersten Klasse war. Der üble Geruch wird redensartlich häufig mit dem verwesenden Aas und der Fäulnis in Verbindung gebracht, wobei negative Bewertungen naheliegen. Aber auch die drohende Gefahr wird als riechbar erlebt.

auf eigene **Faust** (umg.)
in eigener Verantwortung, auf eigenen Entschluß hin [Selbständigkeit]
„Als leitender Angestellter darf man nicht immer auf Genehmigungen warten. Manches muß man auch auf eigene Faust entscheiden, weil die üblichen Entscheidungswege zu langwierig sind."
Der geballten Faust wohnt die Vorstellung des zum Kampf bereiten Mannes inne. Auch beim Gebrauch von Hieb- und Stichwaffen spielte die Faust eine herausragende Rolle, so daß man die Redensart als Umschreibung des Tatbestands verstehen kann: allein (ohne Unterstützung) den Kampf aufnehmen. Zu dieser Vorstellung gehört auch der Begriff *Faustrecht*, der das Recht bezeichnet, das man selber (ohne staatlichen Auftrag und aufgrund eigener Richtlinien) durchsetzt.

das paßt dazu wie die **Faust** aufs Auge (umg.)
1) *zwei Dinge widersprechen einander* [Gegensatz]
2) *eine farbliche oder sonstige Kombination ist geschmacklos* [Geschmacklosigkeit]
1) „Dieses Gerichtsurteil paßt zur momentanen Stimmung in der Bevölkerung wie die Faust aufs Auge."
2) „Die feuerroten Haare der Dame passen zu ihrem rosa Kleid wie die Faust aufs Auge!"
Die (harte) Faust und das (verletzliche) Auge bilden von der Physiologie her extreme Widersprüche, so daß wechselseitiger Kontakt zu Verletzungen führt. Das Bild ist bereits bei Luther und Abraham a Santa Clara belegt.

die **Faust** in der Tasche ballen (umg.)
in ohnmächtiger Wut verharren [Wut]
„Bei den Lügen, die in den Sonntagsreden der Politiker enthalten sind, kann der Bürger nur die Faust in der Tasche ballen."
Die in der Tasche geballte Faust ist im Gegensatz zur erhobenen Faust nicht sichtbar und damit eine von den Machtverhältnissen diktierte Verlegenheitsgeste.

mit der **Faust** auf den Tisch hauen/schlagen (umg.)
energisch werden: Durchsetzungskraft demonstrieren [Nachdrücklichkeit]
„Wenn der neue Chef nicht bald mal mit der Faust auf den Tisch haut, wird es ihm nicht gelingen, diese Abteilung leistungsfähig zu erhalten."
Die wehrhaft geballte Faust gilt in dieser

Redensart in Kombination mit der demonstrierten Schlagkraft als Symbol der Härte und des Führungswillens.

sich ins **Fäustchen** lachen (umg.)
schadenfroh sein: sich heimlich freuen [Schadenfreude]
„Wir haben uns alle ins Fäustchen gelacht, daß ausgerechnet der unsympathische Kerl aus der Buchhaltung über Nacht im Fahrstuhl eingesperrt gewesen ist."
Die Redensart bezieht sich auf eine Gebärde, nämlich auf das Verdecken des lachenden Mundes mit der vorgehaltenen Hand. In der Bedeutung *Schadenfreude empfinden* ist die Redensart spätestens seit Luther belegt.

etwas **faustdick** auftragen (umg.)
etwas sehr deutlich sagen, übertreiben [Übertreibung]
„Das ist aber faustdick aufgetragen! Ich glaube nämlich nicht, daß du allein es warst, dem dieser Geschäftserfolg zu verdanken ist. Da haben deine Kollegen doch auch ihren Teil dazu beigetragen!"
Das Adjektiv *faustdick* stellt gegenüber dem ebenfalls bereits übertreibenden *fingerdick* eine Steigerung dar.

es **faustdick** hinter den Ohren haben (umg.)
raffiniert sein, gerissen sein [Raffinesse]
„Der Erwin hat es faustdick hinter den Ohren. Ich würde mich an deiner Stelle mit dem nicht auf einen Handel einlassen. Er wird sicher versuchen, dich zu übervorteilen!"
Herkunft → jmdm. sitzt der Schalk im **Nacken**

eine **faustdicke** Lüge
→ etwas **faustdick** auftragen
[Übertreibung] [Lüge]

die **Faxen** dick haben (umg.)
keine Ausreden mehr hören wollen, der Vertröstungen/Versprechungen/Späße usw. überdrüssig sein [Überdruß]
„Jetzt hab' ich die Faxen aber dick! Wenn Sie nicht sofort mit der Wahrheit darüber herausrücken, wer diesen Diebstahl begangen hat, rufe ich die Polizei!"
Herkunft → **Faxen** machen

Faxen machen (umg.)
albern sein, Unsinn machen [Unsinn]
„Hör bitte jetzt auf, Faxen zu machen, und benimm dich anständig! Die Leute fangen schon an, über uns zu reden!"
Dem Begriff *Faxen* liegt das heute ungebräuchliche Verb *fickfacken* zugrunde, welches die Bedeutung *sich hin- und herbewegen* hat und in diesem Zusammenhang albernes *Herumhampeln* meint. Die Lautfolge *i-a* ist in vielen Wendungen als Bedeutungsträger für *hin und her* bzw. ein Durcheinander zu erkennen, vgl. *ticktack, Schnickschnack, Mischmasch, Wirrwarr, Klingklang* oder (ursprünglich franz.) *Flickflack*.

das **Fazit** ziehen
das Gesamtergebnis feststellen, das Resultat ermitteln [Ergebnis]
„Wenn wir das Fazit der heutigen Besprechung ziehen, lautet das wohl, daß wir mit dem Vertragsabschluß nicht mehr rechnen können."
Lat. *facit* (es macht) ist ein alter Ausdruck des Rechnungswesens. Im 15. Jh. ist es zu *Fazit* mit der Bedeutung *Summe* abgewandelt worden. Seit Grimmelshausen ist die Redensart in der generalisierten Bedeutung nachweisbar, ist wahrscheinlich aber älter.

etwas führt jmdm. die **Feder** (gehoben)
jmd. ist durch eine Gemütslage zum Schreiben veranlaßt [Inspiration]
„Man spürt ganz deutlich bei diesem Werk daß die starke Liebe zu Ilse die Feder des Poeten führte!"
Die *Feder* dieser Redensart ist natürlich die Schreibfeder, die bildlich gesprochen durch eine innere Inspiration und nicht durch das Ich des Schreibers über das Papier geführt wird. Das seit Schillers *Kabale und Liebe* (1782) belegte „Federfuchser" bezeichnet Schreiber, die andere durch ihr Schreibwerk quälen und ärgern. Der zweite Wortbestandteil gehört zu dem heute ungebräuchlichen Verb *fucken* (unruhig hin und her fahren).

der Tod nimmt jmdm. die **Feder** aus der Hand (gehoben)
der Tod beendet jmds. schriftstellerische Tätigkeit [Tod]
„Dies ist das letzte Werk des Meisters. Kurz nach dessen Vollendung nahm der Tod ihm für immer die Feder aus der Hand."

eine flüssige **Feder** haben/schreiben/führen
stilistisch gewandt sein, Formulierungsgabe besitzen [Stil]
„Diesen Autor lese ich gerne. Ich finde, daß er eine überaus flüssige Feder hat."
Feder im Sinne von *Schreibfeder* kommt in vielen Wendungen vor. Häufige Adjektive in diesem Zusammenhang sind: *eine spitze Feder führen* (verletzend schreiben), *eine scharfe Feder führen* (scharfsinnig schreiben). Wer *seine Feder in Galle taucht* schreibt bittere und aggressive Artikel. Eine *flotte Feder* ist dagegen das Attribut des wenig sorgfältigen *Schnellschreibers*.

mit etwas/jmdm. nicht viel **Federlesens** machen
nicht viel Umstände machen, kurzen Prozeß machen [Entscheidung]
„Der Richter hat mit dem Beschuldigten nicht viel Federlesens gemacht und ihn für fünf Jahre ins Gefängnis geschickt."
Federlesen meint das Suchen und Abstreifen von Staub und Federn, die an den Kleidern haften. Diese mühselige Arbeit wird schon im Mittelalter übertragen im Sinne von *Schmeichelei* und *Gefälligkeit* verstanden. Wer *nicht viel Federlesens* mit einer Person oder etwas macht, ist also nicht bereit, die üblichen umständlichen Prozeduren einzuhalten. Die Redensart ist seit dem 16. Jh. schriftlich belegt.

Federn lassen (müssen) (umg.)
Schaden erleiden, Nachteile hinnehmen müssen [Schaden]
„Bei dem Verkauf meines Wagens mußte ich ganz schön Federn lassen. Ich bekam kaum die Hälfte von dem, was ich mir vorgestellt hatte!"
Die Redensart bezieht sich auf Kämpfe zwischen Vögeln oder aber auf das Rupfen von Geflügel. Letztere Lesart ist wahrscheinlicher, da Analogiebildungen bestehen zu *Haare lassen* oder *Wolle lassen*, die beide dieselbe Bedeutung *Schaden* erleiden aufweisen.

aus den **Federn** kriechen (umg.)
aus dem Bett aufstehen [Aufstehen]
„Du siehst ja noch so verschlafen aus, als ob du gerade erst aus den Federn gekrochen wärst. Trink doch einmal eine Tasse Kaffee, dann wird es dir schon bessergehen."
Federn stehen in vielen Redensarten als Pars pro toto für das Bett.

sich mit fremden **Federn** schmücken
Erfolge anderer als eigene beanspruchen [Betrug]
„Unser Abteilungsleiter hat leider die Neigung, sich mit fremden Federn zu schmükken und unsere Verkaufserfolge als Ergebnis seiner Anweisungen darzustellen. Dabei sind die meisten seiner Vorschläge völlig unbrauchbar!"
Die Redensart geht auf eine Fabel des Phädrus zurück, von der es in fast jedem Jahrhundert eine Neufassung gab. Sie handelt von dem Versuch einer Krähe, sich mit Pfauenfedern geschmückt unter „diese glänzenden Vögel der Juno" (Lessing) zu mischen. Bei ihrer Entdeckung wird ihr übel mitgespielt, da ihr schließlich auch die eigenen Federn zur Strafe ausgerupft werden. Diese Fabel ist ein altes Gleichnis für eine typische Verhaltensweise des Menschen und deshalb natürlich in vielen Sprachen verbreitet.

durch einen **Federstrich**
durch eine kurze Notiz/Unterschrift [Entscheidung]
„Die Diskussion wurde schließlich durch einen Federstrich beendet, weil der Betriebsinhaber den Vertrag unterschrieb."
Die Redensart bezieht sich auf die Schreibfeder, mit der ein Verantwortlicher lange Verhandlungen durch seine Unterschrift beenden kann.

den **Fehdehandschuh** aufnehmen
→ jmdm. den **Fehdehandschuh** hinwerfen [Kampfbereitschaft]

jmdm. den **Fehdehandschuh** hinwerfen
jmdm. den Kampf ansagen, mit jmdm. Streit beginnen [Kampfansage]
„In dieser Sache werde ich nicht aufgeben. Schließlich hat der andere mir den Fehdehandschuh hingeworfen!"
Die Redensart bezieht sich auf die Sitte der mittelalterlichen Ritter, eine Kampfansage dadurch mitzuteilen, daß sie dem Gegner einen Handschuh vor die Füße warfen. Dies galt als Symbol eines Schlages, der dann in einem Waffengang gerächt werden mußte. Die Bereitschaft zur Vergeltung wurde mit dem Aufheben des Handschuhs durch den beleidigten Ritter versinnbildlicht.
Die Wurzel des alten Wortes *Fehde*, das erst im 18. Jh. durch Bodmer wiederbelebt wurde, liegt in ahd. *fehan* (hassen), das auch *Feind* und *feig* zugrunde liegt. Letzteres ist überraschend, versteht sich aber über die alte Bedeutung *zum Tode bestimmt(er Feind)*. Wer weiß, daß er bald sterben wird, benimmt sich leicht *feige* im modernen Sinne der Verzagtheit, der von Luther durchgesetzt worden ist.

ohne **Fehl** und Tadel (Zwillingsformel)
einwandfrei, tadellos [Qualität]
„Dieser junge Mann ist wirklich ohne Fehl und Tadel. Einen besseren Schwiegersohn hätten wir uns nicht wünschen können!"
Das heute ungebräuchliche *Fehl* (Fehler) kommt nur noch in Wortbildungen und festen Wendungen vor. Auch *Tadel* bedeutete früher *Fehler* (*tadellos* = fehlerlos). Erst seit dem 16. Jh. hat Tadel die Bedeutung *mißbilligendes Urteil, Gegenteil von Lob* entwickelt.

fehlen: weit gefehlt!
ein großer Irrtum!, du täuschst dich gewaltig [Irrtum]
„Du glaubst, Hans-Peter sei besonders begabt? Weit gefehlt! Er mußte jetzt sogar die Musikhochschule wegen mangelnder Leistungen verlassen!"
Die Redensart bewahrt die Grundbedeutung von *fehlen* und *Fehler*, die als Ausdrücke des Schützen als Gegenbegriffe zu *treffen* und *Treffer* gebildet sind. Quellwort ist lat. *fallere* (täuschen), das über das Französische ins Mittelhochdeutsche gekommen ist. Die alte Bedeutung *Fehlschuß* ist erst im 16. Jh. zum heutigen Gebrauch verallgemeinert worden.

fehlen: wo fehlt's denn?
1) beim Arzt: *welche Beschwerden haben Sie?* [Befinden]
2) sonst: *welcher Kummer bedrückt dich?* [Hilfsangebot]
1) „Sie sind in dieser Woche doch schon einmal in meiner Sprechstunde gewesen. Wo fehlt's Ihnen denn heute?"
2) „Du machst ja heute so ein betrübtes Gesicht. Wo fehlt's denn? Kann ich dir vielleicht helfen?"

fehlen: bei dir fehlt's wohl im Kopf? (umg.)
du bist wohl verrückt? [Dummheit]
„Wie konntest du nur so dumm sein und diesem Kerl dein ganzes Geld anvertrauen? Bei dir fehlt's wohl im Kopf?"

fehlen: das fehlte (gerade) noch! (umg.)
dieses Unglück mußte zu dem bereits eingetretenen noch hinzukommen [Verschlimmerung]
„Erst gehst du von der Schule ab, und jetzt willst du noch Seemann werden! Das fehlte gerade noch!"

es an nichts **fehlen** lassen
alles (an Essen und Trinken) bieten, was möglich ist [Großzügigkeit]
„Zu meinem 50. Geburtstag seid ihr alle herzlich eingeladen. Ich werde es bestimmt an nichts fehlen lassen!"

jetzt ist aber **Feierabend**! (umg.)
jetzt ist Schluß!, da mache ich nicht mehr mit! [Ende]
„Erst bekommst du zum Geburtstag eine komplette Skiausrüstung, und eine Woche später willst du ein Motorrad! Jetzt ist aber wirklich Feierabend! Vor Weihnachten können wir uns das nicht leisten!"
Feierabend (mhd. *vir-abent* = Vorabend eines Festes) ist analog gebildet zu *Sonnabend* (Vorabend zu Sonntag) und erst später umgedeutet worden zu *Beginn der Ruhezeit am Abend*. Der Wortbestandteil *Fei-*

er geht auf lat. *feriae* zurück, dem *Ferien* entlehnt ist.

das ist schon nicht mehr **feierlich**! (umg.)
das ist kaum mehr verständlich und erträglich [Unerträglichkeit]
„Unglaublich, was sich die heutige Jugend älteren Menschen gegenüber herausnimmt! Das ist schon nicht mehr feierlich!"

fein heraussein (umg.)
nach überwundenen Schwierigkeiten Erfolg haben [Erfolg]
„Der Egon ist jetzt fein heraus, seit er der Anwaltskanzlei Müller und Co. beigetreten ist!"
Fein gehört zu lat. *finis* (Ende, Grenze; daher *Finale*) und ist über das Galloromische ins Französische und Deutsche gekommen. Der Weg verlief über die Bedeutung *das ist das Äußerste/das Beste*. Das Wort ist erst im 12. Jh. nachweisbar und bleibt in den Mundarten lang ungebräuchlich.

auf freiem **Feld**
im Freien, ohne Dach über dem Kopf [Ungeschütztheit]
„Das Gewitter hat uns leider auf freiem Feld überrascht. Wir mußten uns sogar auf die Erde werfen, um nicht vom Blitz getroffen zu werden!"

ein weites **Feld**
1) *ein großer wissenschaftlicher/sozialer/politischer usw. Bereich* [Bereich]
2) *etwas kann nicht ausdiskutiert werden, weil es zu umfangreich ist* [Umfang]
3) (Gesprächsfloskel): *ich will über dieses Thema jetzt nicht (weiter)sprechen (Signal für Themenwechsel und -ausblendung)* [Themenausblendung]
1) „Die Erforschung des Weltraums ist ein weites Feld. Noch viele Generationen von Menschen werden sich damit beschäftigen müssen!"
2) „Das weite Feld der Lasertechnologie kann in meinem Vortrag natürlich nur gestreift werden, weil mir die Zeit zu einer ausführlicheren Darstellung fehlt."
3) „Ja, ja, der Alkoholmißbrauch bei den Intellektuellen! Das ist ein weites Feld..."
Die Sprache verwendet in hohem Maße Begriffe der Landschaftsbeschreibung zur Darstellung abstrakter Sachverhalte: *Feld, Gebiet, Ebene, Region* usw. So sprechen wir geradezu von einer *geistigen Landschaft*, der auch eine *politische Landschaft* zugeordnet ist. Die Redensart selbst ist literarisch (Stifter, Fontane).

das **Feld** behaupten
das Erreichte sichern [Stabilisierung]
„Unser Produkt hat zwar starke Konkurrenz bekommen, es konnte sich aber gleichwohl am Markt halten und somit das Feld behaupten."
Feld im Sinne von *Schlachtfeld* prägt eine ganze Reihe von Redensarten. Dies ist ein Beispiel für die Metaphorik des Kampfes, die unsere Sprache durchzieht, bzw. für den Einfluß der militärischen Fachsprache auf die Alltagssprache. Von der Wortgeschichte her bedeutet *Feld* eigentlich *das Flache, die Fläche* und steht damit im Gegensatz zu *Berg* und *Gebirge*.

das **Feld** beherrschen
Vorrang besitzen, einflußreich sein, anerkannt sein [Einfluß]
„Seit den letzten Unglücksfällen beherrscht die Diskussion um das Für und Wider von Kernkraft das Feld."

das **Feld** räumen
jmdm. den Platz überlassen [Weggang]
„Komm, wir räumen das Feld! Die vier Kerle, die das Lokal betreten haben, werden gleich einen Streit anfangen!"

jmdm. das **Feld** streitig machen
als Konkurrent/Rivale auftreten [Konkurrenz]
„Seit einigen Jahren machen die Japaner mit ihren Produkten den deutschen Händlern das Feld streitig."

auf dem **Feld(e)** der Ehre fallen/bleiben (gehoben)
auf dem Schlachtfeld den Soldatentod sterben [Tod] [Krieg]
„In den Weltkriegen sind Millionen von Soldaten auf dem Feld der Ehre geblieben."

jmdn. aus dem **Feld(e)** schlagen
jmdn. besiegen/vertreiben [Sieg]
„Unsere Eishockeymannschaft konnte bisher alle Konkurrenten aus dem Feld schlagen. Sehr wahrscheinlich werden wir die Meisterschaft gewinnen."

zu **Felde** ziehen für/gegen jmdn./etwas
sich energisch für/gegen jmdn./etwas einsetzen [Einsatz] [Bekämpfung]
„Die Tierschützer ziehen in den letzten Jahren verstärkt gegen die Tierversuche der Industrie zu Felde."

ins **Feld** führen
als Argument gebrauchen [Argumentation]
„Zugunsten meiner Theorie möchte ich noch die neuesten empirischen Befunde aus Amerika ins Feld führen!"

ins **Feld** ziehen
in den Krieg/an die Front ziehen [Krieg]
„In den beiden Weltkriegen mußten sowohl mein Großvater als auch mein Vater ins Feld ziehen."

ein dickes **Fell** haben (umg.)
unempfindlich gegen Beleidigungen u.ä. sein [Unempfindlichkeit]
„Ich habe zwar ein dickes Fell, aber deine ständigen Beleidigungen gehen mir zu weit. Scher dich zum Teufel, sonst passiert was!"

dir/dich juckt wohl das **Fell** (umg.)
du bist so unverschämt: du willst wohl verprügelt werden? [Unverschämtheit]
„Den ganzen Tag über hast du mich geärgert. Dich juckt wohl das Fell?"

das **Fell** des Bären verkaufen, bevor man ihn erlegt/gefangen hat (umg.)
voreilig über Geld oder Dinge verfügen, die noch nicht zur Verfügung stehen [Voreiligkeit]
„Du brauchst dir keinen neuen Wagen auszusuchen. Schließlich hast du die Stelle noch nicht! Man soll das Fell des Bären nicht verkaufen, bevor man ihn erlegt hat!"

jmdm. das **Fell** über die Ohren ziehen (umg.)
jmdn. betrügen [Betrug]
„Laß dich mit dem Meier nur nicht auf ein Geschäft ein! Das ist ein Betrüger, wie er im Buche steht! Neulich erst hat er versucht, meinem Bruder das Fell über die Ohren zu ziehen. Gott sei Dank hatte ich ihn schon vorher gewarnt."
Die seit dem Mittelalter bekannte Redensart bezieht sich auf das Handwerk des Kürschners, der dem erlegten Pelztier das Fell über den Kopf abzieht.

jmdm. sind alle **Felle** davongeschwommen/weggeschwommen (umg.)
jmds. gute Möglichkeiten haben sich zerschlagen [Chancenlosigkeit]
„Durch seine Ungeschicklichkeit hat Peter sich im Betrieb sehr unbeliebt gemacht. Dem sind jetzt alle Felle weggeschwommen. So leicht wird er dort jetzt keine Karriere mehr machen!"
Die Redensart bezieht sich auf das alte Handwerk des Gerbers, der die Tierhäute (Felle) im fließenden Bach oder Fluß reinigte. Bei Unachtsamkeit oder plötzlichem Hochwasser konnten ihm *alle Felle davonschwimmen,* so daß er um seinen Besitz gebracht war.

seine **Felle** davonschwimmen sehen (umg.)
seine Hoffnungen aufgeben müssen [Hoffnungslosigkeit]
„Bei dieser Firma werde ich nicht bleiben. Seit dem Eintritt des neuen Chefs sehe ich meine Felle immer mehr davonschwimmen! Der läßt keinen neben sich hochkommen!"

ein **Fels** in der Brandung
ein unerschütterlicher Mensch [Unerschütterlichkeit]
„Im ganzen Getümmel war der Torwart ein Fels in der Brandung. Er behielt die Ruhe und Übersicht und verhinderte viele Gegentreffer."

weg vom **Fenster** sein (umg.)
keinen Einfluß mehr haben, nichts mehr ausrichten können [Chancenlosigkeit]
„Von dem Politiker Meier hat man schon lang nichts mehr gehört. Seit seiner Bestechungsaffäre ist er ganz weg vom Fenster!"
Diese Redensart bezieht sich wahrschein-

lich spöttisch auf das Fenster, an dem sich die Mächtigen dem Volk zu zeigen belieben. *Weg vom Fenster* bedeutet also: wieder in den Hintergrund des dunklen Zimmers zurücktreten müssen und nicht mehr *im Rampenlicht* stehen.

Geld mit vollen/beiden Händen zum **Fenster** hinauswerfen (umg.)
Geld verschwenden [Verschwendung]
„Ich weiß nicht mehr, was ich machen soll! Mein Sohn wirft das Geld mit vollen Händen zum Fenster hinaus, während ich von der Sozialhilfe leben muß."

sich zu weit aus dem **Fenster** hängen/lehnen
sich zu sehr exponieren/engagieren [Gefährdung]
„Mit dieser Meinung zu den Asylgesetzen lehnst du dich aber zu weit aus dem Fenster. Das könnte dir jemand übelnehmen."

zum **Fenster** hinaus (reden, heizen etc.)
etwas vergeblich/sinnlos tun [Vergeblichkeit] [Reden]
„Ich ermahne meinen Sohn immer wieder, sein Studium nicht hinzuschmeißen. Aber ich rede zum Fenster hinaus! Er will unbedingt Ballettmeister werden!"

das sei **fern(e)** von mir (gehoben)
das ist nicht meine Absicht, das plane ich nicht [Weigerung]
„Ich soll für den Stadtrat kandidieren? Das sei ferne von mir, den Ärger kann ich mir sparen!"
Das *Naheliegende* ist sowohl besser erkennbar als auch besser kontrollierbar, das *Ferne* schlecht sichtbar und wenig beeinflußbar. Die Redensart meint also: eine Sache hat mit meinen persönlichen Plänen und Absichten nichts zu tun. Die Wendung kommt oft in der Bibel vor (etwa 1. Moses 44,17).

unter **ferner** laufen (umg.)
zweite Garnitur sein, vergleichsweise unbedeutend sein [Zweitrangigkeit]
„Der Hauptvortrag war wirklich sehr interessant. Die anderen Redner rangierten demgegenüber doch unter ferner liefen!"
Diese neue Redensart bezieht sich auf den Pferderennsport, bei dem die unterlegenen Pferde auf der Gewinnliste unter *ferner liefen* rangieren.

jmdm. auf den **Fersen** folgen
→ jmdm. auf dem **Fuße** folgen

jmdn. auf den **Fersen** haben [Flucht]

sich an jmds. **Fersen** heften
jmdn. verfolgen [Verfolgung]
„Dem Detektiv gelang die Aufklärung des Falles erst, als er sich dem Verdächtigen ununterbrochen an die Fersen heftete."
Die Redensart bezieht sich auf die Hundemeute, die sich in die Fersen des fliehenden Wildes verbeißt.

Fersengeld geben (umg.)
davonlaufen, fliehen [Flucht]
„Als sich der Polizeiwagen näherte, gab der Einbrecher Fersengeld. Er konnte nach kurzer Verfolgung gestellt werden."
Fersengeld ist seit dem 13. Jh. belegt und wird gelegentlich mit dem alten Wort *Färse* (junge Kuh, Nebenbildung zu *Farre* = Bulle) in Verbindung gebracht („Kuhgeld"). Der *Sachsenspiegel* (um 1230) kennt „versen penninge" als Abgabe bei der Ehescheidung. Eine andere Deutung bezieht sich auf die Strafe, die ein desertierender Söldner zu entrichten hatte. Im allgemeineren Sinn der Redensart ist die Wendung seit dem späten Mittelalter belegt.

fertig ist die Laube
→ **Laube**

fertig sein (umg.)
1) *erschöpft sein* [Erschöpfung]
2) *überrascht sein* [Überraschung]
1) „Nach einer halben Stunde Waldlauf bin ich jedesmal völlig fertig!"
2) „Du hast den Schulpokal gewonnen? Jetzt bin ich aber fertig! Das hätte ich dir nie zugetraut – wo du doch schon nach einer halben Stunde Waldlauf schlappmachst!"
Fertig bedeutet eigentlich *zur Fahrt bereit.* Daraus hat sich über das Bild der *letzten Fahrt* des Sterbenden der Bedeutungsgehalt

Erschöpfung abgeleitet. Bereits das Mittelhochdeutsche hatte die Grundbedeutung *reisefertig* zu vielerlei Bedeutungen entfaltet, die alle irgendwie die Bereitschaft (dienstfertig, bußfertig) und das Vollendetsein berühren.

fertig werden mit etwas/jmdm.
Schwierigkeiten meistern [Gelingen]
„Leider werden viele Eltern mit ihren heranwachsenden Kindern nicht fertig."

nicht **fertig** werden mit jmdm./etwas (umg.)
jmdn./etwas nicht verwinden/überwinden können [Scheitern]
„Sie ist eine tapfere Frau, aber mit dem Tod ihres Mannes wird sie einfach nicht fertig!"

das bringst nur du **fertig**! (umg.)
so eine Dummheit kannst nur du machen! [Dummheit]
„Zum zweiten Mal in einer Woche zu spät zur Arbeit erscheinen: Das bringst nur du fertig!"

jmdn. **fertigmachen** (umg.)
1) *jmdn. streng und unbarmherzig tadeln* [Zurechtweisung]
2) *jmdn. zusammenschlagen* [Brutalität]
3) *jmdn. brutal töten* [Mord]
4) *jmdn. völlig betrunken machen* [Alkoholgenuß]
1) „Unser Lehrer hat kein pädagogisches Talent. Anstatt die Schüler mit seiner Kritik zu fördern, versucht er immer bloß, sie völlig fertigzumachen. Das ist ein Zeichen seiner Minderwertigkeitskomplexe."
2) „Die Rockerbande fiel über den Passanten her und begann, ihn völlig fertigzumachen. Gut, daß plötzlich ein Polizeiwagen vorbeikam!"
3) „Die Leiche war entsetzlich zugerichtet. Derjenige, der das Opfer so fertiggemacht hatte, mußte ein Psychopath sein."
4) „Auf dem Betriebsausflug haben wir versucht, den sonst so makellosen Herrn Fritz mit einer Flasche Schnaps fertigzumachen. Es ist uns aber nicht gelungen!"

jmdm. **Fesseln** anlegen
jmdn. persönlich/geistig hemmen [Kontrolle]
„Ich will dir keineswegs Fesseln anlegen, aber wenn du deine Nächte weiterhin außer Haus verbringst, werde ich die Scheidung einreichen!"
Neben der Fessel ist vor allem die Leine, an welcher der Hund geführt wird, ein geeignetes Vorbild zur redensartlichen Vermittlung von Bedeutungen im Bereich der Einflußnahme, Lenkung und Kontrolle.

sich **festfahren**
in unüberwindliche Schwierigkeiten geraten [Schwierigkeiten]
„Dieses Problem scheint mir momentan nicht lösbar. Irgendwie haben wir uns da festgefahren."

etwas (im Bild) **festhalten**
ein (dokumentarisches) Foto, eine Zeichnung u. ä. anfertigen [Bewahrung]
„Zufällig wurde das Attentat auf den Präsidenten durch eine Kamera im Bild festgehalten."
Das körperliche Festhalten ist in mehreren Wendungen auf andere Medien übertragen worden. So kann beispielsweise ein Tatbestand schriftlich oder mündlich oder eine Stimmung musikalisch oder durch ein Gedicht „festgehalten" werden.

festlegen
1) *endgültig bestimmen* [Entscheidung]
2) *Geld zur Bank bringen und eine lange Kündigungsfrist vereinbaren* [Geldanlage]
1) „Wenn ihr euch nicht einigen könnt, lege ich jetzt einfach unser Ausflugsziel fest."
2) „Wenn es auf Bundesschatzbriefe 8% gibt, werde ich 30000 Mark festlegen."
An- und *Festlegen* sind ursprünglich Begriffe der Seefahrt und bezeichnen das Unterbringen des Schiffes im Hafen.

jmdn. **festnageln** (umg.)
1) *jmdn. an seine eigenen Aussagen erinnern bzw. zu einer eindeutigen Stellungnahme zwingen* [Festlegung]
2) *jmdn. wider Willen im Gespräch festhalten* [Aufdringlichkeit]
1) „Viele Politiker sind so flexibel, daß man sie unter keinen Umständen auf einen be-

stimmten Standpunkt festnageln kann."
2) „Wenn man durch unser kleines Dorf geht, wird man alle drei Meter festgenagelt."
Der Begriff *festnageln* bezieht sich auf die grausame Sitte, Raubvögel am Scheunentor zu befestigen, um ihre Artgenossen zu verscheuchen. Im übertragenen Sinn ist die Redensart seit dem 19. Jh. schriftlich belegt.

sein **Fett** kriegen/abbekommen/weghaben (umg.)
seine/ihre verdiente Strafe bekommen [Strafe]
„Laß ihn nur laufen! Den Kerl erwischen wir morgen, und dann kriegt er sein Fett!"
Das besitzanzeigende Fürwort *sein* deutet auf den Ursprung der Redensart im Bereich der früher üblichen Hausschlachtung hin. Das (in der Regel im Herbst) geschlachtete Schwein wurde unter den Familienangehörigen verteilt, wobei Fleisch und Fett zur Verfügung standen. Das unbeliebtere Fett war wohl verantwortlich für die spätere negative Bedeutungsentwicklung zu *Strafe bekommen*. Da Fett schlecht verdaut wird, konnte sich die synonyme Redensart *übel aufstoßen* entwickeln.

von seinem eigenen **Fett** zehren (umg.)
vom Ersparten leben [Einschränkung]
„Seit zwei Wochen bin ich jetzt arbeitslos. Schlimm, aber noch kann ich vom eigenen Fett zehren."
Die Redensart bezieht sich auf Tiere wie den Dachs, die während des Winterschlafs *vom eigenen Fett zehren.*

bei jmdm. ins **Fettnäpfchen** treten (umg.)
sich versehentlich durch eine kränkende Bemerkung unbeliebt machen [Fauxpas]
„Durch die Bemerkung über männliche Glatzen bist du beim Herrn Direktor ganz schön ins Fettnäpfchen getreten! Weißt du denn nicht, daß er ein Toupet trägt?"
Früher stand im Flur von Bauernhäusern ein Fettnapf. Das Fett diente dazu, die Schuhe und Stiefel beim Betreten und Verlassen des Hauses einzuschmieren, damit sie durch die trocknende Nässe nicht hart wurden. Trat nun jemand versehentlich in diesen Fettnapf oder warf ihn gar um, so hatte er natürlich einen Fauxpas begangen, der ihn unbeliebt machte.

daß die **Fetzen** fliegen (umg.)
sehr heftig [Intensität]
„Unsere Nachbarn sind seltsame Leute. Erst streiten sie sich, daß die Fetzen fliegen, und danach gehen sie in schönster Eintracht spazieren."
Die Redensart bezieht sich auf das Zerreißen des Kleiderstoffs bei heftigen Bewegungen.

wie **Feuer** und Wasser
unvereinbare Gegensätze
[Unverträglichkeit]
„Der neue Chef und ich sind wie Feuer und Wasser. Ich kann unter diesen Umständen hier nicht bleiben!"

bei ihm ist gleich **Feuer** unterm Dach (umg.)
er ist sehr aufbrausend und jähzornig
[Jähzorn]
„In diesen Garten darf unser Fußball auf keinen Fall geraten. Bei dem Besitzer ist immer gleich Feuer unterm Dach, wenn er uns hier spielen sieht!"

das **Feuer** eröffnen
die Schlacht beginnen [Beginn]
„Die Truppen lagen einander zwei Tage gegenüber, bevor jemand sich entschließen konnte, das Feuer zu eröffnen."
Das *Feuer* dieser Redensart bezieht sich auf das Mündungsfeuer von Gewehren und Kanonen.

(leicht) **Feuer** fangen (umg.)
1) *sich schnell begeistern* [Begeisterung]
2) *sich schnell verlieben* [Flirt]
1) „Es ist wahrscheinlich, daß du für das Italienische schnell Feuer fängst, wenn du erst einmal mit einem Sprachkurs angefangen hast."
2) „Schau doch nicht immer so auffällig an den Nebentisch! Hast du etwa bei dieser Blondine Feuer gefangen?"

für jmdn. durchs **Feuer** gehen
bereit sein, für jmdn. alles zu tun

[Parteinahme]
„Der Karl-Heinz ist wirklich ein treuer Freund. Der würde sogar für einen durchs Feuer gehen!“
Diese Redensart wird bei Grimmelshausen noch ganz wörtlich auf die Rettung aus dem brennenden Haus gebraucht.

ins **Feuer** (der Kritik) geraten
heftig kritisiert werden [Kritik]
„Sobald man sich irgendwo exponiert, gerät man ins Feuer der Neider!“
{Argumentation ist ein Kampf}

zwischen zwei **Feuer** geraten
[Ausweglosigkeit]

Öl ins **Feuer** gießen
→ **Öl** ins Feuer gießen [Aufreizung]

für jmdn. die Kastanien aus dem **Feuer** holen
→ für jmdn. die **Kastanien** aus dem Feuer holen

Feuer hinter etwas machen (umg.)
etwas beschleunigen [Beschleunigung]
„Kannst du nicht einmal etwas mehr Feuer hinter deine Arbeit machen? Sonst stehen wir ja morgen noch hier herum!“
Herkunft → **Dampf** hinter etwas machen

jmdm. **Feuer** unterm Hintern machen (derb)
jmdn. antreiben/anspornen, etwas schneller zu tun [Ansporn]
„Du schläfst ja fast bei der Arbeit ein! Warte nur, gleich mach’ ich dir Feuer unterm Hintern!“

das **Feuer** schüren
jmdn. noch mehr reizen, Haß und Streit verstärken [Aufreizung]
„Der Otto hat ein richtiges Talent, ein Feuer auch noch zu schüren, wenn er sich als Schlichter eines Streits aufdrängt.“

Feuer und Flamme sein für etwas/jmdn. (Zwillingsformel, Stabreim)
sehr begeistert sein [Begeisterung]
„Meine Söhne sind Feuer und Flamme für das Bergsteigen. Ich mache mir allerdings manchmal Sorgen um sie, weil sie dabei sehr viel riskieren.“
Der Stabreim der Redensart deutet auf einen germanischen Ursprung hin. Tatsächlich galt das Löschen von Feuer und Flamme der Herdstelle eines Missetäters als Verwüstungsstrafe. Die Bewahrung von Feuer und Flamme im eigenen Herd war dagegen die rechtsverbindliche Niederlassung und Führung eines eigenen Haushalts. Vermutlich liegt hier der Ursprung der positiven Bedeutung *begeistert sein* der Redensart, die Luther mit seiner Neuprägung *Feuereifer* (1522) aufnehmen konnte.

mit dem **Feuer** spielen
sorglos mit ernster Gefahr umgehen [Gefährdung]
„Wer Atomwaffen herstellt, spielt mit dem Feuer. Dies sollte jedem Politiker klar sein.“

jmdn. **feuern** (umg.)
jmdn. kurzfristig aus einem Arbeitsverhältnis entlassen [Entlassung]
„Nachdem Andreas zweimal betrunken zur Arbeit kam, ist er bedingungslos gefeuert worden.“
Die Wendung bezieht sich wahrscheinlich auf das plötzliche Abfeuern einer Gewehrkugel aus dem Lauf (engl. *to fire*).

jmdm. eine **feuern** (umg.)
jmdm. eine Ohrfeige geben [Ohrfeige]
„Heute morgen hat der Lehrer dem Erwin eine gefeuert, weil er dauernd den Unterricht gestört hat.“
Die kräftige Ohrfeige brennt *wie Feuer*, daher auch *eine gefeuert bekommen/kriegen* mit der Bedeutung *eine Ohrfeige bekommen*.

die **Feuerprobe** bestehen
sich in der Praxis unter schwierigen Bedingungen bewähren [Bewährung]
„Heute bin ich zum ersten Mal nach der Führerscheinprüfung allein im Auto durch die Stadt gefahren. Ich bin froh, daß ich diese Feuerprobe bestanden habe!“
Die *Feuerprobe* war ein mittelalterliches Gottesurteil, bei dem der Beschuldigte ganz oder teilweise dem Feuer ausgesetzt wurde.

Der Unschuldige sollte nach herrschender Rechtsauffassung von Gott vor Verbrennungen geschützt werden. Eine andere Deutung bezieht sich auf das Läutern von Edelmetallen im Schmelzofen. Dazu gibt es den Spruch Salomos (17,3): „Wie das Feuer Silber und der Ofen Gold, also prüft der Herr die Herzen." Die Wendung *die Feuertaufe erhalten* bezieht sich auf das erste Schlachterlebnis eines Soldaten. Auch hier liegt eine biblische Sentenz zugrunde, nämlich die Worte des Johannes (Matth. 3,11): „Der aber nach mir kommt, wird euch mit dem Heiligen Geist und mit Feuer taufen."

wie die **Feuerwehr** fahren (umg.)
schnell und rücksichtslos fahren
[Schnelligkeit]
„Als wir von dem schlechten Zustand unseres Vaters erfuhren, haben wir uns ins Auto gesetzt und sind wie die Feuerwehr zu ihm gefahren."

ein **Fiasko** erleben/erleiden
völlig scheitern [Niederlage]
„Die gestrige Uraufführung erlebte ein völliges Fiasko. Zum Schluß hat das Publikum nur noch gebrüllt:, Aufhören! Aufhören!'"
Ital. *fiasco* bedeutet *Korbflasche*. Die Redensart entstand in der Bühnensprache, wo Schauspieler, die auf der Bühne schlecht gespielt hatten, eine *Schandflasche* umgehängt bekamen. Die Redensart ist über das Französische um 1837 ins Deutsche gekommen.

eine traurige/klägliche **Figur** abgeben
[Versager]
→ eine gute **Figur** machen

eine gute **Figur** machen/abgeben
durch sein Äußeres und sein Auftreten einen guten Eindruck machen [Können]
„Bei dem gestrigen Vortrag hat der Redner wirklich eine gute Figur abgegeben. Er war sehr gut informiert und konnte brillant formulieren."
Das Lehnwort *Figur* im Sinne von *Gestalt, Erscheinung* ist seit dem 13. Jh. in der Dichtersprache (etwa in *Tristan*) nachgewiesen. In Verbindung mit den Verben *machen* oder *abgeben* wird daraus die Nebenbedeutung *eine Rolle (im Theater usw.) spielen*, d. h. *in der Öffentlichkeit wirken*. {Welttheater}

bei jmdm. ist der **Film** gerissen (umg.)
eine Erinnerungslücke aufweisen (wegen Ohnmacht, Alkoholgenuß usw.) [Ohnmacht]
„Ich kann mich doch erinnern, wie ich die Tür geöffnet habe und zwei Männer eindrangen. Dann ist bei mir der Film gerissen. Später erwachte ich dann mit einer Beule am Kopf."
Film gehört zum Stamm *Fell* und bezeichnet im Englischen eine dünne Membran. Im Jahr 1891 gelangte das Wort mit den heute üblichen Bedeutungen in die deutsche Sprache.
Herkunft → eine lange **Leitung**

einen **Fimmel** für etwas haben (umg.)
eine Vorliebe/Schwäche für etwas haben
[Vorliebe]
„Es klingt zwar komisch, aber ich habe einen richtigen Fimmel für Fensterputzen! Das mache ich mindestens zweimal die Woche!"
Das *Deutsche Wörterbuch* der Brüder Grimm bezieht den Ausdruck *Fimmel* auf die weibliche Blüte des Hanfs (Cannabis femella), die früher gelegentlich gesammelt worden ist, um Arzneien herzustellen. Diese Deutung der Redensart ist aber unsicher. Allerdings sind lautliche Verbindungen zu lat. *femina* (Frau) nicht auszuschließen. Vgl. dazu bair. *Fummel* (leichtfertige Frau), das in der heutigen Standardsprache eher die Bedeutung *modisches, aber wertloses weibliches Kleidungsstück* aufweist.

finden: wie finde ich denn das! (umg.)
[Entrüstung]
Herkunft → **vorkommen**

finden: die (beiden) haben sich gesucht und gefunden (umg.)
die (beiden) passen mit ihren schlechten Eigenschaften gut zusammen [Eintracht]
„Der eine stiehlt wie ein Rabe, und der andere verkauft das Diebesgut an den Hehler. Na, die beiden haben sich ja wirklich gesucht und gefunden!"

das wird sich (schon noch) alles **finden**
das wird wieder in Ordnung kommen [Wiederherstellung]
„Wenn du erst wieder gesund bist, wird sich schon wieder alles andere finden. Aber die Gesundheit ist das wichtigste!"

was/eins auf die **Finger** bekommen (umg.)
bestraft werden [Strafe]
„Wenn du weiter den Unterricht störst, wirst du mal ordentlich was auf die Finger bekommen!"
Die Redensart bezieht sich auf die Schläge, die früher das Kind auf die Hand bekam, wenn es ungehorsam gewesen war.

wenn man ihm den kleinen **Finger** gibt, will er gleich die ganze Hand (umg.)
jmd., dem man geholfen hat, erwartet noch mehr Hilfe [Undankbarkeit]
„Als die neuen Nachbarn hier eintrafen, haben wir ihnen geholfen, wo wir nur konnten. Langsam werden die aber unverschämt. Wenn man denen den kleinen Finger gibt, wollen sie gleich die ganze Hand!"

überall seine **Finger** dazwischen/im Spiel haben
überall beteiligt sein, einflußreich sein [Einfluß]
„Mit dem Heinz darf man es sich nicht verscherzen. Der hat überall seine Finger im Spiel und kann einem nützlich sein oder aber schaden!"
Die Finger sind das wichtigste natürliche Handwerkszeug des Menschen. Dies erklärt ihr überaus häufiges Auftreten in den Redensarten, wobei die Bedeutung sich meist sehr leicht ableiten läßt und daher nicht immer erläutert werden muß.

etwas im kleinen **Finger** haben (umg.)
für etwas begabt sein, etwas gut beherrschen [Begabung]
„Was du lang ausprobierst, das haben andere im kleinen Finger! Für diesen Beruf bist du einfach nicht geeignet!"
Der kleine Finger ist der schwächste, und jemand, der mit seiner Hilfe eine Aufgabe erledigen kann, muß dafür besonders gut geeignet sein.

jmdm. auf die **Finger** klopfen (umg.)
jmdn. warnen [Warnung]
„Wenn man dir nicht endlich einmal auf die Finger klopft, wird aus dir noch ein richtiger Verbrecher!"

jmdn. in die **Finger** kriegen (umg.)
jmdn. zu fassen kriegen [Ergreifung]
„Warte nur, wenn ich dich in die Finger kriege, bekommst du eine Tracht Prügel!"

etwas in die **Finger** kriegen (umg.)
unrechtmäßig/zufällig etwas erhalten, was einem nicht zusteht
[Unrechtmäßigkeit] [Besitz]
„Hoffentlich kriegen diesen brisanten Brief nicht die falschen Leute in die Finger!"

die **Finger** von jmdm./etwas lassen (umg.)
jmdn./etwas aufgeben [Verzicht]
„Laß bloß die Finger von meiner Verlobten!"

sich die **Finger** nach etwas lecken (umg.)
etwas stark begehren [Wunsch]
„Mit dieser Erbschaft haben wir wirklich Glück gehabt. Nach diesem schönen Haus würden sich andere Leute alle zehn Finger lecken!"
Die Redensart bezieht sich auf das Ablecken der Finger nach der manuellen Berührung von Eßwaren wie Teig, Honig usw. Noch im Mittelalter war Eßbesteck in Europa ungebräuchlich, so daß hier ein völlig alltäglichen Vorgang wiedergegeben haben dürfte. Die Wendung ist seit Neidhart von Reuental (um 1200) überliefert.

lange **Finger** machen (umg.)
stehlen [Diebstahl]
„Es tut mir wirklich leid, aber wenn Eduard noch mal lange Finger macht, müssen wir ihn hart bestrafen!"
Die Redensart bezieht sich auf die Geschicklichkeit des Taschendiebs, der mit seinen gelenkigen Fingern die Taschen durchstöbert.

keinen **Finger** krumm machen für etwas/jmdn. (umg.)
→ keinen **Finger** rühren für etwas/jmdn. (umg.)

etwas mit dem kleinen **Finger** (der linken Hand) machen
→ etwas im kleinen **Finger** haben [Mühelosigkeit]

keinen **Finger** rühren für etwas/jmdn.
keine Anstrengung für etwas/jmdn. unternehmen [Untätigkeit]
„Für diesen Kerl werde ich keinen Finger mehr rühren! Meinetwegen kann er ins Gefängnis wandern!"

sich die **Finger** schmutzig machen (umg.)
1) *eine unangenehme und dreckige Arbeit verrichten* [Arbeit]
2) *eine strafbare Handlung begehen* [Verbrechen]
1) „Wenn du erst dein Abitur und dein Studium hinter dir hast, brauchst du keinen Beruf mehr zu ergreifen, in dem man sich die Finger schmutzig macht!"
2) „Der Boß wird für diesen Kerl einen Killer anheuern. Da brauchen wir uns nicht selbst die Finger schmutzig zu machen!"

sich in den **Finger** schneiden (umg.)
sich irren [Irrtum]
„Wenn du glaubst, daß ich dir noch ein einziges Mal Geld leihe, dann hast du dich in den Finger geschnitten!"

jmdm. auf die **Finger** sehen (umg.)
auf jmdn. gut aufpassen [Kontrolle]
„Bei dieser Prüfung werden euch Kontrolleure auf die Finger sehen. Jeder Täuschungsversuch ist also zwecklos!"

sich die **Finger** verbrennen (umg.)
1) *Schaden erleiden* [Schaden]
2) *zurückgewiesen werden* [Zurückweisung]
1) „Bei der Übernahme dieser bankrotten Firma hat er sich ganz schön die Finger verbrannt!"
2) „Bei der Kleinen dort drüben habe ich mir schon mal die Finger verbrannt! Versuch du doch einmal, sie zu einem Tanz aufzufordern!"
Die Beschädigung der empfindlichen Finger ist in verschiedenen Redensarten als ein Symbol des Schadens und der schlechten Erfahrung gebräuchlich.

jmdn. um den kleinen **Finger** wickeln (umg.)
jmdn. (mit Charme) beeinflussen und willenlos machen [Einfluß] [Verführung]
„Der Mann hat doch gar keinen eigenen Willen mehr; sehen Sie denn nicht, daß ihn seine Frau um den kleinen Finger wickelt?"
Die Redensart bezieht sich auf die Schwäche bzw. Nachgiebigkeit eines Halmes oder Fadens, den man ohne Kraftanstrengung *um den Finger wickeln* kann. {Liebesjagd}

(um) keinen **Fingerbreit**
nicht im geringsten (nachgeben, weichen usw.) [Unnachgiebigkeit]
„Ich werde bezüglich meiner Forderungen um keinen Fingerbreit nachgeben, da ich das Gesetz auf meiner Seite habe!"

eine Anzahl ist an den **Fingern** (einer Hand) abzählbar
in geringer Anzahl [Mangel]
„Wegen des Fußballspiels gestern abend waren die Besucher in den Kammerspielen an den Fingern abzuzählen."

sich etwas an den fünf **Fingern** abzählen können (umg.)
etwas leicht vorhersehen und begreifen können [Ahnung]
„Das konntest du dir doch an den fünf Fingern abzählen, daß der Wagen bei vereister Fahrbahn ins Schleudern geraten kann! Jetzt besitzt du nur noch einen Schrotthaufen!"
Die fünf Finger der Hand sind das elementare Rechengerät des Kindes und daher das Symbol des Leicht-Begreifbaren.

es juckt mich in den **Fingern,** etwas Bestimmtes zu tun (umg.)
ich habe den starken Drang, etwas Bestimmtes zu tun [Wunsch]
„Wenn der Kerl mich immer so unverschämt angrinst, juckt es mich immer in den Fingern, ihm eine Ohrfeige zu geben!"

etwas nicht aus den **Fingern** lassen
etwas behalten wollen und daher gut darauf aufpassen [Wachsamkeit]
„Bei diesem Empfang sind einige seltsame Leute. Du solltest deine Handtasche daher

nicht aus den Fingern lassen, sonst ist sie plötzlich verschwunden!"

sich etwas aus den **Fingern** saugen (umg.)
etwas frei erfinden [Lüge]
„Diese Bestechungsgeschichte ist erstunken und erlogen! Die hat sich jemand völlig aus den Fingern gesogen, um der ganzen Gewerkschaft Schaden zuzufügen!"
Die Redensart gehört wohl zu dem Aberglauben, nach dem die Finger eigenständige Wesen sind und über magische Kräfte und Mitteilungsgabe verfügen. Es kann aber auch die Beobachtung dahinterstecken, daß der Nachdenkende oft die Spitze eines Fingers an die Lippen führt. Die Redensart ist jedenfalls sehr alt. So heißt es etwa im *Großen lutherischen Narrenbuch* des Thomas Murner (1475–1537): „Und ist erdichtet und erlogen / dan ihr habts auß den fingern gesogen."

bis in die **Fingerspitzen** [Gesamtheit]
→ von **Kopf** bis Fuß

eine ägyptische **Finsternis**
→ eine **ägyptische** Finsternis

Firlefanz machen (umg.)
Dummheiten machen, Unsinn machen [Unfug]
„Mach doch bitte nicht solch einen Firlefanz, und hör endlich auf, diese Leute mit deiner Wasserpistole naß zu machen!"
Der Ausdruck *Firlefanz* geht vermutlich auf altfranz. *virelai* (Ringelspiel, Tanzlied) zurück, dessen Stamm noch in *le virage* (Kurve) erhalten ist. Bei dem spätmittelalterlichen Lyriker Oswald von Wolkenstein (1377-1445) heißt es demnach auch mit der Bedeutung *Tanz:* „Gar weidelich trit si den firlefanzen." *Fanz* bedeutete ursprünglich wohl *lustiger Kerl, Schelm,* so daß die Kombination entsteht: *Tanz nach Art lustiger Kerle*. Allmählich verdunkelte sich der Bezug auf Tanz und Lied, so daß die heutige allgemeinere Bedeutung der Redensart entstand.

die **Firma** dankt! (umg., scherzhaft)
danke! [Dank]
„Hier ist das Kochbuch wieder, das du mir gestern geliehen hast." „Die Firma dankt. Stell es bitte wieder ins Regal!"
Die in der Geschäftswelt übliche Floskel *die Firma dankt für Ihren Auftrag* wird in Alltagsdialogen ironisch zitiert.

weder **Fisch** noch Fleisch sein
uneindeutig sein, unklar sein, nicht Partei ergreifen [Uneindeutigkeit]
Die Redensart ist seit Erasmus von Rotterdam (1469–1536) schriftlich belegt, wahrscheinlich aber wesentlich älter. Für ein hohes Alter spricht beispielsweise das Vorkommen von Varianten der Redensart in verschiedenen europäischen Sprachen.

gesund sein wie ein **Fisch** im Wasser
sehr gesund und munter sein [Gesundheit]
„Wie es mir geht? Ich kann nicht klagen! Ich bin gesund wie ein Fisch im Wasser."
Die Redensart bezieht sich auf das Wohlgefühl, das der Fisch empfindet, wenn er sich in seinem Element befindet. Dazu muß auch bedacht werden, daß man früher – im Gegensatz zu heute – wohl niemals kranke Fische zu sehen bekam, weil sie von Raubfischen gefressen wurden. Auch sieht man niemals schlafende Fische, so daß der Eindruck großer Munterkeit und Lebenskraft sich redensartlich verdichtet hat.

kalt wie ein **Fisch** sein (umg.)
gefühllos sein, nicht erregbar sein [Gefühllosigkeit]
„Wie konntest du bloß eine Frau heiraten, die so unattraktiv ist und zudem noch kalt wie ein Fisch?"
Die Kälte des Fisches, seine Stummheit und Flinkheit, sind in verschiedenen Redensarten als Vergleiche herangezogen worden, um das entsprechende Verhalten von Menschen zu charakterisieren.

ein dicker **Fisch** (umg.)
ein gefangener Schwerverbrecher [Verbrecher]
„Bei der Rauschgiftkontrolle an der Grenze ist der Polizei ein dicker Fisch ins Netz gegangen, als sie eine ganze Lkw-Ladung Haschisch sicherstellen konnte."

stumm wie ein **Fisch** sein (umg.)
nichts sagen, sich an einer Unterhaltung nicht beteiligen [Schweigsamkeit]
„Was ist denn mit Hermann los? Seit einer Stunde ist er stumm wie ein Fisch."

der **Fisch** hat angebissen (umg.)
die List war erfolgreich [Erfolg]
„Ich habe dem Personalchef meine frühere Position etwas übertrieben geschildert, und der Fisch hat angebissen: Morgen werde ich zum Einkaufsleiter befördert!"

sich fühlen wie ein **Fisch** im Wasser
→ gesund sein wie ein **Fisch** im Wasser

sich fühlen wie ein **Fisch** auf dem Trockenen
→ gesund sein wie ein **Fisch** im Wasser
[Unwohlsein] [Hilflosigkeit]

(der) **Fisch** will schwimmen (umg.)
zu einem Fischessen muß man viel trinken [Trinken]
„Schenk' mir bitte noch ein Glas Wein ein. Du weißt doch: Fisch will schwimmen!"
Die Redensart war schon in der Antike bekannt. Im satirischen Roman *Das Gastmahl des Trimalchio* des Petronius Arbiter (gest. 66 n. Chr.) findet sich bereits die lateinische Variante: *pisces natare opportet.*

Fischblut haben
→ kalt wie ein **Fisch** sein

faule **Fische** (umg.)
Lügen und Ausreden [Ausrede]
„Du willst gestern bei mir angerufen haben? Das sind doch faule Fische! Ich habe den ganzen Tag vergeblich auf deinen Anruf gewartet!"

das sind kleine **Fische** (für mich) (umg.)
1) *das ist nur ein unbedeutender Aspekt* [Unwichtigkeit]
2) *das ist einfach zu erledigen* [Kleinigkeit]
3) *das ist nur ein kleiner Nebenverdienst* [Geld]
1) „Vor der Fahrt muß noch ein Ölwechsel gemacht werden. Das sind kleine Fische, wenn der Wagen sonst in Ordnung ist."
2) „Ich soll für dich ein Paket zur Post bringen? „Na klar, das sind doch kleine Fische!"
3) „Das gelegentliche Honorar für einen Zeitungsartikel macht mich nicht reich. Das sind doch bloß kleine Fische!"

die **Fische** füttern (umg.)
sich übergeben [Seekrankheit]
„Wenn ich dieses riesige kalte Büffett sehe, muß ich schon die Fische füttern, bevor ich überhaupt etwas gegessen habe!"
In der Redensart verwirklicht sich besonders klar das alltagsrhetorische Mittel der Schönfärberei (Euphemismus).

die **Fische** im Wasser singen hören (umg.)
(übertrieben) sensibel/feinsinnig sein; überklug tun [Sensibilität]
„Wir haben alles bedacht, was passieren könnte, aber deine Einwände gehen zu weit. Du hörst ja die Fische im Wasser singen!"

Fisimatenten machen (umg.)
kleinlichen Widerstand leisten, Ausflüchte machen [Verzögerung]
„Mach jetzt bloß keine Fisimatenten, und besorge mir bitte diese Kleinigkeit!"
Der Ausdruck *Fisimatenten* wird verschieden gedeutet. Manche beziehen ihn auf lat. *visae patentes literae* (ordnungsgemäß geprüftes Patent), womit in der Amtssprache des 15. Jh. Urkunden bestätigt wurden. Eine andere Spur führt zu mhd. *visament(e),* das aus dem Altfranzösischen übernommen ist, und bedeutet einerseits *Gesicht*, andererseits *Einteilung eines Wappens, Zierrat, Ornament.* Eine weitere Möglichkeit ist eher anekdotischer Natur. So sollen zur Zeit der napoleonischen Kriege französische Offiziere an deutsche Mädchen die Aufforderung *Visitez ma tente!* (Besuchen Sie mein Zelt!) gerichtet haben. Diese Deutung ist volksetymologisch, d. h. sie bezieht sich auf den Versuch des normalen Sprechers, eine historisch nicht mehr verständliche Wortform durch eine plausible Erklärung wieder durchsichtig zu machen.

jmdn. unter seine **Fittiche** nehmen (umg.)
jmdn. behüten und fördern [Fürsorge]
„Deine Mutter läßt dich ja völlig verwahr-

losen! Ich glaube, ich sollte dich einmal eine Weile unter meine Fittiche nehmen!"
Das zum Stamm *Feder* gehörende *Fittich* bezeichnet die Flügel der Vögel, mit denen diese ihre Brut zum Schutz bedecken. Später werden damit auch die Zipfel des Rocks oder Gewandes bezeichnet (so auch in *Schlafittchen*), wobei in der Redensart noch der ursprüngliche Gedanke des bergenden Schutzes erhalten bleibt.

fix und fertig sein (umg., Paarformel/Stabreim)
1) *völlig erschöpft sein, ausgepumpt sein* [Erschöpfung]
2) *ungeduldige Bereitschaft* [Bereitschaft]
3) *ganz beendet sein* [Abschluß]
1) „Der Klaus war nach dem Dauerlauf ja fix und fertig."
2) „Komm doch endlich. Ich bin schon seit zehn Minuten fix und fertig und warte auf dich!"
3) „Das Manuskript ist endlich fix und fertig."
Fix kommt wahrscheinlich von lat. *fixus* mit der Bedeutung *fest*. Im übertragenen Sinn ist jemand, der fest entschlossen ist, auch bereit zu handeln. Das deutsche Adjektiv *fix* hat davon die Bedeutung *schnell, hurtig*. Die Wendung ist erstmals in der Literatur des Sturm und Drangs (Goethe, Lenz) nachgewiesen, wahrscheinlich aber im mündlichen Gebrauch wesentlich älter. Vgl.: **fertig** sein.

fix und foxi (Jugendsprache)
→ **fix** und fertig sein
Fix und Foxi sind zwei bekannte Comicfiguren.

flachfallen: etwas fällt flach! (umg.)
etwas findet nicht statt [Wegfall]
„Die tägliche Besprechung fällt heute flach, weil der Chef plötzlich erkrankt ist."

unter falscher **Flagge** segeln
1) *etwas vortäuschen* [Täuschung]
2) *unter falschem Namen auftreten* [Lüge]
1) „Das Buch *Die Kunst des Liebens* segelt unter falscher Flagge. Viele Leute kaufen es, weil sie es für eine Gebrauchsanweisung für erotische Praktiken halten. Dabei ist es ein philosophisches Werk über die Nächstenliebe!"
2) „Zu dem Beruf des Agenten gehört es natürlich, daß er unter falscher Flagge segelt."
Die Flagge ist das Zeichen der Identität des Betreffenden. Eine falsche Flagge ist somit eine der Redensart entsprechende Täuschung. Das Niederholen der Flagge entspricht einer Niederlage im Kampf.

die **Flagge** streichen [Aufgeben]
→ unter falscher **Flagge** segeln

Flagge zeigen
seine Meinung (trotz Gefahren) deutlich aussprechen [Offenheit]
„Entgegen aller Erwartungen hat der Finanzminister in seiner Haushaltsrede deutlich Flagge gezeigt und die steigende Staatsverschuldung gebrandmarkt."
Herkunft → unter falscher **Flagge** segeln

auf kleiner **Flamme** kochen (umg.)
mit bescheidenen Mitteln auskommen [Einschränkung]
„Wir hatten im letzten Jahr erhebliche Verluste und müssen daher in diesem Jahr auf kleiner Flamme kochen."

in **Flammen** stehen (gehoben)
heftig verliebt sein [Verliebtheit]
„Ich glaube, mein Bruder steht in hellen Flammen für die Tochter unseres neuen Nachbarn."
Feuer und *Flamme* sind alte Symbole der plötzlichen, unbändigen Leidenschaft. So kann man beispielsweise *in Liebe entflammen*, und das weibliche Objekt der männlichen Begierde heißt umgangssprachlich *seine Flamme*. Vgl.: **Feuer** und Flamme

du **Flasche**! (umg.) [Versager]
→ ein **Fiasko** erleben

einer **Flasche** den Hals brechen
→ **Hals**

zur **Flasche** greifen
mit dem Trinken beginnen [Alkoholgenuß]

zu tief in die **Flasche** schauen (umg.)
zuviel Alkohol trinken [Trunkenheit]
„Hör endlich mit diesem Unsinn auf! Du hast wohl zu tief in die Flasche geschaut?"
Flasche gilt in verschiedenen Redensarten als Pars pro toto und Tabuwort für den übertriebenen Alkoholgenuß.

die **Flatter** machen (umg.)
→ die **Fliege** machen [Flucht]

jmdm. ist **flau** (im Magen) (umg.)
1) *jmdm. ist übel* [Übelkeit]
2) *jmd. ist besorgt* [Besorgtheit]
1) „Ich weiß nicht warum, aber irgendwie ist mir flau im Magen!"
2) „Bei dieser Sache ist mir flau im Magen! Wenn das mal alles so klappt, wie du dir das vorstellst!"
Das mit franz. *flou* (vage) verwandte Eigenschaftswort *flau* steht für *schwach, matt* und *unbestimmt*. Auf Farben bezogen kann auch verwaschen damit gemeint sein (ein *flaues* Blau"). Seit 1794 ist *flau* für *kraftlosen* Wind nachweisbar, seit Mitte des 19. Jh. das abgeleitete Substantiv *die Flaute* (Windstille).

jmd. hat ein **flaues** Gefühl (im Magen)
→ jmdm. ist **flau** (im Magen)

jmdm. die **Flausen** austreiben
→ **Grillen**

Flausen im Kopf haben (umg.)
unrealistische Pläne ausdenken, närrische Einfälle haben [Verrücktheit]
„Aus dem Karl wird doch nie etwas Anständiges! Erst wollte er Dichter werden, und nun will er sich zum Boxer ausbilden lassen. Er hat nichts als Flausen im Kopf!"
Flausen sind wie die verwandten Begriffe *Fluse* und *Flausch* die Wollflocken, die einen Gegensatz zum festen Wollgewebe bilden. Sie sind (wie die Faxen) ein altes Sinnbild für lockeres Reden und unnützes Treiben. {Textgewebe}

vom **Fleck** weg (umg.)
sofort, ohne Umstände, ohne zu zögern [Spontaneität]
Fleck gehört zum Verb *flicken* und bezeichnet in der Grundbedeutung einen auf die Kleidung aufgesetzten *Flicken* und im übertragenen Sinn einen *Makel, Fehler*. Über die Bedeutung *ausgebreitetes Tuch* hat sich die Erweiterung *Ort, Stelle, Stück Land* ergeben, die sich auch in *Marktflecken* (seit dem 13. Jh.) wiederfindet.

ein **Fleck** auf der (weißen) Weste
eine Schuld, eine unehrenwerte Sache [Schuld]
„Von diesem Skandal wird dieser Politiker einen Fleck auf der Weste behalten, auch wenn er diesmal noch nicht zurücktreten mußte!"
Vgl.: eine reine **Weste** haben.

nicht vom **Fleck** kommen
nicht vorwärtskommen, stagnieren [Stagnation]
„Wir verhandeln jetzt schon seit zwei Tagen, ohne in den wesentlichen Punkten vom Fleck gekommen zu sein. Das ist sehr frustrierend!"
{Lebensweg} {Verhandlungsweg}

(Menschen) aus **Fleisch** und Blut
authentisch beschriebene Menschen [Authentizität]
„Dieser Schriftsteller hat die besondere Begabung, seine Figuren als Menschen aus Fleisch und Blut darstellen zu können!"
Nach 1. Moses 37,27 sind unsere nächsten Anverwandten „unser Fleisch und Blut". Im rechtlichen Sinne spricht man heute noch von der *Blutsverwandtschaft*.

sein eigenes **Fleisch** und Blut
die eigenen Kinder [Verwandtschaft]
„Er hat seine einzige Tochter verstoßen, weil sie heimlich einen Ausländer geheiratet hat. Wie kann man nur so unbarmherzig sein gegenüber seinem eigenen Fleisch und Blut!"

vom **Fleisch** fallen (umg.)
sehr stark abnehmen/abmagern [Abmagerung]
„Du übertreibst deine Diät. Es ist doch nicht gesund, wenn man so vom Fleisch fällt!"

weder Fisch noch **Fleisch** sein
→ **Fisch**

jmdm. in **Fleisch** und Blut übergehen
zur Gewohnheit werden [Gewohnheit]
„Diese Arbeit ist ganz einfach, wenn einem die notwendigen Handgriffe in Fleisch und Blut übergegangen sind."

sich ins eigene **Fleisch** schneiden
sich (ungewollt) selbst Schaden zufügen [Selbstschädigung]
„Mit der Wahl dieses Studienorts hast du dir ins eigene Fleisch geschnitten, weil die Anforderungen gerade dort sehr streng sind."

den Weg allen **Fleisches** gehen (gehoben)
sterben [Sterben]
„Wir Sterblichen werden den Weg allen Fleisches gehen!"
Die Redensart ist einer der vielen Euphemismen für das Umfeld von Tod und Sterben. Als Wendung ist sie bereits im Alten Testament in Gebrauch (1. Moses 6,12,13; Hiob 16,22 u. a.). Grundlage der Redensart ist die universale Metapher, das Leben als einen Weg oder als eine Reise zu symbolisieren.

die **Fleischtöpfe** Ägyptens
→ die Fleischtöpfe **Ägyptens**

was **fleucht** und kreucht
→ was **kreucht** und fleucht [Gesamtheit]

etwas ist **Flickschusterei** (umg.)
etwas ist eine unbefriedigende/nicht ordentliche Arbeit/Lösung des Problems [Mangelhaftigkeit]
„Die Studienordnung – wie sie sich heute darstellt – ist doch das Ergebnis jahrelanger Reformen und Änderungen und somit nichts als Flickschusterei. Da müßte einmal eine grundsätzliche Neufassung in Angriff genommen werden!"
Herkunft → jmdm. etwas **zuschustern**

ihn ärgert die **Fliege** an der Wand (umg.)
er ist sehr reizbar [Reizbarkeit]
„Der Chef ist heute wirklich unerträglich! Ihn ärgert die Fliege an der Wand! An allem und jedem kritisiert er herum!"

die **Fliege** machen (umg.)
1) *sich unauffällig entfernen* [Weggang]
2) *fliehen* [Flucht]
1) „Laßt euch nicht stören, wenn ich jetzt gleich die Fliege mache! Ich muß leider dringend nach Hause gehen, weil ich noch ein wichtiges Telefongespräch erwarte."
2) „Heute nacht ist es mehreren Gefangenen gelungen, unbemerkt die Gefängnismauer zu überwinden und die Fliege zu machen."
Die Redensart lebt vom Bild der rasch und unbemerkt entschwindenden Fliege. Dabei ist auch an ein Wortspiel im Bereich der Anlautung von *Flie-* (fliehen, Fliege) zu denken, das die Beliebtheit dieser neueren Redensart erklärt.

keiner **Fliege** (et)was (zuleide) tun können (umg.)
gutmütig sein, harmlos sein [Gutmütigkeit]
„Der Georg ist zwar groß und kräftig, aber das täuscht. In Wirklichkeit kann er keiner Fliege was zuleide tun!"

sterben wie die **Fliegen** (umg.)
in großer Zahl sterben [Sterben]
„In früheren Jahrhunderten starben die Menschen bei den großen Seuchen wie die Fliegen."
Die Redensart bezieht sich wohl auf das massenhafte Absterben der Fliegen im Spätherbst.

zwei **Fliegen** mit einer Klappe schlagen (umg.)
mit einem Mittel/Vorgang gleichzeitig zwei Probleme lösen [Gleichzeitigkeit]
„Mit diesem Vertrag schlagen wir zwei Fliegen mit einer Klappe, weil wir neben dem Gewinn noch ein Standbein in Amerika erhalten!"
Die Redensart ist eine jüngere Variante einer ganzen Reihe älterer Redensarten, mit denen eine glückliche Gleichzeitigkeit im Sinne der Lösung mehrerer Probleme und des Erzielens mehrerer Erfolge ausgedrückt wird. Die Redensart ist entweder Anlaß für

eine Episode im Märchen vom tapferen Schneiderlein der Gebrüder Grimm gewesen, oder sie hat sich erst sekundär daraus gebildet. Bekanntlich gelingt dem Schneiderlein die Großtat, gleichzeitig sieben Fliegen mit einer Klappe zu schlagen (siebene auf einen Streich!).

flink wie ein Wiesel
→ **Wiesel**

die **Flinte** ins Korn werfen (umg.)
etwas entmutigt aufgeben, das gesteckte Ziel nicht weiterverfolgen [Aufgeben]
„Selbst wenn man bei einer Prüfung einmal durchfällt, sollte man nicht die Flinte ins Korn werfen und eine Wiederholung wagen!"
Noch bis in den Dreißigjährigen Krieg (1618–1648) hinein wurden Handfeuerwaffen mit Radschloß und Lunte gebraucht, die angezündet werden mußte. Um 1630 erfand man in Frankreich eine selbstzündende, mit einem Feuerstein ausgestattete Waffe. Ahd. *flins* (Feuerstein, verwandt mit *Fliese*) gab dieser Flintbüchse den Namen. Flinte und Büchse sind heute die jägersprachlichen Ausdrücke für das Gewehr. Die Redensart *die Flinte ins Korn werfen* wird allgemein auf die Flucht des Soldaten zurückbezogen, der die hinderliche Waffe wegwirft, um schneller voranzukommen.

gespannt sein wie ein **Flitzebogen** (umg.)
sehr neugierig sein [Neugier]
„Ich bin wirklich gespannt wie ein Flitzebogen, ob Viktor beim dritten Versuch die Führerscheinprüfung bestehen wird!"
Flitzen gehört zum Stamm *fliegen* und bezog sich ursprünglich auf den schnell fliegenden Pfeil (sich pfeilschnell bewegen). Das Verb *spannen* bedeutet ursprünglich *zusammenbinden, befestigen*. Hierher gehören Ableitungen wie *das Gespann, (Pferde) einspannen* und (die Sehne des Bogens) *spannen*. Wie es die Redensart scherzhaft ins Bild setzt, wurde aus dieser Art der konkreten Gespanntheit schließlich ein Begriff für seelische Angespanntheit und die Anspannung leiblichen und geistigen Vermögens. Auch das Eigenschaftswort *spannend* (spannender Roman) gehört in diese Familie. Der saloppe redensartliche Vergleich *wie ein Flitzebogen*, der *den Bogen spannen* und *nervlich angespannt sein* zu vermischen scheint, steht somit der etymologischen Wahrheit ganz nahe. Aus den *gespannten Segeln* des Segelschiffs entwikkelte sich die Vorstellung: einen Regenschirm aufspannen.

jmdm. einen **Floh** ins Ohr setzen (umg.)
jmdn. für eine unerreichbare Sache begeistern, in jmdm. einen unerfüllbaren Wunsch wecken [Beeinflussung]
„Wenn ich mit meiner Frau durch die Stadt gehe, versuche ich stets, die Pelzgeschäfte weiträumig zu umgehen, damit sie durch die Auslagen keinen Floh ins Ohr gesetzt bekommt."
Schon in *Grimmelshausens* Simplicissimus (Buch III, Kap. 14) erscheint diese Redensart mit derselben Bedeutung. Das Bild vom lästigen und überflüssigen Quälgeist oder Ungeziefer taucht auch in der Wendung *einem eine Laus in den Pelz setzen* (mit der gleichen Bedeutung) auf.

die **Flöhe** husten hören (umg.)
spitzfindig sein, über Neuigkeiten stets gut informiert sein [Sensibilität]
„Ich halte diese Angelegenheit für ein Gerücht. Schließlich gibt es dafür keinerlei Anzeichen. Wer das aufgebracht hat, hört bestimmt die Flöhe husten!"
Die Redensart ist seit dem 16. Jh. belegt. Sie verwendet das Bild des überscharfen Gehörsinns.

das ist schlimmer als einen Sack **Flöhe** zu hüten (umg.)
das ist eine undurchführbare Aufgabe (in der Regel im Bereich des Aufpassens) [Undurchführbarkeit]
„Babysitter bei euren Zwillingen zu spielen ist schlimmer, als einen Sack Flöhe zu hüten!"
Eine lateinische Variante der Redensart ist seit 1508 belegt. In den meisten literarischen Belegstellen wird die Redensart mit der Bewachung einer zur Untreue neigenden Frau in Verbindung gebracht. *Floh* ge-

hört zum Stamm *fliehen* und bedeutet eigentlich „*der Flüchtige*".

flötengehen (umg.)
1) bei Personen: *verschwinden, abhauen* [Weggang]
2) bei Sachen: *verlorengehen* [Verlust]
1) „Die Iris hat aber auch wirklich Pech. Jetzt ist ihr schon der dritte Freund flötengegangen."
2) „Gestern ist mein Auto gestohlen worden. Dabei ist auch meine ganze Kameraausrüstung flötengegangen."
Im Hebräischen bedeutet *peleta* die Flucht des Betrügers. Ähnlich wie *Pleite* könnte das Wort über das Jiddische in den deutschen Sprachraum gekommen sein. Dabei wäre er dann zu *Flöte* umgedeutet worden (Volksetymologie: *peleta* = Flöte). Eine andere Deutung verweist auf den verhallenden Laut einer Flöte. Die Wendung ist erst in der zweiten Hälfte des 18. Jh. schriftlich belegt: „dat Geld ist fleuten gahn" (Hamburg 1755).

jmdm. die **Flötentöne** beibringen (umg.)
jmdn. zurechtweisen, jmdm. Anstand beibringen [Zurechtweisung]
„Warte nur, du ungezogener Bengel! Wenn ich dich erwische, werde ich dir die Flötentöne beibringen!"
Die erst seit Mitte des 19. Jh. gebräuchliche Redensart bezieht sich auf die Unterweisung im Flötenspiel, das als sanfter Gegensatz zu den rauheren Betätigungen des Reitens oder Fechtens angesehen wurde.

(wie) im **Fluge**
sehr schnell [Schnelligkeit]
„Ach Gott, es ist schon sieben Uhr! Der Nachmittag ist heute aber wirklich wie im Fluge vergangen!"
Die Schnelligkeit des Vogelflugs hat auch das Adverb *flugs* (schnell) hervorgebracht.

die **Flügel** hängen lassen (umg.)
enttäuscht und niedergeschlagen sein [Niedergeschlagenheit]
„Laß doch nicht so die Flügel hängen! Morgen sieht dieses Problem schon viel einfacher aus!"

jmdm. die **Flügel** stutzen (umg.)
1) *jmdn. in seiner Entwicklung hemmen* [Einengung]
2) *jmds. Übermut dämpfen* [Erziehung]
1) „Du kannst den Kindern doch nicht die Flügel stutzen und ihnen alles verbieten, was ihnen Spaß macht!"
2) „Deine Unverschämtheit ist wirklich unbeschreiblich! Aber irgendwann wird dir schon jemand gewachsen sein und dir die Flügel stutzen!"
Das redensartliche Bild bezieht sich auf das Stutzen der Flügel bei Großvögeln, die in Parkanlagen angesiedelt werden sollen. Varianten der Wendung sind seit dem 16. Jh. überliefert.

sich die **Flügel** verbrennen
Schaden erleiden [Schaden]
„Paß bloß auf, daß du dir bei dieser Angelegenheit nicht die Flügel verbrennst!"
Möglicherweise bezieht sich die Redensart auf die antike Sage von Ikarus, der bei Flugversuchen ums Leben kam, weil das Wachs seiner künstlichen Flügel in der Nähe der Sonne schmolz.

jmdm. **Flügel** verleihen (gehoben)
→ jmdn. auf **Trab** bringen [Ansporn]

flügge werden/sein (umg.)
anfangen, selbständig zu werden/sein [Selbständigkeit]
„Diese Entwicklung machen alle jungen Menschen durch, wenn sie allmählich flügge werden. Die Eltern sollten sich darüber nicht aufregen!"
Flügge gehört zum Stamm *fliegen* und bedeutet *imstande zu fliegen*. Die Schreibweise mit Doppel-g verweist auf die niederdeutsche Herkunft, ähnlich wie bei *baggern, Dogge* und *schmuggeln*.

platt sein wie eine **Flunder**
Platt [Überraschung]

allein auf weiter **Flur** (stehen)
1) ganz allein (und ohne Hilfe) sein [Alleinsein]
2) alleine eine Meinung vertreten [Originalität]

1) „Der Mittelstürmer rannte auf das gegnerische Tor zu und wollte abspielen – aber er war allein auf weiter Flur. Kein Kamerad war ihm gefolgt."
2) „Mit dieser Auffassung über die Abtreibung dürftest du in diesem Kreis allein auf weiter Flur stehen!"
Flur und *Feld* bilden eine Paarformel, die bedeutet: *in der Landschaft*. Redensartlich wird die weite Landschaft zum Symbol der Ungeborgenheit und des Alleinseins, in der Bedeutung auch im Sinne des Bildfeldes {Geistesregion}.

etwas (wieder) in **Fluß** bringen
etwas nach einer Unterbrechung wieder in Gang bringen [Neubeginn]
„Dieses Angebot der Gegenseite hat die Verhandlungen wieder in Fluß gebracht."
Die Flußmetapher wird in der Redensart zur Vermittlung der Bedeutung *Ende der Stagnation* gebraucht. Daher die Variante: *(wieder) in Fluß sein* mit der Bedeutung: *die Stagnation überwunden haben.* Meistens werden die Redensarten in Verbindung mit Verhandlungen, Unterhaltungen und ähnlichen dialogischen Ereignissen gebraucht.

flüssig sein (umg.)
Bargeld besitzen, reich sein [Reichtum]
„Ich bin gerade mal nicht flüssig. Könntest du mir bis morgen 50 Mark borgen?"
Die Redensart ist wahrscheinlich eine Lehnübersetzung von lat. *liquidus* (flüssig; vgl.: *liquide, Liquidität*), das im Rahmen der Entwicklung des italienischen Bankwesens zu einer internationalen Metapher geworden ist. {Geld ist eine Art Flüssigkeit}

das kann ich dir **flüstern**! (umg.)
1) *das meine ich im Ernst!* [Ernst]
2) *das weiß ich ganz sicher!* [Gewißheit]
1) „Wenn du mich noch einmal belügst, werde ich deine Eltern benachrichtigen. Das kann ich dir flüstern!"
2) „Natürlich hat Egon schon vorher mit der Polizei zu tun gehabt. Das kann ich dir flüstern!"

dem werd(e) ich was **flüstern**! (umg.)
ihm werde ich die Meinung sagen! [Zurechtweisung]
„Der Theo hat gemein, ich hätte das Verkehrsschild am Ortsende umgefahren? Na, dem werde ich was flüstern! Natürlich bin ich es nicht gewesen!"
Flüstern bedeutet in dieser Redensart natürlich nicht *sich liebevolle Dinge zuraunen*, sondern das genaue Gegenteil. Es handelt sich also um eine ironisierende Redensart.

nicht **folgen** können
1) *eine Rede, einen Gedankengang, eine Argumentation nicht mehr verstehen/rekonstruieren können* [Unverständnis]
2) *nicht zustimmen* [Widerspruch]
1) „Zunächst war ja alles ganz einfach, aber plötzlich begann der Vortragende mathematische Formeln zu verwenden. Ich bin sicher, daß ich nicht der einzige war, der da nicht mehr folgen konnte!"
2) „Es tut mir leid, aber in diesem Punkt werde ich der Vorlage sicher nicht folgen können!"
Aus dem konkreten *folgen* im Sinne von *Gefolgschaft* haben sich die Bedeutungen des *geordneten Hintereinanders* und das abstrakte *Zustimmen, Beipflichten* entwickelt.

jmdn. auf die **Folter** spannen
jmdn. sehr neugierig machen, jmds. Neugier durch Verzögern vergrößern [Spannung]
„Spann mich jetzt nicht weiter auf die Folter und erzähl endlich, wie du dann doch noch als Sieger ins Ziel gelangen konntest, obwohl du beim Start gestürzt warst!"
Die Folter war ein römisches und spätmittelalterliches Beugemittel, welches aus der Zufügung starker körperlicher Schmerzen zur Erzwingung von Geständnissen bestand. Diese „Befragung unter Schmerzen" (die „peinliche Befragung") wurde erst im Zeitalter der Aufklärung (1720–1785) als menschenunwürdig erkannt und allmählich (zuerst 1740 in Preußen) abgeschafft. Die Redensart ist seit dem 18. Jh. bekannt, und Goethe schreibt in seiner Liebeslyrik über die zögernde Geliebte: „Sag mir an, womit hab ichs verschuldet / Daß du mich auf diese Folter spannst."

in aller **Form**
offiziell, feierlich, wie es Brauch ist
[Etikette]
„Natürlich mußte ich zunächst einmal in aller Form ihren Vater um ihre Hand bitten, weil die Familie sehr konservativ ist."
Lat. *forma* (von *ferre* = tragen) bedeutet zunächst *Gestalt, Eigenschaften,* die eine Person oder etwas *trägt* oder *tragen.* Daraus hat sich die bekannte Bedeutung des *Prägenden,* des *Musters* entwickelt, wobei der Charakter des Fremdworts ganz verlorenging: „Festgemauert in der Erden / Steht die Form, aus Lehm gebrannt" (Schiller, *Das Lied von der Glocke*). Von dieser Bedeutungskomponente *Vorbild* ist es nur ein kleiner Schritt zum abstrakteren Aspekt der *Ordnung* oder *Gesetzmäßigkeit,* der in Wendungen wie *die Form des Rechtsgeschäfts* oder *die Form/der Formenbau der Sprache* erscheint.

aus der **Form** gehen [Fettleibigkeit]
→ aus der **Fasson** geraten

in **Form** sein
1) *besonders leistungsfähig sein*
[Leistungsfähigkeit]
2) *gut gelaunt sein* [Hochstimmung]
1) „Bei dem Fußballspiel gegen Argentinien war die deutsche Mannschaft gut in Form."
2) „Gestern abend war Bernd wieder groß in Form. Er hat einen Witz nach dem anderen erzählt und die ganze Gesellschaft unterhalten!"
Die Redensart ist eine Lehnübertragung aus dem Englischen, wo sie sich mit der ersten Bedeutung auf Sportler (bzw. auf Rennpferde) bezog.

zu großer **Form** auflaufen
→ in **Form** sein [Leistungsfähigkeit]

Format haben
eine starke (charakterfeste, talentierte usw.) Persönlichkeit haben [Persönlichkeit]
„Der neue Bundespräsident ist wirklich ein Mann von Format!"
Aus lat. *forma* hat sich *formatus* zur Bezeichnung äußerlicher Merkmale abgespalten. In der Druckersprache ist das „Format" eines Buches seine äußerliche Größe, woraus sich die bekannten Meßgrößen (etwa: DIN-A4 Format) entwickelt haben. Die Redensart bezieht den Begriff eher auf innere, aber auch auf äußerliche positive Eigenschaften eines Menschen.

etwas auf eine (einfache) **Formel** bringen
Verschiedenes durch eine gemeinsame Ursache erklären, eine prägnante Lösung finden [Prägnanz]
„Deine Launen lassen sich auf eine einfache Formel bringen: Du hast Liebeskummer!"

Fortuna lacht/lächelt jmdm.
jmd. hat Glück [Glück]
„Du machst heute so ein fröhliches Gesicht!" „Kein Wunder! Mir hat Fortuna gelächelt! Stell dir vor: Ich habe in der Lotterie ein Auto gewonnen!"
Fortuna ist der Name der römischen Schicksals- und Glücksgöttin. Vgl.: das **Glück** lächelt jmdm.

jmdm. den **Frack** voll hauen (umg.)
jmdn. verprügeln [Prügel]
„Wenn ich diesen Kerl erwische, haue ich ihm den Frack voll!"
Mittellat. *froccus* mit der Bedeutung *Mönchsgewand* hat sich zu franz. *le froc* (Mönchskapuze) und *le frac* (feierlicher schwarzer Anzug) entwickelt. Das deutsche *Frack* ist ein Lehnwort mit gleicher Bedeutung. Die Redensart ist als Pars pro toto für den ganzen Körper zu verstehen.

Fracksausen haben (umg.)
Angst haben [Angst]
„Mensch, vor dieser letzten Prüfung habe ich mehr Fracksausen als vor den anderen. Schließlich entscheidet sie über die Gesamtnote!"

das ist noch sehr die **Frage**
→ das ist die (große) **Frage**

das ist die (große) **Frage**!
das ist durchaus bestreitbar, das ist durchaus strittig [Zweifel]
„Ob die gegenwärtige Regierungspartei

auch nach den Wahlen an der Macht bleibt: Das ist die große Frage!“

das ist eine **Frage** der Zeit
dazu braucht man nur genügend Zeit [Bedingung]
„Es ist nur eine Frage der Zeit, und die ganze Erde wird völlig übervölkert sein.“
Die von der Bedeutung *Zweifel* abgeleiteten Bedeutungen *Erwägung, Befund* oder *Bedingung* wird in vielen Wortbildungen und Wendungen genutzt, vgl. *Herzensfrage, Rechtsfrage, die deutsche Frage* usw. So bedeutet *in Frage kommen: eine Möglichkeit darstellen, erwägenswert sein* und *gefragt sein, erwünscht sein.*

fragen kostet nichts (umg.)
zu fragen ist erlaubt, zu fragen hat keine negativen Folgen [Folgenlosigkeit]
„Komm, wir erkundigen uns einfach einmal nach dem Preis dieses Autos! Fragen kostet ja nichts!“

fragen: frag lieber nicht! (umg.)
ich will nicht darüber sprechen [Schweigen]
„Wie ging es dir in der Pädagogikprüfung?“ „Frag lieber nicht! Ich bin froh, daß sie vorbei ist.“

fragen: da fragst du mich zuviel! (umg.)
Ich weiß es nicht [Nichtwissen]
„Wenn du wissen willst, ob Susi 22 oder 23 Jahre alt wird, dann fragst du mich zuviel.“

fragen: frag mich was Leichteres! (umg.)
→ **fragen**: da *fragst* du mich zuviel [Nichtwissen]

fragen: da fragst du noch? (umg.)
du stellst dich bloß dumm!, gerade du weißt es doch! [Bekanntheit]
„Du willst wissen, wer die Beule in mein Auto gemacht hat? Da fragst du noch? Schließlich hast du es gefahren!“
In vielen Floskeln wird das Verb *fragen* mit festen Bedeutungen gebraucht, die an das Dialogpaar *Frage–Antwort* angelehnt sind und mit den Aspekten *bekannte Information* und *unbekannte Information* spielen.

fragen: das frage ich dich!
das weißt du, nicht ich [Verstellung]

aussehen wie ein lebendiges **Fragezeichen** (umg.)
einen verblüfften und fragenden Gesichtsausdruck zeigen [Verblüffung]
„Du hast heute im Mathematikunterricht wohl wieder nichts verstanden? Du siehst nämlich aus wie ein lebendiges Fragezeichen!“

wie ein **Fragezeichen** dastehen/dasitzen (umg.)
mit einem krummen Rücken dastehen/dasitzen [Körperhaltung]
„Wenn du immer wie ein Fragezeichen dastehst, wirst du bei dem Einstellungsgespräch keinen guten Eindruck machen!“

mit jmdm. **Fraktur** reden
jmdm. deutlich und grob die Meinung sagen [Offenheit]
„Ich glaube, du verstehst mich nicht richtig. Ich muß jetzt doch einmal Fraktur mit dir reden: Deine Arbeitsleistung ist in den letzten Monaten absolut unbefriedigend!“
Seit dem 16. Jh. wird die „gebrochene“ deutsche Schrift im Gegensatz zur lateinischen Antiqua als *Fraktur* von lat. *frangere* (= brechen) bezeichnet. Die Redensart bezieht ihre Bedeutung also entweder aus dem Bereich *deutsch miteinander reden* mit der Bedeutung *Offenheit*, oder aus der Komponente: *derb und grob wie die Frakturschrift* (im Gegensatz zur eleganteren lateinischen Schrift). Die Redensart ist seit 1612 belegt und war im 19 Jh. ein bekanntes politisches Schlagwort der Sozialdemokratie.

etwas **frank** und frei aussprechen/erklären (Zwillingsformel/Stabreim)
etwas offenmütig und ohne Furcht aussprechen/sagen/erklären [Offenheit]
„Ich erkläre hiermit frank und frei, daß ich mich in dieser Sache getäuscht habe.“
Die Redensart entstand bei den romanischen Nachbarn und wurde über mittellat. *francus* = *fränkisch* (franz. *franc*, ital./span. *franco*) als Formel seit dem 15. Jh. ins Deutsche übernommen. Die Franken waren in ihrem

nordfranzösischen Herrschaftsbereich nicht abgabepflichtig („franc et libre de toutes tailles"). Gleichfalls hiervon abgeleitet sind *frankieren* (freimachen) und *franko* (portofrei). Im Bereich der Sprachwissenschaft bezeichnet man als Lingua franca eine aus französischen, italienischen, griechischen und arabischen Elementen zusammengesetzte Mischsprache, die im Mittelalter und zur Zeit der venezianischen und genuesischen Handelsherrschaft im Mittelmeerraum zu Handelszwecken gebraucht wurde. Heute ist *Lingua franca* ein Sammelbegriff für spontan entstehende „gemischte" Hilfssprachen (Pidgin-Sprachen) und für Kunstsprachen wie das Esperanto.

sich auf **französisch** verabschieden/empfehlen (umg.)
weggehen, ohne sich zu verabschieden; selten: *fliehen* [Weggang]
„Damit es den anderen Gästen nicht weiter auffällt, werde ich mich formlos auf französisch verabschieden. Ich muß nämlich schnell nach Hause, weil mein Kind krank ist!"
Jede Nation liebt es, negative Eigenschaften mit den Namen der Nachbarvölker zu belegen. Diese Redensart heißt beispielsweise im Englischen genau analog *to take a French leave* und im Französischen *s'excuser à l'anglaise*.

etwas an die **Frau** bringen
→ etwas an den **Mann** bringen

frech wie Oskar
→ **Oskar**

jmdm. **frech** kommen
sich frech und unverschämt gegenüber jmdm. verhalten [Unverschämtheit]
„Jetzt komm mir bloß nicht frech, sonst kannst du was erleben!"

ein **Frechdachs** sein
→ ein frecher **Dachs** sein

ich bin so **frei** (gehoben)
ich nehme mir die Freiheit, das Angebot zu akzeptieren [Zustimmung]
„Darf ich Ihnen noch ein Stück Kuchen anbieten, Herr Müller?" „Oh, vielen Dank! Ich bin so frei!"

einen/keinen **Freibrief** (auf etwas) haben
sich nicht alles/etwas Bestimmtes erlauben dürfen [Beschränkung]
„Manche Autofahrer rasen so schnell durch die Stadt, daß man glauben könnte, daß sie einen Freibrief haben. Gut, daß die Polizei jetzt schärfere Kontrollen durchführen will!"
Der Freibrief im juristischen Sinn war eine Urkunde, mit der dem Bauern eine Befreiung von bestimmten Lasten gewährt wurde. Später gab es auch Freibriefe, die dem Reisenden als Schutzbrief ein freies Geleit durch bestimmte Gebiete zusicherten.

auf **Freiersfüßen** gehen/wandeln (scherzhaft)
eine Ehefrau suchen, Heiratsabsichten haben [Heiratspläne]
„Der Michael, dieser ewige Junggeselle, soll plötzlich auf Freiersfüßen gehen? Das kann ich erst glauben, wenn ich es gesehen habe!"
Die erst seit Lessing belegte Redensart gehört zum Verb *freien* und dem Substantiv *Freier*. Beide gehen zurück auf *frei*, das im germanischen Recht die eigenen Blutsverwandten und Stammesgenossen kennzeichnete, in Abgrenzung gegen die unfreien Sklaven und fremdstämmigen Hörigen. *Frei* hat also die Grundbedeutung *lieb, freundlich, zugehörig* und hat sich in *Freund* und *freien* (zum Weib nehmen) deutlich erhalten. Undurchsichtiger ist die Verwandtschaft zu *Freitag* und zu *Friedhof*. Der Freitag ist nach der germanischen Göttin Freija benannt, die man als *die liebe Frau* deuten kann. Der Friedhof schließlich war ursprünglich das *eingefriedete Stück Land*, das besonders gehegt und geschont wurde (eigentlich also *Freithof*). Erst später wurde das Wort *Friede* assoziiert und eine Umbildung vorgenommen.

sich **freischwimmen** (umg.)
unabhängig werden, sich von fremdem Einfluß lösen [Unabhängigkeit]
„Nach langen Jahren der Bevormundung hat Eduard sich jetzt endlich freigeschwom-

men und das Elternhaus verlassen."
Im wörtlichen Sinn bezeichnet der Ausdruck: eine Schwimmprüfung machen, in deren Rahmen der Nachweis erbracht werden muß, daß man sich eine gewisse Zeit und Schwimmstrecke lang über Wasser halten kann. {Lebensstrom}

fremdgehen (umg.)
den Ehepartner betrügen [Untreue]
„Viele Ehen scheitern daran, daß einer der Partner den anderen betrügt und hin und wieder fremdgeht."

die **Fresse** halten (sehr grob)
ruhig sein, schweigen [Schweigen]
„Halt jetzt endlich die Fresse! Deine Lügen gehen jetzt wirklich zu weit!"
Fresse ist ein derber und kräftiger Ausdruck für das Tiermaul (vgl. *fressen*). Die Redensart arbeitet also mit einem derben Vergleich. *Halten* bedeutet *zuhalten, geschlossen halten.*

jmdm. die **Fresse** polieren (sehr grob)
jmdm. kräftig ins Gesicht schlagen [Prügel]
„Hau bloß ab, wenn du nicht willst, daß ich dir die Fresse poliere!"
Polieren mit der eigentlichen Bedeutung *sorgfältig reinigen* wird in der Redensart als Euphemismus gebraucht.
Vgl.: die **Fresse** halten.

fressen: etwas/jmdn. gefressen haben (umg.)
etwas/jmdn. nicht leiden können oder verachten [Abneigung]
„Ich soll heute wieder den Rasen mähen? Diese Arbeit habe ich wirklich gefressen!"

fressen: er hat es (endlich) gefressen! (umg.)
er hat es endlich verstanden [Verstehen]
„Endlich einmal eine Mathematikarbeit mit einer guten Note! Hoffentlich hast du es jetzt für alle Zeiten gefressen!"

er wird dich schon nicht (gleich) **fressen**! (umg.)
er wird dir sicher nichts antun, die Strafe/der Tadel wird nicht sehr schlimm sein
[Beruhigung]
„Na gut, du hast die Religionsstunde zweimal geschwänzt, und der Lehrer hat es bemerkt. Trotzdem brauchst du nicht gleich solche Angst zu haben. Gerade der Religionslehrer wird dich schon nicht gleich fressen, wenn er dir begegnet!"

jmdn. ansehen, als wollte man ihn **fressen** (umg.)
jmdn. sehr böse anschauen [Aggression]
„Als ich mich beim Kellner über die Fliege in der Suppe beschwerte, schaute er mich an, als wollte er mich fressen. Dann hat er sich aber dennoch sehr höflich für das Mißgeschick entschuldigt."

jmdn. zum **Fressen** gern haben (umg.)
jmdn. überaus gern haben [Liebe]
„Meine Verlobte habe ich zum Fressen gern!"
Das unbändige *Fressen* hat in dieser Redensart eine positive Bedeutung, die sich auch in einigen Varianten erhält.

ein gefundenes **Fressen** für jmdn. sein (umg.)
eine unverhoffte, günstige Gelegenheit/ein unverhoffter Vorteil sein
[Gelegenheit] [Vorteil]
„Der Kultusminister hat bei der Preisverleihung den Preisträger mit einem falschen Namen angesprochen? Diese Peinlichkeit wird für seine politischen Gegner natürlich wieder ein gefundenes Fressen sein!"
In der Redensart steckt das Bild eines Tieres, das sich voller Gier über Nahrung hermacht. Auch der gierig schlingende Mensch wird als *Fresser* bezeichnet, dessen Unbändigkeit im Sinne der Redensart noch gesteigert wird, weil seine Nahrung nicht erarbeitet, sondern zufällig gefunden ist. Die Redensart erscheint zunächst bei Andreas Gryphius im 17. Jh. und ist in der Literatur des Sturm und Drangs, die eine drastische Sprache liebte, aufgegriffen worden.

eine diebische **Freude** empfinden
→ sich **diebisch** freuen

seine helle **Freude** an etwas/jmdm. haben
über etwas/jmdn. sehr zufrieden sein
[Freude]

„Erst wollten wir ja keine Kinder, aber jetzt haben wir an der ganzen Schar unsere helle Freude!"
Die *helle* Freude ist eine *deutliche* Freude oder eine *reine* oder *heitere*, d. h. unbelastete Freude.

das sind die **Freuden** des Berufs/der Elternschaft usw. (ironisch)
das sind die Nachteile des Berufs, der Elternschaft usw. [Nachteil]
„Jetzt bin ich heute nacht schon zweimal zu einem Kranken gerufen worden. Das sind so die Freuden dieses Berufs!"

(wahre) **Freudentänze** aufführen (umg.)
→ **Musik** in meinen Ohren

Freund Hein
→ **Hein** [Tod]

Freund und Feind
→ **Hinz** und Kunz [Jedermann]

mein lieber (alter) **Freund** und Kupferstecher! (umg.)
ich warne dich! [Warnung]
„Mein lieber Freund und Kupferstecher! Wenn der Chef von diesem Mißgeschick erfährt, fliegst du hochkantig raus!"
Der Kupferstecher ist ein Künstler, der Bilder als Druckvorlagen (Kupferstiche) in Metallplatten graviert. Es ist unbekannt, warum gerade dieser Beruf in dieser ironischen Drohung in Verbindung mit *Freund* gebraucht wird. Ein literarisches Zeugnis der Redensart liegt vor in Fontanes Roman *Frau Jenny Treibel* (1892), 8. Kapitel.

du bist mir ein rechter/schöner/feiner **Freund**! (umg.)
du enttäuschst mich, weil du dich nicht wie ein Freund verhältst! [Enttäuschung]
„Nicht einmal für eine halbe Stunde willst du mir dein Auto ausleihen? Du bist mir ein schöner Freund!"
Der positive Ausdruck *Freund* neigt insbesondere in Verbindung zu verstärkenden Adjektiven wie *lieb, schön* oder *fein* zum ironischen Gebrauch. Vgl.: eine schöne **Bescherung**.

kein (großer) **Freund** von etwas/jmdm. sein
etwas nicht besonders schätzen [Abneigung]
„Jeder weiß, daß ich kein Freund von großen Worten bin!"

dicke **Freunde** sein (umg.)
→ mit jmdm. **dick** sein [Freundschaft]

Friede, Freude, Eierkuchen (umg.)
man verträgt sich zum Schein, die Stimmung ist (unglaubwürdig) harmonisch [Harmonie]
„Einzelne Mitglieder unserer Familie sind ja untereinander zerstritten, aber bei der Hochzeit von Fritz und Katharina haben sich alle wieder versöhnt. Da herrschte Friede, Freude, Eierkuchen!"

dem **Frieden** nicht (recht) trauen
einer Person/etwas mißtrauen, obwohl sie/es einen positiven Anschein erweckt [Mißtrauen]
„Heute morgen hat der Chef mich besonders freundlich gegrüßt, obwohl ich doch neulich bei der Abrechnung einen Fehler gemacht habe. Lieber trau' ich daher dem Frieden nicht!"
Der Zerfall der Reichsmacht im späten Mittelalter und besonders im Dreißigjährigen Krieg führte zu einer allgemeinen Unsicherheit in Deutschland. Fremde Heeresteile, versprengte Soldaten, Vagabunden und Räuberbanden machten das Reisen zu einem großen Risiko. Zwar erließ der Kaiser für bestimmte Wochentage den sogenannten Landfrieden, dieser wurde jedoch meist nicht eingehalten.

seinen **Frieden** mit jmdm. machen
[Versöhnung]

jmdn. in **Frieden** lassen
jmdn. nicht stören/reizen [Belästigung]
„Laß mich endlich in Frieden, und verschwinde, sonst rufe ich um Hilfe!"

um des lieben **Friedens** willen
[Versöhnung] [Harmonie]

die **Friedenspfeife** rauchen (umg.)
[Versöhnung]

Das Wort *Friedenspfeife* ist von James Fenimore Cooper (1789–1851) in seinen Lederstrumpf-Erzählungen geprägt worden und Ende des 19. Jh. in der Übersetzung ins Deutsche gekommen. Vgl.: das **Kriegsbeil** begraben.

seinen **Friedrich** Wilhelm daruntersetzen (umg.)
seine Unterschrift unter einen Brief, Vertrag usw. setzen [Unterschrift]
„Der Weihnachtsgruß an Familie Meier ist schon formuliert; du brauchst nur noch deinen Friedrich Wilhelm darunterzusetzen!"
Zwischen dem 17. und dem 19. Jh. gab es in Preußen, Sachsen und anderen deutschen Staaten eine große Anzahl von Regenten, die den Namen Friedrich Wilhelm trugen. Die Unterzeichnung von Urkunden und Verträgen mit diesem Namenszug wurde so allmählich zu einem Synonym für die Unterschrift überhaupt, wobei sich natürlich auch Scherz, Spott und Ironie mit der Verwendung dieser Redensart verbinden.

Front gegen jmdn./etwas machen
sich nachdrücklich gegen jmdn./etwas wenden/wehren [Widerstand]
„Die Gewerkschaften machen wieder einmal Front gegen die Lohnvorstellungen der Arbeitgeberverbände."
Front ist die Vorderseite (etwa eines Hauses), in der Militärsprache jedoch die Kampflinie derjenigen Soldaten, die direkten Feindkontakt haben.

sich aufblasen wie ein **Frosch** (umg.)
(grundlos) eingebildet/hochmütig sein [Angeberei]
„Den Kollegen Meier kann niemand so recht leiden, weil er sich bei jeder Gelegenheit aufbläst wie ein Frosch und von seinem Arbeitseifer schwärmt!"
Die Redensart bezieht sich auf dicke Blasen, die dem quakenden Frosch zur Verstärkung des Schalls am Kopf entstehen. Bereits in der Antike ist über dieses Phänomen gespottet worden, wie die Fabel vom Frosch und dem Ochsen zeigt: Ein Frosch wollte einen Ochsen an Größe übertreffen und begann, sich voll Luft zu pumpen. Dabei zerplatzte er schließlich. Wie bei allen Fabeln soll hier das menschliche Verhalten karikiert werden, in diesem Fall das anmaßende Großtun.

sei kein **Frosch**! (umg.)
sei kein Feigling!, sei kein Spielverderber!, zier dich nicht so! [Feigheit]
„Sei kein Frosch, und hol den Fußball vom Dach! Schließlich hast du ihn hinaufgeschossen!"

einen **Frosch** im Hals haben (umg.)
eine heisere Stimme haben, aus Unsicherheit (oder aus anderen Gründen) Sprechprobleme haben [Heiserkeit]
„Zu Beginn meines Vortrags hatte ich einen Frosch im Hals. Nach einer Weile konnte ich dann endlich gelöst und flüssig vortragen, weil mein Lampenfieber weg war."
Die Redensart bezieht sich eventuell auf den medizinischen Begriff *ranula* (lat. *rana* = Frosch), mit dem Geschwüre im Hals und an der Zunge bezeichnet werden. Eine einfachere Erklärung liegt natürlich in den *quakenden* Tönen, die der heisere und sich räuspernde Mensch produziert.

aus der **Froschperspektive**
von unten her gesehen [Blickwinkel]
„Aus der Froschperspektive wirkt dieser Gelehrte natürlich wie die Weisheit persönlich. Dieser Eindruck ist aber leider falsch!"
Die Froschperspektive ist in der Filmsprache eine Kameraeinstellung, die das Objekt von unten her zeigt und daher größer erscheinen läßt.

eine **Frucht** der Liebe
→ ein **Kind** der Liebe [Unehelichkeit]

jmdm. wie eine reife **Frucht** in den Schoß fallen
→ jmdm. wie eine reife Frucht in den **Schoß** fallen [Unverdientheit]

ein nettes/sauberes **Früchtchen**! (umg., ironisch)
ein mißratener junger Mensch [Verwahrlosung]
„Der Karl ist ja ein nettes Früchtchen! Jetzt

ist er schon wieder beim Autodiebstahl erwischt worden! Seine Eltern sind ganz verzweifelt!"
Im Sinne der Lebensbaum-Metaphorik gilt das Kind als Frucht der Eltern. Zunächst als *Leibesfrucht* nur für das ungeborene Kind, später auch für den Säugling und das heranwachsende Kind üblich, wird die Verkleinerungsform *Früchtchen* schon seit Jahrhunderten im Sinne der Redensart für unreife und mißratene Kinder gebraucht.

verbotene **Früchte**
→ **Kirschen** in Nachbars Garten
[Verlockung]

die **Früchte** seines Tuns/seines Lebens usw. ernten
die (positiven oder negativen) Folgen seines Tuns/seines Lebens usw. erfahren
[Belohnung]
„Dieser Beinbruch ist die Frucht deines Leichtsinns. Warum mußt du auch so riskant auf dem Motorrad fahren, daß immer wieder etwas passiert?"
Die Frucht-Metapher wird in vielen Sprachen als Sinnbild für gute (süße *Früchte*) oder schlechte (bittere *Früchte*) Folgen des menschlichen Tuns gebraucht.

von **früh** bis spät
den ganzen Tag lang, immer [Kontinuität]
„Eine Hausfrau und Mutter ist von früh bis spät auf den Beinen."

früher oder später
irgendwann, aber gewiß; in der Zukunft [Unvermeidlichkeit] [Zukunft]
„Früher oder später müssen wir alle einmal sterben."
Vgl.: über **kurz** oder lang.

da mußt du (schon) **früher** aufstehen! (umg.)
da mußt du cleverer sein, da mußt du schneller reagieren! [Unterlegenheit]
„Mir willst du diese Rostkiste von Auto verkaufen? Da mußt du aber früher aufstehen! Mit mir wird nichts aus dem Geschäft!"
Der Frühaufsteher gilt als jemand, der „Aufgewecktheit" und Fleiß mit der Möglichkeit zur frühen Nutzung von Gelegenheiten vereint. Die Redensart bezieht sich spöttisch auf dieses Klischee.

wo sich **Fuchs** und Hase gute Nacht sagen (umg.)
in einer abgelegenen und einsamen Gegend [Abgelegenheit]
„Habt ihr eigentlich keine Angst, in einer Gegend zu wohnen, wo sich Fuchs und Hase gute Nacht sagen?"
In vielen Fabeln werden Fuchs und Hase als Gegenspieler gezeigt. Diese populäre Konstellation hat zu der Variation einer älteren Redensart, *wo die Wölfe einander gute Nacht sagen*, geführt, die noch in Grimmelshausens *Simplicissimus* (I,1) gebraucht wird. Der Sinn der Wendungen ist jedoch derselbe: ein Ort, der von menschlichen Behausungen weit entfernt ist.

ein schlauer **Fuchs** sein (umg.)
ein raffinierter Mensch sein [Raffinesse]
„Der Max ist ein schlauer Fuchs. Er findet sicher noch eine Möglichkeit, an Karten für dieses Konzert zu gelangen!"
Der Fuchs gilt als klug und falsch, listig und hinterlistig gleichzeitig. Die entsprechenden Wendungen können daher anerkennend und abwertend gebraucht werden.

unter jmds. **Fuchtel** stehen (umg.)
in jmds. (Erziehungs-)Gewalt stehen, in strenger Zucht leben [Unterdrücktsein]
„Du stehst aber ganz schön unter der Fuchtel, wenn du nicht einmal mehr zu unserem Kegelabend kommen darfst!"
Die Fuchtel war ein Degen mit breiter Klinge, mit dem früher zu Übungszwecken „herumgefuchtelt" wurde. Diese nicht ganz ernstzunehmende Waffe wurde allmählich zum Symbol der Züchtigung und Aufsicht, wobei sehr stark der Aspekt der dominanten Ehefrau eine Rolle spielt.

jmdn. unter die **Fuchtel** nehmen (umg.)
[Unterdrückung]
→ unter jmds. **Fuchtel** stehen

mit **Fug** und Recht (Paarformel)
mit vollem Recht [Rechtmäßigkeit]

„Nach diesem glänzenden Examen kannst du dich mit Fug und Recht als Akademiker bezeichnen!"
Das nur noch in Wortbildungen wie *Unfug* oder *Befugnis* erhaltene *Fug* bezeichnete früher die *Angemessenheit, die gebührende Weise*, aber auch: *der passende Anschluß* (Fuge) oder: *das, was sich gut fügt.* Nicht verwandt ist übrigens das Tonstück *Fuge*, das zu lat. *fuga* (Flucht) gehört und im lateinischen die Bedeutung *Wechselgesang* erhielt. Die formelhafte Wendung ist seit dem 16. Jh. belegt und bedeutet im Grunde: *schicklich und recht.*

aus den/allen **Fugen** geraten (umg.)
1) *entzweigehen* [Defekt]
2) *in Unordnung geraten* [Unordnung]
3) *sehr dick werden* [Fettleibigkeit]
1) „Während des Winters sind unsere Gartenmöbel ganz aus den Fugen geraten."
2) „Sein Leben ist durch den Tod der Ehefrau aus allen Fugen geraten."
3) „Wenn du weiter zunimmst, wirst du noch aus den Fugen geraten, daß dir kein Kleid mehr paßt!"
Die Redensart bezieht sich sowohl auf den Aspekt der Angemessenheit als auch auf den des *gefügten* Bauwerks oder Werkstücks, das an den Fugen auseinanderbrechen kann.

in allen **Fugen** krachen [Instabilität]
→ aus den/allen **Fugen** geraten

seine **Fühler** ausstrecken (umg.)
vorsichtig Informationen sammeln
[Erkundigung]
„Bevor wir diese Firma gründen, müssen wir doch einmal die Fühler danach ausstrecken, ob nicht bereits ein Konkurrenzunternehmen in dieser Stadt existiert!"
Die Redensart bezieht sich auf das vorsichtige Verhalten der Schnecke, die ihre Umwelt mit Hilfe ihrer Fühler ertastet. Ein Bezug auf Insektenfühler ist eher unwahrscheinlich, da diese nicht eingezogen und ausgestreckt werden können.

fünfe gerade sein lassen (umg.)
großzügig sein, nicht so genau sein
[Großzügigkeit]
„Weil heute der Chef nicht da ist, wollen wir mal alle fünfe gerade sein lassen und eine kleine Pause einlegen!"
Fünf ist als ungerade Zahl nicht durch die Zahl zwei dividierbar. Wer sie *gerade sein läßt* nimmt es also mit dieser Eigenschaft nicht so genau. Die Wendung ist seit dem 16. Jh. belegt und findet sich auch mit anderen ungeraden Zahlen wie *sieben* oder *dreizehn.* Auf die fünf Finger bezog sich eine gängige falsche Deutung der Redensart, weil die fünf geraden (gestreckten) Finger sich nicht um ein Werkzeug klammern.

ein falscher **Fünfziger/Fuffziger** (umg.)
eine untreue Person, ein unehrlicher Mensch
[Falschheit]
„Der Konrad ist ein falscher Fuffziger! Hat der mich doch glatt beim Chef verpfiffen, als ich mich bei der Abrechnung vertan hatte. Das verzeihe ich ihm nie!"
Ein falscher „Fünfziger" ist wohl ursprünglich eine falsche Fünfzig-Pfennig-Münze. Die Variante *Fuffziger* deutet auf den Berliner Raum als Entstehungsgebiet der Redensart hin.

der **Funke** ist übergesprungen (umg.)
die Begeisterung für eine Sache od. eine Idee hat sich auf andere übertragen
[Begeisterung]
„Vorher hat sich meine Frau nicht für Science-Fiction interessiert, aber jetzt ist auch bei ihr der Funke übergesprungen!"
{Körpermaschine}

funken: es hat gefunkt (umg.)
1) *ein Pärchen hat sich spontan ineinander verliebt* [Flirt]
2) *jmd. hat etwas verstanden* [Verstehen]
3) *es hat Streit gegeben* [Streit]
1) „Als wir uns kennenlernten, hat es bei beiden sofort gefunkt, und zwei Monate später waren wir verheiratet!"
2) „Na, endlich hat es bei dir gefunkt: Du hast in der Mathematikarbeit zum ersten Mal eine ausreichende Note erhalten. Nur weiter so!"
3) „Gestern hat es zwischen Karl und dem Meister ganz schön gefunkt, aber heute

haben sie sich wieder geeinigt!“
{Körpermaschine}

ein **Funken** Verstand/Ehrgeiz usw. (umg.)
ein klein bißchen Verstand, Ehrgeiz usw. [Minimum]
„Wenn du nur einen Funken Verstand hast, läßt du deine Finger von diesem miesen Geschäft!“
{Geisteslicht}

etwas/viel **für** sich haben
positiv zu beurteilen sein [Richtigkeit]
„Dein Rat hat viel für sich, aber ich kann ihn dennoch nicht befolgen!“
Die Wendung basiert auf der Bedeutung *zugunsten, zum Vorteil*, die *für* gelegentlich annimmt.

das **Für** und Wider
die Vor- und Nachteile [Argumentation]
„Bevor wir einen Entschluß fassen, muß noch genauer über das Für und Wider debattiert werden!“

wie von **Furien** gejagt/gehetzt [Flucht]
→ **Furore** machen

Furore machen (umg.)
Aufsehen erregen, auffallend sein [Aufsehen]
„Das geschlitzte Kleid von Sabine hat auf dem Sommerfest viel Furore gemacht!“
Ital. *furore* bedeutet *Leidenschaftlichkeit* und *Erregung*, aber auch: *rasender Beifall*. Das lateinische Grundwort ist *furere* (rasen), das auch den römischen Rachegöttinnen, den Furien ihren Namen gab.

mit dem linken **Fuß** zuerst aufgestanden sein [Verärgerung]
→ mit dem linken **Bein** zuerst aufgestanden sein

(festen) **Fuß** fassen
1) *eine sichere Position erreichen* [Stabilisierung]
2) *sich eingewöhnen* [Eingewöhnung]
1) „Unsere Firma hat im Bereich des Computerbaus nach großen Anfangsschwierigkeiten endlich festen Fuß gefaßt.“
2) „Es ist natürlich immer schwer, in einer völlig fremden Kultur festen Fuß zu fassen.“

auf großem **Fuß** leben (umg.)
aufwendig leben, luxuriös leben, verschwenderisch leben [Verschwendung]
„Wir haben jetzt eine zeitlang auf großem Fuß gelebt. Leider werden wir in Zukunft wieder sparsamer sein müssen, bis sich unsere wirtschaftliche Lage wieder gebessert hat!“
In dieser Redensart handelt es sich um eine im 17. Jh. entstehende Bedeutung von *Fuß* im Sinne von „Art und Weise des Seins“ bzw. „als Grundlage geltende Bestimmung und Ausrichtung“ (Grimm, *Deutsches Wörterbuch* Bd. 4, Sp. 1006). Der *große Fuß* ist der große Aufwand, den jemand treibt. Falsch ist die oft gehörte Meinung, die Redensart beziehe sich auf die langen Schnabelschuhe der Edelleute im 14. und 15. Jh.

auf gutem/vertrautem **Fuß** mit jmdm. leben
gute/vertraute Beziehungen zu jmdm. unterhalten [Eintracht]
„Mit unseren Nachbarn leben wir auf gutem Fuß. Bisher gab es jedenfalls noch keinen Streit!“
Fuß hat die bildliche Bedeutung *Grundlage, Basis*.

gut/schlecht zu **Fuß** sein
gut/schlecht gehen können [Gehen]
„Mein Großvater war früher ein Wandervogel, und selbst heute ist er noch erstaunlich gut zu Fuß!“

keinen **Fuß** mehr in jmds. Haus/Wohnung setzen
jmds. Haus oder Wohnung nicht mehr betreten [Kontaktabbruch]
„Nach dieser Beleidigung werde ich keinen Fuß mehr in Klaras Haus setzen!“

keinen **Fuß** über jmds. Schwelle setzen
→ keinen **Fuß** in jmds. Haus setzen

jmdn. auf freien **Fuß** setzen
jmdn. aus der Haft entlassen [Freilassung]

„Nach dem Freispruch wurde er sofort auf freien Fuß gesetzt."
Der *freie Fuß* ist ursprünglich der nicht durch Fesseln behinderte Fuß im Gegensatz zum gefesselten Fuß des Gefangenen. Auch heute wird die Wendung noch als Rechtsausdruck gebraucht.

keinen **Fuß** vor die Tür/vors Haus setzen
das Haus nicht verlassen [Häuslichkeit]
„Du bist ein richtiger Stubenhocker! Schon seit drei Tagen hast du keinen Fuß mehr vor die Tür gesetzt!"

Gewehr bei **Fuß** stehen
tatbereit sein, auf den Einsatz warten [Bereitschaft]
„Ein Arzt muß auch am Wochenende immer Gewehr bei Fuß stehen, damit er in Notfällen für Patienten erreichbar ist."
Diese Redensart ist der Militärsprache entnommen, in der *Gewehr bei Fuß!* ein Kommando im Rahmen der Vorbereitung zum Schießen darstellt.

mit einem **Fuß** im Grabe stehen
[Krankheit]
→ mit einem **Bein** im Grabe stehen

mit einem **Fuß** im Gefängnis stehen
[Risiko]
→ mit einem **Bein** im Gefängnis stehen

jmdm. auf den **Fuß**/auf die **Füße** treten
jmdn. unabsichtlich kränken [Fauxpas]
„Hoffentlich bin ich mit dieser Bemerkung hier niemandem auf den Fuß getreten!"
Die Redensart bezieht sich auf die Schmerzen, die einem Getretenen entstehen.

jmdm. **Fußangeln** legen
1) *jmdm. versteckte Probleme bereiten* [Überlistung]
2) *unvermutete Probleme aufweisen* [Schwierigkeit]
1) „Wir wollen Ihnen keine Fußangeln legen und machen Sie daher auf alle Risiken des Vertrags aufmerksam."
2) „Dieser Gesetzestext legt verschiedene Fußangeln, die bei der Auslegung beachtet werden müssen!"
Die Fußangel oder das Fußeisen war eine eiserne Klappfalle, in welcher Tiere (aber auch Menschen) gefangen und durch eine Kette am Weglaufen gehindert wurden.

um keinen **Fußbreit**/nicht um einen (einzigen) **Fußbreit** [Unnachgiebigkeit]
→ um keinen **Fingerbreit**

auf dem **Fuße** folgen
1) *jmdm. direkt folgen* [Verfolgung]
2) *sofort nach etwas geschehen* [Unmittelbarkeit]
1) „Ein guter Detektiv muß einer Person auf dem Fuße folgen können, ohne daß diese etwas davon bemerkt."
2) „Das Gewitter war so nahe, daß der Donner dem Blitz auf dem Fuße folgte."

sich die **Füße** ablaufen/wund laufen
sich (erfolglos) um etwas bemühen [Bemühung]
„Heute habe ich mir fast die Füße wundgelaufen, um ein passendes Geschenk für Hermann zu finden. Leider habe ich nichts Geeignetes gefunden."

(immer) wieder auf die **Füße** fallen
sich immer zu helfen wissen, immer aus Schwierigkeiten gut herauskommen [Glück im Unglück]
„Obwohl er schon mehrere Pleiten erlebt hat, ist Klaus doch immer wieder auf die Füße gefallen und hat sich wieder emporgearbeitet."
Die Redensart bezieht sich auf die Fähigkeit der Katze, bei einem Sturz oder Sprung immer mit den Füßen zuerst auf dem Boden zu landen und so Verletzungen zu vermeiden.

Füße wie Blei haben (umg.)
durch Überanstrengung/Übermüdung kaum mehr gehen können [Müdigkeit]
„Nach diesem Tagesmarsch hatte ich Füße wie Blei. Ich konnte sogar kaum mehr die Treppe zum Schlafzimmer hinaufgehen!"

kalte **Füße** kriegen/bekommen (umg.)
Angst bekommen, unsicher werden [Furcht]
„Eigentlich war das Geschäft schon per-

fekt, aber plötzlich hat einer der Beteiligten kalte Füße bekommen und die ganze Sache abgeblasen!"
Die Redensart stellt eine Analogie her zwischen dem Aufstampfen der Füße zum Zwecke ihrer Erwärmung durch Verstärkung der Blutzufuhr und dem ungeduldigen Verhalten einer Person, die noch zwischen Flucht und Standhalten schwankt.

jmdm. vor die **Füße** laufen
→ jmdm. in die **Arme** laufen
[Begegnung]

sich die **Füße** vertreten (umg.)
einen kurzen Spaziergang machen
[Spaziergang]
„Nach diesem opulenten Mahl muß ich mir unbedingt die Füße vertreten. Will mich jemand begleiten?"

jmdm. etwas vor die **Füße** werfen
etwas verärgert aufgeben; sich weigern, weiterzuarbeiten [Weigerung]
„Wenn der Chef mich noch einmal anschreit, werfe ich ihm den ganzen Kram vor die Füße und kündige!"

jmdm. etwas zu **Füßen** legen (gehoben)
jmdm. etwas unterwürfig anbieten
[Angebot]
„Ich lege Ihnen alles zu Füßen, was ich besitze, wenn Sie in eine Ehe mit mir einwilligen."

jmdm. zu **Füßen** liegen
1) *jmdn. verehren* [Verehrung]
2) *jmdn. anflehen* [Bitte]
1) „Diesem Filmstar liegen Millionen von Verehrern zu Füßen."
2) „Obwohl ich meinem Chef zu Füßen lag und ihn um eine Weiterbeschäftigung bat, hat er mich fristlos entlassen!"

auf eigenen **Füßen** stehen
wirtschaftlich unabhängig sein
[Selbständigkeit]
„Nach dem Studium werde ich hoffentlich bald auf eigenen Füßen stehen und die Unterstützung durch meine Eltern nicht mehr nötig haben."

Die Redensart bezieht sich auf die Entwicklung des Steh- und Gehvermögens beim Kleinkind und überträgt diesen Aspekt auf andere Bereiche.

auf schwachen/wackligen **Füßen** stehen
nicht gut begründet sein [Unbewiesenheit]
„Diese neue Theorie steht noch auf sehr wackligen Füßen und muß zunächst einmal experimentell gesichert werden!"

auf tönernen **Füßen** stehen
ein unsicheres Fundament (politischer, strategischer, wirtschaftlicher usw. Art) haben
[Gefährdung]
„Der Zusammenbruch dieses Konzerns verwundert nur denjenigen, der nicht wußte, daß seine Bilanzen auf tönernen Füßen standen!"
Im Alten Testament (Daniel 2,31–34) wird ein Koloß beschrieben, der auf „tönernen Füßen" steht, so daß sein eigenes Gewicht ausreicht, diese zum Bersten zu bringen. Daniel legt den Traum Nebukadnezars von den vier Weltreichen und dem ewigen Reiche Gottes aus und sagt unter anderem: „Du, König, sahest, und siehe, ein großes und hohes und sehr glänzendes Bild stand vor dir, das war schrecklich anzusehen. Des Bildes Haupt war von feinem Golde, seine Brust und Arme waren von Silber, sein Bauch und seine Lenden waren von Erz, seine Schenkel waren Eisen, seine Füße waren eines Teils Eisen und eines Teils Ton. Solches sahest du, bis daß ein Stein herabgerissen ward ohne Hände; der schlug das Bild an seine Füße, die Eisen und Ton waren, und zermalmte sie." Im 19. Jh. wandte man dieses Bild auf das zaristische Rußland an.

mit beiden **Füßen** im Leben/auf der Erde stehen [Lebenstüchtigkeit]
→ mit beiden **Beinen** im Leben stehen

jmdn./etwas mit **Füßen** treten
jmdn./etwas brutal unterdrücken/mißachten
[Mißachtung]
„In der Verfassung sind die Menschenrechte zwar garantiert, dennoch werden sie in jenem Staat mit Füßen getreten!"

Das Treten eines Wehrlosen mit den Füßen gilt als gemeinste und niederträchtigste Art der Gewaltanwendung. Das Setzen des Fußes auf den Nacken des Unterlegenen ist ein altes Zeichen der Unterwerfung.

stehenden **Fußes**
ohne Verzug, sofort [Unmittelbarkeit]
„Nachdem er von dem Vorfall erfahren hatte, begab er sich stehenden Fußes zur Polizeiwache und erstattete Anzeige."
Die Redensart bezieht sich auf ein lokales Bildfeld zur Vermittlung temporaler Bedeutung. Dabei wird die meist kurze Zeitspanne des Stehens *an der Stelle* zur Vermittlung des Begriffs Unmittelbarkeit genutzt.

trockenen **Fußes**
nicht durchnäßt [Trockenheit]
„Infolge der langen Dürreperiode konnte der Sumpf in diesem Jahr trockenen Fußes durchquert werden."

in jmds. **Fußstapfen** treten
einem Vorbild nacheifern, jmds. Nachfolge antreten [Nachfolge]
„Mein Sohn soll einmal in meine Fußstapfen treten und den Betrieb so weiterführen, wie ich es getan habe!"

futsch sein (umg.)
1) *kaputt sein* [Defekt]
2) *aus Nachlässigkeit/wegen Diebstahls verlorengehen* [Verlust]
1) „Nachdem die Uhr auf die Erde gefallen war, war sie futsch."
2) „Mein Moped war leider nicht abgeschlossen, und jetzt ist es futsch. Irgend jemand hat es gestohlen!"
Aus dem nicht mehr gebräuchlichen Verb *futschen* mit den Bedeutungen *gleiten* und *heimlich in die Tasche stecken* hat sich zunächst die Interjektion *futsch* mit der Bedeutung *sehr schnell, in einem Rutsch* abgespalten. Diese wiederum hat sich in der Umgangssprache mit dem Hilfsverb *sein* verbunden und diese Redensart zum Ersatz des ursprünglichen Verbs ausgebildet.

gut im **Futter** sein (umg.)
gut genährt und eher fett sein [Fettleibigkeit]
„Nach diesem Urlaub stehst du aber gut im Futter! Ich glaube, ich verschreibe dir mal eine Abmagerungskur!"

an der **Futterkrippe** sitzen (umg.)
gut versorgt sein [Versorgtheit]
„Seit Peter diesen guten Job hat, sitzt er an der Futterkrippe!"
Die *Futterkrippe* ist der Futterplatz des Viehs. An ihr zu sitzen oder dorthin zu gelangen wird in dieser Redensart mit Versorgtheit gleichgesetzt.

eine milde **Gabe**
ein Almosen; eine Geldspende [Spende]
„Jedes Jahr bitten um die Weihnachtszeit viele Organisationen um eine milde Gabe."
Die *Milte* oder *Milde* war eine der mittelalterlichen Fürsten- und Rittertugenden. Sie umfaßte die Pflicht zur Fürsorge gegenüber den Gefolgsleuten, dem Gesinde und sonstigen Bedürftigen. Daraus entwickelte sich die Bedeutung *Freigebigkeit*, die in der Redensart mit der Eigenschaft *mild* fixiert ist als der bewußte Gegensatz zu *geizig*.

sich in **Gala** werfen
sich festlich kleiden [Festkleidung]
„Für den Empfang beim Ministerpräsidenten müssen wir uns in Gala werfen!"
Der aus dem Arabischen hergeleitete Ausdruck *Gala* mit der Bedeutung *Festkleidung* wurde im 17. Jh. am Wiener Hof gebräuchlich. Ableitungen von *Gala* sind *Galan* (Liebhaber) und *galant*. *Sich werfen* für *sich rasch anziehen* entstand erst in der Studentensprache des 19. Jh. Die Kombination dieser Stilebenen sorgt für eine spöttisch-abwertende Nebenbedeutung der Redensart.

für die **Galerie** spielen
etwas stark übertreibend tun/für den groben Geschmack tun [Übertreibung]
„Dieses Stück kann ich euch nicht empfehlen! Die Besetzung ist miserabel, und somit wird nur für die Galerie gespielt!"
Die Galerie ist der oberste Rang eines Theaters, zu dem nuancenreiches oder subtiles Spiel manchmal nicht durchdringt. Zugleich findet man dort häufig die billigsten Plätze, so daß in der Redensart auch auf ein weniger erlesenes Publikum angespielt wird.

eine **Galgenfrist** einräumen (umg.)
einen letzten Aufschub für eine Forderung gewähren [Aufschub]
„Ich will dir noch eine letzte Galgenfrist einräumen, aber nächste Woche will ich meine Kohle zurückhaben!"
Die „Galgenfrist" war in der mittelalterlichen Rechtssprache die letzte Gnadenfrist, die einem zum Galgen Verurteilten eingeräumt wurde. Die Redensart wird bereits seit dem 16. Jh. im allgemeineren Sinne gebraucht.

jmdm. geht/läuft die **Galle** über/kommt die **Galle** hoch (umg.)
jmd. gerät in wütende Erregung [Wut]
„Wenn ich sehe, wie viele Fehler in unserer Buchhaltung gemacht werden, läuft mir immer die Galle über!"
Die Galle ist eine gelbliche Absonderung der Leber und unterstützt die Verdauung, wird aber auch bei Erregungszuständen gebildet. Bei häufiger Empörung wird daraus ein chronisches Krankheitsbild, das in der mittelalterlichen „Säftelehre" als Störung des Säftehaushalts interpretiert wurde. Mehrere Varianten der Redensart beziehen die Galle auf charakterliche Merkmale oder vorübergehende Mißlaune. *Gift und Galle spukken* bedeutet demnach *in äußerste Wut geraten* und *gallig sein* oder *voller Galle sein* will heißen, *mißgelaunt sein*. Auf den Geschmack der Galle beziehen sich dagegen Bildungen wie *gallenbitter* und *bitter wie Galle*. Wer *seine Feder in Galle taucht,* schreibt bitter-aggressive Artikel.

im **Galopp** (umg.)
sehr rasch, flüchtig und (gelegentlich) unordentlich [Schnelligkeit]
„Diese Arbeit kannst du nicht im Galopp erledigen, sonst ist sie so unbrauchbar, daß sie noch einmal getan werden muß!"
Der Galopp ist die schnellste Gangart des Pferdes. In Verbindung mit menschlichen Tätigkeiten wird *Galopp* meist abwertend gebraucht. So bedeutet: *im Galopp durch die Kinderstube geritten sein: keine gute Manieren haben. Galoppierende Schwindsucht* ist die volkstümliche Bezeichnung für eine äußerst rasch und meist tödlich verlaufende Form der Lungentuberkulose.

Gamaschen vor etwas haben (umg., veraltend)
Angst vor etwas haben [Furcht]
„Du wirst es nicht glauben, aber vor diesem Vorstellungsgespräch habe ich Gamaschen. Es hängt so viel davon ab!"

Gamasche ist arabischen Ursprungs und bedeutet eigentlich *Leder aus Gadames in Tripolis*. Über die Romania kam dasWort ins Deutsche. Gamaschen waren bis ins 19. Jh. von Adeligen und Bürgern gebrauchte, über den Schuhen getragene Überstrümpfe, die seitlich offen und ohne Sohle waren. Als Teil der gehobenen Ausstattung wurden sie (wie auch die Manschetten) als Standesmerkmal angesehen und schnell ein Symbol der Furchtsamkeit vor revolutionären Veränderungen einer gesicherten Existenz. Das ältere (und mit gleicher Bedeutung versehene) *Manschetten haben* hat wahrscheinlich über die volkstümliche Bildung *Handgamasche* für *Manschette* zu dieser Redensart geführt.

gang und gäbe sein (umg., Zwillingsformel, Stabreim)
allgemein üblich sein [Normalität]
„In arabischen Ländern ist es gang und gäbe, daß Männer und Frauen ihre Mahlzeiten getrennt einnehmen."
Gang stammt von *gehen* und *gäbe* von *geben* ab. Ursprünglich war die Zwillingsformel ein Begriff des Münzwesens und bezeichnete *gängige* Münzen, d. h. Münzen, die im Umlauf waren (gingen) und für die es somit etwas *gab*. Daraus hat sich die Bedeutung der Annehmbarkeit, Üblichkeit und Erwünschtheit im Sinne von Normalität entwickelt.

der aufrechte **Gang**
Charakterfestigkeit und Stolz
[Charakterfestigkeit] [Stolz]
„Wenn in dieser Firma kein aufrechter Gang möglich ist, weil der Boss ein kleiner Diktator ist, dann ist hier kein Platz mehr für mich!"

der **Gang** nach Canossa
→ **Canossa**

seinen **Gang** gehen
→ **gang** und gäbe sein
[Normalität] [Unaufhaltsamkeit]

in **Gang** kommen
→ etwas in die **Wege** leiten [Beginn]

jmdn. am **Gängelband** führen (umg.)
jmdn. bevormunden [Bevormundung]
„Ich lasse mich nicht weiter von dir am Gängelband führen! Heute gehe ich endlich mit meinen Kollegen aus dem Betrieb zum Kegeln, auch wenn es dir nicht recht ist!"
Das Gängelband war ein unter den Achseln des Kleinkindes befestigtes starkes Band, das von einem Erwachsenen gehalten wurde, wenn das Kind laufen lernte. Das Wort leitet sich ab von dem seit Luther bezeugten *gängeln* mit der Bedeutung *gehen machen, führen*. Ein *am Gängelband geführter* oder *gegängelter* Erwachsener wird geistig von einer anderen Person geführt und bevormundet.

dumme **Gans** (derb)
dummes Mädchen [Dummheit]
„Du dumme Gans, merkst du denn nicht, daß dieser Kerl deine Liebe nur ausnutzt?"
Gans ist in mehreren abwertenden Redensarten für weibliche Personen gebräuchlich. Sie wird als *albern, schwatzhaft, eingebildet* u. ä. angesehen. Jemand, der ein überraschtes Gesicht macht, sieht aus, *wie eine Gans, wenn's donnert/blitzt*. Ebenfalls abwertend ist der Ausdruck *Gänsewein* für Wasser.

ich sage das jetzt in **Gänsefüßchen** (umg.)
ich sage das unter Vorbehalt (weil mir kein besseres Wort einfällt/weil ich es nicht besser weiß usw.), ich drücke mich ungenau aus und sichere mich gegen Kritik ab
[Distanzierung] [Reden]
„Meine Damen und Herren, ich will Ihnen heute einen Vortrag über die Kernenergie halten. Dabei werde ich auch auf die Rolle des – ich sage das jetzt in Gänsefüßchen – ‚Faktors Mensch' bei unseren Sicherheitsüberlegungen eingehen. Der Mensch an sich ist natürlich mehr als ein bloßer ‚Faktor', aber wir müssen im Rahmen dieses Vortrags notwendigerweise einige Abstraktionen vornehmen."
Als *Gänsefüßchen* bezeichnet man in der Umgangssprache die An- und Abführungszeichen. Den Namen haben sie von ihrer Form, die tatsächlich derjeniger von zwei nebeneinanderstehende Füßchen gleicht.

Dieser lustige Vergleich reicht bis ins 18. Jh. zurück, wobei man gelegentlich auch die Bezeichnung *Gänseauge* wählte. Man hat vermutet, daß die Bezeichnung auf eine als Hausmarke gebrauchte Rune auf den nordfriesischen Inseln zurückgehen könnte; dieser Zusammenhang ist allerdings nicht sehr plausibel. Der inflationäre Gebrauch der Gänsefüßchen ist schon von den Schriftstellern des 18. Jh. kritisiert worden. Auch Jacob Grimm sprach sich ganz gegen ihren Gebrauch aus, und Jean Paul schrieb: „Jetzt wuchern sie bis zu gedankenloser Lächerlichkeit und in einer Weise, daß auch schon dem Sprachleben damit Schaden geschieht.“ Die Redensart ist eines der seltenen Beispiele dafür, daß im Dialog auf die Orthographie und Interpunktion Bezug genommen wird. Oft wird bei ihrem Gebrauch auch mit den Händen ein Paar Gänsefüßchen quasi in die Luft geschrieben.

eine **Gänsehaut** kriegen/bekommen (umg.)
1) *frieren* [Frieren]
2) *sich fürchten* [Furcht]
1) „An der Haltestelle habe ich so lang in der Kälte auf den Bus warten müssen, daß ich eine richtige Gänsehaut bekam.“
2) „In diesem Horrorfilm bekam ich eine Gänsehaut nach der anderen!“
Gänsehaut bezieht sich auf die stoppelige Haut der gerupften Gans. Diese Gänsehaut ähnelt menschlicher Haut, die sich vor Angst oder Kälte zusammenzieht.

im **Gänsemarsch** gehen (umg.)
hintereinandergehen [Hintereinander]
„Auf schmalen Gebirgspfaden kann man nur im Gänsemarsch gehen.“
Die Redensart bezieht sich scherzhaft auf das dichte Hintereinander einer gehenden Gänseherde. Das darin früher übliche *Gänsegang* wurde erst im 19. Jh. in der Studentensprache durch *Gänsemarsch* ersetzt.

ganz und gar (Zwillingsformel)
vollständig, total, in allen Aspekten [Vollständigkeit]
„Ich bin ganz und gar Ihrer Meinung, Herr Müller!“
Das mit *gären, gar werden* und *gerben* verwandte Wort *gar* bedeutet ebenfalls *ganz, bereit, fertig.* In vielen Verbindungen ist *gar* daher als Steigerungs- und Verstärkungselement enthalten: *jemandem den Garaus machen* (töten), *sogar, gar keiner* usw. Diese Funktion übernimmt es auch in der Redensart, die seit dem 13. Jh. unverändert erhalten ist.

aufs **Ganze** gehen
alles wagen, alles versuchen, rückhaltlos, ohne Kompromiß vorgehen [Wagnis]
„Diesmal gehe ich aufs Ganze und setze alles Ersparte in der Lotterie!“

nichts **Ganzes** und nichts Halbes sein
[Uneindeutigkeit]
→ weder **Fisch** noch Fleisch sein

unter **Garantie**
ganz sicher, gewiß [Gewißheit]
„Unser Klub wird unter Garantie absteigen, wenn wir nicht in diesem Spiel mindestens vier Tore schießen!“
Franz. *le garant* bedeutet, *der Bürge*. Die daraus abgeleitete *Garantie* ist die Versicherung einer Entschädigungsleistung, die sichere Übernahme einer Verantwortung.

jmdm. den **Garaus** machen (umg.)
jmdn. umbringen, jmdn. töten [Mord]
„Diese Verbrecher haben der ganzen Familie den Garaus gemacht, um unbehelligt das Haus durchsuchen zu können.“
Garaus besteht aus den Elementen *gar* (*ganz, vollständig;* vgl.: *ganz und gar*) und *aus* (zu Ende, fertig). Aus dem adverbialen *garaus* mit der Bedeutung *völlig fertig, vollständig aus* hat sich das Substantiv *der Garaus* entwickelt. In Nürnberg und Regensburg war im 15. Jh. der „Garaus“ der Glockenschlag, der den Torschluß und das Schließen der Wirtschaften ankündigte. Das führte zur Bedeutung *endgültiges Ende*, die der Redensart zugrunde liegt.

hinter schwedischen **Gardinen** (umg.)
im Gefängnis
[Gefängnis] [Verhaftung]
„Der Richter schickte den Angeklagten nach erwiesener Schuld für vier Jahre hinter

schwedische Gardinen."
Gardine steht in der verhüllenden Gaunersprache für *Gitter, Gefängnisgitter*. Zu *schwedisch* gibt es die Deutung: *aus schwedischem Eisenerz gefertigte Eisenstäbe.*

jmdm. eine **Gardinenpredigt** halten (umg.)
eine nachdrückliche Zurechtweisung des Ehemanns durch die Ehefrau
[Zurechtweisung]
„Erst gestern hat meine Frau mir eine Gardinenpredigt darüber gehalten, daß ich nicht so lang im Wirtshaus sitzen soll."
Mit *Gardinen* bezeichnete man früher die Bettvorhänge des Himmelbetts, das weit verbreitet war. Die von der Ehefrau im Ehebett dem Gatten heimlich gemachten Vorhaltungen werden seit Sebastian Brants *Narrenschiff* (1494) „Predigt" genannt. Das Wort *Gardinenpredigt* ist allerdings erst für 1743 nachgewiesen und geht wohl auf ein älteres engl. *curtain lecture* (1633) zurück.

sein **Garn** spinnen (umg.)
phantastische Geschichten erzählen
[Erzählen]
„Wenn der Großvater gelegentlich sein Garn spinnt, hören die Enkel stets gern zu."
In den mittelalterlichen Spinnstuben vertrieben sich die Frauen die Zeit durch lange Erzählungen. Waren diese unglaubwürdig, erhielt die Erzählerin das Attribut *sie spinnt*. Eine ähnliche Ersetzung von Tätigkeit und den Begleitumständen findet sich in der Redensart *sein Garn spinnen*, wobei auch an die vielfach *verwobenen Fäden* einer komplizierten Erzählhandlung gedacht werden kann. Das unter Seeleuten übliche übertreibende Erzählen bei der Verrichtung von Flickarbeiten an Segel- und Netzwerk wird dementsprechend auch als *Seemannsgarn spinnen* bezeichnet. Vgl.: den **Faden** verlieren.

jmdm. ins **Garn** gehen (umg.)
→ jmdm. ins **Netz** gehen [Reinfall]

erste **Garnitur**
Personen (oder Sachen) von höchster Qualität [Qualität]
„Bei diesem Konzert tritt nur die erste Garnitur an!"
Franz. *la garniture* bedeutet *die Ausstattung, das schmückende Beiwerk.* Im Deutschen gibt es die Wortbildung *Möbelgarnitur*, die eine (vollständige) Gruppierung von Möbelstücken eines Zimmers bezeichnet. Neben der *ersten Garnitur* im Sinne der höchsten Qualität gibt es auch die Varianten *zweite Garnitur, dritte Garnitur* usw., so daß eine Qualitätsabstufung möglich ist.

quer durch den **Garten** (umg.)
1) *verschiedene Gemüsesorten bei einer Mahlzeit/Gemüsesuppe* [Vielfalt]
2) *repräsentativer Querschnitt* [Querschnitt]
1) „Zu diesem Gericht passen alle Gemüsesorten als Beilage. Wir bieten daher einfach alles quer durch den Garten an!"
2) „Bei der Autorenlesung bot der Dichter quer durch den Garten einen Ausschnitt aus seiner neuesten Produktion an."

Gas geben
1) *auf das Gaspedal treten* [Beeilung]
2) *einer Sache mehr Energie widmen*
[Anstrengung]
1) „Wenn ich Gas gebe, komme ich noch bei Grün über die Kreuzung!"
2) „Wenn du nicht Gas gibst, wirst du von deinen beruflichen Konkurrenten einfach abgehängt! Kümmere dich also um mehr Aufträge, sonst sehe ich schwarz!"
Griech. *chaos* (Leere, Masse, Wirrwarr) wurde ab 1538 von Paracelsus als Fachbegriff für Luft verwendet. Der Brüsseler Arzt und Alchimist Johann Baptist van Helmont (1577–1644) zweigte davon künstlich das Wort *Gas* ab, das sich in Deutschland noch 1780 nicht durchgesetzt hatte. Erst die 1783 beginnenden Versuche mit Gasballons und die Erfindung der Gasbeleuchtung machte das Wort populär. Nach engl. *gasoline* (Benzin) ist das Gaspedal in unseren Autos benannt. Der Begriff *Benzin* ist arabischen Ursprungs und über das Italienische ins Deutsche gekommen.

jmdm. das **Gas**/den **Gashahn** abdrehen (umg.)[Ruin]
→ jmdm. an die **Gurgel** fassen

den **Gashahn** aufdrehen (umg.)
Selbstmord mit Gas begehen [Selbstmord]
„Nachdem ihr Verlobter sie auf eine so häßliche Art im Stich gelassen hatte, wußte sie keinen Ausweg mehr und hat den Gashahn aufgedreht."

ein Hansdampf in allen **Gassen**
→ ein **Hansdampf** in allen Gassen [Flexibilität]

ein **Gassenhauer** [Bekanntheit]
→ mit etwas die **Straße** pflastern

den **Gaul** von hinten/vom Schwanz aufzäumen
→ das **Pferd** beim Schwanz aufzäumen

auf den verkehrten **Gaul** setzen
→ auf die falsche **Karte** setzen

jmdm. wie einem lahmen **Gaul** zureden (umg.)
jmdn. vergeblich beraten, jmdm. vergebliche Ratschläge erteilen [Überredung]
„Trotz seiner Zahnschmerzen mußte ich ihm wie einem lahmen Gaul zureden, endlich zum Arzt zu gehen!"

mach mir den **Gaul**/die **Gäule** nicht scheu! (umg.)
nur langsam!, keine Aufregung! [Beruhigung]
„Mach mir bloß die Gäule nicht scheu! Wir haben noch über eine Stunde Zeit bis zur Abfahrt des Zuges! Dann sind wir längst am Bahnhof!"
Die Sprache der Fuhrleute hat zu sehr vielen Redensarten geführt. Sie zeichnen sich durch Begriffe wie *Gaul, Pferd, Wagen, Seil, Zeug* und *Geschirr* aus, finden sich aber auch in verstecktem Gewand. Scheuende Pferde stellten ein beträchtliches Risiko dar, weil sie die Fuhre gefährdeten oder zumindest über die „Stränge" schlugen und vor der Weiterfahrt mühsam wieder eingespannt werden mußten.
Vgl.: jmdn. **kopfscheu** machen.

jmdm. gehen die **Gäule** durch
→ jmdm. gehen die **Pferde** durch

etwas für den verwöhnten **Gaumen** sein
ein gutes Essen bieten [Mahlzeit]
„Dieses Restaurant kann ich nur empfehlen. Es bietet auch dem verwöhntesten Gaumen etwas!"
Vom Gaumen, einem Teil der Mundhöhle, wird in der Alltagssprache fast nur im Zusammenhang mit (gutem) Essen und Trinken gesprochen. Er gilt im Volksmund als Sitz der Geschmacksnerven.

einen feinen **Gaumen** haben [Feinschmecker]
→ etwas für den verwöhnten **Gaumen** sein

etwas kitzelt den **Gaumen** [Appetit]
→ etwas für den verwöhnten **Gaumen** sein

es knistert bei jmdm. im **Gebälk** (umg.)
jmd. hat finanzielle/wirtschaftliche Probleme [Schwierigkeiten]
„Bei dieser Firma knistert es schon lange im Gebälk, so daß mich der Konkurs nicht sehr überraschen würde!"
Das Knistern im Gebälk kündet den drohenden Zusammenbruch eines Gebäudes an.
Vgl.: aus den **Fugen** geraten.

heute wird's noch was **geben**! (umg.)
es wird heute noch ein Unwetter bzw. Regen geben [Wetter]
„Ich glaube, wir holen besser einen Regenschirm! So wie die Wolken aussehen, wird's heute noch was geben!"

nichts/etwas/wenig/viel **geben** auf
nichts/etwas/wenig/viel von einer Person/etwas halten [Meinung]
„Ich gebe nichts auf dieses Geschwätz von der angeblich sicheren Atomkraft!"

geben: gib ihm (Saures)! (umg.)
wehr dich!, greif ihn an! schlag zu! [Aufwiegeln]
„Er hat dich eben beschimpft! Gib ihm Saures!"

geben: dem habe ich es aber mal gegeben! (umg.)
1) *den habe ich verprügelt!* [Prügel]
2) *dem habe ich die Meinung gesagt!*

[Zurechtweisung]
1) „Eben habe ich einen Kerl dabei erwischt, wie er meine Autoantenne abbricht – dem habe ich es aber mal gegeben!"
2) „Meier verbummelt immer wichtige Unterlagen. Heute hat es der Chef gemerkt und es ihm mal so richtig gegeben. Das wird er sich hinter die Ohren schreiben!"

geben: es ist jmdm. nicht gegeben (etwas Bestimmtes leisten zu können)
es entspricht nicht jmds. Begabung/Charakter (etwas Bestimmtes leisten zu können) [Befähigung]
„Unserem Anton ist es einfach nicht gegeben, ein guter Schüler zu sein. Er ist eher praktisch begabt."

geben: gleich gibt's was! (umg.)
gleich werde ich einschreiten! [Strafe]
„Wollt ihr wohl mit dieser Zankerei aufhören! Gleich gibt's was!"

geben: wo gibt's denn so was? (umg.)
1) *das glaube ich nicht!* [Überraschung]
2) *das ist völlig ausgeschlossen!* [Widerspruch] [Zumutung]
1) „Du hast eine Eins in der Mathematikarbeit gekriegt? Ja, wo gibt's denn so was?"
2) „Sie wollen während der Prüfung Ihre schriftlichen Aufzeichnungen benutzen? Wo gibt's denn so was?"

geben: da gibt's nichts (umg.)
das ist ganz sicher! [Verstärkung]
„Er ist zwar klein, aber dennoch ein Weltklasseboxer. Da gibt's nichts!"

jmdn. (scharf) ins **Gebet** nehmen
jmdn. zur Rede stellen/zurechtweisen/tadeln [Zurechtweisung]
„In der Portokasse fehlen schon wieder fünf Mark! Ich glaube, wir müssen den Lehrling einmal scharf ins Gebet nehmen!"
Früher sprach der Beichtvater Gebete zum Mitsprechen vor. Nicht auszuschließen ist allerdings auch, daß es sich bei der Wendung um eine Fehldeutung der niederdeutschen Redensart *ins Gebett* (Gebiß) *nehmen* handelt, die sich ebenfalls auf eine Strafmaßnahme bezieht.

weich **gebettet** sein [Wohlstand]
→ **betten**

das elfte **Gebot** befolgen (scherzhaft)
sich nicht erwischen lassen [Entkommen]
„Weil der Martin das elfte Gebot nicht befolgt hat, muß er heute nachmittag eine gesalzene Strafarbeit schreiben!"
Die Redensart bezieht sich auf eine scherzhafte Erweiterung der Zehn Gebote.

jmdm. zu **Gebote** stehen (gehoben)
→ zur **Hand** heben [Verfügbarkeit]

eine schwere **Geburt** (umg.)
ein schwieriger und langwieriger Vorgang [Schwierigkeiten]
„Dieses umfangreiche Vertragswerk war wirklich eine schwere Geburt! Immerhin haben die Verhandlungen über ein Jahr gedauert!"

ein **Gedächtnis** haben wie ein Sieb (umg.)
sehr vergeßlich sein [Vergessen]
„Du solltest mich doch vom Bahnhof abholen! Du hast wirklich ein Gedächtnis wie ein Sieb!"

kein **Gedanke**! (umg.)
unmöglich!, überhaupt nicht! [Unmöglichkeit]
„Du glaubst, wir bekommen noch Karten für dieses Gastspiel? Kein Gedanke! Die sind längst ausverkauft!"

mir schwebt der **Gedanke** vor
ich habe einen noch unklaren Plan [Plan]
„Mir schwebt ja der Gedanke vor, daß unser Junge einmal Konzertpianist wird. Ob aber seine Begabung dafür reicht, das wird sich erst herausstellen müssen!"

seine **Gedanken** (nicht) beisammen haben (umg.)
(un-)aufmerksam sein, (nicht) konzentriert sein [Unkonzentriertheit]
„Diesen Artikel kann ich heute nicht weiterlesen. Ich habe nämlich meine Gedanken nicht beisammen, weil ich ständig an das morgige Vorstellungsgespräch denken muß!"

düsteren/schwarzen **Gedanken** nachhängen
traurigen/pessimistischen Gedanken freien Lauf lassen [Schwermütigkeit]
„Häng nicht diesen düsteren Gedanken nach, und lenk dich etwas ab! Morgen sieht alles schon ganz anders aus!"
Im europäischen Rahmen gilt in der Farbensymbolik die schwarze Farbe als Sinnbild der Trauer und Schwermut.

mit dem **Gedanken** spielen
etwas nicht ganz ernsthaft erwägen/über etwas nachdenken [Nachdenken]
„Ich habe schon manchmal mit dem Gedanken an Auswanderung gespielt, aber letztlich habe ich doch Angst davor!"
Die Spiel-Metaphorik verweist auf die Unentschlossenheit, die mit der Redensart verknüpft ist.

etwas in **Gedanken** tun
etwas unabsichtlich tun; etwas aus Versehen tun; etwas tun, ohne es zu bemerken [Unabsichtlichkeit]
„Jetzt habe ich in Gedanken die Haustür hinter mir zugeschlagen, obwohl ich gar keinen Schlüssel dabeihabe! Hoffentlich kommt mein Mann bald nach Hause!"

mit dem **Gedanken** umgehen
etwas ernsthaft erwägen [Plan]
„Ich gehe mit dem Gedanken um, nach Australien auszuwandern."

auf **Gedeih** und Verderb (Paarformel)
rückhaltlos, um jeden Preis in Glück und Unglück [Abhängigkeit]
„Beim Bergsteigen ist man auf Gedeih und Verderb auf die Festigkeit der Halteseile angewiesen."
Bei der Redensart handelt es sich um eine alte Rechtsformel, die beispielsweise auf einer Urkunde aus dem Jahr 1562 erhalten ist. Ähnlich eine alte Lübecker Quelle: „dieweil Mann und Weib auf gleichen Gedeih und Verderb ihrer Güter sitzen".

etwas ist ein **Gedicht** (umg.)
etwas ist wunderbar bzw. schmeckt gut [Qualität]
„Dieser Ausflug war wirklich ein Gedicht!"

mit **Geduld** und Spucke (fängt man eine Mucke) (umg.)
mit Geduld kann eine Sache erledigt werden [Geduld]
„Du darfst jetzt nichts übereilen! Mit Geduld und Spucke sollte es möglich sein, diesen Plan so auszuführen, daß er gelingt!"
Die scherzhafte Redensart bezieht sich auf das mühsame Einfädeln eines Fadens in ein Nadelöhr. Das gelingt besser, wenn der Faden mit etwas Spucke verdreht wird. Die Ergänzung *fängt man eine Mucke* ist eine nachträgliche scherzhafte Erweiterung, die sich durch den Reim ergibt.

sich in **Geduld** fassen (müssen)
geduldig warten (müssen) [Geduld]
„Sie dürfen sich hier nicht vordrängeln! Bitte fassen Sie sich in Geduld! Die anderen Herrschaften müssen auch warten!"

jmdm. reißt die **Geduld**/der **Geduldsfaden**
jmds. Geduld ist zu Ende [Ungeduld]
„Also jetzt reißt mir wirklich die Geduld! Wenn ihr nicht sofort aufhört zu schwätzen, muß die ganze Klasse heute nachsitzen!"
Geduld ist eine hohe christliche Tugend, die schon seit dem 16. Jh. mit einem gespannten Bogen verglichen wird. Das *Reißen* des *Geduldsfadens* ist somit mit dem Reißen der Bogensehne gleichzusetzen. Vgl.: den **Bogen** überspannen.

das lasse ich mir **gefallen**! (umg.)
das gefällt mir! [Gefallen]
„In dieser Stadt ist alles sehr gepflegt, die Straßen sind sauber, und die Atmosphäre ist freundlich: Das lasse ich mir gefallen!"
Die Redensart geht auf eine alte höfliche Briefanrede zurück: „Herr Müller lasse sich gefallen, meine Bitte anzuhören…"

das lasse ich mir nicht **gefallen** (umg.)
das nehme ich nicht hin, dagegen werde ich mich wehren [Widerspruch]
„Mein Chef zwickt mich gern mal in den Po. Das lass' ich mir nicht mehr gefallen. Ich kündige."

an jmdm./etwas **Gefallen** finden
→ **Geschmack** [Gefallen]

sich auf etwas **gefaßt** machen (können)
sich auf etwas Unangenehmes vorbereiten (müssen) [Unannehmlichkeit]
„Nach diesem Lärm, den ihr den ganzen Morgen gemacht habt, könnt ihr euch auf eine Menge Hausaufgaben gefaßt machen!"
Herkunft → **Fassung**

ins **Gefecht** führen
→ ins **Feld** führen [Argumentation]

jmdn. außer **Gefecht** setzen
jmdn. unschädlich machen, als Konkurrenten ausschalten [Sieg]
„Um diese Stelle haben sich über 20 Leute beworben. Ich glaube nicht, daß ich die alle außer Gefecht setzen kann und schließlich in die engere Wahl komme!"
{Lebenskampf}

den habe ich **gefressen**! (umg.)
den kann ich überhaupt nicht leiden!
[Abneigung]
„Den Meier von der Postabteilung habe ich gefressen! Der verzögert doch glatt die Absendung wichtiger Unterlagen, nur um mir eins auszuwischen!"
Herkunft → etwas **ausgefressen** haben

seinem ersten **Gefühl** folgen
seinem ersten spontanen Eindruck glauben
[Intuition]
„Als er sie sah, folgte er seinem ersten Gefühl und gestand ihr, daß er sie liebe. Sie war darüber gar nicht überrascht."

das dunkle **Gefühl** haben (umg.)
eine (böse) Vorahnung haben [Ahnung]
„Jetzt warten wir hier schon eine geschlagene Stunde auf die beiden! Ich habe das dunkle Gefühl, daß die uns reingelegt haben und uns hier absichtlich in der Kälte stehen lassen!"
Gegenüber dem als *hell* aufgefaßten sicheren Wissen wird die Ahnung als *blaß* oder als *dunkel* angesehen. {Geisteslicht}
Herkunft → jmdm. geht ein **Licht** auf

etwas im **Gefühl** haben/etwas nach **Gefühl** tun
→ seinem ersten **Gefühl** folgen [Intuition]

ein ungutes **Gefühl** haben [Ahnung]
→ das dunkle **Gefühl** haben

Herr seiner **Gefühle** sein
beherrscht sein [Selbstbeherrschung]
„Es gibt niemanden, der in allen Situationen völlig Herr seiner Gefühle sein kann."

das höchste der **Gefühle**! (umg.)
das Höchstmögliche, die äußerste Grenze
[Maximum]
„Ich soll dir 50 Mark leihen? 20 sind das höchste der Gefühle!"
Die Redensart ist ein geflügeltes Wort aus dem Libretto zu Mozarts *Zauberflöte*, das eventuell auf eine Formulierung Schikaneders zurückgeht (1791).

mit gemischten **Gefühlen**
unschlüssig sein, ob man sich freuen oder ärgern soll bzw. ob man hoffen kann oder verzweifelt sein soll u. ä. [Zwiespalt]
„Die Verlobung unserer Tochter sehe ich mit gemischten Gefühlen. Einerseits ist sie ja noch sehr jung, andererseits ist der Markus aber ein netter Kerl."
Das Wort *Gefühl* ist eine relativ junge Bildung, die erst im 18. Jh. unter dem Einfluß des Sturm und Drangs an Bedeutung gewinnt. Es folgt ein nahezu inflationärer Gebrauch, der auch in zahlreichen Wortbildungen seinen Ausdruck findet: *Fingerspitzengefühl, Taktgefühl, Schamgefühl, Freundschaftsgefühl* u. v. a. Im *Werther* heißt es: „Albert hat viel Gefühl und weiß, was er an Lotte hat." Die Redensart geht wohl auf Schiller zurück, der in *Über das Erhabene* schreibt: „Das Gefühl des Erhabenen ist ein gemischtes Gefühl" und „diese Verbindung zweier widersprechender Empfindungen in einem einzigen Gefühl".

mit jmds. **Gefühlen** spielen
→ ein falsches **Spiel** mit jmdm. spielen
[Täuschung]

etwas **gegen** jmdn. haben
jmdn. nicht leiden können, jmdm. feindlich gesinnt sein [Abneigung]
„Ich habe etwas gegen Leute, die mit ihren guten Beziehungen angeben!"

in der **Gegend** (umg.)
so ungefähr [Schätzung]
„Für meinen Wagen erwarte ich einen Preis in der Gegend von 10 000 Mark. Schließlich ist er erst zwei Jahre alt und kaum gefahren worden."

die **Gegend** unsicher machen (umg.)
als Verbrecher in einem bestimmten Gebiet arbeiten [Verbrechen]
„Seit einiger Zeit macht eine Bande von Autodieben die Gegend unsicher. Du solltest daher den Wagen gut abschließen!"
Gegend ist eine Lehnübersetzung zu ital. *contrada* (gegenüberliegendes Gebäude, Stadtviertel, Gegend), welches zu lat. *contra* (gegen; daher: *Kontrahent*) gehört. Zu *contra* ist auch engl. *country* (Land, Landschaft) gebildet. Die Übernahme ins Deutsche liegt bereits in althochdeutscher Zeit (geginoti). Häufig ist auch die Wendung *eine schöne Gegend*, die erst durch Heinrich Heine verbreitet wurde. Er schreibt in *Tannhäuser:* „Zu Hamburg sah ich Altona / Ist auch eine schöne Gegend".

jmdm. ins **Gehege** kommen
jmdn. stören, jmds. Einflußbereich tangieren [Konkurrenz]
„Bei diesem neuen Produkt kommen wir allerdings einer eingesessenen Firma ins Gehege. Das sollten wir vielleicht noch einmal überdenken!"
Die Redensart stammt aus der Jägersprache und ist für Nebenbuhler des Platzhirsches gemünzt worden, die in ein Wildgehege eindringen und das weibliche Rudel bedrängen. Von daher hat sich eine bestimmte Tendenz dieser Redensart zu menschlichen Eifersüchteleien erhalten. In übertragener Bedeutung seit Mitte des 16. Jh. nachgewiesen. *Gehege* gehört zum Stamm *Hag* (Umzäunung, Weideplatz), zu dem *Behaglichkeit* gehört sowie die Wendungen mit den Verben des „Behagens" und „Unbehagens". Ebenfalls zu dieser Wurzel gehören *Hagestolz* und *Hexe*. Als Hagestolz bezeichnete man denjenigen, der als jüngerer Bruder nach dem Tod des Vaters auf dem nunmehr dem ältesten Bruder gehörenden Hof ein eigenes Häuschen (eine *stolze*) baute, die er als Unverheirateter bewohnte. Heute bezeichnen wir mit dem Wort einen eingefleischten Junggesellen. *Hexe* wiederum ist von der Wortwurzel her gesehen eigentlich die Frau, die den Besitz der anderen schädigt.

das ist das ganze **Geheimnis**!
mehr Informationen dazu gibt es nicht [Informiertheit]
„Einen Braten mußt du am Schluß kurz einer großen Hitze aussetzen, damit er knusprig wird. Das ist das ganze Geheimnis!"

ein offenes **Geheimnis**
etwas, das jeder weiß, obwohl es vertuscht wird [Bekanntheit]
„Die Waffengeschäfte der Regierung sind ein offenes Geheimnis."
Geheimnis gehört zum Stamm *Heim* und meint eigentlich *das zum Haus gehörende, das Vertraute*. Erst die Lutherbibel setzt *Geheimnis* gegenüber dem älteren *Geheim* durch, das noch in *insgeheim* (heimlich) erhalten ist, aber auch im *Geheimrat.*

ein **Geheimniskrämer** sein [Wichtigtuerei]
→ **Kram**

gehen: es geht einem nichts über jmdn./etwas
jmd./etwas ist einem das wichtigste [Wichtigkeit]
„Also, da kann einer sagen, was er will, aber mir geht nichts über saubere Luft zum Atmen! In der Stadt könnte ich niemals wohnen!"

gehen: es geht (so)! (umg.)
1) Grußformel: *meine Lage ist einigermaßen befriedigend* [Zufriedenheit]
2) *nicht besonders gut/schlecht* [Routine]
1) „Na, wie geht's denn so?" „Danke der Nachfrage! Es geht!"
2) „Wie war heute deine Arbeit?" „Na ja, es ging!"
Als Antwort auf die Frage „Wie geht's?" eignen sich außer der Grußformel auch andere ausweichende Reaktionen wie *so la la*, *einigermaßen*, *mittelmäßig*, *recht und*

schlecht und anderes mehr. Anders als im Englischen („How are you?" „How are you?") wird hierbei eine vom Gesprächspartner und dem Grad der Vertraulichkeit variierende Abstufung der Floskelhaftigkeit ermöglicht, die bis zum langen Monolog über private Angelegenheiten führen kann.

gehen: wie geht's? (wie steht's?) (umg.)
Grußformel: *wie befinden Sie sich?* [Befinden]
„Na, wir haben uns ja eine Ewigkeit nicht gesehen! Wie geht's Ihnen und Ihrer Frau?"
Herkunft → seinen **Weg** machen

gehen: geh mir mit .... (umg.)
erwähne nicht..., laß mich damit in Ruhe! [Zurückweisung]
„Geh mir mit den politischen Parteien! Das sind doch nur Vereine zur Beförderung der eigenen Wohlfahrt!"
Herkunft → das sei **ferne** von mir

gehen: wo man geht und steht
überall [Überall]
„Wo man geht und steht, fällt man über deinen Kram! Willst du nicht endlich einmal aufräumen?"
Herkunft → auf **Schritt** und Tritt

miteinander **gehen** (umg.)
ein Liebespaar sein [Flirt]
„Peter und Sabine gehen jetzt schon seit fünf Jahren miteinander. Langsam könnten sie sich einmal verloben!"
Die modern anmutende Redensart findet sich mit gleicher Bedeutung schon im *Parzival* des Wolfram von Eschenbach (Vers 549,4). {Lebensweg}

sich **gehenlassen** (umg.)
1) *sich unbeherrscht benehmen* [Unbeherrschtheit]
2) *ein ungepflegtes Äußeres haben* [Ungepflegtheit]
1) „Gestern hat Erwin sich wieder gehen lassen und wild über die Unmoral der heutigen Zeit geschimpft."
2) „Seit dem Tod seiner Frau läßt er sich richtig gehen!"
Die Grundbedeutung der Redensart ist *sich keinen Zwang antun, seiner Natur freien Lauf lassen*. Ursprünglich ist hier an das Pferdegespann zu denken, das man ungezügelt gehen lassen kann. In Goethes *Tasso* (3,4) findet sich die Stelle: „mit fremden Menschen nimmt man sich zusammen, allein bei Freunden läßt man frei sich gehn..."

bis zum **Gehtnichtmehr**
→ die **Nase** voll haben [Überdruß]

etwas zu **Gehör** bringen (gehoben)
eine musikalische Darbietung liefern [Musik]
„Vor dem kalten Büffett wird zum allgemeinen Bedauern noch ein längeres Violinkonzert zu Gehör gebracht."

jmdm. zu **Gehör** kommen (gehoben)
etwas hören(, was nicht jeder hört/erfährt) [Hören]
„Dieses Gerücht ist mir auch schon zu Gehör gekommen!"

hol's der **Geier**! (umg.)
Ausruf der Verärgerung: *verdammt noch mal!* [Verärgerung]
„Hol's der Geier! Jetzt warte ich nicht länger auf dieses Weib! Ich setze mich jetzt einfach in die nächste Kneipe und trinke zwei Schnäpse!"
Der aasfressende Geier wird seit dem Mittelalter stellvertretend für den Teufel eingesetzt – ein Schicksal, das er mit dem Kuckuck teilt. Eine heute nicht mehr gebräuchliche Fluchformel, die diesen Zusammenhang ebenfalls aufzeigt, ist: *Daß dich der Geier hole!* In anderen Verwendungsweisen steht *Geier* eher für *gierig*, wobei diese Begriffe vermutlich etymologisch verwandt sind.

weiß der **Geier**! (umg.)
→ weiß der **Kuckuck**!/weiß der **Teufel**! [Nichtwissen]

die erste **Geige** spielen
die führende Rolle innehaben [Dominanz]
„In dieser Ehe spielt eindeutig die Frau die erste Geige! Sie bestimmt sogar, was ihr Mann anziehen soll!"

Im Streichquartett hat der Spieler der ersten Geige die wichtigste („tonangebende") Rolle. Die übrigen Spieler müssen sich an ihm orientieren.

nach jmds. **Geige/Pfeife** tanzen
[Unselbständigkeit]
→ die erste **Geige** spielen

jmdm. hängt der Himmel voller **Geigen** (gehoben)
jmd. ist in einer Hochstimmung, jmd. schaut unbeschwert in die Zukunft
[Hochstimmung]
„Jedem jungvermählten Paar hängt der Himmel voller Geigen!"
Diese seit dem 17. Jh. nachweisbare Redensart bezieht sich wohl auf die biblischen Engelschöre, die in der Barockmalerei häufig als musizierende Orchester dargestellt worden sind. In der Redensart wird also ein Bezug zu den himmlischen Freuden hergestellt.

ein dienstbarer **Geist** (scherzhaft)
ein Diener, ein Helfer [Helfer]
„In diesem Luxushotel steht in jeder Ecke ein dienstbarer Geist!"
Die Redensart ist eine populär gewordene biblische Wendung (Hebr. 1,14), mit der ursprünglich die Engel gemeint waren.

den **Geist** aufgeben
1) von Personen: *sterben* (gehoben)
[Sterben]
2) von Sachen: *defekt sein* [umg.) [Defekt]
1) „Gestern hat überraschend unser Seniorchef seinen Geist aufgegeben."
2) „Warum ich zu Fuß hergekommen bin? Weil mein Auto endgültig seinen Geist aufgegeben hat!"
Die Redensart ist zunächst mit der ersten Bedeutung ein im Klagelied 2,12 vorkommender Euphemismus gewesen, bevor die Umschreibung mit der zweiten Bedeutung in den umgangssprachlichen Jargon eingedrungen ist. In der Redensart hat *Geist* dieselbe Bedeutung wie *Seele*.

jmdm. auf den **Geist** gehen (umg.)
jmdm. lästig sein, aufdringlich sein
[Belästigung]
„Mit deinem ständigen Nörgeln gehst du mir gehörig auf den Geist! Laß mich bitte in Zukunft in Ruhe!"
Herkunft → jmdm. auf den **Keks** gehen

nur im **Geist(e)** teilnehmen
nur in Gedanken teilnehmen [Abwesenheit]
„Leider kann ich bei deiner Geburtstagsfeier nur im Geiste teilnehmen, weil ich ausgerechnet an diesem Tag eine Dienstreise machen muß."

alle guten **Geister**! (umg.)
Ausruf des Erschreckens: *um Himmels willen* [Schreck]
„Alle guten Geister! Das Badewasser ist übergelaufen!"
Die Redensart war ursprünglich ein ernstgemeinter Anruf der Schutzgeister bzw. der Schutzengel.

hier/da scheiden sich die **Geister**
in diesem Punkt gehen die Meinungen deutlich auseinander
[Meinungsverschiedenheit]
„Es wird über eine Grundgesetzänderung diskutiert, aber über deren Möglichkeit scheiden sich die Geister. Viele sind dafür, aber noch mehr dagegen!"

von allen guten **Geistern** verlassen sein (umg.)
unvernünftig sprechen/handeln, verrückt sein [Verrücktheit]
„Warum hast du denn die ganze Nacht das Radio laufen lassen? Du bist wohl von allen guten Geistern verlassen? Ich habe kein Auge zugemacht wegen dieses Lärms!"

wissen, wes **Geistes** Kind jmd. ist
jmds. Gedanken und Wertvorstellungen kennen [Einschätzung]
„Dieser böse Streich auf Kosten eines kranken Menschen zeigt wieder einmal deutlich, wes Geistes Kind du bist! Mit dir will ich nichts mehr zu tun haben!"
Die heute vorwiegend abwertend gebrauchte Redensart geht auf eine Bibelstelle (Luk. 9,55) zurück, in der Jesus sagt: „Wißt ihr nicht, welches Geistes Kinder ihr seid?"

ein alter **Geizkragen** sein (umg.) [Geiz]
→ jmdm. an den **Kragen** gehen

homerisches **Gelächter** (gehoben)
langes und schallendes Lachen [Lachen]
„Als dem Chef das Glas mit Senf in den Schoß fiel, brach der gesamte Tisch in ein homerisches Gelächter aus."
Homer gebraucht sowohl in der *Ilias* (I,599) als auch in der *Odyssee* (VIII, 326/XX, 346) den Ausdruck „unauslöschliches Gelächter", um ein besonders starkes und schallendes Gelächter zu charakterisieren. Die Popularität dieser Szenen hat zum allgemeineren Begriff des „homerischen" Gelächters geführt, der auch in der französischen und englischen Sprache geläufig ist.
Vgl.: daß ich nicht **lache**.

sardonisches **Gelächter** (gehoben)
hämisches und schadenfrohes Gelächter [Lachen]
„Diese Jugendlichen brachen nur in sardonisches Gelächter aus, als der alte Mann sie bat, ihm auf der steilen Treppe behilflich zu sein."
Mit *sardonisch*, griechischen Ursprungs, mit der Bedeutung *maskenhaft, grinsend* wurde ursprünglich in der Medizin das verzerrte Gesicht bei Schmerzzuständen und bei bestimmten Geisteskrankheiten bezeichnet. Als „risus sardonicus" bezeichnet schon Cicero den Gesichtsausdruck. Eine andere Deutung bezieht *sardonisch* auf die Insel Sardinien. Dort wächst ein Kraut (herba Sardonica), dessen Genuß zu krampfartigen Gesichtszuckungen und zum Tode führt.

der **Gelackmeierte** sein (umg.)
der Betrogene sein [Schaden]
„Ich habe seinen Worten blindlings geglaubt und ihm das ganze Geld anvertraut. Nach seinem Verschwinden bin ich jetzt der Gelackmeierte!"
Der *Gelackmeierte* besteht aus zwei Komponenten, die beide dasselbe bedeuten: *Meier* (von lat. *major* = der oberste Vorsteher) waren im Karolingerreich die Gutsverwalter einer Grundherrschaft. Daraus erwuchs eine politische Führungsrolle (*Hausmeier* = major domus regiae). Auch *Major* und franz. *maire* (Bürgermeister) haben sich aus diesem politischen Fachterminus entwickelt. Im Deutschen wurde daraus der Familienname Meier, der in generalisierter Verwendung im Sinne von *Kerl* oder *Bursche* gebraucht wird. In Zusammensetzungen gilt *Meier* als verächtlicher Begriff: *Kraftmeier, Vereinsmeier* u. a. m. Daraus wiederum entstand in Norddeutschland ein Verb *meiern* mit der Bedeutung *täuschen, foppen.* Der *Gelackmeierte* ist also sowohl *gelackt* (= getäuscht) als auch *gemeiert* (doppelt gefoppt).

der **Gelackte** sein
→ der **Gelackmeierte** sein

das ist nicht das **Gelbe** vom Ei (umg.)
→ das ist nicht das Gelbe vom **Ei** [Unvollkommenheit]

Geld und Gut (Paarformel, Stabreim)
der ganze Besitz [Besitz]
„Bei diesem politischen Ereignis haben viele Familien Geld und Gut verloren und konnten gerade noch ihr nacktes Leben retten."
Der Stabreim weist auf das hohe Alter dieser Wendung hin, die in der mittelalterlichen Rechtssprache die Gesamtheit der beweglichen (Geld) und unbeweglichen Güter (Immobilien) bedeutete.

Geld berappen (umg.)
viel Geld bezahlen müssen [Zahlung]
„Ein schöner Wagen! Was mußtest du dafür berappen?"
Der Rappe war eine Münze, die zuerst in Freiburg geprägt wurde und einen Adler zeigte, den man für einen Raben hielt. Sie galt ab dem 15. Jh. vor allem im Schwarzwald, im Elsaß und in der Schweiz, wo noch heute die kleinste Teilmünze des Franken als Rappen bezeichnet wird. Das möglicherweise hiervon abgeleitete Verb *berappen* ist erst seit 1848 bezeugt. Manche glauben daher eher für die Worterklärung an die Übernahme eines Begriffs aus dem Rotwelschen (*rebbes* = Geld).

etwas ist mit **Geld** nicht zu bezahlen
etwas ist einmalig [Einmaligkeit]

„Dieses Traumgrundstück am See ist mit Geld eigentlich nicht zu bezahlen. Es ist ein reiner Glücksfall, daß es überhaupt zum Verkauf ansteht!"

Geld wie Heu haben (umg.)
sehr reich sein [Reichtum]
„Die Meiers haben neuerdings Geld wie Heu. Die haben bestimmt in der Lotterie gewonnen!"
Die Redensart lebt vom Vergleich einer seltenen mit einer häufigen bzw. minderwertigen Sache. Ähnlich auch: *Geld wie Dreck haben* oder *im Geld schwimmen* bzw. das sehr derbe *Geld scheißen können.*

das **Geld** auf den Kopf hauen, mit vollen Händen ausgeben, auf die Straße/aus dem Fenster werfen, unter die Leute bringen
großzügig sein, verschwenderisch sein [Verschwendung]
„Du gibst das Geld mit vollen Händen aus, das ich im Schweiße meines Angesichts verdienen muß. Das muß jetzt einmal aufhören!"

etwas geht/läuft ins **Geld** (umg.)
etwas ist kostspielig, etwas wird teurer als vermutet [Kostspieligkeit]
„So ein eigenes Schwimmbad ist ja sehr schön, aber die Nebenkosten gehen doch ganz schön ins Geld!"

das **Geld** liegt (nicht) auf der Straße!
1) positiv: *man kann leicht reich werden* [Verdienen]
2) negativ: *man muß sparsam wirtschaften* [Sparsamkeit]
1) „Ich kann diese vielen Sozialhilfeempfänger nicht verstehen! Wenn man nur fleißig ist, liegt heutzutage das Geld doch auf der Straße!"
2) „Ich kann dir nicht schon wieder ein neues Kleid kaufen! Schließlich liegt das Geld ja nicht auf der Straße!"
Herkunft → auf der **Straße** liegen

Geld machen (umg.)
Geld verdienen [Verdienen]
„Womit macht Viktor eigentlich sein Geld?" „Ach, der hat jetzt einen Teppichhandel aufgezogen und verdient sich damit eine goldene Nase!"
Der Bereich des Verdienens wird in vielerlei umgangssprachlichen und saloppen Wendungen thematisiert. So kann man beispielsweise *Geld scheffeln* oder *zu Geld kommen.*

Geld/Kapital aus etwas herausschlagen (umg.)
aus einem bestimmten Sachverhalt für sich finanzielle Vorteile ziehen [Verdienen]
„Er war so unverfroren, aus dem Autounfall auch noch Geld herauszuschlagen, indem er die Versicherung belog."
Vor der Erfindung der Prägemaschine mußte jede einzelne Münze von Hand aus dem Metallblech „herausgeschlagen" werden. Die Redensart stellt also bestimmte Umstände gleich mit einem (Edel-)Metallblech, aus dem man *Geld herausschlagen* kann.

auf dem **Geld** sitzen (umg.)
geizig sein [Geiz]
„Unsere Großmutter sitzt auf ihrem Geld, und wir beide müssen jeden Pfennig zweimal umdrehen! Hoffentlich ist sie wenigstens an Weihnachten einmal etwas großzügiger!"

etwas nicht für **Geld** und gute Worte tun
etwas unter keinen Umständen tun [Weigerung]
„Nicht für Geld und gute Worte werde ich dich zum Zahnarzt begleiten! Da habe ich wirklich etwas Besseres vor!"

jmdm. **Geld** vorschießen
→ **Vorschußlorbeeren** ernten/erhalten [Vorleistung]

jmdm. den **Geldhahn** zudrehen
→ jmdm. den **Hahn** zudrehen [Beendigung]

wie **geleckt** (umg.)
→ wie aus dem **Ei** gepellt [Sauberkeit]

die **Gelegenheit** beim Schopf(e) fassen
eine günstige Gelegenheit ausnützen [Gelegenheit]
„Beim Sommerschlußverkauf muß man die

Gelegenheit beim Schopfe fassen! Billiger wird es nämlich nicht mehr!"
Die Redensart geht auf eine alte allegorische Vorstellung zurück, nach der der griechische „Gott der günstigen Gelegenheit" (Kairos) bzw. die barocke „Frau Gelegenheit" zwar ein lockiges Vorderhaupt, aber einen kahlen Nacken aufweisen. Wenn man also zögert, die Gelegenheit zu ergreifen, faßt man ins Leere. In Goethes *Faust* (*Vorspiel auf dem Theater* V. 227) heißt es: „Das Mögliche soll der Entschluß beherzt sogleich beim Schopfe fassen."

Gelegenheit macht Diebe!
man darf niemanden in Versuchung führen! [Versuchung]
„Du solltest deinen Wagen auch dann absperren, wenn du nur für einige Minuten aussteigst. Auf dem Rücksitz liegen ein paar Pakete, und du weißt ja: Gelegenheit macht Diebe!"

darüber streiten sich noch die **Gelehrten**!
das ist ungewiß, das ist noch nicht wissenschaftlich bewiesen [Unbewiesenheit]
„Über den Zusammenhang zwischen Autoabgasen und dem Waldsterben streiten sich noch die Gelehrten!"

geliefert sein (umg.)
verloren sein, keine Chance mehr haben [Chancenlosigkeit]
„Wenn der Staatsanwalt einen Zeugen für deine Verbrechen ausfindig machen kann, bist du geliefert! Dann nutzt all dein Leugnen nichts mehr!"
Die Redensart bezieht sich auf das Ausliefern eines Verbrechers an die Justiz und an den Scharfrichter. Bei Schiller steht: „Man hat tausend Louisdor geboten, wer den großen Räuber lebendig liefert."

sich mit jmdm. **gemein** machen (umg.)
→ mit jmdm. gemeinsame **Sache** machen [Komplizenschaft]

junges **Gemüse** (umg.)
Kinder, junge Leute [Jugend]
„Nach dem Essen halten wir einen Mittagsschlaf. Das junge Gemüse kann sich in der Zwischenzeit auf dem Tennisplatz austoben!"

ein sonniges/kindliches **Gemüt** haben
seltsame Ansichten vertreten [Unbedarftheit]
„Du hast wirklich ein sonniges Gemüt! Du kannst den Hund doch nicht ohne Leine durch die Stadt führen! Was machst du denn, wenn er jemanden beißt?"
Das zu *Mut* gebildete Wort *Gemüt* stellt (ähnlich wie die eher theologisch zu interpretierende *Seele*) einen Gegensatz zur Leiblichkeit dar, d. h., es umfaßt das Innere, den Geisteszustand des Menschen. Heute ist dafür eher die Wortbildung *Gemütszustand* geläufig. Das *sonnige* Gemüt entspricht dem Bild von einer heiteren „Seelenlandschaft", die nicht durch übermäßig komplexe Meditation *verdunkelt* wird; *ein sonniges Gemüt* ist daher ein Symbol für Harmlosigkeit und Unbedarftheit. Diese Bedeutung findet man auch bei Friedrich Schiller: „Und was kein Verstand der Verständigen sieht / Das übet in Einfalt ein kindlich Gemüt" (*Die Worte des Glaubens*, 1797).

jmdm. aufs **Gemüt** schlagen [Depression]

sich etwas zu **Gemüte** führen (umg.)
etwas genußvoll verzehren [Genuß]
„Nach der Wanderung werden wir in einem guten Lokal einkehren und uns etwas zu Gemüte führen!"
Aus der Bedeutung *Innerlichkeit* für *Gemüt* hat sich bereits im 18. Jh. die scherzhafte Nebenbedeutung des sinnlichen Genusses im Sinne des Essens und Trinkens abgeleitet.

sich einen zu **Gemüte** führen (umg.) [Alkoholgenuß]
→ sich etwas zu **Gemüte** führen

in aller **Gemütlichkeit** [Langsamkeit]

da hört (sich) die **Gemütlichkeit** auf! (umg.)
1) *das ist sehr wichtig!* [Wichtigkeit]
2) *das geht zu weit!* [Übertreibung]
1) „Also, wenn es um die Umwelt geht, hört die Gemütlichkeit wirklich auf! Das geht uns alle an!"
2) „Du kannst über mich ruhig spotten, aber

wenn du etwas gegen meine Eltern sagst, dann hört die Gemütlichkeit auf!"
Das von *Gemüt* und *gemütlich* abgeleitete Substantiv *Gemütlichkeit* hat die Bedeutung *wohltuende Stimmung, angenehme Beschaffenheit.* Es gilt im Ausland häufig als Inbegriff der „Deutschheit", obwohl es eher biedermeierliche Klischees transportiert.

es **genau** nehmen mit etwas
sorgfältig sein, keine Ausnahme machen [Sorgfalt]
„Mit der Prüfung nimmt der Prüfer es sehr genau. Darauf muß man gefaßt sein!"

es nicht so **genau** nehmen [Schätzung]

sich einen **genehmigen** (umg.)
ein Glas Alkohol trinken [Alkoholgenuß]
„Nach dieser Anstrengung wollen wir uns erst einmal einen genehmigen, bevor wir die restlichen Möbel in den dritten Stock tragen."

jmdm. das **Genick** brechen (umg.)
1) *jmdn. wirtschaftlich zugrunde richten* [Ruin]
2) *jmds. Ansehen und Erfolg zunichte machen* [Schaden]
1) „Dieser Firma hat der Anstieg der Ölpreise das Genick gebrochen."
2) „Ein klares Bekenntnis zur Fortdauer der Teilung Deutschlands würde jedem Politiker das Genick brechen."

jmdm. im **Genick** sitzen (umg.)
jmdn. stark bedrängen [Bedrängung]
„Der Meier hat so viel Schulden, daß ihm dauernd der Gerichtsvollzieher im Genick sitzt."
Herkunft → **Schalk** im Nacken

sich selbst **genug** sein
→ jmdm. aus dem **Weg** gehen
[Kontaktvermeidung]

etwas **geradebiegen** (umg.)
etwas wieder in Ordnung bringen
[Bereinigung]
„Ich werde nachher mal deinen Lehrer anrufen und versuchen, dein schlechtes Benehmen von heute morgen wieder geradezubiegen."
Die Redensart beruht auf dem Bild des Geradebiegens eines verzogenen metallenen Gegenstandes.

für etwas **geradestehen**
die Verantwortung für etwas übernehmen
[Verantwortung]
„Sie brauchen sich wegen dieses kleinen Unfalls gar nicht so aufzuregen! Selbstverständlich werde ich für diesen Schaden geradestehen!"
Die Redensart beruht auf der Bedeutung *recht, richtig*, die *gerade* (im Gegensatz zu *krumm*) haben kann.

aufs **Geratewohl**
ohne Plan, auf gut Glück [Planlosigkeit]
„Bei der morgigen Wanderung wollen wir einfach einmal aufs Geratewohl querfeldein marschieren."
Grimms *Deutsches Wörterbuch* (5,3577) schreibt dazu: „Aus falscher Ableitung bisweilen Geradewohl geschrieben; es ist der zum Substantiv gewordene Imperativ: gerat wohl!, wie der Krieger wohl dem soeben geschleuderten Speer, der Spieler dem rollenden Würfel zurief…"

einer Sache **gerecht** werden
1) *eine Sache meistern* [Können]
2) *eine Sache gerecht beurteilen*
[Urteilsfähigkeit]
1) „Leider haben Ihre Leistungen in letzter Zeit so stark nachgelassen, daß Sie Ihren Aufgaben nicht mehr gerecht werden."
2) „Mit diesen pauschalen Urteilen können Sie einer derart komplexen Angelegenheit nicht gerecht werden!"
Die Bedeutungen basieren auf einer Grundbedeutung *richtig*, die etwa im Adverb *regelrecht* noch gut erkennbar ist. In der zweiten Bedeutung ist das juristische Element des Rechts, d. h. die auf gesetzlichen Vorschriften beruhende Urteilsfähigkeit, in einer den heutigen Gebrauchsbedingungen von *gerecht* näher liegenden Weise enthalten. Abweichend von der ersten Bedeutung kann *gerecht* daher auch auf Personen bezogen werden (einer Person gerecht werden).

jmdn. ins **Gerede** bringen
jmdn. zum Gegenstand eines Gerüchts/einer üblen Nachrede machen
[Verunglimpfung]
„Dieser verheiratete Mann hat Monika dadurch ins Gerede gebracht, daß er mehrfach mit ihr zum Tanzen gegangen ist!"
Die Vorsilbe *Ge-* bedeutet in diesem Fall *Wiederholung, Verstärkung,* hat aber auch einen herabsetzenden Nebensinn, wie er etwa auch in *Geschwätz* zu erkennen ist.

das Jüngste **Gericht**
das Weltenende [Ende]
„Dieses Haus ist zu teuer für uns. Da müßten wir uns bis zum Jüngsten Gericht verschulden!"
Nach Aussage der Bibel wird am Weltenende Gott Gericht halten über die Menschen. Grimms *Deutsches Wörterbuch* schreibt zur Verwendung des Adjektivs *jung*: „Wie das letzte Kind seiner Eltern jüngstes Kind genannt wird, so hat unsere Sprache beliebt, den letzten Tag, den Zeitpunkt, der alle Zeit beschließt, den jüngsten Tag zu nennen" (10, 2374).

mit jmdm. hart/streng/scharf ins **Gericht** gehen
1) *jmdn. streng bestrafen* [Strafe]
2) *jmdn. stark kritisieren* [Kritik]
1) „Der Staat muß mit den Terroristen hart ins Gericht gehen, um zu verhindern, daß sie Anhänger finden."
2) „Der Filmkritiker dieser Zeitung ist mit dem neuen Kassenschlager hart ins Gericht gegangen!"
Die Redensart hat sich von der ursprünglichen lokalen Bedeutung von *in* (hinein) abgespalten. Das germanische Gericht tagte im Kreis unter der Gerichtseiche. mhd. *gerihte* bedeutete auch *Einrichtung* und *Speise*, so daß sich die heutige zweite Bedeutung von *Gericht* (Speise) erklären läßt.

das hab ich **gern**! (ironisch)
das habe ich nicht gern!, das mag ich nicht!
[Abneigung]
„Erst mich für Punkt sechzehn Uhr herbestellen und mich dann eine Stunde warten lassen: Das hab' ich gern!"
Gern ist verwandt mit begehren und bedeutet eigentlich, *das, was man begehrt.*

du kannst mich (mal) **gern** haben! (grob)
das lehne ich ab! [Zurückweisung]
„Ich soll dir meinen Wagen leihen? Du kannst mich mal gern haben!"

schlank wie eine **Gerte** (umg.)
→ schlank wie eine **Tanne** [Schlankheit]

im **Geruch** stehen [Ruf]

in keinem guten **Geruch** stehen
sich keines guten Rufs erfreuen, wenig geachtet sein [Mißfallen]
„In früheren Zeiten gehörten die Schauspieler zum sogenannten ‚fahrenden Volk' und standen in keinem guten Geruch."
Die Redensart ist nicht dem Verb *riechen*, sondern dem Stamm *rufen* zuzuordnen. Sie bildete sich über ahd. *gehruafti* und mhd. *geruofte* (Rufen, Geschrei), die auch in den bekannteren Begriffen *Gerücht, anrüchig* und *ruchbar* weiterleben. Es ist bei der Bildung und beim Verstehen der Redensart ein Quereinfluß von *riechen* (im Sinne von *stinken*) anzunehmen. Vgl.: vor **Faulheit** stinken.

das falsche **Gesangbuch** haben (umg.)
in einer politischen Partei sein, die einem momentan keinen Vorteil verschaffen kann
[Benachteiligung]
„Der Herbert ist bei der letzten Beförderung vor allem deshalb benachteiligt worden, weil er das falsche Gesangbuch hat! Ich halte das für einen Skandal!"
Die Redensart bezog sich ursprünglich wortwörtlich auf religiöse Minoritäten, bis sie sich in Westdeutschland nach dem Zweiten Weltkrieg zu einer parteipolitischen Redensart entwickelte. Verbreitet ist auch die positive Variante *das richtige Gesangbuch haben* mit der Bedeutung *aus der Parteizugehörigkeit Vorteile erzielen.*

mein lieber Herr **Gesangverein**! (umg.)
→ mein lieber **Herr** Gesangverein

sein **Geschäft** machen/verrichten
→ etwas **machen** [Notdurft]

es ist um jmdn. **geschehen**
1) *jmd. hat sich verliebt* [Verliebtheit]
2) *jmd. ist gestorben* [Tod]
3) *jmd. ist ruiniert* [Scheitern]
1) „Als er die schöne Blondine näher kennenlernte, war es sofort um ihn geschehen."
2) „Das Gift wirkte so schnell, daß es in drei Minuten um ihn geschehen war."
3) „Weil die Bank den Kredit nicht verlängerte, war es um ihn und seinen einstmals so schwunghaften Autohandel geschehen."
Vage Begriffe wie *tun*, *machen* oder eben *geschehen* werden in der Alltagssprache gern dazu verwendet, um tabuisierte Bereiche auszudrücken. Neben der Sexualität sind Verliebtheit, Tod und das Scheitern dafür geradezu prototypische Beispiele.

es **geschehen** noch Zeichen und Wunder! (ironisch)
→ **Zeichen**

bist du noch ganz **gescheit**? (umg.)
bist du noch bei Verstand?, du bist unvernünftig! [Unvernunft]
„Du willst dir so ein altes Auto kaufen? Bist du noch ganz gescheit? Das fällt doch schon fast auseinander!"
Gescheit stammt von *unterscheiden können* ab und hat (wie das synonyme *Bescheid wissen*) die Bedeutung *klug, schlau, kundig.*

ein **Geschenk** des Himmels
1) von Sachen/Ereignissen: *ein unverhofftes glückliches Ereignis* [Glücksfall]
2) von Personen: *eine Person, die stillgehegte Erwartungen erfüllt/eine Aufgabe gut erledigt usw.* [Ideal]
1) „Diese Autobahnraststätte ist wirklich ein Geschenk des Himmels! Ohne ein Getränk hätte ich keine zehn Minuten mehr weiterfahren können!"
2) „Der neue Vorgesetzte ist wirklich ein Geschenk des Himmels! Er läßt seine Leute die Arbeit so einteilen, wie sie es sich selbst wünschen."

die ganze **Geschichte** (umg.)
alles zusammen [Gesamtheit]
„Ich nehme dieses Geschirr mit den 48 Einzelteilen. Packen Sie bitte die ganze Geschichte so ein, daß nichts davon zerbrechen kann, wenn ich es transportiere!"

das ist eine schöne **Geschichte**! (ironisch)
das ist eine unangenehme Sache! [Unannehmlichkeit]
„Du hast einen Autounfall mit einem Totalschaden verursacht? Das ist ja eine schöne Geschichte! Wer soll denn jetzt für den Schaden aufkommen?"
Das Wort *Geschichte* hängt mit dem Verb *geschehen* zusammen und bedeutet ursprünglich *Ereignis*, *Vorfall.* Heute denkt man meist an die eigentlich davon abgeleitete Bedeutung *mündliche/schriftliche Erzählung*, die das ältere *mär* (Märchen) ersetzt hat, oder an die Historie (auch im Sinne von *Naturgeschichte, Sprachgeschichte* und ähnliches). Die Redensart ist stets ironisch gemeint.
Vgl.: das ist ja eine schöne **Bescherung**!

da haben wir die **Geschichte**! (umg.)
jetzt ist der unangenehme Fall eingetreten! [Unannehmlichkeit]
„Da haben wir die Geschichte! Jetzt ist unsere zweite Sekretärin auch noch krank geworden, und heute muß ein ganzer Stapel Post rausgehen!"

eine große **Geschichte** aus etwas machen (umg.)
etwas unnötig aufbauschen [Aufbauschung]
„Aus diesem Vorfall will ich keine große Geschichte machen, aber wenn noch einmal Unregelmäßigkeiten vorkommen, werden Sie fristlos entlassen!"

mach (doch) keine **Geschichten**! (umg.)
1) *mach keine Dummheiten!* [Warnung]
2) *werde wieder gesund!* [Aufmunterung]
1) „Mach keine Geschichten, und triff dich nicht mehr mit diesem Kerl! Du weißt doch, daß er keine saubere Weste hat!"
2) „Jetzt mach doch keine Geschichten! Du bleibst eine Woche im Krankenhaus, und dann bist du wieder gesund! Wer wird denn da gleich vom Sterben reden!"

Geschichte machen
→ es **weit** bringen [Karriere]

alte **Geschichten** aufwärmen (umg.)
alte unangenehme Dinge thematisieren [Uninteressantheit]
„Warum mußt du eigentlich immer diese alten Geschichten aufwärmen? Eure Güter in Ostpreußen sind seit dem Zweiten Weltkrieg verloren, und kein Klagen bringt sie dir wieder!"
Vgl.: das ist eine schöne **Geschichte.**

erzähl mir keine langen **Geschichten**! (umg.)
mach keine Ausflüchte!, fasse dich kurz!, du langweilst mich! [Weitschweifigkeit]
„Erzähl mir keine langen Geschichten, sondern sag mir klipp und klar, wieso du erst jetzt nach Hause kommst!"
Vgl.: das ist eine schöne **Geschichte**.

erzähl doch keine **Geschichten**!
→ erzähl doch keine **Märchen**

sich ins **Geschirr** legen (umg.)
sich sehr anstrengen [Anstrengung]
„Um ein gutes Examen zu machen, mußt du dich stärker als bisher ins Geschirr legen!"
Die Redensart bezieht sich auf das Geschirr der Zugtiere, d. h. auf das Riemenzeug, in das diese eingespannt sind, um so „angestrengt" (*angeströngt*, von: *Strang*) einen Wagen oder eine Last ziehen zu können.

das schöne/schwache/zarte **Geschlecht**
die Frauen, die Damen [Frau]
„Nur wenige Frauen haben das schöne Geschlecht so eindrucksvoll repräsentiert wie Grace Kelly."
Geschlecht ist mit *Schlag*, im Sinne von *Art* verwandt (vgl. auch: aus der **Art** schlagen). Die redensartliche Bildung geht erst auf das 18. Jahrhundert zurück und ist insbesondere in der Klassik viel gebraucht worden. So schreibt etwa Schiller: „Dieses Geschlecht, das, wenn es auch nicht durch Schönheit herrschte, schon alleine deswegen das schöne Geschlecht heißen müßte, weil es durch Schönheitssinn beherrscht wird ..."

das starke **Geschlecht** [Mann]
→ das schöne **Geschlecht**

Geschmack an etwas finden/auf den **Geschmack** kommen
etwas gefällt jmdm. (allmählich) [Gefallen]
„Früher mochte ich ja keinen Wein, aber an diesen Auslesen habe ich nun doch Geschmack gefunden!"
Schmecken ist eine Wahrnehmung, die wie andere Sinneseindrücke auch auf nichtsinnliche Bewertungen ausgedehnt worden ist. Man findet also auch Dinge, die man nicht in den Mund nimmt, mehr oder weniger „geschmackvoll" und beklagt seit Winckelmann den „schlechten Geschmack" des Dekadenten. Wer *auf den Geschmack kommt* entwickelt also einen höheren Sinn für Schönheit, Gelehrsamkeit u. dgl. Mit derselben Wendung können aber sehr wohl noch sinnliche Erfahrungen (etwa: „Geschmack an Kaviar finden" usw.) verknüpft sein. Auch ein Nichtgefallen kann man in diesem Rahmen mit der Wendung *einer Sache keinen Geschmack abgewinnen können* ausdrücken. Die Entscheidung darüber ist jedenfalls *Geschmackssache*, d. h. sie ist mit objektiven Kriterien nicht zu entscheiden.

grobes/schweres **Geschütz** auffahren
gegen einen geringen Sachverhalt mit starken Mitteln/Argumenten vorgehen
[Widerstand] [Argumentation]
„Gegen meinen gar nicht besonders ernst gemeinten Vorschlag hat der Abteilungsleiter gleich grobes Geschütz aufgefahren. Er muß mich da völlig mißverstanden haben!"
Herkunft → ein durchschlagendes **Argument**

mit affenartiger **Geschwindigkeit** (umg.)
sehr schnell [Schnelligkeit]
„Der kleine Junge kletterte mit affenartiger Geschwindigkeit auf den hohen Baum, um seinen Drachen herunterzuholen, der sich dort verfangen hatte."

das Auge des **Gesetzes**
→ **Auge** [Polizei]

ein Schlag ins **Gesicht**
1) *eine offene Beleidigung* [Mißachtung]
2) *eine Kränkung* [Fauxpas]

1) „Er hat die Tatsache, daß er schon wieder bei einer Beförderung übergangen worden ist, offenbar als einen Schlag ins Gesicht aufgefaßt und von sich aus gekündigt."
2) „Daß er sie mit ‚Fräulein' angeredet hat, war ein Schlag ins Gesicht. Schließlich ist sie seit einem Jahr verheiratet!"
An die Stelle des Werfens eines Fehdehandschuhs trat ab dem späteren Mittelalter der Brauch, einen Konkurrenten dadurch zum Duell aufzufordern, daß man ihm mit den Handschuhen ins Gesicht schlug.

jmdn./etwas zu **Gesicht** bekommen
jmdn./etwas erblicken/sehen [Sehen]
„Erst nach 60 Tagen hat Kolumbus wieder Land zu Gesicht bekommen."

ein neues/anderes **Gesicht** bekommen
sich plötzlich anders darstellen [Veränderung]
„Dieser Zeuge hat etwas zu berichten, durch das dieser Autounfall ein völlig neues Gesicht bekommt: Die Bahnschranke war nämlich nicht geschlossen, als der Zug den Übergang passierte!"

jmdm. wie aus dem **Gesicht** geschnitten sein
jmdm. stark ähneln [Ähnlichkeit]
„Du bist deinem Vater wirklich wie aus dem Gesicht geschnitten!"
Schneiden bedeutet außer *abtrennen, zerteilen* im Bereich der Technik, des Handwerks und der bildenden Kunst auch *formen, nachbilden, verändern* (daher spricht man auch von Wein- und Tabakverschnitt). Das plastische Bilden von Stein, Metall oder Holz ist in verschiedenen Wortbildungen erhalten (etwa *Holzschnitt*). *Gesichter schneiden* bedeutet eigentlich *das eigene Gesicht verändern* und *jmd. nach/aus dem Gesicht geschnitten sein, nach dem Vorbild eines anderen Gesichts gestaltet sein.* Häufig findet man auch die Variante *jmdn. (wie) aus den Augen geschnitten sein.*

jmdm. im **Gesicht** geschrieben stehen
am Gesichtsausdruck ablesbar sein [Erkennbarkeit]
„Die Heimtücke stand diesem Mörder im Gesicht geschrieben."
Das Gesicht ist durch die Vielfalt seiner Muskeln ein zentraler Bestandteil der Körpersprache des Menschen. Viele Vorgänge und Erfahrungen hinterlassen hier ihre Spuren und erhöhen somit seine Bedeutung als kommunikatives Instrument. In der Redensart werden Gesichtsausdruck und Mimik in ihrer Funktion als Informationsträger mit der Schrift gleichgesetzt.

das Zweite **Gesicht** haben
die Fähigkeit besitzen, Ereignisse vorauszusagen; ein Hellseher sein [Wahrsagerei]
„Meine Urgroßmutter verfügte über das Zweite Gesicht. Sie hat beispielsweise den genauen Tag vorhergesagt, an dem unser Vater aus der Kriegsgefangenschaft entlassen wurde."
Schon im Mittelalter wurde die Fähigkeit, Geistererscheinungen und andere Visionen zu wahrzunehmen, mit dem Begriff *das Gesicht haben* ausgedrückt. Das *Zweite Gesicht* ist demnach die zusätzliche (zweite) Möglichkeit, visuelle Wahrnehmungen zu machen, die über das normale Sehen realer Dinge hinausgehen. Von dieser Verwendung abgeleitet, werden gelegentlich auch die Erscheinungen (Geister, Gott, Wunderzeichen etc.) selbst als *Gesichte* bezeichnet. So ist beispielsweise in den entsprechenden Szenen von Goethes *Faust* mehrfach von der „Fülle der Gesichte" die Rede, die Faust bedrängen. Goethe selbst hat diese Verwendung auch auf Naturerscheinungen wie etwa die Fata Morgana ausgedehnt.

jmdm. ins **Gesicht** lachen
jmdn. herausfordernd auslachen bzw. höhnisch und ablehnend anlachen
[Respektlosigkeit]
„Als ich im Kino meinen Vordermann bat, seinen Hut abzunehmen, hat er mir nur ins Gesicht gelacht und den Hut aufbehalten."
Das Gesicht gilt in der Redensart als Sinnesensemble, das geeignet ist, unverhüllte Informationen zu empfangen. Jemand, der einem anderen *etwas ins Gesicht sagt*, verzichtet auf das übliche verdeckte Äußern von Aggression oder Kritik.

ein **Gesicht** machen wie drei Tage Regenwetter (umg.)
mürrisch und verdrossen dreinblicken, ärgerlich und enttäuscht aussehen
[Mißlaune]
„Was ist denn bloß mit dir los? Du siehst ja aus wie drei Tage Regenwetter! Sag bloß, du bist durch die Prüfung gefallen?"
Das Gesicht wird poetisch gern als „Spiegel der Seele" bezeichnet, weil es durch seine Mimik die Gefühle eines Menschen verrät, aber auch seine Triebe, Neigungen und Gedanken.

ein **Gesicht** machen/schneiden/ziehen (umg.)
eine auffallende Mimik gebrauchen, um Ablehnung/Spott/Verachtung u. dgl. auszudrücken [Mimik]
„Du hättest mal sehen sollen, was er für ein Gesicht gemacht hat, als ich ihn um eine kleine Spende für die Armen in unserer Gemeinde gebeten habe!"
Natürlich können viele Adjektive in ihrer eigentlichen Bedeutung zu der Redensart treten: *ein verliebtes/freundliches/trauriges/ mürrisches Gesicht machen.*

ein langes **Gesicht** machen/ziehen (umg.)
enttäuscht sein/aussehen [Enttäuschung]
„Als der Student erfuhr, daß das Zimmer schon an einen anderen Bewerber vermietet war, zog er ein langes Gesicht."

ein schiefes **Gesicht** machen (umg.)
[Mißlaune]
→ ein **Gesicht** machen/schneiden/ziehen

jmdm. die Wahrheit ins **Gesicht** schleudern
[Offenheit]
→ jmdm. ins **Gesicht** lachen

ein **Gesicht/Gesichter** schneiden (umg.)
[Verhöhnung]
→ ein **Gesicht** machen

ein bekanntes **Gesicht** sehen
einen Bekannten sehen [Bekanntschaft]
„Aha, endlich sehe ich ein bekanntes Gesicht auf dieser langweiligen Party! Na, wie geht's dir, Viktor?"

ein neues **Gesicht** sehen [Unbekanntheit]
→ ein bekanntes **Gesicht** sehen

einer Gefahr ins **Gesicht** sehen
einer Gefahr mutig entgegentreten [Mut]
„Bei unserer Floßfahrt auf dem Amazonas mußten wir mehr als einmal der Gefahr ins Gesicht sehen."

den Tatsachen ins **Gesicht** sehen
die Tatsachen realistisch würdigen
[Realismus]
„Du bist einfach ein Träumer, wenn du den Tatsachen nicht ins Gesicht siehst und die Aussichtslosigkeit unserer Lage leugnest."

jmdm. nicht mehr ins **Gesicht**/in die **Augen** sehen können [Verlegenheit]
→ jmdm. im **Gesicht** geschrieben stehen

jmdm. gut zu **Gesicht** stehen
1) *äußerlich gut zu jmds. Aussehen passen*
[Aussehen]
2) *eine hervorragende Eigenschaft besitzen/anstreben* [Ideal]
1) „Dieser neue Anzug steht deinem Mann aber gut zu Gesicht!"
2) „Etwas mehr Bescheidenheit würde unserem neuen Bundeskanzler sehr gut zu Gesicht stehen!"

das/sein **Gesicht** verlieren
sein Ansehen verlieren, die Ehre verlieren
[Entwürdigung]
„Er hat die Gabe, Fehler zuzugeben, ohne dabei das Gesicht zu verlieren. Das nenne ich wahre Autorität!"

sein **Gesicht** wahren
den äußeren Anschein bewahren [Anschein]
„Die Nachbarn sollen nicht sehen, daß er jetzt arbeitslos ist. Beispielsweise geht er jeden Morgen pünktlich aus dem Haus, um sein Gesicht zu wahren."
Das Gesicht gilt in den Redensarten vieler Sprachen als Inbegriff des äußerlich Sichtbaren und des Zeigens innerer Zustände. Gleichzeitig ist es ein Symbol oder Pars pro toto für das Ansehen, die Ehre der gesamten Persönlichkeit des Menschen. Die *Wahrung* des Gesichts und das Gegenteil, der

Gesichtsverlust, sind sprachliche Ausdrucksformen für soziale Bedürfnisse und soziale Gefährdungen.

sein wahres **Gesicht** zeigen
den wahren Charakter offenbaren, eine Vorstellung aufgeben, die wahre Meinung oder Einstellung preisgeben [Offenheit]
„Bei dieser internen Parteiveranstaltung hat der Vorsitzende einmal offen über seine Vorstellungen im Bereich der Wirtschaftspolitik gesprochen und dabei sein wahres Gesicht gezeigt."

ein **Gesichtsverlust** [Entwürdigung]
→ sein **Gesicht** wahren

(am hellichten Tag) **Gespenster** sehen (umg.)
Unsinn reden, unnötig ängstlich sein [Überängstlichkeit]
„Denk doch nicht immer über einen möglichen Arbeitsunfall deines Mannes nach! Du siehst doch wirklich am hellichten Tag Gespenster! Bisher ist doch nie etwas passiert!"
Gespenst ist von ahd. *spanan* (locken, reizen) abgeleitet und bedeutet daher eigentlich *das Verlockende/Verführende*. Als *Blendwerk* ist das Gespenst ein Geschöpf des Teufels, das Trugbild eines Verstorbenen, der aus bestimmten Gründen *umgeht* (der lebende Leichnam) und die Lebenden mit sich ins Jenseits zu locken versucht. Als schattenhafte Geisterscheinung ist das Gespenst an die Nacht gebunden und muß bei Tagesanbruch verschwinden (vgl.: ich wittere **Morgenluft**). Wer also *am hellichten Tag Gespenster sieht*, der ist überängstlich und redet Unsinn.

jmdn. zum **Gespött** (der Leute) machen
jmdn. öffentlich verspotten und verhöhnen, jmdn. öffentlich herabsetzen [Verunglimpfung]
„Durch dein ausfallendes Benehmen vor der ganzen Pfarrgemeinde hast du uns zum Gespött der Leute gemacht!"

Gestalt annehmen
→ in greifbare **Nähe** rücken [Realisierung]

nicht von **gestern** sein (umg.)
aufgeschlossen sein, klug sein [Aufgeschlossenheit]
„Mein Vater ist zwar schon etwas älter, aber noch keineswegs von gestern! Er will jetzt sogar wieder politisch tätig werden!"
Die Redensart geht auf Hiob (8,9) zurück, wo es heißt: „Denn wir sind von gestern her und wissen nichts."

du kannst mir **gestohlen** bleiben (umg.) [Desinteresse]
→ **stehlen**

die ewig **Gestrigen**
die Altmodischen, die Reaktionäre [Unverbesserlichkeit]
„Die ewig Gestrigen schwärmen immer noch von der Zeit, als Deutschland noch Kolonien hatte."
Herkunft → nicht von **gestern** sein

aber sonst bist du **gesund**? (umg.)
du spinnst wohl? [Verrücktheit]
„Dieses völlig verrostete Auto willst du dir kaufen? Aber sonst bist du gesund?"

sich **gesundstoßen** (umg.)
viel Geld verdienen, nachdem jmd. vorher relativ arm war [Reichtum]
„Er war ja schon einige Male Bankrott, aber an diesem Gebrauchtwagenhandel hat er sich jetzt gesundgestoßen!"
Seit dem 19. Jh. wird *gesund* auch auf wirtschaftliche Verhältnisse übertragen. Wer Aktien rechtzeitig vor einem Wertverlust *abstößt*, steht nachher besser da als derjenige, der die Aktien behalten hat.

jmdm./etwas **gewachsen** sein
→ **wachsen** [Ebenbürtigkeit]

jmdn. in **Gewahrsam** nehmen (gehoben)
→ jmdn. **einlochen** [Verhaftung]

mit (aller) **Gewalt**
unbedingt, um jeden Preis, rücksichtslos [Uneingeschränktheit]
„Peter arbeitet Tag und Nacht, weil er mit aller Gewalt eine große Karriere machen will."

Die Wendung ist seit dem frühen 17. Jh. überliefert. In dem von den Brüdern Grimm überlieferten Märchen *Der Bärenhäuter* heißt es: „Geld und Gut sollst du haben, soviel du mit aller Gewalt durchbringen kannst." Dieses Beispiel zeigt deutlich, wie stark in der Volkssprache mit festen Wendungen gearbeitet wird.

das ist höhere **Gewalt**
dafür kann niemand etwas, dafür ist kein Mensch verantwortlich [Unabwendbarkeit]
„Niemand kann etwas dafür, daß der Sturm den Baum ausgerechnet auf unser neues Auto geworfen hat. Das war eben höhere Gewalt!"
Aus dem älteren *Gottes Gewalt* hat sich im späten 18. Jh. in der Amts- und Gerichtssprache der Ausdruck *höhere Gewalt* eingebürgert. Es handelt sich um eine Lehnübersetzung der lateinischen Formel *vis major* bzw. der französischen Version *force majeure.* Erst in einem deutsch-französischen Wörterbuch des Jahres 1810 erscheint eine Übersetzung des Ausdrucks, der dort „außerhalb des menschlichen Bereichs liegende Kräfte" bedeutet und schon im Badischen Landrecht von 1809 auf die Ursachen von Feuersbrünsten u. ä. bezogen wird. Im Reichsgesetzblatt von 1869 wird schließlich eine Gleichsetzung zwischen *höherer Gewalt* und dem *unabwendbaren Zufall* vorgenommen.

einer Frau/einem Mädchen **Gewalt** antun (gehoben)
eine Frau/ein Mädchen vergewaltigen [Vergewaltigung]
„Wer einer Frau Gewalt antut, muß mit einer harten Bestrafung rechnen."
Das Verb *vergewaltigen* bedeutete ursprünglich *einer Sache/einem Menschen gegenüber unrechtmäßige Gewalt ausüben.* Die heutige Bedeutung (Geschlechtsverkehr erzwingen) ist erst seit dem Barock (Lohenstein) nachweisbar.

einer Sache **Gewalt** antun
eine Sache verfälschen [Verfälschung]
„Mit dieser Auslegung wird dem Grundgesetz ganz eindeutig Gewalt angetan."

sich in der **Gewalt** haben
[Selbstbeherrschung]
→ in jmds. **Gewalt** sein/stehen

in jmds. **Gewalt** sein/stehen
von jmdm. abhängig sein [Abhängigkeit]
„Früher war Viktor ein großer Schürzenjäger, aber jetzt steht er ganz in der Gewalt seiner Frau."
Gewalt ist abgeleitet vom Verb *walten* (vgl.: **schalten** und walten). Das Substantiv hat einen sehr großen Bedeutungsumfang, der von juristischen und politischen Gebrauchsweisen bis in den religiösen und privaten Bereich hineinreicht. Einige der Komponenten sind *Macht, Kraft, Autorität* und *Herrschaft.*

so ein **Gewäsch** (grob)
→ **Wischiwaschi** [Geschwätz]

Gewehr bei Fuß stehen
→ **Fuß** [Bereitschaft]

dem horizontalen **Gewerbe** nachgehen (umg.)
als Prostituierte arbeiten [Prostitution]
„Seit einigen Jahren müssen auch die Damen, die dem horizontalen Gewerbe nachgehen, Einkommensteuer bezahlen."
Gewerbe ist eine Ableitung vom Verb *werben* mit der Grundbedeutung *sich drehen* (die Werbetrommel rühren), *sich bemühen.* Heute verstehen wir unter *Gewerbe* vor allem den Beruf, den jemand ausübt. Die horizontale Lage der Prostituierten steht übrigens in Einklang mit der negativen Bewertung der Raumlage Horizontalität in der deutschen Sprache. Sie wird (im Gegensatz zu Vertikalität; vgl.: **hoch** hinauswollen/im **Lot** sein) mit Schwäche, Machtlosigkeit und Unterdrücktheit assoziiert. Das 19. Jh. hat den Begriff der *gewerbsmäßigen Unzucht* geprägt, und in der Umgangssprache bezeichnet man die Prostitution auch gerne als *das älteste Gewerbe der Welt.*

einer Sache **Gewicht** beilegen/beimessen
eine Sache für wichtig halten, eine Sache für bedeutsam halten [Wichtigkeit]
„Wir sollten dem Vorfall nicht soviel Ge-

wicht beimessen. Immerhin handelt es sich um eine einmalige Fehlleistung bei einem Kollegen, der als sehr zuverlässig gilt!"
Der Bildbereich Waage wird bereits seit der Antike redensartlich genutzt, wie man etwa an dem von lat. *pondus* (Gewicht) abgeleiteten *imponere* und dem danach gebildeten deutschen Begriff *imponieren* sehen kann. Im Bereich der deutschen Sprache ist auch noch auf den Zusammenhang von *gewichtig* (schwer) und der Ableitung *wichtig* (bedeutsam) hinzuweisen.

(nicht) ins **Gewicht** fallen
1) positiv: *bedeutsam sein, wichtig sein* [Wichtigkeit]
2) negativ: *vernachlässigbar sein* [Vernachlässigbarkeit]
1) „Bei einer derart kleinen Menge von Kaviar fällt natürlich beinahe jedes Gramm ins Gewicht."
2) „Bei 50 Hochzeitsgästen fällt ein zusätzlicher Überraschungsgast wirklich nicht ins Gewicht!"
Herkunft → (großes) **Gewicht** haben, → einer Sache **Gewicht** beilegen/beimessen

(großes) **Gewicht** haben
von (großer) Bedeutung sein [Bedeutung]
„Die Argumente unseres Vorgesetzten haben natürlich ein größeres Gewicht als unsere, weil er einen besseren Überblick hat."
Die dem Bildbereich Waage zugehörigen Redensarten arbeiten naturgemäß mit Begriffen wie *Gewicht* und *Waagschale*. Das schwerere Gewicht dominiert das geringere und macht dessen geringe Wichtigkeit augenfällig.

sein **Gewicht** halten
weder zu- noch abnehmen [Schlankheit]
„Um Ihren Blutdruck zu stabilisieren, müssen Sie unbedingt Ihr Idealgewicht halten!"

sein ganzes **Gewicht** in die Waagschale werfen [Einflußnahme]
→ (großes) **Gewicht** haben

mit gutem **Gewissen**
ohne Gewissensbisse, ohne Sorge, ohne Angst [Unbelastetheit]
„Ich glaube, wir können nach dieser großen Leistung mit gutem Gewissen in Urlaub fahren!"
Herkunft → sich ein **Gewissen** aus jmdm. machen

ein reines **Gewissen** haben
→ eine reine **Weste** haben
[Schuldlosigkeit]

jmdn. auf dem **Gewissen** haben
für jmds. Tod verantwortlich sein, jmdn. getöt haben [Tötung]
„Ich möchte nicht wissen, wie viele Leute die sizilianische Mafia schon auf dem Gewissen hat!"
Die Redensart ist ein Euphemismus, wie er für viele Tabuthemen typisch ist. Literarische Belege für ihre Verwendung finden sich erst im späten 19. Jh. Wahrscheinlich ist sie dem älteren *etwas auf dem Gewissen haben* nachgebildet, welches Idiom die allgemeinere Bedeutung einer Schuld beinhaltet.

etwas auf dem **Gewissen** haben [Schuld]

jmdm. auf dem **Gewissen** liegen
jmdm. Gewissensbisse verursachen [Belastung]
„Die Tat war schon lang verjährt, doch lag sie immer noch schwer auf seinem Gewissen."
Herkunft → sich ein **Gewissen** aus etwas machen

sich ein **Gewissen** aus etwas machen
etwas bereuen [Reue]
„Früher war er ein Betrüger, aber er hat sich völlig gewandelt und macht sich jetzt sogar ein Gewissen aus den Leuten, die er betrogen hat."
Das vom Verb *wissen* abgeleitete und dem lat. *conscientia* (peccatorum) nachgebildete Wort *Gewissen* hat über rein religiöse Komponenten eine allgemeine ethische Dimension erhalten. Es bezeichnet somit ein religiös und/oder allgemein sittlich fundiertes *Bewußtsein* von Gut und Böse, Schuld und Unschuld (ignorantia). Die Redensart ist zunächst im folgenden Sinn gebraucht wor-

den: *einer Person ein Gewissen* (Gottesfurcht) *machen.* Die Bedeutung der Reue als Quintessenz der Redensart ist daraus abgeleitet.

jmdm. ins **Gewissen** reden
jmdn. eindringlich ermahnen, jmdn. zur Reue anhalten [Eindringlichkeit]
„Ich mußte diesem Kerl über eine Stunde lang ins Gewissen reden, um ihn davon zu überzeugen, daß er seine todkranke Mutter besuchen mußte."
Herkunft → sich ein **Gewissen** aus etwas machen

ein häusliches **Gewitter** (umg.)
ein Ehestreit, ein Streit zu Hause [Ehestreit]
„Wenn Egon abends in der Kneipe hängenbleibt, erwartet ihn daheim immer ein häusliches Gewitter."
Das Gewitter mit seinen Begleitumständen ist eine gängige Metapher für Streit, Aufruhr, Zorn usw. Vgl.: **Blitz**, **Donner**, **Donnerwetter**.

gewogen und zu leicht befunden
[Verurteilung]
→ **wiegen**: jmdm. gewogen sein/bleiben

gießen: es gießt (umg.)
→ es gießt in **Strömen** [Regen]

da kannst du **Gift** darauf nehmen! (umg.)
das ist ganz gewiß!, es gibt daran keinen Zweifel!, das ist absolut wahr! [Beteuerung]
„Wenn ich den Militärdienst hinter mir habe, rühre ich im ganzen weiteren Leben kein Gewehr mehr an. Da kannst du Gift darauf nehmen!"
Die Redensart ist erst in der zweiten Hälfte des 19. Jh. literarisch bezeugt. Der Ursprung ist unklar. Einige Deutungen glauben an Erinnerungen an alte Gottesurteile. Diese Interpretation ist aber unwahrscheinlich, da eine derartige Form des Gottesurteils nicht überliefert ist. Eher dürfte eine strukturelle Analogiebildung zu redensartlichen Bildungen im Rahmen der Gottesurteil-Symbolik vorliegen, die zum Zweck einer verstärkten Beteuerung entwickelt und verbreitet wurde.

das ist (das reinste) **Gift** für jmdn.
das ist sehr schädlich für jmdn.
[Schädlichkeit]
„Diese jahrelange Nachtarbeit bei der Post war das reinste Gift für ihn. Deshalb ist August auch so früh gestorben!"
Gift ist im ursprünglichen (und im Englischen noch erhaltene Sinn) eine Variante des Wortes *Gabe*, *Geschenk* (daher das Wort *Mitgift*). Bereits im Mittelhochdeutschen hat sich eine Verschlimmerung der Bedeutung zu *schädliche Gabe, tödliche Gabe* im medizinischen Sinn herausgebildet. Der Aspekt der Wirksamkeit kann auch in Vergleichen genutzt werden.

schneiden wie **Gift** [Wirksamkeit]
→ das ist (das reinste) **Gift** für jmdn.

sein **Gift** verspritzen (umg.)
boshafte Bemerkungen machen, ausfällig werden [Boshaftigkeit]
„Wenn Tante Erna beim Kaffeeklatsch heute wieder ihr Gift verspritzt, werde ich mich einfach grußlos entfernen!"

Gift und Galle spucken/speien (umg., Paarformel, Stabreim)
sehr zornig sein und gehässige Dinge äußern [Wut]
„Wenn der Karl vom schlechten Ausgang dieses Spiels für unsere Mannschaft hört, wird er wieder Gift und Galle gegen den Schiedsrichter spucken!"
Die Redensart ist bereits im 16. Jh. weit verbreitet und daher wohl wesentlich älter. Möglicherweise basiert sie auf einem Bibelwort: „Ihr Wein ist Drachengift und wütiger Ottern Galle" (5. Mose 32,33). Vgl. auch: **Galle**.

das ist doch der **Gipfel**! (umg.)
das ist eine unüberbietbare Unverschämtheit/Frechheit [Unverschämtheit]
„Das ist doch der Gipfel! Erst kommst du über zwei Stunden zu spät nach Hause, und dann beklagst du dich noch darüber, daß das Essen inzwischen kalt geworden ist! Geh doch dorthin essen, wo du herkommst!"
Gipfel in der ursprünglichen Bedeutung *Bergspitze, höchster Punkt* ist seit Goethe

in abwertender Bedeutung in Verbindung mit Substantiven wie *Tollheit, Frechheit* usw. belegt.

jmdn. hinter **Gitter** bringen [Verhaftung]
→ hinter schwedischen **Gardinen**

jmdn. mit **Glacéhandschuhen** anfassen (umg.)
jmdn. sehr vorsichtig behandeln
[Rücksichtnahme]
„Seit er durch die Prüfung gefallen ist, ist er sehr empfindlich geworden. Man darf ihn nur noch mit Glacéhandschuhen anfassen und muß dieses Thema strikt meiden!"
Bei *gants glacés* handelt es sich um Glanzlederhandschuhe, eine ab der Mitte des 18. Jh. weitverbreitete Modeerscheinung, die seit dem frühen 19. Jh. redensartlich im Sinne von *behutsamer Rücksichtnahme* verwendet wird, weil derartige Handschuhe sich nicht für grobe Tätigkeiten eignen.

mit **Glanz** und Gloria (umg., Paarformel, Stabreim)
1) *überaus erfolgreich, prächtig usw.*
[Maximum]
2) *überaus negativ* [Niederlage]
1) „Diese Traumhochzeit zwischen dem Filmstar und der Sängerin wurde mit Glanz und Gloria gefeiert."
2) „Bei seiner zweiten Prüfung ist er wieder mit Glanz und Gloria durchgefallen."
Zu der Redensart schreibt Grimms *Deutsches Wörterbuch* (7, Sp. 7621): „Glanz und Gloria bezieht sich ursprünglich wohl auf die mit der Erscheinung Gottes, Mariae und der Heiligen verbundenen Lichtfülle." Diese somit erst der religiösen Sphäre zuzuordnende Ruhmesformel ist dann in der zweiten Hälfte des 19. Jh. in ihrer ironischen zweiten Bedeutung literarisch belegt.

welch ein **Glanz** in meiner Hütte! (umg., scherzhaft)
scherzhafte Begrüßung eines unvorhergesehenen lieben Besuchs [Überraschung] [Besuch]
„Markus und Carmen kommen zu Besuch? Welch ein Glanz in unserer Hütte!"
Die Wendung wandelt ein geflügeltes Wort aus Schillers *Jungfrau von Orleans* ab: „Wie kommt nur solcher Glanz in meine Hütte?"

zu tief ins **Glas** schauen (umg.)
leicht betrunken sein, angeheitert sein
[Trunkenheit]
„Wer häufig zu tief ins Glas schaut, braucht sich über die Folgen für seine Gesundheit nicht zu wundern."
Wahrscheinlich handelt es sich bei der Redensart um eine scherzhafte Nachbildung zur Redensart: *jmdm. zu tief in die Augen schauen* mit der Bedeutung *sich in jmdm. verlieben*. Das Glas steht in vielen Redensarten für Alkoholgenuß und Trunkenheit.

ein **Glas** über den Durst trinken
→ **Durst**

jmdn. aufs **Glatteis** führen (umg.)
jmdn. täuschen, jmdn. hereinlegen
[Täuschung]
„Mit der Frage nach dem Vornamen des Dichters Novalis kann man jemanden ganz schön aufs Glatteis führen!"
Die Redensart erscheint bereits gegen Ende des 13. Jh. in einer livländischen Reimchronik. Ihr liegt das Bild des schlüpfrigen und unsicheren Eises zugrunde.

mit einer Bemerkung/These aufs **Glatteis** geraten (umg.)
eine nicht gut fundierte Meinung äußern
[Unfundiertheit]
„In der Diskussion geriet der Referent mit seiner These immer mehr aufs Glatteis."

glauben: wer's glaubt, wird selig! (umg.)
das glaube ich dir nicht!, das ist gelogen!
[Lüge]
„Du Feigling willst gestern im Schwimmbad vom Zehn-Meter-Brett gesprungen sein? Wer's glaubt, wird selig!"
Die Redensart stellt eine Parodie auf einen Bibelvers (Markus 16,16) dar: „Wer da glaubt und getauft wird, der wird selig werden; wer aber nicht glaubt, der wird verdammt werden."

daran **glauben** müssen (umg.)
1) von Menschen, *sterben, gewaltsam ums*

Leben kommen, ermordet werden [Tod]
2) von Sachen: *zugrunde gerichtet werden, vernichtet werden* [Beseitigung]
1) „Für diesen wahnsinnigen Plan einer Weltherrschaft mußten sehr viele Menschen dran glauben."
2) „Für die Verbreiterung der Durchgangsstraße werden diese drei herrlichen Bäume dran glauben müssen."
Grimms *Deutsches Wörterbuch* (Bd. 7, Sp. 7838) erklärt die Redensart wie folgt: „an die Wahrheit oder Tatsächlichkeit von etwas glauben müssen, das in hohem Grade unerwünscht ist". Die Redensart ist erst für das 19. Jh. literarisch belegt, obwohl verwandte Formeln mit religiösem Bezug älteren Datums ein höheres Alter vermuten lassen. Vgl.: zu **Kreuze** kriechen müssen.

in gutem **Glauben**
etwas mit der Überzeugung tun, es richtig zu machen/es zu dürfen usw. [Überzeugtheit]
„Ich habe die Feuerwehr in gutem Glauben gerufen, daß es wirklich brennt! Ich konnte nicht ahnen, daß unser Nachbar hinter seinem Haus nur Laub verbrannt hat."
Die Redensart stammt aus dem Bereich des Bankwesens, wobei sie in Anlehnung an *Kredit* gebildet ist und das Vertrauen auf die Richtigkeit einer Angabe, einer Information usw. bedeutet. Ähnlich wie die Eidesformel *bei Treu und Glauben schwören* hat die Redensart eine allgemeinere Verbreitung erfahren, obwohl sie auch heute noch Teil der Rechtssprache ist und hier den Tatbestand der subjektiv begründeten Überzeugung von der Wahrheit einer Sache meint. Die religiöse Bedeutung von *Glauben* spielt in diesem Bereich keine Rolle.

auf das **gleiche** hinauslaufen
→ auf **eins** hinauslaufen [Gleichheit]

gleichen: das gleicht ihm! (umg.)
das entspricht seiner Art!, das ist typisch für ihn! [Charakterisierung]
„Das hat Markus wieder mit der ihm eigenen Sorgfalt erledigt! Das gleicht ihm: Immer geschickt und zuverlässig!"
Diese Verwendung von *gleichen* ist schon im 12. Jh. belegt.

Gleiches mit Gleichem vergelten
eine böse Tat mit einer ähnlich bemessenen Strafe ahnden [Vergeltung]
„Wer Gleiches mit Gleichem vergilt, übt bloß Rache, ohne die Ursachen der Tat zu untersuchen."
Die aus dem mosaischen Gesetz bekannte Formel „Auge um Auge, Zahn um Zahn" (2. Mose 21,24) ist in der Rechtssammlung des Talmuds, im römischen Recht und in anderen Gesetzeswerken wiederzuerkennen. Der Vergeltungsgedanke widerspricht zwar der christlichen Ethik, ist aber – wie diese Redensart zeigt – im sogenannten gesunden Volksempfinden tief verwurzelt. Im Gegensatz zur (Blut-)Rache bedeutet *Vergeltung* im germanischen Recht ursprünglich *empfangenes Geld zurückzahlen, Strafzahlung vor Gericht* oder einfach *Bezahlung*. Diese positive Komponente ist auch im heute noch gebräuchlichen Dank- und Segensgruß *Vergelt's Gott!* (Gott möge die gute Tat „kompensieren"!) enthalten.

jmdn. wieder ins rechte **Gleis** bringen
→ jmdn. wieder ins **Lot** bringen [Unterstützung]

aufs tote **Gleis** geraten
in eine wenig aussichtsreiche Lage geraten [Chancenlosigkeit]
„Mit der Annahme der Stelle eines Buchhalters bei dieser Firma geraten Sie aufs tote Gleis! Schon seit Monaten wird ihr baldiger Konkurs vorhergesagt."
Ein *totes Gleis* ist ein Gleis, das irgendwo endet, ohne die Möglichkeit zur Weiterfahrt zu bieten. Die Redensart wird heute eher mit der Straßen-Metaphorik und insofern mit dem Begriff *Sackgasse* gebraucht.

auf ein falsches **Gleis** geraten
1) von Personen: *vom richtigen Ziel abkommen* [Fehler]
2) von Argumenten/Diskussionen usw.: *Nebenaspekte zu stark gewichten* [Abweichung]
1) „Durch seine Bekanntschaft mit Leuten aus der kriminellen Sphäre ist Theodor leider auf ein falsches Gleis geraten."
2) „Diese Betonung des wirtschaftlichen

Schadens, welcher der Versicherungswirtschaft durch die Verkehrstoten entsteht, bewirkt, daß unsere Diskussion auf ein falsches Gleis gerät. Wir wollen uns hier ausschließlich mit den medizinischen Aspekten befassen!“

aus dem **Gleis** kommen/geraten
aus der bisherigen Lebensordnung herausgeraten [Unordnung]
„Nach dem Verlust des Arbeitsplatzes kommen viele Männer im mittleren Alter völlig aus dem Gleis.“
Gleis ist ein seit dem Jahr 1300 bezeugtes Wort mit der Bedeutung *Wagenspur, befahrener Weg*. Daraus entwickelte sich im 19. Jh. die Bezeichnung für die Fahrspur von Schienenfahrzeugen. Recht alt schon sind die bildlichen und übertragenen Verwendungsweisen, wie sie sich in verschiedenen Redensarten ausprägen. Die *gewohnten Gleise* sind beispielsweise die *geordneten Bahnen des Lebens* (vgl.: **Bahn**). Wer *im Gleis* ist, befindet sich in einem festen und geordneten Zustand. Dabei ist aber jederzeit die Möglichkeit einer *Entgleisung*, d. h. eines Verstoßes gegen die herrschende sittliche Ordnung möglich, nach der man versuchen muß, wieder in die *alten Gleise* des Anstands zurückzufinden. Einer alten Metaphorik der Entgleisung liegt auch das Fremdwort *Delirium* zugrunde, das seit 1697 in der medizinischen Fachsprache das Irresein bezeichnet. Es geht zurück auf lat. *lira* (Furche) und bedeutet: *von der geraden Linie abweichen.*

(wieder) ins (rechte) **Gleis** kommen
die alte Ordnung wiederfinden, wieder den gewohnten Ablauf nehmen [Ordnung]
„Nach einer langen beruflichen Pechsträhne ist Eduard jetzt endlich wieder ins rechte Gleis gekommen.“

jmdn. aus dem **Gleis** werfen/bringen
→ aus dem **Gleis** kommen/geraten
[Störung]

sich in ausgefahrenen **Gleisen** bewegen
nichts Neues bieten, kein Wagnis eingehen [Verharrung]
„Trotz des Regierungswechsels bewegt sich die Kulturpolitik weiterhin in den alten ausgefahrenen Gleisen.“
Die Redensart bewahrt noch deutlich den Aspekt der vertieften Fahrrinne, die durch die Rollbewegung unzähliger Räder im weichen Untergrund entsteht. Das Einhalten dieser Wagenspur bedeutete Sicherheit für den Fuhrmann, verhinderte aber gleichzeitig das Finden eines neuen Wegs. Letztere Konsequenz steht bei der abwertenden Komponente der Redensart im Vordergrund.
Herkunft → aus dem **Gleis** kommen/geraten

das schwächste **Glied** (einer Kette)
die Schwachstelle [Schwachstelle]
„Beim nächsten Fußballspiel muß jeder von euch an sich besonders hohe Anforderungen stellen und immer an den Grundsatz denken: Eine Kette ist nur so belastungsfähig wie ihr schwächstes Glied!“
Eine Grundbedeutung von *Glied* ist *die bewegliche Verbindung zweier Teile*. Vermutlich von der Reihe der Fingerglieder abgeleitet ist *Glied* schon seit dem Mittelalter auf die beweglichen Teile einer Kette übertragen worden. Redensarten vom *verbindenden* oder vom *schwächsten Glied* sind von daher schon früh auf menschliche Kooperationsformen übertragen worden. Daher stammt etwa die Begrifflichkeit vom *Mitglied* einer Gesellschaft, eines Vereins usw. Im militärischen Bereich wird durch den Befehl *in Reih und Glied!* auch faktisch eine Art *Menschenkette* organisiert. Dieser Aspekt der wohlorganisierten Ordnung liegt vielen Verwendungen von *Glied* in Mathematik, Architektur, Musik, Sprachwissenschaft (Satzglied) und so weiter zugrunde.

jmdm. in die/in alle **Glieder** fahren/noch in den **Gliedern** stecken
den ganzen Menschen erfassen und noch lang nachwirken [Nachwirkung]
„Beim Anblick des Verkehrstoten fuhr den Zeugen der Schreck in die Glieder. Genausogut hätten sie an seiner Stelle stehen können, als der Lastwagen auf den Bürgersteig geriet.“

jmdn. sagen, was die **Glocke** geschlagen hat (umg.)
jmdm. sagen, wie schlecht die Dinge stehen
[Aufklärung]
„Bezüglich der Versetzung in die nächste Klasse muß jemand den Eltern von Thomas sagen, was die Uhr (Glocke) geschlagen hat."

wissen, was die **Glocke** geschlagen hat (umg.)
die Ernsthaftigkeit einer Lage erkennen
[Informiertheit]
„Ich habe heute mit deinem Klassenlehrer gesprochen und weiß jetzt endlich, was die Glocke geschlagen hat! Ohne verstärkte Anstrengungen wirst du das Klassenziel nicht erreichen!"
Das Läuten der Glocke war früher ein wichtiges Informationsmittel, das (außer zum Gottesdienst) auch zu Gerichtsverhandlungen und zu anderen Versammlungen rief. Daneben wurde durch Glockenschläge den Feldarbeitern die Tageszeit (Vesper, Angelus usw.) mitgeteilt. Auch Feuersbrünste, feindliche Heerscharen, Krönungen und ähnliches wurden durch Glockengeläute gemeldet. Der häufig dominierende negative Aspekt des Schadensfalls hat sich in der Redensart erhalten. Daneben könnte auch das Geläute der Totenglocke bei Beerdigungen eine Rolle spielen. In diesem Sinn ist die Redensart bereits bei Grimmelshausen mehrfach belegt.

etwas an die große **Glocke** hängen (umg.)
eine vertrauliche Information öffentlich verbreiten, eine Sache aufbauschen
[Bekanntgabe] [Aufsehen]
„Diesen kleinen Diebstahl werden wir diesmal noch nicht an die große Glocke hängen. Wenn Sie aber noch einmal erwischt werden sollten, werden wir sofort Anzeige erstatten!"
Die große Glocke der Kirche rief im Mittelalter zu Gerichtsversammlungen. Dort wurden private Fehden dann öffentlich ausgebreitet („ausposaunt") und gelegentlich auch aufgebauscht. Wer die große Glocke läutete und damit bildlich etwas daran hängte, wußte um diese Konsequenz und nahm sie in Kauf.
Herkunft → wissen, was die **Glocke** geschlagen hat

an die große **Glocke** kommen
[Aufbauschung]
→ etwas an die große **Glocke** hängen

seine **Glossen** machen
spöttische und abwertende Bemerkungen machen [Abwertung]
„Du mußt doch wirklich über alles deine Glossen machen und es in den Dreck ziehen!"
Die von griech. *glossa* (Zunge, Sprache) abgeleitete Form *Glosse* hat zunächst einmal die Bedeutung *ungebräuchliches/fremdartiges Wort, das der Erklärung bedarf.* In der Theologie, Philologie und in anderen Textwissenschaften waren „Glossen" somit meist Kommentare oder Erläuterungen zum eigentlichen überlieferten Text. Dieser Sinn hat sich in der Zeitungssprache im Sinne von *Randbemerkung* bis heute erhalten (eine Glosse schreiben). Der Aspekt der Abwertung durch spöttische und anzügliche Bemerkungen im Sinne der Redensart ist erst seit dem frühen 18. Jh. überliefert.

vor der **Glotze** sitzen (umg.)
→ in die **Röhre** glotzen [Fernsehen]

zum **Glück**
es erwies sich als günstiger Umstand, daß ... [Glück]
„Plötzlich gerieten wir bei unserer Wanderung in ein Gewitter. Zum Glück war in der Nähe ein Forsthaus, in dem wir sein Ende abwarten konnten."
Aus dem älteren *zu seinem/unserem Glück* entwickelte sich erst im 18. Jh. die Kurzform *zum Glück*, die heute meist nur in einer allgemeinen positiven Bewertung (etwa im Sinne von: *erfreulicherweise*) gebraucht wird.

das hat/du hast mir gerade noch zu meinen **Glück** gefehlt! (ironisch)
das kommt/du kommst jetzt ungelegen!
[Unerwünschtheit]
„Du hast mir gerade noch zu meinem Glück

gefehlt! Gerade erst sind meine Schwiegereltern abgereist, und ich wollte mich mal ein paar Stunden erholen!“

Glück haben
ein unerwartet günstiges Ereignis erleben, eine unbeeinflußbare Sache geht gut aus [Glück]
„Bei diesem Unfall hatte ich wirklich Glück, daß ich mit dem Leben davongekommen bin!“
Das erst seit dem 12. Jh. nachweisbare Wort *Glück* hängt über (engl. luck) *Lücke* und *Loch* mit der Idee des *offenen Ausgangs* und Abschlusses einer Angelegenheit zusammen. Über die neutralen Elemente *Schicksal* und *Zufall* hat es sich erst später zu der heutigen Dominanz eines *günstigen Ausgangs* verdichtet. Neben den Zufall sind dann auch der persönliche Erfolg, die Fähigkeit, das Können getreten, so daß jemand, der *sein Glück macht,* persönlich verantworteten Erfolg verbuchen kann. Zu dem seit Ende des 15. Jh. bekannten Gruß *Glück zu!* der städtischen Zünfte tritt ein Jahrhundert später der noch heute gebräuchliche Gruß *Glück auf!* der Bergleute.

Glück bei Frauen haben [Sexualität]
→ **Glück** haben

mehr **Glück** als Verstand haben (umg.)
trotz unbesorgten Handelns einen Erfolg verbuchen können [Glück]
„Im Fundbüro hat tatsächlich jemand die Brieftasche mit deinen gesamten Ersparnissen abgegeben. Da hast du wieder mehr Glück als Verstand gehabt!“
Das Glück wird redensartlich sehr unterschiedlich behandelt. Während einerseits der Aspekt erkennbar ist, daß man es durch Anstrengungen beeinflussen kann (jeder ist seines Glückes Schmied), wird andererseits häufig die Blindheit des Glücks und seine Unbeeinflußbarkeit betont. Gegen seine intellektuelle Manipulierbarkeit sprechen neben der Redensart auch Sprichwörter wie: *Der dümmste Bauer erntet die größten Kartoffeln.* Die Redensart ist seit 1720 belegt und geht auf ein älteres Sprichwort von 1604 zurück: *Das Glück die Weisen verjagt, den Narren nichts versagt!*

Glück im Unglück haben
aus einer schlechten Lage gut herauskommen [Glück im Unglück]
„Bei diesem Unfall hast du noch Glück im Unglück gehabt! Schließlich wärst du ohne Sicherheitsgurt wahrscheinlich getötet worden!“
Glück und Unglück werden häufig als nahe Verwandte oder sogar als Ehepaar dargestellt, weil sie „nahe beieinander liegen“. Für die Redensart gibt es viele ältere Varianten, wie beispielsweise das schweizerische Sprichwort aus dem Jahre 1824: *Es ist kein Unglück so groß, es trägt ein Glück im Schoß.*
Herkunft → **Glück** haben

damit hast du bei mir kein **Glück**! (umg.)
damit erreichst du bei mir nichts! [Zurückweisung]
„Jetzt kommst du wieder mit der Mitleidsmasche, damit ich dir 100 Mark pumpe! Damit hast du bei mir kein Glück! Geh doch zu deiner Bank!“

jmdm. lächelt das **Glück**
jmnd. hat besonders lang Glück/großes Glück [Glück]
„Bei dieser Lotterieziehung lächelte uns endlich das Glück: Wir sind jetzt mehrfache Millionäre.“
Das Glück wird meist als Frau dargestellt. Dies betrifft sowohl die antike Glücksgöttin Fortuna (Fortuna lächelt) als auch die germanische Frau Sälde (*saelde* = mhd. *Glück*; daher *glückselig*). Neben Attributen wie Lachen oder Lächeln wird der Frau Glück auch Launenhaftigkeit, Wankelmut, Treulosigkeit (vom Glück verlassen werden“) u. ä. angedichtet. Frau Glück hat auch Lieblinge, die sie begünstigt, sowie *Glückskinder*, denen sie andauernd gewogen ist. Eine ihrer Beigaben ist das Rad (Glücksrad), das häufig auch ein ganzer Wagen ist, auf dem sie enteilt. Auch ihre Flügel sorgen dafür, daß sie in ständiger Bewegung ist, so daß man sie jagen muß. Ihre Ergreifung ist um so schwerer, als ihr Haupthaar bis auf

einen Stirnschopf geschoren ist. Vgl.: die **Gelegenheit** beim Schopfe packen.

von **Glück** sagen/reden können (umg.)
glimpflich davonkommen; einen günstigen Ausgang einer Sache erleben, zu dem man nichts beigetragen hat [Glück im Unglück]
„Bei deiner Unverschämtheit gegenüber dem Chef kannst du von Glück sagen, daß er dich nicht einfach rausgeworfen hat!"
Die Redensart ist seit dem 16. Jh. gebräuchlich und bezeichnet stets den glimpflichen Ausgang einer brisanten Angelegenheit.

etwas auf gut **Glück** versuchen/machen (umg.)
ohne Plan vorgehen, etwas einfach versuchen, ein Risiko eingehen [Planlosigkeit]
„Unsere nächste Urlaubsreise machen wir nach Griechenland. Dabei wollen wir einmal auf einen genauen Plan verzichten und auf gut Glück kreuz und quer durch die Inselwelt streifen!"
Die Wendung bezieht sich laut Grimms *Deutschem Wörterbuch* (Bd. 8, Sp. 244) auf die „Hoffnung auf ein günstiges Geschick, aufs Geratewohl, wobei der Nachdruck bald mehr auf der günstigen Hoffnung, bald mehr auf der Unsicherheit, Zufälligkeit im Gegensatz zu sorgfältiger Vorbereitung, Kenntnis, Fähigkeit oder Vorsicht liegt …"

jmd. ist ein **Glückspilz** (umg.)
jmd. ist vom Glück besonders begünstigt [Glück]
„Der Viktor ist wirklich ein Glückspilz! Er hat eine tadellose Familie, ein schönes Haus und einen angenehmen Beruf."
In der Redensart steckt das Bild des plötzlich aus dem Nichts auftauchenden Pilzes. Sie wurde mit der Bedeutung *Emporkömmling*, *Parvenu* zu Beginn des 19. Jahrhundert in Anlehnung an engl. *mushroom* (Pilz, Emporkömmling) gebildet. Die Redensart verliert im 19. Jh. ihre negative Komponente und erhält die neutralere Bedeutung *Glückskind.*

auf **Gnade** und Ungnade
[Bedingungslosigkeit]

ohne **Gnade** und Barmherzigkeit
→ keine **Gnade** finden vor jmdm.
[Unnachgiebigkeit]

Gnade vor Recht ergehen lassen
nachsichtig sein, milde sein [Nachsicht]
„Wir wollen in diesem Fall noch einmal Gnade vor Recht ergehen lassen, aber wenn Sie noch ein einziges Mal zu spät zum Dienst erscheinen, muß ich eine Meldung machen!"
Für die Bedeutungsentwicklung von *Gnade* ist vor allem der christliche Gnadenbegriff entscheidend. Er umfaßt die aus Erbarmen dem Sünder gewährte Vergebung, die als freies Geschenk Gottes angesehen wird. Als *milte* (Mildtätigkeit, Barmherzigkeit) ist Gnade auch Teil der ritterlichen Tugend und auch dem germanischen Recht keineswegs fremd. Es kennt bereits Formen wie *um Gnade Bitten* und des *walten lassens von Gnade*. Im Lehnswesen und in den späteren Herrschaftsformen bildet sich eine weitere Säkularisierung des Begriffes heraus, die sich in verschiedenen Formeln (gnädiger Herr) und Redensarten niederschlägt. Die Redensart *Gnade vor Recht* taucht beinahe wörtlich bereits im *Iwein* des Hartmann von Aue (V. 172) um das Jahr 1202 auf.

keine **Gnade** finden vor jmdm.
1) vor Gericht: *hart bestraft werden* [Strafe]
2) sonstige Bereiche: *hart kritisiert werden, zugrunde gerichtet werden* [Kritik]
1) „Der Massenmörder fand vor den Richtern keine Gnade. Sie verurteilten ihn zu einer lebenslänglichen Freiheitsstrafe."
2) „Seine Doktorarbeit fand vor dem Gremium keine Gnade und wurde abgelehnt."
Die Redensart wurde zunächst ausschließlich als Rechtsformel gebraucht und bedeutete *ohne Nachlaß der Strafe*. Auch die sinngleichen Varianten *ohne Gnade* und *gnadenlos* sind weit verbreitet.
Herkunft → **Gnade** vor Recht ergehen lassen

jmdm. das **Gnadenbrot** gewähren (umg.)
einen alten Menschen unterstützen

[Unterstützung]
„Eigentlich ist der alte Hermann ja im Betrieb zu nichts mehr zu gebrauchen. Aber weil er 40 Jahre hier gearbeitet hat, gewährt ihm die Firma eine Art Gnadenbrot."
Das Gnadenbrot ist eine aus Mitleid gereichte Speise, ein dem alten, dienstunfähigen Menschen gewährter Unterhalt, der früher den eigenen Dienstleuten bzw. den Eltern zukam. Der ursprüngliche religiöse Begriff (*Gnadenbrot Gottes*, Anfang des 18. Jh.) wurde im Rahmen seiner Säkularisierung später auch auf Haustiere (insbesondere Pferde) ausgedehnt, die dem Menschen durch ihre Arbeitskraft gedient hatten.

jmdm./etwas den **Gnadenstoß/Gnadenschuß** geben
1) von Lebewesen: *von unnötigen Qualen durch Tötung erlösen* [Tötung]
2) von Sachverhalten: *einen Vorgang mit negativem Ausgang beenden* [Beendigung]
1) „Das Pferd hatte sich ein Bein gebrochen und wurde durch einen Gnadenschuß von seinen Leiden erlöst."
2) „Diese Verhandlungen ziehen sich jetzt schon drei Jahre lang hin, ohne daß ein Ende in Sicht ist. Ich schlage daher vor, diesem Projekt jetzt den Gnadenstoß zu geben."
Der Gnadenstoß war eine Prozedur, um Hinrichtungen weniger grausam zu gestalten. Es handelte sich um einen „Schlag ins Genick oder aufs Herz, mit dem der Henker einen Verurteilten beim Rädern von oben herab gleich zu Anfang tötete und ihm so die Qualen der eigentlichen, nachfolgenden Räderung (Abstoßung der Gliedmaßen) erspart." (Grimms *Deutsches Wörterbuch* Bd. 8, Sp. 587). Der Rechtsterminus wird seit der zweiten Hälfte des 18. Jh. literarisch in bildlicher und übertragener Verwendung gebraucht. Eine Variante des Gnadenstoßes war ein Säckchen Schießpulver, welches dem lebendig zum Scheiterhaufen Verurteilten in den Nacken gehängt wurde, um sein Leiden zu verkürzen. Bei der Jagd gab es in ähnlicher Funktion den sogenannten Fangschuß, der (in Analogie zum Gnadenstoß) seit dem 19. Jh. auch als Gnadenschuß geläufig ist.

treu wie **Gold** sein
sehr treu und hilfsbereit sein [Treue]
„Unsere Haushaltshilfe ist treu wie Gold. Sie hat schon bei meinen Eltern gearbeitet und mich als Kleinkind betreut."
Bereits in der Bronzezeit taucht Gold als Handelsware der Urgermanen auf und wird schnell zum Symbol für Macht und Reichtum. In der alten Naturkunde gilt Gold als Metall der Sonne, welches durch die Kraft ihrer Strahlen entsteht. Besonders sein Glanz und sein Wert werden redensartlich hervorgehoben. Der Schmelzprozeß des Läuterns und der überprüfbare Grad seiner Reinheit führen zur Vorstellung der Echtheit und Bewährung, die der redensartliche Vergleich hervorhebt. Treue, Zuverlässigkeit und Standhaftigkeit in diesem Sinne liegen auch dem Brauch des goldenen Fingerrings/Eherings zugrunde.

sich mit **Gold** aufwiegen lassen
sich für seine Leistungen teuer bezahlen lassen [Lohn]
„Dieser Schauspieler weiß, daß allein sein Name Millionen einspielt. Daher läßt er sich seine Beteiligung an einem Film mit Gold aufwiegen."
Die Redensart meint ursprünglich: *einen getöteten Menschen durch Hergabe von Gold aufwiegen* und ist eine alte Rechtsstrafe. Schon früh auch im übertragenen Sinn gebraucht: *Ein frommes Weib kann man nicht mit Gold aufwiegen* (Sprichwort des 16. Jh.).

sich mit **Gold** nicht aufwiegen lassen
unersetzlich sein [Unersetzlichkeit]
„Dieser Spezialist für Computerbau läßt sich für unsere Firma nicht mit Gold aufwiegen!"

nicht mit **Gold** bezahlen können
sehr kostbar sein [Kostbarkeit]
„Dieser alte Meister ist mit Gold nicht zu bezahlen."

Gold in der Kehle haben
ein guter und hochbezahlter Sänger sein [Gesang]
„Nicht jeder Sänger hat soviel Gold in der Kehle wie Pavarotti."

Der neulateinische Spruch *Aurora habet aurum in ore*, der seinerseits auf einer volksetymologischen Deutung des lateinischen Namens Aurora der griechischen Göttin der Morgenröte (Eos) beruht, ist seit dem 16. Jh. zu dem deutschen Sprichwort geworden: *Morgenstund hat Gold im Mund.* Aus diesem überaus beliebten Vers ist die Wendung *Gold in der Kehle haben* als Variante im 19. Jh. entstanden.

goldene Worte
eine sprachliche Formulierung, welche ernste/wichtige/beherzigenswerte Erkenntnisse enthält [Weisheit]
„Als Kinder haben wir unsere Lehrer oft verspottet, aber nachträglich erscheinen mir manche ihrer Ratschläge als goldene Worte großer Lebensweisheit."
Die Wendung (bzw. ihre lateinischen Formen: *verba aurea, aurea dicta*) geht auf die Antike zurück (Lukrez, *De rer. nat.* 3,12). {Wortschatz}

sich einen **Goldfisch** angeln (umg.)
ein reiches Mädchen heiraten, eine gute Partie machen [Heirat]
„Der Bernd ist jetzt endlich aus dem Schneider! Wie ich höre, hat er die Fabrikantentochter geheiratet. Da hat er sich ja einen richtigen Goldfisch geangelt."
Ein reiches heiratsfähiges Mädchen wird im Volksmund seit dem Mittelalter als *Goldvögelchen* bezeichnet. Das wohl vom spanischen *Dorada* stammende *Goldfisch* ist seit dem 15. Jh. belegt. Seit dem 19. Jh. wird er im übertragenen Sinn analog zu *Goldvögelchen* für reiche Mädchen gebraucht.

eine (wahre) **Goldgrube** sein
ein einträgliches Geschäft/ein lohnendes Unternehmen sein [Gewinn]
„Das neue Kaufhaus am Markt ist eine wahre Goldgrube für den Besitzer! Es ist ständig voller Kunden."
Die Goldgrube ist eigentlich das Bergwerk, in dem nach Gold gesucht wird. Seit dem 17. Jh. wird der Begriff allgemein für eine lohnende Beschäftigung verwendet. So spricht etwa Herder von der *Goldgrube der Sprache,* in die hinabzusteigen es sich lohnt. Seit dem 18. Jh. ist die übertragene Bedeutung im Sinne einer *ertragreichen Erwerbsquelle* weit verbreitet.

jedes Wort auf die **Goldwaage** legen
jedes Wort sorgfältig planen/überlegen, übervorsichtig sein [Behutsamkeit]
„Du bist so empfindlich, daß man jedes Wort auf die Goldwaage legen muß!"
Die Goldwaage ist ein altes Präzisionswerkzeug, das dem Abwiegen des Goldstaubs oder der Schmuckstücke dient. Die Redensart findet sich bereits in der antiken Rhetorik bei Varro („verbum statera auraria pendere") und bei Cicero (*De oratore* II, 38, 159). Luther hat die Bibelstellen Sirach 21, 27, 28, 29 mit der Wendung übersetzt: „Du wägest dein Gold und Silber ein; warum wägest du nicht auch deine Worte auf der Goldwaage?" Diese Stelle hat entscheidend zum Eindringen der Redensart in die Umgangssprache beigetragen, in der sie seit dem 16. Jh. oft belegt ist. {Wortschatz}

halt die **Gosche(n)**!
→ den **Mund** halten [Schweigen]

jmdn. aus der **Gosse** auflesen (umg.)
jmdn. aus schlechten sozialen und wirtschaftlichen Verhältnissen befreien [Unterstützung]
„Heute fährt er einen dicken Wagen und strahlt Hochmut aus. Dabei hat ihn vor 20 Jahren mein Vater regelrecht aus der Gosse aufgelesen und ihm eine erste Beschäftigung gegeben!"
Das von *gießen* abgeleitete Wort *Gosse* bezeichnet die vertiefte Rinne am Straßenrand, in der sich der Straßendreck sammelt. Dieses seit Ende des 16. Jh. gebräuchliche Wort ist heute nur noch in Redensarten erhalten und sonst weitgehend durch *Rinne* ersetzt. Wie *Sumpf* und *Pfuhl* ist *Gosse* dabei der Inbegriff des Schmutzigen und Verkommenen.

in der **Gosse** enden (umg.)
elend zugrunde gehen [Untergang]
„So, wie sich deine Tochter heute schon rumtreibt, wird sie sicher einmal in der Gosse enden."

in der **Gosse** liegen (umg.)
entwürdigt und verkommen sein
[Verkommenheit]
„Wenn du dich um nichts kümmerst und dir keinen Job suchst, wirst du immer in der Gosse liegen."

jmdn. durch die **Gosse** ziehen (umg.)
jmdn. mit schmutzigen Andeutungen verleumden [Verleumdung]
„Auch im Wahlkampf sollte es nach der politischen Ethik selbstverständlich sein, den Gegner nicht rücksichtslos durch die Gosse zu ziehen."

Gott sei Dank!/salopp auch: **Gott** sei's getrommelt und gepfiffen!
1) allgemein: *es ist erfreulich!* [Freude]
2) spezifisch: *ich bin erleichtert!* [Erleichterung]
1) „Die Prüfung habe ich Gott sei Dank mit gut bestanden."
2) „Jetzt habe ich Gott sei Dank alle Prüfungen hinter mir. Leider sind einige nicht so gut ausgefallen, aber die Durchschnittsnote ist ‚befriedigend'."

weiß **Gott** (umg.)
ganz sicher [Gewißheit]
„Ich habe dich weiß Gott oft genug vor den Gefahren des Rauschgifts gewarnt, aber du wolltest ja deine eigenen Erfahrungen damit machen!"

mein/großer **Gott** (umg.)
Ausruf des Ärgers und der unangenehmen Überraschung [Verärgerung]
„Mein Gott, mußt du denn mit den dreckigen Schuhen auf dem Sofa rumspringen?"
Als interjektionsähnliche emotionale Bewertungen sind die Übergänge zwischen Verärgerung, Überraschung, Angst und Schrecken fließend und nur im Einzelfall zu differenzieren.
Herkunft → **Gott** behüte!

Gott/Himmel noch mal [Verärgerung]l
→ mein/großer **Gott**

vergelt's **Gott**!
→ **Gleiches** mit Gleichem vergelten

Gott und die Welt (umg.)
1) *alles mögliche* [Unbeschränktheit]
2) *alle möglichen Leute* [Jedermann]
1) „Bei dem Kaffeeklatsch haben wir uns über Gott und die Welt unterhalten."
2) „Zu dieser Party habe ich Gott und die Welt eingeladen."
Die Wendung bedeutete zunächst soviel wie *Gott und die Menschen* bzw. – in sozialer Hinsicht – *Gott und die höfische Gesellschaftsordnung*. Sie hat sich dann weiterentwickelt zu: *die Gesamtheit der urteilenden Instanzen.*

wie ihn/sie **Gott** geschaffen hat
nackt [Nacktheit]
„An diesem einsamen Strand haben wir jeden Tag gebadet wie uns Gott geschaffen hat."
Herkunft → im **Adamskostüm,** im **Evaskostüm**

wie ein junger **Gott**
(eine künstlerische Sache) sehr gut beherrschend [Können]
„Dieser Konzertabend hat sich wirklich gelohnt. Der Meister dirigierte wie ein junger Gott und hat das Orchester zu Höchstleistungen geführt!"
Auf den Humanismus, den Sturm-und-Drang und die sich anschließende Klassik gehen mythologisierende und poetisierende Wiederbelebungen der griechischen Götterwelt zurück, die sich in verschiedenen Redensarten und Vergleichen niedergeschlagen haben. Die dem Göttertrank Nektar zu verdankende ewige Jugend der griechischen Götter spielt hierbei eine besondere Rolle. Jugendlichkeit ist eines der wesentlichen Merkmale (und Ideale) des Geniekults der Sturm-und-Drang-Periode (1767–1785), das in den sich selbst verklärenden Attitüden der sogenannten *Olympier* Goethe und Schiller weiterlebt. So schreibt etwa Schiller im Jahr 1797 an Goethe: „Jetzt deucht mir kehren Sie, ausgebildet und reif, zu Ihrer Jugend zurück und werden die Frucht mit der Blüte verbinden. Diese zweite Jugend ist die Jugend der Götter und unsterblich wie diese …"

Gott behüte/bewahre!
nein!, niemals! (Ausruf der Ablehnung und Bestürzung) [Bestürzung] [Zurückweisung]
„Willst du uns morgen früh zur Jagd begleiten?" „Gott bewahre! Ihr wißt doch, daß ich von dieser Schlächterei nichts halte!"
Der Begriff oder Name *Gott* ist in einer unübersehbaren Zahl formelhafter Wendungen gebräuchlich, die teilweise nur noch den Charakter einer Partikel aufweisen. Ursprünglich handelt es sich um ernstgemeinte magisch-religiöse Beschwörungen. Neben Gott gibt es daher auch die Berufung des Himmels (um Himmels willen!), aber auch die der Welt (um alles in der Welt!).

so wahr mir **Gott** helfe!
→ so **wahr** mir Gott helfe! [Schwur]

den lieben **Gott** einen guten/frommen Mann sein lassen (umg.)
sorglos dahinleben [Unbekümmertheit]
„Im Alter von fast 30 Jahren kannst du nicht mehr einfach so vor dich hin studieren und den lieben Gott einen guten Mann sein lassen. Denk doch einmal an deine Zukunft, wenn deine Eltern sich nicht mehr um deinen Unterhalt kümmern können wie bisher!"
In der Redensart wird Gott nicht als Rachegott und Strafinstanz angesehen, sondern als „guter Gott", der die Fehler des Sünders gnädig beurteilt oder übersieht. Eine seltener gebrauchte Variante der Redensart ist: *Gottes Wasser über Gottes Land fließen lassen*. Diese basiert auf der Vorstellung, daß jemand den Naturgewalten freien Lauf läßt und sich um nichts kümmert.
Herkunft → dem lieben **Gott** den Tag/die Zeit stehlen

wie (der liebe) **Gott** in Frankreich leben
angenehm leben, luxuriös leben [Wohlergehen]
„Mit deinem Gehalt kannst du doch wie Gott in Frankreich leben! Ich verstehe deine ewigen Klagen daher nicht."
Es gibt verschiedene Deutungen der Redensart: Nach der Franz. Revolution 1789 wurde die Religion (und damit auch Gott) per Dekret abgeschafft und durch den „Vernunftkult" abgelöst. Obwohl der Jakobiner Robespierre 1794 wieder einen (allerdings rationalistischen) Kult des „Höchsten Wesens" einführte, galt Frankreich weiterhin im Sinne der Redensart als „Land des unbeschäftigten Gottes", das dieser unbeschwert und ohne seine üblichen Belastungen bewohnen konnte. Bei der Vorstellung des Wohlergehens mag auch eine Verschmelzung mit den mythologischen Vorstellungen vom sinnenfrohen Leben der griechischen Götter auf dem Olymp vorliegen, die in den christlichen Bereich transponiert wurden. Nach anderen Deutungen ist die Redensart viel älter und bezieht sich auf das luxuriöse Leben der Geistlichkeit und/oder des Adels in Frankreich vor der Revolution. Andere führen sie auf Kaiser Maximilian I. (1493–1519) zurück, der das absolutistische (gottähnliche) Herrschaftssystem der französischen Könige beneidet haben soll. Eventuell handelt es sich aber auch um eine Verschmelzung der beiden älteren Redensarten: *leben wie ein Gott* und *leben wie ein Herr in Frankreich*.

dem lieben **Gott** den Tag/die Zeit stehlen (umg.)
faul sein, nichts tun [Müßiggang]
„Hast du wirklich nichts Besseres zu tun, als hier herumzulungern und dem lieben Gott den Tag zu stehlen?"
Die Redensart basiert auf der Vorstellung, daß Gott auch der Herr der Zeit ist, die er dem Menschen zum Zweck der Arbeit (und nicht zum Müßiggang) überläßt. Hierher gehört auch die Bezeichnung *Tagedieb*.

Gott weiß wo/woher/wohin/wer/wie (umg.)
niemand weiß wo/woher/wohin/wer/wie [Unbestimmtheit]
„Dieser Kerl kam Gott weiß woher und hat unserer Tochter den Kopf verdreht. Jetzt erwartet sie ein Baby!"
Der Ausruf *das wissen die Götter* geht auf Homers *Ilias* (Kap. 17, V. 514) zurück, wo es heißt: „Das ruht im Schoße der Götter."
Vgl.: das weiß der **Kuckuck**/der **Teufel**.

das wissen die **Götter**
→ **Gott** weiß wo/woher/ wohin/wer/wie [Unbestimmtheit]

von allen **Göttern** verlassen sein
→ von allen guten **Geistern** verlassen sein [Verrücktheit]

dein Wort in **Gottes** Ohr!
→ dein **Wort** in Gottes Ohr! [Hoffnung]

Mann **Gottes**! (umg.)
Anrede, um Mißbilligung und Verärgerung auszudrücken [Verärgerung]
„Mann Gottes, hören Sie doch endlich auf zu hupen! Sehen Sie denn nicht, daß ein rangierender Lkw die Straße versperrt?"
Der Ausdruck *Mann Gottes* findet sich häufiger im Alten Testament. In 5. Mos. 33,1 steht etwa: „Dies ist der Segen, mit dem Mose, der Mann Gottes, die Israeliten vor seinem Tod segnete." Der Mann Gottes in diesem Sinn ist ein Mittler zwischen Gott und den Menschen, eine positiv herausgehobene Persönlichkeit. Der redensartliche Gebrauch der Wendung kann also als Form der Ironie aufgefaßt werden.

leider **Gottes**
bedauerlicherweise [Bedauern]
„Leider Gottes kann ich Ihnen kein Doppelzimmer mit Bad mehr anbieten. Können es auch zwei Einzelzimmer sein?"

in (drei) **Gottes** Namen! (umg.)
meinetwegen, wenn es sein muß [Einverständnis]
„Du willst unbedingt Germanistik studieren? In Gottes Namen! Aber beschwere dich später nicht bei mir, wenn du arbeitslos bist!"
Der dem Sturm und Drang zuzurechnende Schriftsteller Lenz umschreibt die Wendung wie folgt: „wenn es Gott gefallen hat, das Unglück über uns zu verhängen..." (so muß auch der Mensch zustimmen). Vgl.: **Gott** behüte/bewahre!

in **Gottes** Hand liegen/stehen (gehoben)
nicht vom Menschen beeinflußt werden können [Unbeeinflußbarkeit]
„Die Ärzte können nichts mehr für ihn tun. Es liegt allein in Gottes Hand, ob er diese schwere Krankheit überlebt!"
Die Hand Gottes steht in der Redensart für seine Macht, die menschlichen Geschicke hilfreich oder strafend zu bestimmen.
Herkunft → **Gott** behüte!/bewahre!

um (einen) **Gotteslohn** arbeiten/etwas tun (veraltend)
etwas ohne Gegenleistung tun; ohne Entgelt arbeiten [Uneigennützigkeit]
„Weil die Gemeinde dafür kein Geld hat, arbeite ich einmal in der Woche um Gotteslohn bei der Betreuung alter Mitbürger mit."
Der Gotteslohn ist die Gnade oder Belohnung Gottes, auf die man wegen einer guten Tat einen Anspruch hat. Die Redensart hat sich vermutlich aus einer alten Dankesformel für ein gewährtes Almosen entwickelt. Die säkularisierte Bedeutung *gratis* hat sich erst im 18. Jh. ausgebildet. In ironischer Verwendung bezeichnet *Gotteslohn* gelegentlich auch eine *gerechte Strafe*.

jmdn. ins **Grab** bringen [Tötung]
→ ein frühes **Grab** finden

ein frühes **Grab** finden
jung sterben [Sterben]
„Einige große Komponisten wie Mozart oder Schubert haben ein frühes Grab gefunden."
Das Grab ist als Aufbewahrungsstätte des Leichnams ein häufig gebrauchter Euphemismus für Tod und Sterben.

etwas mit ins **Grab** nehmen [Geheimnis]
→ ein frühes **Grab** finden

sich (selbst) sein eigenes **Grab** schaufeln (umg.)
den eigenen Untergang selbst verursachen [Selbstschädigung]
„Trotz vieler Warnungen hat er sein ganzes Geld in eine völlig unrentable Sache gesteckt und sich so sein eigenes Grab geschaufelt!"
Die Redensart vom selbstverschuldeten Untergang ist seit dem 18. Jh. literarisch belegt.

still/verschlossen sein wie ein **Grab** [Schweigen]
→ ein frühes **Grab** finden

er würde sich im **Grab(e)** umdrehen, wenn er es wüßte (umg.)
ein Verstorbener wäre enttäuscht/entsetzt über eine bestimmte Sachlage
[Mißbilligung]
„Unser Vater würde sich im Grabe umdrehen, wenn er wüßte, daß aus dir nichts geworden ist! Gerade auf dich hatte er doch all seine Hoffnungen gesetzt!“
Bei vielen Völkern findet man die Vorstellung vom ruhelosen Toten, der die Taten seiner Nachkommen unruhig verfolgt. Sie basiert wohl auf Grabfunden von beerdigten Scheintoten, deren Leichname Spuren vergeblicher Befreiungsversuche tragen und ungewöhnliche Positionen innehaben. Die Redensart ist wohl älter, als es ihr literarischer Nachweis im 18. Jh. (Lessing, Gellert) nahelegt. Und Friedrich Schiller schreibt: „Der edle Wein! Wenn meine alte Herrschaft, die Frau Mama, das wilde Leben säh, in ihrem Grabe kehrte sie sich um!“

eine Angelegenheit zu **Grabe** tragen
eine Angelegenheit beenden/aufgeben
[Beendigung]
„Dieser Plan von der Anschaffung eines Personalcomputers ist in der gestrigen Besprechung endgültig zu Grabe getragen worden. Die Sache lohnt sich nicht!“
Das konkrete *jmdn. zu Grabe tragen* hat sich im Lauf der Zeit auch auf abstrakte Vorgänge, Ideen usw. übertragen, wobei immer der Aspekt des negativen Ausgangs erhalten bleibt.
Herkunft → ein frühes **Grab** finden

eine Hoffnung zu **Grabe** tragen
[Enttäuschung]
→ eine Angelegenheit zu **Grabe** tragen

jmdn. an den Rand(e) des **Grabes** bringen
[Gefährdung]
→ ein frühes **Grab** finden

am Rand(e) des **Grabes** stehen [Krankheit]
→ ein frühes **Grab** finden

sich um 180 **Grad** drehen
→ etwas mit anderen **Augen** sehen
[Meinungsänderung]

auf **Granit** beißen (umg.)
auf unüberwindlichen Widerstand stoßen
[Mißerfolg]
„Ich habe dir schon so oft geholfen, daß ich es nicht mehr zählen kann. Jetzt reicht's! Diesmal beißt du auf Granit.“
Das *gekörnte* (von lat. *granum* = Korn abgeleitete) Gestein Granit ist von besonderer Härte und Festigkeit. Ähnlich wie *ein steinharter Mensch* ist er daher schon früh in bildhaften Vergleichen zur Charakterisierung von Menschen gebraucht worden.

ins **Gras** beißen (umg.)
einen gewaltsamen Tod finden, sterben
[Sterben]
„In jedem Krieg müssen viele junge Männer ins Gras beißen.“
Es gibt verschiedene Deutungen der Redensart. Eine davon bezieht sich auf antike Vorbilder (Homers *Ilias* 2,418/11,749; Vergils *Aeneis* 11,418), wo das Sterben des Helden im Kampf naturalistisch als Sturz und „in den Staub beißen“ geschildert wird. Diese Vorbilder haben im romanischen Raum zu Redensarten geführt (franz.: *mordre la poussière*; ital.; *mordere la terra*), die möglicherweise ins Deutsche übernommen wurden (belegt seit 1546). Eine andere Deutung sieht Bezüge zur sogenannten „Notkommunion“, bei der im Mittelalter einem Sterbenden anstelle der Hostie notfalls auch etwas Gras oder Erde in den Mund gesteckt werden konnte. Letztere Deutung könnte den Bildwechsel von (antik/romanisch) *Staub, Erde* zu (deutsch) *Gras* erklären.

über etwas ist **Gras** gewachsen (umg.)
eine peinliche/unangenehme Sache ist in Vergessenheit geraten [Vergessen]
„Ihr hattet doch Streit mit euren Nachbarn und jetzt kommen sie dennoch zu der Gartenparty. Ist über die Vorfälle von damals endlich Gras gewachsen?“
Die Redensart beruht auf der Vorstellung, daß über begrabenen Dingen nach einiger Zeit Gras zu wachsen pflegt. Sie entstammt im konkreten Sinn sowohl der Landwirtschaft als auch dem Bereich der Totenruhe im Grab. Für die Landwirtschaft gibt es aus der Zeit um 1600 den Rat, beim Roden

eines Waldstücks die größten Baumstümpfe nicht mühsam zu entfernen, sondern sie der Verrottung preiszugeben, indem man Gras darüber wachsen läßt. Ein ungepflegtes Grab kennzeichnet andererseits, daß der Tote der Vergessenheit anheimgefallen ist.

wo er hinhaut, da wächst kein **Gras** mehr (umg.)
1) *jmd. ist sehr stark* [Stärke]
2) *jmd. übt vernichtende Kritik* [Kritik]
1) „Der Georg ist ein bekannter Gewichtheber und sehr stark. Wo er hinhaut, da wächst kein Gras mehr!"
2) „Die Kritiken dieses Literaturpapstes sind häufig richtige Verrisse. Wo der hinhaut, da wächst kein Gras mehr!"
Das Gras gilt in der Redensart als besonders anspruchsloses und pflegeleichtes Gewächs. Es bedarf somit besonderer Gewaltmaßnahmen, um ein Stück Land davon freizuhalten. Zu Beginn der Entwicklung der Redensart stand noch der Gedanke des ausgetretenen Pfades im Vordergrund (16./17. Jh.), der (nach einem Beleg des Jahres 1668) um die Variante des graslosen Hexentanzplatzes erweitert wurde. Die konkrete Form der Redensart und ihre Bedeutung der Stärke ist allerdings erst für das 19. Jh. im Berliner Raum belegt.

das **Gras** wachsen hören
1) *sehr sensibel/ahnungsvoll und übervorsichtig sein* [Ahnung]
2) *gut informiert sein* [Sensibilität]
1) „Ich glaube, daß du mit deiner ewigen Angst vor einem Weltkrieg im Falle dieses regional begrenzten Konflikts wieder einmal das Gras wachsen hörst!"
2) „Wenn man in unserer Branche nicht das Gras wachsen hört, wird man von den Konkurrenten sofort überrundet!"
Die Redensart ist seit dem 15. Jh. nachweisbar und wird in dieser Zeit abschätzig auf überkluge Personen bezogen. Der Aspekt der Weisheit oder der Informiertheit taucht erst Mitte des 17. Jh. auf. Viele alte Bilder der Sensibilität sind uns heute nicht mehr vertraut. So kannte man beispielsweise im 16. Jh. die Redensarten: *die Spinnen weben hören, die Krebse niesen hören* und *die Mücken zur Ader lassen können.*
Vgl.: → die **Flöhe** husten hören.

über etwas **Gras** wachsen lassen
[Vertuschung]
→ über etwas ist **Gras** gewachsen

du kannst dir **gratulieren** (umg.)
1) *du kannst froh sein, daß* ... [Erfolg]
2) *du bist schlecht dran, wenn* ... [Mißerfolg]
1) „Zu dem Ausgang dieses Prozesses kannst du dir gratulieren. Es hätte durchaus anders kommen können!"
2) „Falls die Polizei dich mit 90 Stundenkilometern in der Stadt erwischt, kannst du dir gratulieren! Den Führerschein bist du dann eine Weile los!"
Gratulieren ist ein seit dem 16. Jh. gebräuchliches Lehnwort aus dem Lateinischen, wo *gratulari* soviel bedeutet wie *seine freudige Anteilnahme zu erkennen geben*. Diese Bedeutung wurde mit dem Wort weitgehend übernommen, wobei der ironische Gebrauch (zweite Bedeutung) seit dem 19. Jh. belegt ist. Als Floskel ist die Frage *Darf man gratulieren?* für den Ausdruck des höflichen Lobes, der Anteilnahme üblich, während die Variante *Kann man gratulieren?* noch den Aspekt der Uninformiertheit seitens des Fragenden markiert.

alles **grau** in grau sehen/malen
alle Dinge trostlos und hoffnungslos sehen/ darstellen [Pessimismus]
„Du darfst nicht so pessimistisch sein und alles grau in grau malen! Auch für arbeitslose Lehrer gibt es hier und da eine Beschäftigungsmöglichkeit, wenn sie sich als flexibel genug erweisen!"

den werde ich mir mal **greifen**! (umg.)
den werde ich einmal tadeln [Tadel]
„Der Lehrling hat schon wieder aus Unachtsamkeit eine ganze Produktionseinheit lahmgelegt? Na, den werde ich mir mal greifen!"
Die Floskel bezieht sich ganz wörtlich auf das Ergreifen und Festhalten zum Zwecke der Bestrafung eines Täters. Das Greifen wird in anderen Wendungen als Neben-

aspekt des Tastsinns (etwas ist zum Greifen nah) bzw. im Sinne des verstehenden *Begreifens* verwendet.

die grüne **Grenze**
→ die **grüne** Grenze

keine **Grenze(n)** kennen
sehr groß sein, übertrieben sein
[Übertreibung]
„Als er die Zulassung zum Studium erhielt, kannte sein Freude keine Grenze."
Herkunft → seine **Grenzen** kennen

sich in **Grenzen** halten
eingeschränkt sein [Minimum]
„Meine Hoffnung auf einen Sieg der Nationalmannschaft hält sich sehr in Grenzen!"

sich in engen **Grenzen** halten
von einem Normwert/Bezugswert/Mittelwert nur geringfügig (nach oben/unten) abweichen [Begrenzung]
„Die Lohnerhöhungen halten sich in diesem Jahr in engen Grenzen."
Herkunft → seine **Grenzen** kennen

seine **Grenzen** kennen
1) *wissen, was man tun/sagen darf*
[Selbstbeschränkung]
2) *wissen, was man leisten kann*
[Selbsteinschätzung]
1) „In diesem Fall hättest du deine Grenzen kennen müssen und dem Vorgesetzten nicht widersprechen dürfen!"
2) „Nur wer seine Grenzen kennt, ist vor Überbelastung sicher."
Grenze ist ein Lehnwort aus den slawischen Sprachen (poln. *granica*), welches im Rahmen der sogenannten „Ostkolonisation" des Deutschritterordens im 13. Jh. ins Deutsche übernommen wurde und germ. *Mark* weitgehend ablöste. Letzteres hat sich aber in Wortbildungen (Grenzmark) und politisch-geographischen Bezeichnungen (Mark Brandenburg, Dänemark) erhalten. Literarische Geltung hat *Grenze* vor allem durch häufigen Gebrauch bei Luther erhalten. Wie gewöhnlich hat die Entwicklung abstrakter Bedeutungskomponenten mit einer Übertragung vom lokalen in den temporalen Bereich begonnen (Zeitgrenze). In den vielfachen Verwendungen zur Kennzeichnung der Eingeschränktheit menschlicher Kräfte und Erkenntnisfähigkeiten bietet *Grenze* ein Beispiel für die Stärke topographischer Metaphorik und konkret-bildhaften Denkens. Auffällig ist, daß – im Gegensatz zu *begrenzt* – das Adjektiv *grenzenlos* insbesondere im Bereich der Affekte und Emotionen angesiedelt ist: *grenzenlose Liebe/Sehnsucht/Zuversicht; grenzenloser Haß/Ekel/Egoismus* usw.

jmdm. die **Gretchenfrage** stellen
jmdm. eine ernsthafte Frage nach seiner Gesinnung/seinem Glauben/seinem Gewissen stellen (und eine ehrliche Antwort erwarten) [Erkundigung]
„Sie sind doch so ein entschiedener Befürworter des Tierschutzes, Herr Meier! Darf ich Ihnen einmal die Gretchenfrage stellen: Warum haben Sie Ihrer Frau zum Geburtstag einen Nerzmantel geschenkt? Sie wissen doch wohl, unter welch erbärmlichen Umständen die Tiere in Pelzfarmen gezüchtet werden!"
Herkunft → **Schall** und Rauch sein

der **Griff** in die Kasse
→ **Kasse** [Diebstahl]

etwas in den **Griff** bekommen
[Beherrschung]
→ etwas im **Griff** haben

einen guten **Griff** haben [Geschicklichkeit]
→ etwas im **Griff** haben

etwas im **Griff** haben (umg.)
etwas gut beherrschen, etwas gewohnheitsmäßig beherrschen [Können]
„Unser Filialleiter hat die Sache wirklich im Griff. Er sollte jetzt einmal in die Zentrale versetzt werden!"
Das von *greifen* abgeleitete *Griff* hatte zunächst nur die konkrete Bedeutung *Fassen mit der Hand*, das über den Bereich des tastenden Überprüfens und *Begreifens* schließlich zur Bedeutung *Können* überleitete. Eine besondere Rolle hat dabei die Kunstfertigkeit des Greifens beim Saiten-

instrument geführt (in die Saiten greifen). Bei Luther findet sich daher die Übersetzung: „der hat den rechten Griff" für lat. „qui hoc potest facere". Aus dem Umfeld von *können* ist noch die Wendung *die Handgriffe zeigen/beherrschen* zu erwähnen.
Herkunft → den werde ich mir mal **greifen**

einen guten **Griff** tun (umg.)
eine geschickte Auswahl treffen [Erfolg]
„Mit dem Kauf dieses Sportwagens hast du einen guten Griff getan!"
Herkunft → etwas im **Griff** haben

jmdm. die **Grillen** ausreden/austreiben/vertreiben (umg.)
jmds. wunderliche Gedanken oder melancholische Gemütsverfassung beenden [Erziehung]
„Wir müssen Claudia die Grillen ausreden, ein Pferd haben zu wollen – das Geld reicht ja nicht mal für ein ordentliches Auto."

Grillen fangen (veraltend) [Eigensinnigkeit]
→ **Grillen** im Kopf haben

Grillen im Kopf haben (veraltend)
seltsame Pläne schmieden, wunderlichen Gedanken anhängen [Marotte]
„Du willst einmal Arzt werden? Das sind aber bloß Grillen, die du da im Kopf hast! Schließlich können wir dir kein Studium bezahlen!"
Die Grille ist ein Insekt, das früher (neben der Feldgrille) als Hausgrille (Heimchen) auch in Wohnungen, Backstuben usw. heimisch war und dort als Ungeziefer galt. Lessing vergleicht seine Kritiker mit „Grillen, die am Wege schwirren". Offenbar ist das *unnütze Treiben* dieser Tiere mit diesem Vergleich abwertend auf Menschen übertragen worden. Die Redensart ist mit ihren Varianten eine Lieblingswendung des 16.–18. Jh. und auch bei Goethe sehr häufig. Für die mittelalterliche Medizin gab es übrigens wirklich eine *musca in cerebro* (Mücke im Gehirn), die den Kopf des Kranken verwirrte. Vgl.: seine **Mucken** haben.

Grips haben (umg.) [Klugheit]
→ **Grütze** im Kopf haben

aus dem **Gröbsten** heraus sein
die größten Schwierigkeiten (finanzieller Art) überwunden haben [Verbesserung]
„In den ersten Jahren war die Abbezahlung unseres Eigenheims wirklich nicht leicht, aber jetzt sind wir aus dem Gröbsten heraus und können uns auch wieder etwas Luxus leisten."
Das *Gröbste* dieser Redensart kann als eine rauhe, unbequeme Zeitspanne angesehen werden, da *grob* in sich verschiedene Elemente der Unwirtlichkeit und der fehlenden „Geschliffenheit" vereinigt.

ein paar **Groschen** (umg.)
eine kleine Geldsumme [Geld]
„Das Gehalt eines Lehrers ist nicht besonders hoch, aber durch Nachhilfestunden kann er sich doch immer ein paar Groschen dazuverdienen."

bei jmdm. ist der **Groschen** gefallen (umg.)
jmnd. hat endlich etwas verstanden [Verstehen]
„Bis bei Herbert der Groschen gefallen ist, dauert es immer eine ganze Weile."
Das aus dem mlat. *grossus* (dick) abgeleitete *Groschen* wurde zunächst auf eine 1266 in Frankreich geprägte *Dickmünze* (Denarius grossus) angewendet, die auch in Deutschland anerkannt wurde. Große Verbreitung fand der Groschen aber erst, nachdem im Jahre 1300 in Böhmen silberne *Dickmünzen* dieses Namens geprägt wurden, die in ganz Europa Verbreitung fanden. Auf die böhmische Aussprache dürfte auch der Wechsel von ss zu sch (grossus/grosch) zurückzuführen sein. Der Groschen repräsentierte stets mehrere Pfennige (zwischen 7 und 12) und stand somit zwischen dem Pfennig und dem Taler. Sein wechselnder Wert ließ ihn in verschiedenen Redensarten zum Begriff für die Münze schlechthin werden. Andere Redensarten spiegeln seinen allmählichen Wertverlust wider, so daß er auch zum Symbol des geringfügigen Betrags wurde. Der heutige konkrete Münzwert eines Groschens entspricht dem Zehn-Pfennigstück. Groschenstücke sind an vielen Automaten erforderlich, die gegen Geldmünzen ihre Ware herausgeben. Die Redensart bezieht

sich auf den mechanischen Vorgang des Fallens der Münze in den Mechanismus des Automaten. Erst bei Akzeptanz des Groschens erfolgt die Warenfreigabe. Die Redensart zieht aus diesem Vorgang eine Analogie zum Verstehensprozeß des eher dummen (automatenhaft reagierenden) Menschen.

nicht für drei **Groschen** Verstand haben (umg.)
unvernünftig sein [Unvernunft]
„Wie kannst du dich mit einem derartigen Halunken verloben? Du hast doch nicht für drei Groschen Verstand!"
Herkunft → bei jmdm. ist der **Groschen** gefallen

seine paar **Groschen** zusammenhalten (umg.)
sparsam sein, wenig Geld ausgeben [Sparsamkeit]
„Als Auszubildender hat man noch nicht viel Geld. Um sich ein Moped leisten zu können, muß man eine ganze Zeit lang seine paar Groschen zusammenhalten."

groß und klein (Paarformel)
Menschen unterschiedlichsten Alters [Jedermann]
„Vom Auftritt dieses populären Stars waren in unserer Stadt groß und klein begeistert."
Aus der ursprünglich konkreten Vorstellung *große und kleine Leute/Menschen* hat sich bereits im Mittelalter die feste Paarformel *groß und klein* abgespalten. Sie hatte von Anfang an die Bedeutung *jedermann* und steht in Konkurrenz zu Formeln wie *arm und reich, hoch und niedrig, bedeutend und unbedeutend, jung und alt.*

groß und breit (Paarformel)
1) *auffällig* [Auffälligkeit]
2) *umständlich, weitschweifig* [Weitschweifigkeit]
1) „Müssen Sie hier unbedingt rauchen? Schließlich steht doch groß und breit an der Tür, daß es sich hier um ein Nichtraucherabteil handelt!"
2) „Als der Gast sich vorstellte, erklärte er groß und breit seine diversen Titel, seine Herkunft und seine Steckenpferde, obwohl das alles eigentlich niemanden interessierte."

groß ausgehen (umg.)
festlich ausgehen, ein feines Restaurant besuchen, tanzen gehen usw. [Feier]
„Nächste Woche hast du doch Geburtstag! Was hältst du eigentlich davon, wenn wir zu diesem Anlaß einmal groß ausgehen?"
Die Redensart ist im Bereich der positiven Bewertungen von *groß* angesiedelt und basiert auf dem Grundgedanken *Aufwand.*

groß herauskommen/dastehen (umg.)
erfolgreich sein und bekannt werden [Erfolg]
„Wenn ich ein Engagement an dieser bekannten Bühne bekomme und mit diesen berühmten Kollegen zusammen auftrete, werde ich bestimmt ganz groß heraus kommen!"
Seit der Goethezeit wird *Größe* auch mit dem Anspruch und Wert eines Kunstwerks, einer künstlerischen Leistung usw. verbunden. Eine sehr bekannte Formulierung ist beispielsweise Winckelmanns Beurteilung der griechischen Plastik: „Das ... Kennzeichen der griechischen Meisterstücke ist endlich eine edle Einfalt und eine stille Größe, sowohl in der Stellung als im Ausdruck" (1808). Im Lauf des 19./20. Jh. ist der Gebrauch von *groß* und *Größe* in diesem Sinn etwas inflationär geworden. So wurden auch folgende Wendungen eher nichtssagend: *eine große Stimme, ein großer Wein, ein großes Tennismatch/Spiel* usw.

groß reden/sprechen (umg.)
etwas vorgeben [Täuschung]
„Die Politiker reden immer so groß von der Gleichberechtigung der Frauen, aber in den Parteien selbst sieht es gerade damit nicht sehr gut aus."

das **große** Geld verdienen/machen (umg.)
viel Geld verdienen [Reichtum]
„Bei deinem neuen Job wirst du nicht reich! Wenn du das große Geld verdienen willst, mußt du dich selbständig machen!"
In der Spielart des Quantitätsbegriffs nimmt

groß die Bedeutung *reichlich* an. Sie findet sich schon im *Tristan* Gottfrieds von Straßburg (um 1210). Heute bedeutet *großes Geld* gelegentlich auch: Geldscheine (im Gegensatz zum *Kleingeld*, den Geldmünzen). Eine seit Goethe belegte Variante ist: „ein großes Vermögen verdienen/machen".

eine unbekannte **Größe**
1) *ein unbekannter Mensch* [Unbekanntheit]
2) *eine unbekannte Sachlage* [Ungewißheit]
1) „Es ist noch unklar, wie der neue Kultusminister über die Schulreform denkt; insofern ist er momentan noch eine unbekannte Größe."
2) „Wir fahren im Urlaub wieder an die Nordsee, obwohl dort das Wetter immer eine unbekannte Größe ist."
Die Wendung stammt aus der Fachsprache der Mathematik. Gleichungen symbolisieren mit dem Zeichen *x* die unbekannte Größe, die aus den Umgebungsinformationen errechnet werden kann.

im **großen** und ganzen
im wesentlichen, von Einzelheiten abgesehen [Durchschnitt]
„Im großen und ganzen bin ich mit Ihren Leistungen zufrieden, aber Sie sollten sich doch bessere Umgangsformen angewöhnen, wenn Sie in unserer Firma weiterkommen wollen!"
Das mit *grob* verwandte Adjektiv *groß* hat sich zusammen mit seinem Gegensatz *klein* gegenüber den älteren polaren Adjektiven *michel* (groß/viel) und *lützel* (klein/wenig) erst im Lauf des 15. Jh. endgültig als Maßbegriff zur Bezeichnung von Ausdehnung und Menge durchgesetzt. Der konkrete Bereich ist in vielen Verwendungen ausgedehnt, wobei die positiven Bewertungen (Macht, Erfolg, Reichtum usw.) überwiegen. In der Wendung *im großen und ganzen* liegt jedoch eine Variante des Quantitätsbegriffs vor, wobei der Nachdruck auf der „Vorstellung des Zusammenfassenden, Ungegliederten gegenüber dem Einzelnen, dem Detail liegt" (Grimms *Deutsches Wörterbuch* Bd. 9, Sp. 470). Die Wendung ist seit dem 18. Jh. literarisch überliefert. Goethe verwendete es im Gespräch mit Eckermann: „So trägt doch (in der griechischen Dramatik), im großen und ganzen betrachtet, alles nur einen einzigen durchgehenden Charakter."

bei jmdm. wird etwas **großgeschrieben** (umg.)
etwas ist jmdm. sehr wichtig [Wichtigkeit]
„In unserem Betrieb kannst du nur durch eisernen Fleiß vorankommen, denn der wird beim Chef großgeschrieben."
Die Redensart bezieht sich auf die Klein- und Großschreibung im Deutschen. Wichtige Dinge können zur Hervorhebung auch durchgehend mit Großbuchstaben geschrieben werden.

großkotzig sein (umg.)
sich wichtig machen, angeben [Angeberei]
„Den Dieter kann ich nicht leiden – der ist immer so großkotzig mit seinen dicken Autos und seinem Erfolg bei Frauen."
Großkotzig entstammt dem Jiddischen, wo *kozin* die Bedeutung *Reicher* hat. Im Rotwelsch wurde daraus das verständlichere *Kotze* (Erbrochenes) gebildet, das mit dem Zuatz *groß* verstärkt wurde und die heutige Bedeutung annahm.

das kannst du deiner **Großmutter** erzählen! (umg.)
das glaube ich dir nicht! [Lüge]
„Du willst plötzlich in Latein eine sehr gute Note erhalten haben? Das kannst du deiner Großmutter erzählen!"

(sich) mit etwas **großtun**/ein **Großmaul** sein (umg.)
prahlen, sich brüsten [Angeberei]
„Unser Vorgesetzter tut sich gern groß mit seinen Fremdsprachenkenntnissen. Dabei sind die eher kümmerlich."
Die Redensart bezieht sich auf den Vorgang des angeberischen Aufrichtens, das die Körpergröße erhöht. Dieses meist unbewußte körpersprachliche Verhalten findet sich in bestimmten Imponiersituationen sowohl bei manchen Tierarten als auch beim Menschen. Es schlägt sich auch in der Redensart *sich in die Brust werfen* nieder. Vorformen der

Redensart sind seit dem 15. Jh. überliefert, ihr Wortlaut mit der Bedeutung *Prahlerei* stammt allerdings erst aus dem späten 17. Jahrhundert.

jmdm. eine **Grube** graben
auf jmds. (beruflichen/gesellschaftlichen) Fall hinarbeiten [Schaden]
„Hören Sie endlich auf, mir dauernd Gruben zu graben, um meine Position im Aufsichtsrat zu schwächen!"
Die Redensart stammt aus dem Bereich der Jagd und der Vogelstellerei. Derartige Redensarten gehen in der Regel bis auf das Mittelalter zurück. Eine bekannte Variante liegt vor mit dem Sprichwort: *Wer andern eine Grube gräbt, fällt selbst hinein.* Vgl.: jmdm. eine **Falle** stellen.

sich **grün** und blau ärgern (umg.)
sich sehr ärgern [Verärgerung]
„Ich könnte mich grün und blau ärgern, daß ich diesmal nicht im Lotto gespielt habe. Es sind nämlich genau meine Geburtszahlen gezogen worden, mit denen ich sonst immer spiele!"
Grün bildet zusammen mit *gelb* und *blau* einige stereotype sprachliche Verbindungen, die auf die entsprechende Nachbarschaft dieser Farben im Farbenkreis bezogen sind und bedeutungsmäßig als Intensivierungen fungieren.

jmdn. **grün** und blau schlagen (umg.)
[Prügel]
→ sich **grün** und blau ärgern

jmdm. nicht **grün** sein (umg.)
jmdn. nicht leiden können, einander wechselseitig nicht leiden können [Abneigung]
„Dein Vorgesetzter scheint dir wohl nicht grün zu sein? Sonst hätte er dir diese langweilige Arbeit doch nicht zugemutet!"
Grün ist die Farbe des lebendigen Wachstums der Pflanzen in der Natur. Als Farbe hat Grün daher die positive Bedeutung des Triebkräftigen, Frischen und Lebendigen. Einige Wendungen betonen allerdings den Aspekt des Unreifen, Unerfahrenen und Unfertigen (ein grüner Junge). Die Redensart *jmdm. nicht grün sein* meint, daß man einer Person gegenüber keine positiven Seiten zeigt, um seine Abneigung ihr gegenüber zu dokumentieren.

grün und gelb werden vor Neid (umg.)
[Neid]
→ sich **grün** und blau ärgern

es wird jmdm. **grün** und gelb vor Augen (umg.) [Übelkeit]
→ sich **grün** und blau ärgern

etwas ist dasselbe in **Grün** (umg.)
zwei Sachen sind beinahe identisch/unterscheiden sich nicht wesentlich [Gleichheit]
„Ob wir das Bild an diese oder an jene Wand hängen, ist dasselbe in Grün. In beiden Fällen muß ein tiefes Loch gebohrt werden, um die Haken zu befestigen! Und das ist in beiden Fällen gleichermaßen problematisch, weil wir nicht wissen, ob irgendwo Leitungen verlegt sind."

bei Mutter **Grün** schlafen
→ bei **Mutter** Grün schlafen

Grund und Boden
→ **Haus** und Hof [Besitz]

einer Sache auf den **Grund** gehen/kommen
die wahren Ursachen erforschen/finden/nachprüfen [Prüfung]
„Der Kommissar glaubte dem Verhafteten nicht und versuchte, den wahren Motiven in einem stundenlangen Verhör auf den Grund zu kommen."
Die Übertragung des architektonischen Begriffs *Grundmauer* (Basis, Fundament) auf nicht-architektonische Bereiche wie Argumentation ist seit der Antike geläufig. Seither ist es in diesem sprachlichen Bild üblich, Schlußfolgerungen ausreichend zu *begründen* (Rationalität, Kausalität). Mit den Bedeutungen *Ausgangspunkt* und *Ursprung* werden Zusammensetzungen mit *Grund* in vielen Fachsprachen verwendet, in denen es um *Grundlagen, Grundbegriffe* und *Grundwahrheiten* geht.

etwas ist nicht auf jmds. **Grund** und Boden gewachsen

eine Idee/Theorie stammt nicht von jmdm. der als ihr Urheber auftritt [Plagiat]
„Diese Sicht der Dinge ist nicht auf Ihrem Grund und Boden gewachsen! Man findet ähnliche Erwägungen bereits bei den Metaphysikern des ausgehenden Mittelalters."
Grund bedeutet die „feste untere Begrenzung eines Dinges" (Grimms *Deutsches Wörterbuch* Bd. 9, Sp. 669): *Meeresgrund, Ankergrund* usw. Noch das heute sehr geläufige *zugrunde gehen* mit der Bedeutung *Sterben* war ursprünglich auf *Versinken* und *Ertrinken* begrenzt. Allmählich entwickelten sich Übertragungen auf den Bereich des festen Landes (Höhlengrund) und des Erdbodens. In der rechtssprachlichen Formel *Grund und Boden* mit der Bedeutung: *der gesamte Besitz* ist die alte Differenzierung noch erkennbar. Über den Aspekt der Gesamtheit hat sie sich in verschiedenen Redensarten zu einer allgemeinen Intensivierungsformel weiterentwickelt: *jmdn. in Grund und Boden verdammen, sich in Grund und Boden schämen, etwas in Grund und Boden wirtschaften, jmdn. in Grund und Boden reden.*

von **Grund** aus gut/schlecht/verdorben sein
ganz und gar gut/schlecht/verdorben sein [Unverbesserlichkeit]
„Meine Mutter hatte recht, als sie mich warnte. Du bist von Grund aus verdorben!"
Die ursprünglich konkrete Bedeutung *vom Fundament* (eines Bauwerks) *her* dominiert bis ins 18. Jahrhundert. Erst bei Goethe findet sich die Wendung in Verbindung mit Ausdrücken des Affekts und der Qualitätsbezeichnung.

aus diesem kühlen **Grunde** (umg., scherzhaft)
deswegen [Begründung]
„Gustav hat mir erst neulich eine Beule in meinen Wagen gefahren. Aus diesem kühlen Grunde bekommt er ihn von mir nicht mehr ausgeliehen!"
Bei der Wendung handelt es sich um ein Wortspiel mit zwei verschiedenen Bedeutungen von *Grund:* einmal *Beweggrund, Ursache*, sodann *Boden einer Mulde: Talgrund, Waldgrund, Wiesengrund.* Der „kühle Waldes- und Wiesengrund" ist ein beliebtes Ausdrucksschema der volkstümlichen Topik des Volks- und Kunstliedes. Besonders bekannt ist der Anfang des Gedichts. *Das zerbrochene Ringlein* von Joseph von Eichendorff: „In einem kühlen Grunde / Da geht ein Mühlenrad, / Mein' Liebste ist verschwunden, / Die dort gewohnet hat."

etwas hat so seine **Gründe**
ein Sachverhalt hat Gründe, die nicht jeder wissen soll [Andeutung]
„Es hat so seine Gründe, daß Oskar nie etwas von seiner Familie erzählt. Ich weiß beispielsweise zufällig, daß zwei seiner Brüder im Gefängnis sitzen! So etwas verschweigt man lieber!"

jmdn./etwas in den **Grundfesten** erschüttern (gehoben)
jmdn./etwas radikal in Frage stellen bzw. zerstören [Bedrohung]
„Durch diese neuen Erkenntnisse der Kernphysik wurde unser altes Weltbild in den Grundfesten erschüttert!"
Das im 16./17. Jh. gebildete Substantiv *die Grundfeste* übernimmt von *Grund* die Bedeutung *Fundament* und verstärkt diese noch. Heute allerdings ist der Begriff nur noch in formelhafter Verwendung gebräuchlich.

den **Grundstein/Grundstock** zu etwas legen
den Anfang von etwas bilden [Beginn]
„Unser gemeinsames Interesse an der Kunst hat den Grundstein zu unserer langjährigen Freundschaft gelegt."
Das erst im 14. Jh. belegte *Grundstein* mit der Bedeutung *erster Stein* (des Fundaments) *eines Bauwerks* hat sich sehr rasch zu religiösen (Gott, Christus) und anderen Übertragungen weiterentwickelt. Stets ist damit der Anfang, der Ursprung einer Entwicklung/eines Sachverhalts gemeint.

der **Grundstock** eines Vermögens
das Grund- und Ausgangskapital [Basis]
„Den Grundstock des Vermögens dieser Familie bilden die Aktien der Transsibirischen Eisenbahn."

Der Grundstock ist ursprünglich der Stamm einer Mutterpflanze, von der man Ableger gewinnen möchte. Im Sinne einer organischen Metapher werden neben dem Finanzwesen auch andere gesellschaftliche Komplexe, Sammlungen u. ä. mit dieser Wendung versehen.

die **grüne** Grenze
eine nicht durch Schlagbaum u. ä. gekennzeichnete politische Grenze [Grenze]
„Bei unserer Wanderung müssen wir die Personalausweise mitnehmen, weil wir mehrfach die grüne Grenze passieren und zufällig kontrolliert werden könnten."
In der Wendung ist *grün* das Symbol für die Natur im Sinne von Wald und Feld, durch welche eine politische Grenze verläuft.

ach, du **grüne** Neune!
→ ach, du grüne **Neune**!

eine **grüne** Welle haben
→ eine grüne **Welle** haben

komm an meine **grüne** Seite! [Zuneigung]
→ jmdm. nicht **grün** sein

eine **grüne** Witwe sein
→ eine grüne **Witwe** sein

etwas/jmdn. über den **grünen** Klee loben
→ etwas/jmdn. über den grünen **Klee** loben
etwas vom **grünen** Tisch aus bestimmen
→ etwas vom grünen **Tisch** aus bestimmen

auf keinen **grünen** Zweig kommen
→ auf keinen grünen **Zweig** kommen

ein **grüner** Junge (umg.)
ein junger und unerfahrener Mensch [Unerfahrenheit]
„Misch dich hier bloß nicht ein! Schließlich bist du noch ein grüner Junge und hast keine Ahnung von diesen Dingen!"
In der Redensart wird der Aspekt der Unerfahrenheit und der Unreife mit der grünen Farbe symbolisiert. Diese Übertragung ist für das Deutsche seit dem 17. Jh. belegt, kommt aber auch in anderen Sprachen vor. Die grünliche Farbe des Schnabels von Jungvögeln hat wohl zu der Bildung *Grünschnabel* geführt. Ein literarisches Denkmal der Wendung stellt Gottfried Kellers Roman *Der grüne Heinrich* (1854/55) dar, wobei die grüne Kleidung des Protagonisten als äußerer Ausdruck des inneren Ringens um Selbstfindung eines Individuums zwischen Künstlertum, Natur und Gesellschaft gedeutet werden darf. Den Aspekt der Unreife findet man sowohl in der Wendung *ein grüner Junge* als auch in neueren Prägungen (wie: *Grünzeug* oder *junges Gemüse*) für *junge, unerfahrene Leute*.

jmdm./einer Sache **grünes** Licht geben
einer Sache steht nichts mehr im Wege; jmdm. erlauben, eine Sache durchzuführen [Erlaubnis]
„Nach endlosen Beratungen über die Kosten und die möglichen Einnahmen hat der Aufsichtsrat diesem neuen Projekt endlich grünes Licht gegeben."
In der Seemannssprache bezeichnet *grünes Licht* die entsprechende Beleuchtung an Steuerbord (rechte Schiffsseite). Als Verkehrszeichen bedeutet grünes Licht *freie Fahrt* (im Gegensatz zum roten Licht).

Grütze im Kopf haben (umg.)
klug sein, gescheit sein [Klugheit]
„Diese Rechenaufgabe kann jeder lösen, der etwas Grütze im Kopf hat!"
Die Redensart entstand aus einer Umbildung von ahd. *kritz* (Verstand, Schlauheit). Als man *kritz* nicht mehr verstand, vermutete man eine Verbindung zu Grütze, einem gekochten Getreidebrei aus Hafer und Hirse, welcher der hellen Gehirnmasse ähnelt.

Grütze statt (Ge-)Hirn im Kopf haben [Dummheit]
→ **Grütze** im Kopf haben

jmdn. an der **Gurgel** fassen/an die **Gurgel** fahren (umg.)
jmdn. am Hals würgen [Handgreiflichkeit]
„Zunächst war der Streit relativ harmlos, aber als der eine dem anderen an die Gurgel fuhr, haben wir die beiden sofort getrennt."
Das im 13. Jh. aus lat. *gurgulio* abgeleitete Lehnwort *Gurgel* wird seit der klassischen

Literaturperiode in der Hochsprache durch das als gehobener empfundene Wort *Kehle* ersetzt. *Gurgel* erhält sich aber in Wendungen, in denen Abwertungen (wie Streit, Prasserei, Trinkerei usw.) ausgedrückt werden sollen. Bezogen auf die Qualität des Gesangs stellt Goethe der „Kehle der Nachtigall" die „Gurgel des Kuckucks" gegenüber.

eine trockene **Gurgel** haben [Durst]
→ jmdn. an die **Gurgel** fassen

(sein Geld) durch die **Gurgel** jagen (umg.)
(sein Geld) vertrinken [Verschwendung]
„Kein Wunder, daß du wieder mal pleite bist! Du hast doch bestimmt wieder dein ganzes Geld durch die Gurgel gejagt!"
Die Redensart ist typisch für die negativen Aspekte des verschwenderischen Trinkens und Prassens. Sie ist seit der Barockzeit literarisch belegt.

jmdm. die **Gurgel** zuschnüren [Ruin]
→ jmdm. die **Schlinge** um den Hals legen

den **Gürtel** enger schnallen (umg.)
die Ausgaben (insbesondere für Essen) drastisch einschränken [Einschränkung]
„Unser Nachbar ist arbeitslos. Da muß seine Familie den Gürtel enger schnallen."
Die Redensart erklärt sich leicht aus der durch Fasten resultierenden Abmagerung eines Menschen. Einen Bezug zur allgemeineren Bedeutung *Einschränkung* bietet die mittelalterliche Rechtssprache: Der unpfändbare geringste persönliche Besitz ist dort *das, was der Gürtel umschließt.*

ein Schlag unter die **Gürtellinie** (umg.)
eine unfaire Attacke [Unfairneß]
„Die Frage nach dem Befinden seiner ersten Frau war in Anwesenheit seiner zweiten ein Schlag unter die Gürtellinie."
Die Wendung stammt aus dem Boxsport, in dem Schläge unter die Gürtellinie ausdrücklich verboten sind.

aus einem **Guß** (*einem* betont)
einheitlich, eine Ganzheit bildend
[Einheitlichkeit]
„Die Ludwigstraße in München ist eine der wenigen Straßen Deutschlands, die wie aus einem Guß wirken."
Bei der Herstellung größerer Metallgegenstände (Statuen u. ä.) wurden früher kleine Partien gegeossen und danach zusammengeschweißt. Oft waren danach die Schweißnähte deutlich erkennbar. Nur ausgezeichnete Werkstätten schafften es, ihre Werke so zusammenzufügen, daß diese *wie aus einem* (einzigen) *Guß* wirkten. Der kunsthandwerkliche Ursprung der Redensart ist heute noch dafür verantwortlich, daß insbesondere künstlerische (literarische, architektonische usw.) Werke damit lobend charakterisiert werden.

gut und gern (umg., Zwillingsformel, Stabreim)
mindestens, sicherlich (bei Zahlangaben) [Schätzung]
„Nach Berlin willst du trampen? Das sind doch gut und gern 500 Kilometer! Dazu brauchst du zwei Tage, wenn du Pech hast!"
Seit dem 15. Jh. tritt *gut* zu Angaben von Maßen und Gewichten als Normbegriff hinzu, wobei es bedeutet: *gut bemessen, angemessen, reichlich.* So findet sich bereits mhd. *eine gute Meile weit reiten/gehen* usw. Entsprechendes gilt auch für *ein Gutteil* (der Nahrung, der Beute usw.). *Gut und gern* hat sich wahrscheinlich aus einem älteren *gut und gar* entwickelt und ist seit dem 18. Jh. belegt. Der Stabreim und der weitreichende mundartliche Gebrauch lassen allerdings auf einen älteren Ursprung schließen. Die mit *ungefähr* und *mindestens* zu umschreibende Bedeutung einer Schätzung wird sehr häufig auch im Sinne einer quantitativen Steigerung (etwa im Sinne von *reichlich*) gebraucht.

kurz und **gut**
wenn ich zusammenfasse, kurz gesagt
[Resümee]
„Zuerst stritten sie sich, dann versöhnten sie sich wieder, dann stritten sie sich wieder und versöhnten sich wieder, kurz und gut: Nach einigen Monaten war klar, daß diese Verlobung nicht zu einer harmonischen Ehe führen würde."

Die Resümierungsformel ist seit dem 16. Jh. belegt, wahrscheinlich aber älter. Es handelt sich um ein (alltags-)rhetorisches Mittel, um den Abschluß einer längeren Sequenz und deren Schlußfolgerungen zu markieren. Im narrativen (Erzähl-)Text können auch einzelne Episoden durch diese Formel (und die Variante *kurzum*) voneinander abgegrenzt werden.

so **gut** wie
fast, bedingt, mit geringen Einschränkungen [Bedingung]
„Ich bin mit der Hausarbeit für heute so gut wie fertig! Können wir danach einen kurzen Spaziergang machen?"
Bereits seit dem Mittelalter wird *gut* in komparativen (Vergleichs-)Formeln verwendet, in denen es bedeutet: *ebenso beschaffen/tauglich wie*. Erst im 18. Jh. findet sich die damit verwandte Bedeutung *fast, beinahe,* die eine geringfügige Einschränkung beinhaltet.

gut ablaufen
→ **ablaufen**

gut angeschrieben sein bei jmdm.
von jmdm. positiv beurteilt werden [Hochachtung]
„Bei meinem Chef bin ich gut angeschrieben. Bestimmt werde ich bald befördert."
Die mit *gut* beschriebene quantitative Bedeutung *reichlich* hat zu mehreren finanztechnischen Varianten geführt, von denen *Guthaben* die bekannteste ist. *Gut angeschrieben sein* bedeutet daher ursprünglich: *ein positives Konto aufweisen, zahlungskräftig sein.* Andere Bildungen aus diesem Umfeld sind *Vergütung, jmdm. etwas gutschreiben, etwas guthaben.*

jmdn. nicht **gut** um etwas bitten können
etwas ist jmdm. peinlich, nicht berechtigt sein [Peinlichkeit]
„Ich kann nicht gut schon wieder um Haushaltsgeld bitten, weil ich mir vom letzten Geld ein neues Kleid gekauft habe."

aber sonst geht's dir **gut**? (umg./ironisch)
du bist wohl verrückt? [Abweisung]
„Ich soll dir schon wieder Geld geben? Aber sonst geht's dir gut?"

du hast **gut** lachen/reden
du bist nicht betroffen von dieser Angelegenheit [Nichtbetroffensein]
„Du hast gut lachen, aber mir war ganz schlecht, nachdem ich die Schnecke im Salat bemerkt hatte!"
Mit der juristischen Bedeutung *Berechtigung* hat sich schon früh die Bedeutung *mühelos, leicht, bequem* abgespalten, die seit Luther in Wendungen dieser Art überliefert ist.

es **gut** haben
in angenehmen bzw. in glücklichen Umständen leben, versorgt sein [Wohlergehen]
„Diese Katze haben wir uns aus dem Tierheim geholt. Früher muß sie viel erlitten haben, aber bei uns hat sie es jetzt wirklich gut!"
Das mit *Gatte* verwandte *gut* bedeutet ursprünglich *passend, geeignet, nützlich, günstig,* hat sich aber in viele Sonderbedeutungen aufgespalten. Die Redensart ist den Grundbedeutungen weit gehend verhaftet und bedeutet seit frühneuhochdeutscher Zeit: *in angenehmen Umständen leben.* Wesentlich jünger und erst im 18. Jh. bezeugt ist das heute zu einer Standardformel gewordene: *es geht mir gut!* Sie betrifft vorwiegend gesundheitliche und wirtschaftliche Aspekte und erscheint als Reaktionsformel im Rahmen von Begrüßungsritualen: „Wie geht es Ihnen?" „Danke, mir geht es gut!"

laß es **gut** sein!
beruhige dich, gib dich zufrieden [Beendigung]
„Ich will jetzt nicht weiter über diese Sache mit dir streiten und bitte auch dich: Laß es gut sein!"
Gut hat aus seinem rechtlichen Gebrauch (vgl.: etwas **gutheißen**) die Sonderbedeutung: *das Urteil über einen zweckmäßigen Abschluß fällen, eine Sache für beendet erklären.* Im Sinne von *es ist genug* taucht die Wendung bereits im *Parzival* des Wolfram von Eschenbach (um 1200) auf.

es **gut** mit jmdm. meinen
gute Absichten haben, freundlich gesonnen sein, hilfreich sein [Gewogenheit]
„Hör doch bitte auf die Ratschläge deiner Eltern, schließlich haben sie große Erfahrung und meinen es nur gut mit dir!"
Herkunft → jmdm. etwas im **guten** sagen

gut dran sein (umg.)
Glück haben [Glück]
„Ich bin nicht so gut dran wie du! Meine Eltern konnten mir zum Abitur kein Auto schenken!"

gut drauf sein (umg.)
froh und heiter sein, gut aufgelegt sein [Freude]
„Bei dem letzten Treffen war Gertrud wirklich gut drauf! Sie hat den ganzen Abend gelacht, getanzt und gesungen!"

wer weiß, wozu es **gut** ist
vielleicht erweist sich ein momentanes Unglück später als Glücksfall [Tröstung]
„Die Pläne mit der Stelle in Amsterdam haben sich ja leider sehr rasch zerschlagen, aber wer weiß, wozu es gut ist!"

du bist **gut**! (umg.)
du tust so, als ob alles ganz einfach wäre [Widerspruch]
„Du bist gut! Ich kann doch nicht einfach zu unserem Nachbarn hingehen und ihn bitten, seinen Hund einzuschläfern, nur weil der dauernd bellt!"
Gut bedeutet bei Personenbezeichnungen und Pronomina häufig *in freundicher Beziehung stehend, hilfsbereit, treu.* Aus ursprünglich ernstgemeinten Wendungen wie *guter Freund* oder *guter Mann* ist allmählich eine abschätzige und spöttische Anrede geworden. Diese Umwertung von *gut* könnte mit der euphemistischen Umschreibung *die guten Leute* für *Aussätzige* (seit dem 13. Jh. überliefert) zusammenhängen.

gut gestellt sein
→ **stellen**: gut gestellt sein

(noch recht) **gut** erhalten sein
→ (noch recht) gut **erhalten** sein

gut gepolstert sein
→ **polstern**: gut gepolstert sein

alles, was **gut** und teuer ist (umg.)
1) von Personen (ironisch): *reiche Leute* [Ranghöhe]
2) von Sachen: *alles, was Qualität besitzt und deshalb teuer ist* [Luxus]
1) „Bei der Party der Münchener Schickeria war wieder einmal alles zu sehen, was gut und teuer ist."
2) „Im Haushalt des Grafen wird selbstverständlich nur dasjenige angeboten, was gut und teuer ist: alter Cognac, edler Wein, Lachs und Kaviar."
Bei der Wendung könnte es sich um eine neuere (scherzhaft-ironische) Analogiebildung zu *gut und böse* handeln. Eine weitere Möglichkeit liegt in einer ironischen Abwandlung der seit althochdeutscher Zeit bekannten festen Formel *gute Treue*, welche die Treue meint, die im sittlichen Bewußtsein des Menschen verankert ist: *aufrichtige Treue*, vergleichbar der lateinischen Formel: *bona fides*. Derartige Umbildungen bekannter Muster sind keineswegs selten, müssen in diesem Fall aber Spekulation bleiben.

das ist alles ganz **gut** und schön, aber ... (umg.)
ich erhebe Einwände [Widerspruch]
„Das ist alles ganz gut und schön, aber ich glaube trotz Ihrer Argumente nicht, daß wir im nächsten Geschäftsjahr eine wesentlich höhere Dividende erwirtschaften werden als im vergangenen!"
Herkunft → **schön** und gut

nicht **gut** auf jmdn. zu sprechen sein
von jmdm. keine gute Meinung haben [Mißbilligung]
„Ich bin auf ihn nicht mehr gut zu sprechen, seit er einmal mein Vertrauen schändlich mißbraucht hat."

es **gut** treffen
→ es gut **treffen**

sei so **gut** und (tue ...)
ich bitte dich (, ... zu tun) [Bitte]

„Sei so gut und reich mir mal das Salz rüber. Ich komme von meinem Platz aus nicht dran!"
Die Bedeutung *freundlich* und *gefällig* ist seit dem 17. Jh. in Bittformeln mit *gut* geläufig, wobei der Gegenstand der Bitte in einem nebengeordneten Satz genannt wird. Vgl.: jmdm. etwas im **guten** sagen.

gut daran tun
zweckmäßig verfahren, richtig handeln [Zweckmäßigkeit]
„Du würdest gut daran tun, deine Arbeit sorgfältig zu erledigen! Schließlich willst du doch auch einmal beruflich vorankommen!"

das tut nicht **gut**! (umg.)
das wirkt sich erfahrungsgemäß nicht positiv aus [Schaden]
„Du hast häufig Meinungsverschiedenheiten mit deinem Vorgesetzten? Das tut nicht gut!"
Die Redensart ist nicht einfach die negative Variante der Aussage *das tut gut* mit der Bedeutung *das ist körperlich angenehm!*, sondern ein eigenständiges Relikt der heute veralteten positiven Form *gut tun* mit der Bedeutung *Schaden ersetzen*.

jenseits von **Gut** und Böse sein (ironisch)
1) *so alt sein, daß man keine sexuellen Bedürfnisse mehr hat* [Alter] [Sexualität]
2) *weltfremd und naiv sein* [Naivität]
1) „Auch im Rentenalter sind nicht alle Menschen jenseits von Gut und Böse!"
2) „Meine Tante ist jenseits von Gut und Böse. Sie glaubt wirklich, daß die Postkarten, die sie vom Hausierer erstanden hat, aus Behindertenwerkstätten stammen!"

ach du meine **Güte**! (umg.)
Ausruf des Erstaunens und leichten Erschreckens [Schreck]
„Ach du meine Güte! Jetzt ist schon wieder der Kater auf den Tisch gesprungen und hat von der Torte genascht!"
Das von *gut* abgeleitete Substantiv *Güte* bezeichnet positive Qualitäten der Hochwertigkeit, sowohl im sachlichen als auch im ethischen und religiösen Bereich. Als sittliche Eigenschaft des Menschen ist *Güte* (güete) ein höfisches Ideal des Mittelalters, das beispielsweise bereits in der ersten Zeile des *Iwein* von Hartmann von Aue (um 1202) thematisiert wird. Bezogen auf Gott bezeichnet *Güte* eine besondere Huld, Milde und Nachsicht gegenüber dem Sünder. Die ursprünglich als Gebets- und Flehensformeln entwickelten Wendungen *gütiger Himmel!* und *gütiger Gott* haben sich bereits im Mittelalter zu Interjektionen des Erstaunens und des Schrecks weitergebildet. In der Redensart: *ach du meine Güte!* ist der Name Gottes aus Scheu vor seiner Anrufung durch seine Eigenschaft ersetzt (Tabuformel).

jmdm. etwas im **guten** sagen
mit freundlichen Worten, jmdm. etwas ohne Streit sagen, ohne wechselseitige Vorwürfe [Einvernehmen]
„Ich sage es euch jetzt zum letzten Mal im guten: Hört endlich auf mit der Streiterei, sonst setzt's was!"
Bereits in germanischer Zeit entwickelt sich aus der Bedeutung *passend* die Nebenbedeutung *geneigt, wohlmeinend, freundlich*, die zum Ausdruck der subjektiven Gesinnung dient. In präpositionalen Verbindungen der oben gezeigten Art wird also die *freundliche Absicht und Gesinnung* bzw. das wechselseitige Einvernehmen ausgedrückt.

zuviel des **Guten** sein
1) *positiv übertreiben* [Übertreibung]
2) ironisch: *negativ übertreiben* [Schaden]
1) „Danke, danke, das ist wirklich zuviel des Guten! Mein Teller läuft ja schon über vor Lachs und Kaviar! Das kann ich gar nicht alles essen."
2) „Heute habe ich drei Anzeigen wegen falschen Parkens erhalten. Das ist wirklich zuviel des Guten. Ab morgen werde ich mein Auto nur noch in Parkhäusern abstellen!"
Herkunft → des **Guten** zuviel tun

des **Guten** zuviel tun
eine gute Sache übertreiben [Übertreibung]
„Mit diesem Weihnachtsgeschenk für Tante Klara hast du des Guten aber wirklich zu-

viel getan! Schließlich hat sie uns seit Jahren nicht mehr besucht. Eine Grußkarte hätte auch genügt!"
Die Substantivierung *Gutes* tritt meist ohne Artikel bzw. mit unbestimmten Artikel (ein Gutes) und mit personalem Objektsdativ auf (jmdm. Gutes tun), wobei sie die Bedeutung trägt: *jmdm. eine Wohltat erweisen.* Ohne Objektsdativ ist die Redensart *des Guten zuviel tun* seit dem 16. Jh. in negativer Formulierung als Sprichwort bekannt: *Man kann des Guten nicht zuviel tun.* 1599 wurde bereits daraus die auf den überreichlichen Genuß von Speisen und Alkohol bezogene medizinische Warnung *des Guten nicht zuviel zu tun.*

guter Dinge sein
→ guter **Dinge** sein

es hat sein **Gutes**, wenn .../daß ...
es ist günstig, wenn .../daß ...
[Zweckmäßigkeit]
„Es hat sein Gutes, wenn man seine Wertsachen nicht zu Hause, sondern in einem Banksafe aufbewahrt. So ist man vor Verlust weitgehend gefeit!"
Herkunft → es **gut** haben

etwas **gutheißen**
etwas billigen [Einverständnis]
„Obwohl meine Tochter noch so jung ist, heiße ich ihre Heirat mit diesem netten jungen Mann durchaus gut: So kommt sie wenigstens nicht unter die Räder!"
In der älteren Rechtssprache hat diese Wendung die juristische Bedeutung: *sein Einverständnis (zu einem Urteil) geben.* Vgl.: es ist mir **recht**.

sich **gütlich** tun an etwas
etwas mit Genuß essen/trinken [Genuß]
„Bevor wir uns am Mittagessen gütlich tun, wollen wir zunächst ein Tischgebet sprechen."
Das mit *gut* verwandte Adjektiv *gütlich* hat im juristischen Bereich die Bedeutung: *freundlich, einvernehmlich (gütliche Trennung* u. ä.). In Verbindung mit Verben des Handelns hat sich daraus die Bedeutung *auf freundliche Weise* entwickelt, die wiederum zur Sonderbedeutung *mit Speise und Trank versehen, bewirten* geworden ist (seit Mitte des 17. Jh. belegt). Das reflexive *sich gütlich tun* hat sich daraus entwickelt über *seinem Körper gütlich tun.*

jmdm. eine Summe **gutschreiben**
jmdm. Geld auf das Konto überweisen
[Gewinn]
„Die Zinsen für dieses Jahr werden auto matisch Ihrem Konto gutgeschrieben."
Herkunft → bei jmdm. **gut** angeschrieben sein

nicht um ein **Haar**/um kein **Haar**
nicht im geringsten [Kleinigkeit]
„Dieses neue Lokal ist um kein Haar gemütlicher als unsere Stammkneipe!"

aufs **Haar** gleichen
ganz gleich sein, sehr ähnlich sein [Ähnlichkeit]
„Diese beiden chinesischen Vasen gleichen einander aufs Haar."
Die Wendung bezieht sich auf die Feinheit des Haars, die hier eine Geringfügigkeit möglicher Unterschiede symbolisiert.

aufs **Haar** genau [Genauigkeit]
→ aufs **Haar** gleichen

stimmt aufs **Haar**! [Richtigkeit]
→ aufs **Haar** gleichen

um ein **Haar** (*ein* betont)
fast, beinahe [Geringfügigkeit]
„Um ein Haar hätte ich den Bus verpaßt!"

ein **Haar** in etwas/in der Suppe finden (umg.)
einen großen Nachteil an etwas finden, etwas Abstoßendes/ Ärgerliches an einer Sache finden [Beanstandung]
1) *als Vorwand*
2) *als Folge eifriger Suche*
1) „Ich kann machen, was ich will – mein Chef findet immer ein Haar in der Suppe, um mich vor den Kollegen bloßzustellen."
2) „Nach drei Tagen fand unsere Rechtsabteilung endlich das Haar in der Suppe: Die andere Firma verfügte gar nicht über die Patente und das notwendige Know-how, um dieses Projekt realisieren zu können."
Das Haar als Sinnbild der Feinheit gilt in der Redensart als schwer zu entdeckender, gleichwohl aber gravierender Nachteil. Schon bei Grimmelshausen finden sich die zwei Seiten der Redensart: die *Nörgelei,* aber auch der „scharfe Blick" für echte Nachteile (*Simplicissimus* 4, 234): „Weil er auch in einem Ei ein Haar finden könne, solle er sagen, woran es dieser Tafel mangele."

etwas hängt an einem **Haar**
eine Entscheidung hängt von einem geringfügigen Faktor ab [Kleinigkeit]
„Die Entscheidung darüber, ob Sie diese Stelle erhalten, hängt nur an einem Haar, nämlich daran, ob Sie besser beim Vorstellungsgespräch abschneiden als Ihr Konkurrent!"
Schon im Mittelhochdeutschen wird das Haar als Symbol der Kleinigkeit oder Geringfügigkeit verwendet.

niemandem ein **Haar** krümmen können
jmdm. keinen Schaden/keinen Schmerz zufügen [Harmlosigkeit]
„Mein Sohn hat Ihre Tochter sicher nicht verprügelt, weil er niemandem ein Haar krümmen kann! Das muß ein anderes Kind gewesen sein!"
In vielen Redensarten gilt das Haar oder die Feder als Sinnbild des Feinen, das des Schutzes bedarf.

kein gutes **Haar** an jmdm./etwas lassen
scharfe (und ungerechte) Kritik an jmdm./ etwas üben [Kritik]
„Du läßt wirklich kein gutes Haar an deiner Frau! So schlimm kann sie gar nicht sein!"
Das Haar ist häufig das Sinnbild der Menge. Wenn jemand also an jmdm. trotz der großen Anzahl *kein gutes Haar* findet, so übertreibt er seine Kritik. Die Redensart ist seit dem 17. Jh. überliefert.

das **Haar** lichtet sich [Glatze]
→ die **Reihen** lichten sich

sich am eigenen **Haar** aus dem Sumpf ziehen [Selbsthilfe]
→ sich am eigenen **Zopf** aus dem Sumpf ziehen

sich die **Haare** ausraufen
→ das ist zum **Haareraufen**!

jmdm. die **Haare** vom Kopf fressen (umg.)
sehr viel essen/benötigen und damit jmdn. in finanzielle Bedrängnis bringen [Schaden]

„Ich kann mir kein neues Auto leisten, weil mir unsere fünf Söhne die Haare vom Kopf fressen."
Die Redensart steht in bildlichem Zusammenhang mit dem veralteten *Haare haben* (= reich sein).

sich in die **Haare** geraten
→ sich in den **Haaren** liegen

Haare auf den Zähnen haben (umg.)
gern streiten und dabei grob sein, von Frauen: *scharfe Antworten geben* [Streitsucht]
„Mit Frau Meier sollte man nicht streiten. Die hat nämlich Haare auf den Zähnen."
In Grimms *Deutschem Wörterbuch* (Bd. 10, Sp. 16) steht: „Voller Haarwuchs an Kopf und Bart ist Zeichen der Kraft, und als Mann wird im deutschen Rechte der erkannt, der Haare am Bart, unter den Armen und an den Schamteilen hat." Männlichkeit, Tapferkeit und Stärke sind schon in der Bibel im langen Männerhaar symbolisiert. Die Übertragung der Behaartheit auf eigentlich unbehaarte Körperteile stellt eine (häufig ironische) Übertreibung dar. Noch Schiller verwendet im Schauspiel *Die Räuber* (II, 1) die heute ungebräuchliche Variante: „Du bist ein entschlossener Kerl – Soldatenherz – Haar auf der Zunge!"

mehr Schulden als **Haare** auf dem Kopf haben (umg.)
große Schulden haben [Schulden]
„Nach dem Kauf des Hauses hatte er mehr Schulden als Haare auf dem Kopf."
Diese Redensart arbeitet mit dem Aspekt der Menge, der auch in anderen Redensarten mit *Haar* Verwendung findet.

Haare lassen (müssen) (umg.)
einen Schaden erleiden [Schaden]
„Bei dem Verkauf seiner Firma mußte der Besitzer ganz schön Haare lassen."

jmdm. stehen die **Haare** zu Berge
jmd. ist entsetzt [Entsetzen]
„Als ich die finstere Gestalt an der Hausecke sah, sträubten sich mir die Haare."
Bei Gefahr zieht sich bei Mensch und Säugetier die Haut zusammen, um die Blutungsgefahr (bei eventuell folgenden Verletzungen) zu verringern. Ähnlich wie bei der durch Kälte verursachten sogenannten Gänsehaut richten sich dabei die Kopf- und Körperhaare auf, wodurch gleichzeitig die Körpergröße zuzunehmen scheint – ein im Tierreich häufig zu beobachtender körpersprachlicher Droh- und Imponiereffekt. In bildlicher Verwendung findet sich diese Redensart schon in der Bibel (Hiob 4,15), in Homers *Ilias* (24,59) und in Vergils *Aeneis* (Buch II, V 774). Im Deutschen ist die Wendung seit dem Mittelalter geläufig. Das zugehörige Adjektiv *haarsträubend* ist allerdings erst seit dem 19. Jh. belegt (Heinrich von Kleist: *Die Familie Schroffenstein*, 1803).

jmdm. sträuben sich die **Haare**
→ jmdm. stehen die **Haare** zu Berge

sich wegen etwas keine grauen **Haare** wachsen lassen (umg.)
nicht besorgt sein wegen etwas [Unbesorgtheit]
„Laß dir nur keine grauen Haare wachsen! Dein Auto ist bis zum Wochenende sicher wieder repariert!"
Die grauen Haare sind das äußere Zeichen des Alters und der Sorgen eines Menschen.

etwas an den **Haaren** herbeiziehen
etwas als Argument anführen, das ziemlich abwegig ist [Vorwand]
„Diese Begründung für einen Sonderurlaub ist doch völlig an den Haaren herbeigezogen! Damit kommen Sie bei mir nicht durch!"
Diese Wendung bezieht sich auf das gewaltsame *an den Haaren ziehen* eines Widerspenstigen oder Flüchtenden. Im übertragenen Sinn seit Mitte des 17. Jh. belegt.

sich in den **Haaren** liegen
sich (ständig) streiten [Streit]
„Diese beiden Kollegen liegen sich andauernd in den Haaren. Das vergiftet die gesamte Arbeitsatmosphäre in dieser Abteilung!"
Die Wendung bezieht sich konkret auf den Vorgang des kämpferischen Balgens (*Balg*

= behaarte Haut, Fell), in dessen Verlauf die Streitenden einander die „Haare raufen“.

das ist zum **Haareraufen**!
sich über etwas sehr ärgern, wütend und aufgeregt sein [Verärgerung]
„Beim letzten Länderspiel habe ich mir fast die Haare ausgerauft, weil unsere Mannschaft so viele Torchancen verpaßt hat.“
Das mit *rupfen* und *reißen* verwandte Verb *(aus-)raufen* bedeutet: *stark ziehen, ausrupfen*. Die Redensart bezieht sich auf eine alte Klagegebärde. In den Kontext von Streit und Schlägerei stehen Wörter wie *Raufdegen, raufsüchtig, Rauferei* und andere mehr.

um **Haaresbreite**
beinahe [Kleinigkeit]
„Gestern bin ich nur um Haaresbreite einem Autounfall entgangen.“

es geht **haarig** her (umg.)
es geht wild und heftig her, ein heftiger Streit [Streit]
„Gestern in der Vereinssitzung wurde der Vorstand abgesetzt; da ging es ganz schön haarig her.“

eine **haarige** Sache sein (umg.)
eine verzwickte Sache sein; eine Sache, die gefährliche Widerstände bietet, sein [Problem]
„Das Abitur ist nach wie vor für jeden Schüler eine äußerst haarige Sache.“
In der Redensart verschmelzen die Aspekte der Menge und der Gefährlichkeit, die in anderen Redensarten erkennbar sind. Vgl.: kein gutes **Haar** an jmdm. lassen, **Haare** auf den Zähnen haben.

Haarspalterei betreiben (umg.)
kleinlich sein, pedantisch sein, übertrieben genau sein [Pedanterie]
„Eine Diskussion mit diesem Kollegen erübrigt sich, weil er leider dazu neigt, Haarspalterei zu betreiben, ohne daß dabei etwas Wesentliches herauskommt!“
Als Symbol der Feinheit ist das Haar in verschiedenen Wortbildungen (etwas haarklein erzählen, etwas haarscharf nachweisen) und entsprechenden Wendungen gebräuchlich. Dies gilt auch für das Englische (to split hair) und das Französische (couper/ fendre un cheveu en quatre). Neben der Variante *Haare klauben* ist die Redensart im Deutschen seit dem Mittelalter gebräuchlich.

Hab und Gut (Zwillingsformel)
der gesamte Besitz [Besitz]
„Durch den Hausbrand haben wir Hab und Gut verloren. Gott sei Dank sind wir gut versichert gewesen!“
Hab und Gut ist erst seit dem späten Mittelalter bezeugt. Der naheliegende Gedanke, daß *Habe* der bewegliche und *Gut* der unbewegliche Besitz ist, läßt sich nach den historischen Verwendungen der Begriffe nicht belegen.

haben: was hast du (denn)?
was ist mit dir los? [Befinden]
„Seit drei Stunden redest du nicht mehr mit mir! Was hast du denn bloß? Habe ich dich verärgert?“
Haben kann sehr verschiedene Bedeutungen annehmen. Neben den Grundbedeutungen *halten, fassen, umfassen* und *besitzen* hat das Wort als Hilfsverb eine Funktion von besonderer Wichtigkeit. Die Bedeutung der Gesprächsformel *was hast du?* und der Variante *er hat etwas* (= etwas stimmt nicht) ist bis in gotische Bibelübersetzungen zu verfolgen, in denen der Teufel (der „unreine Geist“) von einem Menschen Besitz ergriffen hat. Dieser Gebrauch ist dann auf *eine Krankheit haben* (etwa: *es auf der Brust haben*) erweitert worden. Nach diesem Muster fragt man bei ungewöhnlichem Verhalten: „was hast du?“, das seit dem 18. Jh. die älteren Formen *was ist dir?/was wird dir?* ersetzt hat.

haben: hab dich nicht so!
ziere dich nicht so!, sei kein Feigling! [Ermunterung]
„Hab dich nicht so, und komm endlich ins Wasser! Du siehst doch, daß wir es wunderbar darin aushalten! Es hat mindestens 20 Grad.“

haben: na, wie haben wir's denn? (umg.)
1) *wie ist die Lage?* [Lage]
2) *was ist denn hier los?* [Erstaunen]
1) „Na, wie haben wir's denn? Ist die Doktorarbeit mittlerweile abgeschlossen?"
2) „Na, wie haben wir's denn? Wird in diesem Betrieb nach der Mittagspause nicht mehr gearbeitet?"
Die joviale Gesprächsformel dient der Eröffnung von Dialogen zwischen alten Bekannten oder zwischen sozial gleichgestellten Fremden (auch im Sinne von Arbeitskollegen). Sie basiert wohl auf der Verwendung von *es hat sich* (es verhält sich).

haben: und damit hat sich's! (umg.)
das ist alles! [Ende]
„Ich lasse mich doch nicht ausnutzen! Du bekommst jetzt noch einmal 50 Mark, und damit hat sich's!"

haben: er hat's ja! (umg.)
er ist vermögend!, er kann es sich leisten! [Reichtum]
„Karl-Otto fährt in den Weihnachtsferien in die Karibik. Er hat's ja!"
Eine der Grundbedeutungen von *haben* ist *besitzen*. Nach dem Muster anderer Tabuformeln wird der Begriff *Geld* in dieser Redensart ausgelassen.

haben: es an der Lunge haben
Beschwerden haben [Krankheit]
„Herr Doktor, ich glaube, ich habe es an der Lunge! Seit vier Monaten huste ich mir die Seele aus dem Leib!"
Herkunft → **haben**: was hast du (denn)?

haben: ich hab's! (umg.)
ich habe die Lösung gefunden! [Lösung]
„Ich hab's! Der Butler war der Mörder!"

da **haben** wir's!
→ da haben wir den **Salat**

haben: er hat so etwas an sich
→ er hat so etwas **an** sich

haben: etwas/nichts auf sich haben
→ etwas/nichts **auf** sich haben

haben: etwas/viel für sich haben
→ etwas/viel **für** sich haben

haben: etwas gegen jmdm. haben
→ etwas **gegen** jmdm. haben

haben: was hab' ich davon? (umg.)
welchen Vorteil habe ich davon? [Nutzen]
„Na gut, du fährst in den Wintersport! Und was hab' ich davon?"

etwas mit jmdm. **haben** (umg.)
ein Liebesverhältnis haben [Sexualität]
„Hast du etwas mit Herta? Ihr schaut euch immer so verliebt an!"
Als typische Tabuformel nutzt diese Wendung die sinnliche Komponente von *(fest-)halten/besitzen* als Grundbedeutungen von *haben*, um Sexualität zu umschreiben. Vgl.: es miteinander **tun**.

für etwas nicht zu **haben** sein
etwas ablehnen [Ablehnung]
„Ihr wißt doch, daß ich für eine Sauftour nicht zu haben bin! Da müßt ihr schon allein gehen!"

noch zu **haben** sein (umg.)
frei/ungebunden/unverheiratet sein [Ungebundenheit]
„Mein schönes Fräulein, sind Sie noch zu haben?"

für alles zu **haben** sein (umg.)
alles mitmachen, allen Vorschlägen zustimmen [Zustimmung]
„Gewöhnlich bin ich ja für jeden Spaß zu haben, aber das geht zu weit! Holt sofort die Katze aus dem Kühlschrank!"
Herkunft → **haben**: was hast du (denn)

haben: hat sich was! (umg., veraltend)
kommt gar nicht in Frage! [Zurückweisung]
„Ein Ausflug ins Grüne? Hat sich was mit Ausflug! Ich habe viel zuviel Arbeit auf dem Schreibtisch liegen!"
Reflexiv gebrauchtes *haben* hat häufig eine ironische Bedeutung und weist die Notwendigkeit oder Möglichkeit eines Sachverhalts zurück. Diese Wendung wird im 18. Jh. reichlich in der Literatur gebraucht, ist heu-

te jedoch fast nur noch in gesprochener Sprache üblich.

haben: haste was kannste (umg.)
so schnell wie möglich [Schnelligkeit]
„Der Dieb sah die Polizisten und rannte haste was kannste davon."

sich die **Hacken** ablaufen/wundlaufen nach etwas (umg.)
wegen etwas viel herumlaufen [Suche]
„Was hab' ich mir die Hacken nach diesem Buch abgelaufen! Überall war es vergriffen, bis ich es schließlich in einem Antiquariat fand!"
Die Hacke ist der hintere Teil des Fußes, der gewöhnlich als *Ferse* bezeichnet wird, aber auch der Schuhabsatz.

jmdm. dicht auf den **Hacken** sein
→ sich an jmds. **Fersen** heften

Hackfleisch aus jmdm. machen (grob)
jmdm. heftig verprügeln [Prügel]
„Wenn du noch ein einziges Mal meinen kleinen Bruder verprügelst, mache ich Hackfleisch aus dir!"

im **Hafen** der Ehe landen
heiraten [Heirat]
„Obwohl Michael ein notorischer Junggeselle war, ist er jetzt endlich doch noch im Hafen der Ehe gelandet."
Herkunft → im (sicheren) **Hafen** sein

im (sicheren) **Hafen** sein
in sicheren Umständen leben [Sicherheit]
„Einige Jahre hat er ja nur so rumgejobt, aber bei dieser großen Firma ist er jetzt in einem sicheren Hafen!"
Der Hafen tritt häufig als Sinnbild der Sicherheit und Ruhe auf, manchmal auch im Sinne des „letzten Hafens", nämlich des Todes. {Lebensreise}

jmdm. sticht der **Hafer** (umg.)
jmd. ist (aufgrund von Erfolgen) übermütig [Übermut]
„Von deinem ersten Monatsgehalt willst du gleich ein Motorrad anbezahlen? Dich sticht wohl der Hafer?"
Obwohl das Wort *Hafer* in mitteldeutschen Quellen seit dem 15. Jh. nachgewiesen ist, verwenden noch im 18. Jh. viele Schriftsteller (u. a. Lessing und Goethe) die ältere Form *Haber*. Bereits im 17. Jh. findet sich die Redensart in der Wendung: „Manche faule Magd sticht der Hafer." Sie kommt auch bereits im *Simplicissimus* (I, 3; 9. Kap.) vor. Ursprünglich wird sie allerdings auf Pferde angewendet, die von zu viel Haferfütterung übermütig werden. Über das germ. *hafr* (Bock) könnte die Redensart allerdings auch einen sexuellen Hintergrund haben.

ein **Hagestolz** sein (veraltend)
[Junggeselle]
→ jmdm. ins **Gehege** kommen

stolz wie ein **Hahn** (umg.)
übertrieben stolz und eingebildet
[Eingebildetheit]
„Der Herbert ist auf sein Abitur stolz wie ein Hahn, dabei hat er es erst im zweiten Anlauf geschafft!"
Der Hahn ist aufgrund seiner Vorrangstellung auf dem Hühnerhof, seines Aussehens und Gebarens und seines Schreies wegen ein Protagonist volkstümlicher Redensarten geworden. Seine Vorliebe für auffälliges Verhalten an hochgelegenen Plätzen (wie dem Misthaufen) hat ihn zum Symbol des übertriebenen Stolzes und der Eitelkeit werden lassen.

Hahn im Korb(e) (umg.)
ein Mann, der von einigen Mädchen umschwärmt wird [Hauptperson]
„Während die anderen Männer Skat spielen, genießt Hans-Peter wieder mal seine Rolle als Hahn im Korbe und hält sich in der Damenecke auf."
Als meist einziger männlicher Bewohner des Hühnerhofs erfreut sich der Hahn einer ungeteilten Aufmerksamkeit. *Korb* kann als *Hühnerhof/-stall, Geflügelkorb* u. a. gedeutet werden.

von etwas soviel verstehen wie der **Hahn** vom Eierlegen (umg., veraltend)
von etwas überhaupt nichts verstehen
[Nichtwissen]

„Unser neuer Vorgesetzter versteht von unserer Arbeit soviel wie der Hahn vom Eierlegen, aber er ist der Schwiegersohn des Firmenchefs!“

danach kräht kein **Hahn** (mehr) (umg.)
das interessiert niemanden (mehr) [Vergessen]
„Wenn man in unserem Gesellschaftssystem erst einmal zu Wohlstand gekommen ist, kräht kein Hahn mehr danach, woher das Geld stammt!“
Der Hahn kräht einerseits im Morgengrauen, andererseits aber warnt er auch tagsüber vor auffälligen Vorgängen, Fremden usw. durch wiederholte Rufe. Ein Verzicht auf diese Warnrufe kommt also einer unbedeutenden Sache gleich, die nicht des Aufsehens wert ist.

jmdm. den **Hahn** zudrehen (umg.)
jmdm. kein Geld mehr geben [Beendigung]
„Wenn du nicht innerhalb eines Jahres dein Examen machst, drehe ich dir endgültig den Hahn zu!“
{Geld ist eine Art Flüssigkeit}

jmdm. den roten **Hahn** aufs Dach setzen (veraltet)
jmds. Haus in Brand stecken [Brandstiftung]
„Der Brandstifter, der unsere Gegend unsicher machte und einigen Nachbarn den roten Hahn aufs Dach gesetzt hat, war selbst ein Angehöriger der freiwilligen Feuerwehr!“
Der Hahn hat verschiedene mythologische Bezüge, die durch sein auffälliges Gefieder und sein frühes Krähen erklärbar sind. So galt er in germanischer Zeit als Symbol einer Lichtgottheit und als Wetterprophet. Der *rote Hahn* verweist auf Feuergötter. Auch das Bild einer nächtlichen Feuersbrunst mag gelegentlich an das aufgeplusterte Gefieder eines roten Hahns erinnern. Der Bezug des Hahns zum Feuer hat sich übrigens im Waffenhandwerk als Bezeichnung für denjenigen Teil des Gewehrschlosses ausgewirkt, mit dem (durch Aufschlag auf den Zünder) Feuer erzeugt wird, welches das Schießpulver entzündet. Dieser oft als Hahnenkopf gestaltete Handzug ist der Urvater aller als *Hahn* bezeichneten manuell zu betätigenden Verschlüsse (*Wasserhahn, Gashahn* usw.).

wie zwei **Hähne** aufeinander losgehen (umg., veraltend)
sich wütend attackieren [Aggression]
„Seit Elmar dem Hans die Freundin ausgespannt hat, gehen die beiden bei jeder Gelegenheit wie zwei Hähne aufeinander los.“

beim ersten **Hahnenschrei** (veraltet)
sehr früh morgens [Morgen]
„Übermorgen müssen wir beim ersten Hahnenschrei aufbrechen, damit wir unser Reiseziel am selben Tag noch erreichen!“

jmdn. zum **Hahnrei** machen (veraltet)
jmdn. (sexuell) betrügen [Untreue]
„Frau Meyer macht ihren Mann schon seit Monaten zum Hahnrei, ohne daß er irgendetwas davon bemerkt.“
Es gibt verschiedene Deutungen zur Etymologie von *Hahnrei.* Einige Autoren vermuten einen Zusammenhang mit dem Wort *Reigen* (Tanz), wobei ein *Hahnrei* jemand wäre, der sich in den Reigen der (geilen) Hähne einreiht. Dieser Deutung überlegen ist der Bezug auf *Reh*, weil er mit alten Gepflogenheiten und der Redensart „jmdm. **Hörner** aufsetzen“ in Einklang steht: Kastrierten Hähnen (sog. Kapaunen: von ital. *capponare* oder franz. *couper* schneiden, kastrieren) wurden früher gelegentlich die Sporen abgeschnitten und in den Kopfkamm eingepflanzt, wo sie anwuchsen. Derartige Kapaune hatten dann das Aussehen eines mit Hörnern ausgestatteten „Hahnrehs“. Eine Ehefrau, die ihren Gatten zum Hahnrei macht, behandelt ihn also wie einen Kastraten. Als Topos ist *Hahnrei* besonders deshalb verächtlich und komisch, weil ein Hahnrei den Ehebruch der Gattin hinnimmt, um den häuslichen Frieden zu wahren. Damit verstieß ein solcher früher gegen weltliche und kirchliche Gesetze und machte sich sogar der Todsünde schuldig. Die Rache des Ehemannes konnte bis zur Tötung des Nebenbuhlers gehen. In vielen Völkern

genoß er dabei Straffreiheit, weil die Ehebrecherin gegen Ehre, Besitz und Vaterrecht des Gatten verstoßen hatte. Ein Gatte, der sich nicht zur Wehr setzte, wurde öffentlichen Erniedrigungen ausgesetzt: Er wurde mit Hörnern oder mit einem Geweih versehen rückwärts auf einen Esel gesetzt und durch die Stadt geführt. Diese unvorteilhafte Figur ist prädestiniert für die Literaturgattungen Schwank, Komödie und Tragikomödie.

mit **Haken** und Ösen
mit erlaubten und unerlaubten Mitteln [Uneingeschränktheit]
„Die Regierungspartei wird einen Wahlkampf mit Haken und Ösen liefern müssen, wenn sie die Macht behalten will!"
So wie *Gnade* und *Ungnade* als Symbole von *Recht* und *Unrecht* dienen, wird in der Redensart das Zusammenspiel von *Haken und Ösen* juristisch interpretiert.

etwas hat einen **Haken** (umg.)
etwas bietet Schwierigkeiten und Widerstände [Schwierigkeit]
„Dein Plan klingt ja ganz gut, aber die Sache hat einen Haken: Ich kann dir das notwendige Kapital nicht leihen, weil ich selbst pleite bin."
Der Haken im allgemeinsten Sinn ist ein gekrümmtes Stück Holz oder Metall. Die Redensart basiert wohl auf dem (in einem verlockenden Köder verborgenen) Angelhaken, mit dem der Angler Fischen nachstellt. Es kann aber auch allgemein an „Widerhaken" gedacht werden, die ebenfalls ein Symbol des Widerstands sind.

einen **Haken** schlagen
1) *beim Gehen/Laufen plötzlich die Richtung ändern* [Wechsel]
2) *beim Denken/Argumentieren plötzlich die Folgerung wechseln* [Argumentation]
1) „Wenn wir jetzt hier einen Haken schlagen, können wir die Wanderung um eine Stunde verkürzen."
2) „Wenn du dauernd logische Haken schlägst, darfst du dich über die Ablehnung deiner Dissertation nicht wundern!"
Haken schlagen stammt aus der Jägersprache und bezeichnet ursprünglich die abrupte Richtungsänderung des verfolgten Hasen. Der *Haken* meint dabei die gekrümmte Abweichung von einer als Gerade gedachten Fluchtlinie.

(nur) **halb** dabeisein/bei der Sache sein
→ nur mit halbem **Ohr** zuhören

sich **halb** und halb zu etwas entschließen
noch unentschlossen sein [Zweifel]
„Ich kann mich nur halb und halb zum Studiengang Kommunikationswissenschaft entschließen, weil dort die Berufsaussichten nicht besonders rosig sind."
Diese Wendung steht im Zusammenhang eines größeren Bildfelds mit *halb*, das sich beispielsweise im Adjektiv *halbherzig* oder in der Redensart *etwas nur mit halber Kraft betreiben* niederschlägt. Die Verdoppelung von *halb* in der Redensart bedeutet nicht *Ganzheit,* sondern vielmehr eine Verstärkung der Unvollkommenheit. In einigen Kontexten hat *halb und halb* daher auch die Bedeutung *fast*, *beinahe*, *ziemlich* und sogar *ungern*.

nur eine **halbe** Portion sein (umg.)
1) *sehr klein (sein)* [Körpergröße]
2) *sehr mager (sein)* [Magerkeit]
3) *schwach (sein)* [Schwäche]
4) *nicht sehr tüchtig (sein)* [Versager]
1) „Na du Zwerg, du halbe Portion! Suchst du Streit? Bei mir kannst du ihn haben!"
2) „Du mußt unbedingt mehr essen, du halbe Portion!"
3) „Du halbe Portion willst diesen Sack Zement in den dritten Stock des Rohbaus tragen?"
4) „Der Schulz, diese halbe Portion, kommt doch mit seiner Arbeit kaum zu Rande!"
Die Wendung verdankt ihre Mehrdeutigkeit derjenigen der zugrundeliegenden Wörter lat. *portio* und franz. *portion* (Teil, Anteil, Anteil einer Speise).

mit jmdm. **halbe-halbe** machen (umg.)
Gewinn/Verlust zur Hälfte teilen [Teilung]
„Ich nenne die Zahlen, und du zahlst den Einsatz. Wenn wir gewinnen, machen wir halbe-halbe!"

Das wohl nach dem Muster von *halb und halb* gebildete *halbe-halbe* hat das früher verbreitete *halbpart* ersetzt.

(nur noch) ein **halber** Mensch sein (umg.)
nicht voll leistungsfähig sein
[Leistungsabbau]
„Seit dem Tod seiner Frau ist Herr Schulze nur noch ein halber Mensch."
Halb bezieht sich in der Redensart auf den Verlust der vollen (ganzen) Leistungsfähigkeit, gelegentlich aber auch auf eine durch Kummer bedingte Magerkeit.

nichts **Halbes** und nichts Ganzes
→ nichts **Ganzes** und nichts Halbes

jetzt mach aber mal **halblang**! (umg.)
übertreib nicht so! [Übertreibung]
„Jetzt mach aber mal halblang! Du willst doch nicht etwa beide Berge an einem einzigen Tag besteigen!"
Bei der Redensart handelt es sich um eine ironische Anspielung auf eine übertriebene Längenangabe, wie sie insbesondere unter Anglern üblich ist, welche die Größe ihres Fanges schildern. Seit Ende des 19. Jh. im Berliner Raum bezeugt.

halbpart machen
→ mit jmdm. **halbe-halbe** machen

die bessere **Hälfte** (umg.)
die Ehefrau [Gattin]
„Ich weiß noch nicht, wohin wir dieses Jahr in Urlaub fahren. Das muß ich erst noch mit meiner besseren Hälfte besprechen!"
Bereits in der Bibel steht, daß Mann und Frau „ein Leib" sind. Im späten 17. Jh. tritt erstmals die Bildung *Ehepaar* mit der Bedeutung *neuvermähltes Paar* auf. Jean Paul wagt 1793 die Neubildung *Ehehälfte*, wohl analog zu franz. *moitié* (der Ehegatte), so daß ein ironisches *bessere Hälfte* mit der Bedeutung *Gattin* nahelag. Es findet ein frühes Vorbild in engl. *my better half* des englischen Dichters Sidney (*Arcadia*, 1590).

Hals über Kopf (umg.)
in großer Eile, überstürzt [Eile]
„Als das Erdbeben sich ankündigte, stürzten die Einwohner der Stadt Hals über Kopf aus ihren Häusern und brachten sich im Freien in Sicherheit."
Die Redensart bezieht sich auf den sich vor Eile überschlagenden Körper des Fliehenden. Sie ist seit dem 17. Jh. belegt, geht vielleicht aber auf eine noch ältere derbe Vorform zurück: *Arsch über Kopf* mit der Bedeutung *Purzelbaum.*

barfuß bis zum **Hals** (umg.) [Nacktheit]

etwas auf den **Hals** bekommen (umg.)
[Belastung]
→ jmdn./etwas auf dem/am **Hals(e)** haben

etwas in den falschen/verkehrten **Hals** bekommen (umg.)
etwas mißverstehen und aufgrund des Mißverständnisses verärgert sein
[Mißverständnis]
„Sie dürfen Ihre Entlassung nicht in den falschen Hals bekommen: Nicht Ihre Leistungen sind dafür verantwortlich, sondern allein die Notwendigkeit der Reduzierung des Stammpersonals!"
Der *falsche Hals* ist die Luftröhre, in die beim sogenannten Verschlucken Speisereste gelangen und einen Hustenreiz auslösen.

bleib mir damit bloß vom **Hals**/vom **Leibe**! (umg.) [Zurückweisung]
→ jmdn./etwas auf dem **Hals(e)** haben

einer Flasche den **Hals** brechen (umg.)
eine Flasche (Wein) öffnen [Alkoholgenuß]
„Wenn ihr noch ein Stündchen unsere Gäste seid, will ich noch einer guten Flasche den Hals brechen!"

jmdm. den **Hals** brechen
→ jmdm. das **Genick** brechen

das bricht ihm den **Hals**! [Beendigung]
→ jmdn. den **Hals** kosten

mit seinem gewaschenen **Hals** dastehen (umg., veraltend)
sich vergeblich auf etwas vorbereitet haben
[Vergeblichkeit]
„Drei Monate haben wir das Konzert einge-

übt und gestern nacht ist die Festhalle abgebrannt. Jetzt stehen wir da mit unserem gewaschenem Hals!"
Die Redensart ist die Pointe eines jüdischen Witzes: Die Mutter fordert den kleinen Moritz auf, sich den Hals zu waschen, weil die Tante zu Besuch kommt. Moritz antwortet: „Und wenn sie nicht kommt, dann steh ich da mit meinem gewaschenen Hals!"

jmdm. um den **Hals** fallen
sich vor (Wiedersehens-) Freude umarmen [Freude]
„Als Peter von der Reise zurückkehrte, fiel ihm seine Frau vor Freude um den Hals."
Die Redensart bezieht sich auf eine universelle Geste der Begrüßung und der Freude.

jmdm. an den **Hals** gehen
→ jmdm. an den **Kragen** gehen

es im **Hals** haben (umg.)
erkältet sein [Erkältung]
„Ich habe heute morgen meinen Schal vergessen – und schon habe ich es im Hals!"
Herkunft → aus vollem **Halse** → einen **Frosch** im Hals haben

einen Frosch im **Hals** haben
→ einen **Frosch** im Hals haben

jmdm. etwas an den **Hals** hängen (umg.)
jmdn. beschuldigen, gegen jmdn. einen Prozeß anstrengen [Beschuldigung]
„Wenn Ihr Köter weiterhin die ganze Nacht bellt, werde ich Ihnen einen Prozeß an den Hals hängen!"
Mehrere Redensarten im Umfeld der Bedeutungen *Beschuldigung* und *Belastung* beziehen sich ursprünglich auf den Hals als Träger des Jochs, aber auch der sogenannten Schandtafel. Diese wurde den zum Pranger verurteilten Verbrechern um den Hals gehängt und enthielt eine Liste der Beschuldigungen.

(Geld) durch den **Hals** jagen
→ (Geld) durch die **Gurgel** jagen

jmdn. den **Hals** kosten
1) *jmdn. das Leben kosten* [Sterben]
2) *äußerst gefährlich sein* [Gefahr]
1) „Die Grand-Prix-Rennen haben schon manchen Rennfahrer den Hals gekostet!"
2) „Wenn uns die Polizei mit dem gestohlenen Wagen erwischt, kostet uns das den Hals!"
Der Hals spielte bei den sogenannten peinlichen Gerichtsverfahren (bei denen körperliche Strafen verhängt wurden) eine große Rolle, da Hängen und Enthauptung an diesem Körperteil vollstreckt wurden.

das wird nicht gleich den **Hals** kosten
[Beruhigung]
→ jmdn. den **Hals** kosten

jmdn. auf den **Hals** kriegen/bekommen (umg.)
1) *auf sich aufmerksam machen* [Aufsehen]
2) *ein Verfahren gegen sich in Gang setzen* [Verfolgung]
1) „Wenn du nicht leiser bist, kriegen wir die Bullen auf den Hals!"
2) „Wenn der Wagen nicht repariert wird, bekommen Sie den TÜV auf den Hals!"

den **Hals** nicht voll (genug) kriegen können (umg.)
habgierig sein [Habgier]
„Willst du schon wieder einen neuen Pelzmantel? Du kannst den Hals wirklich nicht voll genug kriegen!"
Viele Redensarten bezieht sich auf den Hals als einem Teil des Verzehr- und Verdauungssystems. Die Redensart war ursprünglich ausschließlich auf Speise und Trank bezogen, ist heute aber fast nur noch im Sinne von allgemeiner Habgier gebräuchlich.

sich/jmdm. etwas auf den **Hals** laden (umg.)
[Verpflichtung]
→ jmdn./etwas auf dem/am **Hals(e)** haben

jmdm. auf dem **Hals** liegen (umg.)
[Belastung]
→ jmdn./etwas auf dem **Hals(e)** haben

einen langen **Hals** machen (umg.)
suchend oder neugierig um sich blicken [Neugier]

„Alle machten einen langen Hals, um den Papst möglichst deutlich zu sehen."

den/seinen **Hals** riskieren
→ **Kopf** und Kragen riskieren

sich jmdn./etwas vom **Hals** schaffen (umg.)
(sich) jmds./einer Sache entledigen
[Entledigung]
„Ich muß mir alles vom Hals schaffen, was meine Arbeit an diesem Buch behindert!"
Herkunft → jmdn./etwas auf dem/am **Hals(e)** haben

das Herz schlägt jmdm. bis zum **Hals**
jmd. ist sehr aufgeregt [Aufgeregtheit]
„Bei seiner Antrittsvorlesung schlug dem jungen Dozenten das Herz bis zum Hals."

den **Hals** in die Schlinge stecken
→ den Hals in die **Schlinge** stecken

bis an den/bis über den **Hals** in Schulden stecken (umg.)
hoch verschuldet sein [Schulden]
„Wir können uns kein Auto kaufen! Wir stecken doch bis an den Hals in Schulden !"
Die Gefahr des Ertrinkens oder Eintauchens in eine dunkle Flüssigkeit ist eine häufig verwendete Metapher für Not- und Zwangslagen.

das Wasser steht mir bis zum **Hals**
[Zwangslage]
Diese Redensart ist seit dem 17. Jh. belegt und wird auf finanzielle Bedrängnis angewandt.
→ bis an den/bis über den **Hals** in Schulden stecken

jmdm. den **Hals** umdrehen (derb)
jmdn. töten/ermorden [Tötung]
„Dieser alten Lügnerin würde ich am liebsten den Hals umdrehen!"
Verschiedene Wendungen heben die Verletzlichkeit des Halses hervor, insbesondere sein Brechen. Das „Umdrehen" des Halses ist eine bei Geflügel gebräuchliche Tötungsart. Da sie beim Menschen fast ausgeschlossen ist, hatte die Redensart von Anfang an eher eine Drohfunktion. Im Volksmärchen wird dem Teufel die Kraft beigemessen, seine Opfer auf diese Art zu töten.

sich den **Hals** verrenken
→ einen langen **Hals** machen
[Neugier]

sich jmdm. an den **Hals** werfen/schmeißen
[Sexualität] [Bedrängung]
→ sich jmdm. in die **Arme** werfen

den **Hals** aus der Schlinge ziehen
→ den Kopf aus der **Schlinge** ziehen

ein **Halsabschneider** sein (umg.)
Wucher treiben, überhöhte Preise/Zinsen fordern [Wucher]
„Bei diesem Halsabschneider kaufen wir nicht mehr ein! Das Radio hätten wir in dem anderen Geschäft um 50 Mark billiger bekommen"
Das Abschneiden (eigentlich: *Luft abschneiden, würgen*) des Halses ist ein seit dem 18. Jh. gebräuchliches Bild für die Verursachung wirtschaftlicher Not. Georg Büchner beispielsweise bezeichnet im *Hessischen Landboten* den Landesfürsten aufgrund seiner rigorosen Steuergesetze als einen „Würgeengel".

Hals- und Bein**bruch**! (umg., Paarformel)
viel Glück! [Glückwunsch]
„Du willst morgen eine Bergwanderung im allgäu machen? Na dann: Hals- und Beinbruch!"
In der Paarformel *Hals und Bein* bedeutet *Bein* eigentlich – *wie früher allgemein gebräuchlich – Knochen* (engl. *bone*). Der scheinbar makabre Glückwunsch geht auf den alten Volksglauben zurück, daß man das Gute *beschwören* kann, indem man das Böse wünscht. Dieselbe Formulierung findet sich auch in einem hebräisch/jiddischen Glückwunsch, so daß eine Übernahme ins Deutsche von dieser Seite her denkbar ist. In literarischen Texten ist die Wendung seit dem 17. Jh. belegt, allerdings nicht in ihrer Funktion als Glückwunsch.

jmdn./etwas auf dem/am **Hals(e)** haben (umg.)

1) *für einen Menschen sorgen müssen* [Verpflichtung]
2) *Arbeit/Sorgen zu tragen haben* [Belastung]
1) „Seit dem Tod ihres Mannes habe ich meine Schwiegermutter auf dem Hals. Sie wohnt bei uns, ich muß für sie waschen und kochen und so weiter. Lang halte ich das nicht durch!“
2) „So geht's nicht! Der halbe Betrieb fährt in Urlaub, und ich habe die ganze Arbeit am Hals!“
Die Redensarten aus dem Bereich der Fürsorge, der Verpflichtung und der Belastung beziehen ihren Ursprung aus der Sorge für das auf dem Arm getragene Kleinkind oder aus dem Joch, das der Ochse bei der Feldarbeit tragen mußte. Beide Bildfelder überlagern sich, so daß meist keine eindeutige Zuordnung möglich ist. Zudem gibt es in diesem Bereich eine Fülle von Varianten.

etwas hängt/kommt jmdm. zum **Hals(e)** heraus
jmd. ist einer Person/einer Sache überdrüssig [Überdruß]
„Dieser ewige Nieselregen hängt mir zum Hals heraus! Seit Wochen haben wir keinen blauen Himmel mehr gesehen.“
Die Wendung bezieht sich auf den Vorgang des Erbrechens unverdaulicher Nahrung.

die Zunge hängt jmdm. zum **Halse** heraus (umg.)
1) *jmd. ist am Verdursten* [Durst]
2) *jmd. ist (vom Laufen) sehr erschöpft* [Erschöpfung]
1) „Bei dieser Hitze hängt einem ja die Zunge zum Halse heraus! Komm, laß uns ein kühles Bier trinken!“
2) „Ich bin die neun Stockwerke hochgelaufen! Jetzt hängt mir aber die Zunge zum Halse heraus!“

der Bissen/das Wort bleibt jmdm. im **Halse** stecken (umg.)
1) *vor Schreck ißt jmd. nicht weiter* [Schreck]
2) *verstummen vor Schreck* [Verstummen]
1) „Als der Fremde den Raum betrat, blieb der Gräfin der Bissen im Halse stecken.“
2) „Du schaust einen so böse an, daß einem das Wort im Halse steckenbleibt, wenn man von deiner Familie spricht!“
Eines der Gottesurteile im altgermanischen Recht bestand darin, dem Beklagten einen mit Zaubersprüchen geweihten trockenen Bissen in den Mund zu stecken, den er ohne Trunk zu schlucken hatte. Blieb ihm der Bissen im Halse stecken, so galt seine Schuld als erwiesen. Gottesurteile dieser Art sind bis ins 14. Jh. bezeugt.

es mit jmdm. /etwas **halten**
mit jmdm./etwas die Ansichten teilen [Zustimmung]
„Ich halte es mit dem Alten Testament: Auge um Auge, Zahn um Zahn!“
Grimms *Deutsches Wörterbuch* (Bd. 10, Sp. 289) sieht eine Verbindung dieser Wendung zu der Redensart *große Stücke auf jmdn. halten,* die den Einsatz (Geldstück) bei einer Wette meint. Das *es* der Redensart wäre dann das Spiel, das immer *mit* einem Partner gehalten wird.

etwas auf sich **halten**
sich darum bemühen, ein gepflegtes Erscheinungsbild abzugeben [Körperpflege]
„Trotz seiner geringen Rente hält dieser alte Herr etwas auf sich. Darin kann er manch anderen ein Vorbild sein!“
Das etymologisch mit *Hirte* und *Herde* verwandte Verb *halten* bedeutet im Grunde *behüten* (Vieh halten), *bewachen, achtgeben.* Die Redensart bedeutet also: *auf sich selbst achten.*

sich **halten** können
beruflichen/wirtschaftlichen Erfolg haben [Erfolg]
„In dieser vornehmen Gegend kann sich ein Delikatessenladen gut halten.“
Mit *halten* ist meist ein Verharren, Standhaftigkeit und generell der Aspekt der Dauer verknüpft, der in dieser Wendung auf die wirtschaftliche Ebene bezogen ist.

sich nicht **halten** können vor Lachen
laut und lang lachen [Lachen]
„Als der Clown auf die Nase fiel, konnten die Kinder sich nicht halten vor Lachen.“

Mit Wendungen wie *sich zurückhalten, an sich halten* oder *sich halten* wird allgemein das Unterdrücken einer aufkeimenden Empfindung ausgedrückt.

es gibt kein **Halten** mehr
etwas kann nicht mehr aufgehalten werden [Unaufhaltsamkeit]
„Als die Glocke ertönte, gab es kein Halten mehr. Die Schulkinder rannten so schnell wie möglich aus dem Gebäude in den Pausenhof."
Die ursprüngliche Wendung bezieht sich wohl auf das Zusammenhalten einer Viehherde.
Herkunft → etwas auf sich **halten**

jmdm. die **Hammelbeine** langziehen (umg.)
einen scharfen Tadel aussprechen [Tadel]
„Euch Faulenzern werde ich die Hammelbeine noch langziehen! Holt die Hefte heraus: Wir schreiben ein Diktat!"
Diese erst im 20. Jh. entstandene Redensart bezieht sich auf den Vorgang des Enthäutens eines geschlachteten Hammels. Das wohl im Soldatenjargon entstandene Bild wird meist von einem Vorgesetzten (Leiter, Lehrer) einer Gruppe von faulen Untergebenen (Arbeiter, Schüler) gegenüber gebraucht.

jmd. hat einen **Hammer** (umg.)
jmd. ist leicht verrückt, jmd. hat seltsame Ideen [Verrücktheit]
„Ich soll dein Auto waschen? Du hast wohl einen Hammer!"
„Hammer" ist die Faust, die jemanden durch einen Schlag an den Kopf verwirrt macht.

das ist ein **Hammer**! (umg.)
das ist eine (unangenehme) Überraschung! [Überraschung]
„Wir sollen ausgerechnet heute Überstunden machen, wo doch im Fernsehen ein Länderspiel übertragen wird? Das ist vielleicht ein Hammer!"
Der Hammer war in germanischer Zeit eine Waffe und das Symbol des Gewittergottes Donar. Vielleicht hat sich aus dieser Zeit der Gebrauch dieser Wendung erhalten, die dann im Sinne eines *Schicksalsschlags* zu deuten wäre (Schicksalshammer, Hammer des Gesetzes). Auch die geballte und zuschlagende Faust wird als *Hammer* bezeichnet.

den **Hammer** fallen lassen (umg.)
unvermittelt bei Schichtende mit der Arbeit aufhören [Pünktlichkeit]
„Nach den Bauarbeitern dort drüben kannst du die Uhr stellen! Punkt fünf Uhr lassen die den Hammer fallen!"
Der Hammer dient in der Wendung als generalisiertes Werkzeug des Arbeiters.

unter den **Hammer** kommen
versteigert werden [Versteigerung]
„Bei der Versteigerung des Inventars kommt auch dieser Druck von Picasso unter den Hammer!"
Die Redensart bezieht sich auf den Silberhammer des Auktionators, mit dem er durch einen Schlag auf ein Stück Leder den sogenannten Zuschlag erteilt, d. h. ein Preisangebot akzeptiert. Dieser Vorgang beruht auf uralten Rechtsbräuchen.

Hammer oder Amboß sein (gehoben)
entweder Herr oder Diener/Überlegener oder Unterlegener sein [Status]
„Es gibt Menschen, die von ihrer Natur her dazu neigen, eher Hammer als Amboß zu sein."
Die Redensart bezieht sich auf eine dualistische Weltsicht, in der schroffe und unaufhebbare Gegensätze suggeriert werden.
Herkunft → zwischen **Hammer** und Amboß sein

zwischen **Hammer** und Amboß sein (veraltend)
in bedrängter Lage sein (zwischen feindlichen Parteien) [Zwangslage]
„Als Gewerkschaftsvertreter fühle ich mich im Betrieb oft so, als wäre ich zwischen Hammer und Amboß, weil ich versuche, zwischen der Leitung und den Arbeitern zu vermitteln."
Die Redensart ist aus dem Bereich des Schmiedehandwerks herzuleiten und dementsprechend alt. Vergleichbare Wendungen sind bereits in der griechischen und römischen Antike geläufig.

Hand aufs Herz!
sei ehrlich!, sag die Wahrheit! [Wahrheit]
„Hand aufs Herz! Hast du den Lebertran wirklich getrunken?“
Die Wendung bezieht sich auf eine mittelalterliche Schwurgeste, bei welcher die rechte Hand auf die linke Brustseite gelegt wurde, um eine Verbindung zum Herzen zu schaffen. Das Herz gilt in verschiedenen Redensarten als Sitz der Wahrhaftigkeit.

von zarter **Hand**
von Frauenhand [Frau]
„Diese Zeilen von zarter Hand fand ich gestern in deinem Anzug, mein Lieber! Hast du etwas dazu zu sagen?“

Ehe zur linken **Hand**
eine nicht voll rechtskräftige Ehe [Konkubinat]
„Eine Heirat zur linken Hand war früher oft das einzige, was eine Bürgerstochter von einem adeligen Liebhaber erwarten konnte!“
Die rechte Hand ist als Schwurhand auch die Hand des Ehebündnisses. Die *zur linken Hand* geschlossene Ehe gewährte in der Adelsgesellschaft der Ehefrau nicht die vollen Eherechte, sondern war bloß eine Sonderform des Konkubinats.

an **Hand/anhand**
mit Hilfe von [Hilfe]
„An Hand dieser Unterlagen können Sie den Geschäftsverlauf gut überprüfen.“
Die Wendung ist eine Verkürzung von *an der Hand*, das seinerseits metaphorisch das Geführtwerden durch einen kundigen Begleiter meint.

in fester **Hand** sein
schon jmdm. gehören und daher unverkäuflich sein [Besitz]
„Alle Grundstücke mit Seeufer sind natürlich in fester Hand.“
Die *feste Hand* ist die geschlossene, die das Besitztum umschließende oder festhaltende Hand.

jmds. rechte **Hand** sein
jmds. wichtigster Mitarbeiter sein, unentbehrlich sein [Unentbehrlichkeit]
„In kurzer Zeit haben Sie sich sehr gut eingearbeitet und sind sogar die rechte Hand des Chefs geworden! Das wird auch bei Ihrem zukünftigen Gehalt berücksichtigt werden!“

Hand in Hand
gemeinsam [Gemeinsamkeit]
„Parteien und Gewerkschaften haben Hand in Hand den Sozialstaat aufgebaut.“
Die Wendung bezieht sich auf das äußere Zeichen der Paarbildung, die ihrerseits sin Symbol der Gemeinsamkeit ist, ebenso wie das Reichen der Hände und der Händedruck.

mit etwas (schnell/rasch) bei der **Hand** sein
ein vorschnelles Urteil fällen [Verurteilung]
„Mit einer vernichtenden Besprechung ist mancher Theaterkritiker schnell bei der Hand, um sich selbst einen Namen in diesem Gewerbe zu machen.“

sich für jmdn. die **Hand** abhacken lassen (umg.)
→ sich für jmdn. in **Stücke** reißen lassen [Treue]

um jmds. **Hand** anhalten/bitten
einer Frau einen Heiratsantrag machen [Heiratsantrag]
„Erinnerst du dich noch? Auf jener Parkbank habe ich vor nunmehr 20 Jahren um deine Hand angehalten, meine Liebe.“

Hand anlegen
helfend tätig sein [Hilfe]
„Könnten Sie bitte einmal Hand anlegen, um mit mir mein Auto aus der Schneewehe zu ziehen?“

etwas aus erster (zweiter/dritter) **Hand** erfahren haben/wissen
eine Information mehr oder weniger direkt bekommen [Informiertheit]
„Vom Tod meines früheren Deutschlehrers habe ich nur zufällig aus zweiter Hand erfahren.“

etwas aus erster (zweiter/dritter) **Hand** erwerben/kaufen

etwas vom ersten (zweiten/dritten) Vorbesitzer kaufen [Kauf]
„Diesen Gebrauchtwagen kann ich Ihnen wirklich empfehlen! Er ist zwar aus zweiter Hand, die Vorbesitzer haben ihn jedoch sehr sorgfältig gepflegt."
Die Redensart ist seit dem 16. Jh. belegt. Die Hand steht hier als pars pro toto (ein Teil steht fürs Ganze) eines wechselnden Gebens und Nehmens von Ware.

jmdm. aus der **Hand** fressen (umg.)
gegenüber jmdm. sehr unterwürfig und gehorsam sein [Unterwürfigkeit]
„Der Willibald steht ganz unter dem Pantoffel seiner Frau. Er frißt ihr förmlich aus der Hand und tut alles, was sie will."
Die Redensart bezieht sich auf das zahme Haustier, das seinem Herrn *aus der Hand frißt* und vergleicht damit das Tun eines unterwürfigen Menschen. Aus dem gleichen Bildfeld stammt die abschätzige Bezeichnung *Speichellecker.*

jmdm. etwas in die **Hand** geben
jmdn. mit der Durchführung von etwas beauftragen [Beauftragung]
„Die genaue Detailplanung dieses Bauprojekts haben wir einem Architektenbüro in die Hand gegeben."

etwas aus der **Hand** geben
freiwillig auf Verpflichtungen, Rechte usw. verzichten [Verzicht]
„Ich gebe diese Sache nur ungern aus der Hand, aber ich muß mich jetzt um andere Projekte kümmern, die meinen vollen Einsatz benötigen!"
Die Redensart bezieht sich auf das Bild des (steuernden) Machtinhabers, der (wahlweise) das Ruder, das Steuer, die Zügel usw. *aus der Hand* gibt, um andere zu beteiligen.

jmdm. die **Hand** fürs Leben geben/reichen (gehoben)
einer Heirat zustimmen, heiraten [Heirat]
„Wann wirst du mir endlich die Hand fürs Leben reichen, meine geliebte Annabelle?"

(gut/flott/leicht) von der **Hand** gehen
mühelos [Mühelosigkeit]
„Das Schreiben ging ihm leicht von der Hand, das Musizieren weniger."

jmdm. zur **Hand** gehen
jmdn. unterstützen, jmdm. helfen [Hilfe]
„Beim Rasenmähen geht mir immer mein Sohn zur Hand."

Hand in Hand gehen mit etwas
[Verbindung]
→ **Hand** in Hand

Hand und Fuß haben
gut geplant sein, vernünftig durchdacht sein [Durchdachtheit]
„Diesen Plan will ich gern unterstützen, weil die Berechnungen, auf denen er basiert, Hand und Fuß haben!"
Bei der Bildung der Redensart stand der (intakte) Körper Pate. Dieser Leib ist voll tauglich und belastbar. Der Verlust der rechten Hand und des linken Fußes bedeutete früher die vollständige Hilflosigkeit eines Mannes, da er weder ein Schwert führen noch ein Pferd besteigen konnte. Dementsprechend war das Abhacken dieser Glieder eine besonders schwere Strafe, die häufig anstelle der Todesstrafe verhängt wurde. Seit spätestens dem 16. Jh. wird diese Redensart aber allgemein im Sinne von Tauglichkeit (insbesondere bezogen auf die Durchdachtheit eines Vorhabens) gebraucht.

zur **Hand** haben/sein
1) *verfügbar haben* [Verfügbarkeit]
2) *verfügbar sein*
1) „Ich habe immer einen Stock zur Hand, wenn ich im Wald spazierengehe. Man weiß ja nie, wozu man ihn brauchen kann!"
2) „Von meinen drei Autos muß immer eins aus beruflichen Gründen zur Hand sein. Meine Familie respektiert das natürlich."

eine ungeschickte/keine geschickte **Hand** haben [Ungeschicklichkeit]
→ eine geschickte **Hand** haben

eine unglückliche/keine glückliche **Hand** haben [Ungeschicklichkeit]
→ eine geschickte **Hand** haben

eine geschickte **Hand** haben
geschickt vorgehen, geschickt handeln [Geschicklichkeit]
„Mit Autos hat unser Bernd einfach eine geschickte Hand. Er will daher nach dem Schulabschluß den Beruf Kraftfahrzeugmechaniker erlernen."
Wie in dem abstrakten Begriff *Handlung* ist auch in der Redensart die Hand ein Pars pro toto (ein Teil steht fürs Ganze) für viele Aspekte des Vorgehens, auch wenn diese nicht mit Handarbeit verknüpft sind. So kann man beispielsweise auch beim Regieren eines Staates oder bei der Unterhaltung von Gästen eine *geschickte Hand* haben. Ähnliche generalisierte Begriffe mit Hand-/hand- liegen vor mit *Verhandlung*, *Handel* treiben, etwas *handhaben*, *handlich* u. a. m.

eine hohle **Hand** haben/machen (umg.)
bestechlich sein [Bestechlichkeit]
„In diesem Land ist es üblich, dem Beamten, der das Visum erteilt, ein kleines Geldgeschenk zu überreichen. Es gilt hier nämlich keineswegs als Schande, eine hohle Hand zu haben!"
Die Redensart bezieht sich auf die Form der Hand, die zum Zweck des Nehmens wie eine kleine Schüssel geformt wird.

eine lockere/lose **Hand** haben (umg.)
gerne zuschlagen [Prügel]
„Unser Grundschullehrer hatte eine lockere Hand, aber das hat uns nicht geschadet!"

eine offene **Hand** haben
freigebig sein [Freigebigkeit]
„In unserer Straße haben alle eine offene Hand. Das nützen leider auch viele Leute aus, die eigentlich gar nicht bedürftig sind!"

jmdn. an der **Hand** haben (umg.)
Beziehungen haben [Beziehungen]
„Ich kann Ihnen vielleicht helfen! Ich habe nämlich im Kultusministerium jmdn. an der Hand, der für die Einstellung neuer Lehrer verantwortlich ist."

etwas nicht in der **Hand** haben
[Einflußlosigkeit]
→ etwas/jmdn. (fest) in der **Hand** haben

sich in der **Hand** haben [Selbstbeherrschung]
→ etwas/jmdn. (fest) in der **Hand** haben

etwas/jmdn. (fest) in der **Hand** haben
etwas/jmdn. beherrschen, etwas/jmdn. dominieren [Beherrschung]
„Nach anfänglichen Schwierigkeiten habe ich jetzt meinen neuen Beruf fest in der Hand."
Die *starke Hand* gilt seit der Antike als Sinnbild der Beherrschung und Kontrolle. Dies zeigt sich auch in Parallelbildungen mit *Griff* (etwas im Griff haben).

freie **Hand** haben
unabhängig sein, selbst die Verantwortung tragen [Unabhängigkeit]
„Bei Ihrer Arbeit haben Sie in unserer Firma völlig freie Hand, was die Einteilung und den zeitlichen Ablauf betrifft."
Die *freie Hand* ist eigentlich diejenige Hand, die nicht durch eine Traglast oder Tätigkeit beansprucht wird.

von der **Hand** in den Mund leben
→ von der Hand in den **Mund** leben

letzte **Hand** an etwas legen
etwas abschließend bearbeiten, kurz vor der Fertigstellung sein [Fertigstellung]
„Bevor die Statue verkauft wird, muß der Meister noch letzte Hand daran legen, um sie zu vollenden!"

die **Hand** für jmdn./etwas ins Feuer legen
die Garantie für die guten Eigenschaften von jmdm./von etwas übernehmen [Garantie]
„Für Karl-Theodor lege ich meine Hand ins Feuer. Dem kannst du diese Vertrauensstellung in deiner Firma ruhig übertragen!"
Die sogenannte Feuerprobe war ein mittelalterliches Gottesurteil, bei dem der Angeklagte seine Hand ins Feuer legen mußte. Im Fall, daß sie unversehrt blieb, war die Unschuld erwiesen. Auch andere konnten für einen Angeklagten, von dessen Unschuld sie überzeugt waren, diese Prüfung ablegen.

Hand an sich legen (gehoben)
Selbstmord begehen [Selbstmord]

„Viele Filmstars legen Hand an sich, wenn ihr Ruhm zu verblassen beginnt."

seine **Hand** auf etwas legen
von etwas Besitz ergreifen
[Besitzergreifung]
„Eigentlich wollte ich mir auf genau diesem Grundstück ein Haus bauen, aber dann hat der Bürgermeister dieses Ortes selbst seine Hand darauf gelegt!"
Das Handauflegen war im germanischen Recht das Symbol der Besitzergreifung, gleichzeitig aber auch das des damit verknüpften Schutzes (in festen Händen sein). Im alten Recht wurden generell Verwandtschaftsgrade nach Körperteilen benannt. Die engste Verwandschaft wurde mit *Schoß* und *Busen* in Verbindung gebracht. Daher sprechen wir noch heute von jemandes *Schoßkind* (und spöttisch vom *Schoßhündchen*) und vom *Busenfreund*. Diejenigen Personen, die mit Hand, Bein, Arm usw. identifiziert wurden, gehörten zur entfernteren Verwandschaft. Die ganze Sippe verstand sich so als eine „Körperschaft", die im Fall der Bedrohung „aufstand wie ein Mann", um sich zu verteidigen. Wurde jemand in die Sippe aufgenommen, so wurde er bildhaft an diejenige Körperpartie des Sippenführers gelehnt, die seine zukünftige Stellung symbolisierte.

jmdm. aus der **Hand** lesen
jmds. Schicksal aus den Handlinien deuten
[Wahrsagerei]
„Meine Mutter geht manchmal zu einer Wahrsagerin, die ihr aus der Hand liest. Bisher ist aber noch nie etwas davon eingetroffen!"
Der alte Brauch des Handlesens geht zurück auf die Vorstellung von der Welt als Buch, das man lesen kann. Vgl.: ein offenes **Buch** sein.

etwas liegt (klar) auf der **Hand**
etwas ist offensichtlich und bedarf keines Beweises [Offensichtlichkeit]
„Es liegt für mich klar auf der Hand, daß die erfolglosen Abrüstungsverhandlungen von der gegnerischen Seite torpediert wurden!"

etwas in die **Hand/Hände** nehmen
(energisch) die Durchführung einer Sache übernehmen [Initiative]
„Das dauert mir alles zu lang! Ich glaube, ich muß die Planung jetzt selbst in die Hand nehmen."

etwas/alles liegt in jmds. **Hand**
[Macht]
→ etwas /jmdn. (fest) in der **Hand** haben

jmdm. etwas aus der **Hand** nehmen
→ jmdm. etwas aus den **Klauen** reißen
[Wegnahme]

ihr könnt euch die **Hand** reichen! (umg.)
ihr seid ebenbürtig, was eure schlechten Eigenschaften betrifft! [Ebenbürtigkeit]
„Der eine lügt, und der andere stiehlt! Ihr seid vielleicht ein sauberes Paar! Ihr könnt euch die Hand reichen!"
Die Redensart ist eine satirische Verfremdung des Akts der Eheschließung durch den Priester.

jmdm. die **Hand** reichen/geben
sich versöhnungsbereit zeigen [Versöhnung]
„Ich will dir ein letztes Mal die Hand reichen, aber wenn du mich noch ein einziges Mal belügst, ziehe ich hier aus!"
Das Reichen der Hände ist ein altes Zeichen der Vertragsschließung, der Versöhnung und des Friedensschlusses.

keine **Hand** rühren
→ keinen **Finger** rühren

die **Hand** vor Augen nicht sehen
→ die Hand vor **Augen** nicht sehen

etwas unter der **Hand** tun
etwas heimlich tun [Heimlichkeit]
„Bei diesem Grundstücksgeschäft wurde unter der Hand auch eine Baugenehmigung vermittelt, die vorher nicht bestand."
Der Falschspieler vertauscht im Schutz seiner Hände die Spielkarten.

etwas von langer **Hand** vorbereiten
etwas (meist Böses) lang und sorgfältig vorbereiten [Plan]

„Dieser Bankeinbruch war offenbar von langer Hand vorbereitet. Die Einbrecher hatten nämlich extra die Wohnung über den Tresorräumen angemietet, um durch die Decke dorthin zu gelangen!"
Die *lange Hand* oder der *lange Arm* wird Reichen und Mächtigen bildlich beigelegt. Aus der Komponente *Einfluß* hat sich daraus ein zeitliches und planhaftes Handeln betonender Aspekt abgespalten.

etwas von der **Hand** weisen
etwas (als Zumutung) ablehnen
[Zurückweisung]
„Dieses Ansinnen weise ich entschieden von der Hand!"

etwas ist nicht (völlig) von der **Hand** zu weisen
etwas ist durchaus möglich/denkbar
[Möglichkeit]
„Ein Markterfolg dieses neuen Produkts ist trotz der gegenteiligen Gutachten keineswegs ganz von der Hand zu weisen!"

mit/aus freier **Hand** (zeichnen/malen usw.)
ohne Vorlage (zeichnen/malen usw.)
[Improvisation]
„Michelangelo hat seine berühmten Fresken teilweise mit freier Hand auf den Untergrund aufgetragen."

jmdm. in die **Hände** arbeiten
den Gegner unterstützen [Unterstützung]
„Der Torwart dieser Mannschaft ist so schlecht in Form, daß er durch seinen Einsatz glatt dem Gegner in die Hände arbeitet!"

die **Hände** nach etwas ausstrecken
sich etwas aneignen wollen
[Beanspruchung]
„Falls die anderen Firmen ihre Hände nach unserer Käuferschicht ausstrecken, müssen wir mit einer großen Werbekampagne antworten!"

jmdm. in die **Hände** fallen
1) *unrechtmäßig/mit Gewalt in jmds. Besitz/Machtbereich gelangen*
[Besitzergreifung]
2) *rechtmäßig, aber eher zufällig Besitzer einer Sache werden* [Fund]
1) „Bei ihren Raubzügen ist den Normannen fast ganz Europa in die Hände gefallen."
2) „Beim Stöbern im Antiquariat sind Joachim neulich zwei seltene Erstausgaben von Kleist in die Hände gefallen."

jmdm. sind die **Hände** und Füße gebunden
→ jmdm. sind die **Hände** gebunden

jmdm. sind die **Hände** gebunden
jmd. kann nicht frei handeln [Unfreiheit]
„Ich würde diese Genehmigung sehr gerne erteilen, aber mir sind durch verschiedene Vorschriften die Hände gebunden!"

durch viele **Hände** gehen (umg.)
1) *oft den Besitzer wechseln*
[Besitzerwechsel]
2) *viele Liebhaber haben* [Promiskuität]
1) „Dieses Haus ist schon durch viele Hände gegangen!"
2) „Dieses Mädchen ist schon durch so viele Hände gegangen, daß es jetzt schwerlich noch einen Ehemann in unserer Gegend finden wird."

seine **Hände** im Spiel haben (umg.)
bei etwas beteiligt sein, ohne daß dies offensichtlich ist; heimlich bei etwas mitwirken [Beteiligung]
„Gestehen Sie doch, daß Sie bei dem Einbruch beteiligt gewesen sind! Es ist doch schließlich bekannt, daß Sie schon häufiger bei derartigen krummen Touren die Hände im Spiel hatten!"
Die Hände sind wichtige Werkzeuge bei Karten- und Würfelspiel. Auf dieses Bildfeld beziehen sich mehrere Redensarten, wie *sich nicht in die Karten blicken lassen, die Finger im Spiel haben, es in der Hand haben, etwas unter der Hand tun.*
{das Leben ist ein Spiel}

alle **Hände** voll zu tun haben (umg.)
sehr viel Arbeit haben [Arbeit]
„Bei den Hochzeitsvorbereitungen hatte ich alle Hände voll zu tun. Erst jetzt kann ich etwas kürzertreten und von den Anstrengungen ausspannen!"

zwei linke **Hände** haben (umg.)
[Ungeschicklichkeit]
→ eine geschickte **Hand** haben

reine/saubere **Hände** haben
unschuldig sein [Schuldlosigkeit]
„Ich habe in dieser Angelegenheit völlig reine Hände! Schließlich taucht mein Name in den Akten an keiner Stelle auf!"
Ursprünglich war mit *rein* und *sauber* gemeint: *nicht blutbefleckt sein, ohne Blutschuld sein, kein Mörder sein.*
Herkunft → seine **Hände** in Unschuld waschen

unsaubere/schmutzige **Hände** haben
[Schuld]
→ reine/saubere **Hände** haben

die **Hände** in den Schoß legen
nichts tun, faulenzen [Faulheit]
„Nach der Pensionierung werde ich noch nicht die Hände in den Schoß legen, sondern mich ganz meinen Hobbys widmen!"

jmdm. auf die **Hände** sehen (umg.)
1) *jmds. Arbeit kontrollieren* [Ausbildung]
2) *jmdn. mißtrauisch beobachten*
[Kontrolle]
1) „Der Meister muß bei der Ausbildung seinen Lehrlingen ständig auf die Hände sehen."
2) „Immer wieder verschwinden aus den Schränken Büromaterialien! Ich glaube, wir müssen unseren Mitarbeitern einmal etwas auf die Hände sehen!"

jmdm. in die **Hände** spielen
zu jmds. Gunsten wirken [Unterstützung]
„Durch Ihr parteischädigendes Verhalten spielen Sie nur dem Gegner in die Hände!"

jmdm. etwas in die **Hände** spielen
jmdm. etwas wie zufällig zukommen lassen
[Übermittlung]
„Im Krieg wird auch dadurch Spionageabwehr betrieben, daß man einem Verdächtigen gefälschtes Material in die Hände spielt."
Herkunft → bei etwas die **Hand** im Spiel haben

seine **Hände** in Unschuld waschen
seine Unschuld erklären; behaupten, an einer Sache nicht beteiligt gewesen zu sein
[Schuldlosigkeit]
„Auch wenn mein Freund bei diesem Einbruch erwischt worden ist: Ich wasche meine Hände in Unschuld! Schließlich war ich an jenem Tag nachweislich im Gebirge."
An verschiedenen Stellen des Alten und Neuen Testaments wird der altisraelische Brauch geschildert, durch das öffentliche Waschen der Hände seine Unschuld zu demonstrieren. Wahrscheinlich geht dieser Vorgang auf ein mosaisches Sühnezeichen zurück. Die bekannteste einschlägige Bibelstelle ist die in Matth. 27,24 geschilderte Zeremonie des Pilatus vor der Verurteilung Jesu.

die **Hände** über dem Kopf zusammenschlagen
Überraschung/Entsetzen deutlich zeigen
[Überraschung]
„Als seine Frau mit dem zerbeulten Wagen auf die Auffahrt fuhr, schlug Hartmut die Hände über dem Kopf zusammen."
Die Redensart bezieht sich auf eine alte und heute ungebräuchliche Gebärde des Staunens und Erschreckens. Auch andere Gebärden sind heute nur noch redensartlich bekannt, wie beispielsweise *händeringend, sich die Haare raufen* u. a. m.

in andere **Hände** übergehen
die Leitung bzw. den Besitzer wechseln
[Besitzerwechsel]
„Nach den Sommerferien wird die Leitung der Schule in andere Hände übergehen."

Handel und Wandel (Paarformel)
das Tun und Treiben des alltäglichen Lebens
[Umstände]
„Die Geschichtsschreibung bemüht sich unter anderem darum, Handel und Wandel vergangener Zeiten zu rekonstruieren."
Neben der neueren formelhaften Wendung *Handel und Gewerbe* ist seit Luther die reimende Paarformel *Handel und Wandel* überliefert. Während *Handel* die Kaufgeschäfte bezeichnet, ist Wandel hier eine Bezeichnung für *Tauschverkehr*. Beides

umfaßt also alle Aspekte des kaufmännischen Alltagslebens und wurde dann allmählich weiter verallgemeinert.

sich auf einen **Handel** mit jmdm. einlassen/ **handelseinig** werden
mit jmdm. eine Übereinkunft mit wechselseitigem Nutzen treffen [Übereinkunft]
„Wenn wir uns auf einen Handel mit dem Ministerium einlassen, können wir vielleicht noch mehr herausschlagen, als wenn wir gleich den Klageweg wählen!"
Handel bezeichnet nicht nur den Verkauf oder Austausch von Waren, sondern auch die rechtliche Absicherung (Rechtshandel) und den außergerichtlichen Streit (Händel). Die Redensart nutzt diese Aspekte und verbindet sie mit dem ursprünglichen Konzept eines ausgewogenen Austauschs mit beiderseitigem Nutzen.

in festen **Händen** sein (umg.)
(so gut wie) verlobt/verheiratet sein [Partnerbindung]
„Der goldene Ring an Ihrer Hand bedeutet doch hoffentlich nicht, daß Sie bereits in festen Händen sind, mein Fräulein?"

in guten/schlechten **Händen** sein
1) meist von Tieren: *gut/schlecht gepflegt werden* [Pflege]
2) von Gegenständen: *gut/unzuverlässig bearbeitet/repariert werden* [Wartung]
1) „In dieser Tierpension ist unser Kater in guten Händen, solange wir in Urlaub sind."
2) „In dieser Werkstatt ist unser Wagen wirklich in guten Händen!"
Die *guten* oder *schlechten Hände* sind Pars pro toto (Teil steht fürs Ganze) für die Gesamtheit pflegerischer Maßnahmen.

zu treuen **Händen**
in getreuliche Verwahrung [Vertrauen]
„Ich übergebe dir diesen Tresorschlüssel zu treuen Händen, bis ich wieder aus Peru zurückkomme."

das Geld mit vollen/beiden **Händen** ausgeben
mit Geld verschwenderisch umgehen [Verschwendung]
„Mein Sohn kann leider nicht mit Geld umgehen. Am Monatsanfang gibt er alles mit vollen Händen aus und lebt den Rest des Monats auf Pump und von Erspartem."

mit vollen **Händen** geben
freigebig sein [Freigebigkeit]
„Bei der Sammlung für die Dritte Welt wird in unserer Gemeinde stets viel gespendet. Auch ich gebe zu diesem Anlaß stets mit vollen Händen."

mit (den) **Händen** zu greifen sein
offensichtlich sein [Offensichtlichkeit]
„Das Motiv für diesen Totschlag ist doch mit Händen zu greifen: Es ist die Eifersucht auf seinen Rivalen gewesen, die ihn zu diesem Verbrechen verleitet hat!"

mit **Händen** und Füßen reden
→ mit den **Händen** reden

mit den **Händen** reden
beim Reden stark gestikulieren [Gestik]
„Im Ausland muß man oft mit den Händen reden, um sich verständlich zu machen."

sich mit **Händen** und Füßen gegen etwas sträuben/wehren
sich mit allen Mitteln gegen etwas wehren [Widerstand]
„Unsere Abteilung hat sich mit Händen und Füßen gegen den neuen Leiter gewehrt – leider vergebens!"

jmdn. auf **Händen** tragen (gehoben)
jmdn. liebevoll umsorgen [Fürsorge]
„Ich werde dich auf Händen tragen, falls du dich dazu durchringen kannst, mit mir die Ehe einzugehen, Amanda!"
Die Redensart ist biblischen Ursprungs. In Matth. 4,6 heißt es: „Der Herr hat seinen Engeln befohlen, daß sie dich behüten auf allen deinen Wegen, daß sie dich auf den Händen tragen, damit dein Fuß an keinen Stein stößt." Von daher ist die Redensart schon in die Minnedichtung des 12. Jh. eingedrungen und seither geläufig.

jmdn./etwas in guten **Händen** wissen
wissen, daß jmd. gut versorgt wird

[Vertrauen]
„Ich weiß meine alte Mutter in diesem Pflegeheim in guten Händen."

jmdm. unter den **Händen** zerrinnen/dahinschmelzen
sehr rasch ausgegeben werden
[Verschwendung]
„Der Lottogewinn ist diesem Unglücksraben innerhalb eines einzigen Jahres unter den Händen zerronnen."

jmdn. zuckt es in den **Händen**
1) *jmd. möchte mit anpacken/etwas unbedingt tun* [Aktivität]
2) *jmd. möchte jmdn. schlagen, der ihn provoziert* [Angriffslust]
1) „Wenn ich die Unordnung in deinem Zimmer sehe, zuckt es mir immer in den Händen, und ich möchte anfangen aufzuräumen. Aber schließlich sollst du selbst lernen, deine Sachen in Ordnung zu halten!"
2) „Der Kerl da drüben starrt meine Verlobte so unverschämt an, daß es mir richtig in den Händen zuckt, ihm durch ein paar Schläge Anstand beizubringen!"
Herkunft → es juckt mir in den **Fingern**

mit beiden **Händen** zugreifen
eine Gelegenheit ohne Zögern wahrnehmen
[Gelegenheit]
„Ich habe natürlich sofort mit beiden Händen zugegriffen, als man mir die Firmenleitung anbot! So eine Gelegenheit hat man schließlich nicht alle Tage!"

mit leeren **Händen** (zurück)kommen/dastehen
1) *ohne Erfolg sein* [Erfolglosigkeit]
2) *ohne Besitz sein* [Armut]
1) „Aus den Verhandlungen mit der amerikanischen Firma komme ich mit leeren Händen zurück! Ein Vertragsabschluß kam leider nicht zustande."
2) „Nach der Inflation standen viele Leute mit leeren Händen da, die vorher über ein großes Barvermögen verfügt hatten."
Die leere Hand ist ein altes Symbol des Mangels und der Bedürftigkeit, aus dem sich die genannten Sonderbedeutungen abgespalten haben.

händeringend bitten/suchen usw.
ganz verzweifelt und sehr intensiv
[Intensität]
„Ich bat ihn händeringend darum, mir einen Tag Urlaub zu geben, aber er lehnte ab."
Das Händeringen ist eine alte Gebärde des Schmerzes, der Trauer und der Verzweiflung. Noch von Lessing und Goethe wird die Geste als „gerungene Hände" bezeichnet. Der Gebrauch von *händeringend* ist somit erst im 19. Jh. üblich geworden.

ein lockeres **Handgelenk** haben (umg.)
[Prügel]
→ eine lockere **Hand** haben

etwas nicht aus dem **Handgelenk** machen können
etwas nicht ohne Vorbereitung machen können, nicht ohne Kraft/Aufwand tun können
[Schwierigkeit]
„Die ganzen Vorbereitungen zu der Geburtstagsfeier mit 20 geladenen Gästen kann ich nicht so einfach aus dem Handgelenk machen! Da brauche ich mindestens noch eine Haushaltshilfe."

etwas aus dem **Handgelenk** schütteln/machen (umg.)
etwas perfekt beherrschen, etwas mühelos tun [Mühelosigkeit]
„Unser Geschichtsunterricht war schon sehr seltsam! Die Namen aller römischen Kaiser kann ich noch heute aus dem Handgelenk schütteln, aber das 20. Jahrhundert wurde nur am Rande behandelt."
Das Handgelenk verbindet die Hand mit dem Arm. Eine Arbeit, die so leicht ist, daß sie ohne die Beteiligung des Arms verrichtet werden kann, wird *aus dem Handgelenk* erledigt.

handgemein miteinander werden
einen Ringkampf/eine Prügelei beginnen
[Prügel]
„Als die beiden Gäste plötzlich handgemein wurden, rief der Wirt die Polizei."
Handgemein bedeutet ursprünglich nur *mit vereinten Händen*. Die Bedeutung *tätlich* stellt demnach eine Verengung dar, die auch das Substantiv *Handgemenge* betrifft.

handgreiflich werden
(jmdn.) angreifen [Aggression]
„Plötzlich wurde mein Gegenüber handgreiflich, ohne daß ich wußte, was ihn gereizt hatte.“

mit **Handkuß** (umg.)
sehr bereitwillig, gern, mit Begeisterung [Begeisterung]
„Jeder Absolvent einer Fachhochschule wird von Handel und Industrie mit Handkuß eingestellt. Eine derartige Ausbildung gilt nämlich als praxisbezogen und fundiert.“
Der Handkuß ist eine - heute etwas selten gewordene - Geste des galanten Herrn gegenüber einer feinen Dame.

keinen **Handschlag** tun (umg.)
→ keinen **Schlag** tun [Nichtstun]

eine kräftige **Handschrift** haben/schreiben (umg.)
kräftige Ohrfeigen austeilen [Ohrfeige]
„Unser alter Deutschlehrer schrieb eine kräftige Handschrift, wenn wir ihn lang genug geärgert hatten!“
Die Redensart entstammt wohl der Schülersprache und bezieht ihren bildhaften Charakter aus dem Handabdruck, der nach einer kräftigen Ohrfeige auf der Wange sichtbar sein kann.

jmdm. den **Handschuh** hinwerfen/den Handschuh aufnehmen
→ den **Fehdehandschuh** hinwerfen/aufnehmen

das **Handtuch** werfen (umg.)
aufgeben, eine Belastung nicht länger ertragen [Aufgeben]
„Wenn der Chef mich noch ein einziges Mal vor allen Kollegen anschreit, werfe ich das Handtuch und lasse ihn den Kram selbst erledigen!“
Die Redensart stammt aus der Fachsprache des Boxsports. Der Sekundant eines Boxers, der schwer angeschlagen ist und kurz vor dem k. o. (knockout) steht, kann als Zeichen der Aufgabe ein Handtuch in den Ring werfen, um ernsthafte Verletzungen seines Schützlings zu vermeiden.

im **Handumdrehen** (umg.)
sehr schnell, mühelos [Schnelligkeit]
„Drei Tage haben wir über diesem Kreuzworträtsel gebrütet, das Karl-Otto jetzt im Handumdrehen gelöst hat.“
Die Hand ist einerseits ein Raummaß (*handbreit* u. a.), wird aber auch als Zeitmaß gebraucht (*kurzerhand* u. a.). Mit *im Handumdrehen* wird die kurze Zeitspanne zum Maßstab genommen, in der das Drehen der Hand erfolgt.

jmdm. das **Handwerk** legen
jmdn. zwingen, ein schlechtes (gesetzwidriges) Tun zu beenden [Beendigung]
„Es wird höchste Zeit, daß der Umweltschutz ernst genommen und den Großverschmutzern das Handwerk gelegt wird!“
Mit der Zunftordnung war auch die Möglichkeit gegeben, jemanden zur Niederlegung des Handwerks zu zwingen, der sich eines Verstoßes gegen die Handwerksregeln schuldig gemacht hatte. Im übertragenen Sinn ist die Redensart seit dem 17. Jh. (Grimmelshausen) belegt.
Herkunft → (sich auf) sein **Handwerk** verstehen

jmdm. ins **Handwerk** pfuschen
als Laie den Fachmann behindern [Einmischung]
„Heute kann man kein öffentliches Amt mehr bekleiden, ohne daß einem ständig dazwischengeredet und ins Handwerk gepfuscht wird.“
Das Verb *pfuschen* hat ursprünglich die Bedeutung *unberechtigt, gegen die Zunftordnung verstoßend geschäftlich arbeiten* und umfaßt die Bedeutungskomponenten der Heimlichkeit, des Verstoßes und der Störung. Daraus wurde bereits im 16. Jh. der allgemeine Aspekt der Einmischung, der Mangelhaftigkeit und der Stümperhaftigkeit, der auch im heutigen Gebrauch der Redensart mitschwingt. Schon aus dem 18. Jh. ist die Klage überliefert: „In keine Profession wird mehr gepfuscht als in die Medizin.“ Daher hat sich auch der von *pfuschen* abgeleitete Begriff *Kurpfuscher* (von lat. *curare* = kurieren) zu einer verbreiteten Gebrauchsform entwickelt.

Herkunft → (sich auf) sein **Handwerk** verstehen

(sich auf) sein **Handwerk** verstehen
das gut können, was man einmal gelernt hat [Können]
„Diesem Sportwagen sieht man an, daß die Designer dieser Marke ihr Handwerk verstehen."
Handwerk ist ursprünglich das mit der Hand hergestellte Werkstück. Daraus bildete sich bereits im Spätmittelalter die Bezeichnung für ein dauernd betriebenes Gewerbe mit einer geregelten Ausbildungsordnung (zünftiges Handwerk). Im redensartlichen Gebrauch wurde aus diesem speziellen Bereich sehr schnell eine Übertragung auf andere Berufe vorgenommen, die einer Ausbildung bedürfen und komplexere Fertigkeiten beinhalten. Seit Goethe ist die völlig generalisierte Bedeutung *können* für die Redensart nachgewiesen.

hängen: wo hängt's denn? (umg.)
was ist los?, wo ist das Problem? [Hilfsangebot]
„Ihr habt mich rufen lassen, weil ihr nicht weiterkommt? Na, wo hängt's denn?"
Ein Bedeutungsaspekt von *hängen* ist *haften* oder *stocken* im Sinne einer Behinderung, etwa des Hängenbleibens bei der Durchquerung eines Gebüschs. Die übertragende Generalisierung *ein Problem sein* läßt sich etwa ab dem 18. Jh. (bei Kotzebue und Goethe) nachweisen.

lieber lasse ich mich **hängen**, als daß... (umg.)
ich werde etwas Bestimmtes unter keinen Umständen tun [Weigerung]
„Lieber lasse ich mich hängen, als daß ich noch einmal mit dir zum Zelten fahre! Ich habe heute noch dein Gejammere wegen der Stechmücken im Ohr!"
Das Hängen am Galgen galt im Mittelalter als eine besonders schimpfliche Todesstrafe.

einen **hängen** haben (umg.)
betrunken sein [Trunkenheit]
„Laß mich bloß in Ruhe! Du hast ja schon wieder einen hängen! Schlaf erst einmal deinen Rausch aus, bevor du mich um die Autoschlüssel bittest!"
Die Redensart ist eine Verkürzung der heute ungebräuchlichen Langform *einen Zopf hängen haben*, was sich auf das Schweregefühl im Hinterkopf bei Trunkenheit. Der früher auch bei Männern (Soldaten) übliche Haarzopf war bildhaft niederdrückend in das Idiom eingebracht.

mit **Hangen** und Bangen (gehoben)
mit Sorge, voller Angst [Besorgtheit]
„Warum rufst du nicht an, wenn du dich verspätest? Ich sitze hier und warte mit Hangen und Bangen auf deine Rückkehr!"
Die Herkunft der Redensart ist nicht gesichert. Einerseits könnte sie bedeuten: *mit hängendem Kopf* (als Zeichen der Besorgtheit) und *voller Bange*. Andererseits wird sie in einigen Deutungen als Verballhornung einer Stelle aus „Clärchens Lied" im *Egmont* von Goethe aufgefaßt, die wie folgt lautet: „Freudvoll / Und leidvoll, / Gedankenvoll sein; / Hangen / Und bangen / In schwebender Pein; / Himmelhoch jauchzend / Zum Tode betrübt, – / Glücklich allein / Ist die Seele, die liebt."

mit **Hängen** und Würgen (umg.)
mit großer Mühe [Mühe]
„Die Fahrprüfung habe ich nur mit Hängen und Würgen bestanden, aber heute bin ich ein guter Fahrer!"
Die Versprachlichung der Bedeutung *Mühe* bedient sich häufig des Prinzips der aufwendigen Verdoppelung von Informationsträgern in Paar- und Zwillingsformeln (vgl.: mit **Ach** und Krach). Die ältere Fassung der Wendung lautete *zwischen Hängen und Würgen* und bedeutete: *im letzten Moment*, wenn also der Verurteilte bereits am Galgen hing, aber – noch lebend – nach Luft würgte.

hängenbleiben (umg.)
1) *nicht in die nächste Klasse versetzt werden* (Schülersprache) [Nichtversetzung]
2) *im Gedächtnis behalten* [Erinnerung]
3) *als Gast zu lang bleiben* [Verweilen]
4) *zufällig an einem Ort bleiben* [Aufenthalt]

5) *als Gewinn übrigbleiben* [Gewinn]
1) „Wenn deine Mathematiknote nicht besser wird, bleibst du bei der nächsten Versetzung garantiert hängen!"
2) „Eine Verleumdung kann auch einen Unbescholtenen ruinieren. Schließlich weiß man ja, daß immer etwas hängenbleibt!"
3) „Der Erwin ist kein angenehmer Gast! Er bleibt immer noch lang hängen, auch wenn alle anderen schon längst gegangen sind."
4) „Meine Eltern waren eigentlich nur auf der Durchreise in München. Durch eine Verkettung von Zufällen sind sie dann hier hängengeblieben."
5) „Hoffentlich bleibt bei dieser niedrigen Kalkulation überhaupt noch etwas für uns hängen!"

jmdn. **hängenlassen** (umg.)
ein Versprechen/eine Verabredung nicht einhalten [Vertrauensbruch]
„Beeilen Sie sich bitte mit der Reparatur meines Wagens! Ich brauche ihn morgen unbedingt! Sie dürfen mich unter keinen Umständen hängenlassen."

ein **Hans** im Glück (umg.)
jmd., der regelmäßig großes Glück hat [Glück]
„Du bist wirklich ein richtiger Hans im Glück! Das ist jetzt schon der dritte Lotteriegewinn in einem Jahr!"
Hans im Glück ist die Hauptfigur eines gleichnamigen Märchens. Vgl.: **Hansdampf** in allen Gassen.

Hansdampf in allen Gassen (umg.)
jmd., der überall tätig ist, sehr rege ist und sich auskennt; jmd., der sich alles zutraut [Flexibilität]
„Der Peter ist wirklich ein Hansdampf in allen Gassen! Er weiß über einfach alles Bescheid, was in unserer Stadt passiert!"
Hans ist die Kurzform von Johannes und vom 14. bis 17. Jh. der beliebteste Vorname in Deutschland gewesen. Zusammen mit anderen verbreiteten Vornamen (wie Peter, Grete, Liesel) bildete er eine Art Gattungsname und kommt in verschiedenen redensartlichen Wendungen vor: *Schmalhans Küchenmeister, Hans im Glück, Prahlhans, blanker Hans* (Nordsee) usw. Die Wendung *Hans in allen Gassen* ist seit dem frühen 16. Jh. belegt. Ein historischer Hans Dampf scheint im frühen 19. Jh. in Gotha gelebt zu haben. Auf ihn bezieht sich die Erzählung *Hans Dampf in allen Gassen* des Schriftstellers Heinrich Daniel Zschokke (1771–1848), die vermutlich zur Erweiterung der älteren Wendung beigetragen hat.

den **Hanswurst** spielen (umg.)
1) *von anderen ständig geneckt und ausgenutzt werden* [Opfer]
2) *häufig alberne Späße treiben* [Unsinn]
1) „Heute geht einmal ein anderer das Bier für die Mittagspause kaufen. Ich spiele nämlich nicht euren Hanswurst!"
2) „Der Karl ist unsere Betriebsnudel! Der spielt immer den Hanswurst, um sich bei den Kollegen beliebt zu machen."
Hans Wurst (seit dem 18. Jh. auch *Hanswurst* geschrieben) ist eine volkstümliche Bezeichnung für einen dicken, unförmigen, an eine Wurst erinnernden Mann. Der Name ist seit 1519 belegt. Die Figur taucht im 16. Jh. auch in vielen Volksstücken auf, wo sie den Narren verkörpert. Besonders Luther generalisiert den Gebrauch dieses Begriffs in seinen Predigten und erweitert ihn zum Gattungsnamen für einen tölpelhaften Menschen. Vielleicht liegt hierbei ein Quereinfluß vom Verb *hänseln* (necken) vor, das aber einen anderen Ursprung hat. Es bezieht sich auf den alten Städtebund der Hanse, die sich als Begriff auf ahd. *hansa* (Kriegsschar) zurückführen läßt. Die Hanse war eine Genossenschaft von Handeltreibenden, die (wie viele andere Zünfte und Vereine) über mehr derbe als komische Aufnahmerituale verfügte. Ein junger Kaufmann, der sich der Hanse anschließen wollte, mußte allerlei derbe Späße und Foppereien ertragen, was als *hänseln* bzw. *Hänselei* bezeichnet wurden. Vgl.: **Hansdampf** in allen Gassen.

jmdn. **hänseln**
→ **Hanswurst**

jmdm. zeigen, was eine **Harke** ist (umg.)
1) *jmdm. zeigen, wie man eine Arbeit ver-*

richtet [Vorbildhaftigkeit]
2) *jmdn. zurechtweisen* [Zurechtweisung]
1) „Seit drei Wochen ist Emil jetzt dabei, den Garten umzugraben. Heute habe ich ihm einmal gezeigt, was eine Harke ist, und den Rest innerhalb von zwei Stunden geschafft!"
2) „Das Gutachten für das Gericht ist immer noch nicht abgetippt? Na, der Sekretärin werde ich morgen mal zeigen, was eine Harke ist! So geht das nämlich nicht weiter!"
Harke ist das norddeutsche Wort für *Rechen*. Die seit dem 16. Jh. überlieferte Redensart bezieht sich auf das bereits im *Meier Helmbrecht* (um 1270) thematisierte Phänomen des Bauernsohnes, der seinen Stand aufgibt, um Ritter oder Pfarrer zu werden. Die sich im Spätmittelalter anbahnende Auflösung der Ständeordnung wurde in vielen Schwänken und Volksstücken problematisiert. Die Redensart: *jmdm. zeigen, was eine Harke ist* bezieht sich auf den mit dem gesellschaftlichen Aufstieg verbundenen Verlust der bäuerlichen Umgangssprache: In einer Erzählung wird von einem Bauernsohn berichtet, der lang in der Fremde war. Bei seiner Rückkehr gibt er vor, die Bezeichnungen für die bäuerlichen Geräte vergessen zu haben. Erst als er zufällig auf eine Harke tritt, die ihm an den Kopf schlägt, ruft er aus: „Ei, du verfluchte Harke!"

jmdn. in **Harnisch** bringen
jmdn. sehr zornig machen [Aufreizung]
„Durch eine unbedachte Bemerkung habe ich den Chef so in Harnisch gebracht, daß er schon seit drei Tagen nicht mehr mit mir redet."
Das ursprünglich keltische Wort *Harnisch* ist über romanische Sprachen im 13. Jh. in die deutsche Sprache eingedrungen. Es bezeichnet die gesamte kriegerische Ausrüstung des Streiters (der volle Harnisch), aber auch Teile davon (Brustharnisch). Die Wendung *jmdn. in Harnisch bringen* bedeutet daher zunächst einmal: *jmdn. veranlassen, sich für einen Kampf zu rüsten*. Schon im 16. Jh. wird dieses Bild aber auch allgemein gebraucht und will heißen *einen Gegner aufreizen*.

jmdn. **hart** ankommen
schwierig sein für jmdn., eine Belastung für jmdn. darstellen [Belastung]
„Der Verzicht auf Süßigkeiten kommt meine Frau besonders hart an. Aber ihr Arzt hat ihr empfohlen, unbedingt abzunehmen."
Härte ist eine Eigenschaft von Steinen und bestimmten Metallen. Die Übertragung auf Bereiche des Körpers und der Seele des Menschen beinhaltet meist einen negativen Aspekt (*harte Seele, Hartnäckigkeit* usw.; vgl. aber das positive: *sich abhärten*). Was *jmdn. hart* (schwer/sauer) *ankommt*, ist ein unnachgiebiger Gegner, eine starke Belastung.

hart auf hart gehen
1) *sich heftig streiten* [Streit]
2) *sehr riskant sein* [Risiko]
1) „Mit dem Chef und mir ist es heute einmal hart auf hart gegangen. Ich habe mich nämlich erfolgreich dagegen gewehrt, die Verantwortung für dieses riskante Geschäft mit der Schmidt KG zu übernehmen. Jetzt muß eine neue Sitzung einberufen werden!"
2) „Bei jeder Herzoperation geht es hart auf hart, auch wenn heute schon viele Fortschritte in der Operationstechnik erzielt worden sind."
Hart wird als Eigenschaft des Eisens ursprünglich besonders auf den Bereich der (Schwert-)Waffen bezogen. Wenn es *hart auf hart* geht, berühren sich die Schwerter beim Kampf.

hart im Nehmen sein
belastbar sein, Schicksalsschläge u. ä. gut ertragen können [Belastbarkeit]
„Wenn man sich für eine Militärlaufbahn entscheidet, muß man hart im Nehmen sein!"

das ist die absolute **Härte** (umg.)
das ist unglaublich (gut/schlecht)! [Überraschung]
„Wir bekommen mehr Urlaubsgeld? Das ist die Härte!"
„Schon wieder das Auto zu Schrott gefahren? Das ist die absolute Härte! Jetzt kannst du zu Fuß gehen, Markus!"

ein alter **Hase** (umg.)
ein erfahrener Mann; einer, der sich auskennt [Erfahrung]
„Auch dem Werkstattleiter, diesem alten Hasen, ist es nicht gelungen, den Schaden an unserem Auto zu beheben!"
Die Wendung bezieht sich darauf, daß Hasen normalerweise nicht besonders alt werden, weil sie so viele Feinde haben. Ein Hase, der dennoch alt wird, muß sehr geschickt sein, weil er immer wieder den Jägern entkommen ist. Daher auch die Variante: *kein heuriger Hase mehr sein* mit den Bedeutungen: *nicht in diesem Jahr* (heurig) *geboren sein, schon älter sein, erwachsen und erfahren sein.*

wo Fuchs und **Hase** ...
→ **Fuchs**

mein Name ist **Hase**, ich weiß von nichts (umg.)
ich weiß überhaupt nichts über diese Angelegenheit [Nichtwissen]
„Wo sind denn wieder meine Unterlagen geblieben?" „Mein Name ist Hase, ich weiß von nichts!"
Diese Redensart wird auf einen Heidelberger Studenten namens Viktor Hase zurückgeführt. Dieser verhalf einem Kommilitonen, der sich strafbar gemacht hatte, zur Flucht nach Frankreich. Bei seinen Vernehmungen soll er stets mit dieser Wendung geantwortet haben. Der Vorfall aus der Mitte des 19. Jh. wurde sehr populär und hat zur Verbreitung der Redensart geführt.

wissen, wie der **Hase** läuft (umg.)
Bescheid wissen, Erfahrung besitzen [Wissen]
„Frag nur den alten Meister, wenn du mit der Arbeit nicht zurechtkommst. Der weiß, wie der Hase läuft!"
Der Hase schlägt auf der Flucht viele unvermutete Haken, so daß ein Verfolger ins Leere stößt. Dieser unvorhersehbare Wechselkurs ist der Ursprung der Redensart, wobei der Erfahrene als jmd. eingeschätzt wird, der sich durch die Haken nicht beeindrucken läßt und die Hauptrichtung einschätzen kann.

sehen, wie der **Hase** läuft (umg.)
den Ablauf vorhersehen [Einschätzung]
„Ich sehe schon, wie der Hase läuft: Ich soll wieder den Babysitter spielen, während du dich mit deinen Freunden triffst!"

(erst) sehen, wohin der **Hase** läuft (umg.)
[Abwarten]
→ wissen, wie der **Hase** läuft

da liegt der **Hase** im Pfeffer (umg.)
darin liegt die Schwierigkeit, das ist der wahre Grund [Hauptsache]
„Viele halten seine Schweigsamkeit für Weisheit, aber in Wirklichkeit verhält er sich aus Unsicherheit so zurückhaltend. Da liegt der Hase im Pfeffer!"
Die Redensart bezieht sich auf den als Mahlzeit zubereiteten, mit einer Pfeffersoße bedeckten Hasen, der zusammen mit anderen Fleischsorten aufgetischt wird. Schon im 13. Jh. ist dieses Bild im übertragenen Sinn und mit dieser Erklärung überliefert.

ein **Hasenfuß** sein (umg.)
sehr ängstlich sein [Ängstlichkeit]
„Sei kein Hasenfuß und hol mir bitte ein Bier aus dem Keller. Dort wird schon niemand auf dich lauern!"
Die Ängstlichkeit des Hasen ist geradezu sprichwörtlich und hat sich in verschiedenen Varianten redensartlich niedergeschlagen. Der Hasenfuß ist zunächst ein Glückssymbol, das ein unbedarfter oder närrischer Mensch mit sich führt. Erst im 18. Jh. entwickelt sich aus der Wendung *einen Hasenfuß mit sich führen* die Variante *ein Hasenfuß sein* mit der Bedeutung *feige sein.* Die Redensart bezieht sich wohl auch auf die Schnellfüßigkeit des flüchtenden Hasen.

ein **Hasenherz** haben (umg.)
sehr ängstlich sein [Ängstlichkeit]
„Du hast aber wirklich ein Hasenherz! Trau dich doch endlich, Hermine zum Tanz aufzufordern! Sie wird dir sicher keinen Korb geben."

die reinste **Hasenjagd** (umg.)
die Jagd auf wehrlose Opfer
[Überlegenheit]

„Die Polizei war den Demonstranten in jeder Hinsicht überlegen. Sie setzte Tränengas und Wasserwerfer ein, so daß es die reinste Hasenjagd war."
Die übertragene Bedeutung von *Hasenjagd* geht auf Goethe zurück.

auf **Hasenjagd** gehen (umg.) [Verliebtheit]
→ einen (steilen) **Zahn** aufreißen

das **Hasenpanier** ergreifen (umg.)
davonlaufen, fliehen [Flucht]
„Gestern habe ich eine ganze Kinderbande dabei erwischt, wie sie unseren Obstgarten geplündert hat! Du hättest mal sehen sollen, wie die das Hasenpanier ergriffen hat, als ich erschienen bin!"
Das aus dem Französischen abgeleitete und mit *Banner* verwandte *Panier* bedeutet *Fahne*, insbesondere *Heerfahne*. Das *Hasenpanier* oder *Hasenbanner* ist der weiße Schwanz, der beim fliehenden Hasen sichtbar wird. In der Bedeutung *feige fliehen* ist die Wendung spätestens seit dem 16. Jh. gebräuchlich.

nicht ganz **hasenrein** sein (umg.)
nicht ganz legal sein, nicht einwandfrei sein [Illegalität]
„Dieses Geschäft verspricht so viel Gewinn, daß es mir nicht ganz hasenrein zu sein scheint! Wir sollten die Sache noch einmal überprüfen!"
Hasenrein ist ein Jagdhund, der für die Hasenjagd abgerichtet ist. Aus dem allgemeinen Qualitätsmerkmal wurde im negativ übertragenen Sinn der Aspekt der Illegalität und (bezogen auf Personen) auch der Aspekt der politischen Unzuverlässigkeit.

jmdn. unter die **Haube** bringen (umg., scherzhaft)
(ein Mädchen) verheiraten
[Heiratsvermittlung]
„Der Nachbar hat fünf Töchter und ist jedesmal froh, wenn er wieder eine davon unter die Haube gebracht hat!"
Schon in der Römerzeit trug die verheiratete Frau das Haar verhüllt unter einem Schleier oder einer Kopfbedeckung. Auch bei den Germanen galt das bedeckte Haar als Kopftracht der verheirateten, das lose Haar als die der unverheirateten Frau.

unter die **Haube** kommen/unter der **Haube** sein (umg., scherzhaft) [Heirat]
→ jmdn. unter die **Haube** bringen

hauen: das haut hin (umg.)
das klappt, das funktioniert [Gelingen]
„Können wir uns für morgen um 15 Uhr verabreden?" „Ja, das haut hin! Da habe ich etwas Zeit!"
Hauen ist ein Begriff aus der Soldatensprache (Haudegen) und der des Fechtens. Das Verb bezieht sich auf den Hieb mit der Waffe (Schwert, Degen). Ein gelungener Hieb *haut hin*, d. h., er hat das gewünschte Ergebnis. Weitere gebräuchliche Wendungen sind *jmdn. anhauen* mit der Bedeutung *jmdn. ansprechen und um etwas bitten* sowie *danebenhauen* mit der Bedeutung *eine Prüfungsfrage falsch beantworten*.

hauen: das ist weder gehauen noch gestochen
[Minderwertigkeit]
→ auf **Hauen** und Stechen mit jmdm. stehen

auf **Hauen** und Stechen mit jmdm. stehen
mit jmdm. sehr verfeindet sein [Feindschaft]
„Seit der Nachbar gegen uns wegen unserer Katzen prozessiert, stehen wir auf Hauen und Stechen mit ihm!"
Das Hauen (der Hieb) und das Stechen (der Stich) sind zwei Grundformen der Fechtkunst.
Herkunft → **hauen**: das haut hin

ein **Häufchen** Unglück/Elend (umg.)
ein völlig niedergeschlagener Mensch, ein Verzweifelter [Verzweiflung]
„Jetzt richte dich mal auf, und sitz nicht da wie ein Häufchen Elend! Du kannst die Prüfung schließlich nochmal wiederholen!"
Ein Häufchen ist eine kleine ungeordnete Menge. Die Wendung lebt von dem Bild eines Menschen, der klein (erniedrigt) und unscheinbar herumsitzt, um eine Niederlage zu verarbeiten.

jmdn./etwas über den **Haufen** fahren/rennen/schießen (umg.)
jmdn./etwas anfahren/so anrempeln, daß er/es umfällt [Unfall] [Tötung]
„Gestern wurde ich zufällig Zeuge, wie ein betrunkener Autofahrer mehrere Fußgänger auf dem Bürgersteig über den Haufen gefahren hat!"
Den Redensarten mit *Haufen* liegt das Bild der ungeordneten Masse und des Chaotischen zugrunde, das durch äußere Umstände bedingt ist. Bezeichnenderweise tritt *Haufen* sehr oft in Beschreibungen von Unrat auf (ein Haufen Müll).

in hellen **Haufen** kommen
in großer Zahl/scharenweise kommen [Menge]
„Wenn es Freibier gibt, kommen die Menschen immer in hellen Haufen."
Der Begriff *Haufen* bezeichnet in der älteren Militärsprache eine Schar von Soldaten. Der Landsknechttrupp, der die Schlacht eröffnete, war beispielsweise der *verlorene Haufen*, weil die meisten dabei umkamen. Die Hauptschar der Kämpfer war der *helle* oder *gewaltige Haufen*. Die Bedeutung von *hell* in diesem Zusammenhang geht auf germ. *hal* (*häle* = Mann, Krieger) (Held) zurück, das eigentlich den *bedeckten* (daher *verhehlen*), mit einer Rüstung versehenen Krieger bezeichnet. Die Wendung hat sich auch dann noch erhalten, als die ursprüngliche Bedeutung von *hell* nicht mehr im Sprachbewußtsein präsent war.

Pläne über den **Haufen** werfen
Pläne aufgeben oder verändern müssen [Störung]
„Der plötzliche Wintereinbruch wirft unsere schöne Reisepläne völlig über den Haufen!"

etwas an **Haupt** und Gliedern reformieren (gehoben)
etwas vollständig reformieren, in allen Teilen ändern [Reform]
„Die Organisation dieser Firma ist total veraltet. Der neue Besitzer wird sie daher an Haupt und Gliedern reformieren und umstrukturieren müssen."

aufs **Haupt** schlagen (umg.)
völlig besiegen [Sieg]
„Im Teutoburger Wald hat Hermann der Cherusker den Römern so heftig aufs Haupt geschlagen, daß sie Nordgermanien nie mehr betreten haben."

sein greises **Haupt** schütteln (scherzhaft)
ablehnend den Kopf schütteln [Ablehnung]
„Vater kommt wohl nicht mit zum Fußballplatz?" „Nein. Als ich ihn eben danach fragte, hat er bloß sein greises Haupt geschüttelt und uns viel Spaß gewünscht!"
Die pathetische Floskel wird heute nur noch scherzhaft-ironisch gebraucht.

sich Asche aufs **Haupt** streuen
→ sich **Asche** aufs Haupt streuen
→ in **Sack** und Asche gehen

eine **Haupt-** und Staats**aktion** aus etwas machen
aus einer Lappalie eine hochoffizielle Sache machen, etwas aufbauschen [Aufbauschung]
„Na gut, mir sind beim Reinigen zwei Gläser zerbrochen. Aber daraus braucht man doch nicht gleich eine Haupt- und Staatsaktion zu machen! Schließlich kann der Schaden leicht ersetzt werden."
Im 17. und 18. Jh. wurde das (klein-)bürgerliche Theaterpublikum meist durch Wanderbühnen unterhalten, die sich in ihren Stücken dem herrschenden Publikumsgeschmack anpassen mußten. So wurden häufig ernste Stoffe (die sog. *Hauptaktionen*) mit burlesken Nachspielen versehen. Da den Hauptaktionen häufig ein politischer und historischer Stoff zugrunde lag, wurden sie auch Staatsaktionen (oder: *Haupt- und Staatsaktionen*) genannt. Inhaltlich ging es meist um Aufstieg und Fall historischer Persönlichkeiten, ein Genre, das beispielsweise noch in den historischen Dramen Schillers (*Wallenstein*, *Maria Stuart* u. a.) – allerdings unter der Perspektive des ethischen Entscheidungsdramas – weiterlebte. Das Desinteresse des Publikums an psychologischen Komponenten bestimmt den szenischen Katalog der Haupt- und Staatsaktion: Schlachtengetümmel, Krönungen, Gerichtsszenen, Hinrichtungen u. ä. prägen

ihren (seit Gottsched) als unfein und übersteigert empfundenen Charakter. Ein letzter Nachklang der literarisch-dramaturgischen Haupt- und Staatsaktion findet sich heute im Bereich der („kulinarisch" inszenierten) Oper und in den Historienfilmen der sechziger Jahre (*Kleopatra* u. a.)

ein gelehrtes **Haus** (salopp) [Gelehrter]
→ altes **Haus**!

altes **Haus**! (salopp)
mein Lieber! [Anrede]
„Na, altes Haus! Wie geht's dir denn? Wir haben uns ja seit Ewigkeiten nicht mehr gesehen!"
Das mit *Haut* verwandte *Haus* bedeutet eigentlich *das Bergende, das Bedeckende*. Der Oberbegriff für *Gebäude, Wohnung, Unterkunft* ist schon früh als Bild für den Leib („Wohnung" der Seele) gebraucht worden.

von **Haus** aus
1) *seiner Herkunft nach, seinem eigentlichen Wesen nach* [Eigenschaft]
2) *seiner Ausbildung nach* [Beruf]
1) „Von Haus aus ist Egon ja recht bescheiden, aber gestern hat er doch einmal deutlich gesagt, daß er sich hier unter Wert behandelt fühlt."
2) „Natürlich ist er ein hervorragender Chirurg, aber von Haus aus ist er Internist."
Herkunft → ein großes **Haus** führen

Haus und Hof (Paarformel, Stabreim)
der ganze Besitz [Besitz]
„Bei der letzten Sturmflut hat Bauer Hansen Haus und Hof verloren. Gott sei Dank hat die Regierung den Schaden ersetzt!"
Die Redensart ist ein alter Rechtstitel, der seit dem *Sachsenspiegel* (um 1230) belegt ist. Die Formel besagt, daß der gesamte Besitz, Wohnhaus und Ländereien, von einer bestimmten Maßnahme, einer Naturgewalt usw. betroffen ist.

Haus der offenen Tür
Gelegenheit zur Besichtigung eines Betriebs, einer Institution [Öffentlichkeit]
„Am Samstag ist bei der neuen Gesamtschule Haus der offenen Tür. Da kann man sich die verschiedenen Einrichtungen der Klassenzimmer und Funktionsräume anschauen, bevor man seine Kinder anmeldet."
Vgl.: **Tag** der offenen Tür.

jmdm. das **Haus** einlaufen/einrennen (umg.)
jmdn. dadurch bedrängen, daß man ihn ständig besucht [Belästigung]
„Nur wenn man die Klingel abstellt, kann man es verhindern, daß einem ständig Vertreter das Haus einrennen!"

ein offenes **Haus** führen
[Gastfreundlichkeit]
→ ein großes **Haus** führen

ein großes **Haus** führen
aufwendig leben, oft Gäste haben
[Aufwand]
„Wir würden gerne ein großes Haus führen, aber wir können es uns leider nicht leisten!"
Das Haus ist nicht nur ein Gebäude, sondern auch das Heim, die Familie, das Geschlecht (das Haus Habsburg), die Haushaltung und die Erziehung (aus gutem Hause sein). Das *große Haus* bezeichnet demnach eine aufwendige Lebensführung, wobei *Haus* als Pars pro toto (als Teil fürs Ganze) oder als Sammelbegriff für die häuslichen Aktivitäten steht.

jmd. hat Einfälle wie ein altes **Haus**
[Unsinn]
→ altes **Haus**!

jmdm. ins **Haus** platzen/schneien (umg.)
jmdn. unangekündigt besuchen [Besuch]
„Entschuldigen Sie bitte, daß ich einfach so ins Haus platze, aber ich habe eine Autopanne und muß dringend telefonieren!"
Mit *platzen* wird meist eine überraschende, große Wirkung bezeichnet: die Bombe *platzt*, der Reifen *platzt* usw. Mit der Richtungsangabe *in das Haus platzen* wird die Unruhe und Überraschung ausgedrückt, die ein ungebetener Gast verursacht. Auf ein plötzlich losbrechendes Unwetter bezieht sich *jmdm. (plötzlich) ins Haus schneien.*

ins **Haus** stehen
zu erwarten sein; abzusehen sein

[Erwartbarkeit]
„Nächsten Monat steht eine größere Autoreparatur ins Haus! Heute morgen hatte ich ziemliche Startschwierigkeiten.“

das **Haus** auf den Kopf stellen
→ die **Bude** auf den Kopf stellen

jmdn. aus dem **Häuschen** bringen (umg.)
[Aufreizung]
→ (ganz) aus dem **Häuschen** sein/geraten

(ganz) aus dem **Häuschen** sein/geraten (umg.)
ganz aufgeregt sein, außer sich sein [Aufgeregtheit]
„Als er von dem Lottogewinn erfuhr, war er natürlich zunächst ganz aus dem Häuschen. Dann hat er sich aber beruhigt und über die Verwendung nachgedacht.“
Das Haus ist die *irdische Heimat* der Seele, so daß ein ekstatischer Zustand mit dem Heraustreten aus diesem Haus (scherzhaft *Häuschen*) verglichen werden kann. Manche vermuten auch eine Verbindung zum *Narrenhaus/Narrenhäuschen*, worin früher die Geisteskranken eingesperrt wurden. Da die Redensart erst seit Beginn des 19. Jh. belegt ist, könnte auch die Übernahme einer französischen Redensart vorliegen, die sich (in gleicher Bedeutung) auf den Namen einer Pariser Irrenanstalt bezieht: *petites maisons* (= kleine Häuser).
Herkunft → altes **Haus**!

sich (wie) zu **Hause** fühlen
sich irgendwo so ungezwungen und geborgen fühlen wie daheim [Geborgenheit]
„Wir kennen in den Bergen eine kleine Pension, in der man sich wie zu Hause fühlt. Dort verbringen wir gelegentlich ein paar Tage.“

zu **Hause** sein
1) *daheim sein, in seiner Wohnung sein* [Zuhause]
2) *beheimatet sein* [Herkunft]
3) *sich auskennen* [Wissen]
1) „Ich bin froh, daß wir nach dieser langen Reise endlich wieder zu Hause sind!“
2) „Wir wohnen jetzt in München, aber eigentlich sind wir nicht hier zu Hause, sondern in Hamburg.“
3) „In der bildenden Kunst bin ich leider nicht zu Hause. Meine Leidenschaft gehört ganz der Musik!“

aus gutem **Hause** sein
von guter Herkunft sein, gut erzogen sein [Herkunft]
„Dieser junge Mann ist aus wirklich gutem Hause und eignet sich hervorragend als Schwiegersohn.“
Herkunft → ein großes **Haus** führen

auf den kann man **Häuser** bauen
jmd. ist zuverlässig [Zuverlässigkeit]
„Ich würde mit diesem Fall zu Rechtsanwalt Meyer gehen. Der hat mir schon mal geholfen. Auf den kann man Häuser bauen!“

für den **Hausgebrauch**
[Durchschnittlichkeit]

sich **häuslich** niederlassen (umg.)
1) *sich ungebeten irgendwo länger aufhalten* [Belästigung]
2) *vorübergehend irgendwo wohnen* [Verweilen]
3) *sich hinsetzen* [Sitzen]
1) „Diese Bettler haben sich einfach vor meinem Geschäft häuslich niedergelassen und verschrecken meine Kundschaft!“
2) „Während wir in Urlaub sind, kann sich ruhig dein Bruder in unserer Wohnung häuslich niederlassen!“
3) „Dort drüben ist noch ein Sessel frei. Ich werde mich da mal häuslich niederlassen.“

der **Haussegen** hängt schief (umg.)
ehelicher Streit ist zugange [Ehe]
„Wir können durch die dünnen Wände immer hören, wenn bei unseren Nachbarn wieder einmal der Haussegen schief hängt.“
Der Haussegen war früher ein häufiges Requisit der Wohnung. Es handelte sich dabei um einen in Holz geschnitzten Segenswunsch, der meist über der Eingangstür hing. Durch einen handfesten Ehestreit konnte er wohl auch einmal in Schieflage geraten, was redensartlich aufgegriffen und symbolisch überhöht ist.

(nichts als) nur noch **Haut** und Knochen sein (umg.)
sehr mager sein [Magerkeit]
„Hannelore war ja noch nie dick, aber seit ihrer schweren Krankheit ist sie Haut und Knochen. Hoffentlich nimmt sie bald wieder zu!"

eine brave/ehrliche/lustige **Haut** sein (umg.)
ein braver/ehrlicher/lustiger Mensch sein [Eigenschaft]
„Dem Otto kannst du ruhig die Geschäftskasse anvertrauen, während du im Urlaub bist. Der ist wirklich eine ehrliche Haut!"
Der Mensch wird in vielen Redensarten als in der Haut steckend dargestellt. Daraus hat sich die Verwendung des Begriffs *Haut* für den gesamten Menschen abgeleitet. Während im Mittelalter dieser Gebrauch meist in Form von Schelte oder Beleidigung vorkam, hat sich in neuerer Zeit daraus eher ein scherzhaft-jovialer Beigeschmack entwickelt.

mit **Haut** und Haar (Paarformel, Stabreim)
ganz und gar, vollständig [Vollständigkeit]
„Als mir gestern die Tinte über das Dokument gelaufen ist, hat der Chef mich angeschaut, als ob er mich mit Haut und Haar verschlingen wollte."
Der Stabreim der Paarformel verweist auf ihre alte Herkunft. Es handelt sich um eine alte Rechtsformel, die bereits im *Sachsenspiegel* (um 1239) mehrfach gebraucht wird. Sie bezeichnet die äußerlichsten Teile des menschlichen Körpers und vermittelt dadurch die Bedeutung des Extrems und der Vollständigkeit. Ursprünglich handelt es sich dabei um eine körperliche (Züchtigungs-) Strafe, die sich auf das Scheren des Haares und das Schlagen der Körperhaut mit Ruten erstreckte. Schwangere Frauen durften nur „an Haut und Haar", d. h. an Kopfhaar und Oberkörper gezüchtigt werden. Im *Sachsenspiegel* wird die Formel jedoch auch als Synonym für *Leben* gebraucht.

jmdm. die **Haut** abziehen (umg.)
jmdn. übervorteilen, jmdn. ausnützen [Schaden]
„Paß bloß auf, daß man dir bei diesen Kaufverhandlungen nicht die Haut abzieht!"
Das Abhäuten des erlegten Wilds gehört zu den notwendigen Verrichtungen bei der Jagd. Die Redensart bezieht sich auf die List und Überlegenheit des Jägers gegenüber dem Wild und überträgt dieses Bild auf den Handel zwischen Personen.

mit heiler **Haut** davonkommen
1) *unverletzt bleiben* [Glück]
2) *unbestraft bleiben* [Erfolg]
1) „Bei vielen Unfällen im Straßenverkehr kommt man nur mit heiler Haut davon, wenn man angeschnallt ist!"
2) „Bei diesem Strafverfahren ist der Angeklagte gerade noch mit heiler Haut davongekommen! Das verdankt er aber nur den Gedächtnislücken der Zeugen."

man möchte (fast) aus der **Haut** fahren! (umg.)
es ist sehr ärgerlich/man könnte verrückt werden! [Verärgerung]
„Wenn ich sehe, wie langsam du arbeitest, möchte ich vor Ungeduld fast aus der Haut fahren!"
In verschiedenen Redensarten erscheint die Haut als Hülle des Menschen, die nicht abgestreift werden kann, es sei denn, daß besondere Umstände (wie Verärgerung) vorliegen. Die Redensart wurde seit dem 16. Jh. für Wut, Schmerz und Ärger verwendet, ist heute aber (trotz ihrer Bildhaftigkeit) eher zu einer Floskel geworden, die literarisch nicht mehr genutzt wird.

sich wohl in seiner **Haut** fühlen
[Behaglichkeit]

sich in seiner **Haut** nicht wohl fühlen
sich unbehaglich fühlen [Unbehaglichkeit]
„Ich habe mich selbst um die Versetzung in diese Stadt bemüht, aber irgendwie fühle ich mich hier nicht wohl in meiner Haut! Es herrscht doch zuviel Hektik für meinen Geschmack!"

jmdm. geht etwas unter die **Haut** (umg.)
etwas erregt jmdn. sehr stark [Erregung]
„Diesen Film mußt du dir unbedingt an-

sehen. Der geht wirklich unter die Haut!"
Die Haut kann als Hülle auch der Abwehr unangenehmer Einflüsse dienen. Erst das, was *unter die Haut* geht, ist im Sinne der Redensart dazu fähig, das Innere eines Menschen zu erreichen, wo der Sitz von Seele und Gemüt vermutet wird. Vgl.: ein dickes **Fell** haben.

jmdm. die **Haut** gerben (umg.) [Prügel]
→ sich seiner **Haut** wehren

nicht aus seiner **Haut** (heraus)können
schlechte Angewohnheiten nicht ablegen können, unbelehrbar sein [Unbeherrschtheit]
„Mein Arzt hat mir geraten, einige Kilo abzunehmen. Aber ich kann aus meiner Haut nicht heraus! Wenn ich Süßigkeiten sehe, muß ich sie einfach verzehren!"
Einer solchen Redensart liegt teilweise auch der Bezug auf das Häuten der Schlange zugrunde, die trotz dieses Vorgangs dieselbe bleibt.

sich auf die faule **Haut** legen (umg.)
faul sein, nichts tun, ausruhen [Faulheit]
„Manche fangen ja im Urlaub eine anstrengende Sportart an. Das ist nicht mein Fall! Ich lege mich lieber den ganzen Tag auf die faule Haut!"
Die Redensart bezieht sich auf die Bärenhaut, auf welcher nach der *Germania* des Tacitus (Kap. 15) die alten Germanen der Ruhe pflegten. Die ursprüngliche Form der Redensart ist noch im *Simplicissimus* (Kap. 2,81) erhalten und heißt: „auf der faulen Bärenhaut liegen".

(nur) die nackte **Haut** retten [Überleben]
→ das nackte **Leben** retten

ich kann es mir doch nicht aus der **Haut** schneiden! (umg.)
ich kann dir das Geld nicht geben, weil ich es nicht besitze! [Geldmangel]
„Wovon soll ich dir denn einen Pelzmantel kaufen, Hermine! Du weißt doch selbst, daß wir nicht genug Geld dafür haben. Ich kann es mir doch nicht aus der Haut schneiden!"
Die Haut gilt in der Redensart als allerletztes Eigentum, wenn alle anderen Besitztümer bereits verkauft sind.

ich möchte nicht in seiner **Haut** stecken (umg.)
ich möchte nicht in seiner unangenehmen Lage sein! [Mitgefühl]
„Gerda hat jetzt schon wieder eine Mahnung erhalten, weil sie immer zu spät zur Arbeit kommt. Ich möchte nicht in ihrer Haut stecken, wenn das noch einmal passiert!" Vgl.: sich seiner **Haut** wehren.

seine **Haut** zu Markte tragen
1) *sich Gefahren aussetzen* [Risiko]
2) *als Prostituierte/Striptease-Tänzerin arbeiten* [Prostitution]
1) „Bei diesem Schneefall wollt ihr eine Bergtour machen? Ohne mich! Ich werde doch nicht meine Haut zu Markte tragen!"
2) „Eigentlich soll es ja niemand wissen, aber mir ist bekannt, daß unsere Nachbarin gelegentlich ihre Haut zu Markte trägt, um sich diesen ganzen Luxus leisten zu können!"
Der Handel mit Häuten war früher ein normales Geschäft. In der *Germania* des Tacitus (Kap. 12) wird auch erwähnt, daß Tierhäute als Zahlungsmittel bei rechtlichen Vergehen angesehen wurden. Die Redensart bezieht sich also einerseits auf diesen Handelsbereich, erhält jedoch ihre starke Wirkung daraus, daß ein Mensch seine eigene Haut *zu Markte trägt* und also entweder (bildlich) sein letztes Eigentum veräußert oder sein Leben riskiert. Die zweite Bedeutung hat sich in der neueren Umgangssprache als scherzhafte Verhüllungsformel ausgebildet.

sich seiner **Haut** wehren
1) *sich im Kampf energisch wehren* [Verteidigung]
2) *sich nicht alles gefallen lassen* [Widerstand]
1) „Als Joe von den beiden Halunken überfallen wurde, wußte er sich seiner Haut zu wehren. Schließlich ist er Leiter einer Karateschule!"
2) „Du bist selber schuld, wenn dich deine Kollegen immer zum Einkaufen schicken!

Wehr dich doch einmal deiner Haut!“
Schläge und Verwundungen treffen zunächst die Haut, so daß diese redensartlich als besonders verwundbar und schutzwürdig dargestellt wird.

den **Hebel** (an der richtigen Stelle) ansetzen
das richtige Mittel finden [Einfluß]
„Dieser alte Geizkragen hat eigentlich noch nie etwas gespendet, aber wenn wir den Hebel an der richtigen Stelle ansetzen und an seine Verantwortung appellieren, sollte es uns gelingen, diesmal mehr Glück bei ihm zu haben!“
Ein Hebel ist ein starrer Körper, der um eine Achse drehbar ist und der Kraftübertragung dient. Hebel ermöglichen (an der Seite mit dem kürzeren Arm) große Kraftwirkungen bei kleinem Kraftaufwand (auf der gegenüberliegenden Seite). Wenn man (im Sinne der Redensart) *an der richtigen Stelle* ansetzt, kann man nach dem sogenannten Hebelgesetz mit geringer Körperkraft ein eindrucksvolles Wirkungspotential aktivieren.

alle **Hebel** in Bewegung setzen
alle Mittel aufbieten, um etwas zu erreichen [Anstrengung]
„Der Meier hat alle Hebel in Bewegung gesetzt, um auf einen anderen Posten versetzt zu werden. Es hat aber trotzdem nicht geklappt!“
Die Redensart taucht schon bei Cicero auf: „Omnes adhibere machinas.“

am längeren **Hebel** sitzen [Macht]

einen **heben** (umg.)
ein Glas Alkohol trinken [Alkoholgenuß]
„Laß uns noch einen heben, bevor wir nach Hause gehen!“
Man hebt das Glas empor, um jemandem zuzuprosten. Der Gebrauch des vagen Begriffs *einen* (statt *ein Glas*) entspricht dem üblichen Vorgehen bei sogenannten Tabuformeln.

heben: er hat einen zuviel gehoben (umg.)
[Trunkenheit]
→ einen **heben**

ein **Hecht** im Karpfenteich (umg.)
ein unruhiger und betriebsamer Mensch, der die Trägen nicht zur Ruhe kommen läßt [Elan]
„Bisher waren die Sitzungen unseres Ausschusses relativ ruhig, aber der neue Vorsitzende hat da jetzt ein bißchen Dampf gemacht. Er ist ein richtiger Hecht im Karpfenteich, was einigen von uns gar nicht behagt.“
Der Hecht ist der bekannteste einheimische Raubfisch und nimmt durch sein Aussehen und seine Größe eine Sonderstellung ein, die ihn zu einem geeigneten Sinnbild für menschliches Verhalten und menschliche Eigenschaften macht. Der Hecht im Karpfenteich ist ein in der Fischwirtschaft übliches Mittel, die trägen Karpfen in Bewegung zu halten, damit sie Muskelfleisch entwickeln. Obwohl die Wendung sicher älter ist, kann sie erst für das späte 18. Jh. belegt werden. Besonders im 19. Jh. wurde sie viel in der politischen Satire und Karikatur gebraucht und auf verschiedene Herrscherfiguren (Napoleon III, Bismarck u.a.) angewendet und insbesondere auch bildlich umgesetzt.

ein drolliger **Hecht** (umg.)
[Spaßvogel]
→ ein toller **Hecht**

ein junger **Hecht** (umg.) [Draufgänger]
→ ein toller **Hecht**

ein toller **Hecht** (umg.)
ein erfolgreicher Mann [Hauptperson]
„Der Michael ist ein toller Hecht: Er hat viele Freundinnen, ein schickes Cabrio, ausreichend Bargeld und ein gewinnendes Auftreten!“
Als *Hecht* wurde zunächst nur eine räuberische Person bezeichnet, bevor sich allgemein eine Entwicklung zu *Kerl, Mann* usw. einstellte.
Herkunft → ein **Hecht** im Karpfenteich

es zieht wie **Hechtsuppe** (umg.)
es herrscht ein starker Luftzug [Luftzug]
„Mach bitte die Tür nach draußen zu! Hier zieht's ja wie Hechtsuppe!“

Die Deutung der Redensart ist unklar. Zunächst einmal kann an das langsame Köcheln einer Fischsuppe auf dem Herd gedacht werden, das ebenfalls als *Ziehen* bezeichnet wird. Eine andere Interpretation basiert auf einer volksetymologischen Übertragung aus dem Jiddischen, wo *hech supha* bedeutet: *wie ein Sturmwind* (Volksetymologie: *hech supha* = Hechtsuppe).

jmdm. das **Heft** aus der Hand nehmen [Entmachtung]
→ das **Heft** fest in der Hand haben/halten

das **Heft** fest in der Hand haben/halten
die Macht haben, die Leitung energisch durchsetzen [Macht]
„Obwohl unser Seniorchef die Betriebsleitung eigentlich seinem Sohn übergeben hat, hat er das Heft immer noch in der Hand und bestimmt die Firmenpolitik."
Das *Heft* ist ursprünglich die Halterung oder der Griff eines Geräts. Im engeren Sinn bezeichnete es den Griff eines Schwertes, woraus sich allgemein ein Oberbegriff für Gewalt (vgl.: *heftig*) und Macht im Sinne der Redensart ausbildete. Über den Aspekt der Halterung (im Sinne von Spange, Band usw.) bildete sich im 18. Jh. die heute gebräuchlichste Bedeutung einer *Anzahl gebundener Papierbögen* (Schreibheft) aus, die mit der Redensart überhaupt nichts zu tun hat. Die Redensart meint, daß eine Person zur Waffen-(Schwert-)Führung geeignet ist und die eigenen Interessen verteidigen kann sowie auch stark und mächtig ist.

aufpassen wie ein **Heftelmacher** (veraltend)
sehr genau aufpassen [Aufmerksamkeit]
„Bei unserem Mathematiklehrer ist es unmöglich, während der Klassenarbeit unerlaubte Hilfsmittel zu benutzen. Der paßt immer auf wie ein Heftelmacher!"
Das von *Heft* (Halterung) abgeleitete *Heftel* bedeutet *Häkchen am Kleid.* Vor der Erfindung des Reißverschlusses waren Frauenkleider mit einer Vielzahl von Häkchen versehen, zu denen jeweils auch eine kleine Öse gehörte. In kostbarer Ausführung sind diese Heftel Bestandteile der Tracht. Der Handwerker, der diese Heftel herstellte, mußte sehr gute Augen haben und bei der Herstellung genau aufpassen, weil sie sehr klein sind. Hans Sachs läßt im Jahre 1568 in seiner *Beschreibung aller Stände auf Erden* den Heftelmacher von sich sagen. „Ich mach Steckheft aus Messingdraht, / fein rausgeputzt, rund, sauber, glatt, / mit runden Knöpflein gut und scharf, / aller Art, wie man ihrer bedarf, / auch mach ich Hakken und Schleiflein gut / geschwärzt und geziert, damit man tut / sich einbrüsten, Weib und auch Mann, / daß die Kleider glatt liegen an."

hegen und pflegen (Paarformel) [Pflege]
→ in guten/schlechten **Händen** sein

eine **Heidenangst** haben (umg.)
sehr große Angst haben [Angst]
„Vor der nächsten Lateinarbeit habe ich eine Heidenangst! In den letzten Stunden habe ich überhaupt nicht gut aufgepaßt!"
Die Heide ist eigentlich das flache, unfruchtbare Land (Lüneburger Heide). Mit *paganus* (Bewohner des Landes) wurden bereits im antiken Rom die Nichtchristen bezeichnet, weil das Christentum eine typische Stadtreligion war. Die Gleichsetzung von *die Heide* (Landschaftsform) und *der Heide* (Nichtchrist) könnte auf eine Lehnübersetzung (*paganus* = der Heide) zurückgehen. Andererseits spricht einiges dafür, daß es sich bei Heide einfach um ein germanisches Eigenschaftswort mit der Bedeutung *wild, niedrigstehend* handelt. *Heidenangst* ist jedenfalls die Angst der Christen vor den Ungläubigen. Dabei verbindet sich mit den Heiden die Vorstellung des Bösen und Schrecklichen. Allmählich wurde *heiden-* sogar zu einem Bestimmungswort, das allgemein der Verstärkung dient: *Heidenarbeit* (viel Arbeit), *ein Heidengeld* (viel Geld), *Heidenspektakel* (großer Lärm), *Heidenspaß* (sehr viel Spaß).

sein **Heil** in der Flucht suchen (gehoben)
wegrennen, fliehen [Flucht]
„Als sich der Dieb beobachtet glaubte, suchte er sein Heil in der Flucht."
Heil bedeutet *gesund, unverletzt.* Schon früh wurde es auch auf die religiöse Sphäre und

auf andere Bereiche ausgedehnt, wo das Wort als Substantiv mit *Unversehrtheit, Rettung* (Seelenheil) oder *Wiederherstellung* (Heilung) umschrieben werden kann.

sein **Heil** versuchen
versuchen, was man in einer Sache ausrichten kann [Versuch]
„Ich brauche unbedingt eine Gehaltserhöhung. Ich gehe jetzt einfach mal zum Chef und versuche mein Heil."

bei allem, was mir **heilig** ist (gehoben)
ich schwöre es [Schwur]
„Bei allem, was mir heilig ist: Ich habe deine Uhr nirgendwo gesehen! Vielleicht hast du sie doch verloren."
Heilig ist eine Eigenschaft göttlicher Personen, die durch ihre Herkunft oder ein besonderes *heiliges* Verhalten von gewöhnlichen Sterblichen unterschieden sind. Die Berufung auf die Heiligen ist seit der Christianisierung Teil vieler Schwurformeln geworden, die sich auch im alltäglichen Bereich als Beteuerungs- und Verstärkungsfloskeln wiederfinden.

ein komischer/sonderbarer **Heiliger**
ein komischer Mensch [Sonderling]
„Schau dir mal diesen komischen Heiligen an! Geht der doch tatsächlich bei dieser Kälte mit offenen Sandalen auf die Straße!"
In den Heiligenlegenden wird häufig von auffälligem Asketentum und ungewöhnlichem Gebaren von Heiligen berichtet.

kein **Heiliger** sein (umg.)
ein Mensch mit normalen Schwächen sein [Normalität]
„Ich bin auch kein Heiliger und trinke ab und zu ganz gern ein Glas Wein, wenn es sich so ergibt."

Heimchen am Herd [Häuslichkeit]
→ **Herd**

jmdm. **heimgeigen** (derb)
1) *jmdn. derb abweisen* [Abweisung]
2) *jmdn. schelten* [Tadel]
1) „Wenn der Kerl noch einmal kommt und mit unserer Tochter tanzen gehen will, werde ich ihm heimgeigen, daß es sich gewaschen hat!"
2) „Welcher von euch Lehrlingen hat an diesem Motor rumgepfuscht? Dem werde ich gehörig heimgeigen!"
Reiche Leute ließen sich früher von Dienern ein Licht vorhertragen und sogar mit Musik begleiten, wenn sie nach einer Tanzveranstaltung durch die dunkle Stadt nach Hause gingen. Dieses Heimgeigen erhielt seine negative Bedeutung erst durch den Brauch, einem geschlagen abziehenden Feind eine Katzenmusik hinterherzuspielen. Vgl.: **Charivari** machen.

jmdm. **heimleuchten** (umg.)
jmdm. eine derbe Abfuhr erteilen, jmdn. zurechtweisen [Zurechtweisung]
„Gestern hat schon wieder jemand versucht, unsere Katze einzufangen. Dem habe ich vielleicht heimgeleuchtet! So leicht läßt der sich nicht mehr hier blicken!"
Die Sitte, den Weg durch die dunkle Stadt durch einen begleitenden Diener beleuchten zu lassen, ist bereits im 16. Jh. bespöttelt worden, weil sie auf Hilflosigkeit und Ängstlichkeit schließen läßt. Vgl.: jmdm. **heimgeigen**.

heimlich, still und leise (umg.)
sehr unauffällig [Heimlichkeit]
„Heimlich, still und leise hatte der Parteivorsitzende alle nötigen Stimmen zu einer Neuwahl zusammengebracht. Gegenaktionen kamen zu spät."
Die Wendung ist ein geflügeltes Wort aus der Oper *Frau Luna* von Paul Lincke. Dort heißt es: „Heimlich, still und leise kommt die Liebe ..."

es jmdm. **heimzahlen** (umg.)
sich an jmdm. rächen [Vergeltung]
„Du hast mich vor den Mädchen bloßgestellt! Aber diese Schmach werde ich dir heimzahlen, sobald sich eine Gelegenheit ergibt!"
Die Vorsilbe *heim-* bedeutet eigentlich: *an der Stätte, wo man wohnt oder hingehört.* In Verbindung mit *-zahlen* gewinnt sie die Bedeutung *zurück: eine Schuld zurückzahlen, vergelten, Rache üben.*

Freund **Hein** (veraltend)
der Tod [Tod]
„Wo ist eigentlich Martin geblieben? Ich habe ihn schon längere Zeit nicht mehr gesehen." „Weißt du denn nicht, daß Freund Hein ihn abberufen hat? Er ist schon vor drei Monaten bei einem Verkehrsunfall ums Leben gekommen!"
Hein ist wie *Heinz* eine Kurzform von *Heinrich*, einem früher sehr häufigen Vornamen (vgl.: **Hinz** und Kunz). Ähnlich wie *Hans* und *Grete* ist er daher zu einer Art Gattungsname für jedermann geworden. *Heinrich* ist mit seinen Nebenformen gut geeignet gewesen, als Hüllwort oder Tabuwort Wesen zu bezeichnen, die man nicht bei ihrem richtigen Namen nennen wollte. So sind etwa die Heinzelmännchen eigentlich Kobolde, die im Haus ihr Unwesen treiben. Mit *Freund Hein* oder *Gevatter Hein* wird seit dem 17. Jh. der Tod bezeichnet, wobei mit diesen Bezeichnungen der Familiarität das eigentlich Furchtbare und Unvertraute des Todes euphemistisch verhüllt werden soll.

das haben die **Heinzelmännchen** getan (umg.)
das habe ich getan, ohne daß es jmd. bemerkt hat [Heimlichkeit]
„Wieso ist denn schon das schmutzige Geschirr abgespült?" „Ach, das haben sicher die Heinzelmännchen getan!"
Die Heinzelmännchen sind freundliche Kobolde, die im Haus Schabernack treiben, nachts aber auch gelegentlich die Hausarbeit verrichten. Die Redensart geht auf ein Gedicht von August Kopisch zurück, in dem das Wirken der „Heinzelmännchen zu Köln" geschildert wird und in dem diese Wendung als Refrain dient. Vgl.: Freund **Hein**.

weder **heiß** noch kalt
→ nichts **Ganzes** und nichts Halbes

dich haben sie wohl (als Kind) zu **heiß** gebadet! (umg.)
du bist verrückt! [Verrücktheit]
„Ich soll ausgerechnet dir 5000 Mark leihen, damit du ein eigenes Geschäft eröffnen kannst? Dich haben sie wohl als Kind zu heiß gebadet? Du bist doch schon mit zwei derartigen Plänen gescheitert! Das Geld würde ich doch niemals wiedersehen!"
Die Redensart *zu heiß gebadet werden* ist erst im 20. Jh. aufgekommen und stellt scherzhaft die Vermutung eines frühkindlichen Schadens und geistiger Verwirrung auf. Ein bekannter Schlager der Zwanziger Jahre hat den Refrain: „Du bist als Kind zu heiß gebadet worden / Dabei ist dir bestimmt geschadet worden!" Vgl.: **baden** gehen.

es geht **heiß** her (umg.)
es gibt leidenschaftliche Diskussionen und heftigen Streit [Streit]
„Im Parlament ging es heute wieder heiß her. Das lag am Thema ‚rechtliche Gleichstellung von Mann und Frau'. Du kannst dir vorstellen, was da wieder los war!"
Herkunft → sich **heiß** reden

sich **heiß** reden
beim Reden leidenschaftlich argumentieren [Argumentation]
„Bei den Wahlveranstaltungen war bisher ja eigentlich noch nicht viel los, aber der Redner von gestern abend hat sich richtig heiß geredet über die soziale Ungerechtigkeit in diesem Lande!"
Das Eigenschaftswort *heiß* bedeutet *sehr warm* und wird in diesem Sinne auch auf die innere Wärme des Menschen angewendet, die bei erregter Leidenschaft anzusteigen scheint. So wird *heiß* auch gelegentlich für die sexuelle Erregung gebraucht. Die *heiße Erregung* braucht aber nicht immer etwas mit Hitze zu tun zu haben, da *heiß* auch einfach als Verstärkung gebraucht werden kann.

es überläuft mich **heiß** und kalt
ein Schauder des Entzückens oder der Angst überläuft mich [Schauder]
„Als ich das Blatt mit den Prüfungsfragen öffnete, überlief es mich heiß und kalt! Es schien mir, als könnte ich keine einzige davon beantworten. Das hat sich dann aber doch nicht bewahrheitet."
Viele Redensarten der Furcht, der Freude oder der Aufregung beziehen sich auf kör-

perliche Reaktionen: auf Hitze- oder Kältegefühl, auf das Zusammenziehen der Haut, das Aufrichten der Haare, das Zittern oder Schwitzen usw.

mit **Heißhunger** verzehren (umg.)
mit großem Hunger verzehren [Hunger]
„Heute morgen hatte ich keine Zeit mehr, ein Frühstück einzunehmen. Deshalb habe ich mir heute mittag ganz gegen meine Gewohnheit einen Hamburger gekauft und mit Heißhunger verzehrt."
Herkunft → sich **heiß** reden

das kann ja **heiter** werden! (ironisch)
das ist/wird unangenehm
[Unannehmlichkeit]
„Das kann ja heiter werden! Das Benzin ist gleich alle und weit und breit keine Tankstelle in Sicht!"
Herkunft → das ist ja eine schöne **Bescherung**!

das ist ihm **Hekuba**! (gehoben)
das ist ihm völlig gleichgültig
[Gleichgültig]
„Der Fabrikbesitzer will jetzt das Werk schließen. Das Schicksal der Arbeiter ist ihm Hekuba!"
Hekuba war in der griechischen Mythologie die Gemahlin des Königs Priamos von Troja und die Mutter von Hektor und Paris. In Homers *Ilias* (6,449 ff) sagt Hektor zu seiner Gattin, das zukünftige Leid und Schicksal seiner Mutter Hekuba sei ihm gleichgültiger als das ihre. Nach dem Fall Trojas wird Hekuba die Sklavin des Odysseus. Die Redensart ist ein geflügeltes Wort aus Shakespeares *Hamlet*, wo es (2,2) heißt: „Was ist ihm Hekuba, was ist er ihr, daß er um sie soll weinen?" (What's Hecuba to him, or he to Hecuba, that he should weep for her?)

rangehen wie **Hektor** an die Buletten (umg., scherzhaft) [Aktivität]
→ ran an die **Buletten**
→ ran wie **Blücher**

der **Held** des Tages sein
die Hauptperson eines bestimmten Ereignisses sein [Hauptperson]
„Nachdem Peter das kleine Mädchen aus dem Fluß gerettet hatte, war er der Held des Tages. Er mußte sogar der örtlichen Zeitung ein Interview geben und wurde zum Empfang des Bürgermeisters eingeladen."
Herkunft → kein **Held** in etwas sein

kein **Held** in etwas sein (umg.)
etwas nicht gut können [Unfähigkeit]
„Während der Schulzeit war er kein Held in den naturwissenschaftlichen Fächern, aber er ist dennoch ein guter Arzt geworden."
Ein Held ist eigentlich ein durch Tapferkeit und Kampfglück hervorragender Krieger. Diese Bedeutung erweitert sich auf jemanden, der auf irgendeinem Gebiet hervorragende Leistungen vollbringt. In sozialistischen Staaten gab es die „Helden der Arbeit". Die Redensart *kein Held sein* stellt eine ironisch-liebevolle Bezeichnung dar, weil ein an sich negativer Aspekt durch einen positiv besetzten Begriff ausgedrückt wird. Vgl. auch: in hellen **Haufen**.

helfen: ich kann mir nicht helfen, (aber)... (umg.)
für mich steht etwas fest; ich bin gezwungen, eine bestimmte Bewertung zu treffen [Tatsache]
„Ich kann mir nicht helfen, aber das Kleid von Frau Meier ist unmöglich!"
Die Gesprächsfloskel dient dazu, eine folgende Bewertung abzumildern bzw. deren Problematik anzudeuten. Sie wird also meist eingesetzt, um einem erwartbaren Widerspruch anderer Personen vorzubeugen und gleichzeitig zu signalisieren, daß man in Grenzen noch bereit ist, über diese Bewertung mit sich reden zu lassen bzw. andere Meinungen zu akzeptieren.

ich werd' dir **helfen**! (umg.)
1) *ich werde dich bestrafen!* [Strafe]
2) *ich werde dich daran hindern!*
[Verhinderung]
1) „Ich werd' dir helfen! Einfach meinen Wagen auszuleihen, ohne mich vorher zu fragen! Was hast du dir nur dabei gedacht?"
2) „Ich werd' dir helfen, einfach deinem Banknachbarn das Ergebnis der Rechen-

aufgabe abzuschauen! Streng dich gefälligst selber an!"
Mit der Gesprächsfloskel wird eine Äußerung des Unmuts eingeleitet, die ein Erwachsener gegenüber einem Kind, seltener ein Vorgesetzter einem Untergebenen gegenüber realisieren will.

helfen: es hilft alles nichts (umg.)
es gibt keine andere Möglichkeit
[Unvermeidlichkeit]
„Es hilft alles nichts, die Mittagspause ist vorbei und wir müssen wieder an die Arbeit!"

helle sein (umg.)
klug sein, gescheit sein, pfiffig sein
[Klugheit]
„Das war aber nicht gerade helle von dir, dieses Haus zu kaufen, wo doch jetzt der große Flughafen hier gebaut werden soll! Denk doch einmal an den ständigen Lärm, der dich erwartet!"
Das mit *Hall* verwandte *hell* bezeichnet zunächst die laute Stimme (gegenüber der leisen Stimme) und den Gegensatz zu einer dunklen Tonlage. Auf den Gesichtssinn übertragen bezeichnet es den Gegensatz zu *dunkel* oder *finster; Hellhörigkeit* bedeutet (neben einem guten Gehör) *erwachendes Mißtrauen.* {Geisteslicht}
Herkunft → jmdm. geht ein **Licht** auf

auf **Heller** und Pfennig bezahlen (umg.)
bis auf den letzten Rest bezahlen, die genaue Summe begleichen [Vollständigkeit]
„Unser Haus wird erst in 20 Jahren auf Heller und Pfennig abbezahlt sein."
Herkunft → keinen (roten) **Heller** wert sein

ich gebe keinen **Heller** für jmdn./etwas (umg.)
ich glaube nicht an den Erfolg/Wert einer Person oder Sache [Mißtrauen]
„Ich gebe keinen Heller für sein Eheversprechen!"
Herkunft → keinen (roten) **Heller** wert sein

keinen (lumpigen) **Heller** mehr haben/besitzen (umg.)
gar kein Geld besitzen, arm sein [Armut]
„Nach dieser Kneipentour gestern abend besitze ich keinen lumpigen Heller mehr! Kannst du mir vielleicht fünf Mark für ein Mittagessen leihen?"
Herkunft → keinen (roten) **Heller** wert sein

keinen (roten) **Heller** wert sein (umg.)
nichts wert sein [Wertlosigkeit]
„Auf dem Flohmarkt kann man seinen alten Kram noch gut verkaufen, auch wenn er eigentlich keinen roten Heller mehr wert ist!"
Der Heller war eine seit dem 12. Jh. in der Stadt Schwäbisch Hall geprägte Kupfermünze, von der zwei einen Pfennig wert waren. Ähnlich wie *Deut* wurde diese kleine Münze zu einem Symbol für einen geringen Wert. Aspekte dieser Bedeutung werden in verschiedenen redensartlichen Varianten und Sprichwörtern thematisiert.

hellhörig werden [Mißtrauen]
Vgl.: **helle** sein.

jmdm. ist das **Hemd** näher als der Rock
jmd. entscheidet sich zugunsten einer ihm nahestehenden Person/Sache [Vorrang]
„Bevor ich der Kirche Geld spende, gebe ich es lieber meinen Kindern. Schließlich ist mir das Hemd näher als der Rock!"
Die früher übliche Ober- und Straßenbekleidung von Mann und Frau wurde *Rock* genannt (Gehrock). Das redensartliche Bild läßt sich bis in die Antike zurückverfolgen. So heißt es schon im *Trinummus* (Schatz) des Plautus (5,2): „tunica proprior pallio" (die Tunika ist mir näher als der Mantel).

jmdn. bis aufs **Hemd** ausziehen/ausplündern (umg.)
jmdm. (beim Spiel) alles wegnehmen
[Erlangung]
„Bei der Pokerpartie gestern abend habe ich den Meier bis aufs Hemd ausgezogen. Der war am Schluß richtig kleinlaut!"
Herkunft → das letzte **Hemd** hergeben

kein (ganzes) **Hemd** mehr am/auf dem Leib haben (umg.)
1) *alles verloren haben, sehr arm sein*
[Armut]

2) *verwahrlost sein* [Verwahrlosung]
1) „Nach dem Krieg stand Anna völlig ohne Habe da. Sie war so arm, daß sie kein ganzes Hemd mehr am Leib hatte!"
2) „Seit dem Tod seiner Frau hat unser Nachbar kein ganzes Hemd mehr am Leib. Es wird Zeit, daß sich einmal jemand um ihn kümmert!"
Das Bild vom „letzten Besitz" wird durch die Hervorhebung von dessen Verlust oder Mangelhaftigkeit noch verstärkt. Vgl.: das letzte **Hemd** hergeben.

das letzte **Hemd** hergeben (umg.)
alles zugunsten einer Person/Sache opfern [Opferbereitschaft]
„Seine Mutter würde das letzte Hemd für das Studium ihres Sohnes hergeben, aber er will lieber Schauspieler werden."
Das Hemd war früher ein langes, faltiges Unterkleid, das auch als Hauskleid diente. Die Straßenkleider wurden also im Haus ausgezogen *bis aufs Hemd*. So wurde dieses allmählich zum Sinnbild der letzten und äußersten Dinge, die ein Mensch besitzen, hergeben und verlieren kann.

sich ins **Hemd** machen/mach dir nicht ins **Hemd**! (derb)
→ die **Hosen** voll haben [Angst]

alles bis aufs **Hemd** verlieren (umg.)
[Verlust]
→ jmdn. bis aufs **Hemd** ausziehen/ausplündern

seine Gesinnung wechseln wie das **Hemd**
keine feste Meinung haben, opportunistisch sein [Opportunismus]
„Er hat schon mehrfach die Partei gewechselt und tritt meist in diejenige ein, die gerade die Regierung stellt. Er wechselt seine Gesinnung halt wie das Hemd!"
Der Wechsel des Hemds ist eine so häufige und selbstverständliche Prozedur, daß er zum Sinnbild der Gedankenlosigkeit und damit des Wankelmuts und der Unbeständigkeit werden konnte. Mit diesem Bild können beinahe beliebig viele Varianten gebildet werden: *die Freunde/Freundinnen/Autos... wechseln wie das Hemd.*

die **Hemdsärmel** hochkrempeln
→ die **Ärmel** hochkrempeln

Henker
→ **Teufel**

herausfahren: es ist mir nur so herausgefahren
ich habe das nur so aus Versehen gesagt [Versehen]
„Ich wollte dich nicht beleidigen, als ich dich einen Spinner genannt habe; es ist mir bloß so herausgerutscht."
Heraus bezeichnet ursprünglich die Bewegung von einem umschlossenen oder umgrenzten Ort her in Richtung auf den Sprecher. Als weitere Bedeutung wird auch allgemeiner eine Bewegung aus einem geschlossenen Ort ins Freie bezeichnet, wobei der Standort des Sprechers unerheblich ist. Diese Bedeutungserweiterung hat schon im 18. Jh. zu Verwechslungen zwischen *heraus* und *hinaus* geführt (Ich bringe dir das Buch heraus/hinaus). Das Verb *herausfahren* bezeichnet im Grunde die fahrende Bewegung aus einem umgrenzten Ort (aus der Stadt heraus) und ist in der Wendung auf die Mundhöhle des Sprechers gemünzt, aus der die Sprache dringt.

aus sich **herausgehen** (umg.)
seine Hemmungen ablegen, sich frei benehmen [Enthemmung]
„Gut, daß Bernd gestern abend einmal aus sich herausgegangen ist! Er ist sonst immer so verstockt, daß man seine Probleme nicht mit ihm besprechen kann!"
Herkunft → **herausfahren**: es ist mir nur so herausgefahren

etwas **heraushaben** (umg.)
1) *etwas gut können* [Können]
2) *eine Möglichkeit entdeckt haben, etwas zu tun* [Entdeckung]
3) *(Geld) zurückbekommen* [Wiedererlangung]
1) „Du hast es wirklich heraus, meine Liebe, wie man ein Heim gemütlich macht!"
2) „Ich habe jetzt endlich heraus, wie man es anstellt, daß der Wasserhahn nicht ständig tropft!"

3) „Ich will sofort mein Geld wieder heraushaben, weil der Mixer, den Sie mir verkauft haben, nicht funktioniert!"
Die erste und zweite Bedeutung sind Verkürzungen der Vollform *etwas herausgefunden haben*. Vgl.: **herausfahren**: es ist mir nur so herausgefahren.

herauskommen: das kommt auf eins/dasselbe heraus/raus (umg.)
das ist dasselbe, da gibt es keinen Unterschied [Gleichheit]
„Es ist mir egal, ob wir morgen in die Stadt fahren oder übermorgen. Das kommt auf eins heraus. Unsere Besorgungen können wir nämlich immer machen."
Mit *herauskommen* wird häufig die Offenlegung eines Geheimnisses bezeichnet (Das kommt nie heraus!) oder aber das Resultat einer Anstrengung oder Forschung (Bei dem Unternehmen ist leider nichts herausgekommen!). In diesem Sinn bezieht sich auch die Wendung auf die Gleichheit im Resultat, wenn man verschiedene Aktivitäten gegeneinander abwägt.

sich etwas **herausnehmen** (umg.)
sich ungebührlich verhalten [Fauxpas]
„Sie nehmen sich gegenüber Ihren Vorgesetzten zuviel heraus, Herr Schmidt. Etwas mehr Zurückhaltung, wenn ich bitten darf!"
Nach Grimms *Deutschem Wörterbuch* (Bd. 10, Sp. 1039) geht die Wendung vielleicht auf ältere Tischsitten zurück. Im Mittelalter wurde das Fleisch entweder als ganzes Tier (wie heute noch das Spanferkel) oder aber in großen Töpfen am Tisch gereicht, aus denen sich jeder nach seinem Rang die ihm zustehenden Stücke herausnehmen konnte. Wer sich „zuviel" aus dem Topf herausnahm, beging einen gesellschaftlichen Fauxpas.
Herkunft → **herausfahren**: es ist mir nur so herausgefahren

herausschauen: was/wieviel schaut dabei heraus? (umg.)
was ist dabei zu verdienen?, wie hoch ist der Profit? [Gewinn]
„Was schaut für mich bei diesem Handel heraus?" Vgl.: viel/etwas **herausschlagen**

viel/etwas **herausschlagen** (umg.)
(Geld oder Zeit) gewinnen [Gewinn]
„Beim Verkauf meines Autos will ich möglichst viel herausschlagen."
Die Wendung bezieht sich auf das Prägen von Münzen. Diese werden mit Prägestökken aus Metallplatten herausgeschlagen. Je dünner das Metall ist, desto mehr Münzen lassen sich herausschlagen, die allerdings dann auch einen geringeren Metallwert aufweisen. Die Übertragung des Bildes auf zeitlichen Gewinn ist ein Beispiel für die Metapher: Zeit ist Geld.

etwas ist noch nicht **heraus/raus** (umg.)
etwas ist noch nicht entschieden/unbekannt [Unbekanntheit]
„Es ist immer noch nicht heraus, in welchem Stadion das Fußballspiel stattfinden wird!"
Die Wendung ist eine Kurzform von *etwas ist noch nicht herausgefunden worden*. Vgl.: **herausfahren**: es ist mir nur so herausgefahren.

fein **heraussein** (umg.)
allen Schwierigkeiten entkommen sein, ohne Probleme leben [Wohlergehen]
„Wenn man einen Lottogewinn macht, ist man für den Rest des Lebens fein heraus."
Heraus in der Wendung bezieht sich auf den Bereich „außerhalb" eines als begrenzt gedachten Problemfeldes oder Problemkreises. Vgl.: **herausfahren**: es ist mir nur so herausgefahren.

herausspringen: was/wieviel springt dabei heraus?
→ **herausschauen**: was/wieviel schaut dabei heraus?

jmdn./etwas **herausstreichen**
jmdn./etwas lobend hervorheben/eigens erwähnen [Hervorhebung]
„Zum Schluß meines Vortrags will ich noch die besondere Leistung von Fräulein Käfer herausstreichen, die in diesem Jahr keinen einzigen Tag Urlaub genommen hat. Sie kann unser aller Vorbild sein!"
Herausstreichen meint ursprünglich das Kolorieren (Anstreichen) eines Holzschnitts

oder einer Federzeichnung (mit leuchtenden Farben herausstreichen, in leuchtenden Farben schildern). Vgl.: **Farbe** bekommen.

der heimische/häusliche **Herd**
das eigene Heim, das Zuhause [Zuhause]
„Ich fühle mich alles in allem am heimischen Herd doch immer noch am wohlsten!"
Der Wärme und Nahrung spendende Herd steht in der Redensart als Pars pro toto (ein Teil steht fürs Ganze) für die Gesamtheit des Heims oder Hauses.

einen eigenen **Herd** gründen (veraltend)
heiraten und ein eigenes Zuhause schaffen [Heirat]
„Unser einziger Sohn will jetzt heiraten und einen eigenen Herd gründen. Meiner Frau bereitet das etwas Kummer!"
Vgl.: der heimische/häusliche **Herd**.

nicht mehr das Heimchen am **Herd** spielen wollen
nicht mehr nur ausschließlich die Hausarbeit machen wollen [Emanzipation]
„Die Frau von heute will nicht mehr das Heimchen am Herd spielen. Sie will stattdessen finanziell unabhängig sein und in einem eigenen Beruf Entfaltungsmöglichkeiten finden!"
Für die Frau, die sich ausschließlich der häuslichen Tätigkeit widmet, hat sich die (abwertende) Bezeichnung *Heimchen am Herd* herausgebildet. Die Metapher ist wohl durch die Erzählung *Cricket on the Hearth* von Charles Dickens verbreitet worden.

mit der **Herde** laufen [Anpassung]
→ mit den **Wölfen** heulen

hereingeschneit kommen (umg.)
unerwartet kommen [Ankunft]
„Wir saßen gestern gerade so schön beim Essen, als plötzlich Hermann hereingeschneit kam und uns zu einer Party mitnehmen wollte."
Herein hat die Bedeutung *von außen nach innen, einwärts.* In Verbindung mit dem Verb *schneien* wird die Unerwartbarkeit und Unabwendbarkeit eines Naturereignisses mit der Ankunft einer Person oder eines Tatbestandes (das Glück schneit ins Haus) in Verbindung gebracht.
Vgl.: jmdm. ins **Haus** platzen/schneien.

für jmdn./etwas **herhalten** müssen (umg.)
1) *für jmdn. bezahlen müssen* [Ausnutzung]
2) *für jmdn. Spott und Strafe auf sich nehmen* [Sündenbock]
1) „Ich habe nicht länger Lust, für dich herhalten zu müssen! Such dir endlich eine Arbeit, damit du mir nicht länger auf der Tasche liegst, mein lieber Bruder!"
2) „Mein Freund hat zwar den Fußball in die Fensterscheibe geschossen, aber ich habe aus Kameradschaft hergehalten. Seine Eltern sind nämlich sehr streng und hätten ihn bestraft."
Die Wendung ist eine Kurzform von *den Kopf für jmdn hinhalten.* Sie hängt also mit dem Darreichen eines Körperteils zwecks Empfangs einer körperlichen Züchtigung zusammen und hat von dort die allgemeinere Bedeutung *leiden, erdulden, sich opfern* erhalten. Diese Bedeutungen sind seit dem frühen 16. Jh. belegt.

(dichtgedrängt) wie die **Heringe** (umg.)
sehr dicht zusammengedrängt [Enge]
„Die U-Bahn-Züge waren wegen des Schneesturms gestern so voll, daß die Fahrgäste wie die Heringe eingezwängt waren."
Im Salzfaß eingelegte Heringe waren früher eine beliebte Volksspeise. Die dichte Packweise im Heringsfaß hat schon im 17. Jh. (Abraham a Santa Clara) zu dem bildhaften, redensartlichen Vergleich Anlaß gegeben.

eine wahre **Herkulesarbeit** [Arbeit]
→ den **Augiasstall** ausmisten

etwas **hermachen** (umg.)
Eindruck machen, wirkungsvoll aussehen [Wirkung]
„Mein Kleid war nicht einmal besonders teuer, aber es macht doch wirklich etwas her!"
Hermachen bedeutet ursprünglich einfach *gestalten, formen.* Schon im 17. Jh. wird daraus ein Fachbegriff des Schauspiels, des

Bühnenwesens und der Musik. Daraus entwickelte sich der leicht negative Aspekt *sich aufspielen, übertreiben,* auch im Sinne des Erzählens von Lügen und des Täuschens.

viel von sich **hermachen** (umg.)
auf Wirkung bedacht sein, sich auffällig in den Vordergrund stellen [Aufbauschung]
„Sabrina macht stets immens viel von sich her, dabei steckt überhaupt nichts dahinter! Nicht einmal die Mittelschule hat sie abgeschlossen!“
Herkunft → etwas **hermachen**

Herr der Lage sein
eine schwierige Situation meistern [Macht]
„Als die Polizei mit Tränengas eingriff, war sie in kurzer Zeit Herr der Lage, und der Demonstrationszug zerstreute sich.“
Das mit *hoch* (veraltet: *her*) verwandte Wort *Herr* bezeichnet ursprünglich den Höhergestellten gegenüber dem Untergebenen, den Befehlenden (Herrscher) gegenüber dem Knecht. Es bezieht sich von Anfang an sowohl auf weltliche Hochgestellte als auch auf Gott (den Herrn, den Herrgott). Im weiteren Sinn wird es auch auf den Vorsteher von Haus (Herr des Hauses) und Familie bezogen, wobei im Mittelalter auch die Ehefrau ihren Gatten so bezeichnet und die Kinder ihren Vater. Daneben ist *Herr* auch ein alter Adelstitel, der zwischen *Graf* und *Edelmann* angesiedelt ist und durch bestimmte Zusätze (wie *hoher Herr, edler Herr*) hervorgehoben wird. Nach diesem Gebrauch ist auch *der junge Herr* der Sohn und Erbe des Hauses. Viele Redensarten und Sprichwörter aus der Standesgesellschaft spiegeln das Verhältnis von Herr und dem Untertan wider, haben Benimmregeln und andere Vorschriften zum Inhalt oder betonen die Gerichts- und Verfügungsgewalt des Herrn gegenüber seiner Familie, seinem Haus und seinen Untergebenen. Erst im 17. Jh. kommt es zu einer Inflation des Begriffs, und er gewinnt das heute dominierende Spektrum einer Höflichkeits- und Anredeformel („Herr Meier“).

nicht mehr **Herr** seiner Sinne sein
nicht mehr wissen, was man tut [Unbeherrschtheit]
„Er trank oft so viel Alkohol, daß er nicht mehr Herr seiner Sinne war. In solchen Fällen mußte man häufig einschreiten, um ihn vor sich selbst zu schützen!“
Herkunft → **Herr** der Lage sein

man ist ja nicht mehr **Herr** im eigenen Haus!
man wird von jmdm. verdrängt!, man bestimmt nicht mehr das Geschehen! [Entmachtung]
„Seit dein Bruder bei uns wohnt, ist man ja nicht mehr Herr im eigenen Haus! Überall läßt er seine Sachen herumliegen, anstatt sie in seinem Zimmer aufzubewahren.“

Herr im Hause sein
derjenige sein, der die Macht hat; derjenige sein, der bestimmt, was getan wird [Macht]
„Seit seine Schwiegermutter bei ihm wohnt, kommt es bei unserem Nachbarn oft zum Streit darüber, wer eigentlich Herr im Hause ist.“ Vgl.: **Herr** der Lage sein.

sein eigener **Herr** sein
unabhängig sein, selbständige Entscheidungen über das eigene Leben treffen [Selbständigkeit]
„Unser Sohn will sich jetzt eine eigene Wohnung nehmen, um sein eigener Herr zu sein.“ Vgl.: **Herr** der Lage sein

mein **Herr** und Meister/Gebieter (ironisch)
1) *mein Ehegatte* [Gatte]
2) *mein Vorgesetzter* [Vorgesetzter]
1) „Also gut, wir begleiten euch heute abend ins Kino. Ich nehme an, daß mein Herr und Meister noch nichts anderes vorhat!“
2) „Ich kann jetzt keine Mittagspause machen! Unser Herr und Gebieter hat mir aufgetragen, sofort diesen Brief zu tippen, damit er heute noch zugestellt werden kann.“
Viele gesellschaftliche Titel wurden in der alten Feudalgesellschaft „gehäuft“, wobei galt: je mehr (und je längere) Titel, desto vornehmer der gesellschaftliche Rang. Die Anrede *Herr und Meister* ist dem Sprachgebrauch der Jünger Jesu im Neuen Testament entlehnt, *Herr und Gebieter* war eine förmliche Anrede, die ein Untergebener

gegenüber seinem Herrn schuldete. Mit dem Verfall der Ständegesellschaft haben derartige Formeln ihren ursprünglichen Sinn verloren. Ihre heutige ironische Verwendung geht bis auf entsprechende Gebrauchsweisen in Harlekinaden, in der Commedia dell'arte und in Lustspielen seit der Mitte des16. Jh. zurück.
Herkunft → **Herr** der Lage sein

Alter **Herr**
1) *der eigene Vater* [Vater]
2) *Ehrenmitglied einer studentischen Verbindung* [Mitglied]
1) „Mein Alter Herr hat nichts dagegen, wenn wir uns heute abend seinen Wagen ausleihen."
2) „Zu jedem Festkommers erhalten die Alten Herren eine besondere Einladung, damit sie den Kontakt zu unserer Studentenverbindung aufrechterhalten."
Vgl.: **Herr** der Lage sein

mein lieber **Herr** Gesangverein! (umg.) [Erstaunen]
→ meine **Herren**!

der **Herr** hat's gegeben, der Herr hat's genommen!
→ eine **Hiobsbotschaft** erhalten

den Seinen gibt's der **Herr** im Schlaf
→ den Seinen gibt's der Herr im **Schlaf**
[Erfolg] [Unverdientheit]

einer Sache **Herr** werden
ein Problem lösen, Schwierigkeiten meistern [Macht]
„Der Dompteur hatte alle Mühe, seiner erregten Bestien Herr zu werden."
Herkunft → **Herr** der Lage sein

die **Herren** der Schöpfung (scherzhaft)
die Männer [Mann]
„Darf ich die Herren der Schöpfung zu den Damen in den Eßsalon bitten?"
Der Titel *Herr der Schöpfung* steht eigentlich nur Gott (dem Herrn) zu, so daß diese Wendung stets eine ironisch-scherzhafte Komponente aufweist. Vgl.: **Herr** der Lage sein.

aus aller **Herren** Länder
aus allen Weltgegenden, von überall her [Internationalität]
„Zu dem großen Kongreß werden Wissenschaftler aus aller Herren Länder erwartet."

meine **Herren**!
1) *Ausruf der Verblüffung* [Erstaunen]
2) *Ausruf der Verärgerung* [Verärgerung]
1) „Meine Herren, ist das ein Biest, das Sie da an der Angel haben! Dieser Hecht ist ja mindestens einen Meter lang!"
2) „Meine Herren, dauert das lange! Ich warte schon seit geschlagenen 20 Minuten auf den Bus!"
Die Herkunft der Wendung könnte mit einer Anrufung Gottes (ähnlich wie *großer Gott!, mein Gott!*) erklärt werden, wobei der Begriff *Gott* selbst vermieden wäre. Der Plural *Herren* kann sich auf die Dreifaltigkeit Gottes beziehen, ähnlich wie in der Formel *Heilige Dreifaltigkeit!*

Herrgott noch (ein)mal!
→ **Gott** noch (ein)mal!

wie der **Herrgott** in Frankreich leben
→ wie **Gott** in Frankreich leben

in aller **Herrgottsfrühe**
sehr früh morgens [Frühe]
„Um die Reise in einem Tag machen zu können, müssen wir in aller Herrgottsfrühe aufbrechen."
Die Bezeichnung *Herrgottsfrühe* kann sich auf Gott als dem Geber und Herrn der Zeit beziehen, oder aber es handelt sich um einen Hinweis auf das Läuten der Glocke zur Frühmesse. Vgl.: **Herr** der Lage sein.

den **Herrn** herauskehren
zeigen, daß man der Vorgesetzte ist (auch in Situationen, in denen das unnötig und störend ist) [Herrschsucht]
„Unser Chef hat so große Minderwertigkeitskomplexe, daß er sogar bei Betriebsausflügen den Herrn herauskehrt!"
Herkunft → **Herr** der Lage sein

den (großen) **Herrn** spielen (umg.)
aufschneiden, sich vornehm gebärden

[Angeberei]
„Der Carlo spielt oft den großen Herrn. Dabei mangelt es ihm sowohl an Erziehung als auch an Geld und Bildung!"
Vgl.: **Herr** der Lage sein.

hersein: es ist nicht weit her mit jmdm./etwas (umg.)
jmd./etwas ist nicht besonders gut
[Unvollkommenheit]
„Mit meinen Kenntnissen in Mathematik ist es nicht weit her!"
Aus dem Satz *Komm her zu mir* wird die Bedeutung von *her* deutlich: Es bedeutet im örtlichen Sinn die Bewegung von einem entfernten Punkt hin zum Sprecher; die gegensätzliche Bewegung zu einem entfernten Punkt wird dagegen durch *hin* ausgedrückt (vgl.: **hin** und her gerissen sein). Die *Herkunft* ist in diesem Sinn der Ort oder die Familie, von wo/von der man abstammt (wo bist du her?). Mit der Wendung *es ist nicht weit her* wird ausgedrückt, daß eine Person oder Sache nichts Ungewöhnliches an sich hat, das vom an Ort und Stelle Bekannten abweichen würde. Dieses Bild entspricht dem Sprichwort: „Der Prophet gilt nichts in seinem Vaterlande" (Matth. 13,57; Mark. 6,4).

hinter jmdm. **hersein** (umg.)
1) *jmdn. verfolgen* [Verfolgung]
2) *jmdn. als Partner für einen Flirt zu gewinnen suchen* [Flirt]
1) „Hinter den Personen auf diesem Steckbrief ist die Polizei schon seit drei Jahren her."
2) „Ich bin schon seit Monaten hinter dieser Blondine her, aber sie will partout nichts von mir wissen!"
Herkunft → **hersein:** es ist nicht weit her mit jmdm./etwas

darum/drum **herumkommen** (umg.)
etwas Unangenehmes nicht tun müssen
[Entlastung]
„Wenn im Büro niemand merkt, daß ich heute Geburtstag habe, kann ich drum herumkommen, eine Runde Sekt zu spendieren!"
Mit *darum herumkommen* wird die Vorstellung von der kreisförmigen Umrundung eines Hindernisses verknüpft, welches den Weg versperrt, von der Entlastung von einer belastenden oder unangenehmen Verpflichtung.

darum/drum **herumreden** (umg.)
das Eigentliche nicht sagen, nur Andeutungen machen [Ausflüchte]
„Wir brauchen gar nicht drum herumzureden, Herr Meier. Ihre Leistungen waren im letzten Jahr geradezu katastrophal!"
Vgl.: um den **Brei** herumreden.

auf etwas (ständig) **herumreiten** (umg.)
immer wieder etwas Bestimmtes (Unangenehmes) erwähnen, insistieren [Insistieren]
„Natürlich muß mehr für die Gleichberechtigung von Mann und Frau getan werden, aber deine Freundin Rosa reitet immer nur auf diesem einen Thema herum, bis man sie nicht mehr ernst nehmen kann. Damit schadet sie letztlich der ganzen Sache!"
Die Wendung leitet sich vom Steckenpferd her, das als Kinderspielzeug schier pausenlos „geritten" wird. Ein Erwachsener, der ein Thema pausenlos behandelt, wird durch diese bildhafte Übertragung also einem unvernünftigen Kind gleichgesetzt.

herumwursteln [Ungeschicklichkeit]
→ herum**wursteln**

jmdm. eine **herunterhauen/runterhauen** (umg.)
jmdm. eine kräftige Ohrfeige geben
[Ohrfeige]
„Als der Kerl mich so rotzfrech anschaute, habe ich ihm einfach eine runtergehauen!"

ein **Herz** und eine Seele sein (mit jmdm.) (Paarformel)
einander sehr verbunden sein, unzertrennlich sein [Gemeinsamkeit]
„Carmen und Markus sind seit Jahren ein Herz und eine Seele. Vermutlich werden sie bald heiraten."
In der Wendung steht das Herz für das Gefühl, die Seele für die Meinung oder Gesinnung. Zusammengenommen soll damit eine Übereinstimmung in allen

wesentlichen Bereichen ausgedrückt werden.

mit viel **Herz**
mit viel Gefühl und Anteilnahme [Gefühl]
„Die Sängerin trug das Chanson mit viel Herz vor. Deshalb gab es großen Applaus."

kühl bis ans **Herz** (hinan) sein
[Gefühllosigkeit]
→ ein kaltes **Herz** haben

jmdm. das/sein **Herz** ausschütten
sich jmdm. gegenüber im Gespräch öffnen und von den eigenen Sorgen erzählen
[Offenlegung]
„Unser Kollege Meier ist ja meist ganz verschlossen, aber neulich hat er mir doch sein Herz ausgeschüttet und sich bitterlich über den Spott der anderen beklagt."
Die Wendung stammt bereits aus dem Alten Testament (1. Sam. 1,15 und Psalm 42,5). Das Herz wird in der Redensart mit einem Gefäß gleichgesetzt, aus dem die verborgenen Gefühle gelegentlich nach außen dringen. Ganz ähnlich spricht man von einem *überquellenden Herzen.* Auch in Matth. 12,34 heißt es: „Wes das Herz voll ist, des gehet der Mund über."

jmdm. ins **Herz** blicken/schauen/sehen können
jmds. innerste Gedanken/Gefühle kennen
[Einschätzung]
„Man kann jemanden sehr gut kennen, aber ihm ins Herz zu sehen ist unmöglich!"

mir blutet/bricht das **Herz**, wenn ich daran denke
ich bin traurig und erschüttert, wenn ich daran denke [Mitleid]
„Mir blutet das Herz, wenn ich daran denke, daß bei diesem Erdbeben so viele Opfer zu beklagen sind."

jmdm. das **Herz** brechen
1) *jmdn. durch Kummer (fast) töten*
[Kummer]
2) *jmdn. dazu bringen, daß er sich in einen verliebt* [Flirt]
1) „Der plötzliche Tod ihres Mannes hat ihr beinahe das Herz gebrochen."
2) „Michael ist bekannt dafür, daß er schon die Herzen vieler Damen gebrochen hat!"
Hier wird das Herz mit einem Gefäß verglichen, das einen Sprung erhalten kann, der es unbrauchbar macht oder aber das „Überquellen" oder „Auslaufen" der darin verborgenen Gefühle ermöglicht. Das *gebrochene Herz* ist ein gängiges Motiv der barocken Emblematik und hängt auch mit der Liebespfeil-Symbolik zusammen. Doch der Begriff *Herzensbrecher* ist erst im 20. Jh. geprägt worden. Für ihn war früher der an die Diebstahl-Metaphorik anknüpfende Begriff *Herzensdieb* üblich. Daher auch heute noch gelegentlich: *Du hast mir mein Herz gestohlen!*

etwas nicht übers **Herz** bringen [Mitleid]
→ nicht das **Herz** haben

das **Herz** dreht sich einem im Leibe herum (umg.)
jmd. ist sehr bewegt bei einem bestimmten Anblick/bei einer bestimmten Vorstellung
[Mitleid]
„Es dreht sich einem das Herz im Leibe herum, wenn man an das Elend der Kinder in der dritten Welt denkt."
Viele Redensarten bestehen aus einer Beschreibung von körperlichen Symptomen, die sich bei bestimmten Erregungszuständen und Gefühlen (Freude, Trauer, Angst usw.) einstellen. Vgl.: **Herz** haben.

es drückt einem (schier/fast) das **Herz** ab
→ das **Herz** dreht sich einem im Leibe herum

sich ein **Herz** fassen
Mut fassen [Entschluß]
„Egon faßte sich endlich ein Herz und sprach das Mädchen an, das in der Mittagspause stets neben ihm auf der Parkbank saß."
Das Herz gilt in vielen Redensarten als Sinnbild des Mutes. Wer *kein Herz hat, etwas Bestimmtes zu tun,* dem mangelt es am nötigen Mut. Er kann sich dann *ein Herz fassen,* was bedeutet: Er nimmt allen Mut zusammen. Wem vor Angst das Herz *schier aus der Brust zu springen* droht, der kann

im Sinne der Redensart sein *Herz in beide Hände nehmen* und damit bändigen. Die Hand und das Fassen gelten in diesem Bildfeld als Zeichen der Kraft und der umschließenden Gewaltsamkeit.

sein ganzes **Herz** gehört jmdm./einer Sache
jmds. ganze Liebe/sein ganzes Interesse ist auf jmdn./eine Sache gerichtet [Vorliebe]
„Dein ist mein ganzes Herz, wo du nicht bist, will ich nicht sein!" (Operettenlied)
Vgl.: alle **Herzen** fliegen jmdm. zu.

da geht einem das **Herz** auf
man fühlt, wie vor Freude alles Schwere von einem abfällt [Freude]
„Ich liebe die Sonnenaufgänge am Meer. Da geht einem regelrecht das Herz auf!"

jmdm. ans **Herz** gewachsen sein
jmdm. sehr lieb und vertraut geworden sein [Vorliebe]
„Dieser schöne Gebirgsort ist uns richtig ans Herz gewachsen. Wir verbringen deshalb stets einen kurzen Urlaub hier."

Herz haben
warmherzig und mitfühlend sein
[Mitgefühl]
„Meine Frau ist vor allem deshalb so liebenswert, weil sie Herz hat."
Das Herz gilt in vielen Sprichwörtern und Redensarten als Mittelpunkt des menschlichen Lebens und als Sitz aller Lebenskraft. Alle Gemütsbewegungen haben nach altem Volksglauben ihren Ursprung im Herzen, oder sie wirken sich auf das Herz aus. Dies gilt sowohl für positive Leidenschaften (wie Liebe, Mitleid, Ehrlichkeit und Freude) als auch für negative Gefühle (wie Haß und Neid). Das Herz empfindet auch den Kummer des Menschen (dieser *greift ans Herz* oder *nagt* daran), es kann aber auch vor Freude *hüpfen* oder aus Trauer *bluten*. Das Herz hat auch je nach Empfindung unterschiedliche Gewichte (schwer, leicht) und Temperaturen (warm, kalt), wobei jeweils eine Verbindung zu dem Stoff besteht, aus welchem es geformt ist (Gold, Stein). Andere Eigenschaften des Herzens betreffen seine Konsistenz (hart, weich), seine Kraft (stark, schwach), seine Gestalt (ganz, halb) und seine Lage (*auf der Zunge, in beiden Händen, am rechten Fleck* usw.). Ein fremdes Herz kann man *gewinnen* oder *brechen*, oft fliegt es einem aber auch zu, woraufhin man jemanden *im Herzen trägt*. Da es Leute geben soll, die jemandem *ins Herz sehen* können, ist es ratsam, aus ihm *keine Mördergrube* zu machen. Falls man überhaupt *kein Herz* hat, kann es sinnvoll sein, sich *ein Herz zu fassen*, denn *Herz haben* bedeutet: Mitgefühl mit Mensch und Tier haben. Durch Ausdrücke wie *in jmds. Herz lesen können* wird auf die Metaphorik *das Herz ist ein Buch* Bezug genommen. Schon Euripides vergleicht in den *Trojerinnen* (662) das Herz mit einer Buchrolle, die aufgerollt wird. Unabhängig davon spielt dieses Bildfeld auch in der frühchristlichen Dichtung eine Rolle, die auch das Bild liebte, daß das Gewissen durch die Notierung der begangenen Sünden belastet wird bzw. daß für jeden Menschen ein Sündenregister geführt wird. Das ist eine Liste, auf der ein Engel die guten, ein Teufel die schlechten Taten eines Menschen aufschreibt. Vgl. auch: das geht auf keine **Kuhhaut**.

ein **Herz** haben für jmdn.
Mitleid haben mit jmdm., mitfühlend sein [Mitleid]
„Er ist ein guter Arzt, der ein Herz für die Kranken hat."
Vgl.: **Herz** haben.

kein **Herz** (im Leib) haben
kein Mitgefühl besitzen, unbarmherzig sein [Gefühllosigkeit]
„Warum dürfen in dieses Haus keine Gastarbeiter einziehen? Haben Sie als Hausbesitzer denn überhaupt kein Herz im Leib?"
Vgl.: **Herz** haben.

(einfach) nicht das **Herz** haben, etwas zu tun
1) *etwas aus Mitleid tun oder unterlassen* [Mitleid]
2) *nicht den Mut haben, etwas anzugehen* [Feigheit]
1) „Hast du dem Bettler etwas gegeben?"

„Ja. Ich hatte einfach nicht das Herz, ihn in dieser Kälte einfach so abzuweisen."
2) „Obwohl er ein guter Arzt ist, hat er häufig nicht das Herz, den Leuten die Wahrheit über ihren Krankheitszustand zu sagen."
Vgl.: **Herz** haben.

ein hartes **Herz** haben
kein Mitleid kennen, unbarmherzig sein [Unbarmherzigkeit]
„Noch auf dem Totenbett hat sein hartes Herz ihn veranlaßt, seine Kinder zu verfluchen."

ein weiches **Herz** haben
mitfühlend sein, barmherzig sein [Mitgefühl]
„Tante Agatha wird wegen ihres weichen Herzens leider häufig auch ausgenutzt. Erst neulich hat sie Vetter Frank einen größeren Geldbetrag geliehen, den er wohl niemals zurückzahlen wird!"

ein gutes **Herz** haben
hilfsbereit und gütig sein [Güte]
„Großmutter hat wirklich ein gutes Herz! Gerade hat sie mir 100 Mark zum Geburtstag geschenkt. Dabei ist ihre Rente gar nicht so üppig, daß ihr das leichtfallen würde!"

ein stolzes **Herz** haben
stolz sein, hochmütig sein [Stolz]
„Obwohl die Zigeuner oft sehr arm sind, haben sie doch ein stolzes Herz."

ein warmes **Herz** haben
mitfühlend sein [Mitgefühl]
„Ihr warmes Herz veranlaßt sie, die Hälfte ihres Einkommens den Armen zu spenden."

ein kaltes **Herz** haben
gefühllos sein, unbarmherzig sein [Unbarmherzigkeit]
„Wie kann man nur so ein kaltes Herz haben, den Hund bei diesem Wetter nicht ins Haus zu lassen?"
Kälte wird redensartlich und umgangssprachlich gern mit einem Mangel an Gefühlen gleichgesetzt (Gefühlskälte). Generell gilt im Bereich der Temperatur-Metaphorik: *kalt* = negativ, *warm* = positiv.

ein goldenes **Herz** haben
gütig und hilfsbereit sein, großzügig sein [Großzügigkeit]
„Onkel Karl hat ein goldenes Herz und wird dir in dieser Lage mit Rat und Tat zur Seite stehen!"
In vielen Redensarten wird das Herz mit einem Gefäß oder goldenen Schrein gleichgesetzt, worin wertvolle Dinge (beispielsweise andere Herzen) eingeschlossen werden können.

ein weites **Herz** haben
1) *großzügig sein* [Großzügigkeit]
2) *mehrere Personen gleichzeitig lieben* [Flirt]
1) „Unsere Tante Klara hat schon immer ein weites Herz gehabt. Wenn wir sie besuchen, erhalten die Kinder jedesmal viele Geschenke."
2) „Der Bruno ist zwar verlobt, hat aber nebenbei noch einige Freundinnen. Der ist um sein weites Herz regelrecht zu beneiden. Ich könnte jedenfalls nicht so handeln!"
Enge und *Weite* sind Raum-Metaphern, die umgangssprachlich zu bestimmten Bewertungssystemen zusammengefaßt sind. So gehört *Enge* zum Oberbegriff *klein*, der sprachlich weitgehend mit negativen Aspekten besetzt ist (vgl.: kleine **Brötchen** backen). *Weite* dagegen steht in Verbindung zu *groß*, welches meist positiv besetzt ist (vgl.: *Großzügigkeit*). In Verbindung mit der Metapher *das Herz ist ein Gefäß* gilt: Ein *großes Gefäß* enthält mehr *gute Dinge*, die der Besitzer des Herzens vergeben kann (*Großherzigkeit* = Großzügigkeit). Ein *kleines Gefäß* enthält kaum *gute Dinge,* so daß der Besitzer sparsam damit umgehen muß (*Engherzigkeit* = Kleinlichkeit). Weil das Herz auch das Gefäß der Liebe ist, haben im großen Herzen mehr Liebesobjekte Platz als im kleinen Herzen (*großes Herz* = viel Liebe).

ein enges **Herz** haben
kleinlich sein, enge Grundsätze haben [Pedanterie]
„Bei der Kindererziehung darf man kein allzu enges Herz haben, auch wenn man manchmal etwas verbieten muß."

ein **Herz** von Stein haben
kalt und gefühllos sein, kein Mitleid kennen [Hartherzigkeit]
„Unser Nachbar hat wirklich ein Herz von Stein. Schon wieder hat er einen Bettler weggeschickt, ohne ihm etwas zu geben!"
Das harte Herz oder steinerne Herz ist Sinnbild der Unbarmherzigkeit.

das **Herz** auf dem rechten Fleck haben
natürlich sein und vernünftige Einstellungen haben, hilfsbereit und uneigennützig sein [Natürlichkeit]
„Onkel Karl ist eine Seele von Mensch und hat das Herz auf dem rechten Fleck. Zu dem kannst du mit allen deinen Sorgen kommen. Wenn er kann, wird er dir in jedem Fall helfen."

sein **Herz** an jmdn./etwas hängen
jmdn./etwas sehr begehren [Begierde]
„Katharina hat offensichtlich ihr Herz an diesen Pelzmantel gehängt. Ich werde ihn daher als Weihnachtsgeschenk zurücklegen lassen."
Das Herz ist als Sinnbild des Innersten des Menschen geeignet, Zuneigung und Begierde durch Bilder der Nähe und der Verbindung auszudrücken.

sein **Herz** hingeben für jmdn. (gehoben)
seine Existenz zugunsten von jmdm. einrichten [Fürsorge]
„Der Arzt Albert Schweitzer hat bekanntlich sein Herz für die Kranken des Schwarzen Kontinents hingegeben."

das **Herz** hüpft jmdm. vor Freude/Begeisterung
jmd. ist freudig erregt [Freude]
„Als Tanja nach sieben Jahren endlich wieder den Heimatboden betrat, hüpfte ihr Herz vor Freude."
Die Redensart bezieht sich auf die körperliche Symptomatik des beschleunigten Herzschlages bei bestimmten Empfindungen.

da lacht einem das **Herz** im Leibe (umg.)
man ist sehr erfreut [Freude]
„Das Herz lacht einem im Leibe beim Anblick dieser wohlerzogenen Kinder!"

jmdm. jmdn./etwas ans **Herz** legen
jmdn. bitten, für eine bestimmte Person oder Sache besonderes Interesse zu zeigen; um Vorteile für jmdn./etwas bitten [Empfehlung]
„Ich habe meinem Chef ans Herz gelegt, bei der Neueinstellung der Auszubildenden auch unseren Jungen in Betracht zu ziehen."

jmdm. sein **Herz** öffnen (gehoben)
jmdm. offen sagen, was man denkt und fühlt [Offenheit]
„In den Zeilen dieses Briefes öffne ich Dir mein ganzes Herz und wage somit, Dir meine ewige Liebe zu gestehen."

jmdn./etwas auf **Herz** und Nieren prüfen
jmdn./etwas genau untersuchen, gründlich prüfen [Prüfung]
„In diesem Einstellungstest wird man wirklich auf Herz und Nieren geprüft! Diese Firma will nämlich wirklich sichergehen, daß sie nur erstklassiges Personal besitzt."
Die Redensart ist biblischen Ursprungs (Ps. 7,10). Herz, Niere, Leber und Lunge stehen in einigen Wendungen biblischen Ursprungs für die Gesamtheit des Inneren, der Lebenskraft wie der Affekte.

so reden, wie es einem ums **Herz** ist
aufrichtig sagen, was man fühlt und denkt [Offenheit]
„Onkel Paul ist sehr vertrauenswürdig. Er ist einer der wenigen, zu denen man vertrauensvoll reden kann, wie es einem ums Herz ist."

an jmds. **Herz** rühren
Mitleid und Anteilnahme erwecken [Rührung]
„Die Bilder von der Hungerkatastrophe in Afrika haben vielen Menschen ans Herz gerührt. Deshalb wurde auch besonders viel gespendet."

das **Herz** rutscht jmdm. in die Hose (umg.)
jmd. bekommt große Angst [Angst]
„Als Gerd den großen Hund sah, der das Anwesen bewachte, rutschte ihm das Herz in die Hose. Er gelangte zu dem Entschluß, daß es besser sei, an diesem Tag nicht die

Abkürzung über das Grundstück vor ihm zu nehmen, sondern auf der regulären Straße zu bleiben."
Das Herz ist in dieser Redensart das Sinnbild des Mutes. Sein *Abrutschen in die Hose* hängt mit der volkstümlichen Vorstellung von Feigheit und von Durchfall beschmutzten Hosenbeinen zusammen. Vgl.: **Herz** haben.

jmdm. sein **Herz** schenken (gehoben)
jmdn. lieben [Liebe]
„Darf ich dir mein Herz schenken, Geliebte?"

jmdn. in sein **Herz** schließen
jmdn. gern haben/lieben (ohne sexuelle Komponente) [Liebe]
„Unser Briefträger ist so ein netter Mensch. Ich habe ihn richtig ins Herz geschlossen, weil er immer so fröhlich ist und stets guter Laune!"
Die Metaphorik zu Gefäß oder Schrein ist besonders im Bereich der Liebeslyrik anzutreffen. Schon ein Gedicht aus dem Mittelalter, dessen Verfasser unbekannt ist, macht davon Gebrauch: „Du bist mein, ich bin dein: Dessen kannst du sicher sein. Du bist eingeschlossen in meinem Herzen: Verloren ist das Schlüsselchen, drum mußt du immer drinnen bleiben." (freie Übertragung)

es schneidet jmdm. ins **Herz**
→ das **Herz** dreht sich einem im Leibe herum

das **Herz** schnürt/krampft sich jmdm. zusammen
→ das **Herz** dreht sich einem im Leibe herum

jmdm. das **Herz** schwermachen
jmdn. bekümmern [Kummer]
„Es macht mir wirklich das Herz schwer, wenn ich sehe, daß ihr Geschwister nicht gut miteinander auskommt!"

das **Herz** steht jmdm. still (vor Schreck/Aufregung)
jmd. ist außerordentlich erschreckt oder aufgeregt [Schreck]
„Das Herz stand ihm fast still vor Schreck, als die finstere Gestalt aus dem Busch trat und ihm den Weg verstellte."
Vgl.: das **Herz** dreht sich einem im Leibe herum.

das/sein **Herz** auf der Zunge tragen
1) *offen seine Gefühle und Meinungen kundtun* [Offenheit]
2) *geschwätzig sein* [Geschwätzigkeit]
1) „Falls er eine schlechte Meinung über dich hätte, hätte er dir das schon gesagt. Er trägt nämlich sein Herz auf der Zunge!"
2) „Ihm kann man keine Geheimnisse anvertrauen, weil er immer das Herz auf der Zunge trägt, um im Mittelpunkt zu stehen!"
Das Bild, das der Wendung zugrundeliegt, kommt schon im Alten Testament vor (Prediger 21,29). In älteren Quellen überwiegt die zweite negative Bedeutung, während sich heute die erste Bedeutung gleichrangig behauptet.

jmdn. ins **Herz** treffen
jmdn. zutiefst kränken [Kränkung]
„Die negative Beurteilung, die sein letztes Buch erfahren hat, hat ihn ins Herz getroffen."

es zerreißt einem (schier) das **Herz**
→ das **Herz** dreht sich einem im Leibe herum

nicht an **Herzdrücken** sterben (umg.)
offen seine Meinung sagen [Offenheit]
„Wenn du glaubst, daß ich deinetwegen an Herzdrücken sterbe, dann irrst du dich gewaltig! Ich sag' es schon, wenn mir etwas nicht paßt!"

nur mit halbem **Herzen** dabeisein/bei der Sache sein
wenig Interesse und Begeisterung für etwas aufbringen [Desinteresse]
„Wenn man nur mit halbem Herzen dabei ist, kann man so ein wichtiges Fußballspiel natürlich nicht gewinnen!"

nach jmds. **Herzen** sein
jmds. Vorstellungen und Wünschen entsprechen [Wohlergehen]

„Feierabend und ein kühles Bier – das ist so recht nach meinem Herzen!“

von **Herzen**
ehrlich, aufrichtig, in Liebe [Aufrichtigkeit]
„Dieser kleine Diamantring kommt von Herzen, meine liebe Gattin!“

aus tiefstem **Herzen** etwas bedauern/bereuen usw.
etwas voll und ganz bedauern/aufrichtig und nachdrücklich bereuen [Bedauern]
„Ich bedauere die armen Kerle, die im Krieg gefallen sind, aus tiefstem Herzen!“

alle **Herzen** fliegen jmdm. zu
jmd. ist sehr beliebt [Beliebtheit]
„Dieser Schlagerstar hat es geschafft, daß ihm alle Herzen zufliegen, sobald er die Bühne betritt.“
Das Gefühl der Liebe wird in vielen Wendungen mit dem „verschenkten“, „verlorenen“ oder „gebrochenen Herzen“ gleichgesetzt. In diesem Bild ist auch die Redensart vom *Herzen* angesiedelt, das jemandem *zufliegt,* weil der Verliebte sein *Herz verlor.* Die Geliebte wird durch diesen Umstand die „Gebieterin des Herzens“ oder „Königin des Herzens“.

seinem **Herzen** einen Stoß geben
sich nach langem Zögern zu einer Entscheidung durchringen, die Selbstüberwindung fordert [Selbstüberwindung]
„Jetzt gib deinem Herzen endlich einen Stoß, und begleite mich in die Oper. Schließlich dauert die Aufführung nur fünf Stunden!“
Der Stoß oder der Ruck gilt in verschiedenen Wendungen als Sinnbild der Überwindung eines vorherigen Stillstands, der durch Zögern und Zaudern verursacht wurde.

jmdm. zu **Herzen** gehen
jmds. innerstes Gefühl bewegen [Eindruck]
„Diese mahnenden Worte des Pfarrers gingen der ganzen Gemeinde zu Herzen.“

das ist mir (so recht) aus dem **Herzen** gesprochen
das entspricht genau meinen Gedanken und Gefühlen [Zustimmung]
„Dieser Wahlkampfredner hat mir so recht aus dem Herzen gesprochen. Diese Partei werde ich wohl wählen.“
In der Redensart wird das Herz nicht nur mit den Gefühlen assoziiert, sondern auch mit Gedanken, Meinungen, Überlegungen.

etwas auf dem **Herzen** haben
eine Bitte/Beschwerde haben, die man nicht gern ausspricht [Anliegen]
„Ich sehe dir an, daß du etwas auf dem Herzen hast. Was ist denn los?“
Die örtliche Relation der Nähe zum Herzen wird häufig mit Vorliebe und Zuneigung, gelegentlich aber auch mit Kummer, Sorge oder (allgemeiner) Anliegen gleichgesetzt. Diese räumliche Metaphorik ist bereits sehr alt. So werden bereits bei dem griechischen Dichter Aischylos (525–456 v. Chr.) die Sorgen als „Nachbarn des Herzens“ bezeichnet. Die Fortdauer dieser Metaphorik wird auch durch die berühmten ersten Zeilen im *Parzival* von Wolfram von Eschenbach bezeugt, die in Übertragung lauten: „Wenn der Zweifel Nachbar des Herzens ist, gereicht das der Seele zum Schaden.“

nach seinem **Herzen** handeln
nach Gefühl handeln [Gefühl]
„Man behauptet, daß Frauen mehr nach ihrem Herzen handeln, Männer hingegen mehr nach dem Verstand.“

jmdm. am **Herzen** liegen
etwas ist für jmdn. sehr wichtig [Wichtigkeit]
„Als Politiker kann ich guten Gewissens sagen, daß mir das Wohl aller Mitbürger besonders am Herzen liegt.“

seinem **Herzen** Luft machen
deutlich seine Meinung sagen, seine Gefühle offenlegen [Offenheit]
„Ich muß jetzt einmal meinem Herzen Luft machen und dir endlich meine Zuneigung gestehen!“

aus seinem **Herzen** keine Mördergrube machen
offen sagen, was man denkt [Offenheit]
„Wenn Sie mich schon um eine ehrliche

Beurteilung Ihrer Leistungen bitten, so kann ich Ihnen garantieren, daß ich aus meinem Herzen keine Mördergrube mache. Tatsächlich ist an Ihren Fähigkeiten keinerlei Zweifel möglich, gelegentlich habe ich aber Bedenken bezüglich Ihrer Einstellung zu unserer Firma!“
Die *Mördergrube* ist ein unterirdischer Schlupfwinkel für Mörder. Der Begriff ist biblischen Ursprungs (Matth. 21,13): „Mein Haus soll ein Bethaus sein, ihr aber habt eine Mördergrube daraus gemacht!“

etwas nagt/frißt am **Herzen**
etwas bereitet großen Kummer [Kummer]
„Die ewige Ungewißheit darüber, ob ihr Mann aus der Kriegsgefangenschaft nach Hause zurückkommen würde, nagte an ihrem Herzen.“

jmds. **Herzen** nahestehen (gehoben)
ein enger Freund sein [Freundschaft]
„Obwohl er jetzt in Afrika lebt, steht Armin meinem Herzen immer noch sehr nahe.“

sich etwas zu **Herzen** nehmen
einen Rat beherzigen [Beherzigung]
„Du solltest nicht immer über die Eltern spotten, sondern gelegentlich auch einen ihrer Ratschläge zu Herzen nehmen!“

alle(r) **Herzen** schlagen höher
alle sind in freudiger Erwartung [Freude]
„Die Herzen aller Kinder schlagen höher, wenn sie endlich auf den geschmückten Weihnachtsbaum und die Geschenke losgelassen werden.“

jmdn. im **Herzen** tragen
jmdn. lieben, liebevoll an jmdn. denken [Liebe]
„Obwohl ich seit Jahren nichts mehr von meinem Jugendfreund gehört habe, trage ich ihn immer noch in meinem Herzen.“

ein Kind unter dem **Herzen** tragen (gehoben)
schwanger sein [Schwangerschaft]
„Als die Hochzeitsglocken läuteten, trug die Braut bereits ein Kind unter ihrem Herzen.“

im Grunde seines **Herzens**
im Kern seiner Persönlichkeit und seiner Überzeugung [Charakter]
„Er wählt zwar immer die liberale Partei, doch im Grunde seines Herzens ist er ein Kommunist. Das merkt man gleich, wenn man sich mit ihm unterhält.“

schweren/blutenden **Herzens** etwas tun
etwas gegen den eigenen Willen tun (müssen) [Widerstreben]
„Ich trenne mich von meinem Sportwagen nur schweren Herzens, aber durch die Geburt der Zwillinge bin ich nun gezwungen, mir einen Kleintransporter anzuschaffen.“
Die Intensität eines Gefühls wird häufig durch Angaben der Lokalität, des Gewichts und der Quantität des Herzens wiedergegeben. So kann man etwas *von Herzensgrund* her tun oder *im tiefsten/innersten Herzen* von einer Sache überzeugt sein. Ein *schweres Herz* stellt ein Hindernis dar, während ein *leichtes Herz* ein Vorhaben begünstigt. Etwas *aus ganzem Herzen* zu wünschen zeugt von starker Intensität, während *Halbherzigkeit* den schwankenden Willen, den Wankelmut begleitet.

leichten **Herzens** etwas tun
etwas ohne Widerstreben/etwas gern tun [Begeisterung]
„Ich verzichte leichten Herzens auf diese Beförderung, weil ich sowieso vorhabe, mir eine andere Beschäftigung zu suchen.“

ein **Herzensbrecher** sein (umg.)
[Frauenheld]
→ jmdm. das **Herz** brechen

nach **Herzenslust** [Ungezwungenheit]
→ nach **Lust** und Laune

über jmdn. **herziehen** (umg.)
[Verunglimpfung]
→ gegen jmdn. vom **Leder** ziehen

der letzte **Heuler** (Jugendsprache)
1) *besonders gelungen* [Qualität]
2) *besonders schlecht* [Minderwertigkeit]
1) „Der neue Hit von UB 40 ist der letzte Heuler! Ich habe gleich die CD gekauft.“

2) „Die Lieder von Paul McCartney, die er zusammen mit Linda produziert, sind der letzte Heuler! Schade, daß Paul immer noch weitermacht und sein Ansehen beschädigt!" Die Wendung spielt mit der Vorstellung des getretenen und aufheulenden Hundes.

lieber **heut(e)** als morgen
möglichst bald [Unmittelbarkeit]
„Du wolltest dir doch eine andere Arbeitsstelle suchen. Was ist denn daraus geworden?" „Ich würde lieber heut als morgen hier aufhören, aber bei der jetzigen Konjunkturlage ist es gar nicht so einfach, eine andere Stelle zu finden!"
Das über althochdeutsch *hiu tagu* mit dem Wort *Tag* verwandte *heute* drückt in seiner Opposition zu *gestern* und *morgen* die unmittelbare Gegenwart aus. In vielen Kontrastpaaren werden *heute* und *morgen* einander gegenübergestellt, um die Vergänglichkeit des Lebens auszudrücken. Besonders bekannt sind die Zeilen aus dem Gedicht *Reiters Morgenlied* des schwäbischen Dichters Wilhelm Hauff (1802–1827): „Gestern noch auf stolzen Rossen, / Heute durch die Brust geschossen, / Morgen in das kühle Grab!"

nicht von **heute** sein [Rückständigkeit]
→ lieber **heut(e)** als morgen

von **heute** auf morgen
unerwartet schnell, in ganz kurzer Zeit [Schnelligkeit]
„Unsere Großmutter war immer noch sehr rüstig, trotz ihrer 80 Jahre. Aber dann ist sie von heute auf morgen krank geworden und gestorben!"
Herkunft → lieber **heut(e)** als morgen

das geht nicht von **heute** auf morgen
das geht nicht so schnell, dazu braucht es eine Weile [Dauer]
„Um Facharzt zu werden, bedarf es einer jahrelangen Ausbildung. Das geht nicht von heute auf morgen!"

ich kann doch nicht **hexen**! (umg.)
so schnell geht das nicht! [Vertröstung]
„Der Chef meint, daß ich heute noch mit diesem ganzen Papierkram fertig werde. Aber ich kann doch nicht hexen! Da sitze ich noch drei Tage dran!"
Das mit *Hag* (Feld, Wald, Flur) verwandte Wort *Hexe* bezeichnet von der Wortgeschichte her eine Person, die durch übernatürliche Kräfte den Landbesitz der Nachbarn schädigt. Im Verlauf des späten Mittelalters wurden verschiedene heidnische Kulturreste (beispielsweise die volksmedizinische Versorgung durch *Kräuterweiblein*) durch kirchliche und staatliche Gesetzgebung zu einem System zusammengefaßt, das zur volkshysterischen Erscheinung des sogenannten Hexenwahns führte. Dieser kollektive Wahn war die Voraussetzung für die grausamen Hexenverfolgungen. Eine berüchtigte Systematisierung des Hexenglaubens liegt vor im *Hexenhammer* (malleus maleficarum) der Dominikaner Heinrich Institoris und Jakob Sprenger. Die damit verbundene Hexenprozeßordnung wurde durch die Initiative Friedrich von Spees (*Cautio criminalis*, 1631) in Frage gestellt. Dennoch nahm erst im 18. Jh. im Zeichen der Aufklärung die Zahl der Hexenprozesse wesentlich ab. In diesen Zeitraum fällt auch die Entstehung der Redensart, die einen „aufgeklärten" Umgang mit der Hexerei voraussetzt. Die Redensart *ich kann doch nicht hexen!* bezieht sich auf die angebliche Schnelligkeit übernatürlichen Handelns.

das ist doch keine **Hexerei**! (umg.) [Einfachheit]
→ das ist ein **Kinderspiel**

hiebfest: hieb- und stichfest (Zwillingsformel)
unangreifbar, einwandfrei
[Unangreifbarkeit]
„Der Richter mußte den Angeklagten freisprechen, weil dieser ein hieb- und stichfestes Alibi hatte."
Hieb und *Stich* sind Begriffe der Fechtkunst. Das sogenannte Festmachen oder „Feien" war ein magisches Ritual, das Unverwundbarkeit gegenüber Hieb, Stich und Schuß verleihen sollte. Jemand, der *hieb- und stichfest* (gefeit, gefroren) war, brauch-

te auch Feuer und gewöhnliche Kugeln nicht zu scheuen. Auch der Turnier- und Kampfpanzer der Ritter mußte natürlich hieb- und stichfest sein, d. h., allen Schwerthieben/-stichen widerstehen. Vgl.: **Hauen** und Stechen; ich kann doch nicht **hexen**! {Argumentation ist ein Kampf}

hier und da/**hie** und da
vereinzelt, gelegentlich [Seltenheit]
„Hier und da ragten aus dem Wüstensand ein paar gebleichte Knochen längst verendeter Tiere."
Die Wörter *hier, da* und *dort* bezeichnen ursprünglich räumliche Orte in bezug auf die Position des Sprechers: *hier* = nahe beim Sprecher; *da* = weiter entfernt vom Sprecher; *dort* = ganz weit entfernt vom Sprecher. Wie viele Raumangaben, so haben sich auch diese Begriffe zu Zeitangaben weiterentwickelt.

es steht mir bis **hier/hierhin/hierher** (umg.)
ich bin einer Sache überdrüssig, ich habe davon genug [Überdruß]
„Na, was macht deine Doktorarbeit?" „Ach, hör nur auf! Die Sache steht mir bis hier! Seit Monaten schreibe ich am zweiten Kapitel und komme nicht weiter!"
Die Redensart steht in Verbindung mit einer Gebärde, wobei die Hand flach unter den Mund gehalten wird. Dieses *hier* markiert also den Punkt der Übersättigung (das Essen steht mir bis zum Hals).

bis **hierher** und nicht weiter!
das ist die äußerste Grenze!, mehr dulde/ertrage ich nicht! [Unerträglichkeit]
„Jetzt ist meine Geduld aber erschöpft! Bis hierher und nicht weiter! Wenn jetzt noch ein einziger Antrag zur Geschäftsordnung gestellt wird, ohne daß wir überhaupt angefangen haben, verlasse ich das Konferenzzimmer!"
Die bei Gibraltar vermuteten „Säulen des Herkules" bezeichneten die äußerste Grenze der antiken Welt, die sich auf den Mittelmeerraum beschränkte. Angeblich war an den Säulen auch eine Tafel mit der Inschrift „non plus ultra!" (bis hierher und nicht weiter!) befestigt. Die Formel ist von Pindar bis Dante (*Inferno* 26, V. 107–109) und Schiller (*Die Räuber* II,1) häufig in der Literatur verwendet worden.

du bist mir ja eine rechte/schöne **Hilfe**! (ironisch)
du bist mir keine Hilfe! [Enttäuschung]
„Anstatt das Unkraut zu zupfen, hast du die ganzen Erdbeerpflanzen rausgerissen. Na, du bist mir ja eine schöne Hilfe!"

der **Himmel** auf Erden
ein Leben ohne Not, Streit und Sorgen [Wohlergehen]
„Ich habe meinen Kindern den Himmel auf Erden bereitet, aber jetzt will keines mehr etwas von mir wissen!"
„Der Himmel auf Erden" ist eine Wendung aus dem Versepos *Das verlorenene Paradies* (*Paradise lost*, 1667) des englischen Dichters John Milton (1608–1674). In die deutsche Literatur und Sprache ist sie insbesondere durch Jean Paul (1763–1825) gekommen. *Himmel* und *Paradies* gelten gleichermaßen als Aufenthaltsorte der Seligen und sorgenfreie Stätten des höchsten Glücks. Seit der antiken bukolischen Dichtung (begründet durch Theokrits *Idyllen,* 280–260 v. Chr., weitergeführt durch Vergils *Bucolica,* 41–37 v. Chr.) hat sich eine europäische Pastoraldichtung (lat. *pastor* = Hirte) entwickelt, die um den (auf Vergil zurückgehenden) Begriff *Arkadien* rankt. Einige europäische Vertreter der sogenannten Schäferdichtung sind Boccaccio, Cervantes und Lope de Vega, in Deutschland Opitz, Gessner und Maler Müller. Eine volkstümliche Variante der Thematik ist das *Schlaraffenland* (vgl.: leben wie im **Schlaraffenland**). Derartige goldene Zeitalter können (pseudo-historisch) sowohl in der Zukunft als auch in der Vergangenheit angesiedelt sein. Insgesamt geht es den erwähnten optimistischen Utopien (griech.: Nirgendland) um den Entwurf von heiteren und sorgenfreien Gegenwelten zur Realität, wobei (im Gegensatz zu den mit christlichen Vorstellungen besetzten Redensarten) durchaus heidnische oder (wie bei den Robinsonaden) auch sozialkritische Aspekte einfließen oder dominant sein können.

ach du lieber **Himmel** (umg.) [Bestürzung]
→ **Himmel** noch (ein-)mal!

(das) weiß der **Himmel** (umg.)
[Nichtwissen]
→ **Himmel** noch (ein-)mal!

wie ein Blitz aus heiterem **Himmel**
→ wie ein **Blitz** aus heiterem Himmel

Himmel noch (ein-)mal! (umg.)
zum Donnerwetter! (Ausruf der Ungeduld, des Unwillens, der Überraschung)
[Ungeduld]
„Himmel noch mal, wo hab' ich denn bloß meine Unterlagen hingelegt! Immer ist was weg, wenn man es braucht!"
Die Wendung gebraucht man gewöhnlich als Ausruf der Ungeduld oder der Verärgerung über die Tücke des Objekts. Solche Mißgeschicke hat man früher ernsthaft für den Schabernack von Dämonen gehalten, gegen die man Gott und Himmel, aber auch ihren Vorgesetzten, den Teufel (etwa in seinen sprachlichen Erscheinungsform als *Kuckuck* oder *Geier*) anrief. Die Begriffe sind also meist austauschbar.

Himmel und Menschen [Jedermann]
→ **Gott** und die Welt

unter freiem **Himmel**
im Freien, ohne Dach über dem Kopf
[Ungeschütztheit]
„Zur militärischen Ausbildung gehört auch, daß man sich daran gewöhnt, die eine oder andere Nacht unter freiem Himmel zu verbringen."

sich im siebten **Himmel** fühlen
von höchsten Glücksgefühlen erfüllt sein (insbesondere Liebesglück) [Glück]
„Ihr Vater hat ihr die Erlaubnis zur Hochzeit mit ihrem Freund gegeben. Sie fühlt sich jetzt im siebten Himmel!"
Wenn man nur die sieben Planetenhimmel zählt, ist *der siebte Himmel* der höchste und damit das höchste erreichbare Glück. Die Wendung ist erst seit 1838 belegt. Vorher galt die französische Variante *jusqu'au troisième ciel* (bis zum dritten Himmel), die aus dem Neuen Testament stammt.
Herkunft → **Himmel** und Hölle in Bewegung setzen

jmdm. hängt der **Himmel** voller Geigen
→ jmdm. hängt der Himmel voller **Geigen**

jmdn./etwas in den **Himmel** heben
jmdn./etwas sehr loben, übertriebenes Lob spenden [Lob]
„Die Kritik hat diesen Pianisten wieder mal in den Himmel gehoben. Mich hat seine Leistung nicht so überzeugt."

das Blaue vom **Himmel** herunterlügen
→ das **Blaue** vom Himmel herunterlügen

dich schickt der **Himmel**! (umg.)
du kommst gerade recht! [Nützlichkeit]
„Dich schickt der Himmel! Wir müssen mit dem Klavier in den vierten Stock und sind erst zu Dritt!"
Die Wendung lehnt sich an lat. *coelo missus* (vom Himmel geschickt) an. Der Kirchenvater Tertullian schreibt beispielsweise: „Haben wir nicht die Gewohnheit, von jenen, die wir nicht kennen und die plötzlich vor uns erscheinen, zu sagen, sie seien vom Himmel geschickt?"

etwas schreit zum **Himmel** (umg.)
etwas/ein Mißstand ist unerträglich geworden [Unerträglichkeit]
„Es ist unerhört, wie lang das Finanzamt braucht, um einen ganz normalen Einkommenssteuerbescheid zu erstellen. Das schreit wirklich zum Himmel. Da müßte man mal eine Dienstaufsichtsbeschwerde einreichen!"
Die Redensart besagt, daß ein Mißstand so gravierend ist, eine Tat so grausam, daß dies eigentlich nicht mehr in die Zuständigkeit der diesseitigen Justiz fällt, sondern unmittelbar an den Weltenrichter Gott dringt. Schon im Alten Testament (1. Mos. 4,10) wird dieses Bild für den Brudermord Kains an Abel verwendet: „die Stimme des Bluts deines Bruders schreit zu mir von der Erde". In der älteren Dogmatik wurde daraus der Begriff der *schreienden Sünde* (peccata clamantia) abgeleitet, der umgangs-

sprachlich in Wendungen wie *ein himmelschreiendes Unrecht* erhalten ist.

Himmel und Hölle in Bewegung setzen (umg.)
alles Erdenkliche tun, um etwas bestimmtes zu erreichen; alle Möglichkeiten ausschöpfen [Einflußnahme]
„Der Vater von Paul hat Himmel und Hölle in Bewegung gesetzt, damit Paul doch noch versetzt wird. Sogar den Kultusminister hat er angerufen! Aber genutzt hat das alles nichts!"
Die Redensart könnte eine Ableitung von der biblischen Wendung „Himmel und Erde in Bewegung setzen" (Hebräer 12,26) sein. Was steckt hinter dieser Redensart? Das über eine Wurzel *ham* (decken) mit *Hemd* (das deckende Gewand) verwandte Wort *Himmel* meint in älterer Zeit *Dach* oder *Decke* der Erde. Nach hebräischer und griechischer Vorstellung gab es mehrere Himmelssphären: die sieben Planetenhimmel, den Kristallhimmel, den „festen" Himmel und (als höchsten) den Feuerhimmel Gottes. Daher werden in manchen Redensarten *die Himmel* im Plural genannt und gezählt (vgl.: sich im siebten **Himmel** fühlen). Auch die alte Vorstellung eines (als Bauwerk gedachten) Himmelsgewölbes ist redensartlich überliefert (vgl.: der **Himmel** stürzt ein). In christlicher Vorstellung ist der Himmel der Aufenthaltsort Gottes, der Engel und der geretteten Seelen. Erde und Hölle sind die anderen Komponenten dieses Weltmodells. Wer *Himmel und Erde/Hölle* in Bewegung setzt, unternimmt alles, was überhaupt nur denkbar ist. Diese Vorstellung der Vollständigkeit, aber auch die von Weite und Höhe, Größe und Vollkommenheit hat sich in vielen Redensarten und Wortbildungen mit *Himmel* ausgewirkt. Oft wird *Himmel* auch als Tabuformel anstelle von *Gott* gebraucht.

davon stürzt nicht gleich der **Himmel** ein!
man soll etwas nicht zu ernst nehmen [Tröstung]
„Auch wenn sich jetzt dein Verlobter von dir getrennt hat: Davon stürzt nicht gleich der Himmel ein!"

der **Himmel** stürzt ein
etwas Unerwartetes geschieht [Überraschung]
„Früher habe ich geglaubt, daß eher der Himmel einstürzt, als daß unser Sohn das Abitur besteht. Jetzt hat er es trotzdem recht ordentlich hinter sich gebracht und studiert Medizin!"
Bekannt ist folgende Anekdote, die zur Erklärung der Redensart beitragen kann: Die Kelten waren als wilde Krieger berühmt, die sich vor niemandem fürchteten. Als einige von ihnen vor Alexander den Großen geführt wurden, fragte sie dieser, ob es denn nichts gäbe, wovor sie Angst hätten. Nach einigem Überlegen sollen sie geantwortet haben: „Nur davor, daß uns der Himmel auf die Köpfe fällt."

dafür sorgen, daß die Bäume nicht in den **Himmel** wachsen
dafür sorgen, daß alles irgendwo eine Grenze hat [Begrenzung]
„Momentan macht Hermann ja eine erstaunliche Karriere, aber meiner Meinung nach ist auch in diesem Fall dafür gesorgt, daß die Bäume nicht in den Himmel wachsen. Ich bemerke nämlich langsam einen gewissen Unmut unter den Kollegen, der sich sicher noch ausweiten wird."

jmdm. wird **himmelangst** (umg.)
jmd. bekommt große Angst [Angst]
„Als das Gewitter uns auf freiem Feld überraschte, wurde uns himmelangst, daß ein Blitz uns treffen könnte. Deshalb legten wir uns flach auf den Erdboden."
Das Bestimmungswort *himmel-* ist immer eine Verstärkung, weil der Himmel das Sinnbild für Höhe, Weite und Unerreichbarkeit ist. So kann etwa ein Turm *himmelhoch* empor ragen, von einem sicheren Weltfrieden sind wir *himmelweit* entfernt, und man verflucht diesen Tatbestand mit der Bemerkung: *Himmeldonnerwetter!* Zum Bereich der Anrufung Gottes gehört das Adverb *himmelhoch,* wenn es zu Verben des Schreiens, Flehens und Schwörens tritt. Besonders bekannt sind in dieser Verwendung die Zeilen aus Goethes *Egmont:* „Himmelhoch jauchzend / zum Tode betrübt – / glücklich al-

lein / ist die Seele, die liebt" („Clärchens Lied").

himmelhoch jauchzend, zu Tode betrübt
stark schwankend zwischen tiefer Niedergeschlagenheit und großer Begeisterung [Stimmungsschwankung]
„Peter hat eine Stelle in Dresden angeboten bekommen und ist jetzt ratlos, ob er sie annehmen soll. Einmal ist er himmelhoch jauchzend, dann wieder zu Tode betrübt. Zwar will er den Erfolg, aber die Freunde bleiben halt hier in Köln zurück."
Die Wendung ist ein leicht abgeändertes geflügeltes Wort aus Goethes *Egmont* („Clärchens Lied").

um **Himmels** willen (umg.) [Bestürzung]
→ **Himmel** noch (ein-)mal!

die Schleusen des **Himmels** öffnen
→ die **Schleusen** des Himmels öffnen sich

hin und wieder
manchmal [Zeit]
„Hin und wieder mache ich es mir vor dem Kamin gemütlich und lege alte Platten auf."
Herkunft → **hier** und da

hin und her gerissen sein (umg.)
sich nicht entscheiden können, schwankenden Gefühlen unterliegen [Unentschlossenheit]
„Ich bin hin und her gerissen durch dieses Stellenangebot. Einerseits würde ich mehr verdienen als jetzt, andererseits müßte ich aber in eine andere Stadt ziehen."
Hin bezeichnet eine (Bewegungs-)Richtung vom Sprecher weg, *her* eine (Bewegungs-)Richtung zum Sprecher. Diese ursprünglich rein räumlichen Aspekte sind in vielerlei Hinsicht erweitert und abstrahiert worden. Ein *ewiges Hin und Her* bezeichnet die Langwierigkeit einer Verhandlung, einer Argumentation, eines Tauschhandels usw. Betrifft das *Hin und Her* die Gedanken und Gefühle eines Einzelnen, so bezeichnet dies eine subjektive Unentschlossenheit.

nach langem **Hin** und Her
nach vielen sich abwechselnden Stationen des Meinungsaustauschs (im Gespräch, brieflich usw.) [Langwierigkeit]
„Es gab wieder mal Unstimmigkeiten darüber, wer im nächsten Jahr die Geschäftsleitung übernehmen sollte. Nach langem Hin und Her hat sich schließlich Herr Meier bereit gefunden, wenigstens für drei Monate diese Aufgabe kommissarisch zu übernehmen. Aber da muß irgendwann einmal eine Dauerlösung gefunden werden!"
Mit *Hin und Her* wird auf die menschliche Urerfahrung des Tauschs Bezug genommen. Der Austausch von Nahrung, Geschenken usw. ist ein Akt der Kommunikation und daher geeignet, selbst das Wesen des dialogischen Austauschs von Meinungen und Argumenten zu verdeutlichen.

hindenken: wo denkst du hin! (umg.)
du hast eine falsche Vermutung! [Irrtum]
„Ob ich im Urlaub war? Wo denkst du hin! Ich habe mich bloß mal eine Stunde lang unter die Höhensonne gelegt!"
Hin bezeichnet die (Bewegungs-)Richtung vom Sprecher weg auf einen entfernten Ort. In der Redensart wird also das Denken als räumliche Fortbewegung auf einem Denkweg gesehen, der sich in eine richtige oder eine falsche Richtung erstrecken kann. Der falsche Denkweg im Bild der Redensart führt den Angesprochenen vom Sprecher weg, d. h., beide haben keinen gemeinsamen Denkweg.

hinhauen: das haut hin! [Gelingen]
→ **hauen**

hinsein (umg.)
1) *zerbrochen sein, kaputt sein* [Defekt]
2) *körperlich erschöpft sein* [Erschöpfung]
3) *verloren und vernichtet sein* [Verlust]
4) *verliebt sein* [Verliebtheit]
5) *begeistert sein* [Begeisterung]
6) *betrunken sein* [Trunkenheit]
7) *gestorben sein* [Tod]
1) „Warum hast du denn nicht aufgepaßt? Jetzt ist die Vase endgültig hin!"
2) „Nach dem Fußballtraining bin ich jedesmal völlig hin."
3) „Nach dem Weltkrieg hatten meine Eltern alles verloren. Es war wirklich alles

hin, was sie vorher besessen hatten!"
4) „Als Sabrina den gutaussehenden jungen Mann sah, war sie sofort hin."
5) „Wenn ich ein Bild von Picasso sehe, bin ich jedesmal ganz hin!"
6) „Wenn ich noch einen einzigen Schnaps trinke, bin ich wirklich hin!"
7) „Unser Wellensittich hat sich mit Nachbars Katze angelegt. Jetzt ist er hin!"
Die einzelnen Bedeutungen der Wendung lassen sich verschiedenen Bildfeldern zuordnen. Die generelle Bedeutung ist: *an einem anderen Ort/in einem anderen Zustand als vorher sein.* Dabei werden die existentiellen Erfahrungen von Defekt, Verlust und Tod als Grenzüberschreitung aufgefaßt, die einen endgültigen Charakter hat.
Herkunft → **hindenken**: wo denkst du hin!

hinten und vorn (umg.)
ganz und gar, in allen Details, überall [Gesamtheit]
„Diese Aufstellung der Lagerbestände stimmt hinten und vorn nicht! Bitte zählen Sie alles noch einmal!"
Hinten bedeutet *an einem rückwärts gelegenen Ort befindlich, vorn* dagegen *an der Vorderseite von etwas befindlich.* Die Gegensätze sind in der Wendung vereint und stecken somit die Gesamtheit des Sehfeldes ab: Hintergrund und Vordergrund.

von **hinten** bis vorn
ganz und gar, vollständig [Gesamtheit]
„Diese Zeugenaussage ist völlig wertlos. Sie ist nämlich von hinten bis vorn erlogen!"
Vgl.: **hinten** und vorn.

jmdn. (nur) von **hinten** ansehen (umg.)
jmdn. nicht beachten, jmdn. verachten [Verachtung]
„Mit unseren Nachbarn haben wir schon lang Streit. Wir sehen uns nur noch von hinten an!"
Das Zukehren des Rückens bedeutet den Verzicht auf Wahrnehmung des anderen. Jede nicht-frontale Blickrichtung ist redensartlich negativ besetzt. Vgl.: **hinten(he)rum**.

einen/ein paar **hinten** draufkriegen (umg.)
einen Schlag/Schläge auf das Gesäß bekommen [Prügel]
„Wenn du jetzt nicht aufhörst, das kleine Mädchen von gegenüber zu ärgern, bekommst du ein paar hinten drauf!"
Hinten ist in dieser Wendung eine Hüllformel für das Gesäß (der *Hintern*), *ein paar* steht für ein paar Schläge.

es jmdm. vorn und **hinten** reinstecken (umg.)
jmdn. mit (Geld-) Geschenken überhäufen, jmdn. mit Gaben verwöhnen [Verwöhnen]
„Du verwöhnst unsere Kinder zu stark, wenn du es ihnen immer vorn und hinten reinsteckst! Schließlich sollen sie auch lernen, ihr Taschengeld so einzuteilen, daß sie damit durch die Woche kommen."
Hinten und *vorn* beziehen sich in der Redensart auf die Körperfront und den Rücken mit den dort befindlichen Körperöffnungen. {Körperhöhle}

hinten(he)rum (umg.)
1) *heimlich* [Heimlichkeit]
2) *illegal* [Illegalität]
1) „Ich habe jetzt hintenrum erfahren, daß für diese Stelle längst ein Bewerber in die nähere Auswahl gekommen ist. Es hat wohl keinen Sinn mehr, sich hier große Hoffnungen zu machen."
2) „Diese Waffe hat der Angeklagte sich hintenherum auf dem Schwarzmarkt besorgt."
Redensartliche Raum- und Richtungsangaben beziehen ihre Bedeutungen aus der Leiblichkeit des menschlichen Körpers; genauer gesagt: Die mit ihnen ausgedrückte Bewertung resultiert aus der Lage der Sinnesorgane und Extremitäten, aus den bevorzugten Körperhaltungen usw. *Aufrecht* ist positiver bewertet als *horizontal*, da Krankheit und Tod mit einer liegenden Haltung verknüpft sind. Das Blickfeld ist nach vorne gerichtet. Daraus ergibt sich ein positiver Bedeutungsspielraum, der Wissen, Erkennen u. ä. umfaßt. Diese positive Bestimmung läßt sich auch in Wortbildungen wie *Vorteil, Vorrang, Vorliebe* usw. erkennen, die teilweise gegensätzliche Bedeutungspaare mit Zusammensetzungen anhand *nach* bilden: *Nachteil, Nachrangigkeit.*

sich auf die **Hinterbeine** setzen (umg.) [Fleiß]
→ sich auf den **Hosenboden** setzen

sich auf die **Hinterbeine** stellen (umg.)
sich wehren, erbitterten Widerstand leisten [Widerstand]
„Wenn der Chef mir weiterhin mehr Arbeit zumutet als den anderen, werde ich mich einmal auf die Hinterbeine stellen und ihm gehörig die Meinung sagen!"
Viele Tiere richten sich bei Gefahr in Angriffshaltung derart auf, daß sie auf den Hinterbeinen stehen. Als Redensart für geleisteten Widerstand ist der Vergleich mit diesem Imponiergehabe seit dem 18. Jahrhundert belegt.

jmdn./etwas in den **Hintergrund** drängen
jmdn./etwas als irrelevant einstufen, eine Person/Sache ihrer Bedeutung berauben/ den Einfluß verringern [Verdrängen]
„Durch ihr Auftreten werden die anderen Damen völlig in den Hintergrund gedrängt und zu Statisten reduziert! Das sollte man ihr wirklich einmal abgewöhnen. Schließlich ist sie nicht der Star des Abends!"
{Welttheater}

sich im **Hintergrund** halten
unauffällig wirken, sich zurückhalten [Unauffälligkeit]
„Bei dieser Transaktion sollte sich unsere Bank ganz im Hintergrund halten. Schließlich könnte sonst das Finanzamt davon Wind bekommen!"

in den **Hintergrund** treten
weniger wichtig werden, an Bedeutung verlieren [Bedeutungsverlust]
„Gegenüber den Problemen der dritten Welt treten unsere eigenen Probleme völlig in den Hintergrund. Schließlich haben wir wenigstens ausreichend zu essen!"
Im Theater unterscheidet man mehrere gestaffelte Bühnenteile, die grob nach Vorder-, Mittel- und Hinterbühne (oder Hintergrund) eingeteilt sind. Der Schauspieler, dessen Rolle gerade am wichtigsten ist, tritt „in den Vordergrund", die anderen „treten zurück in den Hintergrund". {Welttheater}

etwas in der **Hinterhand** haben [Vorteil]

in der **Hinterhand** sein (umg.)
der letzte sein, der sich zu etwas äußert, als letzter handeln [Letzter] [Nachteil]
„Die anderen Architekturbüros haben ihre Vorschläge zu diesem Wettbewerb längst eingereicht. Bloß wir sind auch diesmal wieder in der Hinterhand, weil wir nicht genügend Personal haben."
Hinterhand und *Vorhand* sind Begriffe aus dem Kartenspiel, wobei *Vorhand* das anfängliche, *Hinterhand* das spätere Ausspielen der Karten bezeichnet. Je nach dem Kartenspiel und dem Spielstand kann dies ein Vor- oder ein Nachteil sein. Die Redensart ist somit doppeldeutig. {das Leben ist ein Kartenspiel}

sich vor Wut in den **Hintern** beißen können (umg.)
→ sich vor **Wut** in den Hintern beißen können

Hummeln im **Hintern** haben (umg.)
→ **Hummeln** im Hintern haben

sich etwas/alles an den **Hintern** hängen (umg.)
alles Geld für Kleider ausgeben [Verschwendung]
„Ilselore hängt sich ihr ganzes Gehalt an den Hintern, nur um immer die aufwendigsten Klamotten zu tragen."
Der Hintern ist das Gesäß, über dem sich Rock und Kleid der Frau spannen. Diese abwertende Wendung ist nicht vor dem 20. Jh. bezeugt.

hinterherhinken (umg.)
zu spät kommen [Verspätung]
„Es ist eine Schande, daß gerade unsere Abteilung gegenüber den anderen immer mit der Arbeit hinterherhinkt! Das muß sich ändern!"

jmdm. in den **Hintern** kriechen (grob)
→ jmdm. in den **Arsch** kriechen

sich auf den/seinen **Hintern** setzen (umg.)
→ sich auf den **Hosenboden** setzen

ins **Hintertreffen** geraten
mehr und mehr benachteiligt werden/benachteiligt sein [Benachteiligung]
„Durch unsere erfolgreiche Verkaufsabteilung gerät unsere Konkurrenz immer mehr ins Hintertreffen!"
Hintertreffen hieß ursprünglich die hintere Abteilung oder Reservetruppe einer Armee. In der Regel war es am Kampf nicht beteiligt, erhielt aber auch keinen Anteil an der Kriegsbeute. Die allgemeine Bedeutung *Benachteiligung* ist seit dem 18. Jh. belegt.

sich/jmdm. eine **Hintertür** offenlassen (umg.)
sich/jmdm. eine Rückzugsmöglichkeit bereithalten [Vorsicht]
„Nachdem sie sich jetzt verlobt hat, will sich Petra doch noch eine Hintertür offenlassen und den Hochzeitstermin erst auf das nächste Jahr legen!"

etwas durch eine/die **Hintertür** versuchen
versuchen, etwas auf unübliche/illegale/geheime Weise zu erreichen [Illegalität]
„Als er keinen positiven Bescheid bezüglich seiner Bewerbung bekam, versuchte Peter, durch die Hintertür an die ausgeschriebene Stelle zu gelangen, indem er mit der Tochter des Firmenchefs ein Verhältnis begann."

ich weiß nicht, wo ich ihn **hintun** soll (umg.)
ich erkenne jmdn., ohne mich an seinen Namen/seinen Beruf erinnern zu können [Vergessen]
„Der Herr eben hat mich so freundlich gegrüßt, daß ich mir jetzt richtige Vorwürfe mache. Ich weiß nämlich nicht, wo ich ihn hintun soll!"

hinübersein (umg.)
1) *verdorben sein* [Unbrauchbarkeit]
2) *kaputt und unbrauchbar sein* [Defekt]
3) *betrunken sein* [Trunkenheit]
4) *tot sein* [Tod]
1) „Dieses Stück Brot ist schon hinüber. Es ist nämlich voller Schimmel!"
2) „Nach diesem Unfall ist das Auto jetzt hinüber. Eine Reparatur lohnt sich in keinem Fall mehr."
3) „Karl hat sich gestern leider betrunken. Schon um sieben Uhr abends war er völlig hinüber!"
4) „Der Maier hat gestern noch gelebt, und heute ist er schon hinüber. So ist das Leben!"
Herkunft → **hinsein**

Hinz und Kunz (umg., abwertend)
jedermann, alle möglichen Leute [Jedermann]
„Diese Geschichte erzähle ich nur dir. Erzähl sie bloß nicht weiter! Sie ist nicht für Hinz und Kunz bestimmt!"
Hinz (Heinz) ist eine Kurz- und Koseform des Namens Heinrich, Kunz entsprechend für Konrad. Heinrich und Konrad waren die häufigsten Kaisernamen des 11. und 12. Jh. und entsprechend volkstümlich bzw. auch im Volk verbreitet. Die Häufigkeit der Namen führte dazu, daß schon bei dem Mystiker Meister Eckhart (1260–1327) die Wendung „Hinz und Kunz" in der Bedeutung *jedermann* anzutreffen ist. Sie findet sich seither vielfach in verschiedenen Quellen (Passionsspielen, Rechtsquellen usw.), so daß eine kontinuierliche Verwendungstradition vorliegt. Während die höheren Stände diese Namen allmählich weniger verwendeten, wurden sie im Bauernstand immer beliebter. Zusammen mit *Hans* und dem etwas später populär werdenden *Fritz* (von *Friedrich*) deckten sie die gängigen männlichen Vornamen des Mittelalters ab.

eine **Hiobsbotschaft** erhalten
eine schlechte Nachricht erhalten [Nachricht]
„Hast du schon die Hiobsbotschaft erhalten? Wir haben gestern unser Auto zu Schrott gefahren. Gott sei Dank ist niemand verletzt worden!"
Das Buch Hiob des Alten Testaments berichtet von dem Mann Hiob, der gottesfürchtig, wohlhabend und „herrlicher war denn alle, die gegen Morgen wohnten". Der Satan wollte seine Frömmigkeit auf die Probe stellen, und Gott ging darauf ein. Nacheinander empfing Hiob nun unglaublich schlimme Nachrichten: Sein Land war verwüstet, seine Knechte erschlagen, sein Vieh

geraubt worden. Schließlich starben sogar seine Kinder. Hiob ertrug alles mit großer Geduld und erhielt sich dennoch seinen Gottesglauben. Sein Unglück wurde sprichwörtlich.

eine **Hiobsgeduld** haben [Geduld]
→ eine **Hiobsbotschaft** erhalten [Nachricht]

sich das **Hirn** zermartern (umg.)
sehr angestrengt nachdenken [Nachdenken]
„Obwohl ich mir das Hirn zermartert habe, ist mir der Name des freundlichen Herrn nicht eingefallen!"
Herz und Hirn gelten redensartlich als Sitz der Lebenskraft, das Hirn allein als Ort des Denkens und des Verstandes. Der Kluge hat *Hirn im Kopf.* Was das Hirn in Mußestunden ausheckt oder „spinnt", ist ein „Hirngespinst". Da denken schon immer als harte Arbeit und Belastung galt, wurde der drastische Ausdruck *sich das Hirn zermartern* entwickelt.

in der **Hitze** des Gefechts
aufgrund der starken Konzentration/der Intensität des Gefühls usw. [Eifer]
„In der Hitze des Gefechts hat keiner bemerkt, daß dem Redner längst der Strom für das Mikrofon abgedreht worden war."

(leicht) in **Hitze** geraten/kommen
(leicht) zornig und erregt werden [Erregung]
„Leider ist es unmöglich, mit dem Chef über eine Gehaltserhöhung zu sprechen. Da gerät er immer sofort in Hitze und jammert über die schlechte Auftragslage!
Das subjektive Gefühl der Hitze basiert auf schnellerem Herzschlag und erhöhtem Blutdruck, die ihrerseits Folgen einer starken psychischen Erregung sein können. Die Redensart steht somit in Zusammenhang mit Redensarten, die Aspekte der körperlichen Symptomatik dazu verwenden, um seelische und soziale Situationen und Zustände auszudrücken. Als Ausdruck des aufwallenden Zorns ist die Wendung spätestens seit dem Mittelalter geläufig. Der medizinische Ausdruck *fliegende Hitze* ist seit dem 18. Jh. belegt.

das ist mir zu **hoch**! (umg.)
das begreife ich nicht!, das verstehe ich nicht! [Nichtverstehen]
„Herr Meier hat sich auf die freie Stelle in Genua beworben? Das ist mir zu hoch! Er hat doch immer gesagt, daß er keinen Auslandsposten mehr annehmen will. Da muß etwas anderes dahinterstecken!"
Hoch steht redensartlich im Gegensatz zu *niedrig* und vermittelt die positiven Werte Verstand und Verstehen, aber auch Gesundheit, Hochgefühl, Leben, Kontrolle, Erfolg, Macht, Tugend, Wissen und Können. Was *zu hoch* ist, kann nicht verstanden werden, man kann es (bildlich gesprochen) nicht greifen.

hoch hergehen (umg.)
ein rauschendes Fest mit Essen, Trinken und Festlärm bzw. Situationen, die einem derartigen Fest gleichen [Überschwang]
„Auf der Hochzeit von Carmen und Markus ging es hoch her! Am Schluß mußten wir den Georg vom Kronleuchter holen."
Ein Fest als *hohe Zeit* zu bezeichnen, ist seit dem Mittelalter üblich. Vgl.: das ist mir zu **hoch**!

hoch hinauswollen (umg.)
ehrgeizig sein, eine Karriere planen [Ehrgeiz]
„Schon mein Großvater wollte hoch hinaus und hat Theologie studiert, obwohl die ganze Familie aus Bauern bestand."
Hoch steht bei Eigenschaften, Taten und Gefühlen stets für besondere Güte und das, was aus der Masse „emporragt" (hervorragt). Dadurch wird es geradezu zum Synonym von Rang und Würde, Adel (hochgeboren), Priestertum (Hohepriester) und Gottheit (der „höchste" Gott). Der durch Geburt verliehenen „Hoheit" des Adels steht in der demokratischen Gesellschaft die Möglichkeit des Aufstiegs durch Leistung gegenüber, die sich in der Wendung *hoch hinauswollen* manifestiert. Im Sinne des durch diese Ausdrücke vorgeführten vertikalen Gesellschaftsmodells kann auch Arroganz oder Verachtung durch räumliche Begriffe wie *oben* oder *unten* ausgedrückt werden.

wenn es **hoch** kommt (umg.)
wenn es viel ist [Maximum]
„Wenn es hoch kommt, bezahlen wir im Monat 300 Mark Nebenkosten zusätzlich zur Miete. Das gilt insbesondere für den Winter!“

etwas **hoch** und heilig schwören/versprechen (Paarformel, Stabreim)
etwas nachdrücklich schwören/versprechen [Versprechen]
„Das ist wieder typisch Viktor! Er hat mir hoch und heilig versprochen, diesmal kein Geschenk mitzubringen. Trotzdem hat er jetzt meiner Frau einen Riesenstrauß Rosen mitgebracht!“
Ein *hoch und heilig* geleisteter Schwur ist an die weltliche (hoch) und geistlich/göttliche Adresse (heilig) gerichtet und stellt somit eine Verstärkung der Ernsthaftigkeit und Unverbrüchlichkeit dar.

hochgehen (umg.)
1) *explodieren* [Explosion]
2) *wütend werden* [Zorn]
3) *verhaftet werden* [Verhaftung]
1) „Die Bombe, die gestern hochging, hatte seit dem Zweiten Weltkrieg in der Parkanlage gelegen, ohne daß es jemand bemerkt hätte.“
2) „Mußt du immer gleich hochgehen, wenn ich dich darum bitte, im Wohnzimmer nicht mehr zu rauchen? Denk doch auch einmal an die Kinder!“
3) „Durch den gezielten Polizeieinsatz ging gleich die ganze Bande hoch.“
Durch die Erfahrung explodierenden Sprengstoffs in Minen und Bomben hat sich im 20. Jh. ein neues Begriffsfeld im Umkreis von *hochgehen* entwickelt, das völlig von der älteren positiven Bewertung von *hoch* abweicht. Vgl.: das ist mir zu **hoch**!

hochgestochen (umg.)
1) *eingebildet, hochnäsig* [Arroganz]
2) *unnatürlich, geziert* [Unnatürlichkeit]
1) „Ausgerechnet dieser hochgestochene Kerl soll jetzt unser neuer Vorgesetzter werden!“
2) „Es ist unerträglich, wie hochgestochen du wieder daherredest. Red doch deutsch!“
Der Ausdruck *hochgestochen* hängt wohl zusammen mit *Hochstapler*, einer Weiterbildung zu rotwelsch *Stabler* (Bettler), abgeleitet von pseudolat. *stabulum* (Stab). Eine andere mögliche Quelle ist das (heute ungebräuchliche) Verb *stappeln* mit der Bedeutung *wiederholt unterbrochenes Gehen* (stapfen). Jemand mit einem derartigen Gang ist jemand, der vornehm auftritt, aber dennoch bettelt. Kriminalpsychologisch ist ein Hochstapler jemand, der sich den Anschein einer vornehmen und reichen Abkunft gibt und daraus (durch Betrug u. ä.) Nutzen zieht.

etwas **hochhalten**
etwas in Ehre halten, Achtung vor etwas haben [Achtung]
„In mancher Studentenverbindung werden noch die alten Ideale des nationalen Deutschtums hochgehalten.“

jmdn. **hochkantig** hinauswerfen (umg.)
jmdn. energisch abweisen [Rauswurf]
„Mir ist es egal, ob du Uwe sympathisch findest oder nicht. Wenn ich ihn noch ein Mal in unserer Wohnung erwische, werde ich ihn hochkantig hinauswerfen!“
Hochkantig bedeutet *aufgerichtet, aufrecht*. Der ursprünglich auf die Verwendung von Bauholz bezogene Begriff bedeutet im Kontext der Redensart: *jmdn. unverzüglich abweisen/durch die Tür hinausschicken, bevor er sich (als Gast) häuslich niedergelassen hat.* Vgl. dazu: sich wie zu **Hause** fühlen, worin auch gemeint ist: *eine sitzende/liegende Haltung einnehmen.* Mit *hochkantig* wird also der Gegensatz zur gemütlichen horizontalen Körperstellung hervorgehoben.

jmdn. **hochleben** lassen
jmdn. feiern, Hochrufe auf jmdn. ausrufen [Ehrung]
„Wir erheben unsere Gläser zu Ehren unserer Jubilare und lassen sie hochleben. Dreimal hoch!“

jmdn. **hochnehmen** (umg.)
1) *jmdn. necken* [Neckerei]

2) *jmdn. verhaften* [Verhaftung]
1) „Pauls Schwester ist ja so naiv! Man kann sie stundenlang hochnehmen, und sie merkt es nicht."
2) „Bei der Großfahndung gelang es der Polizei, eine ganze Bande von Rauschgifthändlern hochzunehmen."

etwas **hochspielen**
etwas übertrieben darstellen, etwas aufbauschen [Aufbauschung]
„Man sollte diese einmalige Entgleisung nicht so hochspielen und dem jungen Mann noch einmal eine Chance geben!"
Eine Zahl *hochspielen* bedeutet beim Glücksspiel: *einen hohen/überhöhten Einsatz riskieren, auf eine Zahl eine hohe Wette abschließen.*

jmdn. auf **Hochtouren** bringen (umg.)
1) *jmdn. bei der Arbeit antreiben* [Ansporn]
2) *jmdn. sehr böse machen* [Verärgerung]
1) „Mehr habt ihr bisher nicht gearbeitet? Na wartet, ich werde euch auf Hochtouren bringen!"
2) „Schon die geringste Kritik an seiner Betriebsführung bringt den Chef auf Hochtouren."
Als *Touren* bezeichnet man die Umdrehungszahl eines Motors. Wenn ein Motor *auf vollen Touren* oder *auf Hochtouren* läuft, leistet er die meiste Arbeit und verbraucht gleichzeitig die meiste Energie. Seit der Antike gibt es den literarischen Topos vom künstlichen Menschen, der die Marionetten, Androiden, den Golem und Frankenstein umfaßt. Daran angelehnt ist die Vorstellung, daß auch der wirkliche Mensch „maschinell" oder „automatenhaft" verstanden und beschrieben werden kann, zumindest in einzelnen Aspekten seines körperlichen und geistigen Verhaltens.

auf **Hochtouren** laufen
1) *intensiv betriebene Maschinen* [Intensität]
2) *intensiv betriebene Vorbereitungen u. ä.* [Maximum]
1) „Der Betrieb läuft momentan auf Hochtouren, damit wir alle Anfragen nach unseren Produkten befriedigen können."
2) „Die Vorbereitungen zum Staatsempfang laufen auf Hochtouren, da in zwei Tagen schon die Königin von England eintrifft."
Vgl.: jmdn. auf **Hochtouren** bringen.

Hochwasser haben (umg.)
eine zu kurze Hose tragen [Kleidung]

auf der falschen **Hochzeit** tanzen (umg.)
ein falsches Mittel wählen, um ein bestimmtes Ziel zu erreichen [Irrtum]
„Ich glaube, Sie tanzen auf der falschen Hochzeit, wenn Sie meinen, daß Sie mit diesen geringen Leistungen bei uns Karriere machen könnten."

auf zwei **Hochzeiten** tanzen (umg.)
zwei unvereinbare Dinge gleichzeitig tun [Gleichzeitigkeit]
„Wenn Sie Ihre Nebentätigkeit nicht aufgeben, muß ich Sie entlassen. Schon seit geraumer Zeit wirken Sie so übermüdet, daß Ihre Leistung sinkt. Man kann schließlich nicht auf zwei Hochzeiten tanzen!"
Die Hochzeit ist ursprünglich allgemein die „hohe Zeit" im Sinne von *Festzeit.* Erst allmählich trat eine Bedeutungsverengung ein, die den Begriff für die Festlichkeiten anläßlich einer Vermählung reservierte. Die Redensart besagt: Da einer nicht (gleichzeitig) mehrere Ehen eingehen kann, kann einer auch nicht (gleichzeitig) entsprechende Feste feiern.

locker vom **Hocker** (umg.)
unverkrampft, spontan [Unverkrampftheit]
„Obwohl er das erste Mal im Fernsehen auftrat, plauderte er einfach locker vom Hocker und gewann alle Herzen."

vom **Hocker** fallen/jmdn. vom **Hocker** hauen (umg.) [Überraschung]
Vgl.: vom **Stuhl** hauen.

einer Frau den **Hof** machen
sich mit Nettigkeiten um eine Frau bemühen, mit einer Frau flirten [Flirt]
„Schau mal da, wie der Bernd-Michael der schönen Sandra wieder den Hof macht! Dabei hat sie ihn schon einmal abblitzen lassen."

Der Hof war die adelige Gesellschaft, die im Umkreis des Königs lebte. *Jemandem den Hof machen* ist ursprünglich eine Lehnübersetzung des franz. *faire la cour à quelqu'un* und bedeutete: *dem Fürsten gegenüber sein Amt als Hofmann versehen.* Die dabei notwendige diensteifrige Aufmerksamkeit und *Liebedienerei* ermöglichte sehr rasch eine Übertragung auf das werbende Verhalten eines Mannes gegenüber einer geliebten Frau.

guter **Hoffnung** sein (gehoben)
ein Kind erwarten; schwanger sein [Schwangerschaft]
„Schon bald nach der Hochzeit war Carmen guter Hoffnung."
Hoffnung ist allgemein *Erwartung einer günstigeren Lage*. Als Hüllformel für Schwangerschaft ist die Wendung seit dem 18. Jh. gebräuchlich.

das ist ja/doch die **Höhe**! (umg.)
das ist das Äußerste an Frechheit/Unverschämtheit/Zumutung usw. [Verärgerung]
„Das ist doch die Höhe! Erst fährt der Kerl vor mir ganz langsam, und als ich ihn überholen will, gibt er plötzlich Gas!"
Die Wendung ist eine Verkürzung der zwischen dem 16. und 18. Jh. sehr gebräuchlichen ironischen Formel *das ist die rechte Höhe,* die ebenfalls eine gewisse Verärgerung signalisierte.

auf der **Höhe** sein
1) *gesund sein* [Gesundheit]
2) *gut informiert sein* [Informiertheit]
1) „Nach dieser schweren Krankheit hat es eine ganze Weile gedauert, bis ich wieder voll auf der Höhe war."
2) „Wenn man beruflich auf der Höhe sein und bleiben will, muß man regelmäßig Kongresse besuchen und die neueste Fachliteratur studieren."
Vgl.: **hoch** hinauswollen.

sich in die **Höhle** des Löwen wagen
→ sich in die Höhle des **Löwen** wagen

der reinste **Hohn/hohnsprechen**
in starkem Widerspruch zu einer Sachlage/zu dem gesunden Menschenverstand usw. stehen [Gegensatz]
„Die Entscheidung zugunsten der Kernenergie spricht den Ängsten der Bevölkerung hohn."
Der Hohn ist die spottende Verachtung, die zum Zweck der Erniedrigung einer Person geäußert wird (jemanden verhöhnen). Die Realisierung des Spotts in verschiedenen Formen hat sich in festen Wendungen wie *hohnsprechen, -reden* und im Adverb *hohnlachend* niedergeschlagen, die ab dem Mittelhochdeutschen nachweisbar sind.

der ganze **Hokuspokus** (umg.)
der ganze überflüssige Aufwand, das ganze überflüssige Beiwerk [Aufwand]
„Trotz seiner Villa, seines Sportwagens und des ganzen Hokuspokus kann ich mir diesen Mann nicht als meinen zukünftigen Gatten vorstellen."
Das Wort *Hokuspokus* taucht erstmals zu Beginn des 17. Jh. in England auf und verbreitet sich rasch auf dem Kontinent. Es bezeichnete einen Taschenspieler, ist aber bereits 1632 als Zauberformel nachgewiesen. Wahrscheinlich handelt es sich um eine durch Klangsilben erweiterte Version der liturgischen Formeln *pax tecum* und *pax vobiscum,* die in der Version *hax pax max* eine starke Zauberformel darstellte. Eine Vorliebe für Zauberworte, die auf *x* enden, ist seit der Antike belegt. Die *o* in *Hokuspokus* könnte durch die englische Aussprache von *hax pax* erklärt werden. Die Form *oxbox* läßt sich seit 1625 als Inschrift auf Hostien und als Formel gegen Fieber u. ä. nachweisen. Im Jahre 1634 erschien in England ein Lehrbuch für Taschenspieler von Hocus Pocus junior. Es hat entscheidend zur Verbreitung des Rätselwortes beigetragen. Eine häufig vermutete Herleitung aus der Abendmahlformel *hoc est corpus meum* ist unwahrscheinlich, weil dies als Gotteslästerung verstanden und streng bestraft worden wäre.

Hokuspokus machen (umg.)
1) *maßlos übertreiben* [Übertreibung]
2) *Umschweife machen, überflüssiges Beiwerk vorführen* [Aufbauschung]

3) *Unsinn machen* [Unsinn]
1) „Hör auf damit, solchen Hokuspokus wegen der angeblich so toleranten Frau Maier zu machen! Neulich erst hat sie einen Afrikaner abgewiesen, der sich für das freie Zimmer aus ihrer Annonce interessiert hat!"
2) „Wenn man, was an Hokuspokus gemacht wurde, abrechnet und sich auf den Kern des Vertrags bezieht, bemerkt man, daß unsere Firma nicht besonders gut abschneidet."
3) „Jetzt hört endlich auf, Kinder, einen solchen Hokuspokus zu machen, damit wir im Unterricht fortfahren können!"
Herkunft → der ganze **Hokuspokus**

bei jmdm. ist nicht viel zu **holen** (umg.)
jmd. hat nicht viel Geld [Armut]
„Tante Klara brauchen wir gar nicht erst zu fragen, ob sie etwas zu unserer neuen Wohnung beisteuert. Bei der ist nämlich nicht viel zu holen."
Holen bedeutet *an sich ziehen, erlangen, erwerben, gewinnen*. Die landläufige Wendung *da ist nichts* (= kein Geld) *zu holen* ist seit dem 18. Jh. belegt, wahrscheinlich aber viel älter.

Frau **Holle** schüttelt die Betten/die Federn (aus)
es schneit [Schnee]
„Endlich schüttelt Frau Holle die Betten! Heute nachmittag können wir schon rodeln gehen!"
Frau Holle/Holda (Hollefrau) ist ein weiblicher Dämon, der die *Hollen* (auch *Huldren*), eine Schar von Nachtdämonen, anführt und die Spinnstubenruhe überwacht. In vielen Redensarten ist sie mit meteorologischen Vorkommnissen verknüpft. Das Märchen der Brüder Grimm bezieht sich auf derartige volkstümliche Vorstellungen.

fahr zur **Hölle**! (umg.) [Vertreibung]
→ geh zum **Teufel**!

die **Hölle** auf Erden haben
ein unerträgliches Leben führen, starken seelischen/körperlichen Qualen ausgesetzt sein [Unerträglichkeit]
„Es ist verständlich, daß sie jetzt die Scheidung einreichen will. Schließlich hatte sie mit diesem Mann die Hölle auf Erden!"
Das mit *(ver)hehlen* (= verbergen) verwandte Wort *Hölle* bezeichnet ursprünglich nur den Aufenthaltsort der Toten, den man unterirdisch (etwa in Höhlen) lokalisierte. Erst unter dem Einfluß des Christentums entwickelte sich die Vorstellung eines feurigen Strafortes. Generell gilt, daß die Aufenthaltsorte der Toten nur in denjenigen Weltreligionen in Freud- (Himmel) und Qualorte (Hölle) eingeteilt werden, in denen eine Theologenschaft ihre eigene Autorität durch den Hinweis auf Belohnungen und Bestrafungen behaupten muß. Die in der Hölle üblichen Martern orientieren sich an irdischen Qual- und Schmerzerfahrungen. Damit wird dem Feuer die zentrale Rolle beigemessen. Die in der Redensart gemeinten irdischen Qualen sind allerdings eher psychischer Natur und beziehen nur die allgemeine Vorstellung einer unerträglichen Lebenssituation ein.

die **Hölle** ist los! (umg.)
1) *es hat ein schreckliches Unwetter!* [Unwetter]
2) *es herrscht ein unbeschreibliches Durcheinander!* [Durcheinander]
3) *es ist interessant/lustig/betriebsam* [Unterhaltung]
1) „Draußen ist die Hölle los! Der Sturm hätte mein Auto fast von der Fahrbahn gefegt!"
2) „Als die Heimmannschaft den Führungstreffer erzielte, war im Fußballstadion die Hölle los!"
3) „Zu der Party meines Bruders mußt du unbedingt kommen! Dort ist immer die Hölle los!"
Herkunft → die **Hölle** auf Erden haben

jmdm. die **Hölle** heiß machen
jmdn. streng ermahnen, zur Arbeit anhalten, jmdm. zusetzen, jmdn. bedrängen [Bedrängung]
„Der Lehrjunge hat schon wieder vergessen, seinen Arbeitsplatz aufzuräumen. Na, dem werde ich am Montag die Hölle heiß machen!"

Die Hölle wird meist als Ort des Feuers ausgemalt, als Ort, wo Pech und Schwefel brennen (Vgl.: wie **Pech** und Schwefel zusammenhalten). Auch die Hitze, die Flammen und die Glut der Hölle sind sprichwörtlich. Schon bei Luther findet sich die Verstärkung dieser Vorstellung durch die Wendung *einem die Hölle heiß machen*, wobei allerdings noch ein theologischer Bezug zu erkennen ist. Die allgemeine Bedeutung *Bedrängung* findet sich erst bei Goethe. Vgl.: die **Hölle** auf Erden haben.

jmdm. das Leben zur **Hölle** machen
jmdn. seelisch und körperlich quälen und das Leben unerträglich machen [Quälerei]
„Johann sitzt immer im Wirtshaus, weil ihm seine Frau das Leben zur Hölle macht, wenn er daheim ist."
Vgl.: die **Hölle** auf Erden haben.

einen **Höllenlärm** veranstalten
→ **Katzenmusik** machen

aus gutem **Holz** (geschnitzt) sein
von guter Art sein, einen guten Charakter haben [Qualität]
„Der Viktor ist aus gutem Holz geschnitzt, auch wenn er ab und zu etwas über die Stränge schlägt."
Das Holz der Bäume war früher noch mehr als heute ein wichtiger Rohstoff des Bau- und Kunsthandwerks, aber auch im Alltagsleben war es als Feuerholz zum Kochen und Heizen unentbehrlich. Seine Bedeutung zeigt sich etwa daran, daß Bäume als beseelt angesehen wurden, bestimmten Göttern (oder Geistern) zugeordnet waren und das Betreten und Nutzen des Waldes strengen rechtlichen Regeln unterlag (Bannwald, Reichswald usw.). In Sprichwörtern und Redensarten ist diese wichtige Rolle des Holzes auch abzulesen, wobei es häufig seine Eigenschaften auf andere Bereiche überträgt (vgl.: nicht ganz **astrein** sein). Insbesondere im Hinblick auf seinen inneren Wert, seinen Charakter und seine Herkunft und Belastbarkeit wird gern der Mensch am Holz gemessen, wobei das *gute Holz* natürlich eine entsprechende innere Qualität bedeutet.

aus hartem **Holz** geschnitzt sein
[Unnachgiebigkeit]
→ aus gutem **Holz** (geschnitzt) sein

aus grobem **Holz** geschnitzt sein
[Grobheit]
→ aus gutem **Holz** (geschnitzt) sein

aus demselben/dem gleichen **Holz** (geschnitzt) sein
von derselben Art sein (geistig, körperlich usw.) [Gleichheit]
„Meine Frau und ich passen gut zusammen. Wir sind aus dem gleichen Holz geschnitzt."

viel/eine Menge **Holz** (umg.)
eine große Menge [Menge]

ich bin doch nicht aus **Holz**!
ich bin ein normaler Mensch mit Wünschen, Gefühlen und Ängsten [Sensibilität]
„In manchen Filmen muß ich einfach weinen, wenn die Handlung zu traurig wird. Dafür schäme ich mich aber nicht, schließlich bin ich nicht aus Holz!"

wie ein Stück **Holz** dasitzen (umg.)
stumm und steif dasitzen [Steifheit]
„Der Michael sitzt wieder rum wie ein Stück Holz! Kommt, wir gehen rüber und muntern ihn einmal auf!"
Der redensartliche Vergleich bezieht sich auf die starre Festigkeit des Holzes, ein Aspekt, der auch mit dem Adjektiv *hölzern* (*ein hölzerner Mensch* = ein ungeschickter/steifer/langweiliger Mensch) ausgedrückt werden kann. Derselbe Bildbereich liegt der Wendung „einen **Besenstiel** verschluckt haben zugrunde".

Holz vor der Tür/Hütte haben (umg.)
vollbusig sein [Busen]
„Schau mal die Blonde da drüben. Die hat vielleicht Holz vor der Hütte!"
Das sprachliche Bild bezieht sich auf die Holzvorräte, die an der Außenwand von Bauernhäusern gelegentlich aufgestapelt sind.

Holz auf sich hacken lassen (umg.)
sehr gutmütig sein, sich alles gefallen lassen

[Gutmütigkeit]
„Mit Onkel Franz kann man anstellen, was man will, er wird niemals böse. Er läßt Holz auf sich hacken!“

Holz sägen (umg.)
laut schnarchen [Schnarchen]
„Hörst du, wie unser Nachbar wieder Holz sägt? Ich kann bei dem Lärm nicht einschlafen!“
Die Wendung und ihre Variante *einen Ast durchsägen* beziehen sich auf das *sägende* Geräusch, welches das laute Schnarchen charakterisiert.

Holz in den Wald tragen
→ **Eulen** nach Athen tragen

Holzauge, sei wachsam! (umg., scherzhaft)
sei vorsichtig! paß gut auf!
[Aufmerksamkeit]
„Es sollen wieder Radarkontrollen gemacht werden. Holzauge, sei wachsam! Du fährst doch immer viel zu schnell!“
Die Herkunft dieser Redensart, die seit dem zweiten Weltkrieg kursiert, ist nicht bekannt. Es könnte eine Analogie zu *Holzbein* (= Beinprothese) zugrunde liegen, die eigentlich ein Glasauge meint und ausdrükken soll, daß ein Invalide mit einem Glasauge besonders vorsichtig sein muß.

jmdm. etwas mit dem **Holzhammer** beibringen (umg.)
jmdm. etwas mit groben Methoden beibringen [Unterweisung]
„Unser Lateinlehrer kannte nur eine Methode: Er hat uns alles mit dem Holzhammer beigebracht.“
Seit Beginn des 20. Jh. gilt der Holzhammer als Bild unsensiblen Vorgehens in einer sensiblen Angelegenheit. Ein genereller Ausdruck dafür ist der Begriff *Holzhammermethode*.

auf dem **Holzweg** sein (umg.)
sich irren [Irrtum]
„Wenn du glaubst, daß ich auf diesen plumpen Trick hereinfalle, bist du aber auf dem Holzweg!“
Waldarbeiter legen häufig Stichstraßen an, die lediglich zum Abtransport des Holzes dienen. Diese Wege führen den Wanderer also zu keinem Ziel und sind in einem schlechten Zustand. Die Wendung ist seit 1495 literarisch belegt und erscheint auch in Luthers Sprichwörtersammlung.

homerisches Gelächter
→ homerisches **Gelächter**

jmdm. **Honig** ums Maul/um den Mund/den Bart schmieren (umg.)
jmdm. schmeicheln [Schmeichelei]
„Wenn du dem Chef Honig ums Maul schmierst, wird er dir vielleicht eine Gehaltserhöhung gewähren.“
Die Redensart hat verschiedene Herkunftsdeutungen. Eine davon ist die früher bei der Dressur von Bären übliche Praxis, eine gelungene Übung durch etwas Honig zu belohnen, welcher dem Bären ums Maul geschmiert wurde. Daneben gab es den (insbesondere chinesischen) Brauch, an bestimmten Tagen einer Götterfigur Honig auf die Lippen zu schmieren, um im Himmel eine freundliche Beurteilung zu erfahren. In der Liebeslyrik findet sich gelegentlich auch die Wendung von den anziehenden „Honiglippen“ der Geliebten.

grinsen wie ein **Honigkuchenpferd** (umg.)
breit grinsen [Freude]
„Otto grinste wie ein Honigkuchenpferd, als er erfuhr, daß er die Prüfung als Klassenbester bestanden hatte.“
Ein Honigkuchenpferd ist ein Backwerk aus süßem (mit Honig gebackenem) Teig in Pferdeform. In der üblichen Form hat das „Pferd“ ein breites, nach hinten gezogenes Maul, so daß der Eindruck des Grinsens entsteht. Da diese Figur sich also scheinbar darauf freut, von jmdm. gegessen zu werden, hat die Redensart auch häufig eine negative Komponente und bezeichnet dann das dümmliche Grinsen eines einfältigen Menschen.

etwas ist kein **Honiglecken/Honigschlecken** (umg.)
etwas ist schwierig und anstrengend [Mühe]
„Es ist wirklich kein Honiglecken, diesen

großen Garten umzugraben. Im nächsten Jahr werde ich deshalb einen Gärtner damit beauftragen."

die **Honneurs** machen (gehoben)
die Gäste begrüßen [Empfang]

bei jmdm./da ist **Hopfen** und Malz verloren (Paarformel)
1) bei Personen: *jmd. kann nicht mehr verändert/gebessert werden* [Unverbesserlichkeit]
2) bei Sachen: *ein Defekt/unrettbarer Verlust ist eingetreten* [Defekt]
1) „Der Peter ist jetzt schon das dritte Mal vorbestraft. Ich glaube, bei dem ist Hopfen und Malz verloren."
2) „Der Fernseher kann nicht mehr repariert werden. Da ist Hopfen und Malz verloren."
Bei der Bierherstellung werden die Grundstoffe Hopfen und Malz verwendet. Mißlingt die Mischung oder der spätere Gärprozeß, so sind die Grundstoffe und das Resultat völlig unbrauchbar. Das Begriffspaar *Hopfen und Malz* ist seit dem 9. Jh. urkundlich belegt. Die Redensart als solche taucht aber erst im 16. Jh. auf. Goethe schreibt: „Denn oft ist Malz und Hopfen / An so viel armen Tropfen, / So viel verkehrten Toren, / Und alle Müh verloren." In der Gebrauchspoesie (z.B. auf Bierkrügen und Wandbildern) findet sich die Redensart: *Hopfen und Malz, Gott erhalt's!*"

hopsgehen (umg.)
1) *sterben* [Sterben]
2) *bankrott gehen* [Bankrott]
1) „Beim Motorradfahren muß man besonders aufmerksam sein, weil man im Fall eines Unfalls eher hopsgeht als ein Autofahrer."
2) „Das Geschäft, das er mit dem geerbten Geld eröffnet hat, ist schon nach einem Jahr hops gegangen."
Die Interjektion *hops* oder *hopsa* ist die Befehlsform zu *hopsen* (hüpfen). *Hopsa* und *hopsasa* sind davon abgeleitete Interjektionen der Überraschung, die man insbesondere beim Fehltreten mit dem Fuß oder bei einem Stoß oder Sturz äußert. In Verbindung mit dem Verb *gehen* hat sich daraus eine universelle Formel entwickelt, mit der viele unangenehme Vorgänge bezeichnet werden. Einige Verwendungsweisen sind allerdings auf die Gaunersprache bezogen oder nur regional bekannt.

hören: na hör mal!
ich protestiere, so geht das doch nicht! [Widerspruch]
„Na hör mal! Du kannst doch nicht von mir verlangen, daß ich die Schuld für etwas übernehme, das ich gar nicht getan habe!"
Die Imperative der Wahrnehmungsverben *hören* und *schauen* stellen Gesprächsfloskeln dar, mit denen man einerseits einen Themenwechsel, andererseits aber auch einen Widerspruch einleitet und markiert. Es handelt sich um Signale der Aufmerksamkeitssteuerung, die im Grunde bedeuten: *Sei jetzt besonders aufmerksam, denn jetzt folgt etwas Unerwartetes!*

das läßt sich **hören**!
das klingt annehmbar, das ist gut so [Akzeptanz]
„Du willst mir ein Geschenk machen? Das läßt sich hören! Schließlich ist es das erste seit drei Jahren!"

jmdm. vergeht **Hören** und Sehen
jmd. ist total überrascht/überfordert [Verwunderung]
„Auf dieser Achterbahn vergeht einem wirklich Hören und Sehen!"
Das Hören und das Sehen sind die beiden wichtigsten Wahrnehmungsbereiche des Menschen. Die Redensart bezieht sich auf die Erfahrung, daß bei großem Schreck und anderen Schockzuständen diese Wahrnehmungsbereiche eingeschränkt sind.

jmdn./etwas vom **Hörensagen** kennen
jmdn./etwas/durch die Worte anderer/nicht persönlich/kennen [Gerücht]
„Ihre Frau Gemahlin kenne ich leider nur vom Hörensagen. Sie muß ja bildschön sein!"
Das aus zwei Infinitivformen gebildete Substantiv *Hörensagen* bedeutet: *ich hörte es sagen, ich habe es nicht selbst gesehen/*

überprüft. Als Kontamination ist der Begriff seit dem 16. Jh. belegt.

der geistige **Horizont** (umg.)
die Grenzen des Kenntnisumfangs eines Menschen [Verstand]
„Der geistige Horizont mancher Menschen reicht nicht über den Rand ihrer Tageszeitung hinaus."
Der Begriff *Horizont* entstammt der griechischen Astronomie und bezeichnet ursprünglich den Gesichtskreis, der den Blick begrenzt. Seit der Antike ist *Horizont* ein spezifisch philosophischer Begriff, wobei die konkrete Bedeutung auf einen geistigen *Gesichtskreis* hin abstrahiert wird. Im philosophischen Sinn umfaßt *Horizont* alle Dinge, die dem Menschen geistig erkennbar sind. Diese fachsprachliche Definition ist in der Wendung weitgehend ebenfalls maßgeblich.

sich am **Horizont** abzeichnen
allmählich erkennbar werden
[Erkennbarkeit]
„Nach Meinung der Experten zeichnet sich am Horizont allmählich eine Verbesserung der Wirtschaftslage ab."
Kommende Ereignisse zeichnen sich zunächst am Horizont ab, bevor sie sich dem Betrachter nähern.

einen engen/kleinen/beschränkten **Horizont** aufweisen (umg.)
wenig Kenntnisse und wenig Interessen haben, geistig beschränkt sein
[Borniertheit]
„Obwohl er aus einer Familie kam, deren Mitglieder allesamt einen sehr beschränkten Horizont aufwiesen, gelang es ihm, durch unermüdliche Studien sogar den Nobelpreis zu erlangen."
Vgl.: der geistige **Horizont**.

seinen **Horizont** erweitern (umg.)
seine Interessen, Kenntnisse usw. erweitern
[Lernen]
„Um nicht geistig stillzustehen, ist es notwendig, seinen Horizont bis an das Lebensende zu erweitern."
Vgl.: der geistige **Horizont**.

das geht über jmds. **Horizont** (umg.)
das übersteigt jmds. Interesse oder Erkenntnisfähigkeit [Überforderung]
„Die Fragen, die heute in der Kernphysik diskutiert werden, gehen über den Horizont der meisten Menschen weit hinaus."
Vgl.: der geistige **Horizont**.

einen weiten **Horizont** haben (umg.)
aufgeschlossen/interessiert/gebildet sein
[Bildung]
„Daß der Dichterfürst einen weiten Horizont hatte, zeigt sich beispielsweise in seinen naturwissenschaftlichen Studien."
Vgl.: der geistige **Horizont**.

das **horizontale** Gewerbe
→ **Gewerbe**

in das gleiche **Horn** blasen (wie ein anderer) (umg.)
die gleiche Ansicht (wie ein anderer) vertreten [Zustimmung]
„In der Frage der Steuererhöhung blasen diesmal alle Parteien in das gleiche Horn: Sie sind geschlossen dafür!"
Das *Horn* der Redensart ist das Blas- oder Jagdhorn, das früher auch zur Kennzeichnung einzelner Heeresverbände diente, wobei jeder Verband ein eigenes Hornsignal bzw. eine bestimmte Tonlage aufwies. Wer *in das gleiche Horn blies,* gehörte zur Gefolgschaft.

ausgehen wie das **Hornberger** Schießen (umg.)
(nach großem Getöse/Streit usw.) ergebnislos enden [Fruchtlosigkeit]
„Die Verhandlungen gingen aus wie das Hornberger Schießen. Im Grunde bleibt alles beim alten!"
Der genaue historische Kern der Redensart ist nach wie vor unbekannt. Es gibt mehrere volkstümliche Anekdoten, die sie zu erklären scheinen. Dabei handelt es sich ausschließlich um nachträgliche Deutungsversuche. Einer davon berichtet, was sich angeblich 1564 in dem Schwarzwaldstädtchen Hornberg zutrug: Der Herzog von Schwaben kündigte der Stadt seinen Besuch an, was die Bürger zu einem glänzenden Emp-

fang veranlaßte. Zu Ehren des Herzogs wurde ein Schützenfest vorbereitet, in dessen Rahmen auch ein Salutschießen mit Kanonen vorgesehen war. Dieses wurde mit vielen Böllerschüssen geprobt. Der Rest des Pulvers und der Munition wurde abgefeuert, als sich eine Wagenkolonne der Stadt näherte. Aber es handelte sich dabei nur um das Gefolge des Herzogs, so daß dieser selbst einige Zeit später sang- und klanglos in das Städtchen einziehen mußte. Seither sagt man, wenn eine mit viel Getöse angekündigte Sache erfolglos endet: „das ging aus wie das Hornberger Schießen." Andere Deutungen weisen noch weiter zurück, sind aber ähnlich unzuverlässig, weil sie starke Züge der Schwankliteratur des 15. und 16. Jh. aufweisen.

sich die **Hörner** abstoßen (umg.)
sich (sexuell) austoben und dadurch solide werden [Sexualität]
„Früher hat man gesagt: Ein junger Mann muß sich die Hörner abstoßen, während ein Mädchen sich für die Ehe aufbewahren sollte. Heute besteht in dieser Beziehung zwischen den Geschlechtern kein großer Unterschied mehr."
Die Hörner sind das Symbol der als triebhaft geltenden Böcke und Stiere.

jmdm. **Hörner** aufsetzen (umg.)
jmdn. sexuell betrügen [Untreue]
„Es ist richtig unverfroren, wie offensichtlich Klara ihrem Mann immer wieder Hörner aufsetzt!"
Die Herkunft der Redensart ist unklar, da verschiedene plausible Hypothesen existieren. Zur Redensart gehört die Gebärde des abgespreizten Zeige- und Mittelfingers einer Hand. Redensart und Gebärde sind schon seit der Antike bekannt, wie aus Wandbildern Pompejis hervorgeht. Dieser alten Tradition entspricht ihre Verbreitung in (fast) allen europäischen Sprachen und Kulturen. Eine Deutung der Gebärde liegt darin, hier eine doppelte Phallus-Symbolik anzunehmen, die zwei Liebhaber aufzeigt. Andere Interpretationen beziehen sich auf gehörnte Tiere wie den Ochsen, den Ziegenbock oder den Steinbock, wobei letzterer als Tierkreiszeichen gemeint ist. Die unter dem Zeichen des Steinbocks geborenen Frauen sollen demnach zu Seitensprüngen neigen. Der Ochse könnte als Symbol der gutmütigen Dummheit, der Ziegenbock als Sinnbild der Geilheit in diesem Zusammenhang als Vergleichsgröße herangezogen sein. Daneben gibt es einige Sagen und Fabeln, nach denen sich die Untreue der Frau durch ein Horn offenbart, das dem Ehemann aus der Stirn wächst. Der wahre Ursprung von Redensart und Gebärde wird noch weiter verdunkelt, wenn man die Mehrdeutigkeit der Gebärde bedenkt: Sie gilt seit alter Zeit als magische Abwehrgeste gegen den bösen Blick und existiert somit gleichzeitig als Abwehr- und als Spottgeste. Allerdings besteht eine derartige Kombination von sexuell-obszöner Komponente und abwehrender Bedeutung relativ häufig, so daß eine innere Verwandtschaft beider auch in diesem Fall keineswegs ein Unikum wäre und entsprechende wechselseitige Verstärkungen angenommen werden können. Vgl.: jmdn. zum **Hahnrei** machen.

jmdm. auf die **Hörner** nehmen (umg.)
jmdn. heftig angreifen [Aggression]
„Der Bertold wirkt auf unseren Chef wie ein rotes Tuch: Bei jeder passenden Gelegenheit nimmt der ihn auf die Hörner!"
Viele tierische Waffen (wie Zähne, Klauen, Hörner usw.) werden redensartlich auf den Menschen übertragen, um bestimmte charakteristische Merkmale von Aggression und Widerstand zu vermitteln. Diese Redensart bezieht sich auf den Stier und sein Verhalten im Stierkampf.

sich mit **Hörnern** und Klauen wehren
[Widerstand]
→ sich mit **Zähnen** und Klauen wehren

tote **Hose**! (salopp)
nichts los! [Uninteressantheit]
„Komm, wir hauen hier ab! Hier ist ja völlig tote Hose!"
Das erst in den 80er Jahren dieses Jh. in der Jugendsprache üblich gewordene Bild von der *toten Hose* bezieht sich auf die fehlende sexuelle Aktivität des Impotenten.

die **Hosen** anhaben (umg.)
als Gattin in der Ehe dominieren,/Herr im Haus sein [Dominanz]
„Bei unseren Nachbarn hat die Frau die Hosen an. Ihr solltet einmal erleben, wie sie ihren armen Mann schikaniert!"
In der Redensart gilt die Hose als typisch männliches Kleidungsstück, der Mann wiederum als derjenige, der das häusliche Regiment führt (der Herr im Haus ist). Eine Frau, die *Hosen anhat,* maßt sich dennoch die männliche (dominierende) Rolle an.

jmdm. die **Hosen** strammziehen (umg.)
jmdn. zur Strafe verprügeln [Prügel]
„Wenn du Knirps weiter so unartig bist, werde ich dir mal die Hosen strammziehen!"
Bevor man als Erwachsener einen unartigen Burschen *übers Knie legt,* zieht man *die Hosen stramm*, damit die Kraft der Schläge auf das Gesäß nicht durch Falten im Stoff gemildert wird.

die **Hosen** (gestrichen) voll haben (umg.)
sehr große Angst haben [Angst]
„Als Karlchen mit dem schlechten Zeugnis nach Hause kam, hatte er natürlich die Hosen voll, aber seine Eltern waren sehr verständnisvoll."
Die spontane Entleerung von Blase und Darm in Situationen großer Angst gehört in den Bereich der allgemeinen körperlichen Symptomatik, aus der viele Redensarten ihre bildliche Kraft entlehnen.

sich auf den **Hosenboden** setzen
sich hinsetzen und lernen [Fleiß]
„Das letzte Zwischenzeugnis war so miserabel, daß Karl-Dieter ohne jede Widerrede versprach, sich in Zukunft auf den Hosenboden zu setzen."
Herkunft → sich auf seine vier **Buchstaben** setzen

etwas aus der linken **Hosentasche** bezahlen (umg.)
→ **Westentasche** [Reichtum]

mal **hü** und mal hott sagen (umg.)
seine Meinung ständig ändern, uneindeutig sein [Uneindeutigkeit]
„Bei dir weiß man nie, was du willst. Mal sagst du hü, und mal sagst du hott!"
Hü und *Hott* sind die Befehle des Fuhrmanns an die Zugtiere, wobei *hü links* und *hott rechts* bedeutet. Bei widersprüchlichen Befehlen besteht Uneindeutigkeit bezüglich der einzuschlagenden Richtung.

jmdm. die **Hucke** voll hauen (derb)
jmdn. verprügeln [Prügel]
„Wenn er mich noch einmal beleidigt, haue ich ihm die Hucke voll."
Hucke ist eigentlich die Last, die man auf dem Rücken (huckepack) trägt. In den Redensarten mit *Hucke* wird scherzhaft diese Last mit dem Rücken gleichgesetzt.

jmdm. die **Hucke** voll lügen (umg.)
jmdn. belügen [Lüge]
„Ich glaube dir diese Geschichte nicht! Erst neulich hast du mir die Hucke voll gelogen, und ich Dummkopf habe dir geglaubt! Das passiert mir nicht noch einmal!"
Bilder von einem Rückenkorb oder einer Traglast voll mit Prügeln oder Lügen sind insbesondere im nord- und mitteldeutschen Raum verbreitet. Ansonsten werden gern Bezüge zu Kleidungsstücken wie Jacke oder Frack hergestellt, um die gleichen Bedeutungen zu vermitteln.

ein verrücktes **Huhn** (umg.)
eine unvernünftige weibliche Person [Weib]
„So ein verrücktes Huhn! Erst kauft sie sich ein neues Kleid, und dann zieht sie doch das alte an, weil ihr das neue Kleid plötzlich nicht mehr gefällt!"
Huhn und *Hahn* sind scherzhafte Bezeichnungen für *Mann* und *Frau,* wobei dem *Huhn* häufig gewisse überspannte Eigenschaften beigemessen werden (während man dem *Hahn* gern eine exponierte gesellschaftliche Stellung zuspricht). Sehr häufig sind etwa die Wendungen *ein leichtsinniges/dummes/armes/blindes/krankes Huhn,* wobei die Adjektive den Bedeutungsbereich skizzieren, der in der jeweiligen Wendung gemeint ist. Diese Bezeichnungen sind nicht beleidigend gemeint, sondern stellen harmlose Schelten dar. Die Form *Hühnchen* war im Mittelalter sogar ein Kosewort.

(noch) ein **Hühnchen** mit jmdm. zu rupfen haben (umg.)
einen (alten) Streit mit jmdm. auszutragen haben [Streit]
„Gut, daß ich dich treffe! Mit dir habe ich noch ein Hühnchen zu rupfen! Warum hast du meiner Freundin erzählt, daß ich neulich mit einer anderen getanzt habe? Das geht dich doch überhaupt nichts an!"
Das Verb *rupfen* bedeutete früher (neben dem noch heute geläufigen *zerren, reißen, ausreißen*) auch *raufen, balgen, handgemein werden*. Durch die allmähliche Bedeutungsverengung auf *Federn ausreißen* und die lautliche Verwandtschaft zwischen *Händel haben* (Streit haben) und *Hähnchen/Hühnchen* kann es zur Ausbildung der Wendung gekommen sein, die seit Mitte des 19. Jahrhunderts belegt ist.

da lachen ja die **Hühner**! (umg.)
das ist doch lachhaft!, so ein Unsinn! [Unsinn]
„Für dieses Auto wollen Sie noch 10 000 Mark? Da lachen ja die Hühner! Schauen Sie sich die Rostkiste doch einmal genau an! Die fällt ja schon bei einem Windstoß auseinander!"

jmdm. auf die **Hühneraugen** treten
→ jmdm. auf die **Füße** treten

mit den **Hühnern** schlafen gehen/zu Bett gehen (umg.)
sich früh schlafen legen [Schlaf]
„Heute müssen wir mit den Hühnern schlafen gehen, damit wir morgen in aller Herrgottsfrühe aufstehen können, um unsere Urlaubsreise anzutreten."
Die Beobachtung des Verhaltens der Tiere auf dem Hühnerhof war für die agrarisch orientierte Bevölkerung in früheren Zeiten ein Quell sprichwörtlicher Weisheit und Orientierung. Hahn und Hühner lieferten außer für das frühe Schlafengehen auch für das Aufwachen in der ersten Morgenfrühe (beim ersten Hahnenschrei) redensartliche Vergleiche.

außen **hui** und innen pfui
→ **außen** hui und innen pfui

im **Hui** (umg.)
sofort, in Windeseile [Schnelligkeit]
„Diese Arbeit hast du aber im Hui erledigt! Leider ist sie nicht sorgfältig genug ausgeführt worden, so daß ich noch etwas nachbessern muß!"
Die lautmalende Interjektion *hui* bezieht sich auf das Geräusch des Windes, der sich an einer Ecke bricht. Der Wind ist ein gängiges Bild für hohe Geschwindigkeit (schnell wie der Wind).

in **Hülle** und Fülle (Zwillingsformel)
im Überfluß [Überfluß]
„Der Herbst brachte diesmal Obst in Hülle und Fülle."
Die *Hülle* ist die verhüllende Kleidung oder das schützende Dach, die *Fülle* die Menge an Nahrung (Futter). Gemeinsam entspricht beides dem notwendigen Lebensunterhalt. Die allmählich verblassende Bedeutung beider Begriffe ließ die reimende Formel die entgegengesetzte Bedeutung eines großen Maßes, des Überflusses annehmen – ein Prozeß, der im späten 17. Jh. beginnt. Es ist dies ein Beispiel dafür, daß ein liebgewordenes Reimpaar sich sogar dann erhält, wenn die Gesamtbedeutung sich allmählich in ihr Gegenteil verkehrt. Noch Luther schreibt: „Wir sollen uns genügen lassen, wenn wir Hülle und Fülle haben" (das Allernotwendigste haben).

die sterbliche **Hülle** (gehoben)
der Leichnam [Leichnam]
„Die sterbliche Hülle des Präsidenten wird in seinem Palast aufgebahrt."
Der Körper gilt gemeinhin als *äußerliches Kleid* oder *Hülle* der Seele. In der Bedeutung *Leichnam* handelt es sich bei dieser Wendug um einen Euphemismus.

eine wilde **Hummel** (umg.)
ein ausgelassenes Mädchen [Mädchen]
„Eure Sandra ist ja eine wilde Hummel! Sie ist richtig ausgelassen und zudem die Anführerin einer ganzen Kinderschar!"
Seit dem 17. Jh. ist der Vergleich eines unruhigen und umherschwärmenden Mädchens mit dem beliebten Insekt Hummel belegt.

Hummeln im Hintern haben (umg.)
1) *unruhig sein, nicht still sitzen bleiben* [Nervosität]
2) *unternehmungslustig sein* [Unruhe]
1) „Unser Franz hat wieder Hummeln im Hintern! Geh' ruhig raus zum Spielen, wenn dich die Gespräche der Erwachsenen langweilen!"
2) „Der Karl hat schon dreimal den Arbeitsplatz gewechselt. Man hat das Gefühl, daß er Hummeln im Hintern hat!"
Das Bild von den Hummeln erklärt sich von selbst. Für seine Anschaulichkeit spricht, daß es schon in Luthers Sprichwörtersammlung vorkommt. Die Beliebtheit hängt wohl auch mit dem Stabreim in der Wendung zusammen.

ein scharfer **Hund** sein (umg.)
ein strenger Vorgesetzter, Polizist, Richter o. ä. sein [Strenge]
„Bei dem Prozeß hatte der Angeklagte das Pech, von Richter Müller abgeurteilt zu werden, der als scharfer Hund bekannt ist."

ein krummer **Hund** (derb)
ein Mann, der illegalen Geschäften nachgeht/unredlich ist [Schurke]
„Dieser krumme Hund will mir das Geld nicht mehr rausrücken, das ich ihm geliehen habe!"
Herkunft → ein krummes **Ding**

das ist ein dicker **Hund**! (umg.)
das ist unerwartet!, das ist eine Gemeinheit/Unverschämtheit! [Überraschung]
„Ausgerechnet du bist durch die Prüfung gefallen? Das ist ein dicker Hund! Du warst doch am besten vorbereitet!"
Die Wendung ist in der Umgangssprache erst im 20. Jh. bezeugt. Ihre Herkunft und ihr wahres Alter ist unklar. Es gibt lediglich den Hinweis in Grimms *Deutschem Wörterbuch* (Bd. 3, Sp. 1570), daß es im Mittelalter als schwere Beleidigung galt, jemandem als Gabe einen fetten Hund hinzuwerfen.

jmdn. wie einen **Hund** behandeln (umg.)
jmdn. sehr schlecht behandeln [Quälerei]
„Im Rahmen der militärischen Ausbildung wird der Rekrut häufig auch heute noch wie ein Hund behandelt!"
Vgl.: wie ein **Hund** leben!

der **Hund**, der sich in den Schwanz beißt (umg.)
→ die **Katze**, die sich in den Schwanz beißt

bekannt sein wie ein bunter **Hund** (umg.)
überall sehr bekannt sein [Bekanntheit]
„Der Felix ist in der ganzen Stadt bekannt wie ein bunter Hund!"
Ein „bunter" Hund ist der gescheckte Hund, der gegenüber dem einfarbigen Hund gut sichtbar und wiedererkennbar ist. Als Redensart ist die Wendung seit dem 17. Jh. überliefert.

bei diesem Wetter jagt man keinen/nicht mal einen **Hund** vor die Tür
das Wetter ist sehr schlecht, insbesondere kalt und regnerisch [Wetter]
„Der Geländemarsch wird vorerst einmal verschoben. Bei diesem Wetter jagt man nicht einmal einen Hund vor die Tür!"

auf den **Hund** kommen (umg.)
1) *gesundheitlich ruiniert sein/werden* [Krankheit]
2) *wirtschaftlich ruiniert sein* [Niedergang]
1) „Ich war früher kerngesund. Erst durch die vielen Überstunden bin ich so auf den Hund gekommen!"
2) „Dieses Geschäft war früher eine wahre Goldgrube. Nach dem Wechsel in der Geschäftsführung ist es jetzt regelrecht auf den Hund gekommen!"
Grimms *Deutsches Wörterbuch* (Bd. 10, Sp. 1915) vermerkt: „(Die) Redensart ‚auf den Hund kommen' ist mehrfach zu erklären versucht worden; teils aus einem Würfelspiel der Griechen, in dem ein gewisser verlierender Wurf der Hund hieß; teils aus einer Strafe der Bergleute, die für Vergehen den Hund, den Karren im Bergwerk ziehen mußten; teils endlich soll die Redensart aus mundartlichem ‚hund sein' = ‚hunten (drunten; hie unten) sein' sich gebildet haben. Am besten wird sie an den Rechtsbrauch des Hundetragens angeschlossen: Der alten Strafe des Hundetragens liegt die Idee zu-

grunde, daß, wie der Verurteilte das Schwert, die Rute, den Strang um den Hals trug, er auch den Hund tragen sollte, damit anzuzeigen, daß er wert sei, gleich einem Hund erschlagen und aufgehängt (...) zu werden."

wie **Hund** und Katze leben (umg.)
sich ständig streiten [Streit]
„Obwohl die beiden wie Hund und Katze leben, können sie sich wegen der Kinder keineswegs scheiden lassen."
Hund und Katze sind gewöhnlich miteinander verfeindet, so daß ihr Dauerstreit seit der Antike sprichwörtlich ist.

wie ein **Hund** leben (umg.)
ein einfaches Leben führen [Elend]
„Komm her, du sollst auch nicht leben wie ein Hund! Da hast du fünf Mark. Kauf dir dafür etwas zu essen!"
In früheren Zeiten war oft eine schlechte Behandlung des Hundes üblich. Sein Leben war in der Regel so erbärmlich, daß es üblich wurde, Elend und Armut mancher Menschen an seinem Schicksal zu messen. Entsprechende Vergleiche sind seit dem 16. Jh. bekannt.

da liegt der **Hund** begraben (umg.)
das ist es, worauf es ankommt
[Hauptsache]
„Wenn wir jetzt losfahren, kommen wir noch rechtzeitig zum Mittagessen nach Hause!" „Ja, aber genau da liegt der Hund begraben! Ich kann jetzt noch nicht von hier weg, weil ich noch auf ein wichtiges Telefongespräch warten muß. Das Mittagessen können wir wohl vergessen!"
Die Redensart wird zum ersten Mal in Chroniken des 17. Jh. erwähnt, geht aber auf mittelalterliche Vorstellungen zurück. Man glaubte nämlich, daß vergrabene Schätze von einem schwarzen Hund bewacht würden. Man nannte gar solche vergrabenen Schätze einfach *Hunde*. Auch Mephisto spottet über die Menge, die seine Fähigkeit als Schatzgräber anzweifelt: „Da stehen sie umher und staunen, / Vertrauen nicht dem hohen Fund, / Der eine faselt von Alraunen, / Der andre von dem schwarzen Hund" (*Faust* II).

damit lockt man keinen **Hund** hinter dem Ofen hervor (umg.)
damit kann man niemandes Interesse erregen [Uninteressantheit]
„Als Siegprämie sind bei diesem Wettkampf ein paar Bücher vorgesehen. Das wird niemanden beflügeln, denn mit so was lockt man doch keinen Hund hinter dem Ofen hervor!"
Der Platz des Hundes war früher seine Hütte im Hof. Nur im kältesten Winter durfte der Hund ins Haus, wo er häufig in der Fußhöhlung des warmen Ofens lag. Die Redensart taucht schon bei Grimmelshausen (1622–1676) auf.

das macht den **Hund** in der Pfanne verrückt! (umg.)
das hält man nicht aus!, das macht einen regelrecht wahnsinnig! [Verwunderung]
„Wegen dieses Stempels war ich nun schon zweimal vergeblich auf der Behörde! Das macht doch den Hund in der Pfanne verrückt!"

kein **Hund** nimmt ein Stück Brot von ihm (umg.)
er wird von allen verachtet [Verachtung]
„Früher war er sehr angenehm, aber nach dem Unterschlagungsvorwurf nimmt kein Hund mehr ein Stück Brot von ihm!"
Als ältestem Haustier kommt dem Hund in Sprichwörtern und Redensarten naturgemäß eine große Bedeutung zu. Der Bedeutungsspielraum ist dabei allerdings sehr weit. Einerseits ist der Hund das Symbol der Treue, Wachsamkeit und Gefolgschaft, andererseits ist er auch das Sinnbild des unwürdigen Lebens und der Unterwürfigkeit. Sehr verbreitet sind Schimpfwörter wie *Lumpenhund, blöder Hund, frecher Hund* usw., die hier nicht weiter berücksichtigt werden.

vor die **Hunde** gehen (umg.)
1) bei Personen: *elend und gewaltsam sterben, moralisch/geistig/wirtschaftlich zugrunde gehen* [Sterben] [Niedergang]
2) bei Sachen: *stark beschädigt werden, zerstört werden* [Zerstörung]
1) „Im letzten Krieg sind viele Kameraden

vor die Hunde gegangen."
2) „Wenn wir nicht aufpassen, wird der teure Teppich noch völlig vor die Hunde gehen."
Bei der Jagd fällt krankes und schwaches Wild eher den Jagdhunden als dem Jäger zum Opfer. Ein solcher Tod ist also besonders schmerzlich und gewaltsam. Die Wendung ist seit dem 17. Jh. belegt.

schlafende **Hunde** wecken (umg.)
jmdn., der dann einschreiten muß, auf etwas aufmerksam machen [Aufsehen]
„Den Ausbau der Garage sollten wir nicht der Behörde melden. Warum sollten wir schlafende Hunde wecken?"
Die Redensart bezieht sich auf den Hund als Wächter von Haus und Hof. Sie taucht schon in den Spruchgedichten des Meistersingers Hans Sachs (1494–1576) auf.

etwas vor die **Hunde** werfen
→ **Perlen** vor die Säue werfen

sich **hundeelend** fühlen (umg.)
sich schwach und krank fühlen [Krankheit]
„Heute kann ich nicht zur Arbeit gehen, weil ich eine starke Erkältung habe und mich hundeelend fühle."
Die Geringschätzung des Hundes zeigt sich in vielen Wortbildungen mit *hund-*, die eine negative Komponente einbringen (Hundewetter) oder eine vorhandene negative Bedeutung noch verstärken (hundeelend). In manchen Fällen wird allerdings auch eine Verstärkung ohne negativen Aspekt erzielt, etwa in *hundemüde*. Die heute kaum noch übliche starke Beleidigung *Hundsfott* ist seit 1555 (bei Hans Sachs) belegt. Sie beruhte auf dem schamlosen Verhalten der läufigen Hündin.

mit allen **Hunden** gehetzt sein (veraltend)
durch viele Erfahrungen sehr gerissen geworden sein [Raffinesse]
„Diesen Verbrecher wird die Polizei nicht so leicht unschädlich machen! Seine Verbrecherkarriere zeigt, daß er mit allen Hunden gehetzt ist!"
Viele Redensarten beziehen sich auf die Schläue des gejagten Tieres und auf die Raffinesse und Erfahrung des Tieres, das lange den Nachstellungen von Jäger und Hundemeute entgeht. Wer also *mit allen Hunden gehetzt worden ist* und trotzdem noch lebt, muß demnach sehr schlau und erfahren sein.

auf **hundert** kommen/sein (umg.)
aufgebracht und wütend werden/sein [Wut]
„Als ich heute morgen zum Dienst erschien, war der Chef schon auf hundert, weil seine Sekretärin einen wichtigen Brief verlegt hatte."
Die Redensart bezieht sich auf *einhundert Stundenkilometer,* d. h. auf eine relativ hohe Geschwindigkeit. In derartigen Wendungen wird der menschliche Körper mit einer Maschine verglichen.

vom **Hundertsten** ins Tausendste kommen (umg.)
vom Thema abschweifen
[Weitschweifigkeit]
„Sie kommen jetzt vom Hundertsten ins Tausendste, bloß um uns nicht Rede und Antwort stehen zu müssen! Bitte antworten Sie präzise auf die Fragen, die an Sie gerichtet werden!"
Die Redensart stammt ursprünglich vom Rechnen mit dem Rechenbrett, einem vom 15. bis 17. Jh. verbreiteten numerischen Hilfsmittel. Das Rechenbrett hatte Rubriken, die mit I (Einer), X (Zehner), C (Hunderter) und M (Tausender) bezeichnet waren. Mit sogenannten Rechenpfennigen wurde auf diesen Linien der Zahlenwert durch Hin- und Herschieben ermittelt. Wer dabei versehentlich die Rubriken verwechselte, war unordentlich und kam durcheinander. Noch Luther gebraucht die Wendung als bloßen Vergleich, wenn er schreibt: „Sie haben eine seltsame Weise zu reden, als sie keine Ordnung halten, sondern das Hundert in das Tausend werfen." Mit der allmählichen Aufgabe der Rechenbretter verstand man derartige Vergleiche nicht mehr, so daß die Wendung sich verselbständigte und die heutige Bedeutung gewann.

kalt wie eine **Hundeschnauze** sein (umg.)
gefühllos sein, gleichgültig sein

[Gefühllosigkeit]
„Dieser Verbrecher ist kalt wie eine Hundeschnauze! Sogar das Kleinkind in der Wiege hat er getötet, um nicht entdeckt zu werden!"

ich sterbe (noch) vor **Hunger**! (umg.)
ich bin sehr hungrig [Hunger]
„Wann gibt es denn endlich das Mittagessen? Ich sterbe noch vor Hunger!"

am **Hungertuch** nagen (umg.)
nicht über ausreichend Nahrung verfügen [Hunger]
„Auch heute noch nagen viele Leute am Hungertuch."
Hungertuch war im Mittelalter die volkstümliche Bezeichnung für das große vorhangähnliche Tuch, mit welchem während der Fastenzeit der Altar verdeckt wurde (Fastenvelum). Das Hungertuch sollte an Fasten und Abstinenz erinnern, wodurch es schon im 16. Jh. zum Symbol des Hungerns, Fastens und des kümmerlichen Behelfs wurde. Eine ältere Variante der Redensart: *am Hungertuch nähen,* bestand seit dem 16. Jh.

wie die **Hunnen** hausen (umg.)
wild toben und dabei auch Zerstörungen anrichten [Vandalismus]
„Die Jugendlichen haben bei dem Popkonzert wie die Hunnen gehaust. Das gesamte Mobiliar ist zerschlagen, und einige Ordner sind verprügelt worden."
Europa ist mehrfach von Reitervölkern aus dem Osten angegriffen und zerstört worden, etwa von Hunnen, Mongolen und Vandalen. Die Zerstörungen dieser Eindringlinge haben sich in verschiedenen redensartlichen Vergleichen niedergeschlagen. Die Hunnen bildeten um 200 v. Chr. ein Großreich in der Mongolei, das im Laufe der Zeit nach Westen expandierte. Die Westhunnen besiegten dabei im Jahr 375 die Ostgoten und stießen danach bis Frankreich und Italien vor. Das Hunnenreich zerfiel nach dem Tod ihres Königs Attila (434–453 n. Chr.).

eine **Hürde** nehmen [Erfolg]
→ über die **Runden** kommen

hupfen: das ist gehupft wie gesprungen! (umg.)
das ist völlig gleich!, das macht keinen Unterschied [Gleichheit]
„Ob ich vor dem Kinobesuch einkaufen gehe oder danach: Das ist gehupft wie gesprungen! Ich werde mich da ganz nach deinen Wünschen richten!"
Hüpfen/hupfen und *springen* stellen im wesentlichen dasselbe dar, so daß die Redensart sich von allein erklärt. Eine weitergehende Deutung bezieht sich auf den jüdischen Ritus, beim Aussprechen des Wortes *heilig* in die Luft zu hüpfen, wobei angeblich ein Schwebezustand erreicht wird, der sich vom üblichen Hüpfen unterscheidet. Dieser Unterschied könnte von den Christen belächelt und zum Gegenstand der Redensart geworden sein. Nach Grimms *Deutschem Wörterbuch* ist die Form *gehupft* (statt *gehüpft*) auf einen Tiroler Ursprung der Redensart zurückzuführen.

jmdm. was **husten** (umg.)
jmds. Wunsch/jmds. Bitte abschlagen [Zurückweisung]
„Dieser Hausierer wollte uns ein Zeitungsabonnement andrehen. Dem habe ich was gehustet!"
Das Anhusten ist (ähnlich wie das Spukken) ein alter Ausdruck der Verachtung. Die Wendung ist schon bei Luther belegt. Eine Variante ist die Gesprächsfloskel *ich werd' dir was husten!* mit der Bedeutung *das kommt nicht in Frage!, das lehne ich ab!*

Hut ab vor jmdm. (umg.)
jmd. ist zu loben; jmd. hat etwas geleistet, das Beifall verdient [Hochachtung]
„Hut ab vor den Frauen, die Hausarbeit, Kinder und auch noch einen Beruf gleichzeitig bewältigen müssen!"
Der Hut steht als Kopfbedeckung dem geistigen Zentrum des Menschen nahe. Deshalb sind vielerlei Werte und Glaubensvorstellungen damit verknüpft, die sich redensartlich niedergeschlagen haben. Verschiedene Hutfarben und -formen zeigten früher verschiedene Stände an. Als Gegenstück zur Krone gab es auch bestimmte Hüte für Adel und Priester. Daraus entwickelte sich ein

Herrschaftssymbol, das auch als Pars pro toto (ein Teil steht fürs Ganze) seinen Träger symbolisieren und dessen Machtansprüche demonstrieren konnte. Ein bekanntes Beispiel dafür ist der Geßlerhut aus der Wilhelm-Tell-Sage und danach bei Schiller: „Und dieses ist des Landvogts Will' und Meinung: / dem Hut soll gleiche Ehre wie ihm selbst geschehn, / Man soll ihn mit gebognem Knie und mit / Entblößtem Haupt verehren" (*Wilhelm Tell*, 1,3). Als Zeichen der Ehrerbietung mußte der Rangniedrige vor dem Ranghöheren den Hut abziehen. Dies hat sich in verschiedenen Wendungen niedergeschlagen.

etwas ist ein alter **Hut** (umg.)
etwas ist altmodisch, etwas ist altbekannt [Bekanntheit]
„Die Beatmusik ist heute ein alter Hut. Heutzutage bevorzugt man ganz andere Musikrichtungen."

auf der **Hut** sein
vorsichtig sein, gut aufpassen [Vorsicht]
„Ich wäre an deiner Stelle auf der Hut und würde seinen Versprechungen keinen Glauben schenken!"
Die *Hut* ist die *Behütung* oder *Wache, Aufsicht* und *Fürsorge*. Im speziellen Sinn ist *die Hut* auch *die militärische Wache, der Posten zum Schutz gegen den Feind, die Vorhut.*

(mehrere Köpfe) unter einen **Hut** bringen (umg.)
Widersprüche harmonisch ausgleichen, vereinheitlichen [Ausgleich]
„Es ist oft sehr schwierig, die verschiedenen Vorstellungen der Kollegen über ein bestimmtes Projekt unter einen Hut zu bringen."
Die Redensart verwendet das Bild vom kollektiven Kopf, der durch die gemeinsame Aushandlung eines bestimmten Standpunktes zu entstehen scheint. Vgl.: mit einer **Zunge** reden. Der kollektive Kopf ist Bestandteil der Organismus-Metaphorik, nach der abstrakte Dinge, Organisationen usw. mit Körperteilen und -funktionen bezeichnet werden können.

jmdm. eins auf den **Hut** geben (umg.)
→ jmdm. eins aufs **Dach** geben

da geht einem der **Hut** hoch (umg.)
etwas macht jmdn. ärgerlich/wütend [Erregung]
„Wenn man sieht, wie manche Autofahrer durch die Stadt rasen, könnte einem der Hut hochgehen!"

mit etwas nichts am **Hut** haben (umg.)
mit etwas nichts zu tun haben, sich nicht für etwas interessieren [Desinteresse]
„Mit den Kommunalwahlen habe ich nichts am Hut. Da gehe ich nicht einmal zur Wahl!"

eins auf den **Hut** kriegen/bekommen (umg.)
→ eins aufs **Dach** kriegen

seinen **Hut** nehmen müssen (umg.)
die Kündigung erhalten, entlassen werden [Entlassung]
„Wenn er weiter so wenig Erfolg hat, wird er wohl seinen Hut nehmen müssen. In der Geschäftsleitung ist schon darüber gesprochen worden!"
Die Hüllformel bezieht sich darauf, daß man beim Weggehen seinen Hut mitnimmt.

das kannst du dir an den **Hut** stecken! (umg.)
1) *das nehme ich nicht an! das kannst du behalten!* [Zurückweisung]
2) *das ist nicht realisierbar und muß aufgegeben werden* [Unmöglichkeit]
1) „Deine Pralinen kannst du dir an den Hut stecken! Daß du heute morgen ‚Alter Gokkel' zu mir gesagt hast, habe ich noch nicht vergessen!"
2) „Eben habe ich die Bankauszüge erhalten – das Konto ist um 6 000 Mark überzogen. Den Jahresurlaub können wir uns an den Hut stecken!"
Der mit bunten Bändern, Federn u. ä. geschmückte Hut spielte im Brauchtum des Volkes früher eine große Rolle. Da die Dinge, die an den Hut gesteckt wurden, meist keinen großen Wert besaßen und der geschmückte Hut auch als Trostpreis z. B. bei Schützenfesten diente, wurde er zum redensartlichen Sinnbild des Unernsten, Lustigen und Unwerten.

den **Hut** in den Ring werfen
Einspruch erheben, Ansprüche geltend machen [Einspruch]
„Nach der Wahl hat ein Vertreter der sogenannten Enkelgeneration den Hut in den Ring geworfen und damit seinen Anspruch auf den Parteivorsitz deutlich gemacht."
Im *Handwörterbuch des deutschen Aberglaubens* (Bd. 4, Sp. 529) steht: „Eine alte Form der Einsprache gegen die Ehe war das Werfen des Hutes oder der Mütze. Wenn im Hanauischen bei einer Eheverkündigung von der Kanzel eine Frauensperson Einsprache erheben wollte, mußte sie ihre Mütze abnehmen und in die Kirche werfen."

vor jmdm. den **Hut** ziehen müssen
große Achtung vor jmdm. haben [Hochachtung]
„Vor unserem Nachbarn muß man wirklich den Hut ziehen! Es ist schon erstaunlich, wie er trotz seiner schweren Krankheit alles so in Ordnung hält!"
Das Abnehmen des Hutes beim Grüßen ist seit dem frühen 13. Jh. bezeugt. Ursprünglich war es eine Rangfrage, wer vor wem den Hut zog. Heute ist daraus eine reine Höflichkeitsgeste geworden, die nicht mehr auf Rangunterschiede verweist. Das unbedeckte Haupt des Mannes beim Gebet wird schon in der Bibel gefordert (1. Kor. 11,4 und 11,7). Vgl.: **Hut** ab vor jmdm.

das geht jmdm. über die **Hutschnur** (umg.)
das geht jmdm. zu weit, das ist jmdm. unerträglich [Unerträglichkeit]
„Ich bin ja geduldig, aber daß ich jetzt das gesamte Treppenhaus reinigen soll, das geht mir doch über die Hutschnur!"
Die Hutschnur war früher eine weitverbreitete Halteschnur, die unter dem Kinn hindurchlief und den Hut (insbesondere beim Reiten) auf dem Kopf festhielt. Zur Erklärung der Redensart könnte man daran denken, daß das Bild des Ertrinkens oder Versinkens in einem Sumpf suggeriert werden soll, ähnlich wie in der Redensart *jemandem steht das Wasser bis zum Hals*. Es gibt aber noch eine andere, überraschende Deutung: Im Staatsarchiv zu Eger wird eine Urkunde vom 30. April 1356 aufbewahrt, in der sich die Kreuzbrüder und die Deutschherren über die Nutzung einer Wasserleitung einigen. Die ersten Anlieger an dieser Wasserleitung sollen nicht mehr Wasser entnehmen dürfen, als sie unbedingt brauchen, „und des selben Wazzers schol in niht mer noch diecker auz den Roeren gen, danne ein Hutsnur". Die Hutschnur ist in diesem Dokument also ein Maß für die Dicke eines Wasserstrahls. Wer Wasser in einem Strahl von einem Druchmesser entnahm, der „über die Hutschnur" hinausging, machte sich danach eines Vergehens schuldig.

hier laßt uns **Hütten** bauen (gehoben)
hier wollen wir bleiben [Wohnung]
„Dieses Hotel sieht besser aus als die anderen. Hier laßt uns Hütten bauen."
Bei der Redensart wird Matthäus 17,4 als Vorbild angenommen. Dort heißt es: „Herr, es ist gut hier. Wenn du willst, will ich hier drei Hütten bauen…" Vgl.: seine **Zelte** aufschlagen.

das Pünktchen/Tüpfelchen auf dem **i**
das letzte, was fehlt, um eine Sache vollkommen abzurunden [Vervollkommnung]
„Das Tüpfelchen auf dem i wäre es natürlich, wenn der Uni-Präsident selbst auf deiner Promotionsfeier erscheinen würde!"
Beim handschriftlichen Schreiben werden oft ganze Buchstaben unleserlich bzw. stark verkürzt. Oft fehlen auch bestimmte Teile, wie etwa der Punkt auf dem i. Es spricht also für hohe Sorgfalt und Perfektion, wenn er realisiert ist.

mein/dein besseres **Ich**
die guten Charakterzüge [Charakter]
„Erst wollte ich die Torte allein verspeisen, aber dann hat mein besseres Ich gesiegt, und ich habe dir ein Stück übriggelassen!"
Seit Pythagoras von Samos (580–500 v. Chr.) nennen wir einen guten Freund „das zweite Ich" (lat, *alter ego*). Erst die Psychoanalyse Sigmund Freuds (1856–1939) jedoch hat den Gedanken verschiedener Persönlichkeitsbereiche im Menschen populär gemacht.

eine **Idee** (länger/kürzer, mehr/weniger usw.)
ein bißchen, ein wenig (länger/kürzer, mehr/weniger) [Kleinigkeit]
„Bitte machen Sie diesen Rock eine Idee kürzer, damit er besser zu der Jacke paßt!"
Die ursprüngliche Bedeutung von *Idee* ist *Gedanke, Vorstellung*. Über den Aspekt *Gedanke an Veränderung/Verbesserung, Plan* hat sich wohl der Sprachgebrauch so verfestigt, daß eine kleine (geplante) Änderung mit der Wendung *eine Idee* ausgedrückt wird.

eine fixe **Idee** (umg.)
eine Idee, die einen ständig verfolgt; eine Zwangsvorstellung [Zwangsvorstellung]
„Karl hat die fixe Idee, einmal eine reiche Frau zu heiraten."
Eine *fixe* (lat. *fixus* = fest) *Idee* ist in der Fachsprache der Psychologie eine festgewurzelte falsche Vorstellung, eine Wahnidee oder Zwangsvorstellung, die keiner Berichtigung zugänglich ist. Bei diesem Symptom der Schizophrenie werden alle Gedanken des Kranken auf die zugrundeliegende fixe Idee bezogen, so daß eine stereotype Wahnwelt konstruiert wird. In der Alltagssprache wird als fixe Idee auch ein ausgeprägtes Steckenpferd bezeichnet.

keine **Idee**! (umg.)
überhaupt nicht!, ganz und gar nicht!, nicht daran zu denken! [Unmöglichkeit]
„Ist in diesem Restaurant noch ein Tisch frei?" „Keine Idee! Alles ist besetzt."

unausgegorene **Ideen**
Ideen, die weitgehend ohne Realitätsgehalt sind [Träumerei]
„Du willst also später einmal die Praxis deines Vaters übernehmen? Das klingt ja ganz gut, aber bevor du nicht dein Abitur gemacht hast, sind das doch nichts weiter als unausgegorene Ideen!"
Die älteren Methoden des Weinkelterns führten nur selten zum begehrten Wein ohne Trübung. Schon Paulus vergleicht die deutliche Rede mit reinem Wein, so daß die Übertragung auf klare Gedanken (und realistische) Pläne naheliegt. Der unausgegorene und unfertige Wein ist demgegenüber mit unrealistischen und diffusen Ideen (und Plänen) assoziiert.

(auf) **immer** und ewig (Zwillingsformel)
(für) alle Zeit [Dauer]
„Peter hat Gerda versprochen, ihr immer und ewig treu zu sein. Aber da drüben sehe ich ihn gerade mit einer anderen Frau!"
Schon seit dem Mittelalter werden die synonymen Ausdrücke *immer* und *ewig* in dieser Formel zusammengefügt, um eine Verstärkung auszudrücken. Dies gilt insbesondere für Rechtsformeln, in denen ewige Rechte bezeichnet werden, die niemals erlöschen sollten (zukünftiger Aspekt), und solche Rechte, die schon lang bestanden (Vergangenheitsaspekt).

in petto
→ in **petto**

in sich gehen
über sich selbst (und seine schlechten Taten und Neigungen) nachdenken [Selbstkritik]
„Jeder Mensch sollte gelegentlich in sich gehen und über sein Tun und Treiben ernsthaft nachdenken!"
Wer *in sich geht* macht redensartlich einen Spaziergang in seine Innenwelt und erforscht das, was sonst verdeckt ist. In manchen Wendungen scheint hier ein „eigentliches Ich" zu hausen.

in flagranti
→ auf frischer **Tat**

in sein (umg.)
modern sein, beliebt sein [Mode]
„Heutzutage ist es in, über sogenannte bürgerliche Tugenden wie Fleiß und Anstand zu spotten."
Die Wendung ist ein Anglizismus, abgeleitet von *to be in* (an der Macht sein, im Spiel sein, in Mode sein). Gerade für den Ausdruck der Modernität werden gern fremdsprachliche Ausdrücke (wie *up-to-date, en vogue*) gebraucht, die sich allerdings schnell verbrauchen. Die Beliebtheit von *in sein* erklärt sich dadurch, daß es im Deutschen als einfache Verkürzung des Ausdrucks *in Mode sein* erscheint.

jmd. hat's **in** sich (umg.)
1) *jmd. kann und weiß etwas* [Können]
2) *jmd. ist schlauer, als man denkt* [Fehleinschätzung]
1) „Unser Meister ist ein Profi von Kopf bis Fuß. Der hat's wirklich in sich!"
2) „Unser Lateinlehrer wirkt zwar etwas dümmlich, aber der hat's in sich! Das wirst du schon noch merken!"

etwas hat's **in** sich (umg.)
1) *etwas ist schwer an Gewicht* [Schwere]
2) *etwas ist schwierig zu tun* [Schwierigkeit]
3) *(Alkohol) ist stark* [Alkohol]
1) „Diese Bücherkiste hat's in sich! Wir müssen sie wohl entleeren, damit wir sie die Treppe hochtragen können!"
2) „Die Prüfung schien ganz einfach, aber die einzelnen Aufgaben hatten es in sich!"
3) „Der Schnaps schmeckt ja gut, aber Vorsicht! Der hat's nämlich in sich! Nach drei Gläsern ist man betrunken!"

die ganze **Innung** blamieren (umg.)
die ganze Gruppe (Kollegen, Familie u.ä.) bloßstellen/in schlechtem Licht erscheinen lassen [Fauxpas]
„Warum hast du denn als einziger keine Krawatte getragen? Damit hast du doch die ganze Innung blamiert!"
Die Innung war ursprünglich der Zusammenschluß von Handwerkern zum Zweck der Regelung der Ausbildung, der Niederlassungsfreiheit und zum Schutz der Innungsmitglieder gegen Kriminalität, behördliche Willkür usw. Die Redensart ist im 20. Jh. entstanden und bezieht sich nur scherzhaft auf den alten Kernbegriff.

einen **intus** haben (umg.)
leicht angetrunken sein [Trunkenheit]
„Nein danke, ich will kein Bier mehr! Wir haben heute am Arbeitsplatz einen Geburtstag gefeiert, und ich habe schon einen intus!"
Lat. *intus* bedeutet *innen, innerhalb.* In den deutschen Wendungen bedeutet es *das Innere des Magens* oder *des Gehirns. Intus* ist wohl über die Studentensprache in die Umgangssprache eingedrungen und seit dem Ende des 19. Jh. volkstümlich.

etwas **intus** haben (umg.)
1) *(viel) gegessen haben* [Essen]
2) *(viel Alkohol) getrunken haben* [Trunkenheit]
3) *etwas gelernt und verstanden haben* [Verstehen]
1) „Nein danke, ich mag kein Stück Kuchen mehr. Ich habe schon drei Stücke intus!"
2) „Ich habe schon zuviel intus, um noch selbst mit dem Auto heimfahren zu können. Rufen Sie mir bitte ein Taxi!"
3) „Es hat ja vieler Nachhilfestunden bedurft, aber endlich hat unser Anton die Integralrechnung intus!"
Vgl.: einen **intus** haben.

inwendig: etwas in- und auswendig kennen
1) *etwas gründlich kennen* [Wissen]

2) *etwas so gründlich kennen, daß man nichts mehr darüber hören will* [Überdruß]
1) „Ihr werdet das Abitur erst bestehen, wenn ihr diesen Stoff in- und auswendig kennt!"
2) „Hör doch mit dieser Geschichte auf! Die kennen wir alle in- und auswendig!"
Mit *inwendig* und *auswendig* wird das Innere und das Äußere eines Körpers bezeichnet (die innere Wand und die äußere Wand). Mit der Verbindung dieser Ausdrücke wird seit dem Mittelalter die Gesamtheit eines bestimmten Sachverhalts bezeichnet. *Auswendig* lernen bedeutet: das Buch mit den Buchdeckeln nach außen gewendet, also geschlossen, vor sich liegen haben und den Inhalt aufsagen.

den Weg des **Irdischen** gehen
→ den Weg allen **Fleisches** gehen
[Sterben]

ich muß mal **irgendwohin** (umg.)
ich muß mal auf die Toilette [Toilette]
„Entschuldigt bitte einen Augenblick, ich muß mal kurz irgendwohin!"

an jmdm./etwas (ganz) **irre** werden (umg.)
das Vertrauen in jmdn./etwas verlieren [Vertrauensverlust]
„Unser Sohn weiß einfach nicht, was er will! Einmal will er studieren und ein anderes Mal lieber eine Lehre machen. Man wird noch ganz irre an ihm!"

bis aufs **I-Tüpfelchen** stimmen/überprüfen usw.
ganz genau und in allen Einzelheiten stimmen/überprüfen usw. [Genauigkeit]
„Das Finanzamt hat alle Belege bis aufs I-Tüpfelchen überprüft. Es hat also alles seine Richtigkeit!"

J

ja und amen
→ seinen **Segen** zu etwas geben

das ist mir **Jacke** wie Hose (umg.)
das ist mir gleichgültig, ich sehe keinen Unterschied [Gleichgültigkeit]
„Sollen wir im Juli oder im August in Urlaub fahren?“ „Das ist mir Jacke wie Hose. Ich habe in beiden Monaten frei.“
Die Redensart geht auf die ältere Wendung *das sind zwei Hosen eines Tuches* zurück, welche die gleiche Bedeutung hatte. Gemeint ist in beiden Fällen: Der Stoff beider Kleidungsstücke ist identisch. Der Ausdruck *Jacke wie Hose* ist seit dem 17. Jh. belegt.

jmdm. die **Jacke** voll hauen (umg.)
→ jmdm. den **Frack** voll hauen [Prügel]

die **Jacke** voll kriegen (derb)
verprügelt werden [Prügel]
„Wenn du mich noch einmal so blöd anredest, kriegst du die Jacke voll!“
Die Jacke und der Frack sind in Redensarten mit der Bedeutung *Prügel* als Pars pro toto (Teil steht fürs Ganze) für den gesamten Oberkörper anzusehen.

jmdm. die **Jacke** voll lügen (umg.)
unverschämt/dreist jmd. belügen [Lüge]
„Glaub' ihm kein Wort! Der Kerl lügt dir bloß die Jacke voll!“
Hier wird die Lüge mit einer Last verglichen, die der Belogene mit sich herumtragen muß. Vgl.: **Hucke**.

in die ewigen **Jagdgründe** eingehen (umg., scherzhaft)
sterben [Sterben]
„Die Indianer glaubten daran, daß sie nach ihrem Tod in die ewigen Jagdgründe eingehen.“
Die *ewigen Jagdgründe* waren im Glauben der nordamerikanischen Indianer das Gegenstück zu den elysischen Gefilden der Seligen in der griechischen Mythologie. Entsprechend der Kulturstufe der Indianer war ihr Elysium ein Land voll jagdbaren Wildes, das die Bedürfnisse der Toten im Überfluß stillen konnte. Redensarten aus diesem Bereich sind erst im späten 19. Jh. durch die Romane Karl Mays populär geworden.

mit so was kannst du mich **jagen**! (umg.)
so was finde ich unerträglich! so was kann ich nicht essen! [Zurückweisung]
„Ich würde niemals einen Pelzmantel anziehen! Mit so was kannst du mich jagen!“

Jägerlatein erzählen (umg.)
stark übertreibend berichten (meist über Jagderfolge) [Übertreibung]
„Der Meyer war wieder mal in Ostafrika. Ich bin jetzt schon darauf gespannt, welches Jägerlatein er uns diesmal erzählen wird!“
Mit fremden, unvertrauten Sprachen wird alles das bezeichnet, was unverständlich ist. Besonders beliebt ist der Vergleich mit der Gelehrtensprache Latein. Das Jägerlatein war in diesem Sinn ursprünglich einfach die schwerverständliche Fachsprache der Jäger. Erst später ist der Ausdruck zu einem spöttischen Ausdruck für die starken Übertreibungen mancher phantastischer Jagdberichte geworden. Gelegentlich wird mit diesem Begriff (und dem analog gebildeten *Anglerlatein*) auch alltägliches Übertreiben kommentiert oder kritisiert.

Jahr für Jahr
jedes Jahr, ein Jahr nach dem anderen [Regelmäßigkeit]
„Unsere Nachbarn fahren Jahr für Jahr nach Italien in Urlaub. Uns wäre das zu langweilig!“

von **Jahr** zu Jahr
in regelmäßigen (Jahres-)Abständen, stetig [Stetigkeit]
„Die Situation der Studenten wird von Jahr zu Jahr schlechter. Keiner weiß, was einmal daraus werden soll!“

nach **Jahr** und Tag
nach geraumer Zeit, ziemlich lang danach [Dauer]
„Erst nach Jahr und Tag hat die Behörde

auf meine Anfrage geantwortet."
Die Wendung und ihre Variante *seit Jahr und Tag* beziehen sich auf eine alte Rechtsformel, welche die Jahresfrist durch eine Zugabe verlängerte. Ursprünglich verwies sie auf die Frist von einem Jahr, sechs Wochen und drei Tagen, weil das ordentliche Landgericht seit Karl dem Großen alle sechs Wochen stattfand und jedesmal drei Tage dauerte. Die Zeitspanne zum Einlegen einer Berufung gegen ein Rechtsgeschäft, war also spätestens nach dieser Gerichtssitzung abgelaufen und jeder Anspruch verjährt.

jahraus, jahrein
1) *regelmäßig jedes Jahr* [Regelmäßigkeit]
2) *dauernd, immer* [Dauer]
1) „Wir fahren jahraus, jahrein nach Port Grimaud, weil wir dort ein Ferienhaus besitzen."
2) „Unser Hibiskusstrauch blüht jahraus, jahrein."

in die **Jahre** kommen
alt werden [Alter]
„Ich hätte meinen alten Freund beinahe nicht wiedererkannt. Er ist doch ziemlich in die Jahre gekommen!"
Die Einheit Jahr bezeichnet zum Zweck der Altersangabe in Verbindung mit Zahlen das exakte Alter (20 Jahre alt), ohne Zahlangabe dagegen stets ein hohes Alter: *bejahrt sein* (= alt sein).

aus den besten **Jahren** heraussein
den Höhepunkt seiner Lebenskräfte überschritten haben [Niedergang]
„Man merkt an allerlei Gebrechen, wann man aus den besten Jahren heraus ist."

der billige **Jakob** (umg.)
ein fliegender Händler mit billiger Ware [Preiswürdigkeit]
„Ich sage doch immer, daß du nichts beim billigen Jakob kaufen sollst! Die Ware taugt doch nie etwas!"
Im 19. Jh. bezeichnete sich ein umherziehenden Händler selbst gelegentlich als den *wahren billigen Jakob*, um auf die einzigartige Preiswürdigkeit seiner Ware hinzuweisen. Überden einzelnen hat sich schnell eine abwertende Bezeichnung für den ganzen Berufsstand entwickelt.

der wahre **Jakob** (umg.)
das einzig Richtige, das wirklich Gute/ Schöne usw. [Ideal]
„Man muß zweimal im Jahr Urlaub machen, um sich nicht gesundheitlich zu ruinieren. Das ist der wahre Jakob!"
Jakobus, der Bruder des Johannes, war einer der zwölf Apostel Jesu. Die beiden Brüder und Petrus galten als engste Vertraute Jesu (Mark. 5,37ff). König Herodes ließ den Jakobus 44 n. Chr. enthaupten (Apg. 12,2). Seit dem 7. Jh. gibt es die (wahrscheinlich unhistorische) Legende, daß Jakobus in Spanien gewirkt haben soll. Sein angebliches Grab wurde der Ursprung der Stadt Santiago de Compostela in Nordspanien. Als nationaler Schutzheiliger Spaniens genoß Jakobus insbesondere im Mittelalter höchste Verehrung, so daß Santiago neben Jerusalem zum bedeutensten Wallfahrtsort der Christenheit wurde. Nur in Santiago de Compostela liegt „der wahre Jakob" begraben. Die Wendung bildete sich deshalb aus, weil noch viele andere Kirchen in Europa behaupteten, die Gebeine des Jakobus zu besitzen, weil sie damit Pilger und deren Spenden anlocken konnten.

ein Bild des **Jammers**
ein trauriger Anblick [Elend]
„Der Angeklagte bot ein Bild des Jammers, als er mit leiser Stimme sein Geständnis abgab. Der Richter ließ sich davon jedoch nicht weiter beeindrucken."

jmdn. ins **Jenseits** befördern
jmdn. umbringen [Mord]
„Dieser Killer hat schon viele Menschen ins Jenseits befördert. Ich verlange daher, daß er lebenslänglich eingesperrt wird!"
{Lebensreise}

das **Joch** abschütteln [Befreiung]
→ sich unter das **Joch** beugen

jmdm. ein schweres **Joch** auferlegen [Unterdrückung]
→ sich unter das **Joch** beugen

sich unter das **Joch** beugen
sich unterwerfen [Unterwerfung]
„In den Diktaturen dieser Welt muß der einzelne sich unter das Joch beugen, wenn er nicht umkommen will."
Das Joch ist das Gestell, das auf den Hals der Zugtiere gelegt wird, um daran die Zuglast (Pflug, Wagen usw.) zu befestigen. Dieses archetypische agrarische Bild ist schon im Alten Testament gebräuchlich und dient dazu, Unterwerfung, Belastung, Arbeit und Fremdherrschaft auszudrücken. Die meist paarweise Zusammenarbeit der Zugtiere hat schon im Lateinischen *Joch* (coniugium) zum Synonym für Ehe und andere Formen der partnerschaftlichen Bindung oder Zusammengehörigkeit (Konjugation) werden lassen. In diesem Sinne gibt es auch *Ehejoch*, das jedoch meist negativ gemeint ist.

jmdn. tüchtig ins **Joch** spannen [Arbeit]
→ sich unter das **Joch** beugen

ein schweres **Joch** tragen [Belastung]
→ sich unter das **Joch** beugen

an demselben **Joch** ziehen
[Gemeinsamkeit]
→ sich unter das **Joch** beugen

über den **Jordan** gehen (umg.)
sterben [Sterben]
„Bei jedem Klassentreffen werden wir weniger. Jetzt ist auch Karl-Theodor über den Jordan gegangen."
Der vorderasiatische Fluß Jordan ist insbesondere durch verschiedene biblische Episoden in der abendländischen Kultur bekannt geworden. Die Bedeutung *sterben* verbindet sich mit dieser Wendung vielleicht dadurch, daß der Jordan ins Tote Meer mündet. Eine andere Deutung setzt den Übergang der Israeliten über den Jordan mit dem Eintritt in das Himmelreich gleich.
{Lebensreise}

kein **Jota** von etwas abweichen
nicht ein bißchen/überhaupt nicht von etwas abweichen [Gleichheit]
„Obwohl die Versammlung eine Stunde diskutiert hat, ist sie zum Schluß kein Jota von dem ursprünglichen Wortlaut des geplanten Vertragswerks abgewichen."
Das Jota wurde als kleinster Buchstabe des griechischen Alphabets bereits in der Bibel zum Symbol des Winzigen und Geringen (Matth. 5,18).

ein Don **Juan**
ein Frauenheld [Frauenheld]
„Dieser Don Juan wird nicht mehr eingeladen! Es war ja direkt peinlich, wie er mit allen Damen geflirtet hat!"
In dem Tirso de Molina zugeschriebenen Roman *Der Verführer von Sevilla* (1630) wird die literarische Gestalt *Don Juan* als Typus des reichen, gottlosen Verführers eingeführt. Sie erfährt viele Übernahmen und Gestaltungen, beispielsweise von Molière, Goldoni, Byron, Dumas, Mérimée, Grabbe, Frisch. Der Stoff liegt auch der Oper *Don Giovanni* von Mozart zugrunde.

Jubel, Trubel, Heiterkeit [Ausgelassenheit]

alle **Jubeljahre** (umg.)
sehr selten [Seltenheit]
„Du willst mir beim Abwasch helfen? Das kommt ja nur alle Jubeljahre mal vor!"
Das *Halljahr* oder *Jubeljahr* kehrte bei den Israeliten alle 50 Jahre wieder. Es brachte jeweils den Erlaß aller Schulden mit sich, so daß immer wieder eine annähernde Gleichstellung in der Bevölkerung erreicht wurde. Zu seinem Namen kam das Jubeljahr dadurch, daß es durch den Schall von Posaunen und den Klang von Widderhörnern (hebr. *jobel* = Widderhorn, Freudenschall) angekündigt wurde. Mittellat. *iubilaeus* (Feier, Jubiläum) wurde von Isidor von Sevilla (560–636) in der Schrift *Etymologiae* ausdrücklich auf diesen hebräischen Ursprung bezogen, obwohl es auf lat. *iubilum* (jauchzen, jodeln) zurückgeht. Papst Bonifatius VIII stiftete im Jahr 1300 ein Jubeljahr (jubilaeus annus) nach dem alttestamentlichen Brauch, das mit einem hohen Ablaß verbunden war. Die ursprünglich alle 100 Jahre geplante Wiederholung dieses Jubeljahres verkürzte sich allmählich auf 50 und schließlich auf 25 Jahre. Mit dem Begriff *Jubiläum* wurden dann volkstüm-

lich alle Feierlichkeiten benannt, die anläßlich des Verstreichens längerer Zeitspannen abgehalten werden.

ein **Judas** (gehoben, veraltend)
ein Verräter [Verräter]
„Da kommt Karl, dieser Judas! Er hat unserem Lehrer verraten, wer das Spottgedicht an die Tafel geschrieben hatte!"
Ein Verräter ist ein Mensch, der absichtlich jmdm. schadet, dem er durch ein Treueverhältnis verbunden ist. Kennzeichen des Verrats sind die böse Absicht, der damit verbundene Schaden für den Verratenen und gegebenenfalls ein Lohn, den der Verräter erwartet. Für das christliche Abendland ist Judas Ischariot der prototypische Verräter (Matth. 26,25;48 f). Judas verrät für 30 Silberlinge (den *Judaslohn*) Jesus an die Obrigkeit. Mit einem Wangenkuß (dem *Judaskuß*) bezeichnete er die Person des Verratenen. Im germanischen Raum konnte dieser Teil der Heilsgeschichte auf das bekannte Prinzip der Gefolgschaftstreue übertragen werden. Entsprechend populär war die Szene bereits im frühen Mittelalter. Der Begriff *Judaskuß* taucht bereits im *Parzival* Wolframs von Eschenbach auf (321,10). In mittelalterlichen Passionsspielen werden gelegentlich die Züge des Judas mit dem prototypischen Verräter des germanischen Raums – Hagen von Tronje – vermischt.

wie der ewige **Jude** (gehoben)
immer unterwegs, rast- und ruhelos [Unrast]
„Unser Sohn führt beruflich bedingt ein Leben wie der ewige Jude. Allein in diesem Jahr mußte er dreimal umziehen."
Seit dem 13. Jh. war die Sage von Ahasver, dem *ewigen Juden,* in ganz Mitteleuropa verbreitet. Seit 1602 gab es ein entsprechendes Volksbuch, welches auch Goethe gekannt hat. Ahasver war nach der Überlieferung ein Zeuge des Leidenswegs Jesu Christi. Der kreuztragende Jesus wollte sich kurz vor Ahasvers Haus ausruhen, wurde jedoch von diesem barsch weitergeschickt. Jesus verfluchte Ahasver mit den Worten: „Ich wollte hier ruhen, du aber sollst gehen, bis ich wiederkomme!" Seither zieht, nach dieser Sage, der vom Tod verschonte Ahasver ruhelos über die Erde.

so **jung** kommen wir nicht mehr zusammen! (umg.)
laßt uns noch etwas länger bleiben und zusammen feiern! [Geselligkeit]
„Ihr wollt schon gehen? Bleibt doch noch ein bißchen! Schließlich kommen wir so jung nicht mehr zusammen!"
Die Redensart könnte auf eine Zeile des Liedes *Dem Gott der Reben* von Christian August (1762–1827) Vulpius zurückgehen.

ein grüner **Junge**
→ ein **grüner** Junge

ein schwerer **Junge** (umg.)
ein Verbrecher [Verbrecher]
„Bei dem Banküberfall wurden die schweren Jungs von einer Kamera gefilmt. Das hilft der Polizei bei der Fahndung!"
Schwer meint ursprünglich *belastend* und *drückend.* Schon früh hat sich der Begriff vom konkreten Bereich auf moralische Belastungen ausgedehnt, so daß Wendungen wie *schweres Laster* und *schwer sündigen* gebräuchlich wurden. Darauf bezieht sich auch die Redeweise vom *leichten* und *schweren* Gewissen. In bildlicher Vorstellung werden die Sünden des Menschen addiert zum „Sündenregister". *Schwerverbrecher* oder der *schwere Junge* ist demnach jemand, der große Schuld auf sich *geladen* hat. {Sünden sind eine Traglast}

wie die **Jungfrau** zum Kind kommen (umg.)
etwas ohne eigenes Zutun/durch Zufall erhalten [Zufall]
„Im Vertrauen gesagt: Unser Chef ist zu seiner Position im Betrieb gekommen wie die Jungfrau zum Kind; zufällig sind drei fähigere Leute auf besser bezahlte Posten bei anderen Firmen gewechselt und er ist als einziger Bewerber übriggeblieben!"
Die Jungfräulichkeit der Mütter großer Persönlichkeiten ist ein altes Motiv des griechischen und asiatischen Kulturraums. Beispielsweise soll Alexander der Große (356–323 v. Chr.) durch einen Blitzstrahl

empfangen worden sein. Auch die katholische Kirche hält am Dogma der jungfräulichen Geburt fest und überhöht es gleichzeitig, insofern sie auch die Virginität der Kirche und des Priestertums daraus ableitet.

ein eingefleischter **Junggeselle**
ein unverheirateter Mann, der die Ehe ablehnt [Junggeselle]
„Unser Nachbar ist ein eingefleischter Junggeselle. Er sagt immer, daß Frauen bloß Geld kosten und nichts taugen. Er muß schon einige schlimme Erfahrungen gemacht haben!"
Eingefleischt ist eine Lehnübersetzung von lat. *incarnatus*, welches ursprünglich nur den *zu Fleisch gewordenen* Jesus Christus bezeichnet. In der Wendung bedeutet es soviel wie *in Fleisch und Blut übergegangene Überzeugung*.

blaue **Jungs**
Matrosen [Seefahrt]
„Die blauen Jungs sind der Stolz der gesamten Nation."
Die Wendung bezieht sich auf die blaue Uniform der Matrosen.

aus **Jux** und Tollerei (umg.) [Übermut]
→ außer **Rand** und Band

j. w. d. (sprich: **jott we de**) (umg.)
janz weit draußen, auf dem Land
[Abgelegenheit]
„Im Innenstadtbereich von München sind die Grundstückspreise so hoch, daß man sich höchstens j.w.d. ein Haus leisten kann."
Diese Wendung ist wohl im Berliner Raum entstanden, wie man an dem dialektalen *janz* für *ganz* erkennt. Sie ist noch relativ jung.

zum **Kadi** laufen (umg.)
einen Prozeß anstrengen [Gerichtsbarkeit]
„Mit unseren Vermietern ist nicht gut auszukommen. Die laufen wegen jeder Kleinigkeit gleich zum Kadi!"
Kadi ist das arabische Wort für *Richter* und erscheint 1703 im Deutschen.

jmdn. vor den/zum **Kadi** schleppen
→ zum **Kadi** laufen [Anklage]

ein netter **Käfer** (umg.)
ein reizendes Mädchen [Mädchen]
„Die Freundin unseres Sohnes ist wirklich ein netter Käfer!"
Begriffe aus der Insektenwelt scheinen besonders geeignet zu sein, die Munterkeit junger Mädchen zu symbolisieren, so z. B. die Biene und die Hummel. Zusammensetzungen mit *Käfer* oder *Käferlein* in dieser Funktion sind seit dem 13. Jh. bekannt, beispielsweise *Herzenskäfer*.

das ist kalter **Kaffee**! (umg.)
das ist dummes und veraltetes Zeug!, das interessiert niemanden! [Uninteressantheit]
„Was du bisher erzählt hast, ist doch kalter Kaffee! Komm endlich zur Sache!"
Die Redensart stellt eine Analogie zwischen dem schalen Geschmack von kaltem Kaffee und der Uninteressantheit einer Darstellung her. Sie ist erst im 20. Jh. entstanden.

da kommt einem der kalte **Kaffee** wieder hoch (umg.)
das ist ekelhaft!, das ist abscheulich! [Ekel]
„Bei diesem Gruselfilm kommt einem wirklich der kalte Kaffee wieder hoch!"
Vgl.: das ist **kalter** Kaffee!

in einem goldenen **Käfig** sitzen
viel Geld und Luxus, aber wenig Freiheiten haben [Unfreiheit]
„Viele Frauen weigern sich heute, zu Hause wie in einem goldenen Käfig zu sitzen, und bestehen darauf, einen eigenen Beruf auszuüben."
Der Käfig ist seit der Antike das Sinnbild der Enge und Gefangenschaft. In der Literatur werden Zimmer, Städte und ganze Länder mit Käfigen verglichen. Der *goldene Käfig* als Symbol des durch Unfreiheit bezahlten Luxus ist eine Erweiterung dieses bekannten Vergleichs.

wo sogar der **Kaiser** zu Fuß hingeht (umg.)
die Toilette [Toilette]
„Entschuldigt mich kurz, ich muß dorthin, wo sogar der Kaiser zu Fuß hingeht!"
Die Toilette wird in vielen Hüllformeln tabuisiert. Dabei nutzt der Volkswitz gern die Gelegenheit, die Symbole und Vertreter der politischen Macht etwas zu degradieren. Deshalb setzt man kleine Kinder auch *aufs Thrönchen* und derjenige, der auf der Toilette sitzt, *regiert gerade*.

um des **Kaisers** Bart streiten
→ um des Kaisers **Bart** streiten

jmdn. durch den **Kakao** ziehen (umg.)
jmdn. verspotten [Neckerei]
„Bei unserem Stammtisch werden immer diejenigen Kollegen durch den Kakao gezogen, die gerade nicht anwesend sind."
In einigen Wendungen wird *Kakao* als gleichbedeutend mit dem lautähnlichen *Kacke* (*Kot*, von lat. cacare) verwendet. Die Verwendung von *ziehen* dürfte in Analogie zu *jmdn. durch den Dreck ziehen* erfolgt sein. Sehr bekannt ist die Verwendung der Redensart in einem *Albumvers* von Erich Kästner: „Nie dürft ihr so tief sinken, / von dem Kakao, durch den man euch zieht, / auch noch zu trinken!"

der Tanz um das Goldene **Kalb** (gehoben)
die Anbetung des Luxus, der Reichtum als einziges Ideal und Lebensziel [Luxus]
„In der heutigen Konsumgesellschaft ist der Tanz um das Goldene Kalb beinahe schon gesellschaftsfähig geworden."
Die Redensart und ihre Variante *das Goldene Kalb anbeten* beziehen sich auf die bekannte Episode aus dem Alten Testament (2. Mos. 32), in der die Israeliten von Gott abfallen, während Moses auf dem Berg Sinai weilt.

etwas/den Tag im **Kalender** rot anstreichen
ein Ereignis im Kalender notieren [Erinnerung]
„Am 27. September hat mein Chef Geburtstag. Den Tag muß ich mir im Kalender rot anstreichen, damit ich ihn nicht vergesse!"
Kalender geht auf lat. *calendare* (ausrufen) zurück und bewahrt ein Stück Kulturgeschichte der Zeitbestimmung. Die Römer gliederten den Monat nicht in gleichmäßige Abschnitte (wie Wochen), sondern in die ungleichmäßigen Teile Kalenden, Nonen und Iden. *Kalenden* hießen die ersten Tage des Monats deshalb, weil der erste Tag des Monats öffentlich ausgerufen wurde. Die Iden waren der 15. oder der 13. des Monats, und die Nonen waren der 9. Tag vor den Iden. Das, was wir heute z. B. als den 8. November bezeichnen, war in altrömischer Rechnung der 6. Tag vor den Iden (15. des Monats) des November. Um 100 n. Chr. wurde die regelmäßige Sieben-Tage-Woche eingeführt, deren Tagesnamen sich an den damals bekannten sieben Planeten orientierten. Den Sonntag als Ruhetag bestimmte erst Konstantin 321 n. Chr. anläßlich seiner Bekehrung zum Christentum. Damals wurde es üblich, diesen Ruhetag im Kalender besonders (etwa: rot) zu markieren, um seinen Sonderstatus festzuhalten.

ein besonderes/sonderbares **Kaliber** (umg.)
ein recht sonderbarer Mensch [Sonderling]
„Unser neuer Kollege ist schon ein sonderbares Kaliber. Seit er bei uns arbeitet, hat er noch kein einziges Mal etwas über sich erzählt! Niemand kennt seine Vergangenheit!"
Ein arabisches Lehnwort *qalib* (Form, Modell) ist in der alten Ballistik verwendet worden, um ein rundes Eisen zu bezeichnen, mit dem Durchmesser und Gewicht von Kanonenkugeln bestimmt wurden. Über das Italienische und Französische ist es als *Caliber* um 1616 ins Deutsche gekommen. Die Redensart beinhaltet den Aspekt der Meßbarkeit und Einschätzbarkeit eines Menschen gemäß einer bestimmten Norm.

bei jmdm. rieselt (bereits) der **Kalk** (grob)
jmd. ist alt und verkalkt, jmd. ist (aufgrund seines Alters) schwer von Begriff [Alter]
„Den Maier wollt ihr die Jahresbilanz machen lassen? Das wird eine mittlere Katastrophe! Bei dem rieselt doch schon der Kalk. Er wird sich sicher häufig verrechnen!"
Bei alten Menschen kommt es häufig zu einer „Verkalkung", d. h. zu Ablagerungen in den Gefäßen. Dadurch wird meistens auch die Reaktionsschnelligkeit und Denkfähigkeit herabgesetzt.

jmdn. **kalt** ablaufen lassen (umg.)
jmdn. schroff abweisen [Abweisung]
„Als ich heute wegen einer Gehaltserhöhung mit dem Chef sprechen wollte, hat er mich kalt ablaufen lassen und auf Wirtschaftskrise und schlechte Auftragslage der Firma verwiesen."

es überläuft jmdn. **kalt**
jmdm. läuft ein kalter Schauer den Rücken herunter, weil er entsetzt/erschrocken ist [Entsetzen]
„Es überläuft mich jedesmal kalt, wenn ich an die Schrecken eines Atomkrieges denke!"

kaltbleiben
keine Erregung zeigen, sich nicht aufregen [Gelassenheit]
„Ein Lehrer muß auch dann kaltbleiben, wenn die Klasse ihn fürchterlich ärgert. Die Schüler warten ja bloß darauf, daß er die Beherrschung verliert und einen Tobsuchtsanfall bekommt."
Kälte und Wärme sind körperliche Empfindungen, die redensartlich dazu genutzt werden, bestimmte Kontraste auszudrücken: *Kalt* ist die gelassene Teilnahmslosigkeit, der Tod, die Rationalität, aber auch die Gefühllosigkeit des Hartherzigen. *Warm ist* Anteilnahme und Leben, freundliche Zuwendung, Gefühl.

jmdn. **kaltlassen**
für jmdn. uninteressant sein, nicht aufregend sein [Desinteresse]
„Das Unglück seiner Familie ließ ihn völlig kalt. Völlig Unbekümmert fuhr er mit seiner neuen Freundin in Urlaub."
Vgl.: **kaltbleiben**.

jmdn. **kaltmachen** (umg.)
jmdn. umbringen, jmdn. ermorden [Mord]
„Der Killer in diesem Film hat schon viele kaltgemacht. Aber der Kommissar wird ihn überführen!"

jmdn. **kaltstellen**
jmdn. um Macht und Einfluß bringen [Entmachtung]
„Lange hat er gegen die Interessen der eigenen Partei gewirkt. Jetzt hat man ihn endlich kaltgestellt und auf einen Posten im Ausland versetzt."
Die Kälte ist Sinnbild der Erstarrung und Inaktivität. Die Wendung bezieht sich ursprünglich auf das Kaltstellen von Speisen und Getränken. Seit dem 19. Jh. wird sie bildlich auf das Abschieben und Entmachten von Personen – und hier insbesondere im politischen Bereich – gebraucht.

eher geht ein **Kamel** durch ein Nadelöhr, als daß (etwas Bestimmtes geschieht)
etwas ist unmöglich, etwas wird nicht passieren [Unmöglichkeit]
„Eher geht ein Kamel durch ein Nadelöhr, als daß du mit dieser schlechten Vorbereitung die Prüfung bestehst!"
Bei der Wendung handelt es sich um ein Bibelzitat: „es ist leichter, daß ein Kamel durch ein Nadelöhr gehe, als daß ein Reicher ins Reich Gottes komme" (Matth. 19,24). Die Stelle hat verschiedene Deutungen erfahren. So ist angenommen worden, daß mit *Nadelöhr* ein kleines Stadttor von Jerusalem gemeint war, das wegen seiner Enge nur für Menschen passierbar war und deshalb im Volksmund so hieß. Nach einer anderen Deutung handelt es sich bei *Kamel* um einen Übermittlungs- und Übersetzungsfehler, wobei die griechischen Wörter für *Kamel* und *Schiffstau* verwechselt worden wären.

olle **Kamellen** (umg. norddt.)
altbekannte Dinge, Altbekanntes und Uninteressantes [Uninteressantheit]
„Was du bisher erzählt hast, sind doch alles olle Kamellen! Wann bringst du endlich die Neuigkeiten?"
Kamelle ist die norddeutsche Form für *Kamille*, ein heilkräftiges Kraut, das durch lange Lagerung an Geruch und Heilkraft verliert. Als Ausdruck der Uninteressantheit ist die Wendung seit dem 18. Jh. in Pommern nachweisbar. Im süd- und mitteldeutschen Raum ist die Identität von *Kamelle* und *Kamille* unbekannt. Eine volksetymologische Deutung bezieht *Kamelle* auf *Karamellen,* süße Bonbons, so daß *olle Kamellen* als *alte Bonbons* interpretiert wird.

etwas in den **Kamin** schreiben
→etwas in den **Schornstein** schreiben

bei jmdm. liegt der **Kamm** neben der Butter (umg.)
bei jmdm. herrscht ein unhygienisches Durcheinander [Durcheinander]
„Wir sind wieder bei Meiers zum Essen eingeladen. Ich gehe sehr ungern dort hin, weil bei denen der Kamm neben der Butter liegt. Ein reines Wunder, daß wir davon noch nicht krank geworden sind!"
Normalerweise werden Artikel der Körperhygiene und Eßwaren in einem Haushalt an getrennten Plätzen aufbewahrt.

alles über einen **Kamm** scheren
alle/alles in der gleichen Weise bewerten und behandeln [Gleichsetzung]
In der modernen Kunst gibt es gute und schlechte Sachen. Man kann also nicht einfach alles über einen Kamm scheren!"
Die seit dem 16. Jh. bezeugte Wendung geht wohl auf die alten Gepflogenheiten beim Bader zurück, der alle Kunden mit demselben Kamm frisierte. Eine andere Deutung bezieht sich auf das Scheren der Schafe. Die Wolle wird nach der Schur durch Kämme verschiedener Stärke gezogen, um grobe und feine Wolle zu sondern. Wer also *alles über einen Kamm schert*, der kann diese Differenzierung nicht vornehmen und behandelt alles gleich.

jmdm. schwillt der **Kamm** (umg.)
1) *jmd. gerät in Zorn* [Zorn]
2) *jmd. wird eingebildet/übermütig* [Eingebildetheit]
1) „Wenn man sich bei unserem Chef nach einer Gehaltserhöhung erkundigt, schwillt

ihm immer gleich der Kamm. Er sieht einfach nicht ein, daß die Löhne, die er zahlt, zu niedrig sind."
2) „Seit man ihm die Professur in Erlangen versprochen hat, ist ihm sichtlich der Kamm geschwollen!"
Die Redensart ist vom Hahnenkamm abgeleitet, der sich bei Erregung - sei es aus Wut oder aus Eitelkeit (die man dem Hahn ebenfalls gern nachsagt) - mit Blut füllt und davon anschwillt.

im stillen **Kämmerlein** (umg.)
in der stillen Abgeschiedenheit
[Abgeschiedenheit]
„Das Studium vollzieht sich eher im stillen Kämmerlein als in der Betriebsamkeit der Universität."
Das Kämmerlein wird schon in der Bibel (Matth. 6,6) als rechter Ort für Studium und Gebet angesehen.

den **Kanal** voll haben (umg.)
1) *einer Sache überdrüssig sein* [Überdruß]
2) *betrunken sein* [Trunkenheit]
1) „Nach dieser Unterhaltung mit dem Chef habe ich den Kanal endgültig voll. Ich kündige!"
2) „Der Karl ist schon wieder betrunken. Der hatte den Kanal doch erst gestern voll! Wie soll das bloß enden?"
Die Redensart bezieht sich auf den Speisekanal im Sinne der Speiseröhre, des Magens und des Darms. Dabei wird der Zustand des (Beinahe-)Erbrechens thematisiert.

jmdn. an der **Kandare** haben/halten
jmdn. in strenger Disziplin halten, jmdn. unterdrücken und bevormunden
[Disziplinierung]
„Der Klassenlehrer hat die Klasse neun ganz schön an der Kandare!"
Das von (ungar.) *kantár* (Zaun) abgeleitete Wort *Kandare* bezeichnet die Gebißstange am Zaumzeug des Pferdes, die ein scharfes Zügeln ermöglicht. Die übertragene Bedeutung des Wortes ist erst seit Ende des 19. Jh. nachweisbar.

jmdn. an die **Kandare** nehmen
→ jmdn. an der **Kandare** haben/halten

unter aller **Kanone** sein (umg.)
unter aller Kritik sein, schlecht sein, wertlos sein [Minderwertigkeit]
„Die Leistungen der gesamten Klasse sind unter aller Kanone! Jetzt muß energisch durchgegriffen werden, damit sich das ändert!"
Im Unterschied zu dem Geschütz *Kanone* stammt die *Kanone* dieser Wendung vom lateinischen Schulausdruck *Kanon* (Maßstab, Richtschnur). Was unterhalb des Maßstabs lag, war sehr schlecht. Die dafür geltende *sub omni canone* wurde im 19. Jh. in der Schülersprache wörtlich mit *unter aller Kanone* übersetzt. Sein surrealer Charme hat dem Ausdruck eine weite Verbreitung gesichert.

mit **Kanonen** auf Spatzen schießen (umg.)
viel zu scharf auf etwas reagieren, übertriebenen Aufwand bei der Abwehr von etwas betreiben [Überreaktion]
„Du nimmst viel zu starke Mittel gegen deine Erkältung! Man darf in Fragen der Gesundheit nicht immer mit Kanonen auf Spatzen schießen, weil die Mittel sonst ihre Wirkung verlieren!"
Lat. *canna* (Rohr) hat über ital. *cannone* (große Röhre) zu *Kanone* (Geschützrohr) geführt. Diese Übernahme geschah vermutlich zwischen dem 15. und 17. Jh., als die Kriegstechnik mit französischen und italienischen Ausdrücken versehen war. Der Spatz ist gegenüber dem Geschütz ein denkbar unterlegener Gegner, so daß die Wendung einen starken (und damit erheiternden) Kontrast enthält.

heiliges **Kanonenrohr**!
→ heiliger **Strohsack**!

nach **Kanossa** gehen
→ nach **Canossa** gehen

etwas auf der hohen **Kante** haben
[Ersparnisse]
→ etwas auf die hohe **Kante** legen

etwas auf die hohe **Kante** legen (umg.)
Geld sparen, finanzielle Rücklagen bilden
[Sparsamkeit]

„Dieser Autounfall hätte uns finanziell ruinieren können. Gut, daß wir jeden Monat etwas auf die hohe Kante gelegt hatten! Durch diese Ersparnisse können wir die fälligen Ausgaben nun gut verkraften."
Die Herkunft dieser Redensart ist nicht gesichert. Eine der Deutungen bezieht sich auf das Verfahren, größere Stückzahlen an Münzgeld zu Rollen zusammenzupacken. Das so „gestapelte" Münzgeld kommt dann hochkant zu stehen, wenn man die Geldrolle irgendwo aufbewahrt. Deutungen für *hohe Kante* sind: die oberen Regalbretter eines Wandschranks; der Balken, welcher auf der Hauswand aufliegt und den Dachstuhl trägt; ein hoch gestelltes oder hohles Geschirr namentlich eine Tasse oder Kanne (dialektal gelegentlich: *Kant*). Alle diese Örtlichkeiten eignen sich mehr oder weniger gut als Geldversteck.

jmdn. am/beim **Kanthaken** packen/nehmen/kriegen (umg.)
jmdn. beim Kragen fassen und streng zurechtweisen [Zurechtweisung]
„Wenn ich den Nachbarjungen noch einmal auf unserem Grundstück erwische, werde ich ihn beim Kanthaken nehmen!"
Ein Kanthaken ist ein eiserner Haken, der früher beim Laden der Schiffe im Hafen benutzt wurde, um Kisten an der Kante zu heben. Seit dem 17. Jh. ist die Redensart mit der Bedeutung *jmdn. am Kragen pakken und zurechtweisen* üblich. Da es jedoch eigentlich heißen müßte: *jmdn. mit dem Kanthaken packen*, ist im 18. Jh. vermutet worden, daß es sich bei *Kanthaken* um eine Entstellung des Wortes *Kammhaken* mit der Bedeutung *Genick* handeln müsse. So verbucht etwa Adelung im *Grammatisch-kritischen Wörterbuch* Bd. 2 Sp. 1497, die Wendung *etwas am Kammhaken nehmen* mit der Bedeutung *etwas beherzt angreifen*. Der Kamm ist ursprünglich der Nacken des Pferdes, auf dem die Mähne wächst, später auch der Nacken oder Schopf des Menschen.

ein unsicherer **Kantonist** sein (umg.)
ein unzuverlässiger Mensch sein [Unzuverlässigkeit]
„Bei dieser Abstimmung ist das Ergebnis nicht vorherzusehen, weil unter den Wahlberechtigten einige unsichere Kantonisten sind, deren Meinung sich ständig ändert."
Im Jahr 1733 wurde Preußen in Aushebungsbezirke für das Militär unterteilt, die als *Kantone* bezeichnet wurden. Ein *Kantonist* war demnach ein Angehöriger eines Kantons, der zum Militärdienst verpflichtet war. Ein *unsicherer Kantonist* war jemand, der sich dem Dienst zu entziehen versuchte. Der Ausdruck wurde sehr rasch zur heutigen Bedeutung verallgemeinert.

schwer von **Kapee** sein (umg.)
schwer begreifen [Nichtverstehen]
„Jetzt habe ich dir die Geschichte schon dreimal erzählt, und du hast sie immer noch nicht verstanden. Du bist doch sonst nicht so schwer von Kapee!"
Kapee führt zu lat. *capere* (begreifen), das auch dem Verb *kapieren* zugrunde liegt. Die Endung *-ee* ist französisierend. Die Wendung ist seit Beginn des 20. Jh. nachweisbar.

jmds. geistiges **Kapital**
jmds. Wissen, das er professionell nutzen kann [Wissen]
„Wer kein Vermögen hat, muß sein geistiges Kapital einsetzen, um durch eine adäquate berufliche Tätigkeit seinen Lebensunterhalt bestreiten zu können."
Vgl.: aus etwas **Kapital** schlagen.

totes **Kapital**
Besitz/Wissen und Können, welche(r)(s) nicht ausgenutzt wird [Unbrauchbarkeit]
„Vieles, was man auf der Schule lernt, ist im späteren Leben totes Kapital."
Vgl.: aus etwas **Kapital** schlagen.

aus etwas **Kapital** schlagen
aus etwas Vorteile ziehen, von etwas profitieren [Vorteil]
„Aus dieser Schwäche der Konkurrenzfirma können wir sicher Kapital schlagen, indem wir unsere Leistungen bei den Kunden stärker herausstellen!"
Das Kapital ist der Besitz, der seinem Eigentümer bestimmte Erträge garantiert. Die Wendung mit dem Verb *schlagen* ist eine

Parallelbildung zu der älteren Form *Geld aus etwas herausschlagen.*

die **Kapitäne** der Landstraße (umg.)
die Lastwagenfahrer [Fahrer]
„Viele Kapitäne der Landstraße sind trotz Verbots täglich mehr als zehn Stunden unterwegs."
Kapitän stammt von lat. *caput* (Haupt) ab. Über mittellat. *capitaneus* (Anführer) ist *der Kapitän* im 13. Jh. zunächst mit der allgemeinen Bedeutung *Anführer* (später Schiffsführer) ins Deutsche gekommen. Die Wendung gehört natürlich erst in die zweite Hälfte des 20. Jh.

das ist ein **Kapitel** für sich
darüber ist viel zu sagen (aber jetzt ist nicht der geeignete Augenblick dafür) [Thema]
„Ihr fragt, wie er zu dieser hohen Position in der Regierung gekommen ist? Das ist ein Kapitel für sich!"
Bereits im Alten Testament (Exodus 32,22; Ps. 68,29; 138,16) findet sich die Vorstellung, daß alles von Gott im „Buch des Lebens" aufgezeichnet wird. Auch die Sünde des Judas „ist geschrieben mit eisernen Griffeln und spitzen Diamanten" (Jer. 17,1). Platon vergleicht die Seele mit einer Wachstafel, auf welcher die Dinge sich wie durch einen Siegelring einprägen. Und Aristoteles sieht den Geist, der sich noch nicht einem Erkenntnisgegenstand zugewendet hat, als „Schreibtafel, auf der noch nichts Geschriebenes vorhanden ist" (*De anima* III 4, 430 a 1). Thomas von Aquin übersetzt dies mit dem noch heute gängigen Begriff „tabula rasa". Zum Bildfeld {das Buch des Lebens} gehört also die Vorstellung, daß das Gedächtnis die Schrift ist, welche die „Seiten des Lebens" füllt. Für andere Menschen kann jemandes Leben *wie ein offenes Buch* sein, eine Person kann aber für andere auch ein *Buch mit sieben Siegeln* sein. Das Lebensbuch hat dunkle und traurige, aber auch heitere Kapitel. Andere Wendungen sprechen von einem *neuen Lebenskapitel* oder *-abschnitt.* Die erzählende Wiedergabe eines derartigen Lebenskapitels kann unschicklich oder langwierig sein, so daß man die Zuhörer vertrösten muß: *das ist ein Kapitel für sich* bzw. *das steht auf einem anderen Blatt.* Als Gesprächsfloskeln handelt es sich also um Signale zur Themenausblendung.

etwas ist ein trauriges **Kapitel**
etwas ist eine unerfreuliche Angelegenheit [Negativ]
„Seine Schulzeit ist ein trauriges Kapitel gewesen, aber im späteren Leben hat er viel Erfolg gehabt."
Vgl.: das ist ein **Kapitel** für sich.

(das ist) ein dunkles **Kapitel**
1) *das ist eine ungeklärte Angelegenheit* [Unbekanntheit]
2) *das ist eine negative/belastende/ehrenrührige Angelegenheit* [Negativ]
1) „Wo hat Ihr neuer Kollege eigentlich vorher gearbeitet?" „Das ist ein dunkles Kapitel. Darüber hat er mit mir noch nie gesprochen!"
2) „In der deutschen Geschichte gibt es eine ganze Reihe dunkler Kapitel. Als eines davon wird meistens auch das sogenannte Dritte Reich angesehen."
Vgl.: das ist ein **Kapitel** für sich.

um auf ein anderes **Kapitel** zu kommen
umstandslos ein Thema beenden [Themenwechsel]
„Soviel zu den Neurosen des Herrn Maier. Um auf ein anderes Kapitel zu kommen: Wie geht es denn Ihrer Frau Gemahlin?"

das ist ein ganz anderes **Kapitel**
[Themenausblendung]
→ das ist ein **Kapitel** für sich
→ um auf ein anderes **Kapitel** zu kommen

etwas auf seine **Kappe** nehmen (umg.)
die Verantwortung dafür übernehmen [Verantwortung]
„Sie können ruhig nach Hause gehen. Ich nehme es auf meine Kappe, falls jemand sich erkundigt, wo Sie sind."
Die Wendung ist erst seit Heinrich von Kleist belegbar und bezieht sich möglicherweise auf die Bedeutung der Kappe als Teil der Amtstracht von Richtern und bestimmten Beamten.

Kapriolen machen (umg.)
Unsinn machen [Unsinn]
„Mach nicht solche Kapriolen, und bleib endlich ruhig am Mittagstisch sitzen!"
Das von lat. *caper* (Bock) abgeleitete ital. *capriolo* (Bocksprung) bezeichnet das ausgelassene Hüpfen des Tieres. Im 16. Jh. ist es als Name für das kunstvolle Springen italienischer Tänzer ins Deutsche eingedrungen und hat etwa die Bedeutung von *Faxen* angenommen.

(völlig) **kaputt** sein (umg.)
völlig erschöpft sein [Erschöpfung]
„Nach dem Dauerlauf war ich völlig kaputt, aber ich habe mich rasch erholt."
Kaputt stammt von lat. *caput* (Kopf, Vorderteil des Schiffes) und franz. *capoter* (kentern). Das Adjektiv *capot* ist ein französischer Fachausdruck beim Kartenspiel mit der Bedeutung *keinen Stich erhaltend, völlig leer ausgehend.* Das Wort hat sich über das Kartenspiel im 17. Jh. in Deutschland ausgebreitet, wobei es allmählich erweitert wurde zu: *alles verlieren, zerstört sein, tot sein.*

kariert (daher)reden/quatschen (umg.)
unangepaßtes Sprachverhalten zeigen, hochgestochen/fein/kompliziert reden in einer dafür nicht geeigneten Situation
[Sprachverhalten]
„Red nicht so kariert daher! Kein Mensch versteht, was du meinst!"
Vgl: **kariert** gucken/schauen.

kariert gucken/schauen (umg.)
merkwürdig gucken/schauen
[Blickverhalten]
„Was guckst du den wieder so kariert? Dir ist wohl eine Laus über die Leber gelaufen?"
Das von lat. *quadratus* und frz. *carré* (viereckig) abgeleitete Wort *kariert* hat die Bedeutung *gewürfelt, gekästelt.* Die Verbindung zu Verben des Sehens bleibt unklar, wenn man nicht einfach Sprachwitz als Entstehungsursache annehmen will. Eine andere Deutung könnte eine Entstellung des Begriffs *karikiert* (komisch verzerrt) in Betracht ziehen. Das Verb *karikieren* ist erst im 19. Jh. über ital. *caricaturista* (Karikaturist) im Deutschen heimisch geworden und hätte zu entsprechenden volkssprachlichen Umdeutungen (karikiert → kariert) Anlaß geben können.

die **Karre** in den Dreck fahren [Scheitern]
→ die **Karre**/der **Karren** ist verfahren

die **Karre**/den **Karren** einfach laufen lassen (umg.)
etwas nicht (länger) beeinflussen
[Nichtbeteiligung]
„Ich bin es satt, ständig die Kollegen zu größerem Einsatz anzuhalten. Ich mache mich damit nur unbeliebt. Deshalb lasse ich jetzt die Karre einfach laufen!"
Karren hat eine keltische Wurzel und verweist auf die hohe Pferd- und Wagenkultur des Volkes. Die Germanen entlehnten das Wort von den Römern, die es vorher in Gallien übernommen hatten. Ableitungen der Grundform finden sich in allen romanischen und germanischen Sprachen: engl. *car* (Wagen, Auto) franz. *charrue* (Pflug) und natürlich das Lehnwort *Karosse.* Zur keltischen Wurzel *karr* gehört auch das spätlateinische Verb *carricare* (laden, beladen), das über ital. *caricatura* (eigentlich: das Überladene, das Übertriebene) dem Wort *Karikatur* (übertriebene Darstellung) zugrunde liegt. Schließlich gehört hierher noch die Sippe franz. *charger*/engl. *charge* mit ihren vielen Ableitungen wie *Chargendarsteller, chargieren, Chargenbezeichnung* usw. Über spanisch *cargo* (Fracht) ist dann auch das internationale Schiffahrtswort *Kargo* im Deutschen gebräuchlich geworden. Im englischen Raum soll noch der *carpenter* (Zimmermann, Schreiner) erwähnt werden, der sich aus spätlat. *carpentarius* (Wagen-/Stellmacher) entwickelt hat.

die **Karre** läuft schief [Gefährdung]
→ die **Karre**/der **Karren** ist verfahren

sich nicht vor jmds. **Karre/Karren** spannen lassen (umg.)
nicht den Interessen eines anderen dienen; sich weigern, für jmd. anderen zu arbeiten
[Eigenständigkeit]
„Ich bin zwar Sympathisant dieser Partei,

lasse mich aber keineswegs vor ihren Karren spannen. Deshalb trete ich ihr auch nicht bei."
In einigen Redensarten wird ein gemeinsam zu bewältigendes Unternehmen mit einem gemeinsam zu ziehenden Karren verglichen.

die **Karre** im Dreck stehenlassen
[Aufgeben]
→ die **Karre**/der **Karren** ist verfahren

die **Karre**/der **Karren** ist verfahren (umg.)
etwas läßt sich nur noch schwer in Ordnung bringen [Scheitern]
„Bei der Verhandlung kommen wir einfach nicht weiter. Der Karren ist verfahren! Beide Parteien bestehen stur auf ihren Vorstellungen!"
Die Redensarten mit *die Karre/der Karren* stellen Variationen aus dem Bereich der Bildfelder {Lebensweg} und {Lebensreise} dar.

die **Karre** wieder aus dem Dreck ziehen
[Hilfe]
→ die **Karre**/der **Karren** ist verfahren

jmdm. an den **Karren** fahren (umg.)
jmdn. bewußt stören, jmdn. durch aufreizendes Verhalten beleidigen, aggressiv sein gegenüber jmdm., jmdm. zu nahe treten
[Aggression]
„Mir ist nicht klar, warum er mir ständig an den Karren fährt. Meines Erachtens habe ich ihm noch nie etwas getan!"
Vgl.: die **Karre**/der **Karren** ist verfahren.

alle vor den gleichen **Karren** spannen (umg.) [Koordination]
→ sich nicht vor jmds. **Karre/Karren** spannen lassen

die letzte **Karte** ausspielen
die letzte Möglichkeit ergreifen, das letzte Mittel einsetzen [Rettungsversuch]
„Mit diesem Angebot, freiwillig auf einen anderen Posten überzuwechseln, hat er die letzte Karte ausgespielt, um seine Entlassung zu verhindern!"
Vgl.: sich nicht in die **Karten** sehen lassen.

auf die falsche **Karte** setzen
ein falsches Mittel wählen, Pech haben
[Irrtum]
„Mit der Ausbildung zum Lehrer hat er auf die falsche Karte gesetzt. Seit er mit dem Studium fertig ist, werden überhaupt keine Lehrer mehr eingestellt!"
Vgl.: sich nicht in die **Karten** sehen lassen.

alles auf eine **Karte** setzen
alles riskieren, sich keinen Rückweg offenhalten [Wagnis]
„Es hat keinen Zweck mehr, in dieser Angelegenheit noch länger zu taktieren. Wir müssen jetzt alles auf eine Karte setzen und der Gegenseite von uns aus ein Angebot machen, obwohl dies unseren Verhandlungsspielraum einschränkt!"
Vgl.: sich nicht in die **Karten** sehen lassen.

die **Karte** sticht [Erfolg]
→ aus dem **Schneider** sein

diese **Karte** sticht nicht mehr
diese Vorgehensweise/dieses Argument überzeugt (heute) nicht mehr
[Wirkungslosigkeit]
Einen Stich machen bedeutet beim Kartenspiel: *eine Spielrunde gewinnen und die Kartenwerte für sich verbuchen können.* Die Fügung stammt aus dem Ritterturnier, wo es galt, den Gegner durch einen Lanzenstich vom Pferd zu stürzen (auszustechen). In diesem Sinn spricht man deshalb auch vom *Skatturnier, Schachturnier* usw.

die **Karten** sind gut gemischt
die Chancen sind für alle gleich
[Chancengleichheit]
„Diese Wahl wird spannend. Die Karten sind gut gemischt, und niemand kann als Favorit angesehen werden!"
Das Mischen der Karten ist die Voraussetzung zu einem Spiel mit gleichen Chancen für alle Mitspieler. Da das Mischen nur von einem einzigen Beteiligten vorgenommen wird, bietet es die Möglichkeit der Manipulation. Daher leiten sich auch Redensarten ab, die das „Mitmischen" thematisieren und damit dessen Effizienz (bei gleichzeitiger Unrechtmäßigkeit) betonen.

die **Karten** aufdecken
→ die **Karten** offen auf den Tisch legen

die **Karten** offen ausspielen
→ die **Karten** offen auf den Tisch legen

wissen, wie die **Karten** fallen
Ereignisse voraussehen [Ahnung]
„Diesmal sind die Wahlergebnisse nicht vorhersehbar. Kein Mensch weiß, wie diesmal die Karten fallen werden!"

alle **Karten** in der Hand haben/halten
alle Machtmittel bzw. die Leitung haben [Macht]
„Er tritt zwar nur selten in der Öffentlichkeit auf, aber damit soll eher verschleiert werden, daß er alle Karten in der Hand hält und das Unternehmen immer noch leitet."

schlechte **Karten** haben [Nachteil]
→ in der **Hinterhand** sein

die **Karten** offen auf den Tisch legen
seine Absichten deutlich zu erkennen geben [Offenlegung]
„Nach dieser ganzen Geheimniskrämerei ist es wirklich an der Zeit, daß Sie die Karten offen auf den Tisch legen und uns über alle wichtigen Details unterrichten!"
Vgl.: sich nicht in die **Karten** sehen lassen.

sich nicht in die **Karten** sehen lassen
seine Absichten und seine Lage geheimhalten [Geheimhaltung]
„Wir kennen seine beruflichen Pläne nicht. Er läßt sich nicht einmal von uns seinen eigenen Eltern, in die Karten sehen!"
Redensarten mit *Karten* und *Spiel* beziehen sich auf Aspekte der Bildfelder {das Leben ist ein Spiel} und {das Leben ist ein Kartenspiel}. Beim Kartenspiel hat der Spieler die Möglichkeit, durch Geschicklichkeit das Spielglück zu seinen Gunsten zu beeinflussen. Beim Glücksspiel hingegen ist er dem Zufall (Schicksal, der Magie, den Göttern usw.) ausgeliefert. Das Kartenspiel ist vermutlich um das Jahr 700 in China entstanden. Erst im 13. Jh. ist es (wohl über Indien) mit den Kreuzfahrern nach Europa gekommen, wo es rasch weite Verbreitung fand. Dies erklärt die Fülle von Sprichwörtern und Redensarten, die mit dem Kartenspiel zusammenhängen. Da das Kartenspiel in der Antike unbekannt war, besitzt es freilich keine derart lange Tradition wie das Glücksspiel, das auch in vielerlei Varianten sich redensartlich niedergeschlagen hat. Im Aberglauben wird das Kartenspiel meist mit dem Teufel in Verbindung gebracht, weil es häufig die Ursache des völligen Ruins unverbesserlicher Spieler geworden ist.

jmdm. in die **Karten** sehen/schauen/gukken (umg.)
in jmds. Pläne Einblick nehmen [Erkundung]
„Wir müssen unbedingt verhindern, daß uns die Konkurrenz in die Karten schaut und diesen Auftrag wegschnappt!"
Vgl.: sich nicht in die **Karten** sehen lassen.

mit offenen **Karten** spielen [Offenheit]
→ mit verdeckten **Karten** spielen

mit verdeckten **Karten** spielen
seine Absichten und seine Lage geheimhalten, heimlich handeln [Geheimhaltung]
„Sein Verhalten ist nicht besonders kollegial. Man hat stets den Eindruck, daß er mit verdeckten Karten spielt!"
Vgl.: sich nicht in die **Karten** sehen lassen.

mit gezinkten **Karten** spielen [Betrug]

wie ein **Kartenhaus** zusammenfallen/zusammenstürzen
zunichte werden, sich als Phantasie erweisen [Untergang]
„Seine ganzen Pläne mit der neuen Praxis in der Stadt sind wie ein Kartenhaus zusammengefallen, als er sich mit der Bank über die Finanzierung unterhalten hat. Jetzt muß er Landarzt bleiben."
Das instabile, aus Spielkarten aufgebaute Kartenhaus ist seit dem 17. Jh. als Sinnbild der Hinfälligkeit gebräuchlich.

rin in die **Kartoffeln**, raus aus den/die Kartoffeln! (umg.)
mal soll es so gemacht werden, mal soll es nicht so gemacht werden (Ausruf der Verär-

gerung) [Uneindeutigkeit]
„So ist es recht! Rin in die Kartoffeln, raus aus die Kartoffeln! Erst sollen wir an diesem Samstag arbeiten, dann heißt es wieder, daß es doch nicht notwendig ist. Wie soll man da seine Freizeit planen?"
Die Wendung ist ein Ausruf der Verärgerung, insofern eine geltende Arbeitsanweisung plötzlich durch eine neue abgelöst wird, so daß Verwirrung entsteht. Die seit Ende des 19. Jh. bezeugte Redensart geht wohl auf das Militär zurück. Bei Manövern wurden die Soldaten häufig zur Tarnung in einen Kartoffelacker geschickt und nach wenigen Minuten wieder daraus vertrieben, um Flurschäden zu vermeiden. Der falsche Kasus *aus die Kartoffeln* weist auf Berlin als Entstehungsort dieser Wendung hin.

das ist alles **Käse**! (umg.)
1) *das ist Unsinn!* [Unsinn]
2) *das ist unbrauchbar!* [Unbrauchbarkeit]
1) „Das, was er dir versprochen hat, ist alles Käse! Diese Versprechungen kann er niemals halten."
2) „Was du da gebastelt hast, ist doch alles Käse! Das funktioniert doch niemals!"
Käse und Quark gelten seit dem 16. Jh. als Sinnbilder des Wertlosen, der Nichtigkeit und des Unsinns.

das geht dich einen **Käse** an! (umg.)
das geht dich überhaupt nichts an! [Abweisung]
„Was ich verdiene? Das geht dich einen Käse an!"

(kaum) drei **Käse** hoch sein (umg.)
sehr klein sein; ein kleines Kind, das altklug ist; ein Gernegroß sein [Körpergröße]
„Da kommt wieder Hänschen, der Dreikäsehoch! Wahrscheinlich will er wieder ein gewichtiges Wörtchen mitreden!"
Die Höhe aufgestapelter Käselaibe ist eine bereits im 18. Jh. nachweisbare scherzhafte Meßangabe für kleine Kinder. Sie wird meist gebraucht, wenn ein kleines Kind sich als „Gernegroß" aufspielt.

gegen **Kasse**
gegen Bargeld [Geld]
„Auf Versteigerungen muß man die ersteigerten Gegenstände häufig gegen Kasse erstehen."

Kasse machen
Einnahmen und Ausgaben vergleichen, abrechnen [Geld]
„Als Geschäftsmann muß ich jeden Abend Kasse machen und das eingenommene Geld im Nachttresor der Bank deponieren."
Wie viele Begriffe aus dem Bankwesen (*Giro, Konto* usw.) stammt das Wort *Kasse* aus dem Italienischen und ist Ende des 16. Jh. in Deutschland heimisch geworden.

getrennte **Kasse** machen
bei einer gemeinsamen Unternehmung jeder für sich selbst bezahlen [Ausgaben]
„Damit es nachher keinen Ärger mit dem Geld gibt, schlage ich vor, daß wir bei diesem Betriebsausflug getrennte Kasse machen!"

gut bei **Kasse** sein [Reichtum]
→knapp/schlecht bei **Kasse** sein

knapp/schlecht bei **Kasse** sein
wenig Geld haben [Armut]
„Ich bin momentan knapp bei Kasse. Könntest du mir bis zum nächsten Ersten 50 Mark leihen?"

einen Griff in die **Kasse** tun
Geld stehlen/veruntreuen [Diebstahl]
„Es ist kaum zu glauben, aber unser alter Buchhalter hat einen Griff in die Kasse getan! Er hat angeblich hohe Schulden. Jetzt wird er wohl entlassen werden!"

ab nach **Kassel**! (umg.)
fort mit dir, verschwinde! [Vertreibung]
„Du bist schon spät dran! Zieh schnell deine Schuhe an, und dann ab nach Kassel!"
Im 18. Jh. verkauften die hessischen Landesfürsten gelegentlich männliche Untertanen als Soldaten an die Engländer. Diese setzten die hessischen Regimenter in Nordamerika gegen die aufständischen Kolonien ein. Sammelstelle der Regimenter war Kassel, so daß dieser Ort eine traurige Berühmtheit erhielt und als (scherzhafte) Drohung

zur Redensart wurde. Sie wurde aufgefrischt, als Napoleon III. nach der Kapitulation von Sedan (1870) auf das Kasseler Schloß Wilhelmshöhe verbannt wurde.

Kassensturz machen
1) *das Geld in der Kasse nachzählen* [Revision]
2) *die finanziellen Möglichkeiten überprüfen* [Zählung]
1) „Ich bin gespannt auf die Tageseinnahmen. Ich glaube, wir sollten jetzt schon einmal einen kleinen Kassensturz machen."
2) „Morgen hat meine Frau Geburtstag. Ich muß heute mal einen Kassensturz machen, damit ich ungefähr weiß, was das Geschenk für sie kosten darf!"
Da die Kasse früher aus einem Kasten bestand, erklärt sich die Wendung als Umstürzen dieses Geldkastens zur Entleerung.

für jmdn. die **Kastanien** aus dem Feuer holen
für jmdn. etwas Unangenehmes/Riskantes erledigen [Opferbereitschaft]
„Ich werde der Polizei keine Märchen darüber erzählen, wie es zu dem Unfall gekommen ist. Schließlich bist du gefahren! Warum soll ich für dich die Kastanien aus dem Feuer holen? Es ist nicht zu verheimlichen, daß du zu schnell gefahren bist!"
Die Redensart geht auf eine orientalische Fabel zurück. Darin überredet ein Affe eine Katze, für ihn geröstete Kastanien aus dem Feuer zu holen. Europäische Versionen dieser Fabel sind seit 1584 bekannt. Berühmt ist die Gestaltung in der Fabel IX,15 von La Fontaine (1621–1695). Sie gab Anlaß zur Aneignung der Redensart bei Lessing und Goethe.

etwas auf dem **Kasten** haben (umg.)
gescheit sein, viel können [Klugheit]
„Der Ulrich ist Klassenbester. Er hat wirklich etwas auf dem Kasten."
Schon im Mittelalter werden *Brust* (Brustkasten) und *Kopf* (Hirnkasten) als bergende Hüllen um einen (leer oder gefüllt gedachten) Hohlraum aufgefaßt. Der gefüllte „Hirnkasten" ist das Sinnbild der Klugheit, der leere ein Hinweis auf Dummheit.

einen **Kater** haben (umg.)
Nachwirkungen eines Rauschs (insbesondere Alkoholrauschs) erleiden [Übelkeit]
„Mensch, hab' ich einen Kater! Ich hätte gestern doch nicht soviel Bier und Wein durcheinander trinken sollen!"
Kater in der angegebenen Bedeutung gilt als volkstümliche Aussprache des ärztlichen Fachbegriffs *Katarrh*, der in der Umgangssprache ein diffuses Krankheitsbild im Umkreis von Husten, Schnupfen, Unwohlsein und Kopfweh bezeichnet. Nach dieser Deutung sollte also kein Zusammenhang zu dem Begriff *Katzenjammer* bestehen, der in der Studentensprache des 19. Jh. für das jämmerliche Gefühl nach einem nicht vollständig überwundenen Rausch üblich war. Da der *Katzenjammer* ursprünglich aber das liebestolle Maunzen des Katers bezeichnet, könnten beide Inhalte durchaus direkt (das heißt ohne Umweg über *Katarrh*) miteinander zusammenhängen.

es ist alles für die **Katz** (umg.)
es ist alles vergeblich (gewesen), es ist alles zwecklos [Vergeblichkeit]
„Drei Tage lang habe ich mich für den Vortrag vorbereitet, und jetzt ist alles für die Katz, weil der Kongreß nicht stattfindet."
Um die Redensart *das ist für die Katz* ranken sich seit dem 16. Jh. sekundäre Deutungen in der Form von Anekdoten. Abraham a Sancta Clara (1644–1709) verwendet ein davon abgeleitetes Gleichnis: Ein Mann, der von seinem Herrn statt Lohn, nur Versprechungen erhielt, gab seiner Katze kein Futter, sondern bloß das Versprechen, sie bald zu füttern. Natürlich verhungerte die Katze. Als der Herr ihm wieder dankte und ihn ohne Lohn entlassen wollte, entgegnete er mit den Worten: „Meine Katze ist an den Versprechungen gestorben."

Katz und Maus spielen mit jmdm. (umg.)
jmdn. hinhalten, jmdn. im unklaren lassen [Uneindeutigkeit]
„Erst verspricht er ihr die Ehe, dann verschiebt er den Hochzeitstermin immer wieder. Ich glaube, wir sollten ihr einmal klarmachen, daß er Katz und Maus mit ihr spielt!"

Die Redensart bezieht sich auf das Verhalten der Katze gegenüber einer von ihr gefangenen Maus. Häufig spielt die Katze noch eine Weile mit ihrem Opfer und läßt es scheinbar entkommen, um es schließlich doch zu töten. Schon bei Luther findet sich die Wendung: „Der Katzen Spiel ist der Mäuse Tod."

eine falsche **Katze** (umg.)
eine verlogene Frau [Falschheit]
"Unsere Nachbarin ist eine falsche Katze! Im Supermarkt hat sie doch glatt erzählt, daß sie den Lärm unserer Kinder nicht länger ertragen kann, und uns gegenüber ist sie ausnehmend freundlich. Jedenfalls hat sie sich bei uns noch nie beklagt!"

das ist eine **Katze**, die sich in den Schwanz beißt (umg.)
das ist ein Teufelskreis; da gibt es keinen Ausweg, weil Ursache und Wirkung sich wechselseitig bedingen [Ausweglosigkeit]
„Viele Ausländer erhalten keine Arbeit, weil sie keine Aufenthaltsgenehmigung besitzen, und die kriegen sie nicht, weil sie keinen Arbeitsplatz haben. Das ist doch eine Katze, die sich in den Schwanz beißt!"
Die Redensart bezieht sich auf das Spiel junger Katzen, die sich in den eigenen Schwanz verbeißen.

eine **Katze** fällt immer auf die Pfoten
jmd. hat immer wieder Glück im Unglück [Glück im Unglück]
„Bisher hat er nach jedem Konkurs wieder eine neue Firma gegründet. Eine Katze fällt eben immer auf die Pfoten."

wie die **Katze** um den heißen Brei herumgehen
→ wie die Katze um den heißen **Brei** herumgehen

die **Katze** im Sack kaufen (umg.)
etwas kaufen, ohne es gesehen zu haben [Gutgläubigkeit]
„Ich kaufe diesen Wagen erst, wenn ich eine Probefahrt gemacht habe. Schließlich kaufe ich nicht die Katze im Sack!"
Bereits im Volksbuch *Till Eulenspiegel* von 1515 wird der Schwank von der Katze im Sack erzählt, die als Hase (und damit als angeblicher Braten) verkauft wird. Da die Schwänke des Till Eulenspiegel ihre Pointe meist daraus beziehen, daß Redensarten wörtlich verstanden und befolgt werden, muß die betreffende Redensart wesentlich älter sein. Tatsächlich wird schon in den Schwänken des sogenannten „Stricker" (nach 1240) die Kurzform „etwas im Sack kaufen" verwendet.

die **Katze** aus dem Sack lassen (umg.)
das Geheimnis verraten, den wahren Grund/ die wahre Absicht verraten [Information]
„Wir brauchen uns nicht länger zu wundern, warum Peter nicht mehr regelmäßig zum Fußballtraining erscheint. Er hat jetzt die Katze aus dem Sack gelassen und erzählt, daß er eine Freundin hat. Da kommen seine alten Freunde natürlich von nun an zu kurz."

die **Katze** läßt das Mausen nicht
(schlechte) Gewohnheiten sind schwer abzulegen, jmd. ist unverbesserlich [Unverbesserlichkeit]
„Erwin ist schon wieder bei einem Einbruchsdiebstahl ertappt worden!" „Ja, die Katze läßt das Mausen nicht!"
Die sprichwörtliche Redensart ist seit dem Mittelalter das Thema zahlloser Schwänke und Anekdoten, die um die Sentenz kreisen: „Natur geht über die Lehre."

bei Nacht sind alle **Katzen** grau
etwas fällt nicht auf [Unauffälligkeit]
Bei diesem Regen werde ich meine alten Stiefel anziehen müssen. Aber das ist egal, bei Nacht sind ja alle Katzen grau!"

Katzenmusik machen (umg.)
einen unmelodischen Lärm mit Musikinstrumenten und anderen Geräten machen [Lärm]
„Das Ständchen der Feuerwehrkapelle anläßlich Viktors Geburtstag mag ja nett gemeint gewesen sein, aber ehrlich gesagt: Das war doch eine schreckliche Katzenmusik, die sie da gemacht haben!"
Seit dem 17. Jahrhundert ist die Wendung

für schlechte Musik und unmelodischen Lärm in Sprichwörtersammlungen aufgeführt. Allerdings gab es schon weit länger den Volksbrauch, daß Burschen vor dem Haus einer vorher bestimmten Person mit Schreien, Johlen, Pfeifen und mit mitgeführten Geräten Lärm veranstalteten. Solche Bräuche wurden am stärksten in den an romanisches Stammgebiet angrenzenden Ländern West- und Süddeutschlands ausgeübt, wo sie mit dem *Charivari* (vgl.: **Charivari** machen) zusammenfließen. In beiden Fällen handelt es sich um Relikte alter Volksgerichtsbarkeit bzw. um Akte sittenrechtlicher Brandmarkung und Verspottung. So wurde beispielsweise Mädchen, die in ein anderes Dorf heirateten, eine Katzenmusik dargebracht; weitere Gelegenheiten sind die Heirat zwischen Jung und Alt, die Wiederverheiratung Verwitweter oder das Zusammenleben Unverheirateter gewesen. Daneben gab es aber auch Formen der ehrenvollen Katzenmusik vor den Häusern angesehener Leute. Vermutlich handelt es sich bei Charivari und Katzenmusik um Reste alter indogermanischer Schwarmumzüge, gegen die die katholische Kirche (wegen des heidnischen Charakters) durch das ganze Mittelalter hindurch angegangen ist.

es ist nur ein **Katzensprung** (umg.)
dorthin ist es gar nicht weit [Nähe]
„Kommst du mit zur Buchhandlung? Es ist nur ein Katzensprung, und ich muß unbedingt das Begleitheft zum Sprachkurs kaufen!"
Diese Wendung ist seit dem 16. Jh. überliefert und seit dem 17. Jh. fester Bestandteil von Sprichwörtersammlungen.

Katzenwäsche machen (umg.)
sich schnell und nur oberflächlich waschen [Körperpflege]
„Schnell, wir müssen aufstehen! Wir haben den Wecker überhört! Heute muß eine Katzenwäsche genügen, weil in zehn Minuten der Bus fährt."

Kauderwelsch [Nichtverstehen]
→ das kommt mir **spanisch** vor

etwas (mit) in **Kauf** nehmen
einen Nachteil (aus Rücksicht/wegen bestimmter Vorteile) hinnehmen [Nachteil]
„Diese Arbeit wird zwar gut bezahlt, aber man muß dafür auch am Wochenende einsatzbereit sein. Nicht jeder würde das in Kauf nehmen."
Die Wendung geht auf die Form *etwas mit in den Kauf nehmen* zurück. Ein Käufer bekam früher gelegentlich etwas Ware zusätzlich mit in den Kauf, wenn der Händler nicht genug Kleingeld zum Herausgeben hatte. Auch bürdeten Wucherer dem Entleiher oft für einen Teil des geborgten Geldes Waren auf, die dieser zwar nicht gebrauchen konnte, die er aber abnahm, um überhaupt *ins Geschäft* zu kommen. Dies führte zu der Bedeutung: *unliebsame Zugabe zu etwas Vorteilhaftem hinnehmen.*

dafür kann ich mir nichts **kaufen**! (umg.)
davon habe ich keinen Nutzen!, das hilft mir nicht [Wertlosigkeit]
„Für Ihre Entschuldigung kann ich mir nichts kaufen! Wer ersetzt mir den Schaden, der durch Ihre Unachtsamkeit entstanden ist?"

den werd' ich mir mal **kaufen**! (umg.)
den werde ich zur Rechenschaft ziehen! [Rechenschaft]
„Es sind schon wieder die Spuren des Nachbarjungen in unserem Gemüsebeet! Ich glaube, den werde ich mir mal kaufen!"
Jmdn. kaufen bezeichnete in germanischer Zeit den Vertrag zwischen Personen und insbesondere die Heirat. Erst im Spätmittelalter wurde daraus der negative Aspekt der Bestechung (*eine gekaufte Person;* noch heute: *er ist gekauft* = er ist bestochen). Denjenigen, den man *sich kauft*, kann man natürlich auch zur Rechenschaft ziehen.

ein komischer/närrischer **Kauz**
ein wunderlicher Mensch, ein merkwürdiger Außenseiter [Sonderling]
„In unserer Nachbarschaft wohnt ein komischer Kauz. Im Sommer trägt er immer einen Mantel, und im Winter läuft er manchmal barfuß durch den Schnee!"
Kauz ist Sammelbegriff für mehrere kleine

Eulenarten. Da das Verhalten der Eulen sich deutlich von dem der anderen Vögel unterscheidet, sind sie schon im Altertum mit allerlei Aberglauben verknüpft worden. Ihre nächtliche Lebensweise, ihr Ruf und ihr Aufenthalt in Höhlen und Gewölben machte sie zu Todesboten. Der Ruf *gu gu* wurde etwa gedeutet als *Komm zur Ruh!*. Erst im 16. Jh. entwickelte sich *Kauz* zu einer Bezeichnung für den menschenscheuen Sonderling. In verschiedenen Erweiterungen kann aber auch der Gelehrte, der Geizhals, der Spaßmacher usw. mit diesem Begriff bezeichnet werden.

ein **Kavalier** der alten Schule
→ ein Mann von **Welt** [Gentleman]

die **Kehle** ist jmdn. wie zugeschnürt
jmd. hat große Angst (und kann deswegen nicht mehr schlucken) [Angst]
„Obwohl ich gut vorbereitet war, war mir in der Prüfung die Kehle wie zugeschnürt. Erst nach einigen Minuten konnte ich anfangen zu sprechen."
Die Kehle ist physiologisch bei den lebensnotwendigen Prozessen des Atmens und Schluckens beteiligt. Gleichzeitig ist sie gefährdet und bildet einen Engpaß, der sehr sensibel auf psychische Erregung reagiert. Deshalb ist die Kehle in den verschiedenen Wendungen im Sinne einer körperlichen Symptomatik verwendet worden (vgl.: **Gurgel, Hals**).

aus voller **Kehle** [Lärm]

sich die **Kehle** anfeuchten/schmieren/ölen (umg.)
Alkohol trinken [Alkoholgenuß]
„Nach dieser langen Rede muß ich mir jetzt einmal mit einem Glas Sekt die Kehle anfeuchten, wobei ich gleichzeitig einen Trinkspruch ausbringen möchte."
Diese Wendung ist spätestens seit dem 17. Jh. in Sprichwörtersammlungen nachweisbar.

etwas in die falsche **Kehle** bekommen (umg.)
→ etwas in den falschen **Hals** bekommen

jmdn. an die **Kehle** fahren/springen (umg.)
→ jmdm. an die **Gurgel** fahren

etwas ist jmdm. in die falsche **Kehle** geraten (umg.)
→ etwas ist jmdm. in den falschen **Hals** geraten

immer eine trockene **Kehle** haben
immer durstig (nach Alkohol) sein [Durst]
„Den Karl brauchst du erst gar nicht zu fragen, ob er ein Glas Bier will. Der hat immer eine trockene Kehle, die befeuchtet werden muß."

durch die **Kehle** jagen (umg.)
→ durch die **Gurgel** jagen

sich die **Kehle** aus dem Hals schreien (umg.)
laut und anhaltend schreien [Schreien]
„Ich schrie mir die Kehle aus dem Hals, aber wegen des Straßenlärms hat mich niemand gehört."
In der Redensart gilt die Kehle als Sitz der Stimme, die man durch anhaltendes Schreien auch (vorübergehend) „verlieren" kann.

das Wort bleibt jmdm. in der **Kehle** stecken (umg.)
→ das Wort bleibt jmdm. im **Hals** stecken

das geht dich einen feuchten **Kehricht** an (grob)
→ das geht dich einen feuchten **Dreck** an

die **Kehrseite** der Medaille
ein negativer Aspekt, der untrennbar mit dem positiven Aspekt einer Sache verknüpft ist. [Nachteil]
„Die neue berufliche Position in Hamburg bedeutet natürlich eine Verbesserung. Die Kehrseite der Medaille ist dabei, daß meine Familie lieber in München bleiben würde. Da wird es noch einige Auseinandersetzungen geben!"
Die zwei Seiten von Münzen und Medaillen haben seit dem Altertum zu bildhaften Vergleichen angeregt, wobei insbesondere der Aspekt der Untrennbarkeit von Vorder- und Rückseite betont worden ist. *Kehrseite* ist die Rückseite, die in der Wendung als

Kontrast zur glänzenden *Hauptseite* gesehen wird.

etwas im **Keim** ersticken
den Anfängen von etwas entgegentreten
[Bekämpfung]
„Diktaturen zeichnen sich dadurch aus, daß sie jegliche Opposition bereits im Keim ersticken."

den **Keim** zu etwas legen
den Beginn von etwas verursachen
[Beginn]
„Die Entdeckung der Spaltbarkeit von Atomen legte den Keim zur atomaren Bedrohung des Weltfriedens."
Redensarten mit Begriffen wie *Keim, Frucht* oder *Blüte* bedienen sich des weiten Bildfelds der Pflanzen- oder Organismus-Metaphorik. Besonders häufig wird sie für prozesshafte Entwicklungen verwendet. In allen derartigen Redensarten wird der Keim als Anlage für die zu entfaltenden Entwicklungsmöglichkeiten angesehen, wobei sowohl positive (der Keim der Vollendung) als auch negative Aspekte (der Keim der Zerstörung) hervorgehoben sein können.

du gehst mir (ordentlich) auf den **Keks!** (umg.)
du belästigst mich!, laß mich in Ruhe!
[Belästigung]
„Mit deinem Gefasel gehst du mir ordentlich auf den Keks! Willst du nicht mal die Fliege machen?"
Die Wendung gehört zu einer Reihe von jugendsprachlichen Abwehrfloskeln, in denen der Sprachwitz ganz beliebige Begriffe als Ersatz für das ältere *du gehst mir auf den Geist!* zur Verwendung anbietet.

den (bitteren) **Kelch** bis zur Neige/bis auf den Grund leeren (gehoben)
eine schlimme Entwicklung bis an ihr Ende durchstehen [Erduldung]
„Infolge des kleinen Ladendiebstahls verlor er seine Stellung als Beamter. Aber nicht nur das: Er mußte den bitteren Kelch bis zur Neige leeren und auch noch hinnehmen, daß seine Familie sich von ihm lossagte."
Der Kelch ist ein uraltes semitisches Symbol für Schicksal und Prüfung. Dieses Bild geht wahrscheinlich auf den Brauch zurück, dem Gast einen Trunk zu bieten, der die Gastfreundschaft besiegelte. Ein feindlich gesinnter Gastgeber konnte durch einen vergifteten Trank auch Tod und Verderben bringen. Im Sinne einer göttlichen Prüfung taucht der Kelch bereits mehrfach im Alten Testament auf (Jes. 51,17). Populär in Redensarten wurde der *Kelch* mit der Bedeutung *Erduldung* besonders durch die häufige Verwendung im Neuen Testament (Matth. 20,22; Mark. 14,36; Luk. 22,42; Joh. 18,11). Allmählich bildete sich die Konvention aus: *süßer Kelch* = Liebe, *bitterer Kelch* = Leid. Eine Mischform bildet der Kelch, der zunächst süß ist und erst bei seiner allmählichen Leerung die *bittere Neige* (und damit einen Leidenszustand) offenbart.

das **kennen** wir (schon)! (umg.)
diese Ausrede erkenne ich nicht an!
[Durchschaubarkeit]
„Du willst zwei Tage Urlaub, weil deine Großmutter beerdigt wird? Das kennen wir schon! Hast du nicht schon einige Großmütter zu Grabe getragen? Diesmal mußt du dir eine bessere Ausrede einfallen lassen!"

kennen: da kenne ich nichts! (umg.)
da nehme ich keine Rücksicht!, da bin ich konsequent! [Rücksichtslosigkeit]
„Wenn ich einen Auftrag annehme, dann führe ich ihn auch aus. Da kenne ich nichts!"

kennen: da kennst du mich aber schlecht! (umg.)
da beurteilst du mich ganz falsch! ich bin nicht so, wie du es jetzt darstellst!
[Fehleinschätzung]
„Du fragst, ob ich vielleicht am Wochenende ein paar Überstunden machen könnte? Da kennst du mich aber schlecht! Das kommt gar nicht in Frage, denn am Wochenende gehöre ich meiner Familie!"

dann sollst du mich mal **kennenlernen**! (umg.)
dann wirst du erfahren, wie streng/wütend

usw. ich sein kann! [Charakter]
„Wenn ich jmdn. dabei erwische, wie er die Luft aus meinen Autoreifen läßt, dann sollst du mich mal kennenlernen! Den prügle ich windelweich!"

in dieselbe/die gleiche **Kerbe** schlagen/hauen (umg.)
die gleichen Ziele wie jmd. anderer anstreben und sich dabei wechselseitig unterstützen [Unterstützung]
„Zunächst hat der Vorsitzende die Partei zu mehr Solidarität aufgefordert, und dann hat sein designierter Nachfolger in die gleiche Kerbe geschlagen und einmütige Beschlüsse gewünscht."
Die Redensart stammt aus dem Bereich der Waldarbeit. Holzfäller, die gemeinsam einen Baum fällen, erreichen ihr Ziel am besten dadurch, daß sie alle in ein und dieselbe Kerbe schlagen.

etwas/allerhand/viel auf dem **Kerbholz** haben (umg.)
nicht unschuldig sein, allerlei Verbrechen begangen haben [Schuld]
„Unser Nachbar scheint etwas auf dem Kerbholz zu haben. Fast jeden Tag fährt die Funkstreife vor und nimmt ihn mit zum Verhör!"
Das *Kerbholz* (oder: der *Kerbstock*) war ein altes Gerät zur Aufzeichnung von Lieferungen, Arbeitsleistungen u. ä. Zum gegenseitigen Schutz vor Betrug bestand das Kerbholz aus zwei zueinandergehörigen Teilen, in welche gleichzeitig Zeichen geschnitten wurden, die bestimmte Leistungen symbolisierten. Der Gläubiger und der Schuldner erhielten je einen der zwei Teile und fügten sie zum Zwecke der Abrechnung letztlich wieder zusammen, wobei die Kerbschnitte einander entsprechen mußten. Ein Schuldner, der *viel auf dem Kerbholz hatte*, mußte demnach auch hohe Schulden zurückzahlen.

ein hergelaufener **Kerl** (grob)
ein Fremder, der Schaden bringt [Fremder]
„Meine Tochter hat sich in so einen hergelaufenen Kerl verliebt! Keiner im Dorf hat ihn jemals vorher gesehen!"
Kerl können positive und negative Bewertungen der Eigenschaften eines Mannes zugeordnet werden: *ein guter/starker/ehrlicher/kräftiger* usw. *Kerl, ein ehrloser/widerlicher/dummer* usw. *Kerl.* Einige Fügungen, wie *guter Kerl, netter Kerl, Prachtkerl* usw. sind zu geschlechtsneutralen Bezeichnungen geworden, so daß auch Frauen und Kinder (ein hübsches Kerlchen) damit bezeichnet werden können.

der **Kern** der Sache
das Wesentliche der Sache [Hauptsache]
„Um jetzt auf den Kern meines Anliegens zu kommen: Wie kann ich es erreichen, daß Sie diesen Vertrag unterzeichnen?"
Redensarten mit *Kern* gehören in den Bereich der Pflanzenmetaphorik. In diesem Bildfeld repräsentiert der *Kern* die Eigenschaften der Härte (der harte Kern). Der *Kern* ist einerseits unscheinbar, andererseits aber ist er der Träger der Fortpflanzungskraft. Daher wird der Kern meist positiv bewertet (der gute Kern, kerngesund) und der weniger wertvollen Hülse oder Schale gegenübergestellt (ein guter Kern in einer rauhen Schale). In einem weiteren Sinne wird *Kern* in Bereichen gebraucht, in denen es um den Gegensatz zwischen Zentrum und Peripherie geht (Stadtkern).

der harte **Kern** (einer Gruppe von Menschen) [Fanatiker]

ein weicher **Kern** in einer rauhen Schale
ein Mensch, der äußerlich ein grobes Verhalten zeigt, im Grunde aber gutmütig ist [Gutmütigkeit]
„Unser Lateinlehrer ist nicht so streng, wie er tut. Meistens gibt er einem doch eine gute Note. Bei ihm steckt halt ein weicher Kern in seiner rauhen Schale!"

des Pudels **Kern** (umg.)
das Wesentliche, das man plötzlich erkennt [Hauptsache]
„Ich habe mich schon immer gewundert, warum Emil so nett zu seiner Tante war. Jetzt hat er sich verraten: Er hofft, daß er sie einmal beerben kann! Das also ist des Pudels Kern!"
Die Wendung ist ein Zitat aus Goethes

Faust. Ein Pudel, der sich während des Osterspaziergangs zu Faust und Wagner gesellt, entpuppt sich im Studierzimmer als Mephisto. Da Faust sich mit Schwarzer Magie beschäftigt, erkennt er sogleich durch die Art der Verwandlung den Abgesandten der Hölle: „Das also war des Pudels Kern!" Bei der Gestaltung dieses Motivs orientierte sich Goethe an altüberlieferten magischen Vorstellungen. Im Aberglauben äußert sich die dämonische Natur des Hundes in vielen Sagen von riesengroßen schwarzen Hunden mit glühenden Augen. Sie sind Begleiter von Unholden. Der Teufel wählt sich gern die Gestalt eines schwarzen Hundes, insbesondere eines Pudels. Vgl.: wie ein begossener **Pudel**.

in jmdm. steckt ein guter **Kern**
der Charakter und die Anlagen von jmdm. sind gut [Charakter]
„Obwohl er jetzt eine kriminelle Handlung begangen hat, steckt im Angeklagten doch ein guter Kern. Die Strafe wird deshalb zur Bewährung ausgesetzt."

eine **Kette** bilden
1) *einige Personen fassen sich an den Händen* [Reihung]
2) *Geräte werden von Hand zu Hand gereicht* [Weitergabe]
1) „Die Polizisten bildeten eine Kette und drängten so die Demonstranten in eine Seitenstraße ab."
2) „Die Feuerwehrleute bildeten eine Kette und reichten Eimer um Eimer mit Löschwasser weiter."
In der Wendung wird die Verflochtenheit von aneinandergereihten Personen bzw. deren Handlungen betont. Ein bekanntes literarisches Motiv, das mit diesem Bild spielt, ist das der Liebeskette. Dabei sind mehrere Personen über erotische Begegnungen miteinander verbunden. In Arthur Schnitzlers *Reigen* (1897) findet sich eine derartige Liebeskette, die sich über zehn Stationen wieder schließt. Die Liebeskette ist allerdings nur für den Betrachter transparent, nicht für die daran beteiligten Personen. Ihre Unwissenheit über die Beteiligung an der erotischen „Kettenreaktion" macht die Liebeskette zu einem eher komischen Motiv, obwohl der Grundgedanke der Gleichheit der Menschen im Bereich des Elementaren mit dem mittelalterlichen Bild des Totentanzes Ähnlichkeiten aufweist.

jmdn. an die **Kette** legen
jmdn. streng beaufsichtigen
[Bevormundung]
„Junge Mädchen werden auch heute noch von ihren Eltern eher an die Kette gelegt als Knaben."
Vgl.: die/seine **Ketten** abwerfen.

an der **Kette** liegen/hängen
abhängig sein, unter Bevormundung leben
[Unfreiheit]
„Wenn Männer abends nach der Arbeit nicht einmal ein Glas Bier trinken dürfen, ohne daß es Streit mit der Ehefrau gibt, haben sie schnell das Gefühl, an der Kette zu liegen."
Vgl.: die/seine **Ketten** abwerfen.

die/seine **Ketten** abwerfen/sprengen/zerreißen (gehoben)
sich von Zwang und Unterdrückung befreien, die/seine Freiheit erringen
[Befreiung]
„In den letzten Jahrzehnten ist es vielen Völkern Afrikas gelungen, die Ketten der Kolonialherrschaft zu zerreißen."
Die Ketten des Gefangenen sind ein altes Symbol der Unfreiheit und der Versklavung. Wendungen aus diesem Bereich beziehen sich teilweise direkt auf die Ketten (im Plural) des unfreien Menschen oder aber auf die Kette (im Singular) des angeketteten Hofhundes.

an seinen **Ketten** rütteln (gehoben)
Befreiungsversuche unternehmen
[Befreiungsversuch]
„Keine Diktatur währt ewig. Stets wird ein Volk versuchen, an seinen Ketten zu rütteln!"
Vgl.: die/seine **Ketten** abwerfen.

eine **Kettenreaktion** [Unabwendbarkeit]

kichern: daß ich nicht kichere! (umg.)
das ist lächerlich!, das ist so dumm, daß

man nicht einmal darüber lachen, sondern nur kichern kann! [Lächerlichkeit]
„Du willst innerhalb von zwei Monaten Italienisch lernen? Daß ich nicht kichere! Das hat noch niemand geschafft!"

jmdn./etwas auf dem **Kieker** haben (umg.)
1) *jmdn. streng beobachten, weil man ihm nicht ganz traut* [Aufmerksamkeit]
2) *an jmdm. (erotisch) interessiert sein* [Verliebtheit]
3) *jmdn. nicht leiden können* [Abneigung]
1) „Seit der Uwe einmal bei seinem Banknachbarn die Lösungen der Mathematikaufgaben abgeschrieben hat, hat unser Lehrer ihn ganz besonders auf dem Kieker. Fast die ganze Zeit über steht er neben Uwes Bank!"
2) „Hast du auch bemerkt, daß der Peter die Susanne auf dem Kieker hat? Er hat fast ausschließlich mit ihr getanzt!"
3) „Unsere Nachbarin hat in jedem Frühjahr unsere Katzen auf dem Kieker, weil sie ihr immer die Tulpenzwiebeln ausgraben."
Das von norddt. *kieken* (gucken, schauen) abgeleitete *Kieker* bezeichnet umgangssprachlich die optischen Instrumente Fernrohr, -glas und Lupe.

auf **Kiel** legen
ein Projekt beginnen [Beginn]
„Noch vor Abschluß der Arbeiten an der Stadthalle wird unser Architektenbüro etwas Neues auf Kiel legen, nämlich die Planung des neuen Fußballstadions!"
Diese Redensart stammt aus der Fachsprache des Schiffsbaus. Die Kiellegung eines Schiffes stellt in der Werft den ersten Arbeitsschritt beim Bau eines neuen Schiffes dar.

in jmds. **Kielwasser** fahren/segeln
jmdm. bedingungslos nachfolgen und deshalb unselbständig sein [Unselbständigkeit]
„Kollege Meier hat nie eine eigene Meinung und segelt stets im Kielwasser der Vorschläge des Chefs, selbst wenn diese völlig realitätsfremd sind!"
Die Wendung entstammt der Seemannssprache, wird aber bereits seit dem 17. Jh. im übertragenen Sinne gebraucht. Das Kielwasser eines Schiffes ist der Streifen wirbelnden Wassers, den das fahrende Schiff auf der Wasseroberfläche hinterläßt. Wer *im Kielwasser* eines anderen Schiffes fährt, vertraut dessen Stärke (etwa als Eisbrecher) oder Führungskraft (etwa im Flottenverband).

etwas zwischen die **Kiemen** kriegen (umg.)
[Essen]
→ etwas zwischen die **Zähne** kriegen

die **Kiemen** nicht auseinanderkriegen
nichts sagen, schweigen [Schweigen]
„Dauernd störst du meinen Unterricht mit unqualifizierten Bemerkungen, wenn ich dich aber dann was frage, bringst du die Kiemen nicht auseinander."

ein **Kind** seiner Zeit sein
typischer Repräsentant einer Epoche (mit ihren beschränkten Einsichten und Gewohnheiten) sein [Normalität]
„Jeder einzelne von uns ist das Kind seiner Zeit und kann sich nur in seltenen Fällen davon lösen und die Grenzen seiner Epoche überschreiten."
Die Redensarten mit *Kind* arbeiten mit verschiedenen Assoziationen, von denen der implizite Vergleich (wie ein Kind handeln oder behandelt werden) besonders wichtig ist. Im erweiterten Sinne gilt dies auch für die damit verknüpften Bereiche wie *Kinderspiel, Kinderschuhe, Kinderstube* usw. Bedeutsam ist auch die Verwandtschaftsmetapher, die vielen Wendungen mit *Kind* (aber auch solchen mit *Vater*, *Eltern* usw.) zugrundeliegt. Die Verwandtschaftsmetapher im Umkreis der Wendungen mit *Kind* hat meist die Aspekte der Urheberschaft (jmds. geistiges Kind sein) oder der normalen familiären Eingebundenheit (ein Kind seiner Zeit sein) zum Gegenstand. Daneben wird aber auch das Ausgeliefertsein (ein Kind des Todes sein) oder die Arglosigkeit (Kind Gottes!) hervorgehoben. Die Verwandtschaftsmetapher gilt aber auch für die lokale Herkunft eines Menschen im Sinne seiner Vaterstadt (Münchner Kindl) oder seines Vaterlandes, wobei der ältere Begriff

der Landeskinder heute ungebräuchlich geworden ist, weil er ein patriarchalisches Obrigkeitsverhältnis widerspiegelt, das dem sogenannten mündigen Bürger von heute suspekt ist.

Kind Gottes! (umg.)
sei nicht so einfältig! [Einfältigkeit]
„Kind Gottes! Natürlich sind an Weihnachten die Geschäfte geschlossen! Deshalb müssen wir doch für drei Tage Lebensmittel zu Hause haben!"
Alle Christen werden als Kinder Gottes angesehen. Ähnlich wie in dem Ausdruck *Menschenskind!* wird im Ausruf *Kind Gottes!* die allgemeinste Abstammung beschworen, die ein (Christen-)Mensch überhaupt nur haben kann. Das bedeutet, daß der so Titulierte offenbar ohne wirkliche Eltern und damit ohne Ausbildung, Erziehung und Erfahrung ist, was seine Einfältigkeit erklärt.

wes Geistes **Kind**
1) *Anhänger einer Auffassung oder Weltanschauung* [Anhänger]
2) *dumm sein* [Dummheit]
1) „Daran, daß er auch im Winter offene Sandalen trägt, sieht man doch schon, wes Geistes Kind er ist! Er vertritt asketisches Gedankengut!"
2) „An der Qualität dieser Bemerkung erkennt man bereits, wes Geistes Kind Sie sind, Herr Meier!"
Diese Wendung geht auf Lukas 9,55 zurück, wo es heißt: „Welches Geistes Kinder seid ihr?" Die Form *welches* wird in älteren Übersetzungen mit *wessen* oder *wes* wiedergegeben.

das **Kind** im Manne
das Spielerische im Charakter eines Mannes [Charakter]
„Wenn meine Söhne mit der Eisenbahn spielen, regt sich auch bei mir das Kind im Manne, und ich stelle ein paar Weichen so, daß die Züge entgleisen!"
Dieser Ausdruck geht auf Friedrich Nietzsche zurück. Er schreibt in *Also sprach Zarathustra* (1883): „Im echten Manne ist ein Kind versteckt: das will spielen. Auf, ihr Frauen, so entdeckt mir doch das Kind im Manne!" Christian Morgenstern (1871–1914) widmete unter Berufung auf Nietzsche seine *Galgenlieder* dem „Kind im Manne".

ein **Kind** des Todes sein (gehoben)
unrettbar verloren sein, (bald) sterben [Tod]
„Auch der heutige Stand der Medizin verhindert nicht, daß man bei bestimmten Krankheiten ein Kind des Todes ist, weil noch keine wirksame Medizin entwickelt worden ist."
Der Ausdruck *Kind des Todes* ist biblischen Ursprungs und geht auf 1. Sam. 26,16,2 zurück: „So wahr der Herr lebt, ihr seid Kinder des Todes, daß ihr euren Herrn (...) nicht behütet habt." Gerade im Mittelalter war die allegorische Personifizierung des Todes sehr beliebt. Dies erklärt die Verbreitung dieser Wendung. Sie steht auch in Einklang mit der allegorischen Darstellung der Frau Glück, welche die Mutter des Glückskindes ist. Neben heute üblich gewordenen Wendungen wie *Kind des Hasses/des Neides* und so weiter findet man noch häufiger des Ausdruck Sonntagskind mit der Bedeutung: *an einem Sonntag geboren sein, begabt und beliebt sein, Glück im Leben haben.* Vgl.: ein **Kind** seiner Zeit sein.

ein totgeborenes **Kind** (umg.)
eine aussichtslose Sache
[Aussichtslosigkeit]
„Die Bürgerinitiative gegen das Sportzentrum war von Anfang an ein totgeborenes Kind, weil die Gemeinde sich während der Planung bereits rechtlich abgesichert hatte!"
Vgl.: ein **Kind** seiner Zeit sein.

mit **Kind** und Kegel (Zwillingsformel/Stabreim)
die ganze Familie, ohne Ausnahme
[Gesamtheit] [Ausnahmslosigkeit]
„Von den Meiers ist ja überhaupt keiner mehr zu Hause. Wo sind die denn bloß?"
„Ja weißt du denn nicht, daß die mit Kind und Kegel in den Urlaub gefahren sind?"
Kegel ist die mittelhochdeutsche Bezeichnung für uneheliches Kind. Die Wendung besagt also: die ganze Familie, sogar dieje-

nigen, die normalerweise im engeren Sinne nicht dazu zählen. Sie ist seit dem frühen 15. Jh. literarisch belegt. Natürlich hatte die Trennung in eheliche und uneheliche Kinder rechtliche Ursachen und Folgen für die Erbschaft. Auch stand dem Kegel nicht jedes Handwerk offen. In einer Zunftordnung der Schuhmacher aus dem Jahre 1470 heißt es: „Kein meister soll einen knappen setzen, so er weiss undt offenbar ist, daz er ein Kegel ist." Schon im 17. Jh. war *Kegel* in dieser Bedeutung nur noch in der Formel *Kind und Kegel* geläufig. Es leitet sich wahrscheinlich vom Begriff *Kebse* für die Nebenfrau eines Mannes ab. *Kebsehe* war der deutsche Ausdruck für das Konkubinat, und die dieser Verbindung entstammenden Kinder wurden *Kebskinder* genannt. Nach dem Verlust des Wissens um diesen Ursprung wurden verschiedene volksetymologische Deutungen versucht, die einen (wenig überzeugenden) Zusammenhang zwischen *Kind und Kegel* und dem Wort *Kegel* in der Bedeutung *Spielkegel beim Kegelspiel* herzustellen versuchten.

ein **Kind** der Liebe
ein uneheliches Kind [Unehelichkeit]
„Vielen ist nicht bekannt, daß dieser berühmte Wissenschaftler ein Kind der Liebe war."
Für die uneheliche Geburt gab es früher eine große Fülle von Hüllformeln, von denen heute nur noch wenige gebräuchlich sind (vgl. etwa: eine Frucht der Liebe). Heute ungebräuchlich geworden sind beispielsweise die Wendungen: *natürliches Kind, Hübschkind, Kebskind, Bankkind, Bankert, Bastardkind, Beikind, Nebenkind, Fallkind.* Der Begriff *Bastard* ist heute ein grobes Schimpfwort. Vgl. auch: mit **Kind** und Kegel.

jmds. geistiges **Kind** sein
jmds. geistiges Erzeugnis sein, jmds. Gedankengut sein [Idee]
„Nicht alles, was in Büchern steht, ist das geistige Kind des Verfassers."
Das Buch als Kind des Autors ist bereits in der Antike ein Topos. Vgl.: ein **Kind** seiner Zeit sein.

noch ein halbes **Kind** sein
noch viel zu jung sein, noch nicht erwachsen sein [Jugend]
„Es ist nicht gut, wenn man bereits mit 18 Jahren heiratet. In diesem Alter ist man ja noch ein halbes Kind!"

lieb **Kind** bei jmdm. sein
von jmdm. geschätzt werden, in jmds. Gunst stehen [Gunst]
„Kollege Meier ist bei unserem Vorgesetzten lieb Kind, weil er immer dessen Vorschläge zur Rationalisierung unserer Arbeit unterstützt."
Sich so zu verhalten, daß ein anderer *liebes Kind* zu einem sagt, heißt, sich einzuschmeicheln wie ein Kind. Bezogen auf Erwachsene ist damit natürlich eine negative Bewertung verbunden.

das **Kind** mit dem Bade ausschütten
Kritik übertreiben, mit dem Schlechten auch Gutes ablehnen [Übertreibung]
„Wegen eines einzigen Buchungsfehlers muß man nicht gleich jmdn. entlassen. Das würde doch bedeuten, das Kind mit dem Bade auszuschütten!"
Diese Redensart ist seit dem 16. Jh. überliefert. Sie lebt von dem Kontrast zwischen dem besonders Wertvollen (dem Kind), das zusammen mit besonders Wertlosem (dem Badewasser) verlorengeht.

das **Kind** ist in den Brunnen gefallen
→ **Brunnen**

das **Kind** muß doch einen Namen haben (umg.)
1) *ein Vorwand* [Vorwand]
2) *die Sache muß irgendwie bezeichnet werden* [Benennung]
1) „Wie ist denn jetzt das Thema Ihrer Doktorarbeit?" „Ich weiß es noch nicht so genau. Aber das Kind muß ja einen Namen haben, und daher bezeichne ich meine Methode als neo-strukturalistisch! Darunter kann man so ziemlich alles verstehen!"
2) „Wie taufen wir jetzt unseren Verein? Schließlich muß das Kind auch einen Namen haben!"
Diese Wendung ist seit dem 17. Jh. belegt.

Es ist zu vermuten, daß sie sich auf die (unter Umständen langwierigen) Verhandlungen der Verwandten über den Namen von Neugeborenen anläßlich der Taufe bezieht (Grimms *Deutsches Wörterbuch* Bd. 11, Sp. 718).

sich lieb **Kind** bei jmdm. machen
[Schmeichelei]
→ lieb **Kind** bei jmdm. sein

das **Kind** beim (rechten) Namen nennen
ohne Umschweife eine Sache klarstellen, etwas so sagen, wie es ist [Offenheit]
„Jetzt wollen wir doch einmal das Kind beim rechten Namen nennen und feststellen, daß die Leistungen von Fräulein Klein völlig unzureichend sind! Zudem ist sie ständig krank, so daß der Betrieb zusätzliche Belastungen erfährt. Ich schlage daher vor, sie zum nächsten Kündigungstermin zu entlassen!"
Diese Redensart ist seit dem 17. Jh. schriftlich belegt. Besonders bekannt wurde sie als Zitat aus Goethes *Faust* (I,V. 589): „Ja, was man so erkennen heißt. / Wer darf das Kind beim rechten Namen nennen?" Als Ursprung kann ein heute nicht mehr gebräuchlicher Spottvers vermutet werden, der sich auf uneheliche Geburt oder unklare Vaterschaft bezieht: „Hätte jedes Kind seinen rechten Namen, so hießest du nicht Peter Götz." (Grimms *Deutsches Wörterbuch* Bd. 11, Sp. 718)

wir werden das **Kind** schon schaukeln! (umg.)
wir werden diese Angelegenheit schon (ohne deine Hilfe) bewältigen [Bewältigung]
„Du kannst ruhig auf den Fußballplatz zum Training gehen! Dein Bruder und ich werden das Kind schon schaukeln und mit der restlichen Arbeit schnell fertig werden!"
Diese erst im 20. Jh. geprägte Redensart ist wohl aus einem ermunternden Trost an eine Mutter entstanden, die ihr Kind vorübergehend nicht beaufsichtigen kann.

wie sag ich's meinem **Kinde**? (umg.)
1) *wie überrede/überzeuge ich jmdn.?* [Überredung]
2) *wie bringe ich jmdm. die unangenehme Botschaft bei?* [Mitteilung]
1) „Ich würde gerne mal wieder in die Berge fahren. Aber wie sag ich's meinem Kinde? Mein Mann besteht darauf, daß wir jeden Urlaub am Meer verbringen! Erst letztes Jahr hat er sich ein Segelboot gekauft!"
2) „Heute habe ich eine Beule ins Auto gefahren, und jetzt traue ich mich nicht nach Hause. Für mich besteht das Problem: Wie sag ich's meinem Kinde? Meine Eltern werden nicht sehr erbaut darüber sein und mir das Taschengeld kürzen!"
Diese erst im 20. Jh. entstandene Redensart bezieht sich auf das Problem der sexuellen Aufklärung der Kinder durch die Eltern. Insbesondere in den 60er Jahren gab es eine Reihe von Zeitschriftenserien und anderen Publikationen, die mit Varianten dieser Redensart die sogenannte Sexuelle Revolution einleiteten. Sehr schnell hat sich diese Wendung zum geflügelten Wort für die Mitteilung peinlicher und unangenehmer Sachen entwickelt.

das ist nichts für kleine **Kinder**! (umg.)
das geht dich/euch nichts an!
[Bevormundung]
„Du brauchst gar nicht erst zu fragen, wie der Schnaps schmeckt! Das ist nichts für kleine Kinder! Mach lieber deine Hausaufgaben!"
Diese Wendung versteht sich von selbst als Ermahnung eines Erwachsenen an ein Kind. Unter Erwachsenen wird sie häufig scherzhaft gebraucht, so daß sie ihren wörtlichen Sinn verliert und Eigenschaften einer echten Redensart gewinnt.

mit **Kindern** gesegnet sein
viele Kinder haben [Kinderreichtum]
„In früheren Jahrzehnten waren die Ehepaare häufig mit mehr Kindern gesegnet, als sie ernähren konnten."
Obwohl der Begriff *Segen* auf die religiöse Sphäre verweist und einen eindeutig Positiven Inhalt transportiert, ist mit dieser Wendung und dem davon abgeleiteten Wort *der Kindersegen* (eine große Anzahl eigener Kinder) ein eher spöttischer Unterton verknüpft.

das ist (ja) zum **Kinderkriegen** (umg.)
man könnte glatt verrückt werden, das ist nicht auszuhalten! [Verärgerung]
„Mein Wagen ist jetzt schon drei Tage in Reparatur. Erst Dienstag soll er fertig werden. Das ist zum Kinderkriegen! Das ganze Wochenende über stehe ich ohne Auto da!"
In vielen Ausdrücken der Verärgerung werden körperliche Schmerzen als Vergleichsmaßstab herangezogen.

den **Kinderschuhen** entwachsen, aus den **Kinderschuhen** herauskommen
in den Ernst des Lebens eintreten, allmählich reif und erwachsen werden [Jugend]
„Leg endlich diese Bilderheftchen weg und lies einmal ein ordentliches Buch! Schließlich bist du mit deinen 16 Jahren den Kinderschuhen langsam entwachsen!"
Die Kinderschuhe gelten als Zeichen der Kindheit. Die Redensart ist schon seit dem 16. Jh. belegt.

noch in den **Kinderschuhen** stecken (umg.)
am Anfang einer Entwicklung stehen [Beginn]
„Trotz vieler Bemühungen steckt die Erforschung der Ursachen für Krebskrankheiten immer noch in den Kinderschuhen."

das ist ein **Kinderspiel** (umg.)
das ist ganz einfach! [Einfachheit]
„Du willst diese Stereoanlage zusammenbauen und hast dabei Probleme? Aber das ist doch ein Kinderspiel! Laß mich doch mal ran!"
Das *Kinderspiel* gilt als starker Gegensatz zum Ernst des Lebens.

das ist kein **Kinderspiel** [Schwierigkeit]
→ das ist ein **Kinderspiel**

keine **Kinderstube** haben
kein gutes Benehmen haben [Unerzogenheit]
„Der neue Bekannte unserer Tochter hat leider keine Kinderstube! Es wird jedesmal peinlich, wenn er bei uns eingeladen ist und sich nicht zu benehmen weiß!"
Die Kinderstube im eigentlichen Wortsinn war eine Art Vorschule (Kinderschule) oder ein Ort, an dem kleine Kinder im Elternhaus aufbewahrt und erzogen wurden (Kinderzimmer). Heute ist der Begriff nur noch in dieser Redensart gebräuchlich.

von **Kindesbeinen** an
von frühester Jugend an [Gewohnheit]
„Schon von Kindesbeinen an hat sich mein Bruder für Tiere interessiert. Deshalb ist er später auch Tierarzt geworden."
Der Zeitpunkt des Laufenlernens wird in dieser seit dem 17. Jh. bezeugten Redensart mit dem erwachenden Bewußtsein gleichgesetzt.

mach doch keine **Kinkerlitzchen**! (umg.)
ziere dich nicht! weigere dich nicht! laß dich nicht so bitten! [Halsstarrigkeit]
„Mach doch keine Kinkerlitzchen und begleite uns zum Training! Schließlich wirst du in der Mannschaft gebraucht!"
Kinkerlitzchen sind unnötige Nichtigkeiten, Kleinkram, wertloses Zeug. Das Wort beruht wahrscheinlich auf franz. *quincaille* (Kurzwaren), wobei die beiden Verkleinerungssilben *-litz* und *-chen* angehängt worden sind. Entstanden ist es wahrscheinlich gegen Ende des 18. Jh. im Berliner Raum.

auf der **Kippe** stehen (umg.)
gefährdet sein, einen unklaren Ausgang haben [Gefährdung]
„Als Schüler habe ich in Mathematik oft auf der Kippe gestanden. Heute weiß ich, daß man auch ohne Mathematik erfolgreich sein kann!"
Die Kippe ist die Spitze, auf der ein Gegenstand balancieren kann, wobei er ständig in Gefahr schwebt, dabei *umzukippen*, das heißt, das Gleichgewicht zu verlieren und zu fallen. Die mit dieser Redensart ausgedrückte Gefährdung kann viele Bereiche betreffen: die politische Macht, das persönliche Ansehen, die Gesundheit usw.

einen **kippen** (umg.)
ein Glas Alkohol trinken [Alkoholgenuß]
„Da drüben ist eine Kneipe. Komm, laß uns noch einen kippen, bevor wir nach Hause gehen!"
Diese Hüllformel bezieht sich auf das Kippen des an den Mund geführten Glases.

die **Kirche** im Dorf lassen (umg.)
nicht übertreiben, sachlich bleiben [Realismus]
„Wegen dieser Bagatelle soll ich entlassen werden? Nun lassen Sie aber mal die Kirche im Dorf! Das kann man auch anders regeln!"
Die Kirche ist der Mittelpunkt des Dorfes. Dieser gewohnte Rahmen bedarf keiner Veränderung, so daß man geplante Neuerungen nicht übertreiben soll.

kein (großes) **Kirchenlicht** sein (umg.)
nicht sehr klug sein [Dummheit]
„Leider ist mein Bruder kein großes Kirchenlicht. Er wird wohl das Gymnasium verlassen müssen, um eine Lehre anzufangen."
Diese Wendung ist im Bildfeld {Geisteslicht} angesiedelt. Obwohl man heute eher an die Beleuchtung einer Kirche durch Kerzen verschiedener Größe und ähnliches denkt, ist Kirchenlicht eine Lehnübersetzung aus dem Lat. In Anlehnung an einen Ausdruck Ciceros (*Catilina* III, 10, 24), der berühmte Männer als *lumina civitatis* bezeichnete, wird in verschiedenen Quellen Augustinus als *lumen ecclesiae* (Licht der Kirche) bezeichnet. Als Steigerung finden sich auch die Varianten *Stern der Kirche*, und *Sonne der Kirche*. Seit dem 18. Jh. ist die spöttische Verwendung der Redensart in der Umgangssprache belegt.

arm wie eine **Kirchenmaus** (umg.)
sehr arm sein [Armut]
„Meine Großeltern waren zuerst arm wie eine Kirchenmaus. Erst durch zähe Arbeit ist es ihnen dann gelungen, ein großes Vermögen anzuhäufen."
Da es in der Kirche keine Lebensmittel gibt, ist die Kirchenmaus im Vergleich zur Hausmaus besonders arm. Dieser bildhafte Vergleich ist auch in Schottland und Frankreich gebräuchlich, was für sein hohes Alter spricht.

mit jmdm. ist nicht gut **Kirschen** essen (umg.)
mit jmdm. muß man wegen seiner Reizbarkeit vorsichtig umgehen [Reizbarkeit]
„Mit unserem Nachbarn ist nicht gut Kirschen essen! Schon mehrfach hat er versucht, unsere Katzen zu vergiften, weil sie seine Goldfische fangen."
Diese Redensart geht auf ein altes Sprichwort zurück, das heute nicht mehr geläufig ist: „Mit hohen Herren ist nicht gut Kirschen essen: sie spucken einem die Kerne ins Gesicht." Varianten dieser Spruchweisheit sind seit 1350 nachweisbar. Es handelt sich wohl um eine Warnung vor dem Umgang mit den launenhaften vornehmen Herren, denen gegenüber man stets im Nachteil ist. Sie verspeisen das Fruchtfleisch und necken den Untergebenen noch dazu durch allerlei Erniedrigungen.

Kirschen in Nachbars Garten
das fremde Eigentum ist verlockender als der eigene Besitz [Verlockung]
„Ritas Mann interessiert sich auffällig für die Nachbarin!" „Ja, ja, die Kirschen in Nachbars Garten!"
Bei dieser Wendung handelt es sich um eine Hüllformel für sexuelle Verlockung. Schon seit dem Mittelalter stehen die Ausdrücke *Kirschen brechen* und *Rosen pflücken* für den verbotenen Liebesgenuß.

eine schwierige **Kiste** [Problem]
→ fertig ist die **Kiste**

eine faule **Kiste** [Verbrechen]
→ fertig ist die **Kiste**

fertig ist die **Kiste** (umg.)
die Angelegenheit ist erledigt [Ende]
„Bald haben wir den Hausputz geschafft! Jetzt müssen nur noch die Fenster gereinigt werden, und fertig ist die Kiste!"
Aus lat. *cista* (Kasten), das die Germanen kurz nach der Zeitenwende zusammen mit der Sache übernahmen, bildeten sie ahd. *kista*. *Kiste* ist heute ein Allerweltswort mit der vagen Bedeutung *Angelegenheit, Sache* usw. Daneben kann mit *Kiste* jedes ältere und Fahrzeug (Flugzeug, Auto usw.) bezeichnet werden, dessen Tauglichkeit man nicht ganz traut. Andere Bedeutungen von *Kiste* sind: *Sarg* (schon mhd.!), *Gefängnis* und *Fußballtor*.

Kisten und Kasten voll haben (Zwillingsformel/Stabreim)
reich sein [Reichtum]
„Mancher ist erst zufrieden, wenn er Kisten und Kasten voll hat!"
Kisten und *Kasten* sind dasselbe, nämlich Geldkiste und Schatzkasten, die Vorläufer der heutigen Kassen.

ein **Klacks** sein (umg.)
sehr leicht sein, keine Anstrengung bedeuten [Mühelosigkeit]
„Ich soll dir helfen, die Einkaufstüten nach oben zu tragen? Das ist doch ein Klacks für mich! Schließlich bin ich durchtrainiert!"
Das lautmalende Wort *Klacks* bedeutet *Krach, Knall*, aber auch *Schmutzfleck* (sich verkleckern). Da es auch als Interjektion gebräuchlich ist, hat sich *Klacks* in diese Wendung als Ausdruck der Geringfügigkeit und Mühelosigkeit (so mühelos, wie man *klacks* sagt) eingereiht.

ein **Klagelied** über jmdn./etwas anstimmen (umg.) [Unzufriedenheit]

klamm sein
wenig Geld haben [Geldmangel]
{Geld ist eine Art Flüssigkeit}

mit dem **Klammerbeutel/Klammersack** gepudert sein (umg.)
sehr töricht sein, nicht ganz bei Verstand sein; leicht verrückt sein [Verrücktheit]
„Ich soll dir hundert Mark borgen? Ich bin doch nicht mit dem Klammersack gepudert! Du schuldest mir doch noch das Geld von letzter Woche!"
Dieser erst im 20. Jh. entstandenen Redensart liegt die Vorstellung zugrunde, daß jemand sich statt mit der Puderquaste mit dem schweren Beutel voller Wäscheklammern pudert und dadurch einen geistigen Schaden davonträgt.

die **Klamotten** schmeißen (umg.)
[Aufgeben]
→ das **Handtuch** werfen

einen guten **Klang** haben
angesehen sein [Angesehenheit]
„Der Begriff ‚Made in Germany' hat auch heute noch international einen guten Klang."
Klang ist ursprünglich ein musikalischer Begriff, mit dem vorzugsweise angenehme Töne bezeichnet werden (Wohlklang). Vom äußerlichen Höreindruck hat sich die Bedeutung von *Klang* und *klingen* auch auf den Inhalt des Gehörten erweitert (*das klingt gut* = das ist akzeptabel). Schon seit dem 17. Jh. wird *Klang* in diesem Sinne auch für die positive Bewertung des Gehörten, aber auch für den Ruf oder die Nachrede eines Menschen gebraucht.

die **Klappe** aufreißen (derb)
sich durch ständiges Reden in den Vordergrund spielen [Geschwätzigkeit]
„Mußt du eigentlich immer die Klappe aufreißen, wenn jemand anderes gefragt worden ist?"
Vgl.: eine große **Klappe** haben.

jmdm. eins auf die **Klappe** geben (derb)
jmdm. auf den Mund schlagen, damit er still ist [Schlag]
„Wenn du nicht endlich still bist, gebe ich dir eins auf die Klappe!"
Vgl.: eine große **Klappe** haben.

bei jmdm. geht die **Klappe** runter
nicht mehr ansprechbar sein, sich abschotten gegen andere
[Kontaktabbruch]

eine große **Klappe** haben/riskieren/schwingen (derb)
angeberisch reden/prahlen
[Geschwätzigkeit]
„Vor dem Spiel hatte er eine große Klappe. Nachdem seine Mannschaft jetzt verloren hat, ist er ziemlich kleinlaut geworden."
Klappe ist ein derber Ausdruck für den weit geöffneten (klaffenden) Mund. Ursprünglich wird mit *Klappe* alles bezeichnet, was einen beweglichen Deckel hat, der auf- und zuklappen kann (die Klappe am Ofen). *Klapp!* bezeichnet aber auch als Interjektion das Geräusch des zufallenden Deckels.

die **Klappe** halten (derb)
ruhig sein, nicht reden [Schweigen]

„Wenn du nicht gleich die Klappe hältst, gebe ich dir eins hinter die Ohren! Du störst doch die anderen Schüler!"
Vgl.: eine große **Klappe** haben.

sich in die **Klappe** hauen (umg.)
sich ins Bett legen [Schlaf]
„Ich hau' mich jetzt in die Klappe. Schließlich muß ich morgen besonders früh aufstehen!"
Besonders in Haftanstalten ist es üblich, daß das Bett tagsüber an die Wand geklappt wird. Dieses Klappbett hat wohl zu dieser Redensart und zu der vom Bild der zuklappenden Falle abgeleiteten Wendung *sich in die Falle legen* geführt. Beide sind erst für das 20. Jh. nachgewiesen.

klappen: etwas hat geklappt (wie am Schnürchen) (umg.)
etwas ist gelungen, etwas ist erfolgreich verlaufen [Erfolg]
„Ich wollte doch schon seit einigen Tagen zum Zahnarzt gehen. Heute hat es endlich geklappt! Zwei Zähne hat er mir gezogen!"
Das von der lautmalenden Interjektion *klapp!* abgeleitete Verb *klappen* bezeichnete ursprünglich nur Schallereignisse (die Tür klappt ins Schloß). In erweiterter Bedeutung wurde daraus das Zusammentreffen der verschiedenen Stimmen im Takt beziehungsweise das pünktliche Einsetzen im mehrstimmigen Gesang. Auch der Reim im dichterischen Kunstwerk wurde schließlich als *klappender Zusammenklang* im Sinne einer lautlichen Harmonie bezeichnet. Aus der Fachsprache des Dirigenten eines Orchesters schließlich sind Wendungen wie: *das klappt noch nicht!* oder *das muß noch besser klappen!* in die Umgangssprache eingegangen, wo sie das Gelingen, die passende Stimmigkeit bezeichnen. Die lautmalende Struktur des Wortes hat diesen Vorgang sicherlich begünstigt. Sie läßt auch Assoziationen zum Ineinandergreifen der Teile einer Maschine oder eines Werkstücks zu. Eine andere Verbindung besteht zu dem alten Wurf- und Schießspiel auf die Ringe einer Scheibe, bei der eine Klappe ausrastete, wenn man *ins Schwarze getroffen* hatte. Vgl. auch: wie am **Schnürchen**.

einen **Klaps** haben (umg.)
leicht verrückt sein [Verrücktheit]
„Du hast wohl einen Klaps? Bei dieser Kälte ohne Mantel in die Schule zu gehen!"
Der *Klaps* ist ein leichter Schlag. Wie bei der Wendung *einen Schlag haben* wird mit dieser Redensart angedeutet, daß ein leichter Schlag an den Kopf einen Schaden verursacht haben könnte. Daher stammt auch die Bezeichnung Klapsmühle für *psychiatrische Anstalt, Irrenhaus*.

ich bin mir nicht **klar** (umg.)
ich bin im Zweifel [Zweifel]
„Ich bin mir nicht klar, ob wir noch genug Zeit haben, uns noch einen Vortrag anzuhören. Schließlich fährt unser Zug bereits in einer Stunde!"
Herkunft → sich über etwas im **klaren** sein

klar wie Klärchen/Kloßbrühe
→ klar wie **Kloßbrühe**

(sich) ins **klare** kommen über etwas
eine schwierige Angelegenheit bis ans Ende durchdenken und eine Entscheidung fällen [Entscheidung]
„Sind Sie sich jetzt endlich darüber ins klare gekommen, ob Sie die neue Position im Betrieb einnehmen wollen ? Wir benötigen nämlich allmählich eine Entscheidung!"
Vgl.: sich über etwas im **klaren** sein.

sich über etwas im **klaren** sein
etwas verstanden haben, etwas wissen [Wissen]
„Jeder Politiker muß sich darüber im klaren sein, daß er die Interessen des Volkes wahren sollte und nicht nur seine eigenen."
Klar sein bedeutet eigentlich: *nicht trübe sein, transparent sein, durchsichtig sein.* Es handelt sich also um einen Begriff der visuellen Wahrnehmungen. Das *Unklare* meint (ähnlich wie das *Undurchsichtige*)demnach das *Unbekannte* und *Unverstandene* oder den *Zweifel.* In leicht ableitbarer Weise sind Bedeutungen wie *Beendigung* (im Sinne von: ein Problem gemeistert haben), *Können, Einigung* und einige mehr auf diesen metaphorischen Zusammenhang bezogen.
{Geisteslicht}

klargehen (umg.)
in Ordnung gehen, o.k. sein, gut verkaufen [Gelingen]
„Kommst du mit ins Kino?“ „Geht klar! Ich ziehe nur noch den Mantel an, dann bin ich bereit.“
Vgl.: sich über etwas im **klaren** sein.

mit etwas **klarkommen** (umg.)
1) *etwas begriffen haben* [Verstehen]
2) *etwas fertiggestellt haben* [Bewältigung]
1) „Wenn ich erst mit dem Vorwort dieses Lexikons klargekommen bin, kann ich es in vielfältiger Weise nutzen!“
2) „Ich kann euch nur ins Kino begleiten, wenn ich bis heute abend mit dieser Übersetzung klargekommen bin!“
Vgl.: sich über etwas im **klaren** sein.

mit jmdm. **klarkommen** (umg.)
1) *mit jmdm. harmonieren* [Harmonie]
2) *sich mit jmdm. einigen* [Einigung]
1) „Meine Frau und ich kommen gut miteinander klar.“
2) „Es ist wichtig, daß wir miteinander klarkommen, ob wir das billigere oder das teurere Automodell kaufen wollen. Der Verkäufer wird uns in jedem Fall zu dem teureren raten!“
Vgl.: sich über etwas im **klaren** sein.

klarkriegen (umg.)
1) *etwas Schwieriges regeln* [Regelung]
2) *etwas herausfinden* [Erkenntnis]
1) „Erst müssen wir mal die Sache mit dem Bankkredit klarkriegen. Sie Suche nach einem geeigneten Haus ist dann ein sekundäres Problem!“
2) „Wir müssen jetzt endlich klarkriegen, woran es liegt, daß unsere Abteilung einen höheren Krankenstand hat als andere!“
Vgl.: sich über etwas im **klaren** sein.

Klartext sprechen
unverblümt seine Meinung sagen, offen sagen, was man denkt [Offenheit]
„Wir müssen jetzt endlich Klartext sprechen und die Fehler unserer Mitarbeiter im Außendienst offenlegen, damit sich langfristig eine verbesserte Verkaufsbilanz ergibt!“
Der *Klartext* ist der unchiffrierte Text im Gegensatz zum verschlüsselten (Geheim-) Text.

sich **klarwerden** über etwas
allmählich erkennen, wie man sich in einer bestimmten Sache verhalten soll, einen Lösungsweg sehen [Erkenntnis]
„Ich bin mir jetzt darüber klar geworden, daß ich doch nicht Berufsoffizier werden will!“
Vgl.: sich über etwas im **klaren** sein.

erste **Klasse**
besonders gut [Qualität]
„Sein Vater war ein Sprachwissenschaftler erster Klasse!“
Seit dem 4. Jh. v. Chr. bezeichnet lat. *classis* die steuerlich relevante Vermögensklasse römischer Bürger. Die Vermögensklasse, der ein Bürger angehört, bestimmt sowohl seine militärischen Funktionen als auch sein politisches Stimmrecht. Die erste Klasse ist dabei die reichste und politisch einflußreichste von insgesamt 5 oder 6. Ein *classicus* ist demnach ein Angehöriger der höchsten Steuerklasse. Diese Formel wird im 2. Jh. n. Chr. zu einer allgemeinen Bewertung erweitert, zunächst auf die Literatur, später auch auf die anderen Künste. Daraus hat sich die heutige Bezeichnung *das Klassische* (mit allen Ableitungen, wie: *Klassik, Klassiker, Klassizismus* usw.) abgeleitet. Als *klassisch* im allgemeinen Sinn gilt das Vorbildhafte, die vorzügliche Gipfelleistung. Im speziellen Sinne gelten als *klassisch* die Werke der antiken Kunst und Literatur. Erst im 19. Jh. bürgert es sich ein, die Leistungen Goethes und Schillers als *klassisch* zu bezeichnen (Weimarer Klassik). In der Kunstgeschichte wird dagegen die strikte Trennung in die antike Klassik und in klassizistische Strömungen, die ihrem Vorbild folgen, bewahrt. Als Merkmale der klassischen Kunst gelten: Harmonie und Maß, Objektivität, Natürlichkeit und Geschlossenheit. In der Alltagssprache bedeutet *Klasse* eine hervorragende Leistung (ein erstklassiger Torhüter), *klassisch* steht für bekannte und bewährte Verfahren im Gegensatz zu neueren Verfahren.

etwas ist **Klasse** (umg.)
etwas ist eine hervorragende Leistung, ein toller Erfolg [Leistung]
„Die Leistung der Nationalmannschaft war wirklich Klasse!"
Vgl.: **erste** Klasse.

Klatsch und Tratsch (umg., Zwillingsformel)
das Gerede anderer Leute [Verunglimpfung]
„Der Klatsch und Tratsch anderer Leute interessiert mich nicht. Bei mir zählt nur die persönliche Leistung!"
Klatsch und *Tratsch* sind zwei synonyme Begriffe mit der Grundbedeutung *Schmutzfleck*. Beide ahmen auch den Laut nach, der durch aufspritzendes Wasser (der früher oft unbefestigten Straße) oder den *aufklatschenden* Dreck entsteht, ähnlich wie die Parallelbildung *Klecks, Klitsch, Klacks* usw. Schon früh wurde mit davon abgeleiteten Verben auch der Laut der menschlichen Stimme bezeichnet, die übles Geschwätz verbreitet. So wurden daraus Oberbegriffe für Indiskretion und üble Nachrede im Sinne der Redensart. Ähnlich abwertend sind auch Wortbildungen wie *Kaffeeklatsch, Altweiberklatsch* usw.

in jmds. **Klauen** geraten (umg.)
vollkommen von jmdm. beherrscht und ausgenutzt werden [Abhängigkeit]
„Wer erst einmal in die Klauen des Verfassungsschutzes gerät, hat es schwer, seine Unbescholtenheit nachzuweisen!"
Die Klauen sind die Krallen des Raubtieres. In vielen Redensarten mit negativen Bedeutungen werden tierische Attribute auf den Menschen übertragen.

jmdm. etwas aus den **Klauen** reißen (umg.)
[Wegnahme]
→ jmdm. etwas aus der **Hand** nehmen

jmdm. eine **kleben** (umg.)
jmdm. eine Ohrfeige geben [Ohrfeige]
„Werd' nicht frech, sonst klebe ich dir eine!"
Diese seit dem 19. Jh. bekannte Redensart bezieht sich wahrscheinlich auf den Schlag, mit dem man eine Klebefläche (etwa einer Briefmarke) auf dem Untergrund befestigt.

klebenbleiben (umg.)
1) *als Schüler nicht versetzt werden* [Nichtversetzung]
2) *als Gast zu lange bleiben und dadurch lästig werden* [Verweilen]
1) „Streng dich mehr an! Oder willst du etwa wieder klebenbleiben?"
2) „Ach Gott, es ist schon nach Mitternacht! Da sind wir doch klebengeblieben, ohne es zu merken!"

nicht **kleckern**, sondern klotzen (umg.)
→ **klotzen** [Einsatz]

etwas über den grünen **Klee** loben (umg.)
etwas übertrieben loben [Lob]
„Zunächst wurde das neue Theaterstück über den grünen Klee gelobt, aber nach drei Wochen wurde es vom Spielplan abgesetzt, weil niemand es sehen wollte!"
In der mittelhochdeutschen Lyrik ist der *Klee* wichtiger Bestandteil des Rasens, der gleichzeitig Schauplatz der Liebesbegegnung und von Gruß und Abschied ist. Als Bestandteil der belebten Natur ist er typisches Element des *locus amoenus* (der liebliche Ort) des Minnelieds (vgl. auch: der **Himmel** auf Erden) und Sinnbild des Sommers. In Lyrik und Volkslied sind die reimenden Ausdrücke *Klee* und *Schnee* kontrastive Symbole der Jahreszeiten. Für Walther von der Vogelweide ist das Dichten gleichsam ein „singen von dem grünen Klee", aber auch von der Heide und von den Blumen. Etwas *über den grünen Klee loben* bedeutet demnach: *etwas mehr als die Dichter den Klee loben, übertrieben loben.*

nicht aus den **Kleidern** kommen (umg.)
vor lauter Arbeit (oder Vergnügen) nicht zum Schlafen kommen [Unrast]
„Während der Flutkatastrophe kamen die Helfer oft tagelang nicht aus den Kleidern."

klein, aber fein (umg.)
nicht sehr groß, aber von guter Qualität [Qualität]
„Wir haben uns jetzt ein Haus gekauft, klein, aber fein!"
Vgl.: ganz **klein** (und häßlich) werden.

klein, aber oho (umg.)
von kleiner Gestalt, aber sehr klug/tüchtig/ stark und so weiter [Qualität]
„Unser neuer Mittelstürmer ist klein, aber oho! Allein im letzten Spiel hat er drei Tore geschossen!"
Vgl.: ganz **klein** (und häßlich) werden.

klein beigeben (umg.)
nachgeben; den Widerstand aufgeben [Nachgeben]
„Erst haben sich alle gegen die geplanten Sonderschichten gewehrt. Nachdem jetzt mit Entlassungen gedroht worden ist, haben sogar die Gewerkschaftler klein beigegeben und ihre Zustimmung erteilt."
Vgl.: ganz **klein** (und häßlich) werden.

ganz **klein** (und häßlich) werden (umg.)
die ursprüngliche Keckheit verlieren [Nachgeben]
„In der Schule war er ein großer Angeber. Erst im Beruf hat man ihm Respekt und Gehorsam beigebracht. Jetzt ist er ganz klein und häßlich geworden. Man erkennt ihn fast nicht wieder!"
In vielen Wendungen drückt sich die Bewertung von Größenangaben aus. Die vorherrschende Bewertungsstruktur entspricht der Formel: *Groß ist besser als klein.* So gibt es beispielsweise den *Gernegroß*, aber nicht das Gegenstück, den *Gerneklein*. Diese Größenangaben beziehen sich keineswegs ausschließlich auf die Körpergröße, sondern sogar bevorzugt auf geistige Fähigkeiten, soziale Machtstellung und so weiter. In den meisten Kulturen existieren Rituale, mit denen eine scheinbare Veränderung der Körpergröße das soziale Machtgefälle widerspiegeln soll: Verbeugungen, Niederknien, Kotau usw. Der optischen „Vergrößerung" des Mächtigen dienen Kronen, Sänften, Throne und architektonische Maßnahmen wie Stufen und Balustraden. Wortbildungen mit *klein* führen meist zu negativ bewerteten Begriffen: *kleinbürgerlich, kleingläubig, kleinlich* usw., es sei denn, daß tatsächlich ein realer Größenunterschied zu *größeren* Elementen derselben Klasse ausgedrückt werden soll: *Kleinholz, Kleingeld, Kleinstadt*. Ausdrücklich positiv bewertet ist der Begriff *Kleinod*, der wertvollen Schmuck bezeichnet, dessen Einzelteile (Diamanten usw.) nur in kleinen Formaten vorkommen. Soll mit Kleinheit ausnahmsweise etwas Positives verknüpft werden, so ist typischerweise der Gegensatz-Indikator *aber* in der Wendung mitenthalten: Vgl.: **klein**, aber fein; **klein**, aber oho.

einen **kleinen** sitzen haben (umg.)
etwas betrunken sein [Trunkenheit]
„Heute nehme ich mir ein Taxi zur Heimfahrt! Wegen der Betriebsfeier habe ich nämlich einen kleinen sitzen!"

etwas **Kleines** erwarten
→ etwas (Kleines) **bestellt** haben

es ist mir ein **Kleines** [Mühelosigkeit]
→ ein **Klacks** sein

das nötige **Kleingeld** haben (umg.)
reich sein, über genügend Geldmittel verfügen [Reichtum]
„Hans-Peter braucht kein gutes Examen zu machen. Sein Vater hat nämlich das nötige Kleingeld, um ihm ein sorgenfreies Leben zu ermöglichen!"

das **Kleingeld** ist jmdm. ausgegangen
jmd. hat kein Geld mehr [Armut]
„Kannst du mir was leihen? Mir ist nämlich das Kleingeld ausgegangen!"

jmdn./etwas zu **Kleinholz** machen
1) *jmdn. verprügeln* [Prügel]
2) *die Einrichtung/Möbel (in rasender Wut) zerkleinern* [Zerstörung]
3) *jmdn. scharf kritisieren oder moralisch vernichten* [Kritik]
1) „Wenn du meiner Freundin nochmal an den Hintern langst, mache ich dich zu Kleinholz!"
2) „Als das Siegestor für die Gegenmannschaft fiel, haben die Fans das Stadion beinahe zu Kleinholz gemacht. Sogar die Polizei mußte dem Treiben machtlos zusehen."
3) „Das Gutachten war vernichtend. Der Professor hat meinen Dissertationsentwurf zu Kleinholz gemacht."

kleinkriegen: nicht kleinzukriegen sein
nicht entmutigt/geschwächt/vernichtet sein, obwohl man starken Belastungen ausgesetzt ist [Zähigkeit]
„Unser Nachbar hatte schon drei Herzinfarkte, aber er ist einfach nicht kleinzukriegen. Momentan ist er schon wieder auf einer Hochgebirgstour im Karakorum!"
Vgl.: ganz **klein** (und häßlich) werden.

jmdn. **kleinkriegen** (umg.)
jmdn. gefügig machen [Sieg]
„Der neue Lehrer ist ein harter Brocken, aber wir werden ihn schon kleinkriegen! Schließlich weilt sein Vorgänger immer noch im Nervensanatorium!"
Vgl.: ganz **klein** (und häßlich) werden.

sich nicht **kleinkriegen** lassen (umg.)
die Stellung behaupten, zähen Widerstand leisten [Widerstand)
„Auch wenn der Chef noch so viel rumnörgelt: Laß dich bloß nicht kleinkriegen! Das versucht er nämlich am Anfang mit jedem neuen Angestellten!"
Vgl.: ganz **klein** (und häßlich) werden.

kleinmachen
1) *(Geld) wechseln* [Geld]
2) *(Geld) verschwenden* [Verschwendung]
3) *jmdn. demütigen/erniedrigen* [Erniedrigung]
1) „Geh mal an den Kiosk dort drüben. Dort kann man dir den Hundertmarkschein sicherlich kleinmachen!"
2) „Innerhalb von drei Jahren hat er das Erbe seiner Eltern kleingemacht. Nachdem er auch sein bißchen Erspartes kleingekriegt hat, lebt er von der Sozialhilfe!"
3) „Ich gebe dir den guten Rat: Laß dich von deinem neuen Vorgesetzten bloß nicht kleinmachen!"
Vgl.: ganz **klein** (und häßlich) werden.

Kleinvieh macht auch Mist! (umg.)
kleine Einnahmen können sich zu hohen Gewinnen summieren [Summierung]
„Leider hat unsere Firma im Moment keinen Großauftrag. Aber Kleinvieh macht auch Mist! Wir halten uns ganz gut über Wasser!"

in der **Klemme** sitzen/stecken (umg.)
1) *in Schwierigkeiten sein* [Schwierigkeiten]
2) *in finanziellen Schwierigkeiten sein* [Geldmangel]
1) „Man muß Freunden helfen, die in der Klemme sitzen!"
2) „Kannst du mir hundert Mark leihen? Ich stecke nämlich finanziell gerade ziemlich in der Klemme!"
Die *Klemme* war ein in der Vogelstellerei übliches Fanggerät, das aus einem gespaltenen Stück Holz bestand. Bezogen auf den Menschen ist die *Klemme* ein Sinnbild für Bedrängnis und Ausweglosigkeit.

jmdm. aus der **Klemme** helfen [Hilfe]
→ in der **Klemme** sitzen

wie eine **Klette** an jmdm. hängen/kleben/haften (umg.)
jmdn. aufdringlich begleiten, nicht von jmds. Seite weichen [Aufdringlichkeit]
„Meine Freundin hängt wie eine Klette an mir. Ich kann nicht einmal mehr mit ein paar Freunden ein Bier trinken, ohne daß sie mich begleitet!"
→ zusammenhängen/zusammenhalten wie die **Kletten**

zusammenhängen/zusammenhalten wie die **Kletten** (umg.)
unzertrennlich sein [Unzertrennlichkeit]
„Unsere Zwillinge unternehmen alles gemeinsam. Sie hängen zusammen wie die Kletten!"
Das mit *kleben* verwandte Wort *Klette* bezeichnet eine Korbblütlergattung, deren Samenstände mit Widerhaken versehen sind, um eine Verbreitung durch Tiere zu ermöglichen. Die Schwierigkeit, eine Klette aus Kleidern oder Haaren zu entfernen, hat die Klette zu einem Symbol der unlösbaren Anhänglichkeit werden lassen.

Klimmzüge machen (umg.)
sich anstrengen [Anstrengung]
„Auch wenn Sie noch so viele Klimmzüge machen, werden Sie in unserer Firma nicht Abteilungsleiter werden, Herr Schulz! Dafür haben Sie schon zu oft versagt!"

Der Klimmzug ist eine turnerische Übung zur Stärkung der Armmuskulatur. Ihre besondere Schwierigkeit ließ sie zu einem Sinnbild für Anstrengung im allgemeinen Sinne (und als *geistiger Klimmzug*) werden.

geistige **Klimmzüge** machen (umg.)
1) *sich geistig anstrengen* [Nachdenken]
2) *nicht ganz logisch sein* [Argumentation]
1) „Bei der Lateinarbeit mußte man ganz schöne geistige Klimmzüge machen, um den Satzbau zu verstehen!"
2) „Der Verfasser dieses philosophischen Buches hat einige geistige Klimmzüge gemacht, denen ich nicht ganz folgen kann!"
Herkunft → **Klimmzüge** machen

die **Klingen** kreuzen
in geistiger Auseinandersetzung mit jmdm. stehen [Argumentation]
„Dieses Diskussion war sehr interessant, weil zwei Koryphäen miteinander die Klingen gekreuzt haben, die ganz unterschiedliche Lehrmeinungen vertreten!"
Alle Redensarten mit dem Begriff *Klinge* beziehen sich auf die Fechtkunst. Naturgemäß ist das Fechten ein Sinnbild der feindlichen Auseinandersetzung. {Argumentation ist ein Kampf}

eine scharfe **Klinge** führen (gehoben)
in Artikeln und bei öffentlichen Reden scharf auftreten [Argumentation]
„Seine Reden waren beim politischen Gegner gefürchtet, weil er eine scharfe Klinge führte."
Herkunft → die **Klingen** kreuzen

jmdn. über die **Klinge** springen lassen (umg.)
1) *jmdn. töten* [Tötung]
2) *jmdn. moralisch/wirtschaftlich und so weiter vernichten* [Vernichtung]
1) „Die Piraten kannten keine Gnade und ließen die gesamte Besatzung über die Klinge springen."
2) „Durch seine rücksichtslosen Geschäftsmethoden ließ er so manchen Konkurrenten über die Klinge springen."
Bei der Hinrichtung durch das Schwert springt der Kopf über die Klinge. Der grausame Scherz, der sich in dieser alten Redensart zeigt, hat auch Varianten mit den Verben *tanzen* und *hüpfen* erzeugt, die heute nicht mehr üblich sind.

klingt gut! (umg.)
das ist annehmbar, da stimme ich zu [Zustimmung]
„Sollen wir morgen einmal an den See fahren, um zu baden?" „Klingt gut! Da bin ich dabei!"
Herkunft → einen guten **Klang** haben

einander die **Klinke** in die Hand geben
→ in hellen **Haufen** kommen
[Menge] [Besuch]

Klinken putzen gehen (umg.)
von Tür zu Tür gehen, um zu betteln oder etwas zu verkaufen [Hausieren]
„Als Vertreter muß man jeden Tag Klinken putzen. Dieser Job würde mir nicht gefallen!"
Die aus dem Rotwelsch der Hausierer stammende Redensart besagt, daß durch das häufige Berühren die Klinke der Haustür ganz abgewetzt ist. Jeder Hausierer ist somit ein unfreiwilliger *Klinkenputzer*.

klipp und klar (umg., Zwillingsformel, Stabreim)
ganz eindeutig, unmißverständlich [Offenheit]
„Dem Chef habe ich heute klipp und klar gesagt, daß ich mich von ihm nicht länger schikanieren lasse!"
Trotz ihrer altertümlichen stabreimenden Form ist diese Zwillingsformel offenbar erst im ausgehenden 19. Jh. umgangssprachlich verbreitet worden. In Grimms *Deutschem Wörterbuch* (Bd. 11) aus dem Jahre 1873 ist sie jedenfalls noch nicht aufgeführt. Sie scheint aus niederdeutschen Dialekten zu stammen, in denen Vorformen seit dem 18. Jh. bezeugt sind. Das ältere *klippklapp* ist eine Interjektion, die bestimmte Laute (wie Schuheklappern, Pferdetrappeln, die „Mühle am rauschenden Bach" usw.) nachahmt. Wie in den meisten Paar- und Zwillingsformeln gilt auch hier die Regel, daß

im ersten Wort ein heller (i) und im zweiten Wort ein dunkler Vokal (a) erscheint. Diese vertraute Lautstruktur mag Anlaß dazu gegeben haben, aus der Interjektion *klippklapp* eine Verstärkung des Wortes *klar* abzuleiten. Eine weitere Deutung weist auf den bäuerlichen Vieh- oder Kuhhandel hin: Beim Verkauf des Viehs wurde der Zuschlag durch einen kräftigen Händeschlag erteilt, der dem Ohr wohl gelegentlich als klipp-klapp erscheinen kann. Jedenfalls paßt dieser mögliche Ursprung des eindeutig vollzogenen Handels gut zur Bedeutung der Zwillingsformel.

einen **Kloß** im Hals haben (umg.)
1) *schlecht singen* [Unfähigkeit] [Gesang]
2) *vor Aufregung nicht sprechen können* [Aufgeregtheit]
1) „Na, wie war das Konzert?" „Grauenhaft! Der Tenor hatte die gesamte Zeit über einen Kloß im Hals!"
2) „Ich hasse mündliche Prüfungen! Am Anfang habe ich dabei immer einen Kloß im Hals und kann nichts sagen, selbst wenn ich die Antwort weiß!"
Der *Kloß* oder *Knödel* im Hals des Schauspielers oder Sängers ist eine bildhafte Prägung der Theatersprache des 19. Jh. Das Verb *knödeln* (= mit gepreßter Stimme sprechen/singen) verwendet das gleiche Bild. Daher auch die abschätzige Bewertung: *Knödeltenor*.

klar wie **Kloßbrühe** (umg./scherzhaft) (Stabreim)
etwas ist selbstverständlich, deutlich erkennbar [Selbstverständlichkeit]
„Nimmst du mich mit deinem Auto mit nach Hause?" „Aber das ist doch klar wie Kloßbrühe!"
Es gibt zwei Deutungen: Die erste bezieht sich auf den Begriff *Kloster*. Die Fastensuppe der Klöster galt früher als besonders gehaltlos und war durchsichtig (klar) bis auf den Tellergrund, eben: *klar wie Klosterbrühe*. Nach der anderen Deutung ist die Redensart von Anfang an scherzhaft gemeint und bezieht die Alltagserfahrung ein, daß die Brühe, in der Klöße gekocht werden, stets trübe ist. Die Variante *klar wie Klärchen* ist ein Wortspiel mit dem weibl. Vornamen *Klara* (20. Jh.).

ein grober **Klotz** (umg.)
ein unhöflicher und grober Mann [Kerl]
„Unser Nachbar, dieser grobe Klotz, hat doch tatsächlich mit dem Beil nach unserer Katze geworfen!"
Ein *Klotz* ist ein unbearbeitetes Stück Holz. Seine Ungeformtheit hat schon Luther dazu angeregt, den Klotz als Sinnbild für einen rohen und unempfindlichen Menschen zu nehmen. Einen dummen Menschen nennt man daher auch einen *Klotzkopf*.

ein **Klotz** am Bein sein (umg.)
für andere eine Belastung sein [Belastung]
„Unsere Großmutter meint immer, sie sei uns ein Klotz am Bein. Dabei haben wir sie nach dem Tode ihres Mannes gerne bei uns aufgenommen!"
Der *Klotz am Bein* dieser Redensart ist ursprünglich das (eiserne) Gewicht, an das früher Sträflinge angeschmiedet wurden, um sie an schneller Flucht zu hindern.

nicht kleckern, sondern **klotzen**! (umg.)
gleich mit großem Aufwand/mit voller Energie/ohne Zögern an eine Sache herangehen, mit vollem Einsatz [Einsatz]
„Mit drei Handwerkern wollt ihr den Rohbau noch vor dem Winter fertigstellen? Das klappt niemals! Hier gilt: Nicht kleckern, sondern klotzen! Gleich morgen werde ich eine andere Baufirma mit mehr Arbeitskräften hinzuziehen!"
Ursprünglich bezog sich diese Redensart nur auf Geldzahlungen und bedeutete: Nicht in kleinen Beträgen (Kleckergeld) zahlen, sondern in großen! Heute ist die Wendung fast nur noch im oben angegebenen Sinn gebräuchlich. Daher auch das Verb: *(hart ran-)klotzen* mit der Bedeutung: *hart arbeiten, schuften* (umg.).

aus etwas/jmdm. nicht **klug** werden
etwas/jmdn. nicht verstehen [Nichtverstehen]
„Aus dieser Telefonrechnung werde ich nicht klug! Wer aus der Familie hat denn mit Australien telefoniert?"

Im höfischen Mittelalter bezeichnete *Klugheit* ganz allgemein die gesellschaftliche Bildung, Einsicht, Geschick. Dieser eher weltliche Charakter des Begriffs hat sich in altertümlichen Wendungen wie *die kluge Hausfrau* bis heute erhalten, obwohl sich die Bedeutung selbst allmählich zu einer rein geistigen umgestaltete. Daß Klugheit nicht unbedingt mit studierter Gelehrsamkeit zusammenhängt, findet sich deutlich in dem berühmten Vers aus Goethes *Faust* (Nachtszene im Studierzimmer): „Hab nun, ach! Philosophie, / Juristerei und Medizin, / und leider auch Theologie! / Durchaus studiert, mit heißem Bemühn. / Da steh' ich nun, ich armer Tor! / Und bin so klug als wie zuvor!"

in **Klumpen** hauen (umg.)
jmdn./etwas aus Wut (zer-)schlagen [Zerstörung]
„Wenn ich die Werkstattrechnung sehe, könnte ich diese Schrottkiste vor Wut glatt in Klumpen hauen!"
Ein *Klumpen* ist eine formlose Masse (aus Einzelteilen), die durch die Einwirkung zerstörender Kräfte entsteht, beziehungsweise der Rohzustand (ein Klumpen Gold). Gelegentlich wird *ein Klumpen Fleisch* auch (abwertend) für einen Menschen oder eine verstümmelte Leiche gebraucht.

nichts (mehr) zu **knabbern** haben (umg.)
(aus Armut) nichts (mehr) zu essen haben [Hunger]
„Auch in unserer angeblichen Wohlstandsgesellschaft haben manche Leute nichts zu knabbern."
Der ursprünglich nur das Kauverhalten von Nagetieren bezeichnende Begriff *knabbern* wird erst seit den 60er Jahren dieses Jh. (meist scherzhaft) auf das Eßverhalten des Menschen bezogen (Jugendsprache).

an etwas zu **knabbern/knacken** haben (umg.) [Mühe]
→ eine harte **Nuß**

ein alter **Knacker** (derb)
ein alter Mann [Alter]
„Von diesem alten Knacker läßt du dir noch was vormachen, du Niete?"
Dieses grobe Wort bezieht sich auf das Knacken der Gelenke beim älteren Menschen. Dagegen bezieht sich das ganz ähnliche Wort *knackig* auf die Frische von Gemüse und bedeutet das Gegenteil, nämlich *jung* (jung und knackig).

sich einen **Knacks** holen (umg.)
sich einen dauerhaften (körperlichen oder seelischen) Schaden zuziehen [Krankheit]
„Bei der langen Bergtour muß er sich einen Knacks geholt haben. Jedenfalls bekam er drei Tage später einen Herzinfarkt!"

Knall und/auf Fall (umg., Paarformel)
überraschend, unvermutet, sofort, plötzlich [Schnelligkeit]
„Peter und Sabine haben wirklich Knall auf Fall geheiratet?" „Das kann man wohl sagen! Die haben sich doch kaum vier Wochen gekannt!"
Das Bild leitet sich aus der Jägersprache ab. Es bezieht sich auf den unmittelbaren Zusammenhang zwischen Büchsen-Knall und dem Fall des getroffenen Wildes. Literarisch ist die Wendung seit dem 17. Jh. (Simplicissimus) belegt. Besonders geliebt hat sie Lessing, der sie oft verwendet. So sagt der Derwisch in *Nathan der Weise:* „Wer sich Knall und Fall ihm selbst zu leben nicht entschließen kann, der lebet andrer Sklav' für immer!"

einen **Knall** haben (umg.)
verrückt sein [Verrücktheit]
„Ich soll dir meinen Wagen leihen? Du hast wohl einen Knall?"
Ähnlich wie in der Redensart *einen Schlag weghaben* bezeichnet der *Knall* das Geräusch eines kurzen, kräftigen Schlags an den Kopf, der ein geistiges Handicap (einen *Dachschaden*) erzeugen kann. Ein dummer Mensch wird daher gelegentlich auch als *Knallkopf* bezeichnet.

jmdm. eine/ein paar **knallen** (derb)
jmdm. eine Ohrfeige geben [Ohrfeige]
„Wenn der Kerl dich weiter so anstarrt, werde ich ihm ein paar knallen!"
Herkunft → einen **Knall** haben

Knast schieben (umg.)
seine Gefängnisstrafe absitzen [Gefängnis]
„Wo ist eigentlich dein Freund Carlo?“ „Ach, der muß noch einen Monat Knast schieben, weil er wieder mit Alkohol am Steuer erwischt worden ist!“
Knast ist eine erst im 20. Jh. entstandene Bildung zum älteren Verb *knasten* mit der Bedeutung: *hart strafen, büßen lassen* (Gaunersprache).

kneifen (umg.) [Feigheit]
→ den **Schwanz** einziehen

einen **Knick** in der Optik haben (scherzhaft) [Schielen]

knicken: (ganz) geknickt sein (umg.)
durch ein betrübliches Ereignis traurig sein [Niedergeschlagenheit]
„Vater ist ganz geknickt, weil er nicht zum Regierungsrat befördert worden ist.“
Durch Trauer und Enttäuschung verändert sich die Körperhaltung eines Menschen so, daß er kleiner erscheint.

weich in den **Knien** werden (umg.)
schwach werden, den Widerstand aufgeben [Nachgeben]
„Auch wenn wir Gewerkschaftler auf den erbitterten Widerstand der Unternehmer treffen, werden wir doch niemals weich in den Knien werden, sondern unsere Forderungen durch Streiks durchsetzen!“
Die Belastbarkeit der Knie ist die Voraussetzung der Standhaftigkeit und der Widerstandskraft im Kampf Mann gegen Mann. {Lebenskampf}

etwas übers **Knie** brechen (umg.)
etwas vorschnell und gewaltsam entscheiden [Voreiligkeit]
„Auch wenn es schon spät geworden ist, dürfen wir die Entscheidung über diese wichtige Angelegenheit nicht übers Knie brechen! Ich bin eher dafür, daß wir uns auf morgen vertagen!“
Diese seit dem 17. Jh. bezeugte Redensart bezieht sich auf den Vorgang des Brechens von Ästen über dem gebogenen Knie. Dieses Brechen geht zwar schnell, führt aber zu keinem exakten Ergebnis gegenüber dem Sägen.

in die **Knie** gehen (umg.)
nachgeben, eigene Grundsätze aufgeben [Niederlage]
„Niemals wirst du es erreichen, daß ich vor dir in die Knie gehe und meinen Beruf zugunsten deiner Karriere aufgebe!“
Herkunft → weich in den **Knien** werden.

jmdn. übers **Knie** legen (umg.)
jmdn. verprügeln [Prügel]
„Wenn du noch einmal den Spinat wegschüttest, muß ich dich übers Knie legen!“

jmdn. in die/auf die **Knie** zwingen
jmdn. besiegen; jmdn. unterwerfen [Sieg]
„Mit diesem neuen Modell werden wir die ausländische Konkurrenz auf dem Gebiet der Mittelklassewagen in die Knie zwingen!“
Herkunft → weich in den **Knien** werden.

das ist ein harter **Knochen** (umg.)
1) *das ist eine schwierige Aufgabe/eine schwere Arbeit* [Schwierigkeit]
2) *jmd. ist hart im Nehmen* [Kerl]
1) „Heute beginnen die Verhandlungen mit der Firma Meier und Co. Das wird ein harter Knochen werden, bis wir uns geeinigt haben!“
2) „Zehn Stunden Kies schaufeln, ist kaum zu machen. Aber Peter schafft das, er ist ein harter Knochen!“
Der *Knochen* dient in den Redensarten dazu, äußerste Härte und gleichzeitig das Innerste zu symbolisieren. Die Härte wird meist auf Arbeit und andere Schwierigkeiten, aber auch auf den Menschen selbst bezogen.

bis in die **Knochen** (umg.)
durch und durch, ganz und gar, vollständig [Vollständigkeit]
„Früher war er einmal in der kommunistischen Partei, und heute ist er reaktionär bis auf die Knochen!“

naß bis auf die **Knochen** (umg.)
völlig durchnäßt sein [Durchnässung]
„Durch den plötzlichen Gewitterregen wur-

den wir naß bis auf die Knochen! Niemand hatte einen Schirm dabei!"

seine müden **Knochen** ausruhen (umg.)
sich ausruhen [Erholung]
„Ich begleite euch nicht ins Kino. Heute bin ich vier Stunden gewandert und froh, zu Hause zu sein. Ich muß jetzt meine müden Knochen ausruhen!"

sich bis auf die **Knochen** blamieren (umg.)
sich außerordentlich blamieren [Blamage]
„Durch diesen zweideutigen Witz auf der Party bei Professor Schulze hast du dich bis auf die Knochen blamiert!"

jmdn. bis auf die **Knochen** durchschauen (umg.)
jmds. innerste Gedanken und Gefühle kennen [Durchschaubarkeit]
„Du kannst mir nichts vormachen! Ich durchschaue dich bis auf die Knochen. An dieser Sache ist etwas faul!"

für jmdn./etwas seine **Knochen** hinhalten [Sündenbock]
→ den **Kopf** hinhalten

du kannst dir die **Knochen** numerieren lassen! (umg.)
du kriegst gleich Prügel! [Prügel]
„Rück sofort die Autoschlüssel raus, sonst kannst du dir die Knochen numerieren lassen und im Sack nach Hause tragen!"

etwas steckt jmdm. tief in den **Knochen**
etwas ist Bestandteil von jmds. Wesen geworden [Gewohnheit]
„Obwohl er heute ein hoher Politiker ist, steckt ihm seine Internatszeit bei den Jesuiten immer noch tief in den Knochen."

jmdm. tun alle **Knochen** (im Leibe) weh
jmd. hat große Schmerzen, jmd. fühlt sich elend [Schmerzen]
„Nach der Bergtour taten mir alle Knochen im Leibe weh. Ich hatte vorher nicht ausreichend trainiert!"

keinen **Knopf** wert sein (umg.)
ganz wertlos sein [Wertlosigkeit]
„Dafür willst du noch zwanzig Mark? Dieser kaputte Kompaß ist doch keinen Knopf mehr wert!"

Knöpfe auf den Augen/in den Ohren haben (umg.)
1) *etwas ganz Offensichtliches nicht sehen (wollen)* [Nichtsehen]
2) *etwas ganz Offensichtliches nicht hören (wollen)* [Nichthören]
1) „Hast du denn Knöpfe auf den Augen? Siehst du denn nicht, daß deine Pfeife vor dir auf dem Tisch liegt?"
2) „Hast du denn Knöpfe in den Ohren, daß du das Telefon nicht hörst?"
Knöpfe sind Sinnbilder des Verschließens und somit geeignet, gewisse Wahrnehmungsmängel auszudrücken. Auch von einem *verschlossenen* Menschen sagt man: *Er ist zugeknöpft.*

an den **Knöpfen** abzählen (umg.)
eine Entscheidung vom Zufall bestimmen lassen [Zufall]
„Soll ich jetzt Menü 1 oder Menü 2 bestellen?" „Zähl es doch an den Knöpfen ab, wenn du dir vollkommen unschlüssig bist!"
Die meist unbekannte Zahl von Knöpfen an einem Kleidungsstück dient (ähnlich wie die Anzahl der Blütenblätter bei der Liebesfrage: *Er liebt mich – er liebt mich nicht – er liebt mich – usw.*) als eine Art Volksorakel, von dessen Entscheidung man die Lösung eines geringfügigen Dilemmas abhängig machen kann.

aus allen **Knopflöchern** gucken /schauen (umg.) [Offensichtlichkeit]

den gordischen **Knoten** durchhauen/lösen (gehoben)
ein schwieriges Problem überraschend einfach (und oft gewaltsam) lösen [Lösung]
„Die Abrüstungsverhandlungen zwischen den sogenannten Supermächten sind wieder einmal so verfahren, daß man sich jmdn. wünscht, der diesen gordischen Knoten durchhauen würde!"
Diese Redensart geht auf Berichte der Taten Alexanders des Großen (356–323 v. Chr.) zurück. In der phrygischen Stadt Gordion

befand sich an einem Streitwagen, der Zeus geweiht war, ein besonders kunstvoll und unentwirrbar verschlungener Knoten. Ein Orakel besagte, daß derjenige Herrscher von Asien werden würde, der diesen Knoten lösen könne. Alexander durchschlug den Knoten mit seinem Schwert. Durch die Vernichtung des persischen Heeres in der Schlacht von Gaugamela (331 v. Chr.) erfüllte sich das Orakel. Der Knoten ist ein uraltes (indogermanisches) Symbol der Verhinderung. Das Lösen des Knotens ist daher in vielen Volkssitten und Erzählungen verbreitet. In der Antike mußten etwa manche kultischen Rituale mit gelöstem Haar, geöffnetem Gürtel, schmucklos oder nackt durchgeführt werden. Auch das Totenhemd durfte keinen Knoten aufweisen. Vor diesem Symbolfeld ist auch der *gordische Knoten* zu verstehen. Er fesselte eine göttliche Macht (wahrscheinlich zunächst zugunsten des phrygischen Königs), die nach ihrer Befreiung – wie im orientalischen Märchen vom Flaschengeist – ihrem Befreier dienen mußte.

sich einen **Knoten** ins Taschentuch machen (umg.)
sich ein Zeichen machen, um etwas nicht zu vergessen [Vergessen]
„Du mußt mir morgen aus der Stadt unbedingt einen Farbfilm mitbringen, damit ich ein paar Fotos machen kann!" „Da muß ich mir einen Knoten ins Taschentuch machen, sonst vergesse ich es!"
Der Knoten ist ein Symbol der bindenden Verpflichtung. Er bindet dämonische Mächte, als Liebeszauber aber auch eine geliebte Person. Natürlich ist nicht gesichert, ob sich in dem Brauch des Knotens im Taschentuch Relikte derartigen Verpflichtungszaubers erhalten haben. Als Redensart kann diese Wendung natürlich auch ohne die entsprechende Handlung (etwa als scherzhaftes Versprechen) gebraucht werden.

jmdm. **Knüppel** zwischen die Beine werfen (umg.)
jmdn. absichtlich (beruflich) behindern [Behinderung]
„Wenn Sie zu einer anderen Firma wechseln wollen, werden wir Ihnen keine Knüppel zwischen die Beine werfen und einer Kündigung des Arbeitsvertrages zustimmen."

es **knüppeldick** hinter den Ohren haben
→ es **faustdick** hinter den Ohren haben

(völlig) **k.o.** sein (umg.)
völlig erschöpft sein [Erschöpfung]
„Ich war heute im Sommerschlußverkauf. Dort war so viel los, daß ich jetzt völlig k.o. bin!"
Der Begriff *k.o.* stammt aus der Fachsprache des Boxsports und ist vom englischen Begriff *to knock out* abgeleitet. Ist ein Boxer niedergeschlagen, beginnt der Ringrichter laut mit dem Auszählen der Sekunden 1–10, wobei jede Sekunde ein Handzeichen gegeben wird. Wenn die Zahl 10 ausgesprochen ist und der niedergeschlagene Boxer sich noch nicht wieder erhoben hat, gilt er als ausgezählt. Der Kampf ist damit beendet, und der Gegner wird zum Sieger durch k.o. erklärt.

die **Koffer** packen (umg.)
(für immer) weggehen [Weggang]
„Mir reicht es in dieser Firma! Ich packe jetzt die Koffer und suche mir eine neue Arbeit!"

die **Koffer** packen können/müssen
entlassen werden [Entlassung]
„Ihre Leistungen in dieser Firma werden immer geringer. Sie können Ihre Koffer packen! Ihre Probezeit hat gezeigt, daß Sie für uns nicht der geeignete Mann sind!"

aus dem **Koffer** leben (umg.)
→ ständig auf **Achse** sein [Reisen]

alter/aufgewärmter **Kohl** (umg.)
eine alte und uninteressante Geschichte [Uninteressantheit]
„Diese angebliche Hintergrundstory ist doch alter Kohl! Die wird jedesmal in der Sauregurkenzeit wieder aufgewärmt!"
Der Kohl gilt seit dem Altertum als Volksnahrungsmittel, das bei armen Leuten wohl auch bis zum Überdruß aufgewärmt wor-

den ist. Die negative Bewertung des Kohls zeigt sich auch darin, daß er in manchen Wendungen mit den Begriffen *Mist, Käse Quark* usw. austauschbar ist. Der Begriff *Kohl* im Sinne einer erzählten Geschichte oder dem gesprochenen Wort hängt zusätzlich noch mit dem jiddischen Wort *kolen* (reden, erzählen) zusammen. Im Rotwelsch wurde unterschieden zwischen *kolen* (Wahrheit sagen) und *bekolen* (lügen).

das macht den **Kohl** nicht fett (umg.)
das bessert die Lage nicht, das nützt nichts [Nutzlosigkeit]
„Gelegentlich verdiene ich mir etwas durch Schreibarbeiten dazu, aber das macht den Kohl nicht fett!"
Diese Wendung ist in Verbindung mit dem Kohl als Nahrung für arme Leute zu sehen. Ohne Fleisch macht auch die Zugabe anderer Zutaten *den Kohl nicht fett* im Sinne von schmackhaft. Schon Luther gebraucht diese Redensart mehrfach.

Kohldampf schieben (umg.)
Hunger haben [Hunger]
„Anstatt Kohldampf zu schieben, sollten wir uns lieber ein paar belegte Brote machen! Ich sehe mal nach, was im Kühlschrank ist!"
Diese Wendung ist ganz aus Elementen des Rotwelschen zusammengesetzt. *Koll* und *Dampf* bedeuten beide *Hunger; Schieben* ist eine volksetymologische Veränderung von *scheffen* (sein, sich befinden). Wie viele Ausdrücke aus dem Rotwelsch ist auch diese Wendung zuerst in der Gauner- und Soldatensprache verbreitet gewesen und erst im 19. Jh. in die Umgangssprache eingedrungen.

Kohle schaufeln [Verdienen]
→ (Hauptsache,) die **Kohlen** stimmen

Kohle bunkern [Sparsamkeit]
→ (Hauptsache,) die **Kohlen** stimmen

(Hauptsache,) die **Kohlen** stimmen (umg.)
das Geld, das man verdient, reicht zum Lebensunterhalt [Lohn]
„Als Vertreter muß ich mir manchen Beschimpfung anhören. Aber das macht mir nichts aus. Hauptsache, die Kohlen stimmen!"
Kohle oder *Kohlen* sind in der saloppen Umgangssprache ein Begriff für Geld geworden.

(wie) auf glühenden **Kohlen** sitzen
höchst ungeduldig sein, in einer unangenehmen Lage sein [Ungeduld]
„Du schminkst dich in aller Seelenruhe, und ich sitze hier auf glühenden Kohlen, weil das Theaterstück in zwanzig Minuten beginnt! Was denkst du dir eigentlich dabei? Wir können es kaum noch schaffen!"
Als brennbarer Stein war die Kohle das Objekt mancher abergläubischen Vorstellungen und diente beispielsweise der Abwehr böser Geister. Natürlich war die glühende Kohle auch ein Mittel, um Hexen durch ein Gottesurteil kenntlich zu machen. Luther benutzt das Bild als Beispiel des Mutes, den der Glaube auch im Leid und in der Marter gibt: „Wenn ihr auch auf feurigen Kohlen ginget, so soll's euch dünken, als ginget ihr auf Rosen." Seit dem 17. Jh. ist die Redensart literarisch weit verbreitet.

(s)einen **Koller** kriegen (umg.)
(s)einen (üblichen) Wutanfall kriegen, sich fürchterlich aufregen [Wut]
„Warum hat denn der Chef wieder so rumgetobt?" „Na, du weißt doch! Montags kriegt er immer seinen Koller, weil die halbe Belegschaft zu spät zur Arbeit kommt. Eigentlich hat er ja recht, sich darüber aufzuregen!"

ein **Koloß** auf tönernen Füßen
→ auf tönernen **Füßen** stehen

mir soll noch einer **kommen** und sagen, ...
ich bin gewarnt und werde ihm nicht glauben, ich weiß es jetzt besser [Gewitztheit]
„Mir soll noch einer kommen und sagen, das Winterklima am Mittelmeer sei angenehm! Die ganze Zeit über regnet es!"
Kommen bezeichnet eine Bewegung in Hinblick auf ihr Ziel, wobei gelegentlich auch der Ursprung der Bewegung genannt wird (das kommt daher/davon, daß ...). In eini-

gen Gesprächsfloskeln werden die Verben *kommen* und *sagen* kombiniert, um eine fremde Meinung, ein Zitat, zu kennzeichnen. Wird der Urheber des Zitates nicht genannt, erhält die Wendung leicht einen bedrohlichen Nebeneffekt: *kommt da einer und hat dies und jenes auszusetzen!, kommt daher und sagt, wir machen es falsch!* Diese Form ist so fest geworden, daß sogar der Ausdruck des Sprechens/Sagens fehlen kann: *damit dürfen Sie mir nicht kommen!* Die damit verbundene Abwertung macht diese Floskeln zu geeigneten Signalen einer sich anschließenden Zurückweisung: *kommen Sie mir nicht mit ...!*

kommen Sie mir nicht mit solchen Lügen/ Ausreden usw.
diese Art von Lügen/Ausreden kenne ich schon; ich glaube Ihnen nicht [Zurückweisung]
„Ihre Großmutter wird morgen beerdigt, und Sie wollen deshalb einen Tag Sonderurlaub? Kommen Sie mir nicht mit solchen Lügen! Sie haben doch allein in diesem Jahr angeblich schon zwei Großmütter zu Grabe getragen!"
Herkunft → mir soll noch einer **kommen** und sagen, ...

auf jmdn. nichts **kommen** lassen
jmdn. vor übler Nachrede in Schutz nehmen [Schutz]
„Ich lasse auf den vorherigen Bürgermeister nichts kommen! Er hat in schwierigen Zeiten viel geleistet, was heute vergessen ist!"
Diese Redensart arbeitet mit dem Bildelement schwere Last. Schulden, Vorwürfe, Pflichten und ähnliches können *über* oder *auf jmdn. kommen* und *getragen* werden. Der Schutz im Sinne der Redensart besteht also darin, daß eine Person nichts Belastbares *auf jmdn. kommen* läßt, die Belastung also abwehrt.

zu nichts **kommen** (umg.)
1) *keinen Erfolg haben* [Erfolglosigkeit]
2) *sich verzetteln* [Verzettelung]
1) „Wenn du kein Examen machst, wirst du im ganzen Leben zu nichts kommen, mein Lieber!"
2) „Heute bin ich vor lauter Telefonaten zu nichts gekommen! Morgen werde ich den Hörer einfach nicht abheben, wenn es klingelt!"

kommen: das kommt davon!
das sind die unangenehmen/unvermeidlichen Folgen [Folge]
„Heute morgen bist du erst um vier Uhr vom Kegelabend nach Hause gekommen und jetzt hast du einen Kater? Siehst du – das kommt davon!"

kommen: da komme ich nicht mehr mit!
→ **mitkommen**: da komme ich nicht (mehr) mit!

kommen: wie komme ich dazu (das zu tun)? (umg.)
warum soll ich das tun? ich weigere mich! [Weigerung]
„Wir haben alle gegessen, und ich soll alleine den Abwasch machen? Wie komme ich dazu? Schließlich habe ich schon eingekauft und gekocht!"

kommen: wie kommt er dazu (das zu tun)? (umg.)
wie kommt er zu dieser Idee/Meinung/Handlung? ich verstehe ihn nicht! [Nichtverstehen]
„Peter meint, ich würde auf eure Katzen aufpassen, während ihr im Urlaub seid? Wie kommt er dazu, das zu behaupten? Ich bin doch selbst während dieser Zeit gar nicht zu Hause!"

im **Kommen** sein
→ **in** sein [Mode]

Komödie spielen (umg.)
etwas vortäuschen [Täuschung]
„Karl hat seine Kopfschmerzen wahrscheinlich nur vorgetäuscht, um nicht mit uns ins Kino gehen zu müssen. Er hat leider die Angewohnheit, einem gelegentlich eine derartige Komödie vorzuspielen!"
Die antike Komödie hat sich aus dem Satyrspiel entwickelt und mit Aristophanes (445–385 v. Chr.) einen Höhepunkt erreicht.

Als Kunstform steht sie zwischen der Tragödie und dem Lustspiel. Sie hat die Tendenz, die menschlichen Schwächen zu entlarven, indem sie den Zuschauer zum Lachen bringt. Es gibt verschiedene Theorien darüber, wie dies geschieht: Sehr bekannt ist die Inkongruenz- oder Kontrasttheorie, nach der das Lachen sich als Reaktion auf die Wahrnehmung von Widersprüchen (verschiedener Art) einstellt. Die meisten Denkmodelle lassen sich dieser Grundthese mehr oder weniger zuordnen. Da die Komödie stets vor einem bestimmten gesellschaftlichen Hintergrund spielt, ist sie stark von dessen jeweiligen Vorurteilen und Bewertungen abhängig. Diese starke Zeitgebundenheit zeigt sich vor allem in den Sonderformen der (Gesellschafts-)Satire und dem Kabarett.

der **König** der Tiere
der Löwe
„Im Zoo haben wir besonders den König der Tiere bewundert!"
Das Bildfeld {Tierreich} stellt eine Analogie her zwischen der menschlichen Gesellschaftsordnung und dem augenfälligen Befund einer reichgegliederten Tierwelt, in der Machtrelationen (etwa im Sinne von Jägern und Gejagten) zu existieren scheinen. Das Tierreich ist ständisch gegliedert und kennt demnach den König (mit seinem Hofstaat) und die Untertanen. Seit Äsop (6. Jh. v. Chr.) ist das Tierreich ein beliebtes Modell für Gesellschaftskritik. In der Fabel wird oft konkrete Opposition betrieben, wobei auch allgemeine moralische Lehrsätze verkleidet werden. Der sowohl (politisch) lehrhafte als auch volkstümliche Charakter der Fabel hat sie in bestimmten Epochen zu einem weitverbreiteten Propagandawerkzeug gemacht. Nach Luther und Hans Sachs war insbesondere das 18. Jh. die Blütezeit der deutschsprachigen Fabel. Über La Fontaine sind auch orientalische Fabelstoffe in Europa populär geworden. Das Tierreich verfügt daher im Bereich der Redensarten nicht nur über heimische Tiere, sondern auch über Exoten. In der Redeweise von *Tierklassen* hat sich der metaphorische Charakter des Bildfelds auch in der wissenschaftlichen Biologie erhalten (vgl.: erster **Klasse**). {Tierreich}

ein ungekrönter **König**
der Beste auf seinem Gebiet [Können]
„In den siebziger Jahren war Beckenbauer der ungekrönte König des deutschen Fußballs."

können: wo kann man hier mal? (umg.)
wo ist die Toilette? [Toilette]
„Entschuldigen Sie bitte! Wo kann man hier mal?"

können: du kannst mich mal! (derb)
Beleidigungsformel [Beleidigung]
„Er hat mich in meiner Abwesenheit beschimpft? Na, der kann mich mal!"
Diese Wendung ist eine Verkürzung der alten Beleidigungsformel *du kannst mich mal am Arsch lecken.* Ihre Grobheit wird sowohl durch Verkürzung als auch durch Erweiterung gelegentlich gemildert. Eine Erweiterung stellt dar: *Du kannst mir mal den Buckel runterrutschen!*

können: mir kann keiner! (umg.)
mir kann keiner was vormachen, ich bin unübertrefflich [Selbstüberschätzung]
„Warum soll ich mich vor der Prüfung fürchten? Mir kann keiner!"
Diese Wendung stammt aus dem Berliner Raum und stellt wohl eine Verkürzung der Redensart dar: *mir kann keiner das Wasser reichen!*

können vor Lachen! (umg.)
das kann ich nicht! [Unvermögen]
„Warum willst du denn nicht promovieren?"
„Können vor Lachen! Das habe ich doch schon vergeblich versucht!"
Diese Wendung wird als Gesprächsfloskel als Antwort auf gutgemeinte Ratschläge verwendet, die man akzeptabel findet, deren Realisierung jedoch aus irgendwelchen (oft banalen) Gründen nicht möglich ist. Diese Wendung ist Teil einer scherzhaften Redensart, die ein Beispiel für den sogenannten Galgenhumor darstellt: „Erst können vor Lachen" sagte der Gehenkte, als er pfeifen sollte.

mit jmdm. (gut) **können** (umg.)
[Kollegialität]

das geht alles auf sein **Konto**
1) *das ist alles sein Verdienst* [Verdienst]
2) *das ist alles seine Schuld* [Schuld]
1) „Die wirtschaftliche Blüte dieses Unternehmens geht ganz allein auf das Konto des fähigen Managements!"
2) „Auf das Konto des Angeklagten gehen mindestens drei Morde, die wir ihm nachweisen können!"
Wie viele Wörter des Bankwesens (*brutto, Giro* usw.) ist *Konto* Ende des 15. Jh. in die deutsche Kaufmannssprache übernommen worden. Seit dem 18. Jh. ist der Begriff im Sinne der Redensart literarisch belegt.

etwas auf dem **Konto** haben
→ etwas auf dem **Kerbholz** haben

ein Schlag ins **Kontor**
eine unangenehme Überraschung, ein Rückschlag, eine Enttäuschung [Rückschlag]
„Das war natürlich ein Schlag ins Kontor, als er die Stelle als Chefarzt dann doch nicht bekam, mit der er fest gerechnet hatte!"
Der wie *Konto* von lat. *computare* und franz. *compter* (beides bedeutet *zusammenrechnen*) abgeleitete Begriff *Kontor* wird im 14. Jh. zu franz. *comptoir* (Zahltisch, Schreibstube) weitergebildet. Über das Niederländische wird der daraus lautlich abgewandelte Begriff *Kontor* zwischen dem 15. und 18. Jh. im deutschen Sprachraum im Sinne von *Handelsniederlassung* oder *Geschäftsstelle* gebraucht. Ein Blitzschlag ins Kontor kann die Vernichtung der Buchhaltung und der Waren und somit einen Rückschlag bedeuten. {Lebenskonto}

ein wandelndes **Konversationslexikon**
→ ein wandelndes **Lexikon**

jmdn. aus dem **Konzept** bringen/jmds. Konzept verderben
jmdn. verwirren [Störung]
„Wenn er an seiner Doktorarbeit schreibt, kann ihn die kleinste Störung aus dem Konzept bringen. Deshalb stelle ich momentan kein Telefonat durch!"
Das Konzept ist ursprünglich die schriftlich aufgesetzte Rede, die beim Vortrag abgelesen wird. Vom Konzept abgelenkt, kann der Redner leicht verwirrt werden.
Vgl.: den **Faden** verlieren.

etwas paßt jmdm. nicht in sein **Konzept**
etwas paßt nicht zu jmds. Plänen
[Unmöglichkeit]
„Ich soll morgen einen Vortrag in Hamburg halten, weil der Hauptredner ausgefallen ist? Das paßt mir aber gar nicht ins Konzept, weil ich morgen in Frankfurt einen wichtigen Termin habe!"
Herkunft → jmdn. aus dem **Konzept** bringen

Kopf hoch!
nur Mut!, es wird schon klappen!
[Ermutigung]
„Kopf hoch! In zwei Stunden hast du auch diese Prüfung hinter dir."
Herkunft → der **Kopf** von etwas sein

aus dem **Kopf**
auswendig [Wissen]
„Dieses Lied kann ich aus dem Kopf singen, weil ich es in der Schule gelernt habe!"
Herkunft → der **Kopf** von etwas sein

von **Kopf** bis Fuß
1) *von oben bis unten* [Gesamtheit]
2) *ganz und gar, vollständig*
[Vollständigkeit]
1) „Bei dem Vorstellungsgespräch wurden die Kandidaten vom Personalleiter von Kopf bis Fuß gemustert."
2) „Ich bin von Kopf bis Fuß auf Liebe eingestellt." (Marlene Dietrich)

der **Kopf** von etwas sein
der Leiter sein, die Macht über etwas haben [Macht]
„Die Firma hat zwar einen Verwaltungsrat, aber der Gründer ist immer noch der Kopf des Ganzen und bestimmt die gesamte Firmenpolitik!"
Als Träger der wichtigsten Sinnesorgane und Sitz des Verstandes ist der Kopf von zentraler Bedeutung für jeden lebenden

Organismus. Diese Bedeutung spiegelt sich in der sehr großen Anzahl von Redensarten wider, in denen der Kopf direkt (im Sinne einer körperlichen Symptomatik) oder indirekt (im Sinne der mit dem Kopf verknüpften Funktionen und der ihm beigemessenen Eigenschaften) eine Rolle spielt. Im Sinne der Organismus-Metaphorik repräsentiert der Kopf die Leitung eines Unternehmens oder allgemeiner die Macht. Insbesondere die Jahrhunderte lang übliche Strafe der Enthauptung hat die existenzielle Bedrohung des *Kopfverlustes* redensartlich festgefroren. Der richtig plazierte und demnach oben getragene Kopf ist auch Sinnbild der Ordnung: Große Unordnung wird demnach dadurch ausgedrückt, daß *etwas auf den Kopf gestellt* ist. Der Kopf ist einerseits sprichwörtlich hart, andererseits aber auch sehr verletzlich. Die Schmerzen, die er durch Schläge zugefügt bekommt oder dadurch, daß man auf ihm *herumtanzt* haben jedenfalls zu einer ganzen Reihe abgeleiteter Bedeutungen Anlaß gegeben. Das meiste *Kopfzerbrechen* aber scheint das Nachdenken zu erzeugen, das im Extremfall auch dazu führen kann, daß der Kopf *raucht*. So kann man sich beispielsweise *etwas durch den Kopf gehen lassen* und im Kopf *stecken* Ideen, Pläne oder Erinnerungen und Gelerntes, das man *aus dem Kopf* (auswendig) aufsagen kann: Lieder, Gedichte und so weiter. Der Kopf des dummen Menschen dagegen ist *leer* oder er steckt *voller Stroh*. Viele Redensarten aus diesem Bereich finden sich auch unter den Begriffen *Sinn, Hirn, Schädel* oder *Haupt*.

seinen eigenen **Kopf** haben
eigenwillig sein, trotzig sein
[Eigenwilligkeit]
„Laß Angelika in Frieden! Sie hat heute mal wieder ihren eigenen Kopf. Morgen wird sie wieder netter sein!"
In den Redensarten, in denen der eigene Kopf als Besonderheit herausgestellt wird, handelt es sich meist um die Vermittlung der Bedeutungen Eigenwilligkeit und Trotz. Diese Betonung der schieren Selbstverständlichkeit, daß jemand einen eigenen Kopf hat, ist nur unter Berücksichtigung des gegenteiligen Bildes des kollektiven Kopfs richtig zu verstehen (mehrere Köpfe unter einen Hut bringen). Mit dem eigenen Kopf kann man sich den Entschlüssen des kollektiven Kopfes entziehen und seine eigenen Vorstellungen realisieren.

seinen **Kopf** für sich haben
→ seinen eigenen **Kopf** haben

den **Kopf** voll haben (umg.)
an viel denken müssen, große Sorgen haben
[Sorgen]
„Laß mich bloß in Ruhe! Ich habe so schon den Kopf voll!"
Das in der Redensart steckende Bild meint: Der Kopf ist eine Art Gefäß, das voller Gedanken/Sorgen und so weiter sein kann.

einen schweren **Kopf** haben (umg.)
Katzenjammer haben, zuviel Alkohol getrunken haben [Trunkenheit]
„Wir haben die halbe Nacht gefeiert, und jetzt habe ich natürlich einen schweren Kopf!"

einen harten **Kopf** haben (umg.)
hartnäckig sein, willensstark sein
[Hartnäckigkeit]
Herkunft → der **Kopf** von etwas sein

einen kühlen/klaren **Kopf** haben
emotionslos und nüchtern denken, scharfsinnig sein [Emotionslosigkeit]
„In dieser wichtigen Funktion können wir nur einen Mann mit einem kühlen Kopf beschäftigen!"
Seit dem 18. Jh. erst wird scharf zwischen Kopf und Herz im Sinne eines Verstand-Gefühl-Kontrastes unterschieden. Früher galt wie heute noch im Englischen (to learn by heart) und im Französischen (par coeur) auch im Deutschen gelegentlich das Herz als Sitz des Denkens.
Herkunft → der **Kopf** von etwas sein

etwas noch frisch im **Kopf** haben
sich noch gut an etwas erinnern können
[Erinnerung]
„Die Vernehmung der Unfallzeugen soll so

schnell wie möglich erfolgen, weil sie dann die Vorgänge noch frisch im Kopf haben!“

nichts als Dummheiten/Unsinn im **Kopf** haben
nur Unsinn machen, nicht ernst sein können [Unfug]
„Mit dieser Gorillamaske hast du mich ganz schön erschreckt. Ich hätte mir gleich denken können, daß du dahintersteckst! Du hast doch auch sonst nichts als Unsinn im Kopf!“

nichts anderes im **Kopf** haben als
sich nur mit einer einzigen Sache beschäftigen, eine fixe Idee haben [Einseitigkeit]
„Mein Mann hat im Urlaub nichts anderes im Kopf, als Kriminalromane zu lesen. Ich dagegen würde gerne etwas unternehmen!“

der **Kopf** ist jmdm. schwer (umg.)
[Trunkenheit]
→ jmdm. den **Kopf** schwer machen

ein heller **Kopf** sein
klug sein, gescheit sein [Klugheit]
„Der Harald ist wirklich ein heller Kopf. Das merkt man an allen seinen Schriften.“

ein guter/kluger **Kopf** sein
klug und begabt sein [Begabung]
„Diesen Bewerber sollten wir einstellen. Nach seinen Papieren zu urteilen ist er ein guter Kopf.“

nicht ganz richtig im **Kopf** sein (umg.)
ein bißchen verrückt sein [Verrücktheit]
„Wie konntest du nur erzählen, daß wir vorhaben, nach Amerika auszuwandern? Die Leute müssen doch denken, daß wir nicht ganz richtig im Kopf sind! Schließlich haben wir doch nur einmal im Scherz darüber nachgedacht!“

was ist ihm (bloß) in den **Kopf** gefahren? (umg.)
was ist mit ihm los? ich begreife ihn nicht mehr! [Verrücktheit]
„Karl verhält sich heute so komisch. Was ist ihm bloß in den Kopf gefahren?“
Im alten Aberglauben konnten böse Geister in den Kopf des Menschen einfahren und dort Verwirrung und Geisteskrankheiten erzeugen.

ich stand da/war wie vor den **Kopf** geschlagen (umg.)
völlig überrascht und enttäuscht
[Enttäuschung]
„Markus stand da wie vor den Kopf geschlagen, als er erfuhr, daß er schon wieder keinen Studienplatz erhalten hatte. Diesmal hatte er fest damit gerechnet.“

nicht auf den **Kopf** gefallen sein (umg.)
nicht dumm sein, recht gescheit sein
[Klugheit]
„Der Armin hat das schwere Kreuzworträtsel gelöst. Der ist wirklich nicht auf den Kopf gefallen! Wir hatten es alle vergeblich versucht!“

man wird dir nicht gleich den **Kopf** abreißen (umg.)
die Sache ist nicht so schlimm (wie sie dir erscheint) [Beruhigung]
„Du hast den Unterricht geschwänzt und traust dich deshalb nicht mehr zur Schule? Nur ruhig Blut! Man wird dir nicht gleich den Kopf abreißen!“
Herkunft → **Kopf** und Kragen riskieren

seinen **Kopf** aufsetzen (umg.)
unnachgiebig sein, trotzig sein [Trotz]
„Warum begleitest du uns nicht in das Konzert? Mußt du denn immer gleich deinen Kopf aufsetzen?“
Herkunft → seinen eigenen **Kopf** haben

etwas im **Kopf** ausrechnen
etwas ohne Notiz oder Taschenrechner ausrechnen [Rechnen]
„Moment bitte, die Mehrwertsteuer kann ich leider nicht im Kopf ausrechnen. Ich gehe rasch zur Kasse und schlage in der Preisliste nach!“

den **Kopf** oben behalten
den Mut nicht sinken lassen [Zuversicht]
„Auch wenn du momentan einige Rückschläge erlebst, mußt du den Kopf oben behalten und an die Zukunft denken!“
Herkunft → der **Kopf** von etwas sein

etwas im **Kopf** behalten
etwas nicht vergessen [Erinnerung]
„Leider kann ich meine eigene Telefonnummer nicht im Kopf behalten. Ich muß sie daher erst suchen, bevor ich sie Ihnen sagen kann!"

immer auf seinem **Kopf** bestehen (umg.)
[Starrsinnigkeit]
→ mit dem **Kopf** durch die Wand wollen

einen kühlen/klaren **Kopf** bewahren
in riskanter Lage besonnen sein; nüchtern denken und handeln [Besonnenheit]
„Als das Zimmer plötzlich in hellen Flammen stand, war Vater der einzige, der kühlen Kopf bewahrte und die Feuerwehr benachrichtigte."
Herkunft → einen kühlen/klaren **Kopf** haben

jmdm. brummt der **Kopf** (umg.)
jmd. ist (aufgrund neuer Erfahrungen/geistiger Anstrengung und so weiter) überreizt/benommen [Benommenheit]
„Mir schwirrt richtig der Kopf von all den mathematischen Formeln, die ich für die Prüfung auswendig gelernt habe!"
Herkunft → der **Kopf** von etwas sein

seinen **Kopf** durchsetzen (wollen)
den eigenen Willen durchsetzen
[Machtstreben]
„Na gut, um des lieben Friedens willen bleiben wir heute zu Hause und gehen nicht ins Restaurant. Du verstehst es wieder einmal blendend, immer deinen Kopf durchzusetzen!"
Herkunft → seinen eigenen **Kopf** haben

seinem eigenen **Kopf** folgen
[Selbstbestimmung]
→ seinen eigenen **Kopf** haben

jmdm. eins auf den **Kopf** geben (umg.)
1) *jmdm. einen Schlag auf den Kopf versetzen* [Schlag]
2) *jmdn. zurechtweisen* [Zurechtweisung]
1) „Der Einbrecher gab dem Wächter eins auf den Kopf und machte ihn dadurch kampfunfähig."
2) „Ich glaube, ich muß dir ab und zu eins auf den Kopf geben, damit du deine Hausaufgaben sorgfältiger machst!"

nach jmds. **Kopf** gehen (umg.)
nach jmds. Vorstellungen ablaufen
[Machtstreben]
„Immer willst du, daß alles nach deinem Kopf geht!"
Herkunft → seinen eigenen **Kopf** haben

jmdm. nicht aus dem **Kopf**/aus dem Sinn gehen wollen
immer an etwas Bestimmtes denken müssen
[Erinnerung]
„Die Melodie des neuen Schlagers geht mir nicht aus dem Kopf! Ständig ertappe ich mich dabei, wie ich sie mitsumme!"
„Ich weiß nicht, was soll es bedeuten, / Daß ich so traurig bin; / Ein Märchen aus uralten Zeiten,/Das kommt mir nicht aus dem Sinn." (Heinrich Heine, *Loreley*)

sich etwas durch den **Kopf** gehen lassen (umg.)
etwas sorgfältig (immer wieder) bedenken, über etwas nachdenken [Nachdenken]
„Ich habe jetzt Ihren Vorschlag auf dem Tisch und werde mir durch den Kopf gehen lassen, was wir davon realisieren können, Herr Meier!"

das geht/will mir nicht in den **Kopf** (umg.)
1) *das kann ich nicht behalten* [Vergessen]
2) *das verstehe ich nicht* [Nichtverstehen]
1) „Diese chemischen Formeln gehen mir einfach nicht in den Kopf, da kann ich machen, was ich will!"
2) „Es will mir einfach nicht in den Kopf, daß ausgerechnet unsere Tochter ins Kloster eintreten will, anstatt eine Familie zu gründen!"

man könnte sich an den **Kopf** greifen
→ darüber kann man nur den **Kopf** schütteln

den **Kopf** über Wasser halten
wirtschaftlich überleben [Überstehen]
„Viele kleine Läden wissen nicht, wie sie gegenüber den großen Kaufhäusern mit ih-

rem vielfältigen Angebot den Kopf über Wasser halten sollen.“
{Lebensreise}

mit dem **Kopf** für etwas haften
[Verantwortung]
→ **Kopf** und Kragen riskieren

nach seinem (eigenen) **Kopf** handeln
nach freiem Willen handeln
[Selbstbestimmung]
„Ich lasse mir von dir keine Vorschriften machen und handle nur nach meinem eigenen Kopf. Damit bin ich immer am besten gefahren!“
Herkunft → seinen eigenen **Kopf** haben

den **Kopf** hängenlassen (umg.)
enttäuscht und verzweifelt sein
[Verzweiflung]
„Laß doch den Kopf nicht so hängen! Morgen sieht alles schon wieder ganz anders aus!“
Herkunft → der **Kopf** von etwas sein

(für jmdn.) den **Kopf** hinhalten (umg.)
die Verantwortung für etwas übernehmen, das man nicht verschuldet hat [Sündenbock]
„Immer soll ich für dich den Kopf hinhalten und mich bei den Nachbarn entschuldigen, wenn du bei ihnen Obst von den Bäumen geklaut hast!“

jmdm. den **Kopf** vor die Füße legen
→jmdn. einen **Kopf** kürzer machen

jmdm. den **Kopf** schwer machen
jmdm. Kummer und Sorgen bereiten
[Belastung]
„Ich muß morgen zur Prüfung, und jetzt kommst du mit deinen Problemen und machst mir noch zusätzlich den Kopf schwer!“
Das Bildelement der schweren Last im Sinne von Kummer, Sorgen, Schulden und so weiter ist sehr weit verbreitet (jmdm. das Herz schwer machen). Bezogen auf das Bildelement *Kopf* wird die Schwere häufig auch in Begriffen der Niedergeschlagenheit und der Verkleinerung der Körpergröße ausgedrückt (den Kopf hängenlassen, ganz klein werden). Dies steht in Einklang mit der körperlichen Symptomatik etwa im Sinne einer Depression.

jmdn. einen **Kopf** kürzer machen (umg.)
jmdn. durch Enthauptung töten [Tötung]
„In vielen Diktaturen wird man auch heute noch ohne Prozeß einen Kopf kürzer gemacht, wenn man sich gegen das Regime auflehnt!“

bis die **Köpfe** rauchen [Eifer]
→ der **Kopf** von etwas sein

jmdm. raucht der **Kopf** (umg.)
jmd. muß viel nachdenken [Nachdenken]
„Während der Klassenarbeit konnte man regelrecht sehen, wie die Köpfe rauchten! Die Aufgaben waren nämlich nicht ganz einfach!“
Herkunft → der **Kopf** von etwas sein

Kopf und Kragen riskieren/wagen/aufs Spiel setzen (umg.)
1) *das Leben riskieren* [Gefährdung]
2) *die wirtschaftliche Existenz riskieren* [Risiko]
1) „Viele Artisten leben davon, daß sie jeden Tag Kopf und Kragen riskieren.“
2) „Durch diesen hohen Kredit riskiert er Kopf und Kragen, falls die Geschäfte nicht so laufen, wie er sich das vorstellt!“
Die stabreimende Paarformel *Kopf und Kragen* entstammt der mittelalterlichen Rechtssprache, wobei mit *Kragen* ursprünglich Hals und Nacken gemeint sind. Hals und Kopf sind diejenigen Körperteile, die bei der Hinrichtung durch das Schwert am auffälligsten betroffen sind. In verschiedenen Varianten sind *Kopf und Kragen* durch *Hals* ersetzbar.

jmdm. auf dem **Kopf**/auf der Nase rumtanzen (umg.)
tun, was man will, ohne auf den anderen Rücksicht zu nehmen
[Ungehorsam] [Rücksichtslosigkeit]
1) „Ich kann machen, was ich will, aber die Kinder hören einfach nicht auf mich. Wenn mein Mann nicht zu Hause ist, tanzen sie mir auf dem Kopf (auf der Nase) herum!“

2) „Jetzt reicht es mir! Ich lasse mir nicht länger von Ihnen bieten, daß Sie mir auf der Nase herumtanzen!"

ich lasse mir nicht auf dem **Kopf** rumtrampeln (umg.)
ich lasse mich nicht einfach rumkommandieren/beleidigen usw., ich wehre mich [Widerstand]
„Der Chef kann mich mal! Ich lasse mir nicht auf dem Kopf rumtrampeln und kündige!"

der Gedanke schoß/fuhr mir durch den **Kopf** (umg.)
plötzlich hatte ich die Idee/Eingebung, daß... [Idee]
„Plötzlich fuhr mir der Gedanke durch den Kopf, daß ich vergessen hatte, das Licht am Auto auszumachen. Sofort kehrte ich daher zum Parkplatz zurück."

sich etwas aus dem **Kopf** schlagen (müssen) (umg.)
einen Plan ändern (müssen) [Meinungsänderung]
„Den Sommerurlaub wir uns dieses Jahr wohl aus dem Kopf schlagen müssen, weil ich erst im Herbst wieder Urlaub kriegen kann!"

darüber kann man nur den **Kopf** schütteln
darüber kann man sich nur wundern, das kann man nicht verstehen [Verwunderung]
„Über die Illusionen, die sich manche Leute machen, kann man nur den Kopf schütteln."

jmdm. schwirrt der **Kopf**
→ jmdm. brummt der **Kopf**

sich etwas in den **Kopf** setzen
etwas Bestimmtes unbedingt tun wollen [Plan]
„Ich habe es mir nun einmal in den Kopf gesetzt, Stewardess zu werden, und das werde ich auch realisieren!"

ich lasse mir nicht auf den **Kopf** spucken
→ ich lasse mir nicht auf dem **Kopf** rumtrampeln

den **Kopf** in den Sand stecken (umg.)
→ den Kopf in den **Sand** stecken

den **Kopf** in die Schlinge stecken/aus der Schlinge ziehen (umg.)
→ den Kopf in die **Schlinge** stecken/aus der Schlinge ziehen

bis über den **Kopf** in Schulden stecken
→ bis an den **Hals** in Schulden stecken

Kopf an Kopf (stehen)
gedrängt (stehen) [Enge]
„Die Menge stand Kopf an Kopf auf dem Platz und erwartete die Rede des Präsidenten."

nicht wissen, wo einem der **Kopf** steht (umg.)
verwirrt sein, wegen Überlastung die Übersicht verloren haben [Verwirrtheit]
Herkunft → der **Kopf** von etwas sein

mir steht der **Kopf** nicht nach etwas
ich bin momentan desinteressiert, ich habe keine Lust [Desinteresse]
Herkunft → der **Kopf** von etwas sein

alles steht auf dem **Kopf** (umg.)
alles ist durcheinander [Durcheinander]
„Bei uns steht alles Kopf, weil ein Wasserrohr geplatzt ist!"
Der *Kopfstand* bedeutet die totale Verkehrung aller gewohnten Perspektiven. Im Zirkus, einem der Schauplätze der „verkehrten Welt", wird er daher regelmäßig vorgeführt. In der Alltagswelt dagegen wird er redensartlich zum Sinnbild größter „Verkehrtheit" und großen Durcheinanders, aber auch der entstellenden Lüge.
Herkunft → der **Kopf** von etwas sein

jmdm. in den **Kopf**/zu **Kopfe** steigen
1) *jmdn. überheblich machen* [Eingebildetheit]
2) *leichte Wirkung von Alkohol verspüren* [Trunkenheit]
1) „Ich hoffe, daß der Nobelpreis dem sympathischen Preisträger nicht in den Kopf steigt!"
2) „Der Wein schmeckt großartig, aber ich

fürchte, daß er mir zu Kopfe steigt, wenn ich noch mehr davon trinke!"

die Tatsachen auf den **Kopf** stellen
die Tatsachen verdrehen, lügen [Lüge]
„Mancher Politiker stellt die Tatsachen völlig auf den Kopf, nur um die Leistungen seiner eigenen Partei ins rechte Licht zu rücken."
Herkunft → alles steht auf dem **Kopf**

das Haus/die Wohnung/die Bude auf den **Kopf** stellen (umg.)
1) *alles umräumen, um etwas zu suchen/ sauberzumachen usw.* [Suche]
2) *durch Unfug ein Durcheinander verursachen* [Durcheinander]
3) *ausgelassen feiern* [Feier]
1) „Wir haben zwar die ganze Wohnung auf den Kopf gestellt, aber deine verlorene Diamantbrosche haben wir nicht wiedergefunden, Tante Hermine!"
2) „Die Kinder haben unsere Abwesenheit dazu genutzt, das ganze Haus auf den Kopf zu stellen! Es sieht grauenvoll aus!"
3) „Bei der Silvesterparty haben wir die ganze Wohnung auf den Kopf gestellt! Es war großartig!"
Herkunft → alles steht auf dem **Kopf**

jmdn. mit dem **Kopf** auf etwas stoßen
→ jmdn. mit der **Nase** auf etwas stoßen

jmdn. vor den **Kopf** stoßen
jmdn. kränken, jmdn. brüskieren [Fauxpas]
„Durch seine vorlaute Art hat er schon manchen vor den Kopf gestoßen und dadurch einige Nachteile erlitten."

den **Kopf** unter dem Arm tragen (umg.)
→ den Kopf unter dem **Arm** tragen

jmdm. den **Kopf** verdrehen (umg.)
jmdn. verliebt machen [Flirt]
„Kollege Meier ist neuerdings so verändert. Ich glaube, die neue Sekretärin hat ihm den Kopf verdreht! Deshalb hat er jetzt auch immer gute Laune!"
Der *verdrehte Kopf* ist Sinnbild der durch die Liebe erzeugten „Verrücktheit".
Herkunft → der **Kopf** von etwas sein

jmdm. den **Kopf** vollmachen/vollreden/vollquatschen (derb)
jmdn. mit Sorgen/Gerede überschwemmen [Belästigung]
„Der Verkäufer hat mir den Kopf so vollgequatscht, daß ich gar keine Lust mehr hatte, mir etwas anderes anzuschauen!"

jmdm. über den **Kopf** wachsen
1) *Kinder, die ihren Eltern nicht mehr gehorchen* [Ungehorsam]
2) *Schwierigkeiten, die nicht mehr gemeistert werden können* [Überforderung]
1) „Unsere Nachbarn haben große Schwierigkeiten mit ihren beiden Söhnen. Die sind ihnen einfach über den Kopf gewachsen und machen, was sie wollen!"
2) „Viele Kernkraftgegner befürchten, daß die Probleme der Entsorgung den Verantwortlichen über den Kopf wachsen könnten."

jmdm. den **Kopf** waschen (umg.)
jmdn. scharf zurechtweisen, jmdm. die Meinung sagen [Zurechtweisung]
„Du hast schon wieder keine Hausaufgaben gemacht? Ich glaube, ich muß dir mal gehörig den Kopf waschen, du Lausebengel!"
Heute ist eine Kopfwäsche eine Annehmlichkeit, aber in den Badestuben des Mittelalters muß es eine Tortur gewesen sein. Der Kopf wurde zuerst vom Bader eingeseift und mit Kleie bestreut, die in die Kopfhaut gerieben wurde. Dabei verfuhr der Bader nicht immer ganz sanft, so daß die Kopfwäsche als Strafe empfunden wurde. Überliefert ist die Redensart allerdings erst aus dem 17. Jh. (Abraham a Sancta Clara).

jmdm. etwas an den **Kopf** werfen (umg.)
jmdm. etwas Unfreundliches sagen [Unfreundlichkeit]
„Zum Abschied warf sie mir noch die Worte an den Kopf: ‚Vor dem Scheidungsrichter sehen wir uns wieder!' Dann verschwand sie!"

mit dem **Kopf** durch die Wand wollen
starrköpfig seine Ansichten (auch gegen starke Widerstände) durchzusetzen versuchen [Starrsinnigkeit]

„Oft ist es klüger, etwas diplomatisch zu sein, als unbedingt mit dem Kopf durch die Wand zu wollen!“

sich den **Kopf** zerbrechen (umg.)
angestrengt nachdenken [Nachdenken]
„Ich habe mir schon die ganze Zeit darüber den Kopf zerbrochen, wo wir uns schon einmal begegnet sein könnten. Jetzt weiß ich es: auf dem Kongreß in Mannheim vor drei Jahren!“ {Geistiges Uhrwerk}

sich um andere Leute den **Kopf** zerbrechen (umg.)
über Dinge nachdenken, die einen nichts angehen [Einmischung]
„Wie ist es nur möglich, daß die Familie Becker zweimal im Jahr in Urlaub fährt?“ „Ich würde mir an deiner Stelle nicht so viel um andere Leute den Kopf zerbrechen. Schließlich geht uns deren finanzielle Lage nichts an!“
Herkunft → sich den **Kopf** zerbrechen

jmdm. den **Kopf** (wieder) zurechtsetzen/zurechtrücken [Zurechtweisung]
→ jmdm. den **Kopf** verdrehen

jmdm. etwas auf den **Kopf** zusagen
jmdn. unverhüllt beschuldigen [Beschuldigung]
„Ich bin sicher, daß er der Dieb gewesen ist. Vielleicht wird er ein Geständnis ablegen, wenn ich ihm die Tat auf den Kopf zusage!“

Köpfchen haben (umg.)
schlau sein, gescheit sein [Intelligenz]
„In diesen Dingen weiß ich nicht gut Bescheid. Da mußt du meinen Bruder Bernd fragen, der hat Köpfchen!“
Seit dem 17. Jh. ist die Verkleinerungsform *Köpfchen* im Sinne eines wohlwollenden Zugestehens von Intelligenz bei einer anderen Person bezeugt.

sich blutige **Köpfe** holen (umg.)
unter Verlusten abgewiesen werden [Niederlage]
„Falls unsere Feinde diese Festung angreifen sollten, werden sie sich diesmal blutige Köpfe holen, denn wir sind diesmal besser gewappnet.“

die **Köpfe** zusammenstecken (umg.)
sich heimlich beraten, sich vertraulich unterhalten [Geheimnis]
„Wenn diese Herren die Köpfe zusammenstecken, kommt gutes dabei heraus!“

jmdn. **kopfscheu** machen (umg.)
jmdn. verwirren und ängstlich machen [Verängstigung]
„Die Teilnoten erfahren die Kandidaten erst nach der Gesamtprüfung. Damit wird verhindert, daß einige kopfscheu gemacht werden und nicht mehr an ein Bestehen der Prüfung glauben!“
Kopfscheu sind eigentlich Pferde, die sich nicht gerne am empfindlichen Kopf anfassen lassen. Seit dem 19. Jh. wird der Ausdruck auch auf Menschen bezogen.

etwas bereitet jmdm. **Kopfschmerzen** (umg.)
etwas bereitet Sorgen [Sorgen]
„Obwohl ich viel gelernt habe, bereitet mir die Abschlußprüfung einige Kopfschmerzen. Schließlich fallen immer wieder welche durch, die sich gut vorbereitet haben. Davor ist offenbar niemand gefeit.“
Im alten Volksglauben herrschten unklare und widerspruchsvolle Anschauungen über Wesen, Ursache und Entstehung von Kopfschmerzen. Sie wurden auf Zauber und böse Geister, Ohr- und Hirnwürmer, Vergiftung, Gallenfluß usw. zurückgeführt. Dem entsprachen auch die Heilungsversuche und Arzneien, von denen (laut Plinius) beispielsweise Geier-, Krähen-, und Eulenhirn besonders geeignet sein sollten (sogenannte Analogiewirkung). Auch intensives Nachdenken, Kummer und Sorgen galten als Ursache des Kopfwehs, so daß schließlich diese Begriffe füreinander eintreten konnten.

einen **Kopfschuß** haben
→ einen **Schuß** haben

kopfstehen (umg.)
aufgeregt sein, entsetzt sein [Aufgeregtheit]

„Mein Mann stand beinahe kopf, als ich mit den vielen Paketen vom Einkaufsbummel zurückkam. Dann hat er sich aber doch relativ schnell wieder beruhigt!"
Herkunft → alles steht auf dem **Kopf**

sich **kopfüber** in etwas stürzen
sich unvermittelt intensiv mit einer Sache beschäftigen [Unvermitteltheit]
„Im Fasching stürzen sich viele Leute kopfüber ins Vergnügen."

jmdm. **Kopfzerbrechen** machen/bereiten [Sorgen]
→ sich den **Kopf** zerbrechen

jmdm. einen **Korb** geben
1) *jmds. Heiratsantrag ablehnen* [Zurückweisung]
2) *jmdm. etwas ablehnen* [Ablehnung]
1) „Zuerst hat meine Frau mir ja einen Korb gegeben, aber durch meine Hartnäckigkeit konnte ich sie von meinen Qualitäten überzeugen."
2) „Nehmen Sie doch bitte noch ein Stück Kuchen. Sie dürfen mir einfach keinen Korb geben, Herr Becker!"
Der Korb ist in vielerlei Weise mit der Kultur- und Sittengeschichte verbunden, weil er zum ursprünglichsten Hausrat überhaupt gehört. Schon im klassischen Altertum wurden Opfergaben in Körben überreicht, ein Brauch, der sich noch in unseren österlichen Bräuchen (Körbe voller Eier) erhalten hat. Auch die Hochzeitsgeschenke wurden in Körben überbracht, was sich noch im franz. Ausdruck *corbeille de marriage* (Gesamtheit der Hochzeitsgeschenke) erhalten hat. Ein weiteres volkstümliches Motiv ist das Hochziehen des Freiers in einem Korb, der von der Geliebten durch das Fenster herabgelassen wird. Es findet sich in vielen Märchen und Erzählungen sowie auf Bildern. War der Freier unerwünscht, so wurde ihm ein Korb mit einem lockeren Boden herabgelassen, der dann unter seinem Gewicht durchbrach. Der durch eine derart *bodenlose* Gemeinheit durchgefallene Liebhaber war auch bei der Bevölkerung *unten durch*. Eine Variante der Abweisung bestand darin, den Korb mit dem Liebhaber auf halber Höhe des Hauses *hängen zu lassen*. Diese mittelalterlichen Bräuche waren schon im 17. Jh. unbekannt, so daß die Wendung auch den allgemeineren Sinn eines negativen Bescheids erhalten konnte. Einen Übergang zwischen dem eindeutigen Gebrauch des Korbes als Transportmittel und seiner redensartlichen Nennung bilden symbolische Handlungen wie das Übersenden eines Korbes ohne Boden an den unerwünschten Anbeter. In einer Quelle des 17. Jh. heißt es: „Wilt du heiraten und hast kein Geld, so bleib nur daheim, dann du wirst ausgelacht, ein Gespött der Leute sein und an Statt der Braut einen Korb bekommen."

jmdn./etwas aufs **Korn** nehmen (umg.)
1) *jmdn./etwas zum Ziel seines Spottes machen* [Neckerei]
2) *jmdn./etwas zum Ziel seiner Kritik/einer Überprüfung machen* [Überprüfung]
1) „In der Büttenrede wurden vor allem die Politiker aufs Korn genommen."
2) „Paß bloß auf, daß der Lehrer dich nicht aufs Korn nimmt und die Vokabeln abfragt!"
Diese Redensart stammt aus der Sprache der Jäger, die über Kimme und Korn (zwei Fixpunkte am Gewehrschaft) auf das Wild zielen. Seit dem 18. Jh. ist dieser fachsprachliche Ausdruck auch in der Alltagssprache im Sinn eines scharfen Beobachtens nachgewiesen. Die weitere Bedeutungsentwicklung ist leicht nachvollziehbar.

geistige **Kost**
Dinge, die intellektuelle Bedürfnisse befriedigen [Geistesnahrung]
„In einer Stadt wie München ist durch Theater, Vorträge und Ausstellungen reichlich für geistige Kost gesorgt."
Diese Wendung gehört in das Bildfeld {Geistesnahrung}. In ihm gibt es *schmale* und *reichhaltige* geistige Kost, aber auch Bildungs*durst* und *-hunger*.

auf seine **Kosten** kommen
sich gut amüsieren [Unterhaltung]
„Bist du auf dem Ball auch auf deine Kosten gekommen und oft genug zum Tanzen aufgefordert worden?"
Herkunft → auf **Kosten** von jmdm./etwas

auf **Kosten** von jmdm./etwas
zum Nachteil/Schaden von jmdm./etwas [Nachteil]
„Man sagt zwar: ‚Geschwindigkeit ist keine Hexerei!‘, aber sehr häufig geht die Schnelligkeit auch auf Kosten der Genauigkeit!“
Das mit lat. *constare* (zu stehen kommen) verwandte Wort *etwas* (Geld) *kosten* ist in ähnlicher Lautform auch in den romanischen Sprachen vorhanden. Es verbreitet sich um 1200 (ausgehend vom Mittelrhein) in Deutschland und wird in verschiedenen Ableitungen (*kostbar* u. a.) ein ritterliches Modewort. Dabei verschmilzt es mit dem von lat. *gustus* (Geschmack) abgeleiteten Begriff *etwas kosten* im Sinne von *prüfen, abschmecken* (köstlich schmecken).

kein **Kostverächter** sein
1) *ein Feinschmecker sein* [Feinschmecker]
2) (Von Männern): *gerne mit Frauen flirten* [Sexualität]
1) „Mit dieser Einladung in das berühmte Restaurant machen wir ihm bestimmt eine Freude. Er ist nämlich durchaus kein Kostverächter.“
2) „Der Bruder meiner Frau ist zwar unverheiratet, aber durchaus kein Kostverächter!“
Das mit *Kür* (Wahl) verwandte Wort *kosten* (im Sinne von *erproben*) wird im Mittelhochdeutschen auf den Geschmack eingeengt (an der Speise kosten). Im Gegensatz zu dem Begriff *etwas* (Geld) *kosten* besteht auch eine Verwandtschaft zu lat. *gustus* (Geschmack). Der Begriff *Kostverächter* ist erst seit dem 17. Jh. bezeugt, seit dem 18. Jh. auch in der zweiten Bedeutung).

einen **Kotau** machen (umg.)
→ vor jmdm. auf dem **Bauch** liegen
[Unterwürfigkeit]

etwas ist zum **Kotzen** (derb)
etwas ist sehr unangenehm/schlecht/abscheulich [Ekel]
„Seine Angeberei ist zum Kotzen!“

das große **Kotzen** kriegen (derb)
angewidert sein, etwas abscheulich finden [Ekel]
„Wenn man manche Werke der Modernen Kunst betrachtet, könnte man das große Kotzen kriegen! Es ist unglaublich, auf welche Scharlatane das Publikum hereinfällt!“

Krach schlagen (umg.)
laut protestieren, sich beschweren
[Beschwerde]
„Wenn Sie mir jetzt nicht endlich dasjenige Zimmer geben, das ich vor einer Woche bestellt habe, schlage ich bei der Hotelleitung Krach!“
Als *Krach* bezeichnet man einen Lärm unklarer Ursache und Herkunft, aber auch lautes Geschrei, Stöhnen usw. Die Redensart leitet sich von diesem Gebrauch ab und bezieht sich somit auf die im Streit lautstark erhobenen Stimmen. Mit *Krach* bezeichnet man auch öffentliche (Börsenkrach) und persönliche Krisen (*eine verkrachte Existenz* = ein gescheiterter Mensch).

krachen: daß es nur so kracht
[Anstrengung]

krachen: gleich kracht es [Prügel]

nach besten **Kräften**
so gut wie möglich [Bemühung]
„Ich werde mich nach besten Kräften bemühen, die mir angebotene Position zu Ihrer Zufriedenheit auszufüllen!“

es geht jmdm. an den **Kragen** (umg.)
gegen jmdn. wird eingeschritten
[Einschreiten]
„Es wurde höchste Zeit, daß es diesem Betrüger einmal an den Kragen ging. Die Staatsanwaltschaft hat sich viel zu lange hinhalten lassen!“
Bis ins 18. Jh. wurde *Kragen* völlig synonym mit *Hals* gebraucht und erst später auf die Bekleidung des Halses eingegrenzt (Hemdkragen). Alle Redensarten, in denen eine grobe (Angriffs-)Handlung oder eine Strafe durch den Gebrauch von *Kragen* ausgedrückt wird, beziehen sich daher im Grunde auf den Hals und meinen eine konkrete Bedrohung von Leib und Leben, da sie sich auf alte Rechtsstrafen (wie Hängen und Enthaupten) beziehen.

jmdn. beim **Kragen** packen/nehmen (umg.)
von jmdm. Rechenschaft fordern, jmdn. zur Rede stellen [Zurechtweisung]
„Ich glaube, der Geschäftsführer sollte diesen unfreundlichen Kellner einmal tüchtig am Kragen packen!"
Herkunft → jemand an den **Kragen** gehen

jmdm. platzt der **Kragen** (umg.)
jmd. wird sehr erregt und wütend [Erregung]
„Jetzt platzt mir aber der Kragen! Seit einer Stunde warte ich auf das bestellte Essen! Jetzt lasse ich den Geschäftsführer kommen!"
Diese Wendung bezieht sich auf das Engegefühl, wenn bei großer Erregung der Hals durch einen Hemdkragen eingeschnürt ist.

jmdm. an den **Kragen** wollen
1) *jmdn. bedrängen* [Bedrängung]
2) *jmdn. angreifen* [Aggression]
1) „Es wird höchste Zeit, daß ich aus Deutschland verschwinde. Meine Gläubiger wollen mir nämlich an den Kragen."
2) „Der Kerl in der Bar wollte mir plötzlich an den Kragen. Er war schon ziemlich angetrunken und begann, mir immer fester auf die Schulter zu schlagen."

jmd./etwas ist nicht meine **Kragenweite** (umg.)
jmd./etwas sagt mir nicht zu, ich kann jmdn./etwas nicht leiden [Ablehnung]
„Diese Pseudo-Playboys im Tennisklub sind nicht meine Kragenweite. Ich gehe tatsächlich nur zum Spielen dorthin und meide den Besuch der Klubabende!"

bar **Kralle** (umg.) (Jugendsprache)
bar auf die Hand [Geld]
„Du kriegst das Moped für 200 Mark, aber kein Scheck, sondern bar Kralle!"
Herkunft → etwas in die **Krallen** bekommen

etwas/jmdn. in die **Krallen** bekommen (derb)
etwas/jmdn. in die Gewalt bekommen [Besitzergreifung]
„Meinen Besitz werden die Erben erst nach meinem Tod in die Krallen bekommen, obwohl sie bereits jetzt dafür bei mir Schlange stehen!"
Krallen, Klauen und Zähne sind Attribute des Raubtiers. Bezogen auf den Menschen bedeuten sie *hemmungslose Gier, Macht- und Besitzstreben* sowie *aggressive Gewalt.* Gelegentlich können Sie auch wechselseitig ausgetauscht werden.

das ist doch nur halber **Kram**! (umg.)
das ist doch unbrauchbar!, das ist doch unordentlich! [Unfertigkeit]
„Dieses Zimmer soll sauber sein? Siehst du nicht die schmutzigen Fensterscheiben? In diesem Zustand ist das nur halber Kram! Los, an die Arbeit!"
Herkunft → gut in jmds. **Kram** passen

seinen **Kram** vor allen Leuten ausbreiten (umg.)
öffentlich private Dinge erzählen [Indiskretion]
„War es nötig, auf der Party von unserem Streit von gestern zu erzählen? Man muß doch nicht seinen ganzen Kram vor allen Leuten ausbreiten!"
Herkunft → gut in jmds. **Kram** passen

(jmdm.) in seinen **Kram** hineinreden (umg.)
sich in jmds. Angelegenheiten einmischen [Einmischung]
„Du machst dich nur unbeliebt, wenn du weiter allen Mitarbeitern ständig in den Kram hineinredest. Du mußt sie auch einmal selbständig arbeiten lassen!"
Herkunft → gut in jmds. **Kram** passen

mach doch deinen **Kram** alleine! (derb)
erledige deine Angelegenheiten selbst! ich helfe dir nicht! [Abweisung]
„Erst bittest du mich um Hilfe, und dann nörgelst du dauernd an mir rum! Mach doch deinen Kram alleine! Ich hau jetzt ab!"
Herkunft → gut in jmds. **Kram** passen

gut in jmds. **Kram** passen (umg.)
etwas gefällt jmdm., etwas paßt in jmds. Pläne [Gefallen]
„Diese Stelle in Hamburg würde mir gut in den Kram passen. Ich wollte nämlich schon

immer in der Nähe der Küste wohnen!“
Ursprünglich bezeichnete *Kram* die Zeltdecke, die der reisende Kaufmann über seinen Stand spannte. Dann wurde die Bude selbst und schließlich die dort angebotene Ware (Kleinkram, Krimskrams) so genannt. Heute bedeutet der Begriff allgemein allerlei *Zeug* von geringem Wert, das man mit einem Kollektivbegriff bezeichnet, weil die Einzelnennung sich nicht lohnt (Pack deinen Kram zusammen!). In allen Redensarten stellt die Verwendung dieses Begriffes eine Abwertung dar, insbesondere aber, wenn der Besitz oder die Aussage einer anderen Person als *Kram* bezeichnet wird. Dasselbe gilt auch für Wortbildungen mit dem Element *Krämer (Umstandskrämer* = Person, die umständlich handelt oder weitschweifig erzählt; *Geheimniskrämer* = Person, die geheimnisvoll tut, um sich wichtig zu machen, usw.).

etwas paßt jmdm. nicht in den/in seinen **Kram** (umg.)
etwas gefällt nicht, etwas paßt nicht in jmds. Pläne [Nichtgefallen]
„Dieser Kongreß in Oldenburg paßt mir nicht so recht in den Kram. An diesem Termin soll ich nämlich einen Vortrag in Berlin halten!“
Herkunft → gut in jmds. **Kram** passen

jmdm. den ganzen **Kram/Krempel** vor die Füße werfen/hinschmeißen
1) *eine Sache beenden* [Beendigung]
2) *die Stelle kündigen* [Kündigung]
1) „Wenn du noch einmal rumnörgelst, schmeiße ich den ganzen Kram hin und gehe nach Hause!“
2) „Wenn der Direktor mir nicht mehr Gehalt gibt, schmeiße ich ihm den ganzen Kram vor die Füße und suche mir einen neuen Job!“
Herkunft → gut in jmds. **Kram** passen

sich **kranklachen** (umg.)
sehr heftig lachen [Lachen]
„Man kann sich kranklachen, wenn Kollege Becker unseren Chef imitiert!“
Diese Wendung steht in einer kleinen Reihe von Ausdrücken, die ein starkes Lachen bezeichnen: *sich kaputtlachen, sich totlachen* u. a. m. Zur Anthropologie des Lachens vgl.: **lachen**: daß ich nicht lache!

kratzen: das kratzt mich nicht! (umg.)
das interessiert mich nicht! das stört mich nicht! [Gelassenheit]
„Wegen des Unfalls soll eine Untersuchung stattfinden? Na und? Das kratzt mich nicht! Ich habe alle Unfallverhütungsvorschriften strikt eingehalten!“
Diese Wendung und das ganz ähnliche *das juckt mich nicht!* sind im Sinne von *das berührt mich nicht!* zu verstehen. Gemeint ist im wörtlichen Sinne: *eine Sache dringt nicht durch die Haut, schmerzt nicht, peinigt nicht.*

seinen/einen **Kratzfuß** machen (umg., veraltend)
sich formvollendet vorstellen [Begrüßung]
„Denk daran, daß du zuerst überall deinen Kratzfuß machst, bevor du dich auf das kalte Büffet stürzt!“
Der *Kratzfuß* war eine in der höfischen Gesellschaft übliche förmliche Verbeugung, bei der ein Fuß nach hinten gezogen wurde, wobei er über den Boden streifte. Schon im 18. Jh. wird die Wendung im Sinne einer spöttischen Kommentierung übertriebenen Demutsverhaltens verwendet.

(durcheinander) wie **Kraut** und Rüben (umg.)
ein großes Durcheinander [Durcheinander]
„Das nennst du Ordnung halten? Deine Schulbücher und Hefte liegen ja durcheinander wie Kraut und Rüben! Bring das rasch in Ordnung!“
Kohlkraut und Kohlrüben wurden früher häufig gemeinsam angebaut, im Gegensatz zu anderen Feldfrüchten, die säuberlich getrennt wachsen sollen. Als Redensart ist diese Wendung seit dem 17. Jh. nachweisbar.

dagegen ist kein **Kraut** gewachsen (umg.)
da hilft kein Mittel dagegen, da kann man nichts machen [Unabänderlichkeit]
„Menschen werden immer irgendwelche Torheiten begehen. Dagegen ist einfach kein Kraut gewachsen!“

Kraut kommt redensartlich in zwei Varianten vor: als *Kohlkraut* und als *Heilkraut*. In dieser Redensart ist das Heilkraut gemeint, von dem keines gegen den Tod gewachsen ist, wie schon ein lat. Sprichwort weiß: „Contra vim mortis non est medicam in hortis". Die andere „unheilbare Krankheit" ist die Liebe, wie sich auch in den Wendungen *krank vor Liebe sein* oder *liebeskrank sein* ausdrückt. Schon in Ovids *Metamorphosen* (I, 523) heißt es: „Nullis amor est sanabilis herbis." (Liebe ist durch kein Kraut heilbar.)

ins **Kraut** schießen (umg.)
etwas Schlechtes verbreitet sich/nimmt rasch zu [Zunahme]
„In Zeiten der Dekadenz schießen die moralischen Verfehlungen besonders stark ins Kraut."
Eine Pflanze, die *ins Kraut schießt,* vergeudet ihre Kraft durch die Bildung von üppigen Blättern und Zweigen, so daß Blüten und Früchte vergleichsweise wenig Ertrag bringen.

einen hinter die **Krawatte** gießen
→ sich einen hinter die **Binde** gießen

Kreide fressen (umg.)
sich scheinbar mäßigen, so tun, als sei man friedfertig geworden [Verstellung]
„Die Rechtsparteien müssen öffentlich natürlich agieren, als hätten sie Kreide gefressen, damit sie nicht verboten werden."
Diese Redensart bezieht sich auf das Märchen vom Wolf und den sieben Geißlein, in dem der Wolf Kreide frißt, um seine tiefe Stimme wie die der Geißenmutter klingen zu lassen.

bei jmdm. in der **Kreide** stehen/sein (umg.)
bei jmdm. Schulden haben [Schulden]
„Der Peter wollte mich schon wieder anpumpen! Dabei steht der noch bei mir mit zwanzig Mark in der Kreide!"
In Geschäften und Gasthäusern wurden früher die Schulden der Kunden und Gäste häufig mit Kreide auf Schiefertafeln notiert. Die Wendung ist seit dem 15. Jh. belegt.

die besseren **Kreise**
die höheren Gesellschaftsschichten [Ranghöhe]
„In diesem Lokal verkehren nur die besseren Kreise, weil es so enorm hohe Preise hat!"
Der Kreis ist ein geometrischer Prototyp, der schon in frühen Kulturen eine magische Bedeutung hatte. Sein Charakteristikum ist die gleichförmige Ganzheit und Abgeschlossenheit, die geeignet ist, eine Trennung von *drinnen* und *draußen* zu symbolisieren. Auch im gesellschaftlichen Sinne ist der Kreis das Sinnbild der Macht- und Einflußsphäre, die um einen Mittelpunkt konzentriert ist: *Familienkreis, Freundeskreis, Lesezirkel* usw. Der Mittelpunkt kann eine Person oder aber das gemeinsame (fokussierte) Interesse der Gruppe an einem bestimmten Gegenstand oder Sachverhalt sein. Wer zum Kreis gehört, ist *gut unterrichtet* oder *eingeweiht*, weil er den Zweck des Kreises kennt. Ein einfaches Gesellschaftsmodell sieht die gesamte Gesellschaftsstruktur in diesem Sinne als konzentrisches schalenförmiges Gebilde, das auch dem ptolemäischen Modell des Kosmos entspricht. Insbesondere die kreisförmige Bewegung entspricht zusätzlich einem Harmoniesinn des Menschen. Sie findet sich in vielen rituellen Handlungen, im Spiel, im Tanz usw. Auch bei Beratungen und beim germanischen Gericht (*Thing, Ding* oder *Ring* genannt) wird ein Kreis gebildet, der sichtbar den institutionellen Rahmen absteckt und Macht, Geschlossenheit und Stärke demonstriert. Unsere Redeweise vom Gerichtskreis, Landkreis usw. ist noch diesen alten Vorstellungen verbunden. Den intimen Kreis des Ehebundes schließlich symbolisiert der Ehering. Seine ursprünglich magische Komponente ist aus alten Sagen (Der Ring des Nibelungen) überliefert. Über mittelfranz. *renc* (= Kreis der zu Gericht geladenen Personen; Zuschauerreihen bei Kampfspielen) ist übrigens auch der gesellschaftliche Begriff *Rang* mit dem Bild des Kreises verknüpft.

der **Kreis** ist geschlossen
alles Wesentliche liegt vor/ist bekannt

[Vollständigkeit]
„Durch die Auffindung der Tatwaffe ist der Kreis um den Angeklagten jetzt geschlossen."
Herkunft → die besseren **Kreise**

sich im **Kreise** drehen
nicht vorankommen, stagnieren
[Stagnation]
„Die Abrüstungsverhandlungen drehen sich nun schon seit Jahren im Kreise, weil keine der Großmächte zu einem Kompromiß bereit ist."
Herkunft → die besseren **Kreise**

störe meine **Kreise** nicht! (gehoben)
misch dich nicht ein! [Nichteinmischung]
„Mensch, was machst du denn da für interessante Sachen am Computer?" „Das geht dich überhaupt nichts an! Störe meine Kreise nicht!"
Der griechische Mathematiker und Ingenieur Archimedes (um 287–212 v. Chr.) soll mit den Worten „Noli turbare circulos meos." (störe meine Kreise nicht!) einen römischen Soldaten abgewiesen haben, der anläßlich der Eroberung von Syrakus in den Garten des Gelehrten eindrang, wo dieser gerade geometrische Figuren in den Sand zeichnete. Auf der Grundlage der allgemeinen Kreis-Metaphorik erfreut sich dieses Zitat einer großen Popularität.

weite **Kreise** ziehen
viele Personen umfassen [Umfang]
„Dieser Bestechungsskandal hat weitere Kreise gezogen, als ursprünglich angenommen worden ist. Fast der gesamte Stadtrat ist darin verwickelt!"
In dieser Wendung verschmelzen die beiden Vorstellungen vom *Gesellschaftskreis* und vom kreisförmig ausstrahlenden Wellenbild, das entsteht, wenn man einen Stein in ein Gewässer wirft. Die Suggestionskraft dieses Bildes hat diese Wendung zu einem beliebten Gegenstand der emblematischen Kunst der Barockzeit werden lassen.

den ganzen **Krempel** hinwerfen (umg.)
→ den ganzen **Kram** hinwerfen

Krethi und Plethi (abwertend)
alle möglichen Leute [Jedermann]
„Auf dieser Party sind wirklich Krethi und Plethi eingeladen. Wir sollten uns daher möglichst rasch entfernen!"
Diese heute sehr abschätzig gebrauchte Wendung stammt aus dem Alten Testament (2. Sam. 8,18) und ist durch die Bibelübersetzung Luthers populär geworden. Es gibt verschiedene Deutungen dieser Begriffe. Nach einer davon sind mit *Krethi* die *Kreter* (Bewohner der Insel Kreta) und mit *Plethi* die *Philister* (Phönizier?) gemeint. Daher leitet sich die Bedeutungskomponente eines Völkergemisches, einer zusammengewürfelten Schar, ab. Nach einer anderen Deutung bezeichnen *Krethi und Plethi* die Funktionen der Männer in der Umgebung des König David. *Krethi* (hebräisch: töten) wären demnach die Scharfrichter, *Plethi* (hebräisch: forteilen) die Eilboten Davids gewesen. Aus der verhaßten Rolle der Blutgerichtsbarkeit konnte nach dieser Interpretation die negative Bedeutung der Wendung entstehen.

(alles,) was (da) **kreucht** und fleucht
alles Lebendige [Gesamtheit]
„Mit der chemischen Keule hat unser Nachbar in seinem Garten alles erledigt, was da kreucht und fleucht. Dabei ist sowas längst verboten!"
Diese endreimende Paarformel bewahrt die alten Beugungsformen der Verben *kriechen* und *fliegen*. Als Zitat aus Schillers *Wilhelm Tell* (III, 1) ist sie zum geflügelten Wort geworden.

kreuz und quer (Zwillingsformel)
durcheinander
[Durcheinander] [Planlosigkeit]
„Wir haben vor, im nächsten Urlaub ein Segelschiff zu mieten und kreuz und quer durch die Ägäis zu segeln."
Diese Formel bezieht sich auf einander überkreuzende und überquerende Bewegungsrichtungen, was im Grunde dasselbe ist. Dadurch wird eine Verstärkung der Bedeutungskomponenten erreicht. Die Wendung ist erst seit dem 17. Jh. belegt, wahrscheinlich aber viel älter.

es ist ein **Kreuz** mit etwas/jmdm. (umg.)
es ist schwierig mit etwas/jmdm., man ist besorgt über jmdn./etwas [Sorgen]
„Es ist ein Kreuz mit unserem Jungen. Schon dreimal hat er die Lehrstelle gewechselt, weil ihm nach einigen Wochen die Arbeit nicht mehr gefällt. Was soll bloß daraus werden?"
Herkunft → sein **Kreuz** tragen

jmdm. das **Kreuz** brechen (umg.)
[Prügel]
→ jmdn. aufs **Kreuz** legen

einen im **Kreuz** haben (umg.)
[Trunkenheit]
→ jmdn. aufs **Kreuz** legen

einen Stecken im **Kreuz** haben (umg.)
[Steifheit]
→ jmdn. aufs **Kreuz** legen

es im **Kreuz** haben (umg.)
[Schmerzen]
→ jmdn. aufs **Kreuz** legen

sein **Kreuz** mit jmdm. haben
[Belastung]
→ sein **Kreuz** tragen/auf sich nehmen

jeder hat sein **Kreuz**
[Sorgen]
→ sein **Kreuz** tragen/auf sich nehmen

zu **Kreuze** kriechen (müssen) (umg.)
nachgeben (müssen), sich demütigen (müssen) [Nachgeben]
„Im Moment bist du zwar im Vorteil, aber irgendwann wirst auch du zu Kreuze kriechen und mich um Entschuldigung bitten!"
Im Mittelalter bestand eine Buße darin, am Gründonnerstag oder Karfreitag auf den Knien zum Altarkreuz zu kriechen. Bereits Luther verwendet diese Bußvorschrift in abgeleiteter Bedeutung im Sinn der Redensart. Kern der Buße ist der erzwungene Glaubens- und Unterwerfungsakt.

sich ein **Kreuz** auf den Hals laden
[Schwierigkeiten]
→ sein **Kreuz** tragen/auf sich nehmen

jmdn. aufs **Kreuz** legen (umg.)
jmdn. täuschen, jmdn. übervorteilen, jmdm. schaden [Täuschung]
„In diesem Geschäft kostet der Fernsehapparat genau zweihundert Mark weniger, als wir dafür bezahlt haben! Ich glaube, der Händler hat uns aufs Kreuz gelegt!"
Der Begriff *Kreuz* bezeichnet auch im anatomischen Sinne den Rücken den Menschen. Die Wendung *jmdn. aufs Kreuz legen* stammt aus der Fachsprache des Ringsports. Ein Ringer hat seinen Gegner dann besiegt, wenn er ihn so auf den Boden zwingt, daß beide Schulterblätter gleichzeitig die Erde berühren.

drei **Kreuze** hinter jmd. machen (umg.)
erleichtert sein, daß jmd. weggeht/aufbricht [Erleichterung]
„Peter hat ein solches Sitzfleisch, daß ich jedesmal drei Kreuze hinter ihm mache, wenn er endlich gegangen ist!"
Als tragendes Symbol des Christentums gerieten Kreuz und Kreuzesgeste in den Vorstellungskreis von Magie und Dämonismus. Insbesondere schienen beide geeignet, als Bann- und Schutzsymbol Verwendung zu finden und somit die Angriffe des Teufels und anderer böser Geister abzuwehren. Dabei verwischt sich häufig die Grenze zwischen dem bloßen Symbol der Allmacht und Allgegenwart Gottes und der magisch-realistischen Vorstellung, daß das Kreuzzeichen selbst eine übersinnliche Wirkung ausstrahle. Glaube und Aberglaube durchdringen sich gerade unter dieser Perspektive aufs engste, woran auch bestimmte kultische Riten der Kirche selbst (etwa das Aschermittwochskreuz) nicht ganz schuldlos sind. Die Wahnideen dämonischer Welterklärung machten das Kreuzzeichen zur Passepartoutformel ritueller Handlungen, vom Exorzismus über Vieh- und Haussegnung bis zur Krankenheilung. Im erwähnten Sinn diente hier der christliche Modus häufig nur der Verbrämung eines heidnischen Grundgestus. Bereits im Mittelalter gab es Stimmen, die vor der abergläubischen Verwendung des Kreuzzeichens warnten. Dies änderte jedoch wenig an der inflationären Verwendung der Kreuzgeste, de-

ren dreifache Wiederholung (ein Symbol der göttlichen Dreifaltigkeit) als besonders wirksam galt. Es ist unmöglich, die Fülle der Anlässe auch nur zu skizzieren, bei denen das Kreuzzeichen selbst zur Durchführung alltäglichster Praktiken als unumgänglich galt. Die Redensart bezieht sich evtl. auf den Abschiedssegen, der den Aufbrechenden vor Gefahren auf dem Weg schützen sollte (Reisesegen). Nach einer anderen Deutung handelt es sich um das Relikt eines echten Bannfluchs. Die Verwendung der Redensart hat heute natürlich nur noch einen scherzhaft-spöttischen Charakter.

sein **Kreuz** tragen/auf sich nehmen (gehoben)
seine Leiden geduldig ertragen [Leiden]
„Sie hat vier Kinder und ist Witwe. Lange hat sie mit ihrem Schicksal gehadert, bevor sie bereit war, ihr Kreuz zu tragen."
Das Kreuz ist durch die Kreuzigung Christi zum beherrschenden Symbol der christlichen Kirche und Weltanschauung geworden. Viele Redensarten haben sich aus populären Zitaten des Neuen Testamentes entwickelt. Bei Matth. 10,38, Luk. 14,27 und an anderen Stellen heißt es: „Und wer nicht sein Kreuz trägt und mir nachfolgt, der kann nicht mein Jünger sein." Seit dem 13. Jh. ist diese Wendung im übertragenen Sinn zum Ausdruck für Kummer, Sorgen und Leid gebräuchlich.

ins **Kreuzfeuer** (der Kritik) geraten
[Kritik]
→ ins **Feuer** (der Kritik) geraten

du kannst mich mal **kreuzweise** (derb)
[Ablehnung]

sich **kriegen** (umg.)
ein Paar werden, heiraten [Heirat]
„Ich bin froh, wenn die beiden sich endlich kriegen!"

sich nicht mehr (ein)**kriegen** (vor Lachen) (umg.)
übermäßig lachen [Lachen]
„Immer, wenn Markus Witze erzählt, kann ich mich nicht mehr kriegen vor Lachen!"

ein paar/was **kriegen** (umg.)
Schläge bekommen, verprügelt werden [Schläge]
Aus dem Mittelhochdeutschen *kri(e)gen* (sich anstrengen) haben sich die beiden heutigen Bedeutungen *sich bekriegen* (Krieg führen) und *etwas bekommen/erhalten* (erkriegen) gebildet. Letzteres *kriegen* (wie auch *bekommen* und *erhalten*) ist eine beliebte Ersatzform für die grammatische Form des Passiv (du wirst geschlagen = *du kriegst Schläge/du kriegst was!).* Wie im Passiv braucht in Konstruktionen mit *kriegen* der sogenannte *Täter* (in diesem Fall: der Schlagende) nicht genannt zu werden. Auch das Objekt (dasjenige, was man kriegt) kann in verhüllender Absicht ausgespart oder durch unbestimmte Begriffe (*was, etwas, zuviel kriegen* usw.) ausgedrückt werden.

zuviel **kriegen** (umg.)
sich sehr aufregen [Aufregung]
„Ich könnte zuviel kriegen, wenn ich sehe, wie einfach andere Leute ihr Geld verdienen!"
Herkunft → ein paar **kriegen**

das werden wir schon (hin-)**kriegen**! (umg.)
damit werden wir fertig! das schaffen wir leicht! [Bewältigung]
„Der Wagen will nicht mehr starten? Das werden wir schon hinkriegen! Öffnen Sie bitte einmal die Motorhaube."
Herkunft → ein paar **kriegen**

es mit jmdm. zu tun **kriegen** (umg.)
mit jmdm. Streit/Schwierigkeiten bekommen [Streit]
„Wenn dein Lehrer dir noch ein einziges Mal eine Ohrfeige gibt, bekommt er es mit mir zu tun! Richte ihm das bitte aus!"
Herkunft → ein paar **kriegen**

das **Kriegsbeil** ausgraben (umg.)
Streit beginnen [Streit]
„Wir haben uns doch gerade erst versöhnt! Willst du mit dieser Bemerkung etwa schon wieder das Kriegsbeil ausgraben?"
Der *Tomahawk*, die Streitaxt der nordamerikanischen Indianer, ist durch die Erzäh-

lungen von James Fenimore Cooper (wie *Lederstrumpf*) im 19. Jh. auch in Deutschland bekannt geworden. Das *Kriegsbeil* war eine Streitaxt mit kultischer Bedeutung, die in Friedenszeiten im Boden vergraben war.

das **Kriegsbeil** begraben
[Versöhnung]

in voller **Kriegsbemalung** (umg.)
1) *mit Orden und Abzeichen* [Dekorierung]
2) *stark geschminkt* [Schminke]
1) „Zu dem Empfang des Präsidenten erschienen die Militärpersonen wie üblich in voller Kriegsbemalung."
2) „Sieh an, sieh an: Cosima in voller Kriegsbemalung! Sie will heute wohl unbedingt noch einen Mann abkriegen!"
Naturvölker, die sich auf einen Kriegszug vorbereiteten, bemalten sich in rituellen Zeremonien Kopf und Brust, um ihre Kampfbereitschaft zu dokumentieren und den Gegner zu beeindrucken. Der ironische redensartliche Bezug auf diesen Brauch stammt wohl erst aus dem 20. Jh.

auf dem **Kriegsfuß** mit jmdm./etwas stehen (umg.)
1) *mit jmdm. Streit haben* [Feindschaft]
2) *eine Sache nicht beherrschen* [Unfähigkeit]
1) „Warum schaut Jörg dich denn so böse an? Steht ihr wieder auf dem Kriegsfuß miteinander?"
2) „Mit der Mathematik habe ich in der Schule immer auf dem Kriegsfuß gestanden. Deshalb habe ich auch ein Fach studiert, in dem ich niemals zu rechnen brauchte!"
Nach Grimms *Deutschem Wörterbuch* (Bd. 11, Sp. 2268) ist der Begriff *Kriegsfuß* in der napoleonischen Zeit (als Gegenstück zum heute ungebräuchlichen *Friedensfuß*) aufgekommen. Er bezeichnete die Kriegsbereitschaft eines Heeres. Die heutige Verwendung in der Redensart ist dagegen ausschließlich salopp bis ironisch gemeint.

sich vor Lachen **kringeln** (umg.)
[Lachen]
→ etwas ist zum **Kringeln**

etwas ist zum **Kringeln** (umg.)
etwas ist sehr komisch, etwas ist sehr belustigend [Komik]
„Es war zum Kringeln, als plötzlich beim Picknick im Grünen ein Frosch in die Salatschüssel hüpfte!"

an der **Krippe** sitzen (umg.)
→ an der **Futterkrippe** sitzen

unter aller **Kritik** sein
sehr schlecht [Minderwertigkeit]
„Dieses Theaterstück ist einfach miserabel und unter aller Kritik!"

Krokodilstränen weinen/vergießen (umg.)
Rührung vortäuschen, erheuchelte Tränen vergießen [Heuchelei]
„Wisch dir deine Krokodilstränen ab! Ich weiß doch, daß du dich im Grunde über diesen negativen Bescheid freust, weil du nicht von hier wegziehen willst!"
Schon in der griechischen Mythologie gibt es die Sage von den Harpyien, Sturmdämonen in Gestalt vogelartiger Mädchen, die durch ihr Weinen Mitleid erregen, um ihre Opfer anzulocken. Dieses beliebte Motiv der vorgetäuschten Tränen (Herodot VI, 58 spricht in diesem Sinne von *Megarertränen*) wurde wohl in der Zeit der Kreuzzüge auf das Krokodil übertragen. Angeblich weint es wie ein Kind, um Menschen anzulocken, die es verschlingen kann. Seit 1210 ist dieses Motiv in Europa reichhaltig bezeugt und auch ein beliebtes Thema der barocken Emblematik. Aus dem literarischen Gebrauch ist die Wendung dann als abgesunkenes Kulturgut zur häufig verwendeten Redensart geworden.

die **Krone** der Schöpfung *(meist scherzhaft)*
der Mensch [Mensch]
„Gemeinhin gilt ja der Mensch als die Krone der Schöpfung, aber wenn man sich die Welt anschaut, kommen einem doch gelegentlich Zweifel!"
Die Krone ist das Zeichen der Herrschaft und hebt ihren Träger auch dann vor anderen Menschen heraus, wenn sie nicht aus edlem Material gearbeitet ist (Dornenkrone Christi, Sieger-/Lorbeerkranz, Braut-

kranz usw.) Ähnlich wie der topographische Begriff *Gipfel* hat *Krone* sich zum Ausdruck der Vollendung und des Höchstmöglichen erweitert. Die Wendungen *Krone der Schöpfung* und *Krönung des Ganzen* sind hierfür Beispiele. Wie die meisten Redensarten, die sich um *königliche* Begriffe wie *Krone* oder *Zepter* gebildet haben, haben auch diese eine ironische Färbung. Sie verweisen nämlich auf eine nicht-alltägliche Sphäre oder stehen durch die Kombination von Bedeutungsantagonisten der Ironie nahe. Ein solcher Widerspruch entsteht etwa durch die Wendung *die Krönung* (positiv) *seiner Unverschämtheiten* (negativ). In manchen Wendungen steht *Krone* auch für das Königtum (Krone und Kirche), den Kopf (einen in der Krone haben) u.a.m. In einigen Fachsprachen wird der Begriff für Dinge gebraucht, die einen oberen Abschluß bilden (Mauerkrone) oder kronenförmig sind (Zahnkrone).

das setzt der Sache/allem die **Krone** auf
das ist der Gipfel (der Unverschämtheit/der Zumutung/der Gemeinheit usw.) [Unverschämtheit]
„Erst steht das Auto monatelang in der Werkstatt, und jetzt heißt es, die Garantiezeit sei abgelaufen! Das setzt allem die Krone auf!"
Herkunft → die **Krone** der Schöpfung

dabei bricht dir kein Zacken aus der **Krone** (umg.)
→ dabei fällt dir kein Stein aus der **Krone**

paß auf, daß dir kein Zacken aus der **Krone** bricht!
jmdn. zurechtweisen, weil er zu anspruchsvoll ist [Tadel]
„Seit du in der Firma eine leitende Position hast, glaubst du, es sei unter deiner Würde zu Hause abzuspülen oder den Mülleimer rauszutragen. Paß auf, daß dir kein Zacken aus der Krone bricht!"

etwas ist ihm in die **Krone** gefahren (umg.)
etwas hat ihn verärgert [Verärgerung]
„Etwas muß ihm in die Krone gefahren sein! Schon seit zwei Tagen ist er so wortkarg!"

dabei fällt dir kein Stein aus der **Krone** (umg.)
dabei erniedrigst du dich nicht!, das ist nicht unter deiner Würde! [Angemessenheit]
„Du könntest ruhig einmal selbst deine Schuhe putzen und diese Arbeit nicht immer mir überlassen! Dabei fällt dir kein Stein aus der Krone!"
Diese Redensart geht auf den Brautkranz zurück, der häufig aus einer Perlenkrone bestand. Wenn aus letzterer sich eine der Perlen löste, so galt das als schlechtes Vorzeichen für die Ehe. In Sachsen und Thüringen entstand die Redensart *da wird dir nicht gleich eine Perle aus der Krone fallen* zur Beruhigung von Mädchen, die eine Zumutung als zu weitgehend oder allgemein etwas als unangemessen empfanden. Dieser Gebrauch hat sich dann verallgemeinert.

einen in der **Krone** (sitzen) haben (umg.)
betrunken sein [Trunkenheit]
„Laß ihn in Ruhe, du siehst doch, daß er einen in der Krone hat und nur Streit sucht!"

das schlägt dem Faß die **Krone** ins Gesicht (scherzhaft)
→ das setzt der Sache/allem die **Krone** auf

etwas ist ihm in die **Krone** gestiegen (umg.)
etwas hat ihn eingebildet gemacht [Eingebildetheit]
„Diese Beförderung ist ihm scheinbar mächtig in die Krone gestiegen! Er kennt ja kaum noch seine alten Kollegen!"

jmdm. geht ein **Kronleuchter** auf (scherzhaft)
→ jmdm. geht ein **Licht** auf

überflüssig wie ein **Kropf** sein (umg.)
völlig überflüssig sein [Überflüssigkeit]
„Diese zynische Bemerkung war überflüssig wie ein Kropf, Herr Meier! Wir wissen alle, wie schlecht es um die Firma steht!"
Der Kropf (lat. *struma*) ist beim Menschen eine äußerlich sichtbare Schilddrüsenvergrößerung, die im Gefolge bestimmter Krankheiten (Basedow) oder (insbesondere in Gebirgsgegenden) infolge von Jodmangel

auftritt. Früher wurde der Kropf eher als Schönheitsmakel (und nicht als Krankheitszeichen) angesehen, so daß er das Sinnbild eines überflüssigen Nachteils werden konnte, ähnlich wie dies für den Buckel allgemein galt.

eine kleine **Kröte** (umg., scherzhaft)
ein freches kleines Mädchen [Mädchen]
„Gib mir gefälligst den Ball zurück, du kleine Kröte!"
Die Häßlichkeit und Giftigkeit der Kröte hat ihren Namen schon im Mittelalter – etwa bei Neidhart von Reuenthal (1180–1250), dem derb-sinnlichen Minnedichter – zu einem üblen Schimpfwort für Frauen (alte Kröte) werden lassen.

ein paar **Kröten** (umg.)
etwas Geld, wenig Geld [Geld]
„Für die paar Kröten, die ich hier verdiene, lasse ich mich nicht rumkommandieren! Ich kündige hiermit!"
Diese Bezeichnung für Kleingeld oder eine geringe Geldsumme ist seit dem 19. Jh. bezeugt. Es ist möglich, daß sich die Bedeutungskomponente der häßlichen Erbärmlichkeit des Tieres mit der Lautähnlichkeit von Begriffen wie *Groschen* oder *Bankrott* wortspielhaft zu dieser Wendung verdichtet haben.

jmdn. **krumm** und lahm schlagen (umg.)
jmdn. sehr verprügeln [Prügel]
„Ich schlage den Kerl krumm und lahm, der mir den Kratzer in den Autolack gemacht hat!"

eine **krumme** Tour
→ein **krummes** Ding
[Illegalität]

sich **krümmen** und winden (umg.)
sich vor einer ehrlichen, offenen Aussage scheuen [Ausflüchte]
„Obwohl der Angeklagte sich im Verhör krümmt und windet, hat er gegen das Kreuzverhör keine Chance und muß die Tat schließlich eingestehen."
In dieser Redensart verschmelzen die Eindrücke der Bewegung des Wurmes und der (als „falsch" geltenden) Schlange und der Körpersprache desjenigen Menschen, der sich in einer unangenehmen Situation befindet.

ein **krummes** Ding drehen (umg.)
eine unehrliche/illegale Sache begehen
[Illegalität]
„Bei dem Gehalt kann er sich diesen Luxus eigentlich nur mit krummen Touren leisten!"
Die beiden Adjektive *krumm* und *gerade* stellen begrifflich zwei gegensätzliche Eigenschaften von Linien, Räumen und Bewegungen dar. Die an sich neutralen Adjektive werden redensartlich qualitativ interpretiert und zu gegensätzlichen Bewertungen genutzt: *krumm* = schlecht/illegal/unehrlich usw. (negativ), *gerade* = gut/legal/ehrlich usw. (positiv). Hinter diesen Bewertungen stecken gestaltpsychologisch erklärbare Wahrnehmungsgesetze (sog. Gestaltgesetze). Eine gerade Linie entspricht beispielsweise eher dem Gesetz der guten (erwartbaren) Fortsetzung, als dies eine krumme Linie tut. Eine krumme Linie ist durch ihre Ungleichheit weniger prägnant als eine gerade Linie, usw. Wahrnehmungsgesetze dieser Art schlagen sich in der Sprache in vielfältiger Weise nieder. Für den Bereich *krumm/gerade* siehe auch *etwas krummnehmen, krummliegen, schiefliegen.*

sich **krumm**- und schief**lachen**/sich **krummlachen** (umg.)
→ **kranklachen**

sich **krummlegen** (umg.)
1) *sich körperlich sehr anstrengen/viel arbeiten* [Arbeit]
2) *stark sparen und sich einschränken* [Sparsamkeit]
1) „Er macht Überstunden und legt sich auch noch samstags krumm, um sich ein großes Auto leisten zu können."
2) „Die alte Frau legt sich krumm, um die Schulden ihres Sohnes abzutragen! Sie hätte ihn besser richtig erzogen, dann müßte sie jetzt nicht diese Einschränkungen auf sich nehmen!"
Das *Krummlegen* ist die schiefe und ge-

krümmte Haltung des vor Anstrengung gebeugten Körpers. Als Zeichen gewaltsamer Einschränkung konnte es auch die erweiterte Bedeutung 2) annehmen.

krummliegen (umg.)
ich irren [Irrtum]
„Ich soll deinen Autoschlüssel versteckt haben? Damit liegst du krumm!"
Herkunft → ein **krummes** Ding

etwas **krummnehmen** (umg.)
gekränkt sein, etwas übelnehmen [Gekränktheit]
„Du schaust immer noch so böse drein! Nimmst du mir etwa den Scherz von gestern immer noch krumm?"
Herkunft → ein **krummes** Ding

zum **Kuckuck** (nochmal)! (umg.)
Ausruf der Verärgerung [Verärgerung]
„Zum Kuckuck nochmal, wo ist bloß meine Pfeife?"
Herkunft → hol dich der **Kuckuck**!

hol's der **Kuckuck**! (umg.)
Ausruf der Verärgerung [Verärgerung]
„Hol's der Kuckuck! Ich warte jetzt nicht länger auf einen Bus und hole mir ein Taxi!"
Herkunft → hol dich der **Kuckuck**!

hol dich der **Kuckuck**! (derb)
hol dich der Teufel! [Verärgerung]
„Hol dich der Kuckuck! Du gehst mir auf die Nerven mit deinem ewigen Betteln! Ich kann dir nicht mehr geben, als ich habe!"
Der Kuckuck hat durch seinen auffallenden Ruf und seine merkwürdigen Verhaltensweisen schon immer die Aufmerksamkeit auf sich gezogen. Seit der Antike verbinden sich mit ihm irrtümliche und abergläubische Vorstellungen, die sich auch in Sprichwörtern und Redensarten niedergeschlagen haben. Die Gewohnheit, seine Eier von anderen Vögeln ausbrüten und die Jungen großziehen zu lassen, findet sich beispielsweise in der Redensart *jmdm. ein Kuckucksei ins Nest legen* wieder: Ein Kind, das von einem anderen Mann stammt und in der eigenen Familie großgezogen wird, nennt man im Zorn ein *Kuckucksei*. Der junge Kuckuck wirft die Brut seiner Zieheltern aus dem Nest und ist unersättlich, wenn es um Futter geht. Ein Kind, das sich ähnlich unsozial verhält, wird daher ebenfalls als *undankbarer Kuckuck* bezeichnet. Andererseits hat der Kuckuck im Volksglauben enge Bezüge zum Dämonischen. Er kündigt den Frühling an, und man hat das ganze Jahr über genügend Geld, wenn man welches beim ersten Kuckucksruf im Jahr bei sich trägt. Die Anzahl der Kuckucksrufe läßt auf die Zahl der Lebensjahre schließen, die man noch vor sich hat. Einem unverheirateten Mädchen hingegen werden so die Jahre geweissagt, die es noch bis zur Vermählung warten muß. Erst seit dem 16. Jh. wird der Name des Kuckucks als Umschreibung für den Teufel verwendet.

auf etwas klebt der **Kuckuck** (umg.)
etwas ist vom Gerichtsvollzieher gepfändet [Pfändung]
„Die Villa sieht zwar sehr prächtig aus, aber auf der Hälfte des Inventars klebt der Kukkuck, weil der Eigentümer mit dem Zahlen nicht nachkommt!"
In der Heraldik ist der Kuckuck das Gegenstück zum stolzen Adler. Schon in den napoleonischen Befreiungskriegen (1813 - 15) gab es Lieder, in denen der gestürzte „Adler" Napoleons als „neuer Kuckuck" beschimpft wurde. Auch der Adler im preußischen Wappen wurde im Volk scherzhaft als Kuckuck bezeichnet. Dieser Gebrauch übertrug sich schließlich auf die bei der gerichtlichen Pfändung gebrauchten Siegelmarken, auf denen der Reichsadler abgebildet war.

scher dich zum **Kuckuck**! (umg.)
verschwinde! [Vertreibung]
Herkunft → hol dich der **Kuckuck**!

sich den **Kuckuck** um etwas scheren (umg.)
sich um gar nichts, insbesondere sich nicht um die Meinung anderer kümmern [Selbstbestimmung]
„Ich schere mich den Kuckuck um den Klatsch der anderen und lebe ein Leben nach meinen Vorstellungen!"
Herkunft → hol dich der **Kuckuck**!

weiß der **Kuckuck**! (umg.)
weiß der Teufel, ich weiß es nicht
[Nichtwissen]
„Weiß der Kuckuck, wo sich wieder die Pantoffeln versteckt haben! Gestern habe ich sie dort in die Ecke gestellt, und jetzt sind sie verschwunden!"
Herkunft → hol dich der **Kuckuck**!

jmdm. ein **Kuckucksei** ins Nest legen
jmdm. eine böse Überraschung bereiten
[Schädigung]
„Mit dem ehrenvollen Auftrag, den Festvortrag zu halten, hat man mir ein Kuckucksei ins Nest gelegt! Schon seit drei Wochen versuche ich, ein gutes Konzept zu finden. Das hatte ich mir nicht so schwierig vorgestellt!"
Herkunft → hol dich der **Kuckuck**!

eine ruhige **Kugel** schieben (umg.)
sich bei der Arbeit nicht anstrengen
[Faulheit]
„Ich glaube, der neue Kollege liebt es, eine ruhige Kugel zu schieben. Er ist immer der erste in der Kantine und der letzte am Arbeitsplatz!"
Diese Redensart kommt vom Kegelspiel. Um die Kugel auf der glatten Laufbahn in Bewegung zu setzen, bedarf es kaum einer Anstrengung, so daß dieser Vorgang zum Sinnbild der Leichtigkeit und Mühelosigkeit werden konnte. Die Wendung ist wahrscheinlich erst im 20. Jahrhundert entstanden.

etwas ist zum **Kugeln** (umg.)
etwas ist sehr komisch, man ist sehr belustigt und lacht [Komik]
„Vor allem die Kinder finden die Clowns im Zirkus zum Kugeln."
Diese Wendung und die Variante *sich kugeln vor Lachen* sind Parallelbildungen zu den Ausdrücken *sich krumm- und schieflachen, sich kringeln vor Lachen* u. a. in denen die gekrümmte Körperhaltung des vom Lachen Geschüttelten zum Ausdruck gebracht wird.

die **Kuh** vom Eis bringen (umg.)
[Lösung]

eine **Kuh**, die man melken kann (umg.)
jmd., der einen versorgt und den man ausnutzt [Ausnutzung]
„Du bist jetzt schon im zwanzigsten Semester, lieber Sohn. Glaube nicht, daß ich eine Kuh bin, die man ewig melken kann, und kümmere dich um dein Examen!"

etwas ist ein **Kuhhandel** (umg.)
ein widerliches Feilschen (insbesondere in der Politik)
[Verhandlung]
„Bei der Steuergesetzgebung ist es zu einem Kuhhandel zwischen Regierung und Opposition gekommen: Die Opposition stimmt der Erhöhung der Mehrwertssteuer unter der Bedingung zu, daß auch die Branntweinsteuer erhöht wird."
Der bäuerliche Viehhandel steht seit alters in einem sehr zweideutigen Ruf, weil ein Verkäufer leicht Alter und Leistungsfähigkeit von Kühen oder Pferden positiv verfälschen kann. Der redensartliche Gebrauch des Wortes *Kuhhandel* ist allerdings erst für das späte 19. Jh. belegt.

das geht auf keine **Kuhhaut**! (umg.)
das ist mehr, als man ertragen kann
[Menge]
„Im Wartezimmer sind wieder mal unheimlich viele Patienten – das geht auf keine Kuhhaut."
Über die Herkunft dieser Redensart gibt es verschiedene Deutungen: In der Antike und im Mittelalter wurden Tierhäute (Pergament) beschriftet und als Rollen oder in Buchform aufbewahrt. Verschiedene bildliche Darstellungen zeigen den Teufel dabei, wie er das Sündenregister des Menschen auf einer Kuhhaut aufzeichnet. Ist dieses zu groß, so hat der Mensch zuviel gesündigt und keine Kuhhaut ist groß genug, die Sündenliste zu fassen. Nach einer anderen Deutung wurden im Mittelalter Verbrecher in einer Kuhhaut zur Hinrichtung geschleift. Ehebrecherinnen wurden in eine Kuhhaut eingenäht und dann ertränkt. Die Wendung erklärt sich dann so, daß jemand so viele Verbrechen begangen hat, daß er quasi mehrfach zum Richtplatz geschleift und hingerichtet werden müßte. {Lebenskonto}

hinter den **Kulissen**
im geheimen [Geheimnis]
„Im Rampenlicht der Öffentlichkeit stellen die Politiker sich ja immer als integere Persönlichkeiten dar, aber manchmal wird durch Skandale aufgedeckt, welch unbeschreibliche Szenen sich hinter den Kulissen abspielen!"
Das von franz. *couler* (rennen, laufen) abgeleitete Wort *coulisse* (Schiebewand) ist erst von Lessing in seiner *Hamburgischen Dramaturgie* (1767) in die deutsche Theatersprache entlehnt worden. Die Redensarten mit *Kulisse* sind erst im 19. Jh. aufgekommen und haben sich leicht in das bereits existierende Bildfeld integrieren lassen. Die Kulisse ist das enttäuschende Gegenstück zur schönen Scheinwelt der Vorderbühne. {Welttheater}

hinter die **Kulissen** sehen/schauen
die geheimen Dinge sehen, die Hintergründe erfahren [Erkenntnis]
Herkunft → hinter den **Kulissen**

von keiner **Kultur** beleckt sein (umg.)
völlig unkultiviert sein, roh und ungebildet sein [Ungebildetheit]
„Aus einer Reise nach Ägypten zieht man keinen Gewinn, wenn man von keiner Kultur beleckt ist und sich nicht für Kunst und Geschichte interessiert."
Kultur ist ein Ende des 17. Jh. aus dem Lat. entlehntes Fremdwort, das auf *cultura* (Bebauung, Bestellung des Landes, Pflege) zurückgeht. Schon die Antike versteht *cultura* auch als Geisteskultur (cultura animi), das heißt, als Pflege von Kunst, Sprache, Politik usw. Heute stellt man der *hohen Kultur* gerne die Domäne der *Alltagskultur* gegenüber. Darunter versteht man beispielsweise die Wohn-, Kleidungs- und Eßgewohnheiten eines Volkes, die es von anderen Kulturen unterscheidet. Die Redensart ist ein geflügeltes Wort aus Goethes *Faust*, wo es in der Szene *Hexenküche* (Vers 2495 f.) heißt: „Auch die Kultur, die alle Welt beleckt, / Hat auf den Teufel sich erstreckt."

ein fauler **Kunde** (umg.)
ein unzuverlässiger Mensch; ein Mensch, der verdächtig ist, einen anderen zu schädigen [Unzuverlässigkeit]
„Manchmal habe ich das Gefühl, der neue Kollege ist ein fauler Kunde, der uns von der Konkurrenz auf den Hals geschickt worden ist, um unsere Geschäftslage auszuspionieren!"
Kunde bedeutet eigentlich *Bekannter*. Das Wort hat sich dann auf Personen eingegrenzt, die in einer Geschäftsbeziehung zueinander stehen, und dann wieder erweitert im Sinne von *Gast* (im Wirtshaus), *Freund*, *Kumpan*. In der Handwerkssprache der Zünfte hieß *Kunde* derjenige, welcher als Angehöriger des Handwerks bekannt war. Wandernde Gesellen mußten in ihrem Wanderbuch die Bekundung der Meister vorlegen, bei denen sie bisher gearbeitet hatten. Dies war die „Kundschaft", der Geselle selbst war der „Kunde", ein Titel, mit dem Handwerksburschen sich auch untereinander ansprachen. Zu diesem Bereich gehört auch die *Kündigung*, das heißt, die ordnungsgemäße Auflösung des Kundenvertrags. Ein fauler Kunde war also ein Handwerksbursche, der nicht viel taugte.

nach allen Regeln der **Kunst**
1) *so, wie es sich gehört*
[Wissen] [Können] [Perfektion]
2) *ganz und gar* [Vollständigkeit]
1) „Als ich in der Prüfung nach der Formel für Ameisensäure gefragt worden bin, habe ich deren Struktur nach allen Regeln der Kunst aus verwandten Säuren abgeleitet. Der Prüfer hat nur noch gestaunt!"
2) „Die Kritik war einmütig wie selten und hat diese Theaterinszenierung nach allen Regeln der Kunst verissen!"
Das (ähnlich wie *Gunst* von *gönnen*) vom Verb *können* abgeleitete Substantiv *Kunst* bezeichnet das Wissen, das im Können liegt. Der Begriff hat sowohl theoretische als auch praktische Fähigkeiten zum Inhalt. Man spricht daher ebensogut von Reit- und Fechtkunst wie von Brau-, Bau- oder Malkunst. Erst im 18. Jh. hat sich die heute geltende Gebrauchsweise herausgebildet, Malerei, Schauspiel und Theater, Dichtkunst und Bildende Kunst als *die Kunst* zu bezeichnen, so daß Formeln wie *Kunst und Wissen-*

schaft oder *die schönen Künste* einen Sinn ergaben. Der ebenfalls im 18. Jh. wichtig werdende Gegensatz zwischen Kunst und Natur hat zu der teilweise negativen Bedeutung des Adjektivs *künstlich* (im Sinne von *unnatürlich, willkürlich*) geführt. Der Begriff der (Kunst-)*Regel* hängt vor allem mit dem mittelalterlichen System der Sieben Freien Künste (septem artes liberales) zusammen. *Frei* hießen sie, weil sie eines *freien Mannes würdig* waren und ursprünglich nicht als Grundlage des Broterwerbs gedacht waren. Die Einteilung der Freien Künste in den „Vierweg" (Quadrivium) und den „Dreiweg" (Trivium) geht auf das 9. Jh. zurück. Das Altertum zählte ursprünglich neun, nämlich außer den unten aufgezählten noch die Medizin und die Architektur. Wegen der christlichen Symbolik der Zahl *sieben* wurde folgende Gliederung vorgenommen: 3 (Trivium) plus 4 (Quadrivium) ergibt 7. Dem „Trivium", den „trivialen Künsten" gehörten Grammatik, Rhetorik und Dialektik an. Das „Quadrivium" bestand aus den „mathematischen" Fächern Arithmetik, Geometrie, Musik und Astronomie. Derjenige, welcher die Regeln dieser Künste beherrschte, verfügte über ein umfangreiches Wissen und galt als „siebengescheit". Wer mit *seiner Kunst am Ende* war, konnte sich der Schwarzen Kunst zuwenden, das heißt, Magie und Zauberei betreiben, wie dies im *Faust*-Stoff beschrieben ist. Auch in diesem Bereich gab es ein „Quadrivium", nämlich Pyro-, Hydro-, Chiro- und Nigromantie. Seit der Erfindung des Buchdrucks wird gelegentlich auch das Druckereigewerbe (wegen der Druckerschwärze) als *schwarze Kunst* bezeichnet. Als *brotlose Kunst* werden die (meist musischen) Berufe bezeichnet, die keine gesicherten Einkünfte ermöglichen. Gerade aus diesem aber stammt die Redensart *nach allen Regeln der Kunst*, nämlich aus dem Meistergesang. Diese lyrisch-didaktische Dichtungsart, die aus dem Minnesang entstand, kannte ein Regelwerk (Tabulatur), in dem die Regeln der Gesangskunst festgehalten waren. Nur wer diese Regeln beherrschte, konnte sich als *Meistersinger* bezeichnen.

eine brotlose **Kunst**
→ kleine **Brötchen** backen
[Erfolglosigkeit]

mit seiner **Kunst** am Ende sein
→ **Latein** [Ratlosigkeit]

das ist (doch) keine **Kunst**/kein **Kunststück**! (umg.)
das kann doch jeder!, das kann ich auch!
[Einfachheit]
„Einen Handstand machen kann doch jeder! Das ist doch keine Kunst!"
Herkunft → nach allen Regeln der **Kunst**

was macht die **Kunst**? (umg., jovial)
wie geht es? [Gruß]
„Na, was macht die Kunst? Alles in Ordnung?"
Herkunft → nach allen Regeln der **Kunst**

alle seine **Künste** spielen lassen
alle Möglichkeiten ausschöpfen
[Anstrengung]
„Er hat die Stelle nicht bekommen, obwohl er alle seine Künste spielen ließ! Irgendetwas muß da schiefgegangen sein!"
Herkunft → nach allen Regeln der **Kunst**

sich **künstlich** aufregen (umg.)
sich willkürlich aufregen, sich ohne Grund aufregen [Aufregung]
„Reg dich bloß nicht so künstlich auf! Schließlich kann jedem einmal ein kleines Mißgeschick passieren!"
Herkunft → nach allen Regeln der **Kunst**

eine **Kunstpause** machen
eine kleine Pause machen, um eine bestimmte Wirkung zu erzielen [Pause]
„Der Vortragende machte eine kleine Kunstpause und sah die beiden strafend an, die sich während der ganzen Zeit leise unterhalten hatten."
Herkunft → nach allen Regeln der **Kunst**

jmdn. in die **Kur** nehmen
jmdm. Vorhaltungen machen, jmdn. bearbeiten [Ermahnung]
„Ich glaube, ich muß dich einmal in die Kur nehmen, damit du dein Zimmer aufräumst!"

Wörter mit der Silbe *Kur*, deren Bedeutung im Sinnbezirk von Ermahnung oder Fürsorge angesiedelt sind, gehen auf den lateinischen Ausdruck *cura* (Sorge, Fürsorge) zurück.

jmdn. unter **Kuratel** stellen
→ **Gängelband** [Bevormundung]

Kurs nehmen auf etwas
ein bestimmtes Ziel ansteuern [Zielsetzung]
„Unser Unternehmen nimmt mit seiner Produktion bereits jetzt Kurs auf das 21. Jh.!"
Das lat. Wort *cursus* hat u. a. die Bedeutung *Lauf*, *Laufbahn*, *Karriere* und *Ausfahrt zur See* (daher z.B.: *Korsar*). Letztere Bedeutung ist Ausgangspunkt für Wendungen wie *Kurs nehmen, einen bestimmten Kurs steuern* usw. So spricht man (vor allem in der Politik) etwa vom *Kurs der Regierungspolitik* oder einer notwendigen *Kurskorrektur*, einem *verfahrenen Kurs* oder einfach vom *Regierungskurs*. {Staatsschiff}

hoch im **Kurs** stehen (bei jmdm.)
1) *hohe Anerkennung genießen*
[Beliebtheit]
2) *hoher Nachfrage unterliegen und daher teuer sein* [Kostspieligkeit]
3) *wichtig/bedeutsam sein* [Wichtigkeit]
1) „Kollege Becker steht bei allen hoch im Kurs, weil er so freundlich und hilfsbereit ist!"
2) „Momentan stehen Oldtimer aus den vierziger Jahren hoch im Kurs. Für die muß man viel Geld hinblättern!"
3) „Der Umweltschutz steht seit einigen Jahren zu Recht hoch im Kurs."

die **Kurve** kratzen (umg.)
schnell weggehen, fliehen [Flucht]
„Als die Einbrecher die Rückkehr der Hausbewohner bemerkten, kratzten sie die Kurve."
Im wörtlichen Sinne bedeutet *die Kurve kratzen: sich so schnell fortbewegen, daß man die Kurve schneidet/sie nicht ausfährt.*

die **Kurve** kriegen (umg.)
es mit knapper Not/gerade noch schaffen
[Erfolg]
„Er war einige Jahre Alkoholiker, aber durch den Eintritt bei den Anonymen Alkoholikern hat er jetzt wieder die Kurve gekriegt. Er arbeitet jetzt wieder in seinem alten Beruf."

über **kurz** oder lang
in absehbarer Zukunft, ziemlich bald
[Zukunft] [Unvermeidlichkeit]
„Wir werden uns in dieser Stadt kein Haus kaufen, weil wir über kurz oder lang wieder von hier wegziehen werden."
In vielfacher Weise werden in der Sprache Raum- und Längenangaben zur Vermittlung zeitlicher Bedeutungen genutzt. Dies ist dadurch begründet, daß die primäre Orientierung des Menschen visuell ist und im Raum erfolgt. Körperliche Bewegungen erfolgen im Raum und die elementaren Handlungen des Greifens, Suchens und Findens. Der Raum und die darin plazierten Objekte gehören zur alltäglichen Lebenswelt, Möbel, Gegenstände und Personen sind räumlich arrangiert. Wir gehen oder fahren durch geschlossene oder offene (Landschafts-)Räume. Wir verwenden zur Orientierung (Land-)Karten und verfügen in der Erinnerung über (kognitive) „Karten", mit deren Hilfe wir uns zurechtfinden. Räume bilden real und in der Erinnerung strukturierte Zusammenhänge, die mit der „Zeitspanne" eng verknüpft sind, die man zu ihrer Durchquerung benötigt: Ein *kurzes* Stück des Weges wird (normalerweise) in einer *kurzen* Zeitspanne zurückgelegt, ein *langer* Weg in einer *langen* Zeit usw. In vielen redensartlichen Wendungen wird daher in einer einfachen Analogie Raum für Zeit eingesetzt. Auch die Zeitspanne des menschlichen Lebens wird häufig mit der Durchquerung eines Raumes gleichgesetzt.

kurz und bündig/**kurz** und klar (Paarformeln)
mit wenigen, aber ganz eindeutigen Worten
[Prägnanz]
„Ohne lange Umschweife erklärte er kurz und bündig, daß er gekommen sei, um um die Hand der Tochter des Hauses zu bitten."
Kürze und Klarheit sind Forderungen an den Redner, die in die Anfänge der griechi-

schen Rhetorik zurückreichen. Als Kommentare der eigenen Rede werden Formeln wie *kurz und gut, kurz und bündig* usw. in der mittelalterlichen Redekunst häufig zu Floskeln, die zeigen sollen, daß sich der Autor in den klassischen Vorschriften auskennt. Heute soll damit der Hörer meist auf das Ende oder die Pointe einer Rede aufmerksam gemacht werden.

kurz und gut
ich komme jetzt zum Ende [Resümee]
„Kurz und gut: Die Internationale Automobilausstellung ist hiermit eröffnet!"

kurz und schmerzlos (Paarformel)
ohne viele Umstände, ohne Verzögerung [Schnelligkeit]
„Oft ist es besser, sich kurz und schmerzlos von seinem Partner zu trennen, als diesen Entschluß lange Zeit vor sich herzuschieben!"

kurz angebunden sein
kurze, unfreundliche Antworten geben, abweisend sein [Unfreundlichkeit]
„Warum warst du den so kurz angebunden, als der Chef dich nach den Unterlagen gefragt hat?" „Weil er mich gestern wegen einer Lappalie zur Schnecke gemacht hat!"
Ähnlich wie in der Redensart *jmdn. kurzhalten* wird in dieser Wendung ursprünglich auf Tiere (insbesondere Hunde) Bezug genommen, die an einer kurzen Leine gehalten werden und daher reizbar sind (bzw. umgekehrt: weil sie reizbar und gefährlich sind, an einer kurzen Leine gehalten werden).

zu **kurz** kommen (umg.)
nicht genügend bekommen, nicht soviel wie andere bekommen [Benachteiligung]
„Mancher, der sein ganzes Leben lang darüber klagt, zu kurz gekommen zu sein, sollte sich überlegen, ob er nicht selbst dazu beigetragen hat."
Herkunft → den **kürzeren** ziehen

um es **kurz** zu machen
ich verkürze, um zur Pointe zu kommen [Pointierung]
„Es gab dann noch allerlei Verwicklungen, aber um es kurz zu machen: Am Ende haben die beiden dann doch geheiratet!"

alles **kurz** und klein schlagen (umg.)
alles kaputtmachen [Zerstörung]
„Mit Michael ist nicht zu spaßen, wenn er etwas getrunken hat! Beim kleinsten Anlaß schlägt er alles kurz und klein!"

jmdn. **kurz** und klein schlagen
jmdn. heftig verprügeln [Prügel]
„Die Rockerbande schlug die beiden harmlosen Passanten kurz und klein, ohne daß einer der Zuschauer eingriff."

den **kürzeren** ziehen (umg.)
in einer bestimmten Sache benachteiligt werden [Benachteiligung]
„Ich bin es einfach leid, immer den kürzeren zu ziehen, wenn die guten Positionen in dieser Firma zu besetzen sind. Wenn ich noch einmal übergangen werde, werde ich mich nach einer anderen Arbeit umsehen!"
Das Losen hatte seit dem Altertum den Rang eines Gottesurteils bei strittigen Rechtsfragen. Dabei gab es verschiedene Verfahren, wie etwa das Würfeln oder das Abzählen der Knoten eines Gras- oder Strohhalms. Die Redensart bezieht sich auf den Brauch, aus einer gewissen Anzahl von Grashalmen von den streitenden Parteien jeweils einen herausziehen zu lassen. Wer den längeren Halm zog, hatte gewonnen und derjenige der *den kürzeren zog* folgerichtig verloren. Im Mittelhochdeutschen wurde dieses Los „daz gräselin ziehen" genannt. Ein Gedicht Walthers von der Vogelweide bezieht sich auf die Liebesprobe (Sie liebt mich, sie liebt mich nicht...") anhand der Halmknoten. Seit dem 16. Jh. ist die Wendung im allgemeineren Sinn der Benachteiligung bezeugt.

kurzerhand
schnell entschlossen, ohne Zögern [Entschlossenheit]
„Als bekannt wurde, daß dieses Gebiet zum Bauland erklärt werden würde, habe ich mir kurzerhand ein Grundstück gekauft und mir einen Architekten gesucht."

jmdn. **kurzhalten** (umg.)
jmds. Freiheit beschränken, insbesondere einem Abhängigen nicht viel Geld zukommen lassen [Bevormundung]
„Wer seine Kinder kurzhält, wie ihr das tut, braucht sich nicht zu wundern, wenn sie zu allen Verwandten betteln gehen!"
Diese Wendung bezog sich ursprünglich auf das Führen eines Pferdes am kurzen Zaun oder eines Hundes an der kurzen Leine.

einen **Kurzschluß** haben (umg.)
1) *die Beherrschung verlieren* [Unbeherrschtheit]
2) *plötzlich geistig blockiert sein* [Begriffsstutzigkeit]
1) „Als die Kinder weiter Lärm machten und seine Konzentration störten, bekam er plötzlich einen Kurzschluß und warf ihnen Beschimpfungen an den Kopf. Aber die Kinder lachten ihn nur aus!"
2) „Als der Prüfer plötzlich etwas außerhalb meines Spezialgebietes wissen wollte, hatte ich einen regelrechten Kurzschluß und bekam kein Wort mehr heraus."
{Körpermaschine} Vgl.: unter **Strom** stehen.

kurztreten (mit etwas) (umg.)
1) *langsam(er) arbeiten, weniger arbeiten* [Schonung]
2) *weniger Geld ausgeben* [Einschränkung]
3) *ein Vorhaben etwas zurückstellen* [Verzögerung]
1) „Wenn man ein bestimmtes Alter erreicht, muß man etwas kürzertreten, damit man seine Kräfte nicht überanstrengt."
2) „Dadurch, daß ich jetzt weniger Überstunden machen kann, muß die ganze Familie etwas kurztreten."
3) „Die Verhandlungspartner sind sich darin einig, solange kurzzutreten und den Gang der Verhandlungen zu verzögern, bis die Rohölpreise auf dem Weltmarkt wieder gefallen sind."
Wer im wörtlichen Sinne *kurz tritt*, marschiert mit kleinen Schritten. Die Länge des Schrittes ist hier ein Maß für die Schnelligkeit des Durcheilens einer Strecke, die redensartlich meist als Lebensweg oder als Verhandlungsweg zu verstehen ist. In diesem Sinne „eilt die Zeit dahin".Wer kennt nicht das berühmte Gedicht der Lebensreise, Goethes Hymne *An Schwager Kronos* (1774)? Der Titan und Herr der Zeit Kronos wird hier als Postillon gesehen, der die Lebensfahrt lenkt. Der Begriff *Schwager* für *Kutscher* geht auf den bayrischen Ausdruck *Schwaige* (Viehhof mit Pferden) zurück. Der Reichspostminister Thurn und Taxis holte sich als Postknechte gelegentlich zusammen mit den Pferden Männer von derartigen Höfen, da sie sich mit Pferden auskannten. Ein solcher Mann hieß *Schwaiger*. In Mittel- und Norddeutschland, wo der Begriff *Schwaige* unbekannt war, wurde dies mit dem bekannten Wort *Schwager* (Bruder der Ehefrau) gleichgesetzt.

mit **Kußhand**
sehr gerne, mit großer Freude [Freude]
„Warum beklagst du dich über den Studienplatz in Freiburg? Manch anderer würde ihn mit Kußhand nehmen!"
Die Kußhand ist die geküßte eigene Hand, die an die Stelle einer Person tritt, die man nicht küssen darf. Dieser Begriff steht im Gegensatz zum *Handkuß*, dem Kuß auf die fremde Hand einer Dame oder eines hohen kirchlichen Würdenträgers. Das erst im 18. Jh. entstandene Wort ist schon bald im übertragenen Sinn der Redensart gebraucht worden.

ein langer **Laban**/ein langes **Laster**/ein langer **Lulatsch** (umg.)
ein sehr großer Mann [Körpergröße]
„Es ist ärgerlich, wenn im Kino so ein langer Lulatsch ausgerechnet auf dem Platz vor einem sitzt!"
Zur Vermittlung der Bedeutung *Länge* hat sich eine Reihe von stabreimenden Formeln ausgebildet, deren zweiter Bestandteil etymologisch häufig unklar ist (Laban, Lulatsch). Andere sind bis auf den Anlaut willkürlich gewählt: *Latte, Lakes, Labbes* usw.

lachen: daß ich nicht lache! (umg.)
1) *das ist doch absurd!* [Irrtum]
2) *das mache ich nicht!* [Weigerung]
1) „Mit dieser neuen Frisur willst du aussehen wie ein Filmstar? Daß ich nicht lache!"
2) „Ich soll deine Schuhe putzen? Daß ich nicht lache!"
Die typisch menschlichen Affektäußerungen des Lachens und des Weinens haben seit dem Altertum zu Deutungen verschiedener Art Anlaß gegeben. Das Lachen spielt in Schöpfungsmythen und im Aberglauben eine große Rolle. Als Äußerung der Lebenslust kann es Leben bewirken und den Bann des Todes (aber auch generell die Macht des Bösen) brechen: Man fürchtet sich nicht vor dem, worüber man lacht. Geister, Kobolde und Untote dürfen als Angehörige des Geisterreiches nicht lachen. In vielen Redensarten mit der Bedeutung *Lachen* wird die gekrümmte Haltung des Lachenden und das *Sich-zu-Tode-lachen* erwähnt. Im Aberglauben sind an beidem Kobolde schuld, die in den Menschen einfahren und die Veränderungen bewirken. Die philosophische Beschäftigung mit dem Lachen steht in enger Wechselwirkung mit der Entwicklung von Theorien des Komischen und des Lächerlichen. Nach Anfängen in der Antike (Platon, Aristoteles, Cicero, Quintilian u. a.), in denen das Lachen in theatralischer und rhetorischer Perspektive diskutiert wird, ist diese Fragestellung dem christlichen Mittelalter eher suspekt. Zu über die aristotelischen Erkenntnise hinausgehenden Befunden kommt es erst wieder im späten 17. und 18. Jahrhundert (La Bryère; Gottsched; Lessing u. a.) im Umkreis poetologischer Fragestellungen, die um die Struktur von Komödie und Lustspiel (bzw. die Definition des sog. Tragischen) ranken. Es kommt dabei zur weitgehenden Einigung auf die sog. Kontrast-(oder Inkongruenz)Theorie, nach der ein Widerspruch zwischen Sein und Schein, die Ungereimtheit zwischen Anspruch und Wirklichkeit, bevorzugt das Lachen des Zuschauers erregt. Die sich im Lachen manifestierende Wissensstruktur um die geltende Ordnung ist nach Standardwerken von Bergson und Plessner zum Thema der soziologischen Interaktions-Theorie (Goffman) geworden.

lachen: das wäre ja gelacht! (umg.)
etwas Bestimmtes wird sich sicher ereignen [Verstärkung]
„Du glaubst nicht, daß ich den Doktorgrad erwerbe? Das wäre ja gelacht!"
Etwas ist so sicher, daß das Eintreten des Gegenteils einen Widerspruch zum Erwartbaren bedeuten würde, der eine komische Wirkung hätte und somit zum Lachen reizen würde.
Herkunft → daß ich nicht **lache**!

nichts zu **lachen** haben (umg.)
es geht jmdm. schlecht [Benachteiligung]
„Auswanderer haben auch in der neuen Heimat nichts zu lachen. Oft erreicht erst die zweite oder dritte Generation einen akzeptablen Lebensstandard!"
Herkunft → du kannst **lachen**

du kannst **lachen** (umg., *du* betont)
du hast Grund, dich zu freuen [Freude]
„Du bist befördert worden? Du kannst lachen! Herzlichen Glückwunsch!"
Das Lachen wird in verschiedenen Redensarten natürlich auch in seiner Funktion des Ausdrucks der (Lebens-)Freude und des Glücks thematisiert. Allgemein können durch derartige Wendungen auch die positiven oder negativen Lebensumstände eines Menschen charakterisiert werden.
Herkunft → daß ich nicht **lache**!

du wirst **lachen**, (aber...) (umg.)
du wirst erstaunt sein über das, was ich jetzt gleich sagen werde! [Überraschung]
„Können wir uns bei der langen Autofahrt gelegentlich am Steuer ablösen?" „Du wirst lachen, aber ich habe überhaupt keinen Führerschein!"
Die Gesprächsfloskel *du wirst lachen* eröffnet Beiträge, in denen der Sprecher etwas Ungewöhnliches, von der normalen Erwartungshaltung Abweichendes formulieren will. Bezogen auf unser Beispiel bedeutet die Eröffnung des Sprecherbeitrags durch diese Wendung *du wirst lachen*, daß die Normalstruktur der Erwartung des Fragenden bestätigt wird: In industrialisierten Ländern besitzen die meisten Erwachsenen einen Führerschein. Der Antwortende stellt sich somit selbst als Ausnahme von der Regel dar und bestätigt zugleich die Angemessenheit der Erwartungen, die in der Frage impliziert sind.
Herkunft → daß ich nicht **lache**!

der **lachende** Dritte
→ **Dritte** [Nutznießer]

die **lachenden** Erben
die glücklichen Erben [Nutznießung]
„Sie hat ihr ganzes Leben lang gespart, damit nun die lachenden Erben alles unter sich aufteilen."
Diese Wendung ist wahrscheinlich eine verkürzte Lehnübersetzung aus dem Lat.: „Heredis fletus sub persona risus est." („Das Weinen des Erben ist unter der Maske ein Lachen"; Publius Syrus, 1. Jh. v. Chr.)

die **Lacher** auf seiner Seite haben
als Redner die Zuhörer oder die Zuschauer (durch witzige Bemerkungen) für sich gewonnen haben [Wirkung]
„Wer als politischer Redner erst einmal die Lacher auf seiner Seite hat, kann auch mit der Zustimmung des Publikums für seine ernsthaften Anliegen rechnen!"
Die rhetorische Dimension des Lachens ist insbesondere von Cicero und Quintilian diskutiert worden. Nach Cicero erregt der Redner das zustimmende Lachen seiner Hörer dadurch, daß er „die Charaktere anderer verspottet, seinen eigenen von einer lächerlichen Seite zeigt, Häßliches mit noch Häßlicherem vergleicht, Verstellung anwendet, etwas ungereimte Äußerungen tut, Torheiten rügt." (Cicero, *De oratore* II, 289). Am sichersten aber mache man den Ernst des Gegners durch Gelächer zunichte, das aus dem Gegensatz von hoher Erwartung und geringem Resultat entspringe: „Die Berge kreißen und gebären ein lächerliches Mäuslein." (Horaz, *Ars poetica* 139) Quintilian unterscheidet zusätzlich zwischen Sachwitz und Wortwitz und weist auf drei Anwendungsformen des Lächerlichen hin: Entweder sucht man das Lächerliche bei anderen (in ihrer Gestalt, in ihren Eigenschaften, Aussagen oder Handlungen), bei sich (absichtliche Degradierung) oder aber in etwas Drittem: In enttäuschten Erwartungen, in doppeldeutigen Wörtern u. ä. (*Institutio Oratoris* VI 3, 22–37). Derartige Anleitungen sind zusammen mit der gesamten Rhetorik nach dem Mittelalter negativ beurteilt worden, bzw. in Vergessenheit geraten.

jmd. hat gut **lachen** (umg.)
jmdm. geht es gut, jmd. ist im Vorteil [Vorteil]
„Du hast gut lachen! Du brauchst ja nicht morgen einen Abituraufsatz zu schreiben!"
Herkunft → du kannst **lachen**

der **Lack** ist ab (von jmdm./etwas)
jmd./etwas ist nicht mehr auf dem Höhepunkt seiner Qualität, das Frische/Beste usw. ist weg [Minderwertigkeit]
„Obwohl sie sich mit ihren 50 Jahren noch gut gehalten hat, ist der Lack doch ab!"
Der Lack ist als äußerer und abschließender Anstrich von Möbelstücken redensartlich das Sinnbild der äußeren Erscheinung im negativen (s. o.) und positiven Sinn (jemand sieht wie gelackt aus). Wer auf Äußerlichkeiten hereinfällt, kann leicht betrogen werden. Daraus haben sich verschiedene Bedeutungen im Sinnbezirk des Betrugs ausgebildet: der **Lackierte** sein, der **Gelackmeierte** sein. Der Begriff *Lack* selbst wurde im 16. Jh. aus dem Ital. entlehnt, in das er (über Persisch und Arabisch) aus dem Indischen gekommen war. Dort be-

zeichnet *lakkha* eine Schildlausart (Lackschildlaus), aus deren Absonderungen früher der Lack gewonnen wurde.

jmdn. **lackieren** (umg.)
jmdn. betrügen [Betrügerei]
„Mit diesem Auto hat man dich ganz schön lackiert! Das muß ja fast wöchentlich in die Werkstatt!"
Herkunft → der **Lack** ist ab

der **Lackierte** sein
→ der **Gelackmeierte** sein [Schaden]

laden: (schwer) geladen haben (umg.)
(sehr) betrunken sein [Trunkenheit]
„Hörst du sie grölen? Die haben wieder schwer geladen!"

laden: geladen sein auf jmdn. (umg.)
wütend sein auf jmdn. [Wut]
„Armin kommt heute auch noch her? Na, der kann sich auf was gefaßt machen! Auf den bin ich noch geladen wegen seiner gestrigen Sticheleien!"
Ausdrücke wie *laden* oder *jemaden auf dem Korn haben* beziehen sich auf die geladene Schußwaffe.

ein müder **Laden** (umg.)
eine langweilige Kneipe/eine langweilige Veranstaltung usw., eine faule Belegschaft/ eine langsam arbeitende Behörde [Langweiligkeit]
„Mein Gott, ist das ein müder Laden! Hier sind ja kaum drei Gäste. Komm, wir gehen in ein anderes Lokal."

ein schicker **Laden** (umg.)
ein Geschäft/Restaurant usw. mit vornehmer Atmosphäre/vornehmer Ausstattung [Luxus]
„An deinem Geburtstag lade ich dich zum Essen in einen schicken Laden deiner Wahl ein! Was hältst du davon?"
Chic ist ein franz. Adjektiv mit der Bedeutung *ausgezeichnet, fein.* In dieser Bedeutung wurde es um 1850 ins Deutsche entlehnt, wo es gelegentlich auch schick geschrieben wird. Dadurch wird die ungewöhnliche Schreibweise *chicer*, die beim Komparativ und bei der Angleichung an das Substantiv eintritt, umgangen. Die Schreibweise *schick* ist auch deshalb gerechtfertigt, weil das französische *chic* auf eine deutsche Wortfamilie zurückgeht, die sich um das Verb *sich schicken* (in Ordnung sein) rankt, das zur Wurzel *geschehen* gehört und Begriffe wie *Schicksal* und *schicklich* umfaßt. *Schick* im Sinne von *was sich schickt* ist seit dem 14. Jh. belegt, galt aber im 18. Jh. als veraltet und wurde deshalb im 19. Jh. aus dem Franz. rückentlehnt (s. o.). Gelegentlich findet man auch noch die Wendung *sein Haus beschicken* (sein Haus ordnen/einrichten)

den **Laden** kennen (umg.)
eine Angelegenheit/eine Behörde/einen Betrieb gut kennen [Wissen]
„Wie ich den Laden hier kenne, brauchen Sie zur Bearbeitung dieses Antrags zwei Wochen! Das ist mir zu lange!"
Herkunft → der **Laden** läuft

der **Laden** läuft (umg.)
die (geschäftliche) Angelegenheit ist in Ordnung [Erfolg]
„Bist du zufrieden mit deinem Geschäft?"
„Ja, der Laden läuft. Ich habe schon gute Umsätze."
Das mit *Latte* verwandte Wort *Laden* bezeichnete ursprünglich den aus Brettern gefertigten Verkaufsstand und hat heute die allgemeinere Bedeutung *Geschäftsraum.* In redensartlichen Wendungen wird daraus meist die noch allgemeinere Bedeutung *Betrieb*, aber auch *Restaurant*, *Behörde* u. ä. oder einfach *Angelegenheit, Sache.*

den **Laden** schmeißen (umg.)
1) *einen Betrieb leiten* [Macht]
2) *eine Sache gut machen* [Können]
1) „Ich bin hier der Chef und schmeiße den Laden, so gut es geht!"
2) „Verlassen Sie sich auf mich! Ich schmeiße den Laden, solange Sie in Urlaub sind!"
Herkunft → der **Laden** läuft

ein **Ladenhüter** sein (umg.)
unverkäufliche Ware [Unverkäuflichkeit]
„Im Sommerschlußverkauf werden auch

wieder die alten Ladenhüter unter die Saisonware geschmuggelt werden! Da muß man höllisch aufpassen!"
Der Begriff *Ladenhüter* (franz: *garde-boutique*) ist bereits für die Mitte des 17. Jh. nachgewiesen. Es handelt sich um einen scherzhaften Ausdruck für Ware, die im Laden *liegenbleibt*, ähnlich wie ein Kranker, der *das Bett hüten* muß. In erweiterter Bedeutung kann damit alles bezeichnet werden, was *nicht geht*, beispielsweise (boshaft) unverheiratete Töchter.

etwas auf **Lager** haben (umg.)
Witze, Erzählungen usw. kennen und diese gerne vortragen [Wissen]
„Du kennst doch Otto! Immer hat er einen Scherz auf Lager. Klar, daß er damit auch manchmal ins Fettnäpfchen tritt, aber er meint es sicher nicht böse!"
Das mit *liegen* verwandte Wort *Lager* bezeichnet die Ruhestätte von Mensch und Tier, den Rastort eines Heeres, den Raum, in dem Gegenstände aufbewahrt werden (Kauflager) sowie eine Unterlage für Gegenstände verschiedener Art (Widerlager) In der Redensart wird *Lager* zum Inbegriff des im Gedächtnis Aufbewahrten.

ins feindliche **Lager** überlaufen
die Partei wechseln, eine gegenteilige Ansicht vertreten [Verfeindung]
„Seit wann bist du denn mit der Regierungspolitik zufrieden? Du bist wohl ins feindliche Lager übergelaufen?"
Der ursprünglich militärische Ausdruck *feindliches Lager* wird heute allgemein für alle Arten politischer, ideologischer und religiöser Zersplitterung verwendet. Auch eine Partei ist gewöhnlich *in verschiedene Lager gespalten,* ins *rechte* und *linke* Lager beispielsweise.
Herkunft → etwas auf **Lager** haben

ein blutiger **Laie**
ein Anfänger, der von einer bestimmten Sache nichts versteht [Unkenntnis]
„Mit Motoren kenne ich mich nicht aus. Da bin ich ein blutiger Laie!"
Das von griech. *laikos* (= zum Volk gehörig) abgeleitete Wort bezeichnet ursprünglich den Nichgeistlichen, später allgemein den Nichtfachmann. Die Verbindung mit *blutig* geht auf die verstärkende Funktion der Silbe *blut* zurück, die auch in Ausdrücken wie *blutjung* oder *blutwenig* zu erkennen ist.

da staunt der **Laie** (und der Fachmann wundert sich)! (umg.)
darüber bin ich sehr erstaunt [Erstaunen]
„Du hast im Examen die Note *sehr gut* erhalten? Da staunt der Laie, und der Fachmann wundert sich! Du bist doch sonst nicht so helle!"
Herkunft → ein blutiger **Laie**

aus der (freien) **Lamäng** (umg.)
1) *unvorbereitet* [Spontaneität]
2) *mühelos/improvisiert* [Improvisation]
3) *ohne Besteck essen* [Umstandslosigkeit]
1) „Gestern mußte ich aus der Lamäng eine kleine Festrede halten, weil Kollege Meier Geburtstag hatte!"
2) „Das ist doch nicht schwer! So einen Gebäudegrundriß mußt du als Architekt doch aus der freien Lamäng aufzeichnen können!"
3) „Auf der Party gab es nicht genug Besteck. Ich habe daher die Würstchen einfach aus der freien Lamäng gegessen!"
Das von franz. *la main* (die Hand) abgeleitete (scherzhafte) Lehnwort *Lamäng* ist wohl im 19. Jh. im Berliner Raum ins Deutsche aufgenommen worden. Es wird in salopper Sprechweise gelegentlich für die bedeutungsgleichen deutschen Wendungen *freihändig*, *aus freier Hand* und *aus der Hand* gebraucht.

Lametta tragen (umg.)
Orden und Ehrenzeichen tragen
[Dekorierung]
„Bei offiziellen Anlässen tragen die Herren Offiziere ihr gesamtes Lametta."
Diese Wendung und ihre Variante *Christbaumschmuck tragen* sind in der Soldatensprache der beiden Weltkriege entstanden. Der Begriff Lametta selbst ist abgeleitet von lat. *lammina* (Platte) und über das Ital. ins Deutsche gekommen. Er ist verwandt mit *Lamelle*.

einen auf die **Lampe** gießen (umg.)
Alkohol trinken [Alkoholgenuß]
„Nach dieser Schwerstarbeit könnten wir eigentlich mal einen auf die Lampe gießen!"
Das redensartliche Bild stammt von der Öllampe, in die man Öl nachfüllt, damit sie weiterbrennt. Lat. Vorformen der Redensart finden sich bereits in Sprichwörtern des 12. Jahrhunderts (Archipoeta).

Land und Leute (Paarformel, Stabreim)
die Landschaft und ihre Bewohner [Gesamtheit]
„Bei Reisen kann man nur etwas lernen, wenn man nicht im Touristenghetto bleibt, sondern sich auf eigene Faust mit Land und Leuten vertraut macht!"
Die Formel *Land und Leute* ist bereits im *Heliand*, dem vermutlich um 830 verfaßten altsächsischen Epos über Leben und Leiden Christi, zu finden.

sieh zu, daß du **Land** gewinnst! (umg.)
Verschwinde! Mach, daß du wegkommst! [Vertreibung]
„Geh aus meinem Garten, du frecher Obstdieb! Sieh zu, daß du Land gewinnst!"
Das *Gewinnen von Land* ist in der Redensart als Schaffung einer räumlichen Distanz zwischen Drohendem und Fliehendem gemeint.

Land sehen (umg.)
dem Ziel nahe sein [Hoffnung]
„Diese Arbeit zieht sich jetzt schon über Monate hin, aber allmählich sehe ich doch Land!"
Das am Horizont auftauchende Land signalisiert dem Seefahrer den baldigen erfolgreichen Abschluß der Seereise.

sich etwas/jmdn. an **Land** ziehen (umg.)
1) *jmdn. für sich gewinnen* [Flirt]
2) *sich etwas aneignen* [Aneignung]
1) „Da hast du dir ja einen tollen Burschen an Land gezogen, Veronika! Ist schon von Verlobung die Rede?"
2) „Wo ist denn Opas Briefmarkensammlung geblieben?" „Weißt du denn nicht, daß sich Onkel Erich die noch zu Opas Lebzeiten an Land gezogen hat?"
Die Redensart 1) aus dem Bedeutungsbereich Flirt und Liebelei stammt aus der Sprache des Angelsports. {Liebesjagd}

landauf, landab/landaus, landein
→ **weit** und breit
[Überall]

die Unschuld vom **Lande**
ein einfaches (naives) Mädchen aus dem Dorf (das in die Großstadt geht und dort verführt/ausgenutzt wird) [Naivität]
„Spiel hier bloß nicht die Unschuld vom Lande! Ich weiß genau, wie durchtrieben du bist!"
Die Gestalt der Unschuld vom Lande steht in der reichen motivgeschichtlichen Tradition der Liebesbeziehung zwischen Verführer und Verführter. Im engeren Sinne handelt es sich um die literarischen Gestalten der unbescholtenen Naiven und ihres zynischen und treulosen Liebhabers. Beide repräsentieren zugleich Herkunfts- und Standesunterschiede, die bis ins 17. Jh. allerdings eher im bukolischen Sinne (→ der **Himmel** auf Erden), nämlich als Überlistung einer im Naturzustand befindlichen Naiven (häufig eine Schäferin oder Bäuerin) stilisiert werden. Erst im 18. Jh. entsteht eine reiche Ausgestaltung dieses Motivs, die gerade die Standes- und Bildungsunterschiede thematisiert und das Verhältnis zwischen der Ahnungslosen und ihrem (meist adeligen) Verführer mit psychologischen und sozialkritischen Facetten versieht. Wegweisend wirken hier vor allem die Romane des Engländers S. Richardson (*Pamela* 1740; *Clarissa* 1748), die in Deutschland insbesondere von Lessing aufgegriffen und dramatisiert werden (*Miss Sarah Sampson* 1755; *Emilia Galotti* 1772). Seit 1774 wird das Motiv im Sturm und Drang durch die Pointierung des Kindermords und seine Folgen noch verschärft: Die unverheiratete Mutter, die ihr Neugeborenes tötet, um nicht gesellschaftlich geächtet zu werden, wird nicht mehr isoliert beschuldigt, sondern als Produkt der gesellschaftlichen Normen begriffen, was seinerseits wieder die bis dato übliche Todesstrafe für die *Kindermörderin*

(ein Drama H. L. Wagners, 1776) problematisiert. Die bekannteste *Unschuldige* der deutschen Literatur – das Gretchen in Goethes *Faust* – gehört ebenfalls in diesen historischen Zusammenhang. Nach der Abschaffung der Todesstrafe wird das Motiv im 19. (Strindberg, Stendhal, Maupassant) und 20. Jh. (Hauptmann, Horvath u. a.) besonders im Rahmen psychologischer Kategorien entfaltet.

bei jmdm. (mit etwas) nicht **landen** können (umg.)
1) *jmdn. nicht für sich gewinnen können* [Abneigung]
2) *bei jmdm. keinen Erfolg in einer bestimmten Angelegenheit haben* [Ablehnung]
1) „Mit deinem koketten Augenaufschlag kannst du bei mir nicht landen, Rosalinde! Ich konnte dich nämlich noch nie leiden!"
2) „Mit dem Vorschlag, die Betriebsferien diesmal in den Herbst zu legen, kann die Betriebsleitung bei uns Arbeitern nicht landen! Schließlich haben unsere Kinder nur im Sommer Schulferien!"
Diese Redensart stammt aus der Schiff- und Luftfahrt. Die erfolgreiche Landung ist die Voraussetzung für alle weiteren Aktivitäten. Wer also *nicht landen* kann, kann seine Pläne nicht realisieren.

fluchen wie ein **Landsknecht** (umg.)
abscheulich/laut fluchen [Schimpfen]
„Michael flucht wie ein Landsknecht, weil ihm jemand die Luft aus dem Autoreifen gelassen hat!"
Landsknechte waren Söldner, die im Gegensatz zu den sog. Schweizern (= Papstwache) in kaiserlichen Landen geworben wurden. Das gotteslästerliche Gebaren dieser Söldnertruppen war schon im 15. Jh. sprichwörtlich.

eine wahre **Landplage** [Problem]

lang und breit (Paarformel)
ausführlich erklären/beschreiben/erzählen [Ausführlichkeit]
„Ich habe ihn nur gefragt, wie es ihm geht. Daraufhin hat er mir lang und breit seine ganze Krankengeschichte erzählt. Das war vielleicht langweilig!"
Die ursprünglich nur auf räumliche Erstrekkung bezogene Angabe *lang* hat redensartlich insbesondere zeitliche Bedeutung. *Lang und breit* ist eine Bewertung, die bevorzugt auf die Ausführlichkeit oder Weitschweifigkeit eines mündlichen Textes bezogen ist, ähnlich wie *langatmig, langweilig* und *weitschweifig*. Es handelt sich dabei stets um eine negative Bewertung, die um das Bild der „Kostbarkeit" von Zeit rankt.

wissen, wo's **lang** geht
→ **wissen** [Erfahrung]

es nicht mehr **lange** machen/tun (umg.)
1) von Menschen: *im Sterben liegen* [Sterben]
2) von Maschinen: *im Begriff sein, kaputt zu gehen* [Defekt]
1) „Ich fürchte, unser Großvater wird es nicht mehr lange machen! Der Arzt hat soeben nach einem Priester schicken lassen!"
2) „Nach den Geräuschen, die der Motor von sich gibt, wird der Wagen es nicht mehr lange tun!"

da kannst du **lange** warten
[Vergeblichkeit] [Niemals]

jmdm. eine **langen** (umg.)
jmdm. eine Ohrfeige geben [Ohrfeige]
„Der Lehrer kann dir ruhig mal eine langen, wenn du auch in der Schule so aufsässig bist wie hier!"
Diese Redensart ist eine Verkürzung der Wendung *kräftig hinlangen* und bezieht sich wie diese auf das Ausstrecken des Armes zum Zwecke des Schlagens.

langsam, aber sicher
ein langsamer, aber unaufhaltsamer Prozeß [Unaufhaltsamkeit]
„Mir wird langsam, aber sicher, klar, daß die Lehrer es in der Schule im Grunde gut gemeint haben, wenn sie uns ermahnten, fleißiger zu sein! Damals hielten wir das für einen Trick!"
Langsam bezeichnet den Gegensatz zur *schnellen* Bewegung oder Fortbewegung. In festen Wendungen mit *langsam, aber...*-

Struktur wird ein Gegensatz aufgebaut, der im alltagsrhetorischen Sinn als Kontrastsetzung aufzufassen ist. Sie findet sich in vielen Sprichwörtern: „Langsam geht man auch weit." „Die Mühlen des Gesetzes mahlen langsam, aber gründlich."

für jmdn./etwas eine **Lanze** einlegen/brechen (umg.)
sich für jmdn./etwas einsetzen
[Parteinahme]
„Obwohl ihr alle gegen Konrad als neuen Vereinsvorsitzenden plädiert habt, will ich für ihn eine Lanze brechen: Immerhin hat er fünf Jahre lang als Schatzmeister unsere Finanzen sehr erfolgreich verwaltet!"
Die Lanze war im Ritterturnier aus einer ursprünglichen Wurfwaffe zu einer Stoßwaffe umfunktioniert worden. Die Lanze des Gegners sollte dabei möglichst am vorgehaltenen Schild zerbrechen. Der Knappe hielt dann einen neue Lanze bereit und legte sie dem Streiter in den Arm (→ jmdm. die **Stange** halten). Das altdeutsche Recht kannte auch den persönlichen Zweikampf zur Schlichtung eines Rechtsstreites. Dabei blieb es gleich, ob der Streiter für sich oder für einen anderen kämpfte, für seine Familie, seine Sippe oder seine Frau. Daraus hat sich die redensartliche Bedeutung der Parteinahme entwickelt, die seit dem 17. Jh. bezeugt ist.

etwas ist eine **Lappalie** (umg.)
etwas ist eine Kleinigkeit [Kleinigkeit]
„Ich verstehe nicht, wie man sich wegen so einer Lappalie derart aufregen kann! Schließlich kann jedem einmal ein Glas mit Rotwein umkippen!"
Bei *Lappalie* handelt es sich um eine scherzhafte Latinisierung des Wortes *Lappen*. Derartige Bildungen sind in der sog. makkaronischen Dichtung des 16. Jh. sehr beliebt gewesen. Bei dieser Gattung handelt es sich um eine ursprünglich lat. Dichtung, in welche Wörter aus anderen Sprachen eingefügt wurden, wobei sie lat. Flexionsendungen erhielten. Die Sprachspielereien der Makkaronischen Dichtung dienen der Erzielung komischer oder parodistischer Wirkungen. Hauptvertreter in Deutschland waren Sebastian Brant (1458–1521), Johann Fischart (1546–1590), Thomas Murner (1475–1537) und Hans Sachs (1494–1576).

jmdm. durch die **Lappen** gehen (umg.)
1) allgemein: *jmdm. entgehen* [Verlust]
2) von Menschen: *entkommen* [Flucht]
1) „Durch dein dummes Zögern ist uns dieser schöne Auftrag durch die Lappen gegangen. Den hat jetzt unsere Konkurrenz!"
2) „Trotz der Ringfahndung ist der Polizei auch diesmal der Rauschgifthändler durch die Lappen gegangen!"
Diese Redensart entstammt der Jägersprache. Bei der „Lappentreibjagd" werden Gestelle mit bunten Tüchern aufgehängt, vor denen das Wild zurückscheut und so vor die Flinte des Jägers läuft. Gelingt es dem Wild jedoch, trotz seiner Angst auszubrechen, so geht es *durch die Lappen*. Auf den Menschen bezogen wird diese Redensart erst seit dem 18. Jh. gebraucht.

läppern: es läppert sich zusammen (umg.)
kleine Einnahmen ergeben zusammen eine große Summe [Summierung]
„Kommst du mit deiner Kneipe gut über die Runden?" „Na ja, es geht! Weißt du, es läppert sich zusammen! Ich bin ganz zufrieden!"
Das heute außerhalb der Redensart ungebräuchliche Verb *läppern* bedeutet ursprünglich *lecken, schlürfen.* Verwandte Begriffe sind die dabei herunterlappende Zunge, *Lippe* und *Lefze*. Die kleinen Schlucke beim Schlürfen – so das der Redensart zugrundeliegende Bild – ergeben zusammengenommen eine den Durst stillende Menge von Flüssigkeit.

etwas ist **Larifari** (umg.)
etwas ist Unsinn/dummes Gerede
[Unsinn]
„Das Gerede von der vorzeitigen Pensionierung ist doch Larifari! Schließlich müssen ja genügend Arbeitsjahre für eine ausreichende Rente zusammenkommen!"
Larifari ist ein schallnachahmendes Wort, das von der Solmisation (gebildet aus den Noten sol mi), dem Namensystem der Töne (Do, Re, Mi, Fa, Sol, La) abgeleitet ist.

Diese geht auf den Benediktinermönch Guido von Arezzo (um 1025) zurück, der dazu die Anfangssilben eines Johannesrhythmus verwendete: „**Ut**qeant laxis **Re**sonare fibris **Mi**ra gestorum **Fa**muli tuorum **So**lve polluti **La**bii reatum, Sancte Joannes!" Später wurde die Silbe *ut* durch *do* ersetzt und für die siebte Silbe *si* eingesetzt. Die Folge *LaReFaRe* bezeichnet ein nichtssagendes Trällern, das insbesondere in franz. Volksliedern Verwendung fand. Ähnlich wie das bekannte *Tandaradei* Walthers von der Vogelweide wurde diese Klangstruktur schriftlich fixiert und damit lexikalisiert, wobei die Bedeutung *Unsinn* (auch im Sinne des Shakespeareschen *Viel Lärm um nichts* naheliegt. Form und Verbreitung der Redensart wurden durch die Ende des 18. Jahrhunderts in Wien an die Stelle des Hanswursts tretende Figur des Kasperl Larifari begünstigt.

das muß man ihm **lassen**
das ist unbestreitbar, das wenigstens ist wahr [Tatsache]
„Er ist als Vorgesetzter sehr streng, aber er setzt bei sich die gleichen Maßstäbe an wie bei seinen Untergebenen; das muß man ihm lassen."
Diese Wendung dient als Gesprächsfloskel der Verstärkung einer vorgehenden Behauptung.

jmdm. zur **Last** fallen
jmdm. Mühe bereiten, jmdm. zusätzliche Arbeit machen [Belastung]
„Meine Mutter will jetzt ins Altersheim gehen, obwohl ich ihr mehrfach gesagt habe, daß sie uns nicht zur Last fällt!"
Herkunft → eine **Last** auf sich nehmen

jmdm. etwas zur **Last** legen
jmdn. einer Verfehlung beschuldigen [Beschuldigung]
„Dem Angeklagten wird eine Vielzahl von Verbrechen zur Last gelegt."
Herkunft → eine **Last** auf sich nehmen

eine **Last** auf sich nehmen
etwas Mühevolles (zusätzlich zum normalen Alltag) tun [Belastung]
„Seit seinem schweren Unfall ist er gelähmt und muß von seiner Frau versorgt werden. Es ist bewundernswert, wie sie diese zusätzliche Last auf sich nimmt, ohne zu klagen!"
Im wörtlichen Sinne ist *Last* etwas, das zum Tragen aufgeladen wird, eine Bürde, wobei immer das Schwere betont wird. Als menschliche Urerfahrung ist das Tragen der Last in vielfacher Weise zu einer Metapher für Schweres/Schwieriges und Unerträgliches geworden, für Belastungen, die man *sich auflädt* oder von anderen *aufgebürdet* bekommt. Viele Redensarten mit Begriffen wie *schwer, belasten, auf, tragen, Belästigung, Rücken/Buckel* sind diesem Bildelement zuzuordnen.

ein langes **Laster**
→ **Laban**

mit seinem **Latein** am/zu Ende sein
nicht mehr weiter wissen; keinen Ausweg sehen [Ratlosigkeit]
„Ich habe den gesamten Motor zerlegt und den Fehler nicht gefunden. Jetzt bin ich mit meinem Latein wirklich am Ende. Ich glaube, wir müssen den Wagen abschleppen lassen!"
Latein war bis in die Neuzeit die Sprache der Bildung und der Wissenschaft. Ihre Kenntnis wurde so sprichwörtlich für Wissen und Können. Die Redensart mag aus Spott über Schüler entstanden sein, die in ihrer lateinisch gehaltenen Rede plötzlich nicht mehr weiter wußten. Der Begriff *Latein* als Oberbegriff für fachliches Spezialwissen bzw. Fachsprache wird deutlich in *Anglerlatein* und *Jägerlatein*.

jmdn. muß man mit der **Laterne** suchen
→ jmdn./etwas muß man mit der **Lupe** suchen

ein Wink mit dem **Laternenpfahl** (umg.)
→ ein Wink mit dem **Zaunpfahl** [Hinweis]

(fast) aus den **Latschen** kippen (umg.)
1) *angenehm oder* [Überraschung]
2) *unangenehm überrascht sein* [Schreck]

1) „Ich bin fast aus den Latschen gekippt, als der Bote von der Lottogesellschaft plötzlich mit dem Gewinn vor der Haustür stand. Ich hatte ganz vergessen, daß ich überhaupt mitgespielt hatte!"
2) Als ich von seinem plötzlichen Tod erfuhr, bin ich fast aus den Latschen gekippt. Noch am Abend vorher hatten wir miteinander gesprochen!"
Das Verb *latschen* bezeichnet einen plumpen und schleppenden Gang. Die *Latschen* sind demnach plumpe, niedergetretene Schuhe, Pantoffeln oder Sandalen. Wer *aus den Latschen kippt,* ist durch einen äußeren Einfluß, ein Erlebnis oder eine Nachricht so *geschockt*, daß er beinahe ohnmächtig wird bzw. beinahe hinfällt. Die Redensart ist relativ jung.

jmdm. eine vor den **Latz** knallen (umg.)
jmdm. einen heftigen Schlag versetzen [Schlag]
„Als er anfing, meine Freundin zu beschimpfen, habe ich ihm eine vor den Latz geknallt."
Der Brustlatz ist ein heute weitgehend ungebräuchliches Bekleidungsstück des männlichen Oberkörpers. Mit *Latz* ist in der Redensart die anatomische Region des Brustbereichs gemeint. Das von lat. *laqueus* (Strick/Schlinge) abgeleitete Wort ist übrigens mit dem Lasso verwandt.

für **lau** (regional) [Kostenlos]
Lau ist jiddisch und bedeutet *nicht*, *ohne*.

fertig ist die **Laube** (umg.)
schon ist die Sache erledigt! das war kein Problem! [Ende]
„Jetzt wird noch das Auto vollgetankt und fertig ist die Laube. Wir können dann endlich losfahren!"
Das alte deutsche Wort *Laube* bezeichnete im Mittelalter alle kleineren und schlichten Gebäude, die häufig nur als Anbauten, Verbindungsgänge (Laubengang) oder Vorhallen dienten. Aus *Laube* haben die Italiener *Loggia,* die Franzosen *Loge* und die Engländer *Lobby* gemacht, Begriffe, die heute im Deutschen wieder als Fremd- oder Lehnwörter übernommen worden sind. Die ursprüngliche Laube wiederum ist zur *Gartenlaube* geworden, einer Hütte im Garten, die Regenschutz bietet und dem vorübergehenden Aufenthalt dient. Die Redensart *fertig ist die Laube* ist im Berliner Raum entstanden und bezieht sich auf die problemlose Errichtung einer Gartenlaube.

seinen Gefühlen freien **Lauf** lassen
offen seine Gefühle zeigen; nicht gehemmt sein [Offenheit]
„Man kann seinen Gefühlen nicht immer ein Korsett anlegen! Manchmal muß man ihnen auch freien Lauf lassen und offen zeigen, wie man empfindet!"

auf dem **laufenden** sein
informiert sein [Informiertheit]
„Die Entwicklung ist heute auf allen Gebieten so rasant, daß es häufig schwer ist, überall auf dem laufenden zu sein."
Die Partizipialbildung *laufend* in der Bedeutung des sich aktuell abspielenden Ereignisses, der aktuellen Information, ist nach Grimms *Deutschem Wörterbuch* (Bd. 12, Sp. 325) von Goethe (in Anlehnung an den französischen Gebrauch von *courant*) verbreitet und durchgesetzt worden. Dies gilt sowohl für die *laufenden Untersuchungen/Experimente/Geschäfte* wie für das *laufende Jahr* oder die Notwendigkeit, sich *auf dem laufenden* zu halten. Dahinter steht das Bild der Nicht-Abgeschlossenheit einer Bewegung, die auf ein Ziel oder Ende hinstrebt.

sich wie ein **Lauffeuer** verbreiten
eine Nachricht, die sehr schnell überall bekannt wird [Schnelligkeit]
„Die Meldung von dem Attentat auf den Präsidenten verbreitete sich wie ein Lauffeuer im ganzen Land."
Als *Lauffeuer* werden verschiedene Vorgänge bezeichnet, die sich alle durch das Merkmal Schnelligkeit auszeichnen. Zunächst bezeichnet der Begriff das Feuer, das sich entlang einer Lunte bewegt und zu Explosivstoffen gelenkt wird. Auch ein sich ausbreitender Flächenbrand kann als *Lauffeuer* bezeichnet werden. Schließlich ist damit das Gewehrfeuer gemeint, das ein Regi-

ment von Schützen abgibt, indem einer rasch nach dem anderen schießt, so daß der Eindruck einer Feuerlinie entsteht. Da die Redensart in ihrer Bedeutung auf den akustischen Bereich der Wahrnehmung von Nachrichten beschränkt ist, dürfte ihr Ursprung eher im militärischen Bereich liegen.

jmdm. den **Laufpaß** geben (umg.)
jmdn. wegschicken; eine freundschaftliche Verbindung einseitig lösen; sich von jmdm. trennen [Trennung]
„Nach drei Jahren hat sie ihrem Verlobten plötzlich den Laufpaß gegeben und sich einem anderen Mann zugewandt."
Der *Laufzettel* oder *Laufpaß* war eine Art Entlassungsschein für Soldaten und Dienstboten (18. Jh.). Besonders Dienstboten konnte man durch die Drohung, ihnen *den Laufpaß zu geben*, einschüchtern und zu größerer Arbeitsleistung anspornen, so daß die heutige negative Bedeutung der Redensart erklärlich ist.

du machst mir **Laune**! (umg.)
du regst mich auf! du ärgerst mich! [Verärgerung]
„Ich soll dir beim Tapezieren helfen? Na, du machst mir Laune! Du weißt doch, daß ich auf den Fußballplatz gehen will!"
Laune kommt von lat. *luna* (Mond). Als Lehnwort bezeichnete *lune* im Mittelhochdeutschen die Zeit des Mondwechsels. Der Wechsel der Mondphasen wurde mit dem wechselnden Glück und den wechselnden Stimmungslagen des Menschen in Verbindung gebracht. Als Sinnbild der Unbeständigkeit wird der Mond in vielen Sprachen mit weiblichem Genus versehen (franz.: *la lune*) oder allegorisch als Frau dargestellt (Frau Luna). Hierbei dürfte auch die Gleichheit der Länge von Mondumlauf und dem Menstruationszyklus eine Rolle spielen, der zugleich eine gewisse Stimmungslabilität mit sich bringt. Franz. bezeichnet *les lunes* die Gemütsstimmung, in Englischen *lunatic* den Gemüts- und Geisteskranken. Im Deutschen stellt (neben *Laune*) das eher scherzhafte *mondsüchtig sein* (verwirrt sein) diesen Zusammenhang her. Die Wendung *du machst mir Laune* bezeichnet lediglich die negative Gemütsstimmung, ein Gebrauch, der bis ins 17. Jh. galt. Seit Goethe bezeichnet *Laune* bloß noch eine unmotivierte, rasch wechselnde Gemütsstimmung, so daß nähere Bezeichnungen (gute Laune/schlechte Laune) notwendig wurden. Dies führte auch zur Differenzierung zwischen *launig* (gutgelaunt) und *launisch* (schlechtgelaunt).

jmdm. ist eine **Laus** über die Leber gelaufen (umg.)
jmd. hat sich geärgert; jmd. ist verstimmt [Verärgerung]
„Warum bist du denn so kurz angebunden? Ist dir eine Laus über die Leber gelaufen? Habe ich dich unabsichtlich verärgert?"
In dieser Redensart gilt die Laus als Sinnbild des Kleinen und Unbedeutenden. Die Leber wiederum ist in der antiken und mittelalterlichen Medizin der Sitz der Lebenssäfte und damit der Temperamente, insbesondere des Zorns. Die Redensart ist seit dem frühen 16. Jh. bezeugt.

jmdm. eine **Laus** in den Pelz setzen (umg.)
jmdn. schädigen [Schädigung]
„Mit dieser neuen Sekretärin hat die Direktion mir eine Laus in den Pelz gesetzt. Sie fehlt beinahe in jeder Woche einen Tag, weil sie angeblich Migräne hat!"
Diese Redensart ist seit dem frühen 16. Jh. belegt, hatte zunächst jedoch die Bedeutung *etwas Überflüssiges tun* (wie *Eulen nach Athen tragen*), weil im Pelz früher natürlich sowieso Läuse waren.

ich habe davon **läuten** hören (umg.)
ich habe von etwas gehört, weiß aber nichts Genaues [Informiertheit]
„Hast du schon von dem Skandal im Krankenhaus gehört?" „Ich habe davon läuten hören, weiß aber nichts Genaues. Bist du darüber informiert?"
Die Redensart ist seit dem 16. Jahrhundert bezeugt, allerdings in längeren Versionen: „Er hat läuten hören, weiß aber nicht, wo die Glocken hängen." „Man hört läuten, aber nicht zusammenklingen!" (Goethe)
Herkunft → etwas an die große **Glocke** hängen

weder **leben** noch sterben können
1) *sich sehr krank fühlen* [Krankheit]
2) *zuwenig zum Leben haben* [Armut]
1) „Ihre schwere Krankheit nahm sie so mit, daß sie ganz apathisch im Bett lag und weder leben noch sterben konnte."
2) „Das Stipendium vieler Studenten ist so niedrig bemessen, daß sie davon weder leben noch sterben können."

leben und leben lassen
eigenständig sein und anderen keine Vorschriften machen, tolerant und liberal sein [Liberalität]
„Meine Devise ist immer: leben und leben lassen! Ich mache anderen keine Vorschriften und lasse mir selbst keine machen!"
Dieses dem Toleranzgedanken der Aufklärung verpflichtete Sprichwort ist seit dem 18. Jahrhundert in Deutschland bezeugt. Es handelt sich dabei wohl um eine Übernahme des franz. Schlagworts: *Laissez faire, laissez passer!* (laßt machen, laßt gehen!). Dieses Schlagwort umreißt die wirtschaftspolitische Position der Physiokraten des 18. und der Liberalen des 19. Jhs., nach der die freie Wirtschaft sich am besten ohne staatliche Eingriffe entwickeln könne.

zu **leben** verstehen
sich das Leben angenehm machen, gerne und genußvoll leben [Lebenskünstler]
„Viktor ist ein richtiger Lebenskünstler. Er ißt und trinkt gerne, liebt die Frauen, die Künste und das Reisen. Kurzum: Er versteht zu leben!"

das süße **Leben**
ein Leben in Wohlstand und Luxus, ein sorgenfreies Leben [Luxus]
„Zumindest im Urlaub versuche ich, mir ein süßes Leben zu machen!"
Die Wendung *süßes Leben* findet sich schon bei Luther. Populär geworden ist sie allerdings erst durch einen ital. Film (La dolce vita) der Fünfziger Jahre.
Herkunft → jmdm. das **Leben** sauer machen

dem **Leben** abgelauscht
→ aus dem **Leben** gegriffen

(es steht) auf **Leben** und Tod
es besteht Lebensgefahr [Lebensgefahr]
„Die Gladiatoren im alten Rom mußten gegeneinander auf Leben und Tod kämpfen."
Herkunft → wie das blühende **Leben** aussehen

zum **Leben** zuwenig, zum Sterben zuviel
sehr wenig zum Leben haben, sehr arm sein [Mangel]
„Ihre Witwenrente war sehr niedrig; zum Leben zuwenig, zum Sterben zuviel."

mit dem **Leben** abgeschlossen haben
sich auf den Tod einstellen, das Ende erwarten; resigniert haben [Resignation]
„Nachdem seine ganze Familie bei dem furchtbaren Unfall ausgelöscht worden war, hatte auch er mit dem Leben abgeschlossen."

wie das blühende **Leben** aussehen
sehr gesund aussehen (vielleicht, ohne wirklich gesund zu sein) [Gesundheit]
„Du siehst ja aus wie das blühende Leben! Kommst du gerade aus dem Urlaub?"
Der natürliche Menschenverstand begreift unter *Leben* das, was sich durch sich selbst bewegt. Der volkstümliche Gegensatz zwischen *Leben und Sterben* ist auch durch das Christentum, mit der immerhin bedeutsamen Betonung des *Ewigen Lebens*, nicht wesentlich verändert worden, wenn man den Konservativismus der sprachlichen Wendungen zum Maßstab nimmt. Hier ist immer noch der Tod das Ziel, bestenfalls die Grenze von Lebensweg und Lebensreise. Auch wird das Leben ganz unchristlich als Kampf oder gar als Spiel bzw. Glücksspiel gesehen. Das Leben kann daher *eingesetzt* und *verloren* werden wie jeder beliebige Besitz. Ganz zentral ist die Theater-Metapher, nach der sich alles auf der *Bühne des Lebens* abspielt. Auch dieser Gedanke ist ursprünglich *heidnisch* und aufgrund seiner Prägnanz beibehalten und christlich überformt worden. Die Redeweise vom *blühende Leben* wiederum ist der Pflanzen-Metaphorik zuzuordnen, in deren Rahmen vor allem botanische Begriffe wie *Blüte/Früchte des Lebens* eine Rolle spielen. Auch die-

ser Bildbereich zeigt den Versuch, die Komplexität des menschlichen *Werdens und Vergehens* auf ein überschaubares Modell zu reduzieren. {Welttheater}

Leben in die Bude bringen
→ Leben in die **Bude** bringen

sein **Leben** dransetzen/einsetzen
→ sein **Leben** aufs Spiel setzen

das nackte **Leben** fristen
sehr arm sein [Armut]
„In früheren Jahrhunderten waren auch in Europa die Menschen oft so arm, daß sie gerade nur ihr nacktes Leben fristeten und von der Hand in den Mund lebten."
Dem Volksmund ist neben der Länge des Lebens insbesondere die Art und Qualität des Lebens wichtig. Reichtum ist die Voraussetzung dazu, ein *großes Leben* zu führen, wenn man *zu leben versteht*. Diesem *süßen Leben* steht das armselige *nackte Leben* gegenüber, die schiere Existenz *am Rande* des Tode. Die Nacktheit ist in diesem Falle das Sinnbild der Kargheit, der auf das äußerste beschränkten Existenz.

ein großes **Leben** führen
aufwendig und elegant leben [Aufwand]
„Meine Frau ist von klein auf gewöhnt, ein großes Leben zu führen. Leider kann ich es ihr mit meinem Gehalt nicht bieten!"

aus dem **Leben** gegriffen
ganz realistisch, ganz authentisch, wie im wirklichen Leben [Authentizität]
„Die Themen dieses Regisseurs sind stets aus dem Leben gegriffen."

jmdm. das **Leben** zur Hölle machen
→ jmdm. das **Leben** sauer machen

jmdm. das **Leben** sauer machen
jmdm. Schwierigkeiten bereiten [Schwierigkeiten]
„Unfähige Untergebene können einem Vorgesetzten das Leben ganz schön sauer machen, weil er sich dann um jede Kleinigkeit selbst kümmern muß."
Die Geschmacksempfindungen *süß* und *sauer* werden in fast allen Sprachen der Welt in ähnlicher Weise zur Vermittlung positiver (süß) und negativer (sauer) Bedeutungen verwendet. So ist die Wendung *jmdm. das Leben sauer machen* schon im Alten Testament (2. Mos. 1, 13–14) zu finden.

das nackte **Leben** retten
nichts als das Leben retten, alles andere verlieren [Überleben]
„Das Erdbeben kam so plötzlich, daß die Bewohner der Stadt nichts als das nackte Leben retten konnten. Ihre ganze Habe ist zerstört."
Herkunft → das nackte **Leben** fristen

etwas ins **Leben** rufen
etwas gründen, etwas neu schaffen [Gründung]
„Die UNO wurde im Jahre 1945 in San Francisco ins Leben gerufen."

sein **Leben** in die Schanze schlagen
→ sein Leben in die **Schanze** schlagen

sich durchs **Leben** schlagen
sich behelfen; ein dürftiges und unruhiges Leben führen [Elend]
„Mancher schlägt sich mit Jobs durchs Leben und hofft, daß er einmal durch Zufall Erfolg hat." {Lebenskampf}

sein **Leben** aufs Spiel setzen
das Leben riskieren [Risiko]
„Er setzte unvernünftigerweise sein Leben aufs Spiel, um den kleinen Hund aus dem Gebirgsbach zu retten."
Herkunft → wie das blühende **Leben** aussehen

etwas für sein **Leben** gern tun (umg.)
etwas sehr gerne tun [Vorliebe]
„Pralinen esse ich für mein Leben gern!"

sein **Leben** teuer verkaufen
sich wehren, Widerstand gegen Lebensgefahr leisten, nicht aufgeben [Widerstand]
„Als die Truppe bemerkte, daß sie in einen Hinterhalt geraten war, stand sie vor der Alternative, ob sie sich ergeben oder ihr Leben teuer verkaufen sollte."

Diese Redensart, die das Leben mit Begriffen des Handels verknüpft, stellt das Leben als Gut, als Ware dar. Dieses Bild ist vor allem von Friedrich Schiller dichterisch ausgeformt worden: „... ist leben doch des Lebens höchstes Gut! / Ein Rasender, der es umsonst verschleudert!" (Maria Stuart 3,6) „Das Leben ist das einz'ge Gut des Schlechten: / Das Leben ist der Güter höchstes nicht!" (*Die Braut von Messina* V. 2841)

er nimmt's von den **Lebendigen** (umg.)
jmd. beutet andere aus [Ausbeutung]
„Wir müssen eine unglaublich hohe Miete bezahlen. Unser Hausbesitzer nimmt's wirklich von den Lebendigen!"
Die Herkunft dieser Redensart ist umstritten. Eine Deutung behauptet, es handele sich um eine Verkürzung von „er nimmt es von den Lebendigen und den Toten" im Sinne von: Er nimmt es von jedem und ist dabei nicht wählerisch. Diese Deutung ist unbefriedigend, weil Kürzungen meist zugunsten einer größeren Prägnanz vorgenommen werden, so daß sich eher anbieten würde: „er nimmt's von den Toten" (sogar von den Toten). Die zweite Deutung bezieht sich auf einen alten Rechtsbrauch, nach welchem nach dem Tode eines Leibeigenen dessen Lehensherr das sogenannte *beste Haupt* (die beste Kuh, das beste Pferd) bekam. Ein habgieriger Lehensherr, der den Tod seiner Vasallen nicht abwarten wollte, nahm das Beste schon *von den Lebendigen,* das heißt, zu deren Lebzeiten.

unter Einsatz des **Lebens**
→ sein **Leben** aufs Spiel setzen

jmdm. den **Lebensfaden** abschneiden (gehoben)
jmdm. das nehmen, was ihn noch am Leben hielt [Tötung]
„Mancher hängt so an seinem Beruf, daß ihm durch die Pensionierung regelrecht der Lebensfaden abgeschnitten wird."
Schon dem griechischen und germanischen Altertum war die Vorstellung vom *Lebensfaden* geläufig, der jedem Menschen von Schicksalsgöttinen gesponnen und bei seinem Tode durchgeschnitten wurde.

die **Lebensgeister** heben
munter machen, die Lebensfreude steigern [Erfrischung]
„Eine Tasse Espresso nach dem Mittagessen hebt die Lebensgeister."
Der Begriff *Lebensgeister* beruht auf alten medizinischen Vorstellungen. Man betrachtete die Nervenbahnen als Kanäle, durch die ein feines flüchtiges *Fluidum* fließt, das feiner als Äther und Elektrizität sein sollte. Das Fluidum wurde als Prinzip und Ursache von Empfindlichkeit und Beweglichkeit aufgefaßt und daher mit dem Sammelbegriff *Lebensgeister* versehen. Seit dem 17. Jh. wird der Begriff mehr und mehr im Sinne der Redensart (und nicht mehr medizinisch) gebraucht.

jmds. **Lebenslicht** erlischt (gehoben)
jmd. stirbt [Sterben]
„Auch die beste Medizin kann nicht verhindern, daß irgendwann unser Lebenslicht erlischt."
Der Vergleich des Lebens mit einem Feuer oder Licht, das beim Tode erlischt, ist seit der griechischen und germanischen Antike und aus fast allen Kulturkreisen (etwa von den nordamerik. Indianern) bekannt. Auch die Israeliten sahen das Leben als Funken (1. Kön. 11,36) und sein Erlöschen als den Tod (2. Sam. 14,7) an. Die griechische Kunst wählte die Darstellungsform der umgestürzten und erloschenen Fackel für den Tod. Im Grimmschen Märchen von *Gevatter Tod* brennen in der Höhle des Todes viele tausend Kerzen, deren unterschiedliche Länge die verstrichene Lebenszeit der durch die Kerzen symbolisierten Menschen darstellt. Noch heute besteht die Sitte, den Geburtstagskuchen mit Kerzen zu schmücken, deren Anzahl derjenigen der Lebensjahre gleichkommt. Ein alter Aberglaube besagt, daß man diese *Lebenslichter* nicht ausblasen dürfe, sondern (zumindest eines davon) zu Ende brennen lassen müsse. Dem germanischen Sagenkreis entstammt die altisländische *Nornagest-Saga*. Sie erzählt folgendes: Als Nornagest geboren wurde, betraten drei weissagende Frauen den Saal. Die beiden ältesten weissagten Nornagest Gutes, nämlich Heldenkraft und Sanges-

kunst. Die dritte fühlte sich zurückgesetzt und sagte: „Nornagest soll nicht länger leben, als das neben ihm brennende Licht brennt!“ Die älteste der Frauen löschte daraufhin das Licht und gab es der Mutter mit dem Hinweis, es nicht eher wieder anzuzünden, bis Nornagest selber sterben wolle. Nornagest wurde Barde und trug das Licht in seiner Harfe mit sich herum, bis er 300 Jahre alt geworden war. Zu dieser Zeit drang das Christentum nach Norden vor und bedrängte den alten Götterglauben, so daß Nornagest nicht länger leben wollte. Er ging mit seiner Harfe an den Meeresstrand, entzündete das Licht und sang sein Totenlied, bis das Licht erlosch. Dann neigte er sterbend sein Haupt.

jmdm. das **Lebenslicht** ausblasen
jmdn. töten [Tötung]
„Der Held in diesem Western hat allen seinen Kontrahenten das Lebenslicht ausgeblasen.“
Herkunft → jemands **Lebenslicht** erlischt

etwas frißt an jmds. **Leber**
etwas (Ärger, Zorn usw.) macht jmdn. (fast) krank [Befinden]
„Die ständigen Nörgeleien seines Chefs fressen meinem Mann an der Leber. Er ist nämlich nicht der Typ dazu, sich offen dagegen zur Wehr zu setzen.“
Als Organ hat die Leber (neben Herz, Lunge und Nieren) im Volksglauben eine Vorrangstellung, die sich in diesem Falle durch die Größe, veränderbare Form und Eßbarkeit erklärt. Die Unkenntnis der Funktion der Leber machte sie insbesondere in der Antike zum Sitz der Seele und der Lebenskraft sowie zu einem der Hauptpunkte der Organschau, die von Priestern (lat. *haruspex*) beim Opfertier vorgenommen wurde, um den Willen der Götter wahrsagen zu können. In der antiken und mittelalterlichen Medizin ist die menschliche Leber in diesem Sinne Sitz der Lebenssäfte und damit auch der Temperamente, insbesondere des Zorns.

was ist denn dir über die **Leber** gelaufen? (umg.)
→ jmdm. ist eine **Laus** über die Leber gelaufen

frisch/frei von der **Leber** weg (reden/sprechen) (umg.)
offen und ohne Hemmungen (reden/sprechen usw.) [Offenheit]
„Ich sehe Ihnen doch an, daß Sie etwas auf dem Herzen haben! Raus damit! Sprechen Sie frei von der Leber weg! Sagen Sie, was Sie bedrückt!“
Die Leber als Sitz der Lebenssäfte kann im Sinne dieser Redensart durch freimütiges Reden von angehäuftem Groll befreit werden.
Herkunft → etwas frißt an der **Leber**

die gekränkte/beleidigte **Leberwurst** spielen (umg.)
(aus nichtigem Anlaß) gekränkt sein, überempfindlich sein [Gekränktheit]
„Bloß weil ich gesagt habe, sie soll endlich einmal ihr Zimmer aufräumen, spielt sie jetzt die beleidigte Leberwurst und spricht kein Wort mehr mit mir!“
Aus den Vorstellungen über die Leber als Sitz der Temperamente ergab sich die lustige Weiterbildung von der *gekränkten Leberwurst* für einen durch Nichtigkeiten aufgeregten Menschen. Eine Reihe nachträglich zum Zwecke der Begründung erfundener Erzählungen ist darum bemüht, die Leberwurst als eine besonders empfindliche Wurstsorte darzustellen, um die Redensart aus einem direkten Vergleich (der Mensch verhält sich wie eine Leberwurst) abzuleiten.

lecken: wie geleckt aussehen (umg.)
übertrieben aufgemacht sein, unnatürlich gepflegt aussehen [Sauberkeit]
„Anton sieht immer wie geleckt aus, wenn er vom Friseur kommt.“
Diese Redensart bezieht sich auf das Putzverhalten der Tiere, insbesondere der Hauskatze. Neben Menschen können auch Gegenstände *wie geleckt* aussehen; man kann sagen: „Ihre Wohnung/Ihr Fußboden sieht immer wie geleckt aus, meine Gute!“ Damit wird dann eine positive Anerkennung ausgedrückt, die der Redensart bezogen auf Personen fehlt.

jmdm. aufs **Leder** rücken (umg.)
jmdm. sehr zusetzen, jmdn. bedrängen [Bedrängung]
„Na, wie gefällt dir dein Studium?" „Eigentlich gar nicht, aber meine Eltern rücken mir aufs Leder. Sie wollen unbedingt, daß ich Arzt werde."

jmdm. das **Leder** versohlen (derb)
jmdn. tüchtig verprügeln [Prügel]
„Ich versohl' dir gleich das Leder, du frecher Lümmel!"
In den Redensarten kommt *Leder* insbesondere als derber Begriff für die menschliche Haut vor, aber auch in seiner Funktion als Bekleidungsstück und als Teil der Rüstung des Gewappneten.

jmdm. ans **Leder** wollen (umg.)
jmdn. angreifen oder verprügeln wollen [Aggression]
„Sei doch nicht so ängstlich! Hier will dir doch keiner ans Leder!"
Herkunft → jmdm. das **Leder** versohlen

(gegen jmdn.) vom **Leder** ziehen (umg.)
über jmdn. Negatives erzählen, jmdn. schlechtmachen [Verunglimpfung]
„Gestern hat Martha am Stammtisch ganz schön gegen dich vom Leder gezogen. Ich würde sie an deiner Stelle mal zur Rede stellen!"
Das *Leder* dieser Redensart war ursprünglich die lederne Schwertscheide, aus der man beim Angriff das Schwert zog. Erst seit dem 18. Jahrhundert wird diese Wendung im übertragenen Sinn gebraucht. Verkürzt lautet sie auch: über jemanden **herziehen**.

leer ausgehen
nichts bekommen; benachteiligt werden [Benachteiligung]
„Bei unserer Tombola soll niemand leer ausgehen! Es stehen nämlich ausreichend Preise zur Verfügung."
Die leere Hand ist ein altes Sinnbild der Armut und Bedürftigkeit. Wer im Gegensatz zu anderen bei einer Verteilung (ursprünglich von Speisen) *leer ausgeht,* der hat nichts bekommen.

es herrscht gähnende **Leere**
niemand ist anwesend, von den Erwarteten ist keiner gekommen [Verlassenheit]
„Als die Parteiveranstaltung eröffnet werden sollte, herrschte im Saal gähnende Leere, denn im Fernsehen lief ein wichtiges Fußballspiel."

die Zahl ist **Legion**
es sind sehr viele [Menge]
„In der Wirtschaftskrise war die Zahl der Arbeitslosen Legion."
Die Legion war ein römischer Heeresverband von ungefähr 6000 Mann. Wie der „helle **Haufen**" wurde diese große Anzahl von Menschen zu einer ungefähren Mengenangabe. Die Redensart geht jedoch auf das Markusevangelium (5,9) zurück: Jesus fragte einen bösen Geist, den er aus einem besessenen Menschen ausgetrieben hatte, wie er heiße. Dieser antwortete: „Legion heiße ich, denn wir sind viele!"

den werde ich **lehren**, etwas zu tun
→ den werde ich **Mores** lehren

du kannst dir dein **Lehrgeld/Schulgeld** wiedergeben lassen (umg.)
du hast nichts gelernt [Unfähigkeit]
„Das Essen ist ja total verbrannt! Du kannst dir dein Lehrgeld wiedergeben lassen!"
Lehr- und Schulgeld waren Geldbeträge, die der Auszubildende früher für seine Ausbildung bezahlen mußte. Da insbesondere die (Universitäts-)Lehrer auf diese Einnahme angewiesen waren, galt es als Schande, unentgeltich gegenüber Außenstehenden „aus der **Schule** zu plaudern".

Lehrgeld zahlen müssen
durch Schaden klug werden, aus Fehlern lernen [Schaden]
„Erich ist immer zu schnell mit dem Auto gefahren. Jetzt hat er Lehrgeld zahlen müssen: Bei einem Unfall ist er schwer verletzt worden!"
Früher mußten die Lehrlinge ihrem Lehrherrn Geld dafür bezahlen, daß er sie ausbildete. Die Redensart meint: Erfahrung in irgendeiner Sache erst nach vorher erfahrenem Schaden gewinnen.

Leib und Leben (Zwillingsformel, Stabreim)
Leben und Gesundheit riskieren
[Gefährdung]
„Die Retter näherten sich den Opfern unter Gefahr für Leib und Leben; jede Sekunde konnte eine weitere Lawine abgehen und alles unter sich begraben.
Der mittelhochdeutsche Ausdruck *lîp* ist mit dem Verb *bleiben* verwandt. Ursprünglich bezeichnet er den Krieger, der in einer Schlacht am Leben bleibt, im Gegensatz zu demjenigen, der *auf der Walstatt* stirbt, weil er für den Heldenhimmel *ausgewählt* ist. Heute bezeichnet *Leib* den lebendigen/beseelten Körper. In der Zwillingsformel *Leib und Leben* hat *Leib* die gleiche Bedeutung wie *Leben*.

sich alles an den **Leib** hängen (umg.)
alles Geld für Kleider ausgeben
[Verschwendung] [Kleidung]
„Cosima hat genug Taschengeld und ist trotzdem immer pleite, weil sie sich sofort alles an den Leib hängt!"

jmdm. auf den **Leib** rücken (umg.)
→ jmdm. auf die **Pelle** rücken

(wie) auf den **Leib** geschrieben sein
eine Theaterrolle paßt gut zu dem Schauspieler, der sie verkörpert [Eignung]
„Die Rolle des *Mephisto* ist ihm wie auf dem Leib geschrieben. Er hat auch im Privatleben so etwas Dämonisches!"

mit **Leib** und Seele bei der Sache sein/dabeisein
begeistert an einer Sache beteiligt sein
[Begeisterung]
„Im Zeichenunterricht ist die Klasse immer mit Leib und Seele bei der Sache. Wenn das bloß in Mathematik auch so wäre!"
Herkunft → **Leib** und Seele zusammenhalten

Leib und Seele zusammenhalten
für das Wohl des Körpers und der Seele sorgen [Wohltat]
„Man sagt: ‚Essen und Trinken hält Leib und Seele zusammen!'"
Leib und Seele bezeichnet die körperliche und geistige Einheit des Menschen. Der Begriff *Leib* ist aufgrund seiner Herkunft besser geeignet, die „fleischlichen" Belange des Essens und Trinkens auf sich zu ziehen, als das lat. Lehnwort *Körper* (von lat. *corpus*). Während *Körper* eine Bedeutungserweiterung erfahren hat (Himmelskörper, Feuerwerkskörper, Fremdkörper, Körperschaft), ist *Leib* eng mit physiologischen und biologischen Funktionen assoziiert: *Leibschmerzen haben, Unterleib, Leibesfrucht, gesegneten Leibes sein, wohlbeleibt* usw. Das wechselseitige Verhältnis von *Leib* und *Seele* ist seit der Antike Gegenstand philosophischer und religiöser Reflexionen. Meist wird dabei die Seele als unsterblicher, der Leib als sterblicher Teil des Menschen aufgefaßt. Auf Platon geht die Vorstellung zurück, der Leib sei das *Gefängnis der Seele*. Redensartlich ist das Problem des *Zusammenhaltens* von Leib und Seele (= nicht sterben) und der Gedanke der dadurch gebildeten vollständigen Einheit oder Gesamtheit relevant. Von diesem Gegensatz stammt auch der *Leibarzt* ab, mit dem wir heute einen Arzt bezeichnen, der nur für einen einzigen Menschen oder eine einzige Familie arbeitet. Der Begriff entstand jedoch als Gegenbegriff zum *Seelenarzt*, nämlich dem Geistlichen.

jmdm. vom **Leibe** bleiben
→ bleib mir damit vom **Hals**!

etwas am eigenen **Leibe** erleben/erfahren/verspüren
eine schlimme Erfahrung selbst machen und sie nicht nur von anderen kennen
[Erduldung]
„Heute weiß niemand mehr, was Hunger ist. Wir dagegen mußten im Krieg am eigenen Leib erfahren, was dieses Wort bedeutet!"
Herkunft → **Leib** und Leben

keine Ehre/kein Ehrgefühl im **Leibe** haben
→ keine **Ehre** im Leib haben

einer Sache zu **Leibe** rücken (umg.)
etwas anpacken, eine Sache in Angriff neh-

men [Aktivität]
„Das Zögern hat keinen Sinn! Wenn wir den Auftrag haben wollen, müssen wir der Sache zu Leibe rücken und einen Kostenplan erstellen!"
Herkunft → **Leib** und Seele zusammenhalten

Leibgericht: jmds. Leib- und Magengericht
das, was jmd. besonders gerne ißt
[Vorliebe] [Essen]
„Würstchen mit Sauerkraut sind Onkel Peters Leib- und Magengericht."
Herkunft → **Leib** und Seele zusammenhalten

gesegneten **Leibes** sein [Schwangerschaft]
→ ein Kind unter dem **Herzen** tragen

aus **Leibeskräften** (umg.)
→ aus vollem **Halse**/aus voller Kehle [Schreien]

wie er **leibt** und lebt (Zwillingsformel, Stabreim)
1) *jmd. wird identifiziert* [Identifizierung]
2) *jmd. ist einem anderen sehr ähnlich* [Ähnlichkeit]
1) „Schau mal dort drüben! Ist das nicht Michael, wie er leibt und lebt? Mindestens zehn Jahre haben wir ihn nicht mehr gesehen!"
2) „Der Junge ist seinem Vater wie aus dem Gesicht geschnitten! Ganz der Vater, wie er leibt und lebt!"
Herkunft → **Leib** und Leben

über **Leichen** gehen
völlig rücksichtslos vorgehen
[Rücksichtslosigkeit]
„Unser Direktor geht über Leichen, wenn er sich etwas in den Kopf gesetzt hat!"
Diese drastische Wendung bezieht sich ursprünglich auf den Kampf Mann gegen Mann in der Schlacht. Wer *über Leichen geht,* geht noch weiter zum Angriff vor, wenn schon eigene Leute vor ihm tot auf der Erde liegen. Mittlerweile hat sich der Nebensinn entwickelt: *vor Mord und Totschlag nicht zurückschrecken, um einen Plan realisieren zu können.*

eine **Leiche** im Keller haben (umg.)
ein altes Verbrechen/eine illegale Handlung, die noch nicht gesühnt ist (und einen erpreßbar macht) [Geheimnis]
„Die Karriere dieses Politikers verlief zwar äußerlich glatt und glänzend, aber ich weiß aus guter Quelle, daß er noch so manche Leiche im Keller hat. In seinem Ortsverein hat er sich beispielsweise rücksichtslos über Mitbewerber hinweggesetzt und ist dabei auch nicht vor persönlicher Diffamierung und Bedrohung zurückgeschreckt!"

nur über meine **Leiche**! (umg.)
ich bin dagegen! ich werde Widerstand leisten! [Widerstand]
„Du willst also Kunstmaler werden! Da kann ich nur sagen: Nur über meine Leiche! Zuerst mußt du einmal einen Beruf erlernen, der dich ernähren kann!"
Diese Wendung meint ursprünglich: *Ich werde mich erbittert körperlich zur Wehr setzen!* Als verstärkende Gesprächsfloskel ist der Gebrauch der Wendung seit dem 18. Jh. belegt.

aussehen wie eine lebende/wandelnde **Leiche** (umg.)
→ aussehen wie eine **Leiche** auf Urlaub [Elend]

aussehen wie eine **Leiche** auf Urlaub (umg., veraltend)
sehr krank und elend aussehen [Elend]
„Heute siehst du ja aus wie eine Leiche auf Urlaub! Du hast wohl die ganze Nacht durchgefeiert?"
Das Sterben ist im Glauben vieler Völker ein Übergangsphänomen, das allerlei Zwischenstadien kennt. Dies fußt auf der Beobachtung, daß gewisse körperliche Funktionen auch nach dem Tode noch eine Zeitlang fortdauern. Besonders kritisch ist in dieser Vorstellung die Zeit bis zur Beerdigung. In ihr müssen noch besondere Rücksichten auf den Toten genommen werden, um nicht seine Wiederkehr zu provozieren. Volkskundlich wird auch der verbreitete Brauch der Leichenverbrennung als Versuch einer vollständigen Vernichtung der Leiche zum Schutze der Hinter-

bliebenen gedeutet. Häufig wird das Verbrennen der Leiche auch für besonders gefürchtete Personen (Zauberer, Hexen, Vampire, Selbstmörder usw.) reserviert, was für eine besondere Schutzfunktion dieser Bestattungsart im alten Volksglauben spricht. Der Glaube an *wandelnde Leichname* (Untote, Wiedergänger, Zombies, Vampire, Werwölfe usw.) ist offenbar universell verbreitet. Die christliche Lehre hat diese Vorstellungen immer bekämpft, obwohl auch im Neuen Testament dieses Motiv mehrfach auftaucht und die Wiederauferstehung von den Toten Teil der christlichen Heilslehre ist. Der redensartliche Bezug auf diese Vorstellungen hat also einen alten abergläubisch-magischen Hintergrund, der in der heutigen Verwendung nur noch scherzhaft zitiert wird bzw. unbekannt ist. Die makabre Variante der *Leiche auf Urlaub* ist ein Produkt der Soldatensprache der beiden Weltkriege.

mit einer wahren **Leichenbittermiene**
mit einer besonders traurigen Miene [Mimik]
„Der Lehrer betrat die Klasse mit einer wahren Leichenbittermiene und legte wortlos die Hefte mit der Klassenarbeit auf sein Pult."
Auf dem Lande war es früher Sitte, daß die Angehörigen eines Verstorbenen einen Leichenbitter von Haus zu Haus schickten, der zur Beerdigung (Leich) bat. Die Leichenbitter waren natürlich selbst von dem Sterbefall nicht betroffen, so daß ihr ernster Gesichtsausdruck sprichwörtlich für ein vorgetäuschtes Leid werden konnte. Die Wendung *mit einer wahren Leichenbittermiene* ist ein Zitat aus Schillers *Die Verschwörung des Fiesco zu Genua* (I, 7), das in anderer Form schon älter ist. Eine Variante ist: *in Leichenbitterton* (in besonders ernstem Tonfall).

leicht gesagt
die Durchführung ist schwieriger, als es den Anschein hat [Problem]
„Ich soll mein abgebrochenes Studium wiederaufnehmen? Leicht gesagt! Immerhin habe ich seit zehn Jahren kein Buch mehr in der Hand gehabt!"
Die Gewichtsangabe *leicht* hat sich im Rahmen des Bildbereichs Last zu einem Ausdruck der Abwesenheit von Schwierigkeiten entwickelt. *Leicht* bezieht sich auf Spielerisches, auf charakterliche Eigenschaften (Leichtsinn) und Empfindungen (es wird mir leicht ums Herz), auf Anstrengungen (leichte/schwere Arbeit) und auf Lebenswandel (ein leichtfertiges Mädchen).

es **leicht** mit jmdm. haben
keine besonderen Schwierigkeiten mit jmdm. haben [Mühelosigkeit]
„Mit meinen Eltern habe ich es leicht. Sie machen mir keinerlei Vorschriften."
Herkunft → **leicht** gesagt

leichter gesagt als getan
→ **leicht** gesagt (umg.)

jmdn. (um ein paar Mark) **leichter** machen
jmdn. bestehlen [Diebstahl]
„Bei dem Diebstahl ihrer Handtasche wurde meine Frau um ein paar Mark leichter gemacht. Gut, daß sie nicht besonders viel Geld bei sich hatte!"

jmdm. **leichtfallen**
von jmdm. ohne Schwierigkeiten gelernt/getan werden können [Mühelosigkeit]
„Im Gegensatz zu anderen Studenten ist mir das Studium leichtgefallen. Ich war schon nach sechs Semestern damit fertig!"
Herkunft → **leicht** gesagt

etwas **leichtnehmen** (können)
1) *von Kritik/Tadel usw. nicht besonders betroffen sein* [Nichtbetroffensein]
2) *die Wichtigkeit einer Sache/Lage nicht erfassen* [Leichtfertigkeit]
1) „Die Kritik an deinem Führungsstil kannst du ruhig leichtnehmen. Sie kommt ausschließlich von deinen Konkurrenten. Die anderen sind sehr zufrieden damit!"
2) „Warum hat denn eure Mannschaft gegen diesen schwachen Gegner verloren?" „Ich weiß nicht recht, aber ich glaube, wir haben dieses Spiel etwas zu leicht genommen und waren deshalb unvorsichtig!"
Herkunft → **leicht** gesagt

sich **leichttun** (mit etwas)
keine Schwierigkeiten haben (mit etwas) [Mühelosigkeit]
„Mit dieser Klasse werden Sie sich leichttun, Herr Kollege! Die Schüler sind besonders brav."
Herkunft → **leicht** gesagt

Bruder **Leichtfuß** [Unbekümmertheit]
→ **Bruder**

sich ein **Leid** (veraltet: **Leids**) antun
Selbstmord begehen [Selbstmord]
„Der plötzliche Tod ihres Mannes hat sie sehr getroffen. Man muß sogar aufpassen, daß sie sich kein Leid antut!"

sein **Leid** in sich hineinfressen
einen Kummer nicht offenbaren, nicht darüber reden [Verschlossenheit]
„Am schlimmsten ist, daß sie ihren Kummer in sich hineinfrißt, anstatt sich einmal bei ihren Freunden auszuweinen!"

aussehen wie das **Leiden** Christi
sehr krank und elend aussehen [Elend]
„Du siehst ja aus wie das Leiden Christi! Du mußt unbedingt zum Arzt gehen!"
Diese Wendung bezieht sich auf alte Passionsbilder und Holzkruzifixe, auf denen das Leiden und Sterben Christi sehr drastisch dargestellt ist.

(es ist) immer dieselbe **Leier** (umg.)
(es ist) immer dasselbe; jmd. ist unbelehrbar; Dinge ändern sich nicht
[Eintönigkeit] [Unbelehrbarkeit]
„Es ist doch immer dieselbe Leier! Ständig liegst du mir damit in den Ohren, endlich ein neues Auto kaufen zu wollen. Dann tu es doch, damit ich endlich nichts mehr davon höre!"
Die *Leier* war ein im 9. Jh. erfundenes Saiteninstrument, dessen Saiten mittels einer Kurbel und eines Rades geschlagen wurden. Es konnte (wie der spätere *Leierkasten*) beim Spielen nicht variiert werden und spielte immer dieselbe Melodie. Schon früh wurde mit Wendungen wie *die alte Leier* oder *immer dieselbe Leier* die beschränkte Tonfähigkeit dieses Instruments als Sinnbild des Eintönigen und Aufdringlichen genommen. Später wurde mit *Leier* weniger das Instrument als die damit erzeugte Melodie gemeint, so daß Varianten der Redensart entstanden: *immer dasselbe Lied, immer dieselbe Melodie, immer dieselbe (alte) Platte.*

jmdm. auf den **Leim** gehen/kriechen (umg.)
von jmdm. betrogen werden [Reinfall]
„Jetzt bist du schon wieder einem Vertreter an der Haustür auf den Leim gegangen! Dieses Lexikon kostet im Buchhandel 200 Mark weniger, als du bezahlt hast!"
Der früher häufig betriebene Vogelfang bediente sich einerseits der Netze aus Garn (jmdm. ins Netz/Garn gehen), andererseits aber auch der Leimrute. Dabei handelte es sich um mit Leim bestrichene Stöckchen, an denen die Vögel klebenblieben (Vgl.: **Pech** haben). Als Gleichnis für den von der Minne gefangenen Menschen findet sich die Redensart schon im *Tristan* Gottfrieds von Straßburg (V 843 ff).

aus dem **Leim** gehen (umg.)
1) *entzweigehen* [Defekt]
2) *zerbrechen (Freundschaft u. ä.)* [Zerwürfnis]
3) *dick werden* [Fettleibigkeit]
1) „Durch die häufige Beanspruchung ist unsere Gartenschaukel ganz aus dem Leim gegangen."
2) „Trotz aller Bemühungen ist die Ehe meines Bruders aus dem Leim gegangen. Seine Frau hat jetzt die Scheidung eingereicht."
3) „Martha ist im Urlaub ganz schön aus dem Leim gegangen. Das haben die italienischen Spaghetti bewirkt!"
Leim, Nut und *Fuge* sind die Faktoren, die aus Holz gefügte Handwerksprodukte zusammenhalten. Spätestens seit dem 16. Jahrhundert werden auch abstrakte Sachverhalte. die wie Ehe, Freundschaft usw. Formen menschlicher Kontakte bezeichnen, mit diesen Handwerksmetaphern umschrieben, wobei die mit solchen Redensarten bezeichnete vorzeitige Lösung des Arbeitsverhältnisses zwischen Handwerksmeister und Geselle Pate gestanden haben mag.

jmdn. auf den **Leim** locken/führen [Betrügerei]
→ jmdm. auf den **Leim** gehen/kriechen

jmdn. **leimen**
→ jmdm. auf den **Leim** gehen [Betrug]

an der langen **Leine** (umg.)
[Selbständigkeit]

jmdn. an der **Leine** haben (umg.)
jmdn. unter Kontrolle haben; jmd. beeinflussen und lenken [Kontrolle]
„Seine Frau hat ihn ganz schön an der Leine! Er traut sich nicht einmal, abends nach der Arbeit mit uns ein Bier in der Eckkneipe zu trinken!"
Die Leine, an welcher der Hund geführt wird, hat einigen Redensarten im Bereich der Kontrolle und Lenkung als Vorbild gedient.

Leine ziehen (umg.)
sich davonmachen, verschwinden [Vertreibung]
„Es wird langsam Zeit, daß wir Leine ziehen. Schließlich ist es schon nach Mitternacht!"
Diese Redensart stammt aus dem Bereich des Transportwesens. Bis ins 20. Jh. wurden in der Binnenschiffahrt die Lastkähne vom Ufer der Wasserstraße her an Leinen gezogen (getreidelt). Nach diesem Verfahren tragen noch heute die dabei benutzten Wege die Bezeichnung *Leinpfad*. *Leine ziehen* bedeutete für die Zugknechte, welche die Pferde antrieben, soviel wie: *von der Stelle kommen*. Mit dem Signal *Zieh Leine!* wurde der Zugvorgang von Bord aus veranlaßt. Heute hat die Redensart nur noch die oben aufgeführte Bedeutung, da das Gewerbe der Schiffszieher nicht mehr besteht.

alles über einen **Leisten** schlagen
alles mit demselben Maßstab bewerten; keine Unterschiede machen [Gleichsetzung]
„Viele ältere Leute machen den Fehler, alle Jugendlichen über einen Leisten zu schlagen und nur für faul und dumm zu halten."
Der *Leisten* ist ein hölzerner oder metallener Modellfuß, über den der Schuster das Leder spannt, wenn es zum Schuh zusammengenäht wird. *Schlagen* bedeutet also: das Leder *umschlagen*, um den Leisten herumlegen. Jede Schuhgröße wird nach einem eigenen Leisten geschlagen. Ein Schuhmacher, der also *alles über einen Leisten* schlägt, macht nur Schuhe einer Größe, die dem variablen Bedarf der Kunden nicht entsprechen. Die Redensart ist seit dem 16. Jh. belegt.

eine reife **Leistung** (ironisch) [Tadel]
→ eine schöne **Bescherung**

eine lange **Leitung** haben (umg.)
schwer begreifen, begriffsstutzig sein [Begriffsstutzigkeit]
„Mensch, hast du eine lange Leitung! Das hat uns der Lehrer doch erst gestern ausführlich erklärt!"

auf der **Leitung** stehen/sitzen (umg.)
etwas nicht verstehen [Begriffsstutzigkeit]
„Der einzige, der diesen Witz nicht verstanden hat, ist Helmut. Der steht mal wieder auf der Leitung!"
Die elektrische Leitung hat das Vorbild zu dieser Redensart abgegeben. Nach dem Bildfeld {Körpermaschine} sind im menschlichen Körper natürlich auch *Leitungen* erwartbar. Insbesondere geistig-seelische Vorgänge und Sachverhalte scheinen Assoziationen zu elektrischen und elektromagnetischen Vorgängen zu wecken.
{Geistig-seelische Vorgänge sind elektromagnetischer Natur}

jmdm. eine **Lektion** erteilen
jmdn. streng zurechtweisen, jmdn. bestrafen [Zurechtweisung]
„Jetzt hat der Junge von unseren Nachbarn schon wieder ein Loch in unseren Zaun geschnitten! Es wird Zeit, daß wir ihm eine Lektion erteilen!"
Herkunft → jmdm. die **Leviten** lesen

sich einen schönen/faulen **Lenz** machen (umg.)
sich vor der Arbeit drücken und sich eine schöne Zeit machen, sich ausruhen/faul sein usw. [Drückebergerei]

„Das ist doch die Höhe! Ich soll den Hausputz alleine machen, während du dir einen schönen Lenz machst! So nicht, mein Lieber!"
Der *faule Lenz* ist eine volksetymologische Ableitung des Verbs *faulenzen*, das natürlich mit *Lenz* im Sinne des Eigennamens *Lenz* (Kurzform von *Laurentius*) oder *Lenz* (Frühling) nichts zu tun hat. *Faulenzen* besteht vielmehr aus den Bestandteilen *faul* und *-enzen*, ebenso der *Faul-enzer*. Als *fauler Lenz* wurden infolge der lautlichen Umdeutung scherzhaft seit dem 15. Jh. besonders faule Menschen bezeichnet. Daraus bildeten sich Redensarten wie *dem faulen Lenzen dienen*, die zu der heute gebräuchlichen Form geführt haben. Da der Zusammenhang zwischen *Lenz* und *Laurentius* allmählich in Vergessenheit geriet, wurden weitere volksetymologische Umdeutungen vorgenommen, die Verbindungen zu der Jahreszeit *Frühling* herzustellen versuchen. Dabei bestehen Assoziationen zu Phänomenen wie der *Frühjahrsmüdigkeit* oder zu Freude und Übermut, die einer geregelten Arbeit im Wege stehen.

zu guter **Letzt** (oft ironisch, Resümeeformel)
zum guten Schluß [Ende]
„Wir haben dieses Jahr zwar Verluste hinnehmen müssen, aber zu guter Letzt konnte die Bilanz dennoch positiv abgeschlossen werden."
Das alte Zeitwort *letzen* hatte die Bedeutung *hindern, jemanden (körperlich) schädigen*. Daraus entwickelte sich einerseits unser heutiges *verletzen*, andererseits die Bedeutung *zum Ende/Abschied bringen*. Da der Abschied häufig durch ein Festmahl gewürdigt wurde, entwickelte sich die Bedeutung *sich erquicken, sich laben,* die im 18. Jh. (vor allem durch Klopstock) verbreitet wurde. Heute sind Formulierungen wie *die Quelle hat mich geletzt* veraltet und ungebräuchlich. Das abgeleitete Hauptwort *die Letze* machte eine ähnliche Bedeutungsentwicklung durch. Es bedeutete *Abschied*, dann *Abschiedsgeschenk* und *-mahl*. Noch Wieland kennt diesen Zusammenhang, wenn er schreibt: „Wie sie zu guter Letze den goldnen Becher mir bot." Als man das Wort Letze jedoch nicht mehr verstand, verschmolz man es mit dem verwandten *das Letzte* und bildete die heute übliche Form *zu guter Letzt*.

etwas/jmd. ist das **Letzte** (umg.)
etwas/jmd. ist das Schlechteste/Unverschämteste/Verwerflichste [Widerwärtigkeit]
„Die Idee, die Firma einfach aufzulösen, ist einfach das Letzte! Dann werden nämlich zweihundert Leute arbeitslos!"
Erste und *Letzte* sind Extrempositionen einer Reihe, die redensartlich stark beachtet werden (vgl.: von **A** bis Z), weil sie dem rhetorischen Prinzip der Prägnanz (bzw. des maximalen Kontrastes) entsprechen. Daher werden diese Begriffe auch in vielen Sprichwörtern, Gesetzestexten und in religiösen Schriften (Die Ersten werden die Letzten sein) miteinander gekoppelt. Trotz der scheinbaren (seriellen) Eindeutigkeit kann *letzt* verschiedene Bedeutungen (und Bewertungen) aufweisen: Die *letzten Tage der Menschheit* liegen in der Zukunft, aber wenn ich mich *in den letzten Tagen etwas unwohl fühlte*, so liegen diese Tage (bezogen auf den Moment) in der Vergangenheit. Die *letzten Kräfte* eines Menschen sind mit dem Gedanken an das Ende (den Tod) verknüpft, und wer *sein Letztes hingibt*, verfügt danach über keinen Besitz mehr. Diese negative Bewertung spielt auch in der Redensart *etwas/jemand ist das Letzte* eine Rolle. Es handelt sich dabei um eine Verkürzung der Redensart: *der letzte Dreck*. Obwohl selbst schon ein (alter) Superlativ, kann *das Letzte* in dieser Bedeutung noch gesteigert werden durch *das Aller(aller)letzte*. In seltenen Fällen kann *das Letzte* auch eine positive Bewertung ausdrücken, nämlich wenn es sich um eine Verkürzung der Redensart *der letzte Schrei* handelt. Die jeweilige konkrete Bedeutung muß also aus dem Kontext ermittelt werden.

eine **Leuchte** der Wissenschaft (gehoben)
ein hervorragender Wissenschaftler [Gelehrter]
„Manche Leuchte der Wissenschaft versteht es nicht, ihr Wissen den Studenten anschau-

lich zu vermitteln."
Der bildliche Gebrauch von *Leuchte* im Sinne der Vorrangstellung einer Person in Kunst, Wissenschaft usw. ist im Zusammenhang mit dem Bildfeld Geisteslicht zu sehen. Entsprechend dem Alter dieses Bildfelds ist auch die Wendung *Leuchte der Wissenschaft* antiken Ursprungs. Beispielsweise nennt Plinius (23–79 v. Chr.) den Staatsmann, Redner und Schriftsteller Cicero die *zweite Leuchte der Wissenschaft* (lux doctrinarum altera) nach Homer. Das Bildfeld bleibt während des gesamten Mittelalters erhalten (kein großes Kirchenlicht sein) und hat bis heute Bestand. {Geisteslicht}

keine **Leuchte** sein (umg.)
auf einem bestimmten Gebiet nicht viel Wissen aufweisen [Unfähigkeit]
„In Mathematik war ich noch nie eine Leuchte, dafür aber in den Fremdsprachen."
Herkunft → eine **Leuchte** der Wissenschaft

unter die **Leute** bringen
etwas allgemein bekannt machen/verbreiten [Information]
„Die Massenmedien dienen dazu, möglichst rasch objektive Informationen unter die Leute zu bringen."

wir sind geschiedene **Leute**
[Kontaktabbruch]

unter die **Leute** kommen (umg.)
Kontakt mit seinen Mitmenschen haben [Kontakt]
„Seit wir aufs Land gezogen sind, komme ich nicht mehr viel unter die Leute. Manchmal leide ich darunter ein wenig."

es ist ja nicht wie bei armen **Leuten** (umg.)
wir können uns das leisten [Reichtum]
„Greifen Sie ruhig zu, es ist genug da. Es ist ja nicht wie bei armen Leuten!"

jmdm. die **Leviten** lesen (umg.)
jmdn. scharf zurechtweisen und ermahnen [Zurechtweisung]
„Du liegst ja schon wieder am hellichten Tag im Bett! Ich glaube, ich muß dir einmal die Leviten lesen! Ab an die Arbeit!"
Als *Leviten* wird im Alten Testament der Stamm der Söhne Levis bezeichnet, dem kultische Dienste anvertraut waren. Das 3. Buch Mose wird auch *Leviticus* genannt, weil es die kultischen Vorschriften enthält. Die Redensart geht auf das 10. Jahrhundert zurück. Sie bezieht sich auf Vorgänge des 8. Jh., als die Geistlichkeit im Fränkischen Reich in einen relativ verwilderten Zustand geraten war. Um das Jahr 760 stellte Bischof Chrodegang von Metz zur Verbesserung der Sitten einen Kanon von Regeln nach Art der Benediktinerregel auf. Die *Canonici* wurden in diesem Regelwerk zum gemeinsamen Essen und Trinken, Schlafen und Beten verpflichtet. Besonders wichtig waren gemeinsame Gebets- und Andachtsübungen, in denen Abschnitte der Heiligen Schrift vorgelesen wurden. Dabei wurde oft auf das Buch *Leviticus* zurückgegriffen, aber auch auf Satzungen, die in „Capitula" unterteilt waren. Daran knüpften sich ermahnende Reden an, welche die Wirkung vertiefen sollten.

ein wandelndes **Lexikon** (umg.)
jmd., der großes Sach- oder Wortwissen hat [Wissen]
„Du kommst bei dem Kreuzworträtsel nicht weiter? Frag doch Bernd, der ist doch ein wandelndes Lexikon!"
Dieses redensartliche Bild geht schon auf die Antike zurück. In dem Werk *Leben des Porphyrius* schreibt Eunapius (um 345 n. Chr.) über den Lehrer des Porphyrius, den Philosophen Longinus (213–273 n. Chr.), er sei „eine lebende Bibliothek und ein wandelndes Museum" gewesen. Die deutsche Version findet sich bei E. T. A. Hoffmann in der *Brautwahl*, wo der Sekretär Tusmann als ein *lebendiges Conversations-Lexikon* bezeichnet wird.

jmdm. ein **Licht** aufstecken (derb)
1) *jmdn. aufklären* [Belehrung]
2) *jmdn. zurechtweisen* [Zurechtweisung]
1) „Nach diesem Vorfall habe ich ihm ein Licht darüber aufgesteckt, was er dem Chef gegenüber falsch macht."
2) „Wenn ihr noch einmal dieses Mißge-

schick passiert, werde ich ihr einmal ein gehöriges Licht aufstecken!"
In dieser Redensart ist das Licht der Kerze gemeint, die man auf den Leuchter steckt. Wer also *keine Leuchte* ist, dem kann man (um im Bild zu bleiben) eine weitere Kerze aufstecken, damit er klarer sieht.
Herkunft → jmdm. geht ein **Licht** auf

jmdm. das **Licht** auspusten
→ **Lebenslicht** [Tötung]

Licht in eine (dunkle) Sache bringen
etwas aufklären [Aufklärung]
„Nach langer Detektivarbeit gelang es der Polizei, endlich Licht in die verborgenen Kanäle des Mädchenhandels zu bringen."

bei **Licht** betrachtet [Wahrheit]

das **Licht** der Welt erblicken
geboren werden [Geburt]
„Als ich das Licht der Welt erblickte, war Europa noch durch die Nachwirkungen des Zweiten Weltkriegs gezeichnet."

jmdn./etwas in einem schiefen **Licht** erscheinen lassen
[Verunglimpfung]
→ ein bezeichnendes **Licht** auf jmdn./etwas werfen

jmdn./etwas im guten/günstigen/rechten **Licht** erscheinen lassen
erreichen, daß etwas möglichst positiv beurteilt wird [Klarstellung]
„Jede Partei ist daran interessiert, ihre politischen Vorstellungen in einem möglichst guten Licht erscheinen zu lassen."

plötzlich in einem anderen **Licht** erscheinen
[Veränderung]
→ etwas in rosigem/rosarotem **Licht** sehen/betrachten

jmdn. hinters **Licht** führen (umg.)
jmdn. täuschen/betrügen [Betrügerei]
„Mit diesem angeblich echten persischen Teppich sind Sie gehörig hinters Licht geführt worden! Es handelt sich zweifelsfrei um Massenware aus Indien!"
Wer *hinters Licht geführt wird*, wird in die *Dunkelheit* der Unwissenheit und Täuschung geleitet.
Herkunft → jmdm. geht ein **Licht** auf

jmdm. grünes **Licht** geben
→ jmdm. **grünes** Licht geben

jmdm. geht ein **Licht** auf (umg.)
jmd. begreift (endlich) [Verstehen]
„Ich hatte nie verstanden, warum er sein Haus verkauft hat. Jetzt geht mir ein Licht auf: Er will nach Australien auswandern!"
Die Lichtmetaphorik ist universell und so alt, wie schriftliche Zeugnisse zurückreichen. Sie bildet ein umfangreiches Bildfeld {Geisteslicht}, das man mit dem Satz charakterisieren kann: Erkenntnis ist eine Art Licht. Damit wird ein Phänomen der visuellen Wahrnehmung transzendiert, wie dies auch für die Bildelemente des Raumes typisch ist. Die Übertragung betrifft jedoch nicht ausschließlich den Bereich des Verstandes; auch der Glaube, die göttliche Botschaft, das Leben und andere abstrakte Bereiche werden mit Ausdrücken des Lichts versehen, während der jeweilige Gegensatz als *dunkel, Reich der Finsternis* usw. bezeichnet werden kann. Daneben gibt es eine Fülle von Vergleichen, Gleichnissen und Parabeln. Schon im Alten Testament wird Gott als *Sonne der Gerechtigkeit* bezeichnet und dem Gerechten *muß das Licht immer wieder aufgehen* (Psalm 97,11). Der griechische Philosoph Parmenides stellt den Akt der Erkenntnis als Fahrt aus der Nacht in den Tag dar, der die „Einsicht" gewährt. Die Höhle in Platons *Höhlengleichnis* ist der Ort der Unwissenheit. Während im Mittelalter die theologische Lichtmetaphorik (Gott = Licht/Sonne usw.) dominiert, wird sie im Zeitalter der *Aufklärung* in ihrem rationalistischen Sinn zu einem Epochentitel. Als Zauberwort der Epoche ist der Licht-Begriff in den wichtigsten europäischen Sprachen zu finden. Dem deutschen (von Gottsched geprägten) Begriff *Aufklärung* entsprechen *enlightenment, les lumières, i lumi* und *siglo de las luces*. Stolz sieht man (in der ähnlich konstruierten Weg-Metaphorik) die Jahr-

hunderte der Barbarei und der Verfinsterung *hinter sich* (Wieland) und das *dunkle Mittelalter* als Epoche jämmerlicher Mönchsverfinsterung (Jean Paul). {Geisteslicht}

jmdn./etwas ins rechte **Licht** rücken
[Klarstellung]
→ ein bezeichnendes **Licht** auf jmdn./etwas werfen

jmdn. in ein falsches **Licht** rücken
[Verunglimpfung]
→ ein bezeichnendes **Licht** auf jmdn./etwas werfen

das **Licht** scheuen
unerkannt bleiben wollen (wegen krimineller Aktivitäten) [Verbergen]
„Wer nichts verbrochen hat, braucht das Licht nicht zu scheuen!"
Im Rahmen der allgemeinen Licht-Metaphorik stehen das Scheuen des Lichts, das Dunkel, die Nacht usw. auch für das Illegale, Kriminelle, den Betrug. Der *strahlende Held* als Verkörperung des Guten hat die Aufgabe, das *lichtscheue Gesindel* ans Licht zu zerren. Auch die Sonne bringt *manches an den Tag*, was jemand eigentlich *im dunkeln lassen* wollte. Vgl.: jmdm. geht ein **Licht** auf.

etwas in einem milderen **Licht** sehen
[Milde]
→ etwas in rosigem/rosarotem **Licht** sehen/betrachten

etwas in einem neuen **Licht** sehen
[Meinungsänderung]
→ etwas in rosigem/rosarotem **Licht** sehen/betrachten

etwas in rosigem/rosarotem **Licht** sehen/betrachten
etwas optimistisch beurteilen [Optimismus]
„Die Regierung sieht die Wirtschaftsentwicklung in einem rosigen Licht. Die unabhängigen Experten sind da allerdings etwas skeptischer!"
Das Licht steht natürlich auch in Verbindung zur Licht- und Farbsymbolik, nach der bestimmte Farben (bzw. Farbwahrnehmungen) bestimmte Bedeutungen tragen (*grün* steht für *Hoffnung* usw.), aber auch psychologischen Stimmungen entsprechen.
Herkunft → ein bezeichnendes **Licht** auf etwas werfen

Licht am Ende des Tunnels sehen
[Hoffnung]
→ **Lichtblick**

kein großes **Licht** sein (umg.)
nicht besonders gescheit sein [Dummheit]
„Er ist zwar kein großes Licht, aber seine Arbeit macht er ordentlich, und bei seinen Kollegen ist er beliebt."

sein **Licht** nicht unter den Scheffel stellen
seine guten Eigenschaften/Talente/Grundsätze offen zeigen [Selbstbewußtsein]
„Bei dieser Bewerbung darfst du keineswegs dein Licht unter den Scheffel stellen! Die Konkurrenz ist groß!"
Ein *Scheffel* ist ein Behälter aus Holz, welcher der Aufbewahrung von Getreide dient. Die Redensart stammt aus dem Neuen Testament (Matth. 5, 14–16), nämlich aus der Bergpredigt: „Ihr seid das Licht der Welt. Es kann die Stadt, die auf dem Berge liegt, nicht verborgen sein. Man zündet auch kein Licht an und setzt es unter einen Scheffel, sondern auf einen Leuchter; so leuchtet es dann allen, die im Hause sind. Genauso laßt auch euer Licht vor den Menschen leuchten, damit sie eure guten Taten sehen!"

ein bezeichnendes **Licht** auf jmdn./etwas werfen
jmdn./etwas in der bezeichneten Weise charakterisieren/erscheinen lassen
[Charakterisierung]
„Die Tatsache, daß er diese gute Position schon nach drei Wochen wieder aufgegeben hat, wirft ein bezeichnendes Licht auf seine Glaubwürdigkeit und Arbeitsmoral!"
Der durch Scheinwerfer erzeugte Lichteffekt ist die bildhafte Grundlage dieser Wendungen. Hier wird *sehen* mit *erkennen des Wesentlichen* gleichgesetzt wie im Bildfeld Geisteslicht, wobei allerdings eine Art *Be-*

leuchter eingeführt wird, der die Wahrnehmung beeinflußt.

einen **Lichtblick** haben/sehen
neue Hoffnung haben [Hoffnung]
„Endlich ist Freitag, und das Wochenende naht. Das ist doch wenigstens ein Lichtblick!“
Der „Lichtblick“ ist eine typische Prägung der pietistischen Literatur des 18. Jahrhundert, in der neue Begriffe für religiöse Empfindungen und göttliche Offenbarungen gesucht und verbreitet wurden. Eine maßgebliche Rolle hat in diesem Falle Goethe gespielt, der den Ausdruck verschiedentlich verwendet.

die **Lider** werden schwer
jmd. wird müde [Müdigkeit]
„Ich kann das Fernsehspiel leider nicht zu Ende verfolgen; mir werden schon die Lider schwer. Ich gehe jetzt schlafen!“

jmdm. **lieb** und teuer sein (Zwillingsformel)
1) *von jmdm. geschätzt werden* [Beliebtheit]
2) *jmdm. wichtig sein* [Wichtigkeit]
1) „Du bist mir zwar lieb und teuer, aber du darfst meine Geduld nicht überstrapazieren!“
2) „Meinem Mann ist sein Mittagsschläfchen lieb und teuer. Er verzichtet niemals darauf!“

jmdn. vor **Liebe** fressen können (umg.)
sehr verliebt sein (in jmdn.) [Verliebtheit]
„Ich sehne mich so nach ihm! Ich könnte ihn vor Liebe fressen!“

wo die **Liebe** hinfällt
[Verliebtheit] [Überraschung]

ich wüßte nicht, was ich **lieber** täte! (ironisch)
das mag ich nicht tun! Das kommt gar nicht in Frage! [Ablehnung]
„Ich soll heute Überstunden machen? Ich wüßte nicht, was ich lieber täte!“

verlorene/vergebliche **Liebesmüh**
vergebliche Anstrengung; sinnloser Versuch [Sinnlosigkeit]
„Der Kuchen war zu lange im Ofen und ist verbrannt. Vergebliche Liebesmüh!“
Diese Wendung ist die Übersetzung des Shakespeareschen Lustspieltitels *Love's labour's lost.*

immer dasselbe (alte) **Lied**
→ immer dieselbe (alte) **Leier**

ein **Lied/Liedchen** davon singen können (umg.)
das weiß ich aus eigener (schlimmer) Erfahrung [Erfahrung]
„Du gehst zum Militär? Da war ich auch einmal. Davon kann ich ein Liedchen singen!“
Der Begriff *Lied* umfaßte ursprünglich einen Bedeutungsbereich, den wir heute als *Vortrag* bezeichnen würden, wobei durchaus (historisches) Faktenwissen gemeint ist (Nibelungenlied). Kennzeichen des Liedes in diesem Sinn war der öffentliche Vortrag, der mit oder ohne musikalische Untermalung (durch Saiteninstrumente) erfolgen konnte. Auch die sprachliche Form (Reim/Prosa) war kein entscheidendes Charakteristikum des „Liedes“ in diesem Sinne. Erst allmählich hat sich unsere heutige Bedeutung entwickelt, nach der (vorzugsweise) für das Singen bestimmte lyrische Gedichte als „Lied“ bezeichnet werden. Die Redensart ist seit dem frühen 16. Jh. belegt.

liefern: geliefert sein (umg.)
wirtschaftlich/sozial am Ende sein [Mißerfolg]
„Wenn der Chef hinter diesen Schwindel kommt, sind wir geliefert!“
Diese Redensart kommt von *ausgeliefert sein,* d. h., dem Scharfrichter überstellt sein.

liegen: etwas kommt gelegen
etwas paßt gut in jmds. Pläne [Gelegenheit]
„Dieser Auftrag kommt unserer Firma sehr gelegen. Wir waren gerade auf der Suche nach einem neuen Projekt!“
Das Verb *liegen* bezeichnet in einigen Gebrauchsweisen die günstige/passende/erwünschte Lage (Bedingung/Eigenschaft).

liegen: mir liegt viel daran/dran
es ist mir sehr wichtig [Wichtigkeit]
„Mir liegt viel dran, daß meine Kinder einen ordentlichen Schulabschluß bekommen."

Lieschen Müller
→ **Müller**

jmd. hat ein **Lineal** verschluckt (umg.)
jmd. hält sich ganz steif und gerade [Steifheit]
„Da kommt der lange Ulrich! Er sieht wieder aus, als hätte er ein Lineal verschluckt!"

Lingua franca
→ **frank** und frei

die schlanke **Linie** (umg.)
eine schlanke Figur, das Schlankbleiben [Schlankheit]
„Heute werden überall Ernährungsvorschläge zur Erhaltung der schlanken Linie veröffentlicht. Wer da noch dick ist, ist selber schuld."
Mit *Linie* ist in dieser Redensart die Umrißlinie des Körpers gemeint, wie sie etwa durch Schattenwurf oder in einer Zeichnung sichtbar wird.

in erster (zweiter usw.) **Linie**
hauptsächlich, vor allem anderen [Hauptsache]
„In erster Linie müssen wir uns um die Klärung der Nachfolge für unseren abtretenden Vorsitzenden kümmern. Alle anderen Fragen sind momentan zweitrangig!"
Dieser Gebrauch von *Linie* stammt aus der Militärsprache. Dort bedeutet die *Linie* (im Felde) die Aufstellung der Truppen nach der Breite, im Gegensatz zur *Kolonne*. Eine Front besteht meist aus einer gewissen Anzahl hintereinander gestaffelter Linien, wobei die *erste Linie* dem Feind am nächsten ist (Kampflinie).

auf der ganzen **Linie**
völlig, ganz und gar [Gesamtheit]
„Mit ihren Lohnvorstellungen haben die Gewerkschaften diesmal auf der ganzen Linie gesiegt."
Herkunft → in erster **Linie**

nicht nach rechts und **links** blicken/schauen (umg.)
sich nicht beirren lassen, unbeirrt weitermachen [Konzentriertheit]
„Wie konntest du eigentlich so schnell mit deiner Doktorarbeit fertig werden?" „Ich habe einfach nicht nach rechts und links geschaut und jeden Tag acht Stunden geschrieben. Nach einem Jahr war sie plötzlich fertig!"

jmdn. **links** liegenlassen (umg.)
jmdn. nicht beachten/mißachten, sich nicht um ihn kümmern [Mißachtung]
„Auf der Party hat Helmut versucht, sich an Sabine ranzumachen, er hatte aber kein Glück. Sie hat ihn einfach links liegenlassen!"
Nach den Grundsätzen der körperorientierten Grammatik unterliegen Raumlagen und -angaben unterschiedlichen Bewertungen. Dabei spielen bestimmte bevorzugte Körperhaltungen, die Lage der Sinnesorgane und die Reichweite eine große Rolle: Vorne ist positiver bewertet als hinten (hintenherum), vertikal positiver als horizontal (dem horizontalen Gewerbe nachgehen) usw. Eine besondere Rolle spielt natürlich auch die sogenannte „Händigkeit", das heißt, der bevorzugte Gebrauch einer (meist der rechten) Hand bei allen denkbaren Verrichtungen. Da Rechtshändigkeit weiter verbreitet ist als Linkshändigkeit, wird *rechts* sprachlich vorwiegend positiv bewertet, *links* dagegen negativ.

etwas mit **links** tun (umg.) [Einfachheit]

nicht mehr wissen, was rechts und **links** ist (umg.)
vollkommen verwirrt sein [Verwirrtheit]
„Ich weiß vor lauter Arbeit nicht mehr, was rechts und links ist, und nun kommst du noch daher und willst, daß ich die Rechnungen des letzten Jahres überprüfe! Kommt im Moment gar nicht in Frage!"
Im Rahmen der Körperorientierung der Anthropologischen Grammatik sind auch Redensarten gebräuchlich, die einen Verlust der Orientierung im Raum zur

Vermittlung der Bedeutung allgemeiner Verwirrtheit nützen.

etwas um/für ein **Linsengericht** verkaufen/hergeben (veraltend)
etwas Wertvolles unter Wert verkaufen [Verschlechterung]
„Wie konntest du nur unseren Wagen für so wenig Geld weiterverkaufen? Wir hatten doch mit weit mehr gerechnet! Nun hast du ihn für ein Linsengericht hergegeben!"
Im Alten Testament (1. Mos. 25, 29–34) wird berichtet, wie Esau müde vom Feld heimkehrt und seinen Bruder Jakob darum bittet, an dessen Mahlzeit teilnehmen zu dürfen. Jakob macht jedoch zur Bedingung, daß Esau ihm die Erstgeburtsrechte für dieses Linsengericht abtritt. Esau akzeptiert diesen Handel, der seither als Sinnbild eines unvorteilhaften Tausches oder ungleichgewichtigen Handels gilt.

eine große **Lippe** riskieren (umg.)
frech sein, angeberisch rumreden [Angeberei]
„Der Karl riskiert gerne eine große Lippe. Bei seinem Chef ist er jetzt damit an den Falschen geraten. Der hat ihn nämlich einfach rausgeschmissen."
Herkunft → etwas nicht über die **Lippen** bringen

sich auf die **Lippen** beißen
→ sich auf die **Zunge** beißen

etwas nicht über die **Lippen** bringen
etwas (aus Angst u. ä.) nicht zu sagen trauen [Schweigen]
„Sie hat niemals ein gutes Wort von ihrem Ehemann gehört. So etwas brachte er in sieben Ehejahren nicht über die Lippen. Deshalb will sie sich jetzt scheiden lassen."
Die Lippen sind redensartlich fast ausschließlich Sinnbilder der Sprache und des Sprechens, die verschlossenen Lippen insofern natürlich die des Schweigens. Da Zunge und Lippen neben dem Sprechen vor allem dem Essen und Trinken zugeordnet sind, sind einige redensartliche Verwendungen auch auf die Bedeutungen Hunger und Durst bezogen (trockene/durstige Lippen haben). Oft werden Eigenschaften der Lippen (Größe/Temperatur/Farbe/Gewicht) redensartlich und in der Dichtersprache mit dem Inhalt der Worte (eine große **Lippe** riskieren), der Emotion oder dem Charakter des Menschen (kalte/harte/falsche Lippen) gleichgesetzt, dem die Lippen gehören. Diese poetische Funktion teilen die Lippen mit dem Herzen. Insbesondere die Lippen der Frau sind dichterisch so reichhaltig charakterisiert worden, daß eine ganze Typologie entstanden ist; hier findet man die vollen/feinen/holden/süßen/roten/usw. Lippen, die fest zum Motiv der Frauenpreisung gehören. Schon im Hohen Lied des Alten Testaments findet man den Vergleich der Frauenlippen mit der Rose.

sich jmdm. auf die **Lippen** drängen
etwas gerne sagen wollen [Sprechabsicht]
„Vor Gericht drängt sich jedem die Frage auf die Lippen, warum der Zeuge die Bluttat nicht verhindert hatte."

das Wort erstarb ihm auf den **Lippen** (gehoben)
er hörte plötzlich (vor Schreck) auf zu sprechen [Verstummen]
„Als ihm plötzlich ein Wagen die Vorfahrt nahm, erstarb ihm das Wort auf den Lippen."

trockene/durstige **Lippen** haben
großen Durst haben [Durst]
„Nach dem Dauerlauf hatte ich ganz trokkene Lippen vor Durst."
Herkunft → etwas nicht über die **Lippen** bringen

an jmds. **Lippen** hängen
jmdm. gespannt zuhören [Hören]
„Wenn der Großvater vom Krieg erzählte, hingen wir Kinder alle an seinen Lippen."
Herkunft → etwas nicht über die **Lippen** bringen

nicht über jmds. **Lippen** kommen
nicht gesagt werden, unterdrückt werden [Schweigen]
„Trotz seiner Qualen kam kein Schmerzenslaut über seinen Lippen."

jmds. **Lippen** sind versiegelt (gehoben)
→ unter dem **Siegel** der Verschwiegenheit [Verschweigen]

mit **List** und Tücke (Zwillingsformel)
mit viel Geschick; mit großer Mühe [Mühe]
„Ich habe die Kinder gerade mit List und Tücke ins Bett gelockt, und jetzt mußt du ausgerechnet heute auf die Idee kommen, mit ihnen ein Gesellschaftsspiel zu spielen. Kann das nicht bis morgen warten?"
Das mit *lehren* verwandte Wort *List* bedeutete ursprünglich nur *Wissen, Kenntnis*. Erst allmählich wurde die (negative) *Schlauheit*, die *Hinterhältigkeit* (Arglist, Hinterlist) daraus, die dem Schwächeren das Überleben, dem Bösen jedoch die Verführung seiner Opfer ermöglicht. Mit *Tücke* wird ganz ähnlich die hinterhältige Sinnesart, die heimliche Arglist (Heimtücke) bezeichnet. Die Zwillingsformel *List und Tücke* ist seit dem frühen 17. Jh. belegt. In der heutigen Umgangssprache sind die ursprünglichen Bestandteile zugunsten der oben angegebenen Bedeutung abgeschwächt.

die alte **Litanei**
→ die alte **Leier**

loben: das lob ich mir!
das finde ich sehr gut [Vorliebe]
„Ein wunderbares kaltes Buffett hat die Akademie da wieder bestellt. Das lob ich mir! Komm, wir langen einmal kräftig zu!"
Das Verb *loben* mit persönlichem Dativ (das lob ich mir) ist erst seit dem 18. Jh. von Schriftstellern Nord- und Mitteldeutschlands (u. a. Lessing und Goethe) belegt.

ein **Loch** aufreißen, um ein anderes zu stopfen
neue Schulden machen, um alte Schulden bezahlen zu können [Schulden]
„Mein Bruder macht ständig ein Loch auf, um ein anderes zu stopfen. Lange wird er damit allerdings nicht mehr beibehalten können, weil ihm niemand mehr etwas leiht!"
Herkunft → wie ein **Loch** trinken

jmdm. ein **Loch/Löcher** in den Bauch fragen (umg.)
jmdn. durch Fragen unaufhörlich bedrängen und belästigen [Aufdringlichkeit]
„In einem bestimmten Alter fragen Kinder den Eltern Löcher in den Bauch. Da heißt es, die Geduld bewahren und sich um richtige Antworten bemühen."
Verletzungen des Körpers werden umg. gerne als *Loch* bezeichnet (*ein Loch im Kopf* usw.). In der Redensart wird der Redeschwall mit einer Verletzung verglichen.

auf/aus dem letzten **Loch** pfeifen (umg.)
gesundheitlich/wirtschaftlich usw. in äußerster Bedrängnis sein/gefährdet sein [Geldmangel]
„Einer Firma, die aus dem letzten Loch pfeift, gibt keine Bank einen Kredit."
Diese Redensart bezieht sich sicher auf die Löcher eines Blasinstruments. Sie ist seit dem 17. Jh. schriftlich belegt (Grimmelshausen: *Simplicissimus* I, 283).

im **Loch** sitzen (umg.)
im Gefängnis sitzen [Gefängnis]
„Wenn du erst einmal im Loch gesessen hast, hast du im normalen Leben kaum noch Chancen!"
Da Freiheitsstrafen dem altgermanischen Recht fremd waren, gab es auch keine Gefängnisse. Noch in der zweiten Hälfte des Mittelalters wurden daher Personen, die vorübergehend arrestiert werden sollten, in trokkene Brunnen, Hundehütten u. ä. gesteckt. Der dafür übliche Begriff *Loch* konnte auch später auf die meist engen und feuchten Verließe übertragen werden.

jmdn. ins **Loch** stecken
[Verhaftung]
→ im **Loch** sitzen

wie ein **Loch** trinken/saufen (umg.)
sehr viel Alkohol trinken [Alkoholgenuß]
„Früher hat er gesoffen wie ein Loch. Seit er seine Leber spürt, hat er keinen Tropfen mehr angerührt."
Das *Loch* ist ein redensartliches Sinnbild der Negativität par excellence. Es impliziert Enge und Gefangenheit ebenso wie Schadhaftigkeit, Unvollkommenheit und Schulden. Wer *wie ein Loch säuft,* in dessen

Körper passen Unmengen von Alkohol ebenso wie Wasser in ein „bodenloses“ Loch in der realen Landschaft.

Löcher in die Wand/Luft starren (umg.)
starr in eine Richtung/auf einen Punkt blicken [Blickverhalten]
„Wenn Michael nachdenkt, sitzt er oft stundenlang in seinem Zimmer und starrt Löcher in die Wand.“

nicht **lockerlassen** (umg.)
nicht aufgeben/nachgeben; an einem Vorhaben festhalten [Ausdauer]
„Du darfst nicht lockerlassen, dich um eine Stelle zu bemühen! Schließlich müssen andere auch lange suchen, bis sie eine finden!“
Wer die Zügel des Gespanns *fest im Griff hat*, der kann es lenken. Wenn man allerdings die Zügel *lockerläßt,* ist man nachgiebig und den Zugtieren ausgeliefert.

(Geld) **lockermachen/loseisen** (umg.)
(Geld) durch allerlei Tricks und Überredungskünste erhalten [Erlangung]
„Wenn ich bei meinem Vater noch etwas Geld lockermache, könnten wir zwei doch einmal ein verlängertes Wochende in Paris verbringen!“

die **Löffel** abgeben (umg.) [Sterben]

jmdn. über den **Löffel** barbieren/balbieren
jmdn. betrügen [Betrügerei]
„Mit diesem Preis wollte der Händler uns offenbar über den Löffel barbieren! Hier ist dasselbe Produkt zu wesentlich günstigerem Preis zu kaufen!“
Dorfbarbiere hatten früher den Brauch, die eingefallenen und faltenreichen Wangen von Bauern und älteren Leuten durch einen in den Mund eingeführten Löffel zu spannen, um so eine glatte Wölbung herzustellen, die leichter zu rasieren war. Diese Redensart meint also ursprünglich: *ohne Umstände/rücksichtslos behandelt werden.*

jmdm. eins hinter die **Löffel** geben
→ jmdm. eins hinter die **Ohren** geben
Löffel: jägersprachl. für *Ohren*

sich etwas hinter die **Löffel** schreiben
→ sich etwas hinter die **Ohren** schreiben

keine silbernen **Löffel** stehlen
ehrlich sein; nicht kriminell sein [Ehrlichkeit]
„Du brauchst nicht alles wegzuschließen, nur weil mein Bruder zu Besuch kommt! Schließlich hat er noch keine silbernen Löffel gestohlen!“
Der silberne Löffel dient in dieser Redensart als leicht zu verbergende Beute eines Gelegenheitsdiebs. Der „Löffeldieb“ ist auch in den volkstümlichen Geschichten Johann Peter Hebels (1760–1826) als liebevoll gezeichnete Figur aus dem Milieu der kleinen Leute zu finden.

er hat die Weisheit nicht gerade mit **Löffeln** gefressen
→ er hat die **Weisheit** nicht gerade mit Löffeln gefressen

seinen **Lohn** bekommen (ironisch)
bestraft werden [Strafe]
„Für das, was du deiner alten Mutter angetan hast, wirst du schon noch deinen Lohn bekommen!“
Gerade der Begriff *Lohn* ist durch die häufige Verwendung in der Bibel zu einem ironischen Gebrauch geradezu prädestiniert. Vgl.: um einen **Gotteslohn** arbeiten.

sich auf seinen **Lorbeeren** ausruhen (umg.)
nach einer Leistung keinen weiteren Ehrgeiz mehr entfalten [Faulheit]
„Seitdem er seine Abschlußprüfung geschafft hat, ruht er sich auf seinen Lorbeeren aus.“
Das Pathos des Lorbeerkranzes ist schon in der deutschen Klassik belächelt worden. Diese Redensart stammt von Goethe. Vgl. auch den von Heine geprägten Begriff *Vorschußlorbeeren.*

Lorbeeren ernten
wegen einer ausgezeichneten Leistung gerühmt/belohnt werden [Ruhm]
„Mit dieser Arbeit wirst du wohl keine Lorbeeren ernten! Dazu ist sie viel zu kritisch gegenüber der herrschenden Lehrmeinung

eingestellt!“
Mit Kränzen aus Zweigen des dem Apoll geweihten Lorbeerstrauchs wurden in der Antike Wettkampfsieger, siegreiche Feldherren und berühmte Dichter (poeta laureatus) bekrönt. Als Ruhm- und Siegessymbol ist der Lorbeer auch heute noch bekannt, auch wenn Klopstock versuchte, ihm die deutsche Eiche entgegenzusetzen. Diesem Vorschlag sind im wesentlichen nur die Turner gefolgt.

das große **Los** gezogen haben mit jmdm./etwas
großes Glück mit jmdm./etwas haben [Glücksfall]
„Meine Eltern haben miteinander wirklich das große Los gezogen! Seit vierzig Jahren sind sie glücklich verheiratet.“
Das Losen ist ein uraltes (mit magischen Vorstellungen behaftetes) Verfahren, Entscheidungen aller Art herbeizuführen. Thomas von Aquin unterscheidet das verteilende Losen (sors divisoria), das beratende/ratsuchende Losen (sors consultatoria) und das wahrsagende Losen (sors divinatoria). Für alle diese Aspekte des Losens stellt die Bibel viele Beispiele bereit (siehe etwa die Verlosung des Mantels Jesu), aber auch die klassische Antike und die Germanen kennen das Losorakel. Der Begriff *Los* selbst ist mit einem altnordischen Wort für *Blut* (eines Opfertieres) verwandt, so daß eine etymologische Beziehung zum Wahrsagen besteht. Der klassische Beleg für das Losen bei der Germanen findet sich in der *Germania* des Tacitus (10. Kapitel). Diese Stelle gibt auch Hinweise auf die Verwendung von Holzstäbchen (aus Eiche und Buche; daher Buchstaben) mit symbolischen Zeichen (Runen), deren Lage nach einem Wurf gedeutet wurde. So wurden Entscheidungen über Krieg und Frieden und insbesondere juristische Urteile gefällt, wobei eine enge Verwandtschaft zum Gottesurteil besteht, das bekantlich noch bei den mittelalterlichen Hexenprozessen eine Rolle spielte. *Los* bedeutet daher auch *Schicksal*. Auf den juristischen Aspekt des Losens verweist auch die Redensart *den kürzeren ziehen*. Heute wird das Losen (abgesehen von abergläubischen Vorstellungen, die jeder dabei empfinden mag) nur noch als mechanistisches Verfahren zur Herbeiführung von Entscheidungen bei Stimmengleichheit, zur Herbeiführung von Chancengleichheit oder im Sinne des Lotterieloses angewendet. Die redensartliche Verwendung *das große Los ziehen* ist seit Jean Paul belegt. Auch die romanische Wortsippe Lotto, Lotterie usw. stammt vom germanischen Los ab und ist zwischen dem 15. und 17. Jh. wieder ins Deutsche rückentlehnt worden.

los und ledig (Zwillingsformel)
ganz frei, unbelastet [Unbelastetheit]
„Wenn unser Sohn endlich einen Beruf hat, sind wir aller Sorgen los und ledig.“
Das Adjektiv *los* bedeutet *frei, ledig, ungebunden,* manchmal auch (in erweitertem Sinne) *fröhlich, mutwillig, frech* (ein *loses* Mundwerk haben (Goethe)). In verbalen Wortbildungen wird durch *los-* meist der Aspekt der Befreiung (jemanden losbinden) oder der Trennung (jemanden loslassen) betont. Die bildliche Vorstellung der *Eingebundenheit* in eine Ordnung hat Wendungen hervorgebracht wie: *was ist hier los?* oder *dort ist nichts los*. Konkret besteht hier auch die Vorstellung der Befreiung (Lösung) eines vorher gebundenen/gefangenen Bösen (der Löwe ist los; der Teufel ist los), aber auch einer Viehherde (die Pferde sind los) oder der Auflösung der menschlichen Ordnung (die Narren sind los). *Los* bezeichnet aber auch das Heraustreten aus einem ruhenden (gebundenen) Zustand: *Leinen los* ist das Signal des abfahrenden Schiffes, *auf die Plätze, fertig los!* das Startsignal im sportlichen Wettkampf. Meist ist damit auch die Vorstellung von Kraft und Gewalt (auf jemanden losgehen) verknüpft. Die damit skizzierten Dimensionen von *los-* sind in eine Vielzahl von Verbverbindungen eingeflossen, von denen eine ganz kleine Auswahl hier aufgeführt wird. Dazu kommen Bildungen wie *arglos, achtlos, atemlos* usw., die hier gar nicht berücksichtigt werden. Die mit *ledig* (frei, frei von Gefangenschaft/Strafe/Schuld/Verpflichtung usw.) gebildete Zwillingsformel *los und ledig* ist bis ins Altnordische zu verfolgen.

etwas **los** haben (umg.)
viel können/verstehen; tüchtig sein
[Können]
„Dein Zahnarzt hat wirklich was los! Das Gebiß, das er dir gemacht hat, ist wirklich eine hervorragende Arbeit!"
Herkunft → **los** und ledig

mit jmdm. ist etwas **los** (umg.)
mit jmdm. stimmt etwas nicht, jmd. ist krank/ hat Kummer usw. [Befinden]
„Was ist bloß mit dir los? Seit drei Tagen bist du streitsüchtig wie nie zuvor! Habe ich dir etwas getan?"
Herkunft → **los** und ledig

mit jmdm. ist nicht viel/nichts **los** (umg.)
jmd. ist (momentan oder ständig) mißgelaunt/langweilig/unfähig usw.
[Unbrauchbarkeit]
„Den Karl stellen wir für dieses Fußballspiel nicht auf. Mit dem ist heute nichts los."
Herkunft → **los** und ledig

dort ist nichts/nicht viel **los** (umg.)
dort ist es uninteressant/langweilig
[Uninteressantheit]
„Dort, wo ich früher wohnte, war überhaupt nichts los. In der Großstadt bekommt man da mehr geboten!"
Herkunft → **los** und ledig

dort ist was **los** (umg.)
1) *dort ist etwas passiert* [Ereignis]
2) *dort ist es interessant/lustig/betriebsam usw.* [Unterhaltung]
1) „Dort drüben stehen mehrere Feuerwehren. Da ist bestimmt was los! Komm, wir gehen mal hin!"
2) „Du mußt unbedingt zu unserem Klassenfest kommen. Da ist immer was los!"
Herkunft → **los** und ledig

was ist **los**? (umg.)
1) *was ist passiert?* [Ereignis]
2) *was hast du gesagt?* [Nichtverstehen]
1) „Warum rufst du mich denn an? Was ist denn los?"
2) „Die Leitung ist so schlecht, und ich verstehe dich kaum. Was ist los?"
Herkunft → **los** und ledig

jmdn. **loseisen** (umg.)
jmdn. von Verpflichtungen gegenüber anderen befreien [Befreiung]
„Es ist uns gelungen, diesen Star aus seinem Vertrag mit der Konkurrenz loszueisen. Er tritt jetzt für unsere Agentur auf!"
Loseisen bedeutet: *von eisernen Ketten/Fesseln befreien.* In diesem Bildzusammenhang sprechen wir auch von *bindenden Verträgen* und von Verbindlichkeiten.

etwas **loskriegen** (umg.)
1) *etwas lockern/entfernen* [Lockerung]
2) *etwas verkaufen/weggeben* [Verkauf]
1) „Kannst du mir mal helfen? Ich kriege diese verdammte Schrauben alleine nicht los!"
2) „Glaubst du, daß du deinen alten Wagen noch günstig loskriegst?"
Herkunft → **los** und ledig

jmdn. **loslassen** auf (umg.)
jmdm. Wirkungsmöglichkeit (in der Öffentlichkeit) bieten (obwohl er es nicht verdient); meist scherzhaft [Erlaubnis]
„Bevor wir Sie als Arzt auf die Menschheit loslassen, müssen Sie natürlich erst Ihren Doktorgrad erwerben!"

etwas **loslassen** (umg.)
1) *(Brief usw.) schreiben und absenden* [Schreiben]
2) *Witze erzählen/eine Rede halten usw.* [Reden]
1) „Jetzt reicht es mir! Jetzt werde ich einmal einen geharnischten Leserbrief loslassen, um auf diese Mißwirtschaft aufmerksam zu machen!"
2) „Der Viktor hat gestern einen Witz losgelassen – zum Totlachen!"
Loslassen bezieht sich ursprünglich auf die Freilassung eines gefangenen Menschen, eines angeketteten Tieres usw.
Herkunft → **los** und ledig

loslegen (umg.)
energisch anfangen
1) – *etwas zu tun* [Aktivität]
2) – *zu reden/Witze zu erzählen* [Reden]
3) – *zu schimpfen* [Schimpfen]
1) „Wenn der Frühjahrsputz angesagt ist,

legt meine Frau derart los, daß ich mich still in eine Kneipe verziehe!"
2) „Wenn der Adrian mit seinen Geschichten loslegt, dann biegen sich die Balken vor Lachen!"
3) „Du hättest mal hören sollen, wie die Marktfrau loslegte, als ich die Frische ihrer Ware bezweifelte!"
Herkunft → **los** und ledig

sich von jmdm. **lossagen**
sich von jmdm./seiner Ansicht/Partei usw. trennen [Trennung]
„Als seine Ansichten immer radikaler wurden, habe ich mich von ihm losgesagt."
Herkunft → **los** und ledig

losschießen (umg.)
1) *anfangen zu berichten/zu erzählen* [Reden]
2) *anfangen zu laufen* [Start]
1) „Nun spanne uns nicht länger auf die Folter und schieß endlich los! Wo bist du die ganze Zeit gewesen?"
2) „Als das Signal gegeben war, schossen die Läufer los."
Mit *losschießen* wurde ursprünglich nur die Abgabe eines Schusses bezeichnet. In Bedeutung 1) ist der Einfluß des Bildfelds {Argumentation ist ein Kampf} zu erkennen, während Bedeutung 2) der ursprünglichen Idee der plötzlich einsetzenden Bewegung noch näher steht.
Herkunft → **los** und ledig

losschlagen
1) *militärisch: angreifen* [Angriff]
2) *Alltag: etwas verkaufen* [Verkauf]
1) „Nach dem Slogan Angriff ist die beste Verteidigung hat derjenige einen Vorteil, der als erster losschlägt."
2) „Wenn wir den Preis noch etwas reduzieren, können wir sogar diese alten Ladenhüter losschlagen!"
Herkunft → **los** und ledig

lostigern (umg.)
anfangen zu gehen/zu marschieren usw. [Start]
„Wenn jetzt alle bereit sind, können wir endlich lostigern!"
Mit *tigern* wird scherzhaft die unruhige Hin- und Herbewegung des gefangenen Raubtieres (etwa des Tigers) in seinem engen Käfig bezeichnet. Das Bild ist als Gegensatz zu den eher martialischen Ausdrücken *losschießen, losstürmen, losmarschieren* usw. geprägt worden.
Herkunft → **los** und ledig

losziehen gegen jmdn. (umg.)
jmdn. mit Worten angreifen/schlechtmachen [Verunglimpfung]
„Du hättest einmal hören sollen, wie er gegen unseren Chef loszog, als dieser sich von der Betriebsfeier verabschiedet hatte. Das war wirklich nicht mehr zu ertragen, weil er ziemlich unfair wurde."
Als ursprünglich militärischer Begriff steht *losziehen* in Verbindung zu dem Bildfeld {Argumentation ist ein Kampf}.
Herkunft → **los** und ledig

etwas (wieder) ins **Lot** bringen
(jmdm.) helfen, etwas (wieder) in Ordnung zu bringen [Wiederherstellung]
„Dieser Streit mit deinem Vorgesetzten ist sicher nicht so schlimm. Das läßt sich sicher wieder ins Lot bringen!"
Herkunft → im **Lot** sein

(wieder) ins **Lot** kommen (umg.)
[Genesung] [Verbesserung]
→ im **Lot** sein

im **Lot** sein
in Ordnung sein, gesund sein [Gesundheit]
„Er hat die schwere Krankheit zwar einigermaßen überwunden, ist aber immer noch nicht ganz im Lot. Das dauert auch wohl noch eine Weile."
Das Lot im geometrischen Sinn ist eine in einem Punkt einer Kurve oder Fläche senkrecht stehende Gerade. Die Redensart bezieht sich auf das im Bauhandwerk gebräuchliche Senkblei, mit dem die Senkrechte bestimmt wird. Eine korrekt danach erstellte Mauer ist im Lot. Die Übertragung dieser Wendung auf den Menschen entspricht im Rahmen der Anthropologischen Semantik der positiven Bewertung der Senkrechten gegenüber Horizontalen, die mit der

liegenden Position des Kranken und Toten assoziiert wird.

nicht ganz im **Lot** sein (umg.)
[Krankheit]
→ im **Lot** sein

den Kopf in den Rachen des **Löwen** stecken
→ **Kopf** und Kragen riskieren

sich in die Höhle des **Löwen** wagen
einem mächtigen Menschen mutig gegenübertreten [Wagnis]
„Heute werde ich mich endlich in die Höhle des Löwen wagen und den Direktor persönlich um eine Gehaltserhöhung bitten!"
Diese Wendung geht auf eine Fabel des Äsop (um 550 v. Chr.) zurück. Der Löwe hatte sich krank gestellt und alle Tiere an sein Krankenlager in seiner Höhle gebeten. Nur der schlaue Fuchs zögerte, die Höhle zu betreten. Auf eine entsprechende Frage des Löwen antwortete der Fuchs: „Ich träte schon ein, wenn ich nicht sähe, daß so viele Spuren hinein-, keine aber herausführt."

den schlafenden **Löwen** wecken
→ schlafende **Hunde** wecken

den **Löwenanteil** bekommen
von einer Sache mehr bekommen, als einem zusteht [Ausnutzung]
„Ich finde es ungerecht, daß er den Löwenanteil des Erbes erhalten soll, obwohl er sich in den letzten Jahren gar nicht um seine Eltern gekümmert hat."
Der Begriff *Löwenanteil* geht auf eine Fabel des Äsop zurück. Der Löwe, der Esel und der Fuchs gingen gemeinsam auf die Jagd. Bei der Verteilung der Beute eignete sich der Löwe den Hauptanteil an und speiste die Gefährten mit einigen Knochen ab, ohne daß diese etwas dagegen unternehmen konnten. Nach diesem Muster wurde schon in der antiken Rechtssprache ein Vertrag, der nur einer der Parteien Nutzen bringt, als *societas leonina* bezeichnet.

aufpassen wie ein **Luchs**
→ aufpassen wie ein **Schießhund**

Augen wie ein **Luchs** haben
→ **Argusaugen** haben

ein **Lückenbüßer** sein
eine Aushilfe, eine Hilfskraft, die als Ersatz einspringt [Aushilfe]
„Ihr fragt mich doch nur deshalb, ob ich euch in die Berge begleite, weil Joachim sich ein Bein gebrochen hat. Ich habe jedoch keine Lust, nur als Lückenbüßer zu fungieren!"
Das mittelhochdeutsche Wort *büezen* bedeutet nicht nur *büßen* (Buße tun), sondern auch *besser machen, ausbessern.* Eine *Lükke* im allgemeinen Sinn ist die Unterbrechung eines Zusammenhangs, einer gefügten Ordnung. Das seit der Lutherzeit gebräuchliche *Lückenbüßer* bezeichnet abwertend jemanden, der nur aus einer Notlage heraus eingesetzt wird. In der Fachsprache der Presse ist ein Lückenbüßer eine kleine Meldung, die zwischen größere gesetzt wird, um Raum zu füllen (seit Beginn des 19. Jh.).

ein armes **Luder** (umg.)
eine bedauernswerte Frau [Frau] [Opfer]
„Johanna, dieses arme Luder, wird von allen Männern bloß ausgenutzt."
Das mittelhochdeutsche Wort *luoder* bezeichnete zunächst eine *Lockspeise, Verlokkung,* wobei schon früh der jagdtechnische Aspekt im Vordergrund stand. W. Falkner bezeichneten beispielsweise damit die Lockspeise, die sie dem Falken als Raub oder Beute bei der Dressur hinhielten. Die Jäger bezogen den Begriff auf das Aas, mit dem Raubtiere in Fallen gelockt wurden. Bezogen auf den Menschen galt als *Luder* alles, was verführt und damit in die Hölle lockt, womit nach der mittelalterlichen Vorstellung insbesondere die Frau gemeint war. Aus dem *Luder* wurde daher ein zunächst stark abwertender, später eher spöttischer Schimpf- und Neckname für Frauen, dem im Jargon der *Lude* (Zuhälter) entspricht. Neben dem *armen* Luder gibt es auch das *dumme* (gutmütige) und das *feine* (vornehm tuende) Luder. Frühreife Mädchen werden manchmal als *kleines Luder* bezeichnet. Der Bezug auf das Geschlechtliche ist dabei je nach den beigefügten Adjektiven

und dem generellen Verwendungskontext mehr oder weniger ausgeprägt, teilweise auch ganz zurückgedrängt.

heiße **Luft**
→ viel **Wind** machen
[Angeberei]

halt die **Luft** an (derb)
→ die **Klappe** halten [Schweigen]

jetzt halt aber mal die **Luft** an! (umg.)
1) *hör endlich auf zu reden* [Pause]
2) *übertreibe nicht so!* [Übertreibung]
1) „Jetzt halt aber mal die Luft an! Andere wollen auch einmal was zu dieser Geschichte sagen!"
2) „Du willst bloß fünf Stunden mit deinem Wagen bis nach Italien gebraucht haben? Jetzt halt aber mal die Luft an!"

gesiebte **Luft** atmen (umg.; scherzhaft)
→ hinter schwedischen **Gardinen** sitzen
[Gefängnis]

sich in **Luft** auflösen (umg.)
Pläne können nicht verwirklicht werden [Mißerfolg]
„Durch diesen finanziellen Rückschlag lösen sich die Pläne für ein neues Auto leider vorläufig in Luft auf."
Herkunft → die **Luft** ist rein

jmdm. geht die **Luft** aus
jmd. verliert seine finanzielle Handlungsfähigkeit, jmd. hat allmählich nicht mehr genügend Geld [Bankrott]
„Diese Firma hat einen Konkurrenten nach dem anderen aufgekauft. Dabei ist ihr dann die Luft ausgegangen, und jetzt ist sie pleite!"
Herkunft → die **Luft** ist rein

jmdn. wie **Luft** behandeln
jmdn. behandeln, als ob er nicht existiert; jmdn. mißachten [Mißachtung]
„Seit gestern behandelst du mich wie Luft! Habe ich dir vielleicht etwas getan? Bin ich vielleicht in ein Fettnäpfchen getreten, ohne es zu bemerken?"
Herkunft → die **Luft** ist rein

(wieder) **Luft** bekommen
(wieder) aus finanziellen Schwierigkeiten herauskommen [Verbesserung]
„Um die Firma stand es nicht besonders gut, aber durch diesen Auftrag haben wir wieder Luft bekommen. Für drei Jahre ist unsere Arbeit gesichert."
Herkunft → die **Luft** ist rein

jmdn./etwas brauchen wie die **Luft** zum Atmen
jmdn./etwas dringend brauchen, auf Existenz und Gegenwart von jmdm./etwas unbedingt angewiesen sein [Notwendigkeit]
„Nie könnte ich auf dem Land leben. Ich brauche die Anregungen der Großstadt wie die Luft zum Atmen!"
Herkunft → die **Luft** ist rein

in die **Luft** fliegen
explodieren [Explosion]
„Bei dem Großbrand bestand die Gefahr, daß auch das Tanklager in die Luft flog."

jetzt gibt es **Luft** (umg.)
jetzt gibt es mehr Platz [Raum]
„An der nächsten Haltestelle steigen immer viele Leute aus. Dann gibt es wieder mehr Luft hier drinnen!"
Herkunft → die **Luft** ist rein

an die (frische) **Luft** gehen
spazierengehen [Spaziergang]
„Ich geh noch mal kurz mit dem Hund an die frische Luft! In zwanzig Minuten bin ich wieder hier!"

(schnell/leicht) in die **Luft** gehen (umg.)
(schnell/leicht) zornig werden [Reizbarkeit]
„Mein Chef ist leider ein Choleriker. Beim kleinsten Anlaß geht er in die Luft."

aus der **Luft** gegriffen sein
frei erfunden sein; nicht den Tatsachen entsprechen [Lüge]
„Diese Behauptung ist völlig aus der Luft gegriffen!"

in die **Luft** gucken (umg.)
→ in den **Mond** gucken
[Benachteiligung]

Luft haben (umg.)
die Arbeit bewältigt haben und für neue Projekte Zeit haben [Handlungsspielraum]
„Nach Abschluß dieses Manuskriptes werde ich wieder Luft haben, um eine Reihe kleinerer Arbeiten abschließen zu können, die schon lange auf die Bearbeitung waren.“

es herrscht dicke **Luft** (umg.)
es herrscht eine gespannte Atmosphäre, gereizte Stimmung [Gereiztheit]
„Komm, wir verziehen uns ins Kino! Bei unseren Eltern herrscht mal wieder dicke Luft!“
Herkunft → die **Luft** ist rein

wieder **Luft** holen/schnappen können
wieder weniger angestrengt arbeiten, sich Ruhepausen gönnen [Schonung]
„An diesem Wochende habe ich den Vertragsentwurf aufgesetzt. Wenn alles klappt, kann ich anschließend wieder etwas Luft holen und für ein paar Tage nach Frankreich fahren.“
Herkunft → die **Luft** ist rein

kaum Zeit haben, **Luft** zu holen/zu schnappen
durch viele Arbeit abgehetzt sein/überfordert sein [Streß]
„Während der Arbeit an diesem umfangreichen Manuskript hatte ich kaum Zeit, um Luft zu schnappen.“
Herkunft → die **Luft** ist rein

in der **Luft** liegen
1) *bevorstehen; drohen* [Ahnung]
2) *naheliegen* [Erwartbarkeit]
1) „Wenn die Auseinandersetzungen zwischen diesen Staaten sich weiter zuspitzen, liegt ein bewaffneter Konflikt in der Luft.“
2) „Viele Entdeckungen werden unabhängig voneinander mehrfach gemacht, weil sie nach dem Stand des Wissens einfach in der Luft liegen.“
Die Wendung steht in einem meteorologischen Bildfeld, in dessen Rahmen vorausgeahnte Ereignisse (Ahnungen/Ideologien/Konflikte usw.) mit einem Wetterwechsel verglichen werden. Wichtigster Bezugspunkt ist dabei das aufziehende Gewitter. Von ihm und von den genannten Phänomenen kann man sagen: *zieht auf/zieht heran/ist im Anzug/braut sich zusammen/nähert sich/naht/kommt/droht* usw.

Luft machen/schaffen (umg.)
durch Aufräumen Ordnung, Platz und Übersicht schaffen [Ordnung]
„Auf meinem Schreibtisch lag ein ganzer Berg von Manuskripten. Heute habe ich da einmal Luft geschaffen und alles in die entsprechenden Aktenordner getan!“

sich/seinem Herzen/seinem Ärger usw. **Luft** machen
frei aussprechen, was einen bedrückt/ärgert usw. [Offenheit]
„Plötzlich hat es ihm gereicht, und er hat seinem Herzen Luft gemacht. Einige von uns haben ganz betreten auf die Erde geschaut, denn er hatte natürlich nicht ganz unrecht!“

jmdm. **Luft** schaffen
jmdm. finanziell helfen [Hilfe]
„Deine Überweisung hat mir erst mal Luft geschafft. Jetzt kann ich die dringendsten Schulden begleichen und mir den Gerichtsvollzieher vom Hals schaffen. Vielen Dank!“

Luft sein für jmdn.
jmdm. völlig gleichgültig sein, für jmdn. scheinbar nicht existieren [Desinteresse]
„Seit er sich in Sabrina verliebt hat, bin ich Luft für ihn!“
Herkunft → die **Luft** ist rein

(noch) in der **Luft** schweben/hängen
(noch) nicht entschieden/(noch) ungewiß sein; (noch) keine feste Grundlage haben [Unentschieden]
„Wo willst du denn studieren?“ „Es ist noch nicht sicher, wo ich einen Studienplatz erhalte. Deshalb hänge ich noch völlig in der Luft. Aber nächste Woche soll es bekanntgegeben werden!“
Herkunft → die **Luft** ist rein

die **Luft** ist raus (umg.)
→ nicht vom **Fleck** kommen
[Stagnation]

die **Luft** ist rein (umg.)
es ist niemand da, der uns hört oder sieht; es besteht keine Gefahr [Gefahrlosigkeit]
„Ich glaube, die Luft ist rein. Mutter ist zum Einkaufen gegangen. Jetzt können wir uns über den Kuchen hermachen!"
Die Luft symbolisiert redensartlich eine Fülle verschiedenartiger Domänen. Am bedeutsamsten ist ihre Rolle als zum Atmen und Leben notwendige Substanz (etwas brauchen wie die Luft zum Atmen). Daran knüpft sich eine Reihe physiologischer Befunde und Vergleiche an (*Jemandem bleibt die Luft weg* u. a.). Auch die *reine*, *dicke* und *frische Luft* gehören in diesen Zusammenhang, leiten aber bereits zu dem zweiten Bildbereich über: Luft gilt als Inbegriff des Durchsichtigen (Luft sein für jemanden), aber auch des Selbstverständlichen und daher Vernachlässigbaren (jemanden wie Luft behandeln). In Begriffen der räumlichen Orientierung (einschließlich der damit verbundenen Bewertungen) symbolisiert die Luft das Oben gegenüber dem Unten (in die Luft fliegen/gehen) und das Außen gegenüber dem Innen (jemanden an die frische Luft setzen). Durchsichtigkeit und Leichtigkeit machen die Luft ungreifbar und damit zum geeigneten Sinnbild des Unfundierten, Esoterischen, Unhaltbaren (noch in der Luft schweben, Luftschlösser bauen) sowie der Beschränkung auf das Äußerste (von Luft und Liebe leben).

die **Luft** ist zum Schneiden [Gestank]

jmdn. an die (frische) **Luft** setzen (umg.)
1) *jmdn. hinauswerfen* [Rauswurf]
2) *jmdn. entlassen* [Entlassung]
1) „Als der Zecher anfing zu randalieren, setzte ihn der Wirt an die frische Luft."
2) „Wer in meinem Betrieb der Gewerkschaft beitritt, wird sofort an die frische Luft befördert! Hier bin ich der Boss!"

sich **Luft** verschaffen/machen
sich freien Raum/Platz verschaffen [Raum]
„Bevor ich euch die Dias zeige, muß ich hier erst einmal Luft machen. Sonst weiß ich ja nicht, wohin ich den Projektor stellen soll!"

jmdm. bleibt die **Luft** weg
jmd. ist sehr erschreckt oder erstaunt [Erstaunen]
„Mir blieb fast die Luft weg, als ich von dem Lottogewinn erfuhr."
Herkunft → die **Luft** ist rein

jmdn. (förmlich) in der **Luft** zerreißen
1) *eine schlechte Kritik schreiben* [Kritik]
2) *sehr wütend auf jmdn. sein* [Wut]
3) *jmdn. sehr bedrängen* [Bedrängung]
1) „Das Konzert wurde von den Kritikern einhellig in der Luft zerrissen."
2) „Wenn du morgens das Bad immer so chaotisch hinterläßt, könnte ich dich förmlich in der Luft zerreißen!"
3) „Die Fans umlagerten den Filmstar in der Autogrammstunde so sehr, daß er förmlich in der Luft zerrissen wurde."

Luftschlösser bauen
(unrealistische) Zukunftspläne entwerfen [Plan]
„Unser Sohn macht uns Sorgen, weil er zwar viele Luftschlösser baut, sich aber nicht zu ihrer Realisierung anschickt!"
Nach der Bauwerk-Metaphorik benötigen auch Pläne, Theorien usw. ein „festes Fundament", „sichere Begründungen", „eine solide empirische Basis" usw. Da die Luft eine äußerst unsolide Basis für ein Gebäude darstellt, ist das *Luftschloß* seit dem 17. Jh. ein beliebter Ausdruck für schöne, aber unrealistische Pläne, Träume und Phantasien. Im Mittelhochdeutschen lautete eine vergleichbare Formel: *auf den Regenbogen bauen*. Der Franzose sagt dazu: *bâtir des châteaux en Espagne* (Schlösser in Spanien bauen). Vgl. auch: an etwas ist nicht zu **rütteln**; auf **Sand** gebaut haben. Noch älter ist aber die vergleichbare Vorstellung vom Wolkenkuckucksheim (vgl.: über den **Wolken** schweben).
Herkunft → die **Luft** ist rein

Lug und Trug (Zwillingsformel) (umg.)
alles ist nur Täuschung, Betrug, List [Betrug]
„Das klingt ja alles sehr schön, aber ich befürchte, es ist doch nur Lug und Trug! Wir sollten daher vorsichtig sein!"

Im Wortfeld der Lüge meint der *Lug* die einzelne, bewußt erzeugte Unwahrheit. Dieser veraltete Begriff ist nur noch in der Zwillingsformel *Lug und Trug* erhalten, die seit dem 16. Jh. belegt ist.

eine faustdicke **Lüge** (umg.)
eine grobe und unverschämte Lüge [Lüge]
„Ich soll die Unterlagen verlegt haben? Das ist eine faustdicke Lüge! Am fraglichen Tag hatte ich nachweislich Urlaub!"
Man hat die Lüge – ebenso wie das Lachen und Weinen, die Sprache und das Denken – als typisch menschliche Eigenschaft bezeichnet. Erst die neuere Verhaltensforschung hat gezeigt, daß auch manche Tiere – dem „Prinzip Eigennutz" folgend – zu Täuschungsverhalten fähig sind und damit individuelle Vorteile erzielen. Man könnte sie somit auf der Skala oder Typologie der Lügner einordnen, die Aristoteles in seiner Nikomachischen Ethik gibt und in deren Rahmen nicht nur das Lügen mit sprachlichen Mitteln, sondern auch das Lügen durch Handlung und Gebaren berücksichtigt wird. Auch Augustinus, welcher der „magna quaestio" der Lüge gleich zwei Monographien gewidmet hat (*De mendacio*, 395; *Contra mendacium*, 420), berücksichtigt am Rande die nicht-sprachliche falsche Zeichenkundgabe (falsa significatio); sein Hauptaugenmerk jedoch gilt der Schuld, die der Lügner durch eine „unwahre, mit dem Willen zur Täuschung vorgebrachte Aussage" (also das *Lügen mit sprachlichen Mitteln*) auf sich lädt. In der Scholastik und beinahe bis zur Neuzeit ist die kontroverse philosophische und moraltheologische Entfaltung der aristotelischen und augustinischen Vorstellungen betrieben worden. Erst Renaissance und Barock (Grotius, Pufendorf u. a.) bringen wesentliche Erweiterungen der Diskussion in Richtung auf juristische und politische, Idealismus und Aufklärung auf ethische, das 19. und 20. Jh. auf (sozial-) psychologische Dimensionen der Lüge. Mit Nietzsche wird die linguistische und (durch den Begriff der *Konvention*) sprachphilosophische Diskussion wieder aufgegriffen. In der *Linguistik der Lüge* Harald Weinrichs (1966) wird der Begriff des „Lügensignals" relevant. Das Lügensignal in diesem Sinne ist ein Fiktionssignal, das bewußt gesetzt ist, um den Leser zu amüsieren. Es wirkt implizit und entfaltet sich beispielsweise in allen Formen krasser Übertreibung und Überzeichnung (Karikatur), in übertriebenen (und dadurch erst Verdacht erweckenden) Wahrheitsbeteuerungen und in bestimmten Motiven (verkehrte Welt; der Himmel auf Erden) und Figurenkonstellationen. Form- und Gattungsmerkmale grenzen die Literatur von der realen (wahren) Welt genauso ab wie bestimmte Themen im Alltagsgespräch per se eine übertreibende Darstellung ermöglichen, ohne daß man im moralischen Sinne als *Lügner* dasteht (Anglerlatein, Jägerlatein). Gegenüber den sogenannten Lügengespinsten zeichnet sich die *faustdicke Lüge* durch eine gewisse Grobheit und einen eklatanten Widerspruch zwischen der augenscheinlichen Realität und dem behaupteten Wahrheitsanspruch einer Aussage aus und ist so gesehen wieder harmlos.

lügen wie gedruckt
→ **drucken**

jmdn. **Lügen** strafen
beweisen, daß jmds. Worte nicht wahr sind [Beweis]
„Du hast keinen Hunger? Dein Magenknurren straft dich aber leider Lügen, mein Lieber! Nimm dir ruhig ein Stück Kuchen!"

ein langer **Lulatsch**
→ **Laban**

sich nicht **lumpen** lassen (umg.)
im Vergleich zu anderen nicht weniger freigebig sein [Freigebigkeit]
„Vielen Dank für die vielen Geburtstagsgeschenke! Da will ich mich nun aber auch nicht lumpen lassen und lade euch alle zu mir ein!"
Das von dem Begriff *Lumpen* (Fetzen) abgeleitete Wort *der Lump* (jemand, der Lumpen trägt; ein Gauner) hat sich zu dem Verb *lumpen* weiterentwickelt. Wer sich *nicht lumpen läßt*, der will sich nicht als *Lump* beschimpfen lassen.

sich die **Lunge** aus dem Hals/aus dem Leib schreien/brüllen (umg.)
lange und sehr laut schreien/brüllen [Schreien]
„Ich schrie mir fast die Lunge aus dem Hals, aber niemand hörte mich."

Lunte riechen (umg.)
Verdacht schöpfen, etwas Negatives bemerken [Verdacht]
„Als die Diebe den Polizeiwagen bemerkten, rochen sie Lunte und machten sich aus dem Staub."
Die Lunte ist eine leicht brennbare Schnur, mit der früher das Pulver der Geschütze entzündet wurde. Sie entwickelte beim Abbrennen einen scharfen Geruch, der die Anwesenheit eines Schützen verriet, lange bevor man ihn sehen konnte. Die Redensart ist seit dem 17. Jh. belegt.

jmdn./etwas unter die **Lupe** nehmen (umg.)
etwas sorgfältig prüfen [Prüfung]
„Der Prüfungsausschuß wird die Kandidaten unter die Lupe nehmen und darüber entscheiden, wer zum Studium zugelassen ist."
Die Lupe hat ihren Namen von lat. *lupa* (Wölfin). Dieser Zusammenhang verläuft über den Namen *Wolf* für bestimmte Krankheiten , insbesondere für das „Wundlaufen", durch längere Märsche entstehende Wundflächen an der Innenseite der Oberschenkel. Diese im Soldatenjargon seit Jahrhunderten übliche Metaphorik hat sich in der medizinischen Fachsprache noch ausgeweitet, so daß man eine kreisförmige Geschwulst unter der Haut als *Wolfsgeschwulst* (Lupa) bezeichnete. Die runde, vergrößernde Glaslinse wurde im Franz. zuerst als *loupe* metaphorisiert, bevor sie um 1800 als Lupe ins Deutsche entlehnt wurde.
Herkunft → jmdn.auf dem **Kieker** haben

jmdn./etwas muß man mit der **Lupe** suchen
jmd./etwas ist kaum zu finden oder selten [Seltenheit]
„Wahre Menschenfreunde muß man mit der Lupe suchen. Die meisten Menschen handeln nämlich eher egoistisch!"

nach **Lust** und Laune (umg., Paarformel)
wie es beliebt, völlig zwanglos [Ungezwungenheit]
„Wir sind gerne mit den Kindern im Englischen Garten, weil sie dort nach Lust und Laune herumspielen können."

etwas mit **Lust** und Liebe tun (Paarformel)
etwas gerne tun [Neigung]
„Nur das, was man mit Lust und Liebe tut, gelingt wirklich."
Mit *Lust* bezeichnet man die Begierde, das triebhafte Verlangen (fleischliche Lust), aber auch eine psychologische Neigung und den Wunsch, eine bestimmte Handlung zu vollziehen (Ich hätte nicht übel Lust, dir eine runterzuhauen!). Die Paarformel *Lust und Liebe* taucht seit dem 17. Jh. in Sprichwortsammlungen auf: *Lust und Liebe zu einem Ding macht alle Müh und Arbeit gering*."

sich **lustig** machen über jmdn./etwas
jmdn./etwas (humorvoll oder bösartig) verspotten [Neckerei]
„Der Film *Moderne Zeiten* von Charlie Chaplin macht sich über die Auswüchse der modernen Industriegesellschaft lustig."
Das mit *Lust* verwandte Adjektiv *lustig* bedeutete früher: etwas begehrend. Daraus entwickelte sich die Bedeutung *Vergnügen bereitend; angenehm auffallend*. Erst seit dem 17. Jh. wird daraus die heute gültige Bedeutung: fröhlich sein. Sich *lustig machen* ist seither im redensartlichen Gebrauch üblich und meint: sich auf Kosten eines anderen Freude/Fröhlichkeit bereiten.

das kann ja **lustig** werden
→ das kann ja **heiter** werden
[Unannehmlichkeit]

reine/alles nur **Mache**! (umg.)
völliger Schwindel! [Betrug]
„Viele Leserbriefe kommen einem wie reine Mache vor!"
Herkunft → jmdn. in der **Mache** haben

etwas in der **Mache** haben (umg.)
an etwas arbeiten, etwas bearbeiten [Bearbeitung]
„Ich kann nicht in Urlaub fahren, weil ich meine Doktorarbeit in der Mache habe."
Herkunft → jmdn. in der **Mache** haben

jmdn. in der **Mache** haben (umg.)
1) *jmdm. zusetzen* [Ermahnung]
2) *jmdn. verprügeln* [Prügel]
1) „In der heutigen Besprechung hat der Chef uns ganz schön in der Mache gehabt, wegen der vielen Krankmeldungen in letzter Zeit!"
2 „Der eine Bursche hat den anderen so in der Mache gehabt, daß dem die Nase zu bluten anfing!"
Das von *machen* abgeleitete Substantiv *die Mache* bezeichnet die Handlung des Machens oder Verfertigens. Etwas, das *in der Mache* ist, wird gerade (wieder-)hergestellt; wenn ein Kleidungsstück eine *gute Mache* oder *Machart* hat, ist es schön gearbeitet. Das in der Schriftsprache seltene Wort nahm im 19. Jh. bezogen auf Geisteserzeugnisse einen negativen Sinn an und bezeichnet vorgetäuschte Ergebnisse und überzogene Darstellungsformen, wobei auch ein Bezug zu *Machenschaften* besteht.

mit mir kann man ja alles **machen**!/es ja **machen** (umg.)
ich bin ja viel zu gutmütig!, ich bin ja geduldig! [Gutmütigkeit]
„Ich soll schon wieder den Wagen ausleihen? Mit mir kann man ja alles machen!"
Die Verben *machen* und *tun* können für alle Arten der praktischen Verrichtung eingesetzt werden: *Heu / Licht / Essen / Verse /Kinder machen.* Auch in vielen Redensarten sind sie als generelle Geschehensindikatoren zu finden: *große Augen machen, sich lustig machen* usw. In Wendungen, in denen *machen* alleine vorkommt, wird es häufig in verhüllender Absicht gebraucht. Eine wichtige Bedeutungskomponente von *machen* ist die Wirkung (etwas aus sich machen, sich sehr gut machen). Beliebt ist *machen* auch in Gesprächsfloskeln, beispielsweise als Erwiderung auf eine Entschuldigung: „Entschuldigung!" „Das macht nichts. Ich bin versichert!" Aber wie konnte das Verb *machen* diesen weiten Bedeutungsspielraum entfalten? Dies erklärt sich aus seiner Etymologie. Sie verweist auf einen germanischen Wortstamm *makon* (kneten, streichen), der auch in *Masse* (Teigmasse) erhalten ist. Das alte Wort entfaltete sich dann sowohl im Bereich des Herstellens von Töpferwaren (der ja selbst wieder sehr vielfältig ist) als auch im Bereich der Lehmbereitung für den Hausbau, aus dem auch unser Wort *Wand* (gewundenes Geflecht) seine Bedeutung bezieht.

es miteinander **machen** (umg.)
→ etwas mit jmdm. **haben**
[Sexualität]

etwas **machen** (umg.)
seine Notdurft verrichten [Notdurft]
„Jetzt weint der Kleine schon wieder! Ob er was gemacht hat?"
Herkunft → mit mir kann man ja alles **machen**!

machen: mach dir nicht ins Hemd! [Angst]

etwas aus sich **machen**
sich entfalten, sich öffentlich zur Wirkung bringen [Wirkung]
„Unser Sohn hat so gute Anlagen! Wenn er bloß etwas mehr aus sich machen würde!"
Herkunft → mit mir kann man ja alles **machen**!

sich (sehr) gut **machen**
gut zur Geltung kommen [Wirkung]
„Dieses große Bild im Treppenhaus macht sich wirklich sehr gut!"
Herkunft → mit mir kann man ja alles **machen**!

sich nichts/nicht viel/wenig aus jmdm./etwas **machen**
jmdn./etwas nicht sehr mögen [Abneigung]
„Aus Torte mache ich mir wenig. Ich nehme lieber etwas Gebäck!"
Herkunft → mit mir kann man ja alles **machen**!

machen: mach dir nichts daraus/draus!
ärgere dich nicht darüber! [Tröstung]
„Mach dir nichts aus der Beule im Auto! Nach der Reparatur wird man davon nichts mehr sehen!"
Herkunft → mit mir kann man ja alles **machen**!

machen: unter dem macht er's nicht
→ **tun**: unter dem **tut** er's nicht

es nicht mehr lange **machen**
→ es nicht mehr **lange** machen [Sterben]

machen: nun mach schon (umg.)
beeile dich! [Beeilung]
„Nun mach schon! In 20 Minuten fährt der Zug ab!"

machtlos vis-à-vis stehen (umg.)
→ **vis-à-vis**

ein **Machtwort** sprechen
etwas Energisches sagen, die Entscheidung treffen [Entscheidung]
„Wenn ihr euch nicht einigen könnt, in welche Richtung wir gehen sollen, dann muß ich eben ein Machtwort sprechen: Wir gehen nach links!"
Der seit Luther bezeugte Ausdruck *Machtwort* bezeichnet das Wort/die Meinung/die Aussage eines Mächtigen bzw. ein Wort (usw.), das die Entscheidung herbeiführt.

eine **Macke** haben (umg.)
→ nicht ganz **dicht** sein
[Verrücktheit]

Mädchen für alles (umg.)
eine Hilfskraft, die einfache Arbeiten verrichtet [Helfer]
„Herr Schulz, unser Hausmeister, ist das Mädchen für alles!"
Mädchen ist eigentlich eine Verkleinerungsform zu *Magd*, ähnlich wie die Varianten *Mädel, Mägdlein, Maid* usw. Seit dem 17. und 18. J.h. gebrauchen die Dichter das Wort (anstelle des vorher üblichen *Jungfer*) mit Bezug auf das Liebesleben und das Liebesverhältnis. Gängige Charakterisierungen sind dabei: das *junge/hübsche/anmutige* Mädchen. Daneben erhält sich aber der Gebrauch von *Mädchen* im Sinne von *Magd* (Arbeitskraft), insbesondere in Wortbildungen wie: *Haus-/Dienst-/Kinder-/Küchenmädchen.* Das *Mädchen für alles* meint im Rahmen dieser Typologie: *die Magd/Angestellte, die für den gesamten Haushalt zuständig ist.* Heute kann diese Wendung (wie im Dialogbeispiel oben) sogar auf männliche Hilfskräfte und Personen, die für viele kleine Aufgaben zuständig sind, bezogen werden.

ein leichtes **Mädchen** (umg.)
[Prostitution]
leicht bedeutet hier: *leicht zu kriegen*

ein spätes **Mädchen** (umg.)
eine nicht mehr besonders junge, unverheiratete Frau (mit seltsamen Eigenheiten)
[Alter]
„Unsere Nachbarin ist sehr nett zu unseren Kindern. Sie ist ein spätes Mädchen und wird wohl selbst keine Kinder mehr bekommen!"
Herkunft → **Mädchen** für alles

leben wie die **Made** im Speck (umg.)
viel essen und trinken und sich dabei wohl fühlen [Essen] [Überfluß] [Wohlergehen]
„Im Urlaub haben wir gelebt wie die Maden im Speck. Dafür müssen wir jetzt fünf Kilo abnehmen, um wieder unser altes Gewicht zu erreichen!"
Eine Made ist eine wurmförmige Insektenlarve, die in verfaulenden Lebensmitteln vegetiert. Im Barock wurde sie Sinnbild des Todes und der Verwesung. Die *Made im Speck* ist ein emblematisches Motiv, das aus dem Gegensatz zwischen der vitalen Made und dem toten Fleisch, in welchem sie im Überfluß lebt, seine Spannung bezieht.

jmdn. **madig** machen (umg.)
jmdn. schlechtmachen [Verunglimpfung]
„Er hätte die Stelle bestimmt erhalten, wenn ihn sein vorheriger Vorgesetzter nicht madig gemacht hätte, als man sich bei ihm erkundigte."
Das von Maden befallene Fleisch wird *madig* genannt. Daraus hat sich die Bedeutung *verdorben, wertlos* entwickelt, die der Redensart zugrundeliegt.

jmdm. etwas **madig** machen (umg.)
jmdm. die Freude an etwas verderben; jmdm. etwas verleiden [Verunglimpfung]
„Durch deine ständige Nörgelei hast du mir den ganzen Film madig gemacht, auf den ich mich so gefreut hatte!"
Herkunft → jmdn. **madig** machen

sich **madig** machen (umg.)
sich unbeliebt machen [Unbeliebtheit]
„Niemand in unserem Hause kann ihn besonders gut leiden. Er hat sich durch einige kleinerer Affären überall madig gemacht!"
Herkunft → jmdn. **madig** machen

und das auf nüchternen **Magen**! (scherzhaft)
muß diese Unannehmlichkeit ausgerechnet jetzt passieren? [Unannehmlichkeit]
„Vor der Wohnungstür steht der Hauswirt mit der Kündigung. Und das auf nüchternen Magen!"

jmdm. dreht sich bei etwas der **Magen** um (umg.)
etwas verursacht Übelkeit [Übelkeit]
„Ich gehe nie mehr in einen Horrorfilm! Im letzten, den ich gesehen habe, hat sich mir beinahe der Magen umgedreht bei all dem Blut, den abgeschlagenen Gliedmaßen, Köpfen usw."
Im Bereich der Redensarten, die eine körperliche Symptomatik zum Gegenstand haben, ist der *Magen* insbesondere zuständig zur Vermittlung der Bedeutungen *Übelkeit, Hunger, Durst* und *Belastung*.

jmdm. hängt der **Magen** in der Kniekehle (umg.)
→ jmdm. knurrt der **Magen** [Hunger]

jmdm. knurrt der **Magen** (umg.)
jmd. ist sehr hungrig [Hunger]
„Ich mache mir ein paar belegte Brote. Mir knurrt nämlich der Magen. Willst du auch etwas essen?"

jmdm. (schwer) im **Magen** liegen (umg.)
1) *schwer verdaulich sein* [Unbekömmlichkeit]
2) *jmdn. bedrücken* [Kummer]
3) *jmdn. nicht leiden können* [Abneigung]
1) „Die Schweinshaxe liegt mir schwer im Magen."
2) „Der plötzliche Tod meines besten Freundes liegt mir schwer im Magen."
3) „Der neue Vorgesetzte unserer Abteilung liegt mir im Magen. Ich kann seine süffisante Art einfach nicht ertragen!"

etwas schlägt jmdm. auf den **Magen** (umg.)
1) *etwas verursacht Appetitlosigkeit/Magenschmerzen* [Übelkeit]
2) *etwas verdirbt die gute Laune* [Mißlaune]
1) „Ich mag heute kein Frühstück. Der Wein von gestern ist mir auf den Magen geschlagen."
2) „Die Nachricht, daß ich durch die Prüfung gefallen bin, ist mir auf den Magen geschlagen."
Herkunft → jmdm. dreht sich der **Magen** um

jmds. **Magen** streikt (umg.)
jmd. ist übersatt [Sättigung]
„Vielen Dank, aber ich will kein Stück Kuchen mehr. Mein Magen streikt!"

(na), Prost **Mahlzeit**! (umg.)
das ist unerfreulich! damit bin ich nicht einverstanden! [Pech]
„Prost Mahlzeit! Der rechte Reifen hat keine Luft mehr! Jetzt kann ich bei diesem Regen einen Reifenwechsel versuchen!"
Prost Mahlzeit (eigentlich: *Prosit Mahlzeit*) ist eine Höflichkeits- (seltener: Gruß-)Formel zu Beginn und zu Ende des Mittagessens. Heute ist sie meist zu bloßem *Mahlzeit!* verkürzt. Ein eigentlich erfreulicher Anlaß wird in einem gegenteiligen Sinn zitiert, um durch diesen Kontrast eine ver-

stärkte Bewertungsmöglichkeit zu erhalten. Der Gegensatz zwischen kommentiertem Ereignis und Kommentarformel wird als Ironie verstanden.

wie einst im **Mai** (umg.)
wie in der Jugendzeit [Jugend] [Erinnerung]
„Heute fühle ich mich wie einst im Mai!"
Diese durch Gedichte und Operetten bekannt gemachte Formel entspricht dem alten Bildfeld von den {Jahreszeiten des Lebens}. In diesem Bildfeld werden Kindheit und Jugend mit dem Frühling, Erwachsenenalter mit Sommer und Herbst, und das Alter mit Spätherbst und Winter gleichgesetzt. Entsprechende Allegorisierungen finden sich seit der Antike und verstärkt im Spätmittelalter und Barock.

Makulatur reden (umg.)
Unsinn reden [Unsinn]
„Reden Sie doch keine Makulatur! Sie wissen doch genau, daß die Angelegenheit andere Hintergründe hat!"
Das lat. Wort *macula* (Flecken) hat sich einerseits zu dem deutschen Begriff *Makel* und andererseits zu dem fachsprachlichen *Makulatur* weiterentwickelt. Als *Makulatur* wurden zu Beginn des Buchdrucks Fehldrucke bezeichnet, die nicht verwendet werden konnten.

malen: wie gemalt (umg.)
besonders schön [Ideal]
„Ist das nicht ein Wetter wie gemalt? Ich schlage vor, wir machen einen Ausflug an die Seen!"
Die Verwendung dieser Redensart zum Zweck der positiven Bewertung eines schönen Anblicks, aber auch anderer Eigenschaften, geht auf das 18. Jh. zurück. Bei Wieland findet sich etwa der Vers: „Sei schön, ich meine schön zum Malen."

schnöder **Mammon** (umg., scherzhaft)
Bargeld (als etwas Verachtenswertes, das man gleichwohl begehrt) [Geld]
„Für schnöden Mammon alleine wird sich wohl niemand einer derartig langwierigen Arbeit annehmen. Da müssen noch ideelle Gründe mit im Spiel sein!"
Bei den Syrern der vorchristlichen Jahrhunderte war Mammon der Gott des Reichtums, dem an bestimmten Festtagen gehuldigt wurde. In der Lutherbibel wird daraus ein Sinnbild des ungerechten (heidnischen) Reichtums (Matth. 6, 24); Luk. 16, 9).

dem **Mammon** dienen/frönen (scherzhaft, veraltend) [Geldgier]
→ schnöder **Mammon**

ein Knecht **Mammons** sein (scherzhaft, veraltend) [Geldgier]
→ schnöder **Mammon**

jmdn. durch die **Mangel** drehen (umg.)
jmdn. heftig rügen, jmdm. mit Fragen zusetzen [Bedrängung]
„Ich werde rauskriegen, wer die Fensterscheibe zerbrochen hat! Auch wenn ich euch dafür durch die Mangel drehen muß!"
Die Mangel ist die Glättrolle, durch welche die Wäsche gezogen wird. Ihren Namen hat sie von mittellat. *mangana* (manganum, Schleudermaschine). Die formale Gleichheit mit *der Mangel* (Fehler, Gebrechen, Defizit) ist zufällig. Letzteres leitet sich (wie franz. *manquer*) von lat. *mancus* (verstümmelt; daher: das Manko) ab und ist über die Rechtssprache ins Deutsche eingedrungen.

jmdn. in der **Mangel** haben (umg.)
→ jmdn. durch die **Mangel** drehen

der **Mann** auf der Straße (umg.)
der Durchschnittsbürger [Jedermann]
„Die Politiker interessiert nur zu Wahlzeiten, was der Mann auf der Straße denkt!"
Herkunft → seinen **Mann** stehen

alle **Mann** hoch
alle [Jedermann]
„Nach den Beratungen gingen alle Mann hoch in die Kantine."
Hoch ist in dieser Wendung eine Maßbezeichnung, die analog zu Begriffen wie *zwei Meter hoch, himmelhoch* usw. gebildet ist.

ein **Mann**, ein Wort!
was versprochen ist, wird auch gehalten! [Zuverlässigkeit]

„Ich habe Ihnen den Wagen für 5000 Mark versprochen. Dabei bleibt es auch! Ein Mann, ein Wort!"
Das sogenannte „Manneswort" ist Teil der alten Rechtsgepflogenheiten, die sich mit der „versprochenen" Vertrags- und Bündnistreue verbinden.
Herkunft → seinen **Mann** stehen

es ist Not am **Mann**
→ es ist **Not** am Mann

der kleine **Mann** (umg.)
→ der **Mann** auf der Straße
[Jedermann]

mein lieber **Mann**! (umg.)
1) *Ausruf der Warnung* [Warnung]
2) *Ausruf des Erstaunens und der Bewunderung (oft auch ironisch)* [Erstaunen]
1) „Mein lieber Mann! Das war knapp! Das nächste Mal sollten Sie besser auf den Verkehr achten, wenn Sie eine Straße überqueren!"
2) „Diese Villa gehört wirklich Ihnen? Mein lieber Mann! Da haben Sie ja mindestens eine halbe Million reingesteckt!"
Guter Mann und *lieber Mann* sind alte Anredeformeln, die heute nur noch zum Ausdruck bestimmter Einstellungen (häufig herablassend oder ironisch) verwendet werden.

mit **Mann** und Maus (untergehen) (Paarformel)
ein Schiff versinkt mitsamt Besatzung, Ladung usw. [Untergang] [Ausnahmslosigkeit] [Gesamtheit]
„Vor diesem Kap ist die gesamte spanische Flotte mit Mann und Maus untergegangen. Heute versucht man, die Schätze aus den Wracks zu bergen."
Trotz ihrer altertümlichen Form ist diese Paarformel erst seit dem 18. Jh. belegt. Die semantische Bildungsregel lautet: menschlich (Mann) vor nicht-menschlich (Maus).

von **Mann** zu Mann
offen und ehrlich, ohne Beschönigung [Offenheit]
„Nun laß uns mal von Mann zu Mann sprechen: Warum willst du denn unbedingt ins Ausland gehen? Hast du Angst vor der politischen Entwicklung in Deutschland?"
Herkunft → seinen **Mann** stehen

ein **Mann** von Welt
→ ein Mann von **Welt**

wie ein **Mann** (*ein* betont)
alle miteinander, ohne Ausnahme [Ausnahmslosigkeit]
„Als die Regierung die neuen Sparmaßnahmen verkündete, befolgten die Arbeitnehmer die Streikaufrufe ihrer Gewerkschaften wie ein Mann."
Diese Wendung steht im Zusammenhang des Bildfelds {Kollektivkörper}. Dieses Bildfeld vergleicht Staaten, kommunale Körperschaften und Institutionen mit einem Körper mit Haupt und Gliedern. Die Menschen, die eigentlich diese Institutionen bilden, werden kollektiv diesem Über-Körper zugeordnet und *unter einen Hut* gesteckt. Das Hauptmerkmal des kollektiven Körpers ist der kollektive Kopf (mit einer Zunge reden). Das Alter dieses Bildfelds erkennt man daran, daß die Wendung *wie ein Mann* bereits im Alten Testament (Richter 20,1) vorkommt.

eine Frau an den **Mann** bringen
[Heiratsvermittlung]
→ etwas an den **Mann** bringen

etwas an den **Mann** bringen (umg.)
etwas verkaufen [Verkauf]
„Mit dieser Sonderpreis-Aktion haben wir auch Ware an den Mann gebracht, die schon zwei Jahre auf Lager lag!"
Die Redensart bewahrt in ihrer generalisierenden Bedeutung, die Männer und Frauen umfaßt, einen Aspekt der alten Rechtsauffassung, nach der nur der Mann geschäftsfähig war. Gelegentlich findet sich (als Folge der Sprachkritik) heute auch die Variante: *etwas an die Frau bringen.*
Herkunft → seinen **Mann** stehen

du hast wohl einen kleinen **Mann** im Ohr? (umg.)
du bist wohl verrückt? [Verrücktheit]

„Bei diesem Regen willst du spazierengehen? Du hast wohl einen kleinen Mann im Ohr?"
Der *kleine Mann* im Kopf oder im Ohr geht auf alte dämonistische Vorstellungen zurück. Er wird für verrückte „Einflüsterungen" in den Verstand des Besessenen verantwortlich gemacht. Die Redensart bewahrt zumindest sprachlich die Erinnerung an diesen Aspekt alter Volksmagie und -heilkunde. Vgl.: jmdm. sitzt der **Schalk/ Schelm** im Nacken.

ein **Mann** der Feder sein (gehoben)
ein Schriftsteller sein [Schreiben]
„Als Mann der Feder hat er die Aufgabe, die Zustände in diesem Staat publik zu machen."
Mit *Feder* ist in dieser Wendung die Schreibfeder gemeint, die bis zum Beginn des 20. Jahrhunderts noch als Schreibwerkzeug Verwendung fand.

ein gemachter **Mann** sein (umg.)
ein wirtschaftlich erfolgreicher Mann [Erfolg]
„Durch eine erfolgreiche Aktienspekulation wurde er über Nacht ein gemachter Mann."
Herkunft → seinen **Mann** stehen

ein geschlagener **Mann** sein
politisch/wirtschaftlich usw. erfolglos sein [Erfolglosigkeit]
„Zuversichtlich betrat er den Verhandlungsraum, als geschlagener Mann verließ er ihn wieder."
Herkunft → seinen **Mann** stehen

ein **Mann** des Todes sein
dem Tode nicht entgehen können [Sterben]
„Wer versucht, dieses Minenfeld zu durchqueren, ist ein Mann des Todes!"

selbst ist der **Mann**
notfalls muß man sich selbst helfen (können) [Selbständigkeit]
„‚Selbst ist der Mann!' dachte Viktor und machte sich ein Butterbrot, obwohl er sonst in der Küche keinen Finger zu rühren pflegt."
Selbst hebt das eigene, direkte, persönliche Tun und Handeln eines Menschen hervor (der Meister selbst hat hier letzte Hand angelegt), wobei häufig ein Austausch mit *persönlich* möglich ist (hier kocht der Chef persönlich). Als Ausdruck der Selbstbezogenheit, Selbständigkeit und als Verstärkung ist *selbst* in vielen Sprichwörtern und Redensarten zu finden (*Selbst essen macht satt* usw.). Die Selbsthilfe ist ebenfalls gepriesenes Allgemeingut, wobei früher häufig der göttliche Beistand als gegeben angesehen wurde (Hilf dir selbst, dann hilft dir Gott). Auch die Formel *selbst ist der Mann* ist spätestens seit dem 17. Jh. weit verbreitet. In neuerer Zeit ist sie als Übersetzung des englischen Ausdrucks *do it yourself* wieder aktualisiert und popularisiert worden.

den großen/starken/wilden **Mann** spielen/ markieren (umg.)
sich so benehmen, als sei man groß/stark/ wild usw. [Angeberei]
„Im Büro markiert unser Chef den wilden Mann, aber zu Hause bei seiner Frau hat er nichts zu sagen. Deshalb tobt er sich hier aus!"
Der Mann spielt im Aberglauben keine besondere Rolle. Eine der wenigen männlichen Spukgestalten mit überregionaler Bedeutung ist der Riese. Ihm stehen als regionale Varianten der *wilde Mann* (häufig auch der *wilde Jäger*) und der *starke Mann* zur Seite. Je nach Region soll ihr Erscheinen entweder krankmachen oder Glück bringen. Die in Märchen, Sagen usw. vorgestellten Gestalten haben sich alltagssprachlich zu der spöttischen Redensart verdichtet.

seinen **Mann** stehen
sich bewähren [Bewährung]
„Obwohl er noch jung ist, hat er doch in dieser Stunde der Bewährung seinen Mann gestanden und die Firma gut nach außen vertreten."
Das gemeingerman. *man* (Mann) geht wohl auf altindisch *manú* (Mensch) zurück und bezeichnet (wie im Engl.) zunächst allgemein den Menschen (ohne Rücksicht auf das Geschlecht). Da nach der altgermanischen Rechtsauffassung nur der Mann voll

rechtsfähig war, erfolgte schon früh eine Einengung der Bedeutung *Mann* = männlicher Erwachsener. Im von *Mann* abgeleiteten Pronomen *man* (*das tut man nicht!* usw.) ist der ungeschlechtliche Gebrauch noch deutlich erkennbar, ebenso in manchen Redensarten (*selbst ist der Mann, es ist Not am Mann* u. a.). Seit den siebziger Jahren wird dieser generalisierende Gebrauch von *Mann* und *man* im Rahmen einer stärkeren Sensibilisierung für (angeblich oder tatsächlich) „sexistischen" Sprachgebrauch jedoch stark kritisiert. So wird etwa vorgeschlagen, die Formen *Frau* (selbst ist die Frau) und *frau* dann einzusetzen, wenn tatsächlich nur weibliche Personen gemeint sind (Rauchen auf der Straße? Das tut frau nicht!) bzw. sowohl *man* als auch *frau* zu setzen, wenn beide Geschlechter gemeint sind. Ob man/frau sich an diesen Gebrauch gewöhnen wird, sei dahingestellt. Konsequenterweise müßten dann nämlich auch Pronomen wie *jemand* und *niemand* zu *jefrau* und *niefrau* umgestaltet werden. Im erläuterten Sinn dient *Mann* in Redensarten häufig als Kollektivbegriff, ähnlich wie *Mensch*. Als kollektive Gruppe gilt dabei in älterer Zeit der Stand (der gemeine Mann); in der Zeit der Meinungsumfrage wurde er durch den *Mann auf der Straße* (bzw. den *kleinen Mann*) ersetzt. Speziellere Kollektive sind die Schriftsteller (ein Mann der Feder), die Todgeweihten (ein Mann des Todes) oder die Erfolgreichen (ein gemachter Mann sein). Auch er Männlichkeitswahn wird in einigen Redensarten karikiert (den großen/starken/wilden Mann spielen). Die erwähnten Rechtsvorstellungen liegen dagegen Redensarten wie *etwas an den Mann bringen* und *von Mann zu Mann* zugrunde. Wer *seinen Mann steht*, ist kampffähig und -bereit, er stellt sich dem Gegner bzw. den Anforderungen des Lebenskampfes. {Lebenskampf}

Männchen machen
ein Tier, das sich wie ein Mensch (auf den Hinterbeinen) aufrichtet [Dressur]
„Der Dompteur hat den Löwen und Tigern beigebracht, auf ihren Podesten Männchen zu machen und dabei zu fauchen."
Mit *Männchen* (kleiner Mann) wird in der Regel das männliche Tier gegenüber dem weiblichen bezeichnet, sofern nicht speziellere Ausdrücke (wie insbesondere bei den Haustieren: Hengst, Stute; Stier, Kuh usw.) existieren. Die Redensart *Männchen machen* bedeutet dagegen: *sich wie ein kleiner Mensch verhalten; aufrecht sitzen oder gehen.* Die Wendung ist seit dem 17. Jh. belegt. *Männchen* bedeutet auch das niederländische *manekin*, das über das Franz. als *Mannequin* zu uns gekommen ist. Aus der ursprünglichen Schneiderpuppe ist jedoch mittlerweile die Vorführdame bei Modeschauen geworden.

nicht mehr wissen, ob man **Männchen** oder Weibchen ist
→ ich bin kein **Mensch** mehr [Erschöpfung]

Manns genug sein
fähig/tatkräftig/energisch/mutig usw. genug sein, um etwas Bestimmtes zu leisten
[Können]
„Sie werden doch wohl Manns genug sein, die Vorstellungen unseres Konzerns gegenüber den Umweltschützern auf dieser Pressekonferenz zu vertreten, Herr Dr. Gilb!"
In manchen Redensarten wird *Mann* im Sinne von *Mut, Tapferkeit, Tatkraft* usw. verwendet (*ein wahrer/rechter Mann* usw.). Derartige Wendungen beziehen sich historisch auf den Kämpfer, bzw. auf den Vasall des Lehensherrn, der mit in die Schlacht zieht. Dieser Herkunft entspricht der alte (heute nur noch ironisch gebrauchte) Plural *die Mannen* (statt: *die Männer*). Reste dieses Prinzips der Gefolgschaftstreue finden sich in Wendungen wie: *Sie sind mein Mann!* mit der Bedeutung: *Sie sind* (für diese Aufgabe/Position) *der Richtige!* Fast ausschließlich ironisch dagegen wird der als klischeehaft empfundene Ausdruck *ein Mann der Tat* verwendet – zumindest in der Alltagssprache. In gehobener Schriftsprache kann er dagegen mit der Bedeutung *Tatkraft* gelegentlich noch gebraucht werden (Churchill war ein Mann der Tat), insbesondere wenn ein Kontrast ausgedrückt werden soll (... und nicht nur ein Mann der Feder!).
Herkunft → seinen **Mann** stehen

Manschetten haben vor jmdm./etwas (umg.)
sich vor jmdm./etwas fürchten [Angst]
„Vor der praktischen Fahrprüfung habe ich keine Manschetten, aber vor den schriftlichen Fragen! Ich kann mir nämlich die Zahlen der zulässigen Höchstgeschwindigkeiten der verschiedenen Fahrzeugtypen nicht merken!"
Diese Redensart stammt aus der Studentensprache des 18. Jahrhunderts, als die neue Mode der überhängenden Manschette den Gebrauch des Degens beim Fechten behinderte. Wer *Manschetten hatte*, konnte dies als Ausrede vor einer Mensur gebrauchen. Als Teil der Adelstracht wurde die Manschette auch in den Zeiten der bürgerlichen Revolution von 1848/49 verspottet und als Sinnbild der Verweichlichung angesehen. In der Gaunersprache sind die Manschetten eine Umschreibung für die Handschellen. Vgl.: **Gamaschen** haben.

den **Mantel** der (Nächsten-) Liebe über etwas decken (scherzhaft, ironisch)
über einen Fehler/etwas Negatives schweigen [Vergebung]
„Diesmal wollen wir Ihre Verfehlung noch mit dem Mantel der christlichen Nächstenliebe zudecken, aber falls Sie sich nicht bessern, wird es kein Pardon mehr für Sie geben!"
Der Mantel dient vielfach als Sinnbild für etwas Deckendes, Verhüllendes und Schützendes. Biblisch ist die Vorstellung, daß die Liebe eine ähnliche „bemäntelnde" Funktion hat (Salomo 10,12; 1. Brief Petri 4,8). Daraus hat sich im Mittelalter (Hugo von Trimberg: *Der Renner* V. 3307 ff) und in der Bildersprache des Barock der *Mantel der (christlichen) Nächstenliebe* entwikkelt. Die Prägnanz dieses Bildes hat es zu einem beliebten Motiv der Predigtsprache gemacht, so daß es heute als salbungsvoll empfunden und vorwiegend ironisch gebraucht wird.

seinen **Mantel**/sein **Mäntelchen** nach dem Wind hängen/drehen
→ seinen Mantel/sein Mäntelchen nach dem **Wind** hängen/drehen

einer Sache ein **Mäntelchen** umhängen
etwas Negatives als harmlos/einwandfrei erscheinen lassen [Vertuschung]
„Wenn Politiker sich bestechen lassen, wird der Sache meist ein Mäntelchen umgehängt, und das Ganze wird als ‚Parteispende' deklariert."
Der Mantel als Symbol des Schützenden und Verbergenden hat auch im alten Rechtsleben eine Rolle gespielt. Nach den Rechtsvorschriften des Sachsenspiegels konnte ein vor der Ehe geborenes Kind nachträglich dadurch legitimiert werden, daß die Mutter es während der Trauungszeremonie unter ihrem Mantel barg. Diese „Mantelkinder" (mittellat. *Filii mantellati*, franz. *enfants mis sous le drap*) waren den ehelich geborenen Kindern also völlig gleichgestellt.

erzähl doch keine **Märchen**! (umg.)
lüge doch nicht so! sag doch die Wahrheit! [Lüge]
„Du willst bis 22 Uhr im Büro gewesen sein? Erzähl doch keine Märchen! Du warst sicher wieder in der Kneipe!"
Obwohl reichlich durch „Lügensignale" als Fiktion gekennzeichnet, gelten *Märchen* redensartlich als Inbegriff der Täuschung und der Lüge.

bis ins **Mark** erschrecken
bis ins Innerste erschrecken [Schreck]
„Das plötzliche Geräusch aus dem Keller erschreckte ihn bis in das Mark."
Herkunft → durch **Mark** und Bein

durch **Mark** und Bein gehen
etwas erschüttert jmdn. sehr; ein furchtbares Erlebnis, das einem ganz und gar nahegeht [Schock]
„Das Schreien der Verletzten ging allen Helfern durch Mark und Bein."
Das Mark ist der Inhalt der Knochen und zusammen mit diesen das Sinnbild des Innersten. Der alte Gebrauch von *Bein* (Knochen) findet sich noch in *Gebein/die Gebeine* wieder. Auffällig ist die Reihenfolge *Mark und Bein*, da etwas, das von außen eindringt, zunächst durch den Knochen und dann erst in das Mark dringt. Hier mag eine lautliche Angleichung an andere Paarfor-

meln vorliegen, in denen dunklere vor helleren Vokalen stehen (*jahraus, jahrein; hoch und heilig; Lust und Liebe* usw.). Jedenfalls steht die Formel seit Luther fest: „Denn das Wort Gottes ist lebendig und kräftig und (...) durchdringt Seele und Geist, Mark und Bein." (Hebr . 4, 12) Gegenüber *das Mark* (Knochenmark) bezeichnet *die Mark* sowohl ein Grenzzeichen (die Markierung) als auch ein Grenzgebiet (Mark Brandenburg), in Anlehnung daran aber auch gelegentlich Grenze oder Landstrich selbst. Wenn ein Stück Edelmetall amtlich mit einem Prägezeichen „markiert" wird, wird es zu einem Zahlungsmittel. Daraus leitete sich im 12. Jh. die Bedeutung *Geldstück* ab; aus *Mark* wurde so auch der Name der heutigen deutschen Währungseinheit.

durch **Mark** und Pfennig gehen
scherzhafte Variante von
→ durch **Mark** und Bein

keine müde **Mark** mehr haben (umg.)
völlig pleite sein [Geldmangel]
„Ich habe keine müde Mark mehr. Kannst du mir was borgen?"

eine schnelle **Mark** machen (umg.)
rasch viel Geld verdienen [Verdienen]
„Wenn man Glück hat, kann man in der Spielbank eine schnelle Mark machen."

jmdn. bis aufs **Mark** quälen/schikanieren
jmdn. im höchsten Maß und rücksichtslos quälen usw. [Quälerei]
„Obwohl er bis aufs Mark gequält wurde, verriet der Gefangene seine Kameraden nicht."

jmdm. das **Mark** aus den Knochen saugen
jmdn. ausbeuten/ausnutzen [Ausbeutung]
„Der Landvogt, der die Steuern eintrieb, saugte der Bevölkerung schier das Mark aus den Knochen."

(bis) ins **Mark** treffen
1) *jmdn. zutiefst verletzen* [Demütigung]
2) *jmdn./etwas vernichten* [Vernichtung]
1) „Der Hohn und Spott, der ihm entgegenschlug, traf den Dichter bis ins Mark. Still verließ er den Vortragssaal."
2) „Der andauernde Streik hat die gesamte Autoindustrie Italiens ins Mark getroffen."
Herkunft → durch **Mark** und Bein gehen

jmdm. den **Marsch** blasen (umg.)
jmdm. gehörig die Meinung sagen
[Ermahnung]
„Wirst du wohl höflicher zu den alten Leuten sein! Ich glaube, ich muß dir mal den Marsch blasen!"
Diese Redensart stammt aus der Soldatensprache des 19. Jahrhunderts. Die Zeichen für Ab- und Vormarsch wurden früher durch militärische Horn- und Blassignale gegeben.

den **Marschallstab** im Tornister tragen (gehoben)
eine Karriere machen können, ein hohes Ziel erreichen können [Erfolg]
„Wer in unserer Firma als Lehrling anfängt, trägt den Marschallstab im Tornister. Auch unser Abteilungsleiter war früher nur ein Laufbursche."
Der Marschall war im Mittelalter der Aufseher über die Streitrosse (die Mähren). Daraus entwickelte sich ein hohes Hofamt und im militärischen Bereich der Titel des Höchstkommandierenden (Feldmarschall). Da gerade in Kriegszeiten ungewöhnlich rasche und steile Karrieren möglich sind, lag eine Wendung dieser Art nahe, die zwei Kennzeichen des Ranges (Tornister des einfachen Soldaten/Würdenstab des Marschalls) miteinander in Beziehung setzte (Kontrast). Ihre Prägung wird gewöhnlich Napoleon zugeschrieben.

das ist die **Masche** (umg.)
die beste Methode [Methode]
„Aktien des ABC-Konzerns zu kaufen, war vor zwei Jahren die Masche, um schnell reich zu werden."
Das Wort *Masche* hat zwei verschiedene Ursprünge, die sich noch in den verschiedenen Redensarten abzeichnen. Alle Wendungen, die den Aspekt der (günstigen) Gelegenheit, des Tricks usw. betonen, gehen auf ein jiddisches Wort (mezio) zurück, welches *Gewinn, Lösung, Gelegenheit* bedeu-

tet. Es ist über das Rotwelsch in die Gaunersprache eingedrungen und in den Redensarten *das ist eine tolle Masche* und *auf einer Masche reiten* erhalten. Dagegen geht die Redensart *durch die Maschen des Gesetzes schlüpfen* auf ein germanisches Wort (masca) zurück, das in der Jägersprache das Netz oder die Schlinge bezeichnete. Heute wird es fast nur noch in Verbindung zum Stricken bzw. im Sinne von *der Strumpf hat eine Masche* (ein Faden im Gewebe ist defekt) gebraucht.

auf einer **Masche** reiten/reisen (umg.)
1) *mit einem Trick arbeiten* [Betrug]
2) *sich einem Modetrend anschließen* [Trend]
1) „Die Betrüger reisen auf folgender Masche: Sie behaupten, daß in der Gegend Falschgeld im Umlauf sei, das sie konfiszieren müßten. An dieser Geschichte ist natürlich kein Wort wahr!"
2) „Nach dem Erfolg der Reggae-Musik sind auch viele weiße Musiker auf dieser Masche geritten, um sich ein Stück von dem Erfolgskuchen zu sichern."
Herkunft → das ist die **Masche**

durch die **Maschen** des Gesetzes schlüpfen
nicht bestraft/verurteilt werden
[Entkommen]
„Mit einem guten Anwalt ist es oft möglich, durch die Maschen des Gesetzes zu schlüpfen."
Herkunft → das ist die **Masche**

die **Maske** fallen lassen
sein wahres Gesicht zeigen, sich nicht mehr verstellen [Offenheit]
„Sonst ist er ja sehr beherrscht, aber gestern hat er die Maske fallengelassen und seine Mitarbeiter angebrüllt und als unfähig beschimpft."
Redensarten mit Begriffen wie *Maske* oder *Larve* beziehen sich auf das Theater. Das Wort *Maske* ist möglicherweise arabischen Ursprungs und leitet sich von *maschara* (Verspottung, verkleidete Person) ab. Von den Arabern Siziliens übernommen, könnte die Wurzel *masc-* in die romanischen und germanischen Sprachen eingedrungen sein. Eine andere etymologische Deutung sieht einen Zusammenhang zu (langobardisch) *masca* (*Hexe;* davon abgeleitet ist das *Maskottchen*) und dem deutschen *Masche*. *Masca* bedeutete danach ursprünglich *böser Geist* oder *umgehender Toter*. Um die Wiederkehr der Toten zu verhindern, wurden die Toten häufig in Netze (Maschen) eingehüllt, deren Reste man an *lebenden Toten* noch zu erkennen glaubte, bzw. deren Erscheinung man bei Maskenumzügen (meist zu Winteranfang und -ende: Fastnacht) imitierte, indem man sich entsprechend vermummte oder verkleidete. Der uralten volkstümlichen (und eigentlich heidnischen) Maskerade steht die Kunstmaske des griechischen Theaters gegenüber, welche zum Symbol des Theaters (bzw. des Schauspielers) geworden ist und der Redensart zugrundeliegt.

jmdm. die **Maske** herunterreißen/vom Gesicht reißen
jmdn. als Bösewicht entlarven [Entlarvung]
„Wie viele, die öffentliche Ämter bekleiden, galt er als Ehrenmann. Durch diesen Skandal wurde ihm jedoch die Maske vom Gesicht gerissen."
Herkunft → die **Maske** fallen lassen

sich ohne **Maske** zeigen
sich so zeigen, wie man wirklich ist
[Aufrichtigkeit]
„Der Mensch zeigt sich oft dann ohne Maske, wenn er durch Alkohol enthemmt ist."
Herkunft → die **Maske** fallen lassen

das **Maß** ist voll
meine Geduld ist zu Ende, jetzt folgt eine Strafe! [Strafe]
„Jetzt sind Sie dreimal zu spät zur Arbeit erschienen. Das Maß ist voll! Lassen Sie sich Ihre Papiere geben!"
Das mittelhochdeutsche *mâze* bezeichnete eine abgegrenzte Ausdehnung oder Beschränkung in Raum, Gewicht und Kraft sowie im ideellen Sinne ein Maßhalten (Mäßigung) oder Selbstbeherrschung. Heute bezeichnet *Maß* vorwiegend Meßinstrumente im Sinne linearer Erstreckung (Maßband) oder räumlichen Fassungsvermögens (Hohl-

maß), daraus abgeleitet auch den Anteil desjenigen, das gemessen wird (das Maß vollmachen, ein gerüttelt Maß). Die meisten Redensarten aus diesem Bereich stellen negative Bewertungen dar, die sich auf Übertreibungen, Maßlosigkeiten und Ungerechtigkeiten (mit zweierlei Maß messen) beziehen. In Wortbildungen wird Maß- auch auf ästhetische Dimensionen (ebenmäßig), Körpergröße (Gardemaß) oder Zeiteinheiten (Zeitmaß, Versmaß) bezogen. Die Redensart *das Maß ist voll* geht auf die alten Denkzettel und Sündenregister (vgl.: das geht auf keine **Kuhhaut**) zurück. Wenn in Lateinschulen *das Maß* eines Schülers *voll war,* drohte ihm die Prügelstrafe, und er wurde gemaßregelt.

das **Maß** vollmachen/zum Überlaufen bringen
die Grenzen des Möglichen oder Erlaubten überschreiten [Übertreibung]
„Als er dann auch noch die Gattin des Direktors beleidigte, hat das das Maß vollgemacht. Am nächsten Morgen konnte er seine Papiere abholen."
Herkunft → das **Maß** ist voll

ein gerüttelt **Maß** (an Arbeit/Zeit usw.)
sehr viel (Arbeit/Zeit usw.) [Menge]
„Nach dem Urlaub erwartet mich auf dem Schreibtisch sicher wieder ein gerüttelt Maß an Arbeit!"
Wenn ein Hohlmaß, in dem Getreidekörner gemessen werden, kurz gerüttelt wird, verringert sich der Hohlraum zwischen den Körnern. Ein *gerüttelt Maß* umfaßt also mehr Inhalt als das einfache Maß.

ohne **Maß** und Ziel (Paarformel)
ohne vernünftige Grenzen, haltlos und übertreibend [Übertreibung]
„Wenn unser Nachbar sich über seine Frau ärgert, geht er in die Kneipe und besäuft sich ohne Maß und Ziel."
Herkunft → das **Maß** ist voll

mit zweierlei **Maß** messen
ungerecht handeln oder urteilen [Ungerechtigkeit]
„Du kannst nicht Jörg mehr Taschengeld geben als Martin. Gegenüber den eigenen Kindern darf man schon aus erzieherischen Gründen nicht mit zweierlei Maß messen!"
Herkunft → das **Maß** ist voll

mit **Maßen**
maßvoll, ohne Übertreibung [Mäßigung]
„Alkohol ist mit Maßen genossen sogar gesund."
Herkunft → das **Maß** ist voll

über alle **Maßen**/über die **Maßen**
maßlos/übertrieben/sehr viel (loben/arbeiten usw.) [Übertreibung]
„Ich war über alle Maßen erstaunt, als ich von der Geburt eures Sohnes hörte."

an der **Matratze** horchen (umg.)
schlafen [Schlaf]
„Wo Alexander ist? Ich glaube, der horcht an der Matratze!"
Diese Wendung ist in der Soldatensprache des Ersten Weltkriegs entstanden. Dies gilt auch für die Variante *auf den Matratzenball gehen.* Das Wort *Matratze* selbst ist arabischen Ursprungs und leitet sich von *matrah* (Sitzkissen) ab.

jmdn. **matt** setzen
jmdn. ungefährlich machen/ausschalten [Sieg]
„Durch diese aufwendige Werbung werden wir hoffentlich die Konkurrenz matt setzen!"
Matt ist ein Ausdruck des Schachspiels und geht auf persisch *schah mate* (der König ist tot) zurück. Zusammen mit dem Spiel ist *matt* seit dem 12. Jh. in die romanischen Sprachen und in das Deutsche eingedrungen, wo es seit dem 13. Jh. weitere Bedeutungskomponenten erhält. Aus dem Unterlegensein gewinnt es die Bedeutung der Kraftlosigkeit und der körperlichen und seelischen Erschöpfung (Mattigkeit). Im visuellen Bereich wird kraftlose Stumpfheit und der Mangel an Glanz mit *matt* bezeichnet (mattes Abbild, Mattscheibe). Zur Etymologie des Wortes *Schach* (König) vgl.: in **Schach** halten.

auf der **Matte** bleiben
→ auf dem **Teppich** bleiben

jmdn. auf die **Matte** legen (umg.)
1) *jmdn. besiegen* [Sieg]
2) *jmdn. übervorteilen/täuschen* [Betrug]
1) „Beim Ringen gewinnt derjenige, der den Gegner zuerst auf die Matte legt."
2) „Mit diesem Vertrag hat der Autohändler dich glatt auf die Matte gelegt! Dies Modell wird nämlich nur noch drei Monate lang gebaut werden!"
Aus einem punischen Lehnwort hat sich lat. *matta* (grobe Decke) ausgebildet, das in das Deutsche übernommen wurde. Bei manchen Sportarten sind Matten der übliche Bodenbelag, und auf die Regeln des Ring- und Boxsports bezieht sich die Redensart. Dieses *Matte* ist nicht mit dem lautgleichen alemannisch/süddeutschen Begriff zu verwechseln, der mit *mähen* verwandt und Bergwiesen bezeichnet, die (im Gegensatz zur Weide) gemäht werden. Vgl. dazu auch englisch *meadow* (Wiese).

auf der **Matte** stehen (umg.) [Bereitschaft]
→ Gewehr bei **Fuß** stehen

bei jmdm. ist **Matthäi** am letzten (umg.)
1 *jmd. ist finanziell am Ende* [Geldmangel]
2) *jmd. liegt im Sterben* [Sterben]
1) „Ich gehe diese Woche nicht mehr aus. Bei mir ist nämlich Matthäi am letzten!"
2) „Wenn der Pfarrer die Sterbesakramente erteilt, dann ist wirklich Matthäi am letzten!"
Diese Wendung bezieht sich auf die letzten Worte des Matthäusevangeliums: „Und siehe, ich bin bei euch alle Tage bis ans Ende der Welt." Dieses „Ende der Welt" wird in der Redensart im finanziellen und biologischen Sinn gedeutet. Populär wurde sie vielleicht durch August Bürgers Ballade *Die Weiber von Weinsberg* (1777): „Doch wann's Matthä' am letzten ist / Trotz Raten, Tun und Beten, / So rettet oft noch Weiberlist / Aus Ängsten und aus Nöten."

jmd. hat/bei jmdm. ist **Mattscheibe** (umg.)
1) *jmd. ist leicht benommen* [Benommenheit]
2) *jmd. begreift schwer* [Begriffsstutzigkeit]
1) „Ausgerechnet heute schreiben wir eine Mathematikarbeit! Dabei habe ich seit gestern Mattscheibe!"
2) „Die Integralrechnung habe ich nie begriffen. Da war bei mir immer schon Mattscheibe!"
Eine *Mattscheibe* ist im fototechnischen Sinn eine Platte, deren eine Oberfläche aufgerauht (matt) ist. Auch der Leuchtschirm des Fernsehempfängers wird so bezeichnet (vor der Mattscheibe sitzen).
{Geistig-seelische Vorgänge sind elektromagnetischer Natur}

Mätzchen machen (umg.)
1) *Unsinn machen* [Unsinn]
2) *Ausflüchte suchen, sich sträuben* [Ausflüchte]
1) „Anstatt sich mit der Integralrechnung zu beschäftigen, macht der Herr Sohn lieber Mätzchen und hört sich die Hitparade an!"
2) „Mach keine Mätzchen und fahr endlich zum Bahnhof, um die Oma abzuholen!"
Aus *Matthäus/Matthias* haben sich die Kose- und Verkleinerungsformen *Matz* und *Mätzchen* gebildet, die sich (ebenso wie *Hans, Jakob, Hinz* und *Kunz*) zu Gattungsnamen entwickelt haben. Ein *Matz* ist ein einfältiger, feiger Mensch. Sehr beliebt sind Wortbildungen mit *-matz*, wie: *Hosenmatz, Hemdenmatz, Dreckmatz* (kleine (dreckige) Buben), *Piepmatz* (Vögelchen). *Mätzchen machen* bedeutet also eigentlich: *sich so dumm und kindisch benehmen wie der kleine Matz.* Die Bedeutung *Ausflüchte* wird umgangssprachlich häufig auch auf Frauen bezogen, die sich einem Mann verweigern.

mir ist (so) **mau** (umg.)
mir ist unwohl [Übelkeit]
„Ich weiß nicht warum, aber mir ist plötzlich so mau! Das kommt bestimmt daher, daß ich heute noch nichts gegessen habe!"
Aus der Interjektion *mau*, die das Miauen der Katze nachahmt, hat sich Ende des 19. Jh. in Berlin die Redensart entwickelt, die eventuell als Mischbildung zwischen *mau* und *flau* (mir ist flau im Magen) anzusehen ist.

das **Maul** aufreißen über jmdn. (umg.)
schlecht reden über jmdn. [Verunglimpfung]

„Unser Hausmeister ist unerträglich! Über jeden im Haus reißt er ungefragt das Maul auf! Es ist höchste Zeit, daß es ihm mal jemand stopft!"
Mit *Maul* wird gewöhnlich nur der Mund der Tiere bezeichnet. Alle Redensarten mit *Maul* beziehen sich auf den Menschen und sind somit einer derben Stilebene zuzuordnen. In sehr vielen Fällen kann statt *Maul* auch *Mund* gesagt werden, wobei eine etwas weniger grobe Nuancierung erfolgt.

das **Maul** aufreißen (wie ein Scheunentor) (derb)
1) *derb und zornig reden* [Reden]
2) *prahlen* [Angeberei]
1) „Unser Nachbar bringt kein normales Wort heraus. Sogar gegenüber seiner Frau kennt er nur eins: das Maul aufreißen!"
2) „Dieser Kollege ist nicht tüchtiger als wir alle, aber in der Kantine reißt er das Maul auf wie ein Scheunentor, um sich vor den Sekretärinnen zu brüsten!"
Herkunft→ das **Maul** aufreißen über jmdn.

ein großes **Maul** haben/führen (umg.)
→ das **Maul** aufreißen
[Angeberei]

ein ungewaschenes **Maul** haben (umg.)
→ ein **ungewaschenes** Maul haben

das **Maul**/das **Mäulchen** nach etwas spitzen (umg.)
etwas Bestimmtes gerne essen wollen
[Begierde]
„Schau mal, wie die Kinder die Mäulchen nach der Geburtstagstorte spitzen!"

jmdm. das **Maul** stopfen (derb)
jmdn. zum Schweigen bringen [Schweigen]
„Wenn du nicht gleich deine freche Klappe hältst, werde ich dir persönlich das Maul stopfen!"
Herkunft→ das **Maul** aufreißen über jmdn.

sich das **Maul** zerreißen über jmdn. (umg.)
häßlich reden über jmdn. [Verunglimpfung]
„Einige Leute im Haus zerreißen sich das Maul über das junge Paar vom dritten Stock, das unverheiratet zusammenlebt. Dabei ist das heute doch gang und gäbe!"
Herkunft→ das **Maul** aufreißen über jmdn.

ein schiefes **Maul** ziehen/machen (derb)
unzufrieden oder beleidigt sein
[Unzufriedenheit]
„Zieh kein schiefes Maul, sondern sag mir endlich, was dir hier nicht paßt!"

Maulaffen feilhalten/feilbieten/verkaufen (umg.)
neugierig beobachten, dastehen und schauen, untätig herumblicken [Untätigkeit]
„Willst du nicht mit anpacken, anstatt hier bloß Maulaffen feilzuhalten?"
Die Herkunft dieser Redensart ist unklar. Manche verweisen auf plattdeutsch *er hält dat Mul apen* (er hält das Maul offen). *Mul apen* sei dann in *Maulaffen* umgedeutet und das *hält* durch *feil* (*feilhalten* = verkaufen) ergänzt worden, um es mit einem Sinn zu versehen. Eine andere Deutung bezieht sich auf eine alte Beleuchtungsmethode: den Kienspan. Dieser wurde in den „Mund" von Tongefäßen gesteckt, die menschlichen Köpfen nachgebildet waren. Diese Tonköpfe wurden als *Maulauf* oder *Maulaffe* bezeichnet und natürlich auch auf Märkten verkauft. Den Zusammenhang zu diesem Beleuchtungsgerät belegt Luthers redensartlicher Vergleich „wie die Ölgötzen und die Maulaffen" (Weimarer Ausgabe I, 528), da mit Ölgötze ebenfalls ein Leuchtgerät gemeint ist.

viele **Mäuler** zu stopfen haben (umg.)
→ viele **Münder** zu stopfen haben

jmdm. einen **Maulkorb** verpassen (umg.)
→ den **Mund** verbieten [Schweigen]

pünktlich wie die **Maurer** (umg.)
besonders pünktlich mit der Arbeit aufhören [Pünktlichkeit]
„Die Angestellten im Finanzamt sind pünktlich wie die Mauer. Wenn man da drei Minuten nach vier anklopft, bleibt die Tür verschlossen!"

da beißt die **Maus** keinen Faden ab! (umg.)
das ist unabänderlich!, das ist so und nicht

anders! [Unabänderlichkeit]
„Du gehst morgen in die Schule, auch wenn noch so schönes Wetter ist! Da beißt die Maus keinen Faden ab!"
Zur Herkunft dieser Redensart gibt es verschiedene Deutungen. Am beliebtesten ist diejenige, die einen Bezug zu der Fabel *Der Löwe und die Maus* sieht. Danach befreit die Maus den im Netz gefangenen Löwen, indem sie die Schnüre durchbeißt. Wenn also die Maus keinen Faden durchbeißt, ist der Löwe unabänderlich gefangen. Andere Deutungen beziehen sich auf die heilige Gertrud, die Schutzpatronin gegen Mäuse. Die Maus (eine Verkörperung des Teufels) reizte Gertrud nach einer Legende beim Spinnen wiederholt dadurch, daß sie den Faden abbiß. Der 17. März, der Namenstag der Gertrud, spielt im bäuerlichen Kalender eine große Rolle, weil er den Beginn der Feldarbeit anzeigt. Da dies gleichzeitig das Ende der winterlichen Spinn- und Webarbeiten bedeutet, haben sich Sprichwörter ausgebildet, die einen Zusammenhang zwischen *Gertrud mit der Maus* und dem „unabänderlichen" Wechsel der Jahreszeiten herstellen, beispielsweise (österreichisch): „Gertrud hört mit Spinnen auf, sonst läuft die Maus den Faden auf und beißt ihn ab." Darstellungen der Legende sind seit etwa 1400 überliefert, schriftliche Belege der Redensart seit ungefähr Mitte des 17. Jh.

da möchte ich **Mäuschen** sein/spielen (umg.)
da möchte ich einmal unbeobachtet zusehen/zuhören können! [Heimlichkeit]
„Heute wird im Direktorium über die Besetzung dieser Position verhandelt. Da möchte ich einmal Mäuschen sein, um zu erfahren, welche Chancen ich habe!"

weiße **Mäuse** sehen (umg.)
Wahnvorstellungen haben bzw. so betrunken sein, daß man Wahnvorstellungen hat [Wahn] [Trunkenheit]
„Den Mann dort drüben habe ich schon einmal irgendwo gesehen!" „Bist du da sicher, oder siehst du weiße Mäuse?"
Die Maus muß schon in den mythischen Vorstellungen der Indogermanen eine Rolle gespielt haben. Als verborgen lebendes Tier wird sie mit Dämonen oder dem Teufel in Verbindung gebracht. Ihr Erscheinen deutet auf Krankheit (Pest) hin. Da nicht jeder das flüchtende Tier sieht, ist das Erblicken von Mäusen ein altes Zeichen für Wahnvorstellungen. Seit Plinius werden daher in der Volksmedizin gegen Wahnsinn, Trunksucht usw. Teile der Maus (Hirn, Kot usw.) verwendet. Ob die *weiße Maus* ein klassisches delirisches Wahnphänomen darstellt, ist allerdings umstritten. Scherzhaft werden auch Verkehrspolizisten als *weiße Mäuse* bezeichnet. [Polizei]

(sich) in ein **Mauseloch** verkriechen (umg.)
→ in den **Erdboden** versinken mögen [Scham]

es ist zum **Mäusemelken** (umg.)
es ist zum Verzweifeln [Verzweiflung]
„Es ist zum Mäusemelken! Ich kriege einfach diese Schraube nicht los!"
Das Melken von Mäusen ist natürlich ein äußerst schwieriges Unterfangen, so daß dieses spaßige Bild (wahrscheinlich im westfälischen Raum) entstehen konnte.

sich **mausern** (bezogen auf Menschen) (umg.)
reifer/erwachsen werden, seine guten Eigenschaften entfalten [Entwicklung]
„Euer Sohn hat sich ja ganz schön gemausert! Vor zwei Jahren war er noch ein vierschrötiger Jüngling, und jetzt ist er ein junger Herr mit blendendem Aussehen!"
→ sich **mausig** machen

sich **mausig** machen (umg.)
wichtig tun, keck auftreten [Angeberei]
„Nimm den Kerl einfach nicht ernst. Der will sich doch bloß mausig machen!"
Das von lat. *mutare* (tauschen, wechseln) abgeleitete Substantiv *die Mauser* bezeichnet den Federwechsel der Vögel. Es handelt sich dabei um ein Kunstwort der mittelalterlichen Falkner, die einen Falken erst einsetzen konnten, wenn er mindestens eine Mauser hinter sich hatte und damit *mausig* (zum Jagen geschickt genug geworden) war. Daraus wurde seit dem 16. Jh. der Sinn:

übermütig und keck sein, sich aufspielen, welcher der Redensart zugrunde liegt.

die Kehrseite der **Medaille**
→ die **Kehrseite** der Medaille

schlafen wie ein **Mehlsack** (umg.)
ganz tief schlafen [Schlaf]
„Ich habe nichts von dem Einbruch gemerkt. Ich habe geschlafen wie ein Mehlsack!"

etwas schmeckt nach **mehr** (umg.)
etwas schmeckt besonders gut
[Vorliebe] [Essen]
„Herrlich, dieser Kaviar! Er schmeckt nach mehr!"
Diese Wendung ist eine scherzhafte Verkürzung des Satzes: *Etwas schmeckt so gut, daß man noch mehr davon haben möchte.*

wenn ..., dann heiß' ich **Meier**/dann will ich **Meier** heißen! (umg.)
etwas ist ganz bestimmt so! [Bekräftigung]
„Wenn das dort drüben nicht mein alter Klassenkamerad Eckehard Lehmann ist, dann heiß ich Meier!"
Ähnlich wie *Müller* oder *Kunz* gilt *Meier* als Sammelname mit komischer generalisierender Komponente (Mensch Meier!). Zur Herkunft des Eigennamens *Meier* vgl.: der **Lackierte**/der **Gelackmeierte** sein.

mein und dein verwechseln, **mein** und dein nicht unterscheiden können (umg.)
stehlen [Diebstahl]
„Wer öfter mein und dein verwechselt, gehört ins Gefängnis!"

das will ich **meinen**! (umg.)
natürlich!, das stimmt! [Zustimmung]
„Das Olympiastadion in München ist doch eine großartige architektonische Leistung!"
„Das will ich meinen! Es war aber auch teuer genug!"
Diese Gesprächsfloskel kann als zustimmende Reaktion auf die Äußerung eines anderen gebraucht werden. Es ist in dieser Funktion etwas stärker als das gleichbedeutende *Stimmt!*. Eine Umschreibung wäre: *das ist auch meine Meinung* (mein Urteil/ meine Auffassung).

jmdm. die **Meinung** sagen
jmdm. das Negative sagen, das man von ihm denkt, und ihn dadurch tadeln [Tadel]
„Wenn meine Sekretärin noch einmal zu spät zur Arbeit kommt, werde ich ihr gehörig die Meinung sagen!"
Diese Redensart bedeutet dem Sinne nach: *jmdm. das sagen, was man über ihn meint* (wie man ihn beurteilt). Diese Form der Offenheit kann leicht in Vorwurf oder eben Tadel ausarten. Als saloppe Verstärkung ist auch die Variante üblich: *jmdm. die Meinung geigen.*

jmd. hat eine **Meise** (umg.)
jmd. ist nicht recht bei Verstand
[Verrücktheit]
„Bei dieser Kälte willst du spazierengehen? Du hast wohl eine Meise!"
Die *Meise* in dieser Redensart ist eine berlinerische Variante zu *einen Vogel haben*. Als Verstärkung ist auch die Erweiterung üblich: *jemand hat eine Meise unterm Pony* (Ponyfrisur).

seinen **Meister** finden
von jmdm. übertroffen werden
[Unterlegenheit]
„Das schadet diesem Großmaul nicht, daß er einmal seinen Meister gefunden hat und tüchtig verprügelt worden ist!"
Das von lat. *magister* (Vorsteher, Aufseher) abgeleitete Wort *Meister* ist der höchste Handwerkstitel. *Magister* ist daneben ein akademischer Titel, der bis ins 15. Jh. dem *Doktor* gleich galt. In anderen europäischen Sprachen sind aus diesem allgemeinen Oberbegriff sowohl Titel als auch Anredeformen geworden: ital. *maestro*, franz. *maître*, engl. *master* und *mister*. In der Redensart ist ein Aspekt der ursprünglichen anthropologischen Bedeutung (Anthropologische Semantik) erhalten geblieben, da *magister* mit *magnus* (groß) verwandt ist.

ein **Meister** seines Fachs
→ sein **Handwerk** verstehen [Können]

nichts zu **melden** haben (umg.)
ganz unbedeutend sein, unterlegen sein
[Unterdrücktsein] [Einflußlosigkeit]

„In dieser Firma hat der Aufsichtsrat nichts zu melden. Hier hat immer noch der Direktor das Sagen!"
Diese Redensart stammt aus der Militärsprache, wo das Melden nicht nur im üblichen Sinn als *Bekanntmachung, Verkünden* gebraucht wird, sondern auch die schiere Existenz eines Untergebenen bzw. den Vollzug eines Befehls kommentiert. Jemand, der *nichts zu melden hat*, ist in diesem Sinne eine nichtexistente Unperson.

etwas zu **melden** haben (umg.) [Einfluß]

ein **Menetekel** [Warnung]
→ **wiegen**

jede **Menge** (umg.)
sehr viel [Menge]
„Wie war's im Sommerschlußverkauf?"
„Wie immer: Jede Menge Sonderangebote, aber das meiste davon ist Ramsch!"
Bei dieser Redensart handelt es sich um eine neuere umgangssprachliche Variante des gebräuchlichen *eine (große) Menge* (sehr viel).

in rauhen **Mengen** (umg.)
sehr viel(e), sehr viele Leute [Menge]
„Dieses Jahr gibt es wieder Maikäfer in rauhen Mengen."
Das Eigenschaftswort *rauh* bedeutet in dieser Wendung nicht wie üblich *grob, haarig*. Es leitet sich vielmehr von jiddisch *raw* (viel) her und ist nur noch in dieser Redensart enthalten.

ich bin auch nur ein **Mensch** (umg.)
ich habe auch meine Fehler und Schwächen [Fehlbarkeit]
„In der Abrechnung ist ein Fehler? Na und? Ich bin auch nur ein Mensch!"
Im Althochdeutschen war *Mensch* (in den Formen *mannisco* und *mennisco*) zunächst ein Adjektiv zu *Mann*. Im Mittelhochdeutschen und bis ins 17. Jh. gab es die Nebenform *das Mensch* (Mädchen, weibliche Person), die auch heute noch (mit meist abwertendem Nebensinn) in manchen Dialekten zu finden ist. Mit *der Mensch* wird dagegen geschlechtsneutral jedes menschliche Wesen bezeichnet. Redensartlich wird seine Zwischenstellung zwischen Gott und Tier herausgestellt, sein Balancieren zwischen Geist und Trieb. Allerdings beziehen sich nur relativ wenige Redensarten überhaupt auf das offenbar als zu abstrakt empfundene Wort *Mensch*. Mit der Gesprächsfloskel *ich bin auch nur ein Mensch!* wird die eigene (menschliche) Fehlbarkeit mit der Unfehlbarkeit Gottes kontrastiert.

jetzt bin ich wieder ein **Mensch** (umg.)
ich bin wieder satt/ausgeschlafen/erholt usw. [Erholung]
„Ich habe letzte Nacht einmal acht Stunden durchgeschlafen. Jetzt bin ich wieder ein Mensch."
Den Unterschied zur normalen Gelehrtenexistenz betont Faust im Osterspaziergang (*Faust I*): „Ich höre schon des Dorfs Getümmel, / Hier ist des Volkes wahrer Himmel, / Zufrieden jauchzet groß und klein: / Hier bin ich Mensch, hier darf ich's sein!"

ich bin kein **Mensch** mehr (umg.)
ich bin völlig erschöpft [Erschöpfung]
„Wegen dieser Baustelle kann ich seit drei Nächten nicht mehr schlafen! Ich bin schon fast kein Mensch mehr!"
In einigen Redensarten wird das *Menschsein* mit einer ausgewogenen Balance im Bereich der Ernährung, des Schlafes usw. gleichgesetzt. Unausgewogenheit wird daher auch mit halbem (nur noch ein halber Mensch sein) oder ganzem Verlust des Menschseins gleichgesetzt. Durch die gleichzeitige Verstärkung der Triebe kann man redensartlich sogar *zum Tier herabsinken*.

von **Mensch** zu Mensch
über gesellschaftliche Grenzen hinweg, offen und gleichberechtigt [Offenheit]
„Betriebsfeiern sind schon alleine deshalb wichtig, weil man sich dabei einmal von Mensch zu Mensch näher kommen kann."

seit **Menschengedenken**
→ seit **Olims** Zeiten [Vergangenheit]

das **Menschenmögliche** tun
alles tun, was möglich ist, hohen Aufwand

an Zeit und Energie betreiben, um etwas zu erreichen [Anstrengung]
„Er hat das Menschenmögliche getan, um diese Stelle in der Verwaltung zu bekommen. Leider umsonst. Er war nämlich nicht in der richtigen Partei!"
Aus der heute ungebräuchlichen Paarformel *menschlich und möglich* hat sich seit dem frühen 17. Jh. das Adjektiv *menschenmöglich* entwickelt. Es stellt eine Verstärkung der Bedeutung von *möglich* dar.

der gesunde **Menschenverstand**
[Normalität]
→ das hat weder Sinn noch **Verstand**

keine **Menschenseele**
niemand [Niemand]
„Bin ich zu früh gekommen? Hier ist ja noch keine Menschenseele! Oder geht meine Uhr falsch?"
Der Ausdruck *Menschenseele* ist bereits im Mittelhochdeutschen zu finden, bedeutet aber lange Zeit nur *die Seele des Menschen.* Über die heute ungebräuchliche Formel *kein Mensch und keine Seele* hat sich im 18. Jh. die Bedeutung *niemand* ausgebildet.

jmdn. auf die **Menschheit** loslassen (umg., scherzhaft)
jmdn. ins Berufsleben entlassen
[Abschluß] [Ausbildung]
„Nachdem Sie jetzt das Staatsexamen bestanden haben, können wir Sie auf die Menschheit loslassen."

jmdm. ist etwas **Menschliches** passiert/zugestoßen
jmd. mußte seine Notdurft verrichten/sich übergeben u. ä. [Notdurft]
„Neulich ist in der U-Bahn einem alten Mann neben mir etwas Menschliches passiert. An der nächsten Station ist er schnell ausgestiegen."
Mensch und *menschlich* wird häufig auf die körperlichen Aspekte bezogen, auf Sinnlichkeit und Schwäche, Verführbarkeit und Triebhaftigkeit, Krankheit und Tod. Als Hüll- und Tabuformel ist diese Wendung seit der Antike nachweisbar. Bekannt ist beispielsweise die Sentenz des römischen Dichters Terenz: „Homo sum, humani nihil a me alienum puto." (Da ich ein Mensch bin, ist nichts Menschliches mir fremd.)

bis aufs **Messer**
ganz energisch bekämpfen [Unerbittlichkeit]
„Trotz ihrer Verwandtschaft bekämpfen sich die beiden Zweige der Familie sogar in der Öffentlichkeit bis aufs Messer."

jmdm. selbst das **Messer** in die Hand geben
einem Gegner selbst das Mittel der Vernichtung/das entscheidende Gegenargument usw. liefern [Selbstschädigung]
„Mit dem Hinweis auf deine anderen Schulden hast du deinem Gläubiger selbst das Messer in die Hand gegeben. Er wird jetzt sicher eine Eintreibungsklage gegen dich erheben!"
Herkunft → das **Messer** sitzt jmdm. an der Kehle

unters **Messer** kommen (umg.)
operiert werden [Operation]

jmdn. ans **Messer** liefern
jmdn. an Polizei/Gericht/Obrigkeit usw. verraten [Verrat]
„Durch diese Aussage hat der Zeuge eine Reihe von Ganoven ans Messer geliefert."
Diese Redensart bezog sich ursprünglich auf das Schlachtvieh und wird seit dem 18. Jh. im Sinne von Verrat gebraucht.

ins offene **Messer** rennen
sehr viel riskieren, sich in eine vermeidbare Gefahr begeben [Risiko]
„Man wartet doch nur darauf, daß du vor Gericht verlierst. Da der Ausgang höchst ungewiß ist, rennst du ins offene Messer, wenn du Klage erhebst!"
Herkunft → das **Messer** sitzt jmdm. an der Kehle

jmdm. das **Messer** an die Kehle setzen
[Bedrängung]
→ das **Messer** sitzt jmdm. an der Kehle

das **Messer** sitzt jmdm. an der Kehle (umg.)
jmd. ist in äußerster Geldnot [Geldmangel]
„Nach seinem Lottogewinn hat Edgar so

verschwenderisch gelebt, daß ihm jetzt wieder das Messer an der Kehle sitzt."
Das Messer gilt redensartlich naturgemäß als Sinnbild der Bedrohung und des Kampfes bzw. der aussichtslosen Lage. Auch Geldnot wird in verschiedenen Redensarten mit Lebensgefahr gleichgesetzt. Vgl.: das Wasser steht jmdm. bis zum **Hals**.

auf das **Messers** Schneide stehen
höchst kritisch stehen, gefährlich sein, von unentschiedenem Ausgang sein
[Unentschieden]
„Nach der schwierigen Operation steht das Ergebnis immer noch auf des Messers Schneide. Erst in einigen Tagen wird sich entscheiden, ob der Patient überlebt."

alt wie **Methusalem**
sehr alt [Alter]
„Obwohl Onkel Peter so alt ist wie Methusalem, ist er doch bei bester Gesundheit."
Das Register der Patriarchen im 5. Kapitel des Ersten Buchs Mose nennt biblische Alter für die Stammväter. Danach wurde Adam 930 Jahre alt, Seth 912, Enos 905, Kenan 910. Das längste Lebensalter hatte jedoch Methusalem, der angeblich 969 Jahre alt wurde. Natürlich handelt es sich dabei nicht um reelle, sondern um symbolische Zahlen.

einen **Metzgersgang** machen (veraltend)
einen Weg umsonst machen, nichts erreichen [Vergeblichkeit]
„Heute wollte ich zum Finanzamt, aber daraus ist ein Metzgersgang geworden. Es war wegen Betriebsausflug geschlossen!"
Diese seit dem 18. Jh. belegte Redensart wird damit erklärt, daß der Metzger früher manchen vergeblichen Besuch bei den Bauern machte, bei denen er Schlachtvieh kaufen wollte, weil er nicht wissen konnte, ob gerade Vieh zu verkaufen war oder nicht. Im Verbreitungsgebiet des Wortes *Fleischer* spricht man vom *Fleischergang*, im Niederdeutschen vom *Schlachtergang*.

die **Meute** auf jmdn. hetzen (umg.)
jmdn. an die Feinde/die Polizei usw. verraten [Verfolgung]
„Lange hat ihn der Chef vor den Kollegen gedeckt, aber dann hat der ihm aufgrund einer Verärgerung die ganze Meute auf den Hals gehetzt."
Diese Redensart stammt aus der Jägersprache, wo mit *Meute* seit dem 18. Jh. eine zur Jagd abgerichtete Schar Hunde (Hundekoppel) bezeichnet wird. Das Wort Meute selbst stammt ab von lat. *movere* (bewegen) und mittellat. *movita* (Bewegung), das auch den Begriff Meuterei (Aufstand) hervorbrachte.

der deutsche **Michel**
1) *der Durchschnittsdeutsche* [Jedermann]
2) *die typischen Nationaleigenschaften des Deutschen* [Nationalität]
1) „Der deutsche Michel sieht täglich vier Stunden fern."
2) „Der deutsche Michel ist nicht gerade ein Symbol, mit dem man sich als Deutscher gerne identifiziert."
Der Erzengel Michael (hebräisch: *wer ist wie Gott?*) wird in der Offenbarung des Johannes als Drachen- und Satanstöter dargestellt. Der Vorname *Michael* (Michel) wurde nach der Christianisierung in Deutschland so beliebt, daß er (wie *Hinz, Hans* und *Matthias*) zu einer Gattungsbezeichnung wurde. Darauf weisen noch heute Wendungen wie *dummer Michel, Quatschmichel* usw. hin. Auch als Schutz- und Kirchenpatron (Hamburger Michel) war der heilige Michael in Deutschland so beliebt, daß er häufig als Schutzpatron ganz Deutschlands aufgefaßt wurde. Der früheste Beleg für *deutscher Michel* findet sich in Sebastian Francks Sprichwörtersammlung aus dem Jahre 1541. Er gilt als grob und dumm, im 17. Jh. aber gelegentlich als Bewahrer der deutschen Sprache vor dem Kauderwelsch der Fremdsprachen. Aus derartigen Vorlagen hat Grimmelshausen seinen *Simplicissimus Teutsch* (1669) erschaffen, den Roman des Lebens in Deutschland während des Dreißigjährigen Krieges (1618–1648), in welchem der Titelheld (Simplicius Simplicissimus) eine sinnbildliche Gestalt deutschen Schicksals ist. In der Restaurationszeit des Biedermeier wird der deutsche Michel zur politischen Spottfigur. Er trägt nun in der Karikatur meist

eine Schlaf- oder Zipfelmütze und hat einen unbändigen Hang nach Sauerkraut und Würsten. Auch spätere gelegentliche Aufwertungen unter Bismarck oder während des Ersten Weltkriegs ändern nichts am schlechten Ruf des obrigkeitshörigen und beschränkten Sinnbilds des typischen Deutschen. Eine kurze positive Blütezeit erlebt der Michel in den 60er Jahren im Rahmen der deutsch-französischen Freundschaft, die als Vermählung zwischen *Michael* und (der französischen Symbolfigur) *Marianne* symbolisiert wird. Das weibliche Gegenstück zum Michel ist übrigens *Lieschen Müller.*

Miene machen (etwas zu tun)
sich anschicken, etwas zu tun; den Eindruck erwecken (etwas tun zu wollen)
[Anschein]
„Die Verhandlungen waren äußerst zäh. Erst als der Vertreter des ABC-Konzerns Miene machte, den Saal zu verlassen, gab es von der Gegenseite ein akzeptables Angebot."
Diese Wendung ist eine Lehnübersetzung aus dem Franz., wo *faire mine* dasselbe bedeutet. Sowohl *Miene* (Gesichtsausdruck) als auch *Mine* (Erz- und Kohlengrube; daher: *Mineral*) scheinen auf keltisch *min* (Schnauze, Mund) zurückführbar zu sein, bzw. auf ein keltisches *mein* (kymrisch *mwyn*) (Metall, Erzader, Roherz). Als Träger der Eisenkultur hatten die Kelten einen Vorsprung vor den Germanen, der sich in (gallorömisch vermittelten) Lehnwörtern wie *Eisen, Blei, Lot* und eben *Mine* (das erst von Adelung 1777 graphisch von *Miene* unterschieden wird) ausdrückt. Mit der Bedeutung *Gesichtsausdruck* erscheint *Mi(e)ne* 1648 in deutschen Texten. Da das *Mienenspiel* des Menschen dessen Gefühle und Absichten verrät, kann es (im Sinne der Redensart) natürlich auch zu deren Vortäuschung verwendet werden.

gute **Miene** zum bösen Spiel machen
seine Verärgerung nicht zeigen; so tun, als sei nichts gewesen [Anschein]
„Obwohl der Scherz auf meine Kosten ging, machte ich gute Miene zum bösen Spiel und lachte herzhaft mit den anderen mit."
Diese Wendung ist eine Lehnübersetzung des franz. *faire bonne mine à mauvais jeu.*

keine **Miene** verziehen
sich unbeeindruckt zeigen, seine Gedanken und Gefühle nicht mimisch verraten
[Mimik]
„Der Angeklagte hörte sich die Beschuldigungen an, ohne eine Miene zu verziehen."
Herkunft → **Miene** machen

wie **Milch** und Blut aussehen
→ wie Milch und **Blut** aussehen

eine **Mine** legen gegen jmdn.
gegen jmdn. etwas unternehmen, das später verhängnisvolle Auswirkungen hat
[Überlistung]
„Es ist nur noch eine Frage der Zeit, und wir werden den verhaßten Abteilungsleiter los sein! Wir haben schon einige Minen gegen ihn gelegt."
Herkunft → **Miene** machen

alle **Minen** springen lassen (veraltend)
alle Mittel einsetzen, um etwas Bestimmtes zu erreichen [Einsatz]
„Diesen Antrag werden wir nur durchkriegen, wenn wir wirklich alle Minen springen lassen!"
Die Bedeutung *Erzgrube* wird seit dem 16. Jh. erweitert zu *Sprenggrube* im militärischen Sinn. Dies ist ein Gang, der unter die gegnerische Festungsmauer gegraben und mit dieser zusammen in die Luft gesprengt wird. *Eine Mine sprengen* nannte man schon früh: sie *springen machen/lassen.* Die übertragene Bedeutung ist seit dem 18. Jh. gebräuchlich. Sie basiert auf der Vorstellung, daß ein Kommandeur alle Minen gleichzeitig sprengt, um dem Feind möglichst große Verluste zuzufügen.
Herkunft → **Miene** machen

jmdn. zur **Minna** machen (umg.)
jmdn. scharf tadeln [Tadel]
„Obwohl ihm die Suppe angebrannt war, hätte der Koch den Lehrling nicht vor allen Leuten zur Minna machen dürfen!"
Inus, innes bedeutet im Jiddischen *Qual, Leiden, Folter.* Daraus wurden in der Gau-

nersprache die *grüne Minna* und diese Redensart. Der heute kaum noch gebräuchliche Ausruf *ich werd' zur Minna!* ist wahrscheinlich auf die schlechte Behandlung der Hausgehilfin zurückzuführen, die im späten 19. Jh. als typischen Namen *Wilhelmine* führte.

minus machen (umg.)
verlieren, einbüßen [Verluste]
„Bei diesem Handel habe ich minus gemacht. Mindestens 500 Mark habe ich verloren."
Das von lat. *minuere* (= vermindern) abgeleitete *minus* ist Symbol der Differenz. Der Wortstamm ist auch in anderen Lehnwörtern enthalten, so in *Minister*, *Minute* oder *Miniatur*.

in letzter **Minute**
im letzten Augenblick, gerade noch rechtzeitig [Verspätung]
Als Teilungsfaktor taucht der *pars minuta prima* bei Ptolemäus im 2. Jh. auf und wird ab dem 15. Jh. im Deutschen gebräuchlich.
Herkunft → **minus** machen

so ein **Mist**!
1) *so ein Unsinn!* [Unsinn]
2) *das ist ärgerlich!* [Verärgerung]
1) „So ein Mist! Der Kerl lügt dir doch die Hucke voll, wenn er so etwas behauptet!"
2) „So ein Mist! Jetzt habe ich mir ein Loch in die Hose gerissen!"
Herkunft → **Mist** bauen

Mist bauen (umg.)
eine schlechte Leistung vollbringen, etwas Schlechtes tun [Unfähigkeit]
„In der letzten Mathematikarbeit habe ich Mist gebaut. Jetzt kriege ich wohl eine 5!"
Redensartlich ist der *Mist* vorwiegend das Sinnbild des Faulen, Unwerten und Stinkenden, gelegentlich auch des Düngers.

nicht auf jmds. **Mist** gewachsen sein (umg.)
nicht von jmdm. stammen [Plagiat]
„Dieser Hausaufsatz ist nicht auf deinem Mist gewachsen, Martin! Da hat wohl dein großer Bruder kräftig mitgemischt?"
Herkunft → **Mist** bauen

Mist reden (umg.)
Unsinn reden, dummes Zeug reden [Unsinn]
„Red' nicht solchen Mist! Natürlich darfst du mit uns auf den Rummelplatz gehen!"
Herkunft → **Mist** bauen

etwas **mitgehen** lassen (umg.)
etwas stehlen [Diebstahl]
„Es ist schon fast ein Volkssport geworden, auf dem Münchner Oktoberfest einen Maßkrug mitgehen zu lassen."

mitkommen: da komme ich nicht (mehr) mit! (umg.)
das verstehe ich nicht (mehr)! [Nichtverstehen]
„Erst willst du unbedingt rote Schuhe kaufen, und jetzt sollen es plötzlich grüne sein! Da komme ich nicht mehr mit!"
{Denkweg}

jmdm. böse/übel **mitspielen** (umg.)
jmdm. Schaden zufügen, jmdn. schlecht behandeln [Schädigung]
„Kein Wunder, daß er gekündigt hat! Der Abteilungsleiter hat ihm doch mehrfach böse mitgespielt!"
Diese Redensart ist schon um 1200 im *Parzival* Wolframs von Eschenbach (Vers 759,4) zu finden. Sie bezieht sich nicht auf das Kartenspiel, sondern auf das ritterliche Kampfspiel im Turnier.

mitspielen: da spiele ich nicht mit! (umg.)
das unterstütze ich nicht!, daran beteilige ich mich nicht! [Nichtbeteiligung]
„Wenn das Naturschutzgebiet angetastet werden soll, spiele ich nicht mit! Ich werde im Gemeinderat dagegen stimmen!"

die goldene **Mitte**
die vernünftige Mitte zwischen zwei Extremen, der Kompromiß [Kompromiß]
„Bei den Verhandlungen hat man sich schließlich in der goldenen Mitte getroffen."
Diese Redensart geht auf antike Wendungen zurück. So findet sich bei Horaz (*Oden* II, 10, 5) die Formulierung: „aurea mediocritas". In den *Metamorphosen* Ovids heißt es: „Medio tutissimus ibis" (in der Mitte

gehst du am sichersten). Im Sinne der mittelalterlichen Tugend der *maze* konnte dieses antike Gedankengut sprachlich in Redensarten und Sprichwörtern erhalten bleiben (Die Wahrheit liegt in der Mitte).

ab durch die **Mitte**! (umg.)
laß uns verschwinden! [Weggang]
„Komm, wir verschwinden von der Party! Stell dein Glas ab, und dann ab durch die Mitte!"

der goldene **Mittelweg**
→ die goldene **Mitte**

Mittel und Wege suchen/finden (Paarformel)
Möglichkeiten, Methoden usw. suchen/finden [Methode]
„Es muß doch Mittel und Wege geben, diesem unverschämten Kerl einmal eins auszuwischen!"

irgendwo **mitmischen** (umg.) [Beteiligung]
→ die **Karten** sind gemischt

der letzte der **Mohikaner** (scherzhaft)
1) *das letzte Stück (Kuchen/Geld usw.)* [Letzter]
2) *ein Nachzügler* [Nachzügler]
1) „Du hast Glück, hier ist noch ein Groschen für die Telefonzelle. Aber das war der letzte der Mohikaner!"
2) „Da kommt endlich Michael als letzter der Mohikaner! Ich dachte schon, wir hätten ihn verloren."
Die Mohikaner waren ein nordamerikanischer Indianerstamm, dem im Rahmen der *Lederstrumpfgeschichten* (u. a.: *Der letzte Mohikaner,* 1826) von James Fenimore Cooper (1789–1851) ein literarisches Denkmal gesetzt worden ist.

einen **Mohren** weißwaschen wollen (veraltend)
etwas Vergebliches versuchen [Vergeblichkeit]
„Er soll einen Programmierkurs belegen? Da kann man auch versuchen, einen Mohren weißzuwaschen! Schließlich konnte er noch nie abstrakt denken."
Ein *Mohr* ist eigentlich eine *Maure*, das heißt, ein Bewohner Nordwestafrikas (Mauretanien). Obwohl weder die Nordafrikaner noch die spanischen Mauren je von schwarzer Hautfarbe waren, war *Mohr* seit dem Althochdeutschen die Bezeichnung für *Neger* (von lat. *niger* = schwarz), das erst im 18. Jh. (über franz. *nègre*) ins Deutsche entlehnt worden ist. Unabhängig davon ist das Bild von der Unabänderlichkeit der Hautfarbe schon sehr alt. Im Alten Testament (Jer. 13,23) findet sich der Vers: „Kann denn ein Mohr seine Haut wandeln oder ein Leopard seine Flecken?". Auch in der römischen Antike war die Redensart *einen Äthiopier waschen* mit der gleichen Bedeutung wie die heutige Wendung bekannt, gelegentlich auch in der Variante: *Aethiops non albescit* (ein Mohr wird nicht weiß).

einen lichten **Moment** haben
→ jmdm. geht ein **Licht** auf [Verstehen] [Begriffsstutzigkeit]

den **Mond** anbellen
gegen Unabänderliches schimpfen [Vergeblichkeit]
„Hör doch auf, gegen die Regierungspolitik zu schimpfen. Es ist doch zwecklos, den Mond anzubellen!"
Diese Redensart ist seit dem 16. Jh. belegt. Sie bezieht sich auf das Jaulen des Wachhundes, der in der ungewohnten Helligkeit der Vollmondnacht keinen Schlaf findet und den Mond anbellt.

nach dem **Mond** gehen (von Uhren, umg.) [Ungenauigkeit]

in den **Mond** gucken (umg.)
das Nachsehen haben, leer ausgehen [Benachteiligung]
„Alle haben Weihnachtsgeschenke erhalten, nur ich konnte wieder mal in den Mond gucken!"

auf/hinter dem **Mond** leben (umg.)
rückständig sein, keine Ahnung haben [Rückständigkeit]
„Na sag bloß, du kennst Red Hot Chili Pepper nicht? Ja lebst du denn auf dem Mond?

Die haben doch mindestens schon drei Superhits gehabt!"
Die indogermanische Wurzel *ma* (messen) hat in allen germanischen Dialekten zu einer ähnlichen Lautform für *Mond* geführt, der hier als Regler der Zeit (Monat) erscheint (vergleiche auch lat. *mensis* = Monat, Monatsregel). Hinsichtlich des Geschlechts ist ein Schwanken zwischen männlich und weiblich zu beobachten, wobei die romanischen Sprachen (franz.: *la lune*) den weiblichen Aspekt betonen, während ein mhd. *manin* oder *moenin* (die Mondin) seit der Regelung der Schriftsprache verdrängt ist (obgleich es neuerdings literarisch wiederersteht bei dem Versuch, ein Zentralsymbol matriarchalischen Bewußtseins zu konstruieren). Obwohl der Mond physiologisch meßbaren Einfluß auf den menschlichen Körper ausübt und sein dämonischer Charakter im Volks- und Aberglauben unbestritten ist, finden sich davon in den Redensarten keine Spuren. Hier gilt der Mond als entlegener Ort (jemanden auf den Mond schießen), bestenfalls als unbeeindruckbarer, Hoffnungslosigkeit und Unerreichbarkeit symbolisierender Beleuchter der Nacht (Mondschein).

jmdn. auf den **Mond** schießen wollen (umg.)
jmdn. von sich fernhalten wollen [Abneigung]
„Den Edgar mit seinem dämlichen Grinsen könnte ich jedesmal auf den Mond schießen, wenn ich ihn sehe!"
Herkunft → auf dem **Mond** leben

etwas in den **Mond** schreiben (umg.)
etwas verloren geben müssen [Verlust]
„Du hast ihm Geld geliehen? Das kannst du in den Mond schreiben! Das siehst du so schnell nicht wieder!"
Der Mond ist hier Sinnbild der fernen Unerreichbarkeit.

er kann mir (mal) im **Mondschein** begegnen (umg.)
ich will von ihm nichts wissen [Abneigung]
„Der Egon, dieser blöde Kerl, der kann mir mal im Mondschein begegnen! Mit dem hat man doch nichts als Ärger!"

Moneten
→ gängige **Münze**

sich ein **Monogramm** in den Hintern/Bauch beißen (umg.)
sich sehr ärgern [Verärgerung]
„Ich könnte mir glatt ein Monogramm in den Hintern beißen, wenn ich an diese verpaßte Gelegenheit denke! Da habe ich einfach nicht schnell genug geschaltet!"

blauer **Montag**
ein Montag, an dem man der Arbeit fernbleibt [Müßiggang]
„Kollege Meier ist nicht im Hause? Er wird wohl einen blauen Montag machen!"
In Polizeiverordnungen des 17./18. Jahrhunderts, die den feiernden Handwerksburschen harte Strafen androhten, hieß es: „einen guten Montag machen", ähnlich wie „sich einen guten Tag machen". Ursprünglich war der *blaue Montag* auf den Montag vor Faschingsdienstag beschränkt und wurde auch *Freßmontag* genannt. Diese Benennung entspricht dem franz. *mardi gras* (fetter Dienstag), dem letzten Tag vor der Fastenzeit. Anderswo hieß dieser Tag auch der *unsinnige* oder der *rasende Montag*, woraus der *Rosenmontag* geworden ist. Da die Farbe Blau in dieser Wendung keinen rechten Sinn ergibt, hat man angenommen, daß es sich um eine Ableitung von althochdeutsch *bliuwan* (*sich wild gebärden, herumprügeln.* Daher auch: *jmdn. verbleuen/durchbleuen*) handelt. Der *blaue Montag* wäre dann der *Prügelmontag*, ein Tag, an dem die betrunkenen Gesellen sich wild gebärden. Eine andere Erklärung bezieht sich auf die Kleiderordnung des Mittelalters. In dieser Ordnung wurden Stoffe und Farben jedes Standes festgelegt. Die sogenannten *geringen Farben* Grau und Braun waren Handwerkern und Bauern an Werktagen zugeordnet; sonn- und feiertags durften sie dagegen blaue Kleider tragen. Wenn Handwerker am Montag nicht arbeiteten und statt der Kleidung des *grauen Alltags* eine blaue Feiertagskleidung trugen, so machten sie eben einen *blauen Montag*. Die Wendung selbst ist seit dem 14. Jh. belegt.

Moos haben (umg.)
Geld haben, reich sein [Reichtum]
„Der Kerl in dem dicken Wagen da muß 'ne Menge Moos haben. Das Auto kostet über 80 000 Mark!"
Moos für *Geld* geht auf das hebräische Wort für Münze (ma'oth) zurück. Ursprünglich wurde es nur in der Gaunersprache (Rotwelsch) verwendet und später in die Studentensprache übernommen. Vgl. auch: wissen, wo **Barthel** den Most holt. Zu *ma'oth* gehört auch die Variante *Möpse haben* mit der gleichen Bedeutung. Daher auch: *etwas mopsen* (etwas stehlen). Ein *bemooster Bursche* war ursprünglich ein reicher Mann. Erst später ist über die Vorstellung eines mit Moos bewachsenen alten Steines daraus die Bedeutung *ein alter Mann* geworden.

etwas **mopsen** (umg.)
etwas stehlen [Diebstahl]
„Hast du schon wieder 50 Pfennige aus meinem Geldbeutel gemopst?"
Herkunft → **Moos** haben

sich **mopsen** (umg.)
1) *sich ärgern* [Verärgerung]
2) *sich langweilen* [Langeweile]
1) „Diese vertane Chance mopst mich doch gewaltig!"
2) „Ich gehe gerne in die Oper, aber mein Mann mopst sich dort immer gewaltig!"
Diese Wendung bezieht sich wahrscheinlich auf das mürrische Gesicht der Hunderasse Mops. Daher auch niederländisch *moppen* (mürrisch sein).

die **Moral** von der Geschichte
die Lehre/Konsequenz, die man aus etwas ziehen muß [Ergebnis]
„... und dann ist er gefeuert worden. Und die Moral von der Geschichte: Die Sonne bringt es an den Tag! Ein Griff in die Kasse ist noch niemals unbemerkt geblieben!"
Der Begriff *Moral* ist im 16. Jh. aus lat. *moralis* (die Sitten betreffend) gebildet worden (lat. *mos/mores* = Sitte/n). Man versteht unter *Moral* die Gesamtheit der Verhaltens- und Einstellungsnormen, die innerhalb einer Kultur tradiert und von der Mehrheit einer Gesellschaft oder Gruppe als verbindlich angesehen wird. Das Individuum lernt die moralischen Normen seiner Gesellschaft im Prozeß der Sozialisation. Die wissenschaftliche Beschreibung der Moral geschieht im Rahmen der Ethik (philosophia moralis), dem nach Platos Systematik dritten Gebiet der Philosophie neben der Logik (philosophia rationalis) und der Physik (philosophia naturalis). Moralische Normen sind der Kern von Hochreligionen (Christentum, Buddhismus usw.) und von Rechtssystemen (altgermanisches Recht, römisches Recht usw.). In derart kodifizierter Form sind Moralvorstellungen meist starrer als die wirklich in der Gesellschaft praktizierten (doppelte Moral). Die dabei auftretenden Konflikte können in Rechtssystemen durch Anpassungen (Novellierungen) gelöst werden, während Religionsgemeinschaften eher die Tendenz zeigen, in kleinere Gruppen (Orthodoxe, Reformierte usw.) zu zerfallen, als sich als Ganzes (etwa durch Reformkonzile) weiterzuentwickeln. In der Alltagssprache wird auch die sittliche Haltung eines einzelnen, ja sogar seine „Stimmung" (den Moralischen kriegen) mit *Moral* bezeichnet (die Moral der Truppe). Die Wendung *die Moral von der Geschichte* wiederum bezieht sich auf eine einzelne sittliche Lehre oder Nutzanwendung, die sich aus einem Einzelfall/einer Einzelerfahrung ergibt und nicht unbedingt (aber möglicherweise) mit anderen gemachten oder tradierten Erfahrungen in Einklang steht.

eine **Moral** mit doppeltem Boden
→ eine doppelte **Moral**

eine doppelte **Moral**
die Anwendung verschiedener moralischer Vorstellungen
1) *privat und öffentlich* [Täuschung]
2) *bei sich und anderen* [Ungerechtigkeit]
1) „Nach außen spielt er den fürsorglichen Ehemann und Vater, und zu Hause ist er ein wahrer Tyrann. Diese doppelte Moral hat seine Frau richtiggehend krank gemacht!"
2) „Heimlich säuft der Chef wie ein Loch, aber den Kollegen Meier hat er entlassen, als der einmal am Rosenmontag beschwipst

zur Arbeit kam. Diese doppelte Moral finde ich einfach widerlich!"
Herkunft → die **Moral** von der Geschichte

den/einen **Moralischen** kriegen/bekommen/ haben
Weltschmerz empfinden, Gewissensbisse empfinden [Stimmung]
„Nein danke, ich will kein Glas Wein mehr! Wenn ich zuviel getrunken habe, bekomme ich immer den Moralischen. Das ist bei anderen Leuten meist sehr peinlich!"
Herkunft → die **Moral** von der Geschichte

jmdm. eine **Moralpredigt** halten (umg.) [Vorhaltung]
→ jmdm. die **Leviten** lesen

es gibt **Mord** und Totschlag (Zwillingsformel)
es gibt heftigen Streit [Streit]
„Ruf die Polizei an! Bei unseren Nachbarn gibt es wieder Mord und Totschlag!"
Mord und *Totschlag* sind rechtlich zwar unterschiedliche Tatbestände, in dieser Zwillingsformel werden sie jedoch als synonym behandelt und (obwohl der Mord schwerer wiegt als der Totschlag) im Sinne einer Steigerung miteinander verknüpft.

das ist ja der (reine/reinste) **Mord**! (umg.)
das ist sehr gefährlich! das ist sehr anstrengend/mühsam/unzumutbar!
[Ablehnung]
„Du willst in einem Stück von Hamburg bis nach Sizilien fahren? Ohne mich! Das ist ja der reine Mord!"
Diese Gesprächsfloskel bedient sich des Mittels der Übertreibung. Wie viele Gesprächsfloskeln kann mit ihr außer der Ablehnung (je nach Kontext) gelegentlich auch die erstaunte Bewunderung für die anstrengende Leistung eines anderen ausgedrückt werden.

aus seinem Herzen keine **Mördergrube** machen [Offenheit]
→ **Herz**

Mordio schreien
→ **Zeter** und Mordio schreien

jmdn. **Mores** lehren (umg.)
1) *jmdm. Anstand beibringen* [Erziehung]
2) *jmdn. scharf zurechtweisen* [Zurechtweisung]
1) „Werdet ihr Lausebengel wohl aufhören, den alten Mann zu verspotten! Euch werd' ich Mores lehren!"
2) „Mein Sohn hat schon wieder Äpfel von Ihrem Baum gestohlen? Na, den werd' ich Mores lehren!"
Das lat. *mores* ist im 15. Jh. in Deutschland durch die Schüler- und Studentensprache populär geworden. Vgl.: die **Moral** von der Geschichte.

Morgenluft wittern (umg.)
endlich Erfolgsaussichten haben, neue Hoffnung bekommen [Hoffnung]
„Bei jeder Schwäche der Regierungsparteien glaubt die Opposition wieder Morgenluft wittern zu können und hofft auf Neuwahlen."
Diese Wendung ist ein Zitat aus Gottfried August Bürgers Ballade *Lenore* (1773). Die Ballade behandelt einen alten Sagenstoff: die Macht der Liebe, die über den Tod hinausreicht. Der Geist eines gefallenen Soldaten holt seine Geliebte mit sich ins Totenreich. Der nächtliche Ritt nähert sich mit dem beginnenden Tag seinem Ende am Friedhof, da die Geister dann verschwinden müssen: „Rapp'! Rapp'! mich dünkt, der Hahn schon ruft. / Bald wird der Sand verrinnen. Rapp'! Rapp'! ich wittre Morgenluft. / Rapp'! tummle dich von hinnen!" Die ungeheure Popularität dieser Ballade hat die redensartliche Fixierung dieses Zitats ermöglicht. Auch in der Shakespeare-Übersetzung von August Wilhelm Schlegel und Ludwig Tieck, die in den Jahren 1797 bis 1840 unternommen wurde, findet sich die Wendung wieder, und zwar ebenfalls an einer „gespenstischen" Stelle. Der Geist von Hamlets Vater (I, 5) muß bei Anbruch des Tages verschwinden, und auch er beobachtet die Zeichen des beginnenden Tages: „But soft! Me thinks I scent the morning air" (Doch still, ich wittre Morgenluft). So ist Shakespeare zwar – als berühmter Gestalter des beginnenden Tages – der Schöpfer dieser Wendung, mit Bürger aber hat sie

erst den Rang einer populären Formulierung erhalten, bei welcher die Bedeutung sich übrigens in das Gegenteil verkehrt hat: Dem lebendigen Menschen sind Tag und Morgen Symbole der Hoffnung und der Zuversicht.

Morgenstund hat Gold im Mund
→ den **Mund** halten

in **Morpheus'** Armen liegen/ruhen (gehoben)
schlafen [Schlaf]
„Können Sie nicht später nochmal anrufen? Mein Mann liegt gerade in Morpheus' Armen und will nicht gestört werden!"
Morpheus (griech.: *der Gestaltende*) ist in der antiken Mythologie der Gott des Traumes. Nach ihm ist das 1804 entdeckte Schmerzmittel *Morphium* benannt.

wissen, wo Barthel den **Most** holt
→ **Barthel**

du kriegst die **Motten**! (umg.)
das ist ja unglaublich!, das ist ja toll! [Überraschung]
„Du kriegst die Motten! Wir haben im Lotto gewonnen!"
Kleine Insekten wie Grillen und Mücken werden gerne scherzhaft zur Vermittlung der Bedeutungen *seltsame Gedanken, Aufregung* usw. hergenommen. Die Motte ist insbesondere durch ihre zerstörerischen Eigenschaften und ihre nächtliche Lebensweise redensartlich relevant geworden. Ihr Drang nach Licht, der oft zu ihrem Tode führt, hat ebenfalls zu Analogien zum Menschen veranlaßt.

wie die **Motten** ums Licht fliegen/schwärmen
eine Person/Sache sehr anziehend finden und (bis zum eigenen Untergang) umschwärmen [Begierde]
„Viele Filmstars werden von ihren Fans umschwärmt wie das Licht von den Motten."
Herkunft → du kriegst die **Motten**!

aus der **Mottenkiste** stammen (umg.)
völlig veraltet/altmodisch sein, altbekannt sein [Bekanntheit]
„In dieser angeblich neuartigen Revue wurden nur Dinge gezeigt, die aus der Mottenkiste stammen! So ein Reinfall!"
Mit *Mottenkiste* wird in der Theatersprache scherzhaft der Garderobenfundus bezeichnet, weil die Kostüme stark mit Mottenpulver durchsetzt sind, um sie vor der Zerstörung durch Mottenfraß zu bewahren. Die Redensart ist erst im 20. Jh. entstanden und wird meist auf ein veraltetes Repertoire an Tricks und darstellerischen Möglichkeiten bezogen.

seine **Mucken** haben (umg.)
1) *Launen haben* [Launenhaftigkeit]
2) *nicht recht funktionieren* [Defekt]
1) „Mit Onkel Peter ist nicht immer gut Kirschen essen. Manchmal hat er halt so seine Mucken und will ungestört bleiben!"
2) „Mein Radio hat manchmal so seine Mukken. Dann muß man einmal kräftig draufschlagen, und schon geht es wieder!"
Das mit *Mücke* verwandte *Mucke* bezieht sich lautmalend auf das Brummen der surrenden Fliege bzw. des Viehs oder des unwilligen Hundes. Mit *aufmucken* wird daher auch das Murren des widersprechenden Menschen bezeichnet. Zu Insekten als Ausdruck der Launenhaftigkeit siehe auch unter **Grille** und **Motte**. Im Sinne der Redensart ist *Mucke* seit dem 16. Jh. belegt. Vgl. auch: der **Teufel** ist los.

jmdm. die **Mucken** austreiben (umg.)
jmds. Trotz und Widerspenstigkeit brechen [Zurechtweisung]
„Plötzlich hast du keine Lust mehr, uns zu begleiten? Na, dir werd ich die Mucken schon austreiben! Los, steh auf und zieh dich an!"
Herkunft → seine **Mucken** haben

die **Mücke** machen
→ die **Fliege** machen

aus einer **Mücke** einen Elefanten machen
etwas sehr stark übertreiben, etwas aufbauschen [Aufbauschung]
„So ein Geschimpfe wegen der paar Kratzer am Wagen ! Mußt du denn immer gleich

aus einer Mücke einen Elefanten machen?" Diese Redensart stammt bereits aus der griechischen Antike und wurde von Erasmus von Rotterdam latinisiert („Elephantum ex musca facis"). Die Römer selbst hatten andere Vergleiche, um dasselbe auszudrücken, etwa: „der Berg kreißt und gebärt eine Maus" (Horaz, *Ars poetica*, V. 139) oder „e rivo flumina magna facere" (aus einem Bach einen Strom machen) von Ovid. Das rhetorisch-stilistische Mittel, das diesen Vergleichen zugrunde liegt, ist der extreme Kontrast.

keinen **Mucks** machen (umg.)
1) *still sein* [Schweigen]
2) *nichts sagen, obwohl man überrascht/erschreckt ist; nicht widersprechen* [Widerspruchslosigkeit]
1) „Die Kinder machen keinen Mucks. Ich glaube, sie schlafen endlich!"
2) „Als ich ihr sagte, daß sie nicht mit in Urlaub fahren dürfe, machte sie keinen Mucks."
Mucks ist eine substantivierte Interjektion des halblauten Aufbegehrens bzw. des Ansetzens zum Atemholen.
Herkunft → seine **Mucken** haben

(nur) keine **Müdigkeit** vorschützen/vortäuschen! (umg.)
keine Ausreden bitte!, weitermachen wie bisher! [Ermunterung]
„Nur keine Müdigkeit vorschützen, meine Herren! Der Vertrag wird noch heute unter Dach und Fach gebracht, auch wenn es schon spät geworden ist!"
Diese Gesprächsfloskel wird als scherzhafte Ermahnung eines Vorgesetzten gegenüber seinen Untergebenen gebraucht.

Muffe kriegen (umg.)
→ jmdm. geht die **Muffe**

jmdm. geht die **Muffe** (umg.)
jmd. hat Angst [Angst]
„Als die Einbrecher den Polizeiwagen erblickten, ging ihnen die Muffe und sie machten sich aus dem Staub."
Die *Muffe* ist ein Verschlußstück am Ende eines Rohres. In dieser Wendung dient der Begriff als Umschreibung für *After*. Der Ausdruck selbst ist von einem Pelz zum Warmhalten der Hände in den Bereich des Klempnerhandwerks übertragen worden (franz.: *moufle* = Pelzhandschuh).

mit **Müh** und Not (Paarformel)
nur unter großen Schwierigkeiten [Schwierigkeit]
„Nur mit Müh und Not gelang es ihm, das Fahrzeug vor dem gestürzten Fußgänger zum Halten zu bringen."
Der bekannteste literarische Beleg für diese Redensart stammt von Goethe: „erreicht den Hof mit Mühe und Not; / in seinen Armen das Kind war tot." (Erlkönig)

Wasser auf jmds. **Mühle** leiten
[Unterstützung]
→ Wasser auf jmds. **Mühle** sein

Wasser auf jmds. **Mühle** sein
jmds. Ansichten/Wünschen entsprechen/zu jmds. Vorteil gereichen [Vorteil]
„Er ist engagierter Kernkraftgegner. Jede Panne in diesem Bereich ist daher Wasser auf seine Mühlen!"
Die archaische Mechanik der Wind- und Wassermühle hat sich in verschiedenen Redensarten niedergeschlagen. Die Redensart *Wasser auf jmds. Mühle sein* hat nicht nur einen Energie-Aspekt, sondern auch einen juristischen. In sogenannten Wasserrechten wurde den verschiedenen Mühlen eines Gebietes eine bestimmte Wassermenge zuerkannt. Dabei gab es natürlich auch Probleme wie den Wasserdiebstahl (vgl.: jmdm. das **Wasser** abgraben) und die Bestechung von Schleusenwärtern. Andere redensartlich relevante Teile der Mühle sind das Mühlrad und der Mühlstein. Ein Sondertyp der Mühle war die sogenannte Tretmühle, die zum Symbol des Alltags geworden ist. Nach ihrer Mechanik werden auch alte Fahrräder und Autos scherzhaft als *Mühle* bezeichnet. Auch die langsam, aber sorgfältig mahlenden *Mühlen des Gesetzes* sind schon seit Jahrhunderten sprichwörtlich.

in die **Mühle(n)** der Ämter geraten
→ in die **Mühle(n)** der Verwaltung geraten

in die **Mühle(n)** des Gesetzes geraten
→ in die **Mühle(n)** der Verwaltung geraten

in die **Mühle(n)** der Verwaltung geraten
einer langwierigen bürokratischen Prozedur unterworfen sein [Bürokratie]
„Den Antrag habe ich schon vor Monaten eingereicht! Aber ihr kennt ja die Mühlen der Verwaltung; ich habe noch keinen Bescheid erhalten."

seine **Mühle** steht niemals still (umg.)
→ reden wie ein **Mühlrad**
[Geschwätzigkeit]

reden wie ein **Mühlrad** (umg.)
ununterbrochen reden [Geschwätzigkeit]
„Der redet seit einer Viertelstunde wie ein Mühlrad und merkt gar nicht, daß die Leute nicht mehr richtig zuhören!"
Die mechanische Dauerleistung der Wassermühle hat zu dieser Redensart geführt.
{Redefluß}

jmdm. wie ein **Mühlstein** am Halse hängen
→ jmdn. am **Hals** haben

Lieschen **Müller** (umg.)
die weibliche Durchschnittsdeutsche (insbesondere ihre Interessen und ihre modische Orientierung) [Jedermann]
„Lieschen Müller interessiert sich vor allem für Berichte aus Fürsten- und Königshäusern Europas."
Wie *Mühle* auf lat. *molina* zurückgeht, so auch der damit verknüpfte Berufs- (und spätere) Familienname *Müller* auf mittellat. *molinarius* (ital.: *mugnaio*; span.: *molinero*). Aus der ursprünglichen Form *Mülner* hat sich im 14. Jh. die heute gebräuchliche Form (mit den Varianten *Möller*, *Miller* usw.) ausgebildet. Als Berufsbezeichnung ist der *Müller* der Leiter einer Getreide mahlenden Wasser- oder Windmühle. Wie viele Berufsbezeichnungen (*Schmied/Schmidt, Bäkker/Becker, Meier* usw.) ist auch *Müller* seit dem 15. Jh. zu einem weitverbreiteten Familiennamen geworden. Massenhaft vorkommende Vor- und Familiennamen eignen sich wiederum dazu, als Gattungsnamen bzw. zur Vermittlung der Bedeutung *Jedermann* zu fungieren. In diesem Sinne ist *Lieschen Müller* als „Gattin" des deutschen Michel anzusehen.

keinen **Mumm** in den Knochen haben (umg.)
keine Energie/keinen Mut haben
[Schwäche]
„Obwohl er bei der Bundeswehr war, hat Franz keinen Mumm in den Knochen. Dabei heißt es immer, das Militär macht aus Jünglingen Männer!"

Mummenschanz
→ **Schanze**

etwas ist **Mumpitz** (umg.)
etwas ist Unsinn [Unsinn]
„Du willst alleine in die Türkei trampen? Das ist doch Mumpitz! Alleine ist sowas doch viel zu gefährlich!"
Im Elsaß ist seit 1643 das Wort *Butzenmummel* (auch *Mummelputz*) mit der Bedeutung *Vogelscheuche* belegt. Es setzt sich aus *mummen* (verkleiden; daher *Mummenschanz*) und *Butz* (Gespenst) zusammen. Bei seiner Ausbreitung nach Osten gewinnt das Wort die Bedeutung *leeres Geschwätz, leere Drohung* hinzu. Um 1870 ist es mit der Bedeutung *Schwindel, Bluff* als Berliner Börsenausdruck belegt und geht über Fontane in die Literatur ein.

nicht auf den **Mund** gefallen sein (umg.)
1) *redegewandt sein* [Redegewandtheit]
2) *schlagfertig/vorlaut sein*
[Schlagfertigkeit]
1) „Sag endlich, wo du die ganze Zeit gewesen bist. Schließlich bist du sonst auch nicht auf den Mund gefallen!"
2) „Unsere Sekretärin läßt sich vom Chef nichts bieten. Die ist nicht auf den Mund gefallen und kann gut argumentieren!"

jmds. **Mund** ist versiegelt (gehoben)
→ unter dem **Siegel** der Verschwiegenheit
[Verschweigen]

mit dem **Mund** vorneweg sein (umg.)
vorlaut und angeberisch sein [Angeberei]
„Mit dem Mund ist der Klaus immer schnell

vorneweg, aber wenn die Arbeit losgeht, ist er immer plötzlich verschwunden!"

den **Mund** aufmachen/auftun (umg.)
1) *reden, etwas sagen* [Reden]
2) *zu gegebener Zeit seine (negative) Bewertung abgeben* [Offenlegung]
1) „In den schriftlichen Arbeiten ist dieser Schüler gut, aber im Unterricht macht er fast nie den Mund auf."
2) „Jetzt bewahre ich noch Stillschweigen über manche Vorkommnisse, aber in meinen Memoiren werde ich den Mund auftun! Da wird sich manch einer wundern!"
Herkunft → den **Mund** halten

den **Mund** aufreißen über jmdn. (umg.)
→ das **Maul** aufreißen über jmdn.

den **Mund** aufreißen (wie ein Scheunentor) (derb)
→ das **Maul** aufreißen (wie ein Scheunentor)

Mund, Nase und Ohren aufsperren (umg.)
höchst erstaunt blicken [Erstaunen]
„Als der Zeppelin am Himmel vorbeischwebte, sperrten die Kinder Mund, Nase und Ohren auf vor Staunen. So etwas hatten sie noch niemals gesehen."

den **Mund** aufsperren (umg.)
→ **Mund**, Nase und Ohren aufsperren

jmdm. über den **Mund** fahren (umg.)
1) *jmdn. unterbrechen* [Unterbrechung]
2) *jmdm. heftig widersprechen* [Widerspruch]
1) „Als ich unserem Gast zustimmen wollte, fuhr mein Mann mir über den Mund und begann selbst, seine Meinung darzulegen. Nicht einmal entschuldigt hat er sich wegen dieses schlechten Benehmens!"
2) „Als ich meine Meinung zu Südafrika sagte, fuhr er mir über den Mund und erklärte, die Weißen hätten ganz recht mit ihrer Politik der Rassentrennung."

jmdm. eins auf den **Mund** geben (umg.)
jmdm. einen Schlag auf den Mund geben [Schlag]
„Wenn Kinder lügen, hat man ihnen früher meist eins auf den Mund gegeben. Heute schickt man sie zum Psychologen."

von **Mund** zu Mund gehen
sich schnell mündlich verbreiten, sich per Mundpropaganda verbreiten [Information]
„Die Nachricht von dem Bombenattentat verbreitete sich blitzschnell in der ganzen Stadt von Mund zu Mund."

den **Mund** halten (umg.)
nicht reden, still sein [Schweigen]
„Halt jetzt endlich den Mund! Ich kann dein Geschwätz nicht mehr ertragen!"
Im Gegensatz zu *Maul* gehört *Mund* der gewählteren Umgangssprache an. Redensartlich überwiegt deutlich die Rolle des Mundes beim Sprechen (mit allen Varianten von Geschwätzigkeit bis Schweigen) gegenüber seiner Funktion bei der Nahrungsaufnahme. Für Mund werden redensartlich gelegentlich auch die Lippen, das Mundwerk und die Zunge gesetzt. Einige Begriffe (wie *mundtot* oder *Vormund*) leiten sich von einem lautgleichen althochdeutschen *munt* (Hand, Schutz, Sicherheit) ab. Daher bedeutet auch das bekannte Sprichwort *Morgenstund hat Gold im Mund* eigentlich: *in der Hand* (Fleiß bringt Reichtum). Den *Mund halten* ist die Verkürzung von: *den Mund (mit der Hand)* zuhalten. Neben *Mund* können in dieser Redensart auch (mit zunehmendem Derbheitsgrad) die Begriffe *Klappe, Gosche(n), Maul, Schnauze* und *Fresse* stehen.

von der Hand in den **Mund** leben (umg.)
den gesamten Verdienst aufbrauchen, ohne Rücklagen zu bilden
1) *aus Armut* [Armut]
2) *aus Sorglosigkeit* [Sorglosigkeit]
1) „Von meinem niedrigen Gehalt können wir keine Ersparnisse bilden. Wir leben schon jahrelang von der Hand in den Mund."
2) „Wir leben von der Hand in den Mund. Wenn wir Geld haben, leben wir luxuriös, wenn nicht, schränken wir uns eben ein."

jmdm. etwas in den **Mund** legen
1) *jmdm. einen bestimmten Gedanken/eine*

bestimmte Antwort nahelegen [Suggestion]
2) *eine andere Person/Theaterrolle als Sprachrohr der eigenen Meinung verwenden* [Sprachrohr]
3) *jmd. soll etwas gesagt haben* [Zuschreibung]
1) „Der Prüfling ist durchgefallen, weil er die Antwort nicht wußte. Dabei hat sie ihm der Prüfer fast in den Mund gelegt!"
2) „Goethe hat seine eigene Einstellung zum Ideal der Humanität der Iphigenie in den Mund gelegt."
3) „Ich habe niemals davon gesprochen, daß die Sozialleistungen gekürzt werden sollen. Das hat mir die Opposition in den Mund gelegt um mir zu schaden!"

jmdm. den **Mund** wässerig/wäßrig machen (umg.)
1) *jmdn. zu etwas veranlassen, indem man es ihm „schmackhaft" macht* [Verlockung]
2) *jmdm. Appetit machen* [Appetit]
1) „Durch seine Reisebilder hat er mir den Mund wässerig gemacht! Ich will jetzt unbedingt auch in die Karibik!"
2) „Deine Beschreibung des Festessens in der Residenz hat mir den Mund wässerig gemacht! Ich gehe schnell mal in die Küche, um mir ein Sandwich zu machen!"

kein Blatt vor den **Mund** nehmen
→ kein **Blatt** vor den Mund nehmen

ein Wort nicht in den **Mund** nehmen
ein Reizwort, Schimpf- oder Tabuwort bewußt nicht verwenden [Vermeidung]
„Das Wort ‚Bestechung' würde ich in diesem Fall nicht in den Mund nehmen, aber die ganze Angelegenheit sieht ganz danach aus, als ob es eine gewesen ist!"

ein Wort in den **Mund** nehmen
ein bestimmtes Wort mit voller Absicht verwenden [Wortwahl]
„Ich weiß, was ich sage, wenn ich das Wort ‚Armut' in den Mund nehme! Nach dem Krieg haben wir fünf Jahre lang von Wasser und Brot gelebt, mein Junge!"

den **Mund** zu voll nehmen (umg.)
angeberisch sein, prahlen [Angeberei]
„Da haben Sie wohl wieder den Mund zu voll genommen, als Sie behaupteten, die Arbeit sei in zwei Stunden zu erledigen! Bis wann ist der Artikel denn nun fertig?"

sich den **Mund** fusselig/fransig/in Fransen reden (umg.)
erfolglos immer wieder bestimmte Meinungen/Ermahnungen aussprechen (die sich später bewahrheiten) [Ermahnung]
„Wie oft habe ich mir den Mund fusselig geredet, er solle mehr lernen und sich besser vorbereiten – ohne Erfolg. Immer bin ich auf taube Ohren damit gestoßen, und jetzt ist er nicht versetzt worden. Das wird meinem Herrn Sohn eine Lehre sein!"
In dieser Redensart steckt das Bild vom (durch häufigen Gebrauch) wie ein Stück Stoff zerschlissenen Mundes.

ihr **Mund** steht nie still (umg.)
→ jmds. **Mundwerk** steht nie still

jmdm. den **Mund** stopfen (umg.)
→ jmdm. das **Maul** stopfen

jmdm. den **Mund** verbieten
jmdm. verbieten zu sprechen [Schweigen]
„Von Ihnen lasse ich mir erst recht nicht den Mund verbieten!"

sich den **Mund** verbrennen (umg.)
etwas Ungehöriges sagen, das schlimme Folgen haben kann [Fauxpas]
„Ich sage zu dieser Angelegenheit nichts mehr. Ich habe mir erst neulich den Mund verbrannt, als ich die Beziehung von Fräulein Müller zu unserem Chef erwähnte."

jmdm. das Wort im **Mund** verdrehen
→ jmdm. das **Wort** im Mund verdrehen

ich kann mir den **Mund** wischen (umg., veraltend)
ich bekomme nichts [Benachteiligung]
„Allen hat Tante Berta etwas mitgebracht, nur ich kann mir wieder mal den Mund wischen!"

sich den **Mund** zerreißen (über jmdn.)
→ sich das **Maul** zerreißen

in aller **Munde** sein
viel beredet werden, Gegenstand des Klatsches sein [Bekanntheit]
„Davon hast du noch nichts gehört? Aber das ist doch in aller Munde!"
In dieser Redensart findet sich noch der alte Plural *Munde*, der heute sonst nicht mehr gebraucht wird. Stattdessen wird heute *Münder* bevorzugt.

aus berufenem **Munde** (gehoben)
etwas von kompetenter Seite hören; etwas von jmdm. erfahren, der es genau wissen sollte [Gewißheit] [Kompetenz]
„Ich habe soeben aus berufenem Munde erfahren, daß unsere Partei gewonnen hat. Der Wahlleiter hat es mir selbst mitgeteilt."
Der *berufene Mund* stellt sich zu *Beruf* (= Kompetenz) und *Berufung* (= Ernennung eines Kompetenten). Vgl. Matth. 22,14: „Viele sind berufen, aber nur wenige sind auserwählt."

sich etwas vom **Munde** absparen (umg.)
dadurch Geld sparen, daß man weniger ißt; unter Entbehrungen sparen [Sparsamkeit]
„Dieses Klavier habe ich mir bereits während der Studienzeit vom Munde abgespart!"

jmdm. nach dem **Munde** reden
1) *das sagen, was jmd. gerne hören würde* [Opportunismus]
2) *jmdm. schmeicheln* [Schmeichelei]
1) „Bei unserem Chef kann man sich sehr unbeliebt machen, wenn man ihm bloß nach dem Munde redet. Er will stets, daß man eine eigene Meinung vertritt!"
2) „Der Vertreter hat meiner Mutter einen überflüssigen neuen Staubsauger angedreht, indem er ihr eine Stunde lang nach dem Munde redete."

viele **Münder** zu stopfen haben (umg.)
viele Kinder/eine große Familie haben [Familie]
„Seine Kindheit war armselig, weil sein Vater mit einem geringen Gehalt viele Münder zu stopfen hatte."

jmdn. **mundtot** machen
jmdn. zum Schweigen bringen, jmds. öffentliche Wirkung behindern [Schweigen]
„Diktaturen zeichnen sich dadurch aus, daß die Opposition verfolgt und mundtot gemacht wird."
Wörtern wie *Mündel, mündig* oder *Vormund* liegt das althochdeutsche/mittelhochdeutsche Wort *munt* (Hand, Schutz, Sicherheit) zugrunde. In der alten Rechtssprache bedeutete *mundtot* daher zunächst: *nicht mehr für sich selbst verantwortlich sein.* In der Alltagssprache wurde daraus durch den Gleichklang mit dem Körperteil Mund allmählich die heutige Bedeutung *jemanden zum Schweigen bringen* entwickelt, die aber noch durchaus rechtliche und politische Bezüge erkennen läßt.

ein großes **Mundwerk** haben (umg.)
→ ein **Großmaul** sein [Angeberei]

ein gutes/flinkes/geöltes **Mundwerk** haben (umg.)
schnell/gewandt reden können [Redegewandtheit]
„Ein Politiker muß ein geöltes Mundwerk haben, sonst kann er sich im Wahlkampf nicht profilieren."
{Körpermaschine}

ein grobes/freches/loses ... **Mundwerk** haben (umg.)
oft grobe/freche usw. Dinge sagen [Unverschämtheit]
„Irgendwann wird dich jemand wegen deines frechen Mundwerks auf Beleidigung verklagen, Klara!"

jmds. **Mundwerk** steht nicht/nie still (umg.)
jmd. redet ununterbrochen [Geschwätzigkeit]
„Ich kann unmöglich das Arbeitszimmer mit ihr teilen, ihr Mundwerk steht nämlich niemals still. Dabei kann ich mich nicht auf meine Akten konzentrieren."

gangbare/gängige **Münze** sein
etwas allgemein Anerkanntes/häufig Verwendetes sein [Üblichkeit]
„An diesen Ton müssen Sie sich gewöhnen. Der ist beim Militär eben gängige Münze!"
Im römischen Tempel einer (ursprünglich

etruskischen) Göttin Juno Moneta war die antike Münzstätte eingerichtet. Daraus wurde *moneta* (Münze), das – zusammen mit den Geldstücken – in alle germanischen Dialekte gelange (Tacitus: *Germania*, 5. Kap.). In Germanien wurden als *Münzen* zunächst nur Silber- und Kupferstücke bezeichnet, während die (in Byzanz geprägten) Goldmünzen *Byzantiner* hießen. Daraus entwickelte sich ein noch lange redensartlich gebräuchlicher Gegensatz zwischen *Gold und Münzen*, der sich heute noch in Wendungen wie *kleine Münze* ausprägt. In den Redensarten ist die Münze natürlich zunächst einmal das Symbol von Besitz und Reichtum, aber auch dasjenige des „Gängigen". Der Juno Moneta verdanken viele europäische Sprachen ihr Wort für *Geld:* franz. *la monnaie,* engl. *money* usw. Natürlich gehört hierher auch der saloppe deutsche Ausdruck *Moneten*, der wohl durch die Studentensprache Verbreitung fand.

mit klingender **Münze** bezahlen
mit barem Geld bezahlen (und nicht auf Pump/mit Scheck usw.) [Geld]
„Neulich kam einer ins Geschäft, hat ein Auto gekauft und es gleich mit klingender Münze bezahlt. Der hatte ganze Bündel mit Tausendern in der Brieftasche!"

jmdm. etwas mit gleicher **Münze** heimzahlen/bezahlen
jmdm. etwas auf die gleiche Weise vergelten [Vergeltung]
„Laß dir doch die Lügen der Kollegen nicht einfach gefallen! Versuch doch mal, es ihnen in gleicher Münze heimzuzahlen."

etwas für bare **Münze** nehmen
etwas für wahr halten, was gar nicht ernst gemeint war [Mißverständnis]
„Am 1. April darf man nicht alles für bare Münze nehmen, was in den Zeitungen steht."
Diese seit dem 18. Jh. belegte Wendung bedeutet eigentlich: *eine zugesagte Zahlung bereits als baren Besitz ansehen.* Diese Gleichsetzung von *Wort* und *Münze* ist nicht isoliert zu sehen, vielmehr hat sie eine lange Tradition. Bereits in der Bibel wird an verschiedenen Stellen die Sprache mit Metall (Erz, Silber, Gold) verglichen. Biblisch ist auch die Redensart „Worte auf die Goldwaage legen" (Sir. 21,27). Von Lukrez stammt die Wendung „goldene Worte". Ovid (*Ars amat.* III, 479f), Plutarch, Lukian und andere antike Autoren haben das Bild der „Wortmünze" gebraucht, so daß sich ein ganzes Bildfeld {Wortschatz} ergibt, dem im Deutschen (wie in anderen europäischen Sprachen) eine Fülle von Redensarten, Vergleichen, Sprichwörtern und Begriffen angehören. Münzen und Wörter werden *geprägt* bzw. *geschlagen* (Schlagwörter, Slogans). Sprachen ver- und entleihen wechselseitig *Lehnwörter*, um damit ihren *Wortschatz* zu vergrößern. Wer etwas verspricht, *verpfändet* sein Wort.

etwas in klingende **Münze** umzusetzen verstehen
wissen, wie man eine Begabung/einen Sachverhalt usw. zu seinem finanziellen Vorteil ausnutzen kann [Verdienen]
„Mancher große Poet ist schon verhungert, weil er nicht verstand, seine Begabung in klingende Münze umzusetzen."

münzen: etwas ist auf jmdn. gemünzt
etwas stellt eine versteckte Anspielung auf jmdn. dar, etwas gilt heimlich jmdm. Bestimmtes [Anspielung]
„Diese Bemerkung über die Schädlichkeit von Alkohol war wohl auf mich gemünzt?"
„Wenn Sie sich den Schuh anziehen wollen – bitte sehr!"
Diese seit dem 17. Jh. belegte Wendung bezieht sich auf sogenannte Gedächtnismünzen, die im 16. bis 18. Jh. bei bestimmten Anlässen geprägt wurden. Diese Medaillen waren häufig mit versteckten anzüglichen Elementen versehen, die (im Gewand der Satire und der Allegorie) auf die Schwächen der Dargestellten anspielten, ohne sie bloßzustellen.

jmdn. **mürbe** machen (umg.)
jmds. Widerstand brechen [Sieg]
„Durch nächtliche Anrufe wurde der Bauer so lange mürbe gemacht, bis er dem Verkauf seines Landes an eine Wohnungsbau-

gesellschaft zustimmte."
Das mit *morsch* verwandte Wort *mürbe* bezeichnet bröckelnde und weiche Konsistenz bzw. den Zerfallszustand eines ursprünglich festen Materials. Im Gebirge werden beispielsweise Geröllawinen aus Schlamm und Gestein mit einem etymologisch nahestehenden Begriff als *Muren* bezeichnet. Auch die Stärke und Widerstandskraft des Menschen wird gerne mit Fels und hartem Gestein verglichen, so daß die Übertragung des Begriffs *mürbe* naheliegt, wenn eine Schwäche (Zermürbung) ausgedrückt werden soll. In den weiteren etymologischen Zusammenhang von *mürbe* gehört auch der Begriff *Moräne*, mit dem die Schuttmassen bezeichnet werden, die nach dem Abschmelzen der Eiszeitgletscher übrigblieben.

wie ein **Murmeltier** schlafen (umg.)
sehr fest schlafen [Schlaf]
„Ich habe wie ein Murmeltier geschlafen und deshalb sogar den Wecker überhört."
Murmeltiere sind Nagetiere, die im Hochgebirge leben und aufgrund der klimatischen Verhältnisse einen langmonatigen Winterschlaf halten. Der Name leitet sich von lat. *mus montis* (Bergmaus) ab und ist über das Rätoromanische *murmont* in die deutsche Sprache gekommen.

jmdn. hat die **Muse** geküßt (gehoben)
jmd. ist zum Dichten/Komponieren/Malen usw. begabt oder (als Laie) in entsprechender Laune [Inspiration]
„Unseren Vater hat heute die Muse geküßt: Er sitzt in seinem Arbeitszimmer und schmiedet Verse!"
In der griechischen Mythologie waren die Musen die Töchter des Zeus und der Mnemosyne. Sie galten als Göttinnen der Wissenschaft und der nicht handwerklichen sogenannten schönen Künste: Musik, Gesang, Dichtung und Tanz. Nach Hesiod (*Theogonie* 75 ff) gab es neun Musen: Kalliope (die Muse der epischen Dichtung, teils auch der Poesie und der Rhetorik), Klio (Muse der Geschichtsschreibung), Euterpe (Muse der Tonkunst und des Gesangs), Melpomene (Muse der Tragödie), Terpsichore (Muse des Tanzes), Erato (Muse der Liebesdichtung), Polyhymnia (Muse des Kultgesangs), Urania (Muse der Astronomie) und Thalia (Muse der Komödie und der Schauspielkunst, Beschützerin des Theaters). Die Musen sangen beim Göttermahl auf dem Olymp und gaben dem Dichter die Dichterweihe durch einen Wangenkuß. Die entsprechende Redensart wird meist scherzhaft gebraucht, ebenso die Begriffe *Musensohn* (begnadeter Künstler) und *Musentempel* (Schauspielhaus/Opernhaus usw.).

das ist/klingt wie **Musik** in meinen Ohren
das ist sehr erfreulich, das höre ich gerne [Freude]
„Ich soll befördert werden? Das klingt wie Musik in meinen Ohren!"
Das von *Muse* abgeleitete Wort *Musik* meint ursprünglich jede Art *musischer* Betätigung. Platon stellt die Musik in diesem weiten Sinne (Lesen, Schreiben, Gesang, Lyraspiel u. a.) der Gymnastik gegenüber. Erst allmählich tritt eine Verengung dieser Bedeutung auf *Tonkunst* einerseits und *Theorie des Klanges* andererseits ein. Letztere wird als mathematische Disziplin aufgefaßt und tritt als 4. Disziplin des sogenannten Vierwegs (Quadrivium) in den *freien Künsten* (vgl: nach allen Regeln der **Kunst**) neben Arithmetik, Geometrie und Astronomie. Mit der Kunstphilosophie und Ästhetik des 18. Jh. wechselt die Musik in den Kreis der *schönen Künste* über und wird nun vorrangig als ästhetisches Phänomen begriffen. Diesen Aspekt betont auch die Redensart.

da ist **Musik** drin! (umg.)
etwas ist (ästhetisch oder finanziell) interessant [Gewinn]
„Bei diesem Geschäft werden wir uns sanieren – da ist Musik drin!"
Diese Redensart kann im ästhetischen Sinne gedeutet werden, etwa gleichbedeutend mit *das höre ich gerne*.

Musik im Blut haben
musikalisch begabt sein, musikbesessen sein [Begabung]
„Dieser Pianist ist kein blutleerer Techniker; seine Spielweise verrät, daß er Musik im Blut hat!"

Das Blut galt nach antiker und mittelalterlicher Lehre als Lebenselixier mit individueller Prägung, da es im Kreis der Körpersäfte die Neigungen und Begabungen des jeweiligen Menschen trug.

ich **muß** mal! (umg.)
ich muß mal auf die Toilette! [Notdurft]
„Mama, ich muß mal!" „Ausgerechnet! Hier ist doch weit und breit keine Toilette!"

die **Muskeln** spielen lassen (umg.)
jmdm. Angst einflößen [Bedrohung]

nach bekanntem **Muster**
wie gewöhnlich [Üblichkeit]
„Ich schufte mich zu Tode, und meine liebe Frau geht nach bekanntem Muster zu ihrer Freundin zum Kaffeeklatsch! Jetzt reicht es mir aber! Heute hilfst du mir einmal bei der Gartenarbeit!"
Das von lat. *monstrare* (zeigen, daher: die *Monstranz*; die *Demonstration* u. v. a. m.) abgeleitete Wort *Muster* gelangt im 15. Jh. ins Deutsche. Dabei haben wohl die Handelsbeziehungen zu Frankreich und Italien eine Rolle gespielt, da *Muster* zunächst im Sinne von *Probestück, Prüfstück* gebraucht wird (heute: *Warenmuster*). Das *Muster* ist dabei entweder ein kleines Teil einer größeren Menge, die es repräsentiert, oder aber ein Modell oder eine Zeichnung (daher auch: *Tapetenmuster*). Als Repräsentant ist das Muster dann auch ein „Vorbild" (musterhaftes Verhalten). Im ironischen Sinne der Redensart (schlechtes Vorbild) ist *Muster* seit dem 17. Jh. belegt.

sein **Mütchen** an jmdm. kühlen (umg.)
seine schlechte Laune an jmdm. auslassen [Abreagieren]
„Warum brüllst du mich so an? Du hast wohl Ärger im Büro gehabt und willst jetzt dein Mütchen an mir kühlen?"
Im Mittelhochdeutschen bezeichnete *muot* alle Aspekte des (bewegten) inneren Seelenlebens. Als Sitz des Mutes wird das Herz gedacht, wobei die Tapferkeit nur einen Aspekt darstellt. Daher auch Fügungen wie *wohlgemut, guten Mutes sein, reumütig, der Unmut* usw. Im bösen Sinne drückte *Mut* auch Groll, Haß und Ärger aus, Empfindungen, die als *heiß* oder *brennend* empfunden wurden (ein brennender Haß). Die Formel *den Mut kühlen* im Sinne der heutigen Redensart findet sich schon im Nibelungenlied (Str. 1327). Seit Luther ist auch die Verkleinerungsform *Mütchen* in der heute üblichen Form häufig belegt.

Mutterfreuden entgegensehen
→ guter **Hoffnung** sein [Schwangerschaft]

bei **Mutter** Grün schlafen/übernachten (umg.)
im Freien schlafen [Ungeschütztheit]
„Alle Herbergen sind belegt? Macht nichts! Dann schlafen wir eben bei Mutter Grün!"
Diese Wendung stammt aus der Berliner Gegend und stellt eine Verbindung zwischen der allegorischen Vorstellung von der „Mutter Natur" und der Farbsymbolik der Farbe *grün* (natürlich) dar.
Herkunft → **grün**

wie eine **Mutter** ohne Brust (umg., scherzhaft)
jmdn. unter seine **Fittiche** nehmen [Fürsorge]

wie bei **Muttern** (umg.)
wie zu Hause [Vertrautheit]
„In diesem Lokal schmeckt es wie bei Muttern – wunderbar!"

mit der **Muttermilch** einsaugen
von frühester Jugend an erleben/erfahren [Erziehung]
„Die klassische Bildung hat er schon mit der Muttermilch eingesogen. Seine Eltern waren nämlich beide Akademiker."

an **Mutters** Schürze hängen
→ an Mutters **Schürze** hängen

eine **Mütze** voll Schlaf nehmen
→ ein **Auge** voll Schlaf nehmen [Schlaf]

der **Nabel** der Welt
der Mittelpunkt, das Wichtigste, das Belebteste [Mittelpunkt]
„Eichstätt ist ja nicht gerade der Nabel der Welt, aber es gibt dort eine hervorragende Universität."

Nabelschau üben
sich ausschließlich selbst beobachten und bewerten [Selbstorientierung]
„Solange die Saarländer immer bloß Nabelschau üben, anstatt sich Kritik von außen anzuhören, kann es in diesem Land nicht wirklich zu Verbesserungen kommen."
Die selbstbeobachtende Nabelschau gilt als Unwilligkeit, sich mit Gegebenheiten außerhalb der engen Grenzen dieses Blickwinkels abzugeben.

nach und nach
allmählich [Zeit]
„Nach und nach trafen die Gäste ein. Nun konnte das Festmahl eröffnet werden."
Die mit *nah* verwandte Präposition *nach* verfügt über räumliche und (davon abgeleitete) zeitliche Bedeutungskomponenten. In Verbindung mit anderen Wortarten drückt es die Nähe (Nachbar), die Richtung (nach rechts), das Ziel (nach Hause), das Nachfolgen und schließlich die zeitliche Folge aus: *danach*, *nachher* usw. Auch der Aspekt der imitierenden oder verstärkenden Wiederholung von Handlungen kann durch *nach* ausgedrückt werden: *nachahmen*, *Nachbilden*, *Nachdruck* usw. Das *Nachdenken* ist ein Denken in Richtung auf ein bestimmtes Ziel, das *Nachsehen* der bloße Nachblick auf ein Entweichendes und damit Verlorenes, um das man sich umsonst bemüht hat. Ursprünglich gleichbedeutend mit *Nachsehen* hat sich aus *Nachsicht* (Beaufsichtigung) seit dem 17. Jh. der Aspekt der *Schonung* (nachsichtig sein) herauskristallisiert. In dem Sprichwort *Vorsicht ist besser als Nachsicht* hat sich noch die alte Bedeutung (*Nachsicht* = Nachsehen) erhalten. *Nach* und *vor* treten auch sonst in kontrastive Beziehung zueinander, um bestimmte (räumliche und zeitliche) Bedeutungen auszudrücken (*nach wie vor*). In der Wendung *nach und nach* wird die Verdoppelung dazu genutzt, sich wiederholende Ereignisse in der Wirklichkeit durch sich wiederholende „Lautereignisse" (nach A + nach B + nach C…) abzubilden.

nach wie vor
wie bisher [Stagnation]
„Die Lage ist nach wie vor unverändert."
Herkunft → **nach** und nach

von jetzt auf **nachher** (umg.)
in kürzester Frist [Schnelligkeit]
„Die von Ihnen verlangten Änderungen kann man nicht von jetzt auf nachher machen; ich brauche dazu drei Tage!"
Herkunft → **nach** und nach

jmdm. **nachschlagen** (umg.)
→ vom gleichen **Schlag**

jmdm. bleibt das **Nachsehen**
→ das **Nachsehen** haben
[Benachteiligung]

das **Nachsehen** haben
der Betrogene sein, der Benachteiligte sein [Benachteiligung]
„Wenn die Preise für Rohstoffe weiter fallen, werden wieder einmal die Länder der Dritten Welt das Nachsehen haben."
Herkunft → **nach** und nach

häßlich wie die **Nacht** (umg.)
sehr häßlich [Häßlichkeit]
„Man sagt sowas ja nicht gerne, aber seine Verlobte ist wirklich häßlich wie die Nacht!"
Die Lautwurzel von *Nacht* ist (im Gegensatz zu der von *Tag*) den indogermanischen Sprachen gemeinsam (lat.: *nox*, engl.: *night*, franz.: *nuit* usw.). Man hat das damit erklärt, daß in der Vorzeit die Zeit nach Nächten gezählt wurde (statt nach Tagen), weil die Beobachtung des Mondes, nach dem man Monat und Jahr maß, in die Nacht fällt. Die alte Zählweise liegt noch Begriffen wie *Weihnachten* oder engl. *fortnight* (14 Tage) zugrunde. Wesentliches Kennzei-

chen der Nacht ist natürlich ihre Dunkelheit (schwarz wie die Nacht), die zu einer optischen Nivellierung führt (bei Nacht sind alle Katzen grau). Tag und Nacht sind durch den Gegensatz zwischen Tätigkeit und Untätigkeit gekennzeichnet, Umkehrungen dieser Verhältnisse sind Kennzeichen der „verkehrten Welt" (die Nacht zum Tage machen). Die Nacht begünstigt die Heimlichkeit (bei Nacht und Nebel), weil der normale Bürger schläft. Im Volks- und Aberglauben ist sie daher auch nicht des Menschen Freund, sondern die gefährliche Zeitspanne, in der Geister und Gespenster umherwandeln, die beim ersten Tageslicht verschwinden müssen (vgl.: ich wittre **Morgenluft**). In Volksmythen über den Ursprung von Tag und Nacht gilt die Nacht meist als das Ältere und als Mutter des Tages. Nach Hesiod ist sie die Tochter des Chaos und gebiert aus sich selbst den Tod, den Schlaf, die Träume, den Trug und das Alter. In Teufelssagen wird die Nacht meist als Werk des Teufels hingestellt, der Tag dagegen als Schöpfung Gottes. Dieser Dualismus findet sich in vielen abergläubischen Bewertungen, die sich auch redensartlich niedergeschlagen haben: Der *lichte Tag* ist gut, schön usw., die *schwarze Nacht* ist schlecht und häßlich.

(na,) dann gute **Nacht** (umg.)
dann haben wir keine Chancen!, dann wird es nicht klappen! [Pech]
„Stell dir vor, ich kriege im August keinen Urlaub!" „Na, dann gute Nacht! Dann müssen wir die gebuchte Reise wieder stornieren!"

bei **Nacht** sind alle Katzen grau
→ bei Nacht sind alle **Katzen** grau

schwarz wie die **Nacht** (umg.)
sehr dunkel/schwarz [Farbe]
„Hast du diesen Mann aus Nigeria gesehen? Schwarz wie die Nacht!"

bei **Nacht** und Nebel (Paarformel)
ganz heimlich, unbeobachtet [Heimlichkeit]
„Die Diebe drangen bei Nacht und Nebel in die Villa des Schauspielers ein."

über **Nacht**
1) *unerwartet* [Unerwartbarkeit]
2) *ganz schnell* [Schnelligkeit]
1) „Durch einen Lotteriegewinn kann man über Nacht zum Millionär werden."
2) „Über Nacht ist es Winter geworden."
Herkunft → häßlich wie die **Nacht**

die **Nacht** zum Tage machen
die Nacht durchfeiern/durcharbeiten usw. [Verkehrte Welt]
„Um den Abgabetermin des Manuskriptes einhalten zu können, mußte ich wochenlang die Nacht zum Tage machen. Deshalb bin ich jetzt urlaubsreif!"
Herkunft → häßlich wie die **Nacht**

sich die **Nacht** um die Ohren schlagen
(umg.) [Verkehrte Welt]
→ häßlich wie die **Nacht**

jmdm. schlaflose **Nächte** bereiten
[Beunruhigung]

Nachtigall, ick hör dir trapsen (umg., norddeutsch)
ich ahne, worauf das hinausläuft!; ich merke, was los ist! [Verdacht]
„Fährst du nach der Kinovorstellung gleich nach Hause?" „Nachtigall, ick hör dir trapsen! Du willst wohl mitgenommen werden?"
Diese Berliner Redensart ist seit 1878 belegt und wird stets im „falschen Deutsch" des Berliner Dialekts gebraucht. Vermutlich handelt es sich dabei um eine Verballhornung der ersten Zeile des Liedes *Frau Nachtigall*, das in der Volksliedsammlung *Des Knaben Wunderhorn* (Achim von Arnim/Clemens Brentano, 1808) abgedruckt ist. Dort heißt es:
„Nachtigall, ich hör dich singen, / Das Herz möcht mir im Leib zerspringen; / Komme doch und sag mir bald, / Wie ich mich verhalten soll. / Nachtigall, ich seh dich laufen, / An dem Bächlein tust du saufen, / Du tunkst dein klein Schnäbelein ein, / Meinst, es wär der beste Wein."
Da *trapsen* nicht *singen* bedeutet, sondern *laufen*, besteht die Verballhornung in einer Vermischung der Anfangszeilen der ersten

(hören) und der zweiten Strophe (laufen). Der Name *Nachtigall* selbst bedeutet eigentlich *Nachtsänger* (von ahd. *galan* = singen; daher auch engl. *nightingale*).

ein **Nachtwächter** sein (umg.)
ein bißchen beschränkt sein [Dummkopf]
„Frau Becker ist unheimlich aufgeweckt, aber ihr Mann ist ein ziemlicher Nachtwächter. Mit dem kann man sich über nichts unterhalten."
Der Nachtwächter in der mittelalterlichen Stadt hatte weniger die Aufgabe, nach sich nähernden Feinden und Dieben Ausschau zu halten, als vielmehr, dem Spätheimkehrer heimzuleuchten und die stets drohende Brandgefahr im Auge zu behalten. Diese Aufgaben galten weniger als ein Beruf in Handel und Handwerk, so daß sich daraus allmählich ein (allerdings harmloses) Schimpfwort ergab.

einen starren/steifen **Nacken** haben (umg.)
[Trotz]
→ den **Nacken** beugen

jmdm. den **Nacken** beugen [Demütigung]
→ den **Nacken** beugen

den **Nacken** beugen
sich unterwerfen [Unterwerfung]
„Nie werde ich den Nacken beugen und seine völlig unsinnigen Anordnungen widerspruchslos hinnehmen! Ich lasse es auf eine Auseinandersetzung ankommen."
Ebenso wie der Hals gilt der Nacken als gefährdete (dem tödlichen Schlag ausgelieferte) Körperpartie. Der gebeugte Nacken ist daher das selbstverständliche Sinnbild der Hilflosigkeit und der Unterwerfung.

jmdm. den Fuß in den **Nacken** setzen (umg.)
[Demütigung]
→ jmdn./etwas mit **Füßen** treten

jmdm. auf dem **Nacken** sitzen (umg.)
[Bedrängung]
→ den **Nacken** beugen

jmdm. im **Nacken** sitzen (umg.)
dicht hinter jmdm. her sein [Verfolgung]
„Er mußte rasch das Land verlassen, weil ihm die Polizei im Nacken saß."
Herkunft → den **Nacken** beugen

die Angst sitzt jmdm. im **Nacken** (umg.)
jmd. wird von Angst beherrscht [Angst]
„Durch die Pannen in vielen Atomkraftwerken sitzt immer mehr Menschen die Angst vor einer Katastrophe in ihrer Nähe im Nacken."
Herkunft → jmd. hat den Schalk im **Nacken**

jmdm. sitzt der Schalk/Schelm im **Nacken** (umg.)
jmd. ist ein Spaßvogel, jmd. ist zu Späßen aufgelegt [Spaßvogel]
„Bei Emil weiß man nie, ob er etwas ernst meint oder ob er Spaß macht. Ihm sitzt immer der Schelm im Nacken!"
Die Nähe zum Kopf macht den Nacken im Aberglauben zu einem bevorzugten Aufenthaltsort für Dämonen, die den Menschen unterwerfen und beeinflussen. Dem vom *Schalk* (*Springer, Knecht;* dann: *arglistiger Mensch, Teufel*) besessenen Menschen kann dieser Homunculus auch *aus den Augen* schauen. Auch *Schelm* hatte ursprünglich stark abwertende Bedeutungen (ursprünglich: *Kadaver*, dann: *schlechter Mensch, Betrüger*), die heute nicht mehr so negativ empfunden werden. Ein *Schelm* ist heute ein amüsanter Spaßvogel im Sinn der Redensart, und nur die redensartliche Verknüpfung mit *Nacken* läßt die ursprüngliche abergläubische Dimension noch erkennen.

den **Nacken** steifhalten (umg.)
[Unnachgiebigkeit]
→ den **Nacken** beugen

an der **Nadel** hängen (umg.)
heroinsüchtig sein [Sucht]

wie auf **Nadeln** sitzen (umg)
sehr ungeduldig und unruhig dasitzen
[Ungeduld]
„Nachdem seine Frau in den Kreißsaal gebracht worden war, begab er sich ins Wartezimmer. Du kannst dir vorstellen, daß der werdende Vater dort bis nach der Geburt wie auf Nadeln saß."

eher geht ein Kamel durch ein **Nadelöhr**
→ eher geht ein **Kamel** durch ein Nadelöhr

jmdm. **Nadelstiche** versetzen (umg.)
jmdn. durch kleine Bemerkungen kränken, kleine Bosheiten sagen [Kränkung]
„Eigentlich ist Johanna sehr nett, aber sie kann es nie lassen, einem hin und wieder Nadelstiche zu versetzen. Gestern hat sie beispielsweise gemeint, ich könnte eine Abmagerungskur gebrauchen!"
Die kleine Wunde, die durch Nadelstiche entsteht, hat dieser Wendung als Vorbild gedient. Es liegt auch dem synonymen Begriff *Sticheleien* zugrunde. Eine schöne Charakteristik des „seelischen" Nadelstichs gibt Ludwig Börne (1786–1837): „die täglichen kleinen Quälereien..., die tausend Nadel-Stiche, an denen man blutet, ohne zu verbluten, und die, weil sie keine Narben zurücklassen, weder Bewunderung noch Lorbeeren erringen...".

jmd./etwas ist ein **Nagel** zu jmds. Sarg (umg.)
jmd./etwas bereitet jmdm. großen Kummer [Kummer]
„Das unstete und verantwortungslose Leben und Treiben unseres Sohnes ist ein Nagel zum Sarg seines Vaters gewesen. Dem ist darüber das Herz gebrochen!"
Der Sargnagel dient belegbar seit dem 18. Jahrhundert als Sinnbild der Bereitung großen, im schlimmsten Fall tödlichen Kummers. Heutzutage werden auch Zigaretten als *Sargnägel* bezeichnet.

den **Nagel** auf den Kopf treffen (umg.)
genau das Richtige sagen, eine treffende Bemerkung machen [Wahrheit]
„Mit seiner Kritik an der gegenwärtigen Kulturpolitik hat der Festredner den Nagel auf den Kopf getroffen!"
Diese Redensart wird spontan meist mit der Geschicklichkeit gedeutet, die notwendig ist, beim Hämmern einen Nagel genau zu treffen. Sie geht allerdings auf die Sprache der Schützen zurück: Im Zentrum der Schießscheibe befand sich früher ein Nagel (oft auch *Zwecke* genannt, daher: der *Zweck* = das Ziel eines Handelns), der getroffen werden sollte. Vgl.: ins **Schwarze** treffen.

Nägel mit Köpfen machen (umg.)
etwas perfekt ausführen, nichts Halbes machen [Perfektion]
„Wenn wir uns neue Möbel anschaffen, dann wollen wir auch Nägel mit Köpfen machen und die Wohnung neu tapezieren lassen!"
Nägel wurden früher nicht industriell hergestellt, sondern einzeln vom Nagelschmied geschmiedet. Ein ungeschickter Schmied oder Lehrling mag dabei gelegentlich Nägel ohne Köpfe hergestellt haben. Perfekte Nägel stellten als Einzelstücke natürlich einen hohen Wert dar, so daß Begriffe wie *nagelneu* (ganz neu, unversehrt und wertvoll) und *funkelnagelneu* (ursprünglich: *frisch geschmiedeter Nagel*) aufkommen konnten.

etwas an den **Nagel** hängen (umg.)
eine Tätigkeit aufgeben (auch: Studium, Beruf usw. aufgeben) [Aufgeben]
„Heute hängen viele Studenten der Geisteswissenschaften ihr Studium an den Nagel, weil sie keinerlei Berufsaussichten haben."
Früher wurden viele Geräte, Kleider usw. an Wandnägeln aufgehängt, wenn sie nicht gebraucht wurden. Aus dieser Übung hat sich bereits im 15. Jh. die heutige Bedeutung der Redensart entwickelt.

etwas brennt jmdm. auf/unter den **Nägeln** (umg.)
etwas ist jmdm. sehr eilig [Eile]
„Leider kann ich euch nicht auf diesen Ausflug begleiten. Mir brennt nämlich ein Abgabetermin unter den Nägeln!"
Diese Redensart geht wahrscheinlich auf eine früher in Klöstern herrschende Sitte zurück: Die Mönche klebten sich zur winterlich dunklen Frühmesse kleine Kerzen auf die Daumennägel, die im Laufe des Gottesdienstes abbrannten und gegen Ende wohl zu entsprechender Eile angespornt haben werden, um Verbrennungen zu vermeiden.

jmdm. nicht das Schwarze unter dem **Nagel** gönnen

→ jmdm. nicht das **Schwarze** unter dem Nagel gönnen

sicht etwas unter den **Nagel** reißen (umg.)
sich etwas geschickt aneignen/besorgen [Aneignung]
„Die Briefmarkensammlung von Opa hat sich Onkel Hermann unter den Nagel gerissen. Da ist für uns nichts mehr zu holen!"
Bis ins 16. Jh. hatten Fingernägel eine redensartliche Bedeutung wie heute die *langen Finger: lange Nägel machen* = etwas stehlen. Noch Luther schreibt: „Der Bauer hat sehr diebische Nägel an den Fingern." Aus dieser Verwendung hat sich wohl die heutige Bedeutung des halb unredlichen Aneignens von Gegenständen ergeben.

niet- und **nagelfest**
→ **niet**- und nagelfest

die **Nagelprobe** machen
1) *sein Glas völlig austrinken* [Trinken]
2) *etwas überprüfen/nachweisen* [Prüfung]
1) „Wer die Nagelprobe verliert, der bezahlt die ganze Runde!"
2) „Die Klasse hat die Hausaufgaben gemacht? Na, dann wollen wir mal die Nagelprobe machen! Hefte auf den Tisch!"
Das Wort *Nagelprobe* erscheint erstmals im Jahre 1608 in einer Hoftrinkordnung des Kurfürsten Christian II. von Sachsen. Diese Probe bestand darin, das ausgetrunkene Glas auf den Nagel des linken Daumens zu kippen. Die ausfließende Restmenge mußte dann auf diesem Fingernagel Platz haben, wenn nicht derjenige beleidigt sein sollte, zu dessen Wohl das Glas geleert worden war. Es handelt sich dabei um eine altskandinavische Trinksitte, die seit dem 15. Jh. auch in Deutschland Anklang fand.

jmdm. zu **nahe** treten/kommen
jmdn. durch eine persönliche Bemerkung verletzen oder kränken, sich Vertraulichkeiten herausnehmen [Fauxpas]
„Durch deine Bemerkung über männliche Glatzen bist du offenbar dem Herrn Direktor zu nahe getreten. Er ist jedenfalls ganz schön sauer auf dich!"
Herkunft → jmdm. **nahegehen**

nahe daran sein, etwas zu tun
fast entschlossen sein, etwas zu tun; unmittelbar vor der Tat stehen [Entschlossenheit]
„Ich war schon nahe daran, das Studium hinzuschmeißen. Heute bin ich froh, daß ich es durchgehalten habe."
Herkunft → jmdm. **nahegehen**

jmdm. **nahegehen**
jmdn. seelisch ergreifen/belasten [Kummer]
„Er zeigt es zwar nicht, aber der Tod seiner Frau ist ihm sehr nahegegangen!"
Der ursprünglich rein räumliche Begriff *nah* (die Nähe) wird seit der Antike im Sinne der persönlichen Betroffenheit, aber auch des Egoismus (Jeder ist sich selbst der Nächste) und der sozialen Etikette (jmdm. zu nahe kommen/treten) verwendet. Letzteres hat auch ganz konkret eine räumliche Komponente beibehalten: Die Erforschung des persönlichen Raumes, den ein Individuum unter verschiedenen Umständen für sich beansprucht, ist Untersuchungsgegenstand der sog. Proxemik (eigentlich: Näheforschung). Sie analysiert die – je nach Kulturkreis unterschiedlichen – räumlichen Distanzen, die Menschen in Kontaktsituationen gewöhnlich einnehmen. Meist kann zwischen intimer, privat-vertraulicher und öffentlicher Distanz unterschieden werden. Wer – beispielsweise in einem fremden Land – diese dort üblichen Distanzen über- oder unterschreitet, wird entweder als abweisend oder als aufdringlich eingeschätzt. Der Übergang von öffentlicher zu intimer Distanz wird (bei Mensch und Tier) durch komplizierte Annäherungs- und Balzrituale organisiert. Wer also einander nahesteht, drückt dies gewöhnlich auch durch räumliche Nähe aus. Wörtliche und redensartliche Bedeutung gehen hier also ineinander über. Andere Bedeutungen, die in Begriffen der Distanz ausgedrückt werden. sind vor allem: Macht und Einfluß (Reichweite), Entschlossenheit (nahe daran sein) in Verbindung mit dem zeitlichen Konzept der Zukunft (in greifbare Nähe rücken), und das Verstehen, welches sich über eine räumliche Nähe ergibt (naheliegen) und zur Beeinflussung ausgenutzt werden kann (jmdm. etwas nahebringen/nahelegen). Ähnliche Konzepte

werden auch durch Herz, Haut und andere Körperteile ausgedrückt, das Gegenteil durch Begriffe der Entfernung. Vgl.: etwas sei **ferne** von mir.

jmdm. etwas/jmdn. **nahebringen/näherbringen**
jmd. für etwas/jmdn. interessieren, bei jmdm. Verständnis für jmdn./etwas wecken [Verständnis]
„Unser Lehrer hat es verstanden, uns die Klassiker der Literatur nahezubringen."
Herkunft → jmdm. **nahegehen**

jmdm. etwas **nahelegen**
jmdm. eine Empfehlung/einen (verschleierten) Befehl geben [Ratschlag]
„Nach diesem Skandal legt die Geschäftsleitung Ihnen nahe, sich um eine andere Stelle zu kümmern."
Herkunft → jmdm. **nahegehen**

jmdm. **nahestehen**
jmdm. vertraut/verwandt sein [Vertrautheit]
„Früher standen wir uns sehr nahe, heute sind wir leider zerstritten."
Herkunft → jmdm. **nahegehen**

in greifbare **Nähe** rücken
endlich möglich werden, realisierbar sein [Realisierung]
„Durch die Erbschaft rückt der Traum vom eigenen Haus für uns in greifbare Nähe!"
Herkunft → jmdm. **nahegehen**

aus dem **Nähkästchen** plaudern (umg.)
Geheimnisse und Erfahrungen verraten/weitergeben [Erzählen]
„Ich will jetzt nicht aus dem Nähkästchen plaudern, aber im Vertrauen gesagt, im Ministerium liegt einiges im argen!"
Das Nähkästchen gilt in dieser Redensart als Platz, an dem die Frau kleine Geheimnisse (Liebesbriefe u. ä.) verstecken kann, ohne befürchten zu müssen, daß jemand sich daran zu schaffen macht.

ohne sittlichen **Nährwert** (umg., scherzhaft)
wertlos, zwecklos, unwichtig [Unwichtigkeit]

eine gute **Naht** saufen (veraltet)
viel Alkohol trinken [Trunkenheit]
„Der Kegelverein hat gestern eine gute Naht gesoffen!"

jmdm. eine **Naht** verpassen (veraltet)
jmdn. verprügeln [Prügel]
„Sei endlich brav, sonst bekommst du eine Naht verpaßt!"

aus den/aus allen **Nähten** platzen (umg.)
1) *dick(er) werden* [Fettleibigkeit]
2) *räumlich sehr beschränkt sein* [Enge]
1) „Wenn Tanja weiter so unbeherrscht ißt, wird sie bald aus allen Nähten platzen!"
2) „Bei dem Auftritt des berühmten Orchesters platzte unsere kleine Stadthalle beinahe aus allen Nähten. Über tausend Musikbegeisterte waren gekommen, um sich diesen seltenen Genuß zu gönnen!"

Name ist Schall und Rauch
→ **Schall** und Rauch sein

das Kind muß doch einen **Namen** haben
→ das **Kind** muß doch einen Namen haben

sich einen **Namen** machen
berühmt/bekannt werden [Ruhm]
„Lichtenberg hat sich nicht nur als Physiker, sondern vor allem auch als Verfasser von Aphorismen einen Namen gemacht."
Der Begriff *Name* geht auf eine indogermanische Wurzel mit der Bedeutung *das unterscheidende Kennzeichen, das Merkmal* zurück. Allen naiven Vorstellungen, die sich an den Namen einer Person, eines Tieres oder einer Sache knüpfen, liegt der Glaube an die Identität des Namens mit dem Wesen des Benannten zugrunde. Die Wortbedeutung des Namens ist somit unveräußerlicher Teil des Individuums und (nomen est omen) mitentscheidend über sein Schicksal. Die Wahl des Namens für Neugeborene war daher in früheren Zeiten eine verantwortungsvollere Aufgabe als heute (vgl.: das **Kind** muß doch einen Namen haben). Um ein gutes Schicksal vorherzubestimmen, wurden insbesondere in Griechenland und Germanien bevorzugt Namen ausgewählt, die etwas Schönes, Glänzendes und Erfreu-

liches bezeichnen. Noch älter war der Brauch, den Kindern schreckliche und häßliche Namen mit apotropäischer Kraft zu geben, der noch in Asien und auf dem Balkan zu finden ist und auch in Mitteleuropa (teils in Familiennamen) Spuren hinterlassen hat. In den Bereich des Namenszaubers fallen das Nennen und das Verschweigen des Namens. Der Teufel und die Dämonen verlieren im Aberglauben ihre Macht, wenn man ihren Namen errät: „Ach wie gut daß niemand weiß, daß ich Rumpelstilzchen heiß."
Ebenfalls bis in die Antike läßt sich der Brauch zurückverfolgen, persönliche Eigenschaften (körperlich/geistiger Art) und besondere Taten und Leistungen in Beinamen zu würdigen. Auf diesen Aspekt der sozialen und politischen Stellung, die sich im Namen widerspiegelt, bezieht sich auch die Redensart *sich einen Namen machen*.

dem **Namen** alle Ehre machen
sich als das erweisen, was der Name besagt [Erwartbarkeit]
„Ralf Sturm machte seinem Namen alle Ehre: Unausgesetzt stürmte er auf das gegnerische Tor zu und erzielte vier Treffer."
Herkunft → sich einen **Namen** machen

etwas beim richtigen **Namen** nennen
etwas ohne Beschönigung aussprechen [Offenheit]
„Wir wollen die Sache doch beim richtigen Namen nennen: Dein Bruder macht keine ‚kreative Pause', sondern er ist ein regelrechter Faulpelz!"
Herkunft → sich einen **Namen** machen

jmdn. zum **Narren** halten/machen (umg.)
jmdn. irreführen/necken, jmdn. verspotten/reinlegen [Neckerei]
„Seit einer Woche warte ich nun schon auf den Anruf des Verlages. Wenn die dort glauben, sie könnten mich zum Narren halten, haben sie sich geirrt! Morgen werde ich geeignete Maßnahmen zur Wahrung meiner Rechte ergreifen!"
Schon in der Antike hielten Herrscher und Reiche sich Spaßmacher, die sie bei den stundenlangen Eßgelagen zu unterhalten hatten. In Deutschland reicht die Tradition des Hofnarrs bis ins Ende des 12. Jh. zurück und hat sich besonders im 15. Jh. so verstärkt, daß fast jeder Edelmann seinen Hofnarren hielt. Diese meist sehr intelligenten Personen, unter denen sich auch Gelehrte befanden, durften ungestraft die Torheiten anderer nachahmen und somit verspotten. Dafür waren sie auch selbst Zielscheibe mehr oder weniger gutmütiger Streiche. Ihre Berufskleidung bestand aus der Narrenkappe mit den drei Eselsohren und dem Hahnenkamm; dazu kam ein breiter Kragen, der sich später beim Hanswurst wiederfindet. An verschiedenen Stellen waren Schellen angebracht, welche die Aufmerksamkeit auf den Unterhalter ziehen sollten. Häufig wurden die Narren wie Haustiere an einem Narrenseil in die Festräume geführt. Gelegentlich hatten sie ein Narrenzepter, das als Verzierung einen Narrenkopf mit herausgereckter Zunge trug. Das typische Handeln des Narren besteht in Umkehrungen des Gewohnten und im wörtlichen Befolgen von Redensarten, wie dies besonders im *Till Eulenspiegel* gezeigt wird. Primäre Aufgabe ist das Erzeugen von Lachen, aber auch die Vermittlung von Erkenntnissen und Weisheiten im Gewand des Scherzes. Eine umfangreiche Sammlung derartiger Sprichwörter und Sentenzen mit moralisch-satirischer Bedeutung enthält das Lehrgedicht *Das Narrenschiff* des Renaissance-Literaten (und Kaiserlichen Rates) Sebastian Brant (1458–1521), das 1494 erschien. *Jemanden zum Narren halten* meint also eigentlich: *jemanden wie einen Narren behandeln* bzw. *als Hofnarren halten*. Als Redensart ist beispielsweise im *Narrenschiff* belegt.

an jmdm./etwas einen **Narren** gefressen haben (umg.)
jmdn./etwas übertrieben schätzen/lieben/bevorzugen [Vorliebe]
„Die Großeltern haben am kleinen Christian einfach einen Narren gefressen! Sie überschütten ihn geradezu mit Geschenken."
Die Redensart geht auf alte Besessenheitsvorstellungen zurück. Beispielsweise glaubte man, daß Geisteskranke und alberne Men-

schen von Dämonen besessen seien. Im Schwank *Der Narrenfresser* von Hans Sachs (1494–1576) schneidet der Arzt dem Kranken die Narren der Unkeuschheit, des Geizes, des Neides usw. aus dem Leibe heraus.

jmdn. am **Narrenseil** (herum)führen (veraltet)
Scherz mit jmdm. treiben [Neckerei]
„Ich lasse mich nicht länger in dieser Firma am Narrenseil herumführen! Ich kündige!"
Geläufiger ist heute die ganz ähnlich Redensart *jemanden an der Nase herumführen*. Ein wichtiges Attribut des Narren ist nämlich die lange (oder durch Masken, Gesten usw.) künstlich verlängerte Nase.
Herkunft → jmdm. zum **Narren** halten

(immer) der **Nase** nach (umg.)
immer geradeaus [Richtung]
„An der nächsten Kreuzung biegen Sie rechts ab, und dann immer der Nase nach!"

sich die **Nase** begießen (umg.)
(zuviel) Alkohol trinken [Alkoholgenuß]
„Heute habe ich Geburtstag. Da werde ich mir mal mit ein paar Freunden die Nase begießen!"
Herkunft → die **Nase** beleidigen

die **Nase** beleidigen (umg.)
schlecht riechen [Gestank]
„Manches teuer verkaufte Parfüm stellt eher eine Beleidigung für die Nase dar!"
Als Organ des Geruchssinns ist die Nase redensartlich für den Ausdruck entsprechender Empfindungen und Bewertungen prädestiniert. Der Ablehnung des Gestanks steht dabei die appetiterzeugende Verlockung des Wohlgeruchs gegenüber, die gerne im übertragenen Sinn gebraucht wird (jmdm. in die Nase stechen). Als Sinnesorgan wird die Nase auch allgemein als Sinnbild des Urteilsvermögens hergenommen (eine gute Nase haben). Andererseits scheint sie wegen ihrer Empfindlichkeit das geeignete Objekt für Bilder zu sein, die die Unannehmlichkeit einer Bestrafung (jmdm. eins auf die Nase geben), eines Mißerfolges (auf die Nase fallen), einer Krankheit (auf der Nase liegen) ausdrücken. Als hervorspringender Gesichtsteil kann die Nase in allerlei „gesteckt" werden: in Gläser, Bücher, fremde Angelegenheiten – quasi „in jeden Dreck". Die künstlich verlängerte Nase ist das Kennzeichen des Narren, den man „an der Nase herumführen" kann. Als Teil der Gesichtsmimik kann das Rümpfen oder das „hochnäsige" Emporrecken der Nase allerlei körpersprachliche Signale aussenden, so daß der Kundige anderen Personen alles „an der Nasenspitze ansehen" kann.

jmdm. etwas auf die **Nase** binden (umg.)
jmdm. etwas verraten, jmdm. etwas (ungefragt/ohne Berechtigung) mitteilen [Mitteilung]
„Warum mußtest du denn Frau Meier auf die Nase binden, wo ich mein Kleid gekauft habe? Die kauft sich jetzt doch das gleiche Modell!"

jmdm. eine **Nase** drehen (umg.)
jmdn. (überlisten und anschließend) verspotten [Schadenfreude]
„Heute haben mich die Kollegen reingelegt, indem sie behaupteten, ich solle beim Chef erscheinen. Das war aber überhaupt nicht wahr!" „Tja, dann mußt du ihnen halt ein andermal auch eine Nase drehen. Laß dir mal was einfallen!"
Die lange (aus Wachs gedrehte) Nase ist nach Sebastian Brants *Narrenschiff* ein Attribut des Narren. Die damit verbundene Spottgebärde ist seit dem Fastnachtsbild Pieter Breughels (1560) belegbar, also relativ jungen Datums. Erst seit dem 18. Jh. ist die Gebärde als Verspottung des militärischen Grußes häufiger nachweisbar. Heute wird sie nur noch von Kindern gebraucht.

auf die **Nase** fallen (umg.)
Mißerfolg haben [Mißerfolg]
„Mit der Eröffnung dieser Boutique ist er gründlich auf die Nase gefallen! Schon nach drei Monaten war er bankrott!"
Herkunft → die **Nase** beleidigen

faß dich an deiner eigenen **Nase**! (umg.)
kümmere dich um deine eigenen Dinge (die sind nämlich auch nicht gerade tadellos!)

[Abweisung]
„Na, hast du mittlerweile dein Staatsexamen?“ „Faß dich mal an deiner eigenen Nase! Wie ich höre, hast du noch nicht einmal das Vordiplom!“
Diese Redensart geht vermutlich auf eine normannische Rechtsgebärde zurück. Ein Verleumder, der zum Widerruf verurteilt wurde, mußte sich während der Widerrufungsformel an die eigene Nase fassen. Die Wandlung zur Redensart geht wahrscheinlich auf populäre Bilderbögen der Barockzeit zurück.

jmdm. eins auf die **Nase** geben (umg.)
jmdn. zurechtweisen/gefügig machen
[Prügel]
„In diesem Team habe ich das Sagen! Wer sich nicht fügt, der bekommt eins auf die Nase!“

seine **Nase** gefällt mir nicht (umg.)
er ist mir unsympathisch [Abneigung]
„Warum sollen wir Fritz eigentlich nicht zur Party einladen?“ „Ganz einfach: Seine Nase gefällt mir nicht!“
Im Volks- und Aberglauben läßt sich vom Äußeren eines Menschen auf seine Veranlagungen und auf seinen Charakter schließen. Sprichwörtlich sieht man es angeblich einem an der Nase an, was er für ein Kerl ist. Nach Paracelsus ist die spitze Nase das Kennzeichen des listigen und spöttischen Menschen, die stumpfe dasjenige des bösen, falschen, unkeuschen und lügenhaften. Die platte Nase erregt schon gemäß indischer Mythen Angst und Grauen, weil sie das Kennzeichen der Hexe ist. Die Adlernase deutet auf Stolz und Freigiebigkeit. Nach der *Physiognomia* des Apuleus sind große Nasen ein besseres Zeichen als kleine; letztere gehören Knechtnaturen, Dieben und Deserteuren. Nach Martial und Paracelsus bedeutet die lange, nach unten gebogenen Nase einen strengen, weisen, verschlossenen, barmherzigen und doch gerechten Menschen. Dieser Gleichsetzung von Nase und Charakter folgt auch die Redensart. Von den neuzeitlichen physiognomischen Studien und Theorien sind insbesondere die *Physiognomischen Fragmente* (1775/78) des Züricher Predigers Johann Kaspar Lavater (1741–1801) erwähnenswert.

eine gute/die richtige **Nase** für etwas haben (umg.)
ein gutes Empfinden für etwas haben
[Ahnung]
„Als Finanzfachmann muß man eine gute Nase für die Entwicklung der Börsenkurse besitzen.“
Wie viele Redensarten mit *Nase* stammt diese aus der Jägersprache. Der Hund *hat eine gute Nase* sagt man dort, wenn der Jagdhund die Wildfährte zielstrebig verfolgt. Daher auch die Wendung: *naseweis sein* (vorlaut sein, ungefragt seine Meinung äußern), ein Wort, das ursprünglich (auf den Jagdhund bezogen) durchaus positiv meint: *eine weise (kluge) Nase haben, vortrefflich wittern.*

die **Nase** voll haben (von etwas) (umg.)
etwas nicht mehr sehen/ertragen wollen, etwas satt haben [Überdruß]
„Jetzt habe ich aber die Nase voll von deinen ewigen Nörgeleien!“
Herkunft → die **Nase** beleidigen

die **Nase** vorn haben (umg.) [Erfolg]

jmdn. an der **Nase** herumführen (umg.)
jmdn. hereinlegen [Neckerei]
„Morgen ist gar kein Feiertag? Da habt ihr mich aber ganz schön an der Nase herumgeführt! Jetzt habe ich nämlich bereits Lebensmittel für zwei Tage eingekauft!“

jmdm. auf der **Nase** herumtanzen (umg.)
[Ausnutzung][Ungehorsam]

auf der **Nase** liegen (umg.)
krank im Bett liegen [Krankheit]
„Wo ist denn deine Freundin?“ „Ach, die hat die Grippe und liegt schon seit drei Tagen auf der Nase!“
Herkunft → die **Nase** beleidigen

jmdm. eine lange **Nase** machen
→ jmdm. eine **Nase** drehen
[Schadenfreude]

jmdm. etwas unter die **Nase** reiben (umg.)
jmdm. (immer wieder/nachdrücklich) Vorhaltungen machen [Vorhaltung]
„Mußt du mir eigentlich immer wieder unter die Nase reiben, daß ich vor drei Jahren einmal eine Beule ins Auto gefahren habe? Schließlich ist seither nichts mehr passiert!"
Herkunft → die **Nase** beleidigen

die **Nase** über jmdn./etwas rümpfen
etwas verächtlich ansehen/verachten
[Verachtung]
„Über die Leute, die mich bei anderen schlechtmachen, rümpfe ich nur die Nase!"
Das alte Verb *rümpfen* mit der Bedeutung *in Falten legen, zusammenziehen* ist nur noch in wenigen Wendungen gebräuchlich. Herkunft → die **Nase** beleidigen

jmdm. jmdn. vor die **Nase** setzen (umg.)
[Benachteiligung]

jmdm. in die **Nase** stechen (umg.)
jmdm. gefallen, jmdn. locken/reizen
[Gefallen]
„Von allen Hemden sticht mir dieses giftgrüne besonders in die Nase! Ich glaube, das werde ich kaufen!"
Herkunft → die **Nase** beleidigen

die/seine **Nase** in etwas stecken (umg.)
sich um etwas/alles usw. kümmern, das einen nichts angeht [Einmischung]
„Warum mußt du nur deine Nase in jeden Dreck stecken? Die Pläne anderer Leute gehen dich doch überhaupt nichts an!"
Herkunft → die **Nase** beleidigen

die/seine **Nase** in ein Buch stecken (umg.)
in einem Buch lesen [Lesen]
„Anstatt immer nur in den Fernseher zu starren, könntest du ruhig einmal deine Nase in ein Buch stecken!"
Herkunft → die **Nase** beleidigen

jmdn. mit der **Nase** auf etwas stoßen (umg.)
jmdm. etwas ganz deutlich zeigen/erklären
[Verdeutlichung]
„Wir mußten Bernd-Michael erst mit der Nase darauf stoßen, daß ein Studienabbruch nicht besonders sinnvoll wäre, da er sonst sein Leben lang untergeordnete Tätigkeiten ausführen müßte. Schließlich hat er das auch eingesehen und ein gutes Examen gemacht."
Herkunft → die **Nase** beleidigen

die **Nase** hoch tragen
eingebildet sein, hochnäsig sein
[Eingebildetheit]
„Obwohl sein Vater den Betrieb aufgebaut hat, trägt der Juniorchef die Nase höher als er. Er hält sich halt für cleverer als andere, dabei wurde ihm alles in den Schoß gelegt!"
Herkunft → die **Nase** beleidigen

sich eine goldene **Nase** verdienen (umg.)
[Gewinn]

sich den Wind um die **Nase** wehen lassen
→ sich den **Wind** um die Nase wehen lassen

jmdm. die Tür vor der **Nase** zuschlagen (umg.)
1) *jmdn. nicht sprechen/sehen wollen und rauswerfen* [Rauswurf]
2) *jmdn. zurückweisen/ausschließen*
[Zurückweisung]
1) „Als ich ihm die Angelegenheit erklären wollte, hat er mir die Tür vor der Nase zugeschlagen!"
2) „Durch die hohen Schutzzölle hat Japan anderen exportorientierten Nationen faktisch die Tür vor der Nase zugeschlagen."

alle **naselang** (umg.)
immer wieder kurz hintereinander [Zeit]
„Die U-Bahn ist gerade abgefahren? Kein Problem, es kommt alle naselang eine andere!"

jmdn. um **Nasenlängen** schlagen/besser sein (umg.)
jmdn. ganz knapp besiegen
[Geringfügigkeit]
„Bei dem Rennen in Daglfing wurde der Favorit von einem Außenseiter um Nasenlängen geschlagen."

jmdm. etwas an der **Nasenspitze** ansehen (umg.)
etwas deutlich an jmds. Gesichtsausdruck

erkennen [Erkennbarkeit]
„Ich seh dir doch an der Nasenspitze an, daß du noch einmal mit dem Karussell fahren willst! Na gut, da hast du nochmal zwei Mark!"
Herkunft → die **Nase** beleidigen

nicht über seine **Nasenspitze** hinaussehen (umg.)
einen engen Horizont haben, nicht weitsichtig sein, beschränkt sein [Borniertheit]
„Um eine qualifizierte Führungsposition einnehmen zu können, muß man über seine Nasenspitze hinaussehen können. Schließlich müssen oft weitreichende Entscheidungen getroffen werden!"

naseweis sein (umg.) [Wichtigtuerei]
→ **vorlaut** sein

von der **Natur** stiefmütterlich behandelt worden sein (umg.)
häßlich sein, ein angeborenes Gebrechen haben [Unansehnlichkeit]
„Sie hat ja ein nettes Wesen, aber was das Gesicht angeht, so ist sie von der Natur stiefmütterlich behandelt worden!"

er hat der **Natur** seinen Tribut entrichtet (gehoben)
er ist krank geworden/gestorben
[Krankheit] [Sterben]
„Jahrelang war er Kettenraucher. Jetzt hat er der Natur seinen Tribut entrichtet und hat Lungenkrebs bekommen. Es besteht wenig Hoffnung, daß er überlebt!"

jmdm. gegen die **Natur** gehen
[Unerträglichkeit]

das liegt in der **Natur** der Sache
das gehört untrennbar zum Wesen der Sache
[Wesen]
„Du kommst mit deinen Schwiegereltern nicht gut aus? Das liegt in der Natur der Sache! Schließlich haben sie ihre einzige Tochter an dich verloren – so sehen sie es jedenfalls!"
Der von lat. *nasci* (geboren werden, wachsen) abgeleitete Begriff *Natur* bezeichnet die Gesamtheit der „gewachsenen" (von Menschenhand unberührten) Dinge bzw. die „natürliche" (unverfälschte) Beschaffenheit des einzelnen Gegenstandes oder Lebewesens. Der *Natur*-Begriff pendelt also um die beiden Pole *Wuchs, Wachstum, Werden* und *Beschaffenheit* oder *Wesen*. Die Wendung *Natur der Sache* findet sich bereits bei Lukrez als Titel des Lehrgedichts *De natura rerum*. Im alltäglichen Gebrauch dient die Redensart zur Begründung von Aussagen, die als selbstverständlich (und eigentlich nicht begründungsbedürftig) erscheinen.

jmdm. zur zweiten **Natur** werden
durch Gewöhnung fester Bestandteil des Charakters werden [Gewohnheit]
„Früher war ich nicht besonders sportlich, aber heute ist mir das Tennisspielen zur zweiten Natur geworden!"

fällt aus wegen **Nebel** (scherzhaft)
→ ins **Wasser** fallen
[Ausfall]

im **Nebel** stehen (umg.)
etwas nicht begreifen [Nichtverstehen]
„Ich glaub, ich steh im Nebel! Das mit der Integralrechnung habe ich überhaupt nicht verstanden: Könntest du mir das noch einmal erklären?"
{Geisteslicht}

jmdn. auf ein **Nebengleis/Abstellgleis** schieben
jmdn. auf einen weniger einflußreichen Posten versetzen, jmdn. entmachten
[Entmachtung]
„Ich fürchte, daß man Sie mit diesem Posten in Kuala Lumpur auf ein Nebengleis schieben will. Schließlich werden nächstes Jahr in Frankfurt zwei Sitze im Vorstand frei, auf deren Besetzung Sie dann keinerlei Einfluß hätten!"

das haut den stärksten **Neger** um! (umg.)
das ist unfaßlich/toll/schrecklich
[Erstaunen]
„Was sagst du? Deine Eltern haben in der Lotterie gewonnen? Das haut den stärksten Neger um!"

es nicht so genau **nehmen**
[Unbekümmertheit]

nehmen: vom Stamme Nimm sein (veraltet)
raffgierig sein, unbescheiden sein [Habgier]
„Jetzt hast du schon drei Stück Kuchen bekommen und willst noch ein weiteres! Du bist wirklich vom Stamme Nimm! Andere Kinder sind mit ein paar Plätzchen zufrieden!"
Diese Redensart ist ein scherzhafter Bezug auf die Stämme Israels im Alten Testament, wobei vielleicht eine Verstümmelung des Namens *Benjamin* vorliegt.

das lasse ich mir nicht **nehmen**
davon bringt mich keiner ab, das tue ich bestimmt! [Verstärkung]
„Ich bestelle mir jetzt ein Taxi." „Aber nein, ich fahre Sie nach Hause! Das lasse ich mir nicht nehmen!"

woher **nehmen** und nicht stehlen (umg.)
ich habe dafür kein Geld! [Geldmangel]
„Ich brauche dringend einen neuen Wintermantel!" „Woher nehmen und nicht stehlen? Kannst du den alten nicht noch einen Winter tragen? Du weißt doch, wie hoch die Heizölrechnung war!"
Diese Gesprächsfloskel in Form einer rhetorischen Frage wird dann gebraucht, wenn man die Bedürfnisse eines anderen prinzipiell als berechtigt ansieht, aber andererseits keine Möglichkeit sieht, sie zu befriedigen.

jmdn. zu **nehmen** wissen
mit jmdm. gut umgehen können
[Menschenkenntnis]
„Als guter Seelsorger weiß er die Menschen zu nehmen. Darum ist er in der Gemeinde sehr beliebt!"

hart im **Nehmen** sein
→ **hart** im Nehmen sein

der blasse/gelbe **Neid** (umg.)
der unverhüllte Neid [Neid]
„Als ich mit dem neuen Sportwagen vorgefahren bin, stand unseren Nachbarn der gelbe Neid im Gesicht!"
Der Überfluß an „gelber Galle" erzeugt nach der „Säftelehre" (Humoralpathologie) der antiken Ärzte Hippokrates († 377 v. Chr.) und Galen († 199 n. Chr.) Neid, Mißgunst und ärgerliche Erregung des sogenannten Cholerikers (griech. *cholé* = Galle).

der **Neid** der Besitzlosen
→ nur kein **Neid**!

nur kein **Neid**!
Abwiegelung der Kritik derjenigen, welche eine bestimmte Sache nicht besitzen
[Abweisung]
„Na, deine Rostkiste von Auto müßte auch mal neu lackiert werden!" „Nur kein Neid! Besser schlecht gefahren als gut gelaufen, nicht wahr?"

das muß ihm der **Neid** (ja) lassen! (umg.)
das muß man widerwillig anerkennen!
[Bewunderung]
„Peter ist ja ein schrecklicher Angeber, aber Autofahren kann er wie kein anderer! Das muß ihm der Neid lassen!

platzen vor **Neid** (umg.)
außerordentlich neidisch sein [Neid]
„Meine Freunde werden platzen vor Neid, wenn ich ihnen mein neues Motorrad vorführe!"
Diese Redensart war schon im Altertum gebräuchlich und geht auf die Fabel des Phaedrus zurück, in welcher der eitle Frosch sich an Größe mit dem Ochsen messen will. Zu diesem Zweck bläst er sich auf, bis er platzt.

den Kelch bis zur bitteren **Neige** leeren
→ den **Kelch** bis zur bitteren Neige leeren

etwas auf einen (gemeinsamen) **Nenner** bringen
verschiedene Wünsche koordinieren/einander anpassen [Koordination]
„Es ist gar nicht einfach, in diesem Institut die Interessen der verschiedenen Mitarbeiter so auf einen Nenner zu bringen, daß keiner sich übervorteilt fühlt!"
Der *Nenner* ist ein Begriff aus der Bruchrechnung (Zähler dividiert durch Nenner).

Der *gemeinsame Nenner* verschiedener Zahlen ist diejenige Zahl, durch welche diese ohne Rest teilbar sind.

Neptun opfern (scherzhaft)
seekrank sein und sich übergeben
[Seekrankheit]
„Mir hat die Kreuzfahrt sehr gefallen, aber meine Frau hat mehrfach Neptun geopfert und will deshalb keine mehr unternehmen."
Neptun ist der römische Gott des Meeres.

den **Nerv** haben (umg.)
den Mut/die Kraft/die Frechheit besitzen, um etwas Bestimmtes durchzuführen
[Belastbarkeit]
„Sie hat wirklich den Nerv besessen, nach der Hausarbeit in die Abendschule zu gehen und ihr Abitur nachzumachen!"
Das ursprünglich lat. (nervus) Wort *Nerv* wurde im 16. Jh. ins Deutsche aufgenommen. Vorher wurde *nervus* mit *Ader* oder *Sehne* übersetzt. Redensartlich ist dies noch in Redeweisen wie *gespannte Nerven haben* (gespannt sein) wiederzuerkennen. Die alte physiologische Vorstellung, die Nerven seien ein mit „Lebensgeist" gefülltes Röhrensystem, hat keinen redensartlichen Niederschlag gefunden. Entsprechend der bis ins 19. Jh. empfundenen Fachsprachlichkeit des Begriffes *Nerv* sind alle entsprechenden Wendungen relativ jung. Sie kreisen auch sämtlich um Funktionen, Belastbarkeit oder Störung des menschlichen „Nervenkostüms" und dienen demnach nicht in einem zweiten metaphorischen Schritt dazu, völlig andere Bedeutungen zu vermitteln, als es der Natur der Sache entspricht. Noch in der Literatur des Sturm und Drang, die das Wort liebte, erweckt der Begriff *nervös* den Eindruck eines Fachworts.

jmdm. den letzten **Nerv** rauben
jmdn. ständig (mit Anliegen) belästigen/nervös machen/aufregen/stören usw.
[Belästigung]
„Mit deiner ständigen Nörgelei raubst du mir noch den letzten Nerv! Geh doch ins Wirtshaus, wenn es dir hier nicht schmeckt!"
Herkunft → den **Nerv** haben

jmdn. **nerven**
→ jmdm. den letzten **Nerv** rauben

mit den **Nerven** durcheinander/herunter/fertig sein (umg.)
nervös und verwirrt sein, überarbeitet sein usw. [Nervosität]
„Nach dem großen Kongreß war ich mit den Nerven völlig herunter! Jeden Tag war zwölf Stunden lang volles Programm gewesen!"

die **Nerven** behalten
Ruhe und Selbstbeherrschung bewahren
[Selbstbeherrschung]
„Als der Weihnachtsbaum plötzlich in hellen Flammen stand, behielt nur der Vater die Nerven und kippte einen Eimer Wasser darüber."

jmdm. auf die **Nerven** fallen
→ jmdm. den letzten **Nerv** rauben

Nerven wie Drahtseile haben (umg.)
seelisch belastbar sein, nicht leicht nervös werden [Belastbarkeit]
„Ein Trapezkünstler muß Nerven wie Drahtseile haben, wenn er ohne Netz in der Zirkuskuppel arbeitet."
Herkunft → den **Nerv** haben

gute **Nerven** haben
viel aushalten können [Belastbarkeit]
„Als Lehrer muß man gute Nerven haben!"

schlechte **Nerven** haben
sich leicht aufregen wenig belastbar sein
[Nervosität]
„Zum Schachspielen habe ich einfach nicht die Nerven. Dieses stundenlange Stillsitzen halte ich einfach nicht aus!"

du hast vielleicht **Nerven**! (umg.)
du stellst vielleicht sonderbare Forderungen!, so geht das nicht! [Abweisung]
„Ich soll deine Bücher in die Bibliothek zurückbringen, weil die Leihfrist abgelaufen ist? Du hast vielleicht Nerven! Ich habe auch was Besseres zu tun!"
Diese Gesprächsfloskel dient der Zurückweisung einer unangemessenen Forderung

bzw. als Signal, daß man eine vorherige Aufforderung (Bitte) als Zumutung empfindet.

nicht den **Nerv/die Nerven** zu etwas haben
→ schlechte **Nerven** haben

die **Nerven** verlieren
die Ruhe und Selbstbeherrschung verlieren [Erregung]
„Ein Pilot darf nie die Nerven verlieren!"

jmdm. die **Nerven** zerfetzen
→ jmdm. den letzten **Nerv** rauben

an jmds. **Nerven** zerren
→ jmdm. den letzten **Nerv** rauben

Nervus rerum [Geld]

sich in die **Nesseln** setzen [Fauxpas]

sich sein eigenes **Nest** bauen
junge Eheleute richten sich eine eigene Wohnung ein [Zuhause]
„Nach der Hochzeit wird unsere Tochter leider bei uns ausziehen und sich mit ihrem Mann ein eigenes Nest bauen."
Das Nest des Vogels wird häufig als Bild für die menschliche Wohnung und für besonders behagliche Orte innerhalb dieser (etwa das Bett) hergenommen. Dabei können (je nach Kontext) liebevolle, spöttisch-abwertende und andere Bewertungen mit dieser Wortwahl ausgedrückt werden. Als Nesthäkchen bezeichnet man das jüngste Kind einer Ehe.

das eigene **Nest** beschmutzen
schlecht über seine Familie/sein Land usw. reden [Verunglimpfung]
„Viele behaupten, es sei das fehlende Nationalgefühl, das viele Deutsche dazu veranlasse, im Ausland das eigene Nest zu beschmutzen."
In mittelalterlichen Sprichwörtern wurde insbesondere dem Wiedehopf nachgesagt, daß er das eigene Nest mit Kot beschmutze. Tatsächlich ist der Wiedehopf ein (Baum-) Höhlenbrüter, der am Stamm Kotspuren hinterläßt. Die mit diesem Vergleich verbundene negative Bewertung und ihre Übertragung auf den Menschen sind seit dem späten Mittelalter belegt.

das **Nest** leer finden
niemanden mehr vorfinden, wo man ihn/sie vermutete [Leere]
„Das Nest ist leer! Die Terroristen waren wohl vor der Polizei gewarnt worden!"
Nest wird seit der Barockzeit als Synonym für *Schlupfwinkel, Versteck von Verbrechern* gebraucht. Daher auch: das *Diebes-/Piratennest* u. a. m.

sich ins warme/gemachte **Nest** setzen
→ in ein gemachtes **Bett** kommen

das kann ja **nett** werden (ironisch)
→ das kann ja **lustig** werden

ohne **Netz** und doppelten Boden (umg.) [Risiko]

jmdm. ins **Netz** gehen/geraten
überlistet werden, betrogen werden [Reinfall]
„Ich glaube, mit dem Kauf dieses Teppichs sind wir einem Betrüger ins Netz geraten! Auf der Rückseite steht ‚Made in Japan', dabei ist er angeblich uralt und stammt aus Persien!"

jmdn. ins **Netz** locken
jmdn. mit falschen Versprechungen locken [Verlockung]
„Früher wurden viele junge Männer durch die Garantierung eines hohen Soldes in die Netze der Fremdenlegion gelockt."
Redensarten mit *Netz* kommen in der Regel aus der Sondersprache der Artisten, der Fischerei oder der Vogelstellerei. Die damit verbundene Bildlichkeit bedarf in der Regel keiner Erklärung.

seine **Netze** überall auslegen/auswerfen
überall versuchen, Menschen zu beeinflussen/zu erreichen [Verlockung]
„Die kriminelle Sekte legte vor allem an Plätzen ihre Netze aus, wo sich massenhaft junge Leute treffen: in Diskotheken, Eisdielen, auf Schulhöfen usw."

ach du grüne **Neune**! (umg.)
Ausruf der Verwunderung/Bestürzung [Bestürzung]
„Ach du grüne Neune! Ich habe meine Monatsfahrkarte zu Hause vergessen, Herr Kontrolleur!"
Die Herkunft dieser Redensart ist nicht gesichert. Entweder bezieht sie sich auf das Kartenspiel, oder sie geht auf einen alten schlesischen Ausdruck zurück: Einen gebückt gehenden Menschen nannte man dort *eine krumme Neune*.

neunmalklug sein (umg.)
ein vorlauter Besserwisser sein [Besserwisser]
„Na, du Neunmalkluger, wie sieht es aus? Hast du den Fehler gefunden, den keiner von uns entdecken konnte?"
Die Neun spielte im alten Aberglauben eine ähnlich große Rolle wie die Sieben, und *neunmalklug* hat wohl denselben Ursprung wie *siebengescheit*. Manche vermuten allerdings auch einen Zusammenhang zu den neun Schiedsrichtern beim alten Scheibenschießen.

nichts für ungut
→ nichts für **ungut**

für **nichts** und wieder nichts
völlig umsonst/vergeblich [Vergeblichkeit]
„Jetzt bin ich für nichts und wieder nichts hergekommen, weil die Bibliothek heute geschlossen hat!"

mir **nichts**, dir nichts (umg., veraltend)
unerwartet, ohne Umstände, ohne Verzögerung [Unerwartbarkeit]
„Drei Jahre war er verschollen, und plötzlich stand er mir nichts, dir nichts wieder in der Tür."

nach **nichts** aussehen
→ nach nichts **aussehen**

zu **nichts** kommen
→ zu nichts **kommen**

nichts auf jmdn. kommen lassen
→ auf jmdn. nichts **kommen** lassen

das süße **Nichtstun**
die angenehme Faulheit [Faulheit]
„In den Ferien pflege ich nur das süße Nichtstun."
Die Wendung wird meist in ihrer italienischen Fassung (il dolce far niente) gebraucht. Ihr Ursprung ist unklar. Der Gebrauch bei Goldoni (1707–1793) läßt auf einen noch älteren redensartlichen Gebrauch schließen.

nie und nimmer (Zwillingsformel)
niemals, unter keinen Umständen [Zeit]
„Nie und nimmer hätte ich dich heiraten dürfen! Auch meine Mutter hatte mich vor dir gewarnt! Leider habe ich nicht auf sie gehört!"

niederlegen: da legst dich nieder (und stehst nicht mehr auf)! (umg.)
das ist unglaublich! das hätte keiner gedacht! [Überraschung]
„Da legst dich nieder! Der Karl-Otto hat tatsächlich beim dritten Versuch die Fahrprüfung bestanden!"
Diese besonders in Bayern (und mit der entsprechenden Dialektfärbung versehene) Gesprächsfloskel dient dazu, äußerste Überraschung, Bestürzung u.ä. auszudrücken. Das *Niederlegen* entspricht dem *Umfallen vor Überraschung*, wobei beides meint: so überrascht sein, daß man (beinahe) ohnmächtig wird.

jmdm. (mächtig) an die **Nieren** gehen (umg.)
jmdm. zusetzen, jmdn. aufregen [Belastung]
„Obwohl ich gut vorbereitet war, ist mir diese mündliche Prüfung doch ganz schön an die Nieren gegangen!"
Herz, Leber und Nieren galten früher als Sitz der Gemütsbewegungen. In der Bibel heißt es beispielsweise: „Meine Nieren sind froh, wenn deine Lippen reden, was recht ist." (Sprüche Salomons 23,16) Die Redensart ist allerdings erst seit dem 19. Jh. belegt und kann durchaus gelegentlich auch wörtlich (im medizinischen Sinn) aufgefaßt werden.

auf Herz und **Nieren** prüfen
→ auf **Herz** und Nieren prüfen

alles, was nicht **niet**- und nagelfest ist (Zwillingsformel)
alles, was beweglich ist; alles, was man mitnehmen kann [Beweglichkeit]
„Manche Diebe sind so dreist, alles mitzunehmen, was nicht niet- und nagelfest ist!"
Es handelt sich bei *niet- und nagelfest* um einen alten Rechtsausdruck. Die *Niete* (auch: der *Niet*) ist ein Metallbolzen (ähnlich wie *Nagel* und *Stift*) und geht auf ahd. *hniotan* (befestigen)) zurück. Der Rechtsbegriff bezeichnete alles, was bei einem Besitzerwechsel eines Gebäudes nicht mitgenommen werden durfte.

eine **Niete** ziehen (umg.)
Pech haben [Pech]
„Mit ihrem Verlobten hat Edith aber mal eine Niete gezogen. Mit dem ist ja überhaupt nichts los!"
Dieser Begriff stammt aus dem Holländischen, wo *niet nichts* bedeutet. Eine *Niete* ist demnach ein Glückslos, auf dem *nichts* (oder null) steht. Der Begriff ist im 18. Jh. mit dem holländischen Lotteriespiel ins Deutsche gekommen.

auf **Nimmerwiedersehen** (verschwinden) (umg.)
endgültig (verschwinden) [Endgültigkeit] [Trennung]
„Die Polizei sucht mein gestohlenes Auto schon seit Wochen. Ich fürchte, das ist auf Nimmerwiedersehen verschwunden!"
Obwohl in früheren Jahrhunderten Wortbildungen mit *nimmer* sehr beliebt waren (*nimmermüde*, *der Nimmersatt* u. a.) ist diese Wendung erst seit dem 19. Jh. belegt.

nobel geht die Welt zugrunde (umg.)
[Verschwendung]

noch und noch (umg.)
sehr viele [Menge]
„Im Wald gibt es dieses Jahr Pilze noch und noch! Begleitet uns doch einmal, wenn wir welche sammeln gehen!"
Das ursprüngliche Zeitadverb *noch* (es ist noch Zeit genug) ist in verschiedener Form zum Ausdruck der Wiederholung, Hinzufügung, Steigerung und des Gegensatzes (weder ich noch du, dennoch) geworden. In salopper Redeweise findet sich häufig auch die (falsche) Steigerungsvariante *noch und nöcher.*

das **Nonplusultra**
der Gipfel der Vollkommenheit, das Ideal [Ideal]
„Mancher Hochschullehrer hält sich für das Nonplusultra an Intelligenz."
Herkunft → bis **hierher** und nicht weiter

Otto **Normalverbraucher** (umg.)
der Durchschnittsbürger [Jedermann]
„Otto Normalverbraucher wechselt nur einmal pro Woche die Unterwäsche, wenn man der Statistik glauben darf."
Otto Normalverbraucher ist der Name der Hauptfigur in dem Film *Berliner Ballade* aus dem Jahre 1948.

es ist **Not** am Mann (umg.)
es besteht Handlungsbedarf, jmd. braucht Hilfe [Handlungsbedarf]
„Wenn einmal Not am Mann ist, will ich Ihnen gerne als Babysitter aushelfen, Frau Meier!"
Diese Wendung geht auf eine ältere und heute ungebräuchliche Redensart zurück, die *Wenn die Not an den Mann herangetreten ist* lautete. In ihr war noch ein stark allegorischer Aspekt (Frau Not) zu spüren, der heute nicht mehr nachwirkt.

in der **Not** frißt der Teufel Fliegen
→ den **Teufel** mit dem Beelzebub austreiben

seine liebe **Not** mit jmdm./etwas haben (umg.)
Mühe/Schwierigkeiten mit etwas/jmdm. haben [Schwierigkeiten]
Die *liebe Not* ist eine ironische Verstärkung (ähnlich wie: *den lieben langen Tag aus dem Fenster schauen* u. a.), wobei gemeint ist, daß man sich so daran gewöhnt hat, daß man es nicht mehr missen möchte.

damit hat es keine **Not**
das ist reichlich vorhanden/wird ausreichen/wird gelingen [Menge]

„An Schwimmwesten hatte es an Bord der Titanic keine Not, aber es gab viel zu wenig Rettungsboote."

aus der **Not** eine Tugend machen
eine schlimme Lage geschickt ausnutzen [Behelf]
„Wenn die Werkstatt nun einmal zwei Tage benötigt, um unser Auto zu reparieren, so wollen wir wenigstens aus der Not eine Tugend machen und uns diese fremde Stadt genau ansehen."
Der redensartliche Ausdruck geht auf antike Vorbilder zurück. Schon Quintilian ermutigt in den *Declamationes* (4,10) dazu, „aus der Not einen Trost" zu machen (de necessitate solatium). Auch bei dem Kirchenvater Hieronymus (331–420) finden sich mehrfach ähnliche Wendungen: „fac de necessitate virtutem" (*Epistolae* 54,6). Als alte rhetorische Floskel ist der zugrundeliegende Gedanke auch in anderen europäischen Sprachen in sprachlich verfestigter Form zu finden: franz.: *faire de nécessité vertu* und engl.: *to make a virtue of necessity*. Im Deutschen ist sie als Redensart seit dem 16. Jh. belegt.

du hast es gerade **nötig** (etwas Bestimmtes zu tun/zu sagen) (*du* betont)
du bist genau der Falsche, dazu hast gerade du kein Recht [Zurückweisung]
„Du hast es gerade nötig, mich aufzufordern, langsamer zu fahren! Dabei rast du selber immer wie ein Irrer, sobald man dich ans Steuer läßt!"
Diese Gesprächsfloskel dient der Zurückweisung eines vorher von einem anderen geäußerten Vorwurfs, einer Aufforderung usw.

keine **Notiz** von jmdm./etwas nehmen
jmdn./etwas nicht beachten [Vernachlässigung]
„Den ganzen Abend habe ich versucht, mich an die Blondine am Nebentisch heranzumachen, aber sie hat überhaupt keine Notiz von mir genommen."
Das von lat. *notitia* (Bekanntschaft, Wissen, Kunde) abgeleitete Lehnwort *Notiz* ist im 16. Jh. über die Amts- und Kanzleisprache ins Deutsche gekommen. Das gilt auch für Ableitungen wie *Notizbuch*, *notieren* u.a. Die positive Variante *Notiz von etwas nehmen* findet sich bereits bei Schiller (*Kabale und Liebe* 1,1), wird aber seltener verwendet als die oben aufgeführte Form.

im **Nu**
sofort, ganz schnell [Schnelligkeit]
„Als die Wasserwerfer anrückten, löste sich der Demonstrationszug im Nu auf."
Nu ist eine Verkürzung von *nun* (jetzt, sofort).

eine ulkige **Nudel** (umg.)
eine merkwürdige/leicht verrückte Person, die liebenswerte Züge trägt [Spaßvogel]
„Sabine, diese ulkige Nudel, hat mal wieder ihren verrückten Tag! Seit Stunden erzählt sie einen Witz nach dem anderen."
Das wahrscheinlich von *Knödel* abgeleitete *Nudel* ist erst seit dem 16. Jh. belegt. Seit dem 18. Jh. wird der Begriff auch scherzhaft auf Kinder oder Frauen „mit vielem elastisch-weichem Fleisch" (Grimms *Deutsches Wörterbuch* Bd. 13, Sp. 976) bezogen.

eine reine/absolute/glatte **Null** sein (umg.)
eine Person, die nichts kann, nichts begreift usw. [Versager]
„Unser Bürgermeister ist eine glatte Null. Der ist nur über die Partei zu seinem Posten gekommen!"
Das zu lat. *nullus* (keiner) gebildete italienisch *nulla* (nichts) wird seit 1484 als Zahlzeichen für den Begriff *nichts* gebraucht. Es handelt sich dabei um eine Lehnübersetzung des gleichbedeutenden arabischen *cifr* (daher: die *Ziffer*). Seit Mitte des 16. Jh. wird *Null* allgemein in Rechenbüchern verwendet. Schon sehr bald ist der Begriff dann auf nichtsnutzige Personen bezogen worden. Zur Geschichte der Zahlen siehe auch: jmdm. ein **x** für ein u vormachen.

gleich **Null** sein
ohne Wirkung sein, bedeutungslos sein [Wirkungslosigkeit]
„Ich habe eine Stunde lang auf ihn eingeredet, aber der Effekt war gleich Null. Dem ist einfach nicht zu helfen."

Null-acht-fünfzehn (08/15)
wie üblich, durchschnittlich, alltäglich
[Durchschnittlichkeit]
„Der Koch hat sich heute überhaupt keine Mühe gegeben. Das schmeckt einfach alles nach Null-acht-fünfzehn!"
Dieser Ausdruck stammt aus der Militär- und Soldatensprache. Er wurde von deutschen Soldaten im 2. Weltkrieg nach der Typenbezeichnung des Maschinengewehrs MG 08/15 geprägt, mit dem jeden Tag intensiv geübt wurde. Dieses Maschinengewehr mit Wasserkühlung wurde im Jahre 1908 eingeführt und 1915 verbessert. Aus diesen Jahreszahlen ergab sich die Typenbezeichnung 08/15. Als redensartliche Wendung wird 08/15 meist als „Null-acht-fuffzehn" (niederdeutsche Form) ausgesprochen.

in **Null** Komma nichts (umg.)
sehr schnell/rasch [Schnelligkeit]
„Haben Sie bitte noch etwas Geduld. Ihr Essen wird in Null Komma nichts serviert werden, meine Herren!"

null und nichtig (Zwillingsformel)
völlig ungültig [Ungültigkeit]
„In den Verhandlungen wurden die alten Verträge für null und nichtig erklärt."
Diese Formel ist seit 1522 nachweisbar.

auf den **Nullpunkt** sinken/den **Nullpunkt** erreichen (umg.)
Verhandlungen / Vermittlungsgespräche / menschliche Beziehungen, die erkaltet sind/ nicht mehr bestehen [Beendigung]
„Die Abrüstungsverhandlungen zwischen Ost und West sind momentan auf den Nullpunkt gesunken. Seit drei Monaten hat es keine bilateralen Gespräche mehr gegeben!"

jmd. ist eine **Nummer** für sich (umg.)
jmd. ist ein besonderer Typ [Sonderling]
„Unser Onkel Karl ist eine Nummer für sich! Den darf man eigentlich gar nicht vorzeigen, wenn man nicht falsche Rückschlüsse auf unsere Familie provozieren will!"
Die Übertragung des Begriffs *Nummer* auf Personen hat verschiedene Quellen. In bestimmten Institutionen (etwa in Gefängnissen) werden Menschen mit Nummern versehen. Die Nummer gilt daher redensartlich auch als Sinnbild des Verlustes an Individualität. In anderen Redensarten wiederum ist die Nummer das Kennzeichen des besonderen, ausgezeichneten Menschen: *eine große Nummer sein.*

(nur) eine **Nummer** unter vielen sein
bedeutungslos sein, als Person keine große Rolle spielen, ohne Einfluß/unbekannt sein
[Unwichtigkeit]
„Ein großer Betrieb hat auch Nachteile für die persönliche Karriere, weil man nur eine Nummer unter vielen ist und sich daher nur schwer profilieren kann."
Herkunft → jmd. ist eine **Nummer** für sich

jmd./etwas ist ein paar **Nummern** zu groß für jmdn.
jmd./etwas ist jmdm. überlegen/ein zu hohes Ziel [Überlegenheit]
„Erwin möchte sich wohl mit dem Abteilungsleiter anlegen? Der dürfte ihm allerdings ein paar Nummern zu groß sein!"

auf **Nummer** Sicher sein/sitzen (umg.)
im Gefängnis sein [Gefängnis]
„Der Verbrecher sitzt jetzt endlich auf Nummer Sicher und wird keine Gefahr mehr darstellen."

auf **Nummer** Sicher gehen (umg.)
kein Risiko eingehen [Sicherheit]
„Um auf Nummer Sicher zu gehen, sollten Sie bei schriftlichen Bewerbungen nur die Kopien Ihrer Zeugnisse beilegen und nicht die Originale!"

eine **Nummer** abziehen
→ eine **Schau** abziehen

Nürnberger Trichter
→ Nürnberger **Trichter**

eine harte **Nuß** (umg.)
eine schwierige/unangenehme Sache
[Schwierigkeit]
„Die Zwischenprüfung war wieder mal eine harte Nuß. Fast die Hälfte der Kandidaten ist durchgefallen!"

Die harte Schale der meisten Nußarten hat vielen Sprichwörtern und Redensarten als Vorbild gedient.

zu jmds. **Nutz** und Frommen (Zwillingsformel, veraltet)
zu jmds. Vorteil [Vorteil]
„In diesem Streitfall sollte die Prüfungsordnung zu Nutz und Frommen des Kandidaten ausgelegt werden."
Nutz ist eine ältere Kurzform von *Nutzen* (Vorteil, Gewinn), die noch in Bildungen wie *Eigennutz* erhalten ist. Das Adjektiv *fromm* hatte ursprünglich die Bedeutung *tüchtig, tapfer, nützlich, brav* (daher: ein *lammfrommes Pferd* u. ä.) und gewinnt erst im 15./16. Jh. die heute dominierende religiöse Bedeutung *gläubig*. Die Ursprungsbedeutung *nützlich* hat zum heute fast ungebräuchlichen Verb *frommen* (etwas frommt mir = nützt mir, hilft mir) und dem Substantiv *der Fromme* (Nutzen, Vorteil) geführt, das heute nur noch in der Zwillingsformel *zu jemandes Nutz und Frommen* erhalten ist, die der Rechtssprache entstammen dürfte.

O

bei jmdm. fehlt **oben** etwas (umg.)
jmd. ist ein bißchen verrückt [Verrücktheit]
„Wie kannst du nur so etwas sagen? Ich glaube, bei dir fehlt oben etwas!“

oben hui, unten pfui (umg.)
→ **außen** hui, innen pfui
[Gegensatz]

jmdn. von **oben** bis unten mustern (umg.)
jmdn. (kritisch und neugierig) von Kopf bis Fuß ansehen [Prüfung]
„Der Personalchef musterte den Bewerber von oben bis unten und schüttelte dann ablehnend den Kopf.“
Jmdn. mustern im Sinne von *kritisch ansehen, das Äußere prüfen* beruht auf lat. *monstrare* (zeigen) und ist über ital. *la mostra* (eigentlich: *das Zeigen*, heute auch: *die Schaufensterauslage*) im 15. Jh. ins Deutsche gekommen. Entscheidend war dabei der militärische Aspekt, nämlich die Tauglichkeitsprüfung der Rekruten, die auch heute noch *Musterung* heißt. In der Umgangssprache hat *mustern* eine negative Nebenbedeutung, weil das Anstarren eines anderen Menschen als unhöflich gilt.

jmdn. von **oben** herab ansehen/behandeln
jmdn. arrogant/verächtlich ansehen/behandeln [Arroganz]
„Bei ihm habe ich immer das Gefühl, daß er einen von oben herab ansieht.“
Herkunft → **hoch** hinauswollen

alles von **oben** nach unten kehren
alles durchwühlen/durcheinanderwerfen [Durcheinander]
„Nach der Rückkehr aus dem Urlaub fanden wir in der Wohnung alles von oben nach unten gekehrt: Wir hatten unliebsamen Besuch von Dieben erhalten!“

immer **obenauf** sein
stets gut gelaunt und zufrieden sein [Frohnatur]
„Frau Meier ist wirklich eine Frohnatur: Immer obenauf und ein Liedchen auf den Lippen!“

(wieder) **obenauf** sein
wieder gesund sein/die Probleme überwunden haben [Zufriedenheit]
„Er war ein Jahr lang arbeitslos und ziemlich am Ende. Seit er eine neue Stelle hat, ist er wieder obenauf!“

die **Oberhand** gewinnen
siegreich sein, der Stärkere sein [Sieg]
„Zuerst lag unsere Mannschaft 3:0 zurück, aber in der zweiten Halbzeit gewannen wir die Oberhand und siegten 4:3.“
Die Hand gilt als Symbol der Macht, Herrschaft und Gewalt. *Oberhand* ist eine Analogiebildung zu *Oberherrschaft* und bezeichnet die Vorherrschaft, den Sieg. Bereits im *Iwein* Hartmanns von Aue (V. 1537) heißt es: „vrou Minne nam die obern hant, / daz sie in vienc unde bant.“

etwas steht jmdm. bis **Oberkante** Unterlippe (umg.)
→ zum **Halse** heraushängen [Überdruß]

bei jmdm. ist es im **Oberstübchen** nicht ganz richtig (umg.)
jmd. ist ein bißchen verrückt [Verrücktheit]
„Ich soll dir 50 Mark pumpen? Du bist wohl im Oberstübchen nicht mehr ganz richtig! Du schuldest mir doch schon seit einem Jahr noch 20 Mark!“
In vielen Redensarten wird der Kopf wie ein Raum (Zimmer oder Lager) behandelt. Dabei ist der Vergleich mit einem Dachzimmer naheliegend, da der Kopf auch sonst gerne mit Ausdrücken des Hausdaches verknüpft wird. Im Sinne geistiger Verwirrung ist die Redensart seit dem 18. Jh. belegt.

Oberwasser bekommen (umg.)
einen Vorteil erlangen, überlegen/siegreich werden, selbstbewußt werden [Vorteil]
„Eine Zeitlang war er ziemlich kleinlaut, aber durch seine geschäftlichen Erfolge hat er jetzt Oberwasser bekommen und trumpft ganz schön auf!“
Eine Wassermühle kann durch zwei Arten der Wasserführung angetrieben werden: Das sogenannte „Oberwasser“ stürzt von oben

auf das Mühlrad und nützt zusätzlich zum Wasserdruck die Schwerkraft aus. Das „Unterwasser" dagegen fließt unter dem Mühlrad hindurch und hat nur die Kraft der Fließgeschwindigkeit. Der größere Nutzen des Oberwassers hat dieser Redensart ihre positive Bedeutung gegeben.

seinen **Obolus** entrichten/beisteuern (umg.)
sich an den Kosten beteiligen, seinen Anteil entrichten [Bezahlen]
„In der Kaffeekasse fehlen sieben Mark für den neuen Kaffee. Hat jemand von euch nicht seinen Obolus entrichtet?"
Im antiken Griechenland war der *Obolos* (lat.: *obolus*) eine kleine Münze geringen Wertes: Sechs davon ergaben eine Drachme. Etymologisch verwandt ist *Obelisk*, da *obelos/obolos* eigentlich *Spieß, Bratspieß* bedeutet. Auch der Gallier *Obelix* hat seinen Namen davon, daß er gewöhnlich mit einem Jagdspieß nach Wildschweinen jagt, die er am Bratspieß brät. *Seinen Obolus entrichten* ist seit dem 18.Jh. in Deutschland nachgewiesen.

dastehen wie der **Ochs** am Berg/vorm neuen Tor/Scheunentor (umg.)
völlig ratlos und verwundert dastehen, geistig überfordert sein [Ratlosigkeit]
„Jetzt steh nicht rum wie der Ochs am Berg und fang endlich mit der Arbeit an!"
Ähnlich wie der Kapaun (vgl.: jmdm. **Hörner** aufsetzen) gilt der kastrierte Stier (Ochse) redensartlich als Sinnbild der Dummheit, Trägheit und Ungeschicklichkeit. Etymologisch geht *Ochse* auf einen alten indogermanischen Stamm *os*, *ox* u. ä. mit der Bedeutung *männliches Tier* zurück.

dazu taugen wie der **Ochse** zum Seiltanzen (umg.)
zu etwas Bestimmtem nicht taugen [Unfähigkeit]
„Ausgerechnet Heinz soll die Festrede halten? Der taugt als alter Rivale des Jubilars doch dazu wie der Ochse zum Seiltanzen!"

den **Ochsen** hinter den Pflug spannen
[Verkehrtheit]
→ verkehrte **Welt**

eine (wahre) **Odyssee**
eine Irrfahrt voller Umwege und Aufenthalte [Irrfahrt]
Das wohl im 8. vorchristlichen Jh. von Homer gedichtete Versepos *Odyssee* schildert in 24 Büchern die Abenteuer, Irrfahrten und die Heimkehr des Helden Odysseus. Odysseus ist König der griechischen Insel Ithaka und zieht mit anderen griechischen Königen und Helden in den trojanischen Krieg. Die Eroberung Trojas gelingt den Griechen erst durch die Erfindung des listenreichen Odysseus: das trojanische Pferd aus Holz, in dessen hohlen Rumpf sich die Krieger verbergen. Seine immer wieder durch Abenteuer und Zwangsaufenthalte verzögerte Rückkehr nach Ithaka umfaßt unter anderem folgende Stationen: Die Nymphe Kalypso hält Odysseus jahrelang auf der Insel Ogygia fest und wird erst durch das Eingreifen der Athene dazu gebracht, ihn ein Floß bauen zu lassen, das sein mächtiger Feind, der Meeresgott Poseidon, zu Bruch gehen läßt. Odysseus strandet bei dem Volk der Phäaken, denen er seine Irrfahrten schildert. Er berichtet von den Lotophagen und den Cyklopen, der Blendung des Riesen Polyphem und von der Zauberin Circe, die ihn für ein Jahr so betörte und bestrickte, daß er die Heimfahrt vergaß (daher: *jemanden becircen* = jemanden betören, jemanden um den kleinen Finger wickeln). Weitere Erlebnisse betreffen die verführerischen Sirenen und die grauenhaften Seeungeheuer Scylla und Charybdis. Der zweite Teil des Epos behandelt die Heimkehr des Odysseus nach Ithaka und seinen Kampf mit den Freiern, die sich um die Hand seiner Gattin Penelope bemühen. In einem grausamen Kampf tötet Odysseus die Bewerber und übernimmt wieder die Herrschaft über die Insel. Bereits in der Antike galten Sprache, Stil und Aufbau des Epos als vorbildhaft und wurden zum Ausgangspunkt der Gattung schlechthin. Beginnend mit Vergils *Äneis* im ersten vorchristlichen Jh. und vorerst endend mit dem Roman *Ulysses* (1911) des Iren James Joyce, der die Stationen der Irrfahrt in den Durchschnittstag eines modernen Durchschnittsmenschen in Dublin verlegt, hat es viele Bearbeitungen des Stof-

fes gegeben, welche seine redensartliche Popularität und Verbreitung erklären.

ein Schuß in den **Ofen** [Mißerfolg]
→ ein **Schuß** in den Ofen

jetzt ist der **Ofen** aus! (umg.)
jetzt ist Schluß!, das lasse ich mir nicht länger bieten! [Beendigung]
„Dreimal habe ich dich beim Lügen erwischt, jetzt ist der Ofen aus! Ich lasse mich scheiden!"
Der Ofen ist redensartlich das Sinnbild der Wärme und der Gemütlichkeit, so daß sein „Erkalten" leicht mit „erkalteten Gefühlen" gleichgesetzt werden konnte. Dazu kommt, daß der Platz am Ofen einen wichtigen Sammelplatz der Hausgenossen bezeichnete. Der erkaltete Ofen symbolisierte damit das Ende der sozialen Beziehung oder den Streit. Im Aberglauben ist der Ofen Sitz der Feuerdämonen, gelegentlich sogar des Teufels. Daher hat auch die Schlafbank hinter dem Ofen, die sogenannte „Hölle", ihren Namen. Aber auch positive Hausgeister, Ahnen- und Seelengeister werden im alten Aberglauben mit dem Feuer des Ofens in Verbindung gebracht. Die Assoziation Ofen – Mutterleib hat ebenfalls zu einer ganzen Reihe (heute weitgehend unbekannter) Sitten, Gebräuche und Redensarten geführt. Noch in Schillers *Räubern* (2, 26) heißt es: „das ist dein Bruder! … Er ist aus demselben Ofen geschossen worden, aus dem du geschossen bist!"

nicht hinter dem **Ofen** hervorkommen (umg.) [Häuslichkeit]
→ hinterm **Ofen** hocken

hinterm **Ofen** hocken (umg.)
selten das Haus verlassen, sich nicht für das Leben und Treiben interessieren [Häuslichkeit]
„Du solltest besser ab und zu mal ausgehen, anstatt ständig hinter dem Ofen zu hocken, Karl-Heinz!"
Herkunft → jetzt ist der **Ofen** aus!

jmd. ist gar nicht so **ohne** (umg.)
1) *jmd./etwas ist fähig/gut/lohnend/interessant* [Qualität]
2) *jmd./etwas ist gefährlicher als er/es aussieht* [Gefahr]
1) „Das neue Buch von Umberto Eco ist gar nicht so ohne! Obwohl es spannend geschrieben ist, enthält es auch viele kulturhistorische Informationen, die einen bei der Unterhaltung auch noch bilden!"
2) „Mein Dackel ist gar nicht so ohne! Erst neulich hat er eine Frau gebissen, die ihn streicheln wollte!"
Seit dem frühen 17. Jh. ist diese Wendung nachgewiesen, bei der ein Bestandteil regulär weggelassen ist (konventionalisierte Ellipse). Die durch *ohne* ausgedrückte Negation wird durch *nicht* aufgehoben, wobei das abhängige Substantiv eingespart ist und aus dem Zusammenhang (kontextuell) erschlossen werden mußte. Die ursprüngliche Konstruktion hatte vorwiegend die (elliptisch ausgedrückte) Bedeutung: *es ist nicht ohne Grund, es ist nicht zu leugnen, es ist wohl wahr, daß* … So noch im *Simplicissimus* (IV,39) des Barockschriftstellers Grimmelshausen: „Es ist nicht ohne, daß kein Mensch glauben kann, wie jämmerlich einen die Liebe peinigt, der es nicht selbst erfahren …"

von einer **Ohnmacht** in die andere fallen (umg.)
→ sich **künstlich** aufregen [Aufregung]

ganz **Ohr** sein (umg.)
aufmerksam zuhören [Hören]
„Kinder, seid jetzt bitte mal ganz Ohr! Der Vater will euch etwas Wichtiges mitteilen!"
Als Hörorgan wird das Ohr redensartlich naturgemäß zur Vermittlung von Bedeutungen aus diesem Bereich genutzt. Dabei stehen verschiedene Variationen des Hörens (gut/schlecht hören) und der Aufmerksamkeit im Vordergrund, aber auch das (absichtliche oder unabsichtliche) Nicht-Hören. Häufig auch werden die Ohren als körpersprachliche Ausdrucksfaktoren behandelt, wobei Analogien zum Tierverhalten gezogen werden, die im strengen Sinne nicht zutreffen, weil die menschlichen Ohren wenig beweglich sind (*die Ohren spitzen/hängenlassen/steifhalten* u. a.). Oft steht das

Ohr auch als Pars-pro-toto (ein Teil steht fürs Ganze) für den ganzen Menschen (ganz Ohr sein). Damit kommen wir zum Volks- und Aberglauben: Nach Paracelsus sind kleine, niedergedrückte Ohren ein böses Zeichen, denn sie zeigen einen bösen, tückischen und falschen Menschen an. Nach der volkstümlichen Schädellehre sitzt der Sinn der Verschlagenheit hinter den Ohren: Je größer die Wülste hinter den Ohren sind, desto gerissener ist der Mensch (vgl.: es **faustdick** hinter den Ohren haben). Als Leibesöffnung sind die Ohren im Aberglauben mögliche Eintrittspforten für Dämonen. Hinter den Ohren sitzen aber angeblich auch das Gedächtnis (sich etwas hinter die Ohren schreiben) und die Klugheit, letztere eine nahe Verwandte der Verschlagenheit. Um verschlagene Menschen und Verbrecher äußerlich kenntlich zu machen, wurden ihnen im Mittelalter als Gerichtsstrafe Schlitze in die Ohren gemacht. Daher wird noch heute ein kleiner Gauner gelegentlich *Schlitzohr* genannt. Außer zu Verstümmelungsstrafen eignen sich die Ohren im alten Volksbrauchtum insbesondere zu kleineren Peinigungen wie dem Schlag (Ohrfeige) und dem Ziehen (jmdm. die Ohren lang ziehen). In alten Rechtsbräuchen wurden die dabei zugefügten Schmerzen als Mittel der Gedächtnisstärkung genutzt.

auf diesem **Ohr** taub sein (umg.)
damit nichts zu tun haben wollen, das ganz und gar ablehnen [Weigerung]
„Dieser Kerl will unsere Tochter heiraten! Aber auf diesem Ohr bin ich taub!“

zum einen **Ohr** hinein, zum anderen (wieder) hinaus (gehen) (umg.)
gehört, aber nicht beachtet/befolgt werden [Unbelehrbarkeit]
„Unser Sohn nimmt einfach keine Ratschläge an. Alles, was ich sage, geht zum einen Ohr hinein und zum anderen wieder hinaus!“

um ein geneigtes **Ohr** bitten
um freundliche Aufmerksamkeit bitten [Aufmerksamkeit]
„Darf ich nun um Ihr geneigtes Ohr für den Festvortrag des Nobelpreisträgers bitten, meine Damen und Herren!“

ein offenes/geneigtes/williges **Ohr** bei jmdm. finden (gehoben)
jmdn. finden, der bereit ist zuzuhören/zu helfen [Zustimmung]
„Beim Bürgermeister werden Sie sicherlich ein offenes Ohr für den Vorschlag finden, in diesem Ort einen Tennisplatz bauen zu lassen. Schließlich sind bald Kommunalwahlen und er braucht so ein Prestigeobjekt!“
Herkunft → ganz **Ohr** sein

ins **Ohr** gehen
→ ein **Ohrwurm** sein

etwas (immer noch) im **Ohr** haben
sich an etwas erinnern, das man gehört hat [Erinnerung]
„Ich habe immer noch die letzten Worte meines Vaters im Ohr.“

jmdn. übers **Ohr** hauen (umg.)
jmdn. betrügen [Betrug]
„Du willst einen Gebrauchtwagen kaufen? Laß dich dabei bloß nicht übers Ohr hauen! Mancher Wagen sieht von außen gut aus und ist innerlich total verrostet!“
Die ursprüngliche Wendung lautete: *jmdn. blutig übers Ohr hauen*. Es dürfte sich dabei also um einen unfairen Hieb mit dem Degen gehandelt haben, der nach den Regeln der Fechtkunst nicht erlaubt war.

sich aufs **Ohr** legen/hauen (umg.)
sich schlafen legen [Schlaf]
„Ich hau' mich jetzt mal eine halbe Stunde aufs Ohr! Weck mich bitte gegen 14 Uhr!“

jmdm. sein **Ohr** leihen
jmdm. aufmerksam zuhören [Hören]
„Liebe Andrea, bitte leih mir doch für eine Minute dein Ohr! Ich habe dich nicht betrogen!“

von einem **Ohr** zum anderen strahlen (umg.)
ein breites Lächeln zeigen [Lächeln]
„Als das Kind das Stück Torte sah, strahlte es von einem Ohr zum anderen.“

jmdm. sein **Ohr** verschließen
jmdn. nicht anhören wollen, jmdn. zurückweisen [Zurückweisung]
„Es ist unchristlich, den Klagen anderer sein Ohr zu verschließen."

(nur) mit halbem **Ohr** zuhören/bei der Sache sein
ohne große Aufmerksamkeit zuhören [Unaufmerksamkeit]
„Obwohl er sich auf das Hörspiel gefreut hatte, hörte er doch nur mit halbem Ohr zu. Seine Gedanken schweiften immer wieder ab und kreisten um seine beruflichen Probleme."

die Wände haben **Ohren**
es gibt Lauscher/Leute, die heimlich zuhören [Bespitzelung]
Angeblich ließ Katharina von Medici (1519–1589) in die Wände des Pariser Louvre Horchkanäle einbauen, um ihre protestantischen Gegner belauschen zu können. Aufgrund der so gewonnenen Informationen veranlaßte sie schließlich die Bartholomäusnacht, in der 1572 in Frankreich Tausende von Hugenotten ermordet wurden. Die deutsche Wendung ist somit eine Übersetzung des franz. Ausdrucks *les murs ont des oreilles*, der damals in Frankreich aufkam.

du hast wohl Watte in den **Ohren**?
→ du hast wohl keine **Ohren**?
[Ungehorsam]

du hast wohl keine **Ohren**?
hörst du nicht, was ich sage?; warum gehorchst du nicht? [Ungehorsam]
„Du hast wohl keine Ohren? Ich habe eben gesagt, du sollst dir vor dem Essen die Hände waschen!"

es faustdick/knüppeldick hinter den **Ohren** haben (umg.)
→ ganz **Ohr** sein

noch Eierschalen hinter den **Ohren** haben (umg.)
(noch) nicht trocken/noch feucht hinter den **Ohren** sein [Jugend]

viel um die **Ohren** haben (umg.)
→ viel im **Kopf** haben

etwas ist nichts für fremde **Ohren**
das sollen andere nicht hören [Diskretion]
„Sprich bitte etwas leiser, schließlich geht unser Ehekrach niemanden was an! Das ist nichts für fremde Ohren!"
Herkunft → ganz **Ohr** sein

(noch) nicht trocken/noch feucht hinter den **Ohren** sein (umg.)
noch jugendlich/unreif sein [Jugend]
„Mit deinen siebzehn Jahren willst du schon heiraten? Du bist ja noch nicht trocken hinter den Ohren! Warte damit besser noch ein paar Jahre!"

bis über beide **Ohren** verliebt/verschuldet usw. sein
über alle Maßen verliebt/verschuldet usw. sein [Vollständigkeit]
Ein älterer Schlagertext lautet: „Ich hab' mein Herz in Heidelberg verloren / ich war verliebt bis über beide Ohren."

jmdm. eins/ein paar hinter die **Ohren** geben (derb)
→ hinter die **Ohren** schreiben
[Ohrfeige]

jmdm. zu **Ohren** kommen
eine Nachricht erreicht jmdn. (eher zufällig) [Hören]
„Durch einen dummen Zufall ist meiner Frau zu Ohren gekommen, daß ich ihr zum Geburtstag eine Perlenkette schenken will."

jmdm. die **Ohren** langziehen (umg.)
→ jmdm. die **Hammelbeine** langziehen

jmdm. mit etwas in den **Ohren** liegen (umg.)
jmdn. ständig mit Bitten belästigen [Belästigung]
„Ständig liegt mir Ilse damit in den Ohren, ihr einen Pelzmantel zu kaufen. Dabei haben wir gar nicht das nötige Kleingeld für so etwas!"

lange **Ohren** machen
neugierig zuhören [Neugier]

„Sprich bitte etwas leiser! Das Ehepaar am Nachbartisch macht schon die ganze Zeit lange Ohren!“

sich den Wind um die **Ohren** pfeifen lassen (umg.)
→ sich den **Wind** um die Ohren pfeifen lassen

sich die Nacht um die **Ohren** schlagen (umg.)
→ die **Nacht** zum Tage machen

mit den **Ohren** schlackern (umg.)
überfordert sein, erschreckt und ratlos sein [Überforderung]
„Die Klassenarbeit war ziemlich schwer. Sogar unser Primus hat mit den Ohren geschlackert!“

sich etwas hinter die **Ohren** schreiben (umg.)
sich etwas nachdrücklich merken
[Erinnerung]
„Jetzt schreib dir einmal hinter die Ohren, daß man mit älteren Menschen mehr Geduld haben muß als mit jüngeren! Ein alter Mann ist nun einmal kein D-Zug!“
Als Symbole der Denkkraft und der Erinnerung sitzen in der nordischen Sage dem höchsten Gott Odin (Wotan) die beiden Raben Hugin und Munin auf der Schulter. Das Ohr und nicht etwa das Auge ist in dieser Tradition also die (metaphorische) Wahrnehmungsinstanz zur Bildung von Gedächtnisinhalten. In der Redensart *sich etwas hinter die Ohren schreiben* werden insofern zwei Gedächtnismetaphern miteinander verknüpft: die akustische „Einflüsterung“ und die visuelle schriftliche Fixierung. Letztere steht in einer alten Tradition. Schon Platon läßt im *Theätet* eine wächserne Tafel – ein Geschenk der Mnemosyne (Muse) – in der menschlichen Seele sein, auf die (mit Schreibgriffeln) die Erinnerungen eingetragen werden (vgl.: einen tiefen **Eindruck** machen/hinterlassen). Als geeignetes Mittel der Erinnerungsstütze galt im alten Volksglauben der feste Schlag hinter die Ohren (die Ohrfeige), aber auch das kräftige Ziehen. Diese Vorstellung wurde auch rechtlich instrumentalisiert: In den Gesetzen der ripuarischen Franken war vorgesehen, bei der Festlegung von Grundstücks- und Landesgrenzen Knaben mitzunehmen, denen man unvermittelt kräftige Ohrfeigen gab. Diese sogenannten „testes per aures tracti“ (an den Ohren gezupften Zeugen) sollten durch die erlittenen Schmerzen jederzeit an den Ort ihrer Unbill erinnert werden und ihn so (bei eventuellen Grenzstreitigkeiten) identifizieren können. In Bayern und Schwaben gab es Varianten dieses Brauchtums bis ins 19. Jh.

die **Ohren** spitzen/aufsperren/aufmachen (umg.)
aufpassen/zuhören [Aufmerksamkeit]
„Sperr gefälligst die Ohren auf, wenn ich dir etwas sage, dann brauchst du nicht dreimal zu fragen, weil du nicht verstanden hast!“
Herkunft → ganz **Ohr** sein

die **Ohren** steifhalten (umg.)
sich nicht unterkriegen/entmutigen lassen [Starkbleiben]
„Also, halt die Ohren steif und laß dich bei der Bundeswehr nicht unterkriegen! In drei Monaten ist die Rekrutenzeit überstanden!“

die **Ohren** auf Durchfahrt/Durchzug stellen (umg.)
nicht zuhören/gehorchen wollen
[Unbelehrbarkeit]
„Wenn ich ihm Vorwürfe mache, stellt er seine Ohren auf Durchzug.“

auf taube **Ohren** (bei jmdm.) stoßen
kein Interesse erwecken, abgelehnt werden [Zurückweisung]
„Sie wollen eine Spende? Da stoßen Sie bei mir auf taube Ohren! Man hört zu häufig von Betrügereien in diesem Bereich!“

seinen **Ohren** nicht trauen (wollen)
etwas hören, das man kaum glauben kann [Argwohn]
„Ich habe meinen Ohren nicht getraut, als der Chef heute einmal ‚bitte‘ gesagt hat, als er mich zu sich rief. Sonst kennt er nur den Befehlston!“

jmdm. das Fell über die **Ohren** ziehen (umg.)
→ jmdm. das **Fell** über die Ohren ziehen

eine moralische **Ohrfeige**
eine heftige (moralische) Kritik/ein strenger Tadel [Tadel]
„Das neue Bühnenstück ist eine moralische Ohrfeige für die momentanen ausländerfeindlichen Strömungen in Deutschland."

ein **Ohrwurm** sein (umg.)
eine gefällige Melodie haben und sich daher gut einprägen [Einprägung]
„Dieser Schlager geht mir nicht mehr aus dem Kopf – er ist ein richtiger Ohrwurm!"
Der Ohrwurm ist ein harmloses Insekt, das nach altem Aberglauben Mensch und Tier ins Ohr kriecht und dort Krankheiten verursacht. Seit Anfang des 20. Jh. werden auch „eingängige" Schlager- und Operettenmelodien als *Ohrwürmer* bezeichnet.

Öl auf die (erregten) Wogen gießen
beruhigend wirken, einen Streit schlichten [Beruhigung]
„Gestern gerieten meine beiden Brüder in heftigen Streit. Erst meiner Mutter ist es gelungen, Öl auf die Wogen zu gießen und die beiden zu beruhigen."
Da Öl leichter als Wasser ist, breitet es sich auf dessen Oberfläche aus. Weil es gleichzeitig eine größere Konsistenz hat, hat es tatsächlich einen leicht glättenden Einfluß auf unruhiges Wasser. Dieser Effekt war schon im Altertum bekannt.

Öl ins Feuer gießen/schütten
Streit und Erregung noch verstärken/intensiver machen [Aufreizung]
„Der Einwand war eigentlich dazu gedacht, die Streitenden zu beruhigen. Statt dessen wurde durch ihn lediglich Öl ins Feuer gegossen, und die Erregtheit der Diskussion nahm noch weiter zu."
Öl dient seit der Antike als Brennstoff zur Unterhaltung oder Verstärkung der wärmenden Flamme und des Dochtes der Öllampe. Genauso alt ist der bildliche Vergleich der emotionalen Erregung des Menschen mit Flamme und Glut. Auch die Wendung *Öl ins Feuer gießen* findet sich bereits bei Horaz in der Form „oleum addere camino" (*Satiren*, Liber 2, Satira 3,V. 321).

dastehen/dasitzen wie ein **Ölgötze** (umg.)
unbeweglich/ungerührt/dümmlich dastehen/dasitzen [Untätigkeit]
„Steh' nicht rum wie ein Ölgötze und hilf mir lieber, die schweren Tüten ins Haus zu tragen!"
Ursprung und Bedeutung des Begriffes *Ölgötze* sind nicht ganz klar, weil der Begriff seit seinen ersten schriftlichen Belegen in übertragener Bedeutung (also meist als Schimpfwort) gebraucht wird. Ursprünglich wird er wohl auf mit Öl gesalbte und/oder mit Ölfarben bemalte Götzenbilder angewendet worden sein. Diese wurden nach der Christianisierung häufig als Halterung für Lampen verwendet, wobei der Kienspan wohl auch in die offenen Münder dieser Figuren gesteckt worden sein mag (vgl.: **Maulaffen** feilhalten). Seit der Reformation wird der Begriff als Schimpfwort der Lutheraner gegen die mit Öl geweihten katholischen Priester gebraucht. In dieselbe Zeit fällt auch schon die Verwendung als tadelnder Ausdruck für untätige und dümmliche Menschen.

seit **Olims** Zeiten (veraltend)
seit sehr langer Zeit [Vergangenheit]
„Du hast mein Auto noch nie gesehen? Das fahre ich doch schon seit Olims Zeiten!"
Das lat. *olim* (einst, ehemals) wird in dieser Redensart personifiziert und gleichsam als Person aus uralter Vergangenheit behandelt. Die Wendung ist als Scherzbegriff seit dem frühen 17. Jh. belegt.

quatsch/erzähl doch keine **Opern**! (umg.)
1) *rede keinen Unsinn!* [Unsinn]
2) *fasse dich kürzer!* [Weitschweifigkeit]
1) „Du willst die Prüfung mit ‚sehr gut' bestanden haben? Quatsch doch keine Opern! Schließlich warst du einer der schlechtesten in der Klasse!"
2) „Jetzt erzähl keine Opern und rück endlich mit der Sprache raus: Wo bist du die ganze Zeit über gewesen?"
Die Oper gilt umgangssprachlich als Sinn-

bild für Künstlichkeit und Langeweile. Die auf die Spieldauer von Opern bezogene Wendung ist erst im 20. Jh. aufgekommen.

kein **Organ** für etwas haben (umg.)
kein Gefühl/kein Urteilsvermögen für etwas haben [Desinteresse]
„Mein Mann langweilt sich in Kammerkonzerten schier zu Tode. Er hat einfach kein Organ für diese Kunstform!"
Das von griech. *organon* (Werkzeug) abgeleitete *Organ* benennt ein Körperteil, das eine bestimmte Funktion ausübt. Danach bezeichnet man auch die Vereinigung verschiedener Organe zu einem lebensfähigen und funktionierenden Ganzen als *organisches Ganzes* oder *Organismus*.

höheren **Ortes**
bei einer höheren Dienststelle, bei der Regierung [Vorgesetzter]
„Ich werde mich höheren Ortes über Sie beschweren, Herr Oberinspektor!"
Das urgerm. Wort *Ort* bezeichnete die Spitze der Waffe und wurde später zu einem räumlichen Begriff mit der Bedeutung *Platz, abgegrenzter Raum.* Die alte Bedeutung lebt fort in dem bergmännischen Fachbegriff *vor Ort* (an der Spitze des Grubenganges).

an **Ort** und Stelle (Zwillingsformel)
hier und jetzt, sofort, ohne Verzögerung [Unmittelbarkeit]
„Die an dem Autounfall beteiligten Personen einigten sich noch an Ort und Stelle über die Schuldfrage."

das stille **Örtchen** (umg.) [Toilette]

frech wie **Oskar** (umg.)
sehr frech [Unverschämtheit]
„Jetzt kommst du frech wie Oskar und tust so, als ob wir uns nie gestritten hätten!"
Der Name *Oskar* ist zunächst einmal verwandt mit *Ochse* und geht auf keltisch *oss* (Hirsch) und altirisch *car* (lieb) zurück. Durch die Verkleinerungsform *Ossian* ist *Oskar* im Zuge der durch Macphersons literarischen Betrug ausgelösten Ossian-Begeisterung im 18. Jh. auch in Deutschland populär geworden. James Macpherson (1736–1796) war ein schottischer Dichter, der alte gälische Epen und Lieder nachdichtete, die er als Schöpfung der irischen Sagengestalt *Ossian* ausgab. Diese angebliche Volkspoesie hatte großen Einfluß auf die deutsche Klassik. Die Wendung *frech wie Oskar* ist allerdings eine volksetymologische Umdeutung des jiddischen Ausdrucks *Ossoker*, der *frecher Kerl* bedeutet und auf jiddisch *ossik* (frech) zurückgeht.

wenn **Ostern** und Pfingsten zusammenfallen/auf einen Tag fallen
niemals (in der Zukunft) [Niemals]
„Ich fürchte, unser gestohlenes Auto sehen wir erst wieder, wenn Ostern und Pfingsten auf einen Tag fallen!"
Die Volkssprache hat für die Bedeutung *niemals* eine Fülle bildlicher Ausdrucksmöglichkeiten gefunden. Sehr beliebt sind beispielsweise fiktive Heiligenfeste (am St. Nimmerleinstag) oder bewegliche (also nicht genau terminierbare) Feste wie Ostern und Pfingsten, die natürlich zudem niemals auf einen Tag fallen. Viele dieser Wendungen (etwa: *an der Juden Weihnachten, am Fest Mariä Beschneidung* u. a.) sind heute unbekannt. Die Metaphorik selbst reicht allerdings schon bis in die Antike zurück. Sueton (*Augustus* 87,3) berichtet, daß Kaiser Augustus sich häufig über säumige Schuldner mit den Worten beklagte, sie würden „ad Calendas Graecas" (an den griechischen Kalenden) zahlen. *Calendae* sind im römischen Kalender der erste Tag jeden Monats, an dem üblicherweise die Schulden bezahlt wurden. Da die griechische Zeitrechnung mit der römischen nichts gemein hatte und natürlich auch keine Kalenden kannte, bedeutet *ad Calendas Graecas* dasselbe wie *St. Nimmerleinstag*, nämlich *niemals, zu keinem Zeitpunkt.*

Otto Normalverbraucher
→ **Normalverbraucher** [Jedermann]

P

zu **Paaren** treiben (gehoben)
in die Enge treiben, in die Flucht schlagen [Sieg]
„Bei der Eroberung der Stadt wurde die Bevölkerung vom Feind zu Paaren getrieben." Diese Wendung hat ursprünglich nichts mit *Paar* oder *paarweise* zu tun. Sie stammt vielmehr vom alten Begriff *Barn* (Futterkrippe) ab und bezog sich auf Pferde. Wenn diese *zum Barn getrieben* wurden, wurden sie zur Ruhe gebracht. Im 18. Jh. verstand man diesen Zusammenhang nicht mehr und ersetzte *Barn* durch das mißverständliche *Paar*. Eine andere Deutung bezieht sich auf lateinisch *pera* (Beutel) und das davon abgeleitete mhd. *bêre* (sackförmiges Fischnetz/Jagdnetz). Diese Herleitung aus der Jägersprache ist die wahrscheinlichere.

pachten: etwas für sich gepachtet haben (umg.)
etwas in überheblicher Weise nur für sich beanspruchen [Besitz]
„Unser Chef meint immer, er habe die Weisheit allein für sich gepachtet. Dabei haben wir auch manchmal gute Ideen."

mit Sack und **Pack**
→ mit **Sack** und Pack [Besitz]

die **Palme** des Sieges (gehoben)
der Sieg, der erste Preis [Sieg]
„Die Palme des Sieges in diesem literarischen Wettbewerb gebührt dem unter Nummer 55 eingereichten Manuskript!"
Da die Blätter der Zwergpalme einer offenen Hand gleichen, ist der Baum nach lateinisch *palma* (flache Hand) bekannt. Insbesondere die häufige Erwähnung in der Bibel hat Baum und Begriff auch im Norden bekannt werden lassen. Übrigens wird auch der Begriff *Dattel* (bzw. *Dattelpalme*) etymologisch auf einen anatomischen Begriff – nämlich auf griech. *dactylos* (Finger) – zurückgeführt, wobei die Ähnlichkeit der Frucht mit dem menschlichen Finger Pate gestanden haben muß. Der *Palme des Sieges* liegt allerdings eine Verwechslung mit dem Lorbeerbaum zugrunde, mit dessen Blättern in der Antike hervorragende Persönlichkeiten aller Art „gekrönt" wurden.

jmdn. auf die **Palme** bringen/treiben (umg.)
jmdn. sehr wütend machen [Aufreizung]
„Mußtest du das unbedingt sagen? Du weißt doch, daß ihn die Erwähnung dieser alten Geschichte immer auf die Palme bringt!"

auf die **Palme** gehen (umg.)
sich sehr erregen, wütend werden [Erregung]
„Jetzt geh' ich aber gleich auf die Palme! Du hast ja schon wieder die Kühlschranktür offengelassen!"

in der **Pampa** (umg.)
am **Ende** der Welt [Abgelegenheit]

etwas auf sein **Panier** schreiben
→ etwas auf seine **Fahne** schreiben

nur keine **Panik** (auf der Titanic)! (umg.)
nur keine Aufregung!, alles halb so schlimm! [Beruhigung]
„Morgen schreiben wir eine Deutscharbeit, und ich habe den Stoff nicht verstanden!" „Nur keine Panik, das wird schon!"
Diese Wendung ist (in ihrer Gesamtheit) ein Spruch aus der Frühzeit (Anfang der siebziger Jahre) des deutschen Rocksängers Udo Lindenberg. Seine ersten Auftritte mit dem sogenannten Panikorchester rankten um das Bildfeld des sinkenden Schiffs, das die untergehende Gesellschaft symbolisiert. Kennzeichen dieses Untergangs ist – wie beim historischen Untergang der Titanic – die Begleitmusik der Schiffskapelle, die das nahe Ende vergessen läßt. Typisch für diese Haltung sind Texte wie: „Und überhaupt ist jetzt ja wieder alles klar / Auf der Andrea Doria" (Die Andrea Doria war ein italienisches Luxusschiff, das 1956 im Mittelmeer sank.) Diese Wendung ist eine der wenigen aus dem Bereich der Jugendsprache, die langfristig Bestand haben dürfte.

in **Panik** geraten
in heillosen Schrecken geraten [Schreck]

„Als die Lichter im Saal erloschen, geriet die gesamte Abendgesellschaft in Panik und drängte zu den Ausgängen.“
Panik und *panisch* gehören etymologisch zu dem griechischen Dämon und Hirtengott Pan. Er wird stets mit Hirtenflöte, Bocksfüßen, struppigem Haar und Hörnern dargestellt. Diese Erscheinung hat sehr stark die mittelalterliche Vorstellung vom Teufel geprägt. Griechen und Römer hielten das häufige unerklärliche Fluchtverhalten von Tierherden für ein Ergebnis seines plötzlichen Erscheinens. Dieser „panische Schrekken“ (panicus terror) wurde dann auch (im Sinne von Kriegsschrecken) für die überstürzte Flucht von Menschen verantwortlich gemacht. Durch die Humanisten wurde diese Vorstellung im 16. Jh. auch in Deutschland bekannt. Das Substantiv *die Panik* ist allerdings erst Mitte des 19. Jh. in Anlehnung an das engl. *panic* geprägt worden. Die Bocksbeine des Pan verweisen auf den Bock als Symbol von Geilheit und Lust. In der Mythologie gehört Pan als Anführer der Silene und Satyrn in das Gefolge des Wein- und Vegetationsgottes Dionysos, der von den Römern als Bacchus bezeichnet wurde. Als Gott der trunkenen Lebensfreude ist er das Gegenbild zu Apoll, dem Gott der Dichtkunst, Harmonie und Ordnung.

aus den **Pantinen** kippen (umg.)
→ aus den **Latschen** kippen

unter dem **Pantoffel** stehen (umg.)
von der Ehefrau beherrscht werden
[Unterdrückung]
„Männer, die im Betrieb den großen Mann spielen, stehen zu Hause häufig unter dem Pantoffel.“
Das mit franz. *la patte* (die Pfote) verwandte Wort *Pantoffel* ist Mitte des 15. Jh. in Frankreich gebildet worden, wobei die Endung *-oufle* auf das Limousin hinweist. Schon 1494 findet es sich als frühneuhochdeutscher Begriff im *Narrenschiff* Sebastian Brants. Pantoffeln sind Hausschuhe, die insbesondere als Attribut der Frau gelten, wobei auch die alte erotische Schuh- und Fußsymbolik eine Rolle spielt. Wie daraus redensartlich ein Symbol der Herrschaft werden konnte, erklärt das Grimmsche *Deutsche Wörterbuch* wie folgt: „Der Tritt auf Fuß (Schuh) war Symbol der Besitzergreifung und der übernommenen Herrschaft.“ (Bd. 13, Sp. 1426). So heißt es etwa in der Dichtung *Meier Helmbrecht* des Werner der Gartenaere (um 1270) anläßlich der Schilderung einer Trauungszeremonie: „Si sungen alle an der stat / uf den fuoz er ihr trat“ (V.1534). Noch im Jahre 1865 wird aus dem Innviertel berichtet: „Es ist hier noch eine jetzt allgemeine Unsitte, daß die am Altar stehenden Brautleute, sowie der Priester den ehelichen Bund eingesegnet hat, einander auf den Fuß oder ein Kleidungsstück zu treten suchen. Sie verbinden damit die abergläubische Meinung, daß der zuerst getretene Teil zeitleibens unter dem Pantoffel stehen werde.“ (Grimm Bd. 13, Sp. 1426). Von der Redensart abgeleitete Begriffe wie *Pantoffelherrschaft* und *Pantoffelheld* sind erst seit dem 19. Jh. belegt.

stur wie ein **Panzer** (umg.)
völlig uneinsichtig und starrsinnig sein
[Starrsinnigkeit]
„Komm, hier erreichst du nichts! Dieser Beamte ist stur wie ein Panzer und kennt nur seine Dienstvorschriften.“
Das lat. Wort *pantex* (Wanst) ist über das sogenannte Vulgärlatein in viele europäische Sprachen gekommen. Auch der mundartliche *Panz* (dicker Bauch) und der *Pansen* des Rindes stammen davon ab. Das altfranz. *pancier* (Rüstung für den Leib) wurde um das Jahr 1200 im Sinne von *Ritterrüstung* ins Deutsche übernommen. Die heute als *Panzer* bezeichneten Kriegsgeräte hatten im Ersten Weltkrieg noch den Namen *Tank*. Die Redensart dürfte also im Zweiten Weltkrieg aufgekommen sein.

seine **Papiere** bekommen/kriegen
entlassen werden [Entlassung]
„Wenn Sie weiter so häufig unentschuldigt am Arbeitsplatz fehlen, bekommen Sie Ihre Papiere!“

etwas zu **Papier** bringen
etwas niederschreiben/skizzieren

[Schreiben]
„Sie sollten das, was Sie uns jetzt mündlich vorgetragen haben, einmal zu Papier bringen."
Das Papier hat seinen Namen vom Papyrus-Schilf, das schon im alten Ägypten zu beschreibbarem Material aufgearbeitet wurde (Papyrus-Rollen). Leinenpapier wurde in Deutschland seit dem 14. Jh. erzeugt, während vorher das kostbare Pergament aus Tierhäuten üblich war (vgl.: das geht auf keine **Kuhhaut**). Dieses hat seinen Namen vom antiken Kleinstaat Pergamon, der als Lieferant von Tierhäuten einen Namen hatte. Erst die Erfindung des Buchdrucks mit beweglichen Lettern durch Johannes Gutenberg (1398–1468) machte einen billigen Schreibstoff notwendig, der in großem Maßstab erzeugt werden konnte.

nicht mehr **papp** sagen können (umg.)
sich ganz satt gegessen haben [Sättigung]
„Nein, danke, ich möchte kein Stück Torte mehr. Ich kann nicht mehr papp sagen."
Papp (oder: *Pap*) ist eine Interjektion, die mit einfacher oder unsinniger Sprache/Sprechweise verbunden wird (Papperlapapp). Ähnlich wie *Mama* und *Papa* beruht sie lautlich auf einem großen Kontrast und ist damit Teil der Babysprache. Auch *Papp* und *Pampe* (Brei) haben hier wohl eine Wurzel. Die für die Realisierung des Lautes „a" notwendige Öffnung der Lippen ist bei vollem Mund nicht möglich. Die Redensart bezieht sich auf diesen Tatbestand.

nicht von **Pappe** sein (umg.)
nicht schlecht sein, solide und kräftig sein [Qualität]
„Alle Achtung, diese Magisterarbeit ist nicht von Pappe! Die erzielten Ergebnisse sind recht beachtlich!"
Das vom kindlichen Lallwort *papp* abgeleitete *Papp/Pampe* (Brei) hat zu einer Reihe von Benennungen für breiartige Stoffe und dem, was man damit verfertigt, geführt. Da die Pappe früher im Handbetrieb durch das Zusammenkleistern von Papier verfertigt wurde, erhielt sie einen von *Pap* abgeleiteten Namen (Pappendeckel). Daher heißt es auch: *pappen bleiben* (kleben bleiben). Die Redensart *nicht von Pappe sein* wird volksetymologisch meist gedeutet als: nicht so baufällig sein, als sei es aus Pappe gebaut. Ursprünglich bezog es sich jedoch auf Kinder, die nicht nur *von Pappe* (Kinderbrei) ernährt wurden und daher kräftiger als andere waren.

seine **Pappenheimer** kennen (umg.)
die Schwächen seiner Nachbarn/Kinder/Schüler usw. kennen [Menschenkenntnis]
Gottfried Heinrich Graf zu Pappenheim war im Dreißigjährigen Krieg ein kaiserlicher Reitergeneral, der Wallenstein unterstützte. Sein Regiment, die Pappenheimer, galt als mutig und ritterlich. Schiller hat ihnen in seinem Drama *Wallenstein* ein literarisches Denkmal gesetzt. In *Wallensteins Tod* (III, 15) antwortet Wallenstein auf die Äußerung eines Gefreiten: „Daran erkenn' ich meine Pappenheimer." Der anerkennende Sinn dieses Zitats ist in seiner volkstümlichen redensartlichen Variante genauso entstellt worden wie der genaue Wortlaut.

das ist kein **Pappenstiel** (umg.)
1) *etwas ist schwierig durchzuführen* [Schwierigkeit]
2) *etwas ist sehr teuer* [Kostspieligkeit]
1) „Mit diesem kleinen Gehalt fünf Kinder großzuziehen, das ist kein Pappenstiel!"
2) „So ein Haus kostet in dieser Gegend eine halbe Million. Das ist kein Pappenstiel!"

keinen **Pappenstiel** wert sein (umg.)
wertlos sein [Wertlosigkeit]
„Sein Eheversprechen ist keinen Pappenstiel wert. Er war schon häufiger verlobt!"
Für diese Wendung gibt es verschiedene Deutungen. Mit *Pappe* hat sie jedenfalls nichts zu tun. Verbreitet ist die Ansicht, daß der Pappenstiel der Stiel der niederdeutsch auch *Pappelblume* genannten *Pusteblume*, nämlich des Löwenzahns, sei. Die Häufigkeit dieser Pflanze hätte sich dann zum Ausdruck der Wertlosigkeit geeignet. Eine andere Deutung behauptet eine Ursprungsform *Pappelstiel* und erklärt die Bedeutung damit, daß Werkzeuge, die mit einem wenig belastbaren Griff aus Pappelholz verse-

hen waren, keinen großen Wert besaßen bzw. billig erworben werden konnten.

päpstlicher sein als der **Papst**
übertrieben streng/kritisch sein
[Übertreibung]
„Diese Arbeit ist doch in Ordnung! Sei nicht päpstlicher als der Papst und nörgele nicht dauernd daran herum!"
Die Wendung geht auf alte Vorbilder zurück. Schon unter dem französischen König Ludwig XVI. gab es das Sprichwort: *Il ne faut pas être plus royaliste que le roi*" (Man muß nicht königstreuer gesinnt sein als der König). Im Zusammenhang mit dem Dogma der Unfehlbarkeit des Papstes (1870), das stark angefeindet wurde, wurde der zugrundeliegende Gedanke auf das Papsttum umgemünzt. Bismarck verwendete etwa 1887 in einer Rede die rhetorische Frage: „Katholischer als der Papst?"

jmdm. in die **Parade** fahren
jmdm. energisch entgegentreten/Widerstand leisten [Störung]
„Wenn er heute wieder anfängt, unsere Lehrlinge zu ärgern, werde ich ihm gründlich in die Parade fahren!"
Diese Redensart enstammt der alten Fechtersprache. Eine *Parade* war eine Abwehrstellung oder Deckung, *parieren* bedeutete: *einen Hieb/Stich abwehren*. Wenn man *jmdm. in die Parade fährt*, so führt man einen erfolgreichen Stoß durch seine Deckung.

das **Paradies** auf Erden
→ der **Himmel** auf Erden
[Wohlergehen]

sich auf diplomatischem/internationalem **Parkett** bewegen können
sich in einem bestimmten gesellschaftlichen Rahmen zu benehmen wissen [Etikette]
„Seine ausgezeichnete Internatsausbildung erlaubte es ihm, sich mit traumwandlerischer Sicherheit auf diplomatischem Parkett bewegen zu können."
Parkett ist eine theatertechnische Bezeichnung für Sitze vor der Bühne (bzw. die dort sitzenden Zuschauer), aber auch ein Fachwort für holzgetäfelten Fußboden, wie er in aristokratischer Zeit den Schlössern und Wohnungen der Reichen vorbehalten war. Das Parkett konnte so zum Kennzeichen für eine ranghohe Gesellschaftszugehörigkeit werden.

etwas glatt aufs **Parkett** legen (umg.)
[Können]

jmdm. **Paroli** bieten
jmdm. überlegenen Widerstand leisten, sich als der Stärkere erweisen
[Ebenbürtigkeit] [Widerstand]
„Der neue Mitarbeiter ist der einzige, der unserem Abteilungsleiter von seinen Fachkenntnissen her Paroli bieten kann."
Das Wort *Paroli* ist über das Französische aus dem Italienischen entlehnt und stellt eine Verkleinerungsform von ital. *pari* beziehungsweise neapolitanisch *paro* (gleich) dar. Es handelt sich dabei um einen Fachausdruck des alten Kartenglückspiels Pharo, mit dem eine Verdoppelung des ersten Einsatzes angekündigt wurde. Dabei wurde eine Falte in die entsprechende Karte gebogen, so daß gelegentlich auch die Variante vorkommt: *Paroli biegen*. Seit Beginn des 19. Jh. ist der redensartliche Gebrauch nachweisbar.

Partei sein in etwas
voreingenommen sein, selbst betroffen sein
[Parteinahme]
„Ihre Aussage ist nicht fair, weil Sie Partei sind und durch den Ausgang der Angelegenheit selbst profitieren könnten."
Das von lat. *pars* (Teil) und mittelat. *partita* (Abteilung, Abspaltung) gebildete *Partei* erscheint im 15. Jh. im Deutschen. Denselben Ursprung haben auch ital. *parte*, franz. *partie* und engl. *party*. Das franz. Wort wird im 17. Jh. neu entlehnt und dann ebenfalls redensartlich genutzt (eine gute Partei machen). Allen Redensarten dieser Gruppe liegt die Vorstellung einer Gruppe oder einer Abteilung zugrunde, die auch aus lediglich zwei Menschen bestehen kann, welche einen Vertrag (etwa eine Ehe) miteinander schließen und dadurch wechselseitig Vorteile erzielen.

bei der falschen **Partei** sein
bei den Verlierern sein [Mißerfolg]
„Nichts ist einer Karriere so abträglich wie die Tatsache, in der falschen Partei zu sein."

das falsche **Parteibuch** haben
→ das falsche **Gesangbuch** haben
[Benachteiligung]

für jmdn./etwas **Partei** ergreifen
→ **Partei** sein in etwas
[Parteinahme]

es mit beiden **Parteien** halten
unentschieden/unentschlossen/unparteiisch/ opportunistisch sein [Ausgleich]
„Ein geschickter Politiker hält es mit beiden Parteien, den Gewerkschaften einerseits und den Arbeitgeberverbänden andererseits."
Herkunft → **Partei** sein in etwas

über den **Parteien** stehen
unvoreingenommen/unparteiisch sein
[Unabhängigkeit]
„Der Bundespräsident steht nach dem Grundgesetz über den Parteien."
Herkunft → **Partei** sein in etwas

eine gute **Partie** machen
einen reichen Ehepartner finden [Heirat]
„Michael hat eine gute Partie gemacht. Seine Frau besitzt Grundstücke und Aktien genug, um ihm ein sorgenfreies Leben bieten zu können!"
Herkunft → **Partei** sein in etwas

mit von der **Partie** sein
bei einer Sache beteiligt sein/mitmachen
[Beteiligung]
„Ihr wollt den Urlaub in der Provence verbringen? Da bin ich mit von der Partie!"
Herkunft → **Partei** sein in etwas

ein blinder **Passagier** sein
ohne Bezahlung reisen [Reisen] [Betrug]
„An Bord des Schiffes befinden sich drei blinde Passagiere, Herr Kapitän!"

das könnte dir so **passen**! (umg.)
das lehne ich ab, denn das wäre in unangemessener Weise vorteilhaft für dich!
[Zurückweisung]
„Ich soll dir die Wagenschlüssel überlassen, während ich in Amerika bin? Das könnte dir so passen! Damit du jedes Wochenende eine Spritztour mit deiner Freundin machen kannst!"
Das von lat. *passus* (der Schritt) abstammende und über franz. *passer* (vorübergehen) im 13. Jh. ins Deutsche gekommene *passen* bedeutet ursprünglich *das Ziel erreichen*. Es ist daher mit *passieren* (vorbeikommen/sich ereignen) und mit *Passagier* verwandt. Im Sinne der Reise-Metaphorik bedeutet das Erreichen des Ziels natürlich einen Vorteil. Etwas, das ungelegen kommt (insbesondere eine leichtere Erkrankung), bezeichnet man daher auch als *Unpäßlichkeit*. Vgl.: **zupaß** kommen.

da muß ich **passen**! (umg.)
1) *das weiß ich nicht* [Nichtwissen]
2) *das kann ich nicht* [Unfähigkeit]
1) „Wie die Hauptstadt Albaniens heißt? Da muß ich passen."
2) „Ich kann nicht selbst tapezieren. Da muß ich passen!"

unter uns **Pastorentöchtern/Pfarrerstöchtern** (umg.)
1) *unter uns gesagt* [Vertraulichkeit]
2) *offen gesagt, unverblümt/nicht zimperlich ausgedrückt* [Offenheit]
1) „Unter uns Pastorentöchtern: Das Examen hat er nur bestanden, weil die Prüfer beide Augen zugedrückt haben!"
2) „Unter uns Pastorentöchtern: Mir ist von dem Abendessen bei Konrads kotzübel geworden!"
Die Gesprächsfloskel gehört zu einer großen Gruppe von Wendungen, in denen die Vertraulichkeit eines Gesprächsthemas oder einer Bewertung angezeigt wird. Gelegentlich kann damit auch die geplante Verwendung eines derberen Ausdrucks angezeigt, als bewußte stilistische Wahl markiert und gewissermaßen entschuldigt werden. Die Wendung selbst ist Ende des 19. Jh. aufgekommen und bezieht sich auf eine (zumindest zur damaligen Zeit) als besonders zimperlich geltende gesellschaftliche Gruppe (daher nur ironisch gebraucht).

bei etwas **Pate** gestanden haben [Einfluß]

in der **Patsche** sitzen (umg.)
→ in der **Tinte** sitzen

einen **Patzer** machen (umg.)
→ etwas **verpatzen**
[Fehler]

patzig sein (umg.)
[Unverschämtheit]
→ etwas **verpatzen**

(mächtig) auf die **Pauke** hauen (umg.)
1) *tüchtig feiern* [Feier]
2) *sehr angeben* [Angeberei]
1) „Nach der bestandenen Prüfung wird die ganze Klasse bei einer gemeinsamen Feier auf die Pauke hauen."
2) „Gestern hat Egon wieder mächtig damit auf die Pauke gehauen, daß er ein toller Sportler ist. Wir haben ihn bloß ausgelacht!"
Die Pauke gilt in dieser Redensart als unüberhörbares Instrument der (Militär-)Kapelle.

mit **Pauken** und Trompeten durchfallen (Paarformel, umg.)
durch eine Prüfung ganz und gar (ohne Chance) durchfallen [Scheitern]
„Obwohl Peter sich gut vorbereitet glaubte, ist er jetzt mit Pauken und Trompeten durch das Examen gefallen. Jetzt will er das Studium aufgeben."
Diese Formel verbindet zwei typische Instrumente des lauten und festlichen Treibens. In dieser allgemeinen Form ist sie schon im 16. Jh. nachweisbar. Erst im 19. Jh. wird daraus die ironische Wendung, die wir heute kennen.

aus einem Saulus ein **Paulus** werden
sich/seine Meinung gänzlich ändern
[Wandlung]
„Den Bernd erkennt man nicht wieder: Aus einem Saulus ist ein Paulus geworden. Früher war er ein verbummelter Student, heute ist er Topmanager in einem Industriebetrieb!"
Die Wendung geht auf die Apostelgeschichte zurück. Saulus war einer der heftigsten Christenverfolger. Auf einer Reise nach Damaskus hatte er eine Gotteserscheinung, die ihn zu Paulus, dem eifrig missionierenden Apostel machte. Die Redensart hat daher oft den Sinn: Aus einem ursprünglichen Gegner einer Sache ihr entschiedenster Befürworter werden.

pauschal
→ in **Bausch** und Bogen

Pech haben (umg.)
ein Unglück/Mißerfolg haben [Mißerfolg]
„Heute hatte ich das Pech, meinen Zug zu verpassen."
Ebenso wie der Leim gehörte das klebrige Pech zu der mittelalterlichen Vogeljagd. Ein *Pechvogel* ist daher ursprünglich ein Vogel, der an der Leimrute kleben blieb. Im übertragenen Sinn sind diese Redensarten seit dem 18. Jh. in der Studentensprache nachweisbar.

wie **Pech** und Schwefel zusammenhalten (Paarformel) (umg.)
einig/einer Meinung/unzertrennlich sein, zusammenhalten [Einigkeit]
„Die ganze Familie hält wie Pech und Schwefel zusammen."
Pech und Schwefel stellen eine Verbindung dar, die lange und intensiv brennt. Vor allem in der Bibelsprache und in mittelalterlichen Vorstellungen der Hölle spielen die beiden Stoffe daher eine große Rolle. Eine ähnliche Rolle spielen „Feuer und Schwefel", die Gott auf die Städte Sodom und Gomorra herabregnen läßt (1. Mos. 19, 24).

den **Pegasus** reiten (gehoben)
dichten, Verse schmieden [Schreiben]
„Mancher, der sich berufen fühlt, Pegasus zu reiten, wird schon sehr bald abgeworfen."
In der griechischen Mythologie ist Pegasus ein geflügeltes Pferd, das dem Rumpf der von Perseus enthaupteten Medusa entspringt und vom jugendlichen Helden Bellerophon eingefangen und gezähmt wird. Die beiden besiegen unter anderem die Chimäre, ein Ungetüm mit dreigestaltigem Leib: vorne Löwe, in der Mitte Ziege, hinten Schlange. Nach diesem Abenteuer fliegt

Pegasus in den Götterhimmel Olymp, wo es als Streitroß des Zeus Donner und Blitz trägt. Erst in der Neuzeit wurde dieser Mythos ergänzt, und Pegasus wird nun auch als Roß der Eos und der Musen angesehen. Statt des Bellerophon reiten den Pegasus nunmehr die besonderen Schützlinge der Musen, nämlich die Poeten.

jmdm. auf die **Pelle** rücken (umg.)
1) *jmdm. körperlich zu nahe kommen und dadurch belästigen*
[Nähe] [Belästigung]
2) *jmdn. durch Bitten/Aufforderungen bedrängen* [Bedrängung]
1) „Gestern ist mir in der U-Bahn ein Mann derart auf die Pelle gerückt, daß ich mir einen anderen Platz suchen mußte!"
2) „Ständig rückt uns unser Vermieter auf die Pelle und verlangt, daß wir das Treppenhaus sauber machen sollen. Dabei steht davon nichts im Mietvertrag!"
Das von lat. *pellis* (Haut, Fell) abgeleitete *Pelle* ist ab dem 12. Jh. nachweisbar. Bedeutungsträger waren dabei zunächst hautbezogene Nahrungsmittel wie die Wurst (Wurstpelle) und später die Kartoffel (Pellkartoffel; daher auch: *pellen* = schälen). Später ist dann umgangssprachlich auch die menschliche Haut als *Pelle* bezeichnet worden, wobei häufig redensartliche Varianten auch *Pelz* setzen.

jmdm. auf den **Pelz** rücken
→ jmdm. auf die **Pelle** rücken
[Nähe] [Belästigung]

jmdm. auf dem **Pelz** sitzen
→ jmdm. auf die **Pelle** rücken
[Bedrängung]

dabei fällt dir keine **Perle** aus der Krone
→ dabei fällt dir keine Perle aus der **Krone**

per pedes apostolorum [Gehen]
→ auf **Schusters** Rappen

Perlen vor die Säue werfen (umg.)
wertvolle Dinge an Leute verschwenden, die nichts davon verstehen
[Unangemessenheit]
„Der Redner hat Perlen vor die Säue geworfen! Der glänzende Vortrag wurde von den wenigsten verstanden. Schade!"
Diese Redensart ist biblischen Ursprungs und geht auf Matth. 7, 6 zurück: „Ihr sollt das Heiligtum nicht den Hunden geben, und eure Perlen sollt ihr nicht vor die Säue werfen..." Schon vor Luther findet sich diese Wendung in mittelalterlichen Predigtsammlungen in deutscher Sprache.

etwas in **Person** sein
etwas ganz und gar sein, die Verkörperung von etwas sein [Charakter]
„Unsere Nachbarin ist die Neugier in Person. Immer wieder schnüffelt sie uns nach!"
Das aus lat. *per* (durch) und *sonare* (tönen, schallen) gebildete lateinische *persona* bezeichnete ursprünglich die Maske, die der Schauspieler auf der antiken Bühne trug, später auch die dargestellte Rolle und das dargestellte Individuum. Im 16. Jh. ist das Wort mit der Übersetzung lateinischer Komödien ins Deutsche gekommen, wo es auf den Aspekt des individuellen Einzelwesens (Persönlichkeit) in materieller und geistiger Hinsicht, sowie auf das *Selbst* (im Gegensatz zu einem Stellvertreter) erweitert wurde. Beide Aspekte spielen beim redensartlichen Gebrauch der Wendung *in Person* eine Rolle, wobei auch ein Art volkstümlicher Allegorisierung zu erkennen ist.

wie die **Pest** (umg.)
allgemeine Verstärkungsformel
[Verstärkung]
„Hier stinkt's wie die Pest!"
Die Pest war eine der großen Volksseuchen des Mittelalters und hat Millionen Todesopfer gefordert. Von daher ist die redensartliche Verwendung der Formel (meist in Verbindung zu Verben der negativen Bewertung) leicht zu verstehen.

jmdm. die **Pest** an den Hals wünschen
[Verfluchung]
→ etwas hassen wie die **Pest**

jmdm. ist die **Petersilie** verhagelt (umg.)
jmd. ist mißmutig/schlecht gelaunt
[Mißlaune]

„Na, Peter, was ist los? Du schaust gerade so, als hätte es dir die Petersilie verhagelt! Hast du Probleme?"
Obwohl diese Redensart modernen Ursprungs ist, könnte sich in ihr alter Volksglaube niedergeschlagen haben, der sich um die Petersilie rankt. Dabei ist insbesondere daran zu denken, daß der Petersilie dort (wie auch anderen harntreibenden Pflanzen) eine Wirkung als Aphrodisiakum zugeschrieben wird.

Petrus grollt/meint es gut usw. (umg.)
das Wetter ist schlecht/gut usw. [Wetter]
„Ich glaube, Petrus meint es gut mit unserer Gartenparty: Das Wetter bleibt sonnig."
Dem Apostel Petrus sind in Deutschland viele der ältesten Kirchen geweiht. Man hat angenommen, daß dies auf eine Gleichsetzung Petri mit den germanischen Göttern Wotan (oder Donar) zurückzuführen sei. Hier liegt vielleicht auch eine Wurzel für die Überzeugung, daß Petrus das Wetter bestimme. Sie hat sich in zahlreichen Sprichwörtern und Redensarten niedergeschlagen, die heute als Wetterregeln weitgehend vergessen sind.

etwas in **petto** haben (umg.)
etwas vorbereitet/geplant haben
[Vorbereitetheit]
„Da der Hauptredner kurzfristig ausgefallen ist, werde ich wohl oder übel etwas vortragen müssen. Gut, daß ich gerade etwas in petto habe!"
Diese Redensart ist ital. Ursprungs und bedeutet eigentlich *in der Brust* (*petto* = Brust). Dabei ist an das Herz zu denken (lat.: *in pectore*), das in vielen Sprachen als Sitz des Gedächtnisses und der Erinnerung angesehen wird. Ins Deutsche ist die Redensart im 18. Jh. übernommen worden.

die ausgetretenen **Pfade** verlassen (gehoben)
etwas Neues tun, originelle Gedanken haben [Originalität]
„Der Verfasser dieser Gedichte verläßt die ausgetretenen Pfade der modernen Lyrik und stellt ganz neuartige sprachliche Kunstformen vor."

ein **Pfahl** im Fleisch sein [Ärgernis]
→ ein **Dorn** im Auge sein

etwas auf der **Pfanne** haben
→ sein **Pulver** trocken halten [Bereitschaft]

jmdn. in die **Pfanne** hauen (umg.)
1) *jmdn. besiegen* [Sieg]
2) *jmdn. (zu scharf/böswillig) kritisieren* [Kritik]
1) „Heute haben wir die gegnerische Mannschaft regelrecht in die Pfanne gehauen: Wir haben 6:0 gewonnen!"
2) „Natürlich ist es leicht, einen jungen Autoren in die Pfanne zu hauen – aber es ist nicht fair!"
Die Zubereitung von Mahlzeiten ist in verschiedener Weise redensartlich genutzt worden (siehe beispielsweise unter **Braten, Suppe, Topf** u. a. m.). Die Vorgänge des Zerkleinerns und Kochens sind durch die Einwirkung zerstörerischer Energien auf das Ausgangsprodukt geeignet, entsprechende Übertragungen zu ermöglichen. Schon 1687 findet sich daher die Pfanne im redensartlichen Gebrauch.

ein Gesicht wie ein **Pfannkuchen** [Gesicht]
→ platt wie ein **Pfannkuchen**

platt wie ein **Pfannkuchen** (umg.)
eine Frau mit wenig Busen [Busen]
„Sie hat ein schönes Gesicht, aber leider ist sie platt wie ein Pfannkuchen!"
Der aus Eiern und Mehl bereitete Pfannkuchen war früher häufiger auf dem Mittagstisch als heute. Seine Popularität ist sowohl in Märchen als auch in redensartlichen Vergleichen erhalten, die je nach Bedarf entweder sein Aufgehen oder seine Plattheit betonen.

aufgehen wie ein **Pfannkuchen** (umg.)
dick werden [Fettleibigkeit]
„Erna ist aufgegangen wie ein Pfannkuchen, seit sie nicht mehr raucht."

jmd. soll hingehen/bleiben, wo der **Pfeffer** wächst (umg.)
jmd. soll verschwinden/möglichst weit weggehen/-bleiben [Weggang] [Abwesenheit]

„Der Peter will uns besuchen? Der soll gefälligst bleiben, wo der Pfeffer wächst! Letztes Mal hat er mich sehr geärgert!"
Die Exotik des Pfeffers ist seit der Antike sprichwörtlich. Dabei sind seine unklare (jedenfalls aber ferne) Herkunft, sein hoher Preis und seine starke Wirkung redensartlich genutzt worden. Seit Hippokrates gilt er als Heilmittel, eine Auffassung, die auch in Volksmedizin und -aberglaube wiederzufinden ist. Dort gilt er auch als starkes Aphrodisiakum. Die Wirkung des Pfeffers wird mit Stärke und Größe assoziiert, aber auch mit hohem Wert und Preis. Daher kommen auch Wendungen wie *eine gepfefferte Rechnung*. Das Land, wo der Pfeffer wächst (das Pfefferland) ist seit dem frühen 16. Jh. ein sinnbildlich sehr weit entferntes Land. Ein Jh. später heißt es auch im *Simplicissimus:* „Bis du mit deinen Beweistümern fertig bist, bin ich vielleicht wo der Pfeffer wächst."

da liegt der Hase im **Pfeffer**
→ da liegt der **Hase** im Pfeffer

Pfeffer im Hintern haben (umg.)
→ **Hummeln** im Hintern haben

jmdm. eine **pfeffern** (umg.) [Ohrfeige]
→ jmdm. eine **feuern**

nach jmds. **Pfeife** tanzen (umg.)
jmdm. blind gehorchen, unter jmds. Einfluß stehen [Unselbständigkeit]
„Der Karl ist ein armer Hund. Er tanzt immer nach der Pfeife seiner Frau. Jetzt hat sie ihm sogar das Rauchen verboten!"
Diese Redensart geht auf Darstellungen der „Totentänze" des 15. Jahrhunderts zurück, in denen der meist auf einer Pfeife oder Fiedel musizierende Tod die Menschen zu sich abberuft. Die zauberische Wirkung des Pfeifens ist aber auch sonst mythologisch weit verbreitet und findet sich bereits bei Äsop, Herodot und anderen antiken Schriftstellern. Bekannt sind natürlich auch die Schlangenbeschwörer des Orients, wobei die Schlangen allerdings nur der Bewegung (und nicht dem Klang) des Instruments Aufmerksamkeit schenken. Die Bezeichnung *Pfeife* und *Flöte* werden im Laufe der Zeit übrigens unterschiedlich gebraucht. Bis ins 16. Jh. bezeichnete *Flöte* nur die Blockflöte, die heutige *Querflöte* dagegen hieß *Pfeife*. Im Märchen gibt es Pfeifen und Flöten mit vielen wunderbaren Eigenschaften. Da gibt es Pfeifen, deren Ton alle Menschen zum Tanzen zwingt, Flöten, deren Ton Ungeziefer und Menschen folgen (in: *Der Rattenfänger von Hamel*) und solche, die Wünsche in Erfüllung gehen lassen.

jmdm. etwas **pfeifen** (umg.)
→ jmdm. etwas **husten**

(alle) seine **Pfeile** verschossen haben
→ (all) seine **Pulver** verschossen haben

auf den **Pfennig** sehen
→ jeden **Pfennig** (dreimal) umdrehen [Sparsamkeit] [Geiz]

jeden **Pfennig** (dreimal) umdrehen
sehr arm sein und daher sparsam leben/geizig sein [Sparsamkeit] [Geiz]
Die Herkunft des Wortes *Pfennig* ist unklar. Manche behaupten eine Verwandtschaft mit *Pfund* und *Pfand*, andere eine solche mit *Pfanne* (wegen der häufig vertieften Rundung der älteren Münzen). Seit dem 8. Jh. sind Münzen dieses Namens als kleine Währungseinheiten bekannt, wobei die genauen Relationen zwischen Pfennigen und den anderen Einheiten (Pfund, Heller, Groschen, Taler usw.) durch die Jahrhunderte hindurch naturgemäß starken Schwankungen unterworfen waren. Trotz der noch geringeren Münzen Heller und Deut ist der Pfennig seit jeher ein redensartliches Sinnbild des geringfügigen Werts.

das beste **Pferd** im Stall (umg.)
der beste/fähigste Mitarbeiter [Qualität]
„Sie wissen doch, daß Sie mein bestes Pferd im Stall sind, Herr Meier! Ich kann mich also in dieser Angelegenheit völlig auf Sie verlassen!"
Der Begriff *Pferd* geht zunächst auf mittellateinisch *paraveredus* (Postbeipferd) zurück. Dieses Wort selbst ist eine Mischbildung aus griech. *para* (bei) und den kel-

tischen Begriffen *ve* (unter, bei) und *reda* (Reisewagen). Das keltische *veredos* (Pferd) bedeutet also eigentlich: *das zum Wagen gehörende/beim Wagen gehende (Tier).* Auch *Gaul, Mähre, Karren* und andere Begriffe aus dem Bereich des Transportwesens sind keltischen (bzw. gallischen) Ursprungs und somit Zeugnisse einer diesbezüglichen kulturellen Überlegenheit gegenüber den Germanen und teilweise sogar den Römern. Die sprachlichen und bedeutungsbezogenen Zusammenhänge zeigen, daß das Pferd zur Zeitenwende weniger als Arbeitsdenn als Kampf- und Reisetier benutzt wurde. Der Zusammenhang mit Kampf und gesellschaftlichem Rang (Adel) wurde durch die Bezeichnung *Roß* (Streitroß) hervorgehoben, während *Pferd* sich zum Ausdruck für andere (unspezifische) Funktionen des Tieres eignete. In jedem Fall aber ist das Pferd redensartlich ein wertvoller Besitz. Andere Redensarten betonen seine Sensibilität, sein Scheuen und Durchgehen, seine Kraft und seine Größe. Redensartliche Aufmerksamkeit gilt jedoch auch seinem Bezug zum Wagen, den es zieht, und dem komplizierten Anlegen von Zaum und Geschirr.

ein trojanisches **Pferd**
→ ein **trojanisches** Pferd

arbeiten wie ein **Pferd** (umg.)
[Anstrengung]
→ sich ins **Geschirr** legen

das **Pferd** beim Schwanz aufzäumen (umg.)
etwas verkehrt herum tun/anpacken
[Verkehrtheit]
„Ohne Baugenehmigung darfst du nicht anfangen zu bauen. Wenn du trotzdem damit anfängst, wirst du die Baubehörde ziemlich verärgern, weil du das Pferd beim Schwanz aufzäumst!"
Vgl.: verkehrte **Welt.**

sich aufs hohe **Pferd** setzen
→ auf dem hohen **Roß** sitzen

aufs falsche **Pferd** setzen (umg.)
→ auf die falsche **Karte** setzen

auf dem hohen **Pferd** sitzen
→ auf dem hohen **Roß** sitzen

das **Pferd** hinter den Wagen spannen (umg.)
→ eine **verkehrte Welt**
[Verkehrtheit]

ich denk', mich tritt ein **Pferd**! (umg.)
das hatte ich nicht erwartet!, das war nicht vorhersehbar! [Überraschung]
„Morgens gehe ich zum Auto und plötzlich: Ich denk', mich tritt ein Pferd! Hatte doch jemand die Luft aus den Reifen gelassen! Na, ich hab' vielleicht geflucht!"
Alle Ausdrücke der Überraschung sind relativ kurzlebig, insbesondere dann, wenn sie eine ungewöhnliche Perspektive einbringen und über starke Bildhaftigkeit verfügen. Zudem neigen sie zum alltagsrhetorischen Mittel der Übertreibung. Da auch die Jugendsprache zu Übertreibungen und Paradoxie neigt, treffen sich in ihr verschiedene extreme Tendenzen, die sich in vielen, stark bildhaften Varianten dieser Redensart ausdrücken. Von ihnen seien nur die folgenden Beispiele aufgeführt: *ich glaub', mich knutscht ein Elch/ein Haifisch!, ich glaub', mein Pferd schielt!, ich glaub', mein Schwein pfeift!, ich glaub', ich steh' im Wald!, ich glaub', mich streift ein Bus/ein D-Zug!, ich glaub', mein Hamster bohnert!* Diese Wendungen sind hier aufgeführt, um die Spielfreude der Jugendsprache bei der Abwandlung eines Musters darzustellen.

Pferdchen laufen haben (umg.)
Zuhälter sein [Prostitution]

keine zehn **Pferde** bringen mich dazu (umg.)
das werde ich nicht tun! [Weigerung]
„Keine zehn Pferde bringen mich dazu, mich bei ihm zu enschuldigen. Schließlich hat er mit dem Streit angefangen!"

jmdm. gehen die **Pferde** durch (umg.)
jmd. verliert die Beherrschung
[Unbeherrschtheit]
„Ich sehe schon am roten Kopf des Chefs, daß ihm gleich wieder die Pferde durchgehen und er zu brüllen anfängt."
Herkunft → das beste **Pferd** im Stall

man hat schon **Pferde** (vor der Apotheke) kotzen sehen (derb)
Vorsicht! Man hat schon unglaubliche Dinge gesehen/erlebt [Überraschung]
„Ich würde noch mit dem Wagen in die Werkstatt fahren. Man hat schon Pferde kotzen sehen, und wenn du unterwegs eine Panne hast, bist du der Gelackmeierte!"
Diese Wendung ist seit Beginn des 20. Jh. belegt.

die **Pferde** scheu machen (umg.)
Leute unnötig ängstigen/beunruhigen [Verängstigung]
„Nun machen Sie mir mal die Pferde nicht scheu! Schließlich haben auch andere Leute schon Latein gelernt. Wenn Sie jetzt hier nur die Schwierigkeiten dieser Sprache herausstellen, melden sich die Schüler zum Englischkurs an!"

mit jmdm. **Pferde** stehlen können (umg.)
jmdm. unbedingt vertrauen können [Vertrauen]
„Mit meiner Frau habe ich Glück gehabt. Mit ihr könnte ich Pferde stehlen!"
Da Pferde als wertvoller Besitz meist gut bewacht werden, und weil der Pferdediebstahl früher hoch bestraft wurde, konnte das Vorhaben des Pferdediebstahls diese redensartliche Bedeutung gewinnen. Die Wendung ist seit dem frühen 17. Jh. belegt.

da schaut der **Pferdefuß** raus/ist ein **Pferdefuß** dran (umg.)
da wird eine bisher verborgene Hinterlist erkennbar [Betrug]
„Nach nur einem Jahr hat der Vermieter die Miete verdoppelt!" „Aha, da schaut der Pferdefuß raus! Jetzt wird klar, warum die Miete vorher so niedrig war."
Die Wendung ist im 17. Jh. entstanden. Der Pferde- oder Bocksfuß gilt im Volksglauben als Attribut des Teufels.

einer Sache den richtigen **Pfiff** geben (umg.)
etwas interessant/außergewöhnlich machen [Vervollkommnung]
„Diese auffallende Brosche gibt dem Kleid erst den richtigen Pfiff."
Herkunft → den **Pfiff** kennen

den **Pfiff** kennen/raushaben (umg.)
raffiniert sein, die richtige Methode kennen [Raffinesse]
„Alle haben sich vergeblich um eine Ferienarbeit bemüht, nur Markus hat einen Job gefunden. Der hat eben den Pfiff raus, wie man sowas macht!"
Pfiff bezeichnet einen pfeifenden Ton. Es gibt verschiedene Erklärungen dafür, wie daraus die Bedeutung *Raffinesse* werden konnte. Manche glauben, daß damit der Lockpfiff des Vogelstellers gemeint sein könnte, mit dem er die Vögel in die Netze lockt. Andere beziehen *Pfiff* auf das Pfeifen des Taschenspielers, mit dem er die Aufmerksamkeit der Zuschauer von seinen Handgriffen abzulenken versucht. Zu *Pfiff* gehören auch die Begriffe *pfiffig sein, Pfiffigkeit* und *Pfiffikus* (seit 1700 belegt).

keinen **Pfifferling** wert sein (umg.)
nichts wert sein [Wertlosigkeit]
„Dein Versprechen ist keinen Pfifferling wert! Schließlich weiß ich, daß du ein notorischer Lügner bist!"
Der nach Pfeffer schmeckende Pfifferling ist ein Speisepilz, der früher in großen Mengen vorgekommen sein muß. Jedenfalls wird er seit dem 16. Jh. als Sinnbild des Wertlosen gebraucht.

wenn Ostern und **Pfingsten** zusammenfallen
→ wenn **Ostern** und Pfingsten zusammenfallen
[Niemals]

geputzt/geschmückt sein wie ein **Pfingstochse** (umg.)
übertrieben/geschmacklos gekleidet sein [Kleidung]
„Da kommt Xaver! Er ist wieder mal geputzt wie ein Pfingstochse!"
Der redensartliche Vergleich geht auf alte Pfingst- und Weidebräuche zurück. An vielen Orten wurde früher zu Pfingsten das Vieh zum ersten Mal auf die Weide getrieben. Dabei wurde es festlich geschmückt und bekränzt. Auch gab es den Brauch, zu Pfingsten einen Ochsen zu schlachten, der vorher geschmückt durch die Straßen geführt wurde.

ein teures **Pflaster** (umg.)
ein Ort, in dem das Leben/Einkaufen usw. teuer ist [Kostspieligkeit]
„Sylt ist ein teures Pflaster!"
Das Wort *Pflaster* hat zwei Bedeutungen: *Wundpflaster* und *Straßenbelag*. Die ursprüngliche Bedeutung geht auf *emplastron* (mit Heilsalbe bestrichenes Wundpflaster) zurück – eine Entlehnung wie viele Ausdrücke der Arzneikunst. Nach der zudeckenden und schützenden Eigenschaft des (Wund-)Pflasters ergab sich die Übertragungsmöglichkeit auf den Bodenbelag, den mit Sand und Steinen belegten (bepflasterten) Boden von Straßen, Plätzen usw. Seit dem 19. Jh. ist das Straßenpflaster Pars pro toto (Teil gilt fürs Ganze) für die Stadt.

etwas ist jmds. (verdammte/verfluchte) **Pflicht** und Schuldigkeit (Zwillingsformel)
etwas ist jmds. unerläßliche Pflicht [Verpflichtung]
„Es wäre die (verdammte) Pflicht und Schuldigkeit der Regierung, endlich Maßnahmen gegen die Arbeitslosigkeit zu ergreifen!"
Das mit *pflegen* im Sinne von *wie etwas zu sein pflegt* verwandte Substantiv *Pflicht* bezeichnet ursprünglich die aus der Gemeinschaft entwickelte Gewohnheit, Recht und Gesetz. Im 16. Jh. wird daraus die Verbindlichkeit und Verpflichtung zu gebührendem Verhalten in Religion, Moral, Gewissen, Anstand usw., wobei häufig die Verbindung von *Rechten und Pflichten* betont wird. So stehen *Bürgerrechten* auch *Bürgerpflichten* gegenüber, den *Elternrechten* die *Elternpfichten* usw. Die Formel *Pflicht und Schuldigkeit* hat den Charakter einer alten Rechtsformel, geht aber erst auf das 18./19. Jh. zurück. Zur formelhaften Verbindung *verdammte Schuldigkeit* gibt es eine Anekdote über Friedrich des Großen. Er soll mit dieser Wendung das Ansinnen einer besonderen Belohnung für die Dienste eines Beamten zurückgewiesen haben.

jmdn. in die **Pflicht** nehmen
→ jmdn. unter **Druck** setzen [Zwang]

jmdm. eins auf die **Pfoten** geben (umg.)
→ jmdm. eins auf die **Finger** geben

sich die **Pfoten** verbrennen/lecken (umg.)
→ sich die **Finger** verbrennen/lecken usw.

mit seinem **Pfund** wuchern (gehoben)
seine Begabung erfolgreich einsetzen [Erfolg]
„Er hat mit seinem Pfund gewuchert und ist bereits mit 26 Jahren Assistenzarzt."
Das von lat. *pondus* (Gewicht) abgeleitete Wort *Pfund* ist früh zu allen Germanen gelangt und deshalb in deren Sprache weit verbreitet. In den romanischen Sprachen ist es durch das nachrückende lat. *libra* (Waage, Pfund) verdrängt worden, von dem die italienische Währung *Lira* ihren Namen hat. Die Bedeutungserweiterung von *Gewicht* auf *Geld* hängt wohl damit zusammen, daß das Wertmetall gewogen wurde. Das englische *Pfund Sterling* war ursprünglich eine Silbermünze, die der britische König Richard I. um das Jahr 1200 in deutscher Reinheit des Silbers schlagen ließ. *Sterling* geht auf *Easterling* (Mann aus dem Osten) zurück, eine britische Bezeichnung für die Hanseaten, mit denen England Handelsbeziehungen unterhielt. Ein *Pfund Sterling* bedeutet also im Grunde: *ein Pfund des Geldes nach Art der Easterlinge*. Wer *mit dem Pfunde wuchert,* der setzt sein Vermögen ertragreich ein und hat Profit. Die Redensart geht auf die Bibelstelle Luk. 19, 11–28 zurück, ein Gleichnis, in welchem ein Herr seinen Knechten zehn Pfund mit den Worten anvertraut: „Handelt, bis daß ich wiederkomme!" Bei Schiller heißt es dann in einem übertragenen Sinne: „Auch das kleinste Element der Zeit ist ihm ein heilig anvertrautes Gut, womit gewuchert werden muß." Zu *Pfund* gehört auch die Vorsilbe *Pfunds-* (ein Pfundskerl), die eine positive Bewertung ausdrückt sowie das Adjektiv *pfundig* mit der Bedeutung *großartig*.

pfuschen
→ jmdm. ins **Handwerk** pfuschen

wie **Phoenix** aus der Asche steigen (gehoben)
nach einem völligen Zusammenbruch wieder neu erstehen/erfolgreich sein [Wiederherstellung]

„Nach dem Bankrott hat sich Karl-Heinz wie der Phoenix aus der Asche erhoben und wieder eine neue Firma gegründet.“
Auf Herodot und Plinius geht die Sage vom Vogel Phoenix zurück, der sich jeweils nach 1000 Jahren von der Sonne verbrennen läßt und dann aus seiner eigenen Asche wiederersteht. Als Heimat des Phoenix gelten Arabien, Äthiopien oder Indien. Zum Sterben begibt er sich nach Syrien, wo er sich ein Nest baut, das zugleich sein Grab ist. Der mit dem Phoenix verknüpfte Mythos der Wiedergeburt machte ihn zu einem geeigneten christlichen Symbol, so daß dieses Motiv in den religiösen Dichtungen des Mittelalters weit verbreitet ist.

Phrasen dreschen
leeres Geschwätz bieten [Geschwätz]
„In den meisten Reden der Politiker werden nur Phrasen gedroschen.“
Vgl.: leeres **Stroh** dreschen.

Pi mal Daumen (umg.)
→ etwas über den **Daumen** schätzen [Schätzung]

das ist mir **piep/piepegal** (umg.)
→ das ist mir **schnuppe**
[Gleichgültigkeit]

piepen: bei dir piept's wohl? (umg.)
du spinnst wohl? [Unsinn]
„Ich soll den Abwasch alleine machen? Bei dir piept's wohl? Reicht es nicht wenn ich schon wasche und koche?“
Vgl.: jmd. hat einen **Vogel**.

etwas ist zum **Piepen** (umg.) [Komik]

dastehen/dasitzen/gucken wie **Pik-Sieben** (umg.)
→ dastehen usw. wie ein **Ölgötze**

etwas von der **Pike** auf lernen
etwas gründlich lernen, eine gründliche Ausbildung durchlaufen [Ausbildung]
„Gut gemacht! Da sieht man doch, daß du dieses Handwerk von der Pike auf gelernt hast.“
Die *Pike* war im alten Heereswesen eine Infanterielanze, die als einfachste Waffe des Rekruten und Infanteristen galt. *Eine Heereslaufbahn durchlaufen* wurde seit dem 18. Jh. als *von der Pike auf dienen* bezeichnet. Bald wurden alle Berufe, die einer Ausbildung bedürfen, mit Varianten dieser Redensart versehen.

die/eine bittere **Pille** schlucken (müssen) (umg.)
sich mit etwas Schlechtem abfinden (müssen) [Zwang]
„Ich werde wohl die bittere Pille schlucken und ihn um Verzeihung bitten.“
Diese aus der Medizin stammende Redensart ist im 17. Jh. entstanden.

eine bittere **Pille** versüßen
etwas Unangenehmes abmildern [Abmilderung]
„Die bittere Pille des Umzugs wird Ihnen ja durch das höhere Gehalt versüßt, Herr Müller!“

wie **Pilze** aus dem Boden schießen (umg.)
schnell und zahlreich entstehen
[Schnelligkeit] [Menge]
„In den letzten Jahren sind neue Hochhaussiedlungen wie Pilze aus dem Boden geschossen. Das werden einmal die Slums des 21. Jahrhunderts!“

ein feiner **Pinkel** (umg.)
ein übertrieben auf das Äußere achtender Mann [Angeberei]
„Und dann hat jmd. dem feinen Pinkel ein Glas Bier über die Hose gegossen! Wir haben uns fast totgelacht!“
Pinkel ist ein Substantiv zu *pinkeln* (Harn lassen). Neben dieser eindeutigen Abwertung bestehen lautliche Assoziationen zu *piekfein* (von niederländ. *puik* = ausgezeichnet), *pingelig* (kleinlich) und *Pinkepinke* (Schallnachahmung des klingenden Geldes). Die Wendung ist durch Einschlag des Rotwelsch Ende des 19. Jahrhunderts in Berlin entstanden.

wie aus der **Pistole** geschossen (umg.)
sofort, ohne Zögern [Schnelligkeit]
„Der Prüfling zögerte keinen Augenblick;

seine Antworten kamen wie aus der Pistole geschossen."
Diese Wendung wird fast ausschließlich für rasch erfolgende Antworten gebraucht. Sie beschreibt also das Gegenteil einer zögernden Antwort.

jmdm. die **Pistole** auf die Brust setzen
jmdm. energisch zusetzen/ihm keine Wahl lassen [Zwang]
„Wenn er mir das Geld nicht bis morgen zurückbringt, werde ich ihm die Pistole auf die Brust setzen. Schließlich benötige ich es jetzt selbst!"

auf den **Plan** treten
in Erscheinung treten [Ankunft]
„Wenn ein weiterer Bewerber auf den Plan treten sollte, ziehe ich meine Kandidatur zurück."
Der von lat. *planities* (Ebene) abgeleitete Begriff *Plan* bezeichnet im Mhd. die ebene Fläche, die Wiese, aber auch den Kampf- und Turnierplatz. Im *Parzival* (173,27) etwa heißt es: „sus kom der fürsten ûf den plan: da wart mit riten (Turnieren) kunst getan." Aus dem Bereich der flächigen Ebene entwickelt sich die Bedeutung *Platte, Tafel,* auch im Sinne einer bemalbaren Fläche. *Plan* überträgt sich im 18. Jh. schließlich auf den Grundriß (Plan eines Hauses) und den Entwurf zu einer Arbeit oder Unternehmung. Diese Pläne können nunmehr aufgezeichnet, mündlich entwickelt oder gedanklich vorliegen, so daß sich der Bereich des abstrakten absichtsvollen Entwerfens zukünftiger Aktivitäten erschließt. Die deutsche Klassik setzt diese Bedeutung durch, etwa wenn Goethe schreibt: „ Ein schöner neuer Plan hat sich in meiner Seele entwikkelt zu einem großen Drama." Heute ist *Plan* in den verschiedensten Wortbildungen geradezu ein Modewort: *planmäßige Ankunft, Planwirtschaft, Kriegspläne* usw.

platt sein (wie eine Flunder) (umg.)
ganz überrascht sein [Überraschung]
„Ich bin ganz platt, wie groß euer Haus ist. Das hat ja mindestens zehn Zimmer!"
Aus griech. *platys* (weit, eben) entwickelte sich im Vulgärlatein *plattus*, das auch im französischen *plat* zu erkennen ist. Als ursprünglich topologischer und geographischer Begriff ist *platt* auch ins Deutsche gekommen, wo beispielsweise die Redensart *das platte Land* den flachen (abgelegenen) Landstrich bezeichnet. Ebenso meint *plattdeutsch:* die Sprache der Leute, die im norddeutschen Flachland leben.

immer dieselbe/die gleiche **Platte**
→ immer dieselbe **Leier**

die **Platte** abstellen (umg.)
ein Thema fallenlassen [Themenwechsel]
„Immer nur dein Gejammere wegen des Geldes. Kannst du nicht mal die Platte abstellen?"

eine neue/andere **Platte** auflegen (umg.)
mal etwas Neues erzählen, das Thema wechseln [Themenwechsel]
„Kannst du nicht mal 'ne andere Platte auflegen? Das Thema ‚was ich im Weltkrieg erlebte' langweilt mich zu Tode!"
Ältere Gesprächsfloskeln, mit denen ein Themawechsel angekündigt oder gefordert wird, beziehen sich meist auf den Bereich des Buches (ein anderes Kapitel). Neuere Redensarten greifen eher den Bereich der elektronischen Unterhaltung auf und variieren den Bildbereich der Platte.

die **Platte** kennen (umg.)
wissen, was kommt [Bekanntheit]
„Ja, ja, die arbeitsscheue Jugend! Die Platte kenn' ich schon!"

die **Platte** putzen (umg.)
1) *weggehen, verschwinden* [Weggang]
2) *alles aufessen* [Essen]
1) „Was, meine Frau ist schon aufgebrochen? Dann muß ich auch schleunigst die Platte putzen!"
2) „Die Jungs haben ganz schön die Platte geputzt! Nicht ein einziges Stück Fleisch ist übriggeblieben!"
Die Wendung stammt ursprünglich aus dem Hebräischen (vgl.: **Pleite**) bzw. dem Rotwelsch, wo *p'lat Flucht* und *puz sich zerstreuen* bedeutete. Die erste Bedeutung entspricht einer volksetymologischen Umdeu-

tung dieser Begriffe, die zweite hat sich später in Anlehnung an *Servierplatte* entwickelt.

ein **Platz** an der Sonne
eine Möglichkeit zu unbeschwertem Leben [Wohlergehen]
„Jedem Menschen ist ein Platz an der Sonne zu wünschen."
Diese Wendung ist bis ins 17. Jh. nachweisbar. Schon in den *Pensées sur la religion* des französischen Mathematikers und Philosophen Blaise Pascal (1623–1662) heißt es im übertragenen Sinn: „c'est là ma place au soleil".

fehl am **Platz(e)** sein
unangemessen sein [Unangemessenheit]
„Deine Schadenfreude ist völlig fehl am Platz. Dieses Mißgeschick hätte schließlich jedem von uns passieren können!"
Fehl ist ein mhd. Begriff für *Fehler*. Er kommt heute nur noch in festen Wendungen vor (ohne Fehl und Tadel), aber auch in Wortbildungen (der Fehltritt) und als Adverb.

auf die **Plätz**e verweisen
Sieger in einem sportlichen Wettkampf sein, die Konkurrenten besiegen [Sieg]
„Obwohl er nicht als Favorit angesehen wurde, konnte er im Marathonlauf die anderen Teilnehmer klar auf die Plätze verweisen."
Der Sieger eines sportlichen Wettkampfs nimmt den ersten Platz (auf einem Siegerpodest) ein, während die anderen Teilnehmer auf die folgenden Plätze 2, 3, 4 usw. verwiesen werden.

vor Lachen (Ärger, Neid, Wut, Stolz usw.) (fast) **platzen** (umg.)
außerordentlich lachen, ärgerlich usw. sein [Erregung]
„Er platzte fast vor Wut, als er den Brief vom Finanzamt las, in dem er zu einer Nachzahlung aufgefordert wurde."

pleite sein/gehen/machen (umg.)
zahlungsunfähig sein/werden, bankrott sein/werden [Bankrott]
„Es war Wahnsinn, in dieser schlechten Geschäftslage einen Laden aufzumachen. Jetzt hat die Firma erwartungsgemäß pleite gemacht."
Das hebräische *peleta* (Flucht, Entrinnen) erscheint mit der Bedeutung *Bankrott* um 1850 in der Berliner Gaunersprache und wenig später auch in der Umgangssprache (vgl.: **flöten** gehen). Der *Pleitegeier* ist in diesem Zusammenhang eigentlich der *Pleitegeher* und hat also nichts mit dem Vogel zu tun. Erst die satirische Darstellung von *Pleitegeiern*, die auf bankrotten Geschäftshäusern sitzen, hat diese Vorstellung verfestigt.

bei jmdm. sitzt der **Pleitegeier** auf dem Dach (umg.)
jmd. macht bald bankrott [Bankrott]
„Dieses Unternehmen erhält keinen Kredit mehr. Bei denen sitzt doch schon der Pleitegeier auf dem Dach!"

Krethi und **Plethi**
→ **Krethi** und Plethi [Jedermann]

der ganze **Plunder** (umg.)
→ der ganze **Zinnober**
[Kram]

plus machen (umg.)
Gewinn erzielen, verdienen [Gewinn]
„Trotz der schlechten Wirtschaftslage konnte unser Unternehmen auch in diesem Geschäftsjahr plus machen."
Herkunft → **minus** machen

die **Pointe** der Sache/dabei
[Besonderheit]
→ der **Witz** dabei

der ruhende **Pol**
ein Ruhepunkt inmitten allgemeiner Aufregung [Beruhigung]
„In all der Aufregung um die Besetzung der hohen Posten war der Ehrenpräsident der ruhende Pol. Souverän und gelassen hielt er das Zepter in der Hand."
Das griech. *polos* (Drehpunkt, Achse) ist über lat. *polus* (Himmel, Pol) in die deutsche Sprache gekommen. Bezogen auf die Erdkugel bezeichnen Nord- und Südpol

zwei Extrempunkte, die sich als Schnittpunkte der Drehachse der Erde mit der Erdoberfläche ergeben. Sie bleiben bei der Erdumdrehung in Ruhe. Bei Schiller sucht der Weise „den ruhenden Pol in der Erscheinungen Flucht", das heißt, er konzentriert sich auf das Wesentliche.

noch ist **Polen** nicht verloren (umg., scherzhaft)
noch besteht Hoffnung [Hoffnung]
„Na, wie sehen deine Noten in den Prüfungen aus? Wirst du bestehen?" „Wer weiß, aber noch ist Polen nicht verloren!"
Nach der zweiten Aufteilung Polens zwischen Rußland und Preußen im Jahre 1793 erhoben sich die Polen unter Thaddäus Kosciuszko. Nach der verlorenen Schlacht von Maciejowice am 10. 10. 1794 soll Kosciuszko das „Ende Polens" ausgerufen haben. Dagegen wendete sich der 1797 von Joseph Wybicki verfaßte Dombrowski-Marsch, der mit den Worten beginnt: „Noch ist Polen nicht verloren". Diese Wendung wurde sehr volkstümlich und auch in Deutschland sprichwörtlich für eine Sache, der man noch eine Zukunft gibt.

dümmer, als die **Polizei** erlaubt (umg.)
sehr dumm [Dummheit]
„Du hast ihm zwanzig Mark geliehen? Du bist doch dümmer als die Polizei erlaubt! Das Geld siehst du niemals wieder!"
Das von griech. *polis* (Stadt) und *politeia* (Bürgertum, Staatsverfassung, Politik) ins Lat. entlehnte *politia* (Staatsverwaltung) gelangte über mittellat. *policia* (Sicherheitsbehörde) in die großen europäischen Sprachen. Im 15. Jh. wird ein alemannisches *policy* als *policey* ins Frühhochdeutsche übernommen. Die dabei erkennbare weite Bedeutung *Regierung*, *Sittenaufsicht* usw. wird erst um 1800 zur heutigen Bedeutung eingeengt. Die scherzhafte Redensart wird erst im 20. Jh. üblich.

polnische Wirtschaft
→ **Wirtschaft**

polstern: gut gepolstert sein (umg.)
ziemlich dick sein [Fettleibigkeit]
„Der Erwin ist ganz gut gepolstert. Ich schätze, der wiegt zwei Zentner!"

von **Pontius** zu Pilatus laufen/rennen (umg.)
viele (nutzlose) Gänge zu Personen oder Ämtern machen [Umständlichkeit]
„Ich mußte von Pontius zu Pilatus laufen, um die zu einer Heirat notwendigen Papiere und Dokumente zusammenzukriegen."
Diese Redensart ist eine scherzhafte Verdrehung des Prozesses Jesu. Dieser wurde bekanntlich von Pontius Pilatus zu König Herodes und von diesem wieder zu Pontius Pilatus geschickt. In der Wendung wird Herodes ausgelassen und gleichzeitig der Eindruck erweckt, als ob es sich bei Pontius Pilatus um zwei verschiedene Personen handelte.

nur eine halbe **Portion** sein (umg.)
→ nur eine **halbe** Portion sein

viel/allerhand **Porzellan** zerschlagen (umg.)
→ sich benehmen wie ein **Elefant** im Porzellanladen
Herkunft → **Stein** der Weisen

nicht auf dem **Posten** sein (umg.)
gesundheitlich angeschlagen sein, krank sein [Krankheit]
„Sie sehen heute nicht gut aus!" „Ja, ich bin auch nicht ganz auf dem Posten. Vielleicht gehe ich etwas früher nach Hause und lege mich ins Bett."
Wie viele militärische Ausdrücke ist *Posto fassen* im 17. Jh. aus dem Ital. entlehnt worden, wo *prendere il posto* bedeutet: *seinen Standort einnehmen*. Wer *nicht auf dem Posten ist,* besitzt keine ausreichende Kampfstärke.

auf verlorenem **Posten** stehen/kämpfen
in aussichtloser Lage sein [Niederlage]
„Gegen die momentane Ausländerfeindlichkeit stehen alle humanitären Beweggründe auf verlorenem Posten."
Herkunft → nicht auf dem **Posten** sein

potemkinsche Dörfer
ein Trugbild, das Unangenehmes verhüllen soll, eine Täuschung [Täuschung]

„Du findest, daß unsere Stadt einen reichen Eindruck macht? Das sind alles potemkinsche Dörfer! In Wahrheit ist die Stadtkasse leer und der Bezirk hoch verschuldet!"
Grigori Alexandrowitsch Potemkin (sprich: Potjomkin) (1739–1791) war ein russischer Feldherr und Staatsmann, der bei Kaiserin Katharina II. von Rußland in hoher Gunst stand. Er eroberte im Jahre 1783 die Halbinsel Krim, deren Kolonisation er übernahm. Bei einem Besuch der Kaiserin auf der Krim im Jahre 1787 soll Potemkin Kulissen reicher Dörfer an ihrem Reiseweg plaziert haben, um sie über den wahren Charakter des armen Landes zu täuschen. Seither ist diese Wendung zur Charakterisierung aufwendiger Täuschungsmanöver üblich.

zu **Potte** kommen mit etwas (derb)
[Beendigung]
→ zu **Stuhle** kommen mit etwas

es ist eine (wahre) **Pracht**
es ist hervorragend [Qualität]
„Es ist eine wahre Pracht, wie sich euer Sohn entwickelt hat!"
Im Mhd. bedeutet *braht* noch *Lärm, Getöse* (der zustimmenden Menschenmenge). Aus diesem lautmalenden Bereich wurde schließlich die vorwiegend auf optische Wahrnehmung abzielende Bedeutung der großartigen Schönheit und Herrlichkeit. Vgl.: **Augenweide**.

daß es eine **Pracht** ist
in ausgezeichneter Weise [Qualität]
„Im Garten grünt und blüht es, daß es eine Pracht ist!"

am **Pranger** stehen
öffentlich negativ beurteilt werden
[Öffentlichkeit]
„Mancher Politiker müßte eher am Pranger stehen, anstatt Orden und Verdienstkreuze zu bekommen."
Das ursprünglich niederdeutsche Wort *prangen* (drücken, klemmen) hat dem steinernen oder hölzernen Pfahl *Pranger* seinen Namen gegeben, an welchem im Mittelalter Verbrecher vor aller Augen öffentlich zur Schau gestellt wurden. Ein derart angeprangerter Verbrecher durfte von der Bevölkerung verhöhnt und wohl auch geschlagen werden.

jmdn. an den **Pranger** stellen
[Verunglimpfung] [Beschuldigung]
→ am **Pranger** stehen

jmdm. etwas auf dem **Präsentierteller** bringen/servieren (umg.)
jmdm. etwas möglichst bequem machen/bringen [Bequemlichkeit]
„Du hast keine Lust, für die Schule zu lernen? Soll man dir das Abitur vielleicht auf dem Präsentierteller bringen?"

(wie) auf dem **Präsentierteller** sitzen (umg.)
von allen gesehen werden, nicht unbeobachtet sein [Öffentlichkeit]
„Können wir uns nicht dort rüber in die Ecke setzen? Ich finde, hier sitzt man so auf dem Präsentierteller!"
Der Präsentierteller ist ein Teller, auf dem von Kellnern oder Bediensteten Speisen oder Getränke angeboten werden. Die redensartliche Verwendung findet sich schon bei Goethe, der zu Eckermann bemerkte: „Unsere jetzigen Talente liegen alle auf dem Präsentierteller der Gegenwart."

um keinen **Preis** (der Welt) (umg.)
→ nicht für **Geld** und gute Worte
[Weigerung]

die **Probe** aufs Exempel machen
eine genaue Prüfung vornehmen
[Überprüfung]
„Jetzt wollen wir doch einmal die Probe aufs Exempel machen und nachprüfen, ob der Wagen wirklich 200 Stundenkilometer fährt, wie im Prospekt steht."
Das von lat. *probare* (prüfen) abgeleitete *Probe* und das gleichfalls lat. Fremdwort *Exempel* (Beispiel) waren unter anderem Fachbegriffe der frühen alchimistischen Wissenschaft. Jedes *Exempel* (Versuch) mußte durch eine *Gegenprobe* auf ihren systematischen Verlauf hin überprüft werden, um zufällige Ergebnisse ausschließen zu können. Auf diesen Verfahrensschritten be-

ruht noch heute die naturwissenschaftliche Methode.

Probleme wälzen (umg.)
meist spöttisch für: schwer zu Entscheidendes immer wieder durchdenken [Problem]
„Anstatt an deinem Schreibtisch Probleme zu wälzen, solltest du lieber einmal mit mir ins Kino gehen, mein Lieber!"
Das griech.-lat. Wort *problema* (Streitfrage) ist über engl. *problem* im 18. Jh. ins Deutsche aufgenommen worden, wo es insbesondere von Goethe verwendet und durchgesetzt worden ist.

beim Barte des **Propheten**
→ beim **Barte** des Propheten

Proselyten machen (gehoben)
sich (teils unseriös) Gesinnungsgenossen machen [Werbung]
„Die radikalen Rechtsparteien verstehen es sehr gut, mit billigen Hetzparolen Proselyten zu machen."
Das Wort *Proselyt* ist aus dem Griech. über das Kirchenlatein ins Deutsche gekommen. Es bezeichnete den neu Hinzutretenden und stand für kürzlich bekehrte Gläubige. Die Wendung bezieht sich auf einen Vorwurf Jesu an die Pharisäer, sie seien bloß darauf aus, ihre Anhängerschaft zu vermehren.

kurzen **Prozeß** mit jmdm./etwas machen (umg.)
etwas mit harten Mitteln/ohne viel Umstände erledigen [Vereinfachung]
„Machen wir doch einfach kurzen Prozeß und erklären den Zwischenfall für erledigt. Schließlich hat man sich bei uns bereits entschuldigt, und mehr können wir eigentlich nicht erwarten."
Von lat. *procedere* (vorwärtsschreiten, zu Werke gehen) hat sich eine ganze Reihe deutscher Wörter abgeleitet: *Prozession, Prozedur* und eben auch *Prozeß*, das seit dem 14. Jh. im Sinne von *Rechtsverfahren* nachweisbar ist. Da ordentliche Prozesse als langwierig gelten, haben sich schon früh Bezeichnungen wie *summarischer* oder *kurzen Prozeß* für schnelle oder voreilige Entscheidungen herausgebildet.

jmds. **Prügelknabe** sein (umg.)
für jmds. anderen Fehler geradestehen [Sündenbock]
„Ich soll der Polizei sagen, ich hätte den Wagen bei ‚Rot' über die Kreuzung gefahren? Ich bin doch nicht dein Prügelknabe!"
Insbesondere für das französische und das englische Königshaus ist belegt, daß in früheren Jahren Knaben zusammen mit dem Prinzen erzogen wurden, die an seiner Stelle jene Prügelstrafe erhielten, die eigentlich ihm zugestanden hätte. Da dies für den deutschen Sprachraum nicht bewiesen ist, handelt es sich bei dem Wort *Prügelknabe* wahrscheinlich um eine Lehnübersetzung des engl. *Whipping boy* (von *whip* = Peitsche). Der Begriff *Prügelknabe* ist auch erst für das 19. Jh. nachweisbar.

des **Pudels** Kern
→ des Pudels **Kern**

wie ein begossener **Pudel** dastehen/abziehen (umg.)
enttäuscht und entmutigt sein, betreten und eingeschüchtert dastehen/weggehen [Ängstlichkeit]
„Der Lehrling stand wie ein begossener Pudel da, während der Meister mit ihm wegen des verdorbenen Werkstücks schimpfte."
Im Niederdeutschen bedeutet *Pudel: Pfütze, Pfuhl, Morast. Sich pudeln* meint im Dialekt: *Sich im Wasser hin- und herbewegen*. Auch die Begriffe *pudelnaß* und *sich pudelwohl fühlen* gehören in diesen Zusammenhang. Den Hund, den man im 17. Jh. für die Jagd auf Wasservögel abrichtete, bezeichnete man daher als *Pudelhund* und seit Beginn des 18. Jahrhunderts als *Pudel*. Der erbärmliche Anblick des nassen und frierenden Pudels hat zur Redeweise vom *begossenen Pudel* geführt, die (in der Variante „nasser Pudel") schon in Schillers *Räubern* (2,3) vorkommt.

mit voller **Pulle** (umg.)
1) *sehr schnell* [Schnelligkeit]
2) *mit allen Kräften* [Einsatz]
1) „Wenn wir mit voller Pulle fahren, können wir gerade noch rechtzeitig ankommen!"

2) „Wenn ihr mit voller Pulle spielt, können wir in der zweiten Halbzeit noch drei Tore erzielen!"
Pullen bedeutet fachsprachlich *rudern*, so daß *mit voller Pulle* die beiden Bedeutungen Eifer und Schnelligkeit erhalten konnte. Nah verwandt mit dieser niederdeutschen Redensart ist englisch *to pull* (ziehen, rudern).

jmdm. auf den **Puls** fühlen (umg.)
jmdn. ausfragen /prüfen [Prüfung]
„Ich bin mir nicht sicher, ob er seine Pflichten ordentlich erfüllt. Ich glaube, ich muß ihm einmal auf den Puls fühlen!"
Das von lat. *pulsare* (klopfen) abgeleitete Substantiv *Puls* ist als Fachwort der mittelalterlichen Medizin und Heilkunde (mit der Bedeutung: *Schlag der Ader*) auch in der heutigen medizinischen Fachsprache – aber auch in der Umgangssprache – zu finden. Das Fühlen des Pulses und die damit verbundene Zählung des Pulsschlags ist ein elementares Mittel der Diagnostik. Der seit dem 19. Jh. nachweisbare redensartliche Gebrauch zielt allerdings eher auf eine Prüfung von Gesinnung, Denken und Leistungen einer Person ab.

keinen Schuß **Pulver** wert sein (umg.)
völlig wertlos/unbrauchbar sein
[Wertlosigkeit]
„Der Meier hat gekündigt? Na, um den ist es nicht schade. Der war sowieso keinen Schuß Pulver wert!"
Die Hinrichtung durch Erschießen galt früher allgemein als ehrenvoller als der Tod durch Erhängen, Vierteilen usw.

er hat das **Pulver** (auch) nicht (gerade) erfunden (umg.)
er ist ziemlich dumm, er hat keine guten Einfälle [Dummheit]
„Heute hat der neue Minister seine erste öffentliche Rede gehalten. Nach allem, was er so losgelassen hat, hat er das Pulver auch nicht gerade erfunden. Jedenfalls konnte er keine neuen Perspektiven eröffnen!"
Die angebliche Erfindung des Schießpulvers durch den süddeutschen Mönch Bertold Schwarz im 14. Jh. bedeutete eine Revolutionierung der Kriegstechnik. Wahrscheinlich hat Schwarz (daher: das Schwarzpulver, eine Mischung aus Salpeter, Holzkohle und Schwefel) jedoch nur Verbesserungen an bereits existierenden Sprengmitteln vorgenommen, ganz abgesehen davon, daß die Chinesen damals schon seit Jahrhunderten über Explosivstoffe verfügten. Als alchimistischer Mythos ist die Erfindung des Pulvers jedenfalls auch im Volksmund lebendig geblieben und hat sich redensartlich verdichtet.

das/sein **Pulver** trocken halten (veralt.)
aufpassen, kampfbereit sein [Bereitschaft]
„Wir müssen unser Pulver trocken halten, damit wir nicht von der Konkurrenz überlistet werden!"
Das mit *Pollen* und *Puder* verwandte Wort *Pulver* geht auf lateinisch *pulvis* (Staub) zurück. Seit dem 14. Jh. wird damit das (früher staubförmige) Schießpulver bezeichnet, das nur in trockenem Zustand zündet. Da das Pulver auf der Pulverpfanne lag, erklärt sich die Redensart *etwas auf der Pfanne haben.*

all sein **Pulver** verschossen haben (umg.)
alle Argumente/Gründe vorgebracht haben
[Argumentation]
„Er hat voreilig all sein Pulver verschossen. Auf die Gegenargumente der anderen Partei hat er nunmehr nichts Neues mehr zu erwidern."
{Argumentation ist ein Kampf}

(wie) auf dem/einem **Pulverfaß** sitzen
in größter Gefahr sein [Gefahr]
„Zur Zeit der sogenannten ‚Kubakrise' saß die ganze Welt wie auf einem Pulverfaß. Fast wäre es nämlich zum Dritten Weltkrieg gekommen!"

auf **Pump** leben/kaufen (umg.)
von/mit geborgtem Geld leben/kaufen
[Anleihe]
„Wie kannst du dir so ein teures Auto leisten?" „Ach, das habe ich natürlich auf Pump gekauft! Ich stottere es ratenweise ab."
Aus *pumpen* (Wasser schöpfen) entsteht im 17. Jh. in der Gaunersprache *pompen* (bor-

gen), das seit 1774 auch in der Form *auf Pump* nachweisbar ist.
{Geld ist eine Art Flüssigkeit}

ein dunkler **Punkt**
[Verfehlung] [Geheimnis]
→ das ist der springende **Punkt**

ein schwacher **Punkt**
[Argumentation]
→ das ist der springende **Punkt**

ein toter **Punkt**
[Stagnation] [Erschöpfung]
→ das ist der springende **Punkt**

das ist der springende **Punkt**
das entscheidende Kriterium [Hauptsache]
„Natürlich ist er ein netter Kollege, aber der springende Punkt ist doch, daß er den Anforderungen nicht mehr gewachsen ist!"
Aristoteles war nicht nur ein Philosoph, sondern auch ein Naturforscher. In seiner *Historia animalium* (Buch 6, Kap.3) beschreibt er anläßlich der Entstehung des Lebens im Ei einen Blutfleck im Eiweiß, der die Keimzelle des Herzens des werdenden Vogels sei. Dieser Punkt springe schon im Eistadium „wie ein Lebewesen" hin und her. In lateinischen Übersetzungen wurde aus dieser Stelle „quod punctum salit iam et movetur ut animal" (der Punkt, der schon springt und sich bewegt wie ein Lebewesen), so daß der Ausdruck *punctum saliens* in der Gelehrtensprache des Humanismus dafür üblich wurde, das wesentliche Merkmal einer Sache zu bezeichnen. Analog dazu haben sich viele Wendungen ausgebildet, die mit dem näher charakterisierten *Punkt* das Wesen oder einen bestimmten Abschnitt einer Entwicklung, eines Charakters, eines Sachverhalts bezeichnen.
Vgl.: ein dunkler/schwacher/toter **Punkt**.

(jetzt) mach (aber) mal einen **Punkt**! (umg.)
1) *hör auf zu sprechen!* [Schweigen]
2) *das ist doch wohl nicht wahr, das kommt völlig überraschend!* [Überraschung]
1) „Jetzt mach aber mal 'nen Punkt! Seit einer Stunde quasselst du mir die Ohren voll!"

2) „Du willst unseren Untermieter heiraten? Jetzt mach aber mal 'nen Punkt! Warte mal ab, was Vater dazu meint!"

ohne **Punkt** und Komma reden
pausenlos/eintönig daherreden
[Geschwätzigkeit] [Weitschweifigkeit]
„Jetzt redet der schon seit einer geschlagenen Stunde ohne Punkt und Komma. Dabei ist das, was er sagen will, in drei Sätzen auszudrücken!"
Diese Wendung bezieht sich auf die interpunktierenden (gliedernden) Satzzeichen Punkt und Komma, die in gesprochener Sprache naturgemäß fehlen, hier aber scherzhaft eingeklagt werden, weil der geschwätzigen Rede sowohl Gliederung als auch ein Ende fehlen.

jmds. wunden **Punkt** treffen
→ jmdn. an der **Wurzel** treffen
[Vernichtung]

das **Pünktchen** auf dem i
→ das Pünktchen auf dem **i**

bis in die **Puppen** (aufbleiben/schlafen usw.) (umg.)
sehr lange aufbleiben/schlafen
[Schlaf] [Zeit]
„Morgen ist Feiertag. Da kann ich endlich einmal bis in die Puppen schlafen!"
Diese Redensart ist in Berlin entstanden und bezieht sich auf den sog. Großen Stern, einen Platz im Berliner Tiergarten. Dieser wurde im 18. Jh. mit Statuen antiker Götter geschmückt, die im Volksmund *Puppen* genannt wurden. Bis zu diesen Puppen zu spazieren, war damals ein beliebter langer Sonntagsausflug. Wie sehr häufig entwikkelte sich dann aus der ursprünglich räumlichen Dimension der Länge eines Weges ein Begriff für die Länge eines Zeitabschnitts.

die **Puppen** tanzen lassen (umg.)
alle Arten der Übertreibung bei Spiel, Streit usw., insbesondere: ein Fest feiern und dabei freigiebig/verschwenderisch sein
[Freigebigkeit] [Aufwand]
„An meinem 40. Geburtstag lasse ich die

Puppen tanzen! Über die Geburtstagsfeier werden die Leute noch lange reden!"
Die tanzenden Puppen gehören zum Bereich des Marionettentheaters. Da *Puppe* auch ein salopper Ausdruck für *Mädchen, junge Frau* ist, übertrug sich das Bild auf die (für Geld) tanzende Frau im Varieté und Tingeltangel. In diesem Sinne und in weiteren Übertragungen ist die Wendung erst seit Beginn des 20. Jahrhunderts nachweisbar.

jmdm. geht die **Puste** aus (umg.)
Energie, Geld, Kraft usw. reichen nicht aus, eine bestimmte Sache durchzuführen
[Geldmangel]
„Herr Müller will sich ein schönes Haus am Starnberger See kaufen. Hoffentlich geht ihm dabei nicht die Puste aus!"
Puste ist ein umgangssprachlicher Ausdruck für *Atemluft*. Der Zusammenhang zwischen Atemluft und Geldmangel liegt auch der Redensart *schwach auf der Brust sein* zugrunde.

jmdm. etwas **pusten** (umg.)
du irrst dich! das kommt nicht in Frage!
[Ablehnung]
„Na, hat dein Chef der Gehaltserhöhung zugestimmt?" „Er hat mir was gepustet und die Entlassung angedroht!"
Jmdm. etwas pusten bedeutet dasselbe wie: *jmdm. etwas husten*, nämlich: Ablehnung. Die Variante *Pustekuchen* ist angeblich als Verkürzung der Äußerung *ich puste auf den Kuchen* (ich will keinen Kuchen/keine Nettigkeit) entstanden.

auf den **Putz** hauen (umg.)
1) *angeberisch reden/übertreiben*
[Angeberei]
2) *verschwenderisch feiern* [Aufwand]
3) *energisch vorgehen/sich wehren*
[Einspruch]
1) „Nun hau bloß nicht so auf den Putz, du Angeber!"
2) „An meinem 40. Geburtstag werden wir einmal kräftig auf den Putz hauen! Da wird der Champagner in Strömen fließen!"
3) „Wenn du nicht einmal ordentlich auf den Putz haust, wird dich der Chef ewig in dieser untergeordneten Position belassen!"
Diese Redensart geht wohl auf den schweiz. Ausdruck *putschen* (schlagen, stoßen) zurück. Im Schweizerischen bezeichnet *Putsch* alle Arten von Zusammenstößen, Erregungen und Aufregungen. Seit der Revolution von 1848 ist daraus auch ein politischer Begriff geworden, der einen Aufstand gegen die staatliche Macht bezeichnet („Militärputsch" u. ä.). Da im Mittel- und Niederdeutschen diese Begriffe ungebräuchlich sind, hat sich eine volksetymologische Assoziation zu *Verputz* (des Hauses) ausgebildet.

Q

die **Quadratur** des Kreises
[Unmöglichkeit]

Quatsch mit Soße
→ Quatsch mit **Soße**

ein **Quecksilber** sein (umg.)
sehr unruhig sein, nicht ruhig sitzen bleiben [Unruhe]
„Jetzt bleib doch endlich einmal sitzen, du Quecksilber und lauf nicht dauernd rum!"
Queck oder *quick* bedeutet im mhd. *lebendig, beweglich.* Von hier leiten sich auch die Begriffe *keck, erquicken* und *quicklebendig* ab. Das dem lat. *argentum vivum* (lebendiges Silber) nachgeprägte Wort *Quecksilber* bezeichnet ein silbernes, bei Raumtemperatur flüssiges („lebendiges") Metall. Diese Eigenschaft machte es zu einem beliebten Untersuchungsobjekt der Alchemisten und einem hochgerühmten Heilmittel. Es wurde in Amuletten verschlossen am Leib getragen und sollte gegen Pest und Ungeziefer, bösen Blick und Kolik helfen. Die Volksheilkunde verwendete Quecksilber trotz seiner Giftigkeit in jeder denkbaren Form gegen Geschlechtskrankheiten. Kam es zu Todesfällen, war häufig der *Quacksalber* schuld, der zuviel Quecksilber in die Heilsalbe getan hatte.

an der **Quelle** sitzen
1) *Waren direkt beziehen* [Ursprung]
2) *Informationen aus erster Hand beziehen* [Informiertheit]
1) „Wenn du mal ein Autoradio brauchst: Mein Onkel sitzt da an der Quelle. Er hat nämlich einen Großhandel und kann dir einen günstigen Preis machen!"
2) „Da wir das französische Fernsehprogramm empfangen können, sitzen wir an der Quelle, was die politischen Vorgänge in Frankreich betrifft."
Erst durch die Lutherbibel ist das Wort *Quelle* gegenüber den älteren Begriffen *Born, Brunn, Spring* und *Urspring/Ursprung* in den Vordergrund getreten und hat sie zu stilistischen Varianten (teils mit poetischer Funktion) werden lassen. Das ebenfalls bildhafte *Ursprung* wird heute ganz abstrakt verstanden, während *Quelle* durchaus als Metapher aufgefaßt wird. Ihre Reichweite umfaßt alle Arten der Beschaffung und des Ursprungs. Ein reiches Bildfeld ist das der {Informationsquelle}: Ihr sind etwa die *trübe Quelle* (unzuverlässige Informationsherkunft) oder die Redensart *frisch von der Quelle* zugeordnet. Ein beliebtes Bild ist auch das der *Geldquelle*. Informations- und Geldquellen können in Ausnutzung des metaphorischen Rahmens *aufgetan, erschlossen* usw. werden. Das gewonnene Gut kann mehr oder weniger stark *fließen* (Geldfluß, Informationsfluß), die Quelle kann aber auch *versiegen* oder *austrocknen*.

jmdm. in die **Quere** kommen
1) *jmdm. (zufällig/störend) über den Weg laufen/begegnen* [Begegnung]
2) *jmds. Pläne/Arbeit stören* [Störung]
1) „Auf vielen Bürgersteigen kommen sich Fußgänger und Radfahrer in die Quere."
2) „Mancher macht dadurch Karriere, daß er rücksichtslos gegen alle vorgeht, die ihm in irgendeiner Weise in die Quere kommen."
Mit *quer* wird alles bezeichnet, was den geraden Weg durchkreuzt bzw. schräg gewendet und verdreht dem Richtigen entgegengesetzt ist. Das mit *quer* verwandte *zwerch* ist beispielsweise im *Zwerchfell* und in *überzwerch* (frech, aufmüpfig) erhalten. Ein *Querdenker/-kopf* ist ein „verdrehter Denker", der anders als die anderen denkt. Der *Quertreiber* ist ursprünglich ein Schiffer, der sein Schiff abdriften läßt und damit anderen *in die Quere kommt* (in die Fahrbahn gerät). Mit *querfeldein* wird die Bewegung abseits von der Straße bezeichnet.

sich **querlegen** (umg.)
Widerstand leisten, eine Sache behindern [Widerstand]
„Wenn Sie sich weiter querlegen, kommen wir niemals zu einem Vertragsabschluß!"
Herkunft → jmdm. in die **Quere** kommen

ein Don **Quichote**
→ ein **Ritter** von der traurigen Gestalt

die **Quintessenz** einer Sache
das wesentliche Merkmal/der Kern einer Sache [Wesen]
„Die Quintessenz unserer heutigen Überlegungen besteht also darin, daß wir den Punkt Drei unserer neuen Satzung noch einmal überarbeiten müssen, meine Herren!"
Das Wort setzt sich aus lat. *quinta* (fünfte) und *essentia* (Wesen, wesentlicher Auszug) zusammen, wobei letzteres die von Cicero eingeführte Übersetzung von griech. *ousia* (Wesen) ist. In der antiken Naturauffassung zählte man die vier Elemente Feuer, Erde, Wasser und Luft. Dazu kam nach der Lehrmeinung des Aristoteles ein fünftes Element, der Äther, der sich vom Fixsternhimmel bis zum Mond erstreckt. Dieses Element war die lat. *quinta essentia*, die im Gegensatz zu den irdischen Elementen unveränderlich und unvergänglich sein sollte. Die Alchemisten des Mittelalters versuchten, durch wiederholte Destillationen die Quintessenz flüchtiger Stoffe herzustellen. Seither werden konzentrierte Auszüge eines Stoffes auch *Essenz* genannt (Essigessenz).

(mit jmdm.) **quitt** sein (umg.)
1) *offenstehende Rechnungen bezahlt haben* [Bezahlen]
2) *sich an jmdm. gerächt haben* [Rache]
3) *mit jmdm. gebrochen haben* [Beendigung]
1) „Das war die letzte Rate für das neue Auto. Jetzt sind wir mit dem Händler quitt."
2) „Erst hat er mir eine runtergehauen und dann habe ich ihn dafür verprügelt. Jetzt sind wir quitt!"
3) „Jetzt hat Karl schon wieder mein Fahrrad ausgeliehen, dabei bin ich mit dem schon längst quitt!"
Das Wort *quitt* gehört zur lat. Wortfamilie *quietare* (schlafen), zu der auch *quittare* (*für schuldenfrei erklären*; daher *die Quittung*) und *quietus* (ruhig) gehören. *Quitt* wurde im 12. Jahrhundert aus dem Altfranzösischen entlehnt und mit den Bedeutungen *los, ledig, frei, ausgeglichen, beendigt* usw. gebraucht.

den Dienst **quittieren**
[Entlassung]
→ mit jmdm. **qiutt** sein

die **Quittung** für etwas bekommen (umg.)
die Strafe/böse Folge für etwas tragen müssen [Strafe]
„Nach dem Autounfall muß Peter nun ein halbes Jahr im Krankenhaus liegen." „Dann hat er ja endlich die Quittung für seine ewige Raserei bekommen!"
Quittung und *quittieren* sind im 15. Jh. aus dem Franz. in die deutsche Amtssprache entlehnt worden, wobei der Aspekt der Befreiung (von Schulden) im Vordergrund stand.
Herkunft → mit jmdm. **quitt** sein

auf dem **Quivive** sein (umg.)
aufmerksam sein, aufpassen, auf seinen Vorteil achten [Aufmerksamkeit]
Das Wort *Quivive* ist dem franz. *qui* (wer?) und *vive* (lebt) nachgebildet. Es handelt sich um eine Form des militärischen Postenrufs, ähnlich wie das deutsche *Wer da?* In der französischen Militärsprache ist der Anruf *Qui vive?* seit dem 16./17. Jh. in Gebrauch (*être sur le qui-vive* = auf der Hut sein). Ins Deutsche ist die Wendung erst nach dem Deutsch-Französischen Krieg von 1870/71 entlehnt worden.

ein weißer **Rabe**
ein außergewöhnlicher Mensch
[Individualist]
„Ein wirklich großzügiger Mensch ist in dieser Gesellschaft doch ein weißer Rabe!"
Der *weiße Rabe* wird schon vom römischen Dichter Juvenal (Sat. VII, 202) als Bild für den außergewöhnlichen und auffallenden Menschen gebraucht. Im Mittelalter tritt an seine Seite der ebenfalls seltene *schwarze Schwan*, der heute nur noch im Engl. (a black swan) redensartlich gebraucht wird.

stehlen wie ein **Rabe**
→ eine diebische **Elster** sein

den **Rachen** nicht voll genug kriegen können [Habgier]
→ den **Hals** nicht voll genug kriegen können

jmdm. Geld in den **Rachen** werfen/schmeißen/stopfen (umg.)
1) *zuviel für etwas bezahlen* [Überteuerung]
2) *einem Reichen noch Geld dazu geben* [Zahlung]
1) „Für dieses alte Fahrrad hast du noch hundert Mark bezahlt? Da hast du dem Verkäufer ja das Geld geradezu in den Rachen geworfen!"
2) „Unser Vermieter besitzt drei große Mietshäuser. Jeden Monat tut uns das Geld weh, das wir ihm in den Rachen werfen."
Der Rachen ist das Innere des menschlichen Halses, insbesondere aber der Schlund der unersättlichen Bestie, mit der der geldgierige Mensch gerne verglichen wird.

das fünfte **Rad** am Wagen sein (umg.)
überflüssig sein; unerwünscht sein
[Unerwünschtheit]
„Michael, geh doch heute nachmittag mit Carmen und Markus spazieren!" „Bei den beiden bin ich doch das fünfte Rad am Wagen! Verliebte soll man alleine lassen."
Diese Wendung findet sich bereits in einer lateinischen Sprichwörtersammlung aus dem 11. Jh. in der Form: *Quem fastidimus, quinta nobis est rota plaustri* (Wer uns widerwärtig ist, der ist das fünfte Rad am Wagen).

bei jmdm. ist ein **Rad/Rädchen** locker (umg.)
jmd. ist ein bißchen verrückt [Verrücktheit]
„Wie kannst du bloß so etwas behaupten? Bei dir ist wohl ein Rädchen locker?"

ein **Rad** abhaben (umg.) [Verrücktheit]

unter die **Räder** kommen/geraten (umg.)
moralisch zugrunde gehen, einen üblen Lebenswandel führen [Verwahrlosung]
„Wenn Markus nicht mit dem Trinken aufhört, wird er noch unter die Räder geraten!"
Das Rad ist wie der Kreis ein Ursymbol der himmlischen und irdischen Ordnung. Durch seine kreisförmige Bewegung symbolisiert es nach altem indischem Glauben das Leben schlechthin, insbesondere aber den Aspekt der Wiederkehr aller Dinge und der Wiedergeburt des Menschen. Damit verknüpft ist allerdings auch die Bedeutung der Vergänglichkeit – ein Aspekt, der sich in der Vorstellung der Glücksgöttin Fortuna ausdrückt, die nach alter Vorstellung auf einem Glücksrad durch die Welt rollt. Diese alten Vorstellungen vom Lebens- und Glücksrad sind redensartlich mit der konkreten Vorstellung des Verkehrsunfalls verschmolzen. Zum Rad als Symbol der Strafe Vgl.: **rädern**: sich wie gerädert fühlen.

rädern: sich wie gerädert fühlen (umg.)
so erschöpft sein, daß man körperliche Schmerzen empfindet [Erschöpfung]
„Der Tag hatte es wirklich in sich! Ich fühle mich wie gerädert."
Aus der alten Symbolik des Rades haben sich schon in ältester Zeit mit ihm kultische Praktiken verknüpft. Seit dem 5. Jh. sind etwa Bräuche nachweisbar, die darin bestehen, zu gewissen Anlässen strohumflochtene Räder brennend zu Tal rollen zu lassen. Dabei handelt es sich wahrscheinlich um Nachahmungen des Laufs der Gestirne um die Erde. Vermutlich haben sich aus dem damit verknüpften Gedanken der Schadens-

abwehr die vielfältigen rechtlichen Bräuche ausgebildet, die mit dem Rad verknüpft sind. Ein hohes Alter hat auch das bekannte *Rädern*, eine Strafe, die für Mörder, Verleumder und Brandstifter vorgesehen war. Vielleicht hat es sich aus von Indien bekannten Tötungsarten entwickelt, nämlich aus dem Brauch, die zum Tode verurteilten Verbrecher unter schwere (Götter-)Wagen zu werfen, die über sie hinwegrollten. Die schließlich übliche Form des Räderns bestand darin, dem Verbrecher zunächst mit einem schweren Rad die Knochen zu zerbrechen, um ihn dann auf dem Rad festzubinden und dem langsamen Tod auszusetzen. Das Brechen der Knochen wurde *radebrechen* genannt, ein Begriff, der heute nur noch auf gebrochenes (unvollkommenes) Sprechen einer Sprache angewandt wird. Dabei wird quasi die gewaltsam verstümmelte und entstellte Sprache mit dem gequälten Verurteilten verglichen.

sich die **Radieschen** von unten besehen (umg.)
tot sein [Tod]
„Wo der alte Sepp ist? Der schaut sich doch schon lange die Radieschen von unten an!"
Das von lat. *radix* (Wurzel) abgeleitete Wort *Radieschen* ist mit der Pflanze nach dem 16. Jh. aus Nordfrankreich nach Deutschland gekommen, wo es noch lange als Fremdwort empfunden wurde. Die Redensart ist erst jüngeren Datums.

den **Rahm** abschöpfen (umg.)
das Beste bekommen [Vorteil]
„Unsere Mitarbeiter haben den Betrieb zu dem gemacht, was er heute ist. Wenn er nun verkauft wird, werden andere den Rahm abschöpfen. Das ist ungerecht!"
Rahm, Sahne und *Crème* (vgl.: die **Crème**) dienen in verschiedenen Redensarten dazu, das Beste eines Sachverhalts zu symbolisieren. Besonders beliebt ist der Bezug auf Geld und Gewinn. So reden wir (umg.) vom *Absahnen* (Verdienen) und in der Fachsprache der Finanzwelt vom *Abschöpfen der Gewinne*. Belegt sind derartige Vergleiche zwar erst seit dem 17. Jh., sie sind aber zweifellos älter.

im **Rahmen** bleiben
dem Üblichen entsprechen, nicht auffallen, üblich sein, möglich sein [Normalität]
„Die Kritik an seinen Thesen blieb durchaus im Rahmen. Es hätte weit schlimmer kommen können!"
Als *Rahmen* wurden ursprünglich die Gestelle der Tuchweber und Seidensticker bezeichnet, die das Gewebe straff in Form halten. Seit dem 14. Jh. werden auch die Holzeinfassungen, die das Fensterglas halten, als Rahmen bezeichnet, später auch die Leisten, die Spiegel und Gemälde versteifen und *umrahmen*. Erst seit dem 18. Jh. wird im Bereich der Dichtungstheorie vom *Rahmen* einer Schilderung oder Beschreibung gesprochen, wobei sowohl die Aspekte der Umgrenzung als auch der Stütze eine Rolle spielen. Begriffe wie *Rahmenhandlung* oder *Rahmenerzählung* sind heute poetologische Fachbegriffe. Beispielsweise werden die Erzählungen des *Decamerone* von Boccaccio durch eine Rahmenerzählung verknüpft, in der eine bestimmte Gesellschaftsstruktur geschildert wird. In diesem Sinne des *gesellschaftlichen Rahmens* fungieren auch viele redensartliche Verwendungen dieses Begriffs, die sich mit Aspekten der Normalität und Erwartbarkeit (im Rahmen bleiben), insbesondere aber mit dem *Rahmenbruch* im Sinne der überraschenden, neuen Entwicklung beschäftigen (den Rahmen sprengen, aus dem Rahmen fallen). In diesem Sinne der *rahmenhaften Erwartbarkeit* spielt der Begriff *Rahmen* (engl.: *frame*) auch in der modernen Computerwissenschaft eine Rolle, wo es um die Simulierung des Verstehens sprachlicher Äußerungen geht.

aus dem **Rahmen** fallen/den **Rahmen** sprengen
sehr stark vom Üblichen/Gewohnten/Erwarteten usw. abweichen [Unerwartbarkeit]
„Der grünkarierte Anzug dieses Herrn fällt völlig aus dem Rahmen!"
Herkunft: → im **Rahmen** bleiben

im **Rampenlicht** der Öffentlichkeit
im öffentlichen Leben stehen, öffentlich beachtet werden, berühmt sein

[Öffentlichkeit]
„Nicht jeder, der im Rampenlicht der Öffentlichkeit steht, fühlt sich dabei besonders wohl."
{Welttheater}

außer **Rand** und Band geraten/sein (umg.)
vor Freude ganz übermütig und ausgelassen sein [Übermut]
„Die Kinder sind immer außer Rand und Band, wenn die Schulferien beginnen."
Diese Formel stammt aus der Sprache der Küfer, also der Faßmacher oder Faßbinder, die auch Böttcher (Bottichmacher) oder Schäffler genannt wurden. Der heute sehr seltene Beruf wurde früher sehr häufig ausgeübt. Die Fässer wurden dabei aus gebogenen Brettern hergestellt, die durch einen hölzernen *Rand* oben und unten eingefaßt sowie in der Mitte durch einen eisernen Ring (Band) gehalten wurden. Ohne bzw. *außer Rand und Band* fallen die Faßbretter (Dauben) natürlich auseinander.

den **Rand** halten (umg.)
→ den **Mund** halten [Schweigen]

am **Rande** bemerkt
nebenbei gesagt, vertraulich gesagt
[Vertraulichkeit]
„Am Rande bemerkt: Ihr Festvortrag war eigentlich viel zu schade für die Banausen, die sich ihn anhören durften!"
Mit *Rand* ist hier der Rand des Schriftstücks, der Akte oder Urkunde, gemeint, auf den der Bearbeiter vertrauliche Hinweise, Korrekturen, Ergänzungen und Notizen eintragen kann.

etwas zu **Rande** bringen
eine Arbeit bewältigen, mit jmdm./etwas fertig werden [Gelingen]
„Du bringst einfach nichts zu Rande, du Versager!"
Diese Wendung lehnt sich an die Bedeutung *Ufer, Saum eines Gewässers* an, die früher in einer heute vergessenen Zwillingsformel *Rand und Land* stark hervortrat. Noch heute wird ja Mißerfolg bildlich und redensartlich häufig mit Wendungen des *Untergangs* und des *Ertrinkens* ausgedrückt, so daß hier ein größerer bildhafter Zusammenhang bestand, der heute nicht mehr so empfunden wird.

am **Rande** des Grabes stehen
→ am Rande des **Grabes** stehen

das versteht sich am **Rande**
das ist selbstverständlich
[Selbstverständlichkeit]
„Es versteht sich am Rande, daß bei dem Neujahrsempfang die Größen aus Wirtschaft, Wissenschaft und Sport eingeladen waren, nicht jedoch Otto Normalverbraucher. Das nennt man dann Demokratie."
Mit dieser Redensart ist gemeint, daß etwas so selbstverständlich ist, daß man es bereits *vom Rand her* (ohne in die Mitte vorstoßen zu müssen) erkennen und beurteilen kann.

von hohem **Rang**
→ ersten **Ranges**

Rang und Namen (Paarformel)
hohes Ansehen [Ranghöhe]
„Zu dem Empfang wurde alles geladen, was Rang und Namen hat. Nur uns hat man wohl mal wieder vergessen!"
Rang ist in verschiedenen Paarformeln gebunden, die eine Verstärkung oder Verdeutlichung seiner Bedeutung bewirken: *Rang und Titel, Rang und Würde, Rang und Stand* u. a. m.

jmdm. den **Rang** ablaufen
jmdn. übertreffen [Sieg]
„Eine jüngere Frau hat ihr den Rang abgelaufen. Jetzt steht die Scheidung ins Haus!"
Das Wort *Rang* hat zwei Quellen, die sich in ihren Bedeutungen zusammenschließen. Die eine Quelle ist dieselbe, die *Ränke schmieden* zugrunde liegt. *Rank/Ränke* bezeichnet ursprünglich schnelle, drehende Bewegung(en) in Kampf und Streit, aber auch der Hände (händeringend). Aus diesen „Verrenkungen" wurden dann die Bedeutungen *List, Betrug* (Ränke). *Den Rang ablaufen* bedeutete also zunächst: im Wettlauf einen anderen Läufer dadurch besiegen, daß man eine Krümmung auf einem geraden Weg verkürzt. Derselbe Gedanke

liegt der Redensart *eine krumme Tour* zugrunde. Seit dem 18. Jh. hat man die sinnliche Bedeutung nicht mehr verstanden und *Rank* an *Rang* angeglichen, ein französisches Lehnwort, das in die deutsche Soldatensprache des 17. Jahrhunderts übernommen wurde. Das mittelfranz. *renc* ist mit *Ring* verwandt und bezeichnet zunächst den Kreis der zu Gericht geladenen Personen, dann auch die Zuschauerreihen bei Kampfspielen. In diesem Sinne sprechen wir heute noch vom *Ersten/Zweiten Rang* im Kino oder Theater. Der milit. Begriff *Rang* (Reihe, Ordnung) wurde schließlich gesell. als *Platz in der Gesellschaft* oder Ranghöhe umgedeutet. Darauf beziehen sich die Redensarten: *Rang und Namen, hohen Ranges* usw.

jmdm. den **Rang** streitig machen
jmds. besondere Wichtigkeit/gesellschaftl. Stellung bestreiten/bekämpfen
[Bedrängung]
„Er hat es in der Firma nicht so einfach, weil jetzt natürlich die Jüngeren versuchen, ihm den Rang streitig zu machen."
Herkunft: → jmdm. den **Rang** ablaufen

ersten **Ranges**
außerordentlich [Qualität]
„Diese Vernissage war für unsere kleine Stadt ein gesellschaftliches Ereignis ersten Ranges. Alle wichtigen Persönlichkeiten waren erschienen!"
Herkunft: → jmdm. den **Rang** ablaufen

rank und schlank (Paarformel)
→ schlank wie eine **Linie** [Schlankheit]

Ränke schmieden (gehoben)
heimliche (Rache-)Pläne ersinnen [Plan]
„Nach der Ermordung Siegfrieds schmiedete Kriemhild Ränke. Die Mörder sollten die Tat mit dem Tode bezahlen."
Das alte, mit *Verrenkung* verwandte Wort *Ränke* bezeichnet verwerfliche Pläne. Analog zu *Pläne schmieden* hat sich das Verb zu *Ränke* gesellt, wobei *spinnen* und *schmieden* alte Metaphern für Dichten (*Verseschmied* = scherzhaft für Dichter) und Ersinnen darstellen.
→ Herkunft: jmdm. den **Rang** ablaufen

jmdm. den **Ranzen** vollhauen (umg.)
[Prügel]
→ jmdm. die **Hucke** vollhauen

jmd. kriegt/hat einen **Rappel (derb)**
jmd. ist ein bißchen verrückt [Verrücktheit]
„Ich krieg' noch den Rappel, wenn ich heute nicht an die frische Luft komme. Seit drei Tagen war ich nicht mehr im Freien!"
Das Zeitwort *rappeln* (klappern) hat seit dem 18. Jh. auch die Bedeutung Verrücktheit angenommen.

auf Schusters **Rappen**
→ auf **Schusters** Rappen [Gehen]

sich **rar** machen (umg.)
nur selten kommen [Seltenheit]
„Dich habe ich schon seit Monaten nicht mehr in der Stammkneipe gesehen! Warum machst du dich eigentlich so rar?"
Das von lat. *rarus* (selten) abgeleitete Wort *rar* ist im 17. Jh. über franz. *rare* ins Deutsche gekommen. Es bezeichnete ursprünglich wie im Franz. etwas, das wegen seiner Seltenheit besonders kostbar ist, insbes. das, was man in fremden Ländern erwarb und mit nach Hause brachte: die Rarität.

der grüne **Rasen** deckt ihn (schon lange) (gehoben)
er ist (schon lange) tot [Tod]
„Viele tapfere Helden deckt schon lange der grüne Rasen. Dennoch wird ihrer immer noch gedacht."

ein Mädchen/Auto/Pferd usw. hat **Rasse**
ein Mädchen usw. ist temperamentvoll/edel/schön u.ä. [Qualität]
„Dieser Maserati hat Rasse – und das kostet halt seinen Preis!"
Die Wortgeschichte von *Rasse* ist unklar. Einige vermuten ein arabisches Grundwort *ra's* (Kopf, Ursprung), das über span. *raza* und ital. *razza* in das Deutsche gekommen sei. Andere sehen ein germanisches Grundwort *reiza* (Linie, Strich), das auch zu engl. *race* führt, als Ursprung an. Im 18. Jh. ist *Rasse* im Deutschen mit der Bedeutung *Sorte, Gruppe* nachweisbar, seit dem 19. Jh. als (erb-)biologischer Begriff, der vom An-

tisemitismus übernommen und dem „Wörterbuch des Unmenschen" des Nationalsozialismus hinzugefügt wird. Seit den 20er Jahren trennt man daher *rassisch* (die Rasse betreffend) von *rassig* (von edler Art), wobei letzteres auch diejenige Bedeutung ist, die der Redensart zugrundeliegt.

ohne **Rast** und Ruh (Zwillingsformel)
ohne Pause und ohne auszuruhen [Fleiß]
„Mutter arbeitete ohne Rast und Ruh, um uns fünf Kinder versorgen zu können."
Rast und *Ruhe* sind schon lange formelhaft verbunden. Auch Goethe verwendet die Wendung in seinem Gedicht *Rastlose Liebe:* „Den Schnee, dem Regen / Dem Wind entgegen, / Im Dampf der Klüfte, / Durch Nebeldüfte, / Immer zu! Immer zu! / Ohne Rast und Ruh!"

da ist guter **Rat** teuer
es ist schwierig, einen Ratschlag zu geben [Ratlosigkeit]
„Was du studieren sollst? Da ist guter Rat teuer! Man weiß ja nicht, wie sich die Lage auf dem Arbeitsmarkt entwickeln wird!"
Rat bezeichnete in alter Zeit alles, was vom Stammes- und Familienoberhaupt zum Unterhalt seiner Abhängigen zu besorgen war. Daher leiten sich die heutigen Begriffe *Hausrat, Gerät, Vorrat* und *Unrat* ab. Hierher gehört auch *Heirat*, ein Wort, das ursprünglich *Hausbesorgung* bedeutet. *Rat* war weiterhin der *Schutz*, die *Fürsorge*, die *Anweisung* und *Belehrung*, die den Abhängigen gewährt wurde. Um *guten Rat* geben zu können, war häufig eine *Beratung* notwendig, zu der sich die Beteiligten in Kreisform versammelten. In Begriffen wie *Ratschlag* (analog zu: *einen Kreis/ein Rad schlagen*) finden sich Spuren dieser Versammlungsform. Verwandt mit *Rat* ist natürlich das Verb *raten* mit seinen Ableitungen *beraten, verraten* und *erraten*, wobei letzteres das Nachdenken über einen verborgenen Sinn beinhaltet (vgl.: in **Rätseln** sprechen). Das *Runenraten* als älteste Form des germanischen Lesens hat seine Spur in engl. *to read* (lesen) hinterlassen. *Teuer* hat in der Wendung die Bedeutung *kostbar, von hohem Wert, schwer erhältlich.*

mit **Rat** und Tat (beistehen, helfen) (Paarformel)
mit allem helfen, was möglich ist [Hilfe]
„Denk bitte daran, daß ich dir stets mit Rat und Tat beistehen werde, wenn du Probleme hast!"
Herkunft: → da ist guter **Rat** teuer

dreimal darfst du **raten**! (umg.)
das ist so naheliegend, daß du selbst darauf kommst! [Selbstverständlichkeit]
„Wohin fahrt ihr denn dieses Jahr in Urlaub? „Dreimal darfst du raten!" „Was, schon wieder nach Südfrankreich?"
Das dreimalige Erraten ist ein altes magisches Ritual im Umkreis des Rätsels.
Herkunft: → da ist guter **Rat** teuer

eiserne **Ration**
Lebensmittel für den Notfall [Lebensmittel]
„Jeder Haushalt sollte eine eiserne Ration besitzen, um kurzfristige Störungen in der Versorgung ausgleichen zu können."
Das von lat. *reor/ratus sum* (reden, raten, berechnen) abstammende mittellat. *(pars) rata* (berechneter Teil) ist in der Militärsprache zu *Ration* und im Bankwesen zu *Rate* (regelmäßig abzuzahlender Teil einer Geldschuld) geworden. Das *eisern* bedeutet in der Wendung soviel wie: *hart, fest, unangreifbar.*

jmdm. **Rätsel** aufgeben
[Undurchschaubarkeit]

vor einem **Rätsel** stehen
eine Sache völlig unerklärlich finden [Nichtverstehen]
„Wir stehen vor einem Rätsel, wie es zu diesem Verkehrsunfall kommen konnte. Die Straße war trocken, und es herrschten gute Sichtverhältnisse, als die Autos in die Massenkarambolage verwickelt wurden!"
Herkunft: → in **Rätseln** sprechen

in **Rätseln** sprechen
unverständliche Dinge sagen [Unverständlichkeit]
„Du sprichst in Rätseln! Ich verstehe überhaupt nicht, was du mir mit deinen Andeutungen mitteilen willst!"

Die Herkunft des Wortes *Rätsel* geht auf *Rat* zurück, das auch *Nachdenken* zum Inhalt hat. Nach älteren Formen wie *ratsal* oder *retsel* hat erst Luther die heutige Wortform und die Bedeutung *Unklarheit, Geheimnis, Unbegreiflichkeit* durchgesetzt. Als Dichtungsgattung begegnet uns das Rätsel seit ältesten Zeiten bei allen Kultur- und Naturvölkern. Oft hat es rituellen Charakter und dient dazu, den Unwissenden in den Kreis (vgl.: die besseren **Kreise**) der Eingeweihten einzuführen. Erst die Lösung des Rätsels weist ihn dann als Wissenden aus, der vollwertiges Glied seines Stammes oder seiner Kultgemeinschaft ist. Häufig begegnet man auch dem Rätsel auf Leben und Tod, etwa bei Ödipus, der das Rätsel der Sphinx löst. Seit der griechischen Philosophie ist das Rätsel auch als intellektuelle Anforderung erkannt und als Gesellschaftsspiel in der Form des Scherzrätsels betrieben worden. Hier beginnt auch das Nachdenken über eine Theorie des Rätsels. In der Poetik des Aristoteles etwa heißt es, daß man im Rätsel „Unvereinbares zusammenfügt und doch von Wirklichem redet". Diese Definition zeugt von einer nahen Verwandtschaft zwischen Rätsel und Metapher. Die Bildhaftigkeit des Rätsels ermöglicht ein Spiel mit den sprachlichen Begriffen, das zugleich offenbarend und verhüllend ist. Dies zeigt sich etwa in dem folgenden alten Rätsel: „Es ist ein kleines Klösterlein, / geht weder Tür noch Fenster drein / und wächst doch Fleisch und Bein darin, / davon hat mancher guten Gewinn." Was ist das? (Antwort: das Ei)

die **Ratten** verlassen das sinkende Schiff [Hoffnungslosigkeit]
→ die Ratten verlassen das sinkende **Schiff**

ein **Raub** der Flammen werden/in **Rauch** und Flammen aufgehen
durch Feuer vernichtet werden [Feuer]
„Durch einen Blitzschlag entzündet, wurde die ganze Scheune ein Raub der Flammen. Sogar der angrenzende Bauernhof wäre beinahe in Rauch und Flammen aufgegangen, wenn die Feuerwehr nicht so schnell zur Stelle gewesen wäre."
Der *Raub* im Sinne der geplünderten Beute ist ursprünglich das *Entreißen* der Rüstung des besiegten Gegners. Die romanischen Sprachen entlehnten das Wort und bildeten daraus span./ital. *roba* und franz. *robe* (Kleidung, Gewand), wobei letzteres mit *Garderobe* und *Robe* (Gewand des Richters/Priesters) wieder ins Deutsche gekommen ist. Mit *Raub* bezeichnet man alle Arten des gewaltsam oder verbrecherisch Entrissenen (daher *Raubtier:* das reißende Tier).

mit seiner Gesundheit/seinen Kräften **Raubbau** treiben
seine Gesundheit (durch Überanstrengung, Sucht usw.) schädigen [Selbstschädigung]
„Viele Raucher wollen einfach nicht wahrhaben, daß sie mit ihrer Gesundheit Raubbau treiben."
Das von *Raub* abgeleitete Wort *Raubbau* stammt ursprünglich aus der Bergmannssprache. Dort bezeichnet es den rücksichtslosen Abbau von Erz und Kohle, der bloß den kurzfristigen Gewinn ins Auge faßt. Der Begriff ist wahrscheinlich von Goethe im Rahmen seiner Tätigkeit als Verwalter der herzoglichen Bergwerke geprägt, zumindest aber schriftlich verbreitet worden. Heute wird *Raubbau* in einem weiteren Sinne auch auf eine Mißwirtschaft in der Land- und Holzwirtschaft bezogen sowie im Sinne der Redensart verwendet.

unter die **Räuber** fallen/geraten (scherzhaft, veraltend)
1) *ausgeraubt werden* [Schaden]
2) *ausgenutzt und übervorteilt werden* [Ausnutzung]
1) „Früher sind viele Reisende auf unsicheren Straßen unter die Räuber gefallen."
2) „Ich fürchte fast, bei dieser Firma sind wir unter die Räuber gefallen! Alle Produkte sind viel teurer als bei der Konkurrenz!"
Die Redensart geht auf die Bibelstelle Luk. 10, 30–37 zurück. Dort heißt es: „Ein Mann ging von Jerusalem nach Jericho und fiel unter die Räuber."

etwas ist Schall und **Rauch**
→ etwas ist **Schall** und Rauch

in **Rauch** (und Flammen) aufgehen
→ ein **Raub** der Flammen werden

rauchen: es raucht (umg.)
es herrscht Streit, Krach [Streit]
„Hörst du es auch? Bei unseren Nachbarn raucht's mal wieder!"
Der Rauch ist das Zeichen des Brandes und in übertragener Bedeutung das Sinnbild des (durch Streit) erhitzten Körpers bzw. der körperlichen Anstrengung.

rauchen: lernen/arbeiten, daß es nur so raucht [Intensität]
→ **rauchen:** es raucht

eine gesalzene/gepfefferte **Rechnung**
eine überteuerte Rechnung [Überteuerung]
„Der Installateur hat uns für seine halbe Stunde Arbeit eine gesalzene Rechnung über dreihundert Mark geschickt: Handwerker müßte man eben sein!"
Die Gewürze Salz und Pfeffer dienen in verschiedenen Redensarten zur Verstärkung.

jmdm. eine **Rechnung** aufmachen
[Forderung]
→ die **Rechnung** geht nicht auf

eine alte **Rechnung** begleichen (umg.)
[Rache]
→ die **Rechnung** geht nicht auf

die **Rechnung** geht nicht auf
diese Methode (dieser Plan) führt nicht zum gewünschten Ergebnis/Ziel [Irrtum]
„Wenn Sie glauben, daß Sie mich damit einschüchtern können, dann sind Sie im Irrtum. Diese Rechnung geht nicht auf!"
Der mit *Recht, richtig* und *rechnen* verwandte Begriff *Rechnung* bezeichnet im weiten Sinne das Ergebnis eines Rechenvorgangs, wobei etwa die „berechneten" Leistungen des Wirtes gegenüber dem Gast gemeint sind. Daraus haben sich die Aspekte der „berechtigten" Forderung, aber auch des Gewinns und des Vorteils abgeleitet.

auf seine **Rechnung** kommen (umg.)
[Gewinn]
→ die **Rechnung** geht nicht auf

die **Rechnung** ohne den Wirt machen
eine entscheidende Sache nicht berücksichtigen [Irrtum]
„Wenn du glaubst, daß ich mir deine Nörgeleien weiter klaglos anhöre, dann hast du die Rechnung ohne den Wirt gemacht!"
Diese sprichwörtliche Redensart ist seit dem 16. Jh. belegt.

etwas in **Rechnung** stellen
[Berücksichtigung]
→ die **Rechnung** geht nicht auf

einer Sache **Rechnung** tragen
[Berücksichtigung]
→ die **Rechnung** geht nicht auf

recht und billig (Zwillingsformel)
richtig und gerecht [Richtigkeit]
„Ich finde es nur recht und billig, wenn unsere Kinder ihr Spielzimmer selbst aufräumen. Schließlich bin ich nicht ihr Diener!"
Billig entwickelt erst im 18. Jh. die heute geläufige Bedeutung *wohlfeil.* Vorher wurde *billig* als Synonym zu *recht* gebraucht und bezeichnete das natürliche Rechtsempfinden (Billigkeit) gegenüber dem kodifizierten Recht. In der früher üblichen Schreibweise *billich* ist die Formel seit dem 11. Jahrhundert. belegt. Durch die Nähe der Rechtmäßigkeit zur Angemessenheit wurde im 18. Jh. der Gegensatz *billig – teuer* (angemessen – unangemessen) relevant und hat sich schließlich durchgesetzt. Heute wird *billig* auch negativ gebraucht (vgl.: ein billiges **Fähnchen**). Die alte Bedeutung *gerecht* ist nur noch in der Zwillingsformel und den Ableitungen *etwas billigen* (zustimmen) und *Billigung* (Zustimmung) erhalten. Zu *recht und billig* gehört auch das *gute Recht. Gut* hat hier die Bedeutung: *geziemend, gebührend.* Das *gute Recht* ist also dasjenige Recht, das den Forderungen des natürlichen Rechtsempfindens entspricht. Vgl.: im **Recht** sein.

recht haben
das Richtige/die Wahrheit sagen
[Richtigkeit]
„Du hast recht gehabt, als du gemeint hast,

wir sollten einen Regenschirm mitnehmen. Da drüben zieht ein Gewitter auf!"
Mit *recht* werden seit alter Zeit alle richtigen Sachverhalte und Personen bezeichnet. *Richtig* kann dabei viele Aspekte zum Inhalt haben: juristische Rechtmäßigkeit, Ehrenhaftigkeit und Brauchbarkeit (ein rechter Kerl), Geschicklichkeit (jemandes rechte Hand sein) sowie den damit zusammenhängenden Unterschied von *rechts* und *links*. *Recht* wird geradezu zum Synonym für *wahr, richtig* und *gut;* dies drückt sich auch in Ableitungen wie *berechtigt, gerecht, rechtfertigen* usw. aus. Das Substantiv *Recht* ist der Oberbegriff für die feste (natürliche, gottgegebene oder menschliche) Ordnung aller Dinge. Es bezeichnet im Sinne von *Anrecht* den begründeten Anspruch in juristischem oder sittlichem Sinn, aber auch die Verfügungsgewalt, Norm und Vorschrift. Dabei steht das Recht in einem wechselseitigen Abhängigkeitsverhältnis zur Pflicht.

es ist mir **recht** [Einverständnis]
→ **recht** haben

es ist mir nicht **recht** [Ablehnung]
→ **recht** haben

alles was **recht** ist (umg.)
das muß man zugeben (auch wenn man es nicht gerne tut) [Bekräftigung]
„Der Sportwagen war zwar teuer, aber – alles was recht ist –: Er ist jede Mark wert, die er gekostet hat!"
Herkunft: → **recht** haben

jmdm. **recht** geben [Zustimmung]
→ **recht** haben

das geschieht dir **recht** (umg.)
das ist die verdiente Strafe [Strafe]
„Du hast eine Beule im Auto? Das geschieht dir recht! Warum mußt du auch immer so unvorsichtig fahren?"
Herkunft: → **recht** haben

ich denke, ich höre nicht **recht**! (umg.)
ich war völlig überrascht von dem, was ich hörte! [Überraschung]
„Gestern hat der Chef mir eröffnet, daß ich mehr Gehalt bekommen werde. Ich denk', ich hör nicht recht: Erst eine Woche vorher hatte er mir den gleichen Wunsch abgeschlagen!"

du kommst mir gerade **recht!** (umg.)
1) *gut, daß du gerade kommst!* [Erwünschtheit]
2) *du hast mir gerade noch zu meinem Glück gefehlt* [Unerwünschtheit]
1) „Guten Tag, Franz. Was treibst du denn da gerade?" „Du kommst mir gerade recht! Mein Radio hat den Geist aufgegeben, und du bist doch ein begnadeter Bastler! Schau dir den Kasten doch mal an!"
2) „Du kommst mir gerade recht! Den ganzen Tag habe ich die Wohnung sauber gemacht. Und jetzt läufst du hier mit deinen dreckigen Schuhen herum!"

es jmdm. **recht** machen [Richtigkeit]
→ **recht** haben

es jmdm. nicht **recht** machen [Fehler]
→ **recht** haben

mit Fug und **Recht**
→ mit **Fug** und Recht

im **Recht** sein
(juristisch) rechtmäßig sein [Rechtmäßigkeit]
„Da ich im Recht bin, kann ich es ruhig auf einen Prozeß ankommen lassen!"
Als *Recht* wird die *richtige Ordnung* bezeichnet, die in einer sozialen Gemeinschaft allgemein anerkannt wird. In diesem allgemeinen Sinne gibt es *Recht* seit Jahrtausenden. Altes Recht war meist nicht schriftlich fixiert, sondern wurde durch mündliche Überlieferung weitergegeben. Zur Sicherung dieser Überlieferung wurden Rechtsformeln entwickelt, die durch Stab- und Endreim sowie durch die Koppelung bedeutungsgleicher Begriffe eine gedächtnisentlastende Form aufweisen. Die Paar- und Zwillingsformeln der deutschen Sprache sind in vielen Fällen Reste derartiger alter Rechtsformulierungen. Dem alten germanischen Recht trat ab dem ausgehenden Mittelalter das streng formalisierte Römi-

sche Recht an die Seite. Damit entstand eine Spaltung in gelehrte Rechtssprechung einerseits und überlieferte Rechtssitte andererseits, die sich in Wendungen wie *recht und billig* widerspiegelt. Das dem überlieferten Recht aufgepfropfte *Corpus Juris Civilis* vertiefte die Trennung des Volkes in Gebildete und Ungebildete, die schon durch das „lateinische Mittelalter" in Kirche, Kunst und Kultur vorbereitet worden war. An die Stelle des Rings oder Things der germanischen Zeit, in dem alle freien Männer ohne juristische Ausbildung über Rechtsfragen entschieden, trat somit die heute bekannte komplexe Institution mit ihrer strengen Differenzierung von Wissen, Macht und Rolle im Prozeß der Rechtsfindung. Zu den verschiedenen Rechtsquellen finden sich übrigens auch redensartliche Spuren (vgl.: die **Natur** der Sache). Dies gilt natürlich auch für einzelne Rechts- und Urteilsbräuche. (Vgl.: mit **Hängen** und Würgen, ein **Mäntelchen** umhängen, **Kopf** und Kragen, **recht** haben.

das **Recht** beugen
ein Gesetz zu seinem Vorteil ändern/auslegen [Unrecht]
„Ein Richter, der das Recht beugt, ist untragbar."
Redensartlich wird das Recht häufig konkretisiert (vgl.: das **Recht** mit Füßen treten). Dazu gehört auch die Vorstellung, daß das Recht „gradlinig" ist, das Unrecht dagegen „krumm" (eine krumme Tour). Bei Unrechtmäßigkeit liegt nach diesem Bild also ein „gebeugtes" (verbogenes) oder gar „gebrochenes" Recht vor. Darauf verweisen auch Begriffe wie *Rechtsbruch* und *Rechtsbrecher*.

auf sein **Recht** pochen
mit Nachdruck auf dem bestehen, was einem rechtmäßig zusteht [Nachdrücklichkeit]
„Im Mietvertrag steht dieser Passus im Kleingedruckten, aber der Vermieter pocht auf sein Recht. Wir müssen also tatsächlich wöchentlich den Rasen mähen!"
Pochen hat in dieser Redensart die Bedeutung: *trotzig* (gleichsam aufschlagend) *auf etwas bestehen und dabei übertriebenes Selbstvertrauen zeigen.* Bei Luther findet sich die Analogiebildung *auf seinen Glauben pochen.*

das **Recht** mit Füßen treten
die Gesetze mißachten [Unrecht]
„In diktatorisch regierten Ländern wird das Recht meist mit Füßen getreten."
Diese Wendung geht angeblich auf eine alte Rechtssitte zurück. Im Mittelalter mußten Ehebrecher und Wucherer an drei Sonntagen hintereinander barfuß um die Kirche gehen, sich dann am Eingang niederlegen und die Kirchenbesucher über sich treten lassen. So sollte „das getretene Recht" symbolisch wiederhergestellt werden.

nach dem **Rechten** sehen
überprüfen, ob alles in Ordnung ist [Prüfung]
„Könntet ihr vielleicht ab und zu bei uns nach dem Rechten sehen, wenn wir nächste Woche in Urlaub fahren? Ich lasse dann die Hausschlüssel bei euch zurück."

meine **Rede**! (umg.)
das habe ich schon immer gesagt/prophezeit! [Prophezeiung]
„Die beiden haben ihre Verlobung gelöst? Meine Rede! Mir war schon immer klar, daß die beiden nicht zusammenpassen!"
Herkunft: → jmdm. **Rede** und Antwort stehen

der langen **Rede** kurzer Sinn (gehoben)
das Ergebnis der vielen geäußerten Worte [Resümee]
„Ich begreife allmählich. Der langen Rede kurzer Sinn ist also, daß du unsere Verlobung auflösen willst, weil du dich in ein anderes Mädchen verliebt hast!"
Diese redensartliche Wendung ist ein Zitat aus Schillers *Wallenstein* (*Die Piccolomini* I, 2). Als rhetorisches Mittel wird hier der Kontrast (lang–kurz) genutzt.

von etwas/davon kann gar keine **Rede** sein! (umg.)
1) *das ist gelogen!* [Lüge]
2) *das lehne ich ab* [Ablehnung]
1) „Von einem Mißverständnis kann gar kei-

ne Rede sein! Es handelt sich ganz klar um einen Ladendiebstahl!"
2) „Ich soll dir Geld leihen? Davon kann gar keine Rede sein! Zahl erst mal deine alten Schulden zurück!"

jmdm. in die **Rede** fallen
→ jmdm. ins **Wort** fallen

jmdm. **Rede** und Antwort stehen (Zwillingsformel)
sein Tun gegenüber jmdm. verantworten müssen [Verantwortung]
„Vor dem Untersuchungsausschuß mußten auch hohe Regierungsmitglieder Rede und Antwort stehen. Schließlich ging es um die Frage, wo die Parteispenden hingeflossen waren."
Mit *Rede* wird redensartlich ganz im Sinne der antiken Rhetorik meist die öffentliche Äußerung (etwa vor Gericht) bezeichnet. *Rede* hat daher häufig den Sinn von *Rechenschaft ablegen* oder gar *sich verteidigen.*

jmdn. zur **Rede** stellen
jmdn. zur Aussage/Begründung seines Tuns zwingen [Verantwortung]
„Wenn du nicht sagst, wo die Beule im Auto herstammt, muß ich deinen Freund zur Rede stellen!"

vergiß deine **Rede** nicht! (umg.)
ich muß dich leider unterbrechen! [Unterbrechung]
„Moment, das Telefon klingelt. Vergiß deine Rede nicht – ich bin gleich wieder da!"
Diese Gesprächsfloskel gehört zu dem Repertoire der Höflichkeitsfloskeln, mit denen man ein normalerweise als unhöflich empfundenes Verhalten gegenüber anderen entschuldigt.
jmdm. die **Rede** verschlagen
→ jmdm. die **Sprache** verschlagen

mit sich **reden** lassen (umg.)
gesprächsbereit sein, gutmütig sein [Gesprächsbereitschaft]
„Glaubst du, daß die Bank wegen der Raten noch mal mit sich reden läßt? Die momentane Belastung ist zu hoch für uns, wenn dein Einkommen sich nicht bald bessert!"

von sich **reden** machen
bekannt/berühmt werden [Berühmtheit]
„Diese junge Sopranistin macht momentan viel von sich reden!"

hochtrabende **Reden** führen
schwülstig-bombastisch/übertrieben anspruchsvoll daherreden [Angeberei]
„Seit mein Mann Professor geworden ist, führt er auch privat nur noch hochtrabende Reden!"

große **Reden** schwingen
sich prahlerisch mit Worten in den Vordergrund drängen [Angeberei]
„Heinz schwingt mal wieder große Reden über die Regierung. Es ist besser, wenn man ihm dabei gar nicht zuhört!"
Die erst im 20. Jh. entstandene Redensart meint mit *schwingen* wohl auf die wilde Gestikulation des engagierten Redners.

in der **Regel**
normalerweise [Normalität]
„Rufen Sie doch bitte wieder gegen 17 Uhr an. Herr Müller ist dann in der Regel erreichbar!"
Der Begriff *Regel* geht auf lat. *regula* (Regel) zurück. Im deutschen Sprachraum hatte *Regel* zunächst die Bedeutung von *Ordensregel.*

nach allen **Regeln** der Kunst
→ nach allen Regeln der **Kunst**

ein warmer **Regen** (umg.) [Geld]

vom **Regen** in die Traufe kommen
von einer schlimmen Lage in eine noch schlimmere geraten [Verschlechterung]
„Durch seine Kündigung ist er vom Regen in die Traufe geraten: Hier hat ihm zwar das Arbeitsklima nicht gefallen, aber jetzt ist er arbeitslos und lebt von der Sozialhilfe!"
Die Wendung bezieht sich auf jmd., der vor dem Regen Unterschlupf am Haus sucht und dabei in den Guß aus der Regenrinne gerät. In dieser Form ist die Redensart seit dem 16. Jh. belegt. Goethe drückt denselben Gedanken aus mit: „Er springt in den Teich, dem Regen zu entfliehen."

jmdn. nicht im **Regen** stehenlassen [Hilfe]

gespannt sein wie ein **Regenschirm** (umg.) [Interesse]
→ gespannt sein wie ein **Flitzebogen**

ein Gesicht machen wie drei Tage **Regenwetter** [Mißlaune]
→ ein **Gesicht** machen wie drei Tage Regenwetter

in höheren **Regionen** schweben [Eingebildetheit]
→ auf dem hohen **Roß** sitzen

andere **Register** ziehen [Rücksichtslosigkeit]
→ alle **Register** ziehen/spielen lassen

alle **Register** ziehen/spielen lassen
alle verfügbaren Mittel einsetzen [Anstrengung]
„Wenn du diesen tollen Posten haben willst, mußt du beim Einstellungsgespräch alle Register ziehen!"
Bei der Orgel nennt man eine Reihe von Pfeifen gleicher Bauart und Klangfarbe *Register*. Die Redensart besagt also ursprünglich: alle klanglichen Möglichkeiten der Orgel ausnützen, um einen guten Gesamteindruck zu erzielen.

in **Reih** und Glied (Paarformel)
geordnet [Ordnung]
„Die Kompanie ist in Reih und Glied angetreten!"
In der Militärsprache bilden die hintereinanderstehenden Soldaten einer geschlossenen Abteilung eine *Reihe*, die nebeneinander stehenden dagegen ein *Glied*. In der Alltagssprache wird auch ein bloßes Neben- oder Hintereinander mit dieser Paarformel bezeichnet.

in die **Reihe** bringen (umg.)
wieder reparieren [Wiederherstellung]
„Wenn ich nur wüßte, wer mir mein Fahrrad wieder in die Reihe bringt. Bei dem Sturz ist es ganz schön beschädigt worden, und ich habe weder Ersatzteile noch ndie nötige Ahnung!"

wieder in die **Reihe** kommen (umg.)
wieder in Ordnung kommen/gesund werden [Gesundheit]
„Glauben Sie, Herr Doktor, daß mein Vater wieder in die Reihe kommt, oder müssen wir mit dem Schlimmsten rechnen?"

bunte **Reihe** machen
Damen und Herren abwechselnd nebeneinander setzen [Abwechslung]
„Wenn wir am Tisch *bunte Reihe* machen, wird der Abend sicher nicht langweilig werden!"
In allgemeiner Form bedeutet *bunte Reihe* ursprünglich: *den Farben und Gestalten nach gemischte Reihe*. Die nach Geschlechtern gemischte Reihe ist als Hofzeremoniell seit dem 11. Jh. nachweisbar, der Ausdruck selbst allerdings erst seit dem 16. Jh.

in einer **Reihe** mit jmdm. stehen
jmdm. ebenbürtig sein [Ebenbürtigkeit]
„Unsere Sportler stehen durchaus in einer Reihe mit denjenigen anderer Nationen."
Als *Reihe* werden alle Arten einer linearen Ordnung bezeichnet. Die aufgereihten Personen und Gegenstände müssen in irgendeiner Beziehung (Gleichheit, Ähnlichkeit, Funktion usw.) zueinander stehen, damit ihre Reihung gerechtfertigt ist. Daraus läßt sich leicht die Bedeutung der Ebenbürtigkeit ableiten.

aus der **Reihe** tanzen/fallen (umg.)
sich nicht einordnen (wollen) [Abweichung]
„Alle anderen haben sich jetzt auf dieses Ausflugsziel geeinigt. Nur du mußt mal wieder aus der Reihe tanzen und auf einem anderen Ort bestehen!"
Erst Luther setzte den Begriff *Reigen* (Reihentanz) gegenüber dem älteren *Reihen* durch. Der Reihen/Reigen war ein im Mittelalter am Hofe und im Volk überaus beliebter Tanz, der im Sommer auch im Freien veranstaltet wurde. Die Tanzenden bildeten dabei entweder eine Kette oder sie standen paarweise hintereinander. Sie folgten den Bewegungen eines oder mehrerer Vortänzer und den Rhythmen der Musik. Der höfische Reigen wurde gemessenen Schrittes *getreten*, der Volksreigen dagegen

gesprungen. Als Form hat er sich in ländlichen Tanzarten und im *Ringelreihen* der Kinder erhalten, während er sonst gegenüber neueren ausländischen Tanzarten seit dem 17. Jh. weitgehend an Boden verloren hat. Wer *aus der Reihe tanzt*, ordnet sich nicht der Tanzordnung unter und fällt damit unliebsam auf.

die **Reihen** lichten sich
die Personen/Dinge werden weniger [Abnahme]
„Während des langweiligen Vortrags lichteten sich die Reihen zusehends, weil die Zuhörer lieber an das kalte Büffet strebten."
Lichten bedeutet in der Förstersprache: Den Wald durch Aushauen von Bäumen lichter (heller) machen, Lichtungen schaffen. Heute ist das Verb nur noch in festen Wendungen gebräuchlich, beispielsweise in: das Haar lichtet sich (es bildet sich eine Glatze). Nicht zu verwechseln mit dem transitiven Verb *den Anker lichten* (den Anker hochziehen), das sich von *leichter machen* ableitet.

sich keinen **Reim** auf etwas machen können
→ sich keinen **Vers** auf etwas machen können

rein: vgl. **herein-/hinein-**

etwas ins **reine** bringen
etwas klären/regeln/in Ordnung bringen [Klarstellung]
„Ich muß nachher noch beim Verlag anrufen und die Sache mit dem verspäteten Manuskript ins reine bringen!"
Mit *rein* wird alles Ungemischte, Unbefleckte, Saubere und Edle bezeichnet, wobei sowohl konkrete Stoffe (jmdm. reinen Wein einschenken) als auch sittlich-charakterliche Eigenschaften (eine reine Weste haben) betroffen sein können.

mit jmdm. ins **reine** kommen
sich mit jmdm. einigen [Einigung]
„Seit dem Tod von Tante Marie ist die ganze Verwandtschaft wegen des Erbes zerstritten. Hoffentlich kommen sie mit sich irgendwann wieder ins reine."

mit sich ins **reine** kommen
sich über die eigenen Wünsche und Ziele klarwerden [Selbsteinschätzung]
„Bevor ich mich zu einem Studium entschließe, muß ich erst einmal mit mir selbst ins reine kommen."
Herkunft: → etwas ins **reine** bringen

so ein **Reinfall**! (umg.)
so ein Mißerfolg! [Mißerfolg]

in **Reinkultur** (umg.)
ganz echt, typisch [Ideal]
„Dieses Gebäude ist Klassizismus in Reinkultur!"
Unter *Reinkultur* versteht man in der Fachsprache der Biologie, der Arzneimittelforschung u. ä. die isolierte Züchtung von Lebewesen, die nur auf ein einziges oder wenige Individuen seiner Art zurückgehen. Die redensartliche Verwendung ist erst jüngeren Datums.

jmdm. eine **reinwürgen** (umg.)
jmdn. scharf tadeln [Tadel]
„Wenn der Meister sieht, daß du dieses Werkstück ruiniert hast, wird er dir sicher wieder eine reinwürgen!"
Die örtliche Bedeutung von *hinein* meint: vom Sprecher weg in einen abgegrenzten Raum oder in eine Vertiefung. Dabei kann es sich (im Sinne der Redensart) auch um das Innere des Menschen handeln. Das Würgen ist eine Gewalthandlung, bei der ein Opfer in Atemnot versetzt wird. Das *Hineinwürgen* im transitiven Sinne meint also eine Gewalthandlung, bei der dem Opfer eine feste Masse oder eine Flüssigkeit so in die Kehle gestopft wird, daß Atemnot eintritt. Die Redensart bezieht sich also auf die körperliche Symptomatik des Zustands der versagenden Stimme, des mühsamen Ringens nach Worten, der dadurch eintritt, daß man scharf getadelt wird.
{Körperhöhle}

seine/die letzte **Reise** antreten (gehoben)
sterben [Sterben]
„Der Arzt meint, unser kranker Vater wird bald die letzte Reise antreten."
{Lebensreise}

Reißaus nehmen (umg.)
wegrennen [Weggang]
„Die Kinder nahmen vor dem Schäferhund Reißaus."
Diese seit dem 16. Jh. belegte Wendung geht auf den Imperativ *Reiß aus!* (Renn davon!) zurück.

das **Rennen** machen (umg.)
siegreich sein [Sieg]
„Unter allen Bewerbern für diesen Posten haben Sie das Rennen gemacht. Herzlichen Glückwunsch!"

ein totes **Rennen**
ein unentschiedener Kampf [Unentschieden]
„Falls es unter den Kandidaten wieder ein totes Rennen geben sollte, dann muß der Würfel entscheiden. Schließlich muß das Spiel irgendwie weitergehen!"
Ein Wettrennen, bei dem es zu keiner Entscheidung kommt, ist für Buchmacher und Wettende gleichsam „tot", da es genausogut auch hätte ausfallen können.

jmdn. aus der **Reserve** locken
einen passiven Menschen (jmdn. der sich zurückhält) zum Reden bringen [Aktivierung]
„Bisher ist es noch keinem gelungen, den schweigsamen Gast aus der Reserve zu lokken. Vielleicht gelingt es ja deinen Witzen!"
Das lat. *reservare* (aufbewahren, untätig sein) ist in verschiedener Weise im Deutschen aufgegriffen worden. Militärisch umfaßt die Reserve die gedienten und momentan im Zivilleben stehenden Soldaten und Offiziere. Mit *Reserviertheit* bezeichnet man ein zurückhaltendes, vorsichtiges Verhalten. *Etwas reservieren lassen* meint: *vormerken, zurückhalten lassen,* und ein *Reservoir* ist ursprünglich ein Vorratsbehälter (Wasserreservoir).

der letzte **Rest** vom Schützenfest (umg.)
der allerletzte Rest [Rest]
„Ist noch ein Stück Braten übrig?" „Ja, hier bitte. Aber das ist der letzte Rest vom Schützenfest!"
Der Begriff *Rest* ist im 16. Jh. aus den romanischen Sprachen ins Deutsche entlehnt worden. Es geht auf das lat. Verb *restare* (übrigbleiben) zurück und war zunächst ein Fachwort der Kaufmannssprache (*Restsumme* u. ä.). Heute bezeichnet es alles, was von einer Sache übrigbleibt, wobei es häufig auch die Nebenbedeutung des qualitativ Minderwertigen und Elenden erhält (vgl.: jmdm. den **Rest** geben). Will man diesen Nebensinn vermeiden, so spricht man auch gerne von *Überresten* (*die sterblichen Überreste* = die Leiche). Der *letzte Rest vom Schützenfest* ist eine scherzhafte Prägung des 19. Jahrhunderts.

der **Rest** ist Schweigen (gehoben)
über das übrige spricht man besser nicht, weil es traurig/peinlich usw. wäre [Schweigen]
„Ja, unser Sohn hat sein Studium leider abgebrochen. Und der Rest ist Schweigen. Er will jetzt wohl eine Kneipe aufmachen oder so etwas."
Diese Wendung ist ein Zitat. Es handelt sich um die letzten Worte Hamlets in Shakespeares Drama: „The rest is silence."

jmdm. den **Rest** geben (umg.)
1) *jmdn. zugrunde richten* [Vernichtung]
2) *jmdn. betrunken machen* [Trunkenheit]
3) *jmdn. ins Grab bringen* [Tötung]
4) *jmdn. seelisch erschüttern* [Belastung]
1) „Die inflationäre Entwicklung auf dem Börsenmarkt hat seiner Firma schließlich den Rest gegeben."
2) „Die fünf Maß Bier haben dem jungen Mann den Rest gegeben. Jetzt schläft er auf einer Parkbank seinen Rausch aus."
3) „Der plötzliche Tod seiner Frau hat ihm dann den Rest gegeben. Er starb kurz nach ihr."
4) „Der lange Prozeß und das Interesse der Öffentlichkeit an seinem Fall haben ihm dann den Rest gegeben. Er verübte in der Haftanstalt Selbstmord."
Herkunft → der letzte **Rest**

eine **Retourkutsche** fahren (umg.)
eine kränkende Bemerkung durch eine gleiche erwidern [Antwort] [Rache]
„In der Öffentlichkeit werde ich auf diese Beleidigung hin keine Retourkutsche fah-

ren. Aber der Kerl soll sich bloß vorsehen! Irgendwann zahle ich ihm das heim!"
Die von franz. *retour* (zurück) abgeleitete *Retourkutsche* war die regelmäßig im Liniendienst hin- und zurückfahrende Kutsche. Die Wendung ist seit Beginn des 19. Jahrhunderts belegt.

bist du noch zu **retten?** (umg.)
bist du verrückt? spinnst du? [Verrücktheit]
„Was, du willst dein Studium an den Nagel hängen? Bist du denn noch zu retten?"

Revue passieren lassen
sich in Gedanken nacheinander Personen oder Sachen vorstellen [Erinnerung]
„Nochmals ließ er die Ereignisse der vergangenen Woche Revue passieren. Er konnte sich beim besten Willen nicht an jenen Fehler erinnern, den man ihm vorwarf."
Das von franz. *revoir* (wiedersehen) abgeleitete Wort *Revue* bezeichnet im Deutschen vor allem eine (kabarettistische) Aufführung mit mehreren aufeinander folgenden Sketchen oder Szenen. In der Wendung *Revue passieren lassen* ist aber auch noch der militärische Aspekt der Parade enthalten, der im Franz. ebenfalls gilt.

du bist mir der **Richtige**! (umg., ironisch)
ironisch: du bist gerade der Falsche!, du machst/denkst etwas Falsches! [Fehler]
„Du bist mir der Richtige! Erst willst du unbedingt nach Griechenland fahren, und dann stöhnst du über die Hitze! Das weiß man doch vorher, daß es hier heiß ist."

jmdn. nicht **riechen** können (umg.)
jmdn./sich wechselseitig ablehnen/Abneigung empfinden [Abneigung]
„Den Kerl kann ich nicht riechen! Du weißt doch, der ist mir einfach zu arrogant!"

das kann ich doch nicht **riechen**! (umg.)
das kann ich doch nicht ahnen/wissen! [Nichtwissen]
„Meine Sekretärin war heute so komisch!" „Na klar, weil du ihr nicht zum Geburtstag gratuliert hast!" „Aber das kann ich doch nicht riechen! Warum hat mir denn keiner was gesagt?"

einen guten/den richtigen **Riecher** haben (für etwas) (umg.)
die richtige Vorahnung haben, um eine Lage für sich nutzen zu können [Ahnung]
„Er hatte den richtigen Riecher und verkaufte seine Aktien, bevor ihr Wert ins Bodenlose sank. Das hat ihn vor hohen Verlusten bewahrt!"

einer Sache einen **Riegel** vorschieben
etwas verhindern/unterbinden [Vereitelung]
„Wenn man nicht durch ein Tempolimit der Raserei auf den Autobahnen einen Riegel vorschiebt, wird es nicht zu einer Abnahme der Verkehrstoten kommen."

sich in die **Riemen** legen [Anstrengung]
→ sich ins **Geschirr** legen

sich am **Riemen** reißen (umg.)
1) *sich zusammennehmen* [Selbstbeschränkung]
2) *sich anstrengen* [Anstrengung]
1) „Jetzt reiß dich am Riemen und hör auf, diesem Kerl nachzutrauern! Immerhin hat er dich wegen einer anderen Frau verlassen!"
2) „Wenn Ihr Sohn die Versetzung in die nächste Klasse noch schaffen will, dann muß er sich ganz schön am Riemen reißen und Tag und Nacht lernen!"
Diese Wendung soll im Ersten Weltkrieg aufgekommen sein und sich auf den Gürtel des Soldaten beziehen. Der rückt den Gürtel zurecht, wenn er sich kampfbereit macht. Andere Deutungen beziehen sich auf das Geschirr der Zugtiere, die durch ein energisches Reißen am Zügel in die richtige Richtung gezwungen werden.

den **Riemen** enger schnallen [Einschränkung]
→ den **Gürtel** enger schnallen

ein abgebrochener **Riese** (derb)
ein kleinwüchsiger Mann [Körpergröße]
„Unsere Tochter will diesen abgebrochenen Riesen tatsächlich heiraten?"

nach Adam **Riese**
wenn man richtig rechnet [Rechnen]

„Fünf Mark und drei Mark – das macht nach Adam Riese acht Mark. Stimmt's?"
Adam Riese (1492–1559) war ein Verfasser populärer Rechenbücher. Ihre Verbreitung verdankten sie vor allem der Tatsache, daß sie – im Gegensatz zu anderen Rechenbüchern des 16. Jahrhunderts – in deutscher Sprache geschrieben waren. Auch seine Söhne und Enkel verfaßten Rechenbücher, die den Namen Riese bis ins 18. Jh. wirken ließen. Dieser Wirkungsgeschichte ist der redensartliche Gebrauch des Namens zu verdanken.

auf den Schultern von **Riesen**
→ **Schultern**

rin in die Kartoffeln
→ **Kartoffeln**

nichts auf den **Rippen** haben (umg.)
sehr mager sein [Magerkeit]
„Das nennst du eine gute Figur? Bei dir kann man ja alle Rippen zählen! Ich finde das unweiblich!"
Diese Wendungen sind bereits seit dem 16. Jh. – etwa bei Hans Sachs – belegt.

etwas zwischen die **Rippen** kriegen (umg.)
etwas essen [Essen]
„Bevor wir hier weitermachen, muß ich zunächst einmal etwas zwischen die Rippen kriegen. Ich hatte heute morgen nämlich nicht einmal Zeit zu frühstücken!"

ich kann es mir doch nicht aus den **Rippen** schneiden [Geldmangel]
→ ich kann es mir doch nicht aus der **Haut** schneiden

ein **Ritt** über den Bodensee
ein sehr waghalsiges Unternehmen [Wagnis]
„Meine letzte Vorlesung war ein Ritt über den Bodensee. Ich hatte ja keinen Augenblick Zeit, mich richtig darauf vorzubereiten."
Die Wendung bezieht sich auf Gustav Schwabs bekannte Ballade *Der Reiter und der Bodensee*. In ihr reitet versehentlich ein Mann über das zugefrorene Wasser. Diese Ballade ist seither ein Sinnbild für Gefahren, die man – oft ohne von ihnen zu wissen – besteht.

ein **Ritter** von der traurigen Gestalt
ein erfolgloser Mensch ohne Ehrgeiz, eine gescheiterte Existenz [Versager]
„Der Berthold, dieser Ritter von der traurigen Gestalt, hat doch immer noch nicht die Energie aufgebracht, seine Doktorarbeit fertigzustellen. Seit nunmehr neun Jahren arbeitet er daran!"
Ritter von der traurigen Gestalt (span.: *El Caballero de la triste figura*) ist der Beiname des Don Quichote, jener von Miguel de Cervantes Saavedra (1547–1616) in die Weltliteratur eingebrachten Parodie auf den fahrenden Ritter: Ein fünfzigjähriger Landjunker steigert sich durch die Lektüre alter Ritterromane in die Vorstellung hinein, daß er, die ritterliche Tradition wiederbelebend, als Beschützer der Armen, Witwen und Waisen das Unrecht in der Welt bekämpfen müsse. Die redensartlich gewordene Wendung von der *traurigen Gestalt* ist im Sinne der Physiognomik (Nase) und der antik-mittelalterlichen „Säftelehre" der Humoralphysiologie gedeutet worden. Dabei besteht allerdings Uneinigkeit darüber, ob Aussehen und Verhaltensweisen des Don Quijote eher auf einen melancholischen (Harald Weinrich) oder auf einen cholerischen (Otis H. Green) Grundzug im Temperament dieser literarischen Gestalt schließen lassen. Ungeachtet dieses philologischen Streits stellten Physiognomik und Säftelehre so lange ein brauchbares Repertoire an Charakterisierungsmöglichkeiten bereit, als bei Leserschaft und Theaterpublikum eine allgemeine Vertrautheit mit deren Systematik vorausgesetzt werden konnte. Heute dagegen wird diese Wendung viel allgemeiner verstanden, nämlich als eine Variante der Redensart *eine traurige Figur abgeben*. Als weitere Variante kann gelten:

ein **Ritter** ohne Furcht und Tadel (ironisch) [Gentleman]

den bunten **Rock** anziehen
Soldat werden [Militär]

„Nach dem Abitur muß mein Sohn erst einmal den bunten Rock anziehen, bevor er mit einem Studium beginnen kann.“
Mit *Rock* wurde bis ins 19. Jh. sowohl die männliche als auch die weibliche Oberbekleidung des Körpers bezeichnet. Entsprechend wurde auch die Uniform des Soldaten als *Rock* bezeichnet, wobei die frühere Farbigkeit sich redensartlich niedergeschlagen hat. Heute wird gelegentlich im gleichen Sinn auch vom *grauen Rock* gesprochen. In älteren Texten finden sich auch Varianten wie *des Kaisers Rock anziehen* (*Wallensteins Lager:* „Des Kaisers Rock ist der höchste Titel.“) oder *der blaue Rock*, der *Waffenrock* u. a. m.

an jmds. **Rockzipfel** hängen (umg.)
von jmdm. abhängig sein, jmdm. kritiklos folgen und gehorchen [Abhängigkeit]
„Mußt du eigentlich immer an meinem Rockzipfel hängen? Sei doch endlich einmal etwas selbständiger!“
Entsprechend der älteren Bedeutung von *Rock* bezog sich früher diese Redensart bildlich auf jemandes Abhängigkeit von einer anderen Person, unabhängig von deren Geschlecht. Heute denkt man natürlich vorwiegend an den Rockzipfel der Mutter, an den sich das kleine Kind klammert.
Vgl.: jmdn. unter seine **Fittiche** nehmen.

jmds. **Rockzipfel** nachjagen/hinterherjagen (umg.)
jeder Frau nachrennen [Frauenheld]
„Typisch Adrian: Er muß einfach jedem Rockzipfel nachjagen!“

in die **Röhre** glotzen (umg.)
fernsehen [Fernsehen]
„Können wir nicht einmal abends ausgehen, anstatt immer nur in die Röhre zu glotzen?“

in die **Röhre** gucken (umg.)
nichts bekommen [Benachteiligung]
„Ihr habt schon gegessen? Und ich soll wohl in die Röhre gucken, oder?“

schimpfen wie ein **Rohrspatz** (umg.)
laut und anhaltend schimpfen [Schimpfen]
„Er schimpfte wie ein Rohrspatz, als er sah, daß er den abfahrenden Zug nicht mehr erreichen würde.“
Rohrspatz ist der volkstümliche Name des Drosselrohrsängers, eines früher häufigen Bewohners des Schilfes. Der laute und anhaltende Ruf dieses Vogels hat zu dieser seit dem 18. Jh. belegten Redensart geführt.

die **Rollen** sind so verteilt
die Aufgaben sind so verteilt [Aufgabe]
„Bei uns sind die Rollen so verteilt, daß ich den Haushalt versorge, während meine Frau berufstätig ist. Das ist uns beiden lieber so!“
Herkunft: → eine große **Rolle** spielen

jmd. hat seine **Rolle** ausgespielt
jmd. ist entlarvt/gestürzt/gescheitert [Beendigung]
„Ihre Rolle ist ausgespielt! Wir haben ausreichende Beweise für Ihre Verwicklung in den Bestechungsskandal, Herr Minister!“
Herkunft: → eine große **Rolle** spielen

sich mit der **Rolle** des Zuschauers begnügen
nicht mitmachen wollen [Nichtbeteiligung]
„Ich und Bergsteigen? Niemals! Da begnüge ich mich mit der Rolle des Zuschauers.“
Herkunft: → eine große **Rolle** spielen

aus der **Rolle** fallen
etwas Unpassendes/Ungehöriges tun [Fauxpas]
„Es ist mir richtig peinlich, daß mein Bruder immer aus der Rolle fällt, wenn er bei uns eingeladen ist.“
Herkunft: → eine große **Rolle** spielen

sich in seiner **Rolle** gefallen
eingebildet sein [Eingebildetheit]
„Er gefällt sich sehr in seiner Rolle als Pazifist, dieser Blender! Ich kenne seinen wahren Charakter noch aus unserer gemeinsamen Schulzeit!“
Herkunft: → eine große **Rolle** spielen

eine (große) **Rolle** spielen
wichtig sein [Wichtigkeit]
„Die Wahl des richtigen Ehepartners spielt

für das Lebensglück eine große Rolle."
Wortgeschichtlich ist *Rolle* um 1400 aus franz. *role* entlehnt, das seinerseits auf lat. *rota* (Rad, daher auch: *rotieren*) zurückgeht. Ursprünglich bedeutet *Rolle* nur *zusammengerolltes Schriftstück*, ein Gebrauch der noch in der Kanzleisprache üblich ist (*Steuerrolle, Stammrolle* usw.). Seit Ende des 16. Jh. wurden auch die Beiträge der Schauspieler am Theaterstück auf zusammengerollten Papierstreifen aufgeschrieben und bei den Proben abgelesen. Aus den vielen theaterspezifischen Fachbegriffen mit *Rolle* – wie etwa *seine Rolle lernen/gut beherrschen* usw. – wurden im 18. Jh. allgemeine redensartliche Ausdrücke. Seither sind Wendungen wie *die Rollen tauschen* oder *eine untergeordnete Rolle spielen* alltäglich. {Welttheater}

die tonangebende **Rolle** spielen
→ die erste **Geige** spielen [Dominanz]

eine unwesentliche/untergeordnete/sekundäre **Rolle** spielen
wenig wichtig sein [Unwichtigkeit]
„Bei der Annahme des Postens spielte das Geld für mich nur eine sekundäre Rolle. Wichtiger war mir der persönliche Handlungsspielraum!"
Herkunft: → eine große **Rolle** spielen

eine klägliche/unerfreuliche **Rolle** spielen
negativ wirken, sich schädlich auswirken [Negativ]
„In der Bestechungsaffäre hat der Minister eine unerfreuliche Rolle gespielt. Er war der käuflichste Mann von allen!"
Herkunft: → eine große **Rolle** spielen

seine **Rolle** gut spielen
eine Aufgabe gut erfüllen [Können]
„Früher hätte man es ihm nicht zugetraut, aber er spielt seine Rolle als Familienvater wirklich gut!"
Herkunft: → eine große **Rolle** spielen

sich in jmds. **Rolle** versetzen
sich vorstellen, wie schwer es ein anderer hat [Perspektivenwechsel]
„Versetz dich mal in meine Rolle. Was würdest du an meiner Stelle tun, um eine Versöhnung herbeizuführen?"
Herkunft: → eine große **Rolle** spielen

etwas ins **Rollen** bringen/ins **Rollen** kommen (umg.)
etwas in Gang bringen/in Gang kommen [Aktivierung]
„Die Aufdeckung dieses Skandals wurde durch einen ganz dummen Zufall ins Rollen gebracht."
Herkunft: → der **Stein** kommt ins Rollen

die **Rollen** (ver-)tauschen
Aufgaben/Posten/Ansichten usw. vertauschen [Umkehrung]
„In diesem Prozeß waren die Rollen vertauscht, weil der Staatsanwalt auf eine niedrigere Strafe plädierte als der Verteidiger des Angeklagten."
Herkunft: → eine große **Rolle** spielen

erzähl (mir) keine (langen) **Romane**! (umg.)
fasse dich bitte kurz! [Weitschweifigkeit]
„Erzähl mir keine Romane, sondern rück endlich mit der Sprache raus: Wo bist du letzte Nacht gewesen?"
Als *Roman* wurde im Frankreich des 12. Jh. jeder schriftliche Text bezeichnet, der in der Volkssprache (lingua romana) und nicht in der gelehrten lateinischen Sprache (lingua latina) verfaßt war. Im 13. Jh. wird diese Bedeutung auf epische Prosaerzählungen eingeengt und gelangt in dieser Form im 30jährigen Krieg nach Deutschland. Kennzeichen der aus dem Epos hervorgegangenen Gattung ist ihre umfassende Anlage und Länge. Die redensartliche Bedeutung *Weitschweifigkeit* bezieht sich auf diese *epische Breite*. In Nebenaspekten kann auch die Bedeutung: *belüge mich nicht!* relevant sein.

nicht auf **Rosen** gebettet sein (gehoben)
ein schweres, entbehrungsreiches Leben führen [Armut]
„In unserer Kindheit waren wir wahrlich nicht auf Rosen gebettet. In der Nachkriegszeit war die Versorgungslage nämlich sehr schlecht!"
Die wohlduftende Rose wurde bereits in

der Römerzeit als Tisch-, Wand- und Personenschmuck verwendet. Das Bestreuen des Bodens mit Rosen zu festlichen Anlässen hat sich bis heute in manchen Prozessionsbräuchen erhalten. Reiche Römer schliefen auf Matratzen aus Rosenblättern oder ließen bei Gastmählern Rosen von der Decke regnen. Diese Bräuche wurden schon in der Antike redensartlich; so bedeutet das lat. *iacere in rosa* nichts anderes als *auf Rosen ruhen*. Es hat sich in der deutschen Variante *auf Rosen gebettet sein* mit der Bedeutung Luxus erhalten. Als Sinnbild für die schöne Frau bzw. die Jungfräulichkeit dient die Rose ebenfalls seit der Antike. Schon im Hohenlied (2, 1) des Alten Testamentes heißt es: „Wie eine Rose unter den Dornen, so ist meine Freundin unter den Töchtern." Dieser Vergleich hat sich auch in der Poesie (Goethes *Heideröslein*) wie in der Volkslyrik erhalten. Auf antike Vorstellungen geht wiederum die Rose als Symbol der Verschwiegenheit und des „verblümten" Sprechens (vgl.: etwas durch die **Blume** sagen) zurück: Cupido schenkt dem Gotte des Schweigens eine Rose, damit er nichts über den Lebenswandel der Venus verlauten läßt.

Rosenmontag
→ **Montag**

(große) **Rosinen** im Kopf haben (umg.)
ehrgeizige, aber dabei unrealistische große Pläne haben [Plan] [Ehrgeiz]
„Seit Markus die Zulassung zum Pharmaziestudium in der Tasche hat, hat er große Rosinen im Kopf. Er träumt schon von der eigenen Apotheke und dem Vermögen, das er damit verdienen kann!"
Rosine ist eine Umbildung des franz. *raisin* (Traube), das seinerseits auf lat. *racemus* (Beere) beruht. Seit dem frühen 15. Jh. ist der Begriff zusammen mit dem Handelsgut in Deutschland nachweisbar.

sich die **Rosinen** (aus dem Kuchen) herauspicken (umg.)
für sich das Beste/Vorteilhafteste heraussuchen [Vorteil]
„Es ist nicht einfach, mit ihm in einer Gruppe zusammenzuarbeiten. Immer wieder gelingt es ihm, sich die Rosinen herauszupicken und die leichteren Arbeiten zu übernehmen, während die anderen für ihn mitschuften müssen!"

auf dem hohen **Roß** sitzen (umg.)
sehr eingebildet sein [Eingebildetheit]
„Seitdem er das Examen geschafft hat, sitzt er auf dem hohen Roß und kennt seine alten Studienkameraden nicht mehr. Dabei hat es bei ihm nur mit Mühe und Not gereicht!"
Das mit engl. *horse* (Pferd) verwandte Wort *Roß* wird ursprünglich zur Unterscheidung zwischen Kampf-, Streit- und Kriegspferd einerseits und dem Zug- und Frauenpferd andererseits gebraucht. Indirekt wird durch die Wahl der Begriffe *Roß* und *Pferd* auch der Rang der jeweiligen Besitzer und Reiter angezeigt (vgl.: **Roß** und Reiter nennen). Die seit dem 16. Jh. belegte Redensart nutzt im ironischen Sinn diesen Hinweis.

Roß und Reiter nennen
offen aussprechen, wen man mit einer Andeutung meint [Offenlegung]
„Also so kann ich Ihnen nicht helfen, Herr Meier! Nennen Sie bitte Roß und Reiter, damit ich Ihre Vorwürfe im einzelnen überprüfen kann!"
Roß und Reiter oder die Variante *Roß und Mann* bezeichnen formelhaft und seit dem *Nibelungenlied* belegbar den berittenen Krieger und sein Pferd. Das *Nennen* von Roß und Reiter bedeutet eine Identifizierung, die im Rahmen der namenmystischen Vorstellungen von Antike und Mittelalter keinen geringen Stellenwert besaß (vgl.: sich einen **Namen** machen). In vielen Ritterepen wird der geheimnisvolle Ritter geschildert, der als unbekannter oder unerkannter Gegner auftritt. Im *Hildebrandslied* gewinnt dieses Motiv durch das feindliche Zusammentreffen von Vater und Sohn noch an Dramatik gegenüber den reichhaltigen Beispielen von irrenden Rittern und anonymen Kämpfen in der Artus- und Gralsepik. Der Akt der Identifizierung durch die Nennung des Namens gewinnt noch durch die Verwendung „sprechender" (typisierender, die

Herkunft u. a. verratender) Namen an Plausibilität. In ironischer Form hat noch Miguel de Cervantes in seinem *Don Quijote* mit diesem Kennzeichen des Ritterepos gespielt. So enthält der Name von Don Quijotes Pferd *Rosinante* die beiden Bestandteile span. *rocin* (Klepper, altes Pferd; etymologisch verwandt mit *Roß*) und span. *antes* (vorher, früher). Mit diesem zusammengesetzten „sprechenden Namen" deutet Don Quijote an, daß sein „Streitroß" früher einmal ein altes und wertloses Pferd gewesen sei.

rot sehen (umg.)
plötzlich wütend werden [Erregung]
„Ich sehe schon rot, wenn dieser Kerl nur durch die Tür tritt! Nie werde ich vergessen, was er meiner Familie schon angetan hat!"
Herkunft → jmdn. auf die **Hörner** nehmen

Rotz und Wasser heulen (umg.)
sehr stark weinen [Weinen]
„Tina sitzt in ihrem Zimmer und heult Rotz und Wasser, weil wir ihr verboten haben, einen Fallschirmspringerkurs zu buchen!"
Das mit *röcheln* verwandte Wort *Rotz* ist eine seit dem Mittelalter gebräuchliche umgangssprachliche Bezeichnung für den Nasenschleim. Es gehört zu dem ahd. Verb *riozan* (weinen), so daß die Formel *Rotz und Wasser* ursprünglich die Bedeutung *Tränenfluß* hatte. Die sich allmählich vergröbernde Bedeutung wird auch in einer Reihe von Wortbildungen genutzt: *rotzfrech* (sehr frech), ein *Rotzjunge/Rotzlöffel* (junger frecher Kerl; *-löffel* gehört zu *Laffe* = dummer und eitler Mensch, Geck; heute volksetymologisch verdreht zu *Lackaffe*).

jmdm. eins auf die **Rübe** geben (derb)
→ jmdm. eins auf den **Kopf** geben

der **Rubel** rollt (umg.)
es wird viel Geld verdient und ausgegeben [Reichtum]
„Ihr habt euch einen Sportwagen gekauft? Na, da sieht man's wieder: Der Rubel rollt!"
Die Prägung dieser Wendung ist wohl dem doppelt anlautenden r-Laut (Alliteration/Stabreim) zu verdanken.

den **Rubikon** überschreiten (gehoben)
einen entscheidenden Schritt tun, der nicht rückgängig gemacht werden kann [Entschluß]
„Diese Beleidigung war zuviel: Jetzt ist der Rubikon überschritten! Verlassen Sie sofort mein Haus und lassen Sie sich hier nie mehr blicken!"
Gajus Julius Cäsar (100–44 v. Chr.), der römische Feldherr, Politiker und Staatsmann, eroberte für Rom in den Jahren 58–51 v. Chr. Gallien, für das er die Statthalterschaft erhielt. Sie endete am 1. Januar 49 v. Chr. Cäsar wollte sie bis zur geplanten Übernahme eines Konsulats im Jahre 48 ausdehnen, um sein Heer als Machtfaktor zu behalten und den Senat unter Druck setzen zu können. Sein Gegenspieler Pompejus und der Senat lehnten diese Forderung ab; man beschloß am 7. Januar 49 Cäsars Abberufung. Darauf überschritt dieser mit dem Heer den Fluß Rubikon, der die Grenze zwischen der Provinz Gallia Cisalpina und dem römischen Kernland bildete (vgl.: die **Würfel** sind gefallen). Diese Entscheidung verstieß gegen römisches Recht, da in der Umgebung von Rom keine bewaffneten Streitkräfte geduldet waren. Aus dem sich daraus entwickelnden Bürgerkrieg ging Cäsar als Alleinherrscher hervor – eine Entwicklung, die durch Cäsars Ermordung verhindert werden sollte. Erst sein Adoptivsohn Augustus (lat.: der Erhabene) erlangte die Alleinherrschaft im Jahre 27. v. Chr. Als „princeps" übernahm er den Namen seines Stiefvaters Cäsar, der sich dann zu den Begriffen *Kaiser* und *Schah* ausbildete und zum allgemeinen (höchsten) Herrschaftstitel wurde.

sich (innerlich) einen **Ruck** geben (umg.)
sich energisch zusammennehmen und eine Entscheidung treffen [Selbstüberwindung]
„Man sah deutlich, wie sich der Bräutigam innerlich einen Ruck gab, bevor er das Ja-Wort aussprach."

ruck-zuck (umg.)
das geht ganz schnell, das ist unproblematisch [Schnelligkeit]
„Mit der U-Bahn bin ich ruck-zuck im Büro.

Mit dem Auto dagegen bleibt man oft im Stau stecken!“
Sowohl *ruck* (verwandt mit: *der Ruck*) als auch *zuck* (das Zucken) bezeichnen kurze, schnelle Bewegungen. *Zuck* ist noch verwandt mit dem Verb *zuckeln/zockeln*, das eine langsame und gleichzeitig unruhige Bewegung ausdrückt (Der alte Wagen zokkelte über die Landstraße.), und mit *zücken* (das Schwert zücken = schnell aus der Scheide ziehen). Zu *ruck* gehört noch das engl. Verb *to rock* (schaukeln), das dem schnellen Tanz *Rock'n'Roll* seinen Namen gegeben hat.

hinter jmds. **Rücken**
→ **hintenherum** [Heimlichkeit]

den **Rücken** beugen
→ den **Nacken** beugen

jmdm. in den **Rücken** fallen
jmdn. unerwartet angreifen [Angriff]
„Jahrelang habe ich ihn protegiert, und dann ist er mir bei der ersten Gelegenheit in den Rücken gefallen. Die Welt kennt eben keine Dankbarkeit!“
Herkunft: → sich den **Rücken** freihalten

sich den **Rücken** freihalten
dafür sorgen, daß man keine Gegner hat [Selbstschutz]
„Um diese Aufgabe bewältigen zu können, muß ich mir den Rücken freihalten. Streitigkeiten innerhalb der Firma kann ich jetzt am wenigsten gebrauchen!“
Der Rücken (umgangssprachlich auch: *Bukkel*) ist wie der Nacken eine Körperpartie, die einem möglichen Gegner die Möglichkeit des überraschenden Angriffs bietet. Da die Sinnesorgane nach vorne gerichtet sind, wird in der Sprache alles vor dem Gesichtskreis liegende als positiv und legal angesehen, dasjenige jedoch, das von hinten kommt, als negativ und illegal (vgl. **hintenherum**). In den Redensarten mit *Rücken* (und *Buckel*) wird dieser Aspekt insofern betont, als das Freihalten des Rückens als überlebensnotwendige Maßnahme angesehen wird. Dieses Freihalten kann durch eine andere Person erfolgen (vgl.: jmdm. den **Rücken** stärken), aber auch durch andere Formen der Rückendeckung.

jmdn. im **Rücken** haben
jmdn. als Stütze und Hilfe haben [Unterstützung]
„Solange Sie den Firmenchef im Rücken haben, können Sie die Umorganisation des Betriebes problemlos bewerkstelligen. Niemand wird es wagen, Sie in irgendeiner Weise zu behindern!“
→ Herkunft: sich den **Rücken** freihalten

einen breiten **Rücken** haben
viel ertragen können, geduldsam sein [Belastbarkeit]
„Wer einen breiten Rücken hat, wird von anderen leicht ausgenutzt.“

Jahre auf dem **Rücken** haben
→ Jahre auf dem **Buckel** haben

jmdm./einer Sache den **Rücken** kehren/zuwenden
1) *sich abwenden* [Abwendung]
2) *aus einer Institution austreten* [Beendigung]
3) *jmdn./etwas verlassen* [Weggang]
1) „Wort- und grußlos wendete er ihr den Rücken zu und verschwand im Dunkel. Dies war das Ende einer einst stürmischen Liebesaffäre.“
2) „In den letzten Jahren wenden immer mehr Gläubige den etablierten Kirchen den Rücken, um die Kirchensteuer zu sparen.“
3) „Wenn die Arbeitslosigkeit weiter zunimmt, werden wir wohl Europa den Rükken kehren und nach Australien auswandern!“
Herkunft: → sich den **Rücken** freihalten

es läuft jmdm. eiskalt/heiß und kalt den **Rücken** hinunter
→ es läuft jmdm. eiskalt/heiß und kalt den **Buckel** hinunter

einen krummen **Rücken** machen (umg.)
→ einen krummen **Buckel** machen

jmdm. den **Rücken** stärken
jmdn. tatkräftig unterstützen

[Unterstützung]
„Bei dem Fußballspiel stärkten die Fans des FC ihrer Mannschaft durch Absingen von Liedern den Rücken."
Herkunft: → sich den **Rücken** freihalten

mit dem **Rücken** an der Wand stehen/kämpfen
in aussichtsloser bzw. äußerst bedrängter Situation stehen/kämpfen [Zwangslage]
„Die Firma steht mit dem Rücken zur Wand, seitdem es in unmittelbarer Nähe zwei Konkurrenzunternehmen gibt."
Herkunft: → sich den **Rücken** freihalten

jmdn. als **Rückendeckung** haben
→ jmdn. im **Rücken** haben

sich **Rückendeckung** verschaffen
sich Unterstützung sichern [Selbstschutz]
„Ich habe mir vor dieser Änderung Rückendeckung verschafft und den Chef um Erlaubnis gefragt."
→ Herkunft: sich den **Rücken** freihalten

jmdm. das **Rückgrat** brechen
1) *jmdn. haltlos machen* [Vernichtung]
2) *jmdn. wirtschaftlich ruinieren* [Ruin]
1) „Die ständigen Nörgeleien seines Vorgesetzten haben ihm das Rückgrat gebrochen. Schließlich fand er den notwendigen Trost nur noch im Alkohol!"
2) „Dieser Firma hat eine jahrelange falsche Einschätzung der Marktlage das Rückgrat gebrochen."
Herkunft: → **Rückgrat** haben

Rückgrat haben/zeigen
charakterfest und prinzipientreu sein [Charakterfestigkeit]
„In meiner Firma kann ich nur Mitarbeiter mit Rückgrat gebrauchen, die auch einmal fähig sind, unpopuläre Maßnahmen zu ergreifen!"
Das Rückgrat ist als zentrale Stütze des Körpers das Sinnbild der Vertikalität, die wiederum gegenüber der horizontalen (liegenden) Stellung des Körpers positiv bewertet ist (vgl.: im **Lot** sein). Der „aufrechte Gang" ist in diesem Rahmen das Sinnbild der Freiheit, des Charakters und des Stolzes. Ihm (bzw. dem „ungebrochenen Rückgrat") entspricht also die Würde des Menschen, im Gegensatz zur Demutshaltung des (auf dem Boden) liegenden Menschen (vgl.: jmdn. in den **Staub** treten/ziehen).

ohne **Rücksicht** auf Verluste [Verluste]

einen **Rückzieher** machen
→ **Abstand** nehmen von etwas [Unterlassung]

am **Ruder** sein [Macht]
→ ans **Ruder** kommen

jmdn. ans **Ruder** bringen (umg.) [Hilfe]
→ ans **Ruder** kommen

das **Ruder** in der Hand haben
→ das **Steuer** führen

ans **Ruder** kommen
an die Macht kommen [Machtergreifung]
„Wenn erst einmal die junge Generation ans Ruder kommt, werden sich Maßnahmen des Umweltschutzes eher politisch durchsetzen lassen als bisher."
Redensarten mit Ausdrücken wie *Ruder, Segel, Steuer* usw. basieren auf der Seefahrtsmetaphorik, die wiederum verschiedene Bildfelder versorgt. So wird gelegentlich das Leben als Seereise aufgefaßt (vgl.: {Lebensreise}), auf der man *Schiffbruch erleiden* kann. Ein altes und breit gefächertes Bildfeld ist das {Staatsschiff}, das auch als kollektive Lebensreise einer sozialen Gemeinschaft aufgefaßt werden kann. Das Staatsschiff hat die Staatsbevölkerung als Passagiere und die „Regierungsmannschaft" als Besatzung. Sie bestimmt den Kurs, indem sie Steuer oder Ruder bewegt. In der Seemannssprache entspricht das Ruder dem „Steuerruder", das ursprünglich nur ein etwas größeres Ruderblatt war.

rufen: wie gerufen kommen (umg.)
zufällig zur rechten Zeit kommen, weil man gerade gebraucht wird [Nützlichkeit]
„Du kommst wie gerufen. Kannst du mal

eine Stunde Babysitter spielen? Ich müßte nämlich ganz dringend zum Zahnarzt!"

ein **Rufer** in der Wüste
[Vergeblichkeit] [Warnung]
Die Wendung bezieht sich auf Jesaia 40,3.

nun hat die liebe Seele **Ruh**
→ nun hat die liebe **Seele** Ruh

immer mit der **Ruhe**! (umg.)
nur keine Aufregung! [Beruhigung]
„Bedienung, wo bleibt eigentlich mein Bier, das ich vor einer halben Stunde bestellt habe?" „Nur immer mit der Ruhe! Ich bin doch kein D-Zug! Das Bier ist gleich da!"
Diese Wendung dient als Gesprächsfloskel der besänftigenden Abwiegelung einer (mehr oder weniger berechtigten) Ermahnung oder Aufforderung durch eine andere Person.

die **Ruhe** vor dem Sturm (gehoben)
1) *das Schweigen vor einer Auseinandersetzung* [Schweigen]
2) *die letzte ruhige Zeit unmittelbar vor einer größeren Aufregung/einem Ereignis* [Ruhe]
1) „Alle Vorstandsmitglieder saßen betreten herum und warteten auf den Vorsitzenden. Das unnatürliche Schweigen glich der Ruhe vor dem Sturm."
2) „Noch gegen 18 Uhr war das Bierzelt fast leer. Die Bedienungen genossen diese letzte Ruhe vor dem Sturm."
Diese sprichwörtliche Redensart basiert auf Naturbeobachtung und bezeichnet ursprünglich die Stille vor Ausbruch eines Gewitters. Literarisch durch Achim von Arnim (1781–1831) belegt.

jmd. ist die **Ruhe** selbst/hat die **Ruhe** weg (umg.)
jmd. ist sehr beherrscht/unerschütterlich [Selbstbeherrschung]
„Mein Mann ist wirklich die Ruhe selbst. Nicht einmal durch das Geschrei der Kinder läßt er sich zu einem unbedachten Wort hinreißen!"
Als *Ruhe* bezeichnet man zunächst einmal das Aufhören von Arbeit, Anstrengung und Mühe. Redensartlich wird dies übertragen auf die Pensionierung (vgl.: sich zur **Ruhe** setzen) bzw. auf Sterben und Tod (vgl.: die ewige **Ruhe**). Dazu tritt die Bedeutung der inneren Ruhe im Sinne eines harmonischen Gleichgewichtszustandes zwischen Bedürfnissen und Trieben einerseits sowie deren Erfüllung andererseits. Sprichwörtlich ist die Ruhe des Weisen, der die Dinge richtig einschätzt und daraus wahres Glück bezieht.

die ewige **Ruhe** finden [Tod]

jmd. hat die **Ruhe** weg
→ jmd. ist die **Ruhe** selbst

seine **Ruhe** haben wollen (umg.)
→ Null **Bock** [Unlust]

sich zur **Ruhe** setzen
pensioniert werden [Pensionierung]
„Wenn ich mich erst einmal zur Ruhe gesetzt habe, werde ich nach Südfrankreich ziehen und den Rest meiner Tage Seidenraupen züchten!"

nicht **ruhen** und nicht rasten
→ ohne **Rast** und Ruh [Fleiß]

sich nicht gerade mit **Ruhm** bekleckern (umg.)
sich durch schlechte Leistung blamieren [Blamage]
„Mit diesem Haus hat sich der Architekt nicht gerade mit Ruhm bekleckert! Es sieht abscheulich aus und fügt sich überhaupt nicht in die Umgebung ein!"
Die seit Mitte des 19. Jh. belegte Redensart ist eine scherzhafte Variante der älteren Form *sich mit Ruhm bedecken.* Die Blamage wird dabei als Fleck auf der „weißen Weste" des Unbescholtenen gesehen.

kein **Ruhmesblatt** sein für jmdn.
eine schlechte Leistung, die kein Lob verdient [Blamage]
„Die Art, wie er seine Familie behandelt, ist wirklich kein Ruhmesblatt für ihn. Ein wahres Wunder, daß seine Frau noch nicht die Scheidung eingereicht hat!"
Herkunft → **Lorbeeren** ernten

ein menschliches **Rühren** (gehoben)
das Bedürfnis, auf die Toilette zu gehen [Notdurft]
„Können wir mal irgendwo am Straßenrand anhalten? Ich verspüre nämlich ein menschliches Rühren!"
Diese Redensart ist eine Verdrehung eines Zitats aus Friedrich Schillers *Bürgschaft*: „‚Mich, Henker!' ruft er, ‚erwürget! / Da bin ich, für den er gebürget!' / (...) / Und zum Könige bringt man die Wundermär; / Der fühlt ein menschliches Rühren; / Läßt schnell vor den Thron sie führen." Der Zusammenhang zeigt, daß bei Schiller hiermit das echte Mitleid gemeint ist. Die spöttische Verdrehung des Sinnes dieser Wendung ist kein Einzelfall. Im 19. Jh. gab es unzählige Parodien auf den pathetischen Stil dieses Klassikers, die deshalb volkstümlich waren, weil noch das Auswendiglernen von Gedichten gepflegt (und natürlich gehaßt) wurde.

es geht **rund**
1) *bei uns ist viel los* [Feier]
2) *es gibt viel zu tun/viel Arbeit* [Anstrengung]
3) *es wird heftig gezankt* [Streit]
1) „Heute abend feiert meine Schwester ihre Verlobung. Da geht es rund!"
2) „Heute hat der Sommerschlußverkauf begonnen. Ich kann dir nur sagen: In unserer Abteilung ist es rund gegangen wie nie zuvor! Mindestens 500 Kunden habe ich bedient!"
3) „Ruf schnell die Polizei an! Bei unseren Nachbarn geht's mal wieder rund!"

eine **Runde** ausgeben/schmeißen (umg.)
allen Anwesenden ein Getränk (meist Bier) bezahlen [Freigebigkeit]
„Du hast einen Sohn gekriegt? Da mußt du aber eine Runde ausgeben!"

eine **Runde** drehen
kreisförmige Bewegungen ausführen, insbesondere bei Tanz, Rennsport, Rundflug usw. [Tanz]
„Darf ich mit Ihrer Gattin einmal eine Runde drehen, Herr Doktor?"
Mit *Runde* werden wiederholte kreisförmige Bewegungen bezeichnet, wie sie insbesondere im (Fahrzeug-)Rennen üblich sind.

die **Runde** machen
überall bekanntwerden [Information]
„Die Nachricht von der Geburt unseres Sohnes hat schnell im ganzen Ort die Runde gemacht. Sogar der Bürgermeister hat schon gratuliert!"
Ähnlich wie in der Redensart *die besseren Kreise* wird hier der *Kreis der Eingeweihten* als Sitzrunde gesehen, in welcher die neue Information *von Mund zu Mund* geht. Derartige Redensarten beziehen sich auf alte germanische Versammlungs- und Beratungsgewohnheiten. Im höfischen Mittelalter lebten sie beispielsweise in der Sage von der „Tafelrunde" des König Artus fort.

etwas über die **Runden** bringen
[Beendigung]
→ (heil) über die **Runden** kommen

jmdm. über die **Runden** helfen
[Unterstützung]
→ (heil) über die **Runden** kommen

(heil) über die **Runden** kommen
eine Schwierigkeit meistern [Erfolg]
„In der Prüfung wurde ich ausgerechnet das gefragt, was ich nicht genau studiert hatte. Aber ich bin dann doch noch heil über die Runden gekommen."
Die Kampfzeit im Boxsport ist in Runden eingeteilt. Die Redensart besagt wörtlich, daß man einen Kampf übersteht, ohne k.o. geschlagen zu werden. Im übertragenen Sinne geht es darum, eine schwierige Situation zu bewältigen.

über die **Runden** kommen
mit seinem Geld auskommen [Geld]

etwas **rundweg** ablehnen/abschlagen/verneinen
etwas voll und ganz ablehnen usw.
[Ablehnung]
„Kaum zu fassen, der Direktor hat meine Bitte um eine Gehaltserhöhung rundweg abgelehnt."
Der runde Kreis gilt wahrnehmungspsycho-

logisch als *prägnante* (charakteristische, vollkommene) Gestalt. Mit *rund* werden daher auch in abgeleiteter Verwendung vollkommene Dinge (vgl.: eine runde **Sache**) bezeichnet, aber auch klare, einfache, deutliche und offene Aussagen: *ein rundes* (abgewogenes) *Urteil*, *ein rundes* (offenes) *Wort, ein rundes Bekenntnis* u. a. m. Man kann auch etwas *rund heraus* (offen, ohne Furcht oder Vorbehalte) äußern, sagen, fragen usw. *Rundweg(s)* ist dem bedeutungsähnlichen *geradewegs* nachgebildet und seit dem 18. Jh. bezeugt.

mit eiserner **Rute** (auskehren) (gehoben)
mit großer Strenge und Rücksichtslosigkeit
[Strenge]
„Dieses heruntergekommene Land muß vor einer Demokratisierung zunächst einmal einige Jahre mit eiserner Rute regiert werden!"
Die Rute war früher ein gefürchtetes Züchtigungsmittel, die Rutenschläge selbst eine entehrende Strafe für den freien Mann. Aus diesem Gebrauch wurden allmählich alle Arten der weltlichen oder göttlichen Strafe mit der Rute (bzw. Geisel Gottes) versinnbildlicht.

an etwas ist nicht zu **rütteln** (umg.)
etwas läßt sich nicht ändern
[Unabänderlichkeit]
„Und wenn du dich auf den Kopf stellst: Das Urteil des Verwaltungsgerichts ist gut begründet. Daran ist nicht zu rütteln!"

mit dem **Säbel** rasseln
mit Krieg drohen [Aggression]
„Früher war das Rasseln mit dem Säbel ein normales Werkzeug der Politik. Heute hat man dafür kein Verständnis mehr."
Waffe und Begriff stammen aus dem östlichen Europa, wo seit dem Mittelalter das einschneidige gekrümmte Schwert üblich war und im Gegensatz zum zweischneidigen geraden Langschwert des Westens stand. In den mittelalterlichen Chroniken ist der Säbel die typische Waffe der Heiden.

das ist so eine **Sache** (umg.)
das ist bedenklich/gefährlich [Bedenken]
„In einem Rutsch von Hamburg nach Sizilien zu fahren: Das ist so eine Sache. Ich persönlich würde davon abraten!"
Die älteste Bedeutung von *Sache* ist *Zwist, Streitigkeit*. Sie hat sich im juristischen Sprachgebrauch noch erhalten („in der Sache Kramer gegen Kramer ergeht folgendes Urteil…"). Daneben bezeichnete *Sache* die Quelle, den Grund des Streits, des Vergehens. Dies entspricht im romanischen Raum der Entwicklung von lat. *causa* (Grund) zu franz. *chose* (Sache). Aus dem Gerichtsverfahren heraus entwickelt sich dann weiterhin die Bedeutung: *das, was jemand vertritt,* seine *Pflicht* und *Aufgabe*. Sie erhält sich in Wendungen wie *für seine Sache werben/kämpfen* usw. Von hier ist es nur noch ein Schritt zu den allgemeinsten aller Bedeutungen: *Angelegenheit, Gegenstand, bewegliches Eigentum* (vgl.: seine sieben **Sachen** packen). Auf die alten Bedeutungskomponenten, weisen heute noch Ableitungen wie *Sachwalter* oder *Widersacher* hin. In den Redensarten mit *Sache* finden sich teilweise Reste des älteren (juristischen) Gebrauchs. Andererseits wird *Sache* ähnlich wie *Ding, machen* und andere vage Begriffe) gerne als Passepartoutwort gebraucht. Man erspart sich damit im Einzelfall die Spezifizierung und legt sich nicht fest, kann aber auch bequem „verhüllend" über unliebsame oder tabuisierte Themen wie die Sexualität oder den Tod sprechen (Hüllformeln).

die **Sache** ist geritzt (umg.)
das ist jetzt abgemacht, das klappt so wie besprochen [Beschluß]
„Also, die Sache ist geritzt. Wir fahren nach Meran. Aufbruch morgen früh, acht Uhr!"
Die Herkunft der Redensart ist unklar. Da mit *ritzen* meist kleine Verletzungen der Haut bezeichnet werden, könnte ein Bezug zum *Bluteid* vorliegen. Die ursprüngliche Bedeutung der Redensart wäre dann: *Der Beschluß ist durch Bluteid besiegelt.*

zur **Sache**
bitte nicht abschweifen!, bitte konzentrieren! [Pointierung]
„Zur Sache bitte! Lassen Sie diese Randbemerkungen bitte sein, Herr Zeuge!"
Diese Wendung ist eine Abkürzung der Form *zur Sache kommen.*

zur **Sache**, Schätzchen (scherzhaft)
Aufforderung, zum Thema zu kommen [Weitschweifigkeit]
Die Wendung ist der zur Redensart gewordene Titel eines deutschen Spielfilms aus dem Jahr 1968, der in der Schwabinger Szene spielt.

eine abgekartete **Sache** (umg.)
→ eine **abgekartete** Sache

eine krumme **Sache** (umg.)
→ ein krummes **Ding**

die Natur der **Sache**
→ die **Natur** der Sache

eine runde **Sache** (umg.)
eine großartige/gelungene Angelegenheit [Qualität]
„Die Geburtstagsparty war wirklich eine runde Sache: feine Speisen und Getränke, nette Leute, gute Musik und eine dufte Stimmung!"

etwas ist nicht jedermanns **Sache**
etwas gefällt nicht jedem [Geschmack]
„Die abstrakte Kunst ist nicht jedermanns Sache."

bei der **Sache** sein
aufmerksam sein/zuhören
[Aufmerksamkeit]
„Könnten Sie das bitte noch einmal wiederholen? Ich war nicht ganz bei der Sache!"
Herkunft: → das ist so eine **Sache**

das tut nichts zur **Sache**
das ist nicht so wichtig! das interessiert in diesem Fall nicht! [Unwichtigkeit]
„Ich rufe wegen der Wohnung an, die Sie annonciert haben. Ich habe zwar keine Kinder, aber eine Katze!" „Das tut nichts zur Sache! Katzen machen keinen Lärm. Sie können sich die Wohnung gerne einmal anschauen!"
Diese Wendung ist aus der Fachsprache des Gerichts in die Umgangssprache gekommen.

was sind denn das für **Sachen**! (umg.)
das ist unerhört! [Tadel]
„Kinder, was sind denn das für Sachen! Bindet sofort die Oma wieder los und nehmt ihr den Knebel aus dem Mund!"

scharfe **Sachen** (umg.)
1) *hochprozentiger Alkohol* [Alkohol]
2) *erotische Filme/Bücher/Witze* [Erotik]
1) „Mein Arzt hat mir geraten, keine scharfen Sachen mehr zu trinken. Daran werde ich mich auch halten!"
2) „Wenn die Kinder im Bett sind, schauen wir uns noch ein paar scharfe Sachen an!"
Herkunft → das ist so eine **Sache**

mit -zig **Sachen** (umg.)
mit einer Geschwindigkeit von -zig Stundenkilometern [Schnelligkeit]
„Nach unseren Messungen sind Sie mit mindestens 90 Sachen durch die Stadt gefahren. Dabei sind dort nur 50 erlaubt!"
Diese abkürzende Redensart hat sich in der Kraftfahrersprache des 20. Jh. entwickelt.

Sachen gibt's, die gibt's gar nicht! (umg.)
das ist ja toll!, das ist unglaublich!
[Überraschung]
„Gestern war es noch sehr kalt, und heute schwitzt man wie in einer Sauna – Sachen gibt's, die gibt's gar nicht!"
Diese Redensart mit der paradoxen logischen Struktur ist um 1890 entstanden.

mach **Sachen**! (umg.) [Überraschung]
→ **Sachen** gibt's, die gibt's gar nicht!

mach keine **Sachen**! (umg.)
1) *mach nichts Unerlaubtes!* [Warnung]
2) *(Ausruf des Erstaunens): Donnerwetter!* [Überraschung]
1) „Mach keine Sachen und stell die Flasche Whisky wieder ins Regal! Du weißt doch, daß der Arzt dir das Trinken verboten hat!"
2) „Der Michael hat ein Prädikatsexamen gemacht? Mach keine Sachen! Dabei wollte er doch schon das Studium hinschmeißen!"
Herkunft → **Sachen** gibt's, die gibt's gar nicht!

gemeinsame **Sache** machen mit jmdm.
sich mit jmdm. (meist zum Zwecke einer Straftat) verbünden [Komplizenschaft]
„Es würde mich nicht wundern, wenn der Revierleiter mit der Einbrecherbande gemeinsame Sache gemacht hätte. Die Einbrecher waren nämlich stets so gut informiert, daß man nicht an einen Zufall glauben mag!"
Herkunft → das ist so eine **Sache**

seine sieben **Sachen** packen
das nötige Gepäck zusammenpacken, um abzureisen oder auszuziehen [Weggang]
„Wenn es dir bei mir nicht gefällt, mußt du halt deine sieben Sachen packen und wieder zu deinen Eltern ziehen, meine Liebe!"
Die besondere Beachtung, die der Zahl sieben seit der Antike gewidmet wird (vgl.: ein **Buch** mit sieben Siegeln), geht wohl auf die Periode von jeweils sieben Tagen zurück, in denen der Mond eine seiner Formen (ab- und zunehmender Halbmond, Voll- und Neumond) zeigt. Die Erfindung der siebentägigen Woche verdanken wir den Babyloniern (um 1600 v. Chr.). Über das Juden- und Christentum ist die Sieben auch in deutsches Recht und Brauchtum gekommen: Sieben Zeugen werden als glaubwürdig angesehen, es gibt sieben Kurfürsten,

sieben Ratsherren, und am normalen großen Galgen ist Platz für sieben Gehenkte. Eine große Bedeutung hat die Sieben (auch in den Varianten sieben mal sieben, siebzig usw.) natürlich auch bei Fristen aller Art. Auch in der Sage und im Märchen dominiert die Sieben: Es gibt sieben Schwaben, sieben Geißlein, sieben Zwerge, und das tapfere Schneiderlein tötet sieben Fliegen auf einen Streich. Oft steht die Zahl sieben aber auch einfach ohne besondere Bedeutung als prototypische Zahl überhaupt. Dies trifft beispielsweise auf die Wendung *seine sieben Sachen packen* zu. Hier hat die Sieben allerdings auch den Nebensinn des Kleinen und Armseligen. Negativ bewertet ist die Sieben auch in Zusammensetzungen wie *siebengescheit* (jmd. der sich für besonders gescheit hält), einem Adjektiv aus dem schwäbisch-fränkischen Raum.

seine **Sache** verstehen/gut machen
seinen Beruf (und anderes) gut beherrschen [Können]
„Geh zum Rechtsanwalt Becker! Der versteht seine Sache und wird den Prozeß sicher gewinnen!"
Herkunft → das ist so eine **Sache**

von keiner **Sachkenntnis** getrübt
[Uninformiertheit]

ein lahmer/müder/trauriger **Sack** (umg.)
ein unbrauchbarer/energieloser Mensch [Versager]
Der Begriff *Sack* geht über lat. *saccus* bis auf phönizisch/hebräisch *sak* (Sack, grobes Gewand) und sogar assyrisch *sakku* (Sack, Büßergewand) zurück. Römische Kaufleute haben ihn schon zu Cäsars Zeit zusammen mit Wörtern wie *Arche, Kiste* und *Sarg* (von griech. *sarx* = Fleisch und *phagein* = fressen: *sarkophagus* = Fleischfresser) den keltischen, slawischen und germanischen Sprachen vermittelt. *Sack* bezeichnet also ein aus grobem Tuch verfertigtes Behältnis, das nur an einer Seite offen ist. Die Formlosigkeit des leeren Sacks hat zum redensartlichen Vergleich des „schlaffen" Menschen mit einem derartigen textilen Gewebe geführt.

mit **Sack** und Pack (Zwillingsformel)
mit allem, was man besitzt [Besitz]
„Unser Untermieter ist am Freitag mit Sack und Pack ausgezogen. Seine neue Anschrift kennen wir nicht."
Diese Wendung ist seit dem frühen Neuhochdeutsch belegt. Der *Sack* ist ein aus grobem Tuch gefertigter Behälter, *Pack* ein Bündel kleineren Ausmaßes. Zusammen besagt dies also: *mit der großen und der kleinen beweglichen Habe*. Häufig hat sie einen leicht verächtlichen Nebensinn.

voll wie ein **Sack** (umg.)
sehr betrunken [Trunkenheit]
„Berthold war gestern voll wie ein Sack. Er verträgt nur sehr wenig Alkohol."

in **Sack** und Asche gehen (gehoben)
reumütig, schuldbewußt sein [Reue]
Die Redensart verbindet die Asche als Zeichen der Buße und Trauer sowie das sackartige und rauhe Gewand des Büßers.
Vgl.: sich **Asche** aufs Haupt streuen.

tief in den **Sack** greifen (umg.)
→ tief in den **Säckel** greifen

einen **Sack** Flöhe hüten
→ einen Sack **Flöhe** hüten

die Katze im **Sack** kaufen
→ die **Katze** im Sack kaufen

schlafen wie ein **Sack**
→ schlafen wie ein **Mehlsack**

jmdn. in den **Sack** stecken (umg.)
jmdm. überlegen sein [Überlegenheit]
„Du willst gegen mich im Tennis antreten? Dich stecke ich doch dreimal in den Sack, du Anfänger!"
Die Redensart geht auf einen bis ins 16. Jh. ausgeübten scherzhaften Ringerstil zurück, bei dem derjenige Sieger war, der den anderen zuerst in einen Sack zu stecken vermochte.

ihr habt wohl daheim **Säcke** an den Türen? (umg.)
mach gefälligst die Tür zu! [Luftzug]

„He, du da, es zieht! Ihr habt wohl daheim Säcke an den Türen?“
Mit dieser Wendung wird scherzhaft jemand, der beim Betreten des Raumes die Tür offengelassen hat, dazu aufgefordert, diese wieder zu schließen. Der Aufgeforderte wird dabei gleichsam als jemand hingestellt, dessen Kulturstufe sich noch auf dem Niveau des Bewohners eines Zeltes oder eine Hütte (ohne feste Tür) bewegt.

tief in den **Säckel** greifen (umg.)
sehr viel Geld ausgeben [Ausgaben]
„Die Stadt muß jedes Jahr tief in den Säckel greifen, um die Verluste bei den öffentlichen Schwimmbädern auszugleichen.“
Säckel, die Verkleinerungsform von Sack, bezeichnet bevorzugt den Geldbeutel.

in eine **Sackgasse** geraten/in einer **Sackgasse** sein
→ auf ein totes **Gleis** geraten
[Chancenlosigkeit]

ohne **Saft** und Kraft (umg., Paarformel)
ohne Schwung und Elan, kraftlos und unschlüssig [Schwäche]
„Wenn ich schon sehe, wie der Bernd an alles herangeht – ohne Saft und Kraft. Kein Wunder, daß er auch sein Studium nicht zielstrebig absolviert!“
Die Redensarten mit *Saft* beziehen sich häufig auf die uralte „Säftelehre“, welche die Entstehung von Krankheiten vorrangig auf eine fehlende Mischung der Körpersäfte zurückführt. Begründer und Hauptvertreter dieser „Humoralpathologie“ (von lat. *(h)umor* = Saft, Flüssigkeit) waren Empedokles, Hippokrates und Galen. Dabei wurden vier Körpersäfte in Parallele zu den vier Elementen gesetzt, denen sie in den Elementareigenschaften entsprachen: Das Blut (warm und feucht) entsprach der Luft, die gelbe Galle (warm und trocken) dem Feuer, die schwarze Galle (kalt und trokken) der Erde und der Schleim (kalt und feucht) dem Wasser. Den vier Kardinalsäften entsprachen die vier Temperamente (lat. *temperare* = mischen, mäßigen): Je nach der Dominanz eines der Säfte ist der Mensch demnach ein Sanguiniker (lateinisch *sanguis* = Blut), ein Phlegmatiker griech. *phlegma* = Schleim), ein Melancholiker (griech. *melancholos* = schwarze Galle) oder ein Choleriker (*cholé* = gelbe Galle). Neben der falschen Mischung der Körpersäfte konnten auch deren „Brand“ (Fieber) oder Zersetzung zu pathologischen Zuständen führen. Geheilt wurden sie durch Gegenmaßnahmen wie Aderlaß, Blutreinigung und Diät. Patienten, die an einer warmen und trockenen Krankheit litten, bekamen kühlende Nahrung (Lattich, Kresse u.ä.) usw. Diese Anwendung des Analogieprinzips (Saft = Kraft) entspricht der charakterlichen Typenlehre auf der Grundlage der Physiognomik (vgl.: seine **Nase** gefällt mir nicht). Physiognomik und Säftelehre stellten auch ein reichhaltiges Repertoire an Charakterisierungsmöglichkeiten für literarische Gestalten bereit (vgl.: ein **Ritter** von der traurigen Gestalt). Von redensartlicher Relevanz sind beide stets dann, wenn aus äußerlichen Eigenschaften auf charakterliche Werte geschlossen wird oder seelische Qualitäten und Gefühle mit Farben (vgl.: der gelbe **Neid**) assoziiert werden.

im eigenen **Saft** schmoren (umg.)
in der (selbstverschuldeten) schlechten Situation bleiben [Isoliertheit]
„Michael will nicht mit in Urlaub fahren? Dann soll er doch zu Hause bleiben und im eigenen Saft schmoren!“
Die Redensart verwendet ein Bild aus dem Bereich des Kochens und Bratens, um die mißliche Lage des isolierten und eigenbrötlerischen Menschen zu charakterisieren.

sagen wir (mal) (umg.)
als Beispiel sei genannt [Beispiel]
„Wenn wir, sagen wir mal, 200 Mark im Monat zurücklegen, könnten wir wohl davon einmal im Jahr in Urlaub fahren?“

ich will dir mal was **sagen** (umg.)
Beachte meine Worte!, Ich warne dich! [Verstärkung]
„Ich will dir mal was sagen: Entweder zu hilfst mir beim Rasenmähen oder du bekommst kein Taschengeld!“

sagen: es ist nicht zuviel gesagt
es ist keine Übertreibung [Wahrheit]
„Es ist nicht zuviel gesagt, wenn ich behaupte, daß unsere Nachbarn nie vor drei Uhr nachts ins Bett gehen!"

sich nichts **sagen** lassen (umg.)
eigensinnig sein, trotzig sein [Trotz]
„Unser Sohn läßt sich einfach nichts sagen! Ich weiß gar nicht, was ich machen soll!"
Herkunft → etwas zu **sagen** haben

sich von jmdm. nichts **sagen** lassen (umg.)
von jmdm. keinen Rat/Befehl/Auftrag usw. annehmen [Zurückweisung]
„Ich ein Feigling? Das lasse ich mir von Ihnen nicht sagen, Sie Schlappschwanz!"
Herkunft → etwas zu **sagen** haben

das kann ich dir **sagen**! (umg.)
das sage ich ganz ernst/als Warnung mit Bestimmtheit [Verstärkung]
„Wenn Sie noch ein einziges Mal meine Frau beleidigen, dann werden Sie mich kennenlernen, das kann ich Ihnen sagen!"
Äußerungen, die einen Ausdruck des Sagens enthalten, nennt man metasprachlich bzw. metakommunikativ. Sie beziehen sich auf die Äußerung zurück und dienen als zusätzliche Erläuterung, Kommentierung, Verstärkung oder Ergänzung. Zu den Ausdrücken des Sagens gehören Verben wie *sagen, ausdrücken, erläutern*. Metasprachliche Indikatoren sind aber auch Begriffe, die das Verstehen („bitte verstehen Sie mich richtig…"), das Meinen („das habe ich nicht so gemeint"), oder Elemente der Stimme („Sie sprechen zu leise/undeutlich…") thematisieren. Häufig erscheint Metasprache auch in Rückfragen („könnten Sie das bitte wiederholen?") und in alltagsrhetorischen Floskeln (vgl.: mit sich **reden** lassen, vergiß deine **Rede** nicht, **kurz** und gut). Metasprachlich sind aber auch Ausdrücke, welche sich auf die Gesprächspartner beziehen („unter uns gesagt"), oder auf den Fortgang des Sprechens selbst („was ich noch sagen wollte…").

sagen: wem sagst du das! (umg.)
gerade ich weiß das sehr gut!
[Zustimmung]
„Nur durch Fleiß kommt man im Leben vorwärts!" „Wem sagst du das! Gerade das habe ich doch auch immer gepredigt!"

was Sie nicht **sagen**! (umg.)
das wußte ich noch gar nicht!, so eine Überraschung! [Überraschung]
„Die beiden haben geheiratet? Was Sie nicht sagen! Dabei kennen sie sich erst seit ein paar Wochen!"

das **sagen** Sie!
ich bin anderer Meinung!
[Meinungsverschiedenheit]
„Eigentlich braucht man doch keine Haftpflichtversicherung!" „Das sagen Sie! Wir waren neulich bei unserem Unfall froh, daß unsere Versicherung den Schaden voll abgedeckt hat. Ich wüßte gar nicht, was wir sonst getan hätten."

sagen: nun sag bloß (umg.)
das hätte ich nicht erwartet! [Überraschung]
„Nun sag bloß, du bist durch die Führerscheinprüfung gefallen!"

sagen: gesagt, getan
kaum war der Plan geäußert, da folgte auch schon die Tat [Unmittelbarkeit]
„Spontan hatte sie die Idee, nach Paris zu fahren. Gesagt, getan. Zwei Minuten später waren wir auf der Autobahn unterwegs."

sagen: laß dir das gesagt sein (umg.)
merke dir das!, das ist eine Warnung!
[Verstärkung]
„Du gehst nicht auf den Fußballplatz, bevor du nicht deine Hausaufgaben gemacht hast! Laß dir das gesagt sein!"

sagen: sage und schreibe (Paarformel, Stabreim)
ich übertreibe nicht (auch wenn es unglaublich klingt!) [Wahrheit]
„Für die Autofahrt nach Südfrankreich haben wir sage und schreibe 20 Stunden benötigt! Ab Lyon steckten wir in einem Stau!"
Diese Redensart ist möglicherweise eine Weiterbildung der älteren Form *singen und sagen*, welche die zweifache Tätigkeit des

Dichters zusammenfaßte. Die großen epischen Dichtungen des Mittelalters (*Nibelungenlied, Rolandslied* u. a.) wurden ja zumindest teilweise mit Instrumenten rhythmisch begleitet und gesungen. Dies gilt natürlich erst recht für die Minnelieder etwa eines Walther von der Vogelweide. Das Aufschreiben der mündlich weitergegebenen Sagen und Lied-Dichtung hat demgegenüber einen sekundären Charakter und erfolgte meist erst viel später. Vorformen dieser Wendung sind *singen und sagen* und *sagen und klagen.*

sagen: es ist (noch) nicht gesagt, daß .../ ob...
es steht (noch) nicht fest!, es ist (noch) nicht sicher! [Unsicherheit]
„Du willst ein neues Kleid kaufen? Es ist doch gar nicht gesagt, daß der Sommerball dieses Jahr überhaupt stattfindet! Warte lieber, bis wir eine Einladung haben!"
Gesagt hat hier die Bedeutung von *verkündet, öffentlich bekanntgegeben.*

sagen: unter uns gesagt
im Vertrauen gesagt, andere sollen das nicht hören/wissen
[Vertraulichkeit]
„Er soll ja einen guten Ruf als Chirurg haben, aber – unter uns gesagt – ich finde nicht, daß er besonders gute Resultate erzielt. Viele Patienten leiden auch noch nach der Operation an starken Schmerzen!"

sich etwas nicht zweimal **sagen** lassen
[Unmittelbarkeit]

das hat nichts zu **sagen**
das ist unwichtig [Unwichtigkeit]
„Die paar Wolken haben nichts zu sagen. Es wird wohl kein Gewitter geben!"
Die Wendung mit der Variante *das hat nichts zu bedeuten* bezieht sich auf den Zeichen-Charakter der Sprache und überträgt ihn gleichzeitig auf andere Zeichen oder Symptome/Indizien in allen Gebieten.

(jmdm.) nichts zu **sagen** haben
[Einflußlosigkeit]
→ etwas zu **sagen** haben

etwas zu **sagen** haben
1) *Einfluß/Befehlsgewalt haben* [Einfluß] [Macht]
2) *wichtig sein (im Sinne von Konsequenzen/ideeller Bereicherung u. a. m.)* [Wichtigkeit]
1) „Als ehemaliger Bundeskanzler hat Helmut Schmidt natürlich auch heute noch etwas zu sagen."
2) „Goethe hat uns auch heute noch etwas zu sagen."
Das Verb *sagen* und die Substantivierung *das Sagen haben* wird häufig im Sinne von Berechtigung, Macht, Mitspracherecht, Befehlsgewalt und Bedeutsamkeit gebraucht. Hierher gehören auch die Adjektive *vielsagend* (ein vielsagendes Lächeln) und *nichtssagend (ein nichtssagendes Buch/Gesicht, ein nichtssagender Geschmack* usw.)

das **Sagen** haben
→ etwas zu **sagen** haben [Macht] [Einfluß]

(aller-) erste **Sahne** sein (umg.) [Qualität]
→ erste **Garnitur**

die **Sahne** abschöpfen
→ den **Rahm** abschöpfen [Vorteil]

(ganz) andere **Saiten** aufziehen
→ alle **Register** ziehen [Anstrengung]

da haben wir den **Salat**! (umg.)
→ das ist eine schöne **Geschichte**!
[Unannehmlichkeit]

das **Salz** in der Suppe [Hauptsache]

jmdm. das **Salz** in der Suppe nicht gönnen
→ jmdm. nicht das **Schwarze** unter dem Nagel gönnen [Neid] [Mißgunst]

jmd. hat es (noch bei jmdm.) im **Salz** liegen (umg.)
jmd. ist noch nicht für etwas zur Rechenschaft gezogen worden; ein Streit ist noch nicht ausgetragen [Schuld]
„Ach, da kommt ja Peter! Der kommt mir gerade recht, denn er hat es noch bei mir im Salz liegen wegen der Schramme, die er mir ins Auto gemacht hat!"

Das Salz wurde früher häufiger zur Konservierung benutzt als heute. Das *Liegen im Salz* ist daher eine Metapher für das Gedächtnis oder die Erinnerung an einen alten, noch unausgetragenen Streit. Die heute kaum mehr verwendete Vollform lautet: *bei jmdm. noch einen Schinken im Salze haben*, wobei sinnbildliche Nähe besteht zu der Redensart: *sein Fett kriegen* mit der Bedeutung *Strafe*.

zur **Salzsäule** erstarren
plötzlich keine Bewegung mehr machen [Bewegungslosigkeit]
„Als Peter den großen Hund auf sich zulaufen sah, erstarrte er vor Schreck zur Salzsäule."
In der Bibel (1. Buch Mose 19) wird der Untergang der Städte Sodom und Gomorra geschildert. Lot und seine Familie sind die einzigen, die – von Engeln gewarnt – die Stadt Sodom verlassen dürfen. Sie werden jedoch ermahnt, bei der Flucht nicht stehenzubleiben und sich nicht umzusehen. Als es dann Feuer und Schwefel regnet, schaut Lots Weib hinter sich und erstarrt zur Strafe zu einer Salzsäule.

ein barmherziger **Samariter** [Helfer]
ein hilfsbereiter Mensch
Die Wendung ist biblischen Ursprungs (Luk. 10, 33).

samt und sonders (Paarformel, Stabreim)
alle miteinander [Ausnahmslosigkeit]
„Bei der Razzia wurden die Leute, die sich in dem Lokal aufgehalten hatten, samt und sonders auf die Wache mitgenommen."
Diese Redensart setzt sich aus zwei Begriffen zusammen, die sonst heute nicht mehr isoliert vorkommen: *samt* bedeutet *alle zusammen* und gehört zur Familie *insgesamt, zusammen, sammeln* und in die Nähe von (engl.) *same* (= derselbe) und *sameness* (= Gleichheit, Identität). *Sonder* bedeutet *einzeln, abgesondert, für sich* und findet sich wieder in den Worten *sonderbar, Sonderling* und *sondern. Samt und sonders* bedeutet also eigentlich: *alle und jeder einzelne*. Zu *samt* und *sammeln* gehört auch der Begriff *Sammelsurium*, der ursprünglich ein saures Gericht (*sur* = sauer) aus gesammelten Speiseresten bezeichnete. Dem niederdeutschen *Sammelsur* wurde dann eine scherzhafte lateinische Endung (-ium) angehängt, ähnlich den Begriffen *Brimborium* und *Lappalie*.

in **Samt** und Seide gekleidet (Paarformel, Stabreim)
in kostbarer/festlicher Kleidung [Kleidung]
„Bei der Wiedereröffnung der Staatsoper waren die Damen ausnahmslos in Samt und Seide gekleidet."
Der Samt ist ein ursprünglich in Ostrom hergestelltes, sechsfädiges Seidengewebe. Sein Name kommt von griech. *héx* (= sechs) und *mítos* (Faden) und ist über lat. *(e)xamitum* und (altfranz.) *samit* kurz nach 1200 übernommen worden. *Seide* ist dagegen schon im 8./9. Jh. am Niederrhein aus mittellat. *seta* ins Deutsche entlehnt worden. Die Kostbarkeit der über die Karawanenwege der sogenannten Seidenstraße aus Ostasien importierten Seide war schon im Altertum sprichwörtlich. *Samt und Seide* sind daher naheliegende Sinnbilder für äußersten Luxus. Daneben wird in redensartlichen Vergleichen auch die Weichheit und Zartheit dieser Textilien genutzt (eine Haut wie Samt und Seide).

jmdn. mit **Samthandschuhen** anfassen
→ jmdn. mit **Glacéhandschuhen** anfassen

wie **Sand** am Meer (umg.)
in sehr großer Zahl [Menge]
„Nette Menschen gibt's wie Sand am Meer. Dennoch ist es nicht einfach, jemanden zu finden, den man auch heiraten würde!"
Der *Sand am Meer* ist aufgrund seiner unüberschaubaren Menge ein altes Vergleichsobjekt. Allein im Alten Testament sind ungefähr 20 Belege dieses redensartlichen Vergleichs zu finden (1. Mos. 41, 49; Jos. 11, 4; Kön. 4, 20 u. a.), der über diesen Text auch ins Deutsche gekommen ist. Dort hat er sich in den älteren germanischen Vergleichsformen für Menge hinzugefügt, nämlich den Wendungen *wie Wassertropfen im See/im Meer* und *wie Blätter/das Laub im Wald*.

Sand im Getriebe (umg.)
ein verborgenes Hindernis [Behinderung]
„Mitarbeiter, die nicht richtig motiviert sind, stellen Sand im Getriebe einer Firma dar."
Sand und andere Fremdkörper im Getriebe einer Maschine führen zu deren Beschädigung.

auf **Sand** gebaut haben
sich nicht ausreichend abgesichert haben, sich auf Unzuverlässiges stützen [Gefährdung]
„Wenn Sie Ihre Geschäftspläne nur über Fremdkapital realisieren können, dann haben Sie auf Sand gebaut. Schließlich bedarf es dazu eines gehörigen Anteils an Eigenkapital!"
Diese Redensart ist im Bereich der Bauwerk-Metaphorik angesiedelt. Sand ist bekanntlich für Fundamente nicht tragfähig genug.

etwas in den **Sand** schreiben
etwas als verloren ansehen müssen [Vergessen] [Vergeblichkeit]
Sprichwörtlich für etwas, das keinen Bestand hat und bald wieder vergessen ist.
→ etwas in den **Schornstein** schreiben

in den **Sand** setzen/auf **Sand** sitzen/setzen (umg.)
beruflich/privat usw. nicht weiterkommen [Scheitern] [Stagnation]
„In dieser Position sitze ich erstmal auf Sand. Ich sehe nämlich keine Möglichkeit, in diesem Betrieb eine Karriere zu machen!"
{Lebensweg} {Lebensreise}

den Kopf in den **Sand** stecken
einer drohenden Gefahr durch ungeeignete Maßnahmen begegnen bzw. die Gefahr leugnen [Verdrängen]
„Es hat keinen Zweck, bei dieser wachsenden Kriegsgefahr den Kopf in den Sand zu stecken. Man muß aktiv etwas für den Frieden tun!"
Dem größten der lebenden Vögel, dem Strauß, wurde seit der Antike angedichtet, daß er bei Gefahr nicht wegrennt, sondern seinen Kopf in den Sand steckt, um den Feind nicht zu sehen. Daher auch die Wendung *Vogel-Strauß-Politik betreiben*, die auch in anderen Sprachen bekannt ist: franz. *une politique d'autruche* und engl. *an ostrich policy*. Alle Begriffe für *Strauß* beruhen auf lat. *struthio*, das als „undurchsichtiges Wort" schon dort verdeutlicht wurde durch *avis* (= Vogel). Aus *avis struthio* wurde dann span. *avestruz* und altfranz. *ostruche*, das sich zu den genannten franz. und engl. Wörtern weiterentwickelt hat. Der häufig verwendete Begriff *Vogel Strauß* (statt des mehrdeutigen *Strauß ausfechten* = streiten) folgt demselben Deutlichkeitsstreben wie die romanischen Entwicklungen mit *avis*.

jmdm. **Sand** in die Augen streuen (umg.)
jmdn. täuschen [Täuschung]
„Ich kenne dich genau! Es wird dir nicht gelingen, mir durch deine Geschichten Sand in die Augen zu streuen!"
Der Ausdruck geht auf die mittelalterliche Fechtkunst zurück. Ein Fechtkniff bestand darin, den Gegner dadurch zu irritieren und zu blenden, indem man ihm Staub und Sand gegen das Gesicht warf. {Geisteslicht}

im **Sande** verlaufen (umg.)
allmählich erfolglos aufhören [Ergebnislosigkeit]
„Die Ermittlungen nach den Tätern sind leider im Sande verlaufen."
Eine Spur im Sand zerrinnt bald, ebenso Wasser, das in den Sand gegossen wird. Daher auch *im Sande zerrinnen*.

der **Sandmann**/das **Sandmännchen** kommt (umg.)
(zu kleinen Kinder gesagt): der Schlaf kommt [Schlaf]
„Schnell ins Bett, Kinder. Bald kommt das Sandmännchen."
Als *Sand* bezeichnet man umg. auch die trockenen Körner, die sich nachts aus dem trocknenden Tränensekret an den Augen bilden. Diese Erscheinung ist für Kinder in der Figur des Sandmanns personifiziert worden. In der Romantik, die sich mit dem Motiv der *Nacht* und den „Nachtseiten" des Menschen beschäftigte, wird auch der Sandmann zum literarischen Stoff. In E.T.A.

Hoffmanns Erzählung *Der Sandmann* aus dem Jahre 1817 wird aus dem harmlosen Kinderschreck allerdings ein selbst für Erwachsene Figuren bedrohlicher Dämon.

sanft und selig entschlafen (umg., Paarformel)
ruhig sterben [Sterben]
„Gestern ist mein Großvater im Alter von 80 Jahren sanft und selig entschlafen."

da(rüber) schweigt des **Sängers** Höflichkeit
darüber spricht man nicht, weil es peinlich/taktlos wäre [Verschweigen]
„Warum die Verlobung schließlich wieder aufgelöst wurde? Darüber schweigt des Sängers Höflichkeit!"
Ein unbekannter Verfasser hat Anfang des 19. Jh. in Berlin ein schnell populär werdendes Lied veröffentlicht, dessen Refrain lautete: „Das verschweigt des Sängers Höflichkeit." Die Wendung wurde auch in allerlei Volksbüchern und Kalendern zitiert, so daß sie schnell zur Redensart wurde.

sang- und klang**los** (verschwinden) (Paarformel)
unbemerkt, ohne viel Aufhebens (weggehen) [Unauffälligkeit] [Weggang]
„Das Parkverbotsschild, über das wir uns alle so geärgert hatten, war eines Tages sang- und klanglos verschwunden. Niemand hat sich seither um seine Erneuerung gekümmert."
Sang ist ein veraltetes Wort für *Singen, Gesang*. Es hat sich nur in Verbindung mit *Klang* erhalten (*jmdn. mit Sang und Klang empfangen, jmdn. ohne Sang und Klang begraben* usw.) und in dem Substantiv *der Singsang*. *Sang- und klanglos* bezog sich ursprünglich nur auf Beerdigungen, bei denen nicht zu Ehren des Toten gesungen wurde und keine Glocke ertönte. Von daher hat sich eine leicht abfällige Nebenbedeutung der Redensart erhalten.

Sankt-Nimmerleinstag [Niemals]
→ **Ostern**

(dichtgedrängt) wie die **Sardinen**
→ (dichtgedrängt) wie die **Heringe**

sardonisches Gelächter
→ sardonisches **Gelächter**

Satansbraten
→ des **Teufels** Küche

jmdn./etwas **satt** haben (umg.)
jmdn./etwas nicht mehr ertragen können [Abneigung]
„Diesen Kerl mit seiner ständigen Angeberei habe ich gründlich satt!"
Satt bedeutet zunächst einmal, daß Hunger und Durst gestillt sind. Analog zu *sich satt essen* sind Wendungen wie *sich nicht satt sehen können* (etwas/jmdm. immer wieder sehen wollen) aufgekommen und insbesondere durch die Bibelübersetzung Luthers verbreitet worden. Häufig wird mit *satt* aber auch ein Überdruß ausgedrückt (sattsam bekannt sein, übersättigt sein) oder eine Menge (ein sattes Gehalt beziehen). Bezogen auf Farben bedeutet *satt: ein starker/tiefer Ton* (ein sattes Rot). Abneigung und Ekel werden häufig mit Begriffen der Verdauung ausgedrückt.

sich im **Sattel** halten/fest im **Sattel** sitzen
sich in einer führenden Stellung (gegen Angriffe) behaupten [Macht]
„Trotz des Bestechungsskandals konnte sich der Minister im Sattel halten."
Da die Germanen das Pferd erst spät als Haustier übernahmen, kamen auch die Anregungen für Reitwesen und Lederverarbeitung aus anderen Kulturen. Noch die Trajansäule in Rom zeigt die Germanen ohne den Sattel, der von südöstlichen Reitervölkern (wie den Skythen) erfunden wurde. In der höfischen Kultur des Mittelalters gab es natürlich ein reiches Repertoire an Sätteln, die durch ihre Verarbeitung vom Reichtum des Besitzers kündeten. Beim ritterlichen Zweikampf galt es, den Gegner vom Pferd zu stoßen. Die Knappen des Ritters hatten die Aufgabe, diesem mit seiner Rüstung in den Sattel zu helfen. Als besonders gewandt galt derjenige, der ohne Steigbügel in den Sattel gelangte, obgleich es eine weitere Aufgabe der Knappen war, ihrem Herrn den Steigbügel zu halten. Vgl.: aus dem **Stegreif**.

jmdn. in den **Sattel** heben
→ sich im **Sattel** halten

in allen **Sätteln** gerecht sein
zu allem zu gebrauchen sein, alles gut können [Können]
„Unglaublich, wie viele Funktionen er schon ausgefüllt hat! Er ist halt in allen Sätteln gerecht!"
Die Redensart meint eigentlich, daß man auf jedem Pferd reiten kann. *Gerecht* hat hier noch die alte Bedeutung *richtig*. Im gleichen Bilde bedeutet auch *sattelfest sein* nichts anderes als: *eine Sache gut beherrschen*. Hierher gehört auch das Verb *umsatteln* mit der Bedeutung *das Studium/den Beruf wechseln*. Die ursprüngliche Bedeutung war: *das Pferd wechseln, weil man mit dem ursprünglichen nicht zurecht kam.*

unter aller **Sau** (derb)
[Minderwertigkeit]
→ unter aller **Kanone**
→ **Schwein** haben

(laufen/fahren) wie eine gesengte **Sau** (derb)
sehr schnell laufen/fahren [Schnelligkeit]
„Fahr doch nicht so wie eine gesengte Sau! Wir werden in jedem Fall rechtzeitig ankommen!"
Die Haut der geschlachteten Schweine wird durch Absengen von ihren Borsten befreit. Der redensartliche Vergleich stellt denselben Vorgang bei der lebenden Sau vor, die sich dieser Tortur natürlich durch schnelle Flucht entziehen würde. Als Bezeichnung für den Menschen ist *Sau* stets ein grobes Schimpfwort, das sich häufig auf Unsauberkeit bezieht.

jmdn. zur **Sau** machen (derb)
→ jmdn. zur **Minna** machen [Tadel]

die **Sau** rauslassen (derb)
[Ausschweifung]

jmdm. **sauer** aufstoßen (umg.)
jmdm. später unangenehm werden, zu negativen Konsequenzen führen, zu bereuen sein [Nachwirkung]
„Daß du dein Studium ohne Abschluß abgebrochen hast, wird dir noch einmal sauer aufstoßen!"

auf etwas **sauer** reagieren
[Verärgerung]
→ **sauer** sein/werden

sauer sein/werden (umg.)
sehr ärgerlich sein/werden [Verärgerung]
„Onkel Peter wird sofort sauer, wenn er bemerkt, daß man ihn bloß ausnutzen will. Er hat da einen guten Instinkt!"
Die Geschmacksempfindung *sauer* wird im übertragenen Sinne zur Vermittlung der Bedeutungen *unangenehm, beschwerlich, ärgerlich* usw. verwendet. Vgl.: jmdm. das **Leben** sauer machen.

etwas wie **Sauerbier** anbieten/anpreisen
→ etwas wie saures **Bier** anpreisen

Saulus
→ **Paulus**

gib ihm **Saures**! (umg.)
1) *verprügle ihn!* [Prügel] [Aufreizung]
2) *sag ihm gehörig die Meinung! wehre dich tüchtig!* [Streit] [Aufreizung]
1) „Das ist der Kerl, der frech zu deiner Schwester war. Gib ihm Saures!"
2) „Hast du diese dummen Argumente gehört! Gib ihm Saures!"

in **Saus** und Braus leben (umg.)
sehr verschwenderisch und luxuriös leben [Verschwendung]
„Der Erbe des Vermögens lebte einige Jahre in Saus und Braus bis er das ganze Geld durchgebracht hatte und in Armut starb."
Saus ist ein älteres Wort für *das Sausen* und bezeichnet wie dieses das Geräusch des rauschenden und pfeifenden Windes. Dementsprechend ist Braus eine alte Kurzform für das *Brausen* der Meereswellen. Schon im Mittelalter werden beide Ausdrücke auf das lärmende und fröhlich schwelgende Wohlleben und auf Zecherei und Trunkenheit bezogen. Aus älteren Paarformeln (wie: *in Saus und Schmaus, in Saus und Luder*) hat sich im 17. Jh. die reimende Doppelform entwickelt, die heute gebräuchlich ist.

Schabernack treiben/machen (umg.)
Streiche ausführen, Unsinn machen [Unsinn]
„Kinder sollten ruhig Schabernack treiben dürfen, wenn sie dabei nur nicht zu weit gehen!"
Die genaue Herkunft des Wortes Schabernack ist unklar. Eine der Deutungen bezieht sich auf den alten Rechtsbrauch, einem Verbrecher als Zeichen seiner Gefährlichkeit den Nacken auszurasieren (auszuschaben). Dies trifft sich mit der Etymologie des Verbs *necken*, das ebenfalls auf das Substantiv *Nacken* zurückführbar ist und die bildliche Bedeutung *jmdm. im Nacken sitzen* (ursprünglich: *jemanden quälen/ärgern*) aufweist. Die frühesten Belege für *Schabernack* führen ins Jahr 1200, in dem über ein mittelrheinisches Weingut dieses Namens berichtet wird. Zwischen dem 14. und 16. Jh. entwickelt sich die heute geläufige Bedeutung.

in **Schach** halten
zurückhalten, nicht gefährlich werden lassen [Beherrschung]
„Dem Dompteur gelang es nur mit Mühe, die gereizten Raubtiere mit seiner Peitsche in Schach zu halten."
Der Name des römischen Staatsmannes Caesar ist in vielen Sprachen zur allgemeinen Bedeutung *Herrscher, König* umgedeutet und entlehnt worden. So hat sich über Ostrom aus (griech.) *kaisar* das deutsche Wort *Kaiser* ausgebildet; die slawischen Sprachen machten daraus *Zar* (in einem vergleichbaren Vorgang aber auch aus dem Namen Karls des Großen das russische *korol* = König). Auch das persische *Schah* (König) gehört hierher, das dem (ursprünglich aus Indien stammenden) Schachspiel seinen Namen gab. Der Name *Schach* wurde ab dem 11. Jh. zusammen mit dem Spiel allen europäischen Sprachen vermittelt. Ziel des Spiels ist es, den gegnerischen König zu schlagen. Die Redensart meint in diesem Zusammenhang: *der Figur des Königs alle Auswege versperren.*

jmdn. **schachmatt** setzen
→ **matt**

eine alte **Schachtel** (derb)
ein häßliches altes Weib [Weib]
„Deine Schwester Erna, diese alte Schachtel, hat sich wieder einmal unmöglich benommen. Die laden wir so schnell nicht mehr ein!"
Die Herkunft des Wortes *Schachtel* wird auf gotisch *skatts* (Geld) zurückgeführt, das sich auch zu *Schatz* weiterentwickelt hat. Über mittellateinisch *scatum* (Geld) hätte sich dann sowohl das deutsche *Schachtel* (Behälter für Geld) als auch ital. *scatola* (Behälter) ausbilden können, das seit dem 14. Jh. (Boccaccio) nachweisbar ist und seinerseits wieder als das Fremdwort *Schatulle* ins Deutsche gekommen ist. Schon seit dem 15. Jh. erscheint *Schachtel* auch als Schimpfwort für die Frau.

jmdm. brummt der **Schädel** (umg.)
jmd. hat Kopfschmerzen [Schmerzen]
„Immer wenn das Wetter umschlägt, brummt mir den ganzen Tag der Schädel!"
Der Begriff *Schädel* gehört fachsprachlich in den Bereich der Anatomie, wo er den von Fleisch, Haut und Hirn entblößten *Totenschädel* bezeichnet. In den oberdeutschen Dialekten wird *Schädel* meist synonym mit Kopf gebraucht, so daß viele Redensarten mit beiden Begriffen üblich sind. Auch für *Kopfschmerz* wird bairisch weithin *Schädelweh* gesagt. In der normalen Umgangssprache hat *Schädel* gegenüber *Kopf* den verstärkten Nebensinn der Härte und davon abgeleitet die Bedeutung *Starrsinnigkeit*, ähnlich dem *Dickkopf.*

sich den **Schädel** einrennen (umg.)
1) *etwas mit aller Gewalt versuchen* [Vergeblichkeit]
2) *an seinem Eigensinn scheitern* [Scheitern]
1) „Wenn das Projekt erst einmal vom Aufsichtsrat abgelehnt worden ist, können Sie sich den Schädel einrennen – es wird nichts ändern!"
2) „Mit seinem ungestümen Ehrgeiz wird er sich noch eines Tages den Schädel einrennen! Er handelt nämlich häufig allzu unbesonnen!"
Herkunft → jmdm. brummt der **Schädel**

sich für etwas/jmdn. zu **schade** sein
[Weigerung]

einen dicken/harten **Schädel** haben
→ einen harten **Kopf** haben

jmdm. eins über den **Schädel** geben
→ jmdm. eins über den **Kopf** geben

sich etwas in den **Schädel** setzen
→ sich etwas in den **Kopf** setzen

mit dem **Schädel** durch die Wand wollen
→ mit dem **Kopf** durch die Wand wollen

sich an jmdm./etwas **schadlos** halten
[Entschädigung]

das schwarze **Schaf** (in der Familie)
ein Familienmitglied, das nicht zur übrigen Familie paßt [Sonderling]
„Mein Onkel Albert ist das schwarze Schaf in der Familie. Er ist nicht Beamter wie die übrigen, sondern Kunstmaler!"
Das in Herden gehaltene Schaf ist insbesondere durch sein häufiges Auftreten in biblischen Gleichnissen sprichwörtlich geworden. Fast alle Wendungen, die Menschen mit Schafen vergleichen, haben hier ihren Ursprung. Das gilt auch für das „schwarze Schaf" (1 Mos. 30, 32); durch seine abweichende Farbe sticht es von den anderen ab. Das archaische Gesellschaftsmodell der Schafherde mit ihrem Hirten eignet sich offenbar gut dazu, die Masse und ihre Individualisten einander gegenüber zu stellen: Davon zeugt die redensartliche Redeweise vom *verirrten Schaf*, das der Hirte in die Herde zurückholt, sowie vom *räudigen Schaf*, das die anderen Tiere der Herde ansteckt. Andere Redensarten betonen den hohen Wert des Tieres für eine ursprüngliche Lebensgemeinschaft (vgl.: seine *Schäfchen* ins trockene bringen), aber auch seine angebliche Dummheit. „Du Schaf" ist insofern eine vorwiegend an weibliche Wesen gerichtete liebevolle Schelte.

seine **Schäfchen** ins trockene bringen (umg.)
sich seinen Vorteil sichern [Gewinn]
„Als Finanzfachmann hat er schon vor diesem inflationären Schub durch den Ankauf von Grundstücken seine Schäfchen ins trokkene gebracht."
Diese seit dem Jahr 1597 belegte Wendung bezieht sich wohl auf die Krankheitsanfälligkeit der Lämmer, die noch kein ausreichend dichtes Wollkleid entwickelt haben. Vielleicht ist auch an den Schaf- oder Leberegel zu denken, einen Parasiten, der in sumpfigen Wiesen lebt und hohe Verluste durch Massensterben verursachen kann. Die trockene Weide empfiehlt sich daher als geeigneter und sicherer Aufenthaltsort für die Herde.

die **Schafe** von den Böcken trennen/scheiden/sondern
die Guten von den Bösen trennen/scheiden [Unterscheidung]
„Je größer die Abteilung ist, desto schwieriger ist es für den Abteilungsleiter, unter seinen Angestellten die Schafe von den Böcken zu sondern."
Der uralte Schäferbrauch, die Herde nach Geschlechtern zu trennen, wird schon in der Bibel (Matth. 25, 32) gleichnishaft verwendet, um die Trennung der Sünder von den Seligen beim Jüngsten Gericht bildhaft darzustellen.

schaffen: wie geschaffen
gut geeignet [Eignung]
„Durch Ihre besonderen Kenntnisse sind Sie für diesen Posten wie geschaffen, Herr Meier!"

was habe ich damit zu **schaffen**? (umg.)
was habe ich damit zu tun?

ich will nichts zu **schaffen** haben mit jmdm./etwas (umg.)
ich will nichts zu tun haben mit jmdm./etwas

jmdm. (viel/schwer) zu **schaffen** machen (umg.)
jmdm. viel Schwierigkeiten/Sorge/Mühe bereiten [Schwierigkeiten]
„Diese andauernde Hitzewelle macht vielen Leuten zu schaffen."

sich in **Schale** werfen/in **Schale** sein (umg.)
besonders gut/vorschriftsmäßig gekleidet sein [Kleidung]
„Für einen Besuch in der Oper muß man sich in Schale werfen, wenn man nicht unangenehm auffallen will."
Für diese Redensart gibt es verschiedene Deutungen. Naheliegend ist es, die Schale im Gegensatz zum Kern als äußere Hülle oder bloße Äußerlichkeit anzusehen. Daneben ist nicht auszuschließen, daß es sich um eine Übernahme und Lehnübersetzung aus dem Rotwelsch handelt, wo *klipha* (Schale) für *Kleidung* gebräuchlich war. Aus diesem Wort hat sich auch das deutsche Wort *Kluft* (Arbeitskleidung) entwickelt.

jmd. hat den **Schalk** im Nacken
→ jmd. hat den Schalk im **Nacken**

Schall und Rauch sein (Paarformel)
bedeutungslos sein, schnell vergessen sein [Unwichtigkeit] [Vergänglichkeit]
Diese sprichwörtliche Redensart ist ein Zitat aus Goethes *Faust I*, Szene *Marthens Garten*. In der Szene stellt Margarete Faust die sogenannte Gretchenfrage: „Nun sag', wie hast du's mit der Religion?". Faust erläutert ihr darauf seinen erweiterten Gottesbegriff: „Nenn' es dann wie du willst, / Nenn's Glück! Herz! Liebe! Gott! / Ich habe keinen Namen / Dafür! Gefühl ist alles; / Name ist Schall und Rauch, / Umnebelnd Himmelsglut."

(frei) **schalten** und walten (Zwillingsformel)
nach eigener Entscheidung und Verantwortung handeln [Selbständigkeit]
„Da er Prokura besaß, konnte er in der Firma schalten und walten, wie er wollte. Leider hat er das in betrügerischer Weise ausgenutzt!"
Die ursprüngliche Bedeutung von schalten war: *mit der Ruderstange ein Schiff fortbewegen*, später auch: *schieben, führen, lenken*. In der Redensart hat *schalten* die Bedeutung des leicht mißbräuchlichen, unbeschränkten Verfügens über Personen und Sachen, ähnlich wie *walten* (regieren, führen), das noch in Begriffen wie *Gewalt*, *Verwaltung* u. a. erhalten ist. Das ebenfalls hierher gehörende *seines Amtes walten* klingt heute dagegen veraltet, ebenso wie: *das walte Gott!* und das aus Schillers *Lied von der Glocke* bekannte Zitat: „Und drinnen waltet / Die züchtige Hausfrau / Die Mutter der Kinder / Und herrschet weise / Im häuslichen Kreise ..."
Zu schalten gehört auch das Schaltjahr, das noch die sinnliche Komponente des „Einschiebens" der Bootsstange aufweist. Nahe dieser Grundbedeutung stehen auch die Bildungen *Lichtschalter* und *Gangschaltung*, zu denen es mittlerweile in den Fachsprachen der Technik weitere Ergänzungen gibt. Der *Schalter*, an dem man Fahrkarten kaufen kann, bezieht seinen Namen von den einziehbaren Rolläden, mit denen er verschlossen werden kann.

nicht so schnell **schalten** können
→ langsam **schalten**

langsam **schalten**
begriffsstutzig sein, nur langsam denken können [Begriffsstutzigkeit]
„Erzähl dem Otto den Witz noch einmal. Er schaltet langsam und hat ihn beim ersten Mal nicht verstanden!"

alle **Schaltjahre**
→ alle **Jubeljahre**

zu jeder/allen **Schandtat(en)** bereit sein (umg.)
bereit sein, alles zu tun, was notwendig ist/ was Spaß macht [Bereitschaft]
„Ob ich mitkomme auf die Party? Natürlich! Ich bin zu allen Schandtaten bereit!"
Das mit *Scham* verwandte Wort *Schande* hat zu einer großen Fülle von Ableitungen geführt, die alle die Grundbedeutung *Beschädigung der Ehre, Verderbnis, moralische Verkommenheit* zum Inhalt haben. Eine Schandtat ist in diesem Sinne ein besonders verwerfliches Verbrechen. Redensartlich wird der Begriff allerdings nur scherzhaft gebraucht.

sein Leben für jmdn. in die **Schanze** schlagen (veraltend)

sein Leben für jmdn. riskieren [Risiko]
„Im Krieg hat mancher Kamerad für einen anderen sein Leben in die Schanze geschlagen."
Das Wort *Schanze* bedeutet in dieser Redensart nicht *Wehrbau, Bollwerk*, sondern es hat die Bedeutung *Spiel* im Sinne der Redensart *etwas aufs Spiel setzen*. Schanze ist nämlich eine Ableitung von *cadere* (fallen) und *cadentia* (das Fallen der Würfel beim Spiel) und verwandt mit franz./engl. *chance* (= Vorteil). Das um 1200 entlehnte *Schanze* ist nur noch in dieser Wendung gebräuchlich und im Wort *Mummenschanz*. Letzteres bezeichnete einen Wurf in dem Glücksspiel *Mummen*, das zur Fastnachtszeit von verkleideten (vermummten) Gestalten gespielt wurde. Der Zusammenhang zum lautgleichen Begriff *Sprungschanze* ist unklar, obwohl auch hier die Bedeutung des „Vorteils" geltend gemacht werden könnte, weil die Schanze als Bollwerk gegen den Feind eine Deckung bot.
{das Leben ist ein Spiel}

in hellen **Scharen**
→ in hellen **Haufen**

scharf schießen
1) *mit scharfer Munition schießen* [Angriff]
2) *verletzende Dinge sagen, streiten* [Streit] [Argumentation]
1) „Auf dem militärischen Übungsplatz wird heute scharf geschossen."
2) „Im Wahlkampf ist es durchaus üblich, gegen den politischen Gegner scharf zu schießen."
Scharf gehört zum Stamme *schneiden* und ist insofern mit *Pflugschar* und *Schere* verwandt. Die schneidende oder stechende Wirkung scharfer Objekte ist schon früh im übertragenen Sinne gebraucht worden, etwa im Sinne von *Kontrast* (ein scharfer Gegensatz) und im Bereich der sinnlichen Wahrnehmung (ein scharfer Geschmack/Geruch, ein scharfer Schmerz). Aus der Komponente der Verletzung ergibt sich die Übertragung auf *scharfe Worte* oder (konkreter) auf das *Scharfmachen* von Geschützen und Gewehren. Daraus haben sich eine Reihe redensartlicher Sonderbedeutungen von *jemanden scharfmachen* entwickelt, die im Umfeld des Anreizens und Aufstacheln (begehrlich machen) angesiedelt sind.
{Argumentation ist ein Kampf}

scharf sein (umg.)
nach geschlechtlicher Befriedigung verlangen [Sexualität]
„Ich glaube, Peter ist scharf auf meine Schwester. Er kommt neuerdings fast jeden Tag zu Besuch!"

scharf sein auf jmdn./etwas (umg.)
sehr begierig sein auf jmdn./etwas [Begierde]
„Ich bin schon lange scharf auf dieses Motorrad."
Die von *scharfmachen* abgeleitete Redensart bezieht sich ursprünglich auf den *scharfen* (zur Jagd/Bewachung abgerichteten) *Hund*. Wer auf jmdn. oder etwas scharf ist, geht wie dieser rücksichtslos vor, um sein Ziel zu erreichen.

jmdn. **scharfmachen** (umg.)
1) *jmdn. aufhetzen/aufreizen* [Aufreizung]
2) *jmdn. erotisch anreizen* [Verlockung]
1) „Es wird nicht besonders schwierig sein, die Kollegen gegen diese Lohnkürzungen scharfzumachen und einen Streik zu organisieren!"
2) „Ziehen Sie bitte in Zukunft keine durchsichtigen Blusen mehr an, Fräulein Menke. Sie machen ja alle Kollegen scharf!"

eine **Scharte** auswetzen
einen Fehler wieder gutmachen, einen Mißerfolg durch einen Erfolg ausgleichen [Wiedergutmachung]
„In der ersten Prüfung habe ich nicht besonders gut abgeschnitten, aber ich werde durch verstärkten Fleiß versuchen, diese Scharte wieder auszuwetzen!"
Das mit *scharf* verwandte Wort *Scharte* bezeichnet eine durch Schneiden oder Bruch erzeugte Vertiefung oder Unebenheit, etwa an der Sense. Die Redensart vergleicht die Wiedergutmachung eines Fehlers oder Schadens mit dem Vorgang des Schleifens der Sense mit einem Wetzstein.

nicht der **Schatten** eines Beweises/Verdachts
nicht der geringste Anhaltspunkt für einen Beweis/Verdacht [Nichts]
„Es liegt nicht einmal der Schatten eines Beweises dafür vor, daß der Angeklagte an dem Verbrechen beteiligt gewesen wäre, Herr Richter!"
Herkunft: → in jmds. **Schatten** stehen

nur noch ein/der **Schatten** seiner selbst
sehr krank/abgemagert/geschwächt [Schwäche]
„Die Krankheit hat Herrn Meier wirklich sehr mitgenommen – er ist nur noch der Schatten seiner selbst. Vielleicht sollte er doch einmal Urlaub nehmen und in Kur fahren!"
In der *Pharsalia* des römischen Schriftstellers Marcus Annaeus Lucanus heißt es von Pompeius, von ihm sei nur der Schatten seines großen Namens geblieben.

das Reich der **Schatten** (gehoben)
das Totenreich [Tod]
„Ein uraltes literarisches Motiv hat den Besuch eines Sterblichen im Reich der Schatten zum Inhalt."
Schon im altägyptischen *Totenbuch* (16. Jh. v. Chr.) wird der Versuch unternommen, die Region zu beschreiben, in welche der Mensch nach seinem Tod kommen wird. Ein geeignetes Mittel, diese Region greifbar zu machen, ist der Unterweltsbesuch eines Gottes, Halbgotts oder Sterblichen. Der rückkehrende Besucher kündet den Irdischen dann von den Gefahren der Unterweltsfahrt, von den Wächtern des Totenreichs und von den Schatten oder Seelen, die dort gefangengehalten werden. Die konkreten Anlässe für den Besuch im Reich der Schatten sind je nach Mythos unterschiedlich. Der Sonnengott Re beispielsweise erkämpft sich jeden Abend die Einfahrt seiner Sonnenbarke in das Schattenreich, um den Toten der Unterwelt das Licht zu bringen. In Mesopotamien wird der jahreszeitliche Fruchtwechsel mit einem seit dem 3. Jahrtausend vor Christus belegten Unterweltssymbol erklärt. In Babylonien taucht erstmals das Motiv der Suche nach dem/der verstorbenen Geliebten auf. Theseus, Orpheus und Psyche unternehmen die gefahrvolle Reise aus eben diesem Grund. Die griech. und röm. Vorstellung von der Unterwelt ist stark durch orientalische Vorbilder beeinflußt. Erst durch diese wird das Schattenreich zum Ort der Qualen und sein Herrscher Pluto (Hades) zu einer Art Teufel. Der Zugang zur Unterwelt wird in tiefen Schluchten oder Höhlen vermutet, wobei häufig Gewässer (Acheron, Styx) die Grenze bilden. Eine besondere Rolle spielen der Fährmann Charon, der die Toten übersetzt, und der Höllenhund Zerberus, der den Zugang bewacht. Totenrichter entscheiden darüber, ob der Verstorbene ins Elysium (Himmel) oder in den Tartaros (Hölle) eingewiesen wird. Im Neuen Testament (Matth. 12 ff) wird auch eine Höllenfahrt Christi („descendus ad infernos") geschildert – ein Motiv, das die Brechung der Macht des Höllenfürstes dokumentieren soll. Als literarisches Thema bleibt der Unterweltsbesuch vor allem durch die Tradierung antiker Stoffe relevant. Ergänzt wird sie durch das Motiv der Herausholung eines Toten durch Magie und Zauberei, wie es etwa in Goethes *Faust II* anläßlich der Erweckung Helenas dokumentiert ist.

jmdm. wie ein **Schatten** folgen
jmdn. überallhin folgen [Verfolgung]
„Gemäß seinem Auftrag folgte der Detektiv der angeblich treulosen Frau wochenlang wie ein Schatten. Dennoch gelang es ihm nicht, ihr einen Fehltritt nachzuweisen."
Diese Wendung ist schon in der Antike geläufig. Der römische Dichter Plautus (gest. 184 v. Chr.) gebraucht sie in der Form „quasi umbra persequi".
Herkunft: → in jmds. **Schatten** stehen

über seinen eigenen **Schatten** springen
sich selbst überwinden; etwas tun, das dem eigenen Charakter widerspricht [Selbstüberwindung]
„Onkel Franz hat dir etwas zum Geburtstag geschenkt? Da ist er wohl über seinen eigenen Schatten gesprungen – sonst ist er dazu doch immer viel zu geizig!"

in jmds. **Schatten** stehen
wegen einer anderen Person keine Anerkennung finden, verkannt werden
[Verkennung]
„Die Kinder Thomas Manns standen lange im Schatten ihres so berühmten Vaters. Einige machten sich erst nach seinem Tod einen Namen."
Vor der Erfindung des elektrischen Lichts waren die sich im Kerzen- und Fackellicht bewegenden Schatten weit imposantere, den Aberglauben und die Gespensterfurcht nährende Erscheinungen als heute. Dem Volksglauben galt der Schatten als Symbol der menschlichen Seele. Der in Adelbert von Chamissos Märchennovelle *Peter Schlemihl* (1814) beschriebene Verkauf des Schattens an den Teufel zeigt diesen Zusammenhang sehr deutlich. Die Unkörperlichkeit des Schattens macht ihn auch zum Sinnbild der Vergänglichkeit und des Todes (vgl.: das Reich der **Schatten**) oder allgemeiner: der Kraftlosigkeit (vgl.: ein **Schatten** seiner selbst). Abergläubisch wurden auch andere seltsame Eigenschaften des Schattens beargwöhnt, beispielsweise, daß er einem unaufhörlich folgt, man aber niemals „über seinen eigenen Schatten springen" kann. Schließlich ist der Schatten noch das Sinnbild des Dunklen oder Verdunkelnden. Einer, der „in jmnds. Schatten steht", hat Probleme, seine Fähigkeiten „ins rechte Licht zu rücken". Dieser Gegensatz zwischen Licht und Schatten in ihrem jeweiligen metaphorischen Bedeutungsfeld wird seit der Bibel rhetorisch genutzt. Oft steht hier der Schatten aber auch als Refugium, das vor der brennenden Sonne schützt. In anderen Zusammenhängen gilt der Schatten als etwas, das den eigentlichen Ereignissen vorausgeht (vgl.: etwas wirft seine **Schatten** voraus) und sie somit *schattenhaft ahnen* läßt. Im Sinne von *schwacher Spur, Anschein* wird der Schatten in der Redeweise vom *Schatten eines Beweises* gebraucht.

jmdn./etwas/alles bisher Dagewesene in den **Schatten** stellen
jmdn. etwas/alles Bisherige übertreffen
[Übertreffen]
„Die Erfolge der modernen Medizin stellen alles bisher Dagewesene in den Schatten. Dennoch sind noch längst nicht alle Krankheiten besiegt!"
Herkunft → in jmds. **Schatten** stehen

etwas wirft seine **Schatten** voraus
ein Ereignis kündigt sich durch bestimmte Vorzeichen an [Vorzeichen]
„Der Staatsbesuch des Präsidenten wirft seine Schatten voraus. Schon seit dem Vorabend sind die Hauptstraßen der Stadt gesperrt."
Herkunft → in jmds. **Schatten** stehen

auf der **Schattenseite** des Lebens stehen
→ ein **Schattendasein** fristen

ein **Schattendasein** fristen
vom Schicksal wenig begünstigt sein, in ärmlichen Verhältnissen leben [Armut]
„Auch in unserer Wohlstandsgesellschaft stehen immer noch Menschen auf der Schattenseite des Lebens und sind auf Almosen angewiesen!"
Ein Schattendasein ist ein Leben, das nur ein Schatten wirklichen Lebens ist. Diese zunächst an antiken Vorstellungen angelehnte Redensart (vgl.: das Reich der **Schatten**) hat sich mittlerweile verallgemeinert. Die Schattenseite des Lebens ist die der Licht- oder Sonnenseite gegenübergestellte negative, unvorteilhafte oder qualvolle Seite des Lebens.

zur Sache, **Schätzchen**
→ **Sache**

eine **Schau** abziehen (umg.)
sich besonders auffällig benehmen, sich in übertriebener Weise zum Mittelpunkt machen [Auffälligkeit] [Angeberei]
„Erika hat gestern auf der Party eine Schau abgezogen, daß es beinahe schon peinlich war. Mit allen männlichen Wesen hat sie geflirtet, ohne Rücksicht auf deren weibliche Begleitung!"

das ist eine/die **Schau**! (umg.)
das ist großartig! [Bewunderung]
„Ihr beide wollt endlich heiraten? Das ist die Schau!"

seine **Schau** abziehen (umg.)
sich wie üblich angeberisch aufführen [Angeberei]
„Der Chef hat mal eben wieder seine Schau abgezogen und erklärt, daß ohne ihn im Betrieb gar nichts ginge. Ab und zu braucht er das eben zur Selbstbestätigung!"

mach nicht so 'ne **Schau**! (umg.)
[Tadel]
→ eine **Schau** abziehen

jmdm. die **Schau** stehlen (umg.)
jmdm. die erwartete großartige Wirkung nehmen [Beeinträchtigung]
„Das kleine Mädchen, das sein Gedicht aufsagte, hat durch seine Natürlichkeit sogar dem Staatspräsidenten die Schau gestohlen."
Diese Wendung ist eine Lehnübersetzung aus dem Englischen, wo es heißt: *to steal someone's show*
Herkunft → zur **Schau** tragen

zur **Schau** tragen
äußerlich zeigen [Zeigen]
„Obwohl er innerlich sehr wütend war, trug Peter eine große Gelassenheit zur Schau. Die Genugtuung, ihn wütend gemacht zu haben, wollte er seinen Gegnern nicht machen."
Das mit *schauen* (sehen, erblicken) und engl. *to show* (zeigen) verwandte Substantiv *Schau* bezeichnet die Handlungen des Zeigens und Schauens (Modenschau), aber auch den Gegenstand, der gezeigt und geschaut wird (Schauspiel). In der neueren Umgangssprache haben sich unter dem Einfluß des engl. *show* eine Reihe von Redensarten mit *Schau* ausgebildet, die einer saloppen Stilebene zuzurechnen sind: *eine Schau abziehen, jmdm. die Schau stehlen* u. a. m. Sie haben die Komponente der auffälligen Zur-Schau-Stellung, der Prahlerei und des übertreibenden Gepränges zum Inhalt, der sich durch die Nähe von Show und Varieté ergibt.

mit gebremstem **Schaum** (umg.)
ohne viel Energie und Aufwand, lustlos [Halbherzigkeit]
„Ich werde mich nur mit gebremstem Schaum um diese Position bewerben. Ich glaube nämlich nicht, daß ich überhaupt in die engere Wahl komme, weil über die Besetzung im Grunde genommen schon entschieden ist!"
Diese ganz junge Redensart ist der Werbesprache entnommen, genauer gesagt, der Fernsehwerbung für Waschmittel. Seit Ende der siebziger Jahre wird aus Gründen des Umweltschutzes der Anteil an Schaumverstärkern in Waschmitteln ständig verringert. Der Hausfrau wird der reduzierte Schaum als „gebremster Schaum" oder gar als „Schaumbremse" schmackhaft gemacht. Diese lustigen Neubildungen finden im übertragenen Sinne bezogen auf alle möglichen Arten von Aktivitäten ständig zunehmenden Gebrauch. Dies wird wohl auch durch die bereits ältere Wendung von den *Schaumschlägereien* (den aufgebauschten, aber inhaltsleeren Worten und Taten) erleichtert.

Schaum schlagen
die Dinge aufbauschen/übertrieben darstellen [Aufbauschung] [Übertreibung]
„Er ist eigentlich ein netter Kerl – wenn er bloß nicht immer dem Chef gegenüber soviel Schaum schlagen würde, um schnell Karriere zu machen!"
Als *Schaum* bezeichnet man eine größere Anzahl luftgefüllter Blasen eines ansonsten flüssigen Stoffs. Er entsteht meist durch heftige Bewegungen wie Schütteln oder Rühren. Als luftiges Nichts ist der Schaum das Sinnbild des Nichtigen und „Aufgeblasenen". Einen Menschen, der bei wenig Wissen und Können angeberisch prahlt, nennt man demnach auch einen *Schaumschläger*. Da der Schaum oft die unreinen Bestandteile einer Flüssigkeit enthält, hat er in der Bildung *Abschaum* eine verstärkte negative Bedeutung. Auch dieser Begriff wird als starke negative Bewertung auf Menschen bezogen (Der Abschaum der Menschheit hat sich hier versammelt.).

etwas mit dem **Schaumlöffel** gegessen haben (umg.)
eine positive Eigenschaft nicht besitzen [Mangel]

vom **Schauplatz** abtreten
→ von der **Bühne** abtreten

ein **Schauspiel** für Götter
→ ein **Anblick** für Götter

wir wollen den anderen kein **Schauspiel** bieten! (umg.)
wir müssen uns zusammenreißen!, wir machen uns lächerlich, wenn wir so weitermachen! [Selbstbeherrschung]
„Hör jetzt bitte auf so laut zu schimpfen! Die Leute drehen sich schon nach uns um! Wir wollen denen doch kein Schauspiel liefern!"
{Welttheater}

sein Licht unter den **Scheffel** stellen
→ sein **Licht** unter den Scheffel stellen

sich eine **Scheibe** von etwas/jmdm. abschneiden können (umg.)
sich ein Vorbild an etwas/jmdm. nehmen können [Nachahmung]
„Die Organisation des Betriebsausfluges war einfach großartig – da könnte sich manch professioneller Reiseveranstalter eine Scheibe von abschneiden!"
Diese Wendung erweckt die Vorstellung von einem Kuchen oder einer Wurst, von denen man ebenfalls gerne eine weitere Scheibe abschneidet, wenn sie von guter Qualität sind. Sie ist wohl erst im 20. Jh. entstanden. Möglicherweise handelt es sich dabei um eine Verballhornung der älteren Wendung *bei etwas gut abschneiden*, die sich allerdings auf die alte Berechnungsformel mittels des Kerbholzes bezieht und daher ursprünglich bedeutete: *einen Vorteil bei der Abrechnung erzielen*. Heute hat diese Redensart die allgemeine Bedeutung von *Erfolg*.

am **Scheideweg** stehen (gehoben)
eine wichtige und weitreichende Entscheidung treffen müssen [Entscheidung]
„Unsere Familie steht jetzt am Scheideweg – sollen wir uns ein eigenes Haus auf dem Lande oder eine Eigentumswohnung in der Stadt kaufen?"
Als *Scheideweg* bezeichnet man einen Punkt, an welchem sich mehrere Wege trennen (scheiden). {Lebensweg}

zum **Schein** etwas tun/sagen usw.
den Eindruck erwecken, als ob man etwas tut/meint usw. [Täuschung]
„Zum Schein habe ich seinem Plan zugestimmt, aber bloß, weil er mich sonst verprügelt hätte. Im Grunde halte ich davon nämlich nichts!"
Das mit *Schimmel* verwandte Substantiv *Schein* bezeichnet den leuchtend strahlenden Glanz (Sonnenschein), allgemein auch das Aussehen oder den äußeren Anschein einer Sache, der über ihren wahren Charakter täuschen kann. In Bildungen wie *wahrscheinlich* und *scheinbar* zeigt sich deutlich die Tendenz, mit diesem Grundwort den Gegensatz zur sicheren Wahrheit auszudrücken. In diesem Sinne ist auch die *Scheinheiligkeit* ein Vorgeben oder eine Täuschung, die der inneren Empfindung nicht entspricht. Das altdeutsche Recht hielt sich noch enger an die Grundbedeutung der klaren Erkennbarkeit und Sichtbarkeit, so daß noch heute in der juristischen Fachsprache die Wendung vom *offenbaren Schein* (Evidenzbeweis) gebräuchlich ist. Daraus haben sich die Nebenbedeutungen *schriftlicher Beweis, Dokument* abgeleitet, die heute vielfältig in Wortbildungen wie *Geldschein*, *Geburtsschein*, *Empfangsschein* usw. entfaltet sind.

den **Schein** wahren
→ das **Gesicht** wahren

vom **Scheitel** bis zur Sohle
ganz und gar, durch und durch [Vollständigkeit]
„Man sah es dem Herrn, der den Club betrat, sofort an – er war ein Gentleman vom Scheitel bis zur Sohle."
Das von *scheiden* (trennen) abgeleitete Wort *Scheitel* bezeichnet den oberen, *Sohle* den unteren Begrenzungspunkt des menschlichen Körpers. Schon seit Jahrhunderten werden diese beiden Extrempunkte dazu verwendet, den ganzen Menschen – auch im Sinne seiner geistig/moralischen Eigenschaften – zu symbolisieren. Dichterisch

gewendet schreibt Goethe im Hymnus *Grenzen der Menschheit* über den Menschen: „Hebt er sich aufwärts / und berührt / mit dem Scheitel die Sterne, / nirgends haften dann / die unsicheren Sohlen.“

jmdn. über den **Schellenkönig** loben (veraltend)
jmdn. übertrieben loben [Lob]
„In dem Empfehlungsschreiben wurde die neue Sekretärin über den Schellenkönig gelobt, aber in Wahrheit taugt sie nicht besonders viel!“

ihm sitzt der **Schelm** im Nacken
→ ihm sitzt der Schelm im **Nacken**

nach **Schema** F (umg.)
etwas gemäß geltender Normen erledigen, nach Gewohnheit, schablonenhaft und bürokratisch [Normalität]
„Dieser Antrag bedarf genauer Überprüfung. Er darf nicht einfach nach Schema F behandelt werden!“
Das Schema F war eines der ersten Beispiele für die Gestaltung eines Dienstformulars. Die Frontrapporte des preußischen Heeres wurden nach einer knapp gegliederten Punkteskala aufgesetzt, die keine besonderen Umstände berücksichtigte. Mit dem Aufbau des preußischen Beamtenapparates kamen die Bürger mehr und mehr in Kontakt mit derartigen unsensiblen Verwaltungsakten, so daß sich die heutige abwertende Komponente der Redensart erklärt.

einander nichts **schenken**
im Sport mit vollem Einsatz kämpfen
[Einsatz]

schenken: geschenkt zu teuer
[Minderwertigkeit]

schenken: das ist ja halb (geradezu/beinahe) geschenkt (umg.)
das ist sehr billig/preiswert
[Preiswürdigkeit]
„Dieses Kleid kostete im Schlußverkauf nur 15 Mark!“ „Das ist ja geradezu geschenkt! Da hätte ich auch zugegriffen!“

Die älteste Bedeutung von *schenken* ist *einen Trank eingießen, zu trinken geben*. In Begriffen wie *Mundschenk, Ausschank* und *Schenke* (Wirtshaus) ist diese Herkunft deutlich zu erkennen. Aus dem Brauch, durch einen Trunk den Gast willkommen zu heißen und ihm zugleich den dargereichten Becher zu überlassen, hat sich die heutige Bedeutung *geben, überlassen* entwickelt. Die Popularität des Schenkens hat sich in verschiedenen Gesprächsfloskeln und Redensarten Ausdruck verschafft.

schenken: nicht geschenkt! (umg.)
auf gar keinen Fall!, niemals!
[Zurückweisung]
„Möchtest du nicht einmal mit auf unser Segelboot kommen?“ „Nicht geschenkt! Ich werde immer seekrank!“

schenken: mir wird aber auch gar nichts geschenkt! (umg.)
ich muß alles Unangenehme ertragen/durchmachen [Leiden]
„Ausgerechnet jetzt, wo wir uns gerade eingerichtet haben, wird uns die Wohnung gekündigt! Uns wird aber auch gar nichts geschenkt!“

das können wir uns **schenken** (umg.)
das brauchen wir nicht zu tun!
[Unnötigkeit]
„Die restlichen Punkte der Tagesordnung können wir uns für heute schenken. Schließlich haben wir morgen noch einen ganzen Verhandlungstag vor uns!“
Aus dem Aspekt der Freiwilligkeit des Schenkens hat sich eine Reihe von Verwendungen ausgebildet, die das Nicht-Notwendige oder die Unnötigkeit einer Handlung ausdrücken können.

in **Scherben** gehen
[Zerstörung]

es ist ein **Scherbengericht** gewesen
ein mehrheitlich gefaßtes negatives Urteil (über andere Personen) [Urteil]
„Wie die Vorstandswahlen abgelaufen sind? Es ist ein Scherbengericht gewesen! Dem alten Vorstand wurde ohne nähere Begrün-

dung das Vertrauen entzogen, und im neuen Vorstand sitzen lauter neue Mitglieder!"
Scherbengericht ist die von Herder vorgeschlagene deutsche Übersetzung des griech. Ausdrucks *ostrakismos* (von *ostrakon* = Tonscherbe). Seit Kleisthenes (509 v. Chr.) konnten politisch unliebsame Personen durch folgendes Verfahren verbannt werden: Jeder Teilnehmer am Scherbengericht ritzte auf eine Tonscherbe den Namen desjenigen, den er verbannt sehen wollte. Die Scherben wurden in einer Urne gesammelt und schließlich ausgezählt. Der Verbannte mußte Athen für zehn Jahre verlassen, wobei weder sein Vermögen angetastet wurde noch seine Ehre. Der *Ostrakismos* war also weniger eine Strafe als eine politische Maßnahme, um unliebsame Opposition aus dem Stadtstaat zu entfernen. Davon leitet sich die Nebenbedeutung eines eigentlich unverdienten Verdammungsurteils ab. Die Prozedur des Ostrakismos beschreibt Aristoteles in seiner *Politik* (III, 13). In archäologischen Ausgrabungen fanden sich Scherben mit Namen, die den Realitätsgehalt dieser Überlieferung bestätigen.

die **Schere** im Kopf
[Selbstzensur]

scheren: was schert mich das?
→ jmdn. **kaltlassen**

sein **Scherflein** zu etwas beitragen/beisteuern (umg.)
durch eine kleine Gabe zu etwas beitragen/sich beteiligen [Spende]
„Ich möchte zum Geburtstagsgeschenk für den Chef auch mein Scherflein beitragen. Sind zehn Mark wohl ausreichend?"
Scherflein ist eine Verkleinerungsform zu *Scherf,* welches der Name einer im 15. Jh. gängigen kleinen Münze geringsten Wertes war. Das Substantiv gehört zu angelsächsisch *sceorfan* (abbrechen, abnagen), das auch mit *Scherbe* verwandt ist. Althochdeutsch *screvon* und *Scherf* scheinen auf den germanischen Namen für eine römische Münze mit gezahntem Rand, den *nummus serratus* (Tacitus, *Germania* 5) zurückzugehen.

Scherz beiseite/ohne **Scherz** (umg.)
sprechen wir ernsthaft darüber! [Ernst]
„So, so, Sie sind also momentan Strohwitwer! Na, da ist ja wohl einiges gefällig! Aber Scherz beiseite – wann kommt Ihre Frau Gemahlin denn wieder zurück? Wir wollten Sie beide nämlich einmal zu uns einladen!"
Ein mittelhochdeutsches Substantiv *scharz* (Sprung), verwandt mit *Schalk* und *beschälen* (bespringen, begatten), bezeichnet das muntere Springen des ausgelassenen Tieres, später auch in der Ableitung *Scherz* die Munterkeit und das fröhliche Tun und Treiben des Menschen. Ein Scherz ist daher eine unernste und belustigende Aussage, die zum Lachen reizt. Scherz und Ernst sind zwei gegensätzliche Formen des wechselseitigen sozialen Umgangs. Sie müssen deutlich getrennt werden, um keine Mißverständnisse herbeizuführen. Zum Zweck dieser Trennung gibt es verschiedene Signale, die wir zu den alltagsrhetorischen Mitteln zählen: Ironie, Übertreibung, natürlich aber auch das sprachbegleitende Lachen oder Lächeln. Die Wendung *Scherz beiseite* zählt dagegen zu den Gesprächsfloskeln, mit denen eine Sphäre der Scherzhaftigkeit deutlich ausgeblendet wird, um der Ernsthaftigkeit der folgenden Äußerung Geltung zu verleihen.

jmdm. eine **scheuern** (derb)
[Ohrfeige]

mit **Scheuklappen** herumlaufen
1)*etwas nicht sehen/finden* [Nichtsehen]
2)*die Dinge nicht so sehen (wollen), wie sie wirklich sind* [Borniertheit] [Weltfremdheit]
1) „Du warst in der Stadt und hast keine Buchhandlung gefunden, um mir dieses Buch zu kaufen? Ja bist du denn mit Scheuklappen herumgelaufen? An jeder Ecke ist so ein Laden!"
2) „Ein Politiker, der heute noch an die Wiederherstellung des Großdeutschen Reiches denkt, muß doch geradezu Scheuklappen vor den Augen tragen! Schließlich ist die Geschichte weitergegangen!"
Die Scheuklappe ist ein am Kopf des geschirrten Pferdes angebrachtes Leder-

stück, das den Blickwinkel der Augen des Pferdes so einengt, daß es nur nach vorne blicken kann. So wird es durch Vorgänge, die neben seinem Kopf passieren, nicht abgelenkt oder scheu gemacht. Mit der älteren Form *Scheuleder* finden wir diese Redensart schon im Jahre 1512 in ihrer übertragenen Bedeutung. Das frühe 19. Jh. entdeckt die politischen „Scheuklappen" der Parteipolitik.

essen wie ein **Scheunendrescher** (umg.)
viel und gierig essen, weil man sehr hungrig ist [Essen]
„Schau mal den Markus – er ißt wieder wie ein Scheunendrescher! Er hat ja auch fleißig den ganzen Tag im Garten gearbeitet!"
Die Scheunendrescher waren früher Landarbeiter, welche die schwere und staubige Arbeit des Dreschens verrichteten. Dementsprechend waren sie sehr hungrig und mußten gut verköstigt werden, wobei die Mahlzeiten zu dem kargen Lohn dieser Saisonarbeiter hinzukamen. Der redensartliche Vergleich ist bereits seit dem 15. Jh. belegt und auch in Grimmelshausens *Simplicissimus* (IV, 8) zu finden.

mit dem **Scheunentor** winken
→ ein **Wink** mit dem Zaunpfahl

das ist das/sein **Schibboleth** (gehoben)
das ist das/sein Erkennungszeichen/typisches Merkmal [Merkmal]
„Der neue Kollege kommt aus dem Rheinland. Man merkt es auch an seinem Dialekt – das ist sein Schibboleth!"
Das hebräische Wort *Schibboleth* (Fluß) ist aus dem Alten Testament ins Deutsche gekommen. In Richter 12,5–6 wird berichtet, wie die Gileaditer eine Furt des Jordan einnahmen und bewachten. Jeder, der die Furt benutzen wollte, mußte das Wort *Schibboleth* aussprechen. Wenn einer das Wort falsch als „Sibboleth" aussprach, verriet er sich durch seinen Dialekt als Ephraimit und wurde von den Wachen erschlagen. Diese Form der Überprüfung der Identität über die Aussprache ist auch bei der sogenannten „Sizilianischen Vesper" am 30. März des Jahres 1282 angewandt worden, einem Volksaufstand in Palermo gegen die franz. Besatzung. Die Franzosen wurden dabei von den Sizilianern einzeln angehalten und mußten das Wort *ciceri* (ital. Aussprache: „tschitscheri") aussprechen. Da die Franzosen den -tsch-Laut nicht kennen, sagten sie „siseri" oder „schischeri" und mußten diesen Aussprachefehler mit dem Leben bezahlen. Das Wort *Schibboleth* ist übrigens besonders durch den Gebrauch bei Herder und Goethe bekannt und durchgesetzt worden. In der *Campagne in Frankreich* schreibt Goethe: „Weiß- und Schwarzbrot ist eigentlich das Schibboleth, das Feldgeschrei zwischen Deutschen und Franzosen."

Schicht machen (umg.)
1) *Pause machen* [Arbeitspause]
2) *aufhören zu arbeiten* [Feierabend]
1) „Die Handwerker hatten kaum eine Stunde lang gearbeitet, als sie schon wieder Schicht machten und Brot und Bier auspackten."
2) „Komm, wir machen Schicht! Für heute reicht es!"
Schon um das Jahr 1300 ist im Erzgebirge der bergmännische Ausdruck Schicht belegt. Zunächst bezieht er sich auf den Zeitraum, der notwendig ist, bestimmte Gesteinsschichten abzubauen. In der Sprache der Bergarbeiter heißt es daher noch heute: *eine Schicht fahren, in Schichten arbeiten, Schichtwechsel vornehmen* usw. Letzteres hat sich auch in anderen Bereichen als Bezeichnung für den Austausch von Arbeitskräften durchgesetzt. Aus dem Bergmannsruf „Schicht ist's!", der das Ende der Arbeitszeit ankündigte, haben sich seit dem 18. Jh. die redensartlichen Bedeutungen herausgebildet, die eine Unterbrechung oder das Ende des Tagewerks bezeichnen.

jmds. **Schicksal** ist besiegelt
jmds. schlimmes Ende ist endgültig sicher/entschieden [Endgültigkeit]
„Mit diesem Fehltritt ist sein Schicksal besiegelt. Der Chef wird nicht zögern, ihn sogleich zu entlassen."
Das im Mittelhochdeutschen noch nicht belegte Wort *Schicksal* ist eine jüngere Bil-

dung zu *sich schicken* (anständig sein, sich gut fügen), ein Verb, das im transitiven Gebrauch die Bedeutung *ordnen, ins Werk setzen* aufwies (daher: *sein Haus beschicken* = in Ordnung bringen, ausstatten) und sich heute weitgehend zur Bedeutung *senden* (jemanden fortschicken u. a.) weiterentwickelt hat. Im Sinne von *göttlicher Ordnung* oder *Fügung* ist Schicksal im 16. Jh. als Übersetzung der lat. Begriffe *fatum* und *dispositio* (Fügung) gebildet worden. Da *dispositio* auch das Kanzleiwort für eine schriftliche behördliche Anordnung war, kann die Redensart als wörtliche Übertragung der Amtshandlung des Besiegelns einer derartigen Urkunde verstanden werden.

Schicksal spielen
[Einflußnahme]

schiefgehen (umg.)
nicht gelingen [Mißerfolg]
„Jetzt warte ich schon seit einer Stunde auf seinen Anruf. Hoffentlich ist bei seiner Heimfahrt nichts schiefgegangen!"
Schief bezeichnet prototypisch das Unerwünschte, das verhängnisvoll Asymmetrische und von der natürlichen Ordnung Abweichende. Dies drückt sich auch in Ableitungen wie *windschief* (eigentlich: *schief gewunden*) oder *etwas schief auffassen* (etwas falsch verstehen/mißverstehen) aus.

es wird schon **schiefgehen**
[Glückwunsch]
→ **Hals-** und Bein**bruch**

schief gewickelt sein (derb)
im Irrtum sein, sich täuschen [Irrtum]
„Wenn du glaubst, daß ich dir noch ein einziges Mal meine Schreibmaschine ausleihe, dann bist du schief gewickelt! Das letzte Mal mußte ich sie danach nämlich zur Reparatur bringen!"

schiefliegen (umg.)
sich irren, von falschen Voraussetzungen ausgehen [Irrtum]
„Wenn Sie glauben, daß ich heute wieder Überstunden mache, liegen Sie schief! Stellen Sie doch mehr Leute ein, wenn dauernd Arbeit liegen bleibt!"
Herkunft: → **schiefgehen**

na, **schieß** mal los! (umg.)
fang an zu erzählen/berichten!
[Beginn] [Reden]
„Na, schieß mal los! Wie war euer Urlaub? Habt ihr euch gut erholt?"
Mit *losschießen* wird ausgedrückt: *fang schnell an zu erzählen.* Als Gesprächsfloskel ist *schieß los!* nicht aggressiv gemeint, sondern drückt nur die Spannung des Zuhörers aus. Vgl.: **losschießen** {Argumentation ist ein Kampf}

etwas **schießen** lassen (umg.)
etwas aufgeben [Aufgeben]
„Sie wollten sich doch ein Haus in der Vorstadt kaufen!" „Ja, ich hatte auch eines an der Hand, habe es dann aber doch wieder schießen lassen. Der Kaufpreis schien mir zu hoch! Aber ich suche immer noch weiter nach etwas Geeignetem!"
Der Schuß ist ein Sinnbild der Schnelligkeit und das Schießen dasjenige der schnellen (Fort-)Bewegung. So sagt man beispielsweise: „Der Raubvogel schießt vom Himmel herab". Im transitiven Gebrauch bezeichnet *(ab-)schießen* seit seinen ersten Belegen den Gebrauch von Geschossen, vom Pfeil bis zu den Kugeln der Feuerwaffen.

etwas/das ist zum **Schießen**! (umg.)
etwas/das ist zum Totlachen! [Lachen]
„Ausgerechnet du willst Kaufmann werden? Das ist ja zum Schießen! Du hast doch noch nie gut mit Geld umgehen können!"

aufpassen wie ein **Schießhund** (umg.)
sehr scharf aufpassen [Aufmerksamkeit]
„Bei der Klassenarbeit konnte keiner vom anderen abschreiben. Der Lehrer hat nämlich aufgepaßt wie ein Schießhund!"
Schießhund nannte man früher in der Jägersprache einen besonders abgerichteten Jagdhund, der dazu taugte, das angeschossene Wild aufzuspüren. Um dies leisten zu können, mußte dieser Hund genau aufpassen, wohin das Wild gefallen oder geflüchtet war. Die Übertragung auf den aufmerksamen Menschen ist seit dem 18. Jh. belegt.

er hat das **Schießpulver** nicht erfunden
→ er hat das **Pulver** nicht erfunden

die Ratten verlassen das sinkende **Schiff**
ein Mensch oder ein Unternehmen ist vom Unglück bedroht, und die Unzuverlässigen ziehen sich deshalb von ihm/davon zurück [Hoffnungslosigkeit]
„Jetzt hat sogar der Sohn des Direktors eine Stelle bei einer anderen Firma angenommen. Jetzt gibt es wohl keine Hoffnung mehr – die Ratten verlassen das sinkende Schiff!"
Ratten wittern angeblich schon lange vor dem Ereignis eine negative Entwicklung oder eine drohende Gefahr und springen der Sage nach lieber in die offene See, als mit dem Schiff unterzugehen. Die sprichwörtliche Redensart ist seit dem 16. Jh. belegt, wahrscheinlich aber älter.

die **Schiffe** hinter sich verbrennen (gehoben)
sich keinen Ausweg/keine Rückzugsmöglichkeit offenlassen, auf Gedeih und Verderb [Trennung][Endgültigkeit]
„Bevor er gekündigt hat, hat er noch einmal unseren Direktor öffentlich beleidigt. Damit hat er die Schiffe hinter sich verbrannt – hier braucht er sich jedenfalls nicht mehr blicken zu lassen !"
Die symbolische Handlung, die Schiffe, mit denen man von der Heimat ins fremde Land gekommen war, hinter sich zu verbrennen, ist ein alter historischer Topos. Schon die Frauen der Flüchtlinge aus dem zerstörten Troja verbrannten die Schiffe am Strand Siziliens, um ihren Männern zu zeigen, daß sie für einen Neuanfang innerlich bereit und gerüstet waren. Auch Wilhelm der Eroberer soll es nach der Landung in England im Jahre 1066 angeordnet haben, und im *Nibelungenlied* zeugt die Tat vom Kampfeswillen Hagens von Tronje: Als ihm die Donaunixen den Untergang der Nibelungen in Etzels Land weissagen, zerschlägt er zur Verwunderung der Könige und Gefolgsleute das Fährschiff (Av. 25, Str. 1581 ff.). Historisch belegt ist die Schiffeverbrennung des spanischen Eroberers Hernando Cortez. Er setzte im Jahre 1519 mit 700 Mann auf elf Schiffen von Kuba nach Mexiko über, um das Goldland zu suchen. Als sich Mexiko als gut organisierter Staat mit einer großen Armee entpuppte, gab es unter den Soldaten des Cortez eine Meuterei. Cortez ließ zwei Anführer hinrichten und die Flotte (mit Ausnahme eines Schiffes) in Brand stekken; andere Quellen behaupten wiederum, daß er die Schiffe nur verstecken ließ. Wie auch immer – der spanische Landungstrupp hatte nun keine Rückzugsmöglichkeit mehr und eroberte mit dem Mut der Verzweiflung in wenigen Monaten das Riesenreich des Montezuma.

Schiffbruch erleiden (mit etwas)
scheitern, erfolglos sein [Scheitern]
„Er hatte schon viele Jobs, in denen er Schiffbruch erlitten hat. Jetzt ist er allerdings schon seit drei Jahren bei derselben Firma. Es scheint so, als ob er diesmal Erfolg haben könnte!"
Der Schiffbruch ist eine alte Metapher aus dem Bildfeld {Lebensreise}, wobei diese in diesem Fall unter dem Aspekt einer Seereise gedeutet wird. Dabei wird der Körper als Schiff, Kahn, Nachen usw. gesehen, der durch das einmal ruhige und einmal wild tobende (vgl.: die **Stürme** des Lebens) Meer des Lebens fährt. Natürlich gibt es auch sichere Häfen, wobei der „Hafen der Ehe" eine besondere Rolle spielt. Als Hafen wird gelegentlich aber auch der Tod gesehen, so etwa in dem Sonett *Abend* des Barockdichters Andreas Gryphius aus dem Jahre 1646: „Der Port naht mehr und mehr/sich zu der Glieder Kahn…"
Auf der Lebensfahrt gilt es natürlich häufig, die gefährlichen Klippen zu umfahren, als die wahlweise Schule, der Militärdienst, der Beruf, Krankheiten usw. angesehen werden können. Wer mit vollen Segeln arbeitet, muß darauf achten, daß ihm niemand *den Wind aus den Segeln nimmt* und damit eine (geschäftliche/gesundheitliche usw.) Flaute provoziert. Gegner und Neider sind sowieso nur darauf aus, daß man den endgültigen Schiffbruch erleidet und damit als Konkurrent ausfällt. Dieses dramatische Bild ist schon dem Apostel Paulus geläufig, der in seinem 1. Brief an Timotheus auf

Leute hinweist, die im Glauben Schiffbruch erlitten. Auch der scheinbar neutrale Begriff *Scheitern* stammt ursprünglich aus der Seemannssprache und bezieht sich wortgeschichtlich auf das Kleinholz aus Holzscheiten, das sich durch das Bersten des hölzernen Schiffsrumpfes ergibt.

mit allen **Schikanen** (umg.)
mit allen denkbaren Annehmlichkeiten/technischen Raffinessen usw. [Ausstattung]
„Diesmal kaufte ich mir ein Auto mit allen Schikanen: mit Stereoradio, Klimaanlage und Schiebedach!"
Im Franz. bedeutet *la chicane: Rechtsverdrehung, Spitzfindigkeit* und auch *böswilliges Bereiten von Schwierigkeiten*. Letzteres wird auch durch das Verb *jmdn. schikanieren* (quälen, ärgern) ausgedrückt. Im 19. Jh. bildete sich der redensartliche Gebrauch heraus, der im Sinne von *Trick* die Schikane zu *Raffinement* im positiven Sinne umdeutete. Die Redensart kann heute auf alles mögliche angewendet werden; so kann man etwa sagen: *eine Hochzeit mit allen Schikanen* (mit großem Aufwand), *ein Schnitzel mit allen Schikanen* (mit allen denkbaren Beilagen) u. a. m.

jmdn. auf den **Schild** (er)heben (veraltend)
jmdn. zum Führer machen [Wahl]
„Auf dem letzten Parteitag wurden jüngere Leute mit fortschrittlichen Ideen auf den Schild gehoben; die alte Garde mußte Stimmverluste hinnehmen und abtreten!"
Die Redensart bezieht sich auf alte germanische Bräuche, ohne jedoch selbst aus dieser Zeit zu stammen. Wir verdanken sie dem Quellenstudium der Humanisten: Tacitus (*Historiae* IV, 15) berichtet von dem altgermanischen Brauch, den neu gewählten Fürsten auf den Schild zu heben und dreimal um das versammelte Volk zu tragen, damit er von jedermann zu sehen war. Die Zustimmung wurde auch laut durch das Zusammenklirren der Waffen auf den Schilden kundgetan. Überhaupt spielte der Schild im Rechtsleben und im Brauchtum eine große Rolle. Er diente als Bahre für Tote und Verwundete und als Notbett für den Krieger im Felde. Bei Raubzügen wurden Gold und Schätze auf Schilden weggetragen, und der junge Krieger wurde durch die Übergabe von Schild und Speer für mündig erklärt. Als Zeichen der Trauer wurde der Schild mit der (normalerweise nach unten gekehrten) Spitze nach oben getragen (*Parzival* 92,1), und in der nordischen Mythologie wurde Odins Halle als von goldenen Schilden gedeckt gesehen. Etymologisch bedeutet *Schild* eigentlich *gespaltenes Holzstück, Brett.* Aus dem Brauch, Wirtshäuser und Handwerksbetriebe mit Emblemen auf Brettern zu schmücken, die somit den Ritterschilden ähnelten, entwickelte sich die heute verbreitete Verwendung von *das Schild* (mit neutralem Geschlecht) in Bildungen wie *Verkehrsschild* oder *Schilderwald.* Zu *Schild* gehört auch das Verb *schildern*, das ursprünglich die Tätigkeit des Wappenmalers bezeichnete. Seit dem 18. Jh. wird es in dieser Bedeutung nicht mehr gebraucht - es bezeichnet vielmehr die sprachliche Wiedergabe eines Vorgangs, die *Schilderung.* Auch die Währung *Schilling* verdankt ihren Namen dem Schild: *skild-ling* (= eine Art Schild) nannten die Germanen den oströmischen Goldsolidus, den sie als Schmuck trugen. Eine ähnliche Entwicklung führte von lat. *scutum* (= Schild) über franz. *écu* (= Taler) und dem Plural *écus* (= Reichtümer) bis zur EG-Währung ECU (= engl.: *European Currency Unit*).

etwas im **Schilde** führen (umg.)
etwas (meist Böses) planen/vorhaben [Plan]
„Seit ein paar Tagen wird unser Haus von einem Mann beobachtet, den keiner kennt. Ich möchte wissen, was der wohl im Schilde führt!"
Ähnlich wie die Fahne war das Schild des mittelalterlichen Ritters mit dessen Zeichen und Wappen versehen. Er trug sie also *in dem Schilde.* Da das Wappen auch verriet, ob jemand Freund oder Feind war, konnte man an dem, was er *im Schilde führte,* auch erkennen, ob Gefahr drohte oder nicht.

etwas ist ein **Schildbürgerstreich**
etwas ist völlig unsinnig (besonders von behördlichen Anordnungen) [Unsinn]

„Erst letzte Woche ist die Straße neu geteert worden, und heute wird sie wieder aufgerissen, um Kabel zu verlegen. Das ist doch wieder ein regelrechter Schildbürgerstreich der Verwaltung!"
Von den Adeligen der frühen Neuzeit wurden die bewaffneten Bewohner der Städte als „Spießbürger" und als „Schildbürger" bezeichnet. Aus diesem Spott heraus begründete sich im 16. Jh. eine Schwankliteratur, deren Helden die Bürger des Städtchens Schilda waren. Die Episoden erschienen unter dem Titel: *Die wunderseltsamen, abenteuerlichen, unerhörten und bisher unbeschriebenen Geschichten und Taten der Schildbürger* (1598). Vorbilder waren die Eulenspiegelliteratur und die Schwänke des Hans Sachs.

keinen (blassen) **Schimmer** haben (umg.)
überhaupt nichts von einer Sache wissen/verstehen [Nichtwissen]
„Den Erwin würde ich an deiner Stelle nicht an mein Auto heranlassen. Der hat doch keinen blassen Schimmer vom Autofahren, obwohl er einen Führerschein besitzt!"
Herkunft → eine **Leuchte** der Wissenschaft

jmdn. mit **Schimpf** und Schande fort-/weg-/davonjagen (Paarformel)
jmdn. (wegen schlechter Leistungen/Taten usw.) unehrenhaft wegschicken
[Entlassung]
„Kollege Meier wurde nicht nur entlassen, sondern geradezu mit Schimpf und Schande davongejagt. Schließlich hatte er häufig die Bilanz zu seinen Gunsten gefälscht!"
Das Wort *Schimpf* hat eine interessante Bedeutungsentwicklung durchgemacht, wobei für jede Phase eine Formel typisch ist, welche auf die jeweilige Bedeutung verweist. Ursprünglich bezeichnete *Schimpf* den Spaß und Scherz bei Spiel und Kampfspiel; davon zeugt *Schimpf und Scherz*. Durch das Aufkommen des Wortes *Spaß* (vgl.: **Spaß** beiseite) übernahm *Schimpf* allmählich die Bedeutung *bitterer Scherz, Hohn;* dies zeigt sich in *Schimpf und Spott*. Nachdem der Begriff der Kränkung denjenigen des Scherzes völlig verdrängt hatte, entwickelte sich daraus die heute allgemein übliche Bedeutung *Ehrverletzung, Schmach* (daher: *beschimpfen*). Für diese Phase der Bedeutungsentwicklung steht *Schimpf und Schande*, wobei die Schande als Folge oder Wirkung des Schimpfs angesehen wird.

mit jmdm./etwas **Schindluder** treiben (umg.)
jmdn./etwas schlecht behandeln, damit Mißbrauch treiben [Mißbrauch]
„Jahrelang hat er mit seiner Gesundheit Schindluder getrieben, und jetzt wundert er sich, daß er ernsthaft krank geworden ist!"
Das Verb *schinden* bedeutete ursprünglich: *schälen, die Haut abziehen*. Das Schinden war eine der schlimmsten Strafen, die das Mittelalter kannte. Dem Schuldigen wurde dabei die Haut bei lebendigem Leibe in Streifen vom Körper geschnitten. Daher bedeutet *jmdn. schinden: jemanden sehr stark quälen*. Der Beruf des Schinders bestand – neben der gelegentlichen Folter – darin, die Haut krepierter Tiere abzuziehen, da sie noch verwertet werden konnte; er wurde daher auch *Abdecker* genannt (von *Decke* = Fell/Haut des toten Tieres). Der Beruf galt als äußerst unehrenhaft, und seine Vertreter galten latent als kriminell. Auch der berühmte Räuberhauptmann Schinderhannes (eigentlich: Johann Bückler), der im Jahre 1803 in Mainz hingerichtet wurde, kam aus diesem Gewerbe. Mit dem Begriff Luder schließlich bezeichnete man das Fleisch toter Tiere, das bei der Jagd als Lockspeise diente (zur Bedeutungsentwicklung zu *durchtriebene/bedauernswerte Frau*). Wörtlich besagt *Schindluder treiben* also: *jmdn./etwas so behandeln, als ob er/es ein toter Körper oder Aas sei*. Vgl.: ein armes **Luder**.

jmdn. auf die **Schippe** nehmen (umg.)
→ auf den **Arm** nehmen [Neckerei]

Schiß haben (derb, umg.)
große Angst haben [Angst]
„Warum springst du nicht vom Dreimeterbrett? Du hast wohl Schiß?"
Herkunft: → die **Hosen** voll haben

den Seinen gibt's der Herr im **Schlaf** (scherzhaft)

manche haben Erfolg, ohne sich anstrengen zu müssen [Erfolg] [Unverdientheit]
„Erst erbt er fast zwei Millionen, und jetzt gewinnt er auch noch im Lotto. Den Seinen gibt's der Herr im Schlaf!"

im **Schlaf** hersagen können/beherrschen (umg.)
ganz sicher auswendig wissen/beherrschen [Wissen] [Können]
„Das Strafrecht beherrsche ich jetzt im Schlaf – jetzt muß ich mich noch um das Zivilrecht kümmern, bevor ich mich zur Prüfung anmelde!"
Der Schlaf gilt redensartlich als der Zustand des geschwundenen Bewußtseins. Umso höher wird das „Wissen im Schlaf" bewertet.

den **Schlaf** des Gerechten schlafen (scherzhaft)
fest schlafen [Schlaf]
„Weck ihn nicht auf – er schläft den Schlaf des Gerechten!"
Diese Wendung geht auf verschiedene Bibelstellen zurück, in denen von der Ruhe und dem Frieden des Gerechten die Rede ist (Sprüche 24,14; 3 Mos. 26,6 u. a.). Durch Anwendung von Bibelzitaten in der Umgangssprache entsteht leicht ein Stil, der ironisch wirkt.

den letzten/ewigen **Schlaf** schlafen (gehoben)
gestorben sein [Tod]
„Unser geliebter Vater schläft jetzt den ewigen Schlaf."

darüber möchte/muß ich erst (noch) mal **schlafen**! (umg.)
das muß ich mir erst noch überlegen [Nachdenken]
„Möchten Sie die Leitung unserer Filiale in Wladiwostock übernehmen, Herr Müller?"
„Im Grunde ja – aber bevor ich zustimme, möchte ich zuerst noch mal darüber schlafen!"
Diese Gesprächsfloskel dient dazu, eine kleine Bedenkzeit bezüglich der Entscheidung über ein im Grunde verlockendes Angebot zu erbitten.

jmdn. am/beim **Schlafittchen** packen/fassen/kriegen (umg.)
jmdn. packen, um ihm Vorhaltungen zu machen [Tadel]
„Wenn Sie den Kollegen Möllemann sehen, lassen Sie mich bitte rufen! Den muß ich mal am Schlafittchen packen und über seine Arbeit in den letzten Wochen befragen – da scheint mir nämlich einiges im argen zu liegen!"
Schlafittchen ist eigentlich der *Schlag-Fittich* (Flügel) des Vogels. Der Form nach scheinbar eine Verkleinerungsform auf -chen handelt es sich doch um einen Dativ im Plural (bei den Schlag-Fittichen nehmen), der sich auf das Leben auf dem Bauernhof bezieht: Das zu schlachtende Geflügel wurde bei den Schlagfittichen gepackt.

mit **schlafwandlerischer** Sicherheit
→ mit schlafwandlerischer **Sicherheit**

Schlag auf Schlag
eins sofort nach dem anderen, in rascher Reihenfolge [Reihenfolge] [Schnelligkeit]
„Damals überstürzten sich die Ereignisse, und Schlag auf Schlag erreichten den Präsidenten weitere Hiobsbotschaften, welche die Lage weiter verschlechterten. Schließlich trat er zurück."

ein **Schlag** unter die Gürtellinie
→ **Gürtellinie** [Unfairneß]

ein **Schlag** ins Gesicht
→ ein Schlag ins **Gesicht**

ein **Schlag** ins Wasser
→ ein Schlag ins **Wasser**

ein **Schlag** ins Kontor
→ ein Schlag ins **Kontor**

wie vom **Schlag** getroffen/gerührt (umg.)
sehr überrascht (so daß man bewegungslos verharrt) [Schock] [Bewegungslosigkeit]
„Als der Erpresser dem Fabrikanten die Entführung seines Sohnes telefonisch mitteilte, war dieser wie vom Schlag gerührt. Erst nach einer halben Stunde war er dazu fähig, die Polizei anzurufen."

Herkunft → mich hat fast der **Schlag** getroffen

vom gleichen **Schlag**
von der gleichen Art [Ähnlichkeit]
„Obwohl sie Geschwister sind, sind sie nicht vom gleichen Schlag: Monika ist wesentlich musikalischer als ihre Schwester Ilse!"
Dieser Gebrauch von *Schlag* findet sich auch in Bildungen wie *ein fremder Menschenschlag, jmdm. nachschlagen* (jmdm. ähnlich werden) und *aus der Art schlagen* (individuelle Züge tragen).

mit einem **Schlag(e)** (*einem* betont)
ganz plötzlich und überraschend, unerwartet schnell [Unerwartbarkeit] [Schnelligkeit]
„Mancher Star wird mit einem Schlag berühmt und reich, während andere Schauspieler ein Leben lang keine Chance erhalten."
Der *Schlag* gilt redensartlich als besonders schnelle Bewegung – daher auch Bildungen wie *Blitzschlag* oder *Hufschlag*.

jmdm./einander keinen **Schlag** ähneln (umg.)
jmdm./einander gar nicht ähneln
[Unterschied]
„Die beiden sind zwar Zwillinge, aber sie ähneln einander keinen Schlag!"
Bei dieser Redensart handelt es sich um die alte Wortfamilie *Schlacht* im Sinne von Geschlecht. Sie findet sich nur noch in dem Adjektiv *ungeschlacht* (ungeschickt). Dazu zählt auch:

keinen **Schlag** arbeiten/tun (umg.)
überhaupt nichts arbeiten/tun [Nichtstun]
„Warum der Gehweg vor dem Haus immer noch eine Baustelle ist? Das kann ich dir sagen: Weil die Baufirma seit drei Wochen hier keinen Schlag mehr gearbeitet hat!"
Da viele handwerkliche Arbeiten mit Schlägen mittels eines Werkzeugs (Hammer, Axt usw.) verbunden sind, konnte sich der nicht vollzogene Schlag redensartlich als Sinnbild des Nichtstuns durchsetzen.

mich hat fast der **Schlag** getroffen, als ... (umg.)
1) *überrascht sein* [Überraschung]
2) *entsetzt sein* [Entsetzen]
1) „Mich hat fast der Schlag getroffen, als der Postbote mir den Scheck von der Lotteriegesellschaft überreichte – ich hatte noch gar nichts von meinem Gewinn gewußt!"
2) „Ich dachte, mich trifft der Schlag, als mein verschollener Mann nach zehn Jahren plötzlich wieder in der Haustür stand! Schließlich hatte ich inzwischen wieder geheiratet!"
Als Schlag im pathologischen Sinn bezeichnet die Umgangssprache den Schlaganfall, eine von Lähmungen begleitete Folge von Gefäßverschlüssen, Hirnblutungen u. ä. Sein plötzliches Eintreten wurde in der Volksmedizin des Mittelalters als Strafe Gottes bzw. als Besitzergreifung von Dämonen gedeutet, später mit psychologischen Schockzuständen in Verbindung gebracht. Die Umgangssprache weist in mehreren Gesprächsfloskeln auf diesen Zusammenhang hin.

du hast ja einen **Schlag** weg! (derb)
du bist ja verrückt, du spinnst ja!
[Verrücktheit]
„Erst machst du mein Tonbandgerät kaputt, und jetzt soll ich es auch noch zur Reparatur bringen! Du hast ja einen Schlag weg!"

einen **Schlag** kriegen/bekommen
einen elektrischen Stromstoß bekommen
[Elektrizität]
„Geh von der Steckdose weg, sonst bekommst du noch einen Schlag!"

jmdm. einen (schönen) **Schlag** versetzen
jmdn. sehr enttäuschen [Enttäuschung]
„Die Nachricht, daß ich auch im nächsten Semester keinen Studienplatz in Zahnmedizin erhalten werde, hat mir einen (ganz schönen) Schlag versetzt. Schließlich warte ich jetzt schon seit drei Jahren darauf und hatte nun fest damit gerechnet, daß es klappen würde!"

einen **Schlag** weghaben (umg.)
beschränkt sein, dumm sein
[Dummheit] [Borniertheit]

„Du hast Streit mit Egon gehabt? Mach dir nichts daraus – der hat doch sowieso einen Schlag weg!"
Volkstümlich werden Dummheit und Borniertheit häufig als Folgen einer mangelnden Hirndurchblutung angesehen und somit in die Nähe des Hirnschlags gerückt. Als weitere Ursache für geistige Beschränktheit gilt natürlich der gewaltsame Schlag auf den Kopf, der redensartlich zu lockeren Rädchen und Schräubchen bzw. zu verschiedenen Symptomen des „Dachschadens" führt.

schlagen: jetzt schlägt's (aber) dreizehn (umg.)
→ jetzt schlägt's (aber) **dreizehn**

schlagen: eine geschlagene Stunde (halbe Stunde usw.)
eine volle Stunde [Zeit]
„Obwohl er versprochen hatte, pünktlich zu sein, mußte ich eine geschlagene Stunde auf ihn warten. Das war eine unerhörte Brüskierung!"

ehe ich mich **schlagen** lasse (umg., scherzhaft)
ein Angebot annehmen [Akzeptanz]

reinsten **Schlages**
→ reinsten **Wassers**

ein **Schlaglicht** auf etwas werfen
einen guten Einblick/Eindruck/Überblick gewähren [Erkennbarkeit]
„Die Tatsache, daß er schon dreimal geschieden ist, wirft ein Schlaglicht auf seine Privatsphäre. Offensichtlich ist er privat ziemlich unausstehlich!"
Schlaglicht ist eine Wortbildung des 18. Jhs., analog zu Schlagschatten (Schatten, den ein Körper auf einen anderen wirft: „Das kleine Haus steht im *Schlagschatten* des Wolkenkratzers."). Beide stammen aus der Sprache der Malerei. Mit *Schlaglicht* bezeichneten die Maler einen hellen Lichtstreifen, der einen umgrenzten Teil der dargestellten Szene (schlaglichtartig) beleuchtete. Der Ausdruck wurde auch schnell in der Bühnensprache populär. Heute verwendet man für das konkrete Scheinwerferlicht eher den engl. Begriff *spot* (Abk. von *spotlight*).

(leichte) **Schlagseite** haben (umg.)
leicht betrunken sein [Trunkenheit]
„Ich glaube, du nimmst dir besser ein Taxi für die Heimfahrt – du hast nämlich leichte Schlagseite!"
Mit *Schlagseite* bezeichnet man seit dem 17. Jh. diejenige Seite eines Schiffes, die sich mehr als die andere zum Wasser neigt. Übertragen meint der Ausdruck die geneigte Lage selbst und redensartlich die krumme Haltung des Betrunkenen.

im **Schlamassel** sitzen (umg.)
Pech haben, in Schwierigkeiten sein [Schwierigkeiten]
„Mensch, hättest du dich doch bloß vorgesehen. Durch den Unfall sitzen wir jetzt im Schlamassel. Wie sollen wir das alles bloß bezahlen?"
Schlamassel geht auf hebr. *mazol* (Stern, Glückstern, Geschick) zurück, das im Jiddischen zu *Massel* wurde. Noch heute sagt man gelegentlich *so ein Massel!* (so ein Glück!). Aus der jiddischen Mischbildung *schlimm-Massel* (schlimmes Glück, Unglück) wurde in der Gaunersprache *Schlamassel* mit der Bedeutung: *alle denkbaren Arten von Schwierigkeiten.*

eine falsche **Schlange** (derb)
eine heimtückische Frau
[Heimtücke] [Weib]
„Ausgerechnet Erna, dieser falschen Schlange, hast du dein Vertrauen geschenkt?"
Seit dem Sündenfall von Adam und Eva im Paradies gilt die Schlange als heimtückische Verführerin und als dämonische Verkörperung des Bösen. Häufig wird in Darstellungen des Sündenfalls die Schlange mit einem Frauenkopf abgebildet, um so den Zusammenhang zwischen Teufel, Weiblichkeit und der Erbsünde zu verdeutlichen. Die auffälligen körperlichen Eigenschaften der Schlange und insbesondere ihre Giftigkeit haben weltweit Schlangenmythen und -kulte erzeugt. Schon im Altertum gilt sie als zauberkräftiges Tier, das entweder selbst magische Handlungen ausführt oder vom

Menschen entsprechend benutzt werden kann. Auch in der Volksmedizin spielte und spielt – beispielsweise in China – die Schlange eine herausragende Rolle. In der Sage gehen Schlange und Drache oft ineinander über, beide Symbole einer ständigen Bedrohung, ähnlich der Midgardschlange der nordischen Sagenwelt, welche die bewohnte Erde umschlingt und den Weltuntergang herbeiführen wird. Ein Symbol der Ewigkeit ist die Schlange, die sich selbst in den Schwanz beißt.

eine **Schlange** am Busen nähren (gehoben)
jmdn. unterstützen, der sich später als undankbar erweist [Mißgriff]
„Jahrelang hat der Chef den Kollegen Meier gefördert, wo er nur konnte. Jetzt hat sich herausgestellt, daß er eine Schlange am Busen nährte – Meier ist jetzt zur Konkurrenz abgewandert und hat die Betriebsgeheimnisse ausgeplaudert!"
Schon in antiken Fabeln des Äsop und des Phaedrus wird ein Bauer beschrieben, der eine im Frost erstarrte Schlange in seinem Gewand erwärmt und zum Dank von dieser gebissen und getötet wird. Dieses Motiv wurde als *Serpentem in sinu fovere* rasch sprichwörtlich und ist in allen europäischen Sprachen als Redensart zu finden. Der Bezug zum weiblichen Busen ist anfangs nicht vorhanden gewesen und erst später, wohl im Zusammenspiel mit Aberglauben (Schlangen trinken angeblich mit Vorliebe Milch) und dem Mythos vom Sündenfall (vgl.: eine falsche **Schlange**) entstanden.

Schlange stehen
in einer Reihe hintereinander darauf warten, daß man drankommt
[Warten] [Hintereinander]
„In den sozialistischen Ländern ist es üblich, vor Geschäften mit begehrten Gütern Schlange zu stehen."
Seit ungefähr dem 18. Jh. sind Belege zu finden, in denen das Hintereinander von Menschen bei Spiel und Tanz als *in Schlangen laufen* bezeichnet wird.

etwas **schlankweg** ablehnen
→ etwas **rundweg** ablehnen [Ablehnung]

schlappmachen (umg.)
wegen großer Erschöpfung aufgeben/nicht weitermachen [Erschöpfung]
„Bei diesem Tagesmarsch haben nicht weniger als 25 Soldaten wegen der großen Hitze schlappgemacht!"
Schlapp ist die niederdeutsche Lautform von *schlaff* (kraftlos, matt). Seit Ende des 16. Jh. ist sie – wohl in der Soldatensprache – ins Hochdeutsche gekommen. Als Ableitungen sind verbreitet: die *Schlappe* (leichte Niederlage), die *Schlappen* (Hausschuhe aus weichem Leder) und das derbe Schimpfwort *Schlappschwanz* (eigentlich: ein impotenter Mann, heute oft auch allgemeiner im Sinne von *energieloser Mensch* gebraucht).

leben wie im **Schlaraffenland**
als Müßiggänger in größtem Überfluß leben [Überfluß] [Wohlergehen]
„Im Urlaub haben wir wie im Schlaraffenland gelebt – den ganzen Tag über stand ein kaltes Buffet bereit, an dem man sich bedienen konnte!"
Aus mhd. *slûr* (Faulenzer) bildet sich im 14. Jh. *slûr-affe* (= gedankenlos lebender Müßiggänger); zum Bestandteil *affe* vgl. **Maulaffen** feilhalten. In der Schwankliteratur des 15. und 16. Jh. entstehen verschiedene Ausgestaltungen der Vorstellung eines „Schlaraffenlandes", das als eine Art irdisches Paradies oder als „Himmel auf Erden" aufgefaßt wird. Besonderheiten des Schlaraffenlandes liegen darin, daß einem die „gebratenen Tauben in den Mund fliegen" und die „reifen Früchte in den Schoß fallen".

nicht **schlau** werden aus jmdm./etwas
→ nicht **klug** werden aus jmdm./etwas

auf dem **Schlauch** stehen (umg.)
→ auf der **Leitung** stehen
[Begriffsstutzigkeit]

im **Schlauch** sein/stehen (umg.)
[Streß]

schlecht und recht/mehr **schlecht** als recht
(Paarformel)

so gut wie möglich, aber dennoch unvollkommen [Behelf]
„Im Studium hat er sich mehr schlecht als recht durchgeschlagen, aber heute verdient er viel Geld!"
Schlecht hatte ursprünglich die Bedeutung *gerade, glatt, weich* (daher das Verb schleichen = weich auftreten), aber auch die Nebenbedeutung *normal, natürlich*. Ursprünglich ist *schlecht und recht* also eine Zwillingsformel, die zwei Begriffe mit gleicher Bedeutung (*schlecht* = normal, und *recht* = *richtig/normal*) verbindet. Allmählich wurde die Bedeutung von *schlecht* aber negativer, und zwar über die Bedeutungsstufen *einfach, gewöhnlich, gering, unbedeutend, minderwertig*. Als Ersatz für die alte Bedeutung von *schlecht* wurde im 17. Jh. das Adjektiv *schlicht* (einfach) gebildet. Da *schlecht* und *recht* nunmehr einander bedeutungsmäßig widersprachen, konnte die alte Formel nicht mehr recht befriedigen, so daß das „logischere" *mehr schlecht als recht* entstand.

es **schlecht** haben
in schlechten Umständen/Verhältnissen leben, arm sein/krank sein usw. [Notlage]
„In Deutschland haben es die Haustiere meist nicht schlecht. Viele Kinder der Dritten Welt sind schlechter dran als sie!"
Schon früh wurde aus der alten Bedeutung *einfach* (vgl.: **schlecht** und recht) im sozialen Sinn die einfache Herkunft als *schlecht* im heutigen Sinn verstanden, nämlich als *niedrig* und *arm*.

schlecht angeschrieben sein bei jmdm.
von jmdm. negativ beurteilt werden [Mißachtung]
„Ob ich Aussichten auf eine Beförderung habe? Leider nein – ich bin aus mir unbegreiflichen Gründen bei meinem Chef schlecht angeschrieben!"

schlecht zu sprechen sein auf jmdn.
jmdn. ablehnen/nicht gut leiden können [Mißachtung]
„Er ist auf seine Frau schlecht zu sprechen, weil sie zu hohe Ansprüche stellt, die er mit seinem Gehalt nicht befriedigen kann."

es **schlecht** treffen
→ es schlecht **treffen**

bei/von etwas kann einem (ganz) **schlecht** werden (umg.)
etwas ist ganz miserabel/erzeugt fast körperlichen Ekel [Abscheu]
„Bei der letzten Regierungserklärung konnte einem ja schlecht werden – so viele Lügen und Halbwahrheiten auf einmal!"

jmdn./etwas (bei jmdm.) **schlechtmachen**
etwas/jmdn. als negativ/ungünstig darstellen [Verunglimpfung]
„Warum hat er bloß seine Kollegen beim Chef so schlechtgemacht?" „Na, das ist doch klar – weil er selbst befördert werden will!"

jmdm. ist etwas **schleierhaft**
jmdm. ist etwas rätselhaft [Ratlosigkeit]
„Mir ist völlig schleierhaft, wie die Pantoffeln in den Kühlschrank geraten sind!"

den **Schleier** des Vergessens über etwas breiten (gehoben)
etwas in Vergessenheit geraten lassen [Vergessen]
„Wir wollen den Schleier des Vergessens über die Umstände breiten, unter denen er sein Examen abgelegt hat – Hauptsache, er hat es endlich geschafft!"
Schleier und Mantel stehen redensartlich für *Verhüllung* und *Verstellung*. Als textile Gewebe behindern sie die freie Sicht und im übertragenen Sinn das Geisteslicht, das „Licht der Erkenntnis". Etwas, das man nicht erkennt oder weiß, ist in diesem Bildzusammenhang verschleiert.

den **Schleier** lüften
ein Geheimnis enthüllen [Bekanntgabe]
„Auf dem Automobilsalon in Genf werden die Autofirmen den Schleier um die neuen Modelle lüften und auch die neuen Verkaufspreise bekanntgeben."

den **Schleier** nehmen
ins Kloster gehen [Religiosität]
„Früher mußten die Töchter verarmter Adliger häufig den Schleier nehmen, um überhaupt ihr Auskommen zu haben."

jmd. läßt alles **schleifen** (umg.)
jmd. kümmert sich um nichts/läßt alles verfallen/zugrundegehen usw.
[Vernachlässigung]
„Seit dem Tode seiner Frau läßt er im Haushalt alles schleifen. Ich glaube, er hat noch niemals die Fenster geputzt!"
Schleifen hat in dieser Wendung die Bedeutung *ohne Vorsicht ziehend fortbewegen* (über den Boden schleifen).

der alte **Schlendrian** (umg.)
die bisherige Faulheit, Unordnung, Unpünktlichkeit usw. [Faulheit] [Unordnung]
„Mit dem neuen Abteilungsleiter hat der alte Schlendrian in der Verkaufsabteilung endlich aufgehört!"
Das aus dem Verb *schlendern* (untätig spazierengehen) und aus *Jan* (norddeutsche Kurzform für *Johannes*) gebildete *Schlendrian* ist seit 1691 mit der Bedeutung *nachlässiger Kerl* nachgewiesen. Heute wird der Begriff weniger personifiziert gesehen, sondern vielmehr als Beschreibung eines unordentlichen Zustands, an dem mehrere Personen beteiligt sein können.

jmdn. im **Schlepp/Schlepptau** haben (umg.)
jmdn. in seiner Begleitung haben/mit sich führen [Begleitung]
„Mit zwei flotten Bienen im Schlepptau betraten die beiden Männer das Restaurant."
In der Seemannssprache ist *Schlepptau* seit dem 18. Jh. belegt, und zwar einmal als Tau, an dem man getötete Wale hinter dem Schiff herzieht und dann auch als Seil, mit dem ein Schiff von einem anderen gezogen wird. Redensartlich ist die Bedeutung des willenlosen „Anhängsels" erhalten geblieben.

die **Schleusen** (des Himmels) öffnen sich (gehoben)
es fängt an, heftig zu regnen [Regen]
„Kaum hatten wir die Schutzhütte betreten, als sich auch schon die Schleusen des Himmels öffneten."
Das von lat. *excludere* (ausschließen) gebildete Substantiv *exclusa* (Schleuse) ist über altfranz. *escluse* und niederländisch *sluis* in die norddeutsche Mundart gekommen. In Hamburg, dessen Marschen im 12. Jh. von Niederländern ausgebaut wurden, ist *slüse* seit 1237 belegt und tritt neben das einheimische (von *seihen* = durch ein Sieb laufen lassen abgeleitete) *Siel* (Deichschleuse). Bildlich wird die *Schleuse* für alles gebraucht, was mühsam zurückgehalten wird bzw. sich plötzlich Bahn bricht, insbesondere auch für die Geschwätzigkeit.

jmdm. auf die **Schliche** kommen (umg.)
jmdn. durchschauen, die verborgenen Pläne erkennen [Entlarvung]
„Obwohl ich keinen konkreten Anhaltspunkt habe, glaube ich, daß Paul und Franz etwas hinter meinem Rücken gegen mich unternehmen." – „Sei unbesorgt, denen werden wir noch auf die Schliche kommen und alles vereiteln."
In der Jägersprache sind *Schliche* die *Schleichwege* des Wildes im Wald. Wenn man diese verborgenen Schleichwege entdeckt, ist das Wild nicht mehr getarnt und kann problemlos erlegt werden. Zur Etymologie von schleichen vgl.: **schlecht** und recht.

schlicht und einfach (Zwillingsformel)
geradeheraus/ohne Umschweife gesagt/ausgedrückt [Prägnanz]
„Diese Aussage des Zeugen ist schlicht und einfach gelogen!"
Das im 17. Jh. von *schlichten* (ausgleichen) gebildete *schlicht* hat die ursprünglich positive Bedeutung *einfach, natürlich* des Adjektivs schlecht übernommen. Die Redensart wird heute meist in Verbindung mit Verben des Sagens als Bewertungsformel gebraucht.

schlicht und ergreifend
[Umstandslosigkeit]

einer Sache fehlt noch der letzte **Schliff**
[Unvollkommenheit]
→ **Schliff** kriegen

einer Sache den letzten **Schliff** geben
[Vervollkommnung]
→ **Schliff** kriegen

Schliff kriegen
1) *gute Form/gutes Aussehen bekommen* [Formung]
2) *gute Manieren bekommen* [Erziehung]
1) „In dieser letzten Überarbeitung kriegt das Manuskript erst den richtigen stilistischen Schliff!"
2) „Beim Militär bekommen die jungen Männer erst den richtigen Schliff!"
Das Schleifen von Messern, Klingen, Edelsteinen und Glas kann als Formung und Veredelung eines Rohzustandes verstanden werden. In poetischer Sprache wurde dann auch die Erziehung des jungen Menschen als *Schliff* bezeichnet, beim Militär spricht man vom *Schleifen* der Rekruten, wobei der Ausbilder oft „Schleifer" genannt wird.

jmdm. die **Schlinge** um den Hals legen
jmdn. zu ruinieren/überführen versuchen [Ruin]
„Seine Konkurrenten tun momentan alles, um ihm die Schlinge um den Hals zu legen – bisher allerdings vergebens!"
Schlinge und Strick sind die Attribute des Galgens, an dem die Schwerverbrecher aufgehängt wurden.

den Kopf/Hals in die **Schlinge** stecken
[Gefährdung]
→ jmdm. die **Schlinge** um den Hals legen

sich/den Kopf aus der **Schlinge** ziehen
[Rettung]
→ jmdm. die **Schlinge** um den Hals legen

bei jmdm. die **Schlinge** zuziehen
[Vernichtung]
→ jmdm. die **Schlinge** um den Hals legen

sich auf den **Schlips** getreten fühlen (umg.)
gekränkt sein [Gekränktheit]
„Das war doch bloß ein Scherz – du brauchst dich deswegen nicht gleich auf den Schlips getreten zu fühlen!"
Mit *Schlips* ist in der Redensart eigentlich der Rockzipfel oder Rockschoß (niederdeutsch *slip*) gemeint. Die Bedeutung *Halstuch, Krawatte* ist erst 1840 aus England zusammen mit der entsprechenden Mode nach Deutschland gekommen.

mit jmdm. **Schlitten** fahren (umg.)
1) *jmdn. scharf tadeln* [Zurechtweisung]
2) *jmdn. willkürlich und hart behandeln* [Willkür]
1) „Was, der Lehrjunge hat schon wieder den Teig falsch angerührt? Na, mit dem werde ich mal Schlitten fahren, wenn er wieder hier ist!"
2) „Sie glauben wohl, Sie können mit mir Schlitten fahren? Da haben Sie sich aber geirrt! Ich will vorher gefragt werden, ob ich Überstunden machen will!"
Die Herkunft scheint jüngeren Datums zu sein und könnte sich auf das letztlich wenig kontrollierbare Rodeln beziehen, bei dem der Lenker auf die Mitfahrenden keine Rücksicht nehmen kann. Früher diente der Schlitten bei Winterfeldzügen zum Transport der Soldaten und Gefallenen, in der Schrift *Das Narrenschiff* von Sebastian Brant gilt er als ein typisches Fahrzeug des Narren.

ein **Schlitzohr** (umg.)
ein Gauner [Gauner]
„Beim Teppichkauf muß man darauf aufpassen, nicht von einem Schlitzohr reingelegt zu werden!"
Herkunft → ganz **Ohr** sein

hinter **Schloß** und Riegel sein/sitzen
[Gefängnis]
„Endlich sitzt der lang gesuchte Mädchenmörder hinter Schloß und Riegel!"

heulen wie ein **Schloßhund** (umg.)
laut und anhaltend weinen [Weinen]
„Sabine heulte wie ein Schloßhund, weil sie nicht mit ihren Eltern in Urlaub fahren durfte, sondern einen Sprachkurs in England besuchen mußte."

rauchen/qualmen wie ein **Schlot** (umg.)
ein starker Zigaretten-/Tabakraucher sein [Rauchen]
„Früher habe ich wie ein Schlot geraucht, aber seit fünf Jahren habe ich keine einzige Zigarette mehr angefaßt!"

an etwas zu **schlucken** haben (umg.)
an einer Belastung schwer zu tragen haben

[Belastung]
„Wir haben uns jetzt ein eigenes Haus gekauft, aber wir haben an den monatlichen Belastungen schwer zu schlucken! Ein Urlaub ist da einfach nicht mehr drin!"
Herkunft → ein armer **Schlucker**

viel **schlucken** müssen (umg.)
viel Kritik und Tadel hinnehmen müssen [Kritik]
„Alfred ist in seiner Partei oft kritisiert worden und hat viel schlucken müssen, bis er endlich Parteivorsitzender geworden ist."
Herkunft → ein armer **Schlucker**

ein armer **Schlucker** (umg.)
ein bedauernswerter Mensch [Armut]
„Da drüben sitzt ein Bettler – ich gebe dem armen Schlucker etwas!"
Als *guten Schlucker* bezeichnete man bis ins 18. Jh. jemanden, der die Freuden der Tafel und des Trinkens zu würdigen verstand, den Prasser und Schlemmer. Ein *armer Schlucker* war demnach jemand, der gierig auf Essen und Trinken ist, dann einer, der seinen Hunger aus Armut an fremden Tischen stillen muß bzw. alles Mögliche als Nahrung gebraucht. Aus dem engeren Bereich der Nahrungsaufnahme heraus führte dann die weitere Entwicklung der Redensart, die sich als allgemeiner Ausdruck für armselige Lebensführung und schlechte Behandlung einbürgerte. Dieselbe Entwicklung durchliefen die hier zugeordneten Redensarten mit dem Verb *schlucken* in Verbindung mit der Modalität des Müssens.

das **Schlußlicht** bilden (umg.)
letzter sein (in einer Reihe, aber auch qualitativ) [Letzter]
„Das Schlußlich in diesem Rennen bildet der Schimmel ‚Falco' aus dem Gestüt der Braunmühls."
Diese Redensart stammt aus dem 20. Jh. und bezieht sich auf die Verkehrsregel, daß am Heck eines Fahrzeugs (oder einer Kolonne) ein rotes Licht angebracht werden muß.

den/einen **Schlußpunkt** unter/hinter etwas setzen
etwas (Unangenehmes) endgültig abschließen (und etwas Neues beginnen) [Beendigung]
„Der Chef hat jetzt endlich einen Schlußstrich unter seine Affäre mit der Sekretärin gezogen. Das kann dem Arbeitsklima nur dienlich sein!"

den/einen **Schlußstrich** unter etwas ziehen
→ den/einen **Schlußpunkt** unter/hinter etwas setzen

jmdm. etwas **schmackhaft** machen (umg.)
jmdn. so beeinflussen, daß er etwas wünschenswert findet (das er vorher abgelehnt hatte) [Verlockung]
„Die lästigen Überstunden werden den Mitarbeitern durch eine erhöhte Bezahlung schmackhaft gemacht."

bei jmdm. ist **Schmalhans** Küchenmeister
jmd. kann aus Armut für das Essen nicht viel ausgeben [Armut] [Geiz] [Essen]
„Seit unsere Nachbarn sich einen Mercedes geleistet haben, ist dort Schmalhans Küchenmeister."
Der früher besonders häufige Vorname *Hans* ist in den verschiedensten Varianten redensartlich geworden (vgl.: **Hansdampf** in allen Gassen) und steht hier als Personifizierung bestimmter Eigenschaften. *Schmal*, das heute meist nur noch als Gegenbegriff zu *breit* gebraucht wird, hatte früher auch die Bedeutung *gering, knapp, karg*. Dies zeigt sich noch in den – allerdings veraltenden – Wendungen *schmaler Lohn* und *schmale Kost*. Das nach dem Muster von *Prahlhans* gebildete *Schmalhans* ist seit 1663 literarisch belegt und bezieht sich auf den zumindest optisch naheliegenden Zusammenhang zwischen einem dünnen Koch (Küchenmeister) und der kargen Kost, die er bereitet und vorsetzt. In der an allegorischer Personifizierung reichen Barockliteratur heißt es gelegentlich ganz ähnlich: „(Dort) war die Armut selbst Hofmeisterin, der Hunger Koch und der Mangel Küchenmeister" (*Simplicissimus* Kap. 7). Die Redensart kann je nach Verwendungszusammenhang Geiz und Armut einer Person oder Familie bezeichnen, aber auch als Tadel für Ungastlichkeit u. a. hergenommen werden.

etwas **schmeckt** nach mehr
→ **mehr** [Vorliebe]

Schmerz, laß nach! (scherzhaft)
→ das ist zum **Kinderkriegen**
[Verärgerung]

bei etwas **Schmiere** stehen (umg.)
bei etwas Illegalem Wache stehen/aufpassen [Wache]
„Herr Richter, ich war bei dem Einbruch nicht beteiligt! Ich habe bloß Schmiere gestanden!"
Der Begriff *Schmiere* in dieser Redensart geht auf hebräisch *schimra* (Wache) zurück und ist im 18. Jh. über die Gaunersprache ins Deutsche gekommen. Es ist zu trennen von *Schmiere* mit der Bedeutung *Fett, klebrige Masse*, das vom Verb *schmieren* abgeleitet ist und noch in Begriffen wie *Schmerbauch* (fetter Bauch) erhalten ist. Als Bezeichnung für eine fette und unreine Masse dehnte *Schmiere* seine Bedeutung noch weiter auf schlechte und wertlose Sachen aus: Ein *Schmierenkomödiant* ist ein schlechter Schauspieler, eine *Schmierenbühne* ein schlechtes Theater usw. Hier könnte eine alte Beziehung zu *sudeln* in der Bedeutung von *schlecht* (schriftstellerisch) *schreiben* bestehen.

jmdn. **schmieren**
jmdn. bestechen [Bestechung]
„Angeblich kann man die Polizei in Italien leicht schmieren!"
Diese Bedeutung ist seit dem 16. Jh. belegt, wahrscheinlich aber älter. Vgl.: jmdm. **Honig** ums Maul/um den Bart schmieren.

schmieren: wie geschmiert (umg.)
→ alles in **Butter** [Gelingen]

jmdm. eine **schmieren** (umg.)
[Ohrfeige]

im **Schmollwinkel** sitzen/sich in den **Schmollwinkel** zurückziehen
böse werden/sein und sich von den anderen zurückziehen (von Kindern/insbes. Mädchen gesagt) [Trotz]
„Wo ist denn Sandra?" „Ach, die hat sich in den Schmollwinkel zurückgezogen, weil ich mit ihr wegen ihres schlechten Schulzeugnisses geschimpft habe!"
Das Verb schmollen ist eine Weiterbildung von *smielen* (*lächeln;* vgl. auch engl. *to smile*), das sich zu den Bedeutungen *das Gesicht verziehen* bzw. *das Gesicht verärgert verziehen* entfaltete. Seit 1794 ist der Schmollwinkel literarisch belegt mit der Bedeutung *stiller, entlegener Ort, an den man sich zum Schmollen zurückzieht.*

jmdn. **schmoren** lassen
→ jmdn. im eigenen **Saft** schmoren lassen

jmdn. mit **Schmutz** bewerfen
[Verleumdung]
→ jmdn. in den **Schmutz** ziehen/zerren/treten

jmdn./etwas in den **Schmutz** ziehen/zerren/treten
jmdn./etwas unflätig verleumden
[Verleumdung]
„Eine gewisse Art von Presse sieht ihre bevorzugte Aufgabe darin, alle möglichen Leute in den Schmutz zu ziehen."
Herkunft → jmdn. in die **Gosse** ziehen

reden, wie einem der **Schnabel** gewachsen ist (umg.)
einfach/grob, aber ehrlich reden
[Offenheit]
„Sie brauchen keine Angst vor der Vernehmung zu haben, Herr Zeuge. Reden Sie einfach so, wie Ihnen der Schnabel gewachsen ist!"
Die Belege für Vorläufer dieser Redensart reichen ins 13. Jh. zurück. In Anlehnung an die hungrigen Schnäbel der Vogeljungen werden insbesondere Kinder auch in anderen Redensarten statt mit *Mund* mit *Schnabel* tituliert: *halt den Schnabel!* (sei still!), *jmdm. den Schnabel stopfen* (jmdn. zum Schweigen bringen) usw.

den **Schnabel**/die **Schnauze** halten
→ den **Mund** halten

eine große **Schnauze** haben (umg.)
→ ein großes **Maul** haben

die **Schnauze** (gestrichen) voll haben (umg.)
jmdn./etwas nicht mehr ausstehen/ertragen können [Abscheu]
„Diese ständigen Nörgeleien des Chefs! Jetzt habe ich davon die Schnauze gestrichen voll – zum nächsten Ersten kündige ich!"
Die Übertragung der Begriffe *Maul* und *Schnauze* vom Tier auf den Menschen ist bis ins 16. Jh. nachweisbar. Besonders Luther gebraucht beides häufig außerhalb seiner Bibelübersetzung in Predigten und Tischreden.

jmdm. die **Schnauze** polieren
→ **Fresse** [Prügel]

eine **Schnecke** angraben/anbaggern
[Flirt]
→ einen (steilen) **Zahn** aufreißen

jmdn. zur **Schnecke** machen (umg.)
jmdn. streng und unbarmherzig (vor anderen) zurechtweisen [Zurechtweisung]
„Gestern hat der Chef seine Sekretärin zur Schnecke gemacht, weil sie einige wichtige Unterlagen verlegt hatte."
Die sich scheu in ihr Haus zurückziehende bzw. sehr langsam auf dem Boden kriechende Schnecke ist in dieser (wohl aus dem Soldatenjargon stammenden) Redensart das Sinnbild äußerster Erniedrigung. Viele bildliche Begriffe beziehen sich auf die Langsamkeit der Schnecke: *im Schneckentempo, im Schneckengang, mit der Schneckenpost fahren* u.a.m.

Schnee von gestern sein (umg.)
nicht mehr aktuell sein [Vergänglichkeit]
„Die Minimode ist doch Schnee von gestern. Heute trägt man die Röcke wieder länger!"
Der *Schnee von gestern* ist ein alter Topos der Vergänglichkeit. Seine prototypische Ausprägung findet er bereits bei Francois Villon, der seiner um 1460 entstandenen *Ballade des dames du temps jadis* den Refrain gibt: „Wo ist der Schnee des letzten Jahres?"

sich freuen wie ein **Schneekönig** (umg.)
sich außerordentlich/stark/fast übertrieben freuen [Freude]
„Als wir Kinder unserer Mutter eine Geschirrspülmaschine schenkten, freute sie sich wie ein Schneekönig; endlich brauchte sie nicht mehr von Hand abzuwaschen!"
Schneekönig ist der mitteldeutsche Name des Zaunkönigs, unseres kleinsten Singvogels, der auch im Winter bei uns bleibt und trotz Schnee und Kälte munter singt.

Schneid haben
[Mut]
→ jmdm. den **Schneid** abkaufen

jmdm. den **Schneid** abkaufen (umg.)
jmdm. so energisch entgegentreten, daß er mutlos wird/aufgibt [Einschüchterung]
„Laß dir bloß morgen nicht den Schneid abkaufen, wenn du deinen Vorgesetzten um die Gehaltserhöhung bittest! Denke daran, daß wir das Geld bitter benötigen!"
Das mit *schneidig* (mutig) verwandte Substantiv *der Schneid* (süddeutsch auch: *die Schneide*) geht auf die *Schneide* (scharfe Kante der Messerklinge) zurück.

auf des Messers **Schneide** stehen
→ auf des **Messers** Schneide stehen

jmdn. **schneiden**
jmdm. absichtlich übersehen/nicht grüßen und nicht beachten [Mißachtung]
„Warum hast du denn Frau Nolte auf der Party so auffällig geschnitten?" „Weil sie gegenüber einer Bekannten geäußert hat, daß sie mich nicht ausstehen kann!"

schneiden: da hast du dich geschnitten (umg.)
→ da hast du dich in den **Finger** geschnitten [Irrtum]

frieren wie ein **Schneider** (umg.)
außerordentlich frieren [Frieren]
„Im letzten Winter ist einmal zwei Tage lang die Heizung im Büro ausgefallen. Wir haben gefroren wie die Schneider, mußten aber dennoch unsere Arbeit machen!"
Das Schneiderhandwerk stand in früheren Jahrhunderten in geringem Ansehen und wurde viel verspottet. Vieles davon hat sich

redensartlich erhalten. So galt der Schneider als arm, schmächtig und schwächlich, weil er wenig Einnahmen hatte und ein „Stubenhocker" war. Dieser angeblichen Empfindlichkeit liegt die Redensart *frieren wie ein Schneider* zugrunde. Weniger geläufig sind heute Redensarten wie *essen wie ein Schneider* (sehr wenig essen) und *laufen wie ein Schneider* (schnell laufen, da man dünn und behende ist wie ein Schneider). Verspottet wurden auch die (häufig vergeblich angemahnten) Lohnforderungen der Schneider. So gab es die heute fast vergessene spöttische Einlaßformel „Herein, wenn's kein Schneider ist!" Sie wird gebraucht, wenn jemand anklopft und man nicht weiß, wer vor der Türe steht. Die Armut des Schneiders führte zu dem Fachausdruck *Schneider sein*, der beim Kartenspiel bedeutet: mit weniger als 30 Punkten verloren haben. Daher auch die Redensart:

aus dem **Schneider** sein (umg.)
aus den Schwierigkeiten/der Armut heraus sein [Erfolg] [Glück]
„Erich hat wirklich Glück gehabt: Dadurch, daß er Beamter geworden ist, ist er für alle Zeiten aus dem Schneider. Ihm kann die Arbeitsmarktentwicklung völlig egal sein!"
Herkunft → frieren wie ein **Schneider**

schneien: ins Haus geschneit kommen (umg.)
[Besuch]
→ jmdm. ins **Haus** platzen

jmdm. ein **Schnippchen** schlagen (umg.)
jmds. Plan vereiteln, jmds. Absichten durchkreuzen [Vereitelung]
„Obwohl die Polizei dem Heiratsbetrüger dicht auf den Fersen war, gelang es ihm wieder, ihr ein Schnippchen zu schlagen und in eine andere Stadt zu entkommen."
Der seit 1604 belegte Ausdruck *Schnippchen* bezeichnete ursprünglich eine Spottgebärde, bei der man mit den Fingern ein schnalzendes Geräusch macht.

einen guten **Schnitt** machen (umg.)
einen Gewinn/Vorteil bei etwas erzielen [Gewinn]
„Der Händler macht einen guten Schnitt: Bei jedem verkauften Stück verdient er fast die Hälfte!"
Die Redensart bezieht sich auf die Heu- und Getreideernte, die früher noch stärker als heute den lebensnotwendigen Ertrag des Bauern lieferte. Manche vermuten auch (wegen der leicht negativen Bedeutung der Redensart) eine Beziehung zum Gelddiebstahl durch Beutelschneiderei.

das ist mir **schnuppe** (umg.)
das ist mir völlig gleichgültig/egal! [Gleichgültigkeit]
„Was meine Eltern mir sagen, ist mir völlig schnuppe. Ich mache jetzt das, was ich mir vorgenommen habe – nämlich eine Töpferlehre!"
Früher mußte man den abgebrannten Kerzendocht mit einer besonderen Lichtputzschere beschneiden, einen Vorgang, den man auch *schnupfen* oder *schnuppen* nannte. Den Dochtabfall bezeichnete man daher als *Schnuppe*, wobei die völlige Wertlosigkeit dieses Überbleibsels zur Redensart führte, die seit ungefähr 1850 in Berlin belegt ist. Die Sternschnuppe stellte man sich als Reinigungsabfall von Sternen vor.

über die **Schnur** hauen
→ über die **Stränge** schlagen
[Übermut]

das ist mir **schnurzegal**
→ **schnuppe**

etwas wie am **Schnürchen** können (umg.)
etwas sehr gut (auswendig aufsagen/verrichten) können [Können] [Wissen]
„Zunächst hatte ich damit große Schwierigkeiten, aber jetzt kann ich das Große Einmaleins wie am Schnürchen!"
Die Schnur ist eine heute vergessene Gedächtnismetapher, ähnlich wie die Gedächtnistafel (vgl.: einen tiefen **Eindruck** machen), weil sie dazu dient, eine Reihe von Gegenständen (Perlenschnur, Rosenkranz usw.) in fester Reihenfolge zu bewahren. *Am Schnürchen haben* war eine ältere Redensart für *im Gedächtnis haben* und *wie am Schnürchen* bedeutet daher:

leicht zu handhaben, da geordnet. Vgl. auch: etwas **klappt** wie am Schnürchen.

(na,) wenn **schon**! (umg.)
das macht nichts! das ist egal!
[Gleichgültigkeit]
„Ich kann mir dieses Jahr erst im September Urlaub nehmen!" „Na, wenn schon! Dann ist es doch im Gebirge besonders schön!"
Schon ist ursprünglich Adverb zu *schön*, das in einigen Verwendungen (vgl.: **schön** und gut) den Charakter einer abschließenden Bewertung annehmen kann. In diesem Sinne bezieht sich auch *schon* im Sinne von *bereits* auf die Einstellung des Sprechers, der damit ausdrücken kann, daß etwas wider Erwarten früh eingetreten ist (Es ist schon 12 Uhr?). Aus der Komponente des Abschließens und der Vollendung entwickelte sich die Bedeutung *gewiß* (Es wird schon klappen!) mit der auch ein Einwand oder Widerspruch vorbereitet werden kann (Es ist schon wahr, aber ...). Bereits im 16. Jh. festigt sich die Bindung zwischen *ob* bzw. *wenn* und *schon*, die ein konzessives Verhältnis ausdrückt und sich somit auf eine Bedingung bezieht, deren erwartete Wirkung sich nicht erfüllt. „Obschon (obwohl) ich ihn grüßte, grüßte er nicht zurück." Die alte Konjunktion *wennschon* ist heute nicht mehr gebräuchlich und hat sich zu der Gesprächsfloskel *wenn schon* im Sinne von *na und?, was macht das schon?, das ist egal!* u. ä. entwickelt, die sich ebenfalls auf die Erwartungen von Sprecher und Hörer bezieht.

wenn **schon**, denn schon! (umg.)
wenn es überhaupt gemacht wird, dann wird es auch richtig/gründlich gemacht!
[Gründlichkeit]
„Ich dachte, daß wir nur das Zimmer renovieren! Warum schleppst du denn dann auch aus der Diele die Möbel raus?" „Wenn schon, denn schon! Ich habe noch ein paar Töpfe Farbe übrig! Da kann ich auch gleich etwas für den Vorraum tun!"
Die für *schon* typische konzessive Bedeutungsdimension ist auch in dieser Gesprächsfloskel zu erkennen. Ausformuliert drückt sie den Gedanken aus: Wenn etwas trotz der damit verbundenen Belastung/Mühe/Arbeit gemacht wird, dann sollte es auch gleich richtig/gründlich gemacht werden, damit sich die Mühe auch lohnt.

schön und gut (Zwillingsformel)
obwohl etwas berechtigt ist, kann es nicht berücksichtigt werden [Widerspruch]
„Was Sie da erzählen, ist ja alles schön und gut, aber dennoch müssen wir von Ihnen den vollen Schadenersatz verlangen!"
Schön leitet sich vom Verb *schauen* ab und hatte ursprünglich die Bedeutung *in die Augen fallend, ansehnlich.* Die damit ausgedrückte positive Bewertung (vgl.: das schöne **Geschlecht**) scheint besonders geeignet zu ironischer Verwendung zu sein. Viele Redensarten zeigen jedenfalls eine dem eigentlichen Wortsinn entgegengesetzte Bedeutung: *eine schöne Bescherung, er wird schön schauen, das wird ja immer schöner* u. a. m. Andere Wendungen bewahren uneingeschränkt die positive Bewertung, die mit *schön* verbunden ist, wobei insbesondere ästhetische Urteile im Bereich der „schönen Künste" betroffen sind. Im 18. Jh. erlebt *schön* eine gewisse Blüte und wird in Begriffen wie *schöne Seele, schöne Tugend* usw. verwendet, die geistige, seelische und moralische Aspekte zum Inhalt haben. In dieser Zeit bilden sich auch die Wendungen *jemandem schöntun* (jemandem schmeicheln) und *jemandem schöne Augen machen* (mit jemandem flirten).

zu **schön,** um wahr zu sein (umg.)
1) *etwas, das alles Erwartbare übertrifft* [Erstaunen]
2) *etwas, das herrlich wäre, aber wohl nicht realisierbar ist* [Undurchführbarkeit]
1) „Wir haben im Lotto gewonnen? Das ist zu schön, um wahr zu sein!"
2) „Ich werde wohl nie einen Studienplatz in Medizin zugeteilt bekommen. Das wäre zu schön, um wahr zu sein!"
Diese Gesprächsfloskel betont den Kontrast zwischen „schönem Schein" und der Wirklichkeit, von der man eher unschöne Ereignisse erwartet.

bei jmdm. **schön** ankommen (umg.)
mit einem Anliegen von jmdm. abgewiesen werden [Zurückweisung]
„Der Nachbar wollte sich heute wieder unseren Rasenmäher ausborgen. Da ist er bei mir schön angekommen! Ich habe ihm erzählt, er soll sich gefälligst einen eigenen kaufen!"
Herkunft → **schön** und gut

er wird **schön** schauen/gucken (umg.)
er wird sehr überrascht sein! [Erstaunen]
„Er wird schön schauen, wenn er sieht, daß die Polizei ihm einen Strafzettel an die Windschutzscheibe geklebt hat!"
Herkunft → **schön** und gut

das wäre ja noch **schöner**! (umg.)
das kommt gar nicht in Frage! das ist völlig absurd! [Ablehnung]
„Ob ich dir mein Auto leihe? Das wäre ja noch schöner! Wo du mir doch erst neulich eine Beule reingefahren hast!"
Einige Gesprächsfloskeln verwenden Steigerungen von *schön,* um die ironische Wirkung dieses Adjektivs zu verstärken.

das wird ja immer **schöner**! (umg.)
das wird ja immer schlimmer/unglaublicher [Verschlimmerung]
„Erst fällst du durchs Examen, und jetzt willst du gar das ganze Studium hinschmeißen? Das wird ja immer schöner!"
Herkunft → **schön** und gut

den **Schongang** einlegen (umg.)
→ **kurztreten** [Schonung]

die Gelegenheit beim **Schopf** ergreifen
→ **Gelegenheit**
→ jmdm. lächelt das **Glück**

sein Vermögen zum **Schornstein** hinausjagen [Verschwendung]
→ sein **Geld** auf die Straße/aus dem Fenster werfen

der **Schornstein** raucht wieder
das Geschäft geht wieder gut, man macht Gewinn [Gewinn]
„Seit wir unser Angebot erweitert haben, raucht der Schornstein wieder. Vorher war unsere Produktpalette einfach zu schmal!"
Der rauchende Schornstein gilt redensartlich als Sinnbild des Wohlstands und des guten Auskommens.

von irgendwas muß der **Schornstein** ja rauchen [Verdienen]
→ der **Schornstein** raucht wieder

etwas in den **Schornstein** schreiben (umg.)
Geld als verloren ansehen müssen [Verlust]
„Du hast ihm hundert Mark geliehen? Die kannst du in den Schornstein schreiben!"
Es gibt verschiedene Redensarten, die sich auf sinnlose (weil unsichtbare oder leicht vergängliche) Inschriften beziehen, um Vergessen oder Verlust auszudrücken. Auch im Schornstein wird die Schrift bald durch Rauch und Ruß unleserlich, so daß er sich als Sinnbild vergeblichen Tuns eignet. Vgl.: etwas ins **Wasser** schreiben.

im **Schoß** der Familie
als Teil der Familie [Familie]
„Mit der heutigen Verlobung bist du nun im Schoß unserer Familie aufgenommen,"
Als *Schoß* wurde ursprünglich nur der Unterteil des Gewandes oder der Rüstung bezeichnet, später auch der davon bedeckte Unterleib. Im Schoß der Mutter ruht das ungeborene Kind, und in altgermanischer Zeit erkannte der Vater das Kind dadurch an, daß er es auf seinem Schoß hielt. Auf gleiche Weise und durch das Bergen unter dem Mantel vollzog sich auch die Adoption. Der Schoß wurde dadurch zum Sinnbild des Schutzes, des Glücks und der Seligkeit. Hierher gehört auch die jüdische und christliche Vorstellung der paradiesischen Seligkeit in „Abrahams Schoß". Auch die den Augen verborgene Zukunft ruht (nach griech. Vorstellung) *im Schoß der Götter/der Zeit.* Im poetischen Sprachgebrauch ist es auch üblich, das Innere der Erde, wo die Bodenschätze liegen, als *Schoß der Erde* zu bezeichnen.

im **Schoß** der Götter/der Zeit
[Zukunft]
→ im **Schoß** der Familie

das ist ihm wie eine reife Frucht in den **Schoß** gefallen
[Unverdientheit]
→ das ist ihm nicht in den **Schoß** gefallen

das ist ihm nicht in den **Schoß** gefallen
darum mußte er sich sehr bemühen/anstrengen [Anstrengung]
„Heute ist er Direktor des Zweigwerks; aber dieser Posten ist ihm keineswegs in den Schoß gefallen – er hat immerhin 25 Jahre in der Firma gearbeitet und die ganze Ochsentour hinter sich gebracht!"
Die Vorstellung, daß einem die reifen Früchte in den Schoß fallen, ist ein Teil der Bilderwelt, die zum Mythos vom Schlaraffenland gehört. Vgl.: warten, daß einem die gebratenen Tauben in den **Mund** fliegen

in Abrahams **Schoß** sitzen
→ in **Abrahams** Schoß sitzen

jmdn. in die **Schranken** fordern
[Rechenschaft]
→ einer Sache (enge) **Schranken** setzen/ziehen

sich mühsam in den **Schranken** halten
[Selbstbeherrschung]
→ einer Sache (enge) **Schranken** setzen/ziehen

einer Sache (enge) **Schranken** setzen/ziehen
Grenzen des Erlaubten festsetzen
[Begrenzung]
„Durch die neuen Verwaltungsvorschriften sind den Entscheidungsspielräumen des einzelnen Beamten enge Schranken gesetzt worden."
Der mit *Schrank* verwandte Begriff *Schranke* bezeichnet ursprünglich jede Einrichtung, die etwas einschränkt (begrenzt), beispielsweise die Absperrung des Kampfplatzes beim Turnier. Zu dieser Turnier- und Kampfbedeutung gibt es viele Redensarten. Die weniger kämpferischen Bedeutungen der Redensarten mit dem Begriff *Schranken* gehen auf alte Rechts- und Gerichtsbräuche zurück. Schon in der germanischen Zeit, als die Gerichtsverhandlungen noch unter freiem Himmel stattfanden, mußte das Publikum durch einen provisorischen Zaun aus Zweigen vom eigentlichen Gerichtsgeschehen abgegrenzt werden. Wer diese Gerichtsschranken unbefugt überschritt, wurde bestraft. Besonders vielfältig sind die Wendungen, die das Überschreiten der Schranken thematisieren: Der Phantasie sind *keine Schranken gesetzt*, jemands Ehrgeiz *übersteigt alle Schranken*, der Verantwortungslose *kennt keine Schranken* oder will sich keine *Schranken auferlegen* usw. Vgl. auch: **Grenze**.

für jmdn. in die **Schranken** treten
[Parteinahme]
→ einer Sache (enge) **Schranken** setzen/ziehen

gegen jmdn. in die **Schranken** treten
[Widerstand]
→ einer Sache (enge) **Schranken** setzen/ziehen

jmdn. in die/seine **Schranken** (zurück-)weisen)
[Ermahnung]
→ einer Sache (enge) **Schranken** setzen/ziehen

bei jmdm. ist eine **Schraube**/ein **Schräubchen** locker
[Verrücktheit] (umg.)
→ bei jmdm. ist ein **Rad/Rädchen** locker

der letzte **Schrei** (umg.)
die allerneueste Mode [Mode]
„Du brauchst gar nicht zu lachen – giftgrüne Sonnenbrillen sind dieses Jahr der letzte Schrei! Deshalb trage ich natürlich auch eine!"
Diese Wendung ist eine Lehnübersetzung des franz. Ausdrucks *le dernier cri* und bezieht sich wie dieser wohl auf das Werbegeschrei der Markthändler.

schreiben: es steht nirgends geschrieben, daß...
es ist nicht selbstverständlich oder zwingend vorgeschrieben, daß...
[Zwanglosigkeit]

„Es steht nirgends geschrieben, daß der Mensch nur zum Arbeiten geboren ist; laßt uns deshalb den Feierabend genießen!"
Zum Predigtstil gehört die Formel „es steht geschrieben" (z. B.: Matth. 4,4). Luther hat in seinem Katechismus diese Formel zur skeptischen (rhetorischen) Frage „Wo stehet das geschrieben?" umgewandelt und damit den redensartlichen Gebrauch eingeleitet. Als Gesprächsfloskel wird die Wendung meist als (scherzhafte/ironische) Begründung einer Handlung oder als Widerstand gegen Bevormundung gebraucht.

sich von **schreiben**
→ **von**

Schritt für Schritt
[Entwicklung]
→ einen guten **Schritt** am Leibe haben

auf **Schritt** und Tritt (Zwillingsformel)
überall, überallhin [Überall]
„Das hübsche Mädchen wurde auf Schritt und Tritt von dem jungen Verehrer verfolgt. Schließlich gab sie seinem Drängen nach und ging mit ihm in eine Diskothek."
Die Bedeutung *überall* (an allen Orten) wird redensartlich gerne mit Formulierungen ausgedrückt, welche durch Verdoppelung eine Verstärkung der Bedeutung bewirken (vgl.: an allen **Ecken** und Enden, wo man **geht** und steht). Die Verbindung der endreimenden Synonyme *Schritt* und *Tritt* ist vor dem 17. Jh. kaum zu belegen, die Verbindung mit der Präposition *auf* erst im 19. Jh. Vorher gab es Wendungen wie *im gleichen Schritt und Tritt* (im Gleichschritt), die der Soldatensprache angehörten.

einen **Schritt** vorwärts
[Fortschritt]
→ einen guten **Schritt** am Leibe haben

einen guten **Schritt** am Leibe haben (umg.)
schnell gehen [Schnelligkeit] [Gehen]
„Der Viktor hat einen guten Schritt am Leibe. Da kommen wir fast nicht mehr mit, obwohl wir viel jünger sind!"
Der Schritt ist die Maßeinheit des Gehens, und man kann redensartlich hiermit sowohl den langsamen als auch den schnellen Fortschritt ausdrücken: Schnelligkeit mit dem *guten Schritt*, Langsamkeit mit dem einzelnen Schritt bzw. der Schrittfolge.

Schritt halten mit etwas
[Belastbarkeit]
→ einen guten **Schritt** am Leibe haben

den ersten **Schritt** tun
[Beginn]
→ einen guten **Schritt** am Leibe haben

den zweiten **Schritt** vor dem ersten tun
[Fehler]
→ einen guten **Schritt** am Leibe haben

etwas einen guten **Schritt** weiterbringen
[Fortschritt]
→ einen guten **Schritt** am Leibe haben

Schritte unternehmen gegen jmdn./etwas
Maßnahmen gegen jmdn./etwas ergreifen
[Bekämpfung]
„Es war höchste Zeit, daß gegen die Luftverschmutzung Schritte unternommen wurden!"
Das Vorwärtsschreiten kann auch als Zugehen auf den Gegner und als Einschreiten gedeutet und redensartlich gebraucht werden. Aus der juristischen Fachsprache stammt die Wendung *gerichtliche Schritte unternehmen* (das Prozeßverfahren in Gang setzen), die heute auch allgemeiner (etwa wie im Beispiel) gebraucht werden kann.

von echtem/altem **Schrot** und Korn (Paarformel)
von guter, echter, zuverlässiger Art
[Zuverlässigkeit]
„Mit der Ausführung der Holzverkleidung des Eßzimmers haben wir einen Schreiner von altem Schrot und Korn beauftragt. Er wird uns eine Maßanfertigung aus gut abgelagertem Kiefernholz herstellen, die eigentlich unbezahlbar ist."
Diese Wendung stammt aus dem Bereich des Münzwesens. Das vom Verb *schroten* (grob schneiden) abgeleitete Substantiv *Schrot* bezeichnete das zur Prägung vom Metallbarren abgeschnittene Stück, das dem

Bruttogewicht der Münze entsprach. Zu *Schrot* gehören auch die Bildungen *Schrotkugeln* (kleine Stücke Blei), *Getreideschrot* (grob gemahlenes Getreide) und das erst zu Beginn des 20. Jh. auftauchende und gemäß der niederrheinischen Aussprache verkürzte *Schrott* (zerkleinerter Metallabfall). Das mit *Kern* verwandte Wort *Korn* bezeichnete zunächst nur Frucht- und Samenkorn, später auch kornähnliche (kleine, runde) Dinge. Im Mittelalter war das Korn die kleinste Maßeinheit, mit der der Feingehalt an Edelmetall einer Münze gemessen wurde. Dieser Vorgang entspricht dem noch heute üblichen Abwiegen von Gold und Diamanten in bezug auf die Meßgröße Karat, die ursprünglich mit dem Gewicht des Samens des Johannisbrotbaumes identisch war. *Schrot und Korn* sind also eigentlich Gewicht und Feingehalt der Münze. Da Münzen meist aus Legierungen bestehen, können Gewicht und Wert der Münze erheblich disharmonieren. Die mit den Bewertungen *echt* und *alt* arbeitende Redensart verweist auf einen früheren Idealzustand, der nicht mehr existiert. Dies bezieht sich auf den bereits für das Mittelalter nachweisbaren Befund einer Verschlechterung des Geldes durch regionale Reduzierungen des Feingehalts und durch Verfälschungen der Münzen durch sogenannte „Kipper und Wipper". Diese kippten (beschnitten) den Münzrand und wippten (bewegten) geschickt die Münze beim Wiegen so, daß das verminderte Gewicht nicht auffiel. Darauf bezieht sich auch der Begriff *Geldschneider*. Zum Schutz erhielten die Münzen deshalb die Aufschrift: *Nach dem alten Schrot und Korn* (nach echter, alter, wertvoller Art). Die redensartliche Übertragung auf den Menschen ist nicht vor dem 18. Jh. belegt.

wenn du dir diesen **Schuh** anziehst (dann wird er dir wohl auch passen)! (umg.)
wenn du das auf dich beziehst (dann wirst du Grund dazu haben) [Betroffensein]
„Willst du etwa andeuten, daß ich etwas mit diesen krummen Touren zu tun haben könnte? Das ist eine Unverschämtheit!" „Das hat ja keiner behauptet, aber wenn du dir diesen Schuh anziehst..."
Diese Gesprächsfloskel geht auf das Sprichwort zurück: *Wem der Schuh paßt, der zieht ihn sich an.*

wo drückt dich der **Schuh?** (umg.)
welchen Kummer hast du? [Hilfsangebot]
„Na, du siehst aber bekümmert aus! Wo drückt dich denn der Schuh?"
Das redensartliche Bild wird schon im Altertum gebraucht. Plutarch erzählt in seiner Beschreibung des Lebens des Paulus Aemilius, daß dieser von seinen Freunden vorwurfsvoll gefragt worden sei, warum er sich von seiner schönen und treuen Frau habe scheiden lassen. Aemilius antwortete, indem er auf seinen neuen Schuh zeigte, mit den Worten: „Auch dieser Schuh ist schön und neu, aber niemand weiß, wo er mich drückt." Diese Episode ist redensartlich seit dem 15. Jh. im Deutschen belegt.

umgekehrt wird ein **Schuh** daraus! (umg.)
das Gegenteil ist wahr!, umgekehrt muß es sein! [Gegensatz]
„Sie haben mir die Vorfahrt genommen!" „Falsch! Umgekehrt wird ein Schuh daraus! Sehen Sie nicht, daß es sich hier um eine abknickende Vorfahrtsstraße handelt? Diesen Unfall haben Sie zu verantworten!"
Früher war es bei der Herstellung von Schuhen üblich, die Nähte versteckt am Inneren des Rohschuhes anzubringen, so daß dieses nach außen gekehrt werden mußte. Für den Lehrling mag so manches Mal die redensartlich gewordene Mahnung notwendig gewesen sein, den Schuh rechtzeitig umzustülpen. In der heute üblichen Form ist die Wendung seit 1745 belegt.

jmdm. etwas in die **Schuhe** schieben (umg.)
jmdm. die Schuld an etwas geben (um sich selbst zu entlasten) [Beschuldigung]
„Eigentlich hat er das Mißgeschick gar nicht zu verantworten; man hat es ihm bloß in die Schuhe geschoben, um andere zu entlasten!"
Diese Redensart stammt aus den Zeiten der fahrenden Gesellen, die gemeinsam in Schlafsälen zu schlafen pflegten. Hatte nun einer etwas gestohlen und fürchtete die Entdeckung, konnte er seine Beute – beispielsweise Geldstücke – in die Schuhe eines

Kameraden schieben, um diesen verdächtig zu machen.

alle **Schuhe** über einen Leisten schlagen
→ alle Schuhe über einen **Leisten** schlagen

sich die **Schuhsohlen** nach etwas ablaufen
→ sich die **Hacken** nach etwas ablaufen
[Suche]

die **Schulbank** drücken (umg.)
Schüler sein [Schule]
„Im Alter denkt man gerne an die Zeit zurück, als man noch die Schulbank drückte…"

mehr **Schulden** als Haare auf dem Kopf haben
→ mehr Schulden als **Haare** auf dem Kopf haben

jmdm. nichts **schuldig** bleiben
jmdm. scharf antworten [Antwort]
„Nach dem Vortrag wurde Professor Meier scharf angegriffen. Er blieb den Zweiflern jedoch nichts schuldig und beharrte auf seinen Thesen."

ein Kavalier der alten **Schule**
→ **Kavalier**
[Gentleman]

durch eine harte **Schule** gehen
[Erziehung]
→ **Schule** machen

bei jmdm. in die **Schule** gehen
[Lernen]
→ **Schule** machen

Schule machen
nachgeahmt werden, von anderen auch getan werden [Nachahmung]
„Noch vor einigen Jahren wurden diejenigen ausgelacht, die sich um den Umweltschutz bemühten, aber mittlerweile hat ihr gutes Beispiel Schule gemacht."
Das lat. Lehnwort *Schule* bezeichnete im Deutschen zunächst die Klosterschulen, später dann alle Institutionen, die der Erteilung von Unterricht dienen. Redensartlich hat sich in der Wendung *aus der Schule plaudern* die Tatsache erhalten, daß der Schulbesuch nur wenigen Auserwählten möglich war. Früh findet sich ein allgemeiner Gebrauch des Begriffs im Sinne von *Erziehung, Unterweisung, Zucht.*

aus der **Schule** plaudern
Geheimnisse und Erfahrungen verraten/weitergeben [Erzählen]
„Sie sind doch in der Regierungspartei – plaudern Sie doch mal ein bißchen aus der Schule: Wie sieht die Sozialpolitik der nächsten Jahre aus?"
Die seit Anfang des 16. Jh. belegte Redensart besagt, daß der (früher nicht selbstverständliche) Schul- und Universitätsbesuch zu einem privilegierten Status führt, der (früher noch eifriger als heute) gegenüber den Außenstehenden zu verteidigen ist. Besonders Ärzte und Alchimisten waren eifersüchtig auf die Wahrung ihres Geheimwissens bedacht, das ihnen Ansehen und Wohlstand verschaffte. Wer die Geheimnisse der Ausbildung verriet, stellte sich in dieser Vorstellung gegen seinen eigenen Stand und seine Lehrer und Kollegen.

die **Schule** schwänzen (umg.)
nicht am Unterricht teilnehmen
[Abwesenheit]
„In diesem Brief von deinem Lehrer steht, daß du schon häufiger die Schule geschwänzt hast. Was hast du mir dazu zu sagen?"
Der zum Verb *schwanken* gebildete Begriff *Schwanz* bezeichnet eigentlich das Schwankende und Bewegliche. *Schwänzen* meint daher zunächst: *sich hin und her bewegen, tanzen, sich übermütig benehmen* und *müßig herumspazieren.* Seit dem frühen 16. Jh. erhält es in der Gaunersprache die leicht unehrliche Bedeutung *etwas heimlich/unerlaubt tun*, die in der Studentensprache des 18. Jh. zu *bummeln, die Vorlesung versäumen* präzisiert wird. Schiller schließlich führt den Begriff in die Literatursprache ein: „Wie soll man siegen, wenn man die Predigt schwänzt und die Meß', nichts tut als in den Weinhäusern liegen?" *(Wallensteins Lager)*

du kannst dir dein **Schulgeld** wiedergeben lassen
→ du kannst dir dein **Lehrgeld** wiedergeben lassen
[Unfähigkeit]

Schulter an Schulter
1) *ganz dicht nebeneinander* [Enge]
2) *gemeinsam kämpfen* [Gemeinsamkeit]
1) „Die Schaulustigen standen Schulter an Schulter."
2) „Parteien und Gewerkschaften kämpfen Schulter an Schulter für kürzere Arbeitszeiten."
Der sog. Schulterschluß bietet dem Feind keine Möglichkeit, in die eigenen Reihen einzudringen.

jmdn. über die **Schulter** ansehen
→ jmdn. über die **Achsel** ansehen

breite **Schultern** haben
[Belastbarkeit]
→ auf jmds. **Schultern** liegen

auf jmds. **Schultern** liegen
von jmdm. getan/geleistet werden müssen [Belastung]
„Seitdem der Mann gestorben ist, ruht die ganze Verantwortung für die Familie auf den Schultern der Frau."

etwas auf die leichte **Schulter** nehmen (umg.)
etwas nicht ernst nehmen/unterschätzen [Leichtfertigkeit]
„Du sollst diese Prüfung nicht auf die leichte Schulter nehmen. Neulich ist fast die Hälfte der Kandidaten durchgefallen!"
Diese Redensart beruht auf dem Gedanken, daß es – wie bei den Händen – je eine belastbarere und eine weniger belastbare Schulter gibt. Wer also etwas auf die *leichte Schulter* nimmt, zeigt damit, daß er die Belastung nicht ernstnimmt oder leichtnimmt.

auf jmds. **Schultern** stehen
jmds. Erfahrung nutzen, sich auf jmds. Vorarbeiten stützen [Nachfolge]
„Seine wissenschaftlichen Leistungen werden keineswegs dadurch geschmälert, daß er auf den Schultern seines Doktorvaters steht. Schließlich fängt in der Wissenschaft niemand bei Null an!"
Dem genialen Isaac Newton wird das geflügelte Wort zugeschrieben: „Wenn ich weiter gesehen habe als andere, so deshalb, weil ich auf den Schultern von Riesen stehe." Dieser wissenschaftliche Aphorismus ist jedoch weit älter und geht auf Bernhard von Chartres (und letztlich auf ähnliche antike Bilder) zurück. Das Gleichnis hat folgende Bedeutung: Jeder Wissenschaftler stützt sich auf Vorgänger. Auch wenn der jeweils letzte in dieser Reihe nicht die Geistesgröße seiner Vorgänger besitzt, so verfügt er dennoch über insgesamt mehr Erkenntnisse als diese. Somit ist der wissenschaftliche Fortschritt unaufhaltsam, auch wenn nicht nur Genies wissenschaftlich tätig sind. Die Rezeptionsgeschichte dieses Bildes von Kontinuität und Fortschritt in der Wissenschaft ist von dem amerikanischen Soziologen Robert K. Merton in einer eigenen (amüsant zu lesenden) Abhandlung mit dem Titel *Auf den Schultern von Riesen* untersucht worden.

jmdm. die kalte **Schulter** zeigen (umg.)
sich gegenüber jmdm. abweisend verhalten [Zurückweisung]
„Irgendwie muß ich bei ihm versehentlich ins Fettnäpfchen getreten sein – gestern hat er mir jedenfalls die kalte Schulter gezeigt und nicht mit mir gesprochen!"
Die *kalte Schulter* ist die abweisende Schulter. So fehlt der Trost, den die Schulter bietet, an der man sich anlehnen und ausweinen kann.

jmdm. wie **Schuppen** von den Augen fallen (umg.)
jmd. bemerkt plötzlich etwas, das ihm vorher entgangen war [Erkenntnis]
„Ich grübelte lange darüber nach, woher ich ihn kannte. Plötzlich fiel es mir wie Schuppen von den Augen: Wir hatten gemeinsam die Volksschule besucht!"
Schuppe ist eine Ableitung von *schaben* und meint im Grunde: *dasjenige, was vom Fisch abgeschabt wird, bevor man ihn kocht.* Auch die Kopfhaut des Menschen bildet

Hautschuppen. Der Redensart liegt die mittelalterliche Vorstellung zugrunde, daß der „Star" (Blindheit) von Schuppen herrührt, die das Auge verdecken und die man durchstechen kann (vgl.: jmdm. den **Star** stechen). {Geisteslicht}

an Mutters **Schürze/Schürzenzipfel** hängen
noch als Jugendlicher/Erwachsener von der Mutter abhängig sein, unselbständig sein [Unselbständigkeit]
„Bernd hängt mit seinen fast 30 Jahren immer noch an Mutters Schürzenzipfel. Er kann sich noch nicht einmal selber eine Tasse Kaffee kochen!"
Das mit engl. *short* (kurz) verwandte Wort *Schürze* bedeutet eigentlich: *gekürztes Kleidungsstück*, daher auch das Verb *schürzen* (hochziehen und dadurch kürzer machen) und das englische *shirt* (Hemd), das als *T-Shirt* (modisches hemdartiges Kleidungsstück) auch ins Deutsche gekommen ist. Das T ist ein Bild für die kurzen Ärmel (sog. Schrift-Ikonismus). Hierher gehören auch der Lendenschurz, das kurze, nur die Lenden bedeckende Kleidungsstück der „Wilden", das „geschorene Schaf" und andere Begriffe, die mit der indogermanischen Wurzel *sker-* (schneiden) zusammenhängen. Die Schürze gilt redensartlich als typisches Kleidungsstück der Frau und kann sogar als Pars pro toto für *Frau* stehen (vgl.: hinter jeder **Schürze** her sein). Der Schürzenzipfel der Mutter schließlich ist der Halt für das Kleinkind, das gerade das Gehen lernt. Von diesem Lebensbereich her entspricht er dem redensartlichen Gängelband und dem Rockzipfel.

hinter jeder **Schürze** her sein (umg.)
[Frauenheld]
→ ein **Schürzenjäger** sein

ein **Schürzenjäger** sein (umg.)
jeder Frau den Hof machen, mit jeder Frau flirten [Frauenheld]
„Der Michael, dieser Schürzenjäger, ist doch hinter jedem Mädchen im Dorf her!"
Dieser Ausdruck bezeichnet die unermüdlichen Freunde des „schönen Geschlechts". Er ist erst seit dem 19. Jh. belegt und haben einen älteren Begriff *Schürzenfreund* verdrängt. Der Schürzenjäger gehört in das alte Bildfeld {Liebesjagd}. Noch älter ist die etwas verschärfte Vorstellung vom „Krieg der Geschlechter" oder „Liebeskrieg". Herkunft → an Mutters **Schürze** hängen

ein **Schuß** in den Ofen
[Mißerfolg]
→ ein Schlag ins **Wasser**

(gut) in **Schuß** sein (umg.)
1) *in Ordnung sein, gebrauchstüchtig sein,* [Funktionstüchtigkeit]
2) *gesund sein* [Gesundheit]
1) „Unser Motorrad ist noch einigermaßen gut in Schuß, obwohl es schon 15 Jahre alt ist!"
2) „Mit seinen 80 Jahren ist Opa noch ganz gut in Schuß. Er unternimmt sogar noch Bergwanderungen!"
Gewehre und Geschütze müssen gepflegt und eingeschossen werden, damit sie *gut in Schuß* sind. Aus dieser Qualitätsbezeichnung haben sich diese redensartlichen Verwendungen ergeben.

weit vom **Schuß** sein (umg.)
außer Gefahr [Gefahrlosigkeit]
„In Australien ist man weit vom Schuß, falls es in Europa einmal einen Krieg geben sollte. Deshalb wollen wir dorthin auswandern!"
Diese Wendung war schon in der Antike bekannt (Extra telorum jactum sedere).

zu weit vom **Schuß** sein (umg.)
zu weit weg sein, um eine Sache beurteilen zu können [Abgelegenheit]
„In Amerika ist man zu weit vom Schuß, um die politische Situation in Deutschland richtig einschätzen zu können!"
Diese Redensart stammt aus der Jägersprache. Bei der Jagd kann es vorkommen, daß ein Schütze so ungünstig steht, daß er keinen Schuß abgeben kann.

keinen **Schuß** Pulver wert sein (umg.)
[Wertlosigkeit]
→ keinen Schuß **Pulver** wert sein

jmdm. einen **Schuß** vor den Bug geben (umg.)
jmdn. nachdrücklich warnen [Warnung]
„Wenn er sich weiter meiner Frau so aufdringlich nähert, muß ich ihm einmal einen Schuß vor den Bug geben!"
Herkunft → **Bug**

der **Schuß** geht nach hinten los
eine Maßnahme wirkt sich gegen einen selbst aus [Selbstschädigung]
„Wenn wir auf diese Fehler aufmerksam machen, geht der Schuß nach hinten los und wir werden selbst verantwortlich dafür gemacht! Behalten wir also unsere Entdekkung lieber für uns."
Die Redensarten mit dem Begriff *Schuß* stammen naturgemäß aus den Bereichen der Jagd, des Militärs und des Schützenwesens. Der Schuß gilt somit als gewaltsame und verletzende Maßnahme, Warnung oder Gefahr. Eine besonders gefährliche Region ist die *Schußlinie*, es ist aber auch nicht ratsam, zu *weit vom Schuß* zu sein, weil man dann nicht eingreifen kann. Der Schuß schließlich, der nach *hinten losgeht*, stellte zu jener Zeit eine reale Gefahr dar, als die technische Entwicklung der Gewehrläufe und Kanonenrohre noch nicht perfektioniert war. Neueren Ursprungs ist die Verwendung von *Schuß* im Sinne des Fotografierens bzw. – von Männern gesagt – des Geschlechtsverkehrs.

einen **Schuß** (weg-)haben (umg.)
leicht verrückt/verliebt/nicht ganz normal sein [Verrücktheit]
„Mach das nie wieder! Du hast ja einen Schuß!"
Der *Schuß* hat in dieser Redensart die Bedeutung, die sonst dem Schlag an den Kopf beigemessen wird. Eine verkürzte Variante besteht in der resignierenden Feststellung *Kopfschuß!* (der spinnt!).

zum **Schuß** kommen
[Fotografieren] [Sexualität]
→ der **Schuß** geht nach hinten los

einen **Schuß** machen
→ ins **Kraut** schießen [Zunahme]

in die **Schußlinie** (der Kritiker) geraten
→ ins **Feuer** (der Kritik) geraten
[Kritik]

jmdn. aus der **Schußlinie** nehmen
→ auf jmdn. nichts kommen lassen
[Schutz]

vor leeren **Schüsseln** sitzen
Hunger leiden [Hunger]
„Nach dem Kriege saßen wir mehr als einmal vor leeren Schüsseln. Heute kann man sich das gar nicht mehr richtig vorstellen!"
Das aus lat. *scutula* gebildete Lehnwort *Schüssel* ist ab dem 6. Jh. mit anderen Begriffen der Küche und der Speisenbereitung (Koch, Küche, Pfanne, Becken, Kessel, Tisch usw.) über die Klöster in die deutsche Sprache gekommen. Da die Volksnahrung lange Zeit hindurch aus Brei, Eintopf, Suppen u. ä. bestand und aus Schüsseln gegessen wurde, konnte die *leere Schüssel* zum redensartlichen Symbol des Mangels an Nahrung werden.

auf **Schusters** Rappen (umg.)
zu Fuß gehen [Gehen]
„Im nächsten Urlaub wollen wir einmal auf Schusters Rappen die schweizer Bergwelt durchwandern."
Die schwarzen Schuhe werden spätestens seit dem 17. Jh. als die *Rappen* (*Rappe* = rabenschwarzes Pferd) des Schusters bezeichnet, wenn wir einen Beleg aus Abraham a Santa Claras *Judas* zugrundelegen. Die sprichwörtliche Armut des Schusters wird in dieser Wendung bewußt mit dem wertvollen Pferd in Kontrast gesetzt, ähnlich wie die zur Armut verpflichteten Apostel in der gleichbedeutenden Redensart: *per pedes apostolorum* (zu Fuß wie die Apostel). Dem entspricht auch die ital. Wendung *andare sul cavallo di San Francesco* (auf dem Pferd des heiligen Franziskus reiten), die sich scherzhaft auf die Armut der Franziskaner bezieht. Zur redensartlichen Rolle des Schusters siehe auch unter **Flickschusterei** und **zuschustern**.

da hast du einen **Schutzengel** gehabt
→ einen **Engel** haben

der letzte Rest vom **Schützenfest**
→ der letzte **Rest** vom Schützenfest

schwach auf der Brust
→ schwach auf der **Brust**

in **Schutt** und Asche legen/verwandeln (Paarformel)
völlig zerstören [Zerstörung]
„Der Ausbruch des Vesuv im Jahre 79 legte die Stadt Pompeji in Schutt und Asche."
Als Schutt bezeichnet man eine aufgeschüttete Erd- und Steinmasse von zerstörten und zusammengebrochenen Gebäuden. Nach Erdbeben und anderen Katastrophen bleiben derartige Gesteinstrümmer und die Asche verbrannten Holzes übrig. Die Wendung *Schutt und Asche* ist noch nicht alt und vielleicht in Analogie zu *sein Haupt mit Staub und Asche bestreuen* gebildet. Diese Wendung bezieht sich auf alte Beerdigungsrituale und Zeichen der Trauer, wird heute aber nur noch ironisch gebraucht, um anzuzeigen, daß man nicht allzusehr wegen einer Angelegenheit betrübt ist (vgl.: in **Sack** und Asche gehen, sich **Asche** aufs Haupt streuen).

eine **Schwäche** für jmdn./etwas haben (umg.)
eine Vorliebe für jmdn./etwas haben, etwas/jmd. Bestimmtes bevorzugen [Vorliebe]
„Cosima hat eine Schwäche für Zahnärzte."
Schwäche bedeutet in diesem Zusammenhang, daß man den Verlockungen keinen Widerstand entgegensetzen kann, daß man schwach wird, wenn die Verführung an einen herantritt. Hier sei an den Aphorismus von Oscar Wilde erinnert: „I can resist everything but temptation!" (Ich kann allem widerstehen – außer der Versuchung!)

ein **Schwadroneur** sein
→ **schwadronieren**

schwadronieren (umg.)
ein Schwätzer/Aufschneider/Prahler sein [Schwätzer]
„Es nützt Ihnen nichts, wenn Sie hier zu Ihrer Verteidigung bloß rumschwadronieren! Präzisieren Sie bitte die Punkte, die Ihren Standpunkt deutlich machen!"
Mit dem Verb *schwadronieren* bezeichnete man in der alten Fechtkunst ein wildes, planloses Fechten, mit dem der Feind ferngehalten wurde. Über das studentische Fechten ist der Ausdruck in die Studentensprache gelangt und von Goethe im *Urfaust* (1775) im Sinne eines planlosen Redens und Prahlens gebraucht worden. Lautlich wurde die Bedeutungsübertragung wohl durch die Nähe zu *schwatzen* und dem lat. *suadere* (zureden) erleichtert. Hierher gehört auch die *Suada*, der abwertende Begriff für die geschwätzige Beredsamkeit. *Schwadronieren* geht etymologisch auf ital. *squadrone* (großes Viereck) zurück, ein militärischer Begriff, der die Aufstellung der Reiterei bezeichnete. Der Begriff *Schwadron* (Reiterabteilung) ist aus einer Vermischung aus *Geschwader* und *squadrone* entstanden. Der schwadronierende Fechter schlägt gleichzeitig nach vier Seiten.
{Argumentation ist ein Kampf}

Schwamm drüber (umg.)
die Sache ist vergeben und vergessen/erledigt! [Vergessen]
„Er hat zwar manchen Fehler gemacht, aber: Schwamm drüber! Wir wollen doch nicht nachtragend sein!"
Diese Redensart gehört in den Bereich der Gedächtnismetaphorik, die sich unter anderem auch der Tafelinschrift bedient (vgl.: sich etwas hinter die **Ohren** schreiben). Konkret löschte der Schwamm die Schulden des Zechers, die mit Kreide auf einer Wandtafel angeschrieben waren. Die Redensart *Schwamm drüber* kommt in Karl Millöckers Operette *Der Bettelstudent* (1882) vor und ist zusammen mit dieser zunächst im Berliner Raum populär geworden.

mein lieber **Schwan**! (umg.)
1) Anrede, die Überraschung ausdrückt [Überraschung]
2) drohende, mahnende Anrede [Drohung]
1) „Mein lieber Schwan, du hast aber ein schönes Auto!"
2) „Mein lieber Schwan, wenn du weiter so faul bist, muß ich andere Saiten aufziehen!"
In Richard Wagners Oper *Lohengrin*, die

den germanischen Schwanenmythos aufgreift (vgl.: **Schwanengesang**), lautet eine Zeile: „Nun sei bedankt, mein lieber Schwan!"

schwanen: mir schwant etwas (umg.)
ich habe eine Vorahnung/ein Gefühl
[Ahnung]
„Genau weiß ich es nicht, warum der Chef Sie zu sich rufen läßt, aber mir schwant etwas: Die letzte Abrechnung hat nämlich nicht gestimmt!"
Diese Wendung dient normalerweise dazu, eine schlimme Vorahnung zu bezeichnen (mir schwant nichts Gutes). Die Herkunft des Verbums *schwanen* ist nicht ganz klar. Das Sprachgefühl stellt es zu *Schwan*, wobei dessen mythologische Rolle in Betracht gezogen werden muß: Der Schwan ist im germanischen Glauben ein Tier mit prophetischen Gaben und der Vogel der Nornen und Walküren. Weissagende Frauen erscheinen in Schwanengestalt, beispielsweise die Schwanenjungfrauen im *Nibelungenlied.* Auch die europäische Sage vom Schwanenritter, die insbesondere in der Version des *Lohengrin* populär geblieben ist, ist durch das Element des Frageverbots eng an die Dimension des Geheimnisses der unbekannten Herkunft und an die Vorahnung geknüpft, daß der Ritter eines Tages wieder verschwinden wird. In den Bereich der griech. Mythologie verweist der ebenfalls heranzuziehende Aspekt des Schwanengesangs, der angeblich die Todesahnung verkörpert. Andere etymologische Deutungen betonen die Nähe von *schwanen* zu *ahnen* und vertreten die Ansicht, es handele sich um eine Verschmelzung der Wortgruppen *es ahnet mir* oder *es wahnet mir* (von *wähnen*). Belegt ist die Wendung seit 1514 im *Schichtbuch der Stadt Braunschweig*.

etwas ist jmds. **Schwanengesang** (gehoben)
etwas ist jmds. letztes Werk/letzter Auftritt usw. [Letztes]
„Dieses großartige Werk war des Meisters Schwanengesang – drei Tage nach der Vollendung ist er plötzlich verstorben!"
Das Wort *Schwan* gehört zur indogermanischen Wurzel *suon-/suen-* (rauschen, tönen), die in lat. *sonus* und frz. *le son* (Klang, Schall), in *Sonate, Resonanz* und vielen anderen Begriffen zu finden ist. Der Schwan ist also nach seinem Gesang benannt, der allerdings nur vom sogenannten Singschwan (cycnus musicus) hervorgebracht wird. Dieser stößt im Fluge zwei trompeten- oder glockenähnliche Töne aus, die einen Mollakkord bilden und deshalb melancholisch klingen. Die Griechen glaubten, daß Apollon dem Schwan die Gabe der Weissagung verliehen habe und er daher auch den eigenen Tod vorausahnen und besingen könne. Schon Aischylos vergleicht im *Agamemnon* die letzten Worte eines Menschen mit dem Todeslied des Singschwans, und Cicero schreibt in *De Oratore* (III,2,6) über den Redner Crassus, der kurz nach einer berühmten Rede starb: „Illa tanquam cycnea fuit divini hominis vox et oratio" (= Das war sozusagen die Schwanenrede des außerordentlichen Mannes). Durch die Lektüre des Cicerotextes ist die übertragene Bedeutung des Begriffs *Schwanengesang* im 16. Jh. in Deutschland verbreitet worden, wie bei vielen antiken Redensarten.

jmdm. einen **Schwank** aus seinem Leben erzählen [Erzählen]
→ im **Schwange** sein (umg.)

im **Schwange** sein
allgemein üblich [Mode]
„Heute ist es allgemein im Schwange, nur noch wenige Kinder zu bekommen. Früher waren dagegen fünf oder sechs Kinder keine Seltenheit."
Schwang hatte früher dieselbe Bedeutung wie *Schwung* und ist erst seit dem 18. Jh. auf die redensartliche Verwendung beschränkt. *Schwang* bezeichnete ursprünglich den Schwung des Schwertschlages und damit etwas, das sich momentan in Bewegung befindet, im Gegensatz zu dem in Ruhelage befindlichen Überdauernden. Aus dem Schwingen der Bauernmädchen bei Tanz und Possenspiel entwickelte sich das Wort *Schwank* mit der Bedeutung *lustiges Bühnenstück, heitere Geschichte*.

mit etwas (im Sinne von einer Idee) **schwanger** gehen (umg.)
einen bestimmten Plan hegen/immer wieder durchdenken [Plan]
„Ich gehe schon seit einiger Zeit mit der Idee schwanger, mir einen Bart wachsen zu lassen. Was hältst du davon?"

kein **Schwanz** (derb)
→ kein **Aas** [Niemand]

das Pferd beim **Schwanz** aufzäumen
→ das **Pferd** hinter den Wagen spannen [Verkehrtheit]

den **Schwanz** einziehen (umg.)
sich feige zurückziehen [Feigheit]
„Vor den Kollegen tritt er als Großmaul auf, aber wenn der Chef dann etwas anordnet, zieht er den Schwanz ein und gehorcht."
Der eingezogene Schwanz ist das Kennzeichen des feige davonlaufenden Hundes. Die Wendung ist seit dem 16. Jh. belegt. Auf denselben Vorgang bezieht sich das Verb *kneifen* (den Schwanz zwischen die Beine klemmen).

schwänzen
→ die **Schule** schwänzen

schwarz auf weiß
geschrieben, gedruckt [Schreiben]
„Das glaube ich nicht, bevor ich es nicht schwarz auf weiß gesehen habe!"
Die schwarze Tinte und die Druckerschwärze haben Anlaß zu dieser Wendung gegeben. Häufig findet sie sich als Zitat aus Goethes *Faust:* „Denn was man schwarz auf weiß besitzt, kann man getrost nach Hause tragen."

schwarz angeschrieben sein bei jmd.
[Mißachtung]
→ mit etwas sieht es **schwarz** aus

sich **schwarz** ärgern
[Ärger] [Verärgerung]
→ mit etwas sieht es **schwarz** aus

mit etwas sieht es **schwarz** aus (umg.)
es sieht sehr ungünstig aus [Negativ]
„Wenn der Regen noch ein paar Wochen anhält, sieht es schwarz mit der Getreideernte aus. Die Körner verfaulen nämlich auf den Halmen!"
Ursprünglich bezeichnete schwarz nur den Gegensatz zu *weiß, hell* (*Schwarzwald* = dunkler Wald), was bedingte, daß kaum eine andere Farbbezeichnung so sehr durch angehängte Wörter verstärkt werden kann wie *schwarz: kohlrabenschwarz, pechschwarz* usw. In der Farbensymbolik ist „schwarz" der Gegensatz zu „weiß" und somit die Farbe des Bösen und Schädigenden, des Zorns und der moralischen Minderwertigkeit, der Illegalität (schwarzarbeiten/-fahren/-schlachten usw.) und des Aberglaubens bzw. des Gefühls (eine dunkle Ahnung). Schwarz ist auch die Farbe der Blindheit und der damit metaphorisch verknüpften Unfähigkeit zur Erkenntnis (vgl.: jmdm. geht ein **Licht** auf). Alle bösen Geister werden der Nacht zugeordnet und damit der Dunkelheit und Schwärze, insbesondere aber der Tod und der Teufel, wobei letzterer oft in der Gestalt des schwarzen Hundes auftritt (vgl.: des Pudels **Kern**). Zauberei wird als Schwarze Kunst (Nigromantie) bezeichnet, und die Hexe kann sich im Volksglauben in eine unglückbringende schwarze Katze verwandeln. Die sich schwarz färbende Leiche macht die Farbe zu derjenigen des Todes und der Trauer, aber auch der antiken Todesgötter der Unterwelt bzw. deren Priester. Reste dieser kultischen Verwendung finden sich in der katholischen Kirche, etwa in Karfreitagsbräuchen, dem Aschermittwoch, aber auch in den mancherorts verehrten schwarzen Marienbildern, die auf schwarze Statuen von antiken Erdgottheiten wie Demeter und Persephone zurückgehen dürften. In den redensartlichen Wendungen sind Begriffe wie *schwarz, dunkel* usw. als Schlüsselsymbole des Negativen anzusehen – mit Ausnahme des schwarzen Zentrums der Zielscheibe (vgl.: ins **Schwarze** treffen).

da kannst du warten, bis du **schwarz** wirst (umg.)
da wirst du sehr lange/vergeblich warten [Warten]

„Komm, wir holen uns ein Taxi! Um diese Uhrzeit kommt kein Bus mehr. Da kannst du warten, bis du schwarz bist!"
Herkunft → mit etwas sieht es **schwarz** aus

jmdm. wird **schwarz** vor Augen
jmd. wird (fast) ohnmächtig [Ohnmacht]
„Nachdem sie die fünf Treppen eilig hinaufgestiegen war, wurde ihr schwarz vor Augen und sie mußte sich kurz auf eine der Stufen setzen."

das **schwarze** Schaf in der Familie
→ das schwarze **Schaf** in der Familie

eine **schwarze** Seele haben
→ eine schwarze **Seele** haben

ein **schwarzer** Tag
→ ein schwarzer **Tag**

die **Schwarze** Kunst
→ nach allen Regeln der **Kunst**

der **Schwarze** Tod
→ der **Tod**

jmdm. das **Schwarze** unter dem Nagel nicht gönnen (umg.)
jmdm. nicht das geringste gönnen
[Neid] [Mißgunst]
„Sie verabscheut ihre eigenen Kinder so sehr, daß sie ihnen nicht einmal das Schwarze unter dem Nagel gönnt!"

ins **Schwarze** treffen
→ den **Nagel** auf den Kopf treffen
[Wahrheit] [Erfolg]

etwas in **schwarzen** Farben schildern/darstellen/malen
etwas sehr pessimistisch darstellen
[Pessimismus]
„Wenn man die Zunahme der Weltbevölkerung bedenkt, kann man die Zukunft der Menschheit eigentlich nur in den schwärzesten Farben malen!"

jmdm. den **Schwarzen** Peter zuschieben/zuspielen
jmdm. das Unerfreuliche/die Schuld zuschieben [Beschuldigung]
„Erst hat er das Auto zu Schrott gefahren und dann hat er mir den Schwarzen Peter zugeschoben, indem er behauptet hat, die Bremsen seien nicht in Ordnung gewesen!"
Der Schwarze Peter ist eine Karte des gleichnamigen Kinderkartenspiels, deren letzter Besitzer als Verlierer gilt.

schwarzsehen
1) keine Hoffnung mehr haben
[Pessimismus]
2) fernsehen, ohne die Gebühr zu entrichten [Illegalität]
1) „Die Bank hat dir den Kredit gesperrt. Trotzdem solltest du nicht schwarzsehen!"
2) „Manchmal werden Kontrollen durchgeführt, um Leute zu erwischen, die schwarzsehen."
Ähnlich wie die negative Bewertung von *krumm* dient die Farbbezeichnung *schwarz* ganz allgemein der Bezeichnung illegaler Dinge, die gerne im Schutze der Dunkelheit ausgeführt werden. Hierher gehören Wendungen wie: *schwarzhören/Schwarzhörer, schwarzarbeiten/Schwarzarbeiter; schwarzfahren/Schwarzfahrer, schwarzschlachten, der schwarze Markt, schwarz brennen* (unerlaubt Schnaps brennen), *schwarz über die Grenze gehen* (ohne Paß), *schwarze Kasse* (unerlaubte Nebenkasse), *etwas schwarz verdienen* (nicht der Steuer melden) u. v. a. m. *Schwarz* hat in diesem Bereich den Status einer Vorsilbe, die beliebigen Verben oder Substantiven vorangestellt werden kann. Zu der pessimistischen Bedeutung dieser Redensart vgl.: alles **grau** in grau sehen.

in der **Schwebe**
unentschieden sein [Unentschieden]
„Die Zeugen sind jetzt alle vernommen, aber der Ausgang des Verfahrens ist immer noch in der Schwebe!"
Das Schweben gilt redensartlich als vergänglicher und unentschiedener Zustand, der auch in den Bildbereich der Waage hineinreicht. Insbesondere im Rechtswesen spricht man daher vom „schwebenden Verfahren", das heißt, dem noch nicht abgeschlossenen Untersuchungsprozeß.

hinter **schwedischen** Gardinen sitzen
→ hinter schwedischen **Gardinen** sitzen

der Rest ist **Schweigen**
→ der **Rest** ist Schweigen

sich in **Schweigen** hüllen
nichts bekanntgeben, obwohl man etwas weiß [Schweigen]
„Obwohl der mutmaßliche Täter pausenlos verhört wurde, hüllte er sich in Schweigen."
Diese Redensart gehört zu den Gewandmetaphern, in denen Abstrakta mit Kleidungsstücken verglichen werden, so etwa auch: *die Nacht senkt sich wie ein Tuch/ Mantel über das Land, die Natur zeigt sich im bunten Kleid/Festtagsgewand* usw. Vgl. auch: **Mantel**.

kein **Schwein** (derb)
→ kein **Aas**
[Niemand]

ein fettes **Schwein** sein (sehr grob)
[Fettleibigkeit]
→ haben wir zusammen **Schweine** gehütet?

Schwein haben (umg.)
Glück haben [Glück]
„Das Auto ist Schrott, aber ich habe bei dem Unfall nochmal Schwein gehabt – ich habe mir bloß die Hand verstaucht!"
Bei den altdeutschen Schützenfesten gab es als Trostpreis für den schlechtesten Schützen ein Schwein oder Ferkel. Daraus hat sich die Bedeutung des unverdienten und unverhofften Glücks entwickelt.

bluten wie ein **Schwein** (umg.)
sehr stark bluten [Verletzung]
„Ich habe mir in den Finger geschnitten und blute wie ein Schwein. Haben wir irgendwo ein Pflaster?"
Das Schweineschlachten ist naturgemäß eine blutige Angelegenheit, die zu dieser drastischen Wendung Anlaß gab. Ansonsten gilt das Schwein redensartlich als minderwertig und bedauernswert. Auf den Menschen bezogen hat *Schwein* die Bedeutung *schmutzig, betrunken* (besoffen wie ein Schwein) usw.

haben wir zusammen **Schweine** gehütet? (umg.)
warum reden Sie mich so plump-vertraulich an? Schließlich kennen wir uns nicht! [Zurückweisung]
„Als der unsympathische Kerl sich der Blondine näherte und sie auch noch duzte, hat sie bloß gesagt: ‚Haben wir zusammen Schweine gehütet?' Da hättest du einmal sein Gesicht sehen sollen!"
Der Schweinehirt war unter den Hirten am wenigsten angesehen, so daß er auch sozial wenig geachtet war. Das Benehmen der Schweinehirten wurde gerne mit dem ihrer Hütetiere gleichgesetzt, so daß man unerzogene Menschen auch als Schweinehirten zu bezeichnen pflegte. Die damit zusammenhängende Redensart wird schon im 16. Jh. in einer Schildbürger-Anekdote wie folgt gedeutet: Es geschah, daß der Schweinehirt zum Bürgermeister gewählt wurde. Eines Tages begegnete ihm ein anderer, mit dem er vor Jahren die Schweine gehütet hatte. Da der nicht wußte, daß sein ehemaliger Kamerad nunmehr Bürgermeister geworden war, duzte er ihn als alten Sauhirten. Dagegen verwahrte sich der Bürgermeister und bestand auf der höflichen Form der Anrede.
Obwohl als Speise hochbegehrt, dient das fette Schwein im Vergleich mit dem Menschen dazu, dessen Fettleibigkeit in sehr grober Weise auszudrücken.

der innere **Schweinehund** (umg.)
der schlechte Charakter: Feigheit/Gemeinheit/Faulheit usw. [Charakter]
„Ich muß jetzt endlich den inneren Schweinehund überwinden und mit der Arbeit an dem Manuskript beginnen!"
Der Schweinehund war der Hund, der bei dem Hüten der Schweine half und bei der Jagd auf wilde Schweine gebraucht wurde. Die Verbindung der beiden negativ bewerteten Begriffe Hund und Schwein ist natürlich eine Verstärkung, die sich etwa auch in dem Begriff Schweinigelei (unsittliche Reden und Handlungen) realisiert.

im **Schweinsgalopp**
→ wie eine gesengte **Sau**

im **Schweiße** seines Angesichts (scherzhaft)
in langer und mühsamer Arbeit
[Anstrengung]
„Dieses Feld hat mein Vater noch im Schweiße seines Angesichts bebaut – heute hat man dafür natürlich Maschinen!"
Im Alten Testament verflucht Gott Adam nach dem Sündenfall mit den Worten „Im Schweiße deines Angesichts sollst du dein Brot essen". Damit ist gemeint: im Gegensatz zu den paradiesischen Zuständen mußt du ab jetzt für deinen Lebensunterhalt arbeiten. Der Wunschtraum, diesem Los zu entrinnen, zeigt sich beispielsweise in den Märchen vom Schlaraffenland.

die Früchte seines **Schweißes** ernten
[Belohnung]
→ die **Früchte** seines Tuns ernten

an der **Schwelle** von etwas stehen
am Beginn (einer wichtigen neuen Entwicklung) stehen [Beginn]
„An der Schwelle zum dritten Jahrtausend steht es um die Geschicke der Menschheit schlechter denn je."
Wenn redensartlich von der Schwelle die Rede ist, so bestehen enge Bezüge zum alten Volks- und Aberglauben: Die Schwelle trennt als Grenze die fremde feindliche Außenwelt von der geschützten Innenwelt des Hauses. An ihr sammeln sich Geister, die das Innere bedrängen und die durch bestimmte Maßnahmen zurückgehalten werden müssen. Schon die Römer kannten einen Schwellengott, Limentinus, und zudem war die Schwelle der Vesta heilig. Auch als Beerdigungsort wurde die Schwelle genutzt, wobei sie als Station zwischen der Herdbestattung der Urzeit und der Bestattung im Freien anzusehen ist. Die Totengeister und andere Dämonen wohnen unter der Schwelle, die dadurch zum Ort für gewisse Opfergaben wird oder bei bestimmten Anlässen geküßt werden muß. Besonders wichtig ist die Schwelle bei Übergangsriten, von denen heute noch erhalten ist, daß die Braut vom Bräutigam darüber getragen werden muß – ein Brauch, der vom alten Rom über Westeuropa bis nach Indien, Java und Afrika zu finden ist. Andere Aufnahmeriten betreffen Geburt und Taufe, die Einstellung von Gesinde, den Kauf von Vieh u. a. m. Der Tote verläßt die Hausgemeinschaft über die Schwelle; das dreimalige Niedersetzen des Sarges zeigt ihm an, daß er in diesem Haus keine Rechte mehr hat. Das Vergraben von allerlei symbolischen Gegenständen war im Aberglauben vielfach vertreten und schwankt in der Funktion zwischen Geisterbannung, Schadenzauber, Liebeszauber und Abwehrzauber. Das Stolpern über die Schwelle galt schon im alten Rom als schlechtes Vorzeichen, das zur Umkehr mahnte.

es **schwer** mit jmdm. haben (umg.)
Schwierigkeiten und Auseinandersetzungen mit jmdm. haben [Schwierigkeiten]
„Mit meinen Kindern habe ich es schwer. Sie wollen einfach keine Belehrungen von mir annehmen!"
Die Gewichtsangabe *schwer* deutet auf die Schwierigkeiten, die einen Menschen wie eine Last niederdrücken können. Vgl. dazu: **leicht**.

ein **Schwerenöter** sein (umg.)
ein gerissener Kerl und Frauenheld sein
[Frauenheld]
„Schau mal, der Hans spielt bei den Damen wieder den Schwerenöter!"
Als *schwere Not* bezeichnete man früher die Fallsucht (Epilepsie). Sie liegt auch dem erschreckten Ausruf *Schockschwerenot!* zugrunde. Einem Schwerenöter wünscht man eigentlich die Epilepsie an den Hals, ähnlich wie in den Ausdrücken *Teufelskerl* oder *Galgenstrick*, die ebenfalls auf entsprechende Verwünschungen zurückgehen. Als im 18./19. Jh. die Bedeutung von *schwere Not* allmählich verblaßte, bekam der Begriff *Schwerenöter* allmählich den heute geltenden harmloseren Sinn.

jmdm. **schwerfallen**
[Mühe]
→ jmdm. **leichtfallen**

etwas **schwernehmen**
[Betroffenheit]
→ etwas **leichtnehmen**

ein zweischneidiges **Schwert**
eine Sache mit guten und mit schlechten Seiten/Konsequenzen [Ambivalenz]
„Eine Abwertung der Währung ist stets ein zweischneidiges Schwert: Einerseits steigen dann die Exporte, aber andererseits werden die Importe teurer! Das muß man gegeneinander abwägen!“
Schwert ist über das Verb *schwären* (*eine schwärende Wunde* = eine schmerzhaft eiternde Wunde) mit den Begriffen *schmerzen* und *schneiden* verwandt. Die alte germanische Hiebwaffe mit gerader Klinge hatte oft nur eine Schneide, im Gegensatz zu römischen und orientalischen zweischneidigen Schwertern, die bereits schon in der Bibel (Sir. 21, 3; Hebr. 4, 12) als Symbole der verletzenden Schärfe gebräuchlich sind.

sich **schwertun** (mit etwas)
[Mühe]
→ sich **leichttun** (mit etwas)

ins **Schwimmen** kommen/geraten
[Unsicherheit]
→ den **Boden** unter den Füßen verlieren

der ganze **Schwindel** (umg.)
alle diese Dinge [Gesamtheit]
„Ich mache Ihnen ein Angebot: Ich kaufe die alten Bücher, Zeitschriften, Comics und gebe Ihnen für den ganzen Schwindel 100 Mark!“
Das alte von *schwinden* abgeleitete Substantiv *Schwindel* (schwindendes Bewußtsein, Taumel) ist im 18. Jh. in seiner Bedeutung erweitert worden und bezeichnet zunächst einen unbesonnenen Handel, ein unreelles Geschäft, Betrug. Auch der Betrüger wird ab ungefähr dem Jahre 1800 als Schwindler bezeichnet, so daß in der Gaunersprache *Schwindel* die Bedeutung annimmt: *die ganze erschwindelte Beute, der ganze Kram.* Dies entspricht dem Wort *Bettel* (das ganze erbettelte Geld) der Bettlersprache.

die **Schwindsucht** im Geldbeutel haben (umg.) [Geldmangel]
→ **Ebbe** im Geldbeutel haben

in **Schwung** kommen (umg.)
in Gang kommen, Fortschritte machen, intensiver werden [Intensität]
„Im Winter wurde an der Baustelle kaum gearbeitet, aber jetzt scheint die Arbeit wieder richtig in Schwung zu kommen!“
Schwung kommt von *schwingen* und bezeichnet folglich eine kräftige Hin- und Herbewegung durch die Luft (vgl.: **Schwang**). Redensartlich steht der Begriff für Kraft, Begeisterung und Dynamik (Schwung haben).

zwischen **Scylla** und Charybdis (gehoben)
in auswegsloser Lage, ohne Alternative zwischen zwei Gefahren/Unannehmlichkeiten [Ausweglosigkeit]
„Ein Nachgeben wird als Schwäche interpretiert, ein Hartbleiben macht mich verhaßt: Ich stehe wirklich zwischen Scylla und Charybdis und weiß nicht, wie ich mich jetzt verhalten soll!“
Dies Redensart bezieht sich auf Homers *Odyssee* (XII, 85-110), in welcher das Schicksal des „listenreichen Odysseus“ geschildert wird. Bevor Odysseus nach dem Trojanischen Krieg in sein Königreich Ithaka heimkehren darf, muß er eine Reihe mehr oder weniger gefährlicher Abenteuer durchstehen. Eines davon hat die Meerenge von Messina zum Inhalt, die als Klippe mit einem sechsköpfigen Ungeheuer einerseits (Scylla) und einem als Riesin gedachten Meeresstrudel andererseits (Charybdis) dargestellt wird. Nur knapp und unter dem Verlust einiger Kampfgenossen entrinnt Odysseus dieser doppelten Bedrohung, die schon im antiken Rom sprichwörtlich wurde: „Incidit in Scyllam qui vult vitare charybdim“ (Es verfällt der Scylla, wer die Charybdis vermeiden will).

einen **sechsten** Sinn haben
→ einen sechsten **Sinn** haben

in **See** stechen
eine Schiffsreise beginnen [Seefahrt]
„Morgen bei Tagesanbruch sticht die ganze Fischerflotte in See.“
See ist ein gemeingermanisches Wort, das im Binnenland als *Binnengewässer* und in

Niederdeutschland als *Meer* verstanden wurde. Seit Beginn des 16. Jh. wird deswegen zwischen *die See* (Meer) und *der See* (Binnensee) unterschieden. In der Namengebung der Meere wird *See* (Nordsee, Ostsee) vor *Meer* bevorzugt, das seinerseits selten auch Binnengewässer großer Ausdehnung bezeichnet (Kaspisches Meer). Das Verb *stechen* bezieht sich auf das Abstoßen des Schiffes mit der Stange vom Ufer. In der Wendung *auf hoher See* (mitten auf dem Meer) hat *hoch* die Bedeutung *weit*, ähnlich wie in Bildungen der Art: *der hohe Norden*.

von ganzer **Seele**/von tiefster **Seele**
mit großer Hingabe und Begeisterung
[Begeisterung]
„Mein Bruder ist von ganzer Seele Mathematiker – er kennt nichts als seine Zahlen und Formeln!"
Man hat versucht, das Wort *Seele* von *See* abzuleiten, weil bestimmte Seen den Germanen als Aufenthaltsorte der Seelen vor der Geburt und nach dem Tode galten. Tatsächlich haben in vielen Sagen und Mythen die Seelen der Ungeborenen (hierher gehört auch der Klapperstorch) und der Toten enge Bezüge zum Wasser, das als See, Meer oder Fluß erscheinen kann und allgemein als Grenze zwischen Leben und Tod empfunden wird (vgl.: über den **Jordan** gehen). Vor der germanischen Walhalla fließt ein Strom, und im griech. Glauben setzt der Fährmann Charon die Seelen in einem schmalen Boot in das Totenreich über. Im Norden überließ man die Toten auf einem kleinen Schiff dem Meer, und als Totenland galt die Insel *Brittia* oder *England*, das volksetymologisch als *Engelland* (Reich der Seelen) gedeutet wurde. Neben Schiff und Fährmann stellen auch Wolken, Brücken und die Milchstraße bevorzugte Möglichkeiten zur Seelenüberfahrt dar. Daneben gibt es die weltweit verbreitete Vorstellung von der Seele in Gestalt eines Vogels, der dem Munde des Sterbenden entweicht. Ein Vogel mit Menschenkopf und Händen ist schon die ägyptische Hieroglyphe für Seele. Vorstellungen vom Toten als Engel oder vom Todesengel gehen auf diese archetypischen Bilder zurück, die seit der Antike in immer ähnlicher Weise Verwendung finden. Antik ist auch die Vorstellung, daß Flugträume als Versuche der Seele zu deuten sind, sich ins Elysium emporzuschwingen. Eine beliebte Darstellungsform der Seele ist auch der Schmetterling und – seit dem frühen Christentum – auch die weiße Taube. Im biblischen Bild von Jesus als Seelenhirt wird sie allerdings auch als weißes Lamm gesehen. Redensartlich dominieren die christlichen Vorstellungen, die eine gewisse Interdependenz von Leib und Seele in den Vordergrund stellen. Sie ist der Inbegriff des inneren, geistigen Teils des Menschen und bildet sein wahres Ich (das allerdings auch in verschiedene Seelen gespalten sein kann, vgl.: zwei **Seelen** in einer Brust). Oft auch wird die Seele mit dem Menschen selbst gleichgesetzt (vgl.: keine **Seele**).

hinter etwas her sein wie der Teufel hinter der (armen) **Seele** [Wunsch]
→ hinter etwas her sein wie der **Teufel** hinter der (armen) Seele

mit Leib und **Seele**
[Begeisterung]
→ mit **Leib** und Seele

keine **Seele**
niemand [Niemand]
„Auf der ganzen Straße war keine Seele."
Herkunft → von ganzer **Seele**

die **Seele** des Betriebs/der Firma (umg.)
derjenige, der den Betrieb leitet/seine Atmosphäre bestimmt [Wesen]
„Gerda ist die Seele des Betriebs – sie hat für jeden ein offenes Ohr."
Herkunft → von ganzer **Seele**

eine **Seele** von einem Menschen (umg.)
[Charakter]
→ von ganzer **Seele**

eine gute **Seele** [Gutmütigkeit]
→ von ganzer **Seele**

eine treue **Seele**
[Treue]
→ von ganzer **Seele**

ein Herz und eine **Seele** sein
→ ein **Herz** und eine Seele sein

jmdm. in tiefster **Seele** verhaßt/zuwider sein
jmdm. sehr zuwider sein [Abscheu]
„Dieser Kerl ist mir in tiefster Seele zuwider! Schau dir bloß seine fetten Haare an!“

etwas tut jmdm. in der **Seele**/in tiefster **Seele** weh
→ etwas von tiefstem **Herzen** bedauern
[Bedauern]

seine **Seele** aushauchen
→ den **Geist** aufgeben
[Sterben]

aus tiefster **Seele** bedauern
[Bedauern]
→ aus tiefstem **Herzen** bedauern

etwas brennt jmdm. auf der **Seele**
etwas ist jmdm. ein dringendes Bedürfnis
[Wunsch]
„Es brennt mir auf der Seele, Ihnen meine Liebe zu offenbaren, Fräulein Monika!“

jmdm. die **Seele** aus dem Leib fragen (umg.)
jmdn. eindringlich befragen [Befragung]
„Mutter wollte alles von meinem neuen Freund wissen – sie hat mir fast die Seele aus dem Leib gefragt!“

keine **Seele** haben
unmenschlich/unbarmherzig/grausam sein
[Unbarmherzigkeit]
„Wie kannst du nur deine eigenen Kinder schlagen? Hast du denn keine Seele im Leib?“

eine schwarze **Seele** haben
ein schlechter/böser Mensch sein
[Boshaftigkeit]
„Er lügt, stiehlt und betrügt – er hat eine schwarze Seele!“
Herkunft → von ganzer **Seele**

nun hat die liebe **Seele** Ruh’
jetzt ist er endlich zufrieden!
[Zufriedenheit]
„Nun gut, wir fahren ins Gebirge und nicht an die See! Hat nun die liebe Seele Ruh’?“
Diese Redensart stammt wohl von Lukas 12, 19: „Liebe Seele, du hast einen Vorrat auf viele Jahre – habe nun Ruhe.“ Nach christlicher Vorstellung sucht die Seele die Erlösung in Gottes ewigem Frieden.

jmdm. auf der **Seele** knien
[Bedrängung]
→ jmdm. die **Hölle** heiß machen

jmdm. auf der **Seele** liegen
[Belastung]
→ jmdm. auf dem **Gewissen** liegen/aufs **Gewissen** fallen

sich etwas von der **Seele** reden/schreiben
[Offenlegung]
→ jmdm. sein **Herz** ausschütten

sich die **Seele** aus dem Leib schreien (umg.)
→ sich die **Lunge** aus dem Hals schreien
[Schreien]

jmdm. aus der **Seele** sprechen
das sagen, was auch der andere denkt und fühlt [Zustimmung]
„Die meisten Opern sind meiner Meinung nach zu lang!“ „Da sprechen Sie mir aus der Seele! Ich schlafe immer nach der Pause ein!“

sich einer Sache mit Leib und **Seele** verschreiben (umg.)
→ mit **Haut** und Haar
[Vollständigkeit]

Leib und **Seele** zusammenhalten (umg.)
→ **Leib** und Seele zusammenhalten
[Wohltat]

zwei **Seelen** in einer Brust
zwei widersprüchliche/gegensätzliche Gefühle/Neigungen/Bedürfnisse in einem Menschen [Zwiespalt]
„Einerseits habe ich noch einen Haufen Arbeit, andererseits müßte ich mich auch einmal erholen und Urlaub machen. Ich weiß nicht, was ich machen soll – zwei Seelen wohnen in meiner Brust!“

Platon nimmt in seinem *Timaios* drei Seelen an, die im Menschen ihren Sitz haben. Die erste ist göttlicher und unsterblicher Natur, hat ihren Sitz im Haupt und entspricht dem Denken. Die zweite Seele entspricht dem Gefühl und sitzt in der Brust. Die Begierde schließlich als dritte Seele befindet sich im Unterleib. Die denkende Vernunft ist unsterblich und verbindet sich beim Eintritt in den Leib mit den übrigen. Sie ist Teil der Weltseele und versucht, durch logische Schlußverfahren eine Erinnerung an die ewigen Ideen zu erreichen, die ihr vor der Geburt bekannt waren: „Das Suchen und Lernen ist demnach ganz und gar Erinnerung." In der Überlieferung und Metaphysik des Mittelalters werden aus dieser Seelenlehre Versatzstücke, die zu neuen Theorien umgeformt werden. So unterscheidet man gelegentlich die vegetative (allen Lebewesen einschließlich der Pflanzen innewohnende), die animalische (den Tieren und dem Menschen gemeinsame) und die rationale (nur dem Menschen eigene) Seele. Diese Modelle eignen sich natürlich hervorragend, einen Widerstreit entgegengesetzter Triebe zu verstehen und bildhaft darzustellen. Hierher gehört auch das unzählige Male zitierte geflügelte Wort aus Goethes *Faust* (an Wagner): „Du bist dir nur des einen Triebs bewußt; / O lerne nie den andern kennen! / Zwei Seelen wohnen, ach! in meiner Brust, / Die eine will sich von der andern trennen: / Die eine hält in derber Liebeslust / Sich an die Welt mit klammernden Organen; / Die andre hebt gewaltsam sich vom Durst /Zu den Gefilden hoher Ahnen."

wenn dein **Seelenheil** daran hängt (umg.)
wenn du es dir so sehnlich wünscht
[Zugeständnis]
„In Ordnung, wenn dein Seelenheil daran hängt, dann laden wir deine Mutter für ein paar Tage zu uns ein!"

in aller **Seelenruhe** (umg.) [Langsamkeit]
→ in aller **Gemütlichkeit**

das haut den stärksten **Seemann** um (umg.)
[Erstaunen]
→ das haut den stärksten **Neger** um

Seemannsgarn spinnen (umg.)
→ sein **Garn** spinnen
[Erzählen]

die **Segel** streichen (umg.)
→ die **Waffen** strecken
[Aufgeben]

jmdm. den Wind aus den **Segeln** nehmen
→ jmdm. den **Wind** aus den Segeln nehmen

der ganze **Segen** (umg.)
alles, die ganze große Menge [Gesamtheit]
„Als der Kellner stolperte, schwappte der ganze Segen vom Tablett auf die Jacke des Gastes."
Das von lat. *signum* (Zeichen) abgeleitete Wort *Segen* bezeichnet ursprünglich das Kreuzzeichen des segnenden Priesters, später auch die Folgen und Zeichen des göttlichen Wirkens (*Erntesegen* = die reiche Ernte u. ä.). Der redensartliche Gebrauch ist in diesem Fall ironischer Natur, da mit der Wendung stets die Fülle oder volle Wirkung eines negativen Ereignisses gemeint ist.

seinen **Segen** zu etwas geben (umg.)
ich bin (notgedrungen) einverstanden
[Zustimmung]
„Ihr wollt heiraten, obwohl ihr euch erst seit einem Monat kennt? Na, meinetwegen! Ich gebe meinen Segen!"

jmds. **Segen** haben (umg.)
[Zustimmung]

das Zeitliche **segnen**
[Sterben]
→ das **Zeitliche**

sehe ich recht?
[Überraschung]

etwas gern **sehen** [Freude]
→ etwas nicht mehr **sehen** können

sehen und gesehen werden
gesellschaftliche Veranstaltungen besuchen, bloß um der Bestätigung willen, daß man

zur besseren Gesellschaft gehört [Gesellschaft]
„Die Parties der Schickeria sind ja meist sehr langweilig. Man geht halt immer wieder hin, nach dem Motto: Sehen und gesehen werden!"

etwas nicht mehr **sehen** können (umg.)
etwas nicht mehr ausstehen/ertragen können, Abneigung empfinden [Abneigung]
„Morgen kaufe ich neue Vorhänge – ich kann die alten nicht mehr sehen!"
Häufig werden körperliche Zustände (vgl.: etwas **satt** haben) oder Wahrnehmungen (vgl.: jmdn. nicht mehr **riechen** können) redensartlich dazu gebraucht, eine innere Abneigung oder Abscheu auszudrücken.

sich **sehen** lassen
zu Besuch kommen [Besuch]
„Ach, Herr Müller! Lassen Sie sich endlich auch einmal bei uns sehen! Das wurde aber auch höchste Zeit – wir haben uns ja schon eine Ewigkeit nicht mehr unterhalten können!"
In diesen Redensarten gelten der Blick und das wechselseitige Anschauen als Metaphern für Kontakt. Vergleiche dazu auch: Jemanden aus den **Augen** verlieren. Die Bedeutung des Blickkontakts für das soziale Zusammenleben zeigt sich auch in Ausdrükken wie *das Ansehen* (Sozialprestige) und *ansehnlich*. Vgl. auch: etwas im **Auge** haben.

etwas kann sich **sehen** lassen/man kann sich mit etwas **sehen** lassen
etwas stellt eine hervorragende Leistung dar [Qualität]
„Diese Examensarbeit kann sich wirklich sehen lassen – keine Teilnote ist schlechter als ‚zwei'!"

sich nicht mehr **sehen** lassen können [Kontaktabbruch]
→ sich **sehen** lassen

den/das möchte ich mal **sehen**! (umg.)
denjenigen/das gibt es nicht! [Nichtexistenz]
„Den möchte ich mal sehen, der einen größeren Erfolg bei Damen hat als ich!"

sehen (müssen), wo man bleibt (umg.)
→ sich am eigenen **Haar** aus dem Sumpf ziehen
[Selbsthilfe]

sehen: siehste wohl! (umg.)
gibst du mir jetzt recht? [Prophezeiung]
„Hier ist die Heiratsanzeige von Michael und Olga!" „Siehste wohl, habe ich ja oft gesagt, daß die was miteinander haben!"

jmdm. geht ein **Seifensieder** auf (umg.)
jmd. versteht endlich
[Verstehen]
Der Seifensieder stellte früher auch Kerzen her, so daß diese Redensart sich als Variante zu *jmdm. geht ein Licht auf* ausbilden konnte. Sie ist seit 1810 (zunächst in der Studentensprache) belegt, heute aber kaum noch gebräuchlich. Vgl.: jmdm. geht ein **Licht** auf.

am gleichen **Seil** ziehen
→ am gleichen **Strang** ziehen

ein **Seiltanz**
ein gefährliches/unsicheres/heikles Unternehmen [Problem] [Risiko]
„Das war vielleicht ein Seiltanz, bis wir endlich die Genehmigung erhielten, die Garage zu vergrößern. Da hat sich die Bürokratie richtig ausgetobt!"

ich will mal nicht so **sein**
[Zustimmung]
→ für alles zu **haben** sein

wer **sein**
[Ansehen]
→ **wer**

seinesgleichen suchen
→ den **Ton** angeben
[Vorbildhaftigkeit]

jmds. grüne **Seite**
→ **grün**

jmds. schwache **Seite**
1) das, was jmd. nicht gut kann
[Schwachstelle]

2) das, was jmd. besonders gern mag [Vorliebe]
1) „In Mathematik hatte ich immer eine Fünf. Das war in der Schule meine schwache Seite!"
2) „Für Schallplatten gebe ich mein ganzes Taschengeld aus. Musik ist eben meine schwache Seite!"

jmds. starke **Seite**
das, was man besonders gut kann
[Können]
„Ich bin zwar nicht unmusikalisch, aber Singen ist wirklich nicht meine starke Seite!"
Diese Redensarten beziehen sich auf die sogenannte Händigkeit des Menschen, das heißt, auf seine Bevorzugung entweder der rechten oder der linken Hand. Die starke oder schwache Seite ist dann die jeweils bevorzugt verwendete (und damit geschickte) oder aber nicht-verwendete (ungeschickte) Hand bzw. Körperseite bzw. Begabung (Anthropologische Semantik).

jmdn. dumm von der **Seite** anreden/anquatschen (umg.)
[Belästigung] [Aufdringlichkeit]
→ jmdm. auf den **Geist** gehen

jmdn. von der **Seite** anschauen
[Verachtung]
→ jmdn. über die **Achsel** anschauen

etwas auf die **Seite** legen/auf der **Seite** haben (umg.)
etwas sparen/gespart haben
[Sparsamkeit] [Ersparnisse]
„Das Haus konnten wir kaufen, weil wir jahrelang etwas auf die Seite gelegt haben."
Die Seite bezeichnet in dieser Redensart einen entlegenen Ort, ähnlich wie in der Wendung *etwas auf die hohe Kante legen.*

jmdn. auf die **Seite** schaffen/bringen (umg.)
→ jmdn. um die **Ecke** bringen
[Mord]

jmdm. (mit Rat und Tat) zur **Seite** stehen/sich auf jmds. **Seite** stellen/jmdm. zur **Seite** springen
jmdm. helfen/ihn unterstützen/nicht im Stich lassen [Unterstützung]
„Ich danke euch vielmals, daß ihr mir in dieser Angelegenheit mit Rat und Tat zur Seite steht, liebe Freunde!"
Diese Wendungen gehen auf einen alten Rechtsbrauch zurück. Wer einen Angeklagten vor Gericht unterstützte, mußte sich an seine Seite stellen. Natürlich symbolisiert diese Art der Parteinahme die noch ältere Kampfgemeinschaft *Seite an Seite* und *Schulter an Schulter*.

sich die **Seiten** halten müssen vor Lachen (umg.)
[Lachen]
→ sich den **Bauch** halten müssen

einen **Seitensprung** machen (umg.)
den Ehepartner betrügen [Untreue]
„Viele Männer machen gelegentlich einen Seitensprung, weil sie glauben, daß das zu ihrer männlichen Rolle gehört."
Bis ins 19. Jh. verstand man unter Seitensprung lediglich den Sprung zur Seite, um einer Gefahr auszuweichen. Daneben wurde der Begriff auch für weitschweifiges Reden und Argumentieren gebraucht. Dann entwickelte sich die Redensart zur Hüllformel für den Besuch einer Prostituierten. Der heutige Gebrauch der Wendung ist also kaum älter als das 20. Jh.

Sekt oder Selters (umg.)
[Wagnis]
→ aufs **Ganze** gehen

etwas hat sich **selbständig** gemacht (umg.)
etwas ist verlorengegangen [Verlust]
„Meine Armbanduhr hat sich selbständig gemacht – hat sie vielleicht jemand zufällig gesehen?"

wer's glaubt, wird **selig**
[Lüge]
→ **glauben**

ein älteres **Semester** (umg.)
ein nicht mehr junger Mensch [Alter]
„Sonntags treffen sich die älteren Semester im Parkcafé zum Seniorentanz."

Das von lat. *semenstris* (sechsmonatig) abgeleitete Substantiv *Semester* wurde von den Humanisten eingeführt und bezeichnet seit dem Jahr 1514 das akademische Halbjahr. Die Redensart geht wohl auf die Studentensprache des 18./19. Jh. zurück.

weggehen wie warme/frische **Semmeln** (umg.)
eine Ware verkauft sich gut [Verkauf]
„Die Angebote im Sommerschlußverkauf gingen weg wie warme Semmeln. Die Preise waren diesmal auch besonders günstig!"
Das orientalische Lehnwort *simila* bezeichnet im Lat. das feinste Weizenmehl. Der Begriff scheint über das Arabische schon zur Römerzeit aus dem Zweistromland in die Mittelmeerländer gekommen zu sein. In Italien und Südfrankreich behielt er die Bedeutung *Mehl*, während er in Nordfrankreich und Deutschland der aus Weizenmehl hergestellten Backware den Namen gab. Die Bedeutung *Brötchen* für mittellat. *simila* ist seit dem Jahre 794 belegt. Diese Wortgeschichte entspricht derjenigen vieler Begriffe der Back- und Kochkunst, die zusammen mit den Produkten entlehnt worden sind. Die warmen Semmeln gelten redensartlich als besonders begehrte Ware des Bäckers. Der Gebrauch der Wendungen ist seit dem 18. Jh. belegt.

seinen **Senf** dazugeben (umg.)
ungefragt seine Meinung äußern [Einmischung]
„Obwohl er meistens keine Ahnung hat, muß er immer seinen Senf dazugeben. Das macht ihn so unsympathisch."
Die Germanen lernten erst von den Römern den Gebrauch der Senfkörner (etwa gleichzeitig wie den von Kümmel, Pfeffer und Essig) und übernahmen auch den lat. Namen *sinapis*. Das norddeutsche *Mostrich* geht zurück auf altfranzösisch *mostarde* (zu lat. *mustum* = Most) und bezeichnet die mit Most angesetzten zerriebenen Senfkörner. Redensartlich gilt der Senf als etwas Scharfes und Verdrießliches, das einer Unterhaltung grundlos beigefügt wird wie die übertriebene Würzung der Speise. Die Wendung ist seit etwa 1700 belegt.

jetzt ist aber **Sense**! (umg.)
1) *jetzt reicht es!* [Ende]
2) *ich habe jetzt genug davon* [Feierabend]
1) „Ich habe dir dreimal Geld gegeben, jetzt ist Sense! Keine Mark kriegst du von mir!"
2) „Ich habe keine Lust mehr – bei mir ist jetzt Sense! Ich gehe jetzt nach Hause und lege mich aufs Ohr!

setzen: gleich/sonst setzt's was! (umg.) [Strafe]
→ **geben**: gleich/sonst gibt's was

eine **Show** abziehen
→ **Schau**

mit schlafwandlerischer/traumwandlerischer **Sicherheit**
etwas ganz sicher können/wissen/beherrschen [Können] [Wissen]
„Ein Rennfahrer muß die Rennstrecke mit traumwandlerischer Sicherheit befahren können – sonst ist es aus mit ihm!"
Der Schlaf- oder Traumwandler gilt als in einem Zustand befindlich, der ihn instinktiv vor Gefahren und Fehltritten bewahrt – falls er nicht plötzlich erschreckt und aufgeweckt wird.

mit tödlicher **Sicherheit**
ganz gewiß, sicherlich [Gewißheit]
„Wir können noch soviel bedenken – sobald wir erst hundert Kilometer von zu Hause entfernt sind, fällt uns mit tödlicher Sicherheit etwas ein, das wir vergessen haben mitzunehmen."
Dieser Redensart liegt der verkürzte Vergleich zugrunde: So sicher, wie der Tod jeden Sterblichen ereilt.

jmdn. in **Sicherheit** wiegen
[Täuschung]

sich in **Sicherheit** wiegen
sich irrtümlich sicher fühlen (und dabei in einer gefährlichen Lage sein) [Gefährdung]
„Viele Menschen wiegten sich in Sicherheit, was die Nutzung der Kernenergie betrifft. Die Unfälle und Katastrophen der letzen Zeit haben hier allerdings ein Umdenken bewirkt."

jmdm. brennt die **Sicherung** durch (umg.)
jmd. verliert die Selbstkontrolle/Selbstbeherrschung [Unbeherrschtheit]
„Wenn ich sehe, wie die Politiker lügen, brennt mir jedesmal die Sicherung durch. Dann rege ich mich immer furchtbar auf."
Herkunft → einen **Kurzschluß** haben

auf lange/weite **Sicht**
unter Berücksichtigung der ferneren Zukunft [Zukunft]
„Auf lange Sicht wird die Firma ohne das japanische Exportgeschäft nicht überleben, meine Herren!"

ein Gedächtnis haben wie ein **Sieb**
→ ein **Gedächtnis** haben wie ein Sieb

mit jmdm. um **sieben** Ecken verwandt sein
→ mit jmdm. um sieben **Ecken** verwandt sein

seine **sieben** Sachen
→ seine sieben **Sachen**

ein Buch mit **sieben** Siegeln
→ ein **Buch** mit sieben Siegeln

siebene auf einen Streich
→ zwei **Fliegen** mit einer Klappe

im **sieb(en)ten** Himmel sein
→ im sieb(en)ten **Himmel** sein

siebengescheit
→ **sieben** Sachen

jmdm. Brief und **Siegel** geben
→ jmdm. **Brief** und Siegel geben

unter dem **Siegel** der Verschwiegenheit (gehoben)
streng vertraulich [Geheimnis]
„Was ich Ihnen jetzt unter dem Siegel der Verschwiegenheit mitzuteilen habe, darf auf keinen Fall in der Firma bekannt werden!"
Das im 13. Jh. auftauchende Wort *Siegel* ist über volkslat. *sigilo* mit lat. *sigillum* (Bildchen) und *signum* (Zeichen) in die deutsche Rechtssprache gekommen (vgl.: jmdm. **Brief** und Siegel geben). Der versiegelte Mund und die versiegelten Lippen sind alte Sinnbilder der Verschwiegenheit und des bewahrten Geheimnisses.

in den **Sielen** sterben
mitten während der Arbeit sterben [Sterben]
„Er hat sich nie geschont und ist deshalb in den Sielen gestorben: Gestern ist er am Schreibtisch einem Herzinfarkt erlegen."
Das mit *Seil* verwandte Wort *Siele* bezeichnet die Riemen, mit denen Ochsen und Pferde ins Gespann geschirrt sind. Wort und Redensart wurden durch ein geflügeltes Wort Bismarcks bekannt, der im Jahr 1881 in einer Rede seinen Rücktritt mit den Worten zurückwies: „Ein braves Pferd stirbt in den Sielen!"

etwas mit keiner **Silbe** erwähnen
[Schweigen]
→ kein **Wort** fallenlassen

ein **Silberstreifen** am Horizont
[Verbesserung] [Erkennbarkeit]
→ sich am **Horizont** abzeichnen

ohne **Sinn** und Verstand (Zwillingsformel)
völlig sinnlos, rein mechanisch, ohne die Folgen zu bedenken [Sinnlosigkeit]
„Er hat den ganzen Text ohne Sinn und Verstand gelesen und kann dir deshalb nichts über den Inhalt sagen."

das ist nicht der **Sinn** der Sache
→ das ist nicht im **Sinne** des Erfinders

einen sechsten **Sinn** (für etwas) haben
einen guten Instinkt haben, das Richtige/Notwendige zu erahnen [Ahnung]
„Meine Frau hat geradezu einen sechsten Sinn für günstige Einkaufsmöglichkeiten; ihr entgeht kein Sonderangebot."
Im Volksglauben haben bestimmte Personen einen sechsten Sinn, der ihnen Vorahnungen ermöglicht und den Kontakt zu Geistern, Verstorbenen usw. herzustellen erlaubt. In der Alltagssprache tritt der abergläubische Hintergrund zurück. Hier findet man häufiger die Varianten *eine gute Nase, einen guten Riecher für etwas haben.*

keinen **Sinn** für etwas haben
[Desinteresse]
→ kein **Organ** für etwas haben

jmdm. nicht aus dem **Sinn** gehen wollen
[Erinnerung]
→ jmdm. nicht aus dem **Kopf** gehen wollen

sich etwas aus dem **Sinn** schlagen
[Meinungsänderung]
→ sich etwas aus dem **Kopf** schlagen

jmdm. steht der **Sinn** nach etwas
[Neigung]

das ist nicht im **Sinne** des Erfinders (umg.)
das ist nicht der eigentliche Zweck/das Richtige [Fehlverhalten]
„Man soll im Urlaub keinen Job annehmen – das ist nicht im Sinne des Erfinders, sondern Zweck der Freizeit ist die Erholung von der Arbeit!"

jmdm. schwinden die **Sinne**
[Ohnmacht]
→ seiner (fünf) **Sinne** nicht mehr mächtig sein

seiner (fünf) **Sinne** nicht mehr mächtig sein/ seine **Sinne** nicht beisammen haben/nicht bei **Sinnen** sein/nicht (mehr) Herr seiner **Sinne** sein
1) *nicht bei Verstand sein* [Verrücktheit]
2) *ohnmächtig sein* [Ohnmacht]
1) „Du mußt doch deine fünf Sinne nicht beisammen haben, bei dem dummen Zeug, das du da erzählst!"
2) „Laß ihn seinen Rausch ausschlafen – er hat eine ganze Flasche Schnaps getrunken und ist die nächsten Stunden seiner Sinne nicht mehr mächtig!"
Die fünf Sinne des Menschen sind: Sehen, Hören, Riechen, Schmecken und Tasten. Redensartlich gelten sie als Komponenten des Verstandes und des konzentrierten, wachen Bewußtseins.

seine fünf **Sinne** zusammennehmen
[Konzentriertheit]
→ seiner (fünf) **Sinne** nicht mehr mächtig sein

nach mir die **Sintflut**
die Konsequenzen sind mir egal, die Zukunft ist mir gleichgültig
[Verantwortungslosigkeit]
„Die letzten Monate, bevor er in Rente ging, hat Otto sich kaum noch um seine Arbeit gekümmert. Er hat wohl gedacht: Nach mir die Sintflut!"
Dieses geflügelte Wort wird der Marquise de Pompadour (1721–1764), der Mätresse Ludwigs XV., zugesprochen. Sie soll diesen Ausspruch nach einer schweren Niederlage gegen die Armee Friedrichs des Großen in der Schlacht bei Roßbach (1757) getan haben: „Après nous le déluge". Es ist unklar, ob die Pompadour damit eine Vorahnung auf die große Revolution von 1789 in Worte faßte, oder ob sie einer arroganten und kaltschnäuzigen Grundhaltung Ausdruck gab, die für die herrschende Klasse typisch war. Die Wendung wurde jedenfalls rasch populär. Das Wort Sintflut geht nicht auf Sünde zurück, wie häufig angenommen wird, weil diese biblische Überschwemmung die sündige Menschheit verschlang. In Wahrheit liegt die althochdeutsche Wurzel *sin-* zugrunde, welche die Bedeutung *immer, unendlich, groß* aufwies und mit lat. *semper* (immer) verwandt ist.

eine wahre **Sisyphusarbeit**
eine anstrengende, vergebliche, langwierige Arbeit/Aufgabe [Arbeit]
„Das Verfassen eines Lexikons ist eine wahre Sisyphusarbeit: Ständig stößt man auf Einträge, die man berücksichtigen muß!"
Diese Redensart geht auf eine Episode in der *Odyssee* des griech. Dichters Homer zurück: In Buch XI, V. 593–600 erzählt Odysseus, daß er bei seinem Besuch in der Unterwelt auch Sisyphus begegnete, der in seinem irdischen Leben besonders verschlagen, schlecht und gewinnsüchtig gewesen war. Zur Strafe muß er in der Unterwelt unablässig einen schweren Felsbrocken einen Berghang hinaufwälzen, der kurz vor dem Gipfel wieder in die Tiefe rollt, so daß die Arbeit von vorne beginnt. Der franz. Schriftsteller und Philosoph Albert Camus (1913–1960) hat in der Schrift *Der Mythos von Sisyphus* (1942) Sisyphus als Modell

des gegen die Absurdität des Sinnlosen revoltierenden Künstlers gesehen. Das verbissene Ringen um einen als unerreichbar gesehenen positiven Ausgang erscheint hier als Selbstzweck, was in der überraschenden, pointierenden Schlußfolgerung gipfelt: „Wir müssen uns Sisyphus als einen glücklichen Menschen vorstellen."

auf einen **Sitz** (umg., *einen* betont)
[Kontinuität]
→ in einem **Zug**

sitzen: das hat gesessen (umg.)
diese kränkende Bemerkung hat ihn getroffen/verletzt [Kränkung]
„An seinem roten Kopf konnte man es sehen: Diese Bemerkung über den Lebenswandel seiner Frau hat gesessen!"
Mit *das sitzt* bezeichnet man das Treffen eines Ziels mit Hieb, Stoß, Schuß – oder einer kränkenden Bemerkung.

sitzen: jmd. hat gesessen
→ im **Loch** sitzen
[Gefängnis]

einen **sitzen** haben
→ einen **Affen** sitzen haben
[Trunkenheit]

etwas nicht auf sich **sitzen** lassen
[Rechtfertigung]
→ **sitzen:** das hat gesessen

die haben vielleicht **Sitzfleisch** (umg.)
[Belästigung]
→ kein (rechtes) **Sitzfleisch** haben

kein (rechtes) **Sitzfleisch** haben (umg.)
keine Ausdauer zu (geistiger) Arbeit haben, ungeduldig sein [Ungeduld]
„Bleib doch endlich einmal ruhig sitzen! Hast du denn gar kein Sitzfleisch?"
Diese Redensart ist bereits seit 1691 belegt und wird auch in der Variante *kein Sitzleder haben* gebraucht.

ich will mal nicht **so** sein
→ für alles zu **haben** sein
[Zustimmung]

so siehst du aus! (umg.)
da täuscht du dich sehr! [Irrtum]
„Du gehst Tennis spielen, und ich soll währenddessen die Hausarbeit machen? So siehst du aus! Das kommt gar nicht in Frage!"
Diese Gesprächsfloskel ist eine Verballhornung der Konstruktion: *es sieht so aus, als ob du im Irrtum seist* (= du irrst dich!).

nein **so** was! (umg.)
das ist eine Überraschung! [Überraschung]
„Nein so was! Der Viktor Becker persönlich! Ich dachte, Sie seien unabkömmlich! Umso schöner, daß Sie doch kommen konnten!"

jmdm. auf den **Socken** sein (umg.)
[Verfolgung]
→ sich auf die **Socken** machen

(glatt/ganz) von den **Socken** sein (umg.)
[Überraschung]
→ sich auf die **Socken** machen

sich auf die **Socken** machen (umg.)
aufbrechen, weggehen [Weggang]
„Langsam muß ich mich aber auf die Socken machen, wenn ich den Zug noch erreichen will!"
In dieser Wendung hat sich die Grundbedeutung von lat. *soccus* (niedriger Schuh) erhalten, die sich sonst zu *kurzer Strumpf* weiterentwickelt hat.

Sodom und Gomorrha
ein Ort der Unmoral und des Verbrechens
[Unmoral]
„Sie werden nicht glauben, was bei unserer Nachbarin alles los ist! Ich sage nur eines: Sodom und Gomorrha!"
Im 1. Buch Mose des Alten Testaments wird geschildert, wie Gott die unmoralischen Städte Sodom und Gomorrha mit dem Untergang bestraft.

vom Scheitel bis zur **Sohle**
→ vom **Scheitel** bis zur Sohle

eine kesse/flotte **Sohle** aufs Parkett legen
einen schwungvollen Tanz tanzen, engagiert

und begeistert tanzen [Tanz]
„Als es dann später am Abend wurde, hat Opa dann noch eine kesse Sohle aufs Parkett gelegt. Er hat sich dabei wie in den Zwanziger Jahren gefühlt!"
Diese Wendung stammt aus der Soldatensprache des Ersten Weltkriegs.

sich an jmds. **Sohlen** heften
→ sich an jmds. **Fersen** heften

sich die **Sohlen** nach etwas wundlaufen
→ sich die **Hacken** nach etwas wundlaufen

der verlorene **Sohn**
der geistig/sittlich oder räumlich von der Familie getrennte Sohn (der zurückfindet) [Sonderling]
„Seit Bernd sein Medizinstudium aufgegeben hat, um Kunstmaler zu werden, ist er für die Familie der verlorene Sohn. Er wird auch im Familienkreis nicht mehr erwähnt."
Im Lukas-Evangelium findet sich das Gleichnis vom verlorenen Sohn. Dieser fordert vom Vater sein Erbteil und zieht in die Welt hinaus, wo er seine Habe verpraßt und als Schweinehirt arbeiten muß. Als er schließlich reumütig zum Vater zurückkehrt, nimmt der ihn wieder liebevoll auf. Diese Parabel von der Torheit der Jugend und der Elternliebe ist vielfach literarisch behandelt worden, etwa in der Erzählung *Meier Helmbrecht* des mittelalterlichen Dichters Wernher der Gärtner (um 1270) oder in Schillers *Räubern*. Daneben zählt der Stoff zum Motivkreis des Heimkehrers, von denen Odysseus als Prototyp gelten darf.

die **Sonne** bringt es an den Tag
→ etwas an den **Tag** bringen
[Offenlegung]

ein Platz an der **Sonne**
→ ein **Platz** an der Sonne

geh mir aus der **Sonne**!
→ störe meine **Kreise** nicht!
[Nichteinmischung]
Diese Wendung geht angeblich auf ein Gespräch zurück, das der Philosoph Diogenes mit Alexander dem Großen führte. Alexander erbot sich, dem berühmten Mann einen beliebigen Wunsch zu erfüllen, worauf dieser durch die Bitte „Geh mir aus der Sonne!" seine Unabhängigkeit von irdischen Reichtümern und Macht dokumentierte.

auf der **Sonnenseite** des Lebens stehen
[Glück]
→ ein **Schattendasein** fristen [Armut]

sonst noch was! (umg.)
das ist eine unverschämte Zumutung! das kommt nicht in Frage! [Zurückweisung]
„Könntest du uns mal deinen Wagen leihen?" „Sonst noch was! Und ich soll wohl zu Fuß gehen? Kauft euch lieber eine Fahrkarte für die Bahn."

ein **Sonntagskind** sein
[Glück] [Begabung]
→ ein **Kind** des Todes sein

im **Sonntagsstaat**
[Kleidung] [Aufsehen]
→ **Staat** machen mit etwas

Quatsch mit **Soße** (umg.)
völliger Unsinn [Unsinn]
„Das ist wirklich ein gutes Buch!" „Quatsch mit Soße! Ich habe selten einen größeren Schwachsinn gelesen!"
Diese Wendung ist erst im 20. Jh. aufgekommen. Die *Soße* steht hier scherzhaft im Sinne von *das ist der Gipfel/die Krone*. Das Wort *Soße* kommt von franz. *sauce*, das wiederum auf altfranz. *salse* (gesalzene Brühe) zurückgeht.

(arbeiten/schuften,) daß die **Späne** fliegen (umg.)
intensiv/eifrig arbeiten [Arbeit]
„Heute ist Frühjahrsputz, und meine Frau putzt, daß die Späne fliegen! Da gehe ich lieber ins Wirtshaus, um ihr nicht im Weg herumzustehen."
Diese Wendung kommt aus dem Bereich des Tischlerhandwerks und des Zimmermanns. Die Späne sind die Holzabfälle, die bei der Arbeit anfallen. Das Wort kommt von der idg. Wurzel *spa-* (langes, flaches Holzstück), zu der auch der *Spaten* gehört.

stolz wie ein **Spanier**
sehr stolz [Stolz]
„Auf die Zwillinge, die seine Frau geboren hat, ist Klaus stolz wie ein Spanier. Dabei wollte er früher gar keine Kinder haben!"
Ein stark ausgeprägter Stolz gilt als Nationaleigenschaft der Spanier. Die Redensart geht wohl auf Schillers Drama *Don Carlos* (III,10) zurück, in dem König Philipp sagt: „Stolz will ich den Spanier." Der Landesname Spanien ist wahrscheinlich phönizischen Ursprungs. Die Phönizier kamen im 11. vorchristlichen Jh. auf die Halbinsel, die sie *I-shephan-im* (Insel der Kaninchen) nannten. Daraus wurde später *Ispania* und im Lat. *Hispania*.

das kommt mir **spanisch** vor (umg.)
das verstehe ich nicht, das ist merkwürdig/verdächtig [Nichtverstehen]
„In der Wohnung über uns hat sich seit Wochen niemand mehr geregt – das kommt mir spanisch vor! Vielleicht sollte man einmal den Hausmeister informieren!"
Das als stolz und hochmütig empfundene Gebaren der Spanier und das als merkwürdig empfundene spanische Hofzeremoniell haben schon im 17. Jh. die Bedeutung *unverständlich, fremd* an das Eigenschaftswort *spanisch* geknüpft. Diese Verbindung steht in einer Reihe mit anderen Begriffen für fremde Länder (vgl.: **böhmische** Dörfer) und Sprachen, die redensartlich zum Inbegriff des Unverständlichen geworden sind (*chinesisch, Anglerlatein*, *Jägerlatein* usw.) Hierher gehört auch der Begriff *Kauderwelsch* (unverständliche Sprache), der auf *welsch* (romanisch) zurückgeht. Die *Walh* (lat.: *Volcae*) waren ein großer keltischer Volksstamm, dessen Name in Landschaftsbezeichnungen wie *Wallonien, Wales, Wallis* usw. fortlebt. Da das Keltische den Germanen unverständlich war, wurde ahd. *walhisc* ein Sammelbegriff für *unverständliche Sprache,* der – mit dem allmählichen Verschwinden der Kelten – auf die romanischen Völker übertragen wurde. Auch die Walnuß (lat.: *nux gallica*) hat ihren Namen von ihrem ursprünglichen gallischen Ursprungsgebiet. *Kaudern* ist ein altdeutsches Wort für *hausieren*, und Kauderwelsch war die unverständliche Sprache der italienischen Händler und Hausierer des Mittelalters. Rotwelsch ist die Geheimsprache der Gaunerbande bzw. (nach einer anderen Deutung) der Bettler, wobei die Farbbezeichnung *rot* die Bedeutung annimmt: *betrügerisch, gefährlich.* Seit jeher bedurften das fahrende Volk und die kriminelle Bande einer Geheimsprache, die dem Normalbürger unverständlich war, sowie bestimmter Zeichen (Gaunerzinken), die an Häusern angebracht wurden und dem Eingeweihten über deren Bewohner Auskunft gaben. Das Rotwelsch enthielt viele Ausdrücke des Jiddischen, das seinerseits dem Mittelhdt. nahesteht und aus Osteuropa slawische Wörter entlehnte und natürlich auch hebräische Wurzeln bewahrte. Viele als „undurchsichtige" Redensarten aufgefaßte Wendungen sind diesen Ursprungs und über Jiddisch und Rotwelsch ins Deutsche gekommen (vgl.: **Kohldampf** schieben, **flöten** gehen u.v.a.m.).

spannen: gespannt sein wie ein Flitzebogen (umg.)
→ gespannt sein wie ein **Flitzebogen**

bei jmdm. ist ein **Sparren** locker (umg.)
[Verrücktheit]

sein **Sparschwein** schlachten
seine Ersparnisse angreifen/ausgeben [Ausgaben]
„Für dieses tolle Rennrad hast du wohl dein Sparschwein geschlachtet!"
Das Schwein ist ein uraltes Haus- und Masttier sowie ein Symbol der Fruchtbarkeit und Vermehrung. Es ist daher leicht zu verstehen, warum die Sparbüchse gelegentlich in Form eines Schweines gestaltet ist.

Spaß beiseite
→ **Scherz** beiseite

ein teurer **Spaß** (umg.)
[Kostspieligkeit]

da hört der **Spaß** auf!
[Übertreibung]
→ keinen **Spaß** verstehen

jmdm. ist der **Spaß** vergangen
[Ernüchterung]
→ keinen **Spaß** verstehen

keinen **Spaß** verstehen (mit etwas)
1) *humorlos sein* [Humorlosigkeit]
2) *eine Sache besonders ernst nehmen* [Ernst]
1) „Dem Nachbarn spielt ihr besser keinen Streich mehr. Er versteht keinen Spaß und holt immer gleich die Polizei!"
2) „Hast du ihm schon die geliehenen 20 Mark zurückgegeben? Mit Geld versteht er nämlich keinen Spaß!"
Aus lat. *expandere* (ausbreiten) entwickelte sich das ital. Verb *spassarsi* (sich belustigen), das als *spasso* (Vergnügen) um das Jahr 1600 im Deutschen erscheint, zu Spaß verkürzt wird und neben das germanische *Scherz* tritt. Beide bezeichnen das, was Vergnügen macht, erheitert und belustigt und sind deutlich getrennt von der Umgangsform des (blutigen/tierischen) Ernstes. Spaß und Ernst sind im Umgang miteinander durch geeignete Signale voneinander zu trennen, ebenso die Ironie.

mach keine (faulen) **Späße**!
[Ungläubigkeit]
→ keinen **Spaß** verstehen

mit jmdm./etwas ist nicht zu **spaßen**
[Ernst]
→ keinen **Spaß** verstehen

du hast wohl **Spatzen** unterm Hut
[Unhöflichkeit]
→ vor jmdm. den **Hut** ziehen müssen

das pfeifen die **Spatzen** von den/allen Dächern (umg.)
das ist längst allgemein bekannt, dieses Geheimnis kennt schon jeder [Bekanntheit]
„Heute hat er mir im Vertrauen gesagt, daß er seine Sekretärin heiraten will. Dabei pfeifen das schon die Spatzen von allen Dächern!"
Spatz ist die mittelhochdeutsche Koseform zu *Sperling*, ähnlich wie *Ratz* zu *Ratte* oder *Heinz* zu *Heinrich*. Das Bild von den Vögeln, die Geheimnisse verbreiten, geht schon auf die Bibel zurück (Salomo 10, 20), die Redensart ist aber nicht vor dem 19. Jh. belegt. Der Name des früher häufigen Spatzes wird auch als Kosenamen für kleine Mädchen gebraucht. Sprichwörtlich ist auch seine Bedürfnislosigkeit (*essen wie ein Spatz* = sehr wenig essen).

mit Kanonen auf **Spatzen** schießen
→ mit **Kanonen** auf Spatzen schießen

wie die Made im **Speck** sitzen
→ wie die **Made** im Speck sitzen

die **Spendierhosen** anhaben (umg.)
großzügig und spendabel sein
[Freigiebigkeit]
„Kommt, ich lade euch in die Pizzeria ein!"
„Du hast wohl heute deine Spendierhosen an, Papa!"
Diese Redensart findet sich schon im 17. Jh. bei Abraham a Sancta Clara (*Narrennest* II, 37). Die Freigiebigkeit wird in ihr als eine Eigenschaft des Gewandes und nicht als eine charakterliche Tugend gesehen.

Sperenzchen machen (umg.)
Schwierigkeiten machen, sich sträuben
[Schwierigkeiten]
„Mach jetzt keine Sperenzchen und geh mit mir spazieren. Wir haben schließlich den ganzen Tag lang in der Stube gehockt!"
Auf lat. *spes* (die Hoffnung) geht das ital. *speranza* zurück, das seit dem 18. Jh. im Deutschen in verschiedenen Schreibweisen (*Sperenzien, Speranzen* usw.) auftritt. Jemand, der Sperenzchen macht, macht also unberechtigte Hoffnungen und hält den anderen hin. Bei der Eindeutschung dürfte auch die lautliche Nähe zu *sich sperren* eine Rolle gespielt haben.

in höheren **Sphären** schweben
→ in höheren **Regionen** schweben

etwas (einen Brief) nicht hinter den **Spiegel** stecken
etwas (eine Mahnung/einen Tadel) nicht öffentlich bekanntgeben/verheimlichen
[Scham] [Verheimlichung]
„Diesen blauen Brief von der Schule wird

er sich sicherlich nicht hinter den Spiegel stecken!“
Bis in die Gegenwart diente der Spiegel als üblicher Aufbewahrungsort für Kartengrüße, Zeugnisse und andere Schriftstücke, auf die man stolz war und die man den Gästen vorzeigte. Diejenigen Dokumente, die man sich nicht hinter den Spiegel steckte, hatten stets einen Inhalt, der auf die Empfänger ein schlechtes Licht geworfen hätte. Die Redensart ist natürlich auch im Zusammenhang mit der allgemeinen Spiegel-Symbolik zu sehen.

jmdm. den/einen **Spiegel** vorhalten
jmdm. deutlich seine Fehler sagen/zeigen [Kritik]
„In diesem zeitkritischen Stück hält der Autor seiner Epoche den Spiegel vor.“
Das lat. Lehnwort *Spiegel* kam mit dem Gerät im 12./13. Jh. nach Deutschland. Das vorher übliche ahdt. Wort*scucor* bedeutet *Schattenbehälter* und bezieht sich auf das Schattenbild auf der Wasseroberfläche, die noch heute als Wasserspiegel bezeichnet wird. Die antike Mittelmeerkultur kannte dagegen den Metallspiegel; der Glasspiegel ist nach Plinius eine Erfindung der Sidonier. Dem Spiegelbild ist seit jeher eine besondere Zauberkraft zugeschrieben worden. Noch heute verwendet der Wahrsager die spiegelnde Kristallkugel, um in die Zukunft zu sehen. Uralt ist auch der Gedanke an die selbstverzaubernde Kraft des Spiegelbildes, wie sie uns etwa im Mythos des Narziß aus Ovids *Metamorphosen* entgegentritt. In der Gestalt des Narziß nimmt Ovid auch den Aspekt der Irrtumsphase auf, in welcher der Betrachter noch nicht weiß, daß er mit dem Spiegelbild identisch ist. Der „wissende“ Spiegel taucht in vielen Märchen und Mythen auf: „Spieglein, Spieglein an der Wand, wer ist die Schönste im ganzen Land?“. Der Spiegel als Hort des Wissens und zugleich als Möglichkeit der didaktisch-pädagogischen Belehrung durch das *Zeigen* (guten oder schlechten) menschlichen Verhaltens liegt auch der Bezeichnung *Spiegel* für Rechtssammlungen (Sachsenspiegel) und Erziehungsschriften (Beichtspiegel) zugrunde. Als Fürstenspiegel bezeichnete man in diesem Sinne diejenigen Schriften des 15. bis 17. Jhs., in denen das Idealbild eines Herrschers vorgestellt und mit Ratschlägen zu Regierungsweisen und politischen Verhaltensmaßregeln verknüpft wurde. Das bekannteste und berüchtigste Beispiel dieser Textsorte ist die Schrift *Il Principe* des Florentiners Niccolo Machiavelli (1469–1527), die im Jahre 1532 erschien. Machiavelli rechtfertigt in diesem Fürstenspiegel selbst unmoralische Handlungen, wenn sie dem Erhalt der absolutistischen Staatsräson dienen. Populäre Versionen, die dem einfachen Mann den Spiegel vorhalten, liegen vor im Volksbuch *Eulenspiegel* (1515) und im *Narrenschiff* des Sebastian Brant (1494), in dessen Vorwort es heißt: „Den Narrenspiegel ich dies nenn’, damit ein jeder Narr sich als solcher auch erkennt.“

ein abgekartetes **Spiel**
→ ein **abgekartetes** Spiel

gute Miene zum bösen **Spiel**
→ gute **Miene** zum bösen Spiel

ein **Spiel** mit dem Feuer
leichtsinniger Umgang mit der Gefahr [Risiko]
„Der Besitz von Atomwaffen gleicht dem unkalkulierbaren Spiel mit dem Feuer.“

das **Spiel** ist aus
eine Sache als aussichtslos ansehen, einen Mißerfolg haben [Mißerfolg]
„Ich sehe ein, daß ich mich bei der Einschätzung der Devisenkurse geirrt habe – das Spiel ist aus. Morgen werde ich den Bankrott bekanntgeben!“

jmdn./etwas ins **Spiel** bringen
jmdn./etwas an einer Sache beteiligen/hinzuziehen [Beteiligung]
„Wenn wir jetzt noch deine Aktien ins Spiel bringen, werden meine Eltern sicherlich keine Einwände gegen dich als Schwiegersohn haben, lieber Hans!“

jmds. **Spiel** durchschauen
jmds. böse Pläne erkennen [Entlarvung]

„Ich warne Sie vor ihm! Seit kurzem habe ich sein böses Spiel durchschaut: Er will Sie absägen, um Ihren Platz einzunehmen"

freies **Spiel** haben
→ freie **Hand** haben
[Unabhängigkeit]

gewonnenes **Spiel** haben
einen Erfolg erzielen/gewinnen [Erfolg]
„Mit deinen blauen Augen hast du doch bei allen Männern gewonnenes Spiel, Ilselore!"

(ein) leichtes **Spiel** (mit jmdm.) haben
leicht mit jmdm./etwas fertig werden
[Überlegenheit]
„Der Betrüger hatte mit der gutgläubigen Frau leichtes Spiel."

seine Hand im **Spiel** haben
→ seine **Hände** im Spiel haben
[Beteiligung]

jmdn./etwas aus dem **Spiel** lassen
beiseite lassen, nicht erwähnen, nicht hineinziehen [Unbeteiligtsein]
„Laß bitte meine Vergangenheit aus dem Spiel. Sie hat mit unserer jetzigen Lage nicht das Geringste zu tun!"

ein offenes **Spiel** spielen
offen und ehrlich handeln
[Offenheit] [Ehrlichkeit]
„Sie können ihm vertrauen – er spielt stets ein offenes Spiel mit seinen Mitarbeitern!"

ein falsches **Spiel** mit jmdm. treiben
unehrlich (gegenüber jmdm.) handeln, jmdn. täuschen [Täuschung]
„Jahrelang hat er ein falsches Spiel gespielt und das Vertrauen der Geschäftsführung dadurch mißbraucht, daß er die Produktionsergebnisse an die Konkurrenz weitergab!"

das **Spiel** zu weit treiben
die Grenzen des Zulässigen/Vernünftigen überschreiten [Übertreibung]
„Ich bin ja ziemlich geduldig, aber wenn Sie weiterhin hinter meinem Rücken Intrigen spinnen, treiben Sie das Spiel entschieden zu weit, Herr Kunz!"

ein gewagtes/gefährliches **Spiel** treiben/spielen
gefährliche Mittel einsetzen [Wagnis]
„Ich würde ihm an deiner Stelle alles erzählen. Wenn du es verschweigst, spielst du ein gefährliches Spiel, denn das würde er sicherlich nicht verzeihen!"

jmdm. das **Spiel** verderben (umg.)
jmds. Pläne durchkreuzen [Vereitelung]
„Karl will uns reinlegen, aber dem werden wir das Spiel verderben!"

das **Spiel** hat sich gewendet
die Lage ist schlechter geworden
[Verschlechterung]
„Lange hatten wir gute Absatzchancen in Japan, aber mittlerweile hat sich das Spiel gewendet und die Japaner drängen auf unsere heimischen Märkte!"

mit im **Spiel(e)** sein
eine Rolle spielen, beteiligt sein, zu bedenken sein [Beteiligung]
„Warum er sich so verhält? Na, weil da natürlich auch eine gehörige Portion Eifersucht im Spiel ist!"

auf dem **Spiel(e)** stehen/aufs **Spiel** setzen
1) *das Wichtige/Wesentliche, das riskiert wird/gefährdet ist* [Risiko]
2) *ein Wagnis eingehen* [Wagnis]
1) „Bei diesem Prozeß steht nicht nur sein guter Ruf, sondern auch sein ganzes Vermögen auf dem Spiel!"
2) „Die Bergwacht setzt häufig ihr Leben für andere aufs Spiel."
Eine Vielzahl von Redensarten weist darauf hin, wie sehr gefühlsmäßig das Leben mit seinen Risiken und Zufällen, Gewinnen und Verlusten, Glückssträhnen und Pechsträhnen als Glücksspiel aufgefaßt wird, das man nicht vollständig unter Kontrolle hat. Außer denjenigen Redensarten mit dem Begriff *Spiel* selbst, gehören hierher auch solche mit den Wörtern *Karte* und *Würfel*, mit den Verben *gewinnen, verlieren, einsetzen, jmdm. in die Hände spielen, jmdm. etwas zuschanzen* (von *Chance*) u.v.a.m. Dies weist auch auf die hohe kulturelle Bedeutung hin, die dem Glücksspiel tatsäch-

lich seit geschichtlich rekonstruierbaren Zeiten zukommt. Bereits im alten Indien gab es Würfelsteine, die von den Etruskern in die noch heute geläufige sechsflächige Form gebracht wurden. Griechen, Römer und Germanen kannten Würfel- und Brettspiele, und die Spielkarten wurden nach ihrer Erfindung in China oder Indien im 13. Jh. durch die Kreuzfahrer nach Europa gebracht. Bei vielen Völkern hatte das Glücksspiel auch kultische Aspekte und wurde als Orakel genutzt. Glück und Pech im Spiel werden stets als schicksalhaft empfunden, weil – anders als im sportlichen Wettkampf – eine anonym wirkende Zufallsmacht den Ausgang bestimmt. Der engagierte Spieler stellt sich der Herausforderung, indem er *alles auf eine Karte setzt* und im Falle der Niederlage den Freitod wählt. Gegenüber den reinen Glücksspielen (wie Würfelspiel oder Roulette) werden die Strategiespiele mit Karten oder gar das Schachspiel nicht als Motive der schicksalhaften Verstrickung gesehen. {das Leben ist ein Spiel}

genug des grausamen **Spiels**
ich will dich nicht länger quälen/ärgern u. ä. [Beendigung]
„Genug des grausamen Spiels – ich will dich nicht länger auf die Folter spannen: Ich habe beim Chef die Gehaltserhöhung wirklich durchgesetzt!"
Diese nur scherzhaft oder ironisch gebrauchte Gesprächsfloskel ist ein Zitat aus Schillers Ballade *Der Taucher*. Die Königstochter bittet darin den Vater, den Jüngling nicht noch einmal auf den Meeresgrund zu schikken, von dem er einmal glücklich aufgetaucht ist: „Laßt, Vater, genug sein das grausame Spiel!"

brüllen/schreien/weinen wie am **Spieß** (umg.)
sehr laut brüllen/schreien [Schreien]
„Der Kleine hat gebrüllt wie am Spieß – dabei hat ihm gar nichts gefehlt!"
Dieser redensartliche Vergleich ist seit dem 16. Jh. belegt. Ob der Spieß als Kampf- oder als Bratspieß zu denken ist, ist unklar, weil beides vom Bilde her in Betracht kommt.

den **Spieß** umdrehen (umg.)
die Mittel und Methoden des Gegners gegen diesen selbst wenden/benutzen [Vergeltung]
„Als man mir einige kleine Fehler bei der Arbeit vorgeworfen hat, habe ich den Spieß einfach umgedreht und mal die Böcke aufgezählt, die die anderen in der Abteilung schon geschossen haben!"
Vor der Erfindung der Feuerwaffen war der Kampfspieß eine wichtige Waffe des Soldaten. Die Redensart bedeutet: Man entreißt im Kampfesgetümmel dem Gegner seinen Spieß und richtet ihn gegen den nun Unbewaffneten.

ein **Spießer/Spießbürger** sein (umg.)
engstirnig sein, veraltete Anschauungen und moralische Ansichten hartnäckig verteidigen [Engstirnigkeit]
„In der heutigen Zeit ist es gang und gäbe, daß junge Leute ohne Trauschein zusammenleben. Nur die Spießer regen sich darüber immer noch gelegentlich auf!"
Als Bürger (Bewohner der Burg) bezeichnete man zunächst alle Personen, die nicht auf dem Land wohnten, also die Städter. Als Stand nahm der Bürger die Mittelstellung zwischen Bauer und Adel ein. Die Bürger einer Stadt des Mittelalters waren frei von Leibeigenschaft („Stadtluft macht frei!") und durften Waffen tragen, um die Stadt zu verteidigen. Die ursprünglich wirksamen Waffen Spieß und Schild (vgl.: **Schildbürger**) wurden allerdings durch die Erfindung der Feuerwaffen ab dem 14. Jh. immer untauglicher, so daß der Adel und die gut bewaffneten Soldaten die Bürgerwehren belächelten, die an den traditionellen Waffen festhielten. So wurde die ursprüngliche Ehrenbezeichnung *Spießbürger* allmählich zum Synonym für veraltetes Denken und sinnlose Tradition, gepaart mit Vorurteilen und geistiger Beschränktheit. Als Spottname wurde der Begriff wohl zunächst im 18. Jh. von den Studenten gebraucht, die auch den Ausdruck *Philister* im gleichen Sinne verwendeten.

Spießruten laufen müssen (umg.)
an vielen Personen vorbeigehen, die einen

neugierig oder feindselig betrachten [Erduldung]
„Heute stellt Otto seinen Eltern seine Verlobte vor. Da wird sie vor seiner Familie Spießruten laufen müssen.“
Der Spießrutenlauf (oder Gassenlauf) war eine alte grausame militärische Strafe, die für schwere Vergehen (wie Desertieren u.ä.) verhängt wurde. Schon bei den Römern mußte der Verurteilte durch zwei Reihen von Soldaten gehen, die mit ihren Spießen nach ihm stießen und ihn so kollektiv töteten. Im Dreißigjährigen Krieg wurden die Spieße durch spitze Ruten ersetzt, mit denen der entblößte Rücken des Delinquenten blutig geschlagen wurde. In Preußen wurde diese Militärstrafe im Jahre 1806 abgeschafft, in Österreich und Rußland aber noch bis zur Mitte des 19. Jh. ausgeübt. Seit dem 18. Jh. ist die übertragene Verwendung der Redensart belegt, die im Bildbereich der *verletzenden Blicke* und *stichelnden Worte* angesiedelt ist.

spinnen: jmd. spinnt (umg.)
jmd. ist leicht verrückt [Verrücktheit]
„Ich soll diesen Kerl heiraten? Ihr spinnt!“
Das Spinnen des Fadens hatte im Volksglauben etwas Geheimnisvolles, und man glaubte, die Spinnerin könne dem Faden Gutes und Böses, Freundliches und Geheimnisvolles einspinnen. Hierher gehört auch die nordische Sage vom Lebensfaden, den die Nornen spinnen und durchtrennen. Unter den Redensarten mit dem Begriff *Faden* sieht man die Bezüge zwischen dem Spinnen und der Zauberei, der Macht und dem Erzählen, das über den Begriff *Text* ja eng mit dem Bildbereich Gewebe verknüpft ist. Alt sind auch die Wendungen wie: *etwas aus seinem Kopf/aus dem Hirn spinnen* oder *verworrene Fäden spinnen* (verwirrte Gedanken haben). Geläufig sind unter der Perspektive des Erzählens noch Begriffe wie *etwas fort-/weiterspinnen* und das Hirngespinst (eine verrückte, unrealistische Idee).
{Erzählfaden/Textgewebe}
Herkunft → sein **Garn** spinnen

auf **Spitz(e)** und Knopf stehen (umg.)
bis zuletzt gut oder schlecht ausgehen können, unentschieden sein [Unentschieden]
„Bis kurz vor Ende des Tennismatches stand Spitz auf Knopf, wer gewinnen würde. Die beiden Gegner waren einander völlig ebenbürtig.“
Dieser besonders im bayrisch-schwäbischen Raum beheimateten Redensart liegt das Bild der Entscheidung im Zweikampf zugrunde. Die Spitze des Schwertes kann dem Gegner entgegengehalten werden, oder aber der Griff (*Knauf*, mhdt. auch *Knopf* genannt), mit dem ein Vertrag gesiegelt werden konnte. Im Kampf zwischen gleichrangigen Streitern stehen bis zuletzt beide Möglichkeiten offen: Die Tötung eines der Gegner durch den anderen oder aber das Friedensangebot durch die Umkehrung der Schwertspitze und das Zeigen des friedlichen Knaufs.

einer Sache die **Spitze** nehmen/abbrechen
einer Sache das Vorwurfsvolle/Gefährliche nehmen, besänftigend wirken [Beruhigung]
„Geschickterweise hat er seinen offenen Vorwürfen dadurch die Spitze genommen, daß er sie in Frageform kleidete und dadurch niemanden direkt ansprach.“
In Analogie zur Waffe spricht man von *spitzen Bemerkungen, Sticheleien* usw., so daß offenbar eine Nähe zwischen Wort und Waffe gesehen wird (vgl.: ein durchschlagendes **Argument**). Die Redensart bezieht sich auf diesen Bildbereich und sagt aus, daß man seine scharfen Wort *entschärft* bzw. auf eine Lage/Situation beruhigend einwirkt.

an der **Spitze** stehen
Diese Redensart bezieht sich auf die Spitze eines Heereszuges, der ursprünglich tatsächlich keilförmig angeordnet war.
→ das **Steuer** führen

etwas auf die **Spitze** treiben
bei etwas bis zum Äußersten gehen [Übertreibung]
„Sie ist zwar frech zu ihren Lehrern, aber sie treibt es nie auf die Spitze. Deshalb ist sie auch keineswegs unbeliebt.“

etwas **spitzkriegen** (umg.)
etwas bemerken/rauskriegen, das ein Geheimnis bleiben sollte [Bemerken]

„Laß das Geld lieber liegen; wenn man spitzkriegt, daß wir es genommen haben, ist der Teufel los!"
Frühneuhochdeutsch bedeutete *spitz* noch *überklug, schlau*. Daher leiten sich die Begriffe *spitzfindig* und *Spitzbube* (betrügerischer schlauer Mensch) ab, sowie das seit 1815 für Österreich belegte Wort *Spitzel*. Dies ist jemand, der durch Beobachtung und Auflauern verborgene Pläne der Unterwelt an die Polizei verrät (Polizeispitzel). Dazu passen Wendungen wie *die Ohren spitzen* (= aufmerksam zuhören) oder der Name des Spürhundes Spitz, der sich jedoch von seiner spitzen Schnauze ableitet. Nicht hierher gehört der *Spitzname*, der als *verletzender, scharf treffender Name* zu deuten ist und seit 1669 belegt ist.

sich die (ersten) **Sporen** verdienen
sich die erste Anerkennung erringen
[Erfolg]
„Mancher Schriftsteller hat sich durch Theaterbesprechungen seine ersten literarischen Sporen verdient!"
Das mit dem Wort *Spur* verwandte *Sporn* (Mehrzahl: *Sporen*) bezeichnet ein Fußeisen, das gegen den Leib des Pferdes gedrückt wurde, um es zu schnellerem Lauf anzutreiben. Hierher gehören auch das Adverb *spornstreichs* (mit großer Eile, unmittelbar) sowie das Substantiv *Ansporn*. Wer zum Ritter geschlagen wurde, erhielt auch ein Paar Sporen, die durch eine mutige Tat verdient sein mußten.

heraus mit der **Sprache**!
sage, was passiert ist/wer es getan hat usw.
[Reden]
„Wer von euch hat die Scheibe eingeschlagen? Heraus mit der Sprache!"

etwas zur **Sprache** bringen
das Gespräch auf ein bestimmtes Thema bringen/auf etwas lenken [Thema]
„Wurde bei der Besprechung auch das schlechte Abschneiden der Verkaufsabteilung zur Sprache gebracht?" „Nein, aber der Direktor brachte sehr wohl die Sprache auf den allgemein schlechten Export."
Die Redensarten mit dem Begriff *Sprache* beziehen sich ausdrücklich auf das Kommunikationsmittel Sprache (in seinen verschiedenen Aspekten) zurück. Redensartlich bedeutsam sind die Bereiche Sprache und Verständigung/Verstehen (dieselbe Sprache sprechen), Sprache als Ausdrucksmöglichkeit (eine deutliche Sprache sprechen), Wortsprache im Verhältnis zur Körpersprache (eine andere Sprache sprechen) sowie der Gegensatz zwischen Sprechen und (Ver-)schweigen (heraus mit der Sprache!). Manche Wendungen dienen auch direkt der Gesprächsorganisation, das heißt, sie leiten auf neue Themen hin oder sie kommentieren den bisherigen Gesprächsverlauf (etwas muß endlich zur Sprache kommen). Weitere Wendungen aus diesem Bereich finden sich unter **Rede**, **Wort**, **Mund** und **Zunge**.

mit der **Sprache** herausrücken
endlich das Zögern aufgeben und die Wahrheit sagen/den Vorfall berichten/erzählen usw. [Reden]
„Nachdem ihm Straffreiheit zugesichert worden war, rückte der Verhaftete mit der Sprache heraus und nannte die Hintermänner des Verbrechens."

nicht (recht) mit der **Sprache** herausrücken (wollen)
[Verschweigen]
→ mit der **Sprache** herausrücken

(etwas muß) zur **Sprache** kommen
(etwas muß) erwähnt/besprochen werden
[Thema]
„Zum Abschluß der Diskussion muß noch das ungeklärte Verhältnis zwischen linkem und rechtem Parteiflügel zur Sprache kommen!"

eine andere **Sprache** sprechen
eine widersprüchliche Information vermitteln [Gegensatz]
„Höflich entschuldigte er sich bei seinem Vorgesetzten, aber seine haßerfüllten Augen sprachen eine andere Sprache!"
Der mögliche Widerspruch zwischen Wortsprache und Körpersprache wird in der Verhaltensforschung auch als *Kanaldiskrepanz*

bezeichnet, weil auf verschiedenen „Kommunikationskanälen“ (etwa: Hören gegenüber Sehen) gegensätzliche Informationen vermittelt werden. Den Signalen der Körpersprache wird intuitiv mehr Glauben geschenkt als denjenigen der Wortsprache, weil Mimik und Gestik meist weniger genau kontrolliert werden und daher weniger zur Lüge und Verstellung geeignet sind.

dieselbe/die gleiche **Sprache** sprechen
sich (aufgrund gleicher Vorlieben, Denkstrukturen usw.) leicht miteinander verständigen können [Verständigung]
„Wir kamen auf Anhieb gut miteinander aus, weil wir uns beide für Musik und Theater interessieren und somit die gleiche Sprache sprechen!“

eine deutliche **Sprache** sprechen
Informationen/Indizien, die etwas klar und deutlich ausdrücken/anzeigen/erkennen lassen [Hinweis]
„Die Zahlen der Arbeitslosenstatistik sprechen eine deutliche Sprache: Keine Spur von wirtschaftlichem Aufschwung!“
In dieser Wendung bedeutet Sprache: alle Zeichen/Informationen, die sinnvoll verstehbar/deutbar sind. In diesem Sinne spricht man auch von der *Sprache der Musik/der Natur* usw.

jmdm. die **Sprache** verschlagen
so stark bewegt/überrascht sein, daß man momentan nichts sagen kann [Schweigen]
„Das Siegestor für die Nationalmannschaft fiel so überraschend, daß es sogar dem wortgewandten Reporter zunächst einmal die Sprache verschlug.“

da bin ich **sprachlos**!
[Erstaunen] [Unbeschreiblichkeit] [Bestürzung]
→ da fehlen mir die **Worte**!
→ haste **Töne**!

für sich **sprechen**
aussagekräftig sein, wichtig und bedeutsam sein [Hinweis]
„Zweimal hat er ein Studium abgebrochen – das spricht doch für sich!“

wir **sprechen** uns noch!
die Sache ist noch nicht erledigt! (als Drohung)
[Drohung]
„Mit einer Entschuldigung ist es nicht getan – wir sprechen uns noch, falls Sie nicht die Reparaturkosten übernehmen!“

auf jmdn./etwas zu **sprechen** kommen
[Thema]
→ zur **Sprache** kommen

darüber kann man mit ihm nicht **sprechen**
[Ablehnung]
→ bei jmdm. mit etwas nicht **landen** können

auf jmdn. nicht gut zu **sprechen** sein
[Abneigung]
→ etwas **gegen** jmdn. haben

die **Spreu** vom Weizen trennen/sondern/scheiden
[Unterscheidung]
Diese Redensart ist biblischen Ursprungs und geht auf Matth. 3, 12 zurück.
→ die **Schafe** von den Böcken trennen/sondern

etwas **springen** lassen (umg.)
Geld ausgeben und sich dadurch als freigebig erweisen [Ausgaben] [Freigebigkeit]
„An meinem 60. Geburtstag muß ich bei den Kollegen ein paar Flaschen Sekt springen lassen!“
Diese Redensart erinnert an den früher üblichen Brauch, bei der Bezahlung einer Zeche oder Ware das Geldstück kräftig auf den Tisch zu werfen, damit durch den Klang seine Echtheit dokumentiert wird.

Sprüche machen/klopfen (umg.)
prahlerisch daherreden [Angeberei]
„Wenn Politiker in ihren Reden nur nicht immer solche Sprüche klopfen würden! Wenn sie an der Macht sind, halten sie sich ja doch nicht daran!“
Eigentlich bezeichnet *Spruch* das einmalige, prägnante Formulieren einer wichtigen Erkenntnis, einer Entscheidung oder eines Urteils (Richterspruch). In den institutionellen Rahmen des Gerichts verweisen auch

Ableitungen wie *Anspruch, Einspruch, Widerspruch* usw. Daneben steht der pathetische *Dichterspruch*, womit ursprünglich das nicht zum Singen bestimmte gebundene Gedicht gemeint war. Dieser Bereich des Formelhaften und Vorgeprägten geht über in denjenigen des rituellen Gebrauchs von Segens- und Zaubersprüchen sowie zur prägnant formulierten Wahrheit, die als Wahrspruch oder Sinnspruch zum Wahl- oder Wappenspruch werden kann. In unserer Kultur besteht ein tiefes Mißtrauen gegenüber derartigen vorgeprägten Formulierungen, da sie als vorgefertigte Meinungen gelten, die einfach übernommen werden. Die Redensart *Sprüche machen* drückt also aus, daß der Sprecher nicht kreativ in eigenen Worten eine Aussage macht, sondern daß er sich vorgefertigter (pathetischer aber sinnentleerter) Floskeln bedient. Das lat. *flosculus* bedeutet *Blümchen* (daher: Flora) und ist in der Form *Floskel* gegen Ende des 18. Jh. ins Deutsche gekommen, wo es die übertriebene, „blumige" Sprache bezeichnet (vgl.: etwas durch die **Blume** sagen). Dagegen ist das neuerdings immer beliebtere Wort *Slogan* keltischen Ursprungs und geht auf die Wurzel *sluag* (Feind) und *gairm* (Schrei) zurück; die ursprüngliche Bedeutung ist also *Kampfgeschrei, Schlachtruf*. Auf das Klopfen des Versmaßes beim Dichten bezieht sich die Variante *Sprüche klopfen*, von der auch das abwertende Substantiv *Sprücheklopfer* (Prahlhans, Aufschneider) abgeleitet ist.

sein **Sprüchlein** hersagen/herbeten (umg.)
das Gewohnte/Übliche/Erwartete sagen, sich wie immer verhalten [Floskelhaftigkeit]
„Die Wahlversammlung war wie immer: Jeder Politiker hat sein Sprüchlein aufgesagt vom Abbau der Arbeitslosigkeit, vom Wert der Familie und so weiter, und dann gab es wie gewöhnlich Freibier."
Herkunft → **Sprüche** machen

immer auf dem **Sprung** sein (umg.)
immer in Eile sein/bereit sein [Eile] [Bereitschaft]
„Er ist kein angenehmer Gast – immer auf dem Sprung und in Erwartung eines wichtigen Telefonats!"
Natürlich bezeichnet *Sprung* eine rasche und weite Art der Fortbewegung, aber speziell die Redensarten mit diesem Begriff gehen auf die Jägersprache zurück. Dort bezeichnet *Sprung* die Fährte oder Spur des Wildes, seine Schleichwege (Schliche) und Wechsel. Redensartlich wird also der unruhige und eilige Mensch mit dem scheuen Wild verglichen, das immer bereit ist zur Flucht.

es ist nur ein **Sprung** bis
→ **Katzensprung**
[Nähe]

auf einen **Sprung** vorbeikommen (umg.)
zu Besuch kommen [Besuch]
„Ich komme heute nachmittag mal auf einen Sprung bei dir vorbei!"

jmdm. auf die **Sprünge** helfen (umg.)
jmds. Gedächtnis nachhelfen, jmdm. (durch einen Hinweis) weiterhelfen [Unterstützung]
„Bei dem Prüfungsgespräch mußte der Professor dem Studenten ziemlich oft auf die Sprünge helfen. Deshalb bekam dieser keine besonders gute Note!"
Der Jäger braucht gelegentlich einen Jagdhund, der ihm auf die *Sprünge* (= Schliche/ Spur) des Wildes hilft. Als ironische Variante ist mit der entgegengesetzten Bedeutung auch die Gesprächsfloskel üblich:

na warte, dir werde ich auf die **Sprünge** helfen
→ ich werd dir **helfen**!
[Verhinderung]

sich auf die **Sprünge** machen
weggehen, aufbrechen [Weggang]
„Ich muß mich jetzt auf die Sprünge machen, wenn ich meinen Bus noch erreichen will!"

jmdm. auf/hinter die **Sprünge** kommen
[Entlarvung]
→ jmdm. auf die **Schliche** kommen

keine großen **Sprünge** machen können (umg.)

sparsam sein müssen, sich nicht viel leisten können [Armut]
„Mit dem kleinen Gehalt eines Briefträgers kann die Familie sicherlich keine großen Sprünge machen!"
Diese Redensart enthält viele Assoziationen, wie etwa die der Schwäche, der Behinderung, der verlorenen Lebensfreude und der Unmöglichkeit, etwas „springen lassen" zu können.

mir bleibt die **Spucke** weg! (umg.)
ich bin völlig überrascht/sprachlos
[Überraschung]
„Mir bleibt die Spucke weg! So ein gutes Ergebnis im Examen? Damit hatte ich nicht gerechnet!"
Diese Redensart bezieht sich auf ein einfaches körperliches Symptom, nämlich auf die Erfahrungstatsache, daß einem vor Überraschung oder Aufregung der Mund trokken wird, so daß man nicht reden kann. In den Hexenprozessen des Mittelalters wurde dieser physiologische Tatbestand als Gottesurteil ausgelegt: Dem Verdächtigen wurde ein trockenes Stück Brot oder Käse in den Mund gelegt, und wenn er es vor Aufregung mangels Speichel nicht schlucken konnte, wurde dies als Beweis seiner Schuld angesehen. Hierher gehört auch die abergläubische Vorstellung, daß das Ausspukken (mit der Interjektion *pfui* verknüpft) den Teufel, Hexen und Dämonen abzuwehren vermag. Unser *Pfui Teufel* wird daher mit Recht auf ein ursprüngliches Ausspukken zurückgeführt, das den Teufel vertreiben sollte.

nicht die **Spur**! (umg.)
überhaupt nicht! gar nicht! [Verneinung]
„Hast du dich über seine freche Bemerkung geärgert?" „Nicht die Spur! Es war doch bloß ein Scherz!"

auf der richtigen **Spur** sein
[Gelingen]
→ auf der richtigen **Fährte** sein

jmdn. auf die **Spur** bringen
[Hinweis]
→ eine deutliche **Sprache** sprechen

keine **Spur** von einer Ahnung haben (umg.)
→ keine blasse **Ahnung** haben
[Nichtwissen]

jmdm. auf die **Spur** kommen
[Entlarvung]
→ jmdm. auf die **Schliche** kommen

eine **Spur** verfolgen
[Plan]
→ einer **Fährte** folgen

jmds. **Spur(en)** verlieren
[Kontaktverlust]
→ jmdn. aus den **Augen** verlieren

keine **Spuren** hinterlassen
→ seine **Spuren** hinterlassen
[Heimlichkeit]

seine **Spuren** hinterlassen
deutlich sichtbar sein [Erkennbarkeit]
„Der jahrelange Alkoholmißbrauch hatte in seinem Gesicht deutliche Spuren hinterlassen."
Die Redensarten mit *Spur* sind – wie diejenigen mit *Fährte* – weitgehend der Jägersprache entnommen. Hierher gehören auch Begriffe wie *jemanden aufspüren, Spürhund, Spürnase* (salopp für: Polizist, Detektiv) u. a. m.

in jmds. **Spuren** treten/wandeln
→ in jmds. **Fußstapfen** treten
[Nachfolge]

Staat machen mit etwas (umg.)
mit etwas großen Eindruck machen
[Aufsehen]
„Vor drei Jahren war das Auto ja noch nicht verrostet, aber heute kannst du damit wirklich keinen Staat mehr machen! Du brauchst einfach ein neues."
Das lat. *status* gelangt um 1400 in der Bedeutung *Stand, Rang* ins Deutsche und bezeichnet später auch den Stand des Vermögens sowie den kostspieligen Lebensunterhalt. Wer in diesem Sinne *Staat macht*, kann sich eine prächtige Lebensführung leisten. Der Aufwand des Fürsten zeigt sich in dessen Hofstaat. Daher kommen die Varianten

sich staats machen sowie der *Sonntags-* und der *Trauerstaat*. Erst im Verlaufe des Absolutismus des 17. Jh. wird unter dem Einfluß von franz. *état* und engl. *state* die politische Bedeutung im Sinne von *Staatswesen* ausgebildet, die heute so dominiert, daß die ursprünglichen Gebrauchsweisen als undurchsichtige Redensarten erscheinen.

sich in **Staat** werfen [Kleidung]
→ **Staat** machen mit etwas

eine Haupt- und **Staatsaktion**
[Aufbauschung]
→ **Haupt**

eine **Staatsaktion** aus etwas machen
[Aufbauschung]
→ eine **Haupt-** und Staats**aktion** aus etwas machen

den **Stab** über jmdn./etwas brechen
jmdn./etwas nachdrücklich negativ bewerten/verurteilen [Verurteilung]
„Der Meier, dieser Schuft, hat doch tatsächlich mit seinem Wagen ein Kind angefahren. Für mich ist der jetzt erledigt!" „Aber man kann doch nicht so einfach den Stab über jemanden brechen! Vielleicht war er völlig unschuldig, und das Kind ist ihm einfach vor den Kühler gerannt!"
Der Stab war ursprünglich ein Werkzeug der Züchtigung und diente (als Hirtenstab) der Beherrschung einer Herde. Daraus entwickelte sich ein Herrschaftssymbol, das vielfältige Formen annahm. Der Form des Hirtenstabs am nächsten steht noch der Krummstab des Bischofs. Auch die Könige, nach Homer die „Hirten der Völker", hatten den Stab in der Gestalt des Zepters als Symbol ihrer Macht. Boten und Abgesandte des Königs trugen den Heroldsstab, der ihre Legitimität bescheinigte und die Machtbefugnisse versinnbildlichte. Insbesondere im militärischen Bereich haben sich die Kommando- und Marschallstäbe bis heute erhalten. Als Stab bezeichnet man auch die Gesamtheit der höheren Offiziere eines Heeres oder Heeresteils (Stabsoffizier, Generalstab). Vor allem jedoch ist der Stab das Zeichen und Symbol der richterlichen Gewalt und in diesem Sinne wohl ein stilisiertes Schwert. Der Richter eröffnete das Gericht, indem er den Stab in die Hand nahm, und legte ihn als Zeichen der Beendigung einer Versammlung nieder. Auch war es üblich, den Gerichtseid an diesem Stab zu geloben. Bei der Verhängung von Todesurteilen wurde über dem Kopf des Verurteilten der Stab gebrochen, dessen Stücke dann vor seine Füße geworfen wurden. Der Richter sprach dabei die Worte: „Nun helfe dir Gott, ich kann dir nicht mehr helfen!"

wider den **Stachel** löcken (gehoben)
immer wieder gegen den Zwang/die Autorität rebellieren, Widerstand leisten, aufmüpfig sein [Aufbegehren]
„Er macht sich bei den Kollegen dadurch unbeliebt, daß er immer gegen den Stachel löckt und sich nicht in die Gemeinschaft einordnen will."
Früher wurde der pflügende Ochse (wie heute noch der gezähmte Arbeitselefant in Südostasien) durch einen Stachelstock angetrieben, gegen dessen Peinigung das Tier natürlich gelegentlich nach hinten austrat. Als Bild für den vergeblichen Widerstand und das Aufbegehren ist dieser Vorgang bereits seit der Antike verwendet worden und als lat. Redensart überliefert (contra stimulum cacitrare). Luther übersetzte diese Wendung, die in der Bekehrungsgeschichte des Saulus vorkommt, mit der Formulierung: „Es wird dir schwer werden, wider den Stachel zu lecken." (Apostelg. 9, 5) Das in diesem Zusammenhang heute unverständliche Verb *lecken* geht auf die Wurzel *lih* zurück, die zu einem ahdt. Verb *laikan* (hüpfen/tanzen) führt, das wir auch in *frohlocken* erkennen. Erhalten ist es im Verb *laichen*, welches das wilde Hüpfen beim Paarungsverhalten der Fische bezeichnet, aber auch in der mittelalterlichen Liedgattung *Leich*, einer vom Minnelied durch Strophenbau und Melodie zu unterscheidenden Wort- und Tondichtung, zu der getanzt wurde. Schon Luther mußte seine (mißglückte) Übersetzung mit dem Kommentar versehen: „Lecken, das ist springen, hupfen". Um die Redensart gegen das *Lekken* (mit der Zunge) abzugrenzen, schrieb

man in den Bibelausgaben seit dem 17. Jh. löcken oder läcken, ohne freilich damit Mißverständnisse verhindern zu können, die bei verschiedenen Schriftstellern (Gryphius, Platen) belegt sind. Übrigens hat erst Luther das Wort *Stachel* gegenüber dem germanischen *Angel* durchgesetzt, wobei die durchsichtige Verwandtschaft zu Begriffen wie *spitz, Stich* und *stechen* entscheidend gewesen sein wird. Luther gebraucht *Stachel* in seiner Übersetzung elf Mal, wobei er das Wort gegenüber den oberdeutschen Zeitgenossen verdeutlichen und umschreiben muß.

das kannst du dir ins **Stammbuch** schreiben (umg.)
das kannst du dir merken!, das ist eine ernste Ermahnung/ein guter Rat! [Erinnerung]
„So wie du hat mich noch niemand enttäuscht! Das kannst du dir ins Stammbuch schreiben!"
In *Stamm* mit der Bedeutung *Geschlecht, Familie* steckt die Vorstellung vom Baumstamm (Vater) und den Zweigen (Kinder). Hierher gehören Begriffe wie Stammvater, Abstammung usw. Das Stammbuch war ursprünglich ein Buch, in welches die Angehörigen einer Familie oder eines Geschlechts eingetragen wurden. Um die Mitte des 16. Jh. entstand der Brauch, Gästen und Freunden ein Buch vorzulegen, um sie darin Denksprüche, kleine Zeichnungen und Widmungen eintragen zu lassen. Da das Stammbuch von Freunden und Fremden gelesen wurde, waren negative Bemerkungen natürlich unerwünscht. Die Redensart wird meist ironisch gebraucht, das heißt, vorwiegend auf negative Eigenschaften des Hörers bezogen, die er sicherlich nicht in seinem Stammbuch eintragen würde.

vom **Stamme** Nimm sein
[Habgier]
→ **nehmen**

jmdm. eine **Standpauke** halten
jmdn. streng ermahnen
[Zurechtweisung]
„Ihr seid richtig faul geworden – ich muß euch wohl einmal eine Standpauke halten?"
Als *pauken* bezeichnete man in der Studentensprache des 18. Jh. das Mensurfechten und als *Pauker* den Prediger auf der Kanzel und (wie noch heute in der Schülersprache) den Lehrer. Grundform des Verbs ist *mhdt. puken* (draufschlagen), das auch dem Instrument Pauke den Namen gab. *Pauker* im Sinne von *Lehrer* ist gekürzt aus *Arschpauker*, und der Prediger ist durch die nachdrücklichen Schläge auf die Kanzelbrüstung während der Predigt zu seinem Namen gekommen. In den sog. schlagenden studentischen Verbindungen heißt noch heute der Fechtraum *Paukboden*.

Standpunkt
[Meinung]
→ zu jmdm. **stehen**

von der **Stange** (umg.)
als Fertigware produziert und verkauft [Durchschnittlichkeit]
„Dieser tadellos sitzende Anzug soll von der Stange sein? Das glaube ich dir niemals, den hast du sicher nach Maß schneidern lassen!"
Diese Redensart leitet sich ab von den Stangen, an denen in großen Geschäften die Massenware hängt. Sie steht in Gegensatz zu Produkten, die nach Maß angefertigt und sehr teuer sind. Ähnlich wie die Redensart *Null-acht-fünfzehn* bezeichnet die Wendung *von der Stange* abwertend alles Vorgefertigte und Durchschnittliche, das keine individuellen Züge trägt, und sie kann in diesem Sinne auf alles mögliche übertragen werden, auf Reisen, Bildung, Auto, Eheglück usw.

eine (schöne) **Stange** Geld (umg.)
sehr viel Geld [Geld]
„Das Auto hat doch sicher eine schöne Stange Geld gekostet! Darf man fragen, wieviel?"
Diese Redensart ist von den stangenförmigen Geldrollen herzuleiten, in denen das Münzgeld von Banken verpackt wird.

bei der **Stange** bleiben
eine Sache nicht aufgeben, ausharren
[Hartnäckigkeit] [Ausdauer]

„Es hat keinen Zweck, sich mit einer Fremdsprache zu beschäftigen, wenn man nicht bei der *Stange* bleibt und nicht fleißig übt." Mit der *Stange* dieser Redensart ist die Fahnenstange gemeint, die in der Schlacht als Feldzeichen der Truppe als Orientierungspunkt dient. Der Deserteur bleibt nicht bei der Stange, sondern er flieht. Aufgabe des Feldherrn ist es, seine Soldaten um die Fahne zu scharen und zu halten.

jmdm. die **Stange** halten (umg.)
jmdm. helfen, jmdn. in Schutz nehmen, treu zu jmdm. stehen [Treue] [Unterstützung] [Parteinahme]
„Was auch passiert, ich werde dir immer die Stange halten, weil ich dir so viel verdanke!"
Im ritterlichen Zweikampf hatte jeder Kämpfer einen Helfer oder Sekundanten, der bestimmte Aufgaben zu erfüllen hatte. Lag einer der Ritter auf der Erde und ergab sich, so *begehrte er die Stange*, das heißt, sein Helfer schob eine Stange zwischen die Kämpfenden, um die Hiebe des Siegers abzuwehren. Der *Stanger, Stängler* oder *Grieswart* genannte Helfer hatte also die Aufgabe, im entscheidenden Augenblick seinem Herrn *die Stange zu halten*, um ihn vor dem Tod zu bewahren.

bei der **Stange** halten
[Ermutigung]
→ bei der **Stange** bleiben

etwas vom **Stapel** lassen (umg.)
einen Witz erzählen/eine Rede halten u. ä. [Witz] [Erzählen] [Reden]
„Gestern hat Viktor einen Witz vom Stapel gelassen, daß wir uns fast totgelacht hätten. Leider fällt er mir im Moment nicht mehr ein!"
Das mit *Stab* verwandte niederdeutsche Wort *Stapel* bezeichnet zunächst einen Haufen von geschichtetem Holz (Holzstapel), in der Seemannssprache spezifisch jedoch die Balkenunterlage, die beim Schiffsbau den Rumpf des Schiffes trägt. Beim Stapellauf wird das neue Schiff vom Stapel gelassen und ins offene Wasser entlassen. Die seit dem 18. Jh. belegte Redensart vergleicht eher ironisch das dabei entstehende Getöse mit dem mündlichen Vortrag, der Standrede oder dem Stegreifvortrag.

jmdm. den **Star** stechen (umg.)
jmdm. die Wahrheit offenbaren, jmdn. über etwas aufklären [Enthüllung]
„Irgendwann werde ich dem armen Mann den Star stechen und ihn über die Untreue seiner Frau informieren!"
Die Bezeichnung *Star* für Augenkrankheiten kommt von dem Verb *starren* und bedeutet soviel wie *mit offenen Augen blind.* Der Augenstar galt als eine Art von Hautschuppe (vgl.: wie **Schuppen** von den Augen fallen). Schon im Mittelalter wurde versucht, die trübe Hornhaut zu stechen, d. h., sie mit einem spitzen Häkchen zu entfernen.

das ist **stark**! (umg.)
das ist großartig! [Begeisterung]
„Ihr nehmt mich mit ins Kino? Das ist stark! Ich ziehe mich nur noch rasch um, dann bin ich fertig!"
Mit *stark* bezeichnet man die große Kraft, aber auch die Willensstärke. Dazu kommt die Komponente des Außerordentlichen, das redensartlich im negativen wie im positiven Sinne genutzt wird.

sich **stark** machen (umg.)
behaupten, daß man etwas kann, was einem nicht zugetraut wird [Angeberei]
„Als er sich stark machte, er würde noch einmal das Abitur nachmachen, haben ihn alle ausgelacht. Jetzt hat er es geschafft und uns alle damit beschämt!"

sich **stark** machen für jmdn. (umg.)
sich sehr für jmdn. einsetzen/ihn sehr unterstützen [Unterstützung]
„Beinahe wäre er entlassen worden, aber dann hat sich der Betriebsrat für ihn stark gemacht und die Entlassung verhindert!"

(viel) **Staub** aufwirbeln
(viel) Aufsehen erregen/Unruhe stiften [Aufsehen]
„Ja, ich erinnere mich! Diese Bestechungsaffäre hat damals ziemlich viel Staub aufgewirbelt!"

Auf den früher oft unbefestigten Wegen pflegte ein schnell fahrender Wagen stets Staub aufzuwirbeln, der noch lange von dem Ereignis kündete.

zu **Staub** werden (gehoben)
sterben und verwesen [Tod]
„Alle Sterblichen werden einmal zu Staub werden."

sich aus dem **Staub(e)** machen
schnell fliehen/verschwinden [Flucht]
„Der ertappte Dieb machte sich schnellstens aus dem Staub."
Mit dieser Redensart ist der Staub des Kampf- und Turnierplatzes gemeint, der beim Handgemenge aufgewirbelt wird. Wer sich fluchtartig davon entfernt, macht sich *aus dem Staub*. Auch vom Besiegten und Gefallenen sagt man, daß er *im Staube* liegt, was die enge Verbindung zwischen Kampf und Staub belegt.

Bauklötze **staunen**
→ **Bauklötze**

stechen: schreiben wie gestochen
sehr regelmäßig/schön schreiben [Schreiben]
„Früher wurde in der Schule noch darauf geachtet, daß man lernte, wie gestochen zu schreiben. Heute ist das leider kein Lernziel mehr!"
Diese Redensart kommt vom kunstvollen Gravieren mit dem Stichel, wobei als Material insbesondere Kupfer in Frage kam (Kupferstich). Eine in Kupfer gestochene Schreibvorschrift wurde den Schulkindern bei den Schreibübungen zur Nachahmung vorgelegt.

es jmdm. **stecken** (umg.)
1) *jmdn. zurechtweisen* [Zurechtweisung]
2) *jmdm. heimlich etwas sagen* [Information]
1) „Nachdem er ohne Grund meine Frau beleidigt hatte, habe ich es ihm einmal gehörig gesteckt!"
2) „Obwohl es zunächst noch unter uns bleiben sollte, hat Emma es gleich ihrer Busenfreundin Sabine gesteckt – jetzt weiß es das ganze Dorf!"
Die erste Bedeutung könnte mit der Geschichte des Steckbriefs zusammenhängen, dessen früheste Erwähnung in das Jahr 1555 fällt. Verbreitet findet man die Ansicht, daß dieses Wort auf die Art der Vorladung zu Femegerichten zurückgeht. Dem Geladenen wurde von einem Boten das Ladungsschreiben (oft mit einem Dolch) an das Burgtor bzw. die Haustüre gesteckt. Erwähnenswert ist auch die Deutung, daß der steckbriefliche Haftbefehl von dem Holzblock seinen Namen erhielt, in welchen man die Füße des Gefangenen steckte. Auch das Gefängnis hieß *Stockhaus* und drinnen saßen im *Stockfinsteren* die *verstockten* Sünder. Die zweite Bedeutung ergibt sich aus der erläuterten Geschichte des Steckbriefs, der ja ursprünglich heimlich nachts zugestellt wurde, um den Überbringer nicht zu gefährden.

ein/sein **Steckenpferd** reiten
1) *ein Hobby haben* [Hobby]
2) *ein Lieblingsthema haben* [Thema]
1) „Ich sammle alte Bücher. Welches Steckenpferd reiten Sie?"
2) „Er hat wieder ewig lange über das Töpfern erzählt. Na ja, er reitet eben gerne sein Steckenpferd, auch wenn es die anderen langweilt!"
Das Steckenpferd war ursprünglich ein Knabenspielzeug, nämlich ein Stecken mit einem Pferdekopf aus Holz, den die Kinder zwischen die Beine nahmen, um damit herumzutollen. Von der Existenz dieses Spiels wissen wir seit dem Mittelalter, es ist jedoch wohl weit älter. Im übertragenen Sinne *Lieblingsbeschäftigung von Erwachsenen* ist das *Steckenpferd* seit der Übersetzung von Sternes Roman *Tristram Shandy* im Jahre 1763 gebräuchlich. Das engl. *hobby-horse*, das der Übersetzung zugrunde lag, geht vermutlich auf die Koseform *Hob* des Vornamens *Rob* (Robin) zurück. In William Shakespeares bekannter Komödie *Viel Lärm um nichts* bezeichnet *hobby-horse* einen albernen Menschen. *Hobby* wird heute gleichberechtigt neben *Steckenpferd* verwendet.

keine **Stecknadel** konnte zu Boden fallen
→ dichtgedrängt wie die **Heringe**
[Enge]

so still, daß man eine **Stecknadel** fallen hören konnte
→ **Mucks**

eine **Stecknadel** im Heuhaufen suchen (umg.)
jmdn./etwas suchen (wobei die Suche so schwierig wäre, daß man es gleich sein läßt) [Suche] [Vergeblichkeit]
„Uli surft auf dem Starnberger See, willst du ihm vielleicht zusehen?" „Das ist doch zwecklos, da könnte ich genauso gut eine Stecknadel im Heuhaufen suchen!"
Dieser redensartliche Vergleich ist seit dem 19. Jh. belegt, wahrscheinlich aber älter.

aus dem **Stegreif** sprechen (vortragen/dichten usw.)
ohne (schriftliche) Vorbereitung sprechen usw. [Improvisation] [Reden]
„Da ich mein Konzept leider zu Hause vergessen habe, muß ich meine kleine Rede aus dem Stegreif halten."
Stegreif ist die ältere Bezeichnung für den Steigbügel und bedeutet eigentlich: *Reif/Ring* zum Besteigen des Pferdes. Die Redensart bezieht sich auf den eiligen Reiter, der schnell etwas erledigt oder zu sich nimmt, ohne sich die Zeit zum Absteigen zu nehmen. Die übertragene redensartliche Verwendung ist seit dem 17. Jh. belegt, aber noch Goethe neigt dazu, sie nur in Form des redensartlichen Vergleichs (gleichsam wie im Stegreif) zu gebrauchen. Die Stegreifdichtung im Sinne des Extemporierens und der Improvisation ist seit der Antike verbreitet gewesen und auch in der Skalden- und Spielmannsepik gepflegt worden. Insbesondere in den Spielarten der Volksdichtung (etwa in der Commedia dell' arte) wurden Spielformen bevorzugt, in denen der Schauspieler den Text (je nach seiner Stimmung und den Anregungen aus dem Publikum folgend) variieren konnte. Im Arlecchino (Harlekin) und im Hanswurst gab es gar einige Bühnengestalten, die frei spaßige Variationen einer nur im Grundriß festgelegten Handlung zu erfinden hatten. Die allmählich als Verwilderung der Theatersitten empfundene Stegreifdichtung wurde durch die Theaterreform Gottscheds im 18. Jh. abgeschafft und in Österreich aus Gründen der Zensur im Jahre 1752 gar ausdrücklich verboten. Die freie Improvisation ist als Kunstform seither mehr oder weniger auf das Kasperltheater und das Kabarett beschränkt. Auch die Stegreifrede, eine alte rhetorische Kunstform, wird heute nicht mehr gelehrt, sondern den mehr oder weniger ausgeprägten rhetorischen Begabungen des einzelnen überantwortet.

stehen: es steht mir bis hier
→ es steht mir bis **hier**

wie **stehen** Sie dazu?
[Meinung]
→ zu jmdm. **stehen**

über den Dingen **stehen**
→ über den **Dingen** stehen

zu jmdm. **stehen**
jmdm. in Not und Gefahr helfen [Hilfe]
„Was auch passiert – ich stehe zu dir!"
Viele Wendungen mit den Bedeutungen *Unterstützung, Hilfe* usw. enthalten das Verb *stehen*, das auch in dem Substantiv *Beistand* enthalten ist (vgl.: jmdm. mit **Rat** und Tat beistehen). Das Stehen ist hier als Gegensatz zur Flucht (vgl.: jmdn. im **Stich** lassen), als Ausharren und als gemeinsames Kämpfen (vgl.: **Schulter** an Schulter) zu verstehen, insbesondere auch als Beistand vor Gericht (vgl.: sich auf jmds. **Seite** stellen). Hierher gehört auch die Redensart: *zu etwas stehen*. In die Nähe von *stehen* gehört auch der *Standpunkt*, ein Wort, das zunächst um 1780 neben das ältere *Gesichtspunkt* trat (seit 1525 als Lehnübersetzung von lat. *punctum visus* gebräuchlich). Der Standpunkt ist der feste Punkt, von dem aus man eine Sache übersieht und der die eigene Meinung fundiert.

stehen: etwas steht und fällt mit etwas/jmdm.
etwas hängt völlig von etwas/jmdm. ab/ist

sonst undurchführbar
[Unentbehrlichkeit]
„Die Party steht und fällt mit Max. Wenn er in Laune ist und seine Witze reißt, herrscht im Nu eine Bombenstimmung! Hoffentlich kann er kommen!"
Stehen und Fallen sind die beiden gegensätzlichen Körperhaltungen des siegreichen bzw. sterbenden (gefallenen) Kriegers im Kampf. Im *Don Carlos* schreibt in diesem Sinne Friedrich Schiller: „Granvella war zu Boden gestürzt, aber noch stand sein Anhang." Sprichwörtlich ist das Pauluswort (1. Kor. 10, 12) geworden: „Wer stehet, sehe zu, daß er nicht falle!"

stehen: wo man geht und steht
→ **gehen:** wo man geht und steht

alles **stehen-** und liegenlassen
überstürzt eine Sache nicht beenden können, unvermutet alles aufgeben
[Eile] [Aufgeben]
„Als das Feuer ausbrach, mußten wir alles stehen- und liegenlassen und uns ins Freie retten."

stehlen: jmd./etwas kann mir gestohlen bleiben (umg.)
jmd./etwas interessiert mich nicht, damit will ich nichts (mehr) zu tun haben
[Desinteresse]
„Warum Tante Erna uns nicht mehr besucht? Die kann mir gestohlen bleiben, mit ihrer ständigen Besserwisserei!"
Da gestohlenes Gut nicht mehr beim Besitzer ist, wird durch diese Redensart der Zustand der Abwesenheit als erwünschter Zustand dargestellt.

eine **steife** Brise
→ **steif** und fest

etwas **steif** und fest behaupten/glauben usw. (Paarformel)
etwas immer wieder nachdrücklich behaupten/ohne Zweifel glauben usw. [Verstärkung]
„Ich habe steif und fest daran geglaubt, daß der Chef mir die Stelle des Abteilungsleiters anbieten würde. Jetzt bin ich sehr enttäuscht darüber, daß er mir einen anderen Kollegen vorgezogen hat!"
Steif bezeichnet das, was sich nicht (oder nur schwer) biegen läßt. Dieser Bedeutung sehr nahe kommen auch die Adjektive *starr* und *fest*, die mit *steif* häufig zum Zwecke der Intensivierung der Bedeutung verknüpft sind. *Steif* stand früher bei einer Reihe von Verben, die heute *fest* bevorzugen (festhalten, festbinden usw.). In der Formel *steif und fest* hat *steif* diese Fähigkeit behalten, so daß man zwar noch sagen kann: *steif und fest an etwas glauben* sowie natürlich: *fest an etwas glauben*, aber nicht mehr: *steif an etwas glauben*. Als *steif* bezeichnet man seit dem 18. Jh. bevorzugt auch ein gezwungenes Verhalten oder einen Wesenszug, dem es an natürlicher Freiheit, Leichtigkeit und Geschmeidigkeit fehlt. Hierher gehören Wendungen wie: *ein steifes Wesen haben, eine steife Unterhaltung, steif und förmlich* usw. Dagegen bewahrt der *steife Grog* die alte Bedeutung *stattlich, groß*, die mundartlich noch häufiger erhalten ist. Daher auch: *eine steife Brise* (ein heftiger Wind).

jmdm. den **Steigbügel** halten
[Unterstützung]
→ sich im **Sattel** halten

nur ein Tropfen auf einen heißen **Stein**
→ nur ein **Tropfen** auf einen heißen Stein

über Stock und **Stein**
→ **Stock**

ein **Stein** des Anstoßes sein
→ ein Stein des **Anstoßes** sein

kein **Stein** bleibt auf dem anderen
alles wurde zerstört [Zerstörung]
„Im Krieg blieb in mancher Stadt kein Stein auf dem anderen."
Im Matthäusevangelium (24, 2) spricht Jesus in Jerusalem: „Es wird hier nicht ein Stein auf dem anderen bleiben, der nicht zerbrochen werde."

es könnte einen **Stein** erbarmen
[Elend]
→ man könnte ebensogut **Steinen** predigen

zu **Stein** erstarren
→ zur **Salzsäule** erstarren
[Bewegungslosigkeit]

jmdm. fällt ein **Stein** vom Herzen (umg.)
jmd. ist durch eine neue gute Nachricht sehr erleichtert [Erleichterung]
„Als endlich sicher war, daß er seine schweren Verletzungen überleben würde, fiel mir ein Stein vom Herzen!"
Diese seit dem 15. Jh. belegte Redensart bezieht sich auf die Beklemmung, die man in bestimmten unangenehmen Situationen in der Brustgegend verspüren kann und die sich plötzlich auflösen kann, wenn eine Wende eintritt.

dabei fällt dir kein **Stein** aus der Krone
→ dabei fällt dir kein Stein aus der **Krone**

Stein und Bein frieren
[Kälte]
→ **Stein** und Bein schwören

bei jmdm. einen **Stein** im Brett haben
von jmdm. bevorzugt/geschätzt werden
[Beliebtheit]
„Keiner weiß so recht, warum Meier beim Chef immer einen Stein im Brett hat!" „Doch, natürlich weil er fleißig ist und immer gute Ideen hat!"
Stein hat häufig die Bedeutung *Spielstein* oder *Spielfigur*. Die Redensart vom *Stein im Brett* ist seit 1529 belegt und bezeichnete zunächst nur den Vorteil, den man durch eine bestimmte Lage seiner Spielsteine im mittelalterlichen Brettspiel *Tricktrack* (oder *Puffspiel*) hat. Der Zusatz *bei jemandem* taucht erst später auf und ist eigentlich sinnwidrig, weil der Stein ja somit als im Feld des Gegners befindlich gesehen wird, wo er von diesem als Störung und Bedrohung empfunden werden muß. Dennoch hat sich die Redensart in dieser Form behauptet und findet sich etwa in Schillers Drama *Wallenstein*, wo der Kürassier über Max Piccolomini sagt: „Der versteht sich auf solche Sachen, / Kann bei dem Friedländer alles machen, / Hat auch einen großen Stein im Brett / Bei des Kaisers und Königs Majestät…"

ein Herz aus **Stein** haben
[Hartherzigkeit]
→ man könnte ebensogut **Steinen** predigen

der **Stein** kommt ins Rollen
→ etwas ins **Rollen** bringen
[Aktivierung]

keinen **Stein** auf dem anderen lassen
→ kein **Stein** bleibt auf dem anderen
[Zerstörung]

wie ein **Stein** schlafen
→ wie ein **Mehlsack** schlafen

Stein und Bein schwören (Paarformel)
besonders nachdrücklich schwören
[Schwur]
„Er hat Stein und Bein geschworen, daß er nicht das Geld aus der Portokasse gestohlen hat. Wir müssen ihm wohl glauben!"
Die erst seit dem frühen 16. Jh. bei Hans Sachs überlieferte Redensart ist vielfach auf alte Rechtsbräuche zurückgeführt worden. So soll der Stein, den man beim Schwur berührt, einem heidnischen heiligen Stein und später dem Altarstein entsprechen, *Bein* (Gebein) den Reliquien eines Heiligen. Letzteres ist seit dem 6. Jh. im *Lex Alemannorum* und auch im *Parzival* (um 1200) belegt. Die Kombination von *Stein und Bein* beim Schwur hätte dann durch die Berücksichtigung heidnischer und christlicher Schwurbräuche eine verdoppelnde Intensivierung bedeutet. Diese Deutung ist aber wegen des späten Erscheinens der Redensart und durch das Fehlen einer Präposition (*bei* oder *auf Stein und Bein* schwören, ähnlich wie in der Formel *beim Barte des Propheten*) umstritten. *Stein* und *Bein* tauchen nämlich schon weit früher formelhaft verbunden auf, etwa in der ersten Hälfte des 13. Jh. bei dem schwäbischen Dichter Freidank: „Die Zunge hat kein Bein / und bricht doch Bein und Stein." Diese Wendung tadelt die böse und verräterische Zunge und geht auf ein lat. Vorbild zurück (osse caret lingua, secat os tamen ipsa maligna). *Stein und Bein* stammen also wahrscheinlich nicht aus dem Bereich des Rechtswesens, sondern sind als Sinnbilder der Härte und Bruchfestigkeit

allgemein zur Verstärkung einer Aussage oder eines sprachlichen Bildes genutzt worden.

den **Stein** der Weisen suchen/finden
1) *die Lösung des Problems suchen/finden* [Lösung]
2) *etwas zu finden versuchen, das es nicht gibt* [Vergeblichkeit]
1) „Habt ihr den Stein der Weisen gefunden? Lange genug dazu hat die Besprechung ja immerhin gedauert!"
2) „Die gesamte abendländische Philosophie hat bisher vergeblich versucht, den Stein der Weisen zu finden, der die Menschheit zu friedlicher Koexistenz veranlaßt."
Eine Vielzahl von Steinen mit besonderem Aussehen und besonderen Eigenschaften hat die Menschheit seit Urzeiten von den magischen Kräften des Steines überzeugt: Magnete, Feuersteine, Edelsteine, Bernsteine, Meteore usw. Uralt ist auch der Volksglaube an die Heilkraft bestimmter Steine, von dem sich Reste (etwa bei der Beschwörung von Warzen) bis heute erhalten haben. Diese angeblich heilende und umwandelnde Kraft bestimmter Steine hat sich im Mittelalter zu der Überzeugung der Alchimisten verdichtet, daß ein bestimmter Stein (lapis philosophorum) dazu befähigt sei, unedle Metalle in Gold und Silber zu verwandeln. Die konkrete Sage vom Stein der Weisen ist vermutlich aus Arabien ins Abendland gekommen und hat sich als so zählebig erwiesen, daß wir ihr noch die zufällige Entdekkung des deutschen Porzellans durch den sächsischen Alchimisten J. F. Böttger zu Beginn des 18. Jh. verdanken. Das Porzellan hat seinen Namen übrigens von einer Seemuschel mit einer milchweißen, glänzenden Farbe, die auf Ital. *porcellana* heißt. Die Händler Venedigs benannten nach ihr im 16. Jh. die aus China importierte weiße Töpferware, weil sie glaubten, diese sei aus der Schale derartiger Seemuscheln gebrannt. Der Name *porcellana* wiederum geht auf lat. *porcus* (Schwein) zurück, und *porcella* (Schweinchen) wurde mit einem Vulgärausdruck die weibliche Vagina genannt, die der Muschel Porcellana gleicht und ihr den Namen gab.

(k)einen **Stein** auf jmdn. werfen
jmdn. (nicht) verurteilen [Verurteilung]
„Was immer man ihm auch vorwirft: Ich werfe keinen Stein auf ihn!"
Auch diese Redensart ist biblischer Herkunft. In Joh. 8, 7 sagt Jesus zu den Pharisäern, die ihm eine Ehebrecherin zur Verurteilung vorführen: „Wer unter euch ohne Sünde ist, der werfe den ersten Stein auf sie." Die Steinigung war eine grausame, kollektiv vollzogene Todesstrafe, bei welcher der Verurteilte an einen Pfahl gebunden und durch das Bewerfen mit großen Steinen getötet wurde. Der Ankläger hatte meist die Verpflichtung, den ersten Stein zu werfen. Im Alten Testament finden wir ebenso Hinweise auf diese Rechtspraxis (3. Mos. 20, 27; Josua 7, 25) wie in germanischen Rechtsquellen (Gregor von Tours III, 36: „lapidatio").

jmdm. **Steine** in den Weg legen
jmdm. unnötige Schwierigkeiten bereiten [Behinderung]
„Bisher hat er mich keineswegs unterstützt, sondern – im Gegenteil – mir eher noch Steine in den Weg gelegt!"

jmdm. die **Steine** aus dem Weg räumen [Unterstützung]
→ jmdm. **Steine** in den Weg legen

man könnte ebensogut **Steinen** predigen
es hat keinen Zweck, auf jmdn. einzureden [Vergeblichkeit] [Ermahnung]
„Immer wieder habe ich auf ihn eingeredet, das Rauchen aufzugeben. Aber man könnte ebensogut Steinen predigen!"
Der harte und unveränderliche Stein ist ein altes Symbol der Unerbittlichkeit, der Strenge, der Unzugänglichkeit und der Verhärtung von Empfindungen, Meinungen und Konflikten. Schon das lat. Wort *adamas* bedeutet gleichzeitig *Stahl, Diamant* und *gefühlloses Herz*, und von *lapis* (Stein, gefühlloser Mensch) leitet sich unser *lapidar* (kurz, gefühllos) ab. Auch das Erweichen des harten Herzens wird redensartlich reich berücksichtigt, um außerordentlich mitleiderregende Sachverhalte und Verhaltensweisen zu charakterisieren. Es ist bereits in der

Literatur des Altertums gebräuchlich (adamantata movere lacrimis), und Jesus spricht zu seinen Jüngeren (Luk. 19, 40): „Wenn die Menschen schweigen, werden die Steine ihre Stimme für sie erheben."

zum **Steinerweichen**
[Weinen]
→ man könnte ebensogut **Steinen** predigen

an Ort und **Stelle**
→ an **Ort** und Stelle

auf der **Stelle**
sofort [Unmittelbarkeit]
„Sag mir auf der Stelle, wo du heute nacht gewesen bist!"

eine wunde **Stelle**
ein empfindlicher Punkt (den man schonen soll) [Schwachstelle]
„Frag ihn nicht nach seiner Schulausbildung – das ist nämlich seine wunde Stelle, weil er kein Abitur hat!"

nicht von der **Stelle** kommen
bei der Arbeit/einem Vorhaben/Plan nicht weiterkommen [Stagnation]
„Seit fünf Jahren hat sich beruflich nichts getan – keine Versetzung, keine Beförderung, keine Gehaltserhöhung. Irgendwie kommt es mir vor, als würde ich nicht von der Stelle kommen!"
Das von *stellen* abgeleitete und mit *Stall* verwandte Wort *Stelle* hatte zunächst nur die Bedeutung *Gestell* (Gerüst) und wurde erst später synonym mit Ort und Platz (seit dem 15. Jh.). Es bezeichnet einen bestimmten (bekannten) Punkt im Raum, aber auch am Körper des Menschen (übertragen: *eine wunde Stelle*), in Büchern und Texten (Gesetzesstelle) sowie die gesellschaftliche Position (*hoch*, eine *hochgestellte* Persönlichkeit) und die Funktion (*sich zur Stelle melden, Dienststelle* usw.). Wie für den Bildbereich der Lokalität sehr häufig, wird die räumliche Komponente auch als Zeit gedeutet (*auf der Stelle* = sofort) und biographisch im Sinne des Lebenswegs gedeutet. Das Treten auf der Stelle gehört zu den Vergeblichkeits-Topoi, die das Leben mit der Tretmühle vergleichen, deren steter Lauf keinen Fortschritt bringt.

sich zur **Stelle** melden (militärisch)
sich dienstbereit melden [Bereitschaft]
„Die Kompanie meldet sich zur Stelle, Herr Oberst!"

wie **stellen** Sie sich dazu?
→ wie **stehen** Sie dazu?

stellen: schlecht gestellt sein
[Armut]
→ **stellen:** gut gestellt sein

sich gut mit jmdm. **stellen**
→ mit jmdm. **Tuchfühlung** aufnehmen [Kontakt]

stellen: gut gestellt sein
wirtschaftlich in guter Lage sein [Reichtum]
„Durch die Versetzung meines Mannes sind wir jetzt recht gut gestellt!"

stellen: ganz auf sich (alleine) gestellt sein
von niemandem unterstützt werden [Alleinsein]
„Ihre Söhne haben sie schon seit Jahren nicht mehr besucht – sie ist jetzt im Alter ganz auf sich alleine gestellt!"

die **Stellung** halten (scherzhaft)
→ das **Schlußlicht** bilden [Letzter]

jmdm./etwas seinen **Stempel** aufdrücken
[Einflußnahme]

stempeln gehen (umg.)
[Arbeitslosigkeit]

vor Langeweile (fast) **sterben** (umg.)
etwas ist außerordentlich langweilig [Langeweile]
„Heute kommt nichts Gescheites im Fernsehen. Da werden wir wieder vor Langeweile sterben!"
Die Steigerungsformen mit *tod-* (todlangweilig) und *sterben* (sterbenslangweilig) gehören zu den ganz normalen hyperbolischen (übertreibenden) Mitteln der Alltags-

rhetorik. Hierher gehört auch das *Sterbenswörtchen*, das bis zum 17. Jh. das letzte Wort eines Sterbenden bezeichnet, ab dem 18. Jh. als das *leise verlöschende Wort* gebraucht wird. An diesem Beispiel kann man gut beobachten, wie aus einer ursprünglich konkreten Bedeutung im Zuge einer allgemeinen sprachlichen Gebrauchsnorm (in diesem Fall: der Übertreibung) eine Vorsilbe entsteht (*sterbensunglücklich, sterbensmüde* u. v. a. m.).

vor Neugier (fast) **sterben** (umg.)
[Neugier]
→ vor Langeweile (fast) **sterben**

kein **Sterbenswörtchen** zu jmdm. sagen (umg.)
[Geheimnis]
→ vor Langeweile (fast) **sterben**

sein **Stern** ist im Aufgehen
sein Ruhm wächst [Erfolg]
„Wir werden noch viel von diesem jungen Maler hören – sein Stern ist im Aufgehen!"

unter einem glücklichen/guten **Stern** geboren sein/stehen
immer viel Glück und Erfolg haben [Glück] [Erfolg]
„Seiner steilen Karriere nach zu urteilen, ist er unter einem guten Stern geboren!"
Herkunft → das steht in den **Sternen**

auf einem anderen **Stern** leben
→ hinter dem **Mond** leben
[Rückständigkeit]

jmds. **Stern** sinkt/ist im Sinken
[Mißerfolg]
→ sein **Stern** ist im Aufgehen

etwas steht unter einem günstigen **Stern**
etwas beginnt und verläuft erfolgreich [Gelingen]
„Die Regenwolken verschwinden! Ich glaube, unser Ausflug steht unter einem günstigen Stern!"

die **Sterne** befragen
ein Horoskop lesen [Horoskop]
„Obwohl ich eigentlich nicht abergläubisch bin, befrage ich doch vor wichtigen Entscheidungen gelegentlich die Sterne."
Herkunft → das steht in den **Sternen**

die **Sterne** vom Himmel holen (wollen)
bereit sein, (aus Liebe) auch Unmögliches zu tun/zu versuchen [Unmöglichkeit] [Ziel]
„Vor der Hochzeit versprach er, mir die Sterne vom Himmel zu holen. Heute holt er mir nicht einmal die Kartoffeln aus dem Keller!"
Im Sinne der Redensart heißt es in Goethes Gedicht *Trost in Tränen* (1804): „Die Sterne begehrt man nicht, / Man freut sich ihrer Pracht."

Sterne sehen (umg.)
betrunken/betäubt/halb ohnmächtig sein [Trunkenheit] [Ohnmacht]
„Wo Klaus ist? Der liegt oben im Bett und sieht Sterne! Er hat eine halbe Flasche Whisky im Leib!"
Diese Redensart bezieht sich auf das Flimmern, das dem Betrunkenen oder Ohnmächtigen vor Augen erscheint. Ihre große Anzahl macht die Sterne zu Sinnbildern der Masse, und auch die Vorsilbe *stern-* kann allgemein zur Verstärkung eingesetzt werden. Hierher gehört etwa der Ausdruck *sternhagelvoll*, in dem noch das Naturelement Hagel als weiterer Faktor hinzukommt. In diesen Rahmen gehören auch Bildungen wie *blitzschnell, taghell* oder *himmelblau*.

das steht (noch) in den **Sternen**
das ist noch völlig ungewiß, das wird die Zukunft erweisen [Zukunft] [Ungewißheit]
„Was ich einmal nach dem Germanistikstudium machen werde, das steht noch in den Sternen. Nur Lehrer will ich auf keinen Fall werden!"
Das Wort *Stern* geht auf die idg. Wurzel *ster-* (= ausbreiten) zurück und begreift so die Sterne als *die am Himmel Ausgestreuten*. Die Sterne der Tierkreise gehören zusammen mit Sonne und Mond zu den Pfeilern naiver Zukunftsprognose. Schon die Babylonier deuteten den Sternenhimmel als Schrift, und im Grunde bleibt die gelehrte Sterndeutung (Astrologie) auch später ein

Phänomen des Südens und des Orients, wohl weil der verhüllte Himmel des Nordens weniger Beobachtungsmöglichkeiten gewährt. Sterndeutung wird daher in Deutschland niemals ein wirklich volkstümliches Phänomen, wohingegen gelehrte und einflußreiche Männer sehr wohl dem Sternenglauben verfallen konnten und sich durch Hofastrologen beraten ließen. Die Grundlage der Horoskope bildet seit jeher die von den Griechen aus dem Orient entlehnte und systematisierte Lehre von den Planeten und den Tierkreiszeichen, die durch exakte Beobachtungen und Berechnungen verfeinert wurde. Das spezielle Wissen, das für die Sterndeutung erforderlich ist, machte die Astrologen zwischen dem 13. und 18. Jh. zu einflußreichen und geachteten Beratern. Ein bekanntes Beispiel für die Verbindung von Sterndeuter und Machthaber bildet die von Schiller dramatisierte Beziehung zwischen dem italienischen Astrologen Giovanni Baptista Seni und dem Feldherrn Wallenstein. Redensartlich spielen jedoch die Feinheiten der Sterndeutung keine Rolle. Sterne werden höchstens ganz unspezifisch „befragt", oder man glaubt an einen persönlich zugeordneten Stern, der im Aufgehen oder Sinken ist und der das Glück oder Unglück eines ganzen Lebens vorherbestimmt (unter einem glücklichen Stern geboren sein). Sehr volkstümlich und in vielen Märchen bewahrt ist dagegen die Ansicht, daß die Sterne Gegenstände sind (etwa: Taler, Nägel oder Diamanten), nach denen man (wenn auch vergeblich) greifen kann oder die man vom Himmel holen kann. Naheliegend ist auch der Gedanke, in den Sternen Lampen oder Lichter zu sehen, die von den Engeln geputzt werden, wobei sich die Sternschnuppen lösen.

nach den **Sternen** greifen
nach dem höchsten Ziel streben, sehr ehrgeizig sein [Selbstüberschätzung]
„Mit deinen Berufsvorstellungen greifst du nach den Sternen! Anstatt dich als Dienststellenleiter zu bewerben, solltest du erst einmal dein Examen zu machen, dann sehen wir weiter!
Herkunft → das steht in den **Sternen**

Sternschnuppe
→ **schnuppe**

am **Steuer** sein [Macht]
→ das **Steuer** führen

das **Steuer** ergreifen
[Machtergreifung]
→ das **Steuer** führen

das **Steuer** führen
an der Macht sein [Macht]
„Trotz seines hohen Alters hat er immer noch in der Firma das Steuer in der Hand."
Hierher gehören auch Redensarten mit Begriffen wie *Ruder, Kurs* und *Schiff.* Das Steuer ist natürlich das Attribut des Steuermanns oder des Lotsen, als den eine bekannte Karikatur Bismarck gesehen hat. Wer das Steuer führt, bestimmt die Richtung des Schiffes und hat auch die Verantwortung für das Gemeinwohl. {Staatsschiff}

das **Steuer** herumwerfen
[Veränderung]
→ das **Steuer** führen

ohne **Steuer** (dahin-)treiben
[Gefährdung]
→ das **Steuer** führen

einen **Stich** haben (umg.)
leicht verrückt sein [Verrücktheit]
„Du willst im Winter einen Campingurlaub machen? Du hast ja wohl einen Stich!"
Ähnlich wie der *Schlag* gilt der *Stich* als Allerweltswort für alle Arten der Verletzung und Gefährdung, einschließlich des beschädigten Kopfs oder Gehirns. Vielleicht kommt die Wendung aber auch vom Sonnenstich, der ja bekanntlich auch die Sinne verwirren kann.

im **Stich** lassen
1) *jmdn. in einer Gefahr/Notsituation ohne Hilfe lassen* [Vertrauensbruch]
2) *(von Sachen:) defekt sein/im Notfall versagen* [Defekt]
1) „Franz hat doch tatsächlich seine Familie im Stich gelassen und ist mit der Sekretärin seines Vorgesetzten durchgebrannt!

Dabei erwartet seine Frau gerade das dritte Kind!"
2) „Was mich betrifft, so kaufe ich mir nur deutsche Autos. Von denen hat mich noch niemals eines im Stich gelassen!"
Diese Redensart taucht erstmals im 15. Jh. auf, nimmt aber erst im 17. Jh. stark im Gebrauch zu. Sie gehört also zu den Neubildungen des Humanismus, die uns in die Zeiten des Ritterturniers zurückversetzen. Wörtlich genommen besagt sie, daß ein Kämpfer, der die Genossen verläßt, diese *im Stich* des Feindes läßt. Auch der Turnierritter, dem der Knappe nicht *die Stange hält*, wird *im Stich* des Siegers (und damit in der Lebensgefahr) alleingelassen. Die in allen Verwendungen anzutreffenden Komponenten des Notfalls, der Gefahr und (wenn von Personen ausgesagt) der Verantwortungslosigkeit lassen kaum andere Deutungen zu. Höchstens kann ihre späte Belegbarkeit noch mit dem Aufkommen bürgerlicher Turnierarten in Verbindung gebracht werden, die noch heute in regionalen Formen als Fischerstechen oder Gesellenstechen erhalten sind. Andere vorgeschlagene Deutungen sind demgegenüber ganz unwahrscheinlich. So hat etwa Luther interpretiert, daß die Biene mit ihrem Stachel auch das Leben *im Stich* läßt und andere haben an die unvollendete Näharbeit gedacht, die abends bis zum nächsten Tag *im Stich* gelassen wird. Daneben wird noch diskutiert, daß *Stich* auch regional als Wort für eine steile Wegstrecke gebräuchlich ist, so daß früher wohl gelegentlich ein Fuhrmann seinen Wagen vorübergehend *im Stich lassen* mußte, um sich zusätzliche Gespannpferde zu besorgen. Ob diese Deutung hieb- und stichfest ist, sei dahingestellt.

jmdm. einen **Stich** versetzen
jmdn. kränken/ärgern/seelisch verletzen
[Kränkung]
„Deine Bemerkung, daß er ja auch nicht mehr der jüngste sei, hat ihm sichtlich einen Stich versetzt. Wie konntest du aber auch so taktlos sein!"

hieb- und **stichfest**
→ **hieb-** und stich**fest**

ein **stichhaltiges** Argument
→ ein stichhaltiges **Argument**

das sind zwei Paar **Stiefel** (umg.)
das sind ganz verschiedene Dinge, die nicht im Zusammenhang gesehen werden dürfen
[Unvergleichbarkeit]
„Ein Examen bestehen und ein wirklich guter Fachmann sein – das sind für mich zwei Paar Stiefel! Schließlich lernt man das meiste doch in der Berufspraxis und nicht auf der Universität!"
Das Wort *Stiefel* geht über provenzalisch *estival* auf lat. *aestas* (Sommer) zurück und ist etymologisch daher seltsamerweise als *Sommerschuh* zu deuten. Dieser Widerspruch löst sich auf, wenn man bedenkt, daß stiefelartige Schuhe mit hohem Schaft den Benediktinermönchen gerade für die Sommerarbeit im Garten und für Reisen anstelle der Sandalen genehmigt waren. Als Reitstiefel gehörte der teure Schuh zunächst nur zur Tracht des Adels. Erst mit seinem Gebrauch im Soldatenstand wurde der Stiefel zum weithin verbreiteten Kleidungsstück. Die Stiefel des Reiters werden meist zusammen mit den Sporen genannt (gestiefelt und gespornt).

jmdm. die **Stiefel** lecken
[Unterwürfigkeit]

einen **Stiefel** vertragen können (umg.)
viel Alkohol vertragen können
[Alkoholgenuß]
„Ich glaube, daß Claus einen Stiefel vertragen kann. Er hat schon vier Bier und diskutiert noch glasklar."
Manche Trinkgefäße sind der Form eines Stiefels nachempfunden.

jmdn./etwas **stiefmütterlich** behandeln (umg.)
jmdn./etwas vernachlässigen
[Vernachlässigung]
„Unser Garten ist lange Zeit stiefmütterlich behandelt worden, weil wir keine rechte Zeit für ihn hatten. Das wird sich in Zukunft aber ändern!"
Die Vorstellung, daß Stiefkinder von ihrer Stiefmutter schlechter behandelt werden als

die eigenen, geht bis auf die Antike zurück. Eine besondere Ausprägung liegt im deutschen Märchen vor, wo die Stiefmutter regelmäßig als grausame Quälerin erscheint, so etwa in den Märchen *Aschenputtel* und *Brüderchen und Schwesterchen*. Die unbedeutende Rolle dagegen, die der Stiefvater im Märchen spielt, ist damit zu erklären, daß dieses Verwandtschaftsverhältnis sehr selten war. In vorhistorischer Zeit hatten nämlich die Frauen ihren verstorbenen Männern in den Tod zu folgen, und auch später wurde ihre Wiederverheiratung mit Mißbilligung aufgenommen.

mit Stumpf und **Stiel**
[Vernichtung]
→ mit **Stumpf** und Stiel ausrotten

Stielaugen machen (umg.)
gierig/neugierig blicken [Blickverhalten]
„Als die Mutter die Torte hereintrug, machten die Kinder Stielaugen."

arbeiten wie ein **Stier**
[Anstrengung]
→ sich ins **Geschirr** legen

brüllen wie ein **Stier**
→ sich die **Seele** aus dem Hals schreien

den **Stier** bei den Hörnern packen
eine schwierige/gefährliche Sache entschlossen anpacken [Initiative]
„Das Abwarten reicht mir langsam. Ich werde jetzt den Stier bei den Hörnern packen und selbst beim Finanzamt vorbeigehen, um zu erfahren, ob ein Verfahren wegen Steuerhinterziehung eingeleitet wird oder nicht!"
Der Stier ist das Sinnbild der wilden, ungebändigten Kraft, und die Hörner sind seine gefährlichste Waffe. Die erst seit dem 19. Jh. belegte Redensart erklärt sich somit von selbst.

stiften gehen (umg.)
ausreißen, flüchten [Flucht]
„Als er die Polizeisirene hörte, ging der Automatenknacker stiften."
In der Gaunersprache bezeichnete man als Stift einen Anfänger. Später wurde daraus ein umg. Ausdruck für Lehrling im Kaufmannsgewerbe. Man nimmt an, daß das Verb *stiften* (gehen) von hier abzuleiten ist, auch mit der Begründung, daß man es meist auf junge Menschen (aber auch Soldaten) bezieht.

die **Stille** vor dem Sturm
→ die **Ruhe** vor dem Sturm
[Schweigen] [Ruhe]

in aller **Stille**
→ bei **Nacht** und Nebel
[Heimlichkeit]

sich in **Stillschweigen** hüllen
→ sich in **Schweigen** hüllen
[Schweigen]

die **Stimme** des Blutes
[Verwandtschaft]
→ die **Stimme** des Herzens

die **Stimme** des Gesetzes
[Gesetz]
→ die **Stimme** des Herzens

die **Stimme** des Gewissens
[Gewissen]
→ die **Stimme** des Herzens

die **Stimme** der Natur
[Natur]
→ die **Stimme** des Herzens

die **Stimme** des Volkes
[Meinung]
→ die **Stimme** des Herzens

eine innere **Stimme**
[Ahnung] [Gewissen]
→ die **Stimme** des Herzens

die **Stimme** des Herzens
alle Formen der Liebe (Eltern-/Gattenliebe usw) [Liebe]
„Entgegen dem Rat ihrer Eltern folgte sie der Stimme ihres Herzens und heiratete den Mann ihrer Wahl."
Die Übertragung und Erweiterung des Be-

griffs *Stimme* auf eigentlich nicht Redendes entfaltet sich in recht naheliegenden Bedeutungen wie *Äußerung*, *Meinung* oder *Urteil*.

stimmen: stimmt's, oder hab ich recht? (umg.)
ist es nicht so, wie ich sage? [Gewißheit]
„Dein Blick spricht Bände: Du hast dich in Anita verliebt! Stimmt's, oder hab ich recht?
Diese Gesprächsfloskel bedient sich der Form einer scheinbaren Entscheidungsfrage und ist somit eine rein rhetorische Frage.

stimmen: bei dir stimmt's wohl nicht? (umg.)
[Verrücktheit]
→ bei jmdm. ist es im **Oberstübchen** nicht ganz richtig

stinken: hier stinkt's (umg.)
[Gefahr]
→ hier ist etwas **faul**

stinkend faul sein (umg.)
→ vor **Faulheit** stinken
[Faulheit]

etwas mit eherner/frecher **Stirn** behaupten (fordern usw.)
[Dreistigkeit]
→ jmdm./einer Sache die **Stirn** bieten

jmdm./einer Sache die **Stirn** bieten
harten Widerstand leisten [Widerstand]
„Als Arbeitgeberverband müssen wir den Lohnforderungen der Gewerkschaften die Stirn bieten. Schließlich dürfen die Profite nicht geschmälert werden!"
Stirn geht wie *Stern* auf die idg. Wurzel *ster-* (ausbreiten) zurück. Ihre Härte und frontale (dem Gegner zugewandte) Ausrichtung der Stirn machen sie zum Sinnbild des kämpferischen Widerstands.

da kann man sich nur an die **Stirn** greifen
[Verwunderung]
→ da kann man nur den **Kopf** schütteln

die **Stirn** haben, etwas zu tun
[Dreistigkeit]
→ jmdm./einer Sache die **Stirn** bieten

eine eiserne/freche **Stirn** haben
[Widerspenstigkeit]
→ jmdm./einer Sache die **Stirn** bieten

die **Stirn** runzeln über etwas
etwas moralisch beanstanden/ablehnen
[Mißbilligung]
„Ich weiß noch genau, wie die älteren Leute zunächst über die Mode der kurzen Röcke die Stirn gerunzelt haben!"

es steht ihm auf der **Stirn** geschrieben
man kann seine Gefühle und Gedanken (auch: Untaten) erraten [Erkennbarkeit]
„Es steht ihm doch auf der Stirn geschrieben, daß er unseren Auftrag nur halbherzig unterstützt, weil er ihn nicht für besonders geschickt formuliert hält!"
Die Stirn gilt – wie das ganze Gesicht – als Spiegel geistiger und seelischer Vorgänge und als Möglichkeit, die Empfindungen und Einstellungen des anderen „abzulesen". Bei den Redensarten, die diesen Aspekt betonen, muß unklar bleiben, inwieweit es sich um genuin deutsche Bildungen oder um das Gemeingut aller abendländischen Sprachen handelt. Bereits das Lat. kennt eine Fülle derartiger Schrift- und Lese-Metaphern, die teilweise auch in (pseudo-)wissenschaftlichen Charakterlehren systematisiert und gelehrt wurden. Die unverdeckbare Stirn ist auch der Sitz des gleichzeitig als Strafe und als Warnung gedachten Kainszeichens, mit dem Gott den Brudermörder markierte. Das „offene Buch" der Mimik wird als so selbstverständlich hingenommen, daß das Gegenteil als unheimlich gilt.

nicht wissen, was hinter seiner **Stirn** vorgeht
[Verschlossenheit]
→ es steht ihm auf der **Stirn** geschrieben

über **Stock** und Stein
querfeldein, ohne einem Weg zu folgen
[Querfeldein]
„Bei Moto-Cross-Rennen fahren die Motorradfahrer über Stock und Stein."
Der Stock dieser Redensart ist der Wurzelstock des gerodeten Baumes, der als Hin-

dernis für Pferd und Wagen den Weg versperrt. Die Formel taucht zunächst in Kaufurkunden zusammen mit *Grund und Boden* auf. Sie wird dann schnell zum Ausdruck des ungebahnten Weges und des Querfeldeinrittes.

der **Stock** regiert
→ jmdn. übers **Knie** legen
[Prügel]

jmd. hat einen **Stock** verschluckt
→ jmd. hat einen **Besenstiel** verschluckt
[Steifheit]

ins **Stocken** geraten
[Stagnation]
→ es jmdm. **stecken**

ein **Stoffel** sein (umg.)
ein tolpatschiger und unhöflicher Mensch sein [Fauxpas]
„Du Stoffel hättest natürlich der Dame des Hauses zuerst die Hand geben müssen, und nicht dem Dienstmädchen!"
Stoffel ist die Kurzform des Vornamens *Christoph*, der wiederum auf *Christopherus* (Träger Christi) zurückgeht. Der heilige Christopherus ist einer der 14 Nothelfer und wird meist dargestellt, wie er das Christuskind durch einen reißenden Fluß trägt. Seine Stärke wird dabei durch seine riesenhafte Gestalt symbolisiert, die wiederum redensartlich als ungeschlachte Tölpelhaftigkeit gedeutet wird. Ein stoffeliges Verhalten ist daher ein unhöfliches und ungeschicktes Verhalten, das nicht auf bösen Willen zurückzuführen ist.

stoische Ruhe/Gelassenheit/Geduld
unerschütterliche Ruhe usw. [Gelassenheit]
„Beneidenswert, mit welch stoischer Geduld er die Nörgeleien seines Vorgesetzten erträgt. Ich wäre an seiner Stelle schon längst aus der Haut gefahren!"
In einem öffentlichen Gebäude Athens, der Stoa poikile (bunte Säulenhalle), gründete der Philosoph Zenon von Zypern (340–260 v. Chr.) eine Philosophenschule. Grundlagen seiner Ethik, die später von den Römern Seneca und Epiktet sowie von Kaiser Marc Aurel weiterentwickelt und gelebt wurde, sind ein natur- und vernunftgemäßes Leben. Emotionen und Affekte beirren den Menschen bei seinem Versuch, die wahre Glückseligkeit im leidenschaftslosen Zustand zu finden, und müssen daher unterdrückt werden. Daher kennt der Stoiker weder die irdischen Ziele der normalen Sterblichen (Wohlstand, Ehre, Gesundheit), noch teilt er deren Furcht vor Alter, Krankheit, Tod und Unfreiheit. Der stoische Weise befindet sich im Zustand der Apathie (griech.: *Leidenschaftslosigkeit*; daher auch: apathisch) und damit der wahren Freiheit. Die erwähnten Weiterentwicklungen des stoischen Ideals bestehen vor allem darin, die bis dahin in der Antike wenig beachtete Dimension der Gleichheit aller Menschen (auch der Sklaven und der Barbaren) zu entwickeln und damit in Einklang mit der christlichen Humanität zu stehen.

wie der **Storch** im Salat (umg.)
besonders steif und ungelenk [Steifheit]
„Im Sommer trägt der Gerd immer kurze Hosen. Bei seiner Körpergröße kommt er dabei oft daher wie der Storch im Salat!"
Der Name *Storch* geht (wie *Stern* und *Stirn*) auf die idg. Wurzel *ster-* (ausbreiten, starr) zurück, so daß das Tier geradezu nach seinem stelzenden Gang benannt ist.

da brat mir aber einer einen **Storch**! (umg.)
da bin ich aber sehr erstaunt!, das ist ja unglaublich! [Überraschung]
„Da brat mir aber einer einen Storch! Du willst diesen Widerling wirklich heiraten?"
Nach einer biblischen Speisevorschrift (3. Mos. 11) darf der Storch (ebenso wie Fledermaus oder Reiher) nicht gegessen werden. Dies übertrug sich auch auf das Mittelalter, zudem der Storch abergläubische Verehrung genoß und sein Fleisch als ungenießbar galt. Nur scherzhaft wird der Storch daher in der Literatur der Renaissance gelegentlich als Leckerbissen genannt. Der gebratene Storch ist somit das Sinnbild des nie Gesehenen und unerhört Neuen.

der **Storch** hat sie ins Bein gebissen (umg.)
sie ist schwanger (zu Kindern gesagt oder

scherzhaft) [Schwangerschaft]
„Hast du schon bemerkt, daß deiner großen Schwester der Storch ins Bein gebissen hat?"
Das auffällige und liebevolle Brutverhalten des Kulturfolgers Storch hat ihn schon im Altertum zum Sinnbild der elterlichen Fürsorge werden lassen. Der früher verbreitete Aberglaube, daß der Storch die Kinder bringt, war allerdings der Antike wohl unbekannt. Es liegt aber nahe, eine Verbindung zu uralten Quell- und Teichgottheiten zu sehen sowie zu der Vorstellung, daß ungeborene und verstorbene Seelen im Wasser (fort-)leben. Heute wird mit Redensarten wie *der Storch kommt* und mit den Namensvarianten *Adebar* (ahdt.: *Glücksbringer*) und *Klapperstorch* nur noch im Scherz oder Kindern gegenüber die Schwangerschaft ausgedrückt.

auf **Stottern** kaufen (umg.)
auf Teilzahlung kaufen [Kauf]
„So ein tolles Auto könnte ich mir nicht leisten!" „Ich auch nicht. Deshalb habe ich es auch auf Stottern gekauft. Ich bezahle es innerhalb von fünf Jahren allmählich ab!"
Stottern kommt von *stoßen* und bedeutet eigentlich: *beim Sprechen mit der Zunge anstoßen*. Ein Kauf *auf Stottern* erfolgt sozusagen stoßweise, wie die gehemmte Rede. Üblich ist auch das Verb *abstottern* (in Raten zahlen).

strafen: mit jmdm./etwas gestraft sein (umg.)
→ ein **Klotz** am Bein
[Belastung]

jmdm. eine **Strafpredigt** halten
→ jmdm. die **Leviten** lesen
[Zurechtweisung]

voll/betrunken/geladen wie eine **Strandhaubitze/Strandkanone** (umg.)
völlig betrunken [Trunkenheit]
„Laß ihn in Ruhe! Siehst du nicht, daß er voll ist wie eine Strandhaubitze?"
Die Redensart *voll wie eine Kanone* ist seit dem 18. Jh. nachweisbar. Die mit *Strand*-gebildeten Formen sind erst seit dem Ende des 19. Jh. belegbar und als Intensivierungen anzusehen.

an einem/am gleichen **Strang** ziehen (*einem* betont)
das gleiche Ziel anstreben
[Zusammenarbeit]
„Wenn die Gewerkschaften nicht an einem Strang ziehen, werden sie die Lohnerhöhungen niemals durchsetzen können!"
Redensarten mit Begriffen wie *Seil, Strang* oder *Leine* sind meist dem Umfeld des Transportwesens entnommen, das früher durch kooperatives Ziehen von Schiffen und Fuhrwerken geprägt war. Hierher gehören auch Redensarten mit *Geschirr* und *Zeug* sowie: nicht **locker** lassen!

über die **Stränge** schlagen (umg.)
die Grenzen (des Anstands usw.) überschreiten [Übermut]
„Die Jugend hat das Recht, auch einmal über die Stränge zu schlagen."
Diese Redensart kommt von den Pferden im Fuhrwerk, die sich gelegentlich in den Zugsträngen verfangen oder im Übermut über die Zugstränge ausschlagen.

wenn alle **Stränge/Stricke** reißen (umg.)
im schlimmsten Fall weiß ich einen Ausweg
[Notlage] [Hilfsangebot]
„Wenn alle Stränge reißen und du wirklich kein Hotelzimmer bekommst, kannst du auch ein paar Tage bei uns übernachten."
Auch diese Redensart kommt aus dem Bereich des früheren Transportwesens. Für den Fall, daß die Zugstränge durchreißen sollten, gab es am Wagen eine Art Notbremse, welche die Räder blockierte und am Zurückrollen hinderte. Die Redensart schließt somit in der Regel das Wissen um den Ausweg aus einer befürchteten Notsituation mit ein.

auf offener **Straße**
[Öffentlichkeit]
→ vor aller **Augen**

ein Mädchen von der **Straße**
[Prostitution]
auf der **Straße** liegen

der Mann auf der **Straße**
→ der **Mann** auf der Straße

auf die **Straße** gehen
öffentlich demonstrieren [Demonstration]
„Damals sind viele Menschen auf die Straße gegangen, um die Notstandsgesetze zu verhindern. Es war jedoch vergebens!"
Herkunft → auf der **Straße** liegen

auf der **Straße** liegen (umg.)
leicht zu erringen sein (Geld, Erfolg usw.)
[Erfolg] [Verdienen] [Mühelosigkeit]
„Ich mache mir keine Sorgen über die Zukunft. Für den Fleißigen liegt das Geld doch auf der Straße!"
Seit jeher ist die Straße gegenüber dem Haus das Sinnbild des Ungeschützten (auf offener Straße), aber auch des Heimat- und Obdachlosen (jemanden auf die Straße setzen). Natürlich teilt die Straße auch alle symbolischen Bedeutungen des Bodens im Sinne der Horizontalität, also die niedrigen Leidenschaften, sowie Schwäche, Krankheit, Armut usw. Zu den Leidenschaften gehört auch die Liebe in ihrer Spielart der Prostitution, die daher ebenfalls mit dem *horizontalen Gewerbe* oder dem *Strich* assoziiert ist. Das auf der Straße verdiente Geld wird meist negativ bewertet und hat den Beigeschmack des Zufälligen und Vergänglichen. Das hängt auch damit zusammen, daß das Gehen auf der Straße meist im Sinne des Müßiggangs gedeutet wird (Pflaster treten) und in Verbindung mit Demonstration gesehen wird (auf die Straße gehen, auf dem Pflaster liegen).

mit etwas die **Straße** pflastern können (umg.)
im Überfluß vorhanden sein [Überfluß]
„Mit arbeitslosen Akademikern kann man momentan die Straße pflastern!"
Straße kommt von lat. *via estrada* (bestreuter/gepflasterter Weg), das zunächst nur die Heerstraße und nicht die Stadtstraße bezeichnete. *Estrada* gehört zur Wurzel *ster-* (ausbreiten), das auch zu den Wörtern *streuen* und *Estrich* entfaltet wurde. Zu *pflastern* siehe unter „ein teures **Pflaster**". Neben dem Lehnwort *strazza* kannte das Ahdt. auch das wohl germanische *gazza*, das auch mit engl. *gate* (Tor, Weg) und dänisch *gat* (Loch, *Kattegat* = Katzenloch) verwandt ist. Als Straße bezeichnete man zunächst im Sinne der Herkunft hauptsächlich die Wege, die Ortschaften miteinander verbanden, als Gasse jedoch diejenigen innerhalb einer Ortschaft. Da die von Mauern umgrenzten Städte sehr eng waren, waren natürlich auch die Gassen diesen Zuschnitts, so daß noch heute die Bedeutungskomponenten *eng, schmal* mit diesem Wort verknüpft sind. Der Gassenhauer, ein älteres Wort für Schlager, ist eigentlich ein *Pflastertanz*. Es geht auf norddeutsch *hauen (gehen, tanzen;* daher: abhauen = fliehen) zurück und wurde als Ausdruck für die nächtlichen Tänze der bezechten Nachtbummler geprägt.

jmdn. auf die **Straße** setzen/werfen
[Entlassung]
→ jmdn. an die frische **Luft** setzen

auf der **Straße** sitzen (umg.)
arbeitslos sein [Arbeitslosigkeit]
„Nach der Schließung des Stahlwerks werden 2000 Arbeiter auf der Straße sitzen."

über die **Straße** verkaufen
[Verkauf]
→ an den **Mann** bringen

einen **Strauß** mit jmdm. ausfechten (gehoben)
[Streit]
Strauß gehört zur Wurzel *streiten.*

Vogel-**Strauß**-Politik betreiben
→ den Kopf in den **Sand** stecken
[Verdrängen]

faustisches **Streben**
→ wie der **Teufel** hinter der armen Seele

auf der **Strecke** bleiben
[Niederlage]
→ zur **Strecke** bringen

zur **Strecke** bringen
ein Tier oder einen Menschen jagen, fan-

gen und/oder töten [Verhaftung] [Tötung]
„Nach langer Fahndung hat die Polizei endlich die Schwerverbrecher, die ausgebrochen waren, zur Strecke gebracht."
Als *Strecke* bezeichnet man in der Jägersprache das in einer Reihe niedergelegte erlegte Wild. Das Wort kann sowohl mit dem Vorgang des Niederstreckens (töten) oder mit dem Zustand der Starrheit (strack) des Tierleichnams als auch mit dem bedeckten Bodenraum in Verbindung gebracht werden.

in einem **Streich/**auf einen **Streich** (*einen* betont)
gleichzeitig, in einem Arbeitsgang [Gleichzeitigkeit]
„Wenn wir heute die Rosen düngen, können wir auch in einem Streich das Unkraut bekämpfen!"

jmdm. einen **Streich** spielen
1) *jmdn. hereinlegen* [Neckerei]
2) *jmdn. verärgern* [Verärgerung]
1) „Sei bitte nicht böse, die Kinder wollten dir ja nur einen Streich spielen, als sie die Autoschlüssel versteckten!"
2) „Diesmal hat uns das Wetter einen bösen Streich gespielt – der ganze Urlaub war verregnet!"
Ein Streich ist in der Sprache des Fechtens ein mit ausholendem Schwung geführter Hieb mit der Waffe. Da der Hieb natürlich zu jemandes Schaden ist, entwickelte sich die Bedeutung des überraschenden militärischen oder politischen Unternehmens (Staatsstreich, im Handstreich) sowie – in einem harmloseren Sinne – der heimlichen Handlung zum Schaden und Spott eines anderen. Je nach dem Standpunkt werden Streiche entweder positiv (lustige Streiche) oder negativ bewertet (dumme Streiche). Mit dem Verb spielen wird angedeutet, daß die Folgen des Streichs meist harmloser Natur sind.

einen **Streit** vom Zaun brechen
→ einen Streit vom **Zaun** brechen

die **Streitaxt** begraben
→ das **Kriegsbeil** begraben

nur noch ein **Strich** in der Landschaft sein (umg.)
sehr dünn sein [Schlankheit]
→ schlanke **Linie**

unter dem **Strich**
[Resümee]
→ **Strich** durch die Rechnung

nach **Strich** und Faden betrügen (umg., Paarformel)
tüchtig, gehörig [Untreue]
„Jahrelang hat er seine Frau nach Strich und Faden betrogen!"
Diese Wendung ist zunächst einmal eine ganz allgemeine Formel der Verstärkung, die freilich meist in den aufgezeigten Bedeutungen gebraucht wird. Sie stammt aus der Sprache des Weberhandwerks. Strich und Faden sind die beiden sich kreuzenden Fadenrichtungen des Gewebes, deren exakte Führung die Qualität des Gewebes bestimmt. Der Meister überprüft daher die Arbeit der Gesellen *nach Strich und Faden*, das heißt: sehr genau.

auf den **Strich** gehen (umg.)
Prostituierte sein [Prostitution]
„Hast du schon gehört: Die neue Chefsekretärin soll früher einmal auf den Strich gegangen sein!"
Der *Strich* dieser Wendung kommt vom Verb *streichen* im Sinne von *herumstreichen*, das wir auch im Wort *Landstreicher* wiederfinden. Seit der Mitte des 17. Jh. wird auch das Herumstreichen der Dirnen sowie der Weg oder die Straße dieses Tuns als (Straßen-)*Strich* bezeichnet. Es gibt auch die Deutung, daß diese Redensart sich vom Schnepfenstrich ableitet, einem Fachausdruck des Jägers für den Balzflug der Schnepfe. Da *Schnepfe* auch ein Schimpfwort für *Dirne* ist, kann diese Erklärung richtig sein, aber auch genausogut umgekehrt in Anspruch genommen werden dafür, daß sich aus *Strich* über *Schnepfenstrich* die Hüllformel *Schnepfe* entwickelt habe. Vom Umherstreichen hat übrigens auch der *Strizzi* seinen Namen. So bezeichnet man in Österreich den *Nichtstuer, Geck, Strolch* und *Zuhälter*.

jmdm. gegen den **Strich** gehen (umg.)
jmdm. zuwider sein [Abneigung]
„Dieses ganze Getue mit Weihnachten geht mir gegen den Strich!"
Als *Strich* bezeichnet man auch die natürliche Erstreckungsrichtung von Fell und menschlichen Haaren, aber auch von Tuch und Gewebe (vgl.: nach **Strich** und Faden). Was *gegen den Strich geht*, weicht vom natürlichen Verlauf ab und wird (etwa bei Kopfhaaren) leicht als körperliches Unbehagen empfunden.

jmdm. einen **Strich** durch etwas/die Rechnung machen (umg.)
etwas verderben/vereiteln/unmöglich machen [Vereitelung]
„Ihr wart im Urlaub? Aber ihr seht doch ganz blaß aus!" „Ja, leider hat uns das Wetter einen Strich durch die Rechnung gemacht. Es hat fast die ganze Zeit hindurch geregnet!"
Früher wurde die Rechnung bei Wirt und Kaufmann durch dessen Strich als bezahlt gekennzeichnet. Ein Gast, der, diesen Tilgungsstrich vorwegnehmend, einen Strich durch die Rechnung machte, brachte so den Betreffenden um seinen Lohn oder erklärte die Rechnung als falsch und ungültig. Die Redensart kommt schon bei Oswald von Wolkenstein (1377–1445) vor. Der Strich ist hier also das Resultat eines Schreibvorgangs (mit einem Federstrich), der hier etwas durchstreicht und tilgt bzw. einen *Schlußstrich zieht.*

keinen **Strich** mehr tun/arbeiten (umg.)
nichts tun, nichts arbeiten
[Arbeitspause] [Faulheit]
„Nach elf Uhr tue ich keinen Strich mehr!"
Die Redensart kommt aus dem Bereich des Malens und meint den Pinselstrich. Dies ist daraus zu schließen, daß die Wendung im 18. Jh. stets im Zusammenhang mit der Unterbrechung oder Beendigung einer zeichnenden oder malenden Tätigkeit vorkommt. Die Mühelosigkeit, die normalerweise mit dem Vollzug des Strichs verknüpft wird, hat vermutlich in der Alltagssprache die Entwicklung der Bedeutungskomponente *Faulheit* begünstigt.

sich selbst einen **Strick** drehen
[Selbstschädigung]
→ jmdm. einen **Strick** aus etwas drehen

jmdm. einen **Strick** aus etwas drehen
etwas als Vorwand benutzen, um jmdm. zu schaden [Vorwand] [Schädigung]
„Während der Dienstzeit darf ich keine privaten Telefongespräche führen. Man könnte mir sonst allzu leicht einen Strick daraus drehen!"
Der Strick ist das feste Seil, in dessen Schlinge (Fallstrick) sich das Wild fängt oder mit dem der Verbrecher am Galgen aufgehängt wird. In beiden Fällen liegt die Bedeutung der Schädigung nahe.

zum **Strick** greifen
[Selbstmord]
→ jmdm. einen **Strick** aus etwas drehen

wenn alle **Stricke** reißen
→ wenn alle **Stränge** reißen

an der **Strippe** hängen (umg.)
telefonieren, am Telefon sein [Telefonieren]
„Seit zwei Stunden will ich bei dir anrufen, aber ständig ist besetzt! Wer hängt denn bei euch dauernd an der Strippe?"
Das saloppe *Strippe* für *Telefonschnur* hat eine ehrwürdige Etymologie. Das griech. Wort *stróphos* (*Seil, Band;* daher auch die *Strophe*, über *strophé* = Wendung) wurde ins Lat. als *struppus/stroppus* (Schnur, Riemen) entlehnt und ist auch ins Westgermanische gekommen (engl.: *strop* = Riemen). Die ursprünglich niederdeutsche Form *Strippe* (*Schlaufe, Riemen, Schnur* u. ä.) ist im Berlin der zwanziger Jahre auf die Telefonleitung und -schnur übertragen worden. Lion Feuchtwanger schreibt in *Geschwister Oppermann* (1948): „Liselotte hängt jetzt sicher an der Strippe und telefoniert."

(leeres) **Stroh** dreschen
[Geschwätz]
→ **Stroh** im Kopf haben

Stroh im Kopf haben (umg.)
sehr dumm sein [Dummheit]
„Er muß doch Stroh im Kopf haben, wenn

er jetzt schon das dritte Mal das Vordiplom nicht geschafft hat!"
Stroh gilt redensartlich als Sinnbild der Wertlosigkeit, auch im Sinne der wenig gehaltvollen Rede. In diesem Zusammenhang steht auch die Redensart von den *abgedroschenen Sprüchen* die einer hervorbringt. Ein *Strohmann* war zunächst eine Puppe aus Stroh, die bei Kampfspielen und Volksbräuchen verwendet wurde oder als Vogelscheuche im Feld stand. Seit dem 16. Jh. wird in Frankreich der Strohmann im Geschäftsleben erwähnt, nämlich als vorgeschobene Person, die dem eigentlich Handelnden als Deckung dient. Der Strohmann tritt also nach außen hin als Verantwortlicher auf und schützt die „Hintermänner". Seit dem 18. Jh. belegt ist die *Strohwitwe* als eine Frau, deren Mann vorübergehend verreist ist und die daher alleine im Bettstroh liegen muß. Älter und heute ungebräuchlich sind Bildungen wie *Grasjungfrau* mit der Bedeutung: *unzüchtiges Mädchen, das keine Jungfrau mehr ist*. Gemeinsam ist den Bildungen auf *Gras-* (engl.: *grass-widow*) und *Stroh-* die Lagerstätte, auf der die Frauen alleine (als „Witwe") zurückgelassen wurden. Die mit diesem Bereich verknüpfte Vorstellung der sexuellen Betätigung hat auch den Strohsack als Liegebett nicht unberührt gelassen. Im 17. Jh. bedeutete die Redensart *auf dem Strohsack liegen: ein ausschweifendes Leben führen.* Daher hat sich der Ausruf *heiliger Strohsack!* als Zeichen der unwilligen und verärgerten Überraschung erhalten.

strohdumm sein
→ **Stroh** im Kopf haben
[Dummheit]

der rettende **Strohhalm**
eine kleine Möglichkeit der Rettung, der man vertraut [Rettungsversuch]
„Nachdem er jetzt erfahren hat, daß er wahrscheinlich unheilbar krank ist, will er zu einem Heilpraktiker gehen. Das ist für ihn der rettende Strohhalm."
Die geringe Haltbarkeit des Strohhalms hat ihn zum Sinnbild des untauglichen Werkzeugs und Rettungsmittels werden lassen. Der Redensart liegt die konkrete Vorstellung vom Ertrinkenden zugrunde, dem man einen leichten Strohhalm hinhält, an den er sich klammert.

sich an einen **Strohhalm** klammern
[Hoffnung]
→ der rettende **Strohhalm**

heiliger **Strohsack**! (umg.)
[Überraschung]
→ **Stroh** im Kopf haben

mit dem **Strom** schwimmen
[Anpassung]
→ gegen den **Strom** schwimmen

gegen den **Strom** schwimmen
sich nicht der herrschenden Tendenz anschließen [Eigenständigkeit]
„Manche wichtige Erfindung und Entdekkung wurde nur dadurch gemacht, daß es der Forscher vorzog, gegen den Strom der herrschenden Meinung zu schwimmen."
Die Schwierigkeiten und Gefahren des Schwimmens gegen den Strom sind so prägnant, daß wir seit der Antike Redensarten mit diesem Bild finden, die davor warnen. Schon in Sirach 4, 31 heißt es warnend: „Strebe nicht wider den Strom!", und Ovid nennt denjenigen töricht, der es versucht: „Stultus pugnat in adversas ire natator aquas". Erst in neuerer Zeit wird das Schwimmen gegen den Strom als nonkonformistische Individualität gedeutet.

(immer) unter **Strom** stehen (umg.)
(stets) sehr aktiv/nervös sein [Aktivität] [Nervosität]
„Der Kollege Giller rennt heute wie verrückt herum und arbeitet für zwei. Der steht richtig unter Strom."
„Sei doch nicht so nervös. Komm, trink einen Cognac, damit du nicht mehr so unter Strom stehst!"
Der elektrische Strom hat seinen Namen von der Metaphorik des Fließens. Wir können uns Elektrizität nur über diesen Umweg verdeutlichen. Die Redensart *unter Strom stehen* bedeutet, daß der Mensch in Analogie gesetzt wird zu einer Maschine,

die elektrisch angetrieben wird. Vgl. auch: einen **Kurzschluß** haben, die **Sicherung** brennt durch. {Körpermaschine}

in **Strömen** fließen
→ in **Hülle** und Fülle
[Überfluß]

in **Strömen** regnen/gießen
→ die **Schleusen** des Himmels öffnen sich

nur (immer) herein in die gute **Stube**! (umg.)
Treten Sie doch ein! Zögern Sie nicht!
[Einladung]
„Was steht ihr denn draußen im Regen herum? Immer herein in die gute Stube!"
Ähnlich wie die von *Kamin* abgeleitete *Kemenate* ursprünglich das allein heizbare Frauengemach auf den mittelalterlichen Burgen bezeichnete, hat die Stube ihren Namen von ihrer Heizbarkeit. Das Wort ist eine Entlehnung aus den romanischen Sprachen und hängt mit *stufa* (Ofen) und franz. *étuve* (Badestube) zusammen, die auf griech. und vulgärlat. Wurzeln zurückgehen. Als *stuba* taucht das Wort erstmals im 8. Jh. in der *Lex Alemannorum* mit der Bedeutung *heizbares Gemach* auf. Nach Tacitus (*Germania* 16) und Seneca (*De ira* 1,11, 3) kannten die Germanen ursprünglich keine geheizten Innenräume. In älterer Sprache bedeutet *Stube* immer *warmer Raum* oder *Badestube*, zwei Bedeutungen, die ineinander übergehen. Mit der Zunahme an Wohnraum wurde der Begriff der *guten Stube* gebräuchlich zur Bezeichnung eines besonders gut ausgestatteten Raumes, der nur bei besonderen Anlässen genutzt wurde. Ein geflügeltes Wort wurde der Ausspruch „immer rin in die gute Stube!" Ihn soll im Jahre 1876 eine Leipzigerin gegenüber Prinz Friedrich Carl von Preußen verwendet haben, als er ihr zur Einquartierung zugewiesen wurde. Eine negative Bewertung erhielt der Begriff *Stube*, als man seinen Schutz als Enge empfand und das Hocken in der Stube als Gegensatz zum tätigen Leben und der freien Natur zu sehen begann. Seit 1686 finden wir in diesem Zusammenhang den *Stubenhocker*, später auch den *Stubensitzer* und gar den *Stubenstinker*.

mein bestes **Stück** (umg.)
[Gatte] [Gattin]
→ das ist ein starkes **Stück**

das ist ein starkes **Stück** (umg.)
das ist eine Unverschämtheit!
[Unverschämtheit]
„Trotz ausdrücklichen Verbots ist unsere Tochter zum Tanzen gegangen? Das ist ein starkes Stück!"
Ähnlich wie das verwandte *Stock* bezeichnete *Stück* ursprünglich Abgehauenes. Die im Ahdt. entwickelte Nebenbedeutung *Rinde* entlehnte das Ital. und machte daraus die Bedeutung *Gips*. Im 18. Jh. wurde daraus wieder das deutsche *Stuck* rückentlehnt. *Stück* hingegen behielt kontinuierlich die Bedeutungen *Teil, Anteil* und wurde so zur Bezeichnung der unbestimmten und der bestimmten Menge (*ein Stück Fleisch* u. ä.), aber auch der streckenhaften Ausdehnung (ein Stück Weges). Daneben entfaltete *Stück* sich zum Oberbegriff für Zählbares (*Geldstück, einige Stücke Vieh* usw.) sowie zur unbestimmten Zahlangabe. Daher bedeutet *Stücker zehn* ungefähr zehn. Reich entwickelt ist *Stück* im Sinne von *Tat, Tun, Handlung*. So ist eine Handlung, die besondere Fertigkeiten verlangt, ein *Kunststück*. Seit dem 16. Jh. tadelt man schlechte Handlungen als *arges/grobes/starkes Stück* und überträgt den Terminus auch auf denjenigen, der sie verübt. Daher kommen Wendungen wie *ein faules Stück* (ein fauler Mensch), *ein freches Stück* (ein frecher Mensch) sowie Bildungen wie *Miststück*.

sich ein **Stück** leisten (umg.)
Dummheiten machen [Unfug]
„Unser Sohn hat sich heute wieder mal ein Stück geleistet: Er hat die Schule geschwänzt!"

große **Stücke** auf jmdn. halten (umg.)
eine besonders hohe Meinung von jmdm. haben [Hochachtung]
„Er wurde Abteilungsleiter, weil der Chef große Stücke auf ihn hält!"
Große Stücke hatte früher auch die Bedeutung *viel*. Vermutlich über den Aspekt Geldstück ist daraus eine Wendung in der Spra-

che der Spieler geworden, die eine große Geldsumme auf etwas setzen und halten.

ich kann mich doch nicht in **Stücke** reißen! (umg.)
→ ich kann mich doch nicht **zerreißen!**

sich für jmdn. in **Stücke** reißen lassen (umg.)
ein treuer und zuverlässiger Freund sein [Treue]
„Auf Robert kann man sich verlassen. Er läßt sich für seine Freunde in Stücke reißen!"
Viele Redensarten beziehen sich auf alte grausame Foltermethoden und Urteilsvollstreckungen. Dieben wurde in gravierenden Fällen die Hand abgehackt, und wer zum Vierteilen verurteilt war, wurde von vier Gespannen in Stücke gerissen. Wer symbolisch diese Strafe für andere übernehmen würde, ist natürlich der Inbegriff des treuen und zuverlässigen Freundes.

aus freien **Stücken**
freiwillig [Freiwilligkeit]
„Wieso nörgelst du so herum? Du hast doch aus freien Stücken angeboten, heute einmal unseren Rasen zu mähen!"
Die genaue Herkunft dieser seit dem 16./17. Jh. belegten Wendung ist unklar. Sie lehnt sich jedoch an die unter „ein starkes **Stück**" ausgeführten Bedeutungen *Tun* und *Handlung* an.

mit jmdm./etwas auf der gleichen **Stufe** stehen
gleich/von gleicher Art wie jmd./etwas sein [Ebenbürtigkeit]
„Vom künstlerischen Rang her stehen Leonardo da Vinci und Raffael auf der gleichen Stufe."
Stufe gehört zum Verbalstamm *stap-* (schreiten), der auch im Verb *stapfen* erhalten ist. Erst Luther setzt den Begriff gegenüber *Steig* und *Staffel* durch. Hauptbedeutung ist immer *Teil einer Treppe/Leiter*, deren konkrete Richtung und Funktion von Anfang an auch symbolisch in der Verbindung von oben und unten gesehen wird. Stufe wird hier im übertragenen Sinne zum Abschnitt, der in einer Beziehung zum Ganzen steht und als Entwicklungsstufe, Verwandtschaftsgrad oder als Rang zu deuten ist. Die menschliche Vorstellung neigt dazu, die in der Natur vorwiegenden fließenden Übergänge in relativ willkürlichen Entscheidungen in deutlich abgegrenzte (diskrete) Stufen zu unterteilen. Dieser wahrnehmungspsychologische Vorgang erleichtert die Vergleichbarkeit und Gruppenbildung, stellt aber eine Vereinfachung dar (Leibnitz: *natura non facit saltus* = Die Natur macht keine Sprünge). Ausgeprägtes (methodisches) Abstufen findet sich in der durch Messen, Wiegen und Zählen aus der noch dem magischen Denken verhafteten Alchemie herausgebildeten modernen Naturwissenschaft. Statt *Stufe* verwendet man in diesem Bereich den Begriff *Skala*, der allerdings dasselbe bedeutet (lat.: *scalae = Leiter, Treppe, Stufen*).

auf die gleiche **Stufe** stellen
[Gleichsetzung]
→ mit jmdm./etwas auf der gleichen **Stufe** stehen

(fast) vom **Stuhl** fallen (umg.)
sehr überrascht sein [Überraschung]
„Ich wäre fast vom Stuhl gefallen, als Erwin mir plötzlich einen Heiratsantrag machte. Damit hatte ich nun wirklich nicht gerechnet!"

jmdn. vom **Stuhl** reißen
[Überraschung]

jmdn. nicht vom **Stuhl** reißen (umg.)
[Bekanntheit]

jmdm. den **Stuhl** vor die Tür setzen (umg.)
jmdn. entlassen/hinauswerfen [Entlassung]
„Wenn Sie sich noch einmal so unverschämt verhalten, werde ich Ihnen den Stuhl vor die Tür setzen!"
Als *Stuhl* bezeichnete man ursprünglich nur vornehme und herrschaftliche Sitzgeräte im Sinne von *Thron*, insbesondere auch den Heiligen Stuhl, den Sitz der Päpste in Rom. Der Stuhl weist immer auf eine Vorrangstellung desjenigen hin, der auf ihm sitzt, seien es der König, der Richter oder der Hausvater, dessen Familie und Gesinde sich

mit Bänken begnügen muß. Auch der Lehrstuhl des Hochschullehrers hat seine Bedeutung seit dem 13. Jh. aus diesem Brauch. Der Stuhl in diesem Sinne ist also ein altes Rechtssymbol. Darauf verweisen auch Verben wie *besitzen, absetzen* usw. Nach einem alten Rechtsbrauch wurde Personen, die sich nach dem Tode des Gatten wiederverheiraten wollten, im wahrsten Sinne des Wortes der Stuhl vor die Haustür gestellt, weil sie die Gütergemeinschaft mit den Kindern aus erster Ehe verloren. Der übertragene redensartliche Sinn ist seit der zweiten Hälfte des 16. Jh. belegt.

jmds. **Stuhl** wackelt (umg.)
[Gefährdung]

zu **Stuhl(e)** kommen mit etwas (umg.)
mit etwas fertig werden, das (schon) lange gedauert hat [Beendigung]
„Seit drei Jahren schreibt Josef jetzt schon an seiner Doktorarbeit. Ob er wohl in diesem Jahr damit endlich zu Stuhl kommen wird?"
Stuhl wird belegbar seit dem 14. Jh. im Sinne von *Toilette, Abort* gebraucht, und *zu Stuhle gehen/kommen* als entsprechende Umschreibung. Seit dem 16. Jh. wird die Redensart *nicht zu Stuhle kommen* im Sinne von *nicht fertig werden* üblich, wobei die ursprüngliche sehr derbe Bedeutung weitgehend verblaßt ist. In der Umgangssprache findet man häufig auch die Variante *zu Potte kommen.*

zwischen zwei **Stühlen** sitzen
sich nach zwei Seiten hin in einer unangenehmen Lage befinden [Zwangslage]
„Mein Doktorvater will, daß ich das dritte Kapitel umschreibe, und der Zweitgutachter meint, es sei so in Ordnung. Irgendwie sitze ich jetzt zwischen zwei Stühlen und weiß nicht, wie ich mich verhalten soll!"
Die Belege für diese Redensart reichen ins 13. Jh. zurück. In der Minnelyrik wird sie gerne symbolisch zur Kennzeichnung der Lage des Mannes zwischen zwei Frauen verwendet, der aufgrund seines Schwankens bei keiner der beiden zu seinem Ziel kommt.

mit **Stumpf** und Stiel ausrotten (Paarformel, Stabreim)
völlig vernichten [Vernichtung]
„Aufgrund koordinierter Maßnahmen ist es gelungen, die Pocken auf der ganzen Welt mit Stumpf und Stiel auszurotten."
Die Rodung eines Waldes umfaßte das Beseitigen der Wurzelstümpfe und der Baumstämme, wenn eine landwirtschaftliche Nutzung des Geländes geplant war. Waldwirtschaftlich gesehen gab es auch die Möglichkeit, nur die Stämme zu entfernen und neue Laubbäume aus den stehenbleibenden Baumstümpfen wachsen zu lassen. Die Neuanpflanzung kleiner Bäume oder von Stecklingen ist erst eine Erfindung des 18. und 19. Jh.

eine geschlagene **Stunde**
[Zeit]
→ **schlagen**

die **Stunde** Null
[Beginn]

dem Gebot der **Stunde** folgen/gehorchen
das momentan Notwendige tun [Zwang]
„Dem Gebot der Stunde folgend wurden zunächst einmal Decken und Lebensmittel in das Katastrophengebiet gebracht."

jmds. **Stunde** kommt noch
jmds. Gelegenheit zur Rache oder zum Triumph wird noch kommen/ist gewiß
[Zuversicht] [Zukunft]
„Im Moment kann ich nichts gegen ihn unternehmen, aber meine Stunde kommt noch!"

jmds. **Stunde** schlägt
jmds. Ende naht (unweigerlich) [Ende]
„Auch die Stunde dieses Diktators wird einmal schlagen!"
Die mit dem Verb *stehen* verwandte *Stunde* ist eigentlich ein „stehender Punkt" im Zeitverlauf. Die Redensarten verwenden das Wort ganz unspezifisch im Sinne von Zeit. So sind Redensarten wie *die Stunde des Todes, von Stund an* oder *dem Gebot der Stunde folgend* zu verstehen. Das Bedürfnis nach genauer Zeitbestimmung ist rela-

tiv jung und frühestens seit dem 15. Jh. so entwickelt, daß die Zeiteinheiten Minute oder gar Sekunde umgangssprachlich relevant werden. Von beiden finden wir daher redensartlich kaum eine Spur. Der Zeitmesser der Bevölkerung war bis in unser Jh. die Kirchenglocke, deren Schläge das Zeitkontinuum deutlich gliedern. Noch heute bezeichnen wir daher eine vollständige Zeitfrist als *geschlagene Stunde*. Wenn jemandes Stunde schlägt ist meist die Todesstunde gemeint. Die *schwache Stunde* ist der Augenblick der Willensschwäche, in dem man nicht alle Konsequenzen seines Handelns bedenkt.

wissen, was die **Stunde** geschlagen hat
→ wissen, was die **Glocke** geschlagen hat

sein letztes **Stündchen/Stündlein** hat geschlagen
[Sterben]
→ jmds. **Stunde** schlägt

Stunk machen (umg.)
Streit suchen [Streitlust]
„Plötzlich kamen ein paar Kerle in die Kneipe und begannen Stunk zu machen. Der Wirt hat aber gleich die Polizei gerufen!"

auf **stur** schalten (umg.)
→ stur wie ein **Panzer**
[Starrsinnigkeit]

stur Heil (umg.)
[Unaufhaltsamkeit]

ein **Sturm** im Wasserglas
viel Aufregung um eine Kleinigkeit
[Aufbauschung]
„Heute gab es wieder einmal einen Sturm im Wasserglas, weil Vater nicht gleich seine Zeitung finden konnte. Dabei lag sie auf dem gewohnten Platz!"
Als „une tempête dans un verre d'eau" (Sturm im Wasserglas) bezeichnete Montesquieu, der französische Staatsphilosoph und Schriftsteller, einen Aufruhr im Zwergstaat San Marino. Dieses Bild ist schon alt und findet sich bei Cicero als „fluctus in simpulo" (Sturmflut in einer Schöpfkelle).

die Ruhe vor dem **Sturm**
→ die **Ruhe** vor dem Sturm

ein **Sturm** der Begeisterung
großer Beifall, wilde Begeisterung
[Begeisterung]
„Als sich der Vorhang nach dem Schlußakt senkte, brach im Publikum ein Sturm der Begeisterung los."
Herkunft → das Barometer steht auf **Sturm**

im **Sturm** erobern/nehmen
sofort das Interesse/den Beifall vieler Leute erringen [Erfolg]
„Die neue Sängerin eroberte die Herzen des Publikums im Sturm."
Herkunft → das Barometer steht auf **Sturm**

Sturm laufen gegen etwas/jmdn.
laut protestieren, gegen etwas/jmdn. kämpfen/Widerstand leisten [Widerstand]
„Die Bevölkerung lief vergebens gegen die Pläne Sturm, an dieser Stelle ein Kernkraftwerk zu errichten."

das Barometer steht auf **Sturm**
alle sind gereizt, gleich wird es Streit geben
[Streit]
„Wir sollten unseren Besuch bei Beckers besser verschieben. Bei denen steht das Barometer nämlich gerade auf Sturm, weil die Versetzung ihres Jungen gefährdet ist."
Sturm ist mit *stören* verwandt und bezeichnete ursprünglich *das Kriegsgetümmel, den Kampf* und *den Streit*. Von dieser Grundbedeutung sind viele Redensarten abzuleiten: *Sturm laufen, im Sturm erobern* sind beispielsweise als militärische Angriffe zu verstehen, und *Sturm läuten* hatte ursprünglich die Bedeutung: *durch das Läuten der Glokken vor einem feindlichen Angriff warnen*. Heute bezeichnet man damit ein anhaltendes Klingeln an der Haustür. Überhaupt denken wir heute bei *Sturm* weniger an die Erstürmung einer Burg, sondern eher allgemein an einen starken Aufruhr (ein Sturm der Begeisterung), insbesondere aber an das meteorologische Phänomen des stürmischen Windes. In den Bereich der stürmischen seelischen Empfindung schließlich verweist die Bildung „Sturm und Drang", die wir

dem „Genieapostel“ Christoph Kaufmann verdanken (obwohl sie eigentlich älter ist). Kaufmann schlug die Wendung dem Schriftsteller Friedrich Maximilian Klinger als Titel für ein Schauspiel vor, das ursprünglich den Namen *Wirrwarr* tragen sollte. Es entstand im Jahre 1777 in Weimar und gab der literarischen Epoche zwischen 1767 und 1785 ihren Namen.

die **Stürme** des Lebens
die vielfältigen Gefahren und Unwägbarkeiten des Lebens [Schicksal]
„Sein Gesicht war nicht nur faltig, es war von den Stürmen des Lebens gezeichnet.“
Herkunft → das Barometer steht auf **Sturm**

eine **Suada**
→ **schwadronieren**

du hast hier nichts zu **suchen!** (umg.)
Verschwinde! [Vertreibung]
„Verschwinde von meinem Grundstück. Du hast hier nichts zu suchen!“
Suchen ist im Sinne von *das Wild aufspüren* ursprünglich ein Begriff aus der Sphäre der Jagd. Das Wort entfaltet seine Bedeutungen dann in verschiedene Richtungen: *jmdm. nachspüren* und *ihn bedrohen* (Heimsuchung), *erstreben, nachdenken* u. a. In der Rechtssprache begegnet uns suchen früher häufig in Bestimmungen zum Schutz des einzelnen und im Sinne von Forderungen aufgrund eines Rechtstitels (sein Recht suchen). Auch die formelhafte Wendung *etwas zu suchen haben* bedeutet ursprünglich: *das Recht zur Anwesenheit haben*. Die negative Variante *hier nichts zu suchen haben* versteht sich dann als juristische Abweisungsformel und entspricht in Ursprung und Bedeutung der Wendung *hier nichts verloren haben*.

suchen: die beiden haben sich gesucht und gefunden
[Eintracht]
→ **finden**

seinesgleichen **suchen**
[Vorbildhaftigkeit]
→ den **Ton** angeben

sich dem **Suff** ergeben (umg.)
→ die **Nase** begießen

summa summarum
→ **alles** in allem

sich am eigenen Zopf aus dem **Sumpf** ziehen
→ sich am eigenen **Zopf** aus dem Sumpf ziehen

häßlich wie die **Sünde**
[Häßlichkeit]
→ häßlich wie die **Nacht**

eine **Sünde** wert sein (umg.)
[Verliebtheit]

es ist (einfach) eine **Sünde,** wie/daß ... (umg.)
es ist schlecht und verwerflich, wie/daß ... [Tadel]
„Es ist einfach eine Sünde, daß ihr den Nachtisch nicht aufessen wollt. Ich will mich dann halt opfern und ihn vertilgen...“
Das Wort *Sünde* ist seit ahdt. Zeit in christlichen Quellen zu finden. Dieser primär religiöse Gebrauch entfaltet sich bereits in diesem Rahmen im Sinne der jeweils gültigen Ethik und Dogmatik (Sünde wider Gott/den Heiligen Geist/der Sündenfall, die Erbsünde usw.). Erst mit der Wende zum Neuhochdeutschen bekommt der Begriff eine zusätzliche sittliche Dimension, so daß auch Laster wie „Fressen, Saufen, Hurerei“ – so eine Schrift des Jahres 1662 – als Sünde erscheinen. Schließlich verliert der Begriff an Gewicht, und alle Formen dessen, was dem Geist und Geschmack zuwiderläuft, jede Art von Fehler, Irrtum und Torheit kann als *Sünde* bezeichnet werden (etwa: *eine architektonische Sünde*). Damit öffnet sich eine Spanne, die von der literarischen bis zur politischen Sünde reicht. Damit ist natürlich auch eine Inflation im ironischen und scherzhaften Gebrauch dieses Wortes verknüpft, wobei das ursprünglich zum Wortgehalt gehörende sittlich-religiöse Pathos im Sinne einer Stildiskrepanz mehr ironisch und scherzhaft empfunden wird.

einen **Sündenbock** suchen/finden (umg.)
einen suchen/finden, der die Schuld auf sich nimmt (um die anderen zu entlasten) [Sündenbock]
„Warum soll ausgerechnet ich mich beim Direktor für den geplatzten Vertrag entschuldigen. Ihr sucht wohl einen Sündenbock? Mit mir nicht, liebe Kollegen! Sucht euch einen anderen!"
In vielen Kulturen und Religionen ist die Überzeugung nachweisbar, daß man Sünden (in welcher Form auch immer vorzustellen) auf ein anderes Wesen übertragen könne, das dann stellvertretend für den oder die Sünder bestraft oder (der Rache der Götter) geopfert wird. Wir kennen derartige Bräuche aus dem antiken Griechenland, aus Tibet und Japan sowie natürlich aus dem Alten Testament. Im 16. Kapitel des 3. Buch Moses wird erzählt, daß dem Hohepriester zwei Böcke als Sühneopfer für die Sünden des Volkes übergeben werden. Einer der beiden Böcke wurde dem Herrn geopfert, dem anderen wurden durch Auflegen der Hände die Sünden des Volkes übertragen. Danach wurde er in die Wüste gejagt und dem Hungertode überlassen.

sein **Süppchen** kochen (umg.)
sich auf Kosten anderer Vorteile verschaffen [Ausnutzung]
„Während wir uns hier weiter streiten, kommt die Gegenpartei gut voran. Die kocht doch jetzt ihr Süppchen und lacht sich ins Fäustchen!"

das **Süppchen** am Kochen halten
Streit weiter schüren [Aufwiegeln]
„Du hast ja gar kein Interesse daran, daß sich deine Geschwister wieder versöhnen, und hälst deshalb das Süppchen am Kochen!"

die **Suppe** auslöffeln müssen, die man sich (selbst) eingebrockt hat (umg.)
die Folgen einer Tat übernehmen müssen [Verantwortung]
„Man hat dich wegen der Geschwindigkeitsübertretung angezeigt? Ja, da wirst du die Suppe schon selbst auslöffeln müssen, die du dir da eingebrockt hast. Ich kann dir jedenfalls dabei nicht helfen!"
Das Wort *Suppe* hängt mit dem Verb *saufen* zusammen, hat aber auch romanisches Laut- und Wortgut entlehnt (franz.: *soupe*, ital.: *zuppa* u. a.). Die Ausgangsbedeutung ist also eigentlich *Schlürfspeise, flüssige Speise mit Einlagen* (Brocken). Suppe und Brei bildeten die Hauptnahrung der ärmeren Bevölkerung, so daß sich besonders viele Redensarten mit diesen Begriffen gebildet haben. Meist bedürfen sie keiner weiteren Erklärung. Von sprichwörtlicher Bedeutung ist die Konsistenz der Suppe: Dicke Suppe ist das Kennzeichen des Reichtums, die dünne (Wasser-)Suppe dasjenige der Armut. Alles, was Geld ins Haus bringt, *macht die Suppe fett* (ist wichtig).

sich selbst eine schöne (böse, hübsche) **Suppe** einbrocken [Selbstschädigung]
→ sich etwas (Schönes) **einbrocken**

in jeder **Suppe** ein Haar finden
→ ein **Haar** in jeder Suppe finden

das macht die **Suppe** nicht fett
→ das macht den **Kohl** nicht fett

jmdm. die **Suppe** versalzen (umg.)
[Einschreiten]

das **süße** Leben
→ das süße **Leben**

Süßholz raspeln (umg.)
einander (nicht echt gemeinte) nette/verliebte Worte sagen [Schmeichelei]
„Wir sind hier nicht zusammengekommen, um Süßholz zu raspeln, sondern um schonungslos die negative Bilanz der Firma zu diskutieren und entsprechende Konsequenzen zu ziehen, meine Herren!"
Als *Süßholz* bezeichnet man eine in Südeuropa und Mittelasien heimische Staude (Glycyrrhia echinata), aus deren zuckerhaltigen Wurzeln früher Drogen, Süß- und Genußmittel hergestellt wurden. Der eingedickte Saft ist noch heute als Lakritze bekannt, ein Wort, das sich aus *glykyrrhiza* und lat. *liquiritia* in der mittelalterlichen Heilkunde als *lakeritze* ausgebildet hat.

Schon im 14. Jh. empfiehlt Konrad von Megenberg in seinem *Buch der Natur* das Süßholz als Heilmittel gegen unreine Wunden. Als Genußmittel und wegen des süßen Geschmacks kam das Süßholz im 16. Jh. zu seiner übertragenen redensartlichen Bedeutung. Das Raspeln des Süßholzes diente dazu, von der Wurzel kleine Stücke abzureiben, um sie dann als Pulver in Honig, Wein u. ä. genießbar zu machen. Den volkstümlichen Namen *Bärendreck* verdankt die Lakritze natürlich ihrer tiefschwarzen Farbe.

die **Szene** beherrschen
dominierend wirken [Dominanz]
„Mit seinem guten Aussehen und seinen blendenden Manieren beherrschte er bei jedem gesellschaftlichen Ereignis die Szene."

jmdn. eine **Szene** machen
jmdm. tadeln/beschimpfen, jmdm. (in der Öffentlichkeit) Vorwürfe machen
[Vorwurf] [Zurechtweisung]
„Bloß weil er einmal mit einer anderen getanzt hat, hat ihm seine Frau eine fürchterliche Szene gemacht. Man hat den Krach bis auf die Straße gehört!"

Szene (skene) nannte man im griechischen Theater die hölzerne Kulisse, vor der die Schauspieler auftraten. Noch heute wird *Szene* gelegentlich in diesem Sinne gebraucht, obwohl der Begriff auch die ganze Bühne oder die Bühnenaufführung (Inszenierung) bezeichnen kann. Geläufiger jedoch ist die Bedeutung: *Unterabteilung eines Aktes*. Die Grenzen der Szene werden meist durch den Auftritt und das Abtreten einer Person oder Personengruppe bestimmt. Meist hat die Szene einen innerlich geschlossenen Handlungsabschnitt zum Inhalt.

etwas in **Szene** setzen
etwas (Auffallendes) durchführen
[Realisierung]
„Bei der Präsentation eines neuen Produktes kommt es vor allem darauf an, es geschickt in Szene zu setzen."
Herkunft → jmdm. eine **Szene** machen

sich in **Szene** setzen
sich auffallend benehmen [Auffälligkeit]
„Ob ihr der Auftritt peinlich war? Im Gegenteil! Sie liebt es geradezu, sich überall in Szene zu setzen!"

das ist starker **Tabak**
→ **Tobak**

Tabula rasa machen
→ reinen **Tisch** machen

Tacheles (miteinander) reden (umg.)
unverblümt miteinander reden [Offenheit]
„Wir kommen so in den Verhandlungen nicht weiter. Wir müssen endlich Tacheles reden: Wie sieht die Bilanz des letzten Jahres ungeschönt aus?"
Tacheles ist ein aus dem Jiddischen entlehntes Wort, das ursprünglich hebräischen Ursprungs ist: *taklit* bedeutet dort *Ende, Zweck.*

die **Tafel** aufheben (gehoben)
das Essen für beendet erklären
[Essen] [Beendigung]
„Nachdem der Nachtisch verspeist war, hob die Dame des Hauses die Tafel auf."
Das lateinische *tabula* (Brett, Tisch u. ä.) ist schon früh entlehnt worden und hat sich als Bezeichnung für alle Arten von Platten durchgesetzt, etwa für bemalbare Holzplatten (Tafelbild, Tafelmalerei), Metalltafeln und schließlich für den großen Tisch. Im Mittelalter waren größere Tische so gebaut, daß die Tischplatte nach jedem Gang abgenommen und durch eine neue ersetzt wurde. Nach dem letzten Gang wurde die Tischplatte dann endgültig *abgehoben.*

den (ganzen) lieben langen **Tag**
[Kontinuität]
→ **tagaus,** tagein

Tag der offenen Tür
→ **Haus** der offenen Tür [Öffentlichkeit]

der jüngste **Tag**
→ das Jüngste **Gericht**

ein schwarzer **Tag**
ein Unglückstag [Unglück]
„Heute war ein schwarzer Tag für die Zivilluftfahrt – gleich zwei schreckliche Flugzeugunglücke!"

ein Unterschied wie **Tag** und Nacht
→ verschieden wie **Tag** und Nacht

verschieden wie **Tag** und Nacht
sehr verschieden [Unterschied]
„Der eine der Brüder ist still und verschlossen, der andere ein richtiger Draufgänger – ein Unterschied wie Tag und Nacht!"
Herkunft → den lieben langen **Tag**

nach Jahr und **Tag**
→ nach **Jahr** und Tag

von **Tag** zu Tag/**Tag** für Tag
kontinuierlich mehr/weniger, besser/ schlechter usw. [Entwicklung]
„Die Arbeit fällt mir von Tag zu Tag schwerer. Ich glaube, ich sollte ein paar Tage Urlaub machen!"
Herkunft → den lieben langen **Tag**

von einem **Tag** auf den anderen
ganz unerwartet/plötzlich/unvermittelt
[Unvermitteltheit]
„Dadurch, daß meine Frau vier Kinder mit in die Ehe bringt, bilden wir von einem Tag auf den anderen eine Großfamilie!"
Herkunft → den lieben langen **Tag**

einen **Tag** im Kalender rot anstreichen
→ einen Tag im **Kalender** rot anstreichen

etwas an den **Tag** bringen
offenlegen, bekannt machen, enthüllen
[Offenlegung]
„Die unerwartete Revision hat unglaubliche Schlamperei in allen Zweigen der Verwaltung an den Tag gebracht."
Das Unbekannte wird als im Dunkel liegend, das Bekannte als im Licht (des Tages/ der Sonne usw.) befindlich gesehen. Bekannt ist vor allem die Variante *die Sonne bringt es an den Tag*, die als Kehrreim in einem Gedicht von Adalbert von Chamisso (1781–1838) wiederkehrt: Ein Meister Nikolas wird durch die Strahlen der Sonne an ein Verbrechen erinnert, das er einst beging. Er beichtet die Tat seiner neugierigen Frau, die das Geheimnis preisgibt. Das Gedicht

endet mit der Strophe: „Die Raben ziehen krächzend zumal / nach dem Hochgericht, zu halten ihr Mahl. / Wen flechten sie auf das Rad zur Stund? / Was hat er getan? Wie ward es kund? / Die Sonne bracht es an den Tag.“ Das Bild ist aber weit älter und schon in der Bibel (Luk. 12, 3; Mark. 4, 22) und anderen antiken Sentenzen angelegt.

seinen guten **Tag** haben
in guter Verfassung sein, leistungsfähig sein [Leistungsfähigkeit]
„Der Vortrag war rhetorisch hervorragend! Der Redner hatte heute wohl seinen guten Tag?“

keinen guten/seinen schlechten **Tag** haben [Unfähigkeit]
→ seinen guten **Tag** haben

an den **Tag**/an das **Tageslicht** kommen/ gekommen sein
[Bekanntheit] [Offenlegung]
→ etwas an den **Tag** bringen

an den **Tag** legen
deutlich zeigen [Zeigen]
„Eigentlich legt er ja ausgezeichnete Manieren an den Tag, aber dennoch ist er mir irgendwie unsympathisch!“

sich einen schönen **Tag** machen
→ blauen **Montag** machen [Müßiggang]

er redet viel, wenn der **Tag** lang ist (umg.)
[Geschwätzigkeit]
→ in den **Tag** hinein reden

in den **Tag** hinein reden (umg.)
jmd. redet viel dummes Zeug (auf das man sich nicht verlassen kann)
[Unzuverlässigkeit]
„Er hat dir versprochen, daß du seine Golfausrüstung einmal ausborgen kannst? Vergiß es! Er redet viel in den Tag hinein.“

dem lieben Gott den **Tag** stehlen
→ dem lieben **Gott** den Tag stehlen

den **Tag** totschlagen
→ die **Zeit** totschlagen

tagaus, tagein
immerzu; ohne Unterbrechung [Dauer]
„Die Bauarbeiter vor unserem Haus machen tagaus, tagein einen Höllenlärm. Man kann sich kaum auf seine Arbeit konzentrieren!“
Der Tag steht im Volks- und Aberglauben im Gegensatz zur Nacht, daß heißt, er wird weitgehend positiv bewertet (ein Unterschied wie Tag und Nacht). Von den etymologischen Wurzeln her bedeutet *Tag* in alter Zeit stets das Helle (und Leuchtende, Warme und Glänzende und umfaßt nicht die Nacht, die als etwas Getrenntes gesehen wird). In den Mythen der Völker gelten die Nacht als Mutter und die Sonne als Vater des Tages. Der Tag gehört im alten Aberglauben dem Menschen, die Nacht den Geistern und Dämonen. Natürlich ist der Tag auch ein natürliches Zeitmaß, welches kürzere (von Tag zu Tag) und längere Fristen (auf seine alten Tage) gliedert und bestimmt. Auch gerichtliche und andere Versammlungen finden am Tage statt. Dies zeigt sich noch heute in Begriffen wie *Landtag, Reichstag* oder *Tagung*. Auch regelmäßig wiederkehrende Ereignisse werden mit Wendungen wie *täglich, tagtäglich* oder *tagaus, tagein* ausggedrückt. Andere volkstümliche Zeitmaße, mit denen der Tag formelhaft verbunden ist, sind das Jahr (nach Jahr und Tag) und die Stunde (weder Tag noch Stunde seines Todes kennen). Aber auch in weite Vergangenheit (schon bessere Tage gesehen haben) und in die ferne Zukunft (der Jüngste Tag) reicht die zeitliche Reichweite dieser prägnanten Zeiteinheit.

auf seine alten **Tage**
in seinem hohen Alter [Alter]
„Auf seine alten Tage hat er noch einmal eine junge Frau geheiratet.“
Die Wendung geht auf Redensarten zurück, die das Alter als Last darstellen: *Jahre auf dem Buckel haben.* Belegt sind Zwischenformen wie: *viele Jahre hat er auf sich.*

seine **Tage** sind gezählt
er wird bald sterben [Sterben]
„Die Behandlung hat keinen Erfolg gebracht – seine Tage sind gezählt.“

es ist noch nicht aller **Tage** Abend
die letzte Entscheidung ist noch nicht gefallen [Unentschieden]
„Du meinst, das Spiel ist bereits verloren? Warte mal ab – es ist noch nicht aller Tage Abend."
Diese Redensart geht auf ein Wort des römischen Schriftstellers Livius zurück: „Nondum omnium dierum solem occidisse" (Livius XXXIX, 26, 9).

schon bessere **Tage** gesehen haben
früher in besseren Umständen gelebt haben [Verschlechterung]
„Heute arbeitet sie als Putzfrau, aber sie hat schon bessere Tage gesehen. Sie ist nämlich auf einem Gut in Ostpreußen aufgewachsen!"

die Nacht zum **Tage** machen
→ die **Nacht** zum Tage machen

ein Gesicht machen wie drei **Tage** Regenwetter
→ ein **Gesicht** machen wie drei Tage Regenwetter

die **Tage** zählen, bis...
ungeduldig warten, bis ... [Ungeduld]
„Die Kinder zählen schon die Tage bis Weihnachten!"

ein **Tagedieb** (umg.) [Müßiggang]
→ dem lieben **Gott** den Tag stehlen

eines schönen **Tages**
irgendwann in der Vergangenheit/in der Zukunft [Vergangenheit] [Zukunft]
„Eines schönen Tages stand fest, daß wir heiraten würden." „Eines schönen Tages werden auch wir uns einmal ein eigenes Häuschen auf dem Lande leisten können!"

das **Tageslicht** scheuen
→ das **Licht** scheuen

an der **Tagesordnung** sein
allgemein üblich sein/häufig vorkommen [Üblichkeit]
„In jener Diktatur ist die Folterung von Menschen an der Tagesordnung."
Der Begriff *Tagesordnung* ist ein Fachwort des englischen Parlamentarismus (order of the day) und als solches 1789 nach Frankreich (ordre du jour) und kurze Zeit später als Lehnübersetzung nach Deutschland gekommen. Die ursprüngliche Bedeutung ist: *die Reihenfolge der Gegenstände eines Verhandlungstages*. Wie bei *Schema F* hat sich daraus in der Umgangssprache die allgemeinere Bedeutung des Normalen und Üblichen ausgebildet.

(wieder) zur **Tagesordnung** übergehen [Normalität]
→ an der **Tagesordnung** sein

aus dem **Takt** bringen/geraten [Störung]

ein paar **Takte** miteinander reden (umg.) [Reden]

viel **Tamtam** um/wegen etwas machen (umg.) [Aufbauschung]
Tamtam hieß bei bestimmten Völkern Vorder- und Hinterindiens die Trommel. Der lautmalende Ausdruck wurde zunächst ins Franz. übernommen und kam von dort vor der Mitte des 19. Jahrhunderts mit der Bedeutung *Marktschreierei* ins Deutsche.
→ **Theater** machen

tanken: schwer getankt haben [Trunkenheit]

schlank wie eine **Tanne** (umg.)
→ die schlanke **Linie** [Schlankheit]

der **Tanz** auf dem Vulkan
→ der Tanz auf dem **Vulkan**

ein **Tanz** auf dem Seil
→ **Seiltanz**

der **Tanz** um das Goldene Kalb
→ der Tanz um das Goldene **Kalb**

einen **Tanz** aufführen (umg.)
1) *jmdm. laut Vorwürfe machen* [Vorwurf]
2) *sich laut streiten* [Streit]
1) „Meine Frau hat vielleicht einen Tanz

aufgeführt, als ich neulich abends erst um Mitternacht nach Hause kam!"
2) „Unsere Nachbarn führen schon wieder einen Tanz auf, daß die Wände wackeln. Die lassen sich bestimmt bald scheiden!"
Tanz und *tanzen* wird auf das mittellat. Verb *danetzare* (sich auf der Tenne belustigen) zurückgeführt. Über franz. *danser* ist es um 1200 als höfisches Modewort des Rittertums entlehnt worden und hat das germanische *Leich* ersetzt. Im erweiterten Sinne wird *Tanz* für alle Arten schneller Bewegung gebraucht, so etwa für *Kampf* und *Streit, Gezänk* und *Schelte*.

das **Tanzbein** schwingen [Tanz]
→ einen **Tanz** aufführen

etwas aufs **Tapet** bringen (umg.)
etwas zur Sprache bringen/zur Diskussion stellen [Thema]
„Ich dachte, das Thema Betriebsausflug sei endlich ad acta gelegt." „War es ja auch, aber Fräulein Kurz hat es heute wieder aufs Tapet gebracht, und die Sache ist jetzt immer noch nicht ausgestanden!"
Tapet ist eine Nebenform zu *Tapete* mit der Bedeutung *Tischdecke*. Der Tisch eines Beratungszimmers hieß (wegen seiner grünen Tischdecke) ebenfalls *Tapet*. Die Redensart ist eine Lehnübersetzung vom Franz. *mettre une affaire sur le tapis* und seit 1697 im Deutschen belegt. Die Wortfamilie *Tapete* (zu der auch Teppich gehört) ist aus dem Persischen über das Romanische in die deutsche Sprache gekommen.

Tapetenwechsel brauchen (umg.)
alle Arten des Wechsels: Umzug, Reise, Beruf, Lokal u. ä. [Reisen]
„Ich brauche unbedingt einmal Tapetenwechsel. Was hältst du von einer kurzen Reise nach Tirol?"

wie von der **Tarantel** gestochen (umg.)
plötzlich, schnell, unerwartet
[Unvermitteltheit]
„Im Lokal sprang meine Frau plötzlich auf wie von der Tarantel gestochen und rief: ‚Ich glaube, ich habe das Bügeleisen nicht abgestellt!' Natürlich haben wir dann nicht mehr auf das Essen gewartet, sondern sind schnell heimgefahren!"
Tarantel (Lycosa tarantula) ist der Name einer giftigen Wolfsspinnenart in Unteritalien, die nach der Stadt Tarent benannt ist. Als wirkungsvollstes Heilmittel gegen den Tarantelstich galt in Italien eine wilde Tanzmelodie, die Tarantella, durch deren Klänge der Gestochene in Ekstase geriet und bis zum Umfallen tanzte. Dieser ursprüngliche Heiltanz wurde später als Folge des Bisses aufgefaßt und als eine Art Veitstanz angesehen. Der redensartliche Gebrauch der Wendung ist seit dem 18. Jahrhundert belegt.

in die eigene **Tasche** arbeiten/wirtschaften (umg.)
sich (unrechtmäßig/durch Unterschlagung) bereichern [Bereicherung]
„Auf diesem verantwortungsvollen Posten ist die Versuchung groß, gelegentlich auch mal in die eigene Tasche zu wirtschaften!"
Herkunft → jmdm. auf der **Tasche** liegen

etwas aus eigener **Tasche** bezahlen/tief in die **Tasche** greifen müssen (umg.)
(viel) Geld (selbst) bezahlen (müssen) [Bezahlen]
„Die Reparaturen an Ihrem Dienstwagen müssen Sie allerdings aus eigener Tasche bezahlen!" „Das macht nichts, der Dienstwagen alleine ist schon eine Erleichterung. Sie wissen ja: Für einen gleichwertigen Wagen müßte ich sonst tief in die Tasche greifen!"
Herkunft → jmdm. auf der **Tasche** liegen

etwas in der **Tasche** haben
etwas ganz sicher haben [Besitz]
„Wenn ich erst einmal das Abitur in der Tasche habe, ist meine Karriere so gut wie gesichert!"

jmdn. in der **Tasche** haben
jmdn. unter Einfluß und Kontrolle haben [Einfluß]
„Der Stefan ist mir verpflichtet - den habe ich in der Tasche!"

die Hand auf der **Tasche** halten (umg.)
geizig/sparsam sein [Geiz] [Sparsamkeit]

„Nein, du bekommst keinen neuen Pelzmantel, Erna! Ich muß ein bißchen die Hand auf der Tasche halten, bis die alten Rechnungen beglichen sind!“

jmdn./etwas wie seine **Tasche** kennen
→ jmdn./etwas wie seine **Westentasche** kennen

jmdm. auf der **Tasche** liegen (umg.)
von jmdn. bezahlt/unterhalten werden [Ausnutzung]
„In den Semesterferien gehe ich immer arbeiten. Ich habe nämlich keine Lust, meinen Eltern ständig auf der Tasche zu liegen!“
Die meisten Redensarten mit dem Begriff *Tasche* haben mit Geld zu tun. Das paßt auch zur Geschichte des Wortes selbst: Man deutet als Wurzel das lat. Verb *taxare* (*abschätzen;* daher auch *Taxi* und *taxieren*), das sich zu volkslat. *tasca* (aufgetragenes Pensum) weiterentwickelt hat. Zu diesem *tasca* gehören auch das engl. *task* und das franz. *tàche* (beide mit der Bedeutung *Aufgabe*). Aus der auferlegten Tagesaufgabe des Tagelöhners erwuchs die Bedeutung *Tageslohn*, die schließlich auf den Beutel übertragen wurde, in dem er heimgetragen wurde. In diesem Sinne hat das seit dem 9. Jahrhundert nachweisbare Lehnwort den ganzen deutschen Sprachraum erobert. Der später aufgekommene, in den Kleidern eingenähte Tragbeutel heißt bis heute in der Umgangssprache Sack. Dasjenige, was man in der Tasche hat, gilt als verfügbarer Besitz.

sich in die eigene **Tasche** lügen (umg.) [Selbstbetrug]

jmdn. in die **Tasche** stecken (können)
jmdm. überlegen sein [Überlegenheit]
„Konrad ist zweifellos der Klassenbeste. In einigen Fächern kann er sogar seine Lehrer in die Tasche stecken!“

eine trübe **Tasse** (umg.)
ein Mensch ohne Ideen/Schwung/Kraft [Unfähigkeit]
„Der Paul, diese trübe Tasse, hat sich immer noch nicht zum Examen angemeldet!“

er hat nicht alle **Tassen** im Schrank/Spind (umg.)
er ist leicht verrückt [Verrücktheit]
„Du willst deinen Job hinschmeißen und nur noch vom Malen deiner Bilder leben? Du hast wohl nicht alle Tassen im Schrank! Wer soll die dir denn abkaufen?“

in der **Tat**
wirklich, tatsächlich [Verstärkung]
„Ich habe Ihren neuen Roman jetzt gelesen. Es handelt sich in der Tat um ein bemerkenswertes Stück Literatur!“
Diese Wendung ist eine Ableitung von Formulierungen, in denen *in der Tat* noch die ursprüngliche Bedeutung im Sinne von *Tun, beispielhaftes Tun, wirkliche/unbezweifelbare Tat* usw. hatte. Der redensartliche Gebrauch ist seit dem 15. Jahrhundert belegt.

jmdn. auf frischer **Tat** ertappen
jmdn. bei einem verbotenen Tun ertappen [Ertappen]
„Der Ladendieb wurde auf frischer Tat ertappt. Er sah sofort, daß Leugnen keinen Zweck haben würde, und gab die Ware zurück.“
Das von *tun* abgeleitete *Tat* bezeichnet alles das, was wirklich ausgeführt wird. *Tat* steht damit im Gegensatz zu *Wort, Wille, Vorsatz* oder *Rat. Frisch* bedeutet in diesem Zusammenhang: *neu, gerade erst geschehen*, oder (in einem Bild): *noch brennend*, analog dem lat. Lehnausdruck *in flagranti* (von *flagrantia* = Glut). Die Wendung ist bereits im 12. Jahrhundert belegt, wobei übrigens (wie im Lat.) zunächst der Ehebruch (die Tat aus „Liebesglut“) gemeint war.

jmdn. vor vollendete **Tatsachen** stellen/vollendete **Tatsachen** schaffen
etwas tun/eine Handlung verrichten, die auch einen anderen betrifft, ohne ihn jedoch vorher darüber zu unterrichten [Überrumpelung]
„Bevor wir etwas dagegen unternehmen konnten, hat uns unsere Tochter vor vollendete Tatsachen gestellt und einfach diesen Mann geheiratet, vor dem wir sie immer gewarnt hatten. Natürlich ist die Ehe dann auch gescheitert!“

Das Wort *Tatsache* ist dem engl. *matter of fact* nachgebildet, das seinerseits der lat. Rechtsformel *res facti* entspricht. Das erst Mitte des 18. Jahrhunderts geprägte deutsche Wort wurde von Lessing, Herder, Goethe und anderen Schriftstellern aufgenommen und durchgesetzt, obwohl es noch 1801 vom Lexikographen Adelung als „unschicklich" abgelehnt wird. Der sprachlich sensible Lessing schreibt als Erinnerung: „Das Wörtchen Thatsache ist noch so jung. Ich weiß mich der Zeit ganz wohl zu erinnern, da es noch in niemands Munde war. (...) Noch weniger weiß ich, wie es gekommen sein mag, daß dieses neue Wörtlein ganz wider das gewöhnliche Schicksal neuer Wörter in kurzer Zeit ein so gewaltiges Glück gemacht hat; noch, wodurch es eine so allgemeine Aufnahme verdient hat, da man in gewissen Schriften kein Blatt umschlagen kann, ohne auf eine Thatsache zu stoßen ..."

vor **Tau** und Tag (Paarformel, Stabreim)
sehr früh morgens [Morgen]
„Wenn wir den Berg in einem Durchgang besteigen wollen, müssen wir vor Tau und Tag aufbrechen."

warten, daß einem die gebratenen **Tauben** in den Mund fliegen (umg.)
etwas ohne Anstrengung erreichen wollen [Faulheit]
„Er strengt sich leider im Beruf gar nicht an und scheint darauf zu warten, daß ihm die gebratenen Tauben von alleine in den Mund fliegen. Aber da kann er lange warten!"
Diese seit dem 15. Jh. belegte Redensart stammt aus dem Bildbereich des Schlaraffenlands. Wir finden das Motiv aber bereits in den attischen Komödien des 5. Jh. v. Chr., etwa bei Athenaios und Telekleides: „Gebratene Krammetsvögel, begehrend verschlungen zu werden, flogen den Leuten um den Mund herum."

hier geht es zu wie in einem **Taubenschlag** (umg.)
hier ist so viel Betrieb, daß man sich nicht konzentrieren kann [Unruhe]
„Während des Publikumsverkehrs geht es in den Büros zu wie in einem Taubenschlag. Zum richtigen Arbeiten kommen wir daher meistens erst am Nachmittag!"
Der Taubenschlag ist das Häuschen, in dem die zahmen Tauben nisten und übernachten. Einen frühen Beleg für den Gebrauch dieser Redensart finden wir bei dem Komponisten Carl Friedrich Zelter, der an Goethe schreibt: „Es wohnt niemand bequem bei mir, weil es zu unruhig ist und meine Wohnung wie ein Taubenschlag ist."

auf **Tauchstation** gehen (umg.)
sich (vorübergehend) verbergen (müssen) [Verbergen]
„Nach dem Krieg sind manche ein paar Jahre auf Tauchstation gegangen, weil sie wegen bestimmter Vergehen gesucht wurden."
Diese Redensart stammt aus dem Bereich des U-Boot-Krieges und dürfte erst im oder nach dem 1. Weltkrieg entstanden sein.

etwas aus der **Taufe** heben [Beginn]
→ in die **Wege** leiten

abwarten und **Tee** trinken! (umg.)
seien wir geduldig!, erst mal abwarten! [Abwarten]
„Langsam werde ich doch unruhig! Peter müßte schon längst von seinem Gebirgsausflug zurückgekehrt sein!" „Abwarten und Tee trinken! Es ist immer noch hell draußen, und vielleicht macht er noch irgendwo eine Rast!"
Tee ist ein südchines. Wort und zusammen mit dem Produkt gegen Ende des 17. Jh. nach Deutschland gelangt. Die Redensart ist seit der Mitte des 19. Jh. belegt. Sie soll auf eine Ermahnung zurückgehen, die ein damals bekannter Schafhirte und Kräuterheilkundiger namens Heinrich Ast seinen ungeduldigen Patienten mit auf den Weg gab.

einen im **Tee** haben (umg.) [Trunkenheit]

auf dem **Teppich** bleiben (umg.)
sachlich bleiben [Realismus]
„Einen Sportwagen willst du dir kaufen? Nun bleib aber mal auf dem Teppich! Wo-

von willst du denn den eigentlich bezahlen?“
Das Wort *Teppich* stammt ursprünglich aus dem Persischen und ist im 7. Jh. über volkslat. *tapetum* eingedeutscht worden. Da der Teppich stets zu einem vornehmen Rahmen gehört, könnte sich die Redensart allgemein über den Zusammenhang des guten Benehmens entwickelt haben.

etwas unter den **Teppich** kehren (umg.)
[Vertuschung]

jmdn. **teuer** zu stehen kommen, etwas **teuer** bezahlen müssen
böse Folgen haben [Folge]
„Dieser Kerl hat dich beleidigt? Das wird ihn teuer zu stehen kommen!“
Stehen bedeutet gelegentlich: *in einer Schuld stehen, für etwas einstehen müssen, für etwas haften müssen, für etwas geradestehen.* Dieser allgemeine Sinn der Haftbarkeit ist hier durch *teuer* im Sinne von *in hohem Grade* verstärkt und später durch das verständlichere *bezahlen* ersetzt worden.

der **Teufel** ist los (umg.)
1) *Lärm, Betriebsamkeit, Durcheinander, u. ä.* [Durcheinander]
2) *Streit* [Streit]
1) „Wie es auf dem Oktoberfest war? Dort war der Teufel los! Wir haben nicht einmal einen Sitzplatz gekriegt!“
2) „Bei unseren Nachbarn ist wieder einmal der Teufel los, weil die Kinder Zeugnisse bekommen haben.“
Der Teufel kommt in so vielen redensartlichen Wendungen vor, daß hier nur eine kleine Auswahl davon berücksichtigt werden kann. Das Wort *Teufel* basiert auf griech. *diabolos* (Verleumder, Widersacher) und wird durch die Bibelübersetzung des Wulfila im Gotischen als *diabulus* volkstümlich. Im 5./6. Jh. kommt er als *tiufal* ins Althochdeutsche und wird schließlich in der weiteren Sprachentwicklung zu *tiefel*, *teifel* und *Teufel*. Noch heute sind mundartliche Bildungen wie *Deifel* oder *Deifi* erhalten, daneben als Lehnwort das ursprüngliche *diabolisch*. Natürlich gibt es unzählige Hüllformeln wie *der Leibhaftige*, *der Gottseibeiuns*, die verhindern sollen, daß der Teufel *herbeigerufen* wird (vgl.: wenn man vom **Teufel** spricht). In vielen Redensarten kann das Wort *Teufel* daher auch durch andere Begriffe ersetzt werden, die sich auf des Teufels verschiedene Erscheinungsformen beziehen (vgl.: zum **Kuckuck**). Auch sonst trägt der Teufel erstaunlich viele Namen, die teilweise aus fremden Sprachen entnommen sind: Das hebräische *Satan* (Widersacher) wird in der Form *satanas* im griech. Text des Neuen Testaments gebraucht. Die damit verwandte arabische Form *schaitan* bedeutet auch *Schlange*. Meist wird *Satan* als Name des Teufels angesehen und deshalb ohne Artikel gebraucht. Eine althochdeutsche Übersetzung von *Satan* ist *fiant* (Feind), eine Form die auch in der Vulgata (inimicus) und von Luther (der alte böse Feind) gewählt wird. Im Neuen Testament (Matth. 12, 24; Lukas 11, 15; 18, 9) taucht als Name des obersten Teufels noch die Bezeichnung *Beelzebub* auf. Es wird gewöhnlich als (hebräisch: *baalsebuw) Fliegengott, Herr der Fliegen* gedeutet. Der Name *Luzifer* (lat.: *Lichtbringer*) geht auf Jesaias 14, 12 zurück, wo der Teufel als gefallener Engel und in Verbindung mit dem Mythos vom Höllensturz des Morgensterns gesehen wird. Goethe schließlich wählte den bereits im Volksbuch *Historia von D. Johann Fausten* des Jahres 1587 gebrauchten Namen *Mephistopheles*, der etymologisch umstritten ist. Am wahrscheinlichsten ist die Deutung *Lichthasser* von griech. *me* (nicht), *phos* (Licht) und *philein* (lieben). Aus Goethes *Faust* kennen wir auch eine der üblichen Gestalten des Teufels, den schwarzen Hund (vgl.: des Pudels **Kern**). Daneben wird der Teufel noch mit anderen Tieren (wie Schlange und Geier) in Verbindung gebracht, insbesondere aber mit dem Bock. Zur Bocksgestalt gehören die Hörner und der Bart des Teufels, aber auch der Bocksfuß, der häufiger als Pferdefuß gedeutet wird. Woher kommt diese Vorstellung? Man hat darauf hingewiesen, daß der Bock das Opfertier des germanischen Gottes Donar war, der bei der Einführung des Christentums mit dem Teufel gleichgesetzt wurde. Dane-

ben spielt sicher auch der griechische Dionysoskult mit seinen Faunen und Satyrn sowie dem Gott Pan eine Rolle. Als älteste Redensart, in der der Teufel vorkommt, gilt *der Teufel ist los*. Sie bezieht sich auf die Offenbarung des Johannes, in der es heißt: „Er ergriff den Satan, warf ihn in den Abgrund, versiegelte ihn, daß er nicht verführen sollte die Heiden, bis dann vollendet wurden tausend Jahre, und danach muß er loswerden eine kleine Zeit." Der Teufel spielt aber auch in Redensarten und Begriffen eine Rolle, in denen sein Name gar nicht erscheint. Nach dem Alten Testament ist es die Aufgabe des Teufels, die Menschen auf der Erde zu beobachten und in Versuchung zu führen. Die begangenen Sünden hat er zu notieren, und zwar – nach mittelalterlicher Vorstellung – auf einer Kuhhaut (vgl.: das geht auf keine **Kuhhaut**). Dieses Sündenregister dient dann beim Jüngsten Gericht dem Teufel als Erinnerung und Beleg, wenn er die Menschen vor Gott verklagt. Schließlich sei noch auf so harmlose Wendungen wie *jmd. ist besessen* (von seiner Aufgabe), *was ist denn bloß in dich gefahren?* oder *jmdm. die Mucken austreiben* hingewiesen, die erst auf den zweiten Blick ihren Ursprung im alten Teufelsglauben offenbaren.

auf **Teufel**-komm-raus (umg.)
mit aller Kraft, ohne Rücksicht auf die Folgen [Intensität]
„Erst hat man auf Teufel-komm-raus Kernkraftwerke gebaut, und heute weiß man nicht, wohin mit den radioaktiven Abfällen."

pfui **Teufel**! (umg.) [Ekel]
→ **Spucke**

Teufel noch (ein-)mal! (umg.) [Ungeduld]
→ **Himmel** noch (ein-) mal!

wie der **Teufel** (umg.) [Schnelligkeit]
→ wie die **Feuerwehr**

ein richtiger kleiner **Teufel** (umg.)
ein übermütiges/boshaftes Kind [Boshaftigkeit]

hinter etwas her sein wie der **Teufel** hinter der armen Seele (umg.)
sehr begierig sein nach etwas [Wunsch]
„Sie spart, wo sie nur kann, und ist hinter dem Geld her, wie der Teufel hinter der armen Seele!"
Im Volksglauben herrscht die Ansicht, daß der Teufel den Menschen verführen oder ihm die Seele abkaufen will. Ein uraltes Motiv basiert auf der Vorstellung des Paktes zwischen einem Menschen und dem Teufel. Mit dem Teufelsbündnis erklärte sich der einfache Mann die herausragenden Leistungen und Erfolge einzelner Persönlichkeiten. Der Teufelsbündner wird dabei nicht ausschließlich verdammt, sondern auch als durch die Möglichkeiten des Teufels Verblendeter angesehen. Bekanntlich wird sogar Jesus selbst in der Wüste vom Teufel in Versuchung geführt: „Der Teufel führte ihn auf einen hohen Berg und zeigte ihm alle Reiche der Welt und ihre Herrlichkeit: Das alles will ich dir geben, wenn du niederfällst und mich anbetest." Die gängigsten Verheißungen des Teufels im Verlauf dieser Motivtradition sind Macht und Reichtum, Liebesglück und Wissen. Besonders der letzte Punkt tritt im ausgehenden Mittelalter mit seinen neuen Entdeckungen und Geisteswelten stark in den Vordergrund. Im Rahmen des sich gleichzeitig verstärkenden Hexenglaubens geraten Persönlichkeiten wie Bacon und Galilei, Nostradamus und Paracelsus in den Verdacht, mit dem Teufel verbündet zu sein. Auch das Leben des historischen Georg Faust (1480–1549), der medizinische und alchimistische Studien betrieb, wird schon von seinen Zeitgenossen mystifiziert und in die Nähe des Teufelspakts gerückt. Im 1587 erscheinenden Volksbuch *Historia des D. Johann Fausten* wird schließlich ein ganzes Szenarium vorgebildet, das über Jahrhunderte hinweg aufgegriffen und variiert wird: Faust schließt einen Pakt mit dem teuflischen Geist Mephistopheles, nach dem dieser ihm 24 Jahre lang jeden Wunsch erfüllen muß. Danach soll Fausts Seele dem Teufel zufallen. Faust nutzt diese Zeit zu Studien, aber auch zu weiten Reisen und einem genußreichen Leben, bevor er unter großer Angst

stirbt. Bekannte Wiederaufnahmen des Stoffes stammen von Christopher Marlowe (um 1600) und natürlich von Goethe. Goethe erst führt den Vertrag zwischen Gott und Mephistopheles ein, so daß der eigentliche Teufelspakt fast sekundär und zu einem im göttlichen Weltplan vorgesehenen Ereignis wird. Darauf basiert auch die Hoffnung, daß die Schuld des Teufelsbündners Faust nicht seine endgültige Erlösung ausschließt. Tatsächlich wird im zweiten Teil des Dramas (*Faust II*, 1832) der Held durch die göttliche Liebe erlöst. Damit wird der „faustisch" nach Wissen und Erkenntnis strebende Mensch endgültig von seinem volkstheologischen Hintergrund gelöst und als Entwurf des modernen abendländischen Menschen (Oswald Spengler) gesehen und nicht als Verdammter.

ein **Teufel** in Menschengestalt sein (umg.)
→ ein krummer **Hund** sein
[Schurke]

zum **Teufel**! (umg.)
[Verärgerung]
→ zum **Teufel** gehen/sein

den **Teufel** mit dem Beelzebub austreiben (umg.)
etwas Schlimmes bekämpfen/beseitigen, indem man noch Schlimmeres tut/benutzt [Verschlimmerung]
„Gegen die Grippe hast du Tabletten genommen, von denen du einen Herzanfall bekommen hast? Typisch. Da hast du wieder einmal den Teufel mit dem Beelzebub ausgetrieben!"
Diese Redensart ist ein Bibelzitat und geht auf Matth. 12,24–27 und andere Stellen zurück: „Als die Pharisäer dies hörten, sprachen sie: Er treibt die Teufel nicht anders aus denn durch Beelzebub, den obersten der Teufel!" *Beelzebub* ist einer der Namen des Teufels und bedeutet *Herr der Fliegen.* Das Sprichwort *In der Not frißt der Teufel Fliegen* enthält daher im Grunde (wahrscheinlich zufällig) dieselbe Aussage, nämlich die, daß der Herr der Fliegen (oberster Teufel) sich an den Fliegen selbst (kleinere Teufel) schadlos hält.

jmd. fragt den **Teufel** nach etwas
jmd. fragt nicht nach etwas/kümmert sich nicht darum; es ist ihm gleichgültig, was andere dazu meinen [Gleichgültigkeit]
„Unser Sohn fragt den Teufel nach unserer Erlaubnis; er nimmt sich einfach den Wagen, wenn er irgendwohin muß!"
In einer Reihe von Redensarten bedeutet *Teufel* einfach soviel wie *nichts* oder *niemand.*

etwas fürchten wie der **Teufel** das Weihwasser (umg.)
etwas ganz besonders fürchten [Abneigung]
„Öffentliche Auftritte fürchtet er wie der Teufel das Weihwasser, er ist nämlich kamerascheu!"
Der Teufel ist eine Erfindung der dualistischen altorientalischen Weltbilder, die im Judentum Eingang fanden und so auch ins Christentum kamen. Weder in der germanischen Mythologie noch im griechischen und römischen Denken gab es ursprünglich den schroffen Gegensatz zwischen göttlicher und teuflischer Sphäre. An Zauberei und Magie wurde zwar ebenfalls geglaubt, beides war aber Gottheiten zugeordnet, deren Anrufung nicht als verwerflich galt oder das typisch christliche Phänomen der Sünde und der Schuld mit sich brachte. Magie war beispielsweise nach dem römischen Zwölftafelgesetz nur dann strafbar, wenn sie sich als Schadenszauber gegen andere Personen richtete. Der mit dem Christentum ins europäische Denken eingeführte Dualismus zwischen Gut und Böse wurde unmittelbar im Bilde eines Kampfes gesehen, in dem beide Seiten Mittel und Gegenmittel zur Verfügung stehen. In diesem Rahmen sind auch die christlichen Mittel des Abwehrzaubers wie Kreuz und Weihwasser zu sehen, die insbesondere in der Form der Teufelsaustreibung (Exorzismus) instrumentalisiert wurden. In diesem Umfeld ist auch die Entstehung dieser Redensart zu sehen.

zum **Teufel** gehen/sein (umg.)
1) *unrealisierbar sein* [Undurchführbarkeit]
2) *kaputtgehen* [Defekt]
3) *verlorengehen* [Verlust]

1) „Wenn es so weiterregnet, ist unser schöner Plan zum Teufel. Dann werden wir halt morgen den Berg nicht besteigen!“
2) „Wo meine Uhr ist? Die ist zum Teufel. Eine Reparatur hätte sich nicht mehr gelohnt.“
3) „Hast Du gerade mal was zu schreiben? Mein Kugelschreiber ist nämlich zum Teufel!“
Mit *Teufel* werden alle möglichen Formen negativer Sachverhalte in der Alltagswelt kommentiert.

den **Teufel** im Leib haben (umg.)
temperamentvoll/wild sein [Temperament]
„Unser kleiner Kater hat den Teufel im Leib. Er springt glatt die Wände empor und klettert an der Gardine rauf und runter!“

der **Teufel** soll mich holen, wenn ... (umg.)
seiner Sache sicher sein [Gewißheit]
„Der Teufel soll mich holen, wenn der dort auf der anderen Straßenseite nicht Boris Becker ist!“

hol's der **Teufel**! (umg.) [Verdrängung]
→ hol's der **Geier**

jmdn. zum **Teufel** jagen (umg.)
[Verschwinden]
→ jmdn. zum **Teufel** wünschen

in **Teufels** Küche kommen/geraten (umg.)
in die größten Schwierigkeiten geraten
[Schwierigkeiten]
„Aufgrund Ihrer Unterlagen kann ich Sie nicht zum Studium zulassen. Wenn das jemals rauskommen würde, käme ich in Teufels Küche!“
Nach altem Volks- und Aberglauben ist die Hölle ein heißer Ort. In Verbindung mit der Vorstellung, daß sich die Hexen mit dem Teufel treffen, hat sich daraus das Bild von der Teufels- oder Hexenküche entwickelt, wie es uns etwa aus *Faust I* geläufig ist. In des Teufels Küche werden die Sünder gequält und als Teufels- oder Satansbraten zubereitet. Eine besondere Rolle spielt in dieser Vorstellung des Teufels Großmutter. Sie tritt uns beispielsweise in dem Grimmschen Märchen vom *Teufel mit den drei goldenen Haaren* entgegen. Diese nichtchristliche Figur geht auf die alte jüdische Geheimlehre der Kabbala zurück. Nach dieser Überlieferung schuf Gott als erste Frau Adams die Dämonin Lilith. Adam vertrug sich nicht mit ihr, und so verließ sie ihn, um mit anderen Dämonen Kinder zu zeugen, welche die Welt bevölkern. Wahrscheinlich geht dieser Mythos auf eine sumerische Nachtgottheit ähnlichen Namens zurück.

male doch nicht (gleich) den **Teufel** an die Wand! (umg.)
sprich doch nicht über mögliches Unheil! denk doch nicht gleich an das Schlimmste!
[Beschwörung]
„Du glaubst, die versprochene Gehaltserhöhung wird wieder gestrichen? Mal doch nicht den Teufel an die Wand!“
Das Malen des Teufels ist genauso verboten wie das Nennen seines Namens. Dahinter steckt die Vorstellung, daß man mit bestimmten Zeichen das Böse beschwören könne, ebenso wie die Segenszeichen C + M + B am Dreikönigstag über der Haustür angebracht werden, um das Unheil abzuwehren. Tatsächlich lautete die ursprüngliche Formulierung der Redensart: „Man braucht den Teufel nicht über die Tür zu malen, er kommt von selbst ins Haus“ (*Sprichwörter* des Sebastian Franck aus dem Jahre 1541).

jmdn. reitet der **Teufel** (umg.)
jmd. handelt
1) *sehr unüberlegt/leichtsinnig* [Leichtsinn]
2) *böswillig* [Boshaftigkeit]
1) „Wie kannst du nur so schnell fahren? Dich reitet wohl der Teufel?“
2) „Warum hast du den Streit bloß angezettelt? Dich hat wohl der Teufel geritten?“
Im Aberglauben reiten böse Geister oder gar der Teufel selbst auf dem Nacken des Menschen und flüstern ihm böse Eingebungen ins Ohr. Neben diesen *Aufhock-Geistern* (Succubus) gibt es in der Welt der Dämonen natürlich auch *Einfahr-Geister* (Incubus), die den Menschen von seinem Inneren her krank machen oder geistig verändern.

sich den **Teufel** um jmdn./etwas scheren (umg.)
→ jmd. fragt den **Teufel** nach etwas
[Gleichgültigkeit]

wenn man vom **Teufel** spricht (dann kommt er gegangen) (umg.)
so ein Zufall, wir sprechen gerade über dich! [Thema]
„... und dann hat der Hans dem Chef einfach die Kündigung hingeknallt. Ach, da kommt er ja selbst. Wenn man vom Teufel spricht ... Guten Tag, Hans, setz dich doch her und erzähl!"
Nach altem Aberglauben erscheint der Teufel persönlich, wenn man seinen Namen nennt. Dieser sollte also möglichst vermieden werden bzw. durch Hüllformeln ersetzt werden. Die Gesprächsfloskel *wenn man vom Teufel spricht...* ist eine moderne scherzhafte Spielerei mit der Vorstellungswelt des Teufelsglaubens. Die Gleichsetzung eines Menschen mit dem Teufel kommt vielfach vor, sowohl im ernsten (ein leibhaftiger Teufel) als auch im scherzhaften Sinne (ein richtiger kleiner Teufel). Als *Teufelskerl* bezeichnet man eher bewundernd einen Mann, der große und verwegene Taten vollbringt. Ein *armer Teufel* dagegen ist ein armseliger (kranker, bettelarmer) Mensch. Diese Vorstellung beruht auf den mittelalterlichen Fastnachtsspielen, in denen der Teufel stets als der Betrogene und als der Verlierer erscheint.

den **Teufel** wirst du tun! (umg.)
[Verneinung]
→ jmd. fragt den **Teufel** nach etwas (umg.)

weiß der **Teufel** (umg.) [Nichtwissen]
→ weiß der **Kuckuck**

das weiß der **Teufel** (umg.) [Nichtwissen]
→ das wissen die **Götter**

jmdn. zum **Teufel** wünschen (umg.)
wünschen, jmd. (etwas) sei weg
[Vertreibung]
„Diese lauten Düsenjäger habe ich schon hundertmal zum Teufel gewünscht. Nie hat man seine Ruhe!"
Alles, was man unerträglich findet, wünscht man mit alten Fluchformeln *zum Teufel* oder *in die Hölle*.

es müßte mit dem **Teufel** zugehen, wenn (etwas nicht geschieht) (umg.)
etwas wird ganz sicher passieren
[Gewißheit]
„Es müßte mit dem Teufel zugehen, wenn ich diesmal nicht wenigstens einen Dreier im Lotto habe. Schließlich habe ich zehn Tippzettel ausgefüllt!"

in drei **Teufels** Namen (umg.)
→ in **Gottes** Namen

bist du des **Teufels**? (umg.)
→ du bist wohl von allen guten **Geistern** verlassen! [Verrücktheit]

so ein **Theater** [Aufsehen]
→ **Theater** machen/spielen/aufführen

das ist doch bloß/nichts als/reines **Theater** [Täuschung]
→ **Theater** machen/spielen/aufführen

jetzt fängt das **Theater** schon wieder an [Streit]
→ **Theater** machen/spielen/aufführen

Theater machen/spielen/aufführen (umg.)
etwas vortäuschen/aufbauschen/übertreiben
[Aufbauschung]
„Mach nicht so ein Theater wegen dieser kleinen Verletzung. In einer Stunde spürst du nichts mehr davon!"
Noch zu Beginn des 18. Jahrhunderts gab es im Deutschen nur die lat. Form *theatrum*. Erst später wurde die engl. Form *theater* übernommen und beibehalten. Die Redensarten, in denen der Begriff *Theater* selbst vorkommt, stellen die Aspekte der Täuschung, Aufbauschung, Unehrlichkeit und des auffälligen Tuns in den Vordergrund.

graue **Theorie**
etwas rein Theoretisches, das in der Praxis nicht stimmt [Theorie]
„Das Benzin soll noch bis Hamburg reichen? Das ist aber nur graue Theorie! Der

Tankanzeige nach kommen wir gerade noch bis zur nächsten Tankstelle!“
In Goethes *Faust I* sagt Mephisto zu dem Schüler, dem er manches „kräftig Wörtchen“ über die verschiedenen Wissenschaften (Philosophie, Jura, Medizin usw.) mitgibt: „Grau, teurer Freund, ist alle Theorie und grün des Lebens goldner Baum.“

ein ungläubiger **Thomas**
ein mißtrauischer Mensch [Mißtrauen]
„Komm her, du ungläubiger Thomas, ich zeige dir die Rechnung. Das Kleid hat wirklich nur 80 Mark gekostet, weil Schlußverkauf ist!“
Diese Redensart ist biblischen Ursprungs. In Joh. 20, 24–29 will der Jünger Thomas nicht eher an die Auferstehung Christi glauben, als bis er in dessen Händen die Nägelmale sieht.

jmds. **Thron** wackelt [Gefährdung]

das läßt **tief** blicken
das enthüllt etwas (Negatives), das bisher verborgen war [Offenlegung]
„Ach, Peter hat dir einen goldenen Ring geschenkt? Das läßt ja tief blicken!“

(seelischen) **Tiefgang** haben
gefühlsmäßig tief empfinden/empfunden sein [Empfindung]
„In diesem seichten Boulevardstück vermissen wir schmerzlich den seelischen Tiefgang, der den Autor sonst so auszeichnet.“

ein großes/hohes **Tier** (umg.)
eine einflußreiche/wichtige Persönlichkeit; ein Prominenter [Prominenz]
„Sein Bruder ist irgendein hohes Tier im Kultusministerium.“
Menschen werden vielfach direkt (Schwein, Ochse, Esel) oder allgemein als Tier bezeichnet. Das *große* oder *hohe Tier* verbindet diese volkstümliche Bildersprache mit der allgemeinen Hoch-tief-Metaphorik (hoch hinauswollen). Generell steht der Mensch (auch im wissenschaftlichen evolutionären Stammbaum-Denken) „über“ dem Tier oder an der „Spitze“ der Entwicklung.

zum **Tier** herabsinken
[Triebe]
→ ein großes/hohes **Tier**

jedem **Tierchen** sein Pläsierchen (umg.)
jeder soll das Vergnügen haben, das er möchte [Toleranz]
„Du willst lieber ein Bier anstelle des Weins? Na klar! Jedem Tierchen sein Pläsierchen!“
Eine im Jahre 1887 in München erschienene Sammlung humoristischer Gedichte trug den Titel: *Jedes Tierchen hat sein Pläsierchen. Zoologischer Lieder-Garten*. Die Verfasser waren Edwin Bormann und Adolf Oberländer.

klar wie dicke **Tinte** (umg.)
→ klar wie **Kloßbrühe**

du hast wohl **Tinte** gesoffen? (umg.)
du spinnst wohl? [Verrücktheit]
„Du hast vergessen, die Lottoscheine abzugeben? Du hast wohl Tinte gesoffen? Und was ist, wenn wir jetzt eine Million gewonnen hätten?“
Das Wort *Tinte* ist abgeleitet von lat. *aqua tincta* (gefärbtes Wasser) und so verwandt mit *Tinktur*. Jahrhundertelang war Tinte das wertvollste Schreibmaterial und (in einer Welt von Analphabeten) das Kennzeichen des Gelehrten, der redensartlich ja überhaupt als versponnen und leicht verrückt gilt. Eine häufig geäußerte Vermutung, diese Redensart sei über spanisch *vino tinto* (Rotwein) abzuleiten, erscheint demgegenüber als wenig plausibel.

(schön) in der **Tinte** sitzen (umg.)
in Schwierigkeiten sein [Schwierigkeiten]
„Warum läufst du denn vor der Polizei davon? Du scheinst ja ganz schön in der Tinte zu sitzen!“
Alle Arten von trüber Flüssigkeit, Wasser, Dreck, Kot, der volksetymologisch als *Schlamm* verstandene *Schlamassel* und eben auch die schwarze Tinte dienen redensartlich dazu, das „Stecken“ in irgendwelchen Schwierigkeiten zu veranschaulichen. Schon im Jahre 1520 schreibt in diesem Sinne Geiler von Kaisersberg: „Du bist voller Sünd, ... du steckst mitten in der Tincten.“

am runden **Tisch**
Verhandlungen/Gespräche unter Gleichberechtigten [Verhandlung]
„Gewerkschaften und Arbeitgeber werden sich im Herbst wieder am runden Tisch zusammensetzen, um die neuen Lohntarife auszuhandeln."
Da die Kopfseite des rechteckigen Tisches mit einer gewissen Vorrangstellung assoziiert wird, wird bei bestimmten Verhandlungen der runde Tisch als Mittelpunkt der Versammlung gewählt, weil er soziale und andere Unterschiede nicht impliziert oder nach außen sichtbar macht.

Trennung/Scheidung von **Tisch** und Bett
Aufhebung der Ehegemeinschaft
[Scheidung]
„Jede Scheidung einer Ehe bedeutet Trennung von Tisch und Bett."
Herkunft → zu **Tisch** gehen

etwas vom grünen **Tisch** aus bestimmen
wirklichkeitsfremde Entscheidungen treffen
[Bürokratie]
„Was die Verkehrsplaner vom grünen Tisch aus bestimmen, steht oft nicht in Einklang mit dem realen Verhalten der Autofahrer."
Der *grüne Tisch* ist zunächst einmal nur der mit grünem Tuch behangene Tisch. Aus entsprechender Verwendung grüner Tischdekken bei verschiedenen Anlässen haben sich die Bedeutungen *Spieltisch* und *Gerichts-/Verhandlungstisch* herauskristallisiert. Daraus ist im 19. Jh. (etwa in Bismarcks Memoiren) der Aspekt der Weltfremdheit und der Bürokratie geworden, der heute dominiert. Es handelt sich dabei wohl gleichzeitig um einen Vorgang der Bedeutungsverschmelzung mit dem naheliegenden Aspekt der Unerfahrenheit, welcher der Verwendung von *grün* in der Redensart *ein grüner Junge* zugrundeliegt. Zwischen *Tuch* und *Bürokratie* bestehen übrigens noch andere etymologische Zusammenhänge: Das Wort *Büro* selbst geht auf lat. *burra* (zottiges Gewand, Tuch) zurück. Der mit Tuch bezogene Amtstisch wurde seit 1695 aus dem Franz. *bureau* übernommen, die zugehörigen Begriffe *Bürokrat* und *bürokratisch* allerdings erst um 1820.

beide Parteien an einen **Tisch** (zu) bringen
[Vermittlung]
→ am runden **Tisch**

(etwas) unter den **Tisch** fallen (lassen) (umg.)
(veranlassen, daß Dinge) nicht stattfinden/nicht gesagt oder getan werden
[Verschweigen]
„Über die Trennung von ihrem Mann redet sie nie. Das fällt einfach unter den Tisch!"
Früher war es üblich, Knochen und andere unverdauliche Speisen unter den Tisch fallen zu lassen, wo sie den Hunden und Katzen zur Nahrung dienten. Diese Praxis hat sich bildlich auf „unverdauliche" Themen übertragen. Dabei spielte auch die Rolle des Tischs als Verhandlungstisch eine Rolle, weil dasjenige, was offen ausgesprochen wird, sozusagen *auf dem Tisch* liegt.

zu **Tisch** gehen/rufen/bitten
zum Essen gehen/rufen/bitten, während des Essens [Essen]
„Darf ich zu Tisch bitten?"
Das Wort *Tisch* ist früh entlehnt aus griech./lat. *discus* (Schüssel). Zusammen mit den Eß- und Küchengeräten Kessel, Teller und Schüssel kamen schon ab dem 2. Jh. n. Chr. auch die entsprechenden Begriffe ins Deutsche. Von den Germanen berichtet Tacitus in seiner *Germania* (22), daß vor jedem beim Essen ein kleiner Tisch gestellt wurde, dessen hölzerne Mulde wohl gleichzeitig die Eßschüssel war (sua cuique mensa). Tische und Tafeln wurden zu jeder Mahlzeit neu hereingetragen, aufgeschlagen und „aufgehoben". Der enge Zusammenhang zwischen Tisch, Essen und häuslicher Gemeinschaft (Tisch und Bett) drückt sich auch redensartlich deutlich aus. Einen weiteren Schwerpunkt bilden Redensarten, die den Tisch als Ort der Versammlung und Beratung sehen. Dieser Tisch ist *rund* oder *grün*, man bringt beide Parteien an ihn, macht ihn *rein* oder *schlägt* darauf, um energisch seinen Standpunkt zu verdeutlichen und sich Autorität zu verschaffen. Den Abbruch der sozialen Beziehungen schließlich symbolisiert die Trennung oder Scheidung von Tisch und Bett, aber auch das Zerschneiden des Tischtuchs.

auf den **Tisch** hauen
[Einspruch]
→ auf den **Putz** hauen

unser Verhandlungsangebot liegt auf dem **Tisch**
[Offenlegung]
→ (etwas) unter den **Tisch** fallen (lassen)

reinen **Tisch** machen (umg.)
eine schwebende Angelegenheit energisch beenden, eine Sache klären
[Beendigung] [Bereinigung]
„Mir reichen jetzt diese ewigen Andeutungen. Heute werde ich einmal reinen Tisch machen und fragen, was man mir vorzuwerfen hat!"
Diese Redensart ist eine Lehnübertragung des lat. Ausdrucks *tabula rasa*, der uns besonders aus der *Ars amandi* (I,437) des Ovid überliefert ist. *Tabulae* waren die wächsernen Schreibtäfelchen, auf welche man die Schriftzeichen ritzte. Man konnte sie durch leichtes Erwärmen oder abschaben wieder zur *tabula rasa* machen und neu beschriften. Schon der griechischen Antike gelten Schrift und Buchstabe als Metaphern für Erinnerung und Gedächtnis. Berühmt ist auch Platons Vergleich der Seele mit einer Wachstafel, der die Erfahrungen sich wie mit einem Siegelring einprägen (*Theätet* 191).

die Füße/Beine unter jmds. **Tisch** st(r)ecken
→ die **Beine** unter jmds. Tisch st(r)ecken

jmdn. über den **Tisch** ziehen (umg.)
[Übervorteilung]

das **Tischtuch** zwischen sich und jmdm. anderen zerschneiden
alle Beziehungen abbrechen [Trennung]
„Zwischen meiner Mutter und mir ist das Tischtuch zerschnitten!"
Bei unseren Vorfahren gab es den symbolischen Brauch, bei einer Ehescheidung das bisher gemeinsame Tischtuch zu zerschneiden. Diese Praxis wurde später auf alle Arten der Auflösung bestehender Bindungen ausgedehnt und ist so sprichwörtlich geworden.

einen **Toast** auf jmdn. ausbringen
jmdn. vor einer Gesellschaft rühmen und auf sein Wohl trinken [Ehrung]
„Und nun wollen wir auf unseren lieben Jubilar Erich einen Toast ausbringen: Er lebe hoch!"
Das dem Engl. entnommene Fremdwort *Toast* hat zwei unterschiedliche Bedeutungen: 1) *geröstetes Brot* und 2) *Trinkspruch* (im Sinne der Redensart). Wie hängen diese Bedeutungen zusammen? Im alten England gab es einen Trinkbrauch, der sich des gerösteten Brotes bediente. Wer einen Trinkspruch ausbrachte, ließ während dessen seinen Becher mit Wein und einem Stück gerösteten Brotes an der Tafel herumgehen. Jeder der Gäste nahm zu Ehren desjenigen, auf den dieser Toast ausgebracht wurde, einen Schluck aus dem Becher und reichte ihn weiter. Der Redner trank ihn dann schließlich aus und verspeiste das Brot. Später wurde der Trinkspruch dann selbst *Toast* genannt, ein Wort lat. Ursprungs (*torrere* = braten, backen, rösten). Wir finden diesen Brauch etwa in Shakespeares *Lustigen Weibern von Windsor*, wo Falstaff sagt: „Go fetch me a quart of sack, put a toast into it". Mit *sack* ist der *vino secco* gemeint, der „trockene" Wein aus am Stock getrockneten Beeren, von dem auch das deutsche Wort *Sekt* abstammt.

von Anno **Tobak** stammen (umg.)
sehr alt/veraltet sein [Alter]
„Wo hast du denn dieses Radio gefunden? Das stammt ja noch von Anno Tobak!"
Die langgestreckte Antilleninsel *Tobago* gab den Rauchrohren der Indianer den Namen. Als *Tobaco* und später *Tabaco* gelangt das Wort 1579 nach Deutschland. *Anno Tobak* ist scherzhaft *Anno Domini* (im Jahre des Herrn) nachgebildet und meint eigentlich: *in jenen alten Zeiten, als man statt Tabak noch Tobak sagte.*

das ist starker **Tobak** (umg.)
das ist eine Unverschämtheit/eine Zumutung [Unverschämtheit]
„Die neuen Gehaltsforderungen des Betriebsrats sind schon starker Tobak! Immerhin verlangen sie mehr als zehn Prozent

Lohnerhöhung."
Die Redensart geht auf einen alten Schwank zurück: Der Teufel begegnet einem Jäger und fragt ihn, was er da in der Hand habe. Der Jäger gibt sein Gewehr für eine Tabaksdose aus und bietet dem Teufel eine Prise davon an. Als der Teufel zustimmt, bekommt er eine Ladung Blei in die Nase geschossen, die er mit den Worten kommentiert: „Das ist starker Tobak!"

jmdn./etwas auf den **Tod** nicht ausstehen können (umg.) [Abneigung]
→ etwas/ein Thema zu **Tode** reiten

einen frühen **Tod** finden
→ ein frühes **Grab** finden

den **Tod** finden
sterben [Sterben]
„Beim letzten Flugzeugunglück fanden über zweihundert Menschen den Tod."
Tod und Sterben sind gesellschaftlich in hohem Maße tabuisiert. Kaum ein anderes Bedeutungsfeld ist so reich durch verhüllende Umschreibungen und Euphemismen gekennzeichnet. Beliebt ist beispielsweise die Vorstellung, den Tod als Ende der Lebensreise zu sehen (seine letzte Reise antreten) oder als Verlöschen des Lebenslichts. Stilistisch kann das Sterben von sehr sakral-gehobenen Formen (den Weg allen Fleisches gehen) bis zu sehr derben Varianten wie *abkratzen* ausgedrückt werden, so daß deutlich die näheren Umstände oder die Bewertung des Sprechers zum Ausdruck kommen. Der Volksglauben sieht den Tod als Trennung von Leib und Seele. Unnatürliche oder gewaltsame Todesarten können im Aberglauben zum Wiederkehren der Toten führen. In Darstellungen der bildenden Kunst und in Redensarten wird der Tod oft personifiziert. Häufige Darstellungsformen sind das Gerippe und der Schnitter (der Tod hält reiche Ernte). Die Sense als Attribut des Todes stammt schon aus der Antike. Daneben gibt es die Vorstellung vom Tod als Reiter (wohl aus der Apokalypse), als Jäger oder Spielmann, sowie den (jüdischen) Todesengel. Dieser ist in weiße Gewänder gehüllt (der weiße Tod), eine Vorstellung, die heute profanisiert ist und den Tod in Schnee und Eis bezeichnet. Als der *Schwarze Tod* galt im Mittelalter die Beulenpest, die zu schwarzen Geschwüren führte. Von Dürers Darstellung kennen wir die unheilige Gemeinschaft von Tod und Teufel. Der personifizierte Tod tritt redensartlich an den Sterbenden heran, der sich entweder ergibt oder mit dem Tode im Todeskampf ringt. Die stete Präsenz des Todes in der Welt der Sterblichen zeigen die mittelalterlichen Totentänze. Daneben ist der Tod eine wichtige Figur im barocken Welttheater und seiner Salzburger Variante (vgl.: sich etwas **abschminken** müssen).

weder **Tod** noch Teufel fürchten
keinerlei Angst haben [Mut]
„Viele Länder wurden früher von tollkühnen Männern erobert, die weder Tod noch Teufel fürchteten."
Bildlich wird häufig der Teufel als Begleiter des Todes gesehen, weil er den Augenblick der Trennung der Seele vom Körper abwartet (vgl.: wie der **Teufel** hinter der armen Seele). Diese erwartete Loslösung der Seele findet ihren Niederschlag in vielen Bräuchen. Verbreitet ist beispielsweise die Vorstellung, daß unmittelbar nach Todeseintritt ein Fenster geöffnet werden muß, durch das die Seele fliegen kann.

sich zu **Tode** arbeiten/lachen/langweilen (umg.) [Arbeit] [Lachen] [Langeweile]
→ etwas/ein Thema zu **Tode** reiten

zu **Tode** erschrocken sein
[Schreck]
→ etwas/ein Thema zu **Tode** reiten

etwas/ein Thema zu **Tode** reiten (umg.)
etwas so lange tun oder sagen, bis es keine Wirkung mehr hat [Übertreibung]
„Die vielen Shows im Fernsehen sind ja ganz nett, aber man kann diese Form der Unterhaltung auch zu Tode reiten!"
Die Redensart stammt noch aus einer Zeit, als Reitpferde an Überstrapazierung sterben zu sehen keine Seltenheit war. Die Redensart verdankt ihre Beständigkeit wohl dem Umstand, daß Tod ein allgemeines

sprachliches Mittel der Verstärkung ist: *todmüde* sein (sehr müde sein), *todsicher* (ganz sicher), *todschick* (besonders elegant). Hierher gehört auch *todunglücklich* oder (poetisch) *zu Tode betrübt*, ein Zitat aus Goethes *Egmont*: „Himmelhoch jauchzend – zum Tode betrübt". Goethe entlehnte diese Wendung Matth. 16,38: „Meine Seele ist betrübt bis an den Tod."

ein Mann des **Todes** sein
→ ein **Mann** des Todes sein

jmdm./etwas den **Todesstoß** versetzen
jmdn. entmutigen/seine Pläne zunichte machen; etwas endgültig beenden
[Beendigung]
„Seine Affäre mit der Sekretärin hat dann ihrer Ehe endgültig den Todesstoß versetzt."
Der Todesstoß im eigentlichen Sinne ist der Stich mit der Waffe, der den Tod herbeiführt. Schon bei Schiller wird der Begriff psychologisch verstanden (Die Räuber II,2): „Bist du hierher gekommen, unserem Vater den Todesstoß zu geben?"

es herrscht ein unbeschreibliches **Tohuwabohu** (umg.)
es herrscht Chaos und Durcheinander
[Durcheinander]
„Ich weiß nicht, ob Paul auch auf der Party war. Dort herrschte ein unbeschreibliches Tohuwabohu!"
In der Bibel heißt es: „Und die Erde war wüst und leer" (1. Mos. 1,2). Mit wüst und leer übersetzte Luther das hebräische *tohu wa-bohu*. Die zunächst nur in der Gelehrtensprache übliche Verwendung des hebräischen Ausdrucks gelangte mit der Zeit auch in die Umgangssprache. Dieser Vorgang vollzog sich wohl vor allem deswegen, weil das zutiefst „undurchsichtige" Wort *Tohuwabohu* so gut zu der Bedeutung *chaotisches Durcheinander* zu passen scheint.

toi-toi-toi (umg.)
ich wünsche dir Glück bei diesem Unternehmen! [Glückwunsch]
„Du hast morgen die mündliche Prüfung? Toi-toi-toi!"
Im alten Aberglauben herrschte die Ansicht, daß lobende Äußerungen und Glückwünsche die bösen Geister aufmerksam und neidisch machen konnten. Um nicht durch den Glückwunsch das Unglück herbeizurufen, konnte man die Formel *unberufen* hinzufügen. Durch dreimaliges Klopfen auf Holz oder dreimaliges Ausspucken konnte die Schutzwirkung verstärkt werden. Allmählich haben sich dann lautmalende Wörter als Ersatzformen für das Ausspucken ausgebildet, zu denen *pfui* und *toi* gehören. *Toi-toi-toi* ist also ein alter magischer Abwehrzauber, der dem Geräusch des Spukens nachgeahmt ist und Glückwünsche begleitet bzw. (im heutigen Gebrauch) selber als Glückwunsch gilt.

eine treulose **Tomate** (umg.)
jmd., der nicht treu/zuverlässig ist
[Unzuverlässigkeit]
„Na, du treulose Tomate, wo hast du denn gestern gesteckt? Wir waren doch für vier Uhr hier verabredet!"
Der Name der Tomate ist indianisch-mexikanischen Ursprungs und kommt von *tomana* (wachsen, schwellen). Als *Tomatl* oder *Tumatl Americanorum* kam das Nachtschattengewächs im 16. Jh. aus Mittel- und Südamerika nach Europa. Lange Zeit wurde die Pflanze für giftig gehalten und deshalb nur in Ziergärten angepflanzt. In dieser Zeit trug die Tomate Namen wie *Goldapfel*, *Liebesapfel* oder *Paradiesapfel*, was sich im österreichischen *Paradeiser* bis heute erhalten hat. Erst 1835 akzeptierte die Académie française das Wort *tomate* (anstelle von *ümme d'amour*) und trug damit auch zur Übernahme dieses Wortes in Deutschland bei. Die *treulose Tomate* verdankt ihren Namen angeblich den unzuverlässigen Italienern in ihrer Eigenschaft als Verbündete Deutschlands in den beiden Weltkriegen.

Tomaten auf den Augen haben (umg.)
[Unaufmerksamkeit]
→ mit offenen **Augen** schlafen

der gute **Ton**
das richtige, taktvolle Benehmen im gesellschaftlichen Rahmen [Etikette]
„Der gute Ton gebietet es, der Dame des

Hauses ein paar Blumen mitzubringen, wenn man eingeladen ist."
Ton (von griech. *tonos* = das Angespannte) bezeichnet ursprünglich die Spannung der Saite und kommt um das Jahr 1000 mit der Bedeutung *Melodie, Singweise* ins Deutsche, genauer gesagt, in die Fachsprache der höfischen Minnelyrik. Das Wort bleibt einerseits in der Sphäre der Musik, wo Begriffe wie *Tonart* und *Tonleiter* entstehen, erweitert sich aber andererseits im Bereich der Stimmführung, -färbung und -lage, so daß nunmehr auch die Gefühle, die stimmlich ausgedrückt werden als barscher/sanfter (usw.) Ton bezeichnet werden können. Die meisten Redensarten sind in diesem Bereich angesiedelt. Sie kommentieren die Art, in der Menschen miteinander sprechen. Dies kann ein *rauher, aber herzlicher Ton* (eine grobe Ausdrucksweise, die freundlich gemeint ist) sein, ein *familärer Ton*, ein *Brustton der Überzeugung* usw. In derselben Weise, in der man „falsche" (ungehörige) Wörter gebrauchen kann, kann man sich auch *im Ton vergreifen*, ein musiktechnischer Ausdruck, der die ungehörigen gesellschaftlichen Umgangsformen bezeichnet und in den Bildbereich Gesellschaftskonzert überleitet: In der Gesellschaft wie im Konzert gibt es *tonangebende Persönlichkeiten*, die maßgeblich und vorbildhaft sind. In der höfischen Gesellschaft des 17. und 18. Jh. ist es selbstverständlich, daß „sich alles nach dem Ton stimmt, den der Fürst angibt", schreibt der Freiherr von Knigge (*Roman meines Lebens* 3,111). Das aufstrebende Bürgertum hat einen großen Bedarf, diesen *guten Ton* zu kennen, und Knigge trägt ihm mit seiner Sammlung praktischer Lebensregeln (*Über den Umgang mit Menschen*, 1788) Rechnung. Die weite Verbreitung, die dieses Werk und seine Nachahmer finden, zeigt das starke Bedürfnis nach gesellschaftlichen Normen und auch die Angst des einzelnen, diese Normen nicht genau genug zu kennen. *Gut* ist im Sinne des *guten Tons* dasjenige Verhalten, mit dem man keinen gesellschaftlichen Anstoß erregt, oder – um im Bild zu bleiben – keine Mißklänge oder Mißtöne erzeugt.

den **Ton** angeben
1) *führend, vorbildhaft sein* [Vorbildhaftigkeit]
2) *mächtig sein* [Macht]
1) „In Fragen der Mode gibt immer noch Paris den Ton an."
2) „In unserer Firma gebe immer noch ich den Ton an, Herr Prokurist!"
Herkunft → der gute **Ton**

einen anderen **Ton**/eine andere **Tonart** anschlagen (müssen)
gegenüber jmdm. zukünftig strenger sein müssen [Strenge]
„Auf meine Bitte hat er nicht reagiert. Jetzt werde ich ihm gegenüber einen anderen Ton anschlagen und ihm ein Ultimatum stellen!"
Herkunft → der gute **Ton**

der **Ton** macht die Musik
[Zurechtweisung]
→ der gute **Ton**

den richtigen **Ton** treffen
die richtigen Worte finden [Reden]
„In diesem tragischen Fall ist es besonders schwer, den Angehörigen gegenüber den richtigen Ton zu treffen."
Herkunft → der gute **Ton**

diesen **Ton** verbitte ich mir!
[Zurechtweisung]
→ sich im **Ton** vergreifen

sich im **Ton** vergreifen
unpassend und ungehörig reden [Fauxpas]
„Er hat sich bei seinen Vorgesetzten besonders dadurch unbeliebt gemacht, daß er sich öfter mal im Ton vergreift!"
Die falsche, nicht dem gesellschaftlichen Rang und den Umständen angepaßte Ausdrucksweise, wird mit einem Begriff aus der Musikpraxis als *vergreifen* bezeichnet. Der gesellschaftlich Höherstehende hat mehrere Möglichkeiten, auf diesen Fauxpas hinzuweisen.

keinen **Ton** verlauten lassen
nicht das Geringste sagen/andeuten
[Verschwiegenheit]

„Leider hat er keinen Ton verlauten lassen, daß er einen neuen Arbeitsplatz sucht. In unserem Betrieb wäre nämlich etwas für ihn frei gewesen!"

hast du **Töne**!/haste **Töne**! (umg.)
das ist doch unerhört! [Erstaunen]
„Haste Töne! Der Kerl springt wirklich vom Zehnmeterbrett!"
Diese Gesprächsfloskel ist die Berliner Variante zu: *hast du da noch Worte?*

große **Töne** spucken/schwingen (umg.)
sich prahlerisch aufspielen/großtun [Angeberei]
„Er spuckt große Töne, wie groß sein Erfolg bei Mädchen ist. Das soll er uns am Samstagabend in der Diskothek mal beweisen!"

etwas in den höchsten **Tönen** loben
(übertrieben) loben [Lob]
„Er hat den neuen Mitarbeiter in den höchsten Tönen gelobt, dabei hat der doch gar keine Ahnung davon, wie der Betrieb hier läuft!"

seine Nase in jeden **Topf** stecken [Einmischung]
→ seine **Nase** in etwas stecken

alles in einen **Topf** werfen (umg., *einen* betont)
alles verwechseln/falsch kombinieren [Verwechslung]
„Die Zollbeamten tragen zwar auch eine Uniform, sie sind jedoch keine Polizisten! Du darfst nicht alles in einen Topf werfen!"
Anders als andere Koch- und Küchengeräte (wie Schüssel, Becken und Pfanne) ist das Wort *Topf* germanischen Ursprungs und wahrscheinlich mit *tief* verwandt. Gegenüber den noch heute mundartlich verbreiteten Varianten *Dippen, Düppen, Döppen* usw. setzt erst Luther die heutige Wortform schriftsprachlich durch. Im Topf wurden die Speisen der breiten Bevölkerungsschichten – Brei und Suppe – gekocht, indem man wahllos alles Eßbare miteinander vermengte und über dem Feuer oder auf dem Herd erwärmte. *Tiegel und Töpfe* nennt gleichzeitig die Grundausstattung an Küchengerät im einfachen Haushalt. Im Zuge der kulturellen Entwicklung wächst auch die Anzahl der verschiedenartigen Töpfe, so daß ab dem 15. Jh. auch Begriffe wie *Leim-/Farb-/Schmink-* und *Blumentopf* aufkommen.

kurz vor **Tor(es)schluß** (umg.)
im allerletzten Augenblick [Spät]
„Kurz vor Toresschluß kam die Dame noch in das Geschäft und fing in aller Seelenruhe an, ein paar Schuhe nach dem anderen zu probieren. Schließlich mußte der Geschäftsführer sie höflich auffordern zu gehen!"
In den befestigten Städten des Mittelalters wurden abends die Stadttore geschlossen, um die Bürger zu schützen. Teilweise erhielt sich diese Praxis bis ins 19. Jh. In Leipzig wurde noch bis 1824 nach Toresschluß von jedem Passanten ein geringer Geldbetrag (der Torgroschen) gefordert. Für die verspäteten Heimkehrer war das verschlossene Stadttor also über Jh. hindurch ein Ärgernis, das man in seiner Zeiteinteilung bedachte. Dies hat sich schließlich auch redensartlich niedergeschlagen.

Torschlußpanik haben (umg.)
Angst vor Verspätung haben [Verspätung]

(vor Angst) mehr **tot** als lebendig sein
→ **Blut** und Wasser schwitzen
[Angst]

sich **totarbeiten**
→ sich zu **Tode** arbeiten

ein Lärm, um **Tote** aufzuwecken
→ **Katzenmusik** machen
[Lärm]

sich **totlachen**
→ sich zu **Tode** lachen

die Zeit **totschlagen**
→ die **Zeit** totschlagen

totschlagen: und wenn du mich totschlägst, ich weiß nichts! (umg.)
ich versichere ganz nachdrücklich, daß ich es nicht weiß! [Nichtwissen] [Verstärkung]

„Und wenn du mich totschlägst: Ich habe keine Ahnung, wo deine Tennisschläger geblieben sind!“

in einer **Tour** (umg., *einer* betont)
ununterbrochen [Stetigkeit]
„Warum schimpfst du denn in einer Tour?“

immer die alte **Tour** (umg.)
[Eintönigkeit]
→ immer dieselbe **Leier**

eine krumme **Tour** (umg.)
→ eine **krumme** Tour

die **Tour** kenne ich! (umg.)
[Entlarvung]
→ jmdm. die **Tour** vermasseln

auf eine **Tour** reisen (umg.)
[Betrug]
→ jmdm. die **Tour** vermasseln

jmdm. die **Tour** vermasseln (umg.)
jmds. Pläne stören/zunichte machen
[Vereitelung]
„Unser Englischlehrer wollte heute überraschend eine Arbeit schreiben lassen. Dem haben wir aber die Tour vermasselt, indem alle behauptet haben, sie hätten ihre Hefte vergessen!“
Das franz. Wort *tour* (Reise, Reiseweg) hat in der Gaunersprache Rotwelsch die Bedeutungen *Trick*, *Masche*, *Verbrechen* erhalten, wobei diese Entwicklung über die negative Bedeutung von *krumm* verlief, das redensartlich mit Illegalität gleichzusetzen ist (vgl.: ein krummes **Ding** drehen).

jmdn. auf **Touren** bringen (umg.)
jmdn. böse machen [Verärgerung]
„Womit habt ihr denn euren Vater diesmal wieder auf Touren gebracht, Kinder? Mit euren Zeugnissen?“

auf **Touren** kommen
→ auf **Hochtouren** kommen

jmdn. auf **Trab** bringen (umg.)
jmdn. antreiben/zur Arbeit oder Eile anhalten [Ansporn]
„Die ganze Abteilung muß einmal auf Trab gebracht werden. Da herrscht nämlich ein unbeschreiblicher Schlendrian!“
Die Wörter *Trab* und *Trott* bezeichnen dasselbe, nämlich eine mittelschnelle Gangart des Pferdes. Seit dem 16. Jh. wird diese Bedeutung auf den Lauf, später auch auf andere schnelle Tätigkeiten des Menschen ausgedehnt.

jmdn. in **Trab** halten (umg.)
[Ausbeutung]
→ jmdn. auf **Trab** bringen

immer auf **Trab** sein (umg.)
→ immer auf dem **Sprung** sein
[Eile]

eine **Tracht** Prügel (umg.)
eine größere Anzahl von Schlägen (als Strafe) [Prügel]
„Der Markus hat uns beim Lehrer verpetzt. Dafür bekommt er morgen von uns eine Tracht Prügel!“
Tracht leitet sich ab von *Tragen* und bezeichnet demnach alles das, was getragen wird. In der Imkerei spricht man von Honigtracht und meint damit den von den Bienen in den Stock getragenen Honig. Das trächtige Tier trägt ein Junges im Leib; und schließlich wird jede für Region oder Amt charakteristische Kleidung so genannt (*Schwarzwaldtracht, Amtstracht* usw.). Früher bezeichnete man auch die aufgetragene Speisenfolge als *Tracht*. Hier liegt vermutlich auch der Ursprung der *Tracht Prügel:* Schläge werden nämlich gerne mit Begriffen des Schmeckens verknüpft. So spricht man etwas von *gesalzenen Prügeln* oder fragt höhnisch: *wie schmecken die Schläge?*. Eine *Tracht Prügel* wäre demnach ein spöttischer Vergleich der Strafe mit einer Folge im Menü. Eine andere Deutung interpretiert *Tracht* als *soviel man ertragen kann.*

im **Tran** sein (umg.)
gedankenlos und unaufmerksam sein
[Unaufmerksamkeit]
„Ich habe das Auto im Tran irgendwo abgestellt und finde nun die Stelle nicht wieder.“
Tran ist verwandt mit *Träne* und bezeichnet

ursprünglich die Öl- und Fett-Tropfen, die aus Tierkörpern gepreßt werden (Lebertran). Wie in der Wendung *ein guter Tropfen* wurde daraus eine Umschreibung für Alkohol, so daß *im Tran sein* ursprünglich (und auch heute noch gelegentlich) bedeutet: *angetrunken sein*. Daraus entwickelte sich die heute verallgemeinerte Bedeutung der reduzierten Aufmerksamkeit. Eine *Tranfunzel* war ursprünglich eine mit Tran gespeiste trübe Lampe. Heute wendet man dieses Wort auf schläfrige und langweilige Personen an, ebenso die Varianten *Tranliese, Transuse* usw.

jmdn./einer Sache keine **Träne** nachweinen
kein Bedauern haben, nicht wehmütig nachtrauern [Erleichterung]
„Der Peter hat eure Verlobung gelöst? Dem Kerl würde ich keine Träne nachweinen!"

Tränen lachen [Lachen]

in **Tränen** schwimmen [Weinen]
→ auf die **Tränendrüse** drücken

auf die **Tränendrüse** drücken (umg.)
bewußt sentimentale Gefühle herbeiführen [Sentimentalität]
„In diesem Liebesfilm wird doch kein Klischee ausgelassen. Besonders der plötzliche Tod der jungen Braut drückt gewaltig auf die Tränendrüse!"
Die Tränendrüse wurde zunächst nur in anatomischen Beschreibungen erwähnt. Erst Jean Paul macht den Begriff literaturfähig. So schreibt er im Jahre 1800 in seinem Roman *Titan* (1,101): „Albano ging, aber auf dem Wege zersprangen die gefüllten Tränendrüsen." Heinrich Heine hat diese und ähnliche Wendungen als stilistische Übertreibungen kritisiert und damit wohl erst den redensartlichen Gebrauch vorbereitet, der gerne mit Übertreibungen arbeitet.

wegen etwas (viel/ein großes) **Trara** machen (umg.)
etwas unnötig aufbauschen/viel darüber reden [Aufbauschung]
„Zuerst hieß es, die beiden würden heiraten, und es wurde viel Trara gemacht. Dann scheinen sie es sich aber doch noch anders überlegt zu haben!"
Trara gibt den Schall des Trompetenstoßes wieder. Es steht somit neben einer Reihe von „abbildenden" Wörtern wie *Tralali-Tralala, Halali* (zur Jagd blasen), *Larifari* und *Tamtam*. Derartige Schallwörter sind seit Jahrhunderten in Liedern und Gedichten als Refrain und Melodie üblich und belegt. Die Bedeutung der Aufbauschung ergibt sich leicht aus Redensarten wie *mit Pauken und Trompeten* oder *viel Theater machen*.

jmdm. hängen die **Trauben** zu hoch
jmd. erreicht ein Ziel nicht (und behauptet deshalb, es interessiere ihn nicht) [Scheitern]
„Er behauptet, er will gar nicht Abteilungsleiter werden? Ihm hängen die Trauben bloß zu hoch!"
Diese Redensart geht auf eine Fabel des Äsop aus dem 6. Jh. v. Chr. zurück. In ihr wird geschildert, wie der Fuchs vergeblich versucht, an Weintrauben heranzukommen, die auf einem hohen Gerüst wachsen. Er tröstet sich mit den Worten: „Eigentlich sind sie mir ja auch viel zu sauer!" Die übertragene redensartliche Verwendung ist seit dem 16. Jh. belegt.

es ist ein **Trauerspiel** mit jmdm./etwas
die Dinge stehen schlecht/betrüblich mit jmdm./etwas [Mißstand]
Das Wort *Trauerspiel* schlug der Barockdichter und Theoretiker der Dichtkunst Philipp von Zesen (1619–1689) als Ersatz für das Fremdwort *Tragödie* vor, in Anlehnung an das ältere Lustspiel (Komödie). Zesen war ein puristischer Sprachreiniger und Gründer der Hamburger Sprachgesellschaft „Deutschgesinnte Genossenschaft", die verschiedene deutsche Ausdrücke für fremdsprachige Wörter erfand und auch erfolgreich durchsetzte. Für *Tragödie* suchten die Lexikographen des 16. Jahrhunderts vergeblich einen deutschen Ersatz. Zur Definition der Tragödie wird in dieser Zeit immer wieder der traurige Ausgang herangezogen, wobei die von Aristoteles geforderte Läute-

rung des Zuschauers durch den Anblick von Jammer und Schrecken, seine Reinigung durch die Erregung von Mitleid und Furcht zu sehr in den Vordergrund gestellt wird gegenüber anderen tragenden Elementen dieser Dramenform wie Tragik, Konflikt und Erhabenheit (Pathos). In der Umgangssprache wird *Trauerspiel* gelegentlich durch das noch mißverständlichere Wort *Drama* ersetzt (es ist ein Drama mit jmdm.), wobei in beiden Fällen jedoch der Aspekt der Beobachtung eines ablaufenden (schicksalhaften) Vorgangs zum Tragen kommt.

vom Regen in die **Traufe** kommen
→ vom **Regen** in die Traufe kommen

aus der **Traum**! (umg.) [Ernüchterung]

der **Traum** meiner schlaflosen Nächte (umg.)
mein größter Wunsch [Wunsch]
„Wann wirst du mir das Jawort geben - du Traum meiner schlaflosen Nächte?"
Die schlaflos verbrachte Nacht ist seit dem 17. Jahrhundert ein beliebtes poetisches Versatzstück, das besonders von Schiller (etwa: *Die Räuber* 1,1) viel bemüht worden ist. Auch die gewählte syntaktische Form der Redensart macht sie als literarisches Zitat kenntlich, das durch die Übertreibung zum ironischen Gebrauch prädestiniert ist.

das wäre mir nicht im **Traum** eingefallen
so etwas Kühnes/Unverschämtes hätte ich nie gewagt! [Wagnis]
„Sie um eine Gehaltserhöhung zu bitten, Chef, das wäre mir nicht im Traum eingefallen!"

das fällt mir nicht im **Traume** ein/ich denke nicht im **Traum** daran (umg.)
1) *das lehne ich ab!* [Zurückweisung]
2) *das ist ganz ausgeschlossen!* [Verneinung]
1) „Ich soll dir meinen Wagen borgen? Das fällt mir nicht im Traume ein!"
2) „Ihr glaubt, es wird eine Lohnerhöhung geben? Das fällt dem Chef nicht im Traume ein!"
Als *Traum* werden alle Vorstellungen bezeichnet, die nicht an Wahrheit und Wirklichkeit gebunden sind. Der typische Traum ist natürlich der echte Schlaftraum, dessen Spannweite von Freude und Lust bis zum negativ erlebten und gefürchteten Alptraum reicht. Da im Traum die Gesetze der Realität aufgehoben sind, erklären sich leicht Redensarten wie *das fällt mir nicht im Traume ein* oder *das hätte ich mir nicht träumen lassen:* Diese Wendungen stellen ein Ereignis als so ungewöhnlich (im positiven oder negativen Sinne) dar, daß nicht einmal in der Welt des Traumes ihre Existenz erwartbar wäre. Mit anderen Worten: Ein Ereignis übersteigt jegliche (reale und imaginäre) Vorstellungskraft und wird mit höchster Verwunderung wahrgenommen.

träumen: du träumst wohl! (umg.)
du irrst dich! [Irrtum]
„Ich soll heute einmal den Rasen alleine mähen? Du träumst wohl!"
Herkunft → das fällt mir nicht im **Traume** ein

das hätte ich mir nicht **träumen** lassen (umg.)
so etwas Schönes hielt ich bisher für unrealisierbar! [Wunscherfüllung]
„Das hätte ich mir damals als Lehrjunge nicht träumen lassen, daß ich einmal Direktor dieses Betriebes werden würde!"

mit **traumwandlerischer** Sicherheit
→ mit traumwandlerischer **Sicherheit**

es gut/schlecht **treffen**
1) *Glück haben* [Glücksfall]
2) *Pech haben* [Mißerfolg]
1) „Mit diesem Urlaubsort haben wir es wirklich gut getroffen!"
2) „Diesmal haben wir es aber schlecht getroffen! In dieses Lokal werden wir sicher nicht mehr gehen."
Die Redensarten mit *treffen* stammen aus dem Bereich der Fachsprache der mittelalterlichen Schützengilden.

treffen: es trifft sich gut
es ist ein glücklicher Umstand [Glücksfall]
„Es trifft sich gut, daß Sie einen Schirm

dabeihaben. Es fängt nämlich gerade zu regnen an!“

treffen: sich im Innersten getroffen fühlen
→ jmdn. ins **Herz** treffen [Kränkung]

ins **Treffen** führen
→ ins **Feld** führen

etwas ins **Treffen** führen [Argumentation]
→ ein schlagendes **Argument**

es miteinander **treiben**
→ etwas mit jmdm. **haben**

die **Treppe** hinauffallen (umg.)
befördert werden, sich beruflich verbessern
[Karriere]
„Hast du schon gehört? Der Kollege Meier ist ins Ministerium versetzt worden und dabei die Treppe hinaufgefallen. Er ist jetzt Oberregierungsrat!“ „Tja, der ist ja auch in der richtigen Partei!“
Die Treppe hat als Bild den Vorteil, daß sie als „steil“ und „mühsam“ zu erklimmen gilt und nach „oben“ führt. Vgl. auch die Redensarten mit **Stufe**. Mit *die Treppe hinauffallen* wird meist der Aspekt betont, daß man den beruflichen Fortschritt nicht ausschließlich der eigenen Leistung, sondern beispielsweise guten Beziehungen zu verdanken hat, oder gar, daß eine berufliche Förderung anstelle einer eigentlich zu erwartenden Degradierung oder Amtsenthebung erfolgt ist.

in der **Tretmühle** sein
in einem sich ständig wiederholenden und unbefriedigenden Arbeitsprozeß stehen
[Arbeit] [Alltag]
„Morgen ist mein letzter Urlaubstag. Dann beginnt wieder die Tretmühle!“
Herkunft → auf der **Stelle** treten

auf **Treu** und Glauben (Paarformel)
in gutem Glauben, ohne nachzuprüfen
[Gutgläubigkeit]
„Ich überlasse Ihnen die Frachtpapiere auf Treu und Glauben. Gehen Sie bitte vorsichtig damit um, ich habe keine Kopie davon!“
Die Treue (mhd.: *triuwe*) war eine der Grundtugenden ritterlichen Handelns und Verhaltens. Ausgehend vom lehensrechtlichen Verhältnis zwischen Herr (Kaiser, König, Fürst usw.) und Knecht (Ritter, Vasallen, Verbündetete usw.) wird schon früh daraus ein ethischer Begriff, der in den sozialen und familiären Bereich ausgeweitet wird. *Treu* meint hier *hilfsbereit* und *dauerhaft ausharrend*, sowohl im Verhältnis zwischen Eltern und Kindern als auch zwischen Liebenden. Die Formel *auf Treue und Glauben* stammt aus dem Bereich des Minnedienstes. Ein um die (meist verheiratete) Dame seines Herzens werbender Ritter durfte gelegentlich eine Nacht bei ihr verbringen. Dabei versprach der Ritter auf Treu und Glauben, die Geliebte nicht zu bedrängen und die Nacht enthaltsam zu verbringen. Diesen Vorgang nannte man *Beischlaf* oder *Schlaf auf Treu und Glauben* und verstand ihn als sittliche Erziehung und Übung der Selbstbeherrschung. Im 16. Jh. wurde aus der Paarformel ein juristischer Begriff, nämlich eine Verdeutschung des lat. *bona fides*. In dieser Form hat es auch Eingang in das bürgerliche Gesetzbuch gefunden (*Treu und Glauben schwören* u. a.).

einer Sache **Tribut** zollen
[Berücksichtigung]

der Nürnberger **Trichter**
eine Methode, etwas ohne Mühe zu lernen
[Lernen]
„Den Nürnberger Trichter zur Erlernung einer Fremsprache gibt es leider nicht. Da hilft nichts als pauken!“
Mit anderen Wörtern des Weinbaus (wie *Keller, Most, Wein*) ist Trichter (aus lat. *trajectorium*) früh in die westgermanischen Sprachen entlehnt worden. Nachdem die im 15. und 16. Jh. blühende Reichsstadt Nürnberg im Dreißigjährigen Krieg ihre Bedeutung als Handelsmetropole weitgehend verloren hatte, wurden dort nur noch Kleinwaren aus Metall, Spielzeug usw. produziert und vertrieben. Allgemein verbreitet wurde die Redensart vom Nürnberger Trichter allerdings erst durch eine 1647 von dem Nürnberger Dichter Harsdörffer veröffentlichte Poetik mit dem Titel *Poetischer Trich-*

ter, die Teutsche Dicht- und Reimkunst, ohne Behuf der lateinischen Sprache in VI Stunden einzugießen. Damit sollte eine Neuorientierung gegenüber den Poetiken der Renaissancezeit erfolgen, die sich nur auf die lat. Dichtung bezogen. Im Barock kommt es zur Erkenntnis, daß für die deutsche Sprache eine eigene Poetik zu schaffen sei, um eine der übrigen europäischen Literatur ebenbürtige deutschsprachige Literatur zu ermöglichen. Die erste und maßgebende Poetik dieser Art ist das im Jahre 1624 von Martin Opitz veröffentlichte *Buch von der deutschen Poeterei.* Diese Poetiken enthielten genaue Vorschriften über Wortwahl, Wortstellung, Redeschmuck und Metrik, die das Dichten zu einem lehr- und lernbaren Handwerk machen sollten. Das Bild des Trichters, der große Mengen durch enge Öffnungen bringt, bot sich hier als didaktisches Modell an.

jmdn. auf den (richtigen) **Trichter** bringen (umg.) [Belehrung]

auf den **Trichter** kommen [Lernen]

auf Schritt und **Tritt**
→ auf **Schritt** und Tritt

jmdm. einen **Tritt** geben, einen **Tritt** kriegen (umg.)
jmdn. entlassen/entlassen werden (aus negativen Gründen) [Entlassung]
„Als er immer wieder unpünktlich zur Arbeit erschien, hat er einfach einen Tritt gekriegt. Seither ist er arbeitslos!"

auf dem **trockenen** sitzen
ein leeres Glas haben [Durst]
„Schau mal, der Herr Senator sitzt auf dem trockenen. Biete ihm doch bitte noch ein Glas Champagner an!"

das **Trojanische** Pferd
eine List oder ein geheimes Erfolgsrezept (um siegreich zu sein) [List]
„Wir brauchen ein Trojanisches Pferd, um das Geheimnis des Erfolgs der Konkurrenz zu ergründen!"
Der griechische Dichter Homer hinterließ in dem Versepos *Ilias* die Beschreibung der Kämpfe zwischen den Griechen und der kleinasiatischen Stadt Troja, deren zweiter Name *Ilion* lautet. Nach der Sage ist der Anlaß des Krieges die Entführung der Helena durch den trojanischen Prinzen Paris. Im zehnten Jahr der Belagerung Trojas schlägt der Held Odysseus den Bau eines hölzernen Pferdes vor, in dem sich die besten Krieger verstecken. Nach dem vorgeblichen Abzug der Griechen schaffen die Trojaner das Pferd in die Stadt und besiegeln damit den eigenen Untergang.

die **Trommel** rühren
→ die **Werbetrommel** rühren

nur ein **Tropfen** auf einen heißen Stein
viel zuwenig [Mangel]
„Die Spenden für die Dritte Welt sind ja nur ein Tropfen auf den heißen Stein – aber immerhin besser als gar nichts!"

ein **Tropfen** Wermut
→ ein **Wermutstropfen**

nicht ganz/recht bei **Trost** sein (umg.)
leicht verrückt sein [Verrücktheit]
„Du bist wohl nicht recht bei Trost, hier ungefragt mit sieben Freunden aufzutauchen! Wir haben nicht einmal genug zu trinken im Haus für so viele Leute!"
Um das Jahr 700 wird der ursprünglich rechtliche Begriff *Trost,* der mit *treu* und *trauen* verwandt ist, von christlichen Missionaren mit dem lat. *consolatio* gleichgesetzt und damit in den Bereich der Ethik und des Glaubens überführt. Er bezeichnet nunmehr vorwiegend die Festigkeit, die durch Zuspruch als seelische Stärkung gegeben und erhalten wird (*Trost des Glaubens, Seelentrost* u. ä.). Dieser Trost ist gleichzusetzen mit innerer Stärke und Festigkeit, so daß *nicht bei Trost sein* bedeutet: *geistig nicht gefestigt sein, verrückt sein.* Dieser Gebrauch ist seit dem 18. Jh. belegt.

in den gleichen (usw.) **Trott** zurückfallen (umg.)
in der bisherigen, unbefriedigenden, schlampigen Weise/diese unverändert wie-

deraufnehmen
[Unverbesserlichkeit] [Stagnation]
„Wir sollten uns hüten, in den alten Trott zurückzufallen!"
Der *alte Trott* ist die gewohnte Gangart und Wegstrecke des Zug- oder Reitpferdes. Das Wort gehört zu *treten* und bezeichnet – bezogen auf Menschen – eine schläfrige, mechanische Fortbewegung zu Fuß. Zu *trotten* in diesem Sinne stieß Ende des 18. Jh. das (über franz. *trotter* wurzelverwandte) Fremdwort *Trottoir* (Bürgersteig). Der *alte Trott* als Ausdruck für den gewöhnlichen, unbefriedigenden Ablauf der alltäglichen Arbeit, für Schlamperei usw. ist ebenfalls bereits seit dem späten 18. Jahrhundert belegt. {Lebensweg}

im **trüben** fischen
einen Vorteil dadurch erlangen, daß man undurchsichtige/kriminelle Geschäfte tätigt
[Vorteil] [Illegalität]
„Es ist nicht einfach, eine saubere Weste zu behalten, wenn man im trüben fischt!"
Diese Redensart gehört zu dem in Europa weitverbreiteten Sprichwort: *Im trüben Wasser ist gut fischen!* Dahinter steckt die Erfahrung, daß es sinnvoll ist, beim Fang von Aalen das Wasser zu trüben. Diese Praxis wird schon von Aristophanes bildlich gewendet und gelangt so ins Mittelalter. Im Deutschen sind Sprichwort und Redensart seit dem 16. Jh. bezeugt.

Trübsal blasen (umg.)
in trauriger Stimmung sein, mißmutig reden [Mißlaune]
„Na schön, du hast die Aufnahmeprüfung nicht bestanden! Aber das ist doch kein Grund, das ganze Wochenende Trübsal zu blasen! Komm mit uns raus, wir überlegen uns etwas für dich!"
Trübsal ist ein Lieblingswort der Lutherbibel und wird dadurch volkstümlich. Durch *trüb* (unklar, undurchsichtig) ist das Wort ein Gegenbegriff zur Helligkeits- und Klarheitsmetaphorik, in der das Licht als Erkenntnis, Freude und Zuversicht gedeutet wird (vgl.: jmdm. geht ein **Licht** auf). Trübsal ist somit der innere Zustand der negativen Empfindungen par excellence und entspricht (zunächst im religiösen Bereich) den Leiden, Übeln und Anfechtungen, die Trauer, Furcht und Verzweiflung erzeugen. Woher die Verbindung zu *blasen* kommt, ist trotz verschiedener Deutungsversuche unklar. Man vermutet einen Zusammenhang zu älteren Wendungen wie *Trauer blasen*, die sich auf die Blasmusik beziehen, die früher bei Trauerfällen vom Kirchturm herab gespielt wurde. Andere halten die Redensart für eine Erinnerung an das Volkslied „Ich lasse erschallen mein Horn in Jammerton, mein Freund ist mir verschwunden". Literarisch ist die Redensart jedenfalls seit dem 18. Jh. vielfach bezeugt.

den höchsten/letzten **Trumpf** ausspielen
[Rettungsversuch]
→ einen **Trumpf** in der Hand halten

einen **Trumpf** in der Hand haben
ein besonders wirkungsvolles Mittel besitzen (und einsetzen) [Vorteil]
„Unter allen Bewerbern hat dieser den Trumpf in der Hand, daß er schon lange in derselben Branche arbeitet und deshalb gewisse Erfahrungen mitbringt."
Der Trumpf, die höchste Farbe oder Karte im Kartenspiel, verdankt seinen Namen dem griech. *thriambos* (Dreischritt), das Festlied und Festzug im griechischen Dionysoskult bezeichnet. Daraus wird lat. *triumphus*, der einem Feldherrn nach einem bedeutenden Sieg vom Senat gebilligte Siegeseinzug durch ein Stadttor über die Via sacra aufs Kapitol. Besonders wichtige Siege wurden durch den Bau eines Triumphbogens gewürdigt, ein Brauch, der auch in bestimmten imperialen Phasen der europäischen Geschichte nachgeahmt wurde (Arc de Triomphe). Das Wort kommt in der zweiten Hälfte des 15. Jh. nach Deutschland und wird ab dem 16. Jh. in der Volkssprache zu *Trumpf* vereinfacht. Diese Bedeutung wird auf die erwähnte Verwendung im Kartenspiel eingeengt und schnell redensartlich genutzt (vgl.: sich nicht in die **Karten** sehen lassen). Als Wendung drückt der *Trumpf* vor allem Macht und Überlegenheit (aber auch deren Gefährdung und unnötige Preisgabe) aus. In der Umgangssprache, die von

der Sprache der Werbung beeinflußt ist, finden sich zunehmend auch Floskeln wie: *Liebe ist Trumpf!, Freundschaft ist Trumpf!, Familie ist Trumpf!* usw. Schließlich gehört hierher noch das Verb *auftrumpfen* mit der Bedeutung *aufbegehren.* {das Leben ist ein Kartenspiel}

die/seine **Trümpfe** in der Hand behalten [Vorsicht]
→ einen **Trumpf** in der Hand halten

alle **Trümpfe** aus der Hand geben [Wagnis]
→ einen **Trumpf** in der Hand halten

seine **Trümpfe** aus der Hand geben [Unvorsichtigkeit]
→ einen **Trumpf** in der Hand halten

die/alle **Trümpfe** in der Hand haben [Macht] [Überlegenheit]
→ einen **Trumpf** in der Hand halten

jmdm. die **Trümpfe** aus der Hand nehmen [Entmachtung]
→ einen **Trumpf** in der Hand halten

von der schnellen **Truppe** sein (umg.) [Schnelligkeit]

auf die **Tube** drücken (umg.)
schneller gehen/fahren, sich mehr anstrengen [Beeilung]
„Wenn du noch den Zug erreichen willst, mußt du etwas mehr auf die Tube drücken! In einer Viertelstunde fährt er nämlich ab!"

auf jmdn. wirken wie ein rotes **Tuch** (umg.)
etwas sein, was jmdn. sofort stark reizt/wütend macht [Ärgernis]
„Ich kann mir nicht helfen, aber die lahme Art von Hubert wirkt auf mich jedesmal wie ein rotes Tuch. Mit ihm kann man einfach nicht gut zusammenarbeiten!"

mit jmdm. **Tuchfühlung** aufnehmen/halten (umg.)
mit jmdm. Kontakt aufnehmen/halten [Kontakt]
„Sobald Sie in New York angekommen sind, nehmen Sie Tuchfühlung mit unserem örtlichen Agenten auf, Herr Meier!"
Tuchfühlung ist ein Begriff aus der Sprache des Militärs. Der erste Beleg stammt aus dem *Handbuch für Heer und Flotte* und ist im Jahre 1909 erschienen: „In Deutschland stehen die Leute (Soldaten) so dicht nebeneinander, daß sie in der Grundstellung einander in den Ellenbogen fühlen (Tuchfühlung)." Gelegentlich wird die Redensart auch als Hüllformel für die Aufnahme intimer Beziehungen verwendet.

mit List und **Tücke**
→ mit **List** und Tücke

die **Tücke** des Objekts
der unerwartete Schaden/die Schwierigkeit, die etwas bereitet [Heimtücke]
„Jedesmal, wenn ich den kaputten Rasenmäher beim Kundendienst habe, läuft er plötzlich wieder. Daheim gibt er dann wieder keinen Mucks von sich!" „Tja, das ist eben die Tücke des Objekts!"
Das seit dem späten 13. Jh. belegte Wort *Tücke* bezeichnet in der Grundbedeutung die arglistige und hinterhältige Gesinnung eines Menschen. Die Heimtücke ist demnach die geheime Absicht, einen anderen zu schädigen oder zu verletzen. Seit dem 16. Jh. finden wir, daß derartige böse Absichten auch anonymen Mächten (Tücke des Schicksals) oder gar personifizierten Gegenständen aller Art beigemessen werden. Hierher gehört auch die *Tücke des Objekts*, ein Begriff, den Friedrich Theodor Vischer (1807–1887) in seinem Roman *Auch einer auf Reisen* (Untertitel: *Eine tröstliche Geschichte für Ungeduldige*) mehrfach verwendet und damit populär machte.

etwas hat seine **Tücken** [Kompliziertheit]

es miteinander **tun**
→ mit jmdm. etwas **haben**

nur so **tun**
sich verstellen [Verstellung]
„Ich glaube nicht, daß er Hannelore liebt. Er tut nur so – um Sie wegen ihres Geldes heiraten zu können!"

tun: darunter/unter dem tut er's nicht (umg.)
1) *das ist das mindeste, was er (als Lohn) erwartet* [Minimum]
2) *das ist der (hohe) Aufwand, den er (gewöhnlich) treibt* [Aufwand]
1) „Der Schreiner will für einen Wandschrank dieser Größe 400 Mark. Darunter tut er's nicht!"
2) „Zu seinem 50. Geburtstag will er ein Fest für 200 Leute geben. Darunter tut er's nicht!"

tun: es tut sich was
es geschieht etwas, es ändert sich etwas [Veränderung]
„Ich glaube, dort drüben am Waldrand tut sich was. Es könnte ein Reh sein, das aus dem Wald herauskommen will, um zu äsen!"

das **Tun** und Treiben
alles das, was passiert [Geschehen]
„Es ist immer wieder interessant, das Tun und Treiben auf einem Markt des Südens zu beobachten."

Licht am Ende des **Tunnels**
→ **Licht** [Hoffnung]

das **Tüpfelchen** auf dem i
→ das Tüpfelchen auf dem **i**

Haus der offenen **Tür**
→ **Haus** [Zugänglichkeit]

zwischen **Tür** und Angel
schnell und kurz, nicht ausführlich, zwanglos [Eile]
„Ich will nicht stören. Darf ich Ihnen deshalb gerade so zwischen Tür und Angel mitteilen, daß unser Plan geklappt hat? Morgen sprechen wir ausführlicher darüber!"
Diese Redensart hat zwei Bedeutungswechsel erfahren, seit sie belegt ist. Im 14. Jh. hatte sie dieselbe Bedeutung wie *in der Klemme sein*, nämlich: *in Bedrängnis sein.* Im 16. Jh. finden wir sie bei Sebastian Franck im Sinne von *nicht aus noch ein wissen*, also mit der Bedeutung *Ratlosigkeit.* Die heute geltende Bedeutung ist also schon die dritte, die sich nachweislich desselben Bildes bedient, um jeweils etwas anderes auszudrücken. Alle bekannten (historischen und aktuellen) Bedeutungen lassen sich leicht auf die im Bild beschriebene Situation zurückführen und zeigen dennoch, warum Redensarten überhaupt in einem Lexikon erklärt werden müssen. Jedes gewählte Bild ist für sich genommen nämlich erst einmal mehrdeutig, so daß der konkret gemeinte Bedeutungsaspekt tatsächlich erläutert werden muß, wenn der Muttersprachler (oder gar derjenige, der das Deutsche als Fremdsprache erlernt) sich über die genaue Bedeutung der Redensart im unklaren ist.

mit der **Tür** ins Haus fallen (umg.)
(unschicklicherweise) ohne lange Vorrede sagen, was man vorzubringen hat [Fauxpas] [Thema]
„Entschuldigen Sie bitte, wenn ich gleich mit der Tür ins Haus falle, aber ich muß gleich an den Bahnhof, um meine Schwiegermutter abzuholen. Und jetzt springt mein Auto nicht an! Könnten Sie mir vielleicht für eine Stunde Ihren Wagen leihen, Herr Nachbar?"
Die *Tür* ist die Verbindung zwischen der Außenwelt und der inneren Welt des Hauses. Durch ihre Funktion als Ein- und Ausgang stellt sie das redensartliche Bild par exellence für Kontakte dar, und zwar für Kontaktsuche, -aufnahme, -vertiefung und -abbruch. Konkret finden wir in den verschiedenen Wendungen offene und geschlossene Türen, solche, an die man klopft, und solche, die einem gewiesen werden, eigene und fremde Türen usw. Die damit verknüpften Bedeutungen verstehen sich meist von selbst. Wer *mit der Tür ins Haus fällt*, benimmt sich wie ein ungeschickter Tölpel, weil er die rituellen Schritte des Sich-Annäherns an die fremde Sphäre nicht beherrscht und mit seiner ungezügelten Kraft eher einem Eindringling gleicht als einem Gast. Das Haus steht hier für das Thema oder den Besuchsanlaß. Die Konvention verlangt es, daß man den Besuchsanlaß zunächst nicht thematisiert, sondern das Gespräch mit einigen floskelhaften wechselseitigen Fragen zu Gesundheit und

Befinden eröffnet, über das Wetter redet usw. In vielen (insbesondere asiatischen) Kulturen ist diese Konvention sogar noch viel ausgeprägter als im deutschen (oder westlichen) Kulturkreis. Als Gesprächsfloskel dient die Wendung dem übereilt sein Anliegen vortragenden Besucher dazu, sich vorweg für sein Benehmen zu entschuldigen. Durch diese Entschuldigung weist sich der Betreffende als jmd. aus, der die Konvention kennt und sie als normalerweise gültige Norm anerkennt, der aber ihre generelle Gültigkeit momentan aus übergeordneten Zwängen nicht beachten kann. In dieser Funktion ist die Redensart seit der zweiten Hälfte des 16. Jh. belegt, so daß man sie als Zeugnis für das Alter unserer sozialen Verhaltensweisen heranziehen kann.

von **Tür** zu Tür gehen
→ **Klinken** putzen [Hausieren]

sich eine **Tür** noch offenhalten
→ sich noch eine **Hintertür** offenhalten

die **Tür** (für Verhandlungen) offenlassen/nicht zuschlagen
die Möglichkeit immer noch aufrechterhalten [Verhandlungsbereitschaft]
„Trotz des Handelskriegs mit Japan dürfen wir die Tür zu diesem wichtigen Exportmarkt nicht zuschlagen."
Als *Politik der offenen Tür* bezeichnet man in Anlehnung an verschiedene Bibelstellen (Offenb. 3,8; 2. Kor. 2,12) seit dem 10. Jh. (Bismark: *Gedanken und Erinnerungen* I, 184) diejenige Politik, die sich um wechselseitige Annäherung bemüht und sich nicht hinter festen dogmatischen „Mauern" verschanzt. Eine bekannte Sekundärbildung ist der *Tag der offenen Tür*, ein Besichtigungstag in Schulen, Behörden, Kasernen usw.

einer Sache (mit etwas) **Tür** und Tor öffnen (Paarformel)
etwas (Schlechtes) fördern [Unterstützung]
„Mit dem Wegfall der Zwischenprüfung wird natürlich dem Schlendrian unter den Studenten Tür und Tor geöffnet!"
Diese Redensart trägt der bäuerlichen Hausform Rechnung, in der es neben der Tür für die Menschen auch ein Tor für Vieh und Erntegeräte gibt.

etwas steht vor der **Tür**
ein Ereignis wird bald stattfinden [Zukunft]
„Wenn es im August die ersten Lebkuchen zu kaufen gibt, glaubt man fast, Weihnachten steht vor der Tür."

jmdm. die **Tür** weisen
jmdn. abweisen/wegschicken [Rauswurf]
„Als der betrunkene Gast auf der Party anfing zu randalieren, wurde ihm vom Gastgeber die Tür gewiesen."

vor seiner eigenen **Tür(e)** kehren
sich um seine eigenen Angelegenheiten kümmern (und nicht um fremde) [Selbstkritik]
„Unser Nachbar hat uns mit der Polizei gedroht, wenn wir nochmal nach 22 Uhr ein Fest feiern." „Der soll doch erst einmal vor seiner eigenen Tür kehren. Wie oft konnten wir schon nicht einschlafen, weil er sich nachts Schallplatten anhört!"
Diese Redensart ist seit dem 16. Jh. belegt, wahrscheinlich aber älter. Goethe hat sie in seinen *Zahmen Xenien* (9. Buch) wie folgt gestaltet: „Ein jeder kehre vor seiner Tür, / Und rein ist jedes Stadtquartier."

hinter verschlossenen **Türen**
ganz geheim [Geheimhaltung]
„Die Verhandlungen fanden hinter verschlossenen Türen statt. Die Presse war nicht zugelassen."

offene **Türen** einrennen
etwas schon Bewilligtes zu erreichen suchen [Sinnlosigkeit]
„Ich schlage vor, daß wir in dieser Sache noch einmal nachhaken, um eine Bewilligung der Forschungsgelder zu erreichen!" „Da rennen Sie offene Türen ein, mein Lieber. Gerade eben habe ich meiner Sekretärin den entsprechenden Brief diktiert!"

an alle **Türen** klopfen
etwas überall versuchen/erbitten [Bemühung]
„Wir haben an alle Türen geklopft, um Zu-

schüsse für das Tierheim zu erhalten – leider ohne Erfolg.“

vor verschlossene **Türen** kommen
abgewiesen werden [Abweisung]
„Wenn man versucht, Spenden für einen guten Zweck einzusammeln, steht man oft vor verschlossenen Türen.“

jmdm. stehen alle **Türen** offen
jmd. hat alle Möglichkeiten (der beruflichen Laufbahn) [Chance] [Karriere]
„Mit seinem Prädikatsexamen stehen ihm natürlich jetzt alle Türen offen!“

etwas **türken**/einen **Türken** bauen (umg.)
etwas vortäuschen/vorspiegeln/im Stegreif erfinden [Täuschung]
„Diese Abrechnung stimmt doch hinten und vorne nicht! Die ist doch offensichtlich getürkt!“
Diese Redensart hat eine solche Vielfalt an Deutungen erfahren, daß ihre genaue Herkunft wohl immer unklar bleiben wird. Historisch gesehen ist der Türke der Prototyp des Fremden. Dies basiert auf seinem moslemischen Glauben einerseits und auf der jahrhundertelang währenden Furcht vor der türkischen Eroberung des Abendlandes andererseits. Die ständige militärische Bedrohung brachte den Türken in die Soldatensprache. Gefechtsübungen gegen einen angenommenen Feind und das parademäßige Vorexerzieren erhielten den Beinamen *Türken*. Hier liegt wohl eine der Quellen der Bedeutung *Täuschung*. Eine andere liegt in den vielfachen Steuern, die zwischen dem 15. und dem 17. Jh. unter Ausnutzung der verbreiteten Türkenfurcht für einen angeblichen Heereszug gegen die Türken ausgeschrieben und später dann für ganz andere Zwecke ausgegeben wurden. Häufig liest man, daß die Redensart sich auf einen Schachautomaten bezieht, der im Jahre 1769 von Wolfgang Ritter von Kempelen konstruiert wurde. Eine Puppe in türkischer Tracht saß dabei vor dem Schachbrett und spielte (angeblich unschlagbar) mit jedem beliebigen Gegner eine Partie. Spiegeln erzeugten die Illusion, dieser mechanische Automat spiele selbst. In Wirklichkeit saß ein buckliger Zwerg unter dem Schachbrett, der meisterhaft Schach spielte und die Hand der Puppe unsichtbar lenkte.

sich die **Türklinke** in die Hand geben (umg.)
→ **Klinke**

im **Turm** aus Elfenbein sitzen
→ im **Elfenbeinturm** sitzen

von **Tuten** und Blasen keine Ahnung haben (umg.)
nicht das Geringste von etwas verstehen [Nichtwissen] [Unfähigkeit]
„Peter brauchst du gar nicht erst zu fragen, warum dein Auto nicht anspringt. Der hat nämlich von Tuten und Blasen keine Ahnung!“
„Tuten“ und „Blasen“ waren die Hauptaufgaben des gering geachteten Berufs Nachtwächter. Wer nicht einmal für diesen Beruf taugte, mußte besonders dumm und unfähig sein. Er hatte nämlich nicht einmal von Tuten und Blasen, diesen kinderleichten Aufgaben, eine Ahnung. Die Redensart ist seit dem Jahre 1601 belegt.

Tüten kleben (umg.)
im Gefängnis sitzen [Gefängnis]
„Tag Franz, ich habe dich ja ewig nicht gesehen!“ „Kannst du auch nicht. Ich habe nämlich die letzten zehn Monate Tüten geklebt!“
Gefangene wurden früher oft mit einfachen Arbeiten wie Korbflechten und Tütenkleben beschäftigt.

kommt (gar) nicht in die **Tüte**! (umg.)
das kommt nicht in Frage! [Ablehnung]
„Ich soll deine Mutter am Bahnhof abholen? Das kommt gar nicht in die Tüte! Du weißt doch, daß wir ständig Streit miteinander haben!“
Der Ursprung dieser seit dem Ende des 19. Jh. belegten Wendung ist unbekannt. Um eine Hypothese anzubieten, sei auf die ältere Form *Deut* für Tüte hingewiesen. Um 1691 sagte man beispielsweise in Erfurt zu einer in Papier eingewickelten Geldrolle *eine Deute Geldes*. Da *Deut* meist redens-

artlich soviel bedeutet wie *nichts* (*keinen Deut besser sein/wert sein* u. a.), könnte sich durch Verwechslung der beiden etymologisch nicht verwandten Wörter der redensartliche Gebrauch herausgebildet haben.

jmd. ist (nicht) mein **Typ** (umg.)
jmd./etwas gefällt mir (nicht)/ist (nicht) mein Geschmack [Geschmack]
„Was hältst du von der Blondine da drüben?" „Nee, danke. Die ist nicht mein Typ. Ich steh' auf schwarzes Haar!"
Das von lat. *typus* (Form , Muster) abgeleitete *Typ* erscheint seit dem 18. Jh. im Deutschen als Terminus der sich entwickelnden Natur- und Geisteswissenschaften und später auch in der Umgangssprache. Zusammen mit dem Eigenschaftswort *typisch* bezeichnet *Typ* das Charakteristische (Prototyp), häufig auch das Ideale bzw. den beispielhaften Vertreter einer Klasse oder Gruppe von konkreten oder abstrakten Personen, Dingen, Sachverhalten usw. In vielen Disziplinen entwickeln sich Typenlehren, in denen Haupt- und Unter-/Nebentypen unterschieden werden. Von der Nebenbedeutung des Idealen her abgeleitet ist *(nicht) jmds. Typ sein* im Sinne von *etwas/ jmd. gefällt (nicht). Typ* bezeichnet häufig auch direkt einen (un-)bekannten Menschen, wobei – wie häufig bei der Vermeidung der Nennung des Namens – eine abwertende Komponente enthalten ist. Meist kommt es deshalb zu Beifügungen wie *ein linker Typ* (ein Mann, dem nicht zu trauen ist), *diese langhaarigen Typen* u. ä.

dein **Typ** wird verlangt (umg.)
jmdn. ans Telefon bitten [Telefonieren]
„Klaus, dein Typ wird verlangt! Peter Auer ist am Telefon."

dein **Typ** wird hier nicht verlangt
[Rauswurf]
→ dein **Typ** wird verlangt

bis zum **tz** (umg.)
bis aufs Äußerste/ganz und gar/vollkommen [Vollständigkeit]
„Gut, daß er ein paar Tage in Urlaub ist. Die letzte Zeit war er unerträglich und hat seine Mitarbeiter bis zum tz gepeinigt!"
Diese Wendung ist eine Steigerung der Redensart *von A bis Z.* In alten Fibeln galt tz als Verdoppelung des z und stand daher an letzter Stelle im Alphabet. *Bis in tz* kann auch die letztmögliche Deutlichkeit in allen Einzelheiten bedeuten.

U

jmdm. ein X für ein **U** vormachen
→ jmdm. ein **X** für ein U vormachen

übel angeschrieben sein bei jmdm.
→ **schlecht** angeschrieben sein bei jmdm.

jmdm. **übel** mitspielen
→ jmdm. übel **mitspielen**

wohl oder **übel**
→ **wohl** oder übel

jmdm. **übel** aufstoßen
→ **aufstoßen** [Strafe]

jmdm. etwas **übel** vermerken
jmdm. wegen etwas böse sein [Unmut]
„Er hat mir die scherzhafte Bemerkung über seine Glatze leider übel vermerkt."
Übel hatte ursprünglich eine weitere Bedeutung als heute, da die Teilsynonyme *schlecht, schlimm, böse, arg* u. a. sich erst später entwickelten. Eine alte Bedeutungskomponente ist auch *krank;* sie ist noch in Wendungen wie *mir wird übel* erhalten. Die weiten Begriffsbereiche zeigen sich auch in Verbindungen wie *übles Wetter, üble Laune, übler Ruf* usw.

ein notwendiges **Übel**
eine unvermeidbare negative Sache/Angelegenheit [Unvermeidlichkeit]
„Parkplatzmangel ist kein notwendiges Übel. Man kann einiges dagegen tun!"
Diese Wendung ist seit der Antike geläufig, und die literarischen Belege beziehen sich dabei meist auf die Frau oder auf das Heiraten. Schon von dem griechischen Komödiendichter Menander (342–293 v. Chr.) ist der Spruch überliefert: „Heiraten ist, wenn man's bei Licht besieht, ein Übel, aber ein notwendiges Übel." Auch bei Luther finden wir die Bemerkung, „ein Weib sei ein nötiges Übel und kein Haus ohne solch Übel", die unter anderem von Lessing aufgegriffen wird. Heute hat sich die Einschätzung glücklicherweise geändert, so daß die Wendung einen unbegrenzten Bezugsspielraum aufweist.

das kleinere **Übel** wählen
von zwei schlechten Dingen das bessere bevorzugen [Zwangslage] [Entscheidung]
„Wenn es schon ein Betriebsausflug geben muß, dann wollen wir doch das kleinere Übel wählen und statt eines Fußmarsches eine Fahrt mit dem Autobus machen."
Diese Wendung finden wir schon bei Platos *Protagoras* und Aristoteles' *Nikomachische Ethik* V,3,16 sowie bei Ciceros *De officiis* III, 29,105: „ex malis eligere minimum".

über und über [Vollständigkeit]
→ es nicht **über** sich bringen

es nicht **über** sich bringen
nicht den Entschluß fassen können (etwas Negatives zu tun) [Unvermögen]
„Keiner von uns hat es über sich gebracht, die kleinen Katzen einfach umzubringen."
Die ursprünglich reine Orts- und Raumangabe *über* (hinüber, oberhalb, jenseits) hat sich vielfältig differenziert und viele Bedeutungskomponenten an sich gezogen, beispielsweise zeitliche (übermorgen, über Nacht) und kausale (sich über etwas freuen). Schon im Althochdeutschen wird *über* im Sinne der sozialen hoch-niedrig-Metaphorik (vgl.: **hoch** hinauswollen) gebraucht und bedeutet in vielen Zusammenhängen soviel wie *mehr sein, besser sein, die Macht haben, jmdm. überlegen sein, jmdm. über sein, überwältigen.* Sehr verbreitet ist auch die damit in Verbindung stehende Funktion der Verstärkung und der Übertreibung, die in Begriffen wie *überhandnehmen, Übergewicht, Übermaß* und *Überfluß* zur Geltung kommt. Damit verknüpft ist der Aspekt der Ablehnung, so daß sich eine Bedeutung im Sinne von *gegen* ergibt: *etwas überhaben* (etwas satt haben), *einer Sache überdrüssig sein, übersättigt sein* usw.

überall und nirgends zu finden/zu Hause sein
ein unstetes Leben führen [Unruhe]
„Was ist der neue Kollege eigentlich für ein Landsmann?" „Keine Ahnung. Er ist überall und nirgends zu Hause."

im Brustton der **Überzeugung**
→ im **Brustton** der Überzeugung

jmdm. ein paar **überziehen** [Schläge]
→ es nicht **über** sich bringen

für jmdn./etwas nichts/nicht viel **übrig** haben
→ etwas gegen jmdn./etwas **haben** [Abneigung]

eine der leichtesten **Übungen** (umg.) [Einfachheit]
→ etwas mit **links** tun

vom anderen **Ufer** sein (umg.) [Homosexualität]

sich ins **Uferlose** verlieren
→ vom **Hundertsten** ins Tausendste kommen [Weitschweifigkeit]

seine **Uhr** ist abgelaufen
→ sein letztes **Stündchen** hat geschlagen [Sterben]

die **Uhr** geht nach dem Mond
→ nach dem **Mond** gehen

jmdm. sagen, was die **Uhr** geschlagen hat
→ jmdm. sagen, was die **Glocke** geschlagen hat

hier gehen die **Uhren** anders [Unterschied]

mit etwas nur so **um** sich werfen
etwas großzügig/überreichlich verwenden [Übertreibung]
„Der Hauptredner des Seminars warf mit neuen Fachausdrücken nur so um sich. Ich glaube fast, daß keiner ihn so recht verstanden hat!“

sich nicht **umbringen** für etwas (umg.)
sich nicht besonders um etwas bemühen [Lässigkeit]
„Wir haben uns früher für das Abitur nicht so umgebracht wie die Schüler von heute. Ich weiß noch genau, daß ich für mein Mathematikabitur einen einzigen Nachmittag gelernt habe!“

umbringen: etwas ist nicht umzubringen (umg.)
etwas ist unverwüstlich/geht einfach nicht kaputt [Unverwüstlichkeit]
„Der alte Fernsehapparat ist einfach nicht umzubringen. Dabei hätten wir ganz gerne einen neuen, aber solange der alte es noch tut, bringen wir es einfach nicht übers Herz, ihn zu ersetzen.“

jmdn. **umgarnen** (umg.)
→ jmdn. um den kleinen **Finger** wickeln [Verführung]

du wirst dich noch **umgucken/umsehen!** (umg.)
du wirst später noch erstaunt sein, wie schlimm es sein wird [Warnung]
„Du wirst dich noch einmal umgucken, wenn ich mal nicht mehr bin! Solange man eine Mutter hat, weiß man doch immer, wo man Hilfe findet!“
Umgucken und *umsehen* haben in dieser Redensart den Sinn: *sich suchend nach der vergangenen Zeit umdrehen, betrübt in der Zeit zurückschauen.*

keine **Umstände** machen
1) *nichts extra vorbereiten, keinen Aufwand betreiben* [Bescheidenheit]
2) *nichts Unnötiges/Verzögerndes tun* [Verzögerung]
1) „Machen Sie wegen mir bitte keine Umstände, Frau Direktor. Ich trinke genau dasselbe wie Sie: Kaffee oder Tee, das ist mir egal!“
2) „Wenn Michael nicht immer so viele Umstände machte, sähe es mit seiner Karriere besser aus!“
Umstand ist im Sinne von *die umherstehenden Personen* ein alter Rechtsbegriff, der die Gerichtsgemeinde bezeichnete, die nicht – wie Richter und Schöffen – die Bequemlichkeit des Sitzens hatte. Der Umstand in diesem Sinne hatte das Recht, Gerichtsschelte zu betreiben und zugunsten des Angeklagten auszusagen. Daher sprechen wir heute noch von *mildernden Umständen,* wobei allerdings auch eine allmähliche Ablösung von der ursprünglichen personellen Bindung festgestelt werden

muß, so daß als Umstände die Situation, Umgebung und Motive einer Tat zu gelten haben. Der Gebrauch des Wortes vermischt sich so im juristischen Bereich mit der Lehnübersetzung von lat. *circumstantia*. Aus Wendungen wie *der Umstand des Textes* im Sinne von: *der Zusammenhang, in dem eine Textstelle steht*, entwickelt sich die Redeweise vom *umständlichen Reden. Umständlich* meint hier soviel wie *schwerfällig, weitschweifig, den Verlauf verzögern/hemmend*, worin die Bedeutung der Verzögerung (Umständlichkeit) zu erkennen ist.

in anderen **Umständen** sein
schwanger sein [Schwangerschaft]
„Da war eine eilige Hochzeit. Die Braut war schon in anderen Umständen."
Diese Redensart ist eine Hüllformel, die seit dem 17. Jahrhundert gebräuchlich ist.

ein **Umstandskrämer** sein
[Weitschweifigkeit] [Umständlichkeit]
→ **Kram**

unausgegorene Ideen/Sprüche
[Unfertigkeit]
→ jmdm. klaren/reinen **Wein** einschenken

unberufen
→ **toi** - toi - toi

ungeschlacht
→ vom gleichen **Schlag**

ungeschoren davonkommen (umg.)
ohne Schaden oder Nachteil aus einer schlimmen Lage davonkommen
[Glück im Unglück]
„Diesmal kommst du noch ungeschoren davon, aber das nächste Mal setzt es eine Tracht Prügel!"
Lange Zeit hindurch hat man diese von *scheren* abgeleitete Redensart auf die germanische Strafe des schimpflichen Haarabschneidens zurückführen wollen. Da die Redensart jedoch erst seit der 2. Hälfte des 17. Jh. bezeugt ist, wurzelt sie eher in den Zunftbräuchen. Bei der Aufnahme in eine Zunft mußte der Neuling eine „Taufe" bestehen, bei der allerlei grobe Handlungen an ihm verrichtet wurden. Die Äquatortaufe ist ein Relikt dieser Bräuche. Symbolisch wurde der Anwärter dabei mit hölzernem Messer rasiert und traktiert, so daß sich für *ungeschoren* die Bedeutung ergab: *ohne eine mutwillige Quälerei davonkommen*. In den Bereichen dieser Gepflogenheiten reichen auch die Begriffe *ungeschliffen, unbehauen, ungewaschen* u. a., wenn sie damit das unkultivierte Benehmen eines Menschen bezeichnen. Die Neulinge werden je nach der betreffenden Zunft als Rohling angesehen, die erst durch die Bearbeitung im Stil des jeweiligen Handwerks zu richtigen „geschliffenen Manieren" gelangen.

ein **ungewaschenes** Maul haben
[Verunglimpfung]
→ **waschen**: etwas hat sich gewaschen

nichts für **ungut**
seien Sie bitte nicht böse [Entschuldigung]
„Nichts für ungut, aber Sie haben wohl Knoblauch gegessen? Vielleicht sollten Sie einmal ein Pfefferminzbonbon lutschen!"
Das mit *un-* verneinte *gut* bedeutet eigentlich *schlimm, schlecht*. Häufig wird *ungut* jedoch dazu gebraucht, eine Zwischenform zwischen gut einerseits und schlecht andererseits auszudrücken, etwa aus Bedarf an Nuancierung, oder aber, weil man nicht ganz sicher ist. Ein *ungutes Lächeln* auf dem Gesicht einer anderen Person kann beispielsweise als ein *noch nicht richtig einzuordnendes Lächeln* verstanden werden. *Nichts für ungut* hatte früher die Form *nehmen Sie es nicht für ungut* und entspricht damit genau der Wendung *nehmen Sie es mir nicht übel*. Als Formel der Entschuldigung steht es entweder vor einer eventuell beleidigend wirkenden Aussage, oder aber es schließt ein ganzes Gespräch ab, wobei um Nachsicht für ein frei gesprochenes Wort oder eine offene Bewertung gebeten wird. In solchen Dialogen steht *nichts für ungut* also oft unmittelbar vor dem Abschiedsgruß und bereitet diesen somit vor.

ein **ungutes** Gefühl haben [Ahnung]
→ nichts für **ungut**

sich in **Unkosten** stürzen (scherzhaft)
viel Geld ausgeben [Ausgaben]
„Für diese Gartenparty hast du dich ja ganz schön in Unkosten gestürzt. Alleine der Partyservice kostet doch mindestens tausend Mark!" „Ja, schon, aber heute gebe ich doch mein Abschiedsfest vom Institut, in dem ich sieben Jahre lang gearbeitet habe. Da muß man doch schon etwas Besonderes bieten!"
Der Begriff *Unkosten* ist seit dem 15. Jh. bezeugt im kaufmännischen und rechtlichen Gebrauch. Das eigentlich als Verneinungssilbe zu verstehende *Un-* muß in diesem Begriff anders interpretiert werden. Als eine Möglichkeit bietet sich die tadelnde (verschlechternde, mißbilligende) Funktion von *un-* an: So ist ein *Unmensch* zwar ebenfalls ein Mensch, aber einer, dem wesentliche Züge fehlen. *Unkosten* wären dann *unnütze, unliebsame, lästige* Kosten. *Un-* dient aber auch der Verstärkung, und zwar besonders in Ausdrücken der Menge und Anzahl: *Unmenge* = große Menge, *Unsummen* = große Summen, *Unkosten* = große Kosten.

Unkraut vergeht nicht (umg.)
schlechte Leute gehen nicht unter/sterben nicht so schnell [Gesundheit]
„Ach, Sie sind schon wieder auf den Beinen? Ich dachte, Sie seien so schwer krank!" „Ja, Unkraut vergeht nicht! Mir geht es schon wieder besser."
Die Einteilung der Welt in für den Menschen Brauchbares und Unbrauchbares spiegelt sich in Gegensatzpaaren wie *Kraut* und *Unkraut* am deutlichsten wider. Eine derartige Trennung entspricht keinen biologischen Strukturen und Gesetzen, ist teilweise zeit- und kulturspezifisch und kann sich mit dem Wechsel der damit verbundenen Einstellungen und Bewertungen jederzeit verschieben. Tatsächlich wird man wohl eine als Unkraut erkannte Pflanze eher zerstören als eine andere, die scheinbar wertvoller ist, oder ein Ungeziefer schon wegen seiner Bezeichnung ohne Skrupel töten. Hans Sachs bezeichnet nichtsnutzige Menschen als *Unkraut* und *Ungeziefer*, und dem Prediger Abraham a Santa Clara ist gar die ganze Welt ein *Unkrautacker*. Der redensartliche Gebrauch geht bis auf das Jahr 1230 zurück (Freidanks *Bescheidenheit*, Vers 120,7).

kein **Unmensch** sein (umg.)
Verständnis haben, mit sich reden lassen [Verständnis]
„Natürlich darfst du wieder mit den Nachbarskindern spielen – ich bin ja schließlich kein Unmensch. Aber bitte keinen Streit mehr!"
Der *Unmensch*, das Gegenstück zum Menschen, findet sich schon im Althochdeutschen: *unmennisco*. Nach dem Lexikographen Adelung (18. Jh.) ist der Unmensch einer, der „die Pflichten der allgemeinen Geselligkeit und Menschenliebe auf die gröbste Art verletzet". Für Goethe stellt sich der Unmensch nur für die Umwelt als solche dar, weil sein individuelles Streben und Forschen ihn den anderen entfremdet. Menschen wie Spinoza werden, weil in ihrer Denkweise „wirklich etwas Übermenschliches liegt, (...) gewöhnlich für Unmenschen gehalten, für Gott- und Weltlose". Auch der „Übermensch" Faust steht außerhalb der Gesellschaft und vergleicht sich mit dem Unmenschen: „Bin ich der Flüchtling nicht, der unbehauste! / Der Unmensch, ohne Zweck und Ruh, / Der wie ein Wassersturz von Fels zu Felsen brauste / Begierig wütend nach dem Abgrund zu?" (Vers 3348 f.) Im 19. Jh. schließlich beginnt *Unmensch* die heute redensartliche übliche scherzhafte Bedeutung anzunehmen. *Kein Unmensch* zu sein bedeutet nunmehr *nicht hartherzig und zugänglich für die Sorgen anderer zu sein.*

jmdn. **unmöglich** machen
[Verunglimpfung]
→ sich **unmöglich** machen

sich **unmöglich** machen
sich so schlecht verhalten, daß man nicht mehr geachtet wird [Fauxpas]
„Mutter hat sich bei ihrem letzten Besuch durch ihr Verhalten unmöglich gemacht. So schnell werden wir sie nicht mehr einladen!"

Unmöglich hat in dieser Redensart die Bedeutung: *ungebührlich, gegen Anstand und Sitte.*

ein Ding der **Unmöglichkeit**
→ **Ding**

unrasiert und fern der Heimat (scherzhaft) [Reisen]

Unrat wittern
→ den **Braten** riechen [Verdacht]

eine **Unschuld** vom Lande
→ eine Unschuld vom **Lande**

jmdm. die **Unschuld** nehmen/rauben [Verführung] [Aufklärung]
→ die gekränkte **Unschuld** spielen

die gekränkte **Unschuld** spielen
vorgeben, gekränkt zu sein, weil man (zu Unrecht) verdächtigt wurde [Gekränktheit]
„Sie spielt die gekränkte Unschuld, weil wir sie gefragt haben, ob ihr Freund während unserer Abwesenheit bei ihr übernachtet hat."
Der Begriff *Unschuld* ist durch christlich-religiöse und juristische Vorstellungen geprägt. Im letzteren Sinn finden wir ihn beispielsweise in der Redensart *seine Hände in Unschuld waschen.* Ansonsten ist der Begriff redensartlich mit der Vorstellung weiblicher Keuschheit und Naivität besetzt (die Unschuld vom Lande).

die Hände in **Unschuld** waschen
→ die **Hände** in Unschuld waschen

kein **Unschuldslamm/Unschuldsengel** sein
zu Unrecht bezichtigt, aber doch nicht ganz schuldlos sein [Schuld]
„Spiel bloß nicht die gekränkte Leberwurst, bloß weil ich dich im Verdacht hatte, meine Schallplatten zerkratzt zu haben. Du bist nämlich auch kein Unschuldsengel, wenn ich bloß an die Beule denke, die du mir ins Auto gefahren hast!"
Beide Begriffe stammen von Herder. Sie haben sich durch ihre Nähe zur christlichen Symbolik und durch die bekannte Fabel vom Wolf und dem Lamm auch umgangssprachlich – allerdings meist in der oben gezeigten ironischen Verwendungsweise – durchsetzen können.

blühender **Unsinn** (umg.)
etwas total Unwahres/Falsches [Unsinn]
„Ich soll versprochen haben, euch am Wochenende mein Auto zu leihen? Das ist blühender Unsinn. Am Wochenende brauche ich es selbst!"
Unsinn ändert im späten Mittelalter, wo es noch die Geisteskrankheit bezeichnet, allmählich seine Bedeutung in Richtung auf *Unklugheit, Torheit, Verblendung.* Als Lieblingswort der Aufklärung und des Sturm und Drang wird es zum Kraftwort, ähnlich wie *Käse, Mist, Mumpitz* u. a. Vgl. zu *blühend:* üppige **Blüten** treiben.

unten durch sein bei jmdm. (umg.)
es mit jmdm. verdorben haben, von jmdm. abgelehnt werden [Unbeliebtheit]
„Seit er weiß, daß ich gerne zum Kegeln gehe, bin ich bei ihm unten durch. Er hält diesen Sport für proletenhaft."

von **unten** nach oben kehren
→ von unten nach **oben** kehren

sich nicht **unterbuttern** lassen (umg.)
sich nichts gefallen lassen, sich gegenüber Forderungen behaupten [Selbstbehauptung]
„Auch wenn du erst neu in der Firma bist: Laß dich bloß nicht unterbuttern! Die Kollegen versuchen immer, ihre Arbeit als besonders wichtig hinzustellen, um ihr Prestige zu erhöhen!"
Diese Wendung bezieht sich auf die Butterbereitung im Butterfaß. Dabei wird der sich bildende Butterklumpen immer wieder unter die oben schwimmende Rahmschicht gedrückt.

untergehen
→ **Schiffbruch** erleiden
[Scheitern]

jmdm. etwas **unterjubeln**
→ jmdm. etwas unter die **Weste** jubeln
[Beschuldigung] [Aufnötigung]

ein fahrbarer **Untersatz** (umg.)
ein Fahrzeug (meist Auto) [Fahrzeug]
„Kannst du mir morgen deinen fahrbaren Untersatz borgen? Mein eigenes Auto ist in der Werkstatt!"

ein **Unterschied** wie Tag und Nacht
→ ein Unterschied wie **Tag** und Nacht

das **Unterste** zuoberst kehren
→ alles von **oben** nach unten kehren
[Durcheinander]

etwas **unverblümt** aussprechen
[Offenheit]
→ etwas durch die **Blume** sagen

sein **Unwesen** treiben
seine unerfreuliche/verbrecherische Tätigkeit ausüben [Verbrechen]
„Sperr den Wagen gut zu. In dieser Gegend treiben in letzter Zeit Autodiebe ihr Unwesen!"
Das *Unwesen* ist redensartlich verwandt mit dem *Unmenschen* und demnach ein böses, verderbliches und schlimmes Wesen. Erstmalig im 15. Jahrhundert auftretend und wohl auf den Teufel bezogen, wird der Begriff schnell abstrakt verstanden und gebraucht, um allerlei *übles Tun und Treiben* zu kennzeichnen. Neben dem Bereich des Verbrechens wird insbesondere gerne noch der gespensterhafte Spuk mit dieser Wendung assoziiert (ein Gespenst treibt sein Unwesen).

üppig werden (umg.)
frech werden [Unverschämtheit]
„Jetzt werd bloß nicht üppig, mein Lieber, sonst kannst du nachsitzen!"
Das mit engl. *up* (aufwärts, empor) verwandte Wort *üppig* bezeichnet besonders das starke Wachstum einer Pflanze, aber auch etwas, das über das Maß hinausgeht (eine üppige Phantasie haben). Daraus leitet sich die schon früh bezeugte Bedeutung *übermütig, hochfahrend, frech* ab (seit dem 15. Jh.).

Urlaub auf Staatskosten (umg.)
[Gefängnis]

fröhliche **Urständ** feiern
wieder erscheinen (obwohl längst überwunden geglaubt) [Wiederherstellung]
„In den Köpfen mancher Leute feiert der Faschismus fröhliche Urständ."
Die Vorsilbe *ur-* bedeutet *aus, anfänglich, ursprünglich* und findet sich in vielen Begriffen (*uralt, Uraufführung, Ursprung* u. a.). Der *Urstand* ist somit der *ursprüngliche Zustand*. Notger übersetzte damit *resurrectio*, also die (biblische) Wiederauferstehung. Meist wird sie mit positiven Bewertungen (wie *glorreich, heilig* oder eben *fröhlich*) versehen, so daß sich bereits sehr früh eine Formelhaftigkeit ausbildet. Die religiöse -Bedeutung hat sich seit dem 16. Jh. durch den Einfluß des neueren *Auferstehung* zurückgebildet, so daß die Wendung alltagssprachliche Funktionen übernehmen konnte. Da *fröhlich* sich offenbar gut zum Ausdruck von Ironie eignet, wird mit der Redensart meist das Wiedererstarken eines negativen Sachverhalts, einer Ideologie usw. bezeichnet.

ein salomonisches **Urteil**
eine gerechte Entscheidung, die Weisheit und Güte erkennen läßt
[Urteil] [Gerechtigkeit]
„Ich halte es für ein salomonisches Urteil, daß der junge Mann nicht ins Gefängnis muß, sondern zwei Jahre lang in einem Altersheim Dienst tun muß. Schließlich hat er seine Schandtaten vor allem an alten Leuten verübt!"
Urteil ist mit *erteilen* verwandt und bedeutet also eigentlich *das Erteilte*. Von Anfang an ist der Begriff auf den Spruch des Richters beschränkt. Von den karolingischen Kernlanden setzt sich *Urteil* gegen germanisch *doma* (engl. *doom:* Urteil, Verdammnis) und baiuwarisch-alemannisch *uana* (Sühne) durch. *Salomonisch* bezieht sich auf König Salomo, dessen Weisheit im biblischen „Buch der Könige" (3,16–28) an einem Beispiel illustriert wird: Zu Salomo kamen zwei Frauen, die gegeneinander Anklage erhoben. Beide hatten kurz zuvor einen Sohn geboren, von denen einer gestorben war. Jede behauptete nun, das noch lebende Kind sei ihres. Salomo ließ ein

Schwert herbeibringen und bot an, das Kind in zwei Teile zerschneiden zu lassen, damit jede der beiden Frauen etwas davon habe. Die falsche Mutter war mit dieser Lösung einverstanden, die richtige Mutter jedoch wollte lieber auf das Kind verzichten, als es töten zu lassen. Daran erkannte jeder, wer die richtige Mutter war, und sie bekam das Kind zugesprochen: „Und das Urteil erscholl vor dem ganzen Volke Israel, und sie fürchteten sich vor dem König. Denn sie sahen, daß die Weisheit Gottes in ihm war, Gericht zu halten."

va banque spielen
risikoreich handeln [Risiko]
„Er hat hier gekündigt, bevor er die neue Stelle sicher hatte. Das war doch va banque gespielt! Das hätte schiefgehen können."
Alle Fachausdrücke des Roulettespiels sind französisch. Mit dem Zuruf *va banque* teilt der Spieler mit, daß er auf einmal um den ganzen Bankeinsatz spielt. Darin liegt natürlich ein großes Risiko, da der Spieler auf einen Schlag alles verlieren kann (vgl.: alles auf eine **Karte** setzen).

hausen wie die **Vandalen** (umg.)
großes Durcheinander erzeugen, Zerstörungen anrichten
[Durcheinander] [Vandalismus]
„Nach der Party hat es hier ausgesehen, als ob die Vandalen gehaust hätten!"
Die Vandalen waren ein germanisches Volk, das im Jahre 455 n. Chr. unter König Geiserich Rom plünderte. Besonders in romanischen Chroniken hielt sich die Erinnerung an dieses einschneidende Ereignis, und die spätere französische Prosa (etwa Voltaire) nimmt es auf. In einem Bericht an den Konvent prägt der Bischof von Blois im Jahre 1794 im Hinblick auf die Zerstörungen der Jakobiner das Wort *Vandalismus*, das sogleich ins Deutsche entlehnt wird.

blau sein wie ein **Veilchen**
→ **blau** sein wie ein Veilchen

einen **Veitstanz** aufführen (umg.)
sich übertrieben aufregen und dabei gestikulieren [Aufregung] [Gestik]
„Du hättest mal den Veitstanz sehen sollen, den der Chef heute hier aufgeführt hat, weil man vergessen hatte, ihm die Unterlagen für den Vertrag mitzugeben, für dessen Unterzeichnung er extra nach Frankfurt gefahren ist!"
Veitstanz ist eine Lehnübersetzung des lat. *chorea sancti viti* (der Reigen des heiligen Vitus). St. Vitus, der in Deutschland (insbesondere in Westfalen) als Veit verehrt wird, war ein frommer sizilianischer Knabe, der einer Legende nach um das Jahr 300 dem Sohne Diokletians den Teufel austrieb. Veits Reliquien kamen 836 nach Corvey und 1355 durch Kaiser Karl nach Prag. Er gilt als einer der 14 Nothelfer und wird mit einem schwarzen Hahn abgebildet. Angerufen wurde Veit vor allem von denjenigen, die an der Fallsucht (Epilepsie) oder an Hysterie litten, weil die tanzartigen Muskelzuckungen des Epileptikers an die wilden Tänze erinnerten, mit denen der Tag des St. Vitus (der 15. Juni) begangen wurde. Wahrscheinlich überlagerten sich hier christliches und heidnisches Brauchtum, weil der Veitstag zugleich als Sonnenwende galt.

nicht zu **verachten** sein (umg.) [Qualität]
→ nicht von schlechten **Eltern**

etwas **verballhornen**
etwas entstellen, etwas lächerlich abändern
[Entstellung]
„Du solltest den Text nur stilistisch verbessern, ohne den Inhalt zu verändern. Jetzt ist der gesamte Text total verballhornt!"
Die Redensart geht auf den im 16. Jahrhundert in Lübeck angesiedelten Buchdrucker Johann Ballhorn zurück. Dieser gab unter anderem geistliche Schriften heraus, die er nach eigenen Vorstellungen inhaltlich leicht veränderte. Die aus dem Namen abgeleitete Redensart ist seit 1650 schriftlich bezeugt.

verbieten: verboten aussehen (umg.)
schlecht/häßlich aussehen
[Unansehnlichkeit]
„Mit dieser Brille siehst du wirklich verboten aus! Mußte sie denn blau sein?"

jmdn. **verbleuen**
[Prügel]
→ blauer **Montag**

etwas **verbocken** (umg.)
[Fehler]
→ einen **Bock** schießen

sich **verdrücken** (umg.)
heimlich verschwinden [Weggang]
„Als Oma mich beim Schokoladenaschen

entdeckte, verdrückte ich mich schleunigst."
Herkunft → sich **drücken**

verflixt und zugenäht! (umg.)
(als Fluch:) *verdammt noch mal!*
[Verärgerung]
„Verflixt und zugenäht, jetzt ist mir doch der Bus vor der Nase weggefahren, und ich kann eine halbe Stunde warten!"
Für viele Flüche, deren Gebrauch von der Kirche verboten war, haben sich (euphemistische) Hüllformeln entwickelt, in denen der ursprüngliche Fluch nur leicht lautlich verändert ist. So ist auch *verflixt* eine leichte Entstellung von *verflucht*, und beide Ausdrücke sind austauschbar. Woher aber kommt *zugenäht*? In einem alten Studentenlied heißt ein Strophenschluß: „Und da fast täglich wie zum Hohn / ihm Knopf um Knopf abgeht, / so hat er seinen Hosenlatz / verflucht und zugenäht!". Ein ähnlicher treffender Vers lautet: „Doch als mir bald mein blonder Schatz / die Folgen unsrer Lieb gesteht, / da hab' ich meinen Hosenlatz/ verflucht und zugenäht!"

sich **verfranzen** (umg.)
sich verirren [Irrfahrt]
„Eigentlich müßte jetzt bald die Autobahn kommen. Wenn nicht, sind wir in die falsche Richtung gefahren und haben uns verfranzt!"
Dieser Ausdruck stammt aus der Fliegersprache des Ersten Weltkriegs. Bei den Fliegern hieß der Pilot scherzhaft *Emil* und der Navigator *Franz*. Wenn *Franz* einen falschen Kurs angab, flog der Pilot falsch und man *verfranzte* sich.

vergelten: Vergelt's Gott!
[Dank]
→ **Gleiches** mit Gleichem vergelten

der **Vergleich** hinkt
dieser Vergleich ist in einem wichtigen Punkt unzutreffend [Unvergleichbarkeit]
„Der Vergleich des Lebens mit einem Schauspiel hinkt vor allem deshalb, weil man im wirklichen Leben zugleich eine Rolle spielt und ein Zuschauer des Spiels der anderen ist!"
Da das Hinken früher ein weit verbreitetes Gebrechen war und zudem ein ziemlich auffälliges, wurde es schon sehr früh als Bild für alle Arten von Fehlern verwendet. Weit verbreitet sind die Redensarten vom *hinkenden Versmaß* (ein Vers, dessen „Füße" nicht glatt laufen) und vom *hinkenden Gleichnis*. Zum Versmaß schreibt Schiller in den *Xenien:* „Jambe nennt man das Tier mit einem kurzen und einem langen Fuß, und so nennest du mit Recht Jamben das hinkende Werk." Über den *hinkenden Vergleich* gibt es viele theoretische Aussagen, etwa bei Goethe („Wenn ein Gleichnis, zu weit durchgeführt, hinkt, so wird ein vergleichendes Urteil immer unpassender, je genauer man es betrachtet") und bei Kant („wie man nun zu sagen pflegt, daß jedes Gleichnis hinke …"). Der genaue Ursprung der Redensart scheint indes unklar zu sein.

ein **Verhältnis** mit jmdm./miteinander haben
[Sexualität]
→ über seine **Verhältnisse** leben

über seine **Verhältnisse** leben
mehr ausgeben, als man verdient
[Verschwendung]
„Wenn ich unsere Bankauszüge betrachte, komme ich immer mehr zu der Überzeugung, daß wir über unsere Verhältnisse leben!"
Verhältnis ist erst im 18. Jh. von *Verhalten* abgeleitet worden und seither zu einer Art Modewort geworden. Es bezeichnet die Beziehung zwischen Personen, konkreten und abstrakten Dingen und Sachverhalten, aber auch den Zustand (die Straßenverhältnisse sind gut). Das Wort bindet sich leicht an andere Substantive zu Bildungen wie *Liebesverhältnis, Freundschaftsverhältnis* und ist auch in Fachsprachen anzutreffen (Mischverhältnis). Auch das davon abgeleitete und heute viel gebrauchte Wort *verhältnismäßig* ist ein vergleichsweise junges Wort.

etwas **verhunzen** (umg.)
etwas verderben/kaputt machen
[Zerstörung]

„Paß doch auf! Mit diesem Rotweinfleck hast du mir die ganze Tischdecke verhunzt! Jetzt kann ich sie schon wieder waschen."
Die eigentliche Bedeutung dieses Verbs ist *auf den Hund bringen, zu einem Hund machen* im Sinn von *schlechtmachen, verderben*. Zugrunde liegt ein älteres *hundasen*. Das Wort ist seit 1701 schriftlich belegt, in der Umgangssprache aber sicher älter. Die ersten Schriftsteller, die es verwenden, sind Hamann und Lessing.

in jmdn. **verknallt** sein (umg.)
[Verliebtheit]
→ in jmdn. **verschossen** sein

jmdn. **verkohlen**
jmdn. (im Scherz) belügen [Lüge]
„Ich soll sofort zum Bürgermeister kommen? Aber warum denn? Du willst mich sicherlich verkohlen!"
Diese Wendung geht wahrscheinlich nicht auf *Kohl* (in der Bedeutung: *etwas Minderwertiges*) zurück, sondern auf das jiddische Verb *kole* (hebräisch *quol* = Stimme) mit der Bedeutung: *reden, sprechen, erzählen*. Im Rotwelsch wird noch unterschieden zwischen: *kohlen* (die Wahrheit sagen) und *bekolen* (lügen).

sich **verkrachen** (umg.)
[Streit]
→ **Krach** schlagen

wenn man sich auf ihn verläßt, dann ist man **verlassen**
[Unzuverlässigkeit]
→ **verlassen**: und dann verließen sie ihn

verlassen: und dann verließen sie ihn (umg.)
und dann wußte er nicht mehr weiter (bei einer Verrichtung/einer Rede usw.)
[Ratlosigkeit]
„Jetzt muß man den Nippel durch diese Lasche ziehen und dann ..." „Dann verließen sie ihn! Ich sag's ja immer: diese Gebrauchsanweisungen!"
Diese Gesprächsfloskel ist erst um die Jahrhundertwende entstanden. Sie ist angelehnt an ein Bibelwort aus Matt. 26,56: „Da verließen ihn alle seine Jünger."

verlieren: du hast hier nichts verloren!
→ du hast hier nichts zu **suchen**
[Vertreibung]

in jmdn. **vernarrt** sein (umg.)
in jmdn. sehr verliebt sein [Verliebtheit]
„Ich muß ihn einfach heiraten - ich bin ganz vernarrt in ihn!"
Der verzauberte und verwirrte Liebende begeht allerlei Torheiten, die durch den Einfluß des Magischen entschuldigt werden. Vgl.: jmdn. **becircen**.

etwas **verpatzen** (umg.)
etwas verderben, einen Vorgang stören
[Zerstörung]
„Dadurch, daß du dich plötzlich bewegt hast, hast du die Fotoaufnahme verpatzt. Ich mache gleich noch ein Bild!"
In den oberdeutschen Mundarten ist der Patzen oder Batzen eine ungefüge Masse (ein Batzen Gold). Wenn ein Werkstück aus Metall nicht gelang, so entstand ein Patzer. In diese Wortfamilie, die von (zusammen-) backen (zusammenkleben) abgeleitet ist, gehört schließlich noch das Adjektiv *patzig* (unverschämt, spöttisch), das über die Vorstellung eines derben und häßlichen Verhaltens entstanden ist.

verpassen: eine verpaßt kriegen (umg.)
→ eins hinter die **Ohren** geben
[Ohrfeige]

verraten und verkauft (umg., Paarformel)
hilflos ausgeliefert, ohne Beistand
[Hilflosigkeit]
„Er hat fest versprochen, uns das Lexikon heute vorbeizubringen. Aber wenn man sich auf ihn verläßt, ist man verraten und verkauft!"
Diese formelhafte Wendung ist seit dem 17. Jh. bezeugt (*Simplicissimus* 4,463).

nicht ums **Verrecken**! (umg.)
[Ablehnung]
Verrecken gehört zu dem Verb *sich recken* und bedeutet eigentlich: *im Tod die Glieder starr ausrecken; steif werden*. Bis ins 17. Jh. (Opitz) ist das Wort sogar in der Dichtersprache üblich, später wird es jedoch mehr

und mehr auf verendendes Vieh eingeschränkt. Daher hat es seinen negativen Klang, wenn man es auf Menschen anwendet.
→ das ist ja der reine **Mord**

Verrenkungen machen (umg.)
[Ausflüchte]
→ einen **Eiertanz** aufführen

wie **verrückt** (umg.)
sehr schnell [Schnelligkeit]
„Die Katze rannte wie verrückt davon, weil ein großer Hund hinter ihr her war."

nach jmdm. **verrückt** sein
[Verliebtheit]
→ in jmdn. **vernarrt** sein

sich keinen **Vers** auf etwas machen können
etwas nicht begreifen/keinen Sinn darin sehen können [Nichtverstehen]
„Auf dieses Mahnschreiben kann ich mir einfach keinen Vers machen. Wir haben die Rechnungen doch alle pünktlich bezahlt!"
Vers kommt von lat. *versus* (Umwendung, insbesondere des Pfluges, daher auch *Reihe*) und ist schon im 8. Jh. im *Abrogans*, der deutschen Bearbeitung einer lat. Synonymensammlung als *versicoli/versiclin* greifbar. Die Wendung *mach mir einen Vers daraus* im Sinne von *mache mir den Zusammenhang klar* findet sich schon im 16. Jh. Sie ist wohl gebildet nach der noch etwas früher nachweisbaren Variante: *sich keinen Reim auf etwas machen können. Reim* stammt aus der Wortfamilie griech. *arithmos* (Zahl), lat. *ritus* (Sitte) und *rite* (in passender Art). Ein galloroman. *rimare* (in eine Reihe ordnen) wird im 12. Jh. im Deutschen heimisch und erhält die gleiche Bedeutung wie *Vers:* Die Verszeile wird also nach ihrem Kennzeichen, dem Reim, benannt, der (grob gesagt) nur den Gleichklang zweier Worte (etwa: *Liebe Triebe Hiebe*) oder Laute (mit Kind und Kegel) bezeichnet. Erst Opitz trennt im 17. Jahrhundert in seiner Poetik wieder deutlich diese beiden Phänomene und führt die Typologie von End-, Binnen-, Paar-, Kreuzreim (um nur einige zu nennen) ein.

verschone mich mit (Einzelheiten/deinen Lügen usw.)
→ bleib mir damit bloß vom **Hals**
[Zurückweisung]

in jmdn. **verschossen** sein (umg.)
in jmdn. verliebt sein [Verliebtheit]
„Er ist total in Claudia verschossen!"
Das von *schießen* abgeleitete *verschossen* ist seit dem frühen 18. Jh. im Sinne von *verliebt sein* bezeugt.

verschüttgehen (umg.)
1) *verlorengehen* [Verlust]
2) *lange abends ausgehen und Alkohol trinken* [Feier]
1) „Mein Wörterbuch ist verschüttgegangen. Hast du es vielleicht irgendwo gesehen?"
2) „Na, dir sieht man deinen Brummschädel regelrecht an! Ihr seid wohl gestern abend nach der Betriebsfeier verschüttgegangen?"
Verschüttgehen stammt aus der Gaunersprache und gehört zu *schütten* (einsperren). Im Rotwelsch hat es die Bedeutung *eingesperrt/verhaftet werden*. Natürlich liegt auch die Verbindung zu *verschütten* (mit Erde bedecken/vergraben) nahe.

ich muß mal **verschwinden** (umg.)
→ ich muß mal **irgendwohin**
[Toilette]

aus der **Versenkung** auftauchen (umg.)
[Erscheinen]

in der **Versenkung** verschwinden (umg.)
plötzlich nicht mehr bekannt/berühmt sein, verschwunden sein
[Verschwinden] [Weggang]
„Von Gerd habe ich schon lange nichts mehr gehört. Warum ist er denn so in der Versenkung verschwunden?"
Der Ausdruck stammt aus der Bühnensprache und bezeichnet die Vorrichtung, mit deren Hilfe etwas nach unter verschwinden, also versenkt werden kann. Die Redensart ist erstmals bei Jean Paul (*Titan* 4,16) in übertragener Bedeutung zu finden: „Plötzlich zog ihn die Theaterversenkung des Lebens, ein bodenloser Schlummer, in

die dunkle Tiefe." Das Gegenteil, nämlich das plötzliche Erscheinen eines Menschen, wird mit demselben Bild als *deus ex machina* (lat.: ein *Gott aus der Maschine*) bezeichnet. Man bezeichnet damit in der Fachsprache des Theaters Ereignisse, die plötzlich und unmotiviert auftreten, oder Lösungen eines Konfliktes durch außenstehende Mächte gelöst werden. Im Grunde entspricht ein derartiges Lösungsmuster einer ungeschickten dramatischen Konzeption. Der *deus ex machina* wurde in der griechischen Tragödie kurz vor der unauflösbaren Katastrophe mittels einer Maschinerie auf die Bühne „gezaubert", um ein Machtwort zu sprechen. {Welttheater}

auf etwas **versessen** sein
→ hinter etwas her sein wie der **Teufel** hinter der armen Seele

ehe man sich's **versieht**
schneller als erwartet [Schnelligkeit]
„Noch ist Oktober, aber ehe man sich's versieht, ist Weihnachten!"
Sich versehen wird seit alter Zeit im Sinne von *voraussehen, erwarten* gebraucht.

bei mir hat er (endgültig) **verspielt**
ich habe definitiv eine schlechte Meinung über ihn [Unbeliebtheit]
„Zweimal schon hat er sein Wort gebrochen, jetzt hat er endgültig bei mir verspielt!"
Herkunft → auf dem **Spiele** stehen

mit seinem **Verstand** am Ende sein
→ mit seinem **Latein** am Ende sein

etwas mit **Verstand** genießen
etwas wie ein Kenner zu würdigen wissen: langsam und nicht gierig [Genuß]
„Du sollst diesen Kognak nicht runterkippen, sondern ihn mit Verstand genießen! Schließlich ist er 30 Jahre alt und kein Klarer aus der Schnapsbrennerei!"
Verstand bedeutet hier: *durch Üben gewonnene Einsicht* und steht durch den Aspekt der langsamen Bedächtigkeit in Verbindung zu *wie verrückt* im Sinne von *schnell*.
Herkunft → Sinn und **Verstand**

das hat weder Sinn noch **Verstand**
das ist völlig sinnlos/unverständlich [Sinnlosigkeit]
„Was du da machst, hat weder Sinn noch Verstand. Du mußt doch zuerst in der Karte nachschauen, bevor du einfach drauflosfährst!"
Das Wort *Verstand* gelangt erst im 16. Jh. zu einiger Bedeutung, steht dann aber im 18. bis 20 Jh. um so mehr im Zentrum der philosophischen Aufmerksamkeit, um von den bedeutungsähnlichen Begriffen *Vernunft, Denkkraft, Intellekt, Intelligenz* usw. unterschieden werden zu können. In der philosophisch beeinflußten Sprache des 18. Jh. erscheint der Begriff mit festen Zusätzen wie *reiner/natürlicher/guter/gesunder Menschenverstand*, einem Lieblingswort Goethes: „Des Menschenverstandes angewiesenes Gebiet und Erbteil ist der Bezirk des Tuns und Handelns. Tätig wird er sich selten verirren; das höhere Denken, Schließen und Urteilen jedoch ist nicht seine Sache." Die Flut rationalistischer Abgrenzungsbemühungen karikiert Börne in dem Vergleich: „Die Vernunft verhält sich zum Verstande wie ein Kochbuch zu einer Pastete". Oft wird eine Definition durch die Verknüpfung mehrerer Begriffe umgangen: Beliebt ist beispielsweise in älterer Sprache die Paarung *Witz und Verstand*, wobei *Witz* (als Abstraktbildung zu *wissen*) dasselbe bedeutet wie *Verstand*. Erst unter dem Einfluß des franz. *esprit* wird *Witz* zur Bezeichnung der erfinderischen Geistestätikeit, die unerwartete Verknüpfungen bildet. Andere Formeln sind: *Verstand und Genie, Verstand und Tugend* und eben auch *Sinn und Verstand*. Umgangssprachlich hat *Verstand* die Bedeutung: *normale geistige Fähigkeiten* und gilt als Gegenstück zu Unsinn, Wahnsinn, Verrücktheit. *Den Verstand verlieren* bedeutet: *wahnsinnig werden* und *nicht ganz bei Verstand sein* soviel wie: *nicht normal sein*.

da bleibt mir der **Verstand** stehen!, das geht über meinen **Verstand** (umg.)
das begreife ich nicht! das ist nicht normal! [Nichtverstehen]
„Er will sich von seiner Frau scheiden las-

sen? Ausgerechnet er? Da bleibt mir der Verstand stehen! Ich hielt die Ehe der beiden immer für mustergültig!"

Versteck
→ **verstecken**

sich vor/neben jmdm. nicht **verstecken** müssen
[Ebenbürtigkeit]
→ sich vor/neben jmdm. **verstecken** müssen

sich vor/neben jmdm. **verstecken** müssen
schlechtere Leistungen erbringen als ein anderer [Unfähigkeit]
„Unser Torwart muß sich vor dem der gegnerischen Mannschaft glatt verstecken! Noch keinen einzigen Ball hat er gehalten."

vor jmdm. **Versteck** spielen
etwas verbergen, nicht die Wahrheit sagen [Heimlichtuerei]
„Jetzt hör endlich auf, vor mir Versteck zu spielen und zeig mir dein Zeugnis!"

sich nicht dazu **verstehen**, etwas zu tun
[Ablehnung]
→ jmdm. etwas deutlich zu **verstehen** geben

jmdn. etwas zu **verstehen** geben
[Andeutung]
→ jmdm. etwas deutlich zu **verstehen** geben

jmdm. etwas deutlich zu **verstehen** geben
jmdm. etwas klar mitteilen [Mitteilung]
„Habe ich Ihnen nicht deutlich zu verstehen gegeben, daß Sie hier unerwünscht sind?"
Er versteht seine Sache ist ein alter Rechtsausdruck mit der Bedeutung: *er vertritt sie vor dem Thing, bis er siegt.* Die richtige Erfassung eines Rechtsproblems wird dann erweitert zu der Bedeutung: *den (geistigen) Zusammenhang begreifen.*

das **versteht** sich (von selbst)
[Selbstverständlichkeit]
→ jmdm. etwas deutlich zu **verstehen** geben

einen **Versuchsballon** starten/steigen lassen (umg.)
versuchen, durch eine Tat oder Äußerung die Reaktion anderer festzustellen [Test]
„Mein Mann weiß noch nichts von meiner Schwangerschaft. Ich habe erst einmal einen Versuchsballon gestartet, indem ich ihn fragte, ob er sich noch ein Kind wünscht."
Ein Versuchsballon ist ein zu Versuchszwecken aufgelassener Ballon, der Luftströmungen, Temperaturen, Gaszusammensetzungen und ähnliches in der Atmosphäre messen soll. Die redensartliche Verwendung findet sich seit Beginn des 20. Jh. Literarisch belegt ist sie in Thomas Manns Roman *Königliche Hoheit* (1909): „Mich haben sie auch neulich in den Zeitungen verlobt gesagt. (...) Das war ein Versuchsballon, wie sie es nennen, und es scheint ihnen wohl an der Zeit."

eine babylonische **Verwirrung**
→ eine **babylonische** Verwirrung

sich **verzetteln**
seine Kräfte gleichzeitig vielen Dingen widmen und deshalb nicht recht vorankommen [Unkonzentriertheit]
„Bei einem Projekt wie diesem darf man seine Kräfte nicht verzetteln! Nur die Konzentration auf das Wesentliche kann hier zum Erfolg führen!"
Im Althochdeutschen bedeutete *zetten* soviel wie *ausbreiten, verstreuen.* Daraus entstand *verzetteln* im Sinne von *nutzlos ausstreuen. Zette(l)n* war auch ein Fachwort aus der Sprache der Weberei, so daß sich auch das heute nur noch redensartlich verwendete *anzetteln* erklären läßt als: *beginnen, ein Gewebe zu weben.* Beide Verben haben also nichts mit dem Wort *Zettel* im Sinne von *Papierplättchen* zu tun. Dieses leitet sich vielmehr von mittellat. *cedula* ab. Als *Zed(d)el* gelangt es um 1300 ins Deutsche und ist daher weit jünger als die Wurzeln von *verzetteln,* das im 19. Jh. auch in der Militärsprache üblich wird zur Bezeichnung von verteilten Truppen, denen die Schlagkraft verlorengeht. Von hier leiten sich Varianten ab, wie etwa *seine Kräfte verzetteln.*

brich dir nur keine **Verzierung** ab!
→ **abbrechen**: brich dir nur keinen ab! (umg.)
[Getue]

in seinen eigenen **vier** Wänden
→ in seinen eigenen vier **Wänden**

unter **vier** Augen
→ unter vier **Augen**

sich auf seine **vier** Buchstaben setzen
→ sich auf seine vier **Buchstaben** setzen

alle **viere** von sich strecken
→ seine müden **Knochen** ausruhen
[Erholung]

immer wieder auf alle **viere** fallen
→ immer wieder auf die **Füße** fallen
[Glück im Unglück]

sich für jmdn. **vierteilen** lassen
→ sich für jmdn. in **Stücke** reißen lassen
[Treue]

da stehst du/steht man machtlos **vis-à-vis**! (umg.)
da kann man nichts tun! darauf hat man keinen Einfluß! [Einflußlosigkeit] [Ratlosigkeit] [Unabänderlichkeit]
„Offenbar wird dieser Sommer verregnet sein. Da hinten ziehen schon wieder Wolkenwände auf!" „Tja, was soll man dagegen tun? Da steht man machtlos vis-à-vis!"
Vom lat. *videre* (sehen) abgeleitete franz. Ausdrücke sind in großer Zahl im Deutschen als Fremdworte geläufig, etwa: *Visage, Visum, Visier, Visite* usw. Dazu gehört auch *vis-à-vis* (= frontal gegenüber). Die Redensart ist seit ungefähr 1900 bezeugt.

mit offenem **Visier** kämpfen
offen, anständig kämpfen und sich dabei zu erkennen geben [Offenheit]
„Die anonymen Zuschriften an unsere Zeitungsredaktion nehmen wir nicht weiter zur Kenntnis. Was sollen das schon für Leute sein, die sich nicht einmal trauen, mit offenem Visier zu kämpfen!"
Von lat. *videre* (sehen) leiten sich roman. Begriffe ab (etwa franz. *visière*), die früh in der Form *Visier* in die deutsche Turnier- und Rittersprache entlehnt werden und die eiserne Gesichtsmaske des Kämpfers bezeichnen. Das geschlossene Visier ist das Sinnbild des Sich-Verbergens, entweder aus Angst oder aber, weil man sich erst später zu erkennen geben will.

sein/das **Visier** lüften
[Bekanntgabe]
→ mit offenem **Visier** kämpfen

Vitamin B haben (umg.)
gute Beziehungen haben, die einem weiterhelfen/nützen [Beziehungen]
„Auf diesen Posten haben sich so viele Leute beworben, daß es ohne Vitamin B fast zwecklos ist, sich irgendwelche Hoffnungen zu machen!"
Vitamin ist ein Kunstwort aus lat. *vita* (Leben) und *Amin* (Stickstoffverbindung). Erfunden hat es Casimier Funk im Jahre 1913, als er bemerkte, daß die Mangelkrankheit Beriberi durch ein fehlendes Amin erzeugt wird. Die bisher beschriebenen Vitamine wurden alphabetisch (Vitamin A, B, C, D usw.) geordnet, zerfallen aber wieder in Untergruppen (B1, B2 usw.). Vitamine sind lebensnotwendig, weil sie bestimmte Stoffwechselfunktionen steuern. Die Umgangssprache hat sich der schnell populär werden Vitaminklassifizierung insoweit angepaßt, als sie die Redensart vom *Vitamin B* (Beziehungen) prägte. {Staatsorganismus}

ein komischer/seltener **Vogel** (umg.)
ein Sonderling [Sonderling]
„Unser Untermieter ist ein komischer Vogel. Er schläft tagsüber und schreibt nachts Gedichte."
Der *seltene Vogel* (rara avis) als Bezeichnung für sonderbare Menschen geht bis in die Antike zurück und findet sich etwa bei den Satirikern Persius und Juvenal. Dort findet sich bereits der *weiße* ***Rabe***. Vgl. ein komischer **Kauz**.

der **Vogel** ist ausgeflogen
[Flucht]
→ jmd. hat einen **Vogel**

den **Vogel** abschießen (umg.)
der Beste (bei einem Wettbewerb) sein [Sieg]
„Die Verkleidungen auf dem Faschingsball waren alle gut, aber den Vogel hat Marika abgeschossen: Sie kam nämlich als Bonbon verkleidet an!"
Früher wurde im volkstümlichen Wettschießen mit Armbrust oder Büchse häufig ein hölzerner Vogel auf einer hohen Stange als Zielpunkt gesetzt. Wer den besten Schuß tat oder das letzte Stück zur Erde brachte, schoß den Vogel ab.

Vogel, friß oder stirb! (umg.)
du hast keine Wahl! [Zwangslage]
„Als der Bankrott der Firma abzusehen war, gab es unter den Kollegen Streit wegen der Abfindung. Ich habe die angebotene Summe akzeptiert, denn es hieß: Vogel, friß oder stirb!"
Der gefangene Vogel muß das dargereichte Futter fressen, will er nicht verhungern. Dieses Sinnbild ist seit dem 16. Jh. als Redensart bezeugt, später auch in Grimmelshausens *Simplicissimus* (II, 203).

jmd. hat einen **Vogel** (umg.)
jmd. ist leicht verrückt [Verrücktheit]
„Ich soll alleine die Wohnung aufräumen, während du spazierengehst? Du hast wohl einen Vogel!"
Im alten Volks- und Aberglauben werden Geisteskrankheiten entweder durch böse Geister (vgl.: jmdm. sitzt der Schalk im **Nacken**) oder durch kleine Tiere verursacht, die im Kopf nisten. Man kann also etwa redensartlich *Grillen im Kopf haben, einen Hirnwurm, Motten* usw. Besonders beliebt für diese Zwecke ist jedoch der *Vogel*, der in den Kopf gelangen und dort nisten kann. Gelegentlich wird dieser Vogel als Meise spezifiziert, oft fragt man aber auch leicht verhüllt: „Bei dir piept's wohl?" Hierher gehört auch die Geste *jmdm. den Vogel zeigen*. Dabei tippt man sich mehrfach an die eigene Schläfe und kann zusätzlich noch spöttisch fragen: „Dein Vogel braucht wohl Wasser?" Das freie und ungebundene Verhalten der Vögel, ihr buntes Gefieder und ihr Gesang, haben schon immer den Vergleich zwischen Mensch und Vogel herausgefordert. So sagt man gelegentlich, jemand sei *ein lockerer Vogel* (ein Mensch, der es mit Pflicht und Moral nicht so genau nimmt) oder *ein lustiger Vogel*. Ein *Galgenvogel* war früher jemand, den man am Galgen enden sah, wenn er seinen schlechten Lebenswandel nicht änderte. Häufig wird auch die Gefangenschaft des Vogels im Käfig als Sinnbild genutzt, wobei besonders der *goldene Käfig* zur Redensart geworden ist.

das hat mir ein **Vögelchen** gesungen (umg.)
das habe ich als Geheimnis erfahren und ich darf nicht sagen, von wem [Geheimnis]
„Woher weißt du denn, daß die beiden ein Verhältnis miteinander haben?" „Das hat mir ein Vögelchen gesungen."
In vielen Mythen, Sagen und Märchen gelten bestimmte Vögel als Ratgeber und Warner. In der altnordischen *Edda* versteht Sigurd die Sprache der Vögel, und Odin hat zwei Raben, die ihm berichten, was sie im Flug über das Land gesehen haben. Die Redensart bewahrt wohl eher scherzhaft die Erinnerung an derartige Schilderungen.

für **vogelfrei** erklärt worden sein
schutz- und hilflos sein [Schutzlosigkeit]
„Früher wurden Verbrecher manchmal damit bestraft, daß man sie für vogelfrei erklärte."
Das erste seit Ende des 15. Jh. belegte Wort *vogelfrei* entstammt der Rechtssprache. Die Bedeutung ist nicht: *frei wie ein Vogel, auf den jedermann schießen darf,* denn die Jagd auf Vögel gehörte zum Wildbann. Dem toten Leib des Geächteten wird vielmehr das Grab versagt, daß heißt, er wird auf dem Schindanger den aasfressenden Vögeln preisgegeben. *Vogelfrei* ist eine Lehnübersetzung aus der alten Verrufungsformel: „Wer aus dem Frieden in den Unfrieden, von Sicherheit in Unsicherheit" gerufen werden soll, wird preisgegeben „dem Vogel in der Luft" (lat.: *avibus permissus*), „den wilden Tieren im Wald, dem Fisch in der Woge und jedem zur Tötung". In neuerer Sprache bedeutet das Wort in freierer Anwendung eine allgemeine Schutzlosigkeit oder Verfolgung außerhalb der Rechtssphäre.

Vogel-Strauß-Politik betreiben
→ den Kopf in den **Sand** stecken
[Verdrängen]

voll sein (umg.)
→ voll wie eine **Strandhaubitze**
[Trunkenheit]

voll und ganz (Paarformel)
[Vollständigkeit]
→ **ganz** und gar

jmdn. nicht für **voll** nehmen
jmdn. nicht ernst nehmen/nicht für vernünftig halten [Mißachtung]
„Was der Meier dazu gemeint hat, das interessiert mich nicht! Den kann man ja nicht für voll nehmen!"
Diese Wendung geht aus von einer Spezialbedeutung von *voll* im alten Maß- und Geldwesen: *eine Münze für voll nehmen* bedeutete: *sie als nach Gewicht und Metall dem Gesetz entsprechend gelten lassen.* Vgl.: von altem **Schrot** und Korn.

aus dem **vollen** leben
ohne Einschränkungen in Luxus und Verschwendung leben [Verschwendung]
„Jahrelang haben die beiden aus dem vollen gelebt, aber jetzt sind die Rücklagen aufgezehrt, und sie werden sich einschränken müssen."
Diese Redensart bedeutet eigentlich: *aus den gefüllten Vorratsspeichern sorglos wählen können.*

aus dem **vollen** schöpfen können
[Wissen] [Können]
→ aus dem **vollen** leben/wirtschaften

mit **Volldampf**
[Intensität]
→ auf **Hochtouren** laufen

sich **von** schreiben können (umg.)
großes Glück haben, in einer guten Lage sein [Glücksfall]
„Du kannst dich von schreiben, daß du einen Studienplatz in der Stadt deiner Wahl bekommen hast! Meist wird man irgendwohin gesetzt, wo es einem nicht gefällt!"
Die Präposition *von* gibt Herkunft oder Abstammung an. Vor Ortsnamen bezeichnet es die Herkunft von Sachen (Wein von der Mosel) wie von Menschen. Bei Personennamen war *von* lange Zeit ein loser Zusatz, der fehlen oder wechseln konnte, stets aber vor einer Ortsbezeichnung stand, ähnlich dem niederländ. *van* (Ludwig van Beethoven). Allmählich ersetzte *von* jedoch im deutschen Sprachraum die alte Adelsbezeichnung durch Ableitung auf *-er* (die Habsburger) und wurde zum Adelsprädikat (Götz von Berlichingen). Bei neuen Erhebungen in den Adelsstand wurde später das von einfach vor den bisherigen Namen gesetzt, der ja selten gleichzeitig ein Ortsname ist. Jacob Grimm geißelte diese Gedankenlosigkeit in einer seiner Reden in der Paulskirche mit den Worten: „Ein Heinrich von Kronberg, ein Heinrich von Weiszenstein, das hat Sinn; aber es klingt unsinnig: ein ‚Herr von Goethe', ein ‚Herr von Schiller', ein ‚Herr von Müller', denn Müller, Goethe und Schiller sind niemals Orte gewesen (Kleine Schriften 8,440). Im kaiserlichen Österreich wurde übrigens anders verfahren: der bisherige bürgerliche Name wurde vor das *von* gesetzt und durch eine Ortsbezeichnung erweitert. Das Ergebnis ähnelt den Pseudonymen, die sich manche Schriftsteller gegeben haben (Hoffmann von Fallersleben). Die Wendung *er schreibt sich von* hat die Bedeutung: *er ist adlig*, erhält aber eine scherzhafte Prägung in der Redensart *du kannst/könntest dich von schreiben,* die somit ausdrückt: *du bist in der guten Lage eines Adeligen*, d. h. *du bist in einer guten Lage/hast Glück gehabt.* Früher gab es eine Reihe von Spottwendungen für den Adel mit *von*, wie beispielsweise: *sich voneln (adeln) lassen* oder: *er ist ein Vonling* (Adliger). Sie sind heute nicht mehr gebräuchlich.

nach wie **vor**
→ **nach** wie vor

aneinander **vorbeireden**
sich nicht verstehen, wobei das (zunächst) nicht auffällt; dasselbe sagen, aber Verschiedenes meinen [Mißverständnis]

„Ich glaube, wir reden aneinander vorbei! Ich bin nämlich im Gegensatz zu Ihnen nicht der Meinung, daß die Studienbedingungen verschärft werden sollten! Lediglich eine Zwischenprüfung nach Art eines Vordiploms halte ich für sinnvoll, damit Studienabbrecher wenigstens irgendein Zertifikat vorweisen können!"
Diese Wendung ist erst im 20. Jahrhundert entstanden. Die Verständigung wird dabei als ein Weg gesehen, auf welchem die Gesprächspartner *aufeinander zugehen* und sich *in der Mitte treffen*. Vgl.: eine **Retourkutsche** fahren.

sich in den **Vordergrund** drängen/rücken/ schieben
sich auffallend benehmen, sich wichtig machen [Wichtigtuerei]
„Besonders unsympathisch ist an ihm, daß er bei jeder Gelegenheit versucht, sich in den Vordergrund zu drängen."
Herkunft → im **Vordergrund** stehen

im **Vordergrund** stehen
1) *an erster Stelle stehen* [Auffälligkeit]
2) *vorrangige Bedeutung haben* [Wichtigkeit]
1) „Die Königin von England steht bei Staatsakten immer im Vordergrund, aber sie verfügt über keine reale Macht mehr."
2) „In diesem Jahr steht bei mir die Arbeit an meiner Dissertation im Vordergrund."
Die Theatermetaphern *Vorder-* und *Hintergrund* sind erst im 18. Jh. in der Literatursprache bezeugt. Besonders Goethe hat in verschiedenen theoretischen Schriften, in Bild- und Landschaftsbeschreibungen gerne davon Gebrauch gemacht. Nietzsche hat dem Begriff *Vordergrund* und der Ableitung *vordergründig* einen negativen Sinn gegeben, der heute sehr beliebt ist (das ist eine vordergründige Argumentation). Er hat auch negativ gemeinte Bildungen wie *Vordergrundphilosophie* und *Vordergrundtugend* geprägt.

etwas in den **Vordergrund** stellen/rücken
1) *etwas als wichtig hinstellen* [Wichtigkeit]
2) *hervorheben* [Hervorhebung]
1) „Die Bundesregierung stellt den Kampf gegen die Inflation in den Vordergrund ihrer Bemühungen."
2) „Wenn wir dieses Produkt in den Vordergrund der Werbekampagne stellen, werden unsere anderen Erzeugnisse automatisch mitgekauft werden!"
Herkunft → im **Vordergrund** stehen

jmdn. auf **Vordermann** bringen (umg.)
jmdn. dazu bringen, sich vorschriftsmäßig zu verhalten [Erziehung]
„Es wird nicht leicht sein, diese Klasse wieder auf Vordermann zu bringen. Ihr Vorgänger hat die Kinder ganz schön verwöhnt!"
Beim militärischen Ausrichten in Reih und Glied muß sich der einzelne Soldat stets nach seinem Vordermann ausrichten, damit eine gerade Reihe entsteht. Bei der Grundausbildung bringt der Ausbilder die Rekruten mit recht unsanften Mitteln *auf Vordermann*. Daraus ergibt sich die umgangssprachliche Bedeutung einer durch Zwang und Drill geprägten Erziehung.

vor/bei/in etwas die **Vorhand** haben
vorrangig, besonders wichtig [Bevorzugung]
„Bei der Vergabe von Baugrundstücken sollten die Einheimischen vor Auswärtigen die Vorhand haben."
Herkunft → **Hinterhand**

jmdm. die **Vorhand** lassen[Begünstigung]
→ vor/bei/in etwas die **Vorhand** haben

vorkommen: das kommt mir spanisch vor
→ das kommt mir **spanisch** vor

vorkommen: wie kommst du mir eigentlich vor! (umg.)
du bist unverschämt! [Unverschämtheit]
„Ich soll für dich im Betrieb anrufen und behaupten, daß du krank bist? Wie kommst du mir eigentlich vor!"
Vorkommen hat in dieser Redensart noch die ältere Bedeutung des Hervortretens oder In-den-Vordergrund-Tretens, die aus der Gerichtssphäre stammt und bedeutete: *vor Gericht erscheinen, sich stellen, seine Sache vertreten.*

vorlaut sein (umg.)
reden, wenn man nicht gefragt worden ist; seine Meinung aufdrängen [Wichtigtuerei]
„In der Konferenz war er leider etwas vorlaut. Das hat keinen guten Eindruck gemacht."
Das Wort stammt aus der Jägersprache und bezieht sich dort auf Hunde, die vor Jagdeifer zu früh bellen und damit das Wild verscheuchen. Im redensartlichen Gebrauch hat es dieselbe Bedeutung wie *naseweis* sein, das ebenfalls der Jägersprache entstammt und ursprünglich die gute (weise) Nase des Jagdhundes bezeichnete.

etwas **vormachen**
→ jmdm. blauen **Dunst** vormachen

hinten und **vorn**
→ **hinten** und vorn

von **vorn** bis hinten
→ von **hinten** bis vorn

ein **Vorschlag** zur Güte
ich schlage einen Kompromiß vor [Kompromiß]
„Einen Vorschlag zur Güte: Die Gewerkschaft beschränkt ihre Lohnforderungen auf eine Erhöhung um zwei Mark pro Stunde, und die Arbeitgeber willigen in die 36-Stunden-Woche ein."
Ursprünglich hatte *Vorschlag* eine sinnliche Bedeutung und bezeichnete beim Dreschen des Getreides den Schlag desjenigen, der den Takt angab und die Schläge der anderen ordnete und leitete. In dieser konkreten Bedeutung gebrauchen wir heute noch ein Wort wie *Vorschlaghammer*. Im abstrakten Sinne entwickelte sich daraus die Bedeutung der Erläuterung eines Handlungsplans im Sinne von Ratschlag. Der *Vorschlag zur Güte* ist seit dem 18. Jh. belegt und meint im Grunde: *ein Vorschlag zur gütlichen Einigung, ein Kompromißvorschlag*.

einer Sache **Vorschub** leisten
etwas Negatives begünstigen/unterstützen/fördern [Begünstigung]
„Durch die Lockerung der einschlägigen Bestimmungen würden wir der gewerblichen Unzucht Vorschub leisten."
Die Begriffe *Vorschub* und *Vorzug* stammen aus dem älteren Transportwesen und bezeichnen die beiden wesentlichen Möglichkeiten, eine Last zu bewegen, nämlich durch schieben und durch ziehen. Heute ist der Schub meist auf die Schiffahrt beschränkt, wo man von *Schubschiff oder Schubverband* (mehrere verbundene Schiffe, die gemeinsam geschoben werden) spricht. Seit dem 17. Jahrhundert ist der abstrakte Gebrauch im Sinne einer Förderung belegt, wobei früh der ungünstige Sinn der Unterstützung einer negativen Sache zu erkennen ist (etwa: *dem Rassismus/der Eitelkeit Vorschub leisten*).

Vorschußlorbeeren ernten/erhalten (umg.)
bereits vor erbrachter Leistung gelobt/gefeiert werden [Voreiligkeit]
„Der neue Geschäftsführer hat ja bei seiner Vorstellung ganz schöne Vorschußlorbeeren geerntet. Mal sehen, ob er sie verdient hat!"
Der Begriff *Vorschußlorbeeren* ist aus den Wendungen *jmdm. Geld vorschießen* (jmdm. Lohn geben, bevor er erarbeitet ist) und *Lorbeeren ernten* gebildet. Als „Erfinder" gilt Heinrich Heine. In dem Gedicht *Planetiden* aus der Gedichtsammlung *Der Romancero* (1851) rühmt er das Verhalten der großen Dichter (Lessing, Goethe, Schiller usw.) mit den Worten: „Wollten keine Ovationen / Von dem Publico auf Pump, / Keine Vorschuß-Lorbeerkronen, / Rühmten sich nicht keck und plump."

ein wenig **Vorsehung** spielen
den Gang der Dinge beeinflussen (indem man ein Pärchen zusammenbringt) [Einfluß]
„Bernhard hat noch keine Freundin, und Marianne hat sich von ihrem Verlobten getrennt. Sollen wir da nicht ein bißchen Vorsehung spielen und beide auf unsere Gartenparty einladen? Die beiden würden doch ein recht nettes Paar abgeben!"
Der theologische Begriff *Vorsehung* ist eine Lehnübersetzung der lat. Wörter *prädestinatio* und *providentia* und bezeichnet das

vorausschauende und fürsorgende Walten Gottes. In der älteren Prädestinationslehre war damit auch gemeint, daß ein Teil der Menschen von Gott zur Seeligkeit, ein anderer dagegen zu ewiger Verdammnis vorherbestimmt sei. Im älteren Sprachgebrauch war natürlich häufiger von der Vorsehung (die auch als Person vorgestellt wurde) die Rede als heute. Schon das Verb *spielen* weist auf die ironische und scherzhafte Komponente des heutigen redensartlichen Gebrauchs hin.

ein Tanz auf dem **Vulkan**
unbekümmert unter höchst gefährlichen Umständen leben [Risiko]
„Diese Friedensmission im Libanon gleicht einem Tanz auf dem Vulkan. Keiner garantiert für die Sicherheit der Unterhändler!"
Die Vulkane haben ihre Namen vom antiken Feuer- und Schmiedegott Vulcanus, dessen Schmiede man sich im feuerspeienden Ätna vorstellte. Die Gattungsbezeichnung erfand der Geograph Varenius in seiner *Geographia generalis* (1671). Zusammen mit *Lava* und *Krater* wird *Vulkan* erst im 18. Jh. als Lehnwort im Deutschen gebräuchlich und noch durch Verdeutschungen wie *Feuerberg* bekämpft. Seit der Französischen Revolution gibt es die Redensart in den franz. Wendungen *nous marchons sur un volcan* oder *les trônes sont sur un volcan*, die den Naturvorgang des Vulkanausbruchs mit eruptiven Vorgängen in der Gesellschaft und insbesondere mit (vor-)revolutionären Zuständen vergleichen. Sie werden insbesondere in den großen Geschichtswerken des 19. Jh. vielfach verwendet und somit in allen Weltsprachen populär.

das Zünglein an der **Waage** sein
der entscheidende Faktor [Entscheidung]
„Das Zünglein an der Waage bildeten wieder einmal die Bauern. Wer ihre Stimmen bekam, war so gut wie gewählt."
Das Zünglein an der Waage gibt den Ausschlag wieder, der durch die Veränderung der Gewichte beim Wiegen erzeugt wird. Es ist also eher ein Indikator als selbst ein Einflußfaktor, obwohl es redensartlich als solcher gesehen wird.

sich die **Waage** halten
ziemlich gleich sein, sich ausgleichen [Ausgleich]
„Die Einnahmen und Ausgaben werden sich dieses Jahr zu die Waage halten."
Die Waage ist natürlich das Sinnbild des Wiegens und Erwägens, des Ausgleichs und – in der Hand der Justitia – der „ausgleichenden Gerechtigkeit". Zur Wortfamilie gehören das *Gewicht* und die Adjektive *wichtig* und *schwerwiegend* mit den entsprechenden Bedeutungen.

in die **Waagschale** fallen
→ ins **Gewicht** fallen
[Wichtigkeit]

jedes Wort auf die **Waagschale** legen
[Behutsamkeit]
→ jedes Wort auf die **Goldwaage** legen

sein ganzes Gewicht in die **Waagschale** werfen
[Einflußnahme]
→ ins **Gewicht** fallen

Wachs in jmds. Händen sein
alles tun, was jmd. sagt; beeinflußt/willenlos sein [Willenlosigkeit]
„Im Dienst ist er sehr energisch, aber du solltest ihn mal zu Hause sehen – er ist Wachs in den Händen seiner Frau. Er scheint sie sehr zu lieben!"
Das weiche Wachs kann leicht geformt werden und dient dazu, Abdrücke aufzunehmen (Siegelwachs). Im Altertum gab es auch Wachstafeln, die zu vorläufigen und leicht löschbaren Niederschriften gebraucht wurden. Hier können sie auch als Metapher für die Erziehung und „Bildung" eines Menschen dienen bzw. menschliche „Formbarkeit" ausdrücken. {Gedächtnistafel} Vgl. auch: ein **Kapitel** für sich.

wachsen: einer Sache/jmdm. gewachsen sein
ebenbürtig sein, mit etwas/jmdm. zurechtkommen [Ebenbürtigkeit]
„Der neue Ministerpräsident ist seinem Amt in jeder Hinsicht gewachsen. Alle anliegenden Probleme werden sachbezogen und professionell gelöst."

dem Gegner selbst die **Waffe(n)** in die Hand geben
→ der **Schuß** geht nach hinten los
[Selbstschädigung]

mit den **Waffen** klirren
→ mit dem **Säbel** rasseln [Aggression]

zu den **Waffen** rufen/eilen
→ zu den **Fahnen** rufen/eilen [Krieg]

jmdn. mit seinen eigenen **Waffen** schlagen
die Mittel des Gegners selbst übernehmen und ihn dadurch besiegen [Sieg]
„Wenn der Abteilungsleiter bei Abrechnungen so pingelig ist, brauchst du ihm ja nur selbst einmal einen Abrechnungsfehler nachzuweisen; dann schlägst du ihn mit seinen eigenen Waffen!"

unter (den) **Waffen** stehen
[Militär]
→ zu den **Fahnen** rufen/eilen

die **Waffen** strecken [Aufgeben]
→ die **Segel** streichen

das fünfte Rad am **Wagen**
→ das fünfte **Rad** am Wagen

sehen, wie der **Wagen** läuft
→ sehen, wohin der **Hase** läuft
[Abwarten]

jmdn. an den **Wagen** fahren
→ jmdm. an den **Karren** fahren
[Aggression]

das Pferd hinter den **Wagen** spannen
→ das **Pferd** hinter den Wagen spannen

einen Horizont wie ein **Wagenrad** haben
→ einen engen **Horizont** haben
[Beschränktheit]

keine **Wahl** haben
→ **wohl** oder übel
[Unvermeidlichkeit] [Zwang]

des **Wahnsinns** kesse Beute sein, vom **Wahnsinn** umzingelt sein (umg.)
[Verrücktheit]

es ist zwar **Wahnsinn**, doch es hat Methode
[Paradox]

nicht **wahr**?
[Vergewisserung]
→ es ist schon gar nicht mehr **wahr**

so **wahr** mir Gott helfe
[Schwur]
→ es ist schon gar nicht mehr **wahr**

es ist schon (gar) nicht mehr **wahr** (umg.)
das ist schon sehr lange her
[Vergangenheit]
„Wann haben wir uns denn zuletzt gesehen?" „Ach, das ist schon gar nicht mehr wahr! Das war in vor 20 Jahren in Bonn!"
Wahr ist ein alter Ausdruck der Rechtssprache und besagt, daß eine Aussage der Wirklichkeit entspricht und als Zeugnis geglaubt wird. Die breiteste redensartliche Verwendung hat *wahr* in bezug auf Reden, Aussagen und Meinungen und wird daher formelhaft als Beteuerungsformel und Vergewisserungsformel gebraucht.

das darf doch (wohl) nicht **wahr** sein! (umg.)
ich bin sehr überrascht! [Überraschung]
„Du hast in der Mathematikarbeit eine Eins? Das darf ja wohl nicht wahr sein! Herzlichen Glückwunsch!"

etwas nicht **wahrhaben** wollen
etwas (gegen besseres Wissen) nicht als Tatsache anerkennen [Uneinsichtigkeit]
„Sie will es einfach nicht wahrhaben, daß sie nach dem Tode ihres Mannes das Geschäft nicht alleine weiterführen kann. Dabei übersteigt es bei weitem ihre Kräfte!"

der **Wahrheit** die Ehre geben
→ der Wahrheit die **Ehre** geben

ein (reiner) **Waisenknabe** in etwas sein, gegen jmdn. der reinste **Waisenknabe** sein (umg.)
sehr wenig von etwas verstehen
[Nichtwissen]
„Wenn das Auto streikt, weiß ich nicht einmal, wo man den Ölstand ablesen kann. In technischen Dingen bin ich nämlich ein Waisenknabe!"
Waisenkind und *Waisenknabe* sind volkstümliche Formen, mit denen in der gesprochenen Sprache die Mehrdeutigkeit von *Waise, Weise* (Melodie, Art und Weise) und *weise* (klug) aufgelöst wird. Die Schreibung mit *ai* erfüllt denselben Zweck in der geschriebenen Sprache und ist von der bayerisch-österreichischen Kanzlei genau aus diesem Grunde eingeführt und von Luther aufgegriffen und verbreitet worden. Die Redensart meint: *Genauso wie ein Waisenkind der Eltern beraubt ist, so fehlen mir die einschlägigen Kenntnisse.* Seit dem frühen Mittelalter ist das Waisenkind ein Sinnbild der Hilflosigkeit und Bedrängnis. Die Formel *Waise sein in etwas* ist ebenfalls schon seit dem 13. Jh. belegt.

den **Wald** vor lauter Bäumen nicht sehen
→ den Wald vor lauter **Bäumen** nicht sehen

auf der **Walz(e)** sein (veraltend)
auf Wanderschaft sein [Wanderschaft]
„Früher mußten Handwerksburschen ein paar Jahre auf die Walz gehen, bevor sie sich irgendwo als Meister niederlassen durften."
Walze geht auf *walzan* (sich drehen, fortbewegen) zurück. Wie zu erwarten, ist dieser Ausdruck vor allem in der Sprache der Va-

gabunden – dem Rotwelsch – verbreitet gewesen, er meinte aber auch die Wanderschaft der Handwerksburschen. Der Wortstamm *walz-* bezeichnet meist drehende Bewegungen und findet sich auch wieder in *wälzen* und im *Walzer*. Eine bayerische Verordnung von 1760 verbot „walzende Tänze" (Drehtänze). Das Wort *Walzer* selbst ist wohl von Schiller im Jahre 1781 geprägt worden, und zwar in dem Gedicht *Eberhard der Greiner*: „Und Weib und Kind im Rundgesang / Beim Walzer und beim Becherklang / lustfeiern unser Glück". Im Jahre 1886 ist in Wien der erste Walzer auf der Bühne getanzt worden und eroberte als *Wiener Walzer* rasch ganz Europa. Auch engl. *waltz* und franz. *valse* sind vom Deutschen abgeleitet. Zum Schluß sei noch das leicht negative Wort *Wälzer* für *dickes Buch* erwähnt. Es handelt sich dabei um eine für 1768 bezeugte scherzhafte Lehnübersetzung für lat. *volumen* mit der Bedeutung *Schriftrolle*.

immer die gleiche **Walze**
→ immer die gleiche **Leier**

jmdn. an die **Wand** drücken
jmdn. so verdrängen, daß man davon profitiert [Bedrängung]
„Mit diesem neuen Produkt drängen wir die Konkurrenz glatt an die Wand!"
Herkunft → in seinen vier **Wänden**

eine **Wand** zwischen jmdm. errichten
gute Beziehungen stören und eine Trennung erreichen [Kontaktabbruch]
„Der Erbschaftsstreit hat zwischen mir und meinem Bruder leider eine Wand errichtet!"

man könnte schier die glatte **Wand** hochgehen
→ an die **Decke** gehen
[Zorn]

den Teufel an die **Wand** malen
→ den **Teufel** an die Wand malen

gegen die **Wand** reden/predigen
jmdn. vergeblich zu überzeugen versuchen [Sinnlosigkeit]
„Immer wieder habe ich meinen Sohn ermahnt, seinen Schulabschluß zu machen. Aber es gibt bei Kindern so ein Alter – da redet man gegen die Wand!"

jmdn. an die **Wand** spielen
→ jmdm. die **Schau** stehlen
[Beeinträchtigung]

mit dem Rücken an der **Wand** stehen
→ mit dem **Rücken** an der Wand stehen

jmdn. an die **Wand** stellen
jmdn. standrechtlich/widerrechtlich erschießen [Tötung]
„Im letzten Krieg wurden Partisanen einfach an die Wand gestellt."

mit dem Kopf durch die **Wand** wollen
→ mit dem **Kopf** durch die Wand wollen

die **Wände** haben Ohren
→ die Wände haben **Ohren**

(fluchen/singen/streiten usw.) daß die **Wände** wackeln (umg.)
sehr laut fluchen (usw.) [Intensität]
„Unsere Nachbarn haben sich so laut angeschrien, daß die Wände gewackelt haben!"

Handel und **Wandel**
→ **Handel**

in seinen (eigenen) vier **Wänden**
zu Hause, bei sich daheim [Zuhause]
„In seinen eigenen vier Wänden kann jeder tun und lassen, was er will."
Wand ist verwandt mit *winden* im Sinne von *flechten, biegen*. Dies erklärt sich aus der Bauweise der Germanen, bei denen die Hüttenwand aus gewundenen Reisern hergestellt wurde, die mit Lehm beworfen wurden. Das lat. Lehnwort *Mauer* blieb lange bewußt im Sinne von *Wand aus Stein* ein Gegenbegriff zur Wand aus Holz, Bruchsteinen und Mörtel, wie sie uns noch im mittelalterlichen Fachwerk entgegentritt. Noch heute bezeichnet *Mauer* eher die Abgrenzung des Hauses nach außen (Außen-

mauer) und Wand die innere Begrenzungsfläche eines geschlossenen Raumes (Zimmerwände). Auch redensartlich wird das ältere *Wand* (im Gegensatz zu *Mauer*) reichlich genutzt. Wenn man an einer Wand so nahe vorbeigeht, daß man sich die Ärmel beschmutzt, *nimmt man die Wand mit*. Wände umgrenzen das Heim und gliedern es in Innenräume. So wurden sie zum Sinnbild des Trennenden (eine Wand zwischen jmdm. errichten). Wände sind zwar fest, aber gelegentlich kann die Wand auch *wackeln* – etwa bei lautem Streit und Lärm. Die verputzte weiße Wand ist ein Vergleichsobjekt für die blasse Gesichtsfarbe eines Menschen, daher sagt man *jmd. ist bleich/blaß wie die Wand*.

zu leeren **Wänden** predigen
→ gegen die **Wand** reden/predigen

nicht **wanken** und (nicht) weichen
[Unerschütterlichkeit]

ins **Wanken** bringen/geraten
erschüttern/erschüttert werden
[Erschütterung]
„Durch die Berechnungen des Kopernikus ist das alte Weltbild ins Wanken gekommen."
Diese Redensart gehört zu den Bauwerk-Metaphern (vgl.: **Luftschlösser** bauen). Zu *wanken* im Sinne von *sich hin- und herbewegen, schwanken* gehören auch der *Wankelmut* (Unzuverlässigkeit) und das Verb *winken* (die Hand hin- und herbewegen).

sich den **Wanst** vollschlagen
[Essen]
Das mit lat. *venter* (Bauch) verwandte *Wanst* bezeichnet eigentlich die Bauchhöhle (einschließlich der Innereien) von Tieren. Die Übertragung auf den Menschen ist entsprechend derb.
→ sich den **Bauch** vollschlagen

warm werden mit etwas/miteinander
mit etwas vertraut werden, zu jmdm. freundliche Beziehungen entwickeln
[Bekanntschaft]
„Zuerst schien er sehr abweisend zu sein, aber nach einer halben Stunde haben wir gemeinsame Bekannte entdeckt und sind so doch noch miteinander warm geworden."
Warm hat redensartlich die Bedeutungen *freundlich, freundschaftlich* sowie die Nebenbedeutung *homosexuell*. Die Bedeutungsentfaltung beginnt im 18. Jh, insbesondere bei den Autoren Lessing und Wieland. Feste Wendungen sind beispielsweise: *jmdm. einen warmen Empfang bereiten, eine warme Umarmung, ein warmer Blick*.

sich **warm** anziehen müssen (umg.)
sich auf Unangenehmes einstellen müssen
[Schwierigkeiten]

sich jmdn. **warmhalten** (umg.)
→ **warm** werden mit jmdm./miteinander
[Freundschaft]

da kannst du lange **warten**! (umg.)
[Vergeblichkeit]

was
→ **etwas**

dumm aus der **Wäsche** schauen/gucken (umg.)
1) *überrascht sein* [Überraschung]
2) *ratlos sein und deshalb blöde/einfältig aussehen* [Ratlosigkeit]
1) „Tja, das ist mein neuer Sportwagen! Jetzt schaust du dumm aus der Wäsche, nicht wahr? Du hast ja nicht glauben wollen, daß ich mir einen bestellt habe!"
2) „Wenn ich heute keinen passenden Gürtel zu meinem Kleid finde, dann gucke ich am Samstag dumm aus der Wäsche! Ich weiß nämlich nicht, was ich dann zum Faschingsball anziehen soll!"
Diese Redensart stammt aus der Soldatensprache des Zweiten Weltkriegs.

schmutzige **Wäsche** waschen
öffentlich unerfreuliche/intime Dinge erörtern, öffentlicher Streit um Privatdinge
[Öffentlichkeit] [Verunglimpfung]
„Als bei Ehescheidungen noch das Schuldprinzip herrschte, mußte vor Gericht häufig schmutzige Wäsche gewaschen werden."
Die Leib- oder Unterwäsche ist Teil der

Intimsphäre und normalerweise kein Thema öffentlicher Erörterung. Die Redensart ist seit dem 19. Jh. belegt. Bismarck sagte in einer seiner politischen Reden: „Das Reich ist zu jung, wir wollen lieber mal unsere Wäsche unter vier Augen waschen." Möglicherweise liegt der Redensart die Vorstellung vom schwatzhaften Waschweib zugrunde, das intime Vorgänge aus der Wäsche abliest und verrät. In diesen Rahmen gehören auch die Redensarten *Gewäsch* und *Wischiwaschi.*

waschen: etwas hat sich gewaschen (umg.)
etwas ist auffällig/besonders schwierig/hart/ unangenehm usw. [Intensität]
„Der unartige Schüler erhielt vom Lehrer eine Ohrfeige, die sich gewaschen hatte."
Aus einer für das 17. Jh. belegten Redensart *der sich nicht gewaschen hat* mit der Bedeutung *ungepflegter Kerl* entwickelt sich einerseits der Begriff *ungewaschen* und andererseits die positive Redensart *sich gewaschen haben* im Sinne von *etwas taugen, auffallen durch besondere Merkmale. Waschen* ist auch ein Synonym für *reden, schwatzen* und *prahlen.*

ein **Waschlappen** (umg.) [Versager]

ein schwatzhaftes **Waschweib** (umg.)
[Geschwätzigkeit]
→ **waschen**: etwas hat sich gewaschen

ein Schlag ins **Wasser**
eine erfolglose Handlung, ein erfolgloser Plan [Mißerfolg]
„Die Razzia der Polizei war leider ein Schlag ins Wasser. Jmd. muß die Diebe gewarnt haben, denn niemand wurde erwischt."
Angeblich hat der Perserkönig Xerxes den Hellespont auspeitschen lassen, weil seine Flotte in einem Sturm vernichtet worden war. Wenn dies stimmt, wußte Xerxes nicht, daß schon in der Antike derartige Handlungen als sprichwörtlich sinnlos galten. Abraham a Santa Clara hat einige derartige redensartliche Wendungen zusammengefaßt: „In die Luft bauen, ist umsonst bauen; auf Sand bauen, ist umsonst bauen; ins Wasser schlagen, ist umsonst schlagen." Auch Walther von der Vogelweide gebraucht in seiner *Elegie* den Schlag ins Meer als Sinnbild der Vergänglichkeit: „als ich gedenke an manegen wünneclîchen tac, die mir sint enpfallen als in das mer ein slac, iemer mêre ouwê." Übertragung: „(In der Welt ist es überall trostlos), sowie ich manches herrlichen Tages gedenke, die mir entglitten sind wie ein Schlag ins Meer, immerdar: wehe!" Trotz dieser frühen Belege ist die Redensart in ihrer heutigen Form nicht vor dem 19. Jh. bezeugt.

Wasser auf jmds. Mühle sein
→ Wasser auf jmds. **Mühle** sein

verschieden sein wie **Wasser** und Feuer
[Unterschied]
→ **Wasser** in den/jmds. Wein gießen

ein stilles **Wasser**
ein introvertierter Mensch (der leicht unterschätzt wird) [Introvertiertheit]
„Was ich von Herrn Meier halte? Das ist etwas schwierig, er ist nämlich ein stilles Wasser! Man glaubt ihn zu kennen, und doch überrascht er einen immer wieder."
Diese Redensart geht auf das verbreitete Sprichwort *Stille Wasser sind tief* zurück. Es kann verschieden verstanden werden; Geläufig ist die Interpretation: *Auch äußerlich ruhigen und ehrbaren Menschen ist nicht immer zu trauen.* Sie steht neben der oben erwähnten Lesart, daß man ruhige Menschen leicht unterschätzt.

(nahe) am **Wasser** gebaut haben (umg.)
sehr leicht in Tränen ausbrechen/weinen [Rührung] [Sentimentalität] [Weinen]
„Warum schaust du dir denn solch rührselige Filme an, wenn du so nahe am Wasser gebaut hast?"
Als *Wasser* werden viele farblose Flüssigkeiten oder Säfte des Körpers bezeichnet: Harn (Wasser lassen), Speichel und auch die Tränenflüssigkeit, welche (bildlich) gesprochen *die Augen unter Wasser setzt* oder *überflutet.* Diese Überschwemmungs-Metaphorik hat auch die Redensart *am Wasser gebaut haben* ermöglicht, die ins späte 19. Jh. fällt.

dort wird auch nur mit **Wasser** gekocht
man verwendet auch nur die üblichen Mittel [Normalität]
„Du meinst, ich soll noch ein paar Semester in Princeton studieren, um mich besser zu qualifizieren? Ich glaube nicht, daß das viel bringt. Dort wird schließlich auch nur mit Wasser gekocht!"

jmdm. das **Wasser** abgraben (umg.)
jmdm. die Existenzgrundlage nehmen, jmdn. beeinträchtigen [Schädigung]
„Als mein schärfster Konkurrent hat er bei allen Verlagen versucht, mir das Wasser abzugraben."

das **Wasser** steht mir bis zum Hals
→ das Wasser steht mir bis zum **Hals**

ins **Wasser** fallen (umg.)
ausfallen, nicht stattfinden [Ausfall]
„Das Kinderfest muß leider ins Wasser fallen, weil die Masern umgehen."
Das Wasser hat in einigen Redensarten die Symbolkraft des drohenden Untergangs, zumindest aber der Gefährdung menschlicher Existenz.

bis dahin fließt noch viel **Wasser** den Rhein hinab/hinunter
→ das steht noch in den **Sternen** geschrieben
[Zukunft]

ins **Wasser** gehen
[Selbstmord]
→ ins **Wasser** fallen

Wasser in den/jmds. Wein gießen
jmds. Begeisterung/Freude durch Einwände schmälern/stören [Ernüchterung]
„Natürlich wird uns die Steuer einiges von dem Honorar wegnehmen, aber mußt du ausgerechnet jetzt daran erinnern und uns Wasser in den Wein gießen?"
Bis ins 17. Jh. wurde selten reiner Wein eingeschenkt; stattdessen wurde dieser zumindest mit Wasser verdünnt, meist jedoch auch mit Gewürzen versetzt. Wasser und Wein werden sehr gern als beliebtes Gegensatzpaar benutzt.

wie mit kaltem **Wasser** übergossen/begossen (umg.)
→ wie ein begossener **Pudel**
[Enttäuschung] [Einschüchterung]

den Kopf über **Wasser** halten
→ den **Kopf** über Wasser halten

sich über **Wasser** halten (umg.)
gerade genug verdienen, um (gut) leben zu können [Verdienen]
„Nach dem Krieg haben sich meine Eltern mit Schwarzhandel über Wasser gehalten."
Finanzielle Notlagen werden gerne mit der Gefahr des Ertrinkens verglichen (das Wasser steht mir bis zum Hals).

Rotz und **Wasser** heulen
→ (nahe) am **Wasser** gebaut haben
[Weinen]

das **Wasser** läuft mir im Mund zusammen
→ jmdm. den **Mund** wäßrig machen
[Appetit]

Wasser auf jmds. Mühle leiten
→ Wasser auf jmds. **Mühle** leiten

Wasser predigen und Wein trinken
[Gegensatz]
→ **Wasser** in den/jmds. Wein gießen

jmdm. das **Wasser** reichen können
[Ebenbürtigkeit]
→ jmdm. das **Wasser** nicht reichen können

jmdm. das **Wasser** nicht reichen können
nicht annähernd so gut und tüchtig sein wie jmd. [Unterlegenheit]
„Er hat zwar gute Referenzen, aber ich glaube nicht, daß er ein ernsthafter Konkurrent ist. Im Grunde kann er dir nicht das Wasser reichen."
Bekanntlich wurde bis ins 16. Jh. nicht mit Besteck (mit Ausnahme des Löffels) gegessen, sondern mit den bloßen Händen. Zur Reinigung der Hände vor und nach jeder Mahlzeit wurde in vornehmen Häusern den Tischgästen von Bediensteten eine Schale mit Wasser gereicht. In allen höfischen Epen wird bei der Schilderung von Gelagen die-

ses *wazzer nemen* erwähnt. Derjenige, der das Wasser reicht, ist also ein Untergebener. Jemand, der nicht einmal würdig ist, dies zu tun, steht somit gewissermaßen gänzlich außerhalb der gesellschaftlichen Ränge. Die übertragene Bedeutung der Redensart ist seit dem 16. Jh. belegt. Bekannt ist auch das Zitat aus Goethes *Faust* (Vers 3631 f): „Aber ist eine im ganzen Land, / Die meiner trauten Gretel gleicht, / Die meiner Schwester das Wasser reicht?"

mir kann keiner das **Wasser** reichen!
→ **können**: mir kann keiner!
[Selbstüberschätzung]

Wasser in ein Sieb schöpfen/mit einem Sieb tragen (umg.)
→ vergebliche **Liebesmüh**
[Sinnlosigkeit]

etwas ins **Wasser** schreiben [Verlust]

bei **Wasser** und Brot sitzen
im Gefängnis sitzen [Gefängnis]
„Das Urteil lautet: drei Jahre bei Wasser und Brot!"
Wasser ist das gewöhnlichste Getränk, Brot die einfachste Speise. Die formelhafte Verbindung beider ist aus der Bibel (etwa: 2. Mos. 23,25) in die Umgangssprache gekommen und wird seit dem Mittelalter redensartlich im obigen Sinn gebraucht.

ins kalte **Wasser** springen (umg.)
[Bewährung]

Wasser ins Meer tragen
[Überflüssigkeit]
Die lat. Redensart *aquas in mare fundere* findet sich bereits bei Ovid.
→ **Eulen** nach Athen tragen

aussehen, als ob man kein **Wässerchen** trüben könne (umg.)
ganz harmlos aussehen (es aber nicht sein)
[Verstellung] [Harmlosigkeit]
„Sie hat ein Gesicht wie ein Engel und sieht aus, als ob sie kein Wässerchen trüben könne. Dabei ist sie ganz schön durchtrieben!"
Diese Redensart geht auf die seit der Antike mehrfach überlieferte Fabel vom Wolf und dem Lamm zurück: Beide trinken am selben Bach, der Wolf jedoch oberhalb des Lammes. Schließlich tötet der Wolf das Lamm unter dem Vorwand, es habe ihm absichtlich das Wasser getrübt. Das Lamm, das unschuldig sterben mußte, obwohl es nie ein Wässerchen getrübt hatte, wird schon seit dem 13. Jahrhundert als Sinnbild der Harmlosigkeit und Unschuld gebraucht. Es gehört in den christlichen Bilderkreis vom Unschuldslamm, der auch umgangssprachlich (allerdings meist ironisch) genutzt wird. Vgl.: kein **Unschuldslamm**/Unschuldsengel sein.

reden wie ein **Wasserfall** (umg.)
viel und schnell reden [Geschwätzigkeit]
„Sie hat geredet wie ein Wasserfall, aber wegen ihres bayerischen Dialekts habe ich fast kein einziges Wort verstanden!"
Wendungen wie *Er spricht fließend Italienisch* oder *Er schreibt einen flüssigen Stil* machen uns auf ein seit der Antike geläufiges Bildfeld {Redefluß} aufmerksam. Ausdrücke wie *flumen orationis* und *flumen verborum* finden sich häufig bei Cicero und Quintilian und dienen dazu, die Beredsamkeit und Sprachfülle eines Autors zu rühmen. Auch Dante (*Inferno*, 1,80) kennt diese rhetorische Lobesformel und wendet sie auf seinen Lehrmeister Vergil an: „So bist du der Virgil, aus dessen Borne Entflossen ist des Worts so weite Welle?" Die *fließende* oder *flüssige* Rede steht im Gegensatz zur stockenden und stotternden Aussprache. Sie vermittelt das Gefühl sanften und mühelosen Dahingleitens, ähnlich der harmonischen Musik, bei der wir ja auch von Klangwellen sprechen. Eine Stimme kann sich auch vor Erregung *überschlagen* wie eine sich am Ufer brechende Welle, und monotones Reden hört sich aus der Ferne an wie ein Rauschen. Ein Gespräch kann ruhig *dahinplätschern*, es kann *seicht* sein oder auch *Tiefgang haben*. Der Redeschwall gleicht dem *Wasserfall* oder dem sich stetig drehenden *Mühlrad*. Vergessen wir auch nicht, daß ein Mensch, der wenig spricht, gerne als *stilles Wasser* bezeichnet wird. {Redefluß}

ein Sturm im **Wasserglas**
→ ein **Sturm** im Wasserglas

aussehen wie eine **Wasserleiche**
→ aussehen wie eine **Leiche** auf Urlaub

mit allen **Wassern** gewaschen sein (umg.)
sehr raffiniert sein [Raffinesse]
„Du willst prozessieren? Dann brauchst du einen Rechtsanwalt, der mit allen Wassern gewaschen ist. So einen kenne ich!"
Wie unter **waschen** erläutert, ist *gewaschen* ein Synonym für Tauglichkeit und Qualität.

reinsten **Wassers**
ganz und gar [Vollständigkeit]
„Er war ein Sozialdemokrat reinsten Wassers."
Wasser ist sowohl ein Sinnbild der Reinheit als auch der Unreinheit (vgl.: im **Trüben** fischen). Wasser ist daher geradezu ein Fachausdruck der Edelsteinschleiferei, wo man Diamanten *reinsten/ersten Wassers* vom *zweiten/dritten Wasser* usw. unterscheidet. Seit dem 16. Jh. findet sich eine redensartliche Übertragung auf den Menschen, und die Wendung tritt neben *reinsten Schlages* (Geschlechts). Seit der 1848er Revolution wird die Redensart häufig zur Charakterisierung der politischen Couleur (ebenfalls ein Begriff aus dem Edelsteingewerbe) im Sinne des obigen Beispiels gebraucht.

wie ein kalter **Wasserstrahl** wirken
→ wirken wie eine kalte **Dusche**

Watte in den Ohren haben
→ Watte in den **Ohren** haben

jmdn. in **Watte** packen (müssen) (umg.)
jmdn. vorsichtig behandeln (müssen) [Rücksichtnahme]
„Wenn Vater beim Skat verloren hat, müssen wir ihn zu Hause in Watte packen und mit Samthandschuhen anfassen, so gereizt ist er!"
Das Wort *Watte* ist erst gegen Ende des 17. Jh. im Deutschen aufgetreten und geht vermutlich auf arab. *batn* (Unterfutter) zurück. Die Redensart erklärt sich ansonsten von selbst.

jmdm. auf den **Wecker** fallen/gehen (umg.)
jmdn. unnötig belästigen [Belästigung]
„Hau ab, du gehst mir auf den Wecker!"

jmds. letzter **Weg**
die Beerdigung, der Weg zum Grab [Beerdigung]
„Kein Geistlicher begleitete Werther auf seinem letzten Weg."

zu etwas ist es noch ein weiter **Weg**
es ist noch viel zu tun [Mühe]
„Bis zum Sieg der Medizin über den Krebs ist es noch ein weiter Weg!"

jmdm. einen **Weg** abnehmen (umg.)
für jmdn. eine Besorgung (etwa einen Einkauf) erledigen [Besorgung]
„Ich muß heute aufs Finanzamt. Du brauchst doch auch irgendwelche Auskünfte – kann ich dir einen Weg abnehmen?"

jmdn. vom rechten **Weg** abbringen
→ jmdn. auf die schiefe **Bahn** bringen
[Verleiten]

vom rechten **Weg** abkommen
→ auf die schiefe **Bahn** geraten
[Verbrechen]

jmdm. den **Weg** abschneiden/verlegen
→ jmdm. die **Tour** vermasseln
[Vereitelung]

jmdm. etwas mit auf den **Weg** geben
jmdm. einen klugen Lebensrat erteilen [Ratschlag]
„Eines will ich dir mit auf den Weg geben, mein Sohn: Du bekommst von niemandem etwas geschenkt!"
Herkunft → seinen **Weg** machen

jmdn. (wieder) auf den rechten **Weg** bringen
→ jmdn. wieder in die richtige **Bahn** bringen
[Resozialisierung] {Lebensweg}

jmdm. den **Weg** ebnen/bahnen/bereiten
→ jmdm. die **Bahn** ebnen
[Unterstützung]

jmdm. aus dem **Weg** gehen
→ um jmdn. einen großen **Bogen** machen
[Kontaktvermeidung]

der **Weg**, den wir alle gehen müssen
→ den Weg allen **Fleisches** gehen
[Sterben]

jmdm. in den **Weg** kommen
→ jmdm. in die **Quere** kommen
[Störung]

jmdm. über den **Weg** laufen
[Begegnung]
→ jmdm. in die **Quere** kommen

seinen **Weg** machen
im Leben vorankommen, Karriere machen
[Karriere]
„Bei meinem ältesten Sohn habe ich keine Befürchtungen – er wird seinen Weg machen. Aber mein jüngster Sohn – das ist mein Sorgenkind!"
Die Redensarten mit *Weg* sind in den reich besetzten Bildfeldern {Lebensweg/Lebensreise} angesiedelt. Dabei wird das Leben, das ja eine zeitliche Verlaufsform aufweist, mit Bildern räumlicher Wegstrecken anschaulich gemacht. Dem entspricht auch die Verwendung von ursprünglich rein räumlichen Präpositionen (wie *vor*, *nach*) und anderer Lokalangaben (wie *kurz*, *lang*, *bis* usw.) in einem davon abgeleiteten zeitlichen Sinn (vgl.: über **kurz** oder lang, **nach** und nach, **nach** wie vor u. v. a.). Die Bildfelder verwenden typischerweise Verben der Fortbewegung (vgl.: zu nichts **kommen**, wie **geht** es?) und der Bewegungsart (vgl.: **kurztreten**). Dazu kommen Substantive wie *Reise* und *Ziel, Scheideweg* und *Sackgasse, Gleis* und *Strecke*. Der Lebensweg führt durch eine Lebenslandschaft mit Grenzen und Brücken, aber auch mit genauen topographischen Angaben, die oft der Bibel oder der Mythologie entlehnt sind (vgl.: über den **Jordan** gehen). Der Tod wird dabei oft als Überschreiten eines Flusses oder anderen Gewässers gesehen, das Reich der Toten liegt jedenfalls hinter einer Grenze im Jenseits. Häufig erfolgt die Lebensreise in einem Gefährt mit vorgespannten Pferden, und der Zeitgott Kronos fungiert als Wagenlenker. Manchmal versperren Steine den Weg, oder man hat das Gefühl, nicht vorwärtszukommen und auf der Stelle zu treten. Eingebettet in den Lebensweg ist die berufliche Phase, in der man besonders schnell rennen muß, um eine erfolgreiche „Laufbahn" zu durcheilen. In einem anderen Bild führt die Karriere nach oben (vgl.: **hoch** hinauswollen), so daß man sie mit einer Treppe vergleichen kann (vgl.: die **Treppe** hinauffallen). An den Prädestinationsglauben im Sinne einer Vorsehung erinnert die Redensart *seinen Weg machen*. Danach gibt es für jeden Menschen einen eigenen Lebensweg, der zu einem guten oder zu einem schlechten Ende führen wird. Neben {Lebensweg} gibt es auch die Bildfelder {Denkweg} und {Verhandlungsweg}.

sich auf den **Weg** machen
→ sich auf die **Socken** machen
[Weggang]

jmdm. die Steine aus dem **Weg** räumen
→ jmdm. die **Steine** aus dem Weg räumen

etwas/jmdn. aus dem **Weg** räumen
1) *ein Hindernis (materieller oder geistiger Art) beseitigen* [Beseitigung]
2) *einen Menschen umbringen (lassen)*
[Tötung]
1) „Wir müssen die alte Vorstellung, daß nur Männer eine leitende Position einnehmen können, endgültig aus dem Weg räumen!"
2) „Wer sich den Plänen der Mafia in den Weg stellte, wurde einfach aus dem Weg geräumt."

sich jmdm. in den **Weg** stellen
→ **Front** gegen jmdn. machen
[Widerstand]

jmdm. nicht über den **Weg** trauen
jmdm. mißtrauen/Böses von ihm erwarten
[Mißtrauen]
„Er tut immer so freundlich und besorgt, aber trotzdem traue ich ihm irgendwie nicht über den Weg!"
Diese Wendung ist sehr formelhaft und hat

fast schon die Bedeutung des ganz ähnlich gebildeten *keineswegs* (überhaupt nicht). Hier beginnt die Entwicklung zum adverbialen Gebrauch von *weg* im Sinne von *wegtreten, wegsein* u. a.

auf kaltem **Wege**
unauffällig, ohne Umstände, ohne größeres Aufsehen [Unauffälligkeit]
„Da man ihn aufgrund seines Arbeitsvertrages nicht entlassen konnte, hat man ihn auf kaltem Wege abserviert. Man hat ihn einfach wegen Veruntreuung öffentlicher Gelder angezeigt und darauf gewartet, daß er die Konsequenzen zieht und von sich aus kündigt."

auf dem schnellsten **Wege**
→ in **Windeseile**
[Schnelligkeit]

ein wichtiger Schritt auf dem **Wege** zu etwas sein
dabei sein, etwas zu tun/zu erreichen
[Entwicklung]
„Jede Abrüstungskonferenz ist ein wichtiger Schritt auf dem Wege zum Weltfrieden." {Verhandlungsweg}

auf dem besten **Wege** sein (umg.)
1) *nahe einem guten bzw.* [Erfolg]
2) *nahe einem bösen Ende sein* [Mißerfolg]
1) „Sie sind auf dem besten Wege, einmal Abteilungsleiter zu werden!"
2) „Durch Ihren Zigarettenkonsum sind Sie auf dem besten Wege, einmal einen Herzinfarkt zu bekommen!"
Der Superlativ *bester Weg* eignet sich wie andere stark positive Bewertungen besonders gut zur Vermittlung ironischer Absichten. Der *beste Weg* im Sinne der zweiten Bedeutung ist daher genau das Gegenteil, nämlich ein „schlechter" Weg.

hier gehen unsere **Wege** auseinander
hier haben wir unterschiedliche Meinungen/Standpunkte
[Meinungsverschiedenheit]
„In der Koalition zwischen unseren Parteien gibt es viele gemeinsame Berührungspunkte, aber was die Bekämpfung der Inflation betrifft, gehen unsere Wege auseinander!" {Denkweg}

seine eigenen **Wege** gehen
sich (von der Familie/dem Elternhaus) trennen und tun, was man will
[Eigenständigkeit]
„Ich bin schon 25 und muß jetzt meine eigenen Wege gehen!" {Lebensweg}
Herkunft → seinen **Weg** machen

etwas in die **Wege** leiten
→ etwas in **Angriff** nehmen
[Beginn]

seiner **Wege** gehen [Trennung]
→ sich auf die **Socken** machen
[Weggang]

jmdm./einer Sache im **Wege** stehen
→ jmdm. **Steine** in den Weg legen
[Behinderung]

sich selbst im **Wege** stehen
→ sich selbst einen **Strick** drehen
[Selbstschädigung]

jmdm. stehen viele **Wege** offen
→ mehrere **Eisen** im Feuer haben
[Alternative]

auf halbem **Wege** stehenbleiben/steckenbleiben/umkehren
eine schon begonnene Tätigkeit (aufgrund von Schwierigkeiten) nicht beenden/aufgeben [Stagnation] [Scheitern] [Aufgeben]
„Die Koalitionsverhandlungen sind in der Nacht zum Dienstag auf halbem Wege steckengeblieben." {Verhandlungsweg}

sich auf halbem **Wege** treffen/entgegenkommen
kompromißbereit sein, einen Kompromiß schließen [Kompromiß]
„Können wir uns nicht auf halbem Weg entgegenkommen? Jeder zahlt die Hälfte der Kanalgebühren!"
{Verhandlungsweg}

weggehen: geh mir weg mit (etwas) (umg.)
hör auf, davon zu reden! davon halte ich

nichts! [Ablehnung]
„Geh mir weg mit Kinderkriegen! Es gibt schon genug Kinder auf der Welt!"
Mit einer sehr großen Zahl von Verben kann *weg-* eine Verbindung eingehen, wobei meist noch die alte Bedeutung im Sinne einer Loslösung oder Trennung zu erkennen ist. Schon im Ahd. trifft *in weg* (auf dem Weg) zu Verben der Bewegung, das sich zu mhd. *enwec* und schließlich im 14. Jh. unter Kürzung des Vokals zu *wég* entwickelt. Einige gleichlautende Begriffe unterscheiden sich noch durch gedehnte gegenüber kurzer Aussprache des e-Lautes: *der Hinweg*, aber: *hinwég!*

etwas **wegkriegen** (umg.)
eine Krankheit bekommen [Krankheit]
„Warum Otto heute wieder nicht zur Arbeit erscheint? Der hat doch eine schwere Grippe weg!"

(ganz) **wegsein** von etwas/jmdm. (umg.)
1) *überrascht und begeistert sein* [Begeisterung]
2) *außer sich/erregt sein* [Erregung]
1) „Meine Frau ist neuerdings ganz weg von diesem Schnulzensänger Julio."
2) „Ich war ganz weg von dieser Unverschämtheit: ‚Vollidiot' hatte er mich genannt, obwohl er doch mir die Vorfahrt genommen hatte!"

sich **wegscheren**: scher dich weg! (umg.)
verschwinde! [Rauswurf]
„Scher dich weg, du dummes Weibsstück!"
Wegscheren hat eigentlich die Bedeutung: *mit dem Rasiermesser/der Schere wegschneiden.* Aus der Grundbedeutung *abschneiden* = teilen hat sich die Bedeutung der Absonderung und Wegbewegung im Sinne der Redensart ergeben. Wendungen wie *scher dich zum Teufel!* sind seit dem Mittelalter belegt. Der älteren Sprache fremd ist dagegen *sich um etwas scheren* mit der Bedeutung: *sich um etwas kümmern.* Sie erwuchs aus der heute vergessenen Wendung *ich weiß nicht, wie ich da geschoren bin* (ich weiß nicht, wie ich in diesem Falle dran bin/wie es ausgeht). Vgl.: **ungeschoren** davonkommen.

sich **weich** betten
sich angenehme Lebensumstände schaffen [Annehmlichkeiten]
„Dadurch, daß er eine Fabrikantentochter geheiratet hat, hat er sich weich gebettet."

weich werden
die Widerstände aufgeben, nachgeben [Nachgeben]
„Das ist unfair! Du weißt genau, daß ich weich werde, wenn du anfängst zu weinen!"

die **Weichen** stellen
etwas so planen und vorbereiten, daß sich daraus bestimmte zukünftige Folgen ergeben [Vorbereitung]
„In der Grundlagenforschung werden die Weichen für die künftige industrielle Entwicklung gestellt."
Eine Weiche ist ursprünglich eine Ausweich-Stelle bei der Flußschiffahrt gewesen. Das Wort ist auch verwandt mit norddeutsch *wik* (Bucht), das somit von der Wortgeschichte her ein *Zurückweichen des Festlandes* bedeutet. Umgangssprachlich wurde *Weiche* erst mit dem Aufkommen des Eisenbahnwesens im 19. Jh. Wie an den Begriffen *Bahn, Gleis* und *Zug* erkennbar, hat die Fachsprache der Eisenbahn ihren Bedarf weitgehend mit dem Rückgriff auf vorhandene ältere Wörter gedeckt, die eine neue oder eine zusätzliche Bedeutung erhielten. Derjenige, der *die Weichen stellt*, bestimmt praktisch und im übertragenen Sinn die Fahrtrichtung (bzw. die Entwicklung eines Sachverhalts).

junger **Wein** in alten Schläuchen
[Bekanntheit]
Die Wendung geht auf Matth. 9,17 zurück.

jmdm. klaren/reinen **Wein** einschenken
jmdm. die volle (bittere) Wahrheit sagen [Aufklärung]
„Meiner Ansicht nach ist es besser, ihn zu informieren, anstatt ihn über seine baldige Entlassung im unklaren zu lassen. Irgendwann müssen wir ihm ja doch reinen Wein einschenken!"
Das Wort *Wein* ist zusammen mit der Pflan-

ze und der entsprechenden Trinkkultur von den Römern entlehnt und geht auf lat. *vinum* zurück. Auch bei den Römern waren Wort und Sache schon übernommene Errungenschaften und keine bodenständige Entwicklung: Urheimat des Weinstocks sind die Süd- und Westhänge des Kaukasus, und aus pontischen Sprachen (wie georgisch: *gwino*) ging der Begriff über in semitische und indogermanische Sprachen. Die Weinkultur ist wohl älter als 6000 Jahre. In Ägypten, wohin sie erst relativ spät gelangte, ist sie seit 3500 v. Chr. nachzuweisen. Schon vor Christus haben römische Händler Wein ins nördliche Europa verkauft. Manche Forscher vermuten sogar, daß das deutsche Verb *kaufen* auf lateinisch *caupo* (Weinhändler) zurückgeht. Belegbar stammen alle Fachwörter der Weinkultur aus dem Lat.: *Winzer, Most, Essig, Kelch, Keller, Kelter, Kufe, Lauer, Pfahl, pflücken, Presse, Spund, Trichter* u. a. m. Trotz seiner Beliebtheit war Wein in Deutschland nie so volkstümlich, daß sich daraus besonders viele Sprichwörter oder Redensarten ergeben hätten. Einige (hier nicht aufgeführte) populäre Zitate sind zudem biblischen Ursprungs und nicht bodenständig. Ziemlich populär ist dagegen der Prozeß der Weinbereitung durch Gärung. Die älteren Methoden des Kelterns führten selten zu dem besonders erwünschten und teuren ungetrübten „klaren Wein". Sein Vergleich mit „durchsichtiger Rede" ist schon alt und geht bis auf Paulus zurück. Als Redensart wird bis ins 16. Jh. *lauter* vor *klar* der Vorzug gegeben, seit 1741 setzt sich *rein* (vermutlich wegen des Reims auf *Wein*) über dem noch heute gelegentlich üblichen *klar* durch. Seit Bismarck besteht eine Tendenz zur Anwendung der Redensart im politischen Bereich. Während heute nur reiner, kühler Wein getrunken wird, liebten ihn die Römer gewürzt, gewässert und gelegentlich gewärmt. Vornehme germanische Kreise übernahmen schon vor dem 6. Jh. diese Bräuche, von denen noch heute unser Glühwein zeugt. Auch unser Verb *mischen* ist Zeuge dafür: Es geht zurück aus lat. *miscere* (mischen; daher auch: *Mixgetränk*) und hat das german. *blandan* ersetzt, das in *pantschen* erhalten sein könnte. Sicher erhalten ist es in engl. *blend* (Mischung), ein Fachwort aus dem Bereich der Whisky- und Zigarettenindustrie, in der stets Rohstoffe verschiedener Provenienz (lat. *Herkunft*) verschnitten werden. Für die Üblichkeit der Verdünnung sprechen auch die formelhaften Wendungen, in denen Wein neben Wasser steht. Die häufigsten Zutaten zum Wein waren Zimt und Honig, Früchte und Kräuter wie Thymian, Salbei und Minze. Noch zu Ende des 16. Jh. spielten diese Würzweine eine größere Rolle als der reine Wein. Trotz seiner Parfümierung galt der Wein zu dieser Zeit als Männergetränk. Davon zeugt auch die (wohl irrtümlich) auf Luther zurückgeführte Formel der „männlichen Freuden": „Wein, Weib und Gesang". {Geistesnahrung}

den Stein der **Weisen** suchen
→ den **Stein** der Weisen suchen

mit seiner **Weisheit** am Ende sein
→ mit seinem **Latein** am Ende sein
[Ratlosigkeit]

salomonische **Weisheit**
→ ein salomonisches **Urteil**

der **Weisheit** letzter Schluß
die endgültige Lösung, die einen aber nicht recht befriedigt; die Notlösung [Lösung]
„Wenn die Kernkraftwerke der Weisheit letzter Schluß sein sollen, dann können wir nur noch beten!"
Diese Wendung ist ein Zitat aus Goethes *Faust II* (V. Akt, Vorhof des Palastes): „Das ist der Weisheit letzter Schluß:/ Nur der verdient sich Freiheit wie das Leben,/Der täglich sie erobern muß!"

behalte deine **Weisheit** für dich! (umg.)
ich will nichts davon hören!, das interessiert mich nicht! [Zurückweisung]
„Über Hilde weiß ich ein paar Dinge, die sie nicht gerne an die große Glocke hängt!" „Behalte deine Weisheit für dich! Klatsch kann ich auf den Tod nicht ausstehen!"

jmd. hat die **Weisheit** nicht gerade mit Löffeln gefressen/gegessen (umg.)

jmd. ist ziemlich dumm/beschränkt [Borniertheit]
„Unser Gärtner hat ja nicht gerade die Weisheit mit Löffeln gefressen, aber er besitzt den grünen Daumen: Alle Pflanzen gedeihen prächtig!“
Aus der indogerman. Wurzel *uid* (sehen, erblicken) entwickelten sich die Begriffe *wissen, weise, Weisheit, weissagen, Witz* und viele andere mehr. Es handelt sich also um eine uralte Metaphorik, in der Wissen und Erkenntnis mit Begriffen der visuellen Wahrnehmung ausgedrückt werden (vgl.: jmdm. geht ein **Licht** auf). Weisheit ist definiert als deutliche „Einsicht“ (Welt- und Selbsterkenntnis, Wissen um die Hintergründe des Lebens usw.), aus der eine überlegene Haltung gegenüber der Welt und den Mitmenschen resultiert. Oft unterscheidet man zwischen der durch anwachsende Erfahrung gegebenen Lebensweisheit und der durch bewußte Bemühung erzeugten, künstlichen Schulweisheit, gegen die sich Hamlet wendet: „Es gibt mehr Dinge im Himmel und auf Erden, / als eure Schulweisheit sich träumen läßt.“ (Shakespeare, *Hamlet*, 1,5). Im theologischen Sinne ist Weisheit ein Geschenk Gottes. Er gilt als Brunnen oder Quell der Weisheit – ein Bild, das weite Verbreitung gefunden hat. Im älteren mystischen Schrifttum gilt die Weisheit als eine der Kardinaltugenden. Der hohe ethische und sittliche Stellenwert dieses Konzepts hat es schon früh gegenüber ironischen Umdeutungen geöffnet. Seit dem 17. Jh. ist die scherzhafte Vorstellung belegt, daß man sie wie die übliche „geistige Kost“ mit dem Löffel fressen oder eintrichtern könne. Umgangssprachlich wird der Begriff (fast) nur noch ironisch gebraucht und anderenfalls durch Begriffe aus dem Umfeld des Verstandes (wie etwa *Klugheit*) ersetzt. {Geistesnahrung}

meinen, die **Weisheit** für sich gepachtet zu haben [Selbstüberschätzung]

jmdm. **weismachen**, daß ...
jmdn. beschwindeln/ihm eine Lüge auftischen/ihn täuschen [Täuschung]
„Du willst mir doch nicht etwa weismachen, daß dieser tolle Schlitten dir gehört? Der gehört bestimmt deinem Vater!“
Die Redensart ist verwandt mit *Weisheit* und bedeutete bis ins 16. Jh.: *jmdn. in Kenntnis setzen/informieren* (eigentlich: *weise/ wissend machen*). Im Zuge der allmählichen Ironisierung der gesamten Wortfamilie (vgl.: die **Weisheit** mit Löffeln gefressen haben) veränderte sich die Bedeutung zur Täuschung. Eine ähnliche Veränderung durchlief der Begriff *naseweis*, der eigentlich bedeutet: *eine weise Nase haben*. Entstanden ist er in der Jägersprache, wo er die vortreffliche Witterung des Jagdhundes bezeichnete. Heute hat der Begriff – bezogen auf den Menschen – dieselbe Bedeutung wie *vorlaut*, das ebenfalls der Jägersprache entstammt und meint Wichtigtuerei.

eine **weiße** Weste haben
→ eine weiße **Weste** haben

der **Weiße** Tod
→ **Tod**

ein **weißer** Rabe
→ ein weißer **Rabe**

jmdn. bis zur **Weißglut** reizen (umg.)
jmdn. außerordentlich wütend machen [Aufreizung]
„Das hat er nur gesagt, um mich zu ärgern! Er weiß genau, daß mich seine politische Einstellung bis zur Weißglut reizt!“
Herkunft → in **Hitze** geraten

jmdn. **weißwaschen**
jmdm. von einem Verdacht befreien, jmdn. entlasten [Entlastung]
„Mit diesem Zeugen wird es uns gelingen, den Angeklagten weißzuwaschen. Immerhin hat er jetzt für die Tatzeit ein Alibi!“
Herkunft → eine weiße **Weste** haben

weit und breit (Paarformel)
überall, wohin man auch sieht [Überall]
„In der Umgebung von München findet man heute weit und breit kein Grundstück mehr zu einem angemessenen Preis. Alles ist völlig überteuert.“
Weit bezeichnet zunächst eine erhebliche

räumliche Ausdehnung und Punkte, die vom Sprecher sehr entfernt liegen. Im engeren Sinne tritt *weit* deshalb zu topographischen Angaben und bildet Formeln wie *die weite Welt* (schon seit dem 9. Jh.), *ein weites Feld, in weitem Umkreis* usw. Da gerade Raum- und Entfernungsangaben gerne metaphorisch genutzt werden, finden wir hier eine reiche Entfaltung im Bereich der Zeitangaben (die Zeit ist weit fortgeschritten), der Leistung, des Fortschritts und des Erfolgs (vgl.: es **weit** bringen), der Übertreibung (vgl.: zu **weit** gehen) und der Großzügigkeit (ein weites Herz haben), des Irrtums (weit gefehlt) und der Zurückweisung (etwas weit von sich weisen). Oft tritt *weit* zu anderen Adjektiven und bildet Floskeln wie *der Duft der großen weiten Welt.* Die gebräuchlichste Paarformel ist *weit und breit*, die schon im Mhd. bezeugt ist und (etwa im Gegensatz zu *lang und breit*) überraschend nahe an der räumlichen Grundbedeutung geblieben ist und in vielen Verwendungen den Umkreis des Sehfeldes (soweit man sehen kann) bezeichnet. Allerdings ist das Sehfeld – wie alle visuellen Metaphern – auch besonders geeignet zu übertragenem Gebrauch. Hierher gehören dann Wendungen wie: *Ich sehe weit und breit keine Alternative.*

es ist nicht **weit** her mit jmdm./etwas
→ es ist nicht weit **her** mit jmdm./etwas

es **weit** bringen
im Leben/beruflich hohe Ziele erreichen [Karriere]
„Ich bin davon überzeugt, daß Sie es einmal im Leben weit bringen werden, bei Ihrem Fleiß und bei Ihrer Intelligenz!"
Diese Redensart ist eine Wendung aus dem Bildbereich {Lebensweg} und spielt mit dem Bild der horizontalen Annäherung an das „Lebensziel". Zur Aufstiegs-Metaphorik vgl.: **hoch** hinauswollen. {Lebensweg}

es würde (jetzt) zu **weit** führen
ich mache es kurz, denn es würde zu detailliert/weitschweifig werden [Pointierung]
„Es würde jetzt zu weit führen, wenn ich jetzt den Ursprung dieser Redensart bis ins Sanskrit zurückverfolgen würde!"

zu **weit** gehen mit/in etwas
etwas übertreiben [Übertreibung]
„Mit ihrem Mitleid mit den Armen der Dritten Welt geht sie zu weit. Sie spendet regelmäßig fast ihre gesamte Rente!"
Herkunft → **weit** und breit

das geht (entschieden) zu **weit**!
das ist unerhört/unglaublich/unverschämt! [Unverschämtheit]
„Das geht zu weit: Jetzt hat er auch noch ‚Dummkopf' zu mir gesagt!"

mit jmdm./etwas ist es **weit** gekommen (umg.)
jmd./etwas hat sich negativ entwickelt [Scheitern]
„Mit deiner Liebe ist es ja weit gekommen! Jetzt hast du sogar schon unseren Hochzeitstag vergessen!"

das **Weite** suchen
davonlaufen, fliehen [Flucht]
„Als der Wachhund bellte, suchten die Einbrecher das Weite."
Herkunft → **weit** und breit

jmds. **Weizen** blüht (veraltend)
jmd. hat geschäftlich/beruflich Erfolg [Erfolg]
„Wie geht es eigentlich Peter?" „Man kann nur sagen: Sein Weizen blüht! Erst neulich habe ich ihn in einem dicken Wagen mit Chauffeur vorbeifahren sehen!"
Der Weizen hat seinen Namen von dem weißen Mehl, das er liefert. Als Getreide ist Weizen eine besonders geschätzte Feldfrucht und besitzt einen großen wirtschaftlichen Wert, auf den auch die Redensart verweist, die seit dem 15. Jh. belegt ist.

die Spreu vom **Weizen** trennen
→ die **Spreu** vom Weizen trennen

eine grüne **Welle** haben (umg.)
als Autofahrer mehrere auf grün geschaltete Ampeln vor sich haben [Verkehrswesen]
„Wenn du jetzt konstant mit 50 Stundenki-

lometern fährst, haben wir für eine ganze Weile eine grüne Welle!“
Bei der *grünen Welle* im Straßenverkehr handelt es sich um eine spezielle Schaltung der Verkehrsampeln, so daß diese (besonders im Zuge von Hauptverkehrsstraßen) in genau berechneter Abfolge grünes Licht zeigen. Die Verkehrsteilnehmer, welche eine bestimmte angekündigte Richtgeschwindigkeit einhalten, bekommen so eine nicht durch Rotlicht behinderte Durchfahrt.

etwas schlägt hohe **Wellen**
die Erregung (Begeisterung usw.) ist sehr groß [Intensität] [Erregung]
„Als die Nationalmannschaft das entscheidende Tor schoß, schlug die Begeisterung hohe Wellen. Vereinzelt wurden sogar Feuerwerkskörper abgeschossen.“
Das stürmische Meer und der heftige Seegang bilden einen auffälligen Gegensatz zum *stillen Wasser* des Binnensees. Dieser Kontrast wird auch redensartlich genutzt. Besonders nahe liegt der Vergleich des Seegangs mit der Bewegung unruhiger, drängender Menschenmassen, die ja tatsächlich aus der Ferne betrachtet wogende und fließende Bewegungen auszuführen scheinen. Auch die innere Erregung wird durch dieses Bild erfaßt, das besonders in Grillparzers Dramentitel *Des Meeres und der Liebe Wellen* eine überzeitliche Popularität erfahren hat. Besonders anschaulich ist auch die Übertragung auf geistige, kulturelle und politische „Strömungen“, die sich wellenartig zu erheben, zu verbreiten und wieder zu verebben scheinen. Beliebt ist das Bild der „Welle der Gewalt“, die sich mächtig erhebt und die Opfer verschlingt. Natürlich bestehen auch Bezüge zum Bildfeld {Lebensreise} in der Variante der Seereise (vgl.: **Schiffbruch** erleiden), um Phasen gefährdeter Existenz durch das Bild des hohen Seegangs zu verdeutlichen. Hier wird *Welle* auch gelegentlich durch die poetischere *Woge* ersetzt. Auch die allmähliche Beruhigung der aufgewühlten Gefühle kann mit derartigen Wendungen vermittelt werden.

die gleiche **Wellenlänge** haben (umg.)
[Harmonie]

alle **Welt** (umg.)
jeder, alle Leute [Jedermann]
„Alle Welt beklagt sich über das Wetter, aber keiner unternimmt etwas dagegen!“
In einigen Redensarten hat *Welt* die Bedeutung *die Menschen*. Dabei kann sowohl die ganze Menschheit gemeint sein als auch die Bevölkerung eines bestimmten Landes oder gar nur ein Ausschnitt davon, beispielsweise der Kreis der vornehmen Gesellschaft. Dafür sagte man gerne im 18. und 19. Jh. (in Anlehnung an franz. *le monde*) *die große/feine Welt*. Daher auch die Redensart: *ein Mann von Welt.*

ein Mann von **Welt**/ein Weltmann
[Gentleman]
→ alle **Welt**

(wo/wie/warum) in aller **Welt**
[Nichtverstehen] [Verstärkung]
→ nicht aus der **Welt** sein/liegen

nicht aus der **Welt** sein/liegen (umg.)
nicht allzuweit entfernt sein [Nähe]
„Kommt uns doch einmal besuchen – Eichenau liegt ja nicht aus der Welt!“
Nach alten Vorstellungen besteht die Welt aus dem bewohnbaren Erdkreis und der Außenwelt voller Ungeheuer, Barbaren und anderer Gefahren. Es gibt auch eine Grenze zwischen diesen Gebieten, die man sich mal als Bretterzaun (vgl.: hier ist die Welt mit **Brettern** vernagelt), mal als Strudel im Weltmeer, mal als Wüste und mal als Gebirge vorgestellt hat. Häufig bleibt auch offen, wie man sich dieses *Ende der Welt* (oder derber: *Arsch der Welt*) ausmalt. In jedem Fall dient die redensartliche Erwähnung dieser Grenzregionen zur Vermittlung der Bedeutungen *Ferne* und *Abgelegenheit*, so daß die Beteuerung, daß etwas *nicht außerhalb der Welt sei*, folglich eine *erreichbare Nähe* meint.

nicht um alles in der **Welt** (umg.)
unter gar keinen Umständen! das lehne ich ab! [Ablehnung]
„Ich soll mit euch nach Mallorca fliegen? Nicht um alles in der Welt! Das ist mir viel zu überlaufen!“

Diese Wendung ist eine Verstärkung älterer Redensarten wie *nicht um alles Gold der Welt* oder *nicht um alle Schätze dieser Welt.*

um alles in der **Welt**! (umg.)
Ausruf der Bestürzung [Bestürzung]
„Und dann bekam ich mitten im Urwald plötzlich Schmerzen am Blinddarm!" „Um alles in der Welt! Was haben Sie da unternommen?"

eine verkehrte **Welt**
Zustände, die anders sind als normal/als sonst [Verkehrte Welt]
„Heute bleiben immer mehr Männer zu Hause und führen den Haushalt, während ihre Frauen berufstätig sind. Ist das nicht eine verkehrte Welt?"
Der Gedanke der *verkehrten Welt* ist uralt, auch wenn er uns nicht homogen entgegentritt und verschiedene Gestaltungsformen entwickelt hat. Ein alter Grund für den Entwurf eines *mundus inversus* oder gar *perversus* ist die Zeitklage über den angeblichen Verfall von Sitte und Kultur. Die alte und bewährte Ordnung verkehrt sich in ihr Gegenteil, die Jugend will nicht mehr vom Alter lernen, die Wissenschaft verfällt, die Welt ist auf den Kopf gestellt: Wie kann man dies anschaulich machen? Besonders das Märchen liebt es, den Schwachen über den Starken siegen zu lassen, so wie schon in der Bibel David über Goliath gesiegt hat. Halb märchenhaft, halb humoristisch wird in Fabeln und Tiergeschichten die Verkehrung der Weltordnung abgebildet: Das schwächere Tier hält Gericht über das stärkere, die Gans brät den Fuchs, der Hase den Jäger. In Fabeln und mittelalterlichen Bildern zeigt sich auch das satirische Bild vom Tierprediger: Wolf oder Fuchs stehen auf der Kanzel und predigen den Hühnern, Enten und Gänsen. Um den katholischen Glauben zu karikieren, werden Esel gezeigt, die den Rosenkranz beten. Auch in den *Carmina Burana* findet sich das Motiv als Ausdruck der Kirchen- und Glaubenskrisen des Mittelalters. Ausgeprägter und bekannter sind die verkehrten Welten, die uns in den Entwürfen vom Schlaraffenland und der Stadt Schilda mit ihrem Schildbürgerstreichen entgegentritt. Auch Till Eulenspiegel, der Prototyp des Narren, hält – wie die gesamte Narrenzunft – dem Volk den Spiegel vor und stellt ihm seine Fehler und Unarten durch spöttische und übertreibende Nachahmung deutlich vor Augen. Gerade die Verkehrung führt zur Wirkung, das Komische und Groteske soll erzieherisch wirken über den reinen Unterhaltungswert hinaus. Der Wortwitz des Eulenspiegel und die unmöglichen Taten eines Münchhausen stellen sich so dar als die etwas volkstümlichere Variante einer satirischen Komik, die sich auch bei Autoren wie Swift, Rabelais oder Fischart durchaus in derber Form darbietet. Die verkehrte Welt kann sich auch im Kopf eines einzelnen realisieren, der die reale Welt im Sinne seiner Wahnwelt umdeutet und ihr seine Wahrheit aufstülpt. Don Quijote, der *Ritter von der traurigen Gestalt*, ist dafür ein Beispiel. Wahn und Traum sind die eine Möglichkeit, die Welt umzukehren, Aufstand und Revolution die andere. Ihre spielerische Erprobung, die Umkehrung der realen Machtverhältnisse, finden wir in den Rathauserstürmungen der Narren am Rosenmontag. Fastnacht ist als das augenfällige Fest der verkehrten Welt zu sehen, in dessen Rahmen der Arme bis zum Umfallen essen und trinken darf, der Mächtige degradiert und entmachtet, die Polizeistunde aufgehoben und der Sittenkodex gelockert wird. Als Ventil ist der Fasching den Ordnungsmächten der „normalen Welt" – Staat und Kirche – stets willkommen gewesen. Als zeitlich beschränktes Reich des Teufels zeigt der Karneval um so deutlicher, wie stabil die Herrschaftsstrukturen in Wirklichkeit sind, die sich einen quasi „einprogrammierten" Umsturz regelmäßig leisten können. Das Fest der verkehrten Welt überbrückt so den alltäglichen Überdruß am Gewöhnlichen, Gewohnten, Normalen und Geregelten, die Unlust am „grauen Alltag" wird durch bunte Verkleidung übertüncht. Die Redensarten, die sich der Motive der verkehrten Welt bedienen, haben typischerweise die Funktion, den Abweichler zu verspotten und ihm eine Außenseiterrolle zuzuweisen. Die Redensart als solche erweist sich hier also als stabili-

sierend, der scheinbare Wortwitz als erzieherische Maßnahme. Zu nennen sind hier Wendungen, deren Inhalt uns schon auf römischen Wandbildern und in rhetorischen Floskeln entgegentritt, wie beispielsweise: *das Pferd hinter den Wagen spannen, das Pferd vom Schwanz aufzäumen, den Ochsen hinter den Pflug spannen, zu etwas taugen wie der Ochse zum Seiltanzen* usw. Zur verkehrten Welt gehören schließlich auch alle *komischen Vögel*, die Sonderlinge wie der *weiße Rabe* und das *schwarze Schaf*, sowie diejenigen, welche die *Nacht zum Tage machen* (oder umgekehrt).

für jmdn. bricht eine **Welt** zusammen
eine Illusion wird mit der Realität konfrontiert [Ernüchterung]
„Als man ihm mitteilte, daß man seinen Arbeitsplatz in Zukunft mit einem jüngeren Mann besetzen wolle, brach für ihn eine Welt zusammen. Er hatte immer geglaubt, daß seine vieljährige Berufserfahrung auch für den Betrieb von Nutzen sei."

die **Welt** aus den Angeln heben
die Welt grundlegend ändern/revolutionieren [Veränderung]
„Das Kommunistische Manifest hat vielleicht nicht gerade die Welt aus den Angeln gehoben, aber doch immerhin einiges geändert!"
Diese Redensart geht auf den griechischen Physiker und Mathematiker Archimedes (285–212 v. Chr.) zurück, der gesagt haben soll: „Gib mir einen Punkt, wo ich hintreten kann, und ich bewege die Erde!"

auf die **Welt** kommen
→ das **Licht** der Welt erblicken
[Geburt]

nicht die **Welt** kosten (umg.)
nicht besonders teuer sein
[Preiswürdigkeit]
„Heute leisten wir uns einmal ein Taxi, anstatt die U-Bahn zu nehmen. Das Taxi kann schließlich auch nicht die Welt kosten."

in einer anderen **Welt** leben
keine Beziehung zu etwas haben
[Unterschied]
„Meinen Mann darf ich mit Problemen des Haushalts nicht behelligen. Er lebt in einer anderen Welt und kümmert sich nur um seine alten Bücher und Schriften."
Will man geistige Getrenntheit negativ bewerten, so kann man von Weltfremdheit sprechen oder redensartlich sagen, daß jmd. *hinter dem Mond* lebt.

etwas aus der **Welt** schaffen
etwas endgültig beendigen/beseitigen
[Beendigung] [Beseitigung]
„Gibt es denn wirklich keine Möglichkeit, die Gründe für eure ewigen Streitereien aus der Welt zu schaffen?"

sich durch die **Welt** schlagen
→ seinen **Weg** machen

in die **Welt** setzen
1) *(Kinder) gebären* [Geburt]
2) *(Behauptungen/Gerüchte) leichtfertig aufstellen/erfinden* [Erfindung]
1) „Immer mehr Kinder werden heute gerade dort in die Welt gesetzt, wo man sie nicht ausreichend ernähren kann."
2) „Denjenigen, der dieses Gerücht in die Welt gesetzt hat, werde ich persönlich zur Verantwortung ziehen!"

hier ist die **Welt** mit Brettern vernagelt
→ hier ist die Welt mit **Brettern** vernagelt

ich verstehe die **Welt** nicht mehr
ich verstehe diese Vorgänge/Moralvorstellungen usw. nicht mehr [Nichtverstehen]
„In der Zeitung schreiben sie, daß jetzt schon sechsjährige Kinder Verbrechen begehen und alte Leute bestehlen – ich verstehe die Welt nicht mehr!"
Diese Wendung ist ein Zitat aus Friedrich Hebbels Trauerspiel *Maria Magdalena* aus dem Jahre 1844.

zwischen ihnen/beiden liegen **Welten**
sie weisen große Unterschiede auf (in Charakter, Lebensstil usw.) [Unterschied]
„Natürlich sind sowohl Dali als auch Magritte Vertreter des Surrealismus, aber es liegen doch Welten zwischen beiden!"

Die Welt ist nicht nur eine geeignete Bezugsgröße für große Raum- und Zeitdimensionen, sondern auch eine Verdeutlichung eines ganzen Panoramas an Welt- und Lebenserfahrungen, Bewertungen, Einstellungen und Maßstäben. Hier spricht man, um den Unterschied zwischen diesen Aspekten in ihrer Gesamtheit auszudrücken, gern von *verschiedenen Welten* im Plural.

sich in der **Weltgeschichte** herumtreiben (umg.)
ziellos herumstreunen/herumreisen [Reisen]
„Ich habe Peter schon lange nicht mehr gesehen. Der treibt sich irgendwo in der Weltgeschichte herum."
Weltgeschichte ist eine Zusammensetzung des 17. Jh., die sich gegenüber konkurrierenden Bildungen wie *Universalgeschichte*, *Universalhistorie* und *Welthistorie* als historischer Terminus durchgesetzt hat, ähnlich dem von Goethe 1827 geprägten Begriff *Weltliteratur*, der ebenfalls eine den nationalen Rahmen überwindende Sehweise einbringt. *Geschichte* meint in der Redensart weniger *Historie,* als vielmehr *Geschehen*. Die ironisierende Verwendung des Terminus ist seit dem frühen 19. Jh. bezeugt.

immer **weniger** werden (umg.)
abmagern [Magerkeit]
„Jetzt iß doch etwas, du wirst ja immer weniger! Dein Gesicht ist schon ganz spitz!"

wenn schon, denn schon
→ wenn **schon**, denn schon

na, **wenn** schon
→ na, wenn **schon**

ohne **Wenn** und Aber
ohne Einschränkung oder Widerspruch [Entschlossenheit]
„Die Brauerei hat mir ohne Wenn und Aber versichert, daß wir den Pachtvertrag für den Biergarten übernehmen können, sobald der alte Vertrag ausgelaufen ist."
Die Konjunktionen *wenn* und *aber* geben unter anderem einschränkende Bedingungen an: *Wenn (falls) es nicht regnet, gehen wir spazieren. Wir gehen spazieren, aber nur, wenn es nicht regnet.* Eine Aussage ohne derartige Einschränkungen zeugt also von bedingungsloser Entschlossenheit. Es gibt viele Sprichwörter, die sich dieser grammatischen Erscheinung annehmen: *Wenn das Wörtchen ‚wenn' nicht wär, wär ein jeder Millionär.* Oder: *Der Wennich und der Hättich sind Brüder.*

wer sein (umg.)
bedeutend, angesehen sein [Ansehen]
„Er stammt ja eigentlich aus ganz kleinen Verhältnissen, aber heute ist er wer – nachdem er die richtige geheiratet hat!"

die **Werbetrommel** rühren
eifrig für etwas werben [Werbung]
„Heute wird für alles mögliche die Werbetrommel gerührt. Wie soll sich da der Verbraucher noch zurechtfinden?"
Werben im Sinne von *sich um jmdn. bemühen* hatte früher vor allem die Komponenten *um eine Frau werben* und *Soldaten (an-)werben*. Die Bedeutung *Propaganda* oder *Reklame* ist seit dem 18. Jh. bezeugt, aber erst im 20. Jh. im Rahmen der modernen Wirtschafts- und Produktwerbung in diesem Sinne wirklich populär geworden. In der Werbesprache, deren Einfluß auf die Umgangssprache immer größer wird, werden auch viele sprachliche Muster entwikkelt, die zukünftig zu den Redensarten zu zählen sein werden. Die Werbung hat – entsprechend der Wortgeschichte – viele der ursprünglichen militärischen Begriffe übernommen. So spricht man beispielsweise von *Werbekampagnen* oder *Werbefeldzügen*, von *Werbetaktik* und *Absatzstrategie*, von *Verdrängungswettbewerb* und *Zielgruppe*. Hierher gehört auch die *Werbetrommel*, mit deren lauten Schlag der Werbeoffizier die jungen Männer auf dem Musterplatz zusammentrommelte, um ihnen die Freuden und den Lohn des Soldatentums zu verkünden damit diese sich dann für einen Feldzug anwerben lassen. Der übertragene redensartliche Sinn ist bereits seit dem 17. Jh. belegt. Da *werben* die alte Grundbedeutung *sich drehen* aufweist, ist es auch mit dem Wort *Wirbel* und der entsprechenden Redensart *viel Wirbel machen* verwandt.

wo **werd'** ich denn! (umg.)
das kommt nicht in Frage! das habe ich nicht vor! [Verneinung]
„Du mußt am Treffpunkt unbedingt auf mich warten. Du darfst nicht einfach nach Hause fahren, wenn ich mich verspäten sollte!" „Wo werd' ich denn!"

werden: na, wird's bald! (umg.)
beeile dich! [Beeilung]
„Na, wird's bald! Jetzt sitze ich schon seit fünf Minuten im Auto und warte darauf, daß du endlich einsteigst!"

mit etwas nur so um sich **werfen**
→ mit etwas nur so **um** sich werfen

ein **Wermutstropfen**
etwas, das die Freude trübt; ein trauriger Sachverhalt [Negativ]
„Der einzige Wermutstropfen bei der Jubiläumsfeier war, daß der alte Firmengründer zwei Wochen vorher verstorben war."
Der Wermut, ein Beifußgewächs (artemisia absinthium), ist eine stark riechende und bitter schmeckende Pflanze, die seit der Antike in Heil- und Zauberkunde eine große Rolle spielt. Wie die Galle ist Wermut schon in der Bibel das Sinnbild des Bitteren, wovon ein einziger Tropfen genügt, um ein Getränk (beispielsweise Wein) in einen bitteren Trank zu verwandeln. Das Wort wurde im 18. Jh. ins Franz. und Ital. als *vermouth* entlehnt, um eine bestimmte Art gewürzten Weines zu bezeichnen. Zu seiner Bereitung versetzt man Wein mit Auszügen von Wermutkraut, Chinarinde, Enzian und Zucker. Dieser Wermutwein oder Absinth (nach seinem lateinischen Namen) gilt wegen seines geringen Preises als bevorzugtes Getränk armer Obdachloser (der sogenannten *Wermutbrüder*).

Wert legen auf etwas
etwas für besonders wichtig/bedeutungsvoll/folgenschwer halten [Wichtigkeit]
„Wir legen in unserem Haus großen Wert auf gepflegtes Aussehen."
Wert ist wurzelverwandt mit lat. *versus* (gegen) und hat daher die Urbedeutung *als Gegenwert dienender Preis*. *Wert sein* bedeutet daher *geschätzt sein, einen hohen Preis haben*. Redensartlich wird der Ausdruck gerne ironisch oder abwertend gebraucht (vgl.: keinen **Pfifferling** wert sein). Das gleiche gilt für die der höfischen Sphäre entstammende Anrede *werter Herr*, die seit dem 1. Weltkrieg deshalb nicht mehr üblich ist und damit das Schicksal von Anredeformeln wie *edler Herr* oder *geschätzter Herr* teilt. Sie werden ähnlich schnell abgenutzt wie die Ausdrücke der Geistesgestörtheit. Das Substantiv *Wert* mit der Grundbedeutung *Preis* hat früh abstrakte Bedeutungen wie *Geltung, Kurswert* (einer Münze), *Rang und Würde, Ansehen* usw. entfaltet und ist auch in die Fachsprachen eingedrungen (*Wert* einer mathematischen Zahl). Heute ist es fast zu einem Mode- und Schlagwort geworden. Dieser Prozeß ist schon im 19. Jh. (etwa durch Nietzsches Formel von der „Umwertung aller Werte") zu erkennen und geht besonders auf die Begrifflichkeit von Karl Marx zurück, der Begriffe wie *Mehrwert, Grundwert, Kapitalwert* usw. wenn nicht erfand, so doch propagierte und durchsetzte. Einige typische Kompositionen, die viel gebraucht werden, sind *Liebhaberwert, Gegenwert, Wertpapier, Wertmarke* usw.

er hat ein einnehmendes **Wesen** (umg.)
er behält alles, was man ihm ausleiht; er ist raffgierig [Geldgier]
„Ich soll dir schon wieder Geld leihen? Nein, diesmal nicht. Ich kenne doch dein einnehmendes Wesen!"

viel **Wesens** machen von/um etwas
→ viel **Aufhebens** von etwas machen [Aufbauschung]

in ein **Wespennest** stechen/greifen (umg.)
eine heikle Sache anpacken/zur Sprache bringen und dadurch Aufregung und heftige Gegenwehr erzeugen [Aufreizung]
„Mit der Anfrage, ob tatsächlich die Telefonate der Opposition abgehört worden sind, hat er in ein Wespennest gegriffen. Offenbar sollte die ganze Sache vertuscht werden, aber jetzt wird alles im Plenum erörtert werden!"

Angriffslust und Reizbarkeit des Wespenvolkes sind schon in der Antike sprichwörtlich gewesen. Die lat. Redensart *irritare crabrones* (Hornissen reizen) ist seit dem 16. Jh. in deutsch-lateinischen Wörterbüchern bezeugt und hat wohl das Muster zur heutigen Form abgegeben, die noch bei Goethe mit dem Verb *stören* gebildet ist: „Verbiete wer, was alle wollten,/Der hat ins Wespennest gestört."

eine reine/weiße/saubere **Weste** haben (umg.)
nichts Unehrenhaftes/Kriminelles getan haben, anständig (geblieben) sein [Schuldlosigkeit]
„Eine Nacht mußte er in der Polizeizelle verbringen, aber dann konnte er überzeugend nachweisen, daß er in diesem Fall eine reine Weste hatte: Sein Alibi war hieb- und stichfest."
Die Redensarten mit der Bedeutung Schuldlosigkeit arbeiten weitgehend mit Begriffen des Waschens (vgl.: seine **Hände** in Unschuld waschen) und der Reinheit oder Sauberkeit (vgl.: reine/saubere **Hände** haben, ein reines **Gewissen** haben usw.). Hierher gehört auch die *reine Weste*. Das Wort *Weste* ist zusammen mit dem Kleidungsstück Ende des 17. Jh. aus Frankreich nach Deutschland gekommen, wo es die bodenständigen Ausdrücke *Wams, Brustlatz* und *Leibchen* weitgehend in die Mundarten verdrängt. Die etymologische Wurzel ist lat. *vestis* (Gewand). Schon bei Abraham a Santa Clara (1644–1709) finden wir die Vorstellung, daß eine weiße Brustkleidung Kennzeichen eines reinen Gewissens sei. Die Bedeutung einer *sauberen Handlungsweise* (besonders im politischen Leben) ist jedoch erst seit dem Ende des 19. Jahrhunderts bekannt. Bismarck gebrauchte nach seinen Erinnerungen die Wendung bereits 1866: „Ich fragte Moltke, ob er unser Unternehmen bei Preßburg für gefährlich oder für unbedenklich halte. Bis jetzt hätten wir keinen Flekken auf der Weste."

jmdm. etwas unter die **Weste** jubeln (umg.)
jmdm. eine Aufgabe aufbürden, ohne daß er dies so richtig bemerkt oder sich dagegen wehren kann [Aufnötigung]
„Die Eröffnungsrede jubeln wir Dr. Antos unter die Weste. Dann brauchen wir uns nicht weiter auf den Kongreß vorzubereiten."

aus der **Westentasche** bezahlen
sich etwas leicht leisten können/ohne Probleme zahlen können [Reichtum]
„Ihr seid in dem teuren Fünf-Sterne-Restaurant gewesen? Wieso könnt ihr euch das denn leisten?" „Wir waren von meinem Schwiegervater eingeladen worden. Der hat genug Geld. Der bezahlt das aus der Westentasche!"
Die Redensart meint: Ein Geldbetrag muß nicht der Brieftasche entnommen werden, sondern er steckt in der leicht zugänglichen Westentasche, in der normalerweise nur Kleingeld aufbewahrt wird. Wer es sich leisten kann, große Summen dort aufzubewahren, verfügt über genügend Barmittel und ist freigebig.

jmdn./etwas kennen wie seine **Westentasche**
→ etwas **in**- und auswendig kennen [Wissen]

jede **Wette**! (umg.) [Gewißheit]

wetten: so haben wir nicht gewettet! (umg.)
so war das nicht besprochen/ausgemacht! das ist unredlich! [Weigerung]
„Ich soll mein Auto für den Ausflug zur Verfügung stellen und auch noch die Benzinkosten alleine tragen? So haben wir nicht gewettet! Das Benzin zahlt ihr, sonst wird nichts daraus!"
Wette ist ein alter rechtssprachlicher Terminus mit der Bedeutung *Pfand(vertrag), Rechtsverbindlichkeit, Bürgschaftsleistung.* Wurzelverwandt ist engl. *wedding* (Hochzeit), ein Hinweis auf das Fortleben der indogermanischen Kaufehe bei den Germanen. Bei den ritterlichen Kampfspielen des Mittelalters war die Wette der Spieleinsatz, der dem Gewinner zufiel. Daraus leiten sich die Begriffe *Wettkampf* und *Wettbewerb* ab. Dieser reale Pfandeinsatz ist die Grundlage der Wette im heutigen Sinn, nämlich die

wechselseitige Vereinbarung eines Gewinnes beim (spielerischen) Streit über den noch ungewissen Ausgang eines Ereignisses oder Sachverhalts. Die Gültigkeit der Abmachung wird mit Handschlag und der Äußerung „Die Wette gilt!“ besiegelt. In der Umgangssprache werden häufig Floskeln wie *ich wette, daß...* oder *wollen wir wetten?* vor oder nach einer Behauptung zur Verstärkung gebraucht, ohne daß wirklich eine Wettabsicht besteht. Die Redensart *so haben wir nicht gewettet* ist der Ausdruck der Weigerung, eine Zumutung hinzunehmen. Auch hier ist nicht wirklich eine Wette vorauszusetzen, wohl aber gelegentlich eine vage Absprache. Die Wendung ist in diesem Sinn seit 1613 bezeugt.

in/bei Wind und **Wetter**
→ in/bei **Wind** und Wetter

(auf) gut **Wetter** machen wollen (umg.)
bei jmdm. die (verschuldete) schlechte Laune/Kränkung wieder beheben wollen
[Besänftigung]
„Klaus steht draußen mit einem Blumenstrauß vor der Tür. Der will sicher gut Wetter machen. Hattet ihr denn gestern Streit?“
Belegbar seit dem 16. Jh. stehen Ausdrücke wie *schlechtes/gutes/schönes Wetter* im übertragenen Sinn für negative oder positive seelische Empfindungen. Die ständigen Schwankungen des Wetters eignen sich sehr gut zum Vergleich mit Stimmungsschwankungen. Der Begriff findet sich erstmals 1520 bei Luther, der auch für seine weitere Verbreitung sorgte, ebenso wie für das Bild von der Wetterfahne.

sich drehen/unbeständig sein wie eine **Wetterfahne**
keinen festen Standpunkt/keine feste (eigene) Meinung haben
[Unbeständigkeit] [Opportunismus]
„Du verlangst von ihm eine Stellungnahme? Die wird er verweigern. Er dreht sich nämlich wie eine Wetterfahne!“
Die drehbaren Wetterfahnen und -hähne sind das sichtbare Zeichen des wechselnden Windes und des unbeständigen Wetters und eignen sich demnach als Sinnbilder der Unbeständigkeit, ähnlich der Fahne oder dem Mäntelchen, das man nach dem Wind hängt. Luther schreibt 1539: „Ich fürchte aber, daß leider unter uns viel Wetterhanen, falsche Brüder und dergleichen Unkraut seyn werden.“ Und Heinrich Heine ergänzt: „Die Wetterfahnen verlassen sich auf ihr berühmtes Talent der Vielseitigkeit in der Bewegung; sie fürchten nicht die ärgsten Stürme, da sie immer verstanden, sich nach jedem Luftzug zu drehen.“ Dies verdeutlicht den Zusammenhang dieser meteorologischen Metapher zu derjenigen von den *Stürmen des Lebens.*

jmdn./etwas am/beim **Wickel** nehmen (fassen/kriegen/packen/haben) (umg.)
1) *jmdn. festhalten und zurechtweisen*
[Zurechtweisung]
2) *etwas intensiv tun* [Intensität]
1) „Er hat mir neulich die Antenne am Wagen verbogen. Wenn ich den irgendwann einmal am Wickel kriege, wird er was erleben!“
2) „Doktor Schulz redet über Blasenkrebs? Da hat er sein Lieblingsthema am Wickel und wird nicht so schnell aufhören. Komm, wir gehen derweil zum kalten Buffet!“
Wickel ist ein altes Fachwort aus dem Textilwesen, das heißt, aus dem Bereich des Spinnens und Webens. Es bezeichnete das Faserbündel, das zum Abspinnen um den Spinnrocken gelegt wurde, später auch ein Knäuel Garn oder Wolle. Verwandt sind das Verb *wickeln* und Substantive wie *Wickeltuch, -tisch, -kind* usw., also Begriffe aus der Säuglingspflege. Die Windel ist das Tuch, das zum *Wickeln* des Säuglings verwendet wird. Schließlich bezeichnete man als Wikkel auch das Band, das um den Zopf gewikkelt wurde, den bis ins 18. Jh. auch die Männer trugen. Als Ende des 18. Jh. die „alten Zöpfe abgeschnitten wurden“, wurde das lange Haar auch weiterhin mit einem derartigen Wickel zusammengebunden. *Jmdn. am Wickel packen* hat also dieselbe Bedeutung wie *jmdn. am Haar/Kragen/Schopf packen.* Die Redensart ist seit dem frühen 19. Jh. in der ersten, seit 1854 in der zweiten Bedeutung bezeugt.

von der **Wiege** bis zur Bahre
[Gesamtheit] [Leben]

das ist ihm (auch) nicht an der **Wiege** gesungen worden
seine Lebensumstände haben sich unerwartet (positiv oder negativ) völlig geändert [Unerwartbarkeit]
„Das ist ihm auch nicht an der Wiege gesungen worden, daß er einmal in einem Kerker in Istanbul enden würde!"

wiegen: jmdm. gewogen sein/bleiben
jmds. Freund sein/bleiben [Freundschaft]
„Obwohl sie mich schon einige Male enttäuscht hat, bleibe ich ihr wegen ihres Charmes weiterhin gewogen."
Die Waage ist das Sinnbild des gerechten Ausgleichs und der Unparteilichkeit. Wenn sie sich – bildlich gesprochen – einer bestimmten Person zuneigt, so bedeutet dies, daß diese zusätzliche positive Aspekte für sich in die Waagschale werfen kann. Eine andere Erklärung der Redensart liegt darin, daß man sich ausgeglichene Gefühle vorstellt, die nicht einseitig für oder gegen eine bestimmte Person ausschlagen. Das Bild der Waage zum Ausdruck der Bewertung der charakterlichen und moralischen Eigenschaften eines Menschen ist uralt. Es findet sich beispielsweise im Menetekel des Alten Testaments (Buch Daniel 5, 25–27): Eine geheimnisvolle Hand hatte an die Wand des Palastes des Königs Belsazar die Worte geschrieben: Mene Tekel. Keiner der Weisen des Königs konnte die Schrift deuten, bis auf Daniel: „Mene, das ist: Gott hat dein Königreich gezählt und vollendet (...), Tekel, das ist: man hat dich in einer Waage gewogen und zu leicht gefunden." Daher die Redensart:

wiegen: gewogen und zu leicht befunden
[Verurteilung]

jmdm. eine **wienern** (umg.)
→ jmdm. eine **schmieren**
[Ohrfeige]
Wienern mit der Grundbedeutung *putzen* kommt vom Wiener Putzkalk, der im 19. Jh. als Scheuermittel weit verbreitet war.

etwas auf der grünen **Wiese** errichten
etwas (außerhalb der Stadt) neu errichten/aufbauen [Aufbau]
„Neuerdings werden immer mehr Einkaufszentren auf der grünen Wiese errichtet, weil die Bodenpreise in der Stadt zu hoch sind."
Erst das 20. Jh. kennt den betonten Gegensatz zwischen „grauer Stadt" und „grüner Wiese", wobei letztere als Ansiedlungsgebiet für neue Industrieanlagen und Trabantenstädte traurige Berühmtheit erlangt. Eine typische Bewohnerin der neuen Siedlungen auf der grünen Wiese ist die „grüne Witwe".

flink wie ein **Wiesel** (umg.)
sehr flink und geschickt [Schnelligkeit]
„Ein guter Kellner muß flink wie ein Wiesel sein und ein Gedächtnis haben wie ein Elefant, damit er die Bestellungen nicht verwechselt."
In Vergleichen steht das flinke Wiesel häufig bei Verben der Bewegung, um eine besondere Art gewandter Schnelligkeit auszudrücken. Zu dem Tiernamen sind auch das Adjektiv *wieselflink* und das Verb *herumwieseln* gebildet.

halb so **wild**! (umg.)
nicht so schlimm!, nicht besonders anstrengend! [Mühelosigkeit]
„Ihr seid auf den Karwendel gestiegen? Woher habt ihr denn die Kondition zu so einer Bergtour?" „Halb so wild! Wir haben oft gerastet und sind mit der Seilbahn ins Tal zurückgefahren."
Mit *wild* wurde zunächst das nicht gezähmte Tier bezeichnet, das uns ja noch heute als *das Wild* entgegentritt. Auf den Menschen übertragen sind die Wilden jene Zeitgenossen, die nicht dem eigenen Kulturraum zugerechnet werden können und die dem „zivilisierten Menschen" in Sprache und Sitte *wildfremd* sind. Im Sturm und Drang gewinnt das Eigenschaftswort erstmals positive Züge, weil es den überschwenglichen, ungebundenen und genialen Kraftmenschen bezeichnet, der sich bewußt von den gesellschaftlichen Ketten befreit. Ebenfalls ins 18. Jh. gehören die *wilde Liebe* und die *wilde Ehe*, die ältere Bezeichnungen wie

Kebsehe ablösen. Ungesetzlich geht es auch im Wilden Westen zu, der allerdings erst im späten 19. Jh. zu diesem Namen kommt. Von seiner Grundbedeutung eignet sich *wild* vorzüglich zur Verstärkung anderer Bedeutungen. Formelhaft geworden sind die *wilde Erregung/Leidenschaft, der wilde Ehrgeiz, das wilde Blut* u. a. Nach dem Muster des seit 1592 belegten *wildfremd* sind sehr viele Ausdrücke gebildet worden, die meist keinen festen Platz im Wortschatz einnehmen konnten und teilweise deshalb auch mit Bindestrich geschrieben werden wie etwa *wild-romantisch.* Des vergleichenden *wie* bedarf es auch bei anderen Wendungen wie etwa: *wie wild arbeiten/lachen/um sich schlagen* oder *sich wie wild gebärden.*

jmdn. **wild** machen
[Aufreizung]
→ halb so **wild**

wir **Wilden** sind doch bessere Menschen
→ sich seitwärts in die **Büsche** schlagen

ohne mit der **Wimper** zu zucken
→ nicht mit der **Wimper** zucken

nicht mit der **Wimper** zucken
ohne Zeichen der Angst/der Erregung/der Anteilnahme [Gelassenheit]
„Als er die Rechnung sah, erbleichte er zwar, bezahlte dann aber doch, ohne mit der Wimper zu zucken. Das war ihm der Besuch in der Bar schon wert gewesen!"
Das unwillkürliche und schlecht kontrollierbare Wimperzucken galt schon immer als Anzeichen für innere Erregung, seine Kontrolle als Sinnbild der Selbstbeherrschung. In Schillers *Wilhelm Tell* sagt der Junge Tells in Erwartung des Apfelschusses: „Ich will ihn (den Pfeil) fest erwarten/und nicht zucken mit den Wimpern."

ein frischer **Wind**
[Erneuerung]
→ der **Wind** hat sich gedreht

Wind in jmds. Segel sein
→ Wasser auf jmds. **Mühle** sein
[Vorteil]

wie der **Wind** (laufen/eilen/Verbreitung finden usw.)
sehr schnell [Schnelligkeit]
„Die Nachricht von der bevorstehenden Verlobung des Kronprinzen mit einer Bürgerlichen verbreitete sich wie der Wind im ganzen Land."

bei/in **Wind** und Wetter (Paarformel, Stabreim)
bei jedem Wetter, ohne Rücksicht auf gutes oder schlechtes Wetter [Ungeschütztheit]
„Soldaten im Manöver müssen auch bei Wind und Wetter im Freien schlafen."

von einer Sache **Wind** bekommen/kriegen (umg.)
von etwas (heimlich) erfahren
[Informiertheit]
„Ich habe davon Wind bekommen, daß Sie sich bei der Konkurrenz beworben haben. Ihnen gefällt es wohl nicht mehr in unserer Firma?"
In der Jägersprache bekommt das Wild *Wind,* das heißt, es wittert den Jäger, der sich mit dem Wind an es anpirscht. Der Jäger muß sich also gegen die Windrichtung nähern, damit das Wild ihn nicht bemerkt, also *keinen Wind davon bekommt.* Als Redensart ist die Wendung seit dem 17. Jh. häufig belegt.

die Fahne nach dem **Wind** drehen
→ die **Fahne** nach dem Wind drehen

der **Wind** hat sich gedreht
die Lage hat sich geändert, die Stimmung ist umgeschlagen [Veränderung]
„In der Ölindustrie hat sich der Wind jetzt gedreht. Die Ölfirmen bekommen nicht mehr jeden Preis, den sie für ihre Produkte verlangen."
Die redensartlich am meisten genutzte Eigenschaft des Windes ist seine Unbeständigkeit und Veränderlichkeit, die sich im steten Wechsel der Windrichtung und im schnellen Umschlagen von Flaute in Sturm (und umgekehrt) manifestiert. Besonders der plötzlich losbrechende Sturm hat die Bedeutung der Verschärfung einer (Lebens-)Lage an sich gezogen. Der „frische Wind"

wird freilich auch oft begrüßt als Zeichen der Erneuerung der verbrauchten (abgestandenen) Luft, des Miefs der Tradition, der verstaubten Methoden und Ansichten.

Wind in den Segeln haben
mit gutem Erfolg vorankommen [Erfolg]
„Anfangs lief die Praxis nicht so gut, aber jetzt haben wir Wind in den Segeln. Zu uns kommen jede Menge Patienten!"
{Lebensreise}

viel **Wind** um etwas machen
→ einen großen/viel **Wirbel** um etwas machen
[Aufbauschung]

(viel) **Wind** machen
sehr angeben, prahlen [Angeberei]
„Mensch, mach nicht so viel Wind um diese japanische Maschine! Dort wird auch nur mit Wasser gekocht, und die deutschen Motorräder sind auch nicht schlecht!"

jmdm. den **Wind** aus den Segeln nehmen
jmdm. die Möglichkeit zum Handeln nehmen/jmdn. schwächen/mutlos machen
[Schwächung]
„Durch sein Geständnis hat der Beschuldigte jetzt zunächst einmal seinem Gegner den Wind aus den Segeln genommen."

der **Wind** pfeift (jetzt) aus einem anderen Loch (umg.)
[Strenge]
→ der **Wind** hat sich gedreht

in den **Wind** reden/sprechen
jmdn. erfolglos zu überzeugen versuchen
[Sinnlosigkeit]
„Was immer man Kindern auch rät: Es ist in den Wind gesprochen. Offenbar muß jede Generation ihre Fehler selbst machen."
Diese Redensart ist eine alte rhetorische und poetische Formel. Sie findet sich schon bei Ovid (dare verba in ventis) und Lukrez (profundere verba ventis). Luther hat die deutsche Fassung zur Übersetzung der Stelle 1. Korinther 14,9 benutzt und damit bekannt gemacht. Überhaupt hat die Redensart *in den Wind* dieselbe Bedeutung der Sinn- und Nutzlosigkeit wie der *Schlag ins Wasser*.

jmd./etwas riecht/stinkt zehn Meter gegen den **Wind**
[Gestank]
→ von einer Sache **Wind** bekommen

etwas (eine Warnung usw.) in den **Wind** schlagen
etwas (eine Warnung) nicht beachten
[Leichtfertigkeit]
„Wie oft habe ich dir schon gesagt, daß du das Fahrrad abschließen sollst. Aber du hast ja alle Ratschläge in den Wind geschlagen, und jetzt ist es halt gestohlen worden!"
Diese Redensart geht vermutlich auf einen alten Rechtsbrauch zurück, von dem der *Sachsenspiegel* berichtet. Wenn ein Beklagter nicht vor Gericht erschien, schlug der Kläger dreimal in den Wind und hatte damit symbolisch den gerichtlichen Zweikampf gewonnen.

mit dem **Wind** segeln
→ mit dem **Strom** schwimmen
[Anpassung]

gegen den **Wind** segeln
→ gegen den **Strom** schwimmen
[Eigenständigkeit]

jmdm. **Wind** vormachen
→ jmdm. blauen **Dunst** vormachen
[Täuschung]

hier weht jetzt ein anderer/frischer/scharfer **Wind**
[Strenge]
→ der **Wind** hat sich gedreht

wissen/merken, woher der **Wind** weht
wissen/merken, was der wahre Grund einer Sache ist [Informiertheit]
„Du willst für heute abend mein Auto ausleihen? Daher weht also der Wind! Ich hatte mich schon gewundert, warum du mir heute nachmittag freiwillig angeboten hast, es einmal gründlich sauberzumachen!"
Herkunft → von einer Sache **Wind** bekommen

sich den **Wind** um die Nase wehen/um die Ohren pfeifen lassen (umg.)
das praktische Leben (besonders im Ausland) kennenlernen, sich erst einmal in der Praxis bewähren [Bewährung] [Lernen]
„Bevor man ein Studium beginnt, sollte man zuerst einmal ein Jahr in verschiedenen Ländern einen Job annehmen, um sich einmal den Wind um die Nase wehen zu lassen. Danach weiß man meist besser als vorher, wofür man eigentlich Interesse hat und was man zu leisten vermag."
Der Wind steht in dieser Redensart für die verschiedenen Erfahrungen und Widrigkeiten, denen der Weltreisende ausgesetzt ist. Die Redensart ist eine Variante der *Stürme des Lebens*, die sich auf das ganze Leben verteilen, und meint eher die Zeit der ersten eigenständigen Lebenserfahrungen, die man in der Fremde und alleine auf sich gestellt verbringt.

in alle **Winde** zerstreuen
weit verteilen [Verteilung]
„Früher wollten wir jedes Jahr ein Klassentreffen veranstalten, aber dazu ist es nie gekommen. Wir wurden ausnahmslos in alle Winde zerstreut!"
Diese Wendung kommt mehrfach in der Bibel vor, etwa Hesekiel 17, 21 und Sacharja 2, 10.

Windeier (legen/ausbrüten) (umg.)
nutzlose Arbeit (ausdenken/verrichten), Pläne schmieden, die unrealistisch sind [Sinnlosigkeit]
„Du willst dein Jura-Studium abbrechen, um dann an einer Fachhochschule Betriebswirtschaft zu studieren? Das sind doch Windeier! Dort wird dir nämlich auch nichts geschenkt werden!"
Ein Windei ist ein unbefruchtetes Ei, das nicht ausgebrütet werden kann. Gelegentlich findet man auch Eier ohne Kalkschale, die dann ebenfalls so bezeichnet werden. Der Name ist eine Lehnübersetzung von lat. *ova zephyria*, was besagt, daß diese Eier vom Wind empfangen worden seien. Im übertragenen Sinn ist ein Windei eine wertlose, auf (Selbst-)Täuschung beruhende Sache.

noch in den **Windeln** stecken (umg.)
[Beginn]
→ aus der **Taufe** heben
→ **Wickel**

jmdn. **windelweich** schlagen (umg.)
jmdn. gehörig verprügeln [Prügel]
„Wenn ich dich noch einmal beim Stehlen erwische, schlage ich dich windelweich!"
Der Begriff *windelweich* ist erst im 19. Jh. von dem Komödiendichter August von Kotzebue (1761–1819), der wegen seiner antiliberalen Haltung von dem Burschenschaftler K. L. Sand ermordet wurde, in Anlehnung an *windelweiß* (weiß wie ein Laken) geprägt worden. Die anschauliche Bildung wird verstanden als *weich wie eine Windel* und steht daher in einer Reihe mit Redensarten wie *jmdn. zu Brei/Mus schlagen* oder *jmdn. grün und blau schlagen.*

in **Windeseile**
[Schnelligkeit]

ein **Windhund**/ein **windiger** Bursche sein (umg.)
ein schlauer und durchtriebener Kerl sein, der nicht ganz ernst genommen wird [Durchtriebenheit]
„Der Karl ist ein Windhund. Er übernimmt alle Aufträge, die er bekommen kann, selbst wenn er weiß, daß es zuviel wird."
Der Windhund hat seinen Namen von dem Stamm der Wenden. *Winida* war die germanische Bezeichnung für die Slawen, die den Namen der bei Tacitus (*Germania* 46) erwähnten ostelbischen *Veneti* zusammen mit deren Siedlungsgebiet übernahmen. Der Windhund (oder: Windspiel) ist also der Hund der Wenden, ebenso wie der Pinscher der Hund aus dem Pinzgau ist und der Wallach (beschnittener Hengst) das Pferd aus der Wallachei. Später veränderte man die Lautform in Anlehnung an den windschnellen Lauf dieses Jagdhundes. Auch die Übertragung auf den Menschen lehnt sich an *Wind* und das Eigenschaftswort *windig* an, mit dem nicht ganz seriöse und unsolide Personen und Sachverhalte bezeichnet werden. Die redensartliche Verwendung ist seit dem 18. Jh. belegt.

gegen **Windmühlen** kämpfen
gegen einen eingebildeten Gegner einen aussichtslosen Kampf kämpfen
[Sinnlosigkeit]
„Die Gewerkschaften kämpfen gegen Windmühlen, wenn sie versuchen, den Prozeß der Automatisierung in bestimmten Fertigungsbereichen aufzuhalten."
Herkunft → ein **Ritter** von der traurigen Gestalt

ein **Wink** mit dem Zaunpfahl

sich in den hintersten **Winkel** verkriechen
→ auf **Tauchstation** gehen
[Verbergen]

Winkelzüge machen
Ausflüchte suchen, ausweichend antworten, Vorwände suchen [Vorwand]
„Der Vertrag liegt immer noch nicht vor? Langsam habe ich diese Winkelzüge aber satt. Ich habe den Eindruck, daß man uns bloß vertrösten will und gar nicht an einer Einigung interessiert ist!"
Zur Grundbedeutung von *Winkel* gehört die Vorstellung einer Ecke oder einer Krümmung, so daß die Ableitungen des Verborgenen und Geschützten (das stille Glück im engen Winkel), aber auch des Illegalen (im Sinn von *krumm* in Redensarten wie *krumme Tour* oder *ein krummes Ding drehen*) naheliegen. *Winkelzug* ist vielleicht in Anlehnung an *Schachzug* gebildet worden und bezeichnet eine listige und geheime, oft auch illegale Machenschaft. Redensartlich taucht er seit dem 16. Jh. auf und wird das Vorbild zum (seit dem 18. Jh. belegten) Begriff *Winkeladvokat*, dem Rechtsanwalt, der vor Rechtsbeugung und Rechtsverdrehung nicht zurückschreckt.

viel/einen großen **Wirbel** (um etwas) machen (umg.)
viel Aufsehen und Lärm verursachen, etwas aufbauschen [Aufbauschung]
„Um manchen Schlagerstar, der nur über ein dünnes Stimmchen verfügt, wird in der Presse ziemlich viel Wirbel gemacht."
Das mit dem Verb *werben* (ursprünglich: im Kreis drehen) verwandte Wort *Wirbel* bezeichnet kreisförmige Bewegungen, insbesondere von Wasser (Wasserwirbel) und Luft (Wirbelwind), aber auch von tanzenden Menschen. Eine eigene Bedeutungsgruppe umfaßt die drehende Bewegung der Trommelstöcke, den Trommelwirbel, von dem die Redensart abgeleitet ist. Sie bedeutet dann soviel wie: *viel Lärm um nichts machen.* Vgl.: die **Werbetrommel** rühren.

die Rechnung ohne den **Wirt** machen
→ die **Rechnung** ohne den Wirt machen

polnische **Wirtschaft**
→ das ist ja eine schöne **Wirtschaft**

das ist ja eine schöne **Wirtschaft** hier! (umg.)
hier herrscht ja ein unbeschreibliches Durcheinander [Durcheinander]
„Ihr habt heute Weihnachtsplätzchen gebacken? Na, da wird ja in der Küche eine schöne Wirtschaft herrschen!"
Wirtschaft ist eine Ableitung zu *Wirt* und hat demnach die Grundbedeutungen *Bewirtung, Gastmahl.* Im 16. Jh. trat durch die Ausbildung selbständiger Berufe die Bedeutung *Gastwirtschaft* hinzu, die sich aus dem Ruf *Wirtschaft* herleitet, mit dem der eintretende Gast damals die Bedienung herbeirief, um bewirtet zu werden. Mit Beginn des 18. Jh. verbreitern sich die Bedeutungen, und es treten hinzu: *Haushaltsführung der Hausfrau* (das Wirtschaften), *Verwaltung von Gütern, Finanzen* usw. (Finanzwirtschaft), *Ackerbau* (Landwirtschaft), *Handel und Industrie* (Volkswirtschaft) – um nur einige zu nennen. Das Wort kommt seit dem 19. Jahrhundert in unzähligen einschlägigen Zusammensetzungen vor, auf die hier nicht eingegangen werden kann. Die redensartliche Verwendung lehnt sich an die Nebenbedeutung *Tun und Treiben* (insbesondere unordentlicher Art) an, die seit dem 15. Jh. belegt ist. Hierher gehören Wendungen wie *Weiberwirtschaft* (Mißwirtschaft und Unordnung in einem Haushalt, der nur Frauen umfaßt) und *polnische Wirtschaft* (Mißwirtschaft im großen und im kleinen, wie sie angeblich für Polen typisch ist). Dazu schreibt der Wortführer des soge-

nannten *Jungen Deutschland*, der Dichter und Publizist Heinrich Laube (1806–1884), im Jahre 1875: „Der Ausdruck ‚polnische Wirtschaft' war in Schlesien so landläufig, daß man dort absolut nicht an die Möglichkeit eines polnischen Staates glauben mochte." (*Gesammelte Schriften*, Bd. I, S. 129). Seit dem 18. Jh. belegt ist die *schöne Wirtschaft*, die sich des ironischen Gehalts von *schön* bedient.

Wischiwaschi reden (umg.)
unklares/dummes Zeug reden [Geschwätz] [Unsinn]
„Jetzt hör endlich mit dem Wischiwaschi-Gerede auf und sag mir klipp und klar, ob du an dem Autounfall schuld warst oder nicht. Schließlich müssen wir jetzt die Versicherung benachrichtigen!"
Dieses ausdrucksstarke Wort gehört zum Verb *waschen* mit der Bedeutung *(aus-) plaudern*, das auch in den Redensarten *schmutzige Wäsche waschen* und *Waschweib* vorliegt. Es basiert auf der Interjektion *wischwasch*, die seit dem frühen 18. Jh. belegt ist und deren erster Teil ursprünglich als Verstärkung gemeint war. Vergleichbare Stammdopplungen mit der Reihenfolge i vor a liegen vor in den Wörtern *Wirrwarr, Krimskrams, Mischmasch, Singsang, Tingeltangel* und *Zickzack.* Man hat versucht, diese Reihenfolge (hell vor dunkel) als natürliche zu interpretieren, weil sie mit der Mundstellung bei der Vokalbildung in Einklang steht: halbgeöffnet (i = hell) vor ganz geöffnet (a = dunkel), die auch in vielen Tierlauten (das Ih-Ah des Esels!) bevorzugt wird. Eine derartige Annahme wird dadurch gestützt, daß der ebenfalls an Tönen orientierte Ausdruck *Larifari* (mit der entgegengesetzten Reihenfolge a vor i) einen ganz künstlichen Ursprung hat, der auf die natürlichere Reihenfolge keine Rücksicht nehmen konnte, weil er die Anfangssilben eines Textes wiedergibt.

von jmdm./etwas nichts **wissen** wollen
jmdn./etwas ablehnen, kein Interesse daran haben [Ablehnung]
„Mein Mann müßte dringend ein paar Kilo abspecken, hat der Arzt gesagt. Aber leider will er von einer Diät oder Abmagerungskur nichts wissen!"
Das Verb *wissen* stammt von der indogermanischen Wurzel *uid-* (sehen) und ist mit den Wörtern *Weisheit* und *Witz* verwandt. Kenntnis, Erfahrung und Wissen werden hier also vorrangig unter dem Aspekt *erblickt haben, gesehen haben* veranschaulicht. Das Wissen umfaßt verschiedene Bereiche, etwa das (schulisch vermittelte) *gelehrte Wissen*, das praktisch erfahrene *Alltagswissen*, welches in ein Können im Sinne von *Fertigkeit* oder gar in Kunst übergeht. In der Formel *etwas wissen wollen* wiederholen sich diese Aspekte.

wissen: weißt du was?
1) *ich mache jetzt einen Vorschlag* [Vorschlag]
2) *jetzt kommt etwas Unerwartetes (häufig als Resümee)* [Unerwartbarkeit] [Resümee]
1) „Weißt du was? Wir kochen heute nicht, sondern wir gehen in die Pizzeria an der Ecke!"
2) „Weißt du was? Ich habe die Streiterei jetzt satt! Ich lasse mich von dir scheiden!"
Herkunft → von jmdm. nichts **wissen** wollen

wissen: wer weiß wie oft (umg.)
sehr oft [Häufigkeit]
„Ich habe ihn wer weiß wie oft ermahnt, mehr für die Schule zu arbeiten. Jetzt hat er die Quittung."
Herkunft → von jmdm. nichts **wissen** wollen

wissen: ich weiß, was ich weiß (umg.)
ich lasse mich nicht umstimmen/bekehren/ verunsichern! [Unerschütterlichkeit]
„Du kannst mir erzählen, was du willst, aber ich weiß, was ich weiß! Was mich betrifft, werde ich ihm auch weiterhin nicht über den Weg trauen!"
Herkunft → von jmdm. nichts **wissen** wollen

wissen: was weiß ich! (umg.)
ich weiß es nicht, und zwar deshalb, weil es mich nicht interessiert!
[Nichtwissen] [Desinteresse]

„Was soll ich denn heute für dich kochen, Liebling?" „Was weiß ich! Vielleicht wieder dasselbe wie gestern!"
Herkunft → von jmdm. nichts **wissen** wollen

ich möchte nicht **wissen**, wie (umg.)
ich vermute bezüglich eines Sachverhaltes: es war unsauber/es war bestimmt illegal! [Vermutung]
„Ich möchte nicht wissen, wie er zu seinem plötzlichen Reichtum gekommen ist. Früher war er ja ziemlich armselig dran."
Herkunft → von jmdm. nichts **wissen** wollen

ich möchte nicht **wissen**, wieviel/was (umg.)
(Verstärkungsformel:) vermutlich
1) *viel* [Menge]
2) *häufig* [Häufigkeit]
3) *teuer* [Kostspieligkeit]
1) „Ich möchte nicht wissen, wieviele Menschenleben die Raserei auf den Straßen heute wieder gefordert hat!"
2) „Ich möchte nicht wissen, wie oft es noch an dieser Kreuzung gekracht hätte, wenn nicht die neue Ampelanlage installiert worden wäre!"
3) „Ich möchte nicht wissen, wie teuer so ein Sportwagen ist, wie ihn unser Nachbar fährt!"
Herkunft → von jmdm. nichts **wissen** wollen

weder aus noch ein **wissen**
→ weder **aus** noch ein wissen

wissen, was man will
seine Ziele genau kennen und konsequent verfolgen [Zielstrebigkeit]
„Alle Achtung! Euer Sohn weiß wirklich, was er will. Unserer dagegen ist ein Tagträumer ohne rechte Ambitionen."

wissen, was einem blüht
seine Strafe/etwas Negatives vorausahnen [Ahnung]
„Der Hans traut sich heute gar nicht nach Hause. Der weiß schon, was ihm bei seinem Vater blüht, wegen des schlechten Zeugnisses!"

wissen, wo's langgeht
[Erfahrung]
→ **Barthel**

etwas ist eine (ganze) (Geheim-)**Wissenschaft** für sich (umg.)
etwas ist übermäßig kompliziert und erfordert spezielle Kenntnisse [Kompliziertheit]
„Wie findet man denn in dieser Bibliothek das gewünschte Buch?" „Das ist eine Wissenschaft für sich! Wir haben nämlich ein eigenes System entwickelt, auf das wir sehr stolz sind!"
Das zum Verb *wissen* gehörende Substantiv *Wissenschaft* war noch im 16. Jh. ein seltenes Wort gegenüber (dem heute ungebräuchlichen) *Wissenheit.* Erst seit dem 17. Jh. wurde es in Lexika aufgenommen und gewann in der Aufklärung (18. Jh.) die Bedeutung *objektives Wissen, gelehrte Disziplin.* Bis weit in das 18. Jh. hinein überlagerten sich die Bedeutungen von Wissenschaft und Kunst. Um die Abgrenzung gab es viele gelehrte Diskussionen, an denen sich auch Goethe beteiligte: „Ich denke, Wissenschaft könnte man die Kenntnis des Allgemeinen nennen, das abgezogene Wissen, Kunst dagegen wäre Wissenschaft zur Tat verwendet. Wissenschaft wäre Vernunft, und Kunst ihr Mechanismus, deshalb man sie auch praktische Wissenschaft nennen könnte. Und so wäre denn endlich Wissenschaft das Theorem, Kunst das Problem." Eine ähnliche Diskussion kennen wir aus dem 20. Jh. In ihr geht es in ganz ähnlichem Sinn um die Abgrenzung und Bewertung von *reiner* und *angewandter Wissenschaft*, von *Theorie und Praxis,* oder von *Natur-* und *Geisteswissenschaft.* Die Umgangssprache sieht den Unterschied zwischen Kunst und Wissenschaft übrigens immer noch nicht deutlich, und redensartlich könnte man die beiden Begriffe häufig austauschen und beispielsweise auch sagen: *das ist eine Kunst für sich.* Beide Begriffe enthalten somit im Alltag die Bedeutungskomponente der Kompliziertheit (vgl.: das ist doch keine **Kunst**!). Erwähnenswert ist noch, daß die Ableitung *Wissenschaftler* zunächst einen verächtlichen und spottenden Sinn hatte gegenüber dem älteren (und heute abge-

lösten) *Wissenschafter*. Der Dichter A. Blumauer gebrauchte die Endsilbe *-ler* erstmals im Jahre 1782 in diesem Zusammenhang, um eine negative Bewertung auszudrücken, die sich mit dieser Silbe verknüpft (analog zu Begriffen wie *Nörgler, Drängler* usw.).

eine grüne **Witwe** sein (umg.)
als Frau am Stadtrand wohnen und tagsüber alleine sein [Vereinsamung]
„Seit wir nach Puchheim gezogen sind, lebe ich hier als grüne Witwe. Mein Mann geht morgens um sieben aus dem Haus und kommt erst um achtzehn Uhr zurück. Da kann es manchmal ganz schön langweilig sein!"
Das Wort *Witwe* stammt von derselben Wurzel wie lat. *viduus* (leer), lat. *dividere* trennen; daher: dividieren) und franz. *vide* (leer). Die häufig zu findende Deutung *weise/weiße Frau* ist also falsch. Grüne Witwe ist eine Kurzform für eine Frau, die *im Grünen*, d. h. am Stadtrand oder außerhalb der Stadt wohnt und deren Mann tagsüber in der Stadt arbeitet. Sie lebt also wie eine Witwe. Dieser Vergleich hat noch die Nebenbedeutung der Frustration solcher Frauen, denen es an urbaner Kurzweil fehlt. Der Begriff *grüne Witwe* entstand zusammen mit dem Phänomen der Stadtrandbebauung in der Nachkriegszeit und ist in Verbindung zur Redensart *auf der grünen Wiese* zu sehen. Noch neuer ist die Analogiebildung *politische Witwe*, mit der man die Frau eines überbeanspruchten Politikers bezeichnet, der fast nie zu Hause ist. Für das entsprechende Eheverhältnis hat sich die Bezeichnung *Wochenendehe* eingebürgert.

der (ganze) **Witz** bei der Sache/dabei
der entscheidende Punkt, das Wesentliche [Besonderheit]
„Das Haus sieht aus wie jedes andere. Der Witz bei der Sache ist, daß es durch Sonnenkollektoren beheizt wird!"
Witz hat als Abstraktbildung zu *wissen* die alte Grundbedeutung *Verstand, Klugheit*, die noch in der Formel *Witz und Verstand* zu erkennen ist. Erst im 17. und 18. Jahrhundert gewinnt *Witz* unter dem Einfluß von französisch *esprit* und engl. *wit* die Komponente des *geistreichen Einfalls*, und zwar interessanterweise im Zusammenhang eines von Voltaire angezettelten Streites darüber, ob die Deutschen über so etwas wie *esprit* verfügen oder nicht. Noch der deutsche Philosoph Christian Thomasius (1655–1728) – er war der erste Professor, der eine Vorlesung in deutscher Sprache hielt – gebraucht in seiner Erwiderung die Übersetzung *schöner Geist* für *bel esprit*. Erst Gottsched und seine Schüler verwenden *Witz* unbedenklich im neuen Sinn, wenn sie 1742 dichten: „Der Vorwurf braucht Beweis! / Allein: Wo steht geschrieben, / daß Witz und Wissenschaft / nur Süderköpfe (= Leute aus dem Süden) lieben." Im 18. Jh. festigt sich später der Gebrauch von *Witz* im Sinne der Fähigkeit, versteckte Zusammenhänge aufgrund einer besonders lebhaften Kombinationsgabe aufzudecken und durch eine überraschende Formulierung auszudrücken. Der Begriff tritt jetzt in die Nähe von *Spott, Spaß* und *Scherz* und gewinnt die heute vorherrschende Bedeutung *scherzhafte Äußerung, spaßiger Einfall*. Gleichzeitig gewinnt er die Dimension des Lacheffekts, der vorher auf die Ebene des Komischen beschränkt war bzw. auf die volkstümlichen lustigen Verkehrungen im Rahmen des weiten Panoramas der „verkehrten Welt", zu der auch der Narr in seinen verschiedenen Erscheinungsformen gehört. Zum Witz im heutigen Sinne gehört fest der überraschende Höhepunkt, die Pointe, auf die sich der redensartliche Gebrauch des Wortes im Falle *der Witz/die Pointe der Sache* stützt. In anderen redensartlichen Zusammenhängen erscheint *Witz* im Sinne des Unwahren, Unbegreiflichen und Unglaublichen (das ist doch wohl nur ein Witz?) oder als *fauler* oder *schlechter Witz*. Diese formelhaften Verbindungen gehören erst dem späten 19. Jh. an, ebenso der *trokkene, derbe, schmutzige* (usw.) Witz, deren Typologie bereits ganze Bibliotheken füllt. Der Gebrauch von Witz und witzig steht noch häufig in Zusammenhang zur ursprünglichen Bedeutung *kluger Einfall*, etwa in Wendungen wie *ein witziger Kopf* (ein Mensch mit vielen guten Einfällen). Dane-

ben steht auch noch das Eigenschaftswort *gewitzt*, das nie seine Nähe zu *Wissen* und *Erfahrung* verloren hat. Ein *Witzbold* ist im 16. Jh. ein Spaßmacher (etwa im Sinne von *Narr*); später gewinnt der Begriff die Komponente des Versagens hinzu. Wenn man jmdn. heute so bezeichnet, meint man meistens, daß man ihn nicht ernst nimmt, weil er häufig dummes und ungereimtes Zeug redet.

das ist doch (wohl/nur) ein **Witz**
das ist doch wohl nicht wahr? das kann ich nicht glauben! [Ungläubigkeit]
„Bernd hat sein Medizinstudium abgebrochen? Das ist doch wohl ein Witz?"
Herkunft → der (ganze) **Witz** bei der Sache/dabei

mach keine faulen **Witze**! (umg.)
das ist unmöglich/unglaublich!; das lehne ich ab, falls es stimmt!
[Ungläubigkeit] [Ablehnung]
„Deine Mutter will zu uns ziehen! Mach keine faulen Witze! Wo soll sie denn in unserer Zweizimmerwohnung hausen?"
Herkunft → der (ganze) **Witz** bei der Sache/dabei

etwas ist **witzlos** (umg.)
etwas hat keinen Zweck [Sinnlosigkeit]
„Jetzt noch in die Stadt zu fahren ist witzlos. Die Geschäfte schließen in einer halben Stunde!"

ach **wo**/i **wo**! (umg.)
→ wo **werd** ich denn!
[Verneinung]

wo denkst du hin!
→ wo denkst du **hin**!

wo werd ich denn!
→ wo **werd** ich denn!

im **Wochenbett** liegen
ein Kind gebären/gerade geboren haben
[Geburt]
„Ich kümmere mich um die Pflanzen meiner Nachbarin, solange sie im Wochenbett liegt. Ihr Mann kann das nicht!"

Luther gebraucht (Baruch 6,28) den Ausdruck „Sechswöchnerin" für eine Frau, die nach der Geburt sechs Wochen lang im „Sechswochenbett" liegt. Um 1715 verkürzt sich daraus *Wochenbett*, wohl in Analogie zu *Kindbett*.

die **Wogen** gehen hoch
→ die **Wellen** gehen hoch
[Intensität] [Erregung]

Öl auf die **Wogen** gießen
→ **Öl** auf die Wogen gießen

die **Wogen** glätten sich wieder
→ die **Wellen** glätten sich wieder
[Beruhigung]

ach **woher** denn! (umg.)
→ ach **wo**/wo **werd** ich denn!
[Verneinung]

ich muß mal **wohin**
→ ich muß mal **irgendwohin**
[Toilette]

wohl oder übel
ob man will oder nicht, unvermeidlich
[Unvermeidlichkeit]
„Es tut mir leid, aber Sie werden den Hausflur wohl oder übel noch einmal auskehren müssen, Emma. Der Schornsteinfeger hat ziemlich viel Schmutz hinterlassen!"
Wohl ist in den westgermanischen und nordischen Sprachen das Adverb zu dem Adjektiv *gut*. Dies entspricht den englischen Wörtern *well* und *good*. Die Bedeutungskomponenten entsprechen dieser Herkunft und ranken sich um das Anwendungsgebiet *richtig, günstig, angenehm*. Von hier erklären sich auch Ableitungen wie *Wohlbefinden, Wohlklang, Wohltat* usw. Sehr alt ist die Verbindung *wohl sein* (*zufrieden/gesund* usw. *sein*), die sich auch in der Trinkformel *zum Wohlsein!* wiederfindet. Ein bekannter Vers aus der Szene *Auerbachs Keller* in *Faust I* (Vers 2293 f) lautet: „uns ist ganz kannibalisch wohl als wie fünfhundert Säuen." Die Paarformel *wohl oder übel* hat sich im 16. Jh. als Übersetzung des lat. Ausdrucks *nolens volens* durchgesetzt.

sich in **Wohlgefallen** auflösen (umg.)
1) *in seine Bestandteile zerfallen* [Defekt]
2) *verschwinden* [Verlust]
3) *friedlich/ohne Streit enden* [Beendigung]
1) „Dieses Buch ist so schlecht gebunden, daß es sich allmählich in Wohlgefallen auflöst!"
2) „Jetzt such ich schon seit einer halben Stunde meine Brille. Die hat sich offenbar in Wohlgefallen aufgelöst!"
3) „Als die Polizei erschien, löste sich die Studentendemonstration in Wohlgefallen auf."
Mit dem von *wohl* abgeleiteten Substantiv *Wohlgefallen* bezeichnet man ursprünglich die Empfindung des ästhetischen (oder geistig-sittlichen) Vergnügens und die daraus resultierende Freude und Zufriedenheit. Ausgangspunkt des redensartlichen Gebrauchs ist im 19. Jh. die dritte Bedeutung im Zusammenhang der Auflösung der Handlungsfäden und Intrigen im Schauspiel, insbesondere in der Komödie. Ende des 19. Jh. wurde aus dieser Wendung im scherzhaften Gebrauch das Element des Auflösens in der ersten und zweiten Bedeutung weiterentwickelt, die heute im Gebrauch dominieren.

alle **Wohlgerüche** Arabiens
→ alle Wohlgerüche **Arabiens**

ein **Wolf** im Schafspelz
ein harmlos wirkender Mensch, der in Wahrheit sehr gefährlich ist [List]
„Dieser Politiker gibt sich liberal und volkstümlich. Wenn man jedoch seine Ideologie genauer überprüft, erkennt man den Wolf im Schafspelz."
Diese Wendung geht auf Matthäus 7,15 zurück, wo es heißt: „Sehet euch vor vor den falschen Propheten, die in Schafskleidern zu euch kommen, inwendig aber sind sie reißende Wölfe." Wie fast alle Redensarten biblischen Ursprungs ist auch diese in vielen Sprachen verbreitet.

mit den **Wölfen** heulen
die Meinung der Mehrheit vertreten, um
1) *zu profitieren* [Opportunismus] *oder*
2) *nicht zu brüskieren* [Anpassung]
1) „Wenn man immer mit den Wölfen heult, hat man zwar wenig Probleme, man gewinnt aber auch kein individuelles Profil, das den eigentlichen Charakter erkennen läßt."
2) „Wenn man neu in einer Firma ist, muß man zunächst einmal mit den Wölfen heulen. Änderungsvorschläge sind erst nach einer Bewährungszeit angemessen!"
Diese Redensart geht auf ein seit dem Mittelalter bezeugtes Sprichwort zurück, mit dem man sein schlechtes Verhalten entschuldigt: *Man muß mit den Wölfen heulen.* Sprichwort und Redensart wurden in der bisherigen Überlieferung je nach Autor entweder positiv oder negativ gebraucht. Auch heute schwankt die Bedeutung zwischen den Polen einer sinnvollen Anpassung und einem negativen Opportunismus.

einen **Wolfshunger** haben
→ einen **Bärenhunger** haben

eine dunkle **Wolke**
ein drohendes, böses Schicksal
[Schicksal] [Unglück]
„Über der deutschen Stahlindustrie ziehen dunkle Wolken auf, weil der Importstahl billiger ist als der hier produzierte."

das ist 'ne **Wolke**! (umg.)
das ist großartig/eine gute Idee!
[Begeisterung]
„Eine Floßfahrt auf der Isar von Wolfratshausen nach München, mit Blasmusik und Bier – das ist 'ne Wolke!"
Diese im 20. Jh. im Berliner Raum entstandene Redensart lehnt sich an die Wolke als Sinnbild des Phantastischen und Großartigen an. Eine direkte Übertragung wäre etwa der Ausruf *Das ist phantastisch!*

aus allen **Wolken** fallen (umg.)
ganz unerwartet mit der Realität konfrontiert werden [Ernüchterung] [Überraschung]
„Peters Mutter ist aus allen Wolken gefallen, als ihr der blaue Brief ins Haus geflattert ist. Sie hatte immer gedacht, ihr Sohn sei so gut in der Schule."
Das zu diesem Bildbereich gehörende „Wolkenkuckucksheim" (Traumstadt, Phantasie-

gebilde) geht auf den griech. Dichter Aristophanes zurück. In seinem Schauspiel *Die Vögel* wird so die von den Vögeln in die Luft gebaute Stadt genannt. Vgl.: **Luftschloß**.

auf **Wolke** sieben schweben
→ im siebten **Himmel** sein
[Glück]

über den **Wolken** schweben
in einer Welt der Einbildung und Phantasie leben [Weltfremdheit]
„Als Poet hat er natürlich das Recht, über den Wolken zu schweben, Aber manchmal nervt sein fehlender Sinn für die Realität."
Das Gebiet über den Wolken gilt seit frühester Zeit als Wohnsitz der Götter, aber auch der Musen und ihrer Schützlinge. Je nachdem, wie man diese Redensart gebraucht, können damit positive (*Phantasie, Poesie* usw.) oder negative Bedeutungen (*Weltfremdheit, Überheblichkeit* usw.) ausgedrückt werden.

jmdn. in die **Wolle** bringen
→ jmdn. in **Harnisch** bringen
[Aufreizung]

in der **Wolle** gefärbt
ganz echt, durch und durch [Echtheit]
„Um in dieser Partei Karriere zu machen, muß man ein in der Wolle gefärbter Sozialist sein."
Diese Redensart findet sich schon in der Redensarten-Sammlung des Schaffhausener Predigers Geiler von Kaysersberg (1445–1510). Sie bezieht sich darauf, daß man Wolle vor der Verarbeitung oder erst als Tuch färben kann, wobei die erste Methode zu dauerhafteren Erfolgen führt. Daher auch das schlesische Sprichwort: *Was in der Wolle gefärbt ist, behält alle Zeit seine Farbe.*

sich in die **Wolle** kriegen/geraten
→ sich in die **Haare** geraten
[Streit]

Wolle bei etwas lassen
→ **Haare** bei etwas lassen müssen
(warm und weich) in der **Wolle** sitzen (veraltet)
→ leben wie die **Made** im Speck
[Wohlergehen]

(na), dann **wollen** wir mal! (umg.)
fangen wir also an! [Beginn]
„Sind alle anwesend, die geladen worden sind? Na, dann wollen wir mal! Wer übernimmt das Protokoll?"

da ist nichts zu **wollen**
da ist nichts zu ändern [Unabänderlichkeit]
„Unser Sohn will nun einmal partout Geigenbauer werden – da ist nichts zu wollen!"

wollen: ich weiß nicht, was du willst
ich verstehe nicht, warum du wütend bist/ Einwände hast (usw.) [Nichtverstehen]
„Ich weiß nicht, was du willst! Gerade du wolltest doch aufs Land ziehen, und jetzt beklagst du dich über die fehlende Abwechslung! Frauen kann man es eben niemals recht machen!"

wollen: wenn man (so) will
wenn man es anders (meist: schärfer/negativer) formuliert [Prägnanz]
„Ich finde seine Einstellung unerträglich. Wenn man so will, kann man ihn sogar als Rassisten bezeichnen!"
Diese Wendung steht im alltagsrhetorischen Gebrauch in der Nähe von Formeln wie *klar und deutlich, kurz und bündig* oder *schlicht und einfach*. Durch sie wird auf die Wortwahl selbst aufmerksam gemacht, um auf den bewußten (und nicht unabsichtlichen) Gebrauch eines Wortes hinzuweisen.

Wort für Wort
1) *ein Wort nach dem anderen*
[Reihenfolge]
2) *ganz genau und vollständig* [Gleichheit]
1) „Bei Ausspracheübungen in der Fremdsprache muß man die Vorgabe des Lehrers Wort für Wort wiederholen."
2) „Dieser übersetzte Text entspricht Wort für Wort der Vorlage in der Originalsprache; nichts ist weggelassen oder ergänzt."
Das Wort *Wort* hat redensartlich drei grundsätzlich verschiedene Bedeutungen, die aber

natürlich sämtlich um den Bereich der Sprache ranken. Die erste Bedeutung umfaßt den Bereich der zusammenhängenden Rede oder des Textes. Das „Wort Gottes" etwa entspricht dem gesamten Text der Bibel. Die zweite Bedeutung entspricht eher einer sprachwissenschaftlichen Definition und meint ein Lautgebilde mit eigener Bedeutung als kleinste Sinneinheit der Rede. Im Sinne dieser Segmentation ist beispielsweise die Redensart *Wort für Wort* zu verstehen. Die dritte Bedeutung bezieht sich auf den Sprachvollzug und hat Redensarten zum Gegenstand, die sich auf die eigene oder fremde Rede (zurück-)beziehen. Die wichtigsten (Unter-)Funktionen in diesem Bereich sind die Kommentierung der Rede, die Gesprächsorganisation (*jmdm. das Wort erteilen/entziehen* u. a.) und die Bewertung fremden Sprachverhaltens, etwa im Sinne einer Bezichtigung der Rechthaberei (immer das letzte *Wort* behalten wollen), der Lüge (sein *Wort* brechen), der Verleumdung (jmdm. das Wort im Mund herumdrehen) usw. Hier schließt sich eine (pragmatische) Funktion des Vollzugs bestimmter Sprachhandlungen an, die sich auf Kategorien wie Versprechen (das soll ein Wort sein), Verrat (sein Wort brechen) oder Prahlerei (das große Wort führen) bezieht. Eine weitere Unterkategorie der großen dritten Bedeutungsgruppe schließlich beschäftigt sich mit den sozusagen „körperlichen" Aspekten des Sprechens und behandelt Probleme der Wortsuche und -findung (mir fehlen die Worte), der Sprechgeschwindigkeit und Aussprache (Wörter verschlucken), der Sprachlosigkeit und des Schweigens (kein Wort fallenlassen).

daran ist kein wahres **Wort**
→ daran ist kein **Wort** wahr

daran ist kein **Wort** wahr
etwas ist vollständig erlogen [Lüge]
„Ich soll die Portokasse geklaut haben? Daran ist kein Wort wahr!"
Herkunft → **Wort** für Wort

dein **Wort** in Ehren, aber ...
→ dein Wort in **Ehren**, aber ...

ist das dein letztes **Wort**?
bleibst du bei dieser Entscheidung? Ist es zwecklos, weiter zu verhandeln?
[Entscheidung]
„Du willst also für deinen alten Wagen wirklich noch 5000 Mark? Ist das dein letztes Wort? Dann hat es keinen Zweck mit uns!"

das soll ein **Wort** sein!
da nehme ich dich beim Wort! [Forderung]
„Du willst mir an Weihnachten einen Pelzmantel schenken? Das soll ein Wort sein!"

dein **Wort** in Gottes Ohr!
möge es so kommen, wie du es sagst/vorhersagst! [Hoffnung]
„Dieses Jahr soll es noch eine Gehaltserhöhung geben? Dein Wort in Gottes Ohr!"

auf ein **Wort**!
kann ich Sie kurz sprechen?
[Kontaktaufnahme]
„Herr Professor, auf ein Wort! Haben Sie schon meine Hausarbeit korrigiert?"

mit einem **Wort** (*einem* betont)
kurz gesagt [Prägnanz]
„Er erfand allerlei Ausreden – mit einem Wort: Er hatte keine Lust dazu!"

davon ist mit keinem **Wort** die Rede
das ist gar nicht das Thema!
[Mißverständnis]
„Nach der Beratung glaubt er nun, er sei für ein Jurastudium überhaupt nicht geeignet. Davon war mit keinem Wort die Rede!"

jmdm. das **Wort** abschneiden
jmdn. durch Unterbrechen am Weiterreden hindern [Unterbrechung]
„Als der Angeklagte zu einer weiteren Lügengeschichte ansetzen wollte, schnitt ihm der Richter das Wort ab und ließ weitere Zeugen hereinrufen."
Viele Redensarten beziehen sich auf die Regelung des Wechsels zwischen Sprechen und Zuhören. Diese sogenannte Organisation des Sprecherwechsels unterliegt in der Alltagskommunikation bestimmten Regeln oder Normen, die von allen Beteiligten (meistens) eingehalten werden. Wer als Zuhörer

seine Rolle nicht einhält und den Sprecher unterbricht, gilt als unhöflicher „Wortabschneider".

ums **Wort** bitten
um Redeerlaubnis bitten [Sprechabsicht]
„Wieviele haben noch ums Wort gebeten?"

sein **Wort** brechen
das Versprochene nicht tun
[Unzuverlässigkeit]
„Du hast schon öfter dein Wort gebrochen. Deshalb glaube ich dir nicht mehr."
Die Begriffe *Wortbruch* und *wortbrüchig* sind seit dem 17. Jh. belegt, offenbar aber nicht vor dem 18. Jh. weit verbreitet.

ein (gutes) **Wort** für jmdn. einlegen
sich zugunsten einer Person aussprechen/ sie unterstützen [Unterstützung]
„Könntest du nicht einmal bei unserem Abteilungsleiter ein gutes Wort für mich einlegen, damit ich eine andere Arbeit zugeteilt bekomme? Die jetzige Arbeit langweilt mich zu Tode!"
Herkunft → jmdm. das **Wort** reden

das **Wort** erstarb ihm auf den Lippen
→ das Wort erstarb ihm auf den **Lippen**

jmdm. ins **Wort** fallen
jmdn. mitten im Satz unterbrechen
[Unterbrechung]
„Es ist unfair, bei einer Diskussion dem Gegner ständig ins Wort zu fallen und ihn nicht ausreden zu lassen."

kein **Wort** fallenlassen
gar nichts (über etwas) sagen [Schweigen]
„Über seine schwere Krankheit hat er die ganzen Jahre in der Firma kein Wort fallenlassen."
Über das Schweigen gibt es viele geflügelte Worte, von denen eines hier erwähnt werden soll: „Qui tacet, consentire videtur." (Wer schweigt, scheint zuzustimmen). Die Wendung stammt aus den päpstlichen Entscheidungen (Decretalen), die Papst Bonifaz III. (1253–1303) dem *Corpus iuris canonici* (B. 5, Tit. 12, Reg. 43) hinzufügen ließ. Tatsächlich wird auch im Alltag meist nur Strittiges (und nicht das Selbstverständliche, über das Einigung besteht) zur Sprache gebracht.

(allein) das große **Wort** führen (umg.)
prahlerisch reden und andere nicht zu Wort kommen lassen [Angeberei]
„Wenn Peter da ist, führt er immer das große Wort. Er will halt immer im Mittelpunkt stehen und merkt gar nicht, wie albern das wirkt!"
Diese Redensart mit dem Unterton der anmaßenden und aufdringlichen Rede ist schon im Mhdt. bezeugt. Neben *groß* im Sinn von *anmaßend* gibt es auch redensartliche Verwendungen, in denen die Bedeutung *großartig, wertvoll* enthalten ist. Hier gehört (im nicht-ironischen Gebrauch, der relativ häufig ist) das geflügelte Wort *du sprichst ein großes Wort gelassen aus.* Es handelt sich dabei um ein Zitat aus Goethes *Iphigenie* (I,3). Aus der Reihe der bewertenden Adjektive sind noch das *starke Wort* und das *Kraftwort* (vulgärer Ausdruck, Fluch, Schimpfwort) zu erwähnen. In Goethes *Faust I* gibt es in der Szene *Studierzimmer* einen Disput zwischen Mephistopheles und einem Schüler über die verschiedenen wissenschaftlichen Disziplinen. In ihm befindet sich ein häufig zitierter fester Ausdruck, dessen ironischer Sinn sich durch den Gegensatz zwischen dem Adjektiv *kräftig* und der Verkleinerungsform *Wörtchen* erschließt. „Wollt ihr mir von der Medizin / Nicht auch ein kräftig Wörtchen sagen?"

ein **Wort** gab das andere
ohne daß es einer der Beteiligten beabsichtigte, gab es Streit [Eskalation]
„Der Streit begann mit einer frechen Bemerkung von Markus, ein Wort gab das andere, und schließlich bezog er Prügel von der ganzen Clique."
Herkunft → **Wort** für Wort

sein **Wort** geben
etwas versprechen [Versprechen]
„Ich gebe dir mein Wort, daß ich noch in dieser Woche den Speicher aufräume. Aber heute habe ich wirklich Wichtigeres zu erledigen!"

ein **Wort** ist gefallen
ein (bestimmtes) Wort ist gesagt worden [Bemerkung]
„Hast du sie mit einer Bemerkung über ihre Scheidung gekränkt?" „Nein. Das Wort Scheidung oder Trennung ist gar nicht gefallen!"
Herkunft → **Wort** für Wort

das letzte **Wort** (in dieser Sache) ist noch nicht gesprochen/gefallen
die Sache ist noch nicht entschieden, es kann noch anders kommen [Unentschieden]
„In einer Probeabstimmung ist der Antrag zwar befürwortet worden, aber das letzte Wort ist noch nicht gesprochen. Einige der Stimmberechtigten könnten es sich bis morgen noch anders überlegen!"

aufs **Wort** gehorchen/parieren
ohne Zögern und genau gehorchen [Gehorsam]
„Unser Wachhund sieht zwar gefährlich aus, aber er gehorcht aufs Wort."

jmdm. aufs **Wort** glauben
jmdm. ohne Einschränkung glauben [Glauben]
„Ich glaube Ihnen aufs Wort, daß es ein Versehen war. Dennoch werden Sie von uns für den Schaden verantwortlich gemacht werden!"

das letzte **Wort** haben
die letzte Entscheidung haben [Entscheidung]
„Ich kann mit Ihnen jetzt zwar einen Vorvertrag abschließen, aber das letzte Wort hat natürlich der Aufsichtsrat!"
Das letzte Wort einer Debatte ist meist im Sinne des Machtwortes zu verstehen, nämlich als die endgültige Entscheidung des Überlegenen. Der Machtkampf spielt sich häufig als Streit um das letzte Wort ab. Vgl.: **Machtwort**.

das letzte **Wort** haben wollen/müssen
(immer) recht haben wollen [Rechthaberei]
„Kannst du eigentlich niemals klein beigeben? Mußt du immer das letzte Wort behalten, auch wenn du im Irrtum bist?"

sein **Wort** halten
das Versprochene tun [Zuverlässigkeit]
„Ich glaube nicht, daß er uns im Stich läßt. Bisher hat er noch immer sein Wort gehalten!"
In einer Reihe von Redensarten hat sich der Singular *Wort* zu der speziellen Bedeutung *Versprechen, Zusicherung* verselbständigt, wenn ein persönliches Fürwort (*sein Wort halten/brechen* usw.) hinzutritt. Dieser Gebrauch findet sich schon im Mhdt.

jmdm. das **Wort** im Mund herumdrehen
das Gegenteil von dem, was jmd. gesagt hat, als dessen Meinung hinstellen [Verfälschung]
„Wenn Sie behaupten, ich hätte mich für die Kernkraft ausgesprochen, dann drehen Sie mir das Wort im Mund herum. Das Gegenteil ist nämlich wahr! Ich bin ein entschiedener Gegner dieser Energiequelle!"
Herkunft → **Wort** für Wort

jedes **Wort** auf die Goldwaage legen
→ jedes Wort auf die **Goldwaage** legen

mir liegt das **Wort** auf der Zunge
→ etwas liegt mir auf der **Zunge**

sich zu **Wort** melden
(durch ein Zeichen) kundtun, daß man sprechen möchte [Sprechabsicht]
„In der letzten Reihe hat sich noch eine Dame zu Wort gemeldet."

in dieser Sache habe ich auch noch ein **Wort**/ein **Wörtchen** mitzureden!
in dieser Sache kann nicht ohne mich entschieden werden! [Berücksichtigung]
„Ihr habt beschlossen, den Familienurlaub auf Ibiza zu verbringen? Na, in dieser Sache habe ich ja wohl auch noch ein Wörtchen mitzureden! Schließlich muß ich ja das ganze finanzieren!"

jmdn. beim **Wort** nehmen
von jmdm. verlangen, daß er sein Versprechen hält [Forderung]
„Ich verspreche dir, daß wir am Donnerstag in die Biedermeier-Ausstellung im Stadtmuseum gehen." „Gut, aber ich nehme dich

beim Wort. Du hast mich schließlich jetzt schon sieben Wochen lang vertröstet." Ausdrücke des Nehmens, Haltens und Festhaltens stehen oft in Verbindung zu Bedeutungen dieser Art: *jmdn. festlegen, jmdn. haftbar machen, jmdn. bei seiner Ehre pakken* usw.

jmdm. das **Wort** aus dem Munde nehmen
etwas sagen, bevor es ein anderer (genauso oder ähnlich) sagt; einer Meinung sein [Zustimmung]
„Ich bin dafür, daß die Gewerbesteuer gesenkt wird muß!" „Richtig! Sie nehmen mir das Wort aus dem Munde: Die Senkung der Gewerbesteuer ist ein dringendes Anliegen!"

ein **Wort** in den Mund nehmen
→ ein Wort in den **Mund** nehmen

ein **Wort** nicht in den Mund nehmen
→ ein Wort nicht in den **Mund** nehmen

jmdm./einer Sache das **Wort** reden
sich für jmdn./etwas aussprechen/einsetzen [Unterstützung]
„Ich weiß schon, was jetzt kommt: Sie werden wieder einschneidenden Sparmaßnahmen das Wort reden, Herr Schatzmeister!" Dieser Ausdruck ist in der Rechtssprache des 13. Jh. aufgekommen, wo er die Verteidigung eines anderen vor Gericht bezeichnete. Daraus hat sich schnell die allgemeinere Bedeutung eines entschuldigenden oder empfehlenden Redens entwickelt.

das **Wort** bleibt jmdm. im Hals stecken
→ das Wort bleibt jmdm. im **Hals** stecken

zu seinem **Wort** stehen
nicht abstreiten, was man gesagt hat [Beharrlichkeit]
„Ich habe ihn einen Dummkopf genannt und stehe zu meinem Wort! Schließlich hat er sich bis jetzt nicht geändert."

jmdm. das **Wort** verbieten
→ jmdm. den **Mund** verbieten

kein **Wort** über etwas verlieren
→ kein **Wort** fallenlassen [Schweigen]

darüber ist kein **Wort** zu verlieren
darüber sind wir uns einig [Einigung]
„Natürlich sind Sparmaßnahmen erforderlich – darüber ist kein Wort zu verlieren. Es stellt sich nur die Frage, an welcher Stelle zuerst gespart werden soll!"

etwas auf jmds. **Wort**(e) geben
jmds. Rat vertrauen [Vertrauen]
„Er hat eine große Erfahrung. Deshalb kann man auf sein Wort einiges geben!"

auf jmds. **Wort**(e) hören
jmds. Rat annehmen [Akzeptieren]
„Es wäre schön, wenn mein Sohn ein einziges Mal auf mein Wort hören würde."

goldene **Worte**
→ **goldene** Worte

geflügelte **Worte**
oft zitierte Wendungen/Sätze/Sprichwörter/Redensarten [Zitat]
„In einem Lexikon der Redensarten wird man nicht alle geflügelten Worte finden, weil diese ja anders definiert werden." Diese Wendung geht auf Homer zurück, der sie mehrfach in der Formel gebraucht: „„... und sprach die geflügelten Worte: ..." Homer meint damit eilige („beschwingte") Worte. Der deutsche Ausdruck geht auf Klopstocks und Wielands Versepen und auf die Homerübersetzung von Voss zurück. In Klopstocks *Messias* (1748/73), einem biblischen Epos in Hexametern, heißt es beispielsweise in Vers 222: „Geflügelte Worte sprach er zu ihnen, dann sandt er sie unter das weichende Volk aus." Richtig populär wurde die Wendung indes durch Georg Büchmanns Zitatensammlung *Geflügelte Worte* (1864), die weite Verbreitung fand. Büchmann (1822–1884) war ein Berliner Schulmann und Sprachforscher, der sich die Aufgabe stellte, den jeweiligen Urheber eines Zitats herauszufinden und diese Sammlung zu veröffentlichen. In einer der Auflagen versucht er sich in folgender Definition: „Geflügelte Worte nenne ich Worte, die von nachweisbaren Verfassern ausgegangen, allgemein bekannt geworden sind und wie Sprichwörter angewendet werden."

das sind (nur) hohle **Worte**
das sind Worte/Versprechungen, die nicht ernst gemeint sind [Ungläubigkeit]
„Auf Reden der Politiker kann man doch überhaupt nichts geben. Das sind alles nur hohle Worte!"
Eine Reihe von Redensarten behandelt Sprache und Worte unter dem Gesichtspunkt eines Behälters, genauer gesagt, eines Pakets, und Verständigung als die Übersendung dieser Pakete an einen Empfänger, der den Inhalt der Pakete entnimmt (den Sinn/die Bedeutung versteht). Die *hohlen Worte* sind in dieser Metaphorik ohne Inhalt, sinnlos, unaufrichtig.

süße **Worte**/schöne **Worte**
schmeichelnde/verführerische Worte
[Verführung] [Schmeichelei]
„Mit süßen Worten versuchte sie, ihn zum Bleiben zu veranlassen."

da fehlen mir die **Worte**!
1) *ich kann es nicht beschreiben*
[Unbeschreiblichkeit]
2) *es ist unglaublich!* [Bestürzung]
1) „Das größte Erlebnis der Reise war der Sonnenaufgang in der Wüste Gobi – mir fehlen die Worte dafür!"
2) „Wie grausam dieser Mann seine Kinder behandelt – ich finde keine Worte dafür!"
Herkunft → **Wort** für Wort

mir fehlen die **Worte**
→ da fehlen mir die **Worte**
[Bestürzung]

ich finde keine **Worte**
→ da fehlen mir die **Worte**
[Bestürzung]

jmdm. gute **Worte** geben
jmdm. freundliche Dinge sagen
[Freundlichkeit]
„Wenn du mir doch nur einmal gute Worte geben würdest, anstatt mich immer bloß anzuschreien!"

hast du da noch **Worte**?
→ hast du (da noch) **Töne**?
[Erstaunen]

etwas in **Worte** kleiden
die treffende Formulierung finden
[Formulierung]
„Es ist nicht leicht, die Verehrung in Worte zu kleiden, die wir für Sie, verehrter Jubilar, empfinden."

spare dir deine **Worte**!
sage nichts mehr, es ändert doch nichts!
[Unabänderlichkeit]
„Bitte verlasse mich nicht, ich will dir auch immer treu sein." „Spare dir deine Worte! Die Scheidung ist beschlossene Sache!"

nicht viel(e) **Worte** machen (sondern zupacken)
wenig sagen (aber dafür etwas tun)
[Schweigsamkeit] [Einsatz]
„Er macht nicht viel Worte, aber er packt überall dort an, wo Not am Mann ist."

in/mit kurzen **Worten**
knapp formuliert [Prägnanz]
„Schildern Sie bitte in kurzen Worten den Hergang des Unfalls aus Ihrer Sicht!"

jmdn. mit leeren (bloßen/schönen) **Worten** abspeisen
jmdn. vertrösten, anstatt zu helfen
[Vertröstung]
„Auf dem Arbeitsamt werde ich immer nur mit leeren Worten abgespeist – eine neue Arbeitsstelle hat man mir dort aber noch nicht besorgt!"

Wörter verschlucken (umg.)
(beim hastigen Sprechen) Silben und Wörter nicht deutlich aussprechen
[Undeutlichkeit] [Reden]
„Insbesondere dann, wenn man vor Leuten mit einer anderen Muttersprache spricht, muß man darauf achten, daß man keine Wörter verschluckt."

das ist 'ne **Wucht**! (umg.)
→ das ist 'ne **Wolke**!
[Begeisterung]

die alte(n) **Wunde**(n) wieder aufreißen
→ an eine **Wunde** rühren
[Erwähnen]

in der alten **Wunde** bohren
→ an eine **Wunde** rühren
[Erwähnen]

seinen Finger auf eine offene **Wunde** legen
auf einen Mißstand hinweisen [Hinweis]
„Es wurde Zeit, daß einmal jmd. seinen Finger auf die offenen Wunden des Strafvollzugs legte. Die Verhältnisse in unseren Gefängnissen sind nämlich wirklich katastrophal!"

an eine **Wunde** rühren
frühere, fast vergessene unangenehme Dinge (immer wieder) erwähnen (und dadurch wehtun) [Erwähnen]
„Ja, ich weiß, daß er früher einmal im Gefängnis war. Aber ich sehe keinen Sinn darin, an diese alte Wunde zu rühren und ihn darauf anzusprechen, solange er sich nichts zuschulden kommen läßt."
Seit mhdt. Zeit wird *Wunde* auch auf innere, seelische Verletzungen bezogen. So spricht man von einem aktuellen Trauerfall als von einer *frischen Wunde* oder von *kaum verheilten Wunden*. Besonders häufig wird in der Minnelyrik von den *Herzwunden* gesprochen, welche die Liebe schlüge („Die wunden sluoc der minnen hant" – Hartmann von Aue, *Iwein* V. 1547). Diese Wundschmerzen kann man (bildlich) lindern, indem man Öl oder Balsam darauf tut. Der Böswillige jedoch rührt schmerzhaft an des anderen „alte Wunden", wenn er eine alte, unangenehme Begebenheit wiedererwähnt. Häufig wird ein offensichtlicher Mißstand als eine *offene Wunde* bezeichnet.

sein blaues **Wunder** erleben
eine böse Überraschung erleben [Überraschung]
„Wenn unsere Nachbarn aus dem Urlaub nach Hause kommen, werden sie ihr blaues Wunder erleben. Beim letzten Sturm hat es nämlich beinahe das halbe Dach weggefegt!"
Ein Wunder ist ein besonderes, bemerkenswertes Ereignis, das (scheinbar) den naturgesetzlichen Ablauf durchbricht und daher unerklärlich ist und höchste Überraschung erzeugt. Die schon für das 15. Jh. belegte Verbindung *blaues Wunder* ist wohl an die gleich alte Wendung *jmdm. blauen* ***Dunst*** *vormachen* mit der Bedeutung *Täuschung* angelehnt. Nach einer anderen Erklärung ist der Begriff *blaues Wunder* erstmals um 1550 als Bezeichnung für das in den Schneeberger Gruben in Sachsen gewonnene Kobalt (Kobaltblau) aufgekommen. Der Novellentitel *Das blaue Wunder* des Dichters Heinrich Zschokke (1771–1848) ist demnach eine Wiederaufnahme der älteren Redensart und nicht ihr Ursprung.

jmdn. **wundernehmen** (veraltet, daher meist:) jmdn. **wundern**
jmdn. in Erstaunen versetzen [Erstaunen]
„Mich nimmt wunder, wie viele Leute immer noch Geisteswissenschaften studieren, obwohl es für sie keine Arbeitsplätze geben wird."
Aus der ursprünglichen Fassung *mich nimmt es einer Sache Wunder* wurde durch Umdeutung des *es* in das Satzsubjekt *wundernehmen* als geschlossenes Verb verstanden und schon seit dem 16. Jahrhundert gelegentlich zusammengeschrieben. Die Wendung wird im Schweizerdeutsch auch im Sinne von *ich möchte wissen* gebraucht, ähnlich dem engl. *I wonder*.

ein frommer **Wunsch**
ein unerfüllbarer Wunsch [Unerfüllbarkeit]
„Er hofft darauf, irgendwann einmal Abteilungsleiter zu werden. Aber das ist nur ein frommer Wunsch, bei seiner Arbeitsmoral."
Der fromme Wunsch ist das Begehren, das der Gläubige im Gebet an seinen Gott richtet. *Pia desideria* (Fromme Wünsche) ist der Titel einer Schrift des Jesuiten Hermann Hugo (Antwerpen 1627). Den gleichen Titel wählte der evangelische Theologe Philipp Jakob Spener (1635–1705) für seine Schrift, in der er eine Verinnerlichung des Glaubens forderte (1675). Sie wurde entscheidend für die Ausbreitung des Pietismus. Seit dem frühen 19. Jahrhundert mehrt sich der ironische Gebrauch der Redensart, der heute überwiegt.

dein **Wunsch** ist/sei mir Befehl (umg.)
was du willst, werde ich tun [Zustimmung]

„Ob ich dich zum Zahnarzt begleite? Dein Wunsch ist mir Befehl!"

der **Wunsch** ist der Vater des Gedankens
das Gesagte ist nicht Realität, es entspringt nur der Hoffnung [Hoffnung]
„Er meint, es gäbe im Oktober noch Herbstferien? Das stimmt nicht. Da war der Wunsch wohl Vater des Gedankens."
Diese deutsche Redensart hat ein Vorbild in Cäsars *Gallischem Krieg*. Dort heißt es (3,18): „Libenter homines id, quod volunt, credunt." (Gerne glauben die Menschen das, was sie sich wünschen.).

jmdm. jeden **Wunsch** von den Augen ablesen
jeden (unausgesprochenen) Wunsch eines anderen erkennen und erfüllen
[Diensteifer]
„Als wir noch frisch verheiratet waren, hat mir mein Mann jeden Wunsch von den Augen abgelesen."

einen großen **Wurf** tun
(auf einmal) Großartiges schaffen
[Leistung]
„Mit dem Gemälde ‚Guernica' hat Picasso einen großen Wurf getan. Selten wurden die Greuel des Krieges eindringlicher dargestellt."
Der *Wurf* hat dem *Würfel* seinen Namen gegeben, und auch die Redensarten mit diesem Wort stammen vom Würfelspiel. Als Erfinder des Würfelspiels galt den Germanen Wotan, dem Mittelalter jedoch der Teufel. Schon die Germanen waren von der Spielleidenschaft erfaßt. So schildert Tacitus in seiner *Germania* (Kapitel 24) folgende Auswüchse: „Das Würfelspiel betreiben sie merkwürdigerweise auch im nüchternen Zustand wie ernste Geschäfte, und zwar mit solcher Leichtfertigkeit beim Gewinnen und Verlieren, daß sie dann, wenn alles vertan ist, mit einem entscheidenden letzten Wurf Freiheit und Leben einsetzen. Der Verlierer geht freiwillig in die Knechtschaft; auch wenn er jünger, auch wenn er kräftiger ist, läßt er sich binden und verkaufen. Derart ist ihre Sturheit an verkehrter Stelle – sie selbst nennen es ‚Treue' …" Während des Mittelalters schlug das Laster alle Stände in seinen Bann und mußte durch scharfe geistliche und obrigkeitliche Maßnahmen bekämpft werden. Der Beliebtheit aller Formen des Glücksspiels verdanken wir viele Redensarten, in denen gleichzeitig das Leben selbst als Glücksspiel aufgefaßt wird. Der *große Wurf* ist der glückliche und siegbringende Wurf. Das Bild wurde von Anfang an übertragen gebraucht und hat als Wendung besonders durch Schillers Gedicht *An die Freude* (1786) profitiert, in dem es heißt: „Wem der große Wurf gelungen, / eines Freundes Freund zu sein". Im Sinne einer geistigen Leistung hat *Wurf* vor allem durch die in der zweiten Hälfte des 18. Jh. aufgekommenen Bedeutung des genialen Schaffensaktes eine Erweiterung erfahren. Auch hier war Schiller maßgeblich: „Ich habe die naive Dichtung eine Gunst der Natur genannt … Ein glücklicher Wurf ist sie, keiner Verbesserung bedürftig, wenn er gelingt, aber auch keiner fähig, wenn er verfehlt wird." (1795). In dieselbe Zeit fällt auch die Neubildung des heute so geläufigen Begriffs *Entwurf* im Sinne von *Skizze* und *Plan*.

einen guten **Wurf** tun
einen wirtschaftlichen Erfolg erzielen
[Gewinn]
„Mit dem Verkauf der Aktien zum gegenwärtigen Zeitpunkt hat er einen guten Wurf getan. Der Kurs scheint nämlich wieder zu sinken!"

die **Würfel** sind gefallen
die (folgenschwere) Entscheidung ist gefallen [Entscheidung]
„Die Würfel sind gefallen. Sie übernehmen ab nächstem Jahr die Geschäftsleitung, Herr Doktor Müller!"
Als Cäsar im Jahre 49 v. Chr. nach längerem Zögern den Entschluß gefaßt hatte, den Rubikon zu überschreiten, zitierte er ein Wort des griech. Komödiendichters Menander (342–291 v. Chr.): „Der Würfel möge fallen!" Sueton überliefert (*Caesar* 32) die lateinische Version „Iacta alea est.", die meist als „Alea iacta est." zitiert wird. Im Humanismus ist das Zitat in die Sprache

der Gebildeten und schließlich in die Umgangssprache gekommen. Unter anderem war es ein Wahlspruch des deutschen Humanisten Ulrich von Hutten (1488–1523), der es am Ende des Vorworts zu seinem *Gesprächsbüchlein* (1521) mit „Ich hab's gewagt" wiedergibt, das ebenfalls zu einem geflügelten Wort geworden ist. Vgl.: **Rubikon**.

da ist der **Wurm** drin (umg.)
da stimmt etwas nicht, da ist etwas nicht in Ordnung! [Defekt]
„Irgendwie ist in dem neuen Fernsehgerät der Wurm drin! Kaum ist es aus der Reparatur zurück, ist es auch schon wieder kaputt!"
Im Alte Testament (Gen. 1,20–25) wird die Tierwelt nach den vier Arten der Fortbewegung in laufende, kriechende, fliegende und schwimmende Arten unterteilt. Seit frühester Zeit sind die kriechenden Arten dem Menschen am unheimlichsten, und *Wurm* (das sich Windende) ist ihr alter Gattungsname, der sich auf Würmer, Maden und Käfer, Reptilien und Drachen (Lindwurm) erstreckt. Der gefürchtetste Wurm ist natürlich die Schlange, das Sinnbild des Teufels, aber auch die kleineren Würmer werden mit krankheitsdämonischen Vorstellungen belegt, die wohl universal sind. Die Volksmedizin des Mittelalters kannte unzählige derartige „Würmer": den Herzwurm und den Hirnwurm, den Blutwurm und den Kopfwurm, den Haarwurm und den Gürtelwurm, sowie den Gewissenswurm.

ein armer **Wurm**/ein armes **Würmchen** (umg.)
ein kleines, hilfloses Kind [Kind]
„Na, du armer Wurm, hat deine Mutter wieder vergessen, dich zu füttern?"
Das hilflose Neugeborene und Kleinkind wird belegbar bei Luther als *armer Wurm* bezeichnet, wenn man sein Mitleid ausdrücken will. Dieser Gebrauch ist zu trennen von dem Schimpfwort *du (armseliger) Wurm*, das – bezogen auf Erwachsene – die Verachtung für das im Staub kriechende (niedrige) Tier auf den Menschen überträgt.

sich winden/krümmen wie ein (getretener) **Wurm** (umg.)
uneindeutig handeln oder reagieren, um etwas nicht tun/sagen zu müssen (das einen belasten würde) [Ausflüchte]
„Als die Polizei immer mehr Indizien gegen den Verdächtigen fand, wand sich dieser in den Verhören noch eine Zeitlang wie ein Wurm, bevor er dann doch gestand."

jmdm. die **Würmer** aus der Nase ziehen (müssen) (umg.)
jmdm. Antworten (ein Geheimnis/ein Geständnis) mühsam entlocken (müssen) [Befragung]
„Mein Mann erzählt niemals etwas von seiner Arbeit. Dem muß ich regelrecht die Würmer aus der Nase ziehen, um etwas darüber zu erfahren, was er so den ganzen Tag treibt."
Gemäß der krankheitsdämonischen Vorstellungen, die im Mittelalter um den Wurm kreisten, gab es natürlich auch Heilmethoden, Beschwörungen und gar einen eigenen Wurmsegen. Insbesondere die heute mit einem anderen Tiernamen belegte Krankheit Krebs mit ihren verschiedenen Erscheinungsformen wurde auf innere Würmer zurückgeführt, die am Menschen nagen. Dieselbe Vorstellung ließ den antiken Arzt Galen (129–199 n. Chr.) den gefräßigen Krebs mit seinen langen Scheren zum Namenspaten für die entsprechenden Geschwüre auswählen. Natürlich gab es zu allen Zeiten Kurpfuscher und Quacksalber, die versprachen, gegen hohes Entgelt den Kranken von seinen Würmern (Krebsen, Grillen usw.) zu befreien. Dazu wurden in aller Öffentlichkeit und mit großem Brimborium den Leidenden allerlei „Würmer aus der Nase gezogen", um den Heilerfolg zu dokumentieren. Über diesen eigenen Stand der „Wurmschneider" schreibt Goethe 1776 in der Dichtung *Hans Sachsens poetische Sendung*, in dem er den Stil dieses Dichters in unvergleichlicher Weise nachbildet: „bespöttet eines jeden (Narren) fürm (altertümelnd für *Form*) / treibt sie ins Bad, schneid't ihnen die Würm' / und führt gar bitter viel Beschwerden, / daß ihrer doch gar nicht wollen wen'ger werden." In der

Redensart schließlich wird der Wurm zum Sinnbild des Geheimnisses, des verborgenen Wissens (um negative Dinge), das mühsam an das Tageslicht gezogen werden muß, wobei gleichsam ein Heilvorgang zu bemerken ist. Dieser Gebrauch ist seit dem 18. Jh. belegbar.

das ist mir ganz **Wurst/Wurscht**! (umg.)
(jetzt/das) ist mir alles egal! das interessiert mich gar nicht! [Gleichgültigkeit]
„Das ist mir doch Wurscht, ob er sich jeden Abend besäuft oder was er sonst so alles tut, wenn er bloß seine Arbeit im Betrieb ordentlich erledigt!"
Bereits die Antike kannte – wie wir aus Homers *Odyssee* (18, 44 f; 20, 24–27) wissen – wurstartig gebundene Tiermägen, die mit Fett und Blut gefüllt waren. Das Wort *Wurst* und die Sache selbst im eigentlichen Sinne sind eine echt deutsche Erfindung, die seit dem 11. Jh. bezeugt (und wohl älter) ist. Die Beliebtheit der volkstümlichen Speise äußert sich in vielen Sprichwörtern, Redensarten und Namen (Hanswurst), sowie natürlich in den mehreren hundert Wurstsorten Deutschlands. Dabei wird die Wurst auch freimütig als gewöhnliche, grobe und unfeine Kost angesehen, weil sie im Gegensatz zum edleren Braten steht, der nicht durch unansehnliche Innereien und andere appetithemmende Zutaten entwertet ist. Dies drückt sich in Scherzreimen (Der Inhalt einer Wurscht bleibt ewig unerfurscht.) und der Redensart *das ist mir Wurscht* aus, die wohl besagt: Es ist ganz egal, ebenso wie egal ist, was in die Wurst hineinkommt. Eine andere Deutung bezieht sich auf die zwei gleichen Enden der Wurst (Alles hat ein Ende, nur die Wurst hat zwei.). Es ist also gleichgültig, an welchem Ende man sie anschneidet.

Wurst wider Wurst (veraltet)
wie du mir, so ich dir; Gleiches mit Gleichem vergelten [Vergeltung]
„Neulich hast du mich bloßgestellt, heute habe ich auf deine Schwächen hingewiesen. Wurst wider Wurst!"
Die Herkunft dieser Redensart liegt in der alten Sitte, sich beim Hausschlachten gegenseitig mit Wurst und Fleisch zu beschenken. Sie ist seit 1540 in Sprichwörtersammlungen gebucht und wohl scherzhaft an das biblische Auge um Auge, Zahn um Zahn angelehnt. Die Analogiebildung Wurst um Wurst verschwindet um 1700, und die heutige Form setzt sich durch.

es geht um die **Wurst** (umg.)
es geht jetzt um das Ganze, jetzt ist der entscheidende Moment! [Entscheidung]
„Heute ist die Abschlußklausur. Jetzt geht's um die Wurst! Jetzt entscheidet es sich, ob ich den Kurs bestanden habe oder nicht."
In ärmeren Volkskreisen war früher häufig nicht ein Schwein (vgl.: **Schwein** haben), sondern bloß eine Wurst der Siegespreis bei volkstümlichen Wettkämpfen wie Wurstschnappen, Wurstangeln und Wurstklettern. Die Redensart ist zwar erst für das Jahr 1881 in Leipzig belegt, wahrscheinlich aber älter.

mit dem Schinken nach der **Wurst** werfen
[Verschlechterung]
→ mit der **Wurst** nach der Speckseite werfen

mit der **Wurst** nach der Speckseite werfen (veraltend)
mit Kleinem Großes erreichen wollen, durch eine kleine Gefälligkeit einen großen Vorteil zu erhalten versuchen
[Bestechung] [Vorteil]
„Er hat seinen Chef zu sich nach Hause eingeladen, um mit ihm näher bekannt zu werden." „Aha, er will also mit der Wurst nach der Speckseite werfen!"
Die unedle Wurst wird in dieser alten Redensart mit dem wertvollen Schinken in Beziehung gesetzt, um einen geringen Einsatz und einen hohen Siegespreis zu symbolisieren. Die Wendung ist schon im Mhdt. bei Konrad von Würzburg bezeugt.

ein armes **Würstchen** (umg.)
ein bedauernswerter Mensch
[Verzweiflung]
„Er ist schon ein armes Würstchen: Erst läuft ihm die Frau weg, und jetzt hat man ihn auch noch gefeuert!"

Diese erst seit dem 19. Jh. belegte Wendung ist vielleicht an das lautähnliche *ein armes Würmchen* angelehnt.

herum**wursteln**
unüberlegt/ungeschickt/nachlässig arbeiten [Ungeschicklichkeit]
„Du wirst mit der Arbeit nur deshalb nicht fertig, weil du die ganze Zeit bloß herumwurstelst, anstatt dich zu konzentrieren."

(ein Übel) mit der **Wurzel** ausrotten/beseitigen
→ mit **Stumpf** und Stiel ausrotten
[Vernichtung]

die Axt an die **Wurzel** legen
→ die **Axt** an die Wurzel legen

(das Übel/etwas) an der **Wurzel** packen
→ die **Axt** an die Wurzel legen
[Beseitigung]

jmdn./etwas an der **Wurzel** treffen
jmdn./etwas an der entscheidenden Stelle vernichtend treffen [Vernichtung]
„Der plötzliche Tod seines geliebten Sohnes hat ihn an der Wurzel getroffen."

Wurzeln schlagen (umg.)
1) *lange warten müssen* [Warten]
2) *sich eingewöhnen/einleben* [Eingewöhnung]
1) „Endlich kommst du! Ich dachte schon, ich müßte hier Wurzeln schlagen!"
2) „Als meine Eltern in den Westen flohen, haben sie einige Jahre gebraucht, bis sie hier endgültig Wurzeln schlugen und kein Heimweh mehr hatten."
Die *Wurzel* gehört zur Familie *Wurz*, die heute nur noch in Pflanzennamen (Nieswurz) und in den Wörtern *Gewürz* und *würzen* erhalten ist. Die unterirdischen Teile der Pflanzen haben seit jeher besonders die Phantasie der Menschen erregt. Dies wurde noch durch die Heilkraft vieler Wurzeln bestärkt und durch die Beobachtung, daß Pflanzen sich von hier fast uneingeschränkt regenerieren können. Die Wurzel gilt somit als Grundlage und Ausgangspunkt par excellence, als fester Standort, aus dem sich dauerhaft Kraft und Leben schöpfen lassen. Schon im Ahdt. finden sich übertragene und bildhafte Verwendungen, auch was das Verb *wurzeln* (in etwas) oder *verwurzelt sein* (in etwas) betrifft. Die Wendung *Wurzeln schlagen* ist allerdings erst seit dem 18. Jh. im ständig zunehmenden Gebrauch. Vorbilder liefert auch das Lateinische. So geht *die Wurzel allen Übels* (der Ursprung aller negativen Dinge) zurück auf ein Bibelwort. Hierauf beziehen sich auch die Redensarten, die davon sprechen, daß man die Axt an die Wurzel (des Übels) legen muß, um es gänzlich auszurotten. Weit entfaltet ist der Gebrauch von *Wurzel* in den Fachsprachen der Wissenschaft, etwa in der Mathematik (*die Wurzel ziehen, die Quadratwurzel aus 64 ist 8* usw.) und in der Sprachwissenschaft. Hier bezeichnet man als Wurzel die nicht mehr zerlegbare historische Grundform eines Wortes, die lautlich und bedeutungsmäßig als Ausgangsbasis entsprechender Wortfamilien angesehen wird. Die Sprache wird in dieser im 18. Jh. aufgekommenen Metaphorik als Organismus gesehen.

ein Rufer in der **Wüste**
→ **Rufer**

jmdn. in die **Wüste** schicken (umg.)
jmdn. entlassen [Entlassung]
„Der Redakteur dieses Nachrichtenmagazins wurde in die Wüste geschickt, weil seine politische Einstellung sich nicht mit der des Intendanten vertrug."
Herkunft → einen **Sündenbock** suchen

sich vor **Wut** in den Hintern beißen (derb)
→ in **Wut** geraten
[Wut]

eine **Wut** im Bauch haben (umg.)
sehr wütend sein [Wut]
„Mann, hab ich eine Wut im Bauch, weil der Chef heute wieder mit mir rumgeschrien hat. Dabei hatte ich gar nichts verbrochen!"
Das eventuell mit dem Götternamen *Wotan* verwandte Wort *Wut* bezeichnet die wilde Raserei, den übermächtigen Zorn. Dabei galten in alter Zeit dämonistische Vorstel-

lungen der Besessenheit, das heißt, des Einwirkens fremder Mächte auf eine bestimmte Person. Der Verlust der Verstandeskontrolle äußert sich in der Redensart, daß man die *Wut im Bauch* habe bzw. daß man sie in sich *hineinfresse*, wenn man sie unterdrücke. Die Wut wird auch als Krankheit aufgefaßt, die auch Tiere ergreifen kann (Tollwut). Gelegentlich gilt sie als Charaktereigenschaft bestimmter Völker, insbesondere der Deutschen. Der Begriff „furor Teutonicus" jedenfalls findet sich bei dem römischen Dichter Lukan (39–65 n. Chr.), der ein Epos *Pharsalia* über den Bürgerkrieg zwischen Cäsar und Pompeius hinterließ (*De bello civile* 1,156). Das 18. Jh. liebte die Wendung *heilige Wut*, die sich auf die Verzückungen der Priesterin des dionysisch-apollinischen Orakels in Delphi bezog. Daneben wurde die Melancholie als *stille Wut* bezeichnet. Weitere beliebte feste Fügungen sind die *blinde/rasende/wilde/ aufbrausende* Wut, die sich redensartlich in einer Art Dampfkesselmodell des Menschen niederschlagen, wenn man sagt, daß jmd. *vor Wut kocht* oder *fast platzt*. Der Verlust an Selbstbeherrschung drückt sich in der Redensart *sich vor Wut nicht mehr kennen* aus. Erwähnenswert ist noch das Wort *Wüterich*, das im 12. Jh. zur Übersetzung des lat. *tyrannus* (Tyrann, Gewaltherrscher) geprägt wurde. Seit dem Beginn des 19. Jh. zieht sich das Wort aus der ernsthaften Sprache zurück. Heute wird damit nur noch scherzhaft-spöttisch der tyrannische Hausvater und Ehemann bezeichnet bzw. jmd., der leicht aufbraust.

in **Wut** kommen/geraten
wütend werden [Wut]
„Je länger er darüber nachdachte, desto mehr geriet er in Wut."

seine **Wut** in sich hineinfressen (umg.)
die Wut gewaltsam unterdrücken/beherrschen [Selbstbeherrschung]
„Wenn man immer die Wut in sich hineinfrißt, bekommt man ein Magengeschwür."
Herkunft → eine **Wut** im Bauch haben

sich in **Wut** reden/hineinsteigern
→ ein **Wort** gab das andere
[Eskalation]

jmdm. ein **X** für ein U vormachen (umg.)
jmdn. täuschen, irreführen [Täuschung]
„Es hat keinen Sinn, mehr Überstunden abzurechnen. Der Buchhaltung kannst du nämlich kein X für ein U vormachen, die weiß Bescheid!"
Diese Redensart stammt noch aus der Zeit, als die römischen Zahlenzeichen in Gebrauch waren. Dabei handelt es sich um einen sogenannten „additiven Zahlencode", das heißt, die Zeichen selbst müssen nochmals im Kopf einem Rechenvorgang unterzogen werden, bevor man den Zahlenwert kennt: VI = V + I, VII = V+I+I usw. Dieser Vorgang ist zwar etwas mühsam, dafür gewinnt das Zahlensystem an Anschaulichkeit. Zahlenwerte werden in Ähnlichkeitsrelationen abgebildet: VIII ist mehr als VI usw. Eine derartige Ähnlichkeits-Relation ist in unserem indisch-arabischen Ziffernsystem bei den Zahlen 1 – 9 nicht vorgesehen (wohl aber ergibt sie sich bei höheren Zahlen: 1000 ist auch optisch mehr als 100). Nichts deutet vom Schriftbild her darauf hin, daß 5 mehr ist als 4 oder 7 mehr als 6. Diese scheinbare Willkür und die gänzlich unverständliche 0 (Null) machte das indisch-arabische Ziffernsystem dem Abendland lange Zeit suspekt. Es galt geradezu als Erfindung des Teufels und wurde von manchen Stadträten (so 1299 in Florenz) schlichtweg verboten. Welchen Bezug hat all dies zur Redensart? Nun, die Zahlenwerte 5 und 10 werden im römischen System mit V und X wiedergegeben. Auch dies ist additiv im oben beschriebenen Sinn, weil X aus zwei V besteht, die sich an der Spitze berühren: zwei V ergeben ein X. Wenn ich also jmdm. ein X für ein V vormache, täusche ich ihn ganz einfach dadurch, daß ich die Schenkel des V nach unten etwas verlängere, bis ein X daraus wird. Besondere Bedeutung hatte dies natürlich im Bereich des Rechnungswesens, insbesondere in den Kneipen, in denen der Verzehr des Gastes auf einer Wandtafel mit Kreide notiert wurde. Ein Wirt, der statt der verzehrten Summe V vom Gast die (gefälschte) Summe X verlangte, führte diesen irre. Daher die Bedeutung *Täuschung*. Warum sagt man aber nun in der Redensart U statt V? Dazu muß man daran erinnern, daß bis ins 17. Jh. hinein zwischen den beiden Zeichen U und V kein Unterschied gemacht wurde. Man schrieb und druckte beispielsweise *vndt* statt *und*. Im 16. Jh. wurde die Redensart auch in beiden Versionen gebraucht: *jmdm. ein X für ein U (V) vormachen.* Die Festlegung auf U erfolgt erst später und wohl zufällig. Im Volksgebrauch üblich waren römische Zahlen bis ins 15./16. Jh., auf Inschriften weit länger. Aus dem Gesagten geht hervor, daß der Buchstabe X und die Ziffer X keineswegs denselben Ursprung haben (vgl.: **x**-beliebig). Bei der Aussprache der Redensart kommt dies freilich nicht zur Geltung.

eine wahre **Xanthippe** sein (umg.)
eine bösartige Frau [Zank] [Gattin]
„Paul hat zu Hause nichts zu lachen – seine Frau ist eine wahre Xanthippe. Erst neulich hat sie ihn wieder übel beschimpft!"
Xanthippe war die Gattin des griech. Philosophen Sokrates (470–399 v. Chr.). Angeblich war sie besonders zänkisch und lebte mit ihrem Mann in Unfrieden. Die Schuld daran wird heute allerdings eher Sokrates selbst gegeben. Die Schüler des Sokrates jedoch nahmen Partei für ihren Lehrer und übermittelten in ihren Schriften ein Zerrbild der weiblichen Unverträglichkeit. Bei Xenophon etwa nennt Sokrates sein Weib „von den vergangenen und zukünftigen die schlimmste (Frau)".

jeder **x**-beliebige (umg.)
jedermann, ohne Ausnahme [Jedermann]
„In unserer Firma kann nicht jeder x-beliebige die Arbeitsaufträge unterschreiben. Das ist nur den Abteilungsleitern vorbehalten."
Der Buchstabe x gelangte aus westgriech. Alphabeten in die lat. Schrift, wo er – nach Quintilians *Institutio oratoris* 1,4,9 – das älteste Alphabet mit 21 Buchstaben abschloß. Wie gelangte jedoch der Buchstabe x zur Bedeutung *unbekannte* (oft auch: *beliebige) mathematische Größe*, die auch der

Redensart zugrundeliegt? Darüber gibt es mehrere Hypothesen. Die mittelalterliche arabische Mathematik bezeichnete die unbekannte Größe mit *schai* (Ding, Sache). Möglicherweise setzten die Spanier hierfür ihr damals im Lautwert dem *sch* entsprechendes Zeichen x ein. Nach einer anderen Deutung geht x auf das *cosa*-Zeichen des ital. Rechnungswesens zurück, das dem x ähnelt. *Cosa* (Ding, Sache) entspricht in der Bedeutung dem arabischen *schai*. Descartes schlug 1637 die Regel vor, in der Mathematik zur Bezeichnung bekannter Größen die ersten Buchstaben des Alphabets (a, b, c ...), zur Bezeichnung unbekannter Größen jedoch die letzten (in der Reihenfolge z, y, x...) zu verwenden. Schon vorher hatte er freilich in eigenen Berechnungen das x-ähnliche *cosa*-Zeichen zur Bezeichnung der ersten unbekannten Größe verwendet. Dies und die üblichere Reihenfolge x, y, z führten dazu, daß sein Vorschlag in modifizierter Form angenommen wurde. In der ersten *Deutschen Algebra* von J. H. Rahn aus dem Jahre 1659 werden somit bereits (wie noch heute üblich) die ersten unbekannten Größen einer mathematischen Gleichung als x und y bezeichnet. Redensartlich steht x auch für eine (unbekannte) große Größe.

x-mal (umg.)
sehr häufig [Häufigkeit]
„Ich habe dir schon x-mal gesagt, daß du dir die Schuhe abstreifen sollst, bevor du das Haus betrittst!"

Y

aussehen wie der Tod von **Ypern** (veraltet)
sehr krank und abgehärmt aussehen [Elend]
„Er hat bestimmt die Schwindsucht – er sieht aus wie der Tod von Ypern!"
In der Hauptkirche der belgischen Stadt Ypern steht ein steinernes, lebensgroßes Standbild des Todes, das ein schauerliches Aussehen hat. Auf diese Statue geht die heute kaum mehr gebräuchliche Redensart zurück. Sie ist historisch interessant, weil sie auf ein früher häufiges Vergleichsmuster verweist, das regional schwankt. Im Südwesten Deutschlands sagte man beispielsweise *aussehen wie der Tod von Basel*, wobei man sich auf Eindrücke vom sogenannten Basler Totentanz berief.

Z

auf **Zack** sein (umg.)
schlagfertig sein [Schlagfertigkeit]
„Die Antwort war nicht schlecht! Peter ist halt stets auf Zack!"
Zack ist ein Ausrufewort (Interjektion), das die schnelle Bewegung begleitet oder benennt. Wenn es zur Interjektion *zick* tritt, entsteht *Zickzack*, ein Wort, das die schnelle und eckige Bewegung des Blitzes bezeichnet. Im Franz. gab es im 17. Jh. den gleichen Begriff (le sicsac/ziczag) als militärisches Fachwort, das die sternförmigen Wälle und Laufgräben der Festungen dieser Zeit bezeichnete. Die Redensart ist ebenfalls im militärischen Rahmen, nämlich in der Soldatensprache des 2. Weltkriegs, entstanden. Dabei gab es Quereinflüsse des seit dem 16. Jahrhundert belegten Adjektivs *zackig* (mit Zacken versehen, abweisend), die auch das Substantiv *Zackigkeit* (militärisch knapp, exakt) betreffen.

jmdn. auf **Zack** bringen (umg.)
→ jmdn. auf **Vordermann** bringen
[Erziehung]

dabei bricht dir kein **Zacken** aus der Krone (umg.)
→ dabei bricht dir kein Zacken aus der **Krone**

einen **Zacken** draufhaben (umg.)
→ einen (Affen-)**Zahn** draufhaben
[Schnelligkeit]

rote **Zahlen**
Verluste in der Bilanz [Verluste]
„Es wird Zeit, daß unser Geschäft einmal aus den roten Zahlen kommt!"
Der german. Wortkreis, dem *Zahl* zugehört, ist einigermaßen schillernd und vielfältig. Man vermutet das urgermanische *talo* (Einschnitt) als Ursprung, das den Schnitt in das Kerbholz bezeichnete, mit dem einfache Zählungen festgehalten wurden. Im kaufmännischen Rechnungswesen galt schon früh die Regel, negative Summen (kaufmännische Verluste, aber auch Schulden) mit roter Tinte einzutragen.

schwarze **Zahlen**
[Gewinn]

der **Zahn** der Zeit
die Zerstörungskraft der Jahre/des Alterns
[Alter] [Zeit] [Zerstörung]
„Der Zahn der Zeit kann dem immer noch makellosen Gesicht der einstigen Filmdiva offenbar nichts anhaben."
Die Wendung von der „scharfzahnigen Zeit" findet sich schon bei dem griech. Dichter Simonides († 468 v. Chr.). Populär wurde sie allerdings erst durch W. Shakespeares Schauspiel *Maß für Maß*, wo der Ausdruck „tooth of time" (5,1) vorkommt. Im Deutschen wird die Redensart seit dem Barock so geläufig, daß Heine das zugrundeliegende Bild als verblaßt und floskelhaft ablehnt, denn die Zeit sei so alt, daß sie „gewiß keine Zähne mehr hat". Auch in der Stilistik wird die Wendung (zusammen mit anderen) als abschreckendes Beispiel dafür zitiert, wie man sprachliche Bilder nicht häufen soll: „Möge der Zahn der Zeit, der schon so manche Träne getrocknet hat, auch über diese Wunde Gras wachsen lassen."

einen (steilen) **Zahn** aufreißen (umg., veraltend)
sich ein (hübsches) Mädchen angeln [Flirt]
„Heute abend gehe ich in die Disco, einen steilen Zahn aufreißen!"
Die Wendung entstand in den fünfziger Jahren und wird heute häufig auch nur noch in der Form *jmdn. aufreißen* gebraucht. Da kaum etwas so vergänglich ist wie die Sprache der Jugend, haben sich mittlerweile viele andere Wendungen mit derselben Bedeutung ausgebildet; etwa: *eine Schnecke angraben; ein Mädchen anbaggern* u. a. m.

einen ganz schönen **Zahn**/Affenzahn draufhaben (umg.)
sehr schnell sein/fahren/laufen usw.
[Schnelligkeit]
„Mensch, der hat ja einen tollen Zahn drauf! Mindestens 200 Sachen!"
Zur Steigerungsfunktion der Vorsilbe *affen-* vgl.: seinem **Affen** Zucker geben.

jmdm. auf den **Zahn** fühlen (umg.)
jmdn. gründlich auf seine Fähigkeiten überprüfen [Prüfung]
„Sie wollen also in unserer Firma anfangen und verfügen sogar schon über einschlägige Kenntnisse? Haben Sie etwas dagegen, wenn ich Ihnen etwas auf den Zahn fühle?"
Ähnlich wie bei der gleichartigen Redensart *jmdm. auf den Puls fühlen* wird hier ein Aspekt der medizinischen Diagnose umgangssprachlich im Sinne von Prüfung verwendet. Das seit etwa 1700 gebräuchliche Bild dürfte allerdings zuerst im Bereich des Pferdehandels entstanden sein, da man Alter und Zustand eines Pferdes gut an seinem Gebiß erkennen kann. Daher auch das Sprichwort: *Einem geschenkten Gaul schaut man nicht ins Maul.*

das reicht gerade für einen hohlen **Zahn**! (umg.)
das ist sehr wenig (zu essen oder zu trinken) [Mangel]
„Die paar Schinkenbrote? Das reicht gerade für einen hohlen Zahn! Du glaubst ja nicht, wie hungrig ich heute bin!"

dem tut kein **Zahn** mehr weh (umg.)
→ den ewigen **Schlaf** schlafen
[Tod]

jmdm. den **Zahn** ziehen (umg.)
jmds. Hoffnung oder Wunschvorstellung zunichte machen
[Aufklärung] [Ernüchterung]
„Du meinst, du wirst blitzschnell Karriere machen, wenn du nur erst einmal dein Examen in der Tasche hast? Den Zahn kann ich dir schon jetzt ziehen – die Chancen auf dem Arbeitsmarkt sind gleich null!"
In dieser Redensart wird eine festverwurzelte Vorstellung mit dem tief eingewachsenen Zahn verglichen, wobei beider Entfernung als schmerzhafte Prozedur angesehen wird.

einen **Zahn** zulegen (umg.)
etwas schneller tun, schneller fahren/laufen usw. [Beeilung]
„Kannst du nicht noch einen Zahn zulegen? Wir sind doch schon sowieso zu spät dran!"
Als *Zahn* bezeichnet man auch die Zacken der technischen Zahnräder, aus denen sich ein Getriebe zusammensetzt. Hierher gehört also auch die Redensart *langsam schalten. Einen Zahn zulegen* bedeutet also im Grunde: *in einen höheren Gang schalten* (beschleunigen).

sich an etwas die **Zähne** ausbeißen
→ sich (an etwas) den **Schädel** einrennen
[Vergeblichkeit] [Scheitern]

die **Zähne** nicht auseinanderkriegen
[Schweigen]

bis an die **Zähne** bewaffnet sein (umg.)
sehr stark bewaffnet sein [Bewaffnung]
„Die Revolverhelden waren bis an die Zähne bewaffnet, als sie sich dem Sheriff zum letzten Gefecht stellten."
Ähnlich wie Haare und Kragen gelten die Zähne als Sinnbilder der oberen Körperpartie, insbesondere natürlich des Kopfes. *Bis an die Zähne* bedeutet also: *den ganzen Körper umfassend, total.*

beiß die **Zähne** zusammen!
[Ermutigung]
→ etwas mit zusammengebissenen **Zähnen** tun

lange **Zähne** kriegen
→ das **Wasser** läuft mir im Mund zusammen
[Appetit]

etwas zwischen die **Zähne** kriegen (umg.)
etwas essen [Essen]
„Kennst du hier ein anständiges Lokal? Ich muß endlich etwas zwischen die Zähne kriegen."

jmdm. die **Zähne** zeigen
→ sich mit **Händen** und Füßen wehren
[Widerstand]

die **Zähne** zusammenbeißen (umg.)
tapfer sein, durchhalten, Schmerzen ertragen usw. [Starkbleiben]
„Neulich habe ich mir bei einem Waldspaziergang den Fuß verstaucht. Da hatte

ich keine Wahl – ich mußte die Zähne zusammenbeißen und mich zur nächsten Bushaltestelle durchschlagen!"
Den zusammengepreßten Zähnen entringt sich kein Schmerzensschrei.

unter **Zähneklappern**
zitternd vor
1) *Kälte* [Frieren]
2) *Angst* [Furcht]
1) „Zähneklappernd trat die Kompanie im Kasernenhof an – schließlich herrschte starker Frost."
2) „Da es im Keller angeblich spukte, trauten wir Kinder uns nur unter Zähneklappern hinein."
Mit *Zähneklappern* im Sinne von *Furcht* übersetzte Luther auch treffend Matth. 8,12: „(In der Hölle) wird Heulen und Zähneklappern sein." Heute findet man gelegentlich dafür das weniger passende *Zähneknirschen*, das eigentlich bedeutet: *Unwilligkeit*.

etwas **zähneknirschend** tun
→ etwas mit zuammengebissenen **Zähnen** tun

mit langen **Zähnen** essen
→ da kommt einem der **Kaffee** wieder hoch [Ekel]

Haare auf den **Zähnen** haben
→ **Haare** auf den Zähnen haben

jmdm. etwas aus den **Zähnen** reißen
→ jmdm. etwas aus den **Klauen** reißen [Wegnahme]

etwas mit zusammengebissenen **Zähnen** tun (umg.)
etwas widerstrebend/mit unterdrückter Wut tun [Unwilligkeit]
„Obwohl er gehorchte, fühlte man deutlich, daß er es nur mit zusammengebissenen Zähnen tat: unwillig und widerstrebend."

sich mit **Zähnen** und Klauen wehren (umg.)
sich hartnäckig gegen etwas wehren/verteidigen [Widerstand]
„Die Anlieger haben sich mit Zähnen und Klauen gegen den Bau des neuen Flughafens gewehrt, aber es hat ihnen nichts genützt. Die Gerichte haben jetzt eine Baugenehmigung erteilt!"

auf dem **Zahnfleisch** gehen/laufen (umg.)
1) *nur unter größter Anstrengung/Schmerzen gehen* [Erschöpfung] [Gehen]
2) *in sehr schlechter Verfassung sein/arm sein u. ä.* [Notlage] [Armut]
1) „Beim Rückweg sind wir alle nur noch auf dem Zahnfleisch gegangen. Die Strecke war auch für geübte Wanderer einfach zu lang gewesen!"
2) „Unsere Untermieter gehen auf dem Zahnfleisch, seit der Mann keine Arbeit mehr hat. Wir sind deshalb mit der Miete schon erheblich heruntergegangen."
Das rote Zahnfleisch, das zudem leicht blutet, wird in dieser Redensart mit der wundgelaufenen Fußsohle verglichen. Die Redensart ist erst im 20. Jh. belegt.

jmdn. in die **Zange** nehmen (umg.)
jmdn. bedrängen/unter Druck setzen [Bedrängung]
„Ich glaube, er weiß mehr als er zugibt. Ich werde ihn einmal in die Zange nehmen!"
Die fest zupackende Zange war ein Arbeitsgerät des Schmieds, der damit das glühende Eisen festhielt, um es bearbeiten zu können. Von hier erklären sich also Ursprung und Gebrauch der Redensart.

etwas/jmdn. nicht (einmal) mit der **Zange** anfassen (mögen) (umg.)
sich vor etwas/jmdm. sehr ekeln [Ekel]
„Du hast dich von diesem pickeligen Kerl küssen lassen? Igitt, den möchte ich nicht mal mit der Zange anfassen!"

der **Zankapfel** sein
der Anlaß des Streites sein, der Gegenstand der Auseinandersetzung sein
[Streitanlaß]
„Wieder einmal bildete das gewohnt schlechte Kantinenessen den Zankapfel bei den Verhandlungen zwischen Betriebsleitung und der Vertretung der Beschäftigten."
Zank ist mit *Zahn* verwandt und bedeutet ursprünglich *mit den Zähnen zerren, zer-*

fleischen. Die Geschichte vom Zankapfel verweist in die griech. Mythologie: Die zur Hochzeit des Peleus und der Thetis nicht geladene Göttin der Zwietracht rollt einen goldenen Apfel mit der Aufschrift „Die Schönste soll mich bekommen“ zwischen Hera, Athene und Aphrodite. Der trojanische Prinz Paris, der um die Entscheidung gebeten wird, überreicht den Apfel der Aphrodite. Dafür half sie später Paris bei der Entführung von Helena nach Troja. Aus dieser Entführung erwachsen der trojanische Krieg und die Odyssee. Den entscheidenden Apfel nennt Justinus (100–165 n. Chr.) „malum Discordiae“ (lat.: *Apfel der Zwietracht*). Die Lehnübersetzung *Zankapfel* bewirkte der Humanismus.

den **Zapfenstreich** blasen
Schluß machen, ein Ende setzen [Beendigung]
„Nach dem Blasen des Zapfenstreichs hat hier Ruhe zu herrschen!“
Ein Streich (Schlag; daher auch *Backenstreich*) auf den Zapfen, der das Wein- oder Bierfaß verschließt, hat dem *Zapfenstreich* seinen Namen gegeben. Über niederdts. *taptô* (Draufschlagen) hat sich daraus das engl. Wort *Tattoo* (Zapfenstreich, trommeln) entwickelt. Das Einschlagen des Zapfens beendete das abendliche Trinkgelage der Soldaten im Dreißigjährigen Krieg. Das Signal zur Beendigung des Ausschanks wurde zunächst durch ein Trompetensignal, später allgemein durch einen Trommelwirbel gegeben. Ein lokales Gegenstück zum Zapfenstreich ist übrigens der Morgenstreich in Basel, ein morgendlicher Umzug anläßlich der alemannischen Fastnacht.

jmdn. **zappeln** lassen (umg.)
jmdn. warten lassen, der ungeduldig ist/ neugierig ist [Vertröstung]
„Laß mich doch nicht so lange zappeln! Sag schon, wie die Prüfung ausgefallen ist und ob du bestanden hast!“
Als *Zappeln* bezeichnet man die unruhige Bewegung des Ungeduldigen, aber auch das Schütteln und Zucken des Fisches an der Angel. Die Redensart nutzt also auch diesen Aspekt der Quälerei.

(alles) fauler **Zauber**! (umg.)
alles Betrug/viel Gerede und nichts dahinter! [Betrug]
„Auf dem Markt gibt es eine Unmenge von verschiedenen Waschmitteln, aber meiner Meinung nach ist das alles fauler Zauber – im Grunde sind sie alle gleich, schließlich kann man nicht weißer als weiß waschen!“
Als *Zauber* bezeichnet man in Germanien noch bis zur Zeit Karls des Großen keineswegs das, was später unter dem Hexenglauben zusammengefaßt wird. Erst nach dem Jahr 1000 beginnt sich die mittelalterliche Vorstellung vom Teufelsbündnis auszubilden, so daß Zauber als Ketzerei und Gotteslästerung verstanden und entsprechend verfolgt wird. Vorher ist die Zauberhandlung verknüpft mit Tieropfern, die ein günstiges Schicksal bewirken sollen, mit dem Befragen der Runen und mit der Herstellung von schützenden Amuletten. Aus ursprünglich positiven Schutzhandlungen bilden sich erst allmählich negative Gegenhandlungen aus: dem Liebeszauber tritt das tödliche Gift an die Seite, der Wahr- und Weissagung die Verfluchung, dem heilenden Blick der böse Blick usw. Im Zuge der Christianisierung werden die heidnischen Götterbilder in Dämonen uminterpretiert, wodurch sich ein schauriges Panorama der Hölle ergibt. Erst das Zeitalter der Aufklärung verschafft die notwendige Distanz, um das Zaubern als harmlose Volksbelustigung auf öffentlichen Plätzen, Märkten und _(später auch im Varieté zu ermöglichen. *Zauber* erhält nun auch den Nebensinn des taschenspielerischen Betrugs und der Täuschung, der man zweifelnd und ungläubig gegenübersteht. Der *faule Zauber* ist der unwirksame Trick des Scharlatans, dessen Fertigkeit das Auge nicht zu trügen vermag. Diese im 19. Jh. aufkommende Wendung wird schon bald übertragen gebraucht. So warnt Fontane in einem Gedicht vor der Laufbahn des Wissenschaftlers: „Werde kein gelehrter Klauber, Wissenschaft ist fauler Zauber!“ (Neueste Väterweisheit).

jmdn. im **Zaum** halten
→ jmdn. an der **Kandare** halten
[Disziplinierung]

sich im **Zaum(e)** halten
[Selbstbeschränkung]

einen Streit vom **Zaun** brechen (umg.)
absichtlich und mutwillig einen Streit beginnen [Streitlust]
„Gelegentlich ist er unerträglich. Erst neulich hat er einen Streit vom Zaun gebrochen und danach drei Tage kein Wort mit mir geredet!"
Zaun im Sinne von *Einfriedung* ist mit engl. *town* (eingefriedeter Bezirk, Stadt) verwandt. Der Zaun symbolisiert Herrschaftsrechte und besteht im Mittelalter häufig aus totem oder lebendem Holz (Gebüsch). Etwas von diesem Schutzzaun abzubrechen ist ohne Umstände möglich, bedeutet aber gleichzeitig einen Streit mit demjenigen, der Zaun und Land für sich beansprucht. In diesem Sinne ist die Redensart in der Form „ain Ursach ab aim Zaun brechen" seit dem Jahre 1500 bei dem Prediger Geiler von Kaisersberg bezeugt.

mit etwas nicht hinter dem **Zaun** halten
[Offenheit]

ein Wink mit dem **Zaunpfahl** (umg.)
ein unmißverständlicher Hinweis [Hinweis]
„Sie gab mir diskret ein Pfefferminzbonbon, aber für mich war es ein Wink mit dem Zaunpfahl: Ich hatte wieder zuviel Knoblauch gegessen!"
Ein Zaunpfahl ist so groß, daß ein Wink mit ihm unübersehbar ist. Diese Redensart ist erst seit dem 19. Jahrhundert belegt, besitzt aber bereits mehrere Varianten, wie etwa: *mit dem Laternenpfahl/Scheunentor winken.* Schon immer scheint *winken* in dieser Redensart ironisch gemeint gewesen zu sein, denn bei Wolfram von Eschenbach (*Willehalm* 90,8) heißt es noch: „Mit eime steine soll iu gewinket werden." Das heißt also: *Steinwürfe werden es euch lehren!*

die **Zeche** bezahlen (müssen) (umg.)
für die Schulden anderer aufkommen, der Leidtragende sein [Opfer]
„Wer muß denn die Zeche bezahlen, wenn die Stahlwerke bankrott gehen – doch die kleinen Leute!"
Zeche bedeutet ursprünglich *Anordnung, Gesellschaft, Zunft* und bezeichnet erst später den Geldbetrag, der an den Wirt zu zahlen ist. Auf die alte Bedeutung *Gesellschaft* bezieht sich auch die bergmännische Bedeutungslinie, da im 15. Jh. diejenigen, die sich zum Zwecke des Bergbaus zusammentaten, als *Zeche* bezeichnet wurden. Erst später wurde daraus ein Oberbegriff für die Grubenanlage. *Zechen* im Sinne von *trinken, ein Gelage abhalten* hat eine weiträumige Verwandtschaft in Bildungen wie *Zechbruder, Zecher* oder *Zechgelage.*

die **Zeche** ohne den Wirt machen
→ die **Rechnung** ohne den Wirt machen
[Irrtum]

die **Zeche** prellen
[Schulden]

jmdm. auf die **Zehen** treten
→ jmdm. auf die **Füße** treten

sich alle **zehn** Finger nach etwas lecken
→ sich alle zehn **Finger** nach etwas lecken

die oberen **Zehntausend**
→ die besseren **Kreise**
[Ranghöhe]

die **Zeichen** der Zeit nicht deuten können
eine aktuelle Entwicklung nicht bemerken
[Nichtverstehen]
„Der Diktator konnte die Zeichen der Zeit nicht deuten und wurde vom Umsturz völlig überrascht."
Diese Redensart geht auf Matth. 16, 4 zurück, wo es heißt: „Das Aussehen also des Himmels wisset ihr …; jedoch die Zeichen der Zeit könnt ihr nicht verstehen."

es geschehen noch **Zeichen** und Wunder
(umg., Paarformel)
etwas ganz Unerwartetes ist geschehen
[Unerwartbarkeit]
„Jetzt macht Bernd doch noch sein Examen in Medizin, obwohl er das Studium abgebrochen hatte? Es geschehen noch Zeichen und Wunder!"
Das ahdt. Wort *zeihhan* bedeutet bereits *Zei-*

chen, Wunder, Beweis. Es führt in den Bereich der Erforschung des Götterwillens durch – wie Tacitus bezeugt – „auspicia sortesque" (ahdt. *forazeihhan* und *hloz*): „Vorzeichen und Losentscheide beachten (die Germanen) wie kaum jmd. sonst. Das herkömmliche Verfahren beim Losentscheid ist einfach: Sie hauen von einem fruchttragenden Baum einen Zweig ab, zerschneiden ihn zu Stäbchen, versehen diese mit bestimmten unterschiedlichen Zeichen und streuen sie dann planlos und wie es der Zufall will über ein weißes Tuch. Danach betet (der Stammespriester oder das Familienoberhaupt) zu den Göttern, hebt (...) dreimal hintereinander ein Stäbchen auf und deutet sie dann gemäß dem vorher eingekerbten Zeichen." (*Germania* X). Die Stäbchen zum Losen mußten aus einem fruchtbringenden Hartholzbaum (Buche, Eiche usw.) geschnitten sein, weil deren Kraft die magische Handlung überströmen sollte. Die Vorstellung des Einritzens von Zeichen auf Buchenholz ließ den Namen dieses Baumes zum Oberbegriff für zeichenhafte Vermittlung werden: Von ihm leiten sich sowohl die Wörter *Buchstabe* (Stab aus Buchenholz) als auch *Buch* ab. Die germanische Verknüpfung von Zeichen und Wunderzeichen mit der religiösen Sphäre finden wir auch in der griech. und römischen Vorstellungswelt. Das Wunderzeichen gilt als Anzeichen für das Wirken und Eingreifen der Götter. Es offenbart sich im Los und im Fall des Würfels sowie im Vogel-, Pferde- und Zweikampforakel. Die Zeichen zu deuten vermag allein der Priester und Wahrsager. Es gibt auch weibliche Deuterinnen des Orakels, wie etwa die berühmte Pythia in Delphi. Das Christentum sieht in Wahrsagerinnen und Zauberinnen Gespielinnen des Teufels und verfolgt ihren Zauber durch die mittelalterlichen Hexenverfolgungen. Die Formel *Zeichen und Wunder* findet sich schon im griech. Originaltext des Neuen Testaments. Die gotische Übersetzung der Stelle Mark. 13,22 lautet daran angelehnt „taiknins jah fauratanja". Erst mit der Verbreitung der Lutherbibel allerdings gewinnt die Formel ihre heutige Prägnanz und Popularität.

noch an **Zeichen** und Wunder glauben
[Gutgläubigkeit]
→ es geschehen noch **Zeichen** und Wunder

auf **Zeichen** und Wunder hoffen
[Hoffnung]
→ es geschehen noch **Zeichen** und Wunder

Zeichen setzen
[Initiative]

im **Zeichen** von etwas stehen
unter dem Einfluß stehen [Abhängigkeit]
„Der diesjährige Wahlkampf steht ganz im Zeichen der Dauerkrise auf dem Arbeitsmarkt."
Herkunft → **Zeichen** und Wunder

wenn nicht alle **Zeichen** trügen
höchstwahrscheinlich [Erwartbarkeit]
„Wenn nicht alle Zeichen trügen, werden wir diesmal einen besonders strengen Winter bekommen."
Herkunft → es geschehen noch **Zeichen** und Wunder

die **Zeichen** der Zeit verstehen
[Verstehen]
→ die **Zeichen** der Zeit nicht verstehen

seines **Zeichens**
von Beruf [Beruf]
„Ein Urahne von mir muß seines Zeichens Müller gewesen sein. Deshalb bin ich noch heute mit diesem Namen geschlagen."
Diese Wendung bezieht sich auf die alten Zeichen oder Marken, mit denen Haus, Hof und anderer Besitz markiert wurde. Daraus entwickelten sich auch Herstellerzeichen, mit denen die Handwerker ihre Erzeugnisse versahen. Diese individuellen Gütezeichen wurden schließlich zu Zunftzeichen, welche die einzelnen Gewerbe voneinander abgrenzten. Die Redensart bedeutet also eigentlich: *sich dem Zeichen einer bestimmten Zunft zuzählen lassen, einen bestimmten Beruf ausüben.*

es jmdm. **zeigen**
→ jmdm. zeigen, was eine **Harke** ist
[Vorbildhaftigkeit] [Zurechtweisung]

zwischen den **Zeilen** lesen
das Gemeinte verstehen, das nicht (explizit) ausgedrückt ist [Verstehen] [Andeutung]
„Wenn man zwischen den Zeilen liest, drückt sich in manchen Briefen von Auswanderern ein starkes Heimweh aus, das meist verheimlicht wird."
Zeile bedeutet eigentlich *Reihe, Linie*. Der Begriff findet sich beispielsweise auch in der Bildung *Häuserzeile* oder im Straßennamen *die Zeil* in Frankfurt am Main. Aus der Druckersprache stammt die Anwendung auf die Buchstabenreihe (lat. *linea*). Im Mittelalter schrieb man Übersetzungen *interlinear*, das heißt, über jedes fremde (etwa: lat.) Wort wurde das entsprechende deutsche Wort gesetzt. Die Redensart bezieht sich allerdings nicht auf diese Übung der Klosterschreiber – dazu ist die zu jung. Sie stammt aus dem 19. Jh. und geht auf die Bedeutung *Zeilen = Brief* zurück (Vielen Dank für Ihre freundlichen Zeilen). Da ein Brief auch in die falschen Hände geraten kann, werden häufig Andeutungen gemacht, die nicht jeder versteht. Oft wird die Notwendigkeit, etwas Ungeschriebenes hinzuzudenken, sogar durch regelrechte „Lückenzeichen" wie Satzabbruch und Pünktchen gekennzeichnet.

von **Zeit** zu Zeit
gelegentlich, manchmal [Seltenheit]
„Von Zeit zu Zeit fahren wir ins Gebirge, um eine Bergwanderung zu unternehmen."
Die indogermanische Wurzel *dai* (= teilen) läßt erkennen, daß die Zeit ursprünglich als etwas Abgeteiltes und Zugeteiltes verstanden wurde, eher als Abschnitt denn als (kontinuierlicher) Verlauf. Dies liegt wohl an den abschnitthaft erfahrbaren natürlichen Einheiten der Zeit: Tag und Nacht, Jahreszeit, Ebbe und Flut, Sonnenbahn und Mondwechsel. Erst die Erfindung von Sonnen-, Wasser- und Wanduhren ließ die Zergliederung in kleinere (künstliche) Zeiteinheiten wie Stunde und Minute zu. Mit der Redensart *von Zeit zu Zeit* werden derart abschnitthaft empfundene Zeitpunkte oder -räume miteinander in Beziehung gebracht. Der Begriff *Zeitraum* weist dabei schon darauf hin, daß die abstrakte und unsichtbare Dimension der Zeit gerne in räumlichen Kategorien vorgestellt und ausgedrückt wird (über kurz oder lang). Die Zeit wird hier als Weg oder Strecke gesehen, die zurückgelegt wird, das Leben selbst erscheint als Lebensweg oder als Lebensreise. Da die Lebensreise gerne als Schiffsreise gesehen wird, besteht eine bildliche Verbindung zur Vorstellung, die Zeit sei ein fließendes Gewässer, ein Strom oder Fluß. Der erste, der dieses Bildfeld durchdacht hat, dürfte der griech. Philosoph Heraklit (549–480 v. Chr.) gewesen sein. Ihm wird das berühmte Wort „Alles fließt, nichts besteht" zugeschrieben, das den unaufhörlichen Wandel der Erscheinungen als Fluß beschreibt. Volkstümlich wurde diese Bildwelt wohl vor allem durch die Sand- und Wasseruhren der Antike, in denen die Zeit augenfällig abzulaufen oder zu verrinnen scheint. Zu diesen beschriebenen Versuchen, dem Alltagsverstand die Zeit als Raum, Weg oder Fluß begreifbar zu machen, ist im 20. Jh. die Metapher Zeit ist Geld hinzugekommen, deren einzelne Komponenten allerdings schon weit zurückweisen. So sind Wendungen wie *jmdm. die Zeit stehlen* oder Spontanbildungen wie *Zeitraub* oder *Zeitdiebstahl* immerhin seit dem 16. Jh. (etwa bei Luther) belegt. Und Schiller verbindet die Vorstellungen vom Zeitkonto und dem Zeitdiebstahl in dem Satz: „Du hast mir eine kostbare Stunde gestohlen, sie werde dir an deinem Leben abgezogen!" (*Die Räuber* 1, 3). {Zeitraum}

für **Zeit** und Ewigkeit (veraltend)
für lange Zeit, für immer [Dauer]
„Manche dieser häßlichen Hochhäuser sind so massiv, als seien sie für Zeit und Ewigkeit gebaut."
Der pointierte Gegensatz zwischen Zeit und Ewigkeit verweist auf die christlich-theologische Zeitauffassung, genauer gesagt: auf Augustinus. Augustinus vertritt die Auffassung, daß es Zeit nur dort geben könne, wo sich ihre Auswirkungen erfahren lassen, nämlich in der veränderlichen Welt. Gott dagegen ist unveränderlich und verkörpert das Prinzip der Ewigkeit: „Mit gutem Recht unterscheidet man Zeit und Ewigkeit; denn Zeit besteht nicht ohne Wechsel und Wan-

del, in der Ewigkeit aber gibt es keine Veränderung." (*Gottesstaat* XI, 6) Für Augustinus ist Zeit aber auch eine psychologische Kategorie, er spricht vom „Strudel eines Vielerlei" und der „Mündung des Lebens in Gott". Die Metaphorik von der Zeit als Fluß und der Ewigkeit als Meer war über Jahrhunderte, v. a. in der barocken Emblematik, eine zentrale Vorstellung der abendländischen Kultur.

mit der **Zeit**
allmählich [Entwicklung]
„Mit der Zeit werden immer mehr Arbeitsplätze mit modernen Computern ausgestattet werden."

ach, du liebe **Zeit**!
→ ach, du meine **Güte**!

die längste **Zeit** (umg.)
lange genug [Beendigung]

es ist hohe/höchste **Zeit** (umg.)
wir müssen uns sehr beeilen! [Beeilung]
„Es ist höchste Zeit – in drei Minuten beginnt die Übertragung des Länderspiels, und wir haben noch nicht einmal das Bier aus dem Keller geholt!"
Diese Redensart verwendet die Vorstellung eines räumlichen Extrempunktes (im Sinne von Gipfel), um damit eine „Anhäufung" bereits verstrichener Zeit auszudrücken. Da *hoch* auch den Rang eines Vorgangs oder einer Person ausdrückt, unterschied man im Mittelalter vier *hohe Zeiten* im Jahr (mhdt. *hôchgezîte*): Weihnachten, Ostern, Pfingsten und Allerheiligen. Erst im 15. Jh. schränkte sich der Begriff *Hochzeit* auf unsere heutige Verwendung im Sinne von *Vermählung* ein.

Alles zu seiner **Zeit**! (umg.)
[Vertröstung]
→ ich kann doch nicht **hexen**!

zur **Zeit**
jetzt, in diesen Tagen/Wochen [Aktualität]
„Zur Zeit gastiert in der Stadt wieder einmal ein Zirkus. Alle Kinder wollen sein Programm sehen."

die **Zeit** arbeitet für jmdn.
es ergeben sich (ohne eigenes Zutun) automatische Vorteile für jmdn. [Vorteil]
„Jetzt will er die Firma noch nicht verkaufen, aber die Zeit arbeitet für uns. Schließlich ist er schon über siebzig und wird wohl bald aufhören zu arbeiten!"
Seit der Antike hat man versucht, sich die Zeit als Person vorzustellen. Die bekannteste Personifizierung ist wohl der Zeitgott Kronos aus der griech. Mythologie, auf den die Bezeichnungen *Chronik, Chronometer, Chronologie* usw. zurückgehen. Nach Hesiods *Theogonie* war dem Titanen Kronos geweissagt worden, er werde einst von seinem eigenen Sohn bezwungen. Aus Furcht vor diesem Orakel verschlang er alle Kinder, die seine Frau Rheia zur Welt brachte. Mit einem Trick gelang es ihr allerdings, den jüngsten Sohn Zeus – den späteren Herrscher der Götter – vor diesem Schicksal zu bewahren. Zeus besiegte Kronos und erlöste die Welt von seinem Terror. Als Dank erhielt er die Insignien der Macht: den Donner, den feurigen Blitzschlag und den Blitzstrahl. Die allegorische Figur der Zeit ist ein dürrer, hagerer Greis mit grauem Bart und grauen Haaren, zwei großen Flügeln auf dem Rücken und mit einer Sense in der Hand – dem Attribut des Todes und der Vergänglichkeit. Von derartigen Personifizierungen sind Wendungen abgeleitet, in denen die Zeit für eine bestimmte Person *arbeitet* oder jmdm. *davonläuft*.

mit der **Zeit** gehen/Schritt halten
neue Entwicklungen akzeptieren/mitmachen [Entwicklung]
„Heute muß man beruflich mit der Zeit gehen, um nicht gegenüber den Kollegen ins Hintertreffen zu geraten und bei der nächsten Beförderung übergangen zu werden."

jmds. **Zeit** ist gekommen
jmds. große (berufliche/private) Chance ist gekommen [Chance]
„Sie bleiben noch ein paar Jahre in dieser untergeordneten Stellung – Ihre Zeit ist noch nicht gekommen. Erst müssen einige Ihrer Vorgesetzten in Pension sein!"

sich **Zeit** lassen
sich nicht abhetzen [Langsamkeit]
„Für eine Doktorarbeit muß man sich Zeit lassen. Es hat keinen Zweck, wenn man sich da eine Frist setzt, die man beim besten Willen nicht einhalten kann."

sich **Zeit** für etwas nehmen
[Konzentriertheit]

jmdm. die **Zeit** rauben/stehlen (umg.)
jmdn. durch seine Anwesenheit und Anliegen von eigenen wichtigen Dingen abhalten [Belästigung]
„Er hat geglaubt, daß mich sein Besuch erfreut. Aber weil ich in Termindruck bin, hat er mir im Grunde nur die Zeit gestohlen!"
Herkunft → von **Zeit** zu Zeit

dem lieben Gott die **Zeit** stehlen
→ dem lieben **Gott** die Zeit stehlen

die **Zeit** totschlagen (umg.)
sich mit etwas Sinnlosem (aber Amüsantem) beschäftigen, um sich nicht zu langweilen [Hobby]
„Wir müssen vor der Verabredung noch etwas Zeit totschlagen. Gehst du mit in den Spielsalon an der Ecke? Dort können wir eine Runde Flipper spielen!"
Der Begriff *Zeitvertreib* ist erst eine Erfindung des 18. Jh., aber den Reichen und Adligen war Sport, Spiel und Unterhaltung auch vorher natürlich nicht unbekannt. Das redensartliche Bild meint, daß man die „Person Zeit" vertreiben oder gar töten kann, damit sie einen nicht länger durch ihre Anwesenheit belästigt. Vgl.: die **Zeit** arbeitet für jmdn.

jmdm. die **Zeit** vertreiben/verkürzen
→ die **Zeit** totschlagen
[Unterhaltung]

keine **Zeit** verlieren (dürfen)
[Beeilung]

sich die **Zeit** vertreiben
→ die **Zeit** totschlagen
[Hobby]

hinter der/seiner **Zeit** zurückbleiben
nicht so modern sein wie andere, rückständig sein [Rückständigkeit]
„In jenem Land scheint alles ein wenig hinter der Zeit zurückgeblieben zu sein, aber gerade das macht seinen besonderen Charme aus. Wir jedenfalls fahren immer wieder gerne dorthin."

das waren noch **Zeiten**!
[Erinnerung]

schon bessere **Zeiten** gekannt haben
[Defekt]

das **Zeitliche** segnen
sterben [Sterben]
(von Sachen scherzhaft:) [Defekt]
„Mein Vater hat schon vor fast zwanzig Jahren das Zeitliche gesegnet."
Das Zeitliche und *die Zeitlichkeit* sind alte Begriffe für die vergängliche (den Zeitläufen unterworfene) Welt. Von ihr nimmt der Sterbende Abschied, indem er Gottes Segen für sie herbeiwünscht. Der letzte Wunsch eines Sterbenden wird für besonders wirkungsvoll gehalten, und so ist der Segen das letzte, was er für die Welt und seine Hinterbliebenen tun kann. Einige der dafür früher üblichen Segenssprüche sind erhalten. Einer davon (aus dem frühen 17. Jh.) lautet wie folgt: „Nun sieht mich kein Mensch nimmermehr, Gott gesegn euch alle, wo ihr seyt! Gott gesegn mir alle Wollustbarkeit! Gott gesegn mein Herren und Gemahl! Gott gesegn euch, Berg und tiefe Tal!"

seine **Zelte** abbrechen (umg.)
aufbrechen, abreisen, wegziehen [Weggang]
„Kennst du vielleicht einen Käufer für unser Haus? Wir wollen nämlich hier unsere Zelte abbrechen und nach München ziehen!"

seine **Zelte** aufschlagen (umg.)
sich niederlassen/ansiedeln [Zuhause]
„Wir wollen nach Australien auswandern, wissen aber noch nicht so genau, in welcher Stadt wir unsere Zelte aufschlagen werden."

Das Zelt ist der Inbegriff der variablen Wohnung, die örtliche Ungebundenheit sichert. Die Redensarten mit dem Begriff *Zelt* sind allerdings erst im 20. Jh. entstanden und vielleicht Weiterentwicklungen älterer Wendungen mit dem Wort *Hütte*. So gab es vorher die scherzhafte Verballhornung einer Bibelstelle mit den Worten: „Hier ist gut sein, hier laßt uns Hütten bauen." Diese Redensart bezieht sich auf Matth. 17, 4 oder auf die ganz ähnlichen Stellen Mark. 9, 5 und Luk. 9, 33.

das **Zepter** schwingen (umg., scherzhaft)
die Herrschaft (im Haus) haben [Macht]
„Bei unseren Nachbarn schwingt eindeutig die Frau das Zepter. Sie bestimmt einfach alles!"
Das seit dem 12. Jh. nachweisbare Wort *Zepter* ist aus dem Lat. entlehnt. Es bezeichnet einen reich verzierten Stab, der sich aus den Fasces der römischen Liktoren entwickelt haben dürfte. Die Fasces, ein Rutenbündel mit Beil, waren im antiken Rom das Symbol der Strafgewalt und wurden den Königen, später den Konsuln und Prätoren, vorangetragen. Auch das Zepter wurde im mittelalterlichen Lehensstaat dem König vom Zepterträger vorangetragen, als Zeichen der Herrscherwürde und der Gerichtsgewalt. Zusammen mit Krone und Reichsapfel gehört das Reichszepter zu den Reichskleinodien, die heute in der weltlichen Schatzkammer der Wiener Hofburg besichtigt werden können. Als Symbol der Macht konnte das Wort *Zepter* selbst die Bedeutung *Macht* übernehmen. Die redensartliche Verknüpfung einer hohen Reichsinsignie mit der unbeschwerten Handlung des Schwingens ist als Ironie zu deuten.

ein wahrer **Zerberus** (umg.)
ein grimmiger Wächter/Türhüter [Wächter]
„Vor der Diskothek stand ein baumlanger Kerl – ein wahrer Zerberus. Er war für die Gesichtskontrolle verantwortlich und ließ nur junge schöne Menschen eintreten."
Hesiod beschreibt in seiner *Theogonie* (311) den Höllenhund Zerberus, der die Pforten der Hölle (des Hades) bewacht, mit den Worten: „Als weiteren gebar (Keto) den unerklärlichen und ganz unnennbaren Kerberos, den ehernstimmigen Hund des Hades, den fünfzigköpfigen, unverschämt und stark." Sein Wächteramt beschreibt Vergil in der *Äneis* (6, 417 ff).

ich kann mich doch nicht **zerreißen**! (umg.)
ich kann nicht mehrere Dinge gleichzeitig tun! ich bin überfordert! [Überforderung]
„Ich soll noch drei Briefe tippen, zur Post gehen, Essensmarken abholen und auch noch die Abrechnungen des letzten Quartals überprüfen? Ich kann mich doch nicht zerreißen! Das werde ich schön eins nach dem anderen erledigen!"

Zetermordio schreien
→ **Zeter** und Mordio schreien

Zeter und Mordio schreien (umg.)
sehr laut (um Hilfe) schreien [Schreien]
„Die Standfrau schrie Zeter und Mordio, als der kleine Junge sich mit zwei gestohlenen Äpfeln davonmachte. Aber bevor jmd. reagieren konnte, war das Kind in der Menschenmenge des Marktes verschwunden."
Ein durch Überfall, Mord, Raub oder Notzucht Gefährdeter verpflichtete durch lautes Schreien alle Mitbürger zu sofortiger Hilfe. Der Not- und Klageruf *Zeter!* ist wahrscheinlich abgeleitet aus *zieht (kommt) her! Mordio* ist eine Kunstbildung zu *Mord*, die eine bessere Schallwirkung als das Grundwort aufweist. Hilferufe dieser Art gehen schon in die germanische Zeit zurück, und lat. *clamor* hatte auch im antiken Rom eine rechtliche Bedeutung. Zu *Zeter* ist auch das Verb *zetern* (laut schimpfen) gebildet.

dummes **Zeug**!/dummes **Zeug** reden (umg.)
Unsinn reden, Unsinn! [Unsinn]
„Ich soll nicht wissen, wie man das Motoröl bei unserem Wagen wechselt? Dummes Zeug! Schließlich habe ich das schon häufig genug gemacht!"

jmdm. etwas am **Zeug** flicken (umg.)
jmdn. ständig kleinlich tadeln [Tadel]
„Es ist halt die Art unseres Chefs, seinen Untergebenen ständig am Zeug zu flicken. Das braucht er zur Selbstbestätigung!"

Zeug bedeutet unter anderem auch *Stoff, Kleidung*, und diese Redensart bezieht sich darauf, daß jmd. ungefragt einem anderen etwas an der Kleidung in Ordnung bringt. Die bildliche Übertragung finden wir seit der Mitte des 18. Jh. beispielsweise in Bürgers Gedicht *Der Kaiser und der Abt:* „Der Kaiser will gern mir am Zeug was flicken/ Und hat mir drei Nüss' auf die Zähne gepackt, / Die schwerlich Beelzebub selber wohl knackt." (Es handelt sich dabei um drei unlösbare Rätselfragen des Kaisers an den Abt, die dieser mit Hilfe seines pfiffigen Schäfers beantwortet.)

mit jmdm. scharf ins **Zeug** gehen
→ ins **Gericht** gehen
[Ermahnung]

jmd. hat das **Zeug** zu etwas/dazu
jmd. hat das Talent/die Veranlagung/Befähigung (usw.) zu etwas
[Begabung] [Können] [Wissen]
„Dieser junge Politiker hat das Zeug dazu, einmal Bundeskanzler zu werden."
Seit dem 16. Jh. wird mit *Zeug* auch der Rohstoff bezeichnet, der für das Schaffen des plastischen Künstlers, Malers oder Schreibers notwendig ist, später auch der literarische Stoff, aus dem der Schriftsteller sein Kunstwerk formt, schließlich auch das Talent, das der Künstler einbringen muß, um ein befriedigendes Ergebnis zu erzielen.

was das **Zeug** hält (umg.)
mit aller Kraft, sehr [Intensität]
„Gestern habe ich geschuftet, was das Zeug hält, damit ich heute für unseren Ausflug Zeit habe."
Herkunft → sich ins **Zeug** legen

sich (für jmdn./etwas) ins **Zeug** legen
sich einsetzen (für jmdn./etwas)
[Unterstützung]
„Der Klassenlehrer hat sich auf der Konferenz mächtig dafür ins Zeug gelegt, damit du trotz deiner schlechten Noten in Mathematik versetzt wirst. Jetzt darfst du ihn aber auch nicht enttäuschen!"
Ähnlich wie *Ding* ist *Zeug* heute ein Passepartoutwort, das als Sammelbegriff auf alle möglichen Sachen (konkret und abstrakt) angewandt werden kann. Von seiner Wurzel her aber ist es mit *ziehen* verwandt und bezeichnet das, was zu dieser (weit verbreiteten) Bewegung gehört: das Geschirr, in das Ochse oder Pferd eingespannt werden (vgl.: was das **Zeug** hält); das Hervorbringen (Erzeugen) von Feldfrüchten, den Vorrat an Nahrung und Rohstoffen, der weiterverarbeitet wird; den Stoff, aus dem Kleider gefertigt werden (vgl.: jmdm. am **Zeug** flicken) usw. In Erweiterungen finden wir die Anwendung auf die gesamte Ausrüstung des Kriegers, das Material, welches er mit in den Krieg nimmt, die Ausstattung des Schiffes (Segelzeug) usw. Die inflationäre Verwendung des Begriffes führt schließlich im 17. Jh. dazu, daß Zeug einen verächtlichen Nebensinn erhielt (vgl.: dummes **Zeug** reden). Von den zahlreichen Wortbildungen, für die letzteres natürlich nicht gilt, sei lediglich auf *Fahrzeug, Feuerzeug, Nähzeug, Schreibzeug* usw. hingewiesen, welche die Produktivität des Musters Nomen/ Verb + *-zeug* beweisen. Die Redensart *sich für jmdn. ins Zeug legen* bezieht sich natürlich auf die Anstrengung, die das Zugtier zeigt, wenn es eine schwere Last fortbewegen soll. Vgl.: sich ins **Geschirr** legen.

was tun? spricht **Zeus** (umg.)
was machen wir jetzt? [Ratlosigkeit]
„Der letzte Bus ist weg – was tun? spricht Zeus."
Zeus ist in der griech. Mythologie der im Olymp thronende höchste Gott. Die Redensart ist ein geflügeltes Wort aus dem Gedicht *Die Teilung der Erde* von Friedrich Schiller. Darin wird geschildert, wie Zeus den Menschen zuruft: „Nehmt hin die Welt!" Die Menschen teilen daraufhin die Erde unter sich auf, aber der Poet kommt dabei nicht zum Zuge. Er beklagt sich darüber bei Zeus, der ihn natürlich fragte, wo der Poet denn mit seinen Gedanken gewesen sei. (Der Rest des Gedichtes spricht für sich selbst:) „‚Ich war', sprach der Poet, ‚bei dir. Mein Auge hing an deinem Angesichte, an deines Himmels Harmonie mein Ohr – verzeih dem Geiste, der, von deinem Lichte berauscht,

das Irdische verlor!' ,Was tun?' spricht Zeus, ,die Welt ist weggegeben, der Herbst, die Jagd, der Markt ist nicht mehr mein, willst du in meinem Himmel mit mir leben – so oft du kommst, er soll dir offen sein."

Zicken machen (umg.)
Schwierigkeiten machen (die nicht notwendig sind) [Launenhaftigkeit] [Verzögerung]
„Nun mach bloß keine Zicken! Der Vertrag hat genau die Form, die wir in der letzten Sitzung besprochen haben!"
Zicke ist die mitteldeutsche Form von *Ziege*. Man kann sich vorstellen, daß das störrische Verhalten dieses Tieres zu dieser Redensart geführt hat, zu der auch die Wendung *zickig sein* (unberechenbar sein) gehört. Auch als Schimpfwort für Frauen allgemein ist die Bezeichnung „(alte) Ziege" üblich. Diesen Zusammenhang zwischen der launenhaften Frau und der Ziege kennen auch die romanischen Sprachen. Das von dort übernommene Fremdwort *kapriziös* (launisch) basiert schließlich auf dem lat. *capra* (die Ziege). Trotz und Sturheit werden im deutschen Sprachraum dagegen gerne mit dem Ziegenbock in Verbindung gebracht.

ziehen: es zieht!
hier geht ein Luftzug!, mach die Tür/das Fenster zu! [Luftzug]
„Es zieht!" „Ja, ja, ich bin ja schon dabei, die Fenster zu schließen!"
Das Ziehen des Luftzugs hat zu mehreren scherzhaften Wendungen geführt, in denen mit dem übertragenen Sinn von *ziehen* oder der Existenz einer unliebsamen Öffnung gespielt wird. Vgl.: es zieht wie **Hechtsuppe**.

ziehen: es zieht jmdn. zu jmdm./irgendwohin
1) *jmd. ist verliebt in jmdn.* [Verliebtheit]
2) *jmd. sucht die Nähe einer Person oder Umgebung* [Neigung]
1) „Trotz reichlich schlechter Erfahrungen, zieht es Erich immer wieder zu Blondinen."
2) „Meine Frau zieht es mehr ins Gebirge, mich jedoch an die See."

ziehen: das zieht (bei mir) nicht
das ist (für mich) kein Grund, das ist nicht realisierbar/kein Anreiz, das beeindruckt (mich) nicht [Uninteressantheit]
„Deine Tränenausbrüche ziehen bei mir nicht mehr. Ich weiß genau, daß du sie gezielt einsetzt, um mich weichzumachen."

Ziel und Zweck (Paarformel; Stabreim)
Endpunkt und Grund einer Handlung/eines Vorgangs [Zielsetzung] [Begründung]
„Ziel und Zweck meiner Reise war es nicht zuletzt, endlich einmal bessere Kontakte zu den Bewohnern Lateinamerikas zu knüpfen."
Die Begriffe *Ziel* und *Zweck* stammen aus der Sprache der Schützengilden. In diesem Sinne ist das Ziel der Mittelpunkt einer Scheibe, auf den der Schütze Pfeil, Bolzen oder Kugel abschießt. Das Ziel wurde in den Boden gesteckt, so daß wir heute noch sagen *sich ein Ziel stecken*. Daraus haben sich verschiedene räumliche (das Ziel einer Reise) und übertragene Bedeutungen entwickelt, die sämtlich den Aspekt des Strebens und der Bemühung enthalten. So spricht man etwa von *wissenschaftlichen Zielen*, und Goethe nennt die Harmonie mit sich selbst „das schönste Ziel". Der Zweck war ursprünglich ein Nagel inmitten der Zielscheibe, den es zu treffen galt (vgl.: den **Nagel** auf den Kopf treffen). Zweck und Ziel waren also ursprünglich beim Armbrustschießen identisch. Das hat sich in Wendungen wie *den Zweck verfehlen* erhalten. Neben Redensarten, welche die alte gegenständliche Erinnerung bewahren, haben sich abstrakte (rationalistische, ethische usw.) Bedeutungen entwickelt. Mit dem Ausdruck *Zweck* bewegt man sich dann im Bereich der Planung einer Handlung, der Absicht, die man mit ihr verbindet und der Begründung, die man daraus ableiten kann.

(weit) über das **Ziel** hinausschießen
die Grenzen des Vernünftigen/Zulässigen (weit) überschreiten [Übertreibung]
„Wenn jetzt die Straßen im Zuge der Verkehrsberuhigung so weit verengt werden, daß nicht mehr zwei Autos aneinander vorbeifahren können, dann schießen die Ver-

kehrsplaner weit über das Ziel hinaus."
Herkunft → **Ziel** und Zweck

kein **Zielwasser** getrunken haben (umg.)
→ einen **Bock** schießen [Fehler]

jmdm. eine **Zigarre** verpassen (umg.)
jmdn. streng tadeln/zurechtweisen [Zurechtweisung]
„Heute hat der Chef mir eine Zigarre verpaßt wegen einer Sache, die ich gar nicht zu verantworten habe. Aber aus Solidarität habe ich den Mund gehalten."
Die Zigarre verdankt ihren Namen der Indianersprache der Maya. Das Verb *siquar* (gerollte Tabakblätter rauchen) wurde zusammen mit der Sache von den Spaniern übernommen, zu einem Substantiv umgebildet und mit einer spanischen Endung versehen. Die Redensart ist im Ersten Weltkrieg aufgekommen und bezieht sich auf einen damals in Offizierskreisen üblichen Brauch: Ein Untergebener, der von seinem Vorgesetzten gerügt werden mußte, erhielt vorher eine Zigarre angeboten. Damit sollte die Strenge äußerlich gemildert und das „Gesicht" des Gerügten gewahrt bleiben, da man die Zigarre als Geste der Zuwendung deuten konnte.

ans **Zimmer** gefesselt sein
→ das **Bett** hüten

das **Zimmer** hüten
→ das **Bett** hüten

der ganze **Zinnober** (umg.)
der ganze Kram [Kram]
„Ich war gestern auf dem Flohmarkt und habe einige alte Dinge erstanden. Könntest du dir den ganzen Zinnober einmal ansehen und mir sagen, ob vielleicht etwas Wertvolles darunter ist?"
Zinnober – eine Verbindung von Quecksilber und Schwefel – hat seinen Namen aus dem Persischen. Über die romanischen Sprachen (etwa: lat. *cinnabari*) kam der Begriff im 12. Jh. ins Deutsche. Zinnober hat einen hochroten Farbton, der ihn als Mal- und Schminkstoff Verwendung finden ließ. Da mit der starken Farbe wohl auch bestimmte körperliche Mängel überdeckt werden konnten, wurde schon früh der Name selbst zu einer allgemeinen Bezeichnung für Negatives.

der übliche **Zinnober** (umg.)
die üblichen (uninteressanten) Dinge und Vorkommnisse [Uninteressantheit]
„War die Reise nach Hamburg interessant?"
„Nein, wir sahen nur den üblichen Zinnober – St. Pauli, Reeperbahn und so weiter."
In der Gaunersprache bedeutet *Zinnober* das Wertlose.

Zinsen bringen/tragen
von Vorteil sein; sich auszahlen [Vorteil]
„Du kannst sagen, was du willst, aber eine erstklassige Erziehung bringt immer Zinsen!"
Das Wort *Zins* ist abgeleitet von lat. *census* (Abschätzung, Steuer) und als Wort der Verwaltung im 7. Jahrhundert ins Deutsche entlehnt worden. In der Merowingerzeit gilt als *census* oder *Zins* die Abgabe, die der Bauer dem Grundherrn zu zahlen hat. Nach dem Untergang des Lehenswesens und der Entwicklung neuer Wirtschaftsformen erhielt *Zins* die Bedeutungen *Geldzahlung für eine geliehene Summe* und *Hausmiete* (Mietzins). Vom Kapitalverleiher her gesehen ist der Zins als Einnahme natürlich ein Vorteil, was sich auch in der redensartlichen Bedeutung ausdrückt. Das Wort Zinseszins ist seit 1563 belegt und wohl nach dem Vorbild von *Helfershelfer* gebildet.

jmdm. etwas mit **Zins** und Zinseszins zurückzahlen/heimzahlen
1) *jmdm. mehr zurückgeben, als man selbst bekommen hat* [Wiedergutmachung]
2) *sich gehörig an jmdm. rächen* [Rache]
1) „Er hat mich früher einmal beruflich sehr gefördert, aber das habe ich längst mit Zins und Zinseszins zurückgezahlt."
2) „Die Gemeinheiten, die ich während der Lehrzeit ertragen muß, werde ich dem Meister einmal mit Zins und Zinseszins heimzahlen!"

jmdm. eine **zischen**
→ jmdm. eine **feuern**

mit **Zitronen** gehandelt haben (umg.)
[Vergeblichkeit]

etwas ist ein alter **Zopf**
→ das ist ein alter **Hut**

sich am eigenen **Zopf** aus dem Sumpf ziehen
sich durch eigene Kraft aus dem Unglück erheben [Selbsthilfe]
„Heute spricht man gerne von den großen Hilfeleistungen, die Amerika Deutschland nach dem 2. Weltkrieg gewährte. Meiner Meinung nach haben sich die Deutschen jedoch am eigenen Zopf aus dem Sumpf gezogen!"
Diese Redensart geht auf eine der Lügengeschichten des Freiherrn von Münchhausen (vgl.: verkehrte **Welt**) zurück: „Ein andres Mal wollte ich über einen Morast setzen, der mir anfänglich nicht so breit vorkam. Daher sprang ich zu kurz und fiel nicht weit vom anderen Ufer bis an den Hals in den Morast. Hier hätte ich unfehlbar umkommen müssen, wenn nicht die Stärke meines Armes mich an meinem eigenen Haarzopfe, samt dem Pferde, welches ich fest zwischen meine Knie schloß, wieder herausgezogen hätte."

die alten **Zöpfe** abschneiden
Veraltetes aufgeben, reformieren [Reform]
„Wir wollen jetzt im Betrieb die alten Zöpfe abschneiden und das alberne ‚Herr Direktor' sein lassen. Ab heute bin ich für die gesamte Belegschaft der Fritz!"
Das germanische Wort *Zopf* ist verwandt mit englisch *top* (Spitze, Gipfel) und in die romanischen Sprachen weitergegeben worden. Einer der Abkömmlinge ist beispielsweise das *Toupet.* Heute tragen nur noch Mädchen (gelegentlich) Zöpfe, aber im 18. Jh. war der Zopf die allgemeine Haartracht des Mannes. Er war zu dieser Zeit sowohl bei Soldaten als auch bei Zivilisten üblich, wobei die Bürger gerne Zopf und Perücke des Adels nachahmten. Nach der Französischen Revolution von 1789 wurde beides zum Sinnbild antiquierter Rückständigkeit und verfiel der Lächerlichkeit. Eine zeitgeschichtliche Bedeutung bekam das Abschneiden der alten Zöpfe zur Zeit der Militärreformen in Preußen, in deren Rahmen auch der Zopf der Soldaten (der sogenannte Musketierzopf) fallen mußte. Auch in den Bewegungen des Vormärz spielte das Abschneiden und Verbrennen der alten Zöpfe – etwa auf dem Wartburgfest 1817 – eine große symbolische Rolle. Der Zopf war den Reformern das Sinnbild des Absolutismus und des Feudalstaats. Von Konservativen allerdings wurde er bis ins 19. Jh. hinein getragen.

seinem Affen **Zucker** geben
→ seinem **Affen** Zucker geben

nicht von **Zucker** sein (umg.)
Regen (und andere Unbilden) ertragen können [Robustheit]
„Was macht es schon, wenn es anfängt zu regnen – schließlich ich bin ja nicht aus Zucker!"
Das altindische Wort *sakkara* ist über Persien und Arabien nach Europa gekommen. Spanisch *azúcar* und italienisch *zucchero* gelangen zusammen mit der Ware im 12. Jh. nach Deutschland, wo beides schnell bekannt wird (*Parzival* 50,16). Der süße Zukker wird redensartlich zum Gegensymbol des Bitteren und Scharfen, wie es sich etwa in *Galle* und *Wermut* manifestiert. Da süße Kunstwerke aus Zuckerguß natürlich nicht naß werden dürfen, hat sich die Redensart *nicht von Zucker sein* Ende des 19. Jh. ausbilden können.

mit **Zuckerbrot** und Peitsche vorgehen
mit Milde oder – wenn notwendig – Strenge handeln [Erziehung]
„Um diese verdorbene Klasse wieder auf Vordermann zu bringen, muß man mit Zukkerbrot und Peitsche vorgehen!"
Zuckerbrot ist ein älterer Name für süßes Gebäck. Es verlockt die Kinder dazu, sich gesittet aufzuführen, während die Peitsche notfalls für den nötigen Nachdruck sorgt. Diese sprichwörtliche Redensart ist erst seit dem 19. Jh. belegt.

etwas ist kein **Zuckerlecken**
→ etwas ist kein **Honiglecken**

zufliegen: jmdm. fliegt alles (nur so) zu
1) *jmd. lernt ohne Mühe* [Lernen]
2) *jmdm. gelingt alles ohne Mühe* [Erfolg]
1) „Viele Kinder müssen sich in der Schule quälen, aber unserem Sohn fliegt alles zu."
2) „Er ist erst dreißig Jahre alt und steht dennoch bereits an der Spitze seiner Partei. Worum andere schwer kämpfen müssen – ihm fliegt es einfach nur so zu!"
Diese seit dem 18. Jh. belegte Wendung bezieht sich darauf, daß man das Zufliegen eines Vogels als unverdientes Glück ansehen muß, weil man es nicht beeinflussen kann. Besonders bekannt ist auch die Variante: *jmdm. fliegen alle* ***Herzen*** *zu.*

einen guten **Zug** am Leibe haben (umg.)
viel und schnell (Alkohol) trinken können [Trinken]
„Auf dem Oktoberfest muß man einen guten Zug am Leibe haben, um die Maßkrüge nicht halbleer zurückgeben zu müssen. Immerhin faßt so ein Krug einen Liter Bier!"

kein schöner **Zug** von jmdm. sein
[Fehlverhalten]

der **Zug** ist abgefahren (umg.) (*der* betont)
es ist zu spät! [Verspätung]
„Mit deinen zweiunddreißig Jahren hast du dich jetzt endlich doch noch durchgerungen, Medizin zu studieren? Der Zug ist abgefahren! Diese Chance hattest du ja bereits vor zehn Jahren, ohne sie zu nutzen. Jetzt bist du zu alt!"
Diese Redensart stammt aus den Ansagen, mit denen in Bahnhöfen die Abfertigung der Züge kommentiert wird.

einen **Zug** durch die Gemeinde machen (umg.)
von Lokal zu Lokal ziehen (und sich betrinken) [Feier] [Alkoholgenuß]
„Wenn ich morgen bei der Prüfung gut abschneide, machen wir beide abends einen Zug durch die Gemeinde, und ich zahle alles!"
Zug stammt ab vom Verb *ziehen* und hat eine reiche Bedeutungsentfaltung erfahren. Zunächst meint es die Tätigkeit und den Vorgang des Ziehens einer Last, aber auch das Ziehen am Zügel, um das Pferd zu lenken. Schnell übernimmt das Wort allerlei Bedeutungen, in denen Bewegungen ausgedrückt werden sollen. Zu erwähnen sind etwa der Feldzug, der Vogelzug oder der Zug einer Figur im Spiel. Auf die Vorstellung des Sterbens als der *letzten Reise* bezieht sich die Redensart *in den letzten Zügen liegen*, die heute allerdings meist im Sinne von Atemzug gedeutet wird. Mit dem Spielzug vergleicht man eine kleinere, ununterbrochene Bewegung (in einem Zug) oder das Handeln allgemein (zum Zuge kommen; kein schöner Zug sein). Daher leitet sich die Wendung *etwas in vollen Zügen genießen*, deren erster Teil ursprünglich die besondere Intensität einer Handlung ausdrücken sollte. Der von der Lokomotive gezogene Eisenbahnzug ist als Fachwort der Eisenbahner erst im 19. Jh. unter Aufgreifen der älteren Bedeutungen hinzugekommen.

in einem **Zug(e)** (*einem* betont)
ohne abzusetzen
1) *arbeiten* [Kontinuität]
2) *trinken* [Trinken]
1) „Die Renovierung wird in einem Zug durchgeführt, sonst dauert sie zu lange."
2) „Er trank das Bierglas in einem Zug aus – schließlich war er sehr durstig!"

zum **Zuge** kommen/am **Zug(e)** sein
handeln können, eingesetzt werden
[Handeln]
„Wenn der Direktor jetzt in Kur fährt, kann endlich einmal sein Stellvertreter zum Zuge kommen und zeigen, was in ihm steckt."

aufeinander **zugehen**
sich bei Verhandlungen durch Kompromisse einigen [Kompromiß]
„Wenn die Russen und die Amerikaner bei den Abrüstungsverhandlungen nur aufeinander zugehen würden, anstatt sich wechselseitig nur Kriegslüsternheit zu unterstellen!" {Verhandlungsweg}

zugeknöpft sein
→ **Knöpfe** auf den Augen
[Verschlossenheit]

jmdm. die **Zügel** anlegen/jmdn. **zügeln**
→ jmdn. an der **Kandare** haben
[Disziplinierung]

die **Zügel** straff(er) anziehen
strengere Disziplin erzwingen [Strenge]
„Diese Klasse ist so verdorben, daß nur noch eines hilft: wir müssen die Zügel straffer anziehen!“
Redensarten mit Begriffen wie *Kandare, Zaum, Sattel* oder *Zügel* verweisen natürlich in den Bereich des Reitens. Die große Bedeutung des Pferdes in früheren Zeiten zeigt sich an der relativ großen Anzahl entsprechender Wendungen. Die Übertragung auf menschliche Verhältnisse beginnt bereits im Mhdt. Der Zügel bezeichnet dann die Herrschaft über andere, die dazu dient, das maßlose und verderbliche Tun zu deren Nutzen einzudämmen. Von hier aus bildete sich ein Gebrauch aus, der auch starke innere Affekte – wie etwa den Zorn –, daneben jedoch auch die Phantasie für das Bild des Zügelns zugänglich machte. Dazu trat schließlich der Begriff der *Zügellosigkeit*, der sich auf Exzesse jeder Art, insbesondere auch solche der Völlerei, bezieht. Besonders häufig ist auch die feste Formel *ungezügeltes Temperament.*

die **Zügel** in der Hand haben
→ die **Fäden** (fest) in der Hand haben
[Macht]

die **Zügel** lockern/lockerlassen
weniger streng sein [Nachsicht]
„Heute, am letzten Tag vor den Ferien, können wir die Zügel ruhig etwas lockerlassen, schließlich sind die Kinder ja nur noch mit Gewalt zu halten.“
Herkunft → die **Zügel** straffer anziehen

etwas/jmdm. die **Zügel** schießen/schleifen lassen
jmdn. sich ungehemmt entwickeln/gewähren lassen [Gewährenlassen]
„Es ist eine zutiefst ideologische Frage, ob der Staat der wirtschaftlichen Entwicklung die Zügel schießen lassen darf oder ob er eingreifen und lenken sollte.“
Herkunft → die **Zügel** straffer anziehen

in vollen **Zügen** genießen
ohne Einschränkungen genießen
[Genuß] [Intensität]
„Er hat das Leben in vollen Zügen genossen – deshalb hat er auch schon mit vierzig Jahren einen Herzinfarkt erlitten!“

in den letzten **Zügen** liegen
im Sterben liegen [Sterben]
„Der Bischof liegt in den letzten Zügen. Stündlich kann sein Tod eintreten.“
Die ältere Form der Redensart lautete *in Zügen liegen*, wobei das Antreten der letzten Reise – das Hinwegziehen ins Jenseits – gemeint war. Bereits Luther ergänzt jedoch die Redensart mit *letzten*, um eine nähere Beziehung zur letzten Reise zu schaffen. Offenbar war bereits seinen Zeitgenossen die alte Grundbedeutung undurchsichtig geworden, so daß die *letzten Züge* als die *letzten Atemzüge* des Sterbenden gedeutet werden konnten.

etwas ist (noch) **Zukunftsmusik**
etwas ist noch nicht real, aber für die Zukunft geplant [Zukunft]
„Um die Stadt soll später einmal ein Autobahnring führen, um die Innenstadt vom Durchgangsverkehr zu entlasten. Aber das ist noch Zukunftsmusik. Niemand weiß, wie das bezahlt werden soll.“
Das Wort *Zukunft* hatte im Mhdt. noch die Bedeutung von *Ankunft, räumliche Annäherung.* Die biblische Redeweise von der *Ankunft des Herrn* hat eine Bedeutungsentwicklung im zeitlichen Sinne eingeleitet, die sich erst im 18. Jh. zur heutigen Bedeutung des Begriffs verfestigt, wo als Zukunft der auf die Gegenwart als folgend gedachte Zeitraum bezeichnet wird. Die Neubildung *Zukunftsmusik* ist ein Kind des 19. Jh., wobei zunächst ganz konkret an die Formen der zukünftigen Musik gedacht wurde. Wie zu erwarten, gab es heftige Gegner und glühende Anhänger neuer musikalischer Ausdrucksformen. Der konservative Grillparzer etwa schrieb im Jahre 1856: „Habe die Hegelsche Philosophie überlebt, werd' auch die Zukunftsmusik überleben.“ Schließlich konzentrierte sich das Wort ganz auf die Musik von Richard Wagner, der es

auch selbst programmatisch als Titel gebrauchte (1861). Karl Marx schrieb darüber ironisch in einem Brief an Friedrich Engels: „Hier ist alles Zukunft, seit dem Getrommel der Zukunftsmusik in Bayreuth." (4, 382) Beinahe gleichzeitig mit seiner Entstehung wurde das Wort auch im übertragenen Sinne gebraucht.

zünden: bei jmdm. hat es gezündet (umg.)
→ jmdm. geht ein **Licht** auf
[Verstehen]

brennen wie **Zunder**
sehr leicht brennen [Feuer]
„Als der Blitz in die Hütte einschlug, brannte das darin eingelagerte Heu wie Zunder."
Das mit *zünden* verwandte Wort *Zunder* bezeichnet den sehr leicht entzündbaren Baumschwamm, der vor der Erfindung der Zündhölzer das Feueranfachen (mittels Glut, Feuerstein usw.) erleichterte. Das Sammeln des Zunders war ein eigener Beruf, auf den noch heute Namen wie *Zunderer* oder *Zundermann* hinweisen.

jmdm. (ordentlich) **Zunder** geben (umg.)
sich (mit Reden) heftig wehren
[Attackierung]
„Die Opposition hat in der Parlamentsdebatte einige ungeheuerliche Behauptungen über die Regierungspolitik aufgestellt. Aber der Regierungschef hat ihr daraufhin in seinem Beitrag ordentlich Zunder gegeben!"

jmd. würde sich eher die **Zunge** abbeißen (als daß er etwas sagt) (umg.)
jmd. sagt etwas Bestimmtes ganz gewiß nicht
[Schweigen]
„Mein Vater würde sich eher die Zunge abbeißen, als daß er meine Leistungen an der Universität loben würde. Er tut nach außen so, als sei alles ganz selbstverständlich."

sich (fast) die **Zunge** abbrechen (bei einem Wort)
ein (Fremd-)Wort nicht leicht aussprechen können [Sprachverhalten] [Schwierigkeiten]
„Zuerst glaubte ich, bei dem Namen Morciniec würde man sich die Zunge abbrechen, dabei ist er ganz einfach!"

sich (fast) die **Zunge** ausrenken (umg.)
pausenlos reden [Geschwätzigkeit]
„Der Vertreter hat sich fast die Zunge ausgerenkt, um mich von der Notwendigkeit einer weiteren Lebensversicherung zu überzeugen. Aber ich bin immer noch skeptisch, ob wir sie wirklich brauchen."

sich auf die **Zunge** beißen
ein Geheimnis bewahren [Schweigen]
„Sie biß sich auf die Zunge, um nicht die Geburtstagsüberraschung zu verraten, nach der Vater sie neugierig ausfragte."

die Angst bindet jmdm. die **Zunge**
jmd. kann vor Angst nicht sprechen [Angst] [Schweigen]
„Auf dem Polizeirevier war die vergewaltigte Frau nicht in der Lage, eine präzise Aussage über den Täter zu machen. Die Angst band ihr die Zunge."

etwas nicht über die **Zunge** bringen
→ etwas nicht über die **Lippen** bringen
[Schweigen]

jmdm. schwer von der **Zunge** gehen
(als Fremdsprache) nur schwer (aus-)gesprochen werden können [Sprachverhalten] [Schwierigkeiten]
„Den Deutschen geht das Chinesische zunächst schwer von der Zunge, weil es die Laute ganz ungewohnt bildet und einsetzt."

eine boshafte/böse/giftige **Zunge** haben
boshafte Reden führen [Boshaftigkeit]
„Die Nachbarin mit ihrer giftigen Zunge hat fast die gesamte Straße gegen unsere Kinder aufgewiegelt, bloß weil sie manchmal etwas Lärm machen."

eine falsche/gespaltene **Zunge** haben
Falsches sagen, lügen [Lüge]
„Du darfst deiner Sekretärin nicht länger vertrauen – ich glaube, sie hat eine gespaltene Zunge und wiegt dich in falscher Sicherheit!"

eine freche/lose **Zunge** haben
→ ein freches **Mundwerk** haben
[Unverschämtheit]

eine glatte **Zunge** haben
geschickt schmeicheln [Schmeichelei]
„Mit ihrer glatten Zunge hat sie sich bei Onkel Hermann eingeschmeichelt. Der hat ihr jetzt auch sein ganzes Vermögen vermacht!“

eine spitze/scharfe **Zunge** haben
→ jmdm. **Nadelstiche** versetzen
[Kränkung]

eine schwere **Zunge** haben
1) *nicht redegewandt sein* [Unbeholfenheit] [Reden]
2) *betrunken sein* [Alkoholgenuß] [Reden]
1) „Mit seiner schweren Zunge kann er unmöglich Vertreter werden!“
2) „Nach der dritten Flasche Wein hatte er eine schwere Zunge und lallte nur noch so vor sich hin.“

eine feine **Zunge** haben
→ kein **Kostverächter** sein
[Feinschmecker]

jmd. hat ein Wort auf der **Zunge**
→ etwas liegt jmdm. auf der **Zunge**
[Zurückhaltung]

seine **Zunge** im Zaum halten
vorsichtig sein mit dem, was man sagt
[Vorsicht] [Reden]
„Wenn du noch ein einziges Mal so etwas hinter meinem Rücken verbreitest, bekommst du es mit mir zu tun! Ich rate dir also: Halte deine Zunge im Zaum!“

die **Zunge** hängt einem zum Hals heraus
→ trockene/durstige **Lippen** haben
[Durst]

seine **Zunge** hüten
→ seine **Zunge** im Zaum halten

jmdm. klebt die **Zunge** am Gaumen
→ trockene/durstige **Lippen** haben
[Durst]

jmdm. die **Zunge** lähmen
etwas (meist Schreck) macht Sprechen unmöglich [Schreck] [Schweigen]
„Die überfallene Frau wollte um Hilfe rufen, aber der Schreck lähmte ihr die Zunge.“

seiner **Zunge** freien Lauf lassen
frei und ungehemmt reden [Offenheit]
„Auf dem Betriebsfest ließen die Firmenangehörigen erst dann ihrer Zunge freien Lauf, als die Firmenleitung gegangen war. Jetzt hatte plötzlich jeder eine Anekdote auf Lager, die auf Kosten der Chefs ging!“
Zwar ist die Zunge bedeutsam für die Geschmacksempfindung bei Essen und Trinken, eine herausragende redensartliche Rolle spielt sie jedoch nur als Organ der Lautbildung beim Sprechen. Hier tritt sie neben die Begriffe *Lippe* und *Mund*, deren Symbolik für den deutschen Sprachraum älter ist. Die abstrakte Anwendung von *Zunge* (Reden) erfolgt erst im 13. Jh. unter dem Einfluß lat. und franz. Vorbilder, und Luther verdanken wir die Einbeziehung antiker und geistlicher Bilder (vgl. etwa: mit **Engelszungen** reden). Redensartlich hat die Zunge verschiedene bildhafte Eigenschaften. Einmal gilt sie als Schwelle oder Schranke, welche das Wort überwinden muß (etwas nicht über die Zunge bringen). In einem anderen Bild sitzt oder liegt das Wort auf der Zunge (etwas auf der Zunge haben), und man muß sie *hüten* oder *im Zaum halten* bzw. ihr *freien Lauf lassen*. Die vielen festen Beiwörter (wie: *giftig, scharf, schwer, falsch*), die zu *Zunge* treten können, stekken ein weites Panorama von Arten des Sprechens ab. Es reicht von der Boshaftigkeit und Lüge bis zur Frechheit und Betrunkenheit. Die Zunge führt hier gewissermaßen ein Eigenleben, für das ihr Besitzer nicht ganz verantwortlich zu machen ist. Daher kann sie auch isoliert gesehen bestraft werden: In volkstümlichen mittelalterlichen Darstellungen wird dem Spitzzüngigen die Zunge abgeschliffen, und das alte deutsche Recht sah bei Meineid die Strafe des Abschneidens der Zunge vor bzw. das Nageln der Zunge an den Pranger. Das erinnert auch an die *gespaltene Zunge* des Lügners und der Schlange.

jmdm. etwas auf die **Zunge** legen
→ jmdm. etwas in den **Mund** legen
[Suggestion] [Zuschreibung]

etwas liegt jmdm. auf der **Zunge**
1) *etwas fällt jmdm. nicht gleich ein (obwohl er es weiß)*
[Erinnerung] [Schwierigkeiten]
2) *etwas sagen wollen, es dann aber zurückhalten/unterdrücken* [Zurückhaltung]
1) „Die Hauptstadt Australiens? Candela, Canetti oder so etwas. Es liegt mir auf der Zunge, aber ich glaube, wir müssen nachschauen!"
2) „Mir lag schon das Wort ‚Idiot' auf der Zunge, aber dann erinnerte ich mich noch rechtzeitig daran, daß er ja mein Vorgesetzter war."

jmdm. die **Zunge** lösen
1) *jmdn. durch Alkohol zum Sprechen bringen* [Alkoholgenuß] [Reden]
2) *jmdn. durch Gewalt zum Sprechen bringen* [Gewaltanwendung] [Reden]
1) „Sonst redet Onkel Rudi nicht besonders viel, aber heute hat ihm der gute Wein die Zunge gelöst."
2) „Die Folterer des Mittelalters kannten vielerlei grausame Mittel, um den angeblichen Hexen die Zunge zu lösen."

mit einer **Zunge** reden (*einer* betont)
mehrere sind sich einig und vertreten ihre Meinung nach außen [Einigkeit]
„Der Betriebsrat muß vor den Bossen mit einer Zunge reden, wenn was erreicht werden soll. Wenn man unsere Uneinigkeit bemerkt, wird man uns gegeneinander ausspielen."

sich die **Zunge** verbrennen
→ sich den **Mund** verbrennen

sich etwas auf der **Zunge** zergehen lassen
1) *etwas genießerisch schmecken*
[Feinschmecker]
2) *Worte/Verse genießerisch aussprechen/wiederholen* [Genuß] [Reden]
1) „Der Feinschmecker ließ sich die Wachtelbrust auf der Zunge zergehen. Der Hunger in der Welt war ihm jetzt gleichgültig."
2) „Unvermutet hatte er sie um ihre Hand gebeten. Noch als er längst gegangen war, ließ sie seine Worte immer wieder auf der Zunge zergehen: ‚Sei mein!'"

böse **Zungen** behaupten
böswillige Verleumder sagen [Verleumdung]
„Böse Zungen behaupten, er habe seine Frau nur ihrer Mitgift wegen geheiratet. Jedenfalls scheint die Ehe nicht besonders glücklich zu sein!"

etwas mit tausend **Zungen** predigen
→ etwas mit **Engelszungen** predigen
[Eindringlichkeit]

das **Zünglein** an der Waage sein
→ das Zünglein an der **Waage** sein

jmdm. (gerade) (gut/sehr) **zupaß** kommen
gerade im richtigen Moment kommen/nützen [Nützlichkeit]
„Die Sitzung haben wir auf 16 Uhr verschoben? Das kommt mir sehr zupaß. Meine Vorlage ist nämlich noch nicht fertig!"
Das lat. *passus* (Schritt) ist auf verschiedene Arten ins Deutsche übertragen worden. So ist etwa das franz. *le pas* (der Schritt) in das Niederländische im Sinne von *rechtes Maß* eingedrungen. Daraus entwickelte sich die Bedeutung *angemessener Zustand*. Aus niederländisch *te pas* bildete sich im 16. Jh. das deutsche *zupaß/zupasse*. Es stellte sich zu älteren Übernahmen von *passus* seit dem 13. Jh, nämlich zu *passen* (angemessen/gelegen sein) und dessen Ableitung *unpäßlich*, sowie zu *passieren* (Grundbedeutung: *vorbeikommen*), das heute meist im Sinne von *sich ereignet haben* gebraucht wird (Es ist etwas passiert!). Weil der Blick sich auf das Vorübergehende richtet, entwickelte sich die Form aufpassen aus der Konstruktion *auf etwas passen* (auf etwas achten). Von einem Spieler, der eine Spielrunde aussetzt, sagt man ebenfalls, „er paßt".

(in einer Angelegenheit) **zurückstecken** müssen (umg.)
eigene Vorstellungen/Wünsche wegen anderer nicht realisieren können (und deshalb leiden) [Rücksichtnahme]

„Als Mutter von fünf Kindern muß man öfter zurückstecken, als einem lieb ist. Die Kinder gehen halt immer vor!"
Diese Redensart geht auf das Pflügen des Ackers zurück. Mit einem Stellpflock konnte man die Tiefe bestimmen, mit der die Pflugschar in die Erde eindrang. Je tiefer man pflügt, desto vorteilhafter ist dies für die Lockerheit des Bodens. Wenn die Zugtiere jedoch den Pflug nicht ganz tief durch den Boden zu ziehen vermochten, so mußte der Bauer *einen Pflock zurückstecken*. Dadurch wurde zwar die Pflugtiefe verringert, aber der Vorgang als solcher konnte weitergehen. Die übertragene Bedeutung der Redensart ist seit dem 17. Jh. belegt.

sich etwas nicht **zusammenreimen** können (umg.)
→ sich keinen **Vers** auf etwas machen können
[Nichtverstehen]

jmdm. etwas **zuschanzen** (umg.)
→ sein Leben für jmdn. in die **Schanze** schlagen
[Unterstützung]

jmdm. etwas **zuschustern** (umg.)
jmdn. (heimlich/halb illegal) mit Vorteilen/Geld unterstützen [Unterstützung]
„Die Familie kommt finanziell nur über die Runden, weil die Oma stets etwas von ihrer kleinen Rente zuschustert."
Der Schuster hatte früher kein besonderes Ansehen, weil er sich vorwiegend mit Flickarbeit beschäftigte und recht wenig verdiente. Das heute ungebräuchliche Verb *schustern* hatte geradezu die Bedeutung *Geld einbüßen*, und *Geld einschustern* bedeutete: *Geld in ein Unternehmen stecken und verlieren*. Daraus entstand *zuschustern* im heutigen Sinne.

das ist doch kein **Zustand**! (umg.)
das muß geändert werden!
[Unerträglichkeit]
„Ihr lebt jetzt schon fünf Jahre in wilder Ehe zusammen – das ist doch kein Zustand! Denkt doch mal an die Kinder und vorallem an die Steuer"

Zustände kriegen/bekommen (umg.)
sich aufregen [Erregung]
„Wenn man an die Verschwendung unserer Steuergelder denkt, könnte man manchmal glatt Zustände kriegen!"
Das erst im 17. Jh. hervortretende Wort *Zustand* ist eine Ableitung des Verbs *zustehen* mit der rechtlichen Bedeutung *jmdm. gehören*. Ein Zustand ist also im Grundsinne eine Eigenschaft oder Befindlichkeit sowohl von Menschen als auch von Sachen (guter/schlechter Zustand). Goethe setzt den Plural Zustände durch, der die Vielfalt und Unbestimmtheit komplexer Phänomene wiedergeben soll, und unterscheidet auch zwischen äußeren und inneren (seelischen) Zuständen. Von hier gewinnt der Begriff eine besondere Gefühlsbetonung, die sich auch in der Redensart ausdrückt.

jmdm. ist/wird alles **zuviel**
1) *jmd. ist faul* [Faulheit]
2) *jmdn. strengt alles zu sehr an* [Schwäche]
1) „Unserem Sohn ist alles zuviel. Deshalb will er jetzt sogar von der Schule abgehen und sich mit Jazzmusik durchschlagen."
2) „Es macht keine Spaß mehr, mit unserem alten Vater einen Ausflug zu machen. Ihm wird immer gleich alles zuviel, und er will wieder nach Hause."

man könnte (glatt) **zuviel** kriegen (wenn...) (umg.)
es könnte einem beinahe übel werden/man könnte fast verrückt werden [Ekel]
„Man könnte glatt zuviel kriegen, wenn man sich die Reden mancher Politiker anhört."

so sicher, wie **zwei** mal zwei vier ist
→ so sicher wie das **Amen** in der Kirche
[Gewißheit]

dazu gehören immer noch **zwei**! (umg.)
das geht nur, wenn ich auch will/mitmache
[Minimum]
„Ich habe vor, Doris zu heiraten." „Hast du sie denn schon einmal gefragt, ob sie auch will? Dazu gehören nämlich immer noch zwei, mein Lieber!"

zwei Fliegen mit einer Klappe schlagen
→ zwei **Fliegen** mit einer Klappe schlagen

eine **Zweierkiste** beginnen
→ eine **Beziehungskiste** beginnen
[Flirt]

auf keinen grünen **Zweig** kommen (umg.)
keinen Erfolg haben [Erfolglosigkeit]
„Weil er weder fleißig noch sparsam ist, wird er wohl im Leben auf keinen grünen Zweig kommen."
Der grüne, sprießende Zweig ist natürlich per se ein Sinnbild des Wachstums und Gedeihens. Man hat zur Erklärung dieser Redensart wohl vielleicht auch an den alten Rechtsbrauch zu erinnern, wonach dem Käufer eines Grundstücks vom Vorbesitzer ein Stück Rasen mit einem hineingesteckten Zweig – beides vom übereigneten Grundstück – überreicht wurde. Die Redensart ist seit dem 15. Jh. belegt, der Rechtsbrauch selbst bis ins 17. Jh.

sich etwas nicht **zweimal** sagen lassen
sofort zustimmen, sofort einen Rat befolgen [Unmittelbarkeit]
„Als zur heißen Schlacht um das kalte Buffet gerufen wurde, ließen sich das die Gäste nicht zweimal sagen und stürzten los."

das **zweite** Gesicht haben
→ das zweite **Gesicht** haben

mein **zweites** Ich
→ mein besseres **Ich**

zur **zweiten** Natur werden
→ zur zweiten **Natur** werden

in einer **Zwickmühle** stecken (umg.)
in einer schwierigen/ausweglosen Lage sein [Ausweglosigkeit]
„Als Gewerkschaftsvertreter stecke ich ständig in einer Zwickmühle, weil ich die Interessen der Arbeitnehmer mit denen der Arbeitgeber unter einen Hut bringen muß."
Die Zwickmühle ist eine besondere Stellung der Steine im Mühlespiel, die darin besteht, daß ein Spieler mit jeweils einem Zug gleichzeitig eine Mühle schließt und eine andere eröffnet. Vom Spielgegner aus gesehen ist diese Stellung das Ende, denn er hat so gut wie verloren. Die Redensart ist seit dem 15. Jh. belegt. Die Zwickmühle ist übrigens eigentlich eine Zwei- oder Zwiemühle, weil die Vorstellung der Doppeltheit zwingend zur Gesamtbedeutung gehört. *Zwei-* und *Zwick-* sind hier ineinander übergegangen, weil es auch noch die Form *verzwickt* (verworren, undurchsichtig, gefährlich) gibt, die auf das alte Verb *verzwicken* verweist.

Anhang I: Leitbegriffregister

Abgelegenheit
- am **Arsch** der Welt
- hier ist die Welt mit **Brettern** vernagelt
- am **Ende** der Welt
- wo sich **Fuchs** und Hase gute Nacht sagen
- **j**.w.d.
- in der **Pampa**
- zu weit vom **Schuß** sein

Abgeschiedenheit
- im stillen **Kämmerlein**

Abhängigkeit
- die **Beine** unter jmds. Tisch st(r)ecken
- in jmds. **Fahrwasser** geraten
- auf **Gedeih** und Verderb
- in jmds. **Gewalt** sein/stehen
- in jmds. **Klauen** geraten.
- an jmds. **Rockzipfel** hängen
- im **Zeichen** von etwas stehen

Ablehnung (vgl. auch: Abweisung, Abneigung, Widerstand, Weigerung, Zurückweisung)
- etwas **ausschlagen**
- für etwas nicht zu **haben** sein
- sein greises **Haupt** schütteln
- jmdm. einen **Korb** geben
- jmd./etwas ist nicht meine **Kragenweite**
- du kannst mich mal **kreuzweise**
- bei jmdm. (mit etwas) nicht **landen** können
- ich wüßte nicht, was ich **lieber** täte!
- das ist ja der (reine/reinste) **Mord**!
- jmdm. etwas **pusten**
- es ist mir nicht **recht**
- von etwas/davon kann gar keine **Rede** sein!
- etwas **rundweg** ablehnen/abschlagen/verneinen
- etwas **schlankweg** ablehnen
- das wäre ja noch **schöner**!
- darüber kann man mit ihm nicht **sprechen**
- kommt (gar) nicht in die **Tüte**!
- nicht ums **Verrecken**!
- sich nicht dazu **verstehen**, etwas zu tun
- **weggehen**: geh mir weg mit (etwas)
- nicht um alles in der **Welt**
- von jmdm./etwas nichts **wissen** wollen
- mach keine (faulen) **Witze**!

Abmagerung
- vom **Fleisch** fallen

Abmilderung
- eine bittere **Pille** versüßen

Abnahme
- die **Reihen** lichten sich

Abneigung (vgl. auch: Abweisung, Weigerung, Zurückweisung)
- etwas/jmdn. nicht **ausstehen** können
- **fressen:** etwas/jmdn. gefressen haben
- kein (großer) **Freund** von etwas/jmdm. sein
- den habe ich **gefressen**
- etwas **gegen** jmdn. haben
- das hab ich **gern**!
- jmdm. nicht **grün** sein
- jmdn./etwas auf dem **Kieker** haben
- bei jmdm. (mit etwas) nicht **landen** können
- sich nichts/nicht viel/wenig aus jmdm./etwas machen
- jmdm. (schwer) im **Magen** liegen
- jmdn. auf den **Mond** schießen wollen
- er kann mir (mal) im **Mondschein** begegnen
- seine **Nase** gefällt mir nicht
- jmdn. nicht **riechen** können
- jmdn./etwas **satt** haben
- etwas nicht mehr **sehen** können
- auf jmdn. nicht gut zu **sprechen** sein
- jmdm. gegen den **Strich** gehen
- etwas fürchten wie der **Teufel** das Weihwasser
- jmdn./etwas auf den **Tod** nicht ausstehen
- für jmdn./etwas nichts/nicht viel **übrig** haben

Abreagieren
- sein **Mütchen** an jmdm. kühlen

Abscheu
- da möchte ich nicht **begraben** sein
- bei/von etwas kann einem (ganz) **schlecht** werden
- die **Schnauze** (gestrichen) voll haben
- jmdm. in tiefster **Seele** verhaßt/zuwider sein

Abschluß
- etwas zu den **Akten** / ad acta legen
- unter **Dach** und Fach
- **fix** und fertig sein
- jmdn. auf die **Menschheit** loslassen

Abschreckung
- ein Exempel statuieren

Absetzung
- zu **Fall** bringen

Abwarten
- (erst) sehen, wohin der **Hase** läuft
- abwarten und **Tee** trinken!
- sehen, wie der **Wagen** läuft

Abwechslung
- bunte **Reihe** machen

Abweichung
- auf ein falsches **Gleis** geraten
- aus der **Reihe** tanzen/fallen

Abweisung (vgl. auch: Ablehnung, Abweisung)
- das geht dich einen feuchten **Dreck** an!
- aber sonst geht's dir **gut**?
- jmdm. **heimgeigen**
- jmdn. **kalt** ablaufen lassen
- das geht dich einen **Käse** an!
- mach doch deinen **Kram** alleine!
- faß dich an deiner eigenen **Nase**!
- nur kein **Neid**!
- du hast vielleicht **Nerven**!
- vor verschlossene **Türen** kommen

Abwendung
- jmdm./einer Sache den **Rücken** kehren/zuwenden

Abwertung

seine **Glossen** machen
Abwesenheit
durch **Abwesenheit** glänzen
nur im **Geist(e)** teilnehmen
jmd. soll hingehen/bleiben, wo der **Pfeffer** wächst
die **Schule** schwänzen
Achtung
etwas **hochhalten**
Adel
blaues **Blut** haben
Aggression
absehen: es auf etwas abgesehen haben
jmdm. **dumm** kommen
jmdn. ansehen, als wollte man ihn **fressen**
wie zwei **Hähne** aufeinander losgehen
handgreiflich werden
jmdm. auf die **Hörner** nehmen
jmdm. an den **Karren** fahren
jmdm. an den **Kragen** wollen
jmdm. ans **Leder** wollen
mit dem **Säbel** rasseln
mit den **Waffen** klirren
jmdn. an den **Wagen** fahren
Ähnlichkeit
die gleichen sich wie ein **Ei** dem anderen
jmdm. wie aus dem **Gesicht** geschnitten sein
aufs **Haar** gleichen
wie er **leibt** und lebt
vom gleichen **Schlag**
Ahnung
sich etwas an den fünf **Fingern** abzählen können
das dunkle **Gefühl** haben
ein ungutes **Gefühl** haben
das **Gras** wachsen hören
wissen, wie die **Karten** fallen
in der **Luft** liegen
eine gute **Nase** für etwas haben
einen guten/den richtigen **Riecher** haben
schwanen: mir schwant etwas
einen sechsten **Sinn** (für etwas) haben
eine innere **Stimme**
wissen, was einem blüht
Aktivierung
jmdn. aus der **Reserve** locken
etwas ins **Rollen** bringen/ins **Rollen** kommen
der **Stein** kommt ins Rollen
Aktivität
rangehen wie **Blücher**
immer ran an die **Buletten**!
jmdn. zuckt es in den **Händen**
rangehen wie **Hektor** an die Buletten
einer Sache zu **Leibe** rücken
loslegen
unter **Strom** stehen
Aktualität
ein heißes **Eisen**
zur **Zeit**
Akzeptanz
auf fruchtbaren **Boden** fallen
das läßt sich **hören**!
ehe ich mich **schlagen** lasse
Akzeptieren
einleuchten: etwas leuchtet jmdm. ein
auf jmds. **Wort(e)** hören
Alkohol
etwas hat's in sich
scharfe **Sachen**
Alkoholgenuß (vgl. auch: Trunkenheit)
sich einen hinter die **Binde** gießen
einen zur **Brust** nehmen
saufen wie ein **Bürstenbinder**
einen **draufmachen**
eine **Fahne** haben
jmdn. **fertigmachen**
zur **Flasche** greifen
sich einen zu **Gemüte** führen
sich einen **genehmigen**
einer Flasche den **Hals** brechen
einen **heben**
sich die **Kehle** anfeuchten/schmieren/ölen
einen **kippen**
einen auf die **Lampe** gießen
wie ein **Loch** trinken/saufen
sich die **Nase** begießen
einen **Stiefel** vertragen können
einen **Zug** durch die Gemeinde machen
eine schwere **Zunge** haben
jmdm. die **Zunge** lösen
Alleinsein
allein auf weiter **Flur**
stellen: ganz auf sich (alleine) gestellt sein
Alltag
der graue **Alltag**
in der **Tretmühle** sein
Alter
ein biblisches **Alter**
Jahre auf dem **Buckel** haben
ein bemooster **Bursche**
(noch recht) gut **erhalten** sein
jenseits von **Gut** und Böse sein
in die **Jahre** kommen
bei jmdm. rieselt (bereits) der **Kalk**
ein alter **Knacker**
ein spätes **Mädchen**
alt wie **Methusalem**
ein älteres **Semester**
auf seine alten **Tage**
von Anno **Tobak** stammen
der **Zahn** der Zeit
Alternative
mehrere (viele/zwei) **Eisen** im Feuer haben
jmdm. stehen viele **Wege** offen
Ambivalenz
ein zweischneidiges **Schwert**
Andeutung
etwas durch die **Blume** sagen
etwas **durchblicken** lassen
etwas hat so seine **Gründe**
jmdn. etwas zu **verstehen** geben
zwischen den **Zeilen** lesen
Aneignung
sich etwas/jmdn. an **Land** ziehen

alle seine **Künste** spielen lassen
das **Menschenmögliche** tun
arbeiten wie ein **Pferd**
alle **Register** ziehen/spielen lassen
sich in die **Riemen** legen
sich am **Riemen** reißen
es geht **rund**
(ganz) andere **Saiten** aufziehen
das ist ihm nicht in den **Schoß** gefallen
im **Schweiße** seines Angesichts
arbeiten wie ein **Stier**

Antwort
eine **Retourkutsche** fahren
jmdm. nichts **schuldig** bleiben

Appell
jmdn. bei seiner **Ehre** packen

Appetit
etwas kitzelt den **Gaumen**
jmdm. den **Mund** wässerig machen
das **Wasser** läuft mir im Mund zusammen
lange **Zähne** kriegen

Arbeit (vgl. auch: Anstrengung)
sich die **Ärmel** hochkrempeln
den **Augiasstall** ausmisten
auf den **Beinen** sein
sich sein **Brot** verdienen
sich die **Finger** schmutzig machen
alle **Hände** voll zu tun haben
eine wahre **Herkulesarbeit**
jmdn. tüchtig ins **Joch** spannen
sich **krummlegen**
eine wahre **Sisyphusarbeit**
(arbeiten/schuften) daß die **Späne** fliegen
sich zu **Tode** arbeiten/lachen/langweilen
in der **Tretmühle** sein

Arbeitslosigkeit
stempeln gehen
auf der **Straße** sitzen

Arbeitspause
Schicht machen
keinen **Strich** mehr tun/arbeiten

Ärger
sich **schwarz** ärgern

Ärgernis
Stein des **Anstoßes** sein
jmdm. ein **Dorn** im Auge sein
ein **Pfahl** im Fleisch sein
auf jmdn. wirken wie ein rotes **Tuch**

Argumentation
ein (durch-)schlagendes **Argument**
ein stichhaltiges **Argument**
ins **Feld** führen
das **Für** und Wider
ins **Gefecht** führen
grobes/schweres **Geschütz** auffahren
einen **Haken** schlagen
sich **heiß** reden
geistige **Klimmzüge** machen
die **Klingen** kreuzen
eine scharfe **Klinge** führen
all sein **Pulver** verschossen haben
ein schwacher **Punkt**
scharf schießen
etwas ins **Treffen** führen

Argwohn (vgl. auch: Mißtrauen)
mir kannst du viel **erzählen**
seinen **Ohren** nicht trauen (wollen)

Armut
trockenes **Brot** essen müssen
mit leeren **Händen** zurückkommen/dastehen
keinen (lumpigen) **Heller** mehr haben/besitzen
kein (ganzes) **Hemd** mehr am Leib haben
bei jmdm. ist nicht viel zu **holen**
knapp/schlecht bei **Kasse** sein
arm wie eine **Kirchenmaus**
das **Kleingeld** ist jmdm. ausgegangen
weder **leben** noch sterben können
das nackte **Leben** fristen
von der Hand in den **Mund** leben
nicht auf **Rosen** gebettet sein
ein **Schattendasein** fristen
ein armer **Schlucker**
bei jmdm. ist **Schmalhans** Küchenmeister
keine großen **Sprünge** machen können
stellen: schlecht gestellt sein
auf dem **Zahnfleisch** gehen/laufen

Arroganz
hochgestochen
jmdn. von **oben** herab ansehen/behandeln

Attackierung
jmdm. (ordentlich) **Zunder** geben

Aufbau
etwas auf die **Beine** stellen
etwas auf der grünen **Wiese** errichten

Aufbauschung (vgl. auch: Aufsehen)
viel **Aufhebens** von etwas machen
viel/großes **Brimborium** um etwas machen
eine große **Geschichte** aus etwas machen
an die große **Glocke** kommen
eine **Haupt**- und Staatsaktion aus etwas machen
viel von sich **hermachen**
etwas **hochspielen**
Hokuspokus machen
aus einer **Mücke** einen Elefanten machen
Schaum schlagen
ein **Sturm** im Wasserglas
viel **Tamtam** um/wegen etwas machen
Theater machen/spielen/aufführen
wegen etwas (viel/ein großes) **Trara** machen
viel **Wesens** machen von/um etwas
viel **Wind** um etwas machen
viel/einen großen **Wirbel** (um etwas) machen

Aufbegehren
wider den **Stachel** löcken

Aufdringlichkeit
jmdn. **festnageln**
wie eine **Klette** an jmdm. hängen/kleben/haften
jmdm. **Löcher** in den Bauch fragen
jmdn. dumm von der **Seite** anreden/anquatschen

Aufenthalt
hängenbleiben

Auffälligkeit

  - jmdm. Angst **einflößen**
  - jmdn./etwas in den **Grundfesten** erschüttern
  - die **Muskeln** spielen lassen
- Beeilung
  - **Gas** geben
  - **machen:** nun mach schon
  - auf die **Tube** drücken
  - **werden**: na, wird's bald!
  - einen **Zahn** zulegen
  - es ist hohe/höchste **Zeit**
  - keine **Zeit** verlieren (dürfen)
- Beeinflussung
  - jmdm. einen **Floh** ins Ohr setzen
- Beeinträchtigung
  - jmdm. die **Schau** stehlen
  - jmdn. an die **Wand** spielen
- Beendigung (vgl. auch: Ende)
  - sich einen guten **Abgang** verschaffen
  - der **Bart** ist ab
  - es bei/mit etwas **bewenden** lassen
  - jmdm. den **Geldhahn** zudrehen
  - jmdm./etwas den **Gnadenstoß** geben
  - eine Angelegenheit zu **Grabe** tragen
  - laß es **gut** sein
  - jmdm. den **Hahn** zudrehen
  - das bricht ihm den **Hals**!
  - jmdm. das **Handwerk** legen
  - jmdm. den ganzen **Kram** vor die Füße werfen/ hinschmeißen
  - auf den **Nullpunkt** sinken
  - jetzt ist der **Ofen** aus!
  - zu **Potte** kommen mit etwas
  - (mit jmdm.) **quitt** sein
  - jmd. hat seine **Rolle** ausgespielt
  - jmdm./einer Sache den **Rücken** kehren/zuwenden
  - etwas über die **Runden** bringen
  - den/einen **Schlußpunkt** unter/hinter etwas setzen
  - genug des grausamen **Spiels**
  - zu **Stuhl(e)** kommen mit etwas
  - die **Tafel** aufheben
  - reinen **Tisch** machen
  - jmdm./etwas den **Todesstoß** versetzen
  - jmds. letzter **Weg**
  - etwas aus der **Welt** schaffen
  - sich in **Wohlgefallen** auflösen
  - den **Zapfenstreich** blasen
  - die längste **Zeit**
- Beerdigung
  - jmds. letzter **Weg**
- Befähigung
  - **geben**: es ist jmdm. nicht gegeben
- Befinden
  - wie stehen die **Aktien**?
  - **fehlen:** wo fehlt's denn?
  - **gehen**: wie geht's (wie steht's)?
  - **haben**: was hast du (denn)?
  - etwas frißt an jmds. **Leber**
  - mit jmdm. ist etwas **los**
- Befragung
  - jmdm. die **Seele** aus dem Leib fragen
  - jmdm. die **Würmer** aus der Nase ziehen
- Befreiung
  - das **Joch** abschütteln
  - die/seine **Ketten** abwerfen/sprengen/zerreißen
  - jmdn. **loseisen**
- Befreiungsversuch
  - an seinen **Ketten** rütteln
- Begabung
  - eine **Ader** für etwas haben
  - etwas im kleinen **Finger** haben
  - ein guter **Kopf** sein
  - **Musik** im Blut haben
  - ein **Sonntagskind** sein
  - jmd. hat das **Zeug** zu etwas/dazu
- Begegnung
  - jmdm. in die **Arme** laufen
  - jmdm. vor die **Füße** laufen
  - jmdm. in die **Quere** kommen
  - jmdm. über den **Weg** laufen
- Begeisterung
  - **Blut** lecken
  - (leicht) **Feuer** fangen
  - **Feuer** und Flamme sein für etwas/jmdn.
  - der **Funke** ist übergesprungen
  - mit **Handkuß**
  - leichten **Herzens** etwas tun
  - **hinsein**
  - mit **Leib** und Seele bei der Sache sein/dabeisein
  - von ganzer **Seele**
  - mit Leib und **Seele**
  - das ist **stark**!
  - ein **Sturm** der Begeisterung
  - (ganz) **wegsein** von etwas/jmdm.
  - das ist 'ne **Wolke**!
  - das ist 'ne **Wucht**!
- Begierde
  - sein **Herz** an jmdn./etwas hängen
  - das **Maul**/das **Mäulchen** nach etwas spitzen
  - wie die **Motten** ums Licht fliegen/schwärmen
  - **scharf** sein auf jmdn./etwas
- Beginn (vgl. auch: Start)
  - etwas in **Angriff** nehmen
  - eine Sache **anzetteln**
  - etwas aus der **Erde** stampfen
  - das **Feuer** eröffnen
  - in **Gang** kommen
  - den **Grundstein/Grundstock** zu etwas legen
  - den **Keim** zu etwas legen
  - auf **Kiel** legen
  - noch in den **Kinderschuhen** stecken
  - na, **schieß** mal los!
  - den ersten **Schritt** tun
  - an der **Schwelle** von etwas stehen
  - die **Stunde** Null
  - aus der **Taufe** heben
  - etwas in die **Wege** leiten
  - noch in den **Windeln** stecken
  - (na), dann **wollen** wir mal!
- Begleitung
  - jmdn. im **Schlepptau** haben
- Begrenzung
  - sich in engen **Grenzen** halten

Beschwörung
- male doch nicht (gleich) den **Teufel** an die Wand!

Beseitigung
- dran **glauben** müssen
- etwas/jmdn. aus dem **Weg** räumen
- etwas aus der **Welt** schaffen
- (das Übel/etwas) an der **Wurzel** packen

Besinnung
- bei sich **Einkehr** halten

Besitz
- etwas in die **Finger** kriegen
- **Geld** und Gut
- **Grund** und Boden
- **Hab** und Gut
- in fester **Hand** sein
- **Haus** und Hof
- **pachten**: etwas für sich gepachtet haben
- mit Sack und **Pack**
- etwas in der **Tasche** haben

Besitzergreifung
- seine **Hand** auf etwas legen
- jmdm. in die **Hände** fallen
- etwas in die **Krallen** bekommen

Besitzerwechsel
- durch viele **Hände** gehen
- in andere **Hände** übergehen

Besonderheit
- die **Pointe** der Sache/dabei
- der (ganze) **Witz** bei der Sache/dabei

Besonnenheit
- einen kühlen/klaren **Kopf** bewahren

Besorgtheit
- jmdm. ist **flau** (im Magen)
- mit **Hangen** und Bangen

Besorgung
- jmdm. einen **Weg** abnehmen

Bespitzelung
- die Wände haben **Ohren**

Besserwisser
- **neunmalklug** sein

Beständigkeit
- die **Fahne** hochhalten

Bestechlichkeit
- eine hohle **Hand** haben/machen

Bestechung
- jmdn. **schmieren**
- mit der **Wurst** nach der Speckseite werfen

Bestürzung
- **erleben**: hat man so etwas schon erlebt?
- **Gott** behüte/bewahre!
- ach du lieber **Himmel**
- um **Himmels** willen
- ach du grüne **Neune**!
- da bin ich **sprachlos**!
- um alles in der **Welt**!
- mir fehlen die **Worte**
- ich finde keine **Worte**
- da fehlen mir die **Worte**!

Besuch
- welch ein **Glanz** in meiner Hütte
- jmdm. ins **Haus** platzen/schneien
- einander die **Klinke** in die Hand geben
- sich **sehen** lassen
- auf einen **Sprung** vorbeikommen

Beteiligung
- seine **Hände** im Spiel haben
- irgendwo **mitmischen**
- mit von der **Partie** sein
- seine Hand im **Spiel** haben
- mit im **Spiel(e)** sein
- jmdn./etwas ins **Spiel** bringen

Beteuerung
- da kannst du **Gift** darauf nehmen

Betroffenheit
- etwas **schwernehmen**

Betroffensein
- wenn du dir diesen **Schuh** anziehst, (dann wird er dir wohl auch passen)!

Betrug (vgl. auch: Täuschung)
- auf **Bauernfang** gehen
- einen (großen) **Coup** landen
- sich mit fremden **Federn** schmücken
- jmdm. das **Fell** über die Ohren ziehen
- mit gezinkten **Karten** spielen
- jmdn. **leimen**
- **Lug** und Trug
- reine/alles nur **Mache**!
- auf einer **Masche** reiten/reisen
- jmdn. auf die **Matte** legen
- jmdn. übers **Ohr** hauen
- ein blinder **Passagier** sein
- da schaut der **Pferdefuß** raus
- auf eine **Tour** reisen
- (alles) fauler **Zauber**!

Betrüger
- ein sauberer **Ehrenmann**

Betrügerei
- jmdn. für **dumm** verkaufen
- jmdn. **lackieren**
- jmdn. auf den **Leim** locken/führen
- jmdn. hinters **Licht** führen
- jmdn. über den **Löffel** barbieren/balbieren

Beunruhigung
- jmdm. schlaflose **Nächte** bereiten

Bevormundung
- jmdn./etwas am **Bändel** haben
- jmdn. am **Gängelband** führen
- jmdn. an die **Kette** legen
- das ist nichts für kleine **Kinder**!
- jmdn. unter **Kuratel** stellen
- jmdn. **kurzhalten**

Bevorzugung
- jmdm. eine **Extrawurst** braten
- vor/bei/in etwas die **Vorhand** haben

Bewaffnung
- bis an die **Zähne** bewaffnet sein

Bewährung
- die **Feuerprobe** bestehen
- seinen **Mann** stehen
- ins kalte **Wasser** springen
- sich den **Wind** um die Nase wehen/um die Ohren pfeifen lassen

Bewahrung
    etwas (im Bild) **festhalten**
Bewältigung
    wir werden das **Kind** schon schaukeln!
    mit etwas **klarkommen**
    das werden wir schon (hin-)**kriegen**!
Beweglichkeit
    alles, was nicht **niet**-und nagelfest ist
Bewegungslosigkeit
    zur **Salzsäule** erstarren
    wie vom **Schlag** getroffen/gerührt
    zu **Stein** erstarren
Beweis
    jmdn. **Lügen** strafen
Bewunderung
    das muß ihm der **Neid** (ja) lassen
    das ist eine/die **Schau**!
Bezahlen
    seinen **Obolus** entrichten/beisteuern
    (mit jmdm.) **quitt** sein
    etwas aus eigener **Tasche** bezahlen
Beziehungen
    zu jmdm. einen (guten) **Draht** haben
    jmdn. an der **Hand** haben
    Vitamin B haben
Bildung
    einen weiten **Horizont** haben
Bitte
    jmdn. um etwas **anhauen**
    jmdm. zu **Füßen** liegen
    sei so **gut** und (tue ...)
Blamage
    sich bis auf die **Knochen** blamieren
    sich nicht gerade mit **Ruhm** bekleckern
    kein **Ruhmesblatt** sein für jmdn.
Blickverhalten
    kariert gucken/schauen
    Löcher in die Wand starren
    Stielaugen machen
Blickwinkel
    aus der **Froschperspektive**
Borniertheit
    ein **Brett** vor dem Kopf haben
    einen engen (kleinen/beschränkten) **Horizont**
    nicht über seine **Nasenspitze** hinaussehen
    mit **Scheuklappen** herumlaufen
    einen **Schlag** weghaben
    jmd. hat die **Weisheit** nicht gerade mit Löffeln gefressen/gegessen
Boshaftigkeit
    sein **Gift** verspritzen
    eine schwarze **Seele** haben
    ein richtiger kleiner **Teufel**
    jmdn. reitet der **Teufel**
    eine boshafte/böse/giftige **Zunge** haben
Brandstiftung
    jmdm. den roten **Hahn** aufs Dach setzen
Brutalität
    jmdn. **fertigmachen**
Bürokratie
    den **Amtsschimmel** reiten
    in die **Mühle(n)** der Verwaltung geraten
    etwas vom grünen **Tisch** aus bestimmen
Busen
    Holz vor der Tür/vor der Hütte haben
    platt wie ein **Pfannkuchen**
Chance
    jmdm. stehen alle **Türen** offen
    jmds. **Zeit** ist gekommen
Chancengleichheit
    die **Karten** sind gut gemischt
Chancenlosigkeit
    jmdm. sind alle **Felle** davongeschwommen/weggeschwommen
    weg vom **Fenster** sein
    geliefert sein
    aufs tote **Gleis** geraten
    in eine **Sackgasse** geraten/in einer **Sackgasse** sein
Charakter
    das liegt jmdm. im **Blut**
    im Grunde seines **Herzens**
    mein/dein besseres **Ich**
    dann sollst du mich mal **kennenlernen**!
    in jmdm. steckt ein guter **Kern**
    das **Kind** im Manne
    etwas in **Person** sein
    der innere **Schweinehund**
    eine **Seele** von einem Menschen
Charakterfestigkeit
    der aufrechte **Gang**
    Rückgrat haben/zeigen
Charakterisierung (vgl. auch: Muster)
    das sieht dir **ähnlich**
    das ist mal wieder **echt** (Hans)
    gleichen: das gleicht ihm!
    ein bezeichnendes **Licht** auf jmdn./etwas werfen
Charisma
    er hat (so) etwas **an** sich
Dank
    die **Firma** dankt
    vergelten: Vergelt's Gott!
Dauer
    ewig und drei Tage dauern/warten
    bis in alle **Ewigkeit**
    das geht nicht von **heute** auf morgen
    (auf) **immer** und ewig
    nach **Jahr** und Tag
    jahraus, jahrein
    tagaus, tagein
    für **Zeit** und Ewigkeit
Defekt
    im **Arsch** sein
    in die **Binsen** gehen
    draufgehen
    im **Eimer** sein
    aus den/allen **Fugen** geraten
    futsch sein
    den **Geist** aufgeben
    hinsein
    hinübersein
    da ist/bei jmdm. ist/sind **Hopfen** und Malz verloren

Erkenntnis (vgl. auch: Verstehen)
jmdm. wie Schuppen von den **Augen** fallen
das läßt tief **blicken**
klarkriegen
sich **klarwerden** über etwas
hinter die **Kulissen** sehen/schauen
jmdm. wie **Schuppen** von den Augen fallen
Erkundigung
seine **Fühler** ausstrecken
jmdm. die **Gretchenfrage** stellen
Erkundung
jmdm. in die **Karten** sehen/schauen/gucken
Erlangung
jmdn. bis aufs **Hemd** ausziehen/ausplündern
(Geld) **lockermachen/loseisen**
Erlaubnis
jmdm./einer Sache **grünes** Licht geben
jmdn. **loslassen** auf
Erleichterung
Gott sei Dank (salopp auch:) **Gott** sei's getrommelt und gepfiffen
drei **Kreuze** hinter jmdm. machen
jmdm. fällt ein **Stein** vom Herzen
jmdm./einer Sache keine **Träne** nachweinen
Ermahnung (vgl. auch: Tadel)
jmdn. in die **Kur** nehmen
jmdn. in der **Mache** haben
jmdm. den **Marsch** blasen
sich den **Mund** fusselig/fransig/in Fransen reden
andere **Saiten** aufziehen
jmdn. in die/seine **Schranken** (zurück-)weisen
man könnte ebensogut **Steinen** predigen
mit jmdm. scharf ins **Zeug** gehen
Ermessen
das kannst du halten wie ein **Dachdecker**
Ermunterung
haben: hab dich nicht so!
(nur) keine **Müdigkeit** vorschützen/vortäuschen!
Ermutigung
Kopf hoch!
bei der **Stange** halten
beiß die **Zähne** zusammen!
Erneuerung
ein frischer **Wind**
Erniedrigung
jmdn./etwas in den **Dreck** ziehen/mit **Dreck** bewerfen
kleinmachen
Ernst
der **Ernst** des Lebens
tierischer **Ernst**
das kann ich dir **flüstern**!
Scherz beiseite
mit jmdm./etwas ist nicht zu **spaßen**
keinen **Spaß** verstehen (mit etwas)
Ernüchterung
wie eine kalte **Dusche** wirken
jmdm. ist der **Spaß** vergangen
aus der **Traum**!
Wasser in den/jmds. Wein gießen
für jmdn. bricht eine **Welt** zusammen
aus allen **Wolken** fallen
jmdm. den **Zahn** ziehen
Erotik
scharfe **Sachen**
Erregung
jmdm. unter die **Haut** gehen
(leicht) in **Hitze** geraten/kommen
da geht einem der **Hut** hoch
jmdm. platzt der **Kragen**
die **Nerven** verlieren
auf die **Palme** gehen
vor Lachen (Ärger, Neid, Wut, Stolz usw.) (fast) **platzen**
rot sehen
(ganz) **wegsein** von etwas/jmdm.
etwas schlägt hohe **Wellen**
die **Wogen** gehen hoch
Zustände kriegen/bekommen
Erröten
einen **Ballon** haben/kriegen
Erscheinen
auf der **Bildfläche** erscheinen
deus ex machina
aus der **Versenkung** auftauchen
Erschöpfung
(restlos) **bedient** sein
erledigt sein
erschießen: wie erschossen sein
(wie) **erschlagen** sein
fertig sein
fix und fertig sein
fix und foxi sein
die Zunge hängt jmdm. zum **Halse** heraus
hinsein
(völlig) **kaputt** sein
(völlig) **k.o.** sein
nicht mehr wissen, ob man **Männchen** oder Weibchen ist
ich bin kein **Mensch** mehr
ein toter **Punkt**
rädern: sich wie gerädert fühlen
schlappmachen
auf dem **Zahnfleisch** gehen/laufen
Erschütterung
ins **Wanken** bringen/geraten
Ersparnisse
etwas auf der hohen **Kante** haben
etwas auf die **Seite** legen/auf der **Seite** haben
Erstarrung
wie vom **Blitz** getroffen
Erstaunen (vgl. auch: Überraschung)
große **Augen** machen
baff sein
Bauklötze staunen
(ach) du liebes **bißchen**
sich nicht **fassen** können
haben: na, wie haben wir's denn?
meine **Herren**!
mein lieber **Herr** Gesangverein!
da staunt der **Laie**
jmdm. bleibt die **Luft** weg

das sind kleine **Fische** (für mich)
ein paar **Groschen**
gegen **Kasse**
Kasse machen
kleinmachen
bar **Kralle**
ein paar **Kröten**
schnöder **Mammon**
mit klingender **Münze** bezahlen
Nervus rerum
ein warmer **Regen**
über die **Runden** kommen
eine (schöne) **Stange** Geld

Geldanlage
festlegen

Geldgier
ein **Beutelschneider** sein
dem **Mammon** dienen/frönen
ein Knecht **Mammons** sein
er hat ein einnehmendes **Wesen**

Geldmangel (vgl. auch: Notlage)
abbrennen: abgebrannt sein
blank sein
schwach auf der **Brust** sein
Ebbe im Geldbeutel/in der Kasse
... nicht aus der **Haut** schneiden
klamm sein
auf/aus dem letzten **Loch** pfeifen
keine müde **Mark** mehr haben
bei jmdm. ist **Matthäi** am letzten
das **Messer** sitzt jmdm. an der Kehle
woher **nehmen** und nicht stehlen
jmdm. geht die **Puste** aus
... nicht aus den **Rippen** schneiden
die **Schwindsucht** im Geldbeutel haben

Gelegenheit
ein gefundenes **Fressen** für jmdn. sein
die **Gelegenheit** beim Schopfe fassen
mit beiden **Händen** zugreifen
liegen: etwas kommt gelegen

Gelehrter
ein gelehrtes **Haus**
eine **Leuchte** der Wissenschaft

Gelingen
es ist alles in **Butter**
fertig werden mit etwas
hauen: das haut hin
klargehen
etwas zu **Rande** bringen
schmieren: wie geschmiert
auf der richtigen **Spur** sein
etwas steht unter einem günstigen **Stern**

Gemeinsamkeit
wir sitzen alle im selben **Boot**
durch **dick** und dünn
Hand in Hand
ein **Herz** und eine Seele sein (mit jmdm.)
an demselben **Joch** ziehen
Schulter an Schulter

Genauigkeit
aufs **Haar** genau
bis aufs **I-Tüpfelchen** stimmen/überprüfen usw.

Genesung
wieder auf den **Beinen** sein
über den **Berg** sein
es geht mit jmdm. **bergauf**
(wieder) ins **Lot** kommen

Gentleman
ein **Kavalier** der alten Schule
ein **Ritter** ohne Furcht und Tadel
ein Mann von **Welt**/ein Weltmann

Genuß
sich etwas zu **Gemüte** führen
sich **gütlich** tun an etwas
etwas mit **Verstand** genießen
in vollen **Zügen** genießen
sich etwas auf der **Zunge** zergehen lassen

Gerechtigkeit
mit gleicher **Elle** messen
ein salomonisches **Urteil**

Gereiztheit
das **Barometer** steht auf Sturm
es herrscht dicke **Luft**

Gerichtsbarkeit
zum **Kadi** laufen

Geringfügigkeit
um ein **Haar**
jmdn. um **Nasenlängen** schlagen/besser sein

Gerücht
etwas vom **Hörensagen** kennen

Gesamtheit
von **A** bis Z
wir sitzen alle im selben **Boot**
die ganze **Geschichte**
hinten und vorn
von **hinten** bis vorn
mit **Kind** und Kegel
von **Kopf** bis Fuß
was da **kreucht** und fleucht
Land und Leute
auf der ganzen **Linie**
mit **Mann** und Maus (untergehen)
der ganze **Schwindel**
der ganze **Segen**
von der **Wiege** bis zur Bahre

Gesang
Gold in der Kehle haben
einen **Kloß** im Hals haben

Geschehen
das **Tun** und Treiben

Geschicklichkeit
einen guten **Griff** haben
eine geschickte **Hand** haben

Geschmack
etwas ist nicht jedermanns **Sache**
jmd. ist (nicht) mein **Typ**

Geschmacklosigkeit
das paßt dazu wie die **Faust** aufs Auge

Geschwätz
Blech reden
so ein **Gewäsch**
Phrasen dreschen

- (leeres) **Stroh** dreschen
- **Wischiwaschi** reden

Geschwätzigkeit (vgl. auch: Weitschweifigkeit)
- reden wie ein **Buch**
- das **Herz** auf der Zunge tragen
- eine große **Klappe** haben/riskieren/schwingen
- die **Klappe** aufreißen
- seine **Mühle** steht niemals still
- reden wie ein **Mühlrad**
- jmds. **Mundwerk** steht nicht/nie still
- ohne **Punkt** und Komma reden
- er redet viel, wenn der **Tag** lang ist
- ein schwatzhaftes **Waschweib**
- reden wie ein **Wasserfall**
- sich (fast) die **Zunge** ausrenken

Geschwindigkeit: siehe Schnelligkeit

Gesellschaft
- **sehen** und gesehen werden

Geselligkeit
- so **jung** kommen wir nicht mehr zusammen!

Gesetz
- die **Fallstricke** des Gesetzes
- die **Stimme** des Gesetzes

Gesicht
- ein Gesicht wie ein **Pfannkuchen**

Gesprächsbereitschaft
- mit sich **reden** lassen

Gestank
- **Luft** zum Schneiden
- die **Nase** beleidigen
- jmd./etwas riecht/stinkt zehn Meter gegen den **Wind**

Gestik
- mit den **Händen** reden
- einen **Veitstanz** aufführen

Gesuch
- jmdm. den **Brandbrief** schicken

Gesundheit
- gut **beieinander** sein
- wie Milch und **Blut** aussehen
- (wieder) auf dem **Damm** sein
- gesund sein wie ein **Fisch** im Wasser
- auf der **Höhe** sein
- wie das blühende **Leben** aussehen
- im **Lot** sein
- wieder in die **Reihe** kommen
- (gut) in **Schuß** sein
- **Unkraut** vergeht nicht

Getrenntheit
- das steht auf einem (ganz) anderen **Blatt**

Getue
- **abbrechen**: brich dir nur keinen ab!
- brich dir nur keine **Verzierung** ab!

Gewährenlassen
- etwas/jmdm. die **Zügel** schießen lassen

Gewaltanwendung
- etwas im **Blute** ertränken/ersticken
- jmdm. die **Zunge** lösen

Gewinn
- zu **Buch** schlagen
- eine (wahre) **Goldgrube** sein
- jmdm. eine Summe **gutschreiben**
- **hängenbleiben**
- **herausschauen**: was schaut dabei heraus?
- viel/etwas **herausschlagen**
- da ist **Musik** drin!
- sich eine goldene **Nase** verdienen
- **plus** machen
- auf seine **Rechnung** kommen
- seine **Schäfchen** ins trockene bringen
- einen guten **Schnitt** machen
- der **Schornstein** raucht wieder
- einen guten **Wurf** tun
- schwarze **Zahlen**

Gewissen
- die **Stimme** des Gewissens
- eine innere **Stimme**

Gewißheit
- so sicher wie das **Amen** in der Kirche
- etwas **auf** sich haben
- das kann ich dir **flüstern**!
- unter **Garantie**
- weiß **Gott**
- aus berufenem **Munde**
- mit tödlicher **Sicherheit**
- **stimmen:** stimmt's oder hab' ich recht?
- der **Teufel** soll mich holen, wenn ...
- es müßte mit dem **Teufel** zugehen, wenn ...
- jede **Wette**
- so sicher, wie **zwei** mal zwei vier ist

Gewitztheit
- da mußt du früher **aufstehen**!
- mir soll noch einer **kommen** und sagen, ...

Gewogenheit
- es **gut** mit jmdm. meinen

Gewohnheit
- jmdm. in **Fleisch** und Blut übergehen
- von **Kindesbeinen** an
- etwas steckt jmdm. tief in den **Knochen**
- jmdm. zur zweiten **Natur** werden

Gier
- die **Augen** sind größer als der Magen

Glatze
- das **Haar** lichtet sich

Glauben (vgl. auch: Vertrauen)
- jmdm. aufs **Wort** glauben

Gleichgültigkeit
- mir ist alles **eins**
- das ist ihm **Hekuba**!
- das ist mir **Jacke** wie Hose
- das ist mir **piep/piepegal**
- das ist mir **schnuppe**
- (na,) wenn **schon**!
- jmd. fragt den **Teufel** nach etwas
- sich den **Teufel** um jmdn./etwas scheren
- das ist mir ganz **Wurst/Wurscht**!

Gleichheit
- auf **eins** hinauslaufen/herauskommen
- auf das **Gleiche** hinauslaufen
- etwas ist dasselbe in **Grün**
- **herauskommen**: das kommt auf eins/dasselbe heraus/raus

- jmdn./etwas ins rechte **Licht** rücken/jmdn./etwas im guten/günstigen/rechten **Licht** erscheinen lassen
- etwas ins **reine** bringen

Kleidung

- **aufgedonnert** sein
- ein billiges **Fähnchen**
- **Hochwasser** haben
- sich alles an den **Leib** hängen
- geputzt/geschmückt sein wie ein **Pfingstochse**
- in **Samt** und Seide gekleidet
- sich in **Schale** werfen
- im **Sonntagsstaat**
- sich in **Staat** werfen

Kleinigkeit

- das sind kleine **Fische** (für mich)
- nicht um ein **Haar**
- etwas hängt an einem **Haar**
- um **Haaresbreite**
- eine **Idee** (länger/kürzer, mehr/weniger usw.)
- etwas ist eine **Lappalie**

Klugheit

- **Grips** haben
- **Grütze** im Kopf haben
- **helle** sein
- etwas auf dem **Kasten** haben
- ein heller **Kopf** sein
- nicht auf den **Kopf** gefallen sein

Kollegialität

- mit jmdm. (gut) können

Komik

- ein **Anblick** für Götter
- es ist zum **Brüllen**
- etwas ist zum **Kringeln**
- etwas ist zum **Kugeln**
- etwas ist zum **Piepen**

Kompetenz

- aus berufenem **Munde**

Komplizenschaft

- mit jmdm. unter einer **Decke** stecken
- der **Dritte** im Bunde
- sich mit jmdm. **gemein** machen
- gemeinsame **Sache** machen mit jmdm.

Kompliziertheit

- etwas hat seine **Tücken**
- etwas ist eine (ganze) (Geheim-)**Wissenschaft** für sich

Kompromiß

- die goldene **Mitte**
- ein **Vorschlag** zur Güte
- sich auf halbem **Wege** treffen/entgegenkommen
- aufeinander **zugehen**

Kondolenz

- jmdm. die letzte **Ehre** erweisen

Konkubinat

- zur linken **Hand**

Konkurrenz

- jmdm. das **Feld** streitig machen
- jmdm. ins **Gehege** kommen

Können

- den **Bogen** raushaben
- den richtigen **Dreh** rauskriegen
- auf **du** und du stehen mit etwas
- etwas aus dem **Effeff** beherrschen
- **eichen**: auf etwas geeicht sein
- eine gute **Figur** machen/abgeben
- einer Sache **gerecht** werden
- wie ein junger **Gott**
- etwas im **Griff** haben
- (sich auf) sein **Handwerk** verstehen
- etwas **heraushaben**
- jmd. hat's **in** sich
- ein ungekrönter **König**
- nach allen Regeln der **Kunst**
- den **Laden** schmeißen
- etwas was **los** haben
- **Manns** genug sein
- ein **Meister** seines Fachs
- etwas glatt aufs **Parkett** legen
- seine **Rolle** gut spielen
- seine **Sache** verstehen
- in allen **Sätteln** gerecht sein
- im **Schlaf** hersagen können/beherrschen
- etwas wie am **Schnürchen** können
- jmds. starke **Seite**
- mit schlafwandlerischer/traumwandlerischer **Sicherheit**
- aus dem **Vollen** schöpfen können
- jmd. hat das **Zeug** zu etwas/dazu

Kontakt

- das **Eis** brechen
- unter die **Leute** kommen
- sich gut mit jmdm. **stellen**
- mit jmdm. **Tuchfühlung** aufnehmen/halten

Kontaktabbruch

- mit jmdm. **fertig** sein
- keinen **Fuß** mehr in jmds. Haus/Wohnung setzen
- bei jmdm. geht die **Klappe** runter
- wir sind geschiedene **Leute**
- sich nicht mehr **sehen** lassen können
- eine **Wand** zwischen jmdm. errichten

Kontaktaufnahme

- auf ein **Wort**!

Kontaktverlust

- jmdn. aus dem **Auge** verlieren/sich aus den **Augen** verlieren
- jmdn. seit einer **Ewigkeit** nicht mehr gesehen haben
- jmds. **Spur(en)** verlieren

Kontaktvermeidung

- um jmdn./etwas einen (großen) **Bogen** machen
- sich selbst **genug** sein
- jmdm. aus dem **Weg** gehen

Kontinuität

- ein **einem** fort
- von **früh** bis spät
- auf einen Sitz
- den lieben langen **Tag** (lang)
- in einem **Zug(e)**

Kontrolle

- jmdm. **Fesseln** anlegen
- jmdm. auf die **Finger** sehen

jmdm. auf die **Hände** sehen
jmdn. an der **Leine** haben
Konzentriertheit
nicht nach rechts und **links** blicken/schauen
seine fünf **Sinne** zusammennehmen
sich **Zeit** für etwas nehmen
Koordination
alle vor den gleichen **Karren** spannen
etwas auf einen (gemeinsamen) **Nenner** bringen
Körpergewicht: siehe Magerkeit, Schlankheit, Fettleibigkeit
Körpergröße
ein **Dreikäsehoch** sein
nur eine **halbe** Portion sein
(kaum) drei **Käse** hoch sein
ein langer **Laban/**Lulatsch
ein abgebrochener **Riese**
Körperhaltung
wie ein **Fragezeichen** dastehen/dasitzen
Körperpflege
etwas auf sich **halten**
Katzenwäsche machen
Kostbarkeit
nicht mit **Gold** bezahlen können
Kostenlos
für **lau**
Kostspieligkeit
etwas geht/läuft ins **Geld**
hoch im **Kurs** stehen (bei jmdm.)
das ist kein **Pappenstiel**
ein teures **Pflaster**
ein teurer **Spaß**
ich möchte nicht **wissen**, wieviel/was
Kraft: siehe Stärke
Kram
der ganze **Plunder**
der ganze **Zinnober**
Krankheit
den Kopf unter dem **Arm** tragen
mit einem **Bein** im Grab stehen
das **Bett** hüten/ans **Bett** gefesselt sein
schwach auf der **Brust** sein
erwischen: jmdn. hat's erwischt
mit einem **Fuß** im Grabe stehen
am Rand des **Grabes** stehen
haben: es an der Lunge haben
auf den **Hund** kommen
sich **hundeelend** fühlen
sich einen **Knacks** holen
weder **leben** noch sterben können
nicht ganz im **Lot** sein
auf der **Nase** liegen
er hat der **Natur** seinen Tribut entrichtet
nicht auf dem **Posten** sein
etwas **wegkriegen**
Kränkung
jmdn. ins **Herz** treffen
jmdm. **Nadelstiche** versetzen
sitzen: das hat gesessen
jmdm. einen **Stich** versetzen
treffen: sich im Innersten getroffen fühlen

eine spitze/scharfe **Zunge** haben
Krieg
zu den **Fahnen** rufen/eilen
auf dem **Feld(e)** der Ehre fallen/bleiben
ins **Feld** ziehen
zu den **Waffen** rufen/eilen
Kritik
etwas **einstecken** können/müssen
ins **Feuer** (der Kritik) geraten
mit jmdm. hart/streng/scharf ins **Gericht** gehen
keine **Gnade** finden vor jmdm.
wo er hinhaut, da wächst kein **Gras** mehr
kein gutes **Haar** an jmdm./etwas lassen
jmdn./etwas zu **Kleinholz** machen
ins **Kreuzfeuer** der (Kritik) geraten
jmdn. (förmlich) in der **Luft** zerreißen
jmdn. in die **Pfanne** hauen
viel **schlucken** müssen
in die **Schußlinie** (der Kritiker) geraten
jmdm. den/einen **Spiegel** vorhalten
Kündigung
jmdm. den ganzen **Bettel** vor die Füße werfen
jmdm. den ganzen **Kram** vor die Füße werfen
Kummer (vgl. auch: Sorgen)
jmdm. das **Herz** brechen
jmdm. das **Herz** schwermachen
etwas nagt/frißt am **Herzen**
jmdm. (schwer) im **Magen** liegen
etwas ist ein **Nagel** zu jmds. Sarg
jmdm. **nahegehen**
Lächeln
von einem **Ohr** zum anderen strahlen
Lachen
sich einen **Ast** lachen
sich **ausschütten** wollen vor Lachen
sich den **Bauch** halten müssen (vor Lachen)
homerisches **Gelächter**
sardonisches **Gelächter**
sich nicht **halten** können vor Lachen
sich **kranklachen/**krummlachen
sich nicht mehr (ein)**kriegen** (vor Lachen)
sich vor Lachen **kringeln**
etwas/das ist zum **Schießen**!
sich die **Seiten** halten müssen vor Lachen
sich zu **Tode** lachen
Tränen lachen
Lächerlichkeit
kichern: daß ich nicht kichere!
Lage
haben: na, wie haben wir's denn?
Lähmung
jmdm. in die **Beine** fahren/gehen
Lakritze
Bärendreck
Landschaft
eine schöne **Ecke**
Langeweile
sich **mopsen**
vor Langeweile (fast) **sterben**
sich zu **Tode** lachen
Langsamkeit

Nähe
- zum **Anfassen**
- es ist nur ein **Katzensprung**
- jmdm. auf die **Pelle** rücken
- jmdm. auf den **Pelz** rücken
- nicht aus der **Welt** sein/liegen

Naivität (vgl. auch: Weltfremdheit)
- die **Einfalt** vom Lande
- heilige **Einfalt**!
- jenseits von **Gut** und Böse sein
- die Unschuld vom **Lande**

Nationalität
- der deutsche **Michel**

Natur
- die **Stimme** der Natur

Natürlichkeit
- das **Herz** auf dem rechten Fleck haben

Neckerei (vgl. auch: Unfug)
- jmdn. in den **April** schicken
- jmdn. auf den **Arm** nehmen
- jmdn. zum **besten** halten
- jmdn. **drankriegen**
- jmdn. **hochnehmen**
- jmdn. durch den **Kakao** ziehen
- jmdn./etwas aufs **Korn** nehmen
- sich **lustig** machen über jmdn./etwas
- jmdn. zum **Narren** halten/machen
- jmdn. am **Narrenseil** (herum)führen
- jmdn. an der **Nase** herumführen
- jmdn. auf die **Schippe** nehmen
- jmdm. einen **Streich** spielen

Negativ
- etwas ist ein trauriges **Kapitel**
- (das ist) ein dunkles **Kapitel**
- eine klägliche/unerfreuliche **Rolle** spielen
- mit etwas sieht es **schwarz** aus
- ein **Wermutstropfen**

Neid
- **grün** und gelb werden vor Neid
- der blasse/gelbe **Neid**
- platzen vor **Neid**
- jmdm. das **Salz** in der Suppe nicht gönnen
- jmdm. das **Schwarze** unter dem Nagel nicht gönnen

Neigung
- etwas mit **Lust** und Liebe tun
- jmdm. steht der **Sinn** nach etwas
- **ziehen**: es zieht jmdn. zu jmdm./irgendwohin

Nervosität
- **Hummeln** im Hintern haben
- schlechte **Nerven** haben
- mit den **Nerven** durcheinander/herunter/fertig sein
- unter **Strom** stehen

Neuartigkeit
- sich in neuen **Bahnen** bewegen

Neubeginn
- etwas (wieder) in **Fluß** bringen

Neugier
- gespannt sein wie ein **Flitzebogen**
- einen langen **Hals** machen
- sich den **Hals** verrenken
- lange **Ohren** machen
- vor Neugier (fast) **sterben**

Nichtbeteiligung
- macht euren **Dreck** (gefälligst) allein!
- die **Karre**/den **Karren** einfach laufen lassen
- **mitspielen**: da spiele ich nicht mit!
- sich mit der **Rolle** des Zuschauers begnügen

Nichtbetroffensein
- du hast **gut** lachen/reden
- etwas **leichtnehmen** (können)

Nichteinmischung
- kümmere dich um deinen eigenen **Dreck**!
- störe meine **Kreise** nicht!
- geh mir aus der **Sonne!**

Nichtexistenz
- den/das möchte ich mal **sehen!**

Nichtgefallen
- etwas paßt jmdm. nicht in den/in seinen **Kram**

Nichthören
- **Knöpfe** in den Ohren haben

Nichts
- nicht der **Schatten** eines Beweises/Verdachts

Nichtschwimmer
- schwimmen wie eine bleierne **Ente**

Nichtsehen
- **Knöpfe** auf den Augen/in den Ohren haben
- mit **Scheuklappen** herumlaufen

Nichtstun (vgl. auch: Faulheit)
- wie **bestellt** und nicht abgeholt
- keinen **Handschlag** tun
- keinen **Schlag** tun/arbeiten

Nichtversetzung
- eine **Ehrenrunde** drehen
- **hängenbleiben**
- **klebenbleiben**

Nichtverstehen (vgl. auch: Begriffsstutzigkeit)
- (nur) **Bahnhof** verstehen
- sich kein **Bild** von etwas machen können
- ein **Buch** mit sieben Siegeln
- das ist **Chinesisch** für mich
- keinen **Deut** von etwas verstehen
- das sind böhmische **Dörfer**
- man kann es **drehen** und wenden wie man will
- nicht (mehr) **durchblicken**/keinen **Durchblick** (mehr) haben
- das ist mir zu **hoch**!
- schwer von **Kapee** sein
- **Kauderwelsch**
- aus etwas/jmdm. nicht **klug** werden
- **kommen**: wie kommt er dazu (das zu tun)?
- **kommen**: da komm' ich nicht mehr mit
- das geht/will mir nicht in den **Kopf**
- was ist **los**?
- **mitkommen**: da komme ich nicht (mehr) mit!
- im **Nebel** stehen
- vor einem **Rätsel** stehen
- das kommt mir **spanisch** vor
- sich keinen **Vers** auf etwas machen können
- da bleibt mir der **Verstand** stehen!
- (wo/wie/warum) in aller **Welt**

Persönlichkeit
Format haben
Perspektivenwechsel
sich in jmds. **Rolle** versetzen
Pessimismus
alles **grau** in grau sehen/malen
etwas in **schwarzen** Farben schildern/darstellen/malen
schwarzsehen
Pfändung
auf etwas klebt der **Kuckuck**
Pflege
in guten/schlechten **Händen** sein
hegen und pflegen
Plagiat
etwas ist nicht auf jemands **Grund** und Boden gewachsen
nicht auf jmds. **Mist** gewachsen sein
Plan
etwas im **Auge** haben
jmdm. vor **Augen** schweben
drauf und **dran** sein
einer **Fährte** folgen
mir schwebt der **Gedanke** vor
mit dem **Gedanken** umgehen
etwas von langer **Hand** vorbereiten
sich etwas in den **Kopf** setzen
Luftschlösser bauen
Ränke schmieden
(große) **Rosinen** im Kopf haben
etwas im **Schilde** führen
mit etwas (im Sinne von einer Idee) **schwanger** gehen
eine **Spur** verfolgen
Planlosigkeit
eine Fahrt ins **Blaue**
eine **Fahrt** ins Blaue
aufs **Geratewohl**
etwas auf gut **Glück** versuchen/machen
kreuz und quer
Pointierung
um es **kurz** zu machen
zur **Sache**
es würde (jetzt) zu **weit** führen
Polizei
das **Auge** des Gesetzes
weiße **Mäuse**
Prägnanz
Farbe bekommen
etwas auf eine (einfache) **Formel** bringen
kurz und bündig/und klar
schlicht und einfach
wollen: wenn man (so) will
mit einem **Wort**
in/mit kurzen **Worten**
Preiswürdigkeit
für eine **Apfel** und ein Ei
der billige **Jakob**
schenken: das ist ja halb (geradezu/beinahe) geschenkt
nicht die **Welt** kosten
Problem
eine **haarige** Sache sein
eine schwierige **Kiste**
eine wahre **Landplage**
leicht gesagt
Probleme wälzen
ein **Seiltanz**
Prominenz
ein großes/hohes **Tier**
Promiskuität
durch viele **Betten** gehen
durch viele **Hände** gehen
Prophezeiung
meine **Rede!**
sehen: siehste wohl!
Prostitution
anschaffen gehen
dem horizontalen **Gewerbe** nachgehen
seine **Haut** zu Markte tragen
ein leichtes **Mädchen**
Pferdchen laufen haben
ein Mädchen von der **Straße**
auf den **Strich** gehen
Prüfung
einer Sache auf den **Grund** gehen/kommen
jmdn./etwas auf **Herz** und Nieren prüfen
jmdn./etwas unter die **Lupe** nehmen
die **Nagelprobe** machen
jmdn. von **oben** bis unten mustern
jmdm. auf den **Puls** fühlen
nach dem **Rechten** sehen
jmdm. auf den **Zahn** fühlen
Prügel
jmdn. **durchbleuen**
jmdm. den **Frack** voll hauen
jmdm. die **Fresse** polieren
geben: dem habe ich es aber mal gegeben!
jmdn. **grün** und blau schlagen
Hackfleisch aus jmdm. machen
eine lockere/lose **Hand** haben
ein lockeres **Handgelenk** haben
handgemein miteinander werden
jmdm. die **Haut** gerben
einen/ein paar **hinten** draufkriegen
jmdm. die **Hosen** strammziehen
jmdm. die **Hucke** voll hauen
jmdm. die **Jacke** voll hauen
die **Jacke** voll kriegen
jmdn./etwas zu **Kleinholz** machen
jmdn. übers **Knie** legen
du kannst dir die **Knochen** numerieren lassen!
krachen: gleich kracht es!
jmdm. das **Kreuz** brechen
jmdn. **krumm** und lahm schlagen
kurz und klein schlagen
jmdm. das **Leder** versohlen
jmdn. in der **Mache** haben
jmdm. eine **Naht** verpassen
jmdm. eins auf die **Nase** geben
jmdm. den **Ranzen** vollhauen
gib ihm **Saures**!

Selbstüberschätzung
das **Ei** will (wieder mal) klüger sein als die Henne
können: mir kann keiner!
nach den **Sternen** greifen
mir kann keiner das **Wasser** reichen!
die **Weisheit** für sich pachten
Selbstüberwindung
seinem **Herzen** einen Stoß geben
sich (innerlich) einen **Ruck** geben
über seinen eigenen **Schatten** springen
Selbstverständlichkeit
etwas ist eine **Binsenwahrheit/Binsenweisheit**
dreimal darfst du raten!
klar wie **Kloßbrühe**
das versteht sich am **Rande**
dreimal darfst du **raten**!
das **versteht** sich (von selbst)
Selbstzensur
die **Schere** im Kopf
Seltenheit
dünn gesät sein
hier und da
alle **Jubeljahre**
jmdn./etwas muß man mit der **Lupe** suchen
sich **rar** machen
von **Zeit** zu Zeit
Sensibilität
die **Fische** im Wasser singen hören
die **Flöhe** husten hören
das **Gras** wachsen hören
ich bin doch nicht aus **Holz**!
Sentimentalität
auf die **Tränendrüse** drücken
(nahe) am **Wasser** gebaut haben
Sexualität
nichts **anbrennen** lassen
sich jmdm. in die **Arme** werfen
Eroberungen machen
Glück bei Frauen haben
jenseits von **Gut** und Böse sein
etwas mit jmdm. **haben**
sich jmdm. an den **Hals** werfen
sich die **Hörner** abstoßen
kein **Kostverächter** sein
es miteinander **machen**
scharf sein
zum **Schuß** kommen
ein **Verhältnis** mit jmdm./miteinander haben
Sicherheit
in **Abrahams** Schoß sitzen/sein /eingehen
unter **Dach** und Fach
keine **Experimente** machen
im (sicheren) **Hafen** sein
auf **Nummer** Sicher gehen
Sieg
jmdn. aus dem **Feld(e)** schlagen
jmdn. außer **Gefecht** setzen
aufs **Haupt** schlagen
jmdn. **kleinkriegen**
jmdn. in die/auf die **Knie** zwingen
jmdn. **matt** setzen
jmdn. auf die **Matte** legen
jmdn. **mürbe** machen
die **Oberhand** gewinnen
zu **Paaren** treiben
die **Palme** des Sieges
jmdn. in die **Pfanne** hauen
auf die **Plätze** verweisen
jmdm. den **Rang** ablaufen
das **Rennen** machen
den **Vogel** abschießen
jmdn. mit seinen eigenen **Waffen** schlagen
Sinnlosigkeit
verlorene/vergebliche **Liebesmüh**
ohne **Sinn** und Verstand
offene **Türen** einrennen
das hat weder Sinn noch **Verstand**
gegen die **Wand** reden/predigen
Wasser in ein Sieb schöpfen/mit einem Sieb tragen
in den **Wind** reden/sprechen
Windeier (legen/ausbrüten)
gegen **Windmühlen** kämpfen
etwas ist **witzlos**
Sitzen
sich **häuslich** niederlassen
Sonderling
aus der **Art** schlagen
ein **Eigenbrödler** sein
ein komischer/sonderbarer **Heiliger**
ein besonderes/sonderbares **Kaliber**
ein komischer/närrischer **Kauz**
jmd. ist eine **Nummer** für sich
das schwarze **Schaf** (in der Familie)
der verlorene **Sohn**
ein komischer/seltener **Vogel** sein
Sorgen (vgl. auch: Kummer)
den **Kopf** voll haben
jmdm. **Kopfzerbrechen** machen/bereiten
etwas bereitet jmdm. **Kopfschmerzen**
jeder hat sein **Kreuz**
es ist ein **Kreuz** mit etwas/jmdm.
Sorgfalt
doppelt und dreifach
es **genau** nehmen mit etwas
Sorglosigkeit
von der Hand in den **Mund** leben
Spannung
jmdn. in **Atem** halten
jmdn. auf die **Folter** spannen
Sparsamkeit
sich den letzten **Bissen** vom Mund absparen
sich keinen **Bissen** gönnen
den **Daumen** auf etwas halten
sich nach der **Decke** strecken
das **Geld** liegt (nicht) auf der Straße!
seine paar **Groschen** zusammenhalten
etwas auf die hohe **Kante** legen
Kohle bunkern
sich **krummlegen**
sich etwas vom **Munde** absparen

(ein) leichtes **Spiel** (mit jmdm.) haben
jmdn. in die **Taschen** stecken (können)
die/alle **Trümpfe** in der Hand haben
Überlistung
jmdm. eine **Falle** stellen
jmdm. **Fußangeln** legen
eine **Mine** legen gegen jmdn.
Übermittlung
jmdm. etwas in die **Hände** spielen
Übermut
seinem/jmds. **Affen** Zucker geben
aus **Daffke**
aus **Jux** und Tollerei
jmdm. sticht der **Hafer**
außer **Rand** und Band geraten/sein
über die **Schnur/**die **Stränge** schlagen
Überprüfung
einer **Fährte** folgen
jmdn./etwas aufs **Korn** nehmen
die **Probe** aufs Exempel machen
Überraschung (vgl. auch: Erstaunen)
(ich denke) mich laust der **Affe**
ausflippen: ich flipp' aus!
au **Backe** (mein Zahn)!
baß erstaunt sein
heiliger **Bimbam**!
ei der **Daus**!
ist das ein **Ding**!/das ist ja ein **Ding**!
mach keine **Dinger**!
ach, du dickes **Ei**!
das dicke **Ende** kommt noch
(wie) **erschlagen** sein
das haut den stärksten **Eskimo** vom Schlitten
fertig sein
geben: wo gibt's denn sowas?
welch ein **Glanz** in meiner Hütte!
das ist ein **Hammer**
die **Hände** über dem Kopf zusammenschlagen
das ist die **Härte**!
der **Himmel** stürzt ein
vom **Hocker** fallen
das ist ein dicker **Hund**!
du wirst **lachen**, (aber...)
(fast) aus den **Latschen** kippen
wo die **Liebe** hinfällt
du kriegst die **Motten**!
niederlegen: da legste dich nieder (und stehst nicht mehr auf)!
ich denk', mich tritt ein **Pferd**!
man hat schon **Pferde** kotzen sehen
platt sein (wie ein Flunder)
(jetzt) mach (aber) mal einen **Punkt**!
ich denke, ich höre nicht **recht!**
Sachen gibt's, die gibt's gar nicht!
mach **Sachen**!
mach keine **Sachen**!
was Sie nicht **sagen**!
sagen: nun sag bloß
mich hat fast der **Schlag** getroffen, als ...
mein lieber **Schwan**!
sehe ich recht?
jmdn. vom **Stuhl** reißen
nein **so** was!
von den **Socken** sein
mir bleibt die **Spucke** weg!
da brat mir aber einer einen **Storch**!
heiliger **Strohsack**!
(fast) vom **Stuhl** fallen
das darf doch (wohl) nicht **wahr** sein!
dumm aus der **Wäsche** schauen/gucken
aus allen **Wolken** fallen
sein blaues **Wunder** erleben
Überreaktion
mit **Kanonen** auf Spatzen schießen
Überredung
jmdn. **breitschlagen**, etwas zu tun
jmdn. **einseifen**
jmdn. **einwickeln**
jmdm. wie einem lahmen **Gaul** zureden
wie sag ich's meinem **Kinde**?
Überrumpelung
jmdn. vor vollendete **Tatsachen** stellen
Überschwang
hoch hergehen
Überstehen
den **Kopf** über Wasser halten
Überteuerung
jmdm. Geld in den **Rachen** werfen/schmeißen/stopfen
eine gesalzene/gepfefferte **Rechnung**
Übertreffen
jmdn./etwas/alles bisher Dagewesene in den **Schatten** stellen
Übertreibung (vgl. auch: Übertreibung, Lüge)
etwas ist **Anglerlatein**
den **Bogen** überspannen
dick auftragen
für **drei** essen
jmdm./einer Sache zuviel **Ehre** antun
das schlägt dem **Faß** den Boden aus
das bringt das **Faß** zum Überlaufen!
etwas **faustdick** auftragen
eine **faustdicke** Lüge
für die **Galerie** spielen
da hört sich die **Gemütlichkeit** auf
keine **Grenze(n)** kennen
zuviel des **Guten** sein
des **Guten** zuviel tun
jetzt mach aber mal **halblang**!
Hokuspokus machen
Jägerlatein erzählen
das **Kind** mit dem Bade ausschütten
jetzt halt aber mal die **Luft** an!
das **Maß** vollmachen/zum Überlaufen bringen
ohne **Maß** und Ziel
über alle **Maßen**/über die **Maßen**
päpstlicher sein als der **Papst**
Schaum schlagen
da hört der **Spaß** auf!
das **Spiel** zu weit treiben
etwas auf die **Spitze** treiben
etwas/ein Thema zu **Tode** reiten

mit etwas nur so **um** sich werfen
zu **weit** gehen mit/in etwas
(weit) über das **Ziel** hinausschießen
Übervorteilung
jmdn. über den **Tisch** ziehen
Überzeugtheit
in gutem **Glauben**
Üblichkeit
gangbare/gängige **Münze** sein
nach bekanntem **Muster**
an der **Tagesordnung** sein
Umfang
ein weites **Feld**
weite **Kreise** ziehen
Umkehrung
die **Rollen** (ver-)tauschen
Umstände
das ganze **Drum** und Dran
Handel und Wandel
Umständlichkeit
wie die Katze um den heißen **Brei** herumgehen
von **Pontius** zu Pilatus laufen/rennen
ein **Umstandskrämer** sein
Umstandslosigkeit
aus der (freien) **Lamäng**
schlicht und ergreifend
Unabänderlichkeit
dagegen ist kein **Kraut** gewachsen
da beißt die **Maus** keinen Faden ab!
an etwas ist nicht zu **rütteln**
da ist nichts zu **wollen**
machtlos **vis-à-vis** stehen
spare dir deine **Worte**!
Unabgeschlossenheit
da ist noch alles **drin**
Unabhängigkeit
sich **freischwimmen**
freie **Hand** haben
über den **Parteien** stehen
freies **Spiel** haben
Unabsichtlichkeit
etwas in **Gedanken** tun
Unabwendbarkeit
das ist höhere **Gewalt**
eine **Kettenreaktion**
Unangemessenheit
es kommt zu **Auswüchsen**
Perlen vor die Säue werfen
nicht/fehl am **Platz(e)** sein
Unangreifbarkeit
hiebfest: hieb- und stichfest
Unannehmlichkeit
das ist ja eine schöne **Bescherung**/da haben wir die **Bescherung**
sich auf etwas **gefaßt** machen
das ist eine schöne **Geschichte**!
da haben wir die **Geschichte**!
das kann ja **heiter** werden!
das kann ja **lustig** werden
und das auf nüchternen **Magen**
da haben wir den **Salat**!
Unansehnlichkeit (vgl. auch: Häßlichkeit)
das **Auge** beleidigen
ein häßliches **Entlein**
von der **Natur** stiefmütterlich behandelt worden sein
verbieten: verboten aussehen
Unartigkeit
ein **Engel** mit einem B davor
Unauffälligkeit
sich im **Hintergrund** halten
bei Nacht sind alle **Katzen** grau
sang- und klanglos (verschwinden)
auf kaltem **Wege**
Unaufhaltsamkeit
durch **dick** und dünn
seinen **Gang** gehen
es gibt kein **Halten** mehr
langsam, aber sicher
stur Heil
Unaufmerksamkeit
Tomaten auf den **Augen** haben
hast du denn keine **Augen** im Kopf?
mit offenen **Augen** schlafen
(nur) mit halben **Ohr** zuhören/bei der Sache sein
Tomaten auf den Augen haben
im **Tran** sein
Unbarmherzigkeit
ein hartes **Herz** haben
ein kaltes **Herz** haben
keine **Seele** haben
Unbedarftheit
ein sonniges/kindliches **Gemüt** haben
Unbeeinflußbarkeit
in **Gottes** Hand liegen/stehen
Unbehaglichkeit
sich in seiner **Haut** nicht wohlfühlen
Unbeherrschtheit
einen **Blackout** haben
sich **gehen** lassen
nicht aus seiner **Haut** (heraus) können
nicht mehr **Herr** seiner Sinne sein
einen **Kurzschluß** haben
jmdm. gehen die **Pferde** durch
jmdm. brennt die **Sicherung** durch
Unbeholfenheit
eine schwere **Zunge** haben
Unbekanntheit
ein unbeschriebenes **Blatt** sein
ein neues **Gesicht** sehen
eine unbekannte **Größe**
etwas ist noch nicht **heraus/raus**
(das ist) ein dunkles **Kapitel**
Unbekömmlichkeit
jmdm. (schwer) im **Magen** liegen
Unbekümmertheit
Bruder Leichtfuß
den lieben **Gott** einen guten/frommen Mann sein lassen
ers nicht so genau **nehmen**
Unbelastetheit
mit gutem **Gewissen**

Vorrang
- jmdm. ist das **Hemd** näher als der Rock

Vorschlag
- **wissen**: weißt du was?

Vorsicht
- sich in **acht** nehmen
- wie auf **Eiern** gehen
- sich/jmdm. eine **Hintertür** offenlassen
- auf der **Hut** sein
- die/seine **Trümpfe** in der Hand behalten
- seine **Zunge** im Zaum halten

Vorteil
- am **Ball** sein
- die (dicksten) **Brocken** aus der Suppe fischen
- ein gefundenes **Fressen** für jmdn. sein
- etwas in der **Hinterhand** haben
- aus etwas **Kapital** schlagen
- jmd. hat gut **lachen**
- Wasser auf jmds. **Mühle** sein
- zu jmds. **Nutz** und Frommen
- **Oberwasser** bekommen
- den **Rahm** abschöpfen
- sich die **Rosinen** (aus dem Kuchen) herauspicken
- die **Sahne** abschöpfen
- im **trüben** fischen
- einen **Trumpf** in der Hand haben
- **Wind** in jmds. Segel sein
- mit der **Wurst** nach der Speckseite werfen
- die **Zeit** arbeitet für jmdn.
- **Zinsen** bringen/tragen

Vorwand
- etwas zum **Deckmantel** machen/gebrauchen
- etwas an den **Haaren** herbeiziehen
- das **Kind** muß doch einen Namen haben
- jmdm. einen **Strick** aus etwas drehen
- **Winkelzüge** machen

Vorwurf
- jmdm. eine **Szene** machen
- einen **Tanz** aufführen

Vorzeichen
- etwas wirft seine **Schatten** voraus

Wache
- bei etwas **Schmiere** stehen

Wachsamkeit
- (wie) mit **Argusaugen** beobachten/hüten
- ein scharfes/wachsames **Auge** auf etwas haben
- seine **Augen** überall haben
- jmdn./etwas nicht aus den **Augen** lassen
- etwas nicht aus den **Fingern** lassen

Wächter
- ein wahrer **Zerberus**

Wagnis
- **alles** oder nichts!
- aufs **Ganze** gehen
- alles auf eine **Karte** setzen
- sich in die Höhle des **Löwen** wagen
- ein **Ritt** über den Bodensee
- **Sekt** oder Selters!
- auf dem **Spiel(e)** stehen/aufs Spiel setzen
- ein gewagtes/gefährliches **Spiel** treiben/spielen
- das wäre mir nicht im **Traum** eingefallen
- alle **Trümpfe** aus der Hand geben

Wahl
- jmdn. auf den **Schild** (er)heben

Wahn
- weiße **Mäuse** sehen

Wahrheit
- der Wahrheit die **Ehre** geben
- **Hand** aufs Herz!
- bei **Licht** betrachtet
- den **Nagel** auf den Kopf treffen
- **sagen**: es ist nicht zuviel gesagt
- **sagen:** sage und schreibe
- ins **Schwarze** treffen

Wahrsagerei
- das Zweite **Gesicht** haben
- jmdm. aus der **Hand** lesen

Wanderschaft
- auf der **Walz(e)** sein

Wandlung
- sein **Damaskuserlebnis** haben
- aus einem Saulus ein **Paulus** werden

Warnung
- jmdm. eine vor den **Bug** knallen
- jmdm. auf die Finger klopfen
- mein lieber (alter) **Freund** und Kupferstecher!
- mach (doch) keine **Geschichten**!
- mein lieber **Mann**!
- ein **Menetekel**
- ein **Rufer** in der Wüste
- mach keine **Sachen**!
- jmdm. einen **Schuß** vor den Bug geben
- du wirst dich noch **umgucken/umsehen**!

Warten
- sich die **Beine** in den Bauch stehen
- **bestellen**: wie bestellt und nicht abgeholt
- **Schlange** stehen
- da kannst du warten, bis du **schwarz** wirst
- **Wurzeln** schlagen

Wartung
- in guten/schlechten **Händen** sein

Wechsel
- einen **Haken** schlagen

Wegfall
- **flachfallen:** etwas fällt flach!

Weggang (vgl. auch: Verschwinden)
- von der **Bühne** abtreten
- sich seitwärts in die **Büsche** schlagen
- sich **dünn(e)** machen
- vom **Erdboden** verschwinden
- das **Feld** räumen
- die **Fliege** machen
- **flötengehen**
- sich auf **französisch** verabschieden/empfehlen
- die **Koffer** packen
- ab durch die **Mitte**!
- jmd. soll hingehen/bleiben, wo der **Pfeffer** wächst
- die **Platte** putzen
- **Reißaus** nehmen
- jmdm./einer Sache den **Rücken** kehren/zuwenden

Anhang 2: Bildfeldregister

Argumentation ist ein Kampf
Prototyp: ein (durch-)schlagendes **Argument**
etwas **einstecken** können
ins **Feuer**/Kreuzfeuer/die Schußlinie (der Kritik) geraten
schweres **Geschütz** auffahren
hiebfest: hieb- und stichfest
die **Klingen** kreuzen
losziehen gegen jmdn.
all sein **Pulver** verschossen haben
scharf **schießen**
na, **schieß** mal los!
schwadronieren

das Buch des Lebens
Prototyp: ein offenes **Buch** sein/das ist ein **Kapitel** für sich
das steht auf einem anderen **Blatt**
ein unbeschriebenes **Blatt** sein
das Leben ist ein **Glücksspiel**
im (sicheren) **Hafen** sein
etwas ist ein trauriges **Kapitel**
um auf ein anderes **Kapitel** zu kommen

Denkweg
Prototyp: hier gehen unsere **Wege** auseinander
jmdm. eine **Eselsbrücke** bauen
nicht **folgen** können
wo denkst du **hin**?
auf dem **Holzweg** sein
mitkommen: da komme ich nicht mehr mit!
die ausgetretenen **Pfade** verlassen
in eine **Sackgasse** geraten
ins **Schwimmen** geraten
zu etwas ist es noch ein weiter **Weg**
hier gehen unsere **Wege** auseinander

Erzählfaden /Textgewebe
Prototyp: den **Faden** verlieren
sich wie ein roter **Faden** durch etwas hindurchziehen
Flausen im Kopf haben
aus dem **Nähkästchen** plaudern
spinnen/sein **Garn** spinnen/**Seemannsgarn** spinnen

Gedächtnisspeicher/Gedächtnisbehälter
ein **Gedächtnis** haben wie ein Sieb
ich weiß nicht, wo ich ihn **hintun** soll
etwas auf **Lager** haben

Gedächtnistafel
Prototyp: reinen **Tisch** machen
ein unbeschriebenes **Blatt** sein
einen tiefen/nachhaltigen **Eindruck** hinterlassen
bei jmdm. in der **Kreide** stehen
sich etwas hinter die **Ohren** schreiben
Schwamm drüber!
etwas übel **vermerken**/schlecht **angeschrieben** sein bei jmdm.
Wachs in jmds. Händen sein

Geisteslicht/Verstandeslicht/Erkenntnislicht
Prototyp: jmdm. geht ein **Licht** auf
keine blasse **Ahnung** /keinen **Schimmer** haben
das läßt tief **blicken**
im **dunklen** tappen/jmdn. im **dunklen/unklaren** lassen
nicht (mehr) **durchblicken**
einleuchten: jmdm. leuchtet etwas ein
ein klarer **Fall**
Farbe bekommen
ein **Funken** Verstand
das dunkle **Gefühl** haben
helle sein
ein dunkles **Kapitel**
kein großes **Kirchenlicht** sein
sich über etwas im **klaren** sein
ein heller **Kopf** sein
einen auf die **Lampe** gießen
eine **Leuchte** der Wissenschaft
keine **Leuchte** sein
im **Nebel** stehen
jmdm. **Sand** in die Augen streuen
der **Schleier** des Vergessens
jmdm. ist etwas **schleierhaft**
jmdm. wie **Schuppen** von den Augen fallen
eine trübe **Tasse** sein
ein Funken **Verstand**
zünden: bei jmdm. hat es gezündet

Geistesnahrung
Prototyp: geistige **Kost**
jmdm. etwas **eintrichtern**
jmdm. klaren/reinen **Wein** einschenken
jmd. hat die **Weisheit** nicht gerade mit Löffeln gefressen

Geistesregion
jmdm. goldene **Brücken** bauen
allein auf weiter **Flur**

Geistiges Uhrwerk
Prototyp: jmdm. auf den **Wecker** gehen/fallen
sich den **Kopf** zerbrechen
bei jmdm. ist ein **Rad/Rädchen** locker
nicht so schnell **schalten** können

Geistiges Werk
langsam **schalten**

Geistig-seelische Vorgänge sind elektromagnetischer Natur
einen **Blackout** haben
auf **Draht** sein
jmdm. ist der **Film** gerissen
funken: es hat gefunkt
einen **Kurzschluß** haben
eine lange **Leitung** haben/auf der **Leitung** stehen/sitzen
jmd. hat/bei jmdm. ist **Mattscheibe**
unter **Strom** stehen
die gleiche **Wellenlänge** haben

Geld ist eine Art Flüssigkeit
Prototyp: **flüssig** sein

jmdn. zur **Ader** lassen
Ebbe im Geldbeutel/in der Kasse
jmdm. den **Hahn** zudrehen
klamm sein
es **läppert** sich zusammen
auf **Pump** leben/kaufen
Gesellschaftskonzept
Prototyp: der gute **Ton**
den **Ton** angeben
Gesetze sind Fallen
Prototyp: die **Fallstricke** des Gesetze
durch die **Maschen** des Gesetzes schlüpfen
Gesprächsfluß
etwas/ein Gespräch in **Fluß** bringen
Information ist eine Ware
Prototyp: etwas aus erster/zweiter (usw.) **Hand** erfahren
etwas auf **Lager** haben
unter die **Leute** bringen
Informationsquelle
an der **Quelle** sitzen
Jahreszeiten des Lebens
wie einst im **Mai**
Kollektivkörper
Prototyp:wie ein **Mann**
(mehrere Köpfe) unter einen **Hut** bringen
Kopfkasten/Kopfraum
Prototyp: den **Kopf** voll haben
etwas auf dem **Kasten** haben
Körperhöhle
nicht ganz **dicht** sein
bei sich **Einkehr** halten
es ist mir nur so **herausgefahren**
aus sich **herausgehen**
es jmdm. vorn und hinten **reinstecken**
jmdm. eine **reinwürgen**
Körpermaschine
Prototyp: auf **Hochtouren** laufen
durchdrehen
in **Fahrt** sein
funken: es hat gefunkt
der **Funke** ist übergesprungen
bei jmdm. ist der **Groschen** gefallen
auf **hundert** kommen
sich einen **Knacks** holen
jmdm. raucht der **Kopf**
einen **Kurzschluß** haben
eine lange **Leitung** haben
ein flinkes/geöltes **Mundwerk**
unter **Strom** stehen
mit **Volldampf**
einen **Zahn** zulegen
das Leben ist ein Kartenspiel
Prototyp: sich nicht in die **Karten** sehen lassen
ein **abgekartetes** Spiel
Farbe bekennen (müssen)
in der **Hinterhand** sein
ach, du grüne **Neune**!
jmdm. **Paroli** bieten
etwas über den **Schellenkönig** loben
einen **Trumpf** in der Hand haben
das Leben ist ein Mühlespiel
in einer **Zwickmühle** stecken
das Leben ist ein Schachspiel
in **Schach** halten/**schachmatt** setzen
bei jmdm. einen **Stein** im Brett haben
zum **Zuge** kommen/am **Zug(e)** sein
das Leben ist ein Spiel
Prototyp: auf dem **Spiel** stehen
aufs **Geratewohl**
seine **Hände** im Spiel haben
jmdm. in die **Hände** spielen
etwas **hochspielen**
sein Leben für jmdn. in die **Schanze** schlagen
va banque spielen
das Leben ist ein Würfelspiel
ein klarer **Fall** (von denkste)
einen guten **Wurf** tun/die **Würfel** sind gefallen
Lebensgut
sein **Leben** teuer verkaufen
Lebenskampf
jmdn. außer **Gefecht** setzen
weich in den **Knien** werden
sich durchs **Leben** schlagen
seinen **Mann** stehen
sich den **Rücken** freihalten
jmdm. den **Rücken** stärken/die **Stange** halten
jmdm. mit seinen eigenen **Waffen** schlagen
Lebenskonto
Prototyp: bei jmdm. gut/schlecht **angeschrieben** sein
etwas auf dem **Kerbholz** haben
das geht alles auf sein **Konto**
ein Schlag ins **Kontor**
bei jmdm. in der **Kreide** stehen
das geht auf keine **Kuhhaut**
hoch im **Kurs** stehen
die **Rechnung** geht nicht auf
jmdm. etwas mit **Zins** und Zinseszins zurückzahlen/heimzahlen
Lebensreise
Prototyp: **Schiffbruch** erleiden
den **Anschluß** verpassen
mit jmdm. geht es den **Bach** runter
auf dem falschen **Dampfer** sitzen/sein
eine verkrachte **Existenz**
in jmds. **Fahrwasser** geraten
sich **freischwimmen**
im (sicheren) **Hafen** sein
der **Hafen** der Ehe
jmdn. ins **Jenseits** befördern
über den **Jordan** gehen
die **Karre** ist verfahren
den **Kopf** über Wasser halten
seine/die letzte **Reise** antreten
auf **Sand** sitzen
die **Stürme** des Lebens
untergehen
etwas schlägt hohe **Wellen**
Wind in den Segeln haben
Lebensstrom
sich **freischwimmen**
Lebensweg

Prototyp: seinen **Weg** machen
den **Anschluß** verpassen
jmdn. **aufsitzen** lassen
einer Sache **Bahn** brechen
jmdn. auf die schiefe **Bahn** bringen
über den **Berg** sein
(wieder) auf dem **Damm** sein
Dreck am Stecken haben
nicht vom **Fleck**/von der **Stelle** kommen
miteinander **gehen**
die **Karre** ist verfahren
zu nichts **kommen**
kurztreten müssen
in eine **Sackgasse**/auf ein totes **Gleis** geraten
auf **Sand** sitzen
am **Scheideweg** stehen
jmdm. **Steine** in den Weg legen
auf der **Strecke** bleiben
in den gleichen (usw.) **Trott** zurückfallen
jmdn. wieder auf den rechten **Weg** bringen
seine eigenen **Wege** gehen
es **weit** bringen
Liebe ist eine Geisteskrankheit
jmdn. **becircen**
jmdn. **betören**
Eroberungen machen
jmdm. den **Kopf** verdrehen
an jmdm. einen **Narren** gefressen haben
in jmdn. **vernarrt** sein/**verrückt** sein nach jmdm.
Liebesjagd
Prototyp: ein **Schürzenjäger** sein
sich jmdn. **angeln**
jmdn. **becircen**
jmdn. **bestricken**
rangehen wie **Blücher**
Eroberungen machen
jmdn. um den kleinen **Finger** wickeln
sich etwas an **Land** ziehen
jmds. **Rockzipfel** nachjagen/hinterherjagen
ein **Schürzenjäger** sein
in jmdm. **verknallt** sein
Liebeskrankheit
dagegen ist kein **Kraut** gewachsen
Liebeszauber
Prototyp: jmdm. **becircen**
antun: er/sie hat es mir angetan
Redefluß
Prototyp: reden wie ein **Wasserfall**/ ein **Mühlrad**
dichthalten
so ein **Gewäsch**!
seine **Mühle**/sein **Mundwerk** steht niemals still
ein **ungewaschenes** Maul haben
schmutzige **Wäsche** waschen
ein schwatzhaftes **Waschweib**
ein stilles **Wasser** sein
Wischiwaschi reden
Staatsorganismus
einen langen **Arm** haben
eine **Eiterbeule** aufstechen
an **Haupt** und Gliedern reformieren
nervus rerum
Vitamin B haben
seinen Finger auf eine offene **Wunde** legen
Staatsschiff
Prototyp: ans **Ruder** kommen
wir sitzen alle im selben **Boot**
Kurs nehmen auf etwas
am **Ruder** sein
das **Steuer** führen
Sünden sind eine Traglast
ein schwerer **Junge**
Textgewebe: siehe Erzählfaden/Textgewebe
Tierreich
der **König** der Tiere
Verhandlungsweg
nicht vom **Fleck** kommen
nach langem **Hin** und Her
eine **Retourkutsche** fahren
aneinander **vorbeireden**
ein wichtiger Schritt auf dem **Wege** zu etwas sein
auf halbem **Wege** steckenbleiben
sich auf halbem **Wege** treffen/entgegenkommen
aufeinander **zugehen**
Welttheater
Prototyp: sich etwas **abschminken** müssen
sich einen guten **Abgang** verschaffen
ein **Anblick** für Götter
kein **Blatt** vor den Mund nehmen
(glatt) über die **Bühne** gehen/von der **Bühne** abtreten
deus ex machina
der **Drahtzieher** sein
eine gute **Figur** machen
jmdn./etwas in den **Hintergrund** drängen
in den **Hintergrund** treten
Komödie spielen
hinter den **Kulissen**/hinter die **Kulissen** sehen
wie das blühende **Leben** aussehen
in einem günstigen **Licht** erscheinen
die **Puppen** tanzen lassen
im **Rampenlicht** der Öffentlichkeit
aus der **Rolle** fallen
eine (große) **Rolle** spielen
eine **Schau** abziehen
wir wollen den anderen kein **Schauspiel** bieten!
etwas wie am **Schnürchen** können
jmdm. eine **Szene** machen/sich/etwas in **Szene** setzen
Theater machen/spielen/ein **Theater** aufführen
es ist ein **Trauerspiel** mit jmdm.
in der **Versenkung** verschwinden
sich in den **Vordergrund** drängen/rücken/schieben
Worthülse
das sind nur hohle **Worte**
Wortschatz
Prototyp: etwas für bare **Münze** nehmen
goldene Worte
jedes Wort auf die **Goldwaage** legen
etwas nicht für **Geld** und gute Worte tun
Zeitraum
Prototyp: über **kurz** oder lang
von **Zeit** zu Zeit